DICTIONNAIRE

HISTORIQUE

DES PEINTRES

DE

TOUTES LES ÉCOLES

DEPUIS LES TEMPS LES PLUS RECULÉS JUSQU'A NOS JOURS

Ouvrage rédigé sur un plan entièrement neuf;

PRÉCÉDÉ D'UN ABRÉGÉ DE L'HISTOIRE DE LA PEINTURE, SUIVI DE LA NOMENCLATURE DES PEINTRES MODERNES,
ET D'UNE COLLECTION COMPLÈTE DE MONOGRAMMES.

PAR

ADOLPHE SIRET.

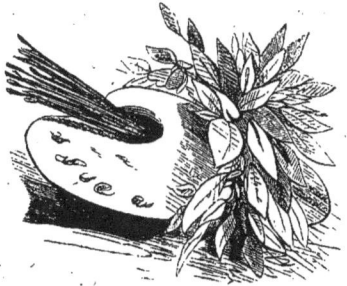

BRUXELLES.

LIBRAIRIE ENCYCLOPÉDIQUE DE PÉRICHON.

—

1848

À Monsieur le comte Amédée de Beauffort.

Son respectueux serviteur,

Ad. Siret.

Imprimerie d'Ad. WAHLEN et Cᵉ.

DICTIONNAIRE

HISTORIQUE

DES PEINTRES

DE

TOUTES LES ÉCOLES.

Les formalités voulues par la loi ont été remplies.

Imprimerie d'AD. WAHLEN et cie.

INTRODUCTION.

ABRÉGÉ DE L'HISTOIRE DE LA PEINTURE.

L'origine de la peinture est inconnue : c'est là un point non douteux qui porte en lui-même son explication et en quelque sorte sa justification. En effet, l'instinct qui conduit l'homme à imiter les produits de la création a dû exister de tout temps et chez tous les peuples. On peut donc trouver l'origine de la peinture dans le berceau du genre humain, et ne considérer que comme une ingénieuse allégorie l'histoire de la jeune fille de Corinthe traçant sur un pan de mur la silhouette de son fiancé.

Lorsque l'on est à la piste des premières apparitions de l'art chez les peuples primitifs, on remarque que la peinture a suivi leurs phases historiques, c'est-à-dire qu'elle a grandi avec la civilisation et qu'elle a décru avec leur barbarie. Chez les peuplades imbues de croyances païennes ou chrétiennes, on voit la peinture devenir un langage de convention destiné à transmettre soit des inspirations païennes, soit des inspirations chrétiennes, et à conserver dans le cœur des hommes la forme des idées qu'elle sert à représenter. Dans le principe ces signes conventionnels consistaient en des formes où l'imitation de la nature ne faisait qu'indiquer exactement l'objet qu'elle devait représenter. Les Égyptiens nous fournissent, d'une manière visible, une preuve de cette vérité. En effet, les annales de ce peuple sont peintes sur le granit, et présentent à l'humanité le tableau de son existence il y a deux mille ans. Les Indiens, les Persans, les Chinois ont aussi leur peinture symbolique, quoique moins déterminée, n'en laisse pas moins aucun soupçon sur l'origine d'un art né avec le besoin, par conséquent avec l'homme.

Si l'on veut une preuve frappante de cette vérité, qu'on daigne se reporter à une époque qui n'est pas encore si loin de nous. Lorsque les Espagnols pénétrèrent chez les Péruviens, au milieu de la barbarie la plus complète ils trouvèrent debout, comme la déesse antique au milieu des ruines nouvelles qui s'amoncelaient autour des indigènes, ils trouvèrent debout la peinture mystérieuse et symbolique, qui serait peut être devenue le point de départ de la civilisation dans cette île, si elle ne s'y était présentée à la pointe du glaive.

En Égypte nous voyons Hermès Trismégiste pratiquer cet art que lui avaient communiqué les derniers descendants de Noé, lequel passe pour l'inventeur des hiéroglyphes. Dans le Pentateuque, Moïse recommande aux Hébreux de ne point imiter les figures peintes par les Égyptiens. Partout des monuments dignes de foi et la tradition, autre croyance vénérée, nous montrent d'une manière complète que la peinture a existé chez les peuples primitifs, non pas disgracieuse et sans action comme le prétendent les modernes, mais grande, sévère, groupant avec une certaine noblesse ses personnages, distribuant ses plans avec entente, indiquant les raccourcis d'une manière savante, et réunissant toutes les qualités qu'on a le droit de demander à la haute peinture.

C'est en Grèce, cette terre si poétiquement privilégiée, berceau de presque toutes les belles actions et de presque tous les grands hommes, que l'art antique avec ses splendeurs fit sa première apparition [1]. Nous verrons plus loin comment elle s'éleva chez ce peuple si remarquable, et comment elle répandit dans le reste du monde des racines qui devaient produire des tiges éternelles; nous nous contenterons maintenant d'indiquer d'une manière succincte les caractères principaux de la peinture et les influences toutes naturelles qu'elle a exercées sur les populations.

Trois caractères, puisant tous les trois leur origine dans le sentiment des croyances religieuses, distinguent la peinture. Ce sont comme autant de sources d'où vont découler des mondes nouveaux, soit que l'art frappe les yeux, soit qu'il parle au cœur. C'est en Égypte que nous trouverons le premier caractère dont se revêtit la peinture. En effet, la forme symbolique, c'est-à-dire la pensée attachée à l'objet, fait irruption sur les monuments publics empreints d'un caractère religieux : sur les bandelettes des momies, sur des vases, sur des fragments de pierre, sur tout ce qui doit enfin parler à l'homme d'une manière puissante et surnaturelle. Ce n'est pas ici une question d'art, c'est le besoin de donner une forme à une pensée, forme grossière il est vrai, mais dont le contour presque incompréhensible tant il est défectueux, suffit pour reproduire l'idée qu'on a la mission de transmettre et qui par conséquent suffit à celui qui la transmet comme à celui qui doit la recevoir.

Le second caractère s'éloigne considérablement du premier en ce qu'il est purement mythologique et essentiellement imitatif. C'est le peuple grec qui lui donne naissance, c'est la peinture idéale, la forme et la pensée poétique à son plus haut degré. En effet, la peinture ne cherche à reproduire ici que la perfection physique des dieux des Grecs, en réprouvant tout ce qui pourrait altérer la majesté de leurs traits. Ce n'est pas seulement la transmission d'une pensée de vénération ou d'amour, c'est l'art qui naît, et sa naissance est déjà marquée par des tâtonnements qui aujourd'hui, après une longue suite de siècles, nous ravissent encore d'admiration A ces majestueux préludes il est facile de prévoir le rôle immense que la Grèce jouera dans l'histoire de l'art.

Le troisième caractère est né avec le christianisme. On pourrait à la rigueur le confondre dans le second, parce que comme lui il prend pour modèle la beauté physique; mais l'influence toute particulière qu'il a exercée sur les nations, et le nouvel élan qu'il a puisé dans la naissance d'un Dieu, lui ont imprimé un cachet moral et philosophique dont le genre grec était totalement dépourvu. Le type de ce caractère est puisé dans la Divinité, celui des Grecs l'est dans le paganisme, ce n'est que le fond qui change, la forme est la même. Le type chrétien est un Dieu, une Vierge, un martyr, puis l'humanité tout entière avec ses douleurs, ses joies, ses perfections, ses imperfections. Le type grec est l'Olympe, ses dieux dans leur majesté et dans la magnificence de leur règne. Rien ici ne vous parle des sentiments vulgaires qui animent l'homme dans toutes les conditions de la vie, tout est grand. Aucune mesquinerie ne doit impressionner le visage du Dieu que l'art présente à la vénération des hommes. On le voit, l'art grec est beau, mais froid, puisqu'il réprouve les contrastes moraux qui sont l'expression. L'art chrétien, au contraire, est moins pur comme forme, mais plein de sentiment, puisque sa première production a pour sujet le plus grand martyr qu'il ait été donné au monde de contempler. Nous aurons lieu plus tard de faire remarquer l'influence que ce dernier caractère a eue non-seulement sur l'esprit des peuples, mais encore sur la tendance générale des arts. Voyons maintenant quelle a été la marche de la peinture chez les différents peuples de la terre.

[1] Les Égyptiens prétendent que la peinture a pris naissance chez eux (PLIN., l. XXXV, sect. 3. ISIDON. ORIG., l. XIX, c. 16). Ils disent aussi qu'ils ont connu la peinture six mille ans avant les Grecs. (PLIN., l. XXXV, sect. 5.) Les Grecs, à leur tour, réclament la priorité. (ARISTOTEL. THEOPHRAST. apud Plin., l. VII.)

ÉGYPTIENS.

De même que les Chinois et les Indiens, les Égyptiens ne faisaient qu'*enluminer*, c'est-à-dire qu'ils remplissaient l'espace laissé vide par le trait du dessin, de la couleur en rapport avec leur intention. Ce n'est que longtemps plus tard, et après que les Grecs eurent inventé la partie de l'art qu'on nomme le *clair-obscur*, qu'ils donnèrent à leur peinture un certain relief.

D'après le témoignage de Platon, qui vivait quatre cents ans avant l'ère vulgaire, la peinture était exercée en Égypte depuis un temps immémorial. Aucune œuvre n'a traversé cette haute antiquité pour venir jusqu'à nous et aucune preuve d'existence n'appuie l'assertion de Platon. Nous en sommes donc réduits à des suppositions puisées dans les œuvres du disciple de Socrate et dans quelques livres de Pline, dont le témoignage a plus d'une fois été mis en doute.

Les seuls monuments qui soient arrivés jusqu'à nous et qui puissent déterminer en quelque sorte le mode de peinture adopté par les Égyptiens, sont des vases, des bandelettes, des momies, et ces murailles immenses sur lesquelles sont peintes des enluminures colossales [1].

Les bandelettes de toile des momies, après avoir été préalablement soumises à quelque opération chimique, sont enduites d'un blanc de céruse qui en constitue le fond. Le rouge, le bleu, le jaune et le vert sont les seules couleurs qui paraissent y avoir été employées, et encore le sont-elles sans être fondues les unes dans les autres. Les contours sont tracés en noir et fortement marqués. La plupart des hiéroglyphes que le peintre y a reproduits ont trait à des cérémonies religieuses, lesquelles se retrouvent très-souvent sur les monuments de cette nation et à diverses époques [1].

De ce rapide examen on doit conclure nécessairement que ce n'est point là de la véritable peinture, mais bien un travail grossier, manuel, sans inspiration, sans portée presque, si l'on voulait y chercher autre chose que l'application d'une formalité religieuse. Du reste, ce n'est pas à l'Égypte qu'il faut demander des artistes: on n'y trouve que des ouvriers, dont toute la besogne consistait à colorier des figures sur des vases de terre, sur des coupes, sur des colonnes, sur des barques, et qui ne voyaient qu'une branche d'industrie là où la civilisation a placé un noble et glorieux sacerdoce.

Les Égyptiens donnaient à toutes leurs figures une pose roide, rapprochaient le plus souvent leurs jambes, et collaient lès bras le long du corps. Les oreilles étaient placées plus haut que le nez, et le menton arrondi avec excès était rarement en rapport avec les dimensions naturelles.

Leur religion s'opposant à ce qu'ils étudiassent l'anatomie, ils en étaient réduits à la sciagraphie. Les pratiques religieuses semblent avoir déterminé une pose consacrée que l'on retrouve sur la plupart des monuments [2]. Cette pose est devenue le type distinctif des anciennes peintures égyptiennes. Que l'on y joigne les formes monstrueuses indiquées et peut-être peintes par des prêtres, et qui représentaient tantôt la plupart des corps d'animaux avec des têtes d'hommes, et l'on aura ce qui caractérise le plus l'art ancien chez les peuples orientaux. L'anatomie des muscles leur était inconnue, et quoiqu'on ait beaucoup vanté leur science dans les proportions, il suffira de jeter un coup d'œil sur les nombreux monuments de la haute Égypte pour que cette réputation n'est rien moins que méritée. La longueur parfois prodigieuse des jambes, la largeur disproportionnée de toutes les parties du corps, constituent évidemment une ignorance profonde de la perspective *linéaire* et *aérienne*.

PERSES.

Rien de plus défectueux que les premiers essais tentés par ce peuple en fait d'art. Les médailles frappées sous le règne des successeurs de Cyrus sont ce qu'on peut voir de plus médiocre. En sculpture, tout atteste sa complète insignifiance, et Téléphanes, sculpteur grec que Xercès fit venir en Perse, ne paraît pas y avoir établi d'école. En peinture, nous ne trouvons guère que des tapis qui faisaient l'admiration des Grecs, et nous ignorons si les personnages qu'ils représentaient avaient quelque valeur par leur exécution. Un seul nom dans l'antiquité pour venir jusqu'à nous, et encore ce nom n'est-il pas précisément perse,

[1] *Voyage du Sayd*, par deux PP. Capucins, p. 3 et 4, dans le recueil de relations publié par Thévenot, t. II. — Paul Lucas, t. III, p. 58, 59, 69. *Recueil d'observations curieuses*, t. III, p. 79, 81, 133, 134, 164, 166. — *Voyage de Granger*, p. 35, 38, 46, 47, 61. Raoul Rochette, Arsenne, de Clarac, etc., etc.
[2] Peintures trouvées dans le tombeau d'Osymandre à Diospolis.

puisque les uns l'appellent Manès et les autres Curbicos, du grec. Quoi qu'il en soit, Manès avait en Asie la réputation de tracer une ligne droite sans le secours de la règle, tout comme Giotto qui traçait un cercle sans compas.

Il paraîtrait que la mosaïque n'était pas inconnue chez les Persans, mais ils se bornaient à appliquer cet art aux ornements empruntés des Arabes.

—

INDIENS.

L'art se résume, pour le peuple, à représenter des figures d'idoles et d'animaux symboliques. Les couleurs ont un éclat et une solidité remarquables. Il paraît, du reste, que c'est en grande partie ce qui constitue le mérite des Indiens en peinture. Les plantes, les fleurs et quelques autres accessoires peints qui nous restent des monuments de l'Inde témoignent aussi d'une grande patience comme fini et exécution.

—

CHINOIS.

Point de perspective et point d'anatomie. Les jésuites nous ont donné sur l'histoire de la peinture en Chine des relations qui nous permettent de considérer ce pays comme d'une nullité complète en matière de beaux-arts. Les Chinois peignent leurs étoffes avec des couleurs éclatantes, mais sans goût. Ils font des paysages sans se douter le moins du monde que les objets doivent avoir une certaine dégradation de ton et de dessin, principes de l'art de la perspective. Ils ignorent le feuillé des arbres. Les figures qu'ils reproduisent sont difformes, ventrues, courtes quant aux hommes; quant aux femmes, rien de plus étriqué, de plus mince, de plus allongé, de plus chétif.

Les Chinois n'ont aucun peintre dont le nom nous soit resté. Le peu d'affection qu'ils ont eue pour l'art semble s'être reporté tout entière sur la poterie, qui rentre dans le domaine de la sculpture.

—

ÉTRUSQUES ET ROMAINS.

Winckelman, dont le témoignage est si concluant dans cette matière, s'est tu devant le seul monument qui nous soit resté des Étrusques et qu'on a découvert dans les tombeaux de l'ancienne Tarquinie. Ce sont des frises peintes et des pilastres recouverts de figures colossales depuis la base jusqu'au sommet. A dire vrai, Winckelman entre dans quelques détails en décrivant ces vieilles peintures, mais il ne hasarde aucun jugement sur l'esprit et la tendance artistique qui pourraient s'y manifester. L'œuvre est essentiellement étrusque, voilà tout.

Dans le style des premiers ouvrages des peintres de l'Étrurie ou Thuscie, aujourd'hui la Toscane, on reconnaît sans peine les traces de l'enfance de l'art, mêlées à un sentiment poétique, expression de l'idéal. Il y a une certaine grâce de mouvements, une certaine fierté de poses qui dénotent chez l'artiste sinon la possibilité de l'exécution, du moins la fièvre de l'invention. Il semble que ce soient les premières paroles d'un enfant qui sortent avec peine d'une fragile enveloppe, mais qui sortent jusqu'au jour où l'enveloppe étant brisée, l'obstacle franchi et où la parole règne dans toute la puissance de son fécond babil.

Pline, au milieu de ses explications souvent contradictoires, dit que la peinture, avant la fondation de Rome, était en grand honneur en Italie et portée à une haute perfection. Il est permis de croire ici à de l'exagération, surtout à une époque, où l'art ne faisait encore que préluder dans la Grèce. Néanmoins l'Étrurie marcha parallèlement avec cette nation, mais ne la domina jamais.

Il y a dans le dessin de ce peuple une rudesse en rapport avec ses mœurs. Autant les Grecs étaient doux, autant les Étrusques étaient barbares. Les premiers eurent l'idée du vrai et de la beauté, les seconds eurent le sentiment du mouvement développé au plus haut degré. C'est ce qui explique la bizarrerie des formes que nous remarquons dans les productions étrusques, et l'animation extrême donnée à leurs personnages. Nous devons dire cependant qu'il y a des productions de l'un et de l'autre pays qui, à cause de leur parfaite conformité, tiennent encore en suspens les antiquaires les plus savants; mais ces cas sont rares, et encore ne se présentent-ils que quand il s'agit de sculpture.

Ce fut évidemment après la défaite des Étrusques par les Romains, un an après la mort d'Alexandre, que ceux-ci se livrèrent

à la peinture. L'art, en changeant de maître, changea également de tendances, et la conquête de toute l'Italie par les Romains lui fut fatale. Effectivement, l'esprit général porté vers la conquête, ce vent de gloire et de batailles qui souffle sur les peuplades belliqueuses, fut un vent de mort pour le génie de la peinture qui, plein de séve chez les Étrusques, ne fit plus que languir misérablement et tomber en mépris aussitôt qu'il passa, avec les dépouilles du vaincu, sous l'oppression du vainqueur.

GRECS.

Homère ne dit pas qu'au siége de Troie la peinture fût connue; mais en nous parlant du bouclier d'Achille, de la tapisserie d'Hélène et de celle d'Andromaque, il semble prouver que le bas-relief et la peinture d'histoire étaient déjà en honneur.

D'après Pline, le premier peintre grec paraît dans l'histoire environ 700 avant notre ère; les historiens grecs ne font remonter leur premier peintre qu'à la 90e olympiade, c'est-à-dire, à l'an 420 avant notre ère. La prise de Troie eut lieu vers 1218 avant l'ère vulgaire. Voilà donc trois dates dont celle de Pline paraît être la plus authentique, puisqu'en même temps elle dit le nom du peintre : Bularque; encore n'est-il cité que comme le premier peintre polychrome.

Cependant, avant lui et en même temps que lui, Hygiémon, Dinas et Charmadas s'étaient signalés dans la peinture monochrome; mais leur gloire s'éteignit devant celle de Bularque qui représenta un jour le fameux combat des Magnètes, tableau qui renfermait un nombre immense de figures composé sur une étendue considérable et à l'aide de plusieurs couleurs. C'est à partir de cette invention, qui ouvrit une ère nouvelle à la peinture, que se formèrent les deux grandes écoles qui prirent l'une le nom d'asiatique, des maîtres venus des colonies grecques de l'Ionie, et l'autre d'hellénique, des maîtres venus du Péloponèse.

Cimon de Cléone peignit ces figures de profil qui formaient tout l'art de la sciagraphie. Seulement il donna à ses silhouettes des attitudes et des mouvements divers. Pancénus peignit une œuvre pleine de hardiesse représentant le combat de Marathon. On prétend que dans ce tableau les généraux athéniens et persans étaient parfaitement reconnaissables. Polygnote de Thasos fut l'Albane de l'antiquité pour le moelleux et la grâce donnés à ses figures; il enrichit le fond de ses tableaux de détails d'architecture d'une grande correction, surtout si l'on considère qu'il fut un des premiers artistes qui se hasardèrent à peindre la perspective. Micon, Aglaophon, Céphisodore et Evenor imitèrent Polygnote et marchèrent sur ses traces; Parrhasius les surpassa tous par son moelleux, sa grâce, la pureté de son dessin, le brillant de son coloris et l'expression de ses compositions.

Après Parrhasius, Apollodore et Zeuxis remplirent la Grèce artistique de leurs noms; l'antiquité les cite comme ses deux plus grands peintres.

Androcydes, Timanthe et Eupompe furent les rivaux de Zeuxis; Eupompe seul, fondateur de l'école ionienne, contre-balança sa gloire, ainsi que Parrhasius qui proposa à Zeuxis une espèce de concours dans lequel ce dernier s'avoua vaincu. C'est ce concours qui a donné lieu à l'anecdote si connue des oiseaux venant becqueter des grappes de raisin, et du rideau que Zeuxis croyait pouvoir enlever avec la main et qui n'était qu'un trompe-l'œil savamment peint par Parrhasius. Aristide et Pamphile se signalèrent après. Pamphile laissa un nom illustre et cher à la Grèce. Illustre par son talent, et cher par les soins qu'il mit à former le plus grand peintre des temps anciens : Apelle. Issu de Sicyone, cet artiste honoré de l'amitié d'Alexandre résume à lui seul l'art antique. Aucun rival ne lui fut opposé, aucune gloire ne sut ternir la sienne; on l'a nommé de nos jours le *Raphaël des Grecs*, tandis que quelques auteurs ont nommé, et avec plus de raison, chronologiquement parlant, Raphaël l'*Apelle de l'Italie*.

Echion, célèbre par son savant coloris et ses nobles compositions, Thérimaque dont les œuvres sont moins connues que le nom, Aristide de Thèbes qui recula les limites portées si loin déjà par Parrhasius et Zeuxis, et qui peignit un tableau si vrai d'horreur et de sentiment[1], précédèrent le gracieux Apelle.

Protogènes, contemporain d'Apelle, peignit ce fameux tableau

[1] *La mère blessée et son fils.* Une femme blessée au sein veut donner à son enfant un lait qu'il demande à grands cris; mais elle s'aperçoit que ce lait nourricier est mêlé de sang et qu'il menace d'empoisonner le petit être qui lui demande la vie. Aristide réussit admirablement à peindre les angoisses de la mère blessée.

le *Jalysas recevant du peuple d'Athènes la palme due aux bienfaiteurs de l'humanité,* auquel il mit tant d'ardeur qu'il oubliait ses repas pour ne manger que des lupins détrempés dans de l'eau. Pline rapporte que Protogènes peignit aussi des marines. Asclépiodore, Nicomaque, son élève, Philoxène d'Erétrie, Nicophanes, Persée, élève d'Apelle, Euphranor, Pyreicus, Sérapion, Calliclès, Antiphile, Pausias, illustrèrent le siècle d'Alexandre et conçurent des tableaux dont la plus grande partie furent des chefs-d'œuvre. C'est là du moins l'opinion des historiens contemporains, car aucune production des peintres que nous venons de nommer n'est parvenue jusqu'à nous.

Nous parlerons plus loin des procédés dont se servirent les peintres anciens pour l'exécution de leurs tableaux.

ÉPOQUE DE TRANSITION.

Du moment qu'une religion nouvelle et profondément touchante vint changer la face du monde, les œuvres d'art enfantées par le polythéisme disparurent, autant par ordre des souverains que par la spontanéité des convictions nouvelles. Théodose voulut que toutes les statues antiques fussent détruites sans pitié dans l'empire romain, à plus forte raison les peintures subirent-elles le même sort. Ce n'est donc pas seulement à la décadence du goût sous Constantin que nous devons la rareté des monuments de l'art, c'est aussi à l'influence du christianisme qui venait changer les destinées du monde et des hommes.

Les cendres du Vésuve accumulées sur Pompéia et sur Herculanum, et les cryptes romaines, nous ont conservé des monuments des premiers siècles de l'Église. C'est dans ces vieux débris où le temps a oublié de moissonner que nous allons trouver le fil conducteur à l'aide duquel nous pourrons accomplir notre pèlerinage historique.

Dans les catacombes de Rome l'on voit plusieurs fresques qui remontent aux premières années du christianisme. La manière dont elles sont traitées nous en fournit la preuve. En effet, dans presque toutes ces fresques le polythéisme encore mal éteint, mal comprimé, coudoie le christianisme à chaque pas. Ce n'est point là, comme on le comprend bien, la pensée de l'auteur, c'est plutôt la force de l'habitude, la routine de l'art et des moyens qu'il met en avant pour saisir l'intelligence du public, qui sont les causes innocentes de cet anachronisme moral, lequel, par la nature de sa faute, porte sa date avec lui. C'est ainsi que dans une de ces fresques nous trouvons le Rédempteur qui, sous les traits d'Orphée, émeut les êtres vivants; plus loin, c'est le prophète Elie qui, sous la forme d'Apollon, monte au ciel dans un char attelé de quatre coursiers et qui remet son manteau à Elysée. Partout l'on rencontre le profane et le sacré marchant de pair dans une décadence qui se faisait sentir depuis longtemps et que les conquêtes, les bouleversements, les persécutions, les grandes catastrophes enfin, qui accablent l'humanité à certaines époques fixées par Dieu, ne firent qu'accélérer.

La plupart des fresques des anciens, quelque grandes qu'elles fussent, étaient en général dépourvues de dessin et de coloris; des contours incorrects et saillants exprimaient d'une manière informe les expressions et les mouvements du corps. Un rouge ocre, une teinte noirâtre et un blanc sale et blafard étaient les couleurs à l'aide desquelles les artistes ont prétendu représenter ces effets de lumière qui plus tard acquièrent tant de charme sous le pinceau des Raphaël et des Corrége.

La mosaïque et la miniature sont de tous les procédés antiques ceux dont il nous est parvenu le plus de résultats. Les fouilles de Pompéi et d'Herculanum ont mis au jour un grand nombre de mosaïques. La miniature ne parut guère qu'au ve siècle.

Ce ne fut que vers la fin du viie siècle que les Grecs commencèrent à peindre le crucifix. Le premier qui consacra cette sainte image dans un temple chrétien fut Jean VII; il la fit reproduire sur les murs de Saint-Pierre de Rome. D'autres peintres, venus de Constantinople d'où les chassait un fanatisme farouche, se réfugièrent en Italie. La plupart, s'étant voués au culte de la religion chrétienne, furent accueillis par des papes qui leur octroyèrent des monastères d'où sortirent ces monuments d'art que nous ne nous lassons jamais d'admirer. Les papes Adrien Ier, Jean III et Benoît IV, préférant particulièrement ces artistes d'où sortit enfin l'école gréco-italienne, ainsi nommée du mélange des deux nations. La prise de Constantinople par les musulmans renouvela ces migrations en Italie d'un grand nombre de Grecs, qui apportèrent avec eux, c'est du moins l'opinion la plus accréditée, ces madones connues sous le nom de Vierges de saint Luc. Puis enfin, c'est quelques siècles après que naquirent ces peintres primitifs précurseurs de l'éblouissante école italienne où tant de noms s'illustrèrent.

PROCÉDÉS EMPLOYÉS PAR LES ANCIENS,

FRESQUE, ENCAUSTIQUE, DÉTREMPE, MOSAÏQUE ET MINIATURE VERNIE.

Fresque [1] Cette manière consiste à appliquer sur la dernière couche de mortier qu'on étend sur un mur, des couleurs choisies principalement parmi des matières terreuses, détrempées à l'eau et mêlées à une petite quantité de chaux. La matière colorante pénètre dans le mortier encore humide et durcit avec lui.

D'après Pausanias, les grandes peintures du Lesché et du Pœcile sont des fresques. L'Égypte et la Nubie ont également les leurs, Herculanum en contient une grande quantité, qui cependant, d'après des opinions récentes, paraissent être plutôt des encaustiques. Les Grecs et les Romains en faisaient exécuter dans l'intérieur de leurs maisons et de leurs édifices; cet usage s'est perpétué jusqu'à nos jours, puisque Raphaël, Michel-Ange, Jules Romain, Zuccaro, Lafosse, Bon Boulogne, Perrier, Cornélius et tant d'autres s'en sont servis pour leurs admirables travaux.

Encaustique (de ηχαυστὸν ou ηχαυσιχὶ du verbe ηχαίω, brûler). Aristide de Thèbes (340 avant J. C.) est celui à qui on attribue l'invention de ce procédé, qui consiste à faire passer au feu les couleurs et les cires employées dans la peinture. Deux manières de peindre à l'encaustique paraissent avoir été employées par les anciens : la première consistait à couvrir une surface quelconque d'une couche de cire à laquelle, à l'état de fusion, on mêlait des couleurs pulvérisées, après quoi on dessinait, à l'aide du stylet, les figures que l'on désirait représenter. La seconde manière, qui se rapproche plus de la peinture proprement dite, consistait à

appliquer les couleurs avec le pinceau sur la cire préparée comme nous venons de le dire. Un stylet chauffé servait ensuite à étendre ces couleurs et à les affermir dans la couche au moyen d'une cautérisation opérée par un fer nommé *cauterium* [2]. Cet art s'est perdu vers le IXe siècle, et de nos jours bon nombre de savants cherchent encore le secret d'un procédé dont l'explication que nous venons de donner, à l'aide des meilleurs documents, est loin d'être complète et satisfaisante. C'est en Allemagne que l'on s'occupe aujourd'hui avec le plus de succès de la peinture à l'encaustique.

La **Détrempe vernie** des anciens tient de la fresque et de l'encaustique. Les couleurs étaient fixées sur la surface par un gluten que l'on recouvrait ensuite du vernis employé dans l'encaustique. On chauffait et on polissait le tout par le même procédé.

Mosaïque (de μυσεῖῳ, lieu consacré aux Muses). Sur une surface unie on indiquait par un contour le dessin qu'on se proposait d'obtenir. Sur cette surface et sur ce tracé l'artiste appliquait l'un contre l'autre des morceaux soit de marbre, soit d'émaux, de la teinte que le dessin exigeait; il réunissait ces fragments par un ciment très-fin, puis donnait à l'œuvre terminée un poli général. Les mosaïques trouvées dans les fouilles de Pompéi et d'Herculanum donnent de ce procédé plusieurs exemples qui ne diffèrent que par la forme. Les Italiens nous ont laissé d'admirables mosaïques; nous citerons entre autres la reproduction à la basilique de Saint-Pierre à Rome, de la *Transfiguration* de Raphaël. Parmi les modernes, en France, M. Belloni s'est distingué dans ce genre.

La **Miniature** s'est principalement appliquée aux manuscrits du moyen âge. Ce genre de peinture, particulièrement employé sur parchemin et dans les livres sacrés, s'exécutait à l'eau ou à la colle. Comme l'indique son nom, il se traitait en dessins de petites dimensions et était d'un travail soigné et minutieux.

---

[1] Pendant longtemps la plupart des artistes et des antiquaires ont paru persuadés que les anciens ne peignaient sur les murs qu'à fresque, ou du moins que cette manière de peindre était chez eux la plus générale. Les mots de *peinture sur les murs* et celui de *fresque* étaient devenus en quelque sorte synonymes. L'empire de l'habitude était si puissant que les traducteurs appelaient du nom de *peintures à fresque* les peintures exécutées sur les murs dont les auteurs anciens n'indiquaient pas le procédé; et que lorsqu'ils rencontraient dans les textes originaux les mots de *peinture à la cire, de cire fondue*, ou d'autres semblables, fort souvent ils n'en faisaient pas mention. Caylus, à qui les arts ont l'obligation d'avoir rappelé l'attention de l'Europe sur la peinture à l'encaustique, fit des recherches insuffisantes; il attaqua cette erreur, et ne la détruisit pas. (*Mémoires de l'Académie des belles-lettres*, tome XXVIII, page 170 et suivantes). Depuis que cet illustre amateur a écrit, on a pris encore pour des fresques des peintures où l'on a reconnu la présence du minium et où l'on a vu que les couleurs étaient *incorporées à du bitume*. (Cornavon, *Lettres sur Herculanum*, lettre VIII, p. 240.) D'un autre côté, l'abbé, Requeno, qui a retrouvé par ses expériences les principaux

éléments de l'art de peindre à l'encaustique, et qui en a rendu la pratique familière à plusieurs artistes, s'était pénétré d'un tel enthousiasme pour sa découverte, qu'il allait jusqu'à croire que les anciens ne peignaient point à fresque, ou du moins que leur manière de peindre à fresque différait beaucoup de la nôtre; et il a seulement prouvé qu'ils y apportaient beaucoup plus de précautions et de soins que les modernes. (V. Requeno, *Saggi sul ristabilimento dell' antica arte de' Greci et de' Rom. pitt.*, saggio II, c. III.) Il serait impossible de bien connaître les procédés usités chez les peintres du xe siècle, si on ne fixait d'abord ses idées sur ces questions importantes. Elles donnent d'ailleurs inspirer un grand intérêt : comment se dire sans regrets que si Michel-Ange et Raphaël eussent exécuté les peintures du Vatican à l'encaustique, ces chefs-d'œuvre conserveraient encore toute leur fraîcheur ?

(Note extraite de l'*Histoire de la peinture au moyen âge*, par ÉMERIC DAVID, p. 89, édition Gosselin, Paris, 1842).

[2] Raoul-Rochette, Montabert, Roux, Arsenne, etc.

PEINTRES ANCIENS.

A

ACCIUS (Priscus), 69 ans après J. C. Travailla avec Cornélius Pinus à décorer le temple de la vertu et de l'honneur.

AGATHARQUE Ier, 450 ans environ avant J. C., Samos. *Histoire et décorations*. Il fut le premier qui peignit des décorations de théâtre. Travailla au théâtre sous la direction d'Eschyle. Cité par Vitruve et Plutarque.

AGATHARQUE II, 458 ans avant J. C. Travailla aux monuments de Périclès.

AGLAOPHON, fils d'Aristophon, 416 ans avant J. C., Thasos. Paraît avoir connu le secret des couleurs dont on ne se servait cependant pas encore généralement Cité par Pline et Pausanias. — Représenta Alcibiade entre les bras de la nymphe Némée.

ALCIMAQUE, 410 ans av. J. C. Cité par Pline.

ALCISTÈNE. Détails inconnus. Cette femme peintre avait représenté avec beaucoup de talent un danseur.

ALEXANDRE, 79 ans av. J. C. (?). Ce nom se trouve sur un camaïeu de Pompéi.

AMPHION, 331 ans av. J. C. *Histoire*. Contemporain et rival d'Apelle qui se disait inférieur à lui pour l'ordonnance.

AMULIUS ou **FABULLUS**, 55 ans après J. C. *Histoire et portrait*. Florissait sous Néron. Connu par la gravité de son caractère : il ne quittait jamais la toge, même pendant son travail. (*Pline*.) — Minerve, Portrait de Néron. (On raconte que ce dernier ouvrage, exécuté sur toile, avait 120 pieds.) Travailla à la *Maison dorée*.

ANAXANDRA, 260 ans av. J. C. Fille du peintre Néalcès.

ANDROBIUS, Ier siècle av. J. C. Le seul tableau qui soit cité de ce peintre, représente Scyllis

plongeant au fond des flots et allant couper les câbles retenant les vaisseaux des Persans. Cité par Pline, Pausanias et Strabon.

ANDROCYDES, 390 ans av. J. C., Cysique. *Animaux et genre*. Excella à peindre les poissons. Cité par Pline et Plutarque.

ANGELION, 564 ans av. J. C. Cité par Pausanias.

ANTIDOTE ou **ANTIDOTAS**, 345 ans av. J. C., Athènes. Élève d'Euphranor, maître de Nicias. Cité par Pline. — Le Champion armé du bouclier. Le lutteur. Le joueur de flûte. — Brillait plus par le soin de l'exécution que par la création. Coloris sévère.

ANTIPHILE, élève de Ctésidème, 330 ans av. J. C., Naucrate (Égypte). *Histoire et genre*. Étudia en Grèce, contemporain d'Apelle. Il accusa lâchement ce dernier d'un crime dont il était innocent : c'est à ce sujet qu'Apelle composa son tableau de la calomnie. Il in-

venta les *grylli*, espèce de caricatures d'hommes et d'animaux. (Pline.) — L'enfant soufflant le feu. — Les fileuses au fuseau. — La chasse du roi Ptolémée. — Le satyre aux aguets. — Hésione.—Minerve. — Bacchus. — Le roi Philippe. — Alexandre le Grand. — Excella dans le clair-obscur et l'entente des reflets et des draperies. On croit qu'il y a eu deux peintres du nom d'Antiphile.

APELLE, 330 ans av. J. C. (Cos ou Colophon.) *Histoire et portrait.* Élève de Pamphile ; dès l'âge le plus tendre, on s'aperçut de ce qu'il serait un jour. Ce peintre avait l'habitude d'exposer ses ouvrages en public afin de recueillir les critiques. On cite à propos d'Apelle un grand nombre d'anecdotes que l'on pourra trouver à son article dans la *Biographie universelle.* On prétend que ce fut le seul peintre qui fut admis à faire le portrait d'Alexandre. On sait que cet artiste se servait d'un vernis pour recouvrir ses couleurs, au nombre de quatre, et dont personne ne connaît la composition. — Campaspe nue sous les traits de Vénus Anadiomène. — Alexandre tenant un foudre. — Clitus, partant pour la guerre. — La pompe de Mégabyse. — Ménandre, roi de Carie. — Ancée. — Gorgosthein le tragédien. — Les Dioscures. — Alexandre et la victoire. — Bellone enchaînée au char d'Alexandre.—Héros nu. — Un cheval. — Néoptolème combattant à cheval contre les Perses.— Archéloüs, sa femme et sa fille. — Antigonüs armé. — Diane dansant avec des jeunes filles.—L'éclair. — Le tonnerre.—La foudre.—Grande élégance, dans la pratique ; pour l'ordonnance, exécution, tout était parfait dans ce grand peintre. Travaillant assidu, Apelle produisit une grande quantité d'ouvrages. On croit qu'un autre peintre de ce nom a existé vers la 139e olympiade.

APOLLODORE, 450 ans av. J. C., Athènes. *Histoire.* Auteur d'un traité sur la peinture, maître de Zeuxis. (Pline.) — Un prêtre en adoration. — Ajax enflammé des feux de la foudre. — On écrivit sur ses ouvrages : On l'enviera plutôt qu'on ne l'imitera.

ARCÉSILAS, 260 ans av. J. C., Sicyone. *Histoire.* Fils de Tisicrate. (Pline.) — Leosthènes et ses enfants (apocryphe). — Peignait à l'encaustique.

ARDICÈS, 900 ans av. J. C., Corinthe. Cité par Pline.

ARÉGON, 900 ans av. J. C. Peignit avec Cléanthe dans le temple de *Diane Alphéienne.* (Strabon.)

ARELLIUS, 6 ans av. J. C. *Histoire et portrait.* Artiste qui acquit de la célébrité à Rome au siècle d'Auguste.—On lui reprochait de peindre les déesses sous la figure de ses maîtresses.

ARIMNA, 494 ans av. J. C. Cité par Varron.

ARISTARÈTE, fille de Néarcus. *Histoire.* Élève de son père.—Esculape.

ARISTIDE, fils et élève d'Aristodème, 350 ans av. J. C., Thèbes. *Histoire.* Chaque figure lui était payée 10 mines (900 fr. environ). Lors du siège de Corinthe, le roi Attale offrit 6,000 sesterces d'un tableau d'Aristide. (Pline.) — Ville prise d'assaut : mère blessée et mourante. — Bataille contre les Perses.— Quadriges en course. — Un suppliant. — Chasseurs avec leur gibier. — Portrait du peintre Léontion. — Biblis. — Bacchus et Ariane. — Tragédien accompagné d'un jeune garçon. — Vieillard montrant à un enfant à jouer de la lyre. — Un malade. — Sentiment parfait.

ARISTOBULE, peintre grec.

ARISTOCLÈS, 312 ans av. J. C., fils de Nicomaque. (Pline.)

ARISTOCLIDE, 429 ans av. J. C. Orna de peintures le temple de Delphes. (Pline.)

ARISTODÈME ou ARISTIDE. 592 ans av. J. C., Thèbes. Père et maître de Nicomaque et d'Aristide. (Pline.)

ARISTOLAÜS, fils de Pausias, 312 ans av. J. C., Grèce. *Histoire et portrait.* Élève de son père. (Pline.) — Epaminondas. — Périclès. — Médée. — La vertu. — Le peuple athénien personnifié. — Une hécatombe. — Grande élévation dans le sentiment.

ARISTON, 318 ans av. J. C. Fils d'Aristide, il eut pour élève un peintre peu connu nommé Autoride. (Pline.) — Satyre couronné tenant une coupe.

ARISTONIDES. Peintre grec.

ARISTOPHON, fils d'Aglaophon, 476 ans av. J. C., Thasos. *Histoire.* Frère et condisciple du célèbre Polygnote ; exécuta un grand nombre de tableaux, mais fut loin d'acquérir autant de réputation que son frère. (Pline.) — Philoctète dans un accès de souffrance. — Chasse de Calydon.

ARTÉMON, 300 ans av. J. C. (?). Détails inconnus. (Pline.) — Danaé et les Corsaires. — La reine Stratonice. — Hercule et Déjanire. — Hercule au mont OEta. — Laomédon.

ASCLÉPIODORE, 335 ans av. J. C., Athènes. *Histoire.* Contemporain d'Apelle. Le tyran Mnason lui donna 30 mines (2700 fr.) par figure, pour son tableau des douze grands dieux. (Pline et Plutarque.) — Grande exactitude dans les proportions.

ATHÉNION, 312 ans av. J C., Maronée. *Histoire.* Élève de Glaucon de Corinthe. Mort jeune. Mis au rang des grands peintres. (Pline.) — Philarque l'historien. — Syngénicon.— Assemblée de famille.— Achille déguisé en fille. — Palefrenier avec un cheval.

ATHÉNIS, v. siècle av. J. C., Chio. *Histoire.* Sculpteur et architecte.

B

BRIÉTÈS ou BRIÈS, 410 ans av. J. C., Sicyone. *Histoire.* Cité par Pline.

BULARQUE, 748 ans av. J. C. (?), Grèce. *Histoire et batailles.* Le tableau que Pline cite de cet artiste fut acheté au poids de l'or par Candaule, roi de Lydie ; ce prince mourut 715 ans avant J. C. On présume que Bularque était plus ancien que lui. Pline le cite comme le premier peintre polychrome. — Bataille : défaite des Magnètes. — Employait des couleurs propres à imiter la nature.

C

CALATÈS, 300 ans av. J. C. *Genre.* Nommé *Rhyparographe*, peintre de petits sujets. (Pline.)

CALIPHON, 318 ans av. J. C., Samos. Fit pour le temple d'Éphèse le tableau de *la Discorde.* (Pausanias.)

CALLICLÈS. 300 ans av. J. C., Grèce. *Tableaux en miniature* On raconte que les tableaux de ce peintre n'avaient que 3 pouces de circonférence. (Pline.) — Varron assure que le talent de cet artiste se serait élevé au même rang que celui d'Euphranor, s'il avait entrepris de grandes compositions.

CALLIMAQUE, 415 ans av. J. C., Corinthe. *Histoire.* Sculpteur, architecte et peintre célèbre ; ses ouvrages eurent une grande réputation. C'est à lui qu'appartient l'invention de l'ordre corinthien. (Pline , Plutarque et Vitruve.) — Aucun auteur ancien ne cite de ses tableaux. — Retouchait beaucoup ses ouvrages et n'était jamais content de son exécution ; c'est pourquoi on l'avait surnommé l'ennemi de son art. Inventeur du *trépan*, instrument dont se servent les sculpteurs pour fouiller le marbre.

CALYPSO. *Portrait.* Détails inconnus. — Cette femme artiste avait peint le portrait d'un vieillard et d'un charlatan nommé Théodore.

CARMIDAS, 1400 ans av. J. C., Grèce. *Ornements.* Peignit beaucoup de vases.

CÉPHISODORE, 416 ans av. J. C. Cité par Pline.

CÉPHISODOTE, le jeune, 324 ans av. J. C., Paros (?). Fils de Praxitèle. (Pausanias et Pline).

CHARMADAS, 401 ans av. J. C. Peintre monochrome. (Pline.)

CHOEREPHANES. *Sujets licencieux.* Peignit beaucoup de vases.

CIMON, 850 ans av. J. C., Cléone (Grèce). *Histoire.* Élève d'Eumarus d'Athènes. Un auteur, en parlant de cet artiste, dit qu'il augmenta le salaire qu'il tirait de ses élèves en raison des progrès que lui devait la peinture. Nommé *Conon* par d'anciens écrivains. — Contribua beaucoup au progrès de l'art, varia les traits du visage, donna aux regards différentes directions, et imagina à ce que l'on croit, les raccourcis. Parvint également à indiquer les articulations des membres, les veines du corps et les plis rentrants et saillants des draperies.

CLÉANTHE, 900 ans av. J. C., Corinthe. Premier peintre monochrome. Peignit avec Arégon dans le temple de Diane Alphéonie plusieurs tableaux sur mur. Parmi ces peintures Strabon cite la *Prise de Troie* et la *Naissance de Minerve.* Ces derniers tableaux paraissent apocryphes.

CLÉOPHANTE, 700 ans av. J. C., Corinthe. *Histoire.* Les Grecs le regardent comme l'inventeur de la peinture, parce qu'il est le premier qui appliqua de la couleur sur les dessins. — Un des premiers peintres monochromes ; l'unique couleur qu'il employait était, d'après Pline, de la brique pilée.

CLÉSIDES, 294 ans av. J. C., Éphèse. *Histoire et portraits.* Se rendit en Égypte ; fut admis chez la reine Stratonice ; peu satisfait de l'accueil de cette princesse, il peignit la reine, dans tout l'éclat de sa beauté, partageant l'ivresse d'un vil pêcheur, et laissa ce tableau exposé à la vue publique, après s'être assuré d'un navire qui mettait à la voile. Stratonice se trouva si belle qu'elle conserva le tableau.

CLÉTAS, 764 ans av. J. C., Grèce. Travailla au temple de Junon à Ardée. Cité par Pline.

COLOTÈS, 407 ans av. J. C., Téos. Cité par Quintilien.

CORAEBUS ou CORYBAS, 314 ans av. J. C., Athènes. *Miniature.* S'occupa à orner les vases antiques de ses peintures. Élève de Nicomaque.

CORMAXIDE. Peintre grec.

CORMÉNIDE, 545 ans av. J. C. Élève d'Euphranor. (Pline.)

CTÉSIDÈME, 332 ans av. J. C. Maître d'Antiphile de Naucratès en Égypte. Cité par Pline. — Hercule assiégeant l'Oechalie. Laodamie.

CTÉSILOQUE, 320 ans av. J. C., Grèce. *Histoire.* On croit qu'il ne forme qu'un avec Ctésiochus frère et élève d'Apelle ; sa célébrité vient d'un tableau bizarre qu'il exécuta et qui représentait Jupiter accouchant de Bacchus ; cette composition fut répétée sur plusieurs monuments. (Pline.)

CYDIAS, 364 ans av. J. C., île de Cythnos (Cyclades). *Histoire.* Ses ouvrages avaient une immense réputation ; dans la suite, l'orateur Hortensius en paya un 154,000 sesterces et fit construire dans sa maison de Tusculum, une place pour le recevoir. Ce tableau, représentant le départ des Argonautes pour la Colchide, fut transporté par M. Agrippa, dans un portique dédié à Neptune. — Les Argonautes. — On lui attribue l'invention d'une couleur rouge produite par l'ocre brûlée, et l'on assure qu'il fit cette découverte pendant un incendie en s'apercevant que cette matière rougissait par l'action du feu.

D

DAMOPHILUS ou DÉMOPHILUS, 491 ans av. J. C., Himère. *Histoire.* Décora, de concert avec Gorgasus, l'ancien temple de Cérès, à Rome ; une inscription en vers grecs annonçait que les ouvrages de peinture et de sculpture de la droite avaient été faits par Damophilus. Quelquefois le nom de ce peintre se trouve écrit Dimophilus. Avant ses œuvres, on ne connaissait à Rome que des peintres et des sculptures étrusques.

DINAS, 850 ans av. J. C., Grèce. *Ornements.* Peintre de vases anciens.

DYONISIUS, 412 ans av. J. C. (?), Colophon. *Hist. et portrait.* Contemporain de Polygnote ; allait étudier dans l'atelier de ce peintre célèbre les expressions, le caractère, la pose et les draperies. Cité par Ælien et Plutarque.

— Portrait d'Aristarque. — S'attachait à rendre exactement la nature.
DIORÈS, 494 ans av. J. C. Cité par Pline.

E

ÉCHION ou AETION, 330 ans av. J. C., Grèce. *Histoire.* Compté par Pline au même rang qu'Apelle, Mélanthius et Nicomaque; ses ouvrages étaient recherchés dans toutes les villes de la Grèce. — On cite de lui : Bacchus.— La Tragédie et la Comédie. — Le couronnement de Sémiramis. — Une vieille portant deux lampes devant une nouvelle mariée. —Noces d'Alexandre et de Roxane. (C'est d'après la description de ce tableau que Raphaël composa un de ses ouvrages les plus célèbres.) —Cité aussi par Cicéron, comme ayant joui d'une grande célébrité; cultiva également la sculpture et travailla avec Thérimaque.

ERIGONUS, 235 ans av. J. C. Broyait les couleurs chez Néalcès et devint lui-même un peintre habile. (Pline.)

EUCHIR et EUGRAMMUS, 660 ans av. J. C. Lorsque les Bacchyades furent chassés de Corinthe, ces artistes suivirent Démarate père de Tarquin l'ancien en Italie. On leur a attribué à tort l'invention de la *plastique.* (Pline.)

EUDORE. Peintre grec dont l'existence est problématique.

EUMARUS, 850 ans av. J. C., Athènes. *Histoire.* Cité par Pline. — Le premier, croit-on, qui dans ses ouvrages imparfaits parvint à faire distinguer les hommes des femmes.

EUMELUS, 220 ans après J. C. Cité par Pisostrate.

EUPHRANOR dit L'ISTHMIEN, 364 ans av. J. C., Corinthe. *Histoire.* Établi à Athènes ; connaissait également bien la théorie et la pratique de son art; auteur de plusieurs ouvrages sur la couleur et l'ordonnance des tableaux que l'on doit regretter. Chargé d'exécuter les douze grands dieux, il fit le Neptune si beau, qu'il dut rester en-dessous pour les autres, même pour le Jupiter. Ayant concouru avec Parrhasius pour une figure de Thésée et son coloris étant plus vigoureux que celui de son rival : « Parrhasius, dit-il, a peint un Thésée « qu'il a nourri de roses, le mien est nourri « de chair vive. » — Bataille de Mantinée.— Thésée.- Junon.—Apollon.- Ulysse contrefaisant l'insensé. — *Parmi ses sculptures :* Pâris.—Minerve, surnommée plus tard Catulienne.- Latone venant de donner le jour à Apollon et à Diane, qu'elle tenait dans ses bras.— La Grâce et la Vertu (fig. colossales). —Alexandre.— Philippe.— Excellait dans tous les genres; travaillait également le marbre et le bronze; produisit une foule de chefs-d'œuvre, tableaux, statues, colosses, chars, vases ciselés; le premier il donna aux figures de héros le caractère et la dignité convenables; on lui reprochait de faire, en général, les têtes et les articulations trop fortes. Il eut pour élèves Antidote, Carménide et Léonidas d'Anthédon.

EUPOMPE, 370 ans av. J. C., Sicyone. *Histoire.* Rival et contemporain de Zeuxis, de Timanthe, d'Androcydes et de Parrhasius, on le compte au nombre des plus grands artistes que la Grèce ait produits; lorsqu'on lui demandait quel était celui de ses prédécesseurs qu'il avait cherché à imiter, il ne nommait plusieurs, en ajoutant : « Ce n'est pas un ar- « tiste, c'est la nature qu'il faut copier.» — Un Grec vainqueur aux jeux gymniques. — Sa réputation fut si grande que depuis on divisa les écoles qui précédemment n'étaient désignées que sous les noms d'Asiatique et d'Helladique, en école d'Athènes, de Sicyone et d'Ionie. Pamphile, maître d'Apelle, fut son élève.

EUXÉNIDAS, 330 ans av. J. C., Sicyone. *Histoire.* Aristide de Thèbes fut son élève. C'est un de ses principaux titres à la gloire.

EVENOR, 440 ans av. J. C., Grèce. *Histoire et portrait.* Peintre célèbre. Son fils fut le fameux Parrhasius.

F

FABIUS, 500 ans av. J. C. *Histoire.* On le surnomma *Pictor* (le peintre) et l'on pense que ce titre lui fut donné comme un ridicule parce que Fabius, appartenant à une famille illustre, fut censé déroger en s'adonnant à la peinture. — Peignit le temple de Salus sur le mont Quirinal. — Il est le premier peintre romain que l'on cite.

G

GLAUCON ou GLAUCION, 520 ans av. J. C., Corinthe. *Histoire.* Fut le maître d'Athénion. (Pline.)

H

HABRON. Peintre grec.

HÉLÈNE, 69 ans après J. C., Égypte. Fille de Timon l'Égyptien. (Photius.)

HÉRACLIDE, 518 ans av. J. C., Macédoine. Fils d'Agasias d'Éphèse, vécut pauvre. Peintre estimé de son temps. Fut aussi statuaire. Cité par Pline.

HILARIUS, 370 ans ap. J. C., Bithynie. Cité par Eunapius dans la vie de Priscus.

HYGIÉMON, 850 ans av. J. C. Cité par Pline.

I

IRÈNE, fille de Cratinus, peintre et comédien. *Histoire.* Figure de femme. (Ce tableau se voyait à Éleusis.)

L

LABEO (Antistius), 69 ans après J. C. *Histoire.* Préteur, proconsul de la province Narbonnaise. Mort sous Vespasien. (Pline.) — Peignit de petits tableaux. — Peu de mérite.

LALA ou LERLA, 80 ans av. J. C., Cysique (Mysie). *Histoire et portrait.* Elle florissait à Rome, acquit une grande célébrité en peignant à l'encaustique et sur ivoire. Ses tableaux furent préférés à ceux de Dyonisius. (Pline l'a nommée *Vierge perpétuelle.*) — Excellait dans les portraits de femmes; exécution facile et légère, grande promptitude. Elle fit son portrait au miroir.

LÉONTISQUE. Détails inconnus. — Joueuse de harpe. — Aratus victorieux.

LIMONAQUE, Byzance. *Histoire.* Ajax.—Médée.— Oreste — Iphigénie en Tauride. — Lécytbion ou maître à voltiger. — Famille noble. — Une gorgone.

LUC (St.), l'évangéliste, 57 ans après J. C. On croit qu'il fut peintre. Il est reconnu que les madones de Bologne qu'on lui attribue sont des peintures du moyen âge.

LUDIUS (Marcus), 40 ans av. J. C., Rome. *Rives, marines, paysages et figures.* Acquit une grande célébrité sous le règne d'Auguste; embellit la plupart des maisons de campagne des productions de son pinceau, et acquit le droit de bourgeoisie chez les Ardéates en récompense des travaux qu'il avait exécutés chez eux. Quelques historiens pensent que cet Marcus Ludius est le même que Clétas. — Invention fine, agréable et hardie; substitua la fresque à l'encaustique.

LYSIPPE, 410 ans av. J. C., Égine. Cité par Pline, mais d'une manière problématique.

M

MALLIUS, 395 ans après J. C. Peintre romain du temps de Macrobe.

MÉCOPHANE, 340 ans av. J. C., Grèce. *Histoire.* Élève de Pausias. (Pline.) — Socrate. — Un fainéant (ce tableau a joui d'une grande célébrité). — Dureté dans l'exécution.

MÉLANTHE, 324 ans av. J. C., Grèce. *Histoire.*

Élève de Pamphile et d'Apelle, dont il fut l'émule. Aristrate, tyran de Sicyone, se fit peindre par Mélanthe sur un char de triomphe; lors de la délivrance de Sicyone par Aratus, on détruisit toutes les images des tyrans; l'ouvrage de Mélanthe allait subir le même sort, lorsque la beauté de l'œuvre et les prières du peintre Néalcès obtinrent sa conservation à la condition qu'on effacerait la figure. Néalcès s'en chargea, et ne mit à la place qu'une palme, ne jugeant pas digne d'y ajouter davantage. (Pline, Quintilien et Plutarque.) — Méthode excellente; ne se servait cependant que de quatre couleurs, les seules dont on faisait alors usage. Auteur d'un ouvrage sur son art, qui ne nous est pas parvenu.

MÉTRODORE, 168 ans av. J. C., Macédoine. *Histoire:* Florissait à Athènes; envoyé au consul Paul-Émile afin de peindre son triomphe; joignait à ses talents comme peintre les qualités d'un philosophe. — Eut la réputation d'exceller dans son art.

MICON, 430 ans av. J. C., Athènes. *Histoire et portrait.* Contemporain et rival de Polygnote; orna sa ville natale de plusieurs beaux ouvrages; n'ayant peint d'un homme que les yeux et le haut de la tête, et ayant caché le reste derrière un monticule, afin d'avoir plus vite fini, cet ouvrage singulier donna lieu au proverbe suivant : *Micon a peint Bulés*, que l'on employait pour exprimer un ouvrage fait à la hâte. (Vitruve, Pline et Pausanias.) — On lui reprochait quelques défauts dans l'exécution de ses chevaux. Sculpteur.

N

NÉALCÈS, 248 ans av. J. C., Grèce. *Histoire.* Se faisait remarquer par les traits ingénieux dont il ornait ses tableaux. Ayant à représenter un combat naval livré sur le Nil entre les Perses et les Égyptiens, il représenta au bord du fleuve un crocodile prêt à dévorer un âne. C'est à Néalcès qu'on dut, à cette époque, la conservation d'un tableau célèbre de Mélanthe. (Voir ce nom.) — Sa fille Anaxandre cultiva également la peinture.

NESÉAS, 454 ans av. J. C., Thasos. Un des maîtres d'Apollodore d'Athènes. (Pline.)

NICANOR, 411 ans av. J. C., Paros. *Histoire.* Contemporain de Polygnote. (Pline.)

NICÉARQUE. Peintre grec.

NICIAS, 522 ans av. J. C., Athènes. *Histoire, portrait et animaux.* Élève de J. C. Antidote, sa réputation égala bientôt celle des plus grands maîtres de son temps; se faisait remarquer par son zèle pour l'étude de son art, qui lui faisait souvent oublier ses bains et ses repas. Avide de gloire plutôt que de richesse, il donna à la ville d'Athènes un de ses tableaux pour lequel le roi Ptolémée lui avait offert 60 talents. (Pline et Pausanias.) — Pythonisse évoquant les ombres.—Calypso—Io.—Andromède.—Alexandre.—Hyacinthe.—Distribution savante des ombres et de la lumière, relief extraordinaire dans les figures; excellait à peindre les animaux et surtout les chiens.

NICOMAQUE, fils d'Aristodème de Carie, 556 ans av. J. C., Grèce. *Histoire.* Élève de son père; comparé à Apelle par Cicéron. — Enlèvement de Proserpine.— Victoire s'élevant dans les airs sur un char.—Ulysse et Apollon.— Diane. —Cybèle assise sur un lion. —Bacchantes et Satyres.—La Scylla.— Grande rapidité dans l'exécution.

NICOPHANE, 355 ans av. J. C. *Histoire, etc.* Contemporain d'Aristide. Un des grands artistes de son époque.

O

OENIAS. Peintre grec.

OLYMPIAS. Cité par Pline. Elle eut un élève nommé Antobule duquel on ne sait rien.

OMPHALION, 300 ans av. J. C. D'abord esclave, puis élève et ami de Nicias. (Pausanias.)

venta les *grylli*, espèce de caricatures d'hommes et d'animaux. (Pline.) — L'enfant soufflant le feu. — Les fileuses au fuseau. — La chasse du roi Ptolémée. — Le satyre aux aguets. — Hésione.—Minerve. — Bacchus. — Le roi Philippe. — Alexandre le Grand. — Excella dans le clair-obscur et l'entente des reflets et des draperies. On croit qu'il y a eu deux peintres du nom d'Antiphile.

APELLE, 330 ans av. J. C. (Cos ou Colophon.) *Histoire et portrait.* Élève de Pamphile ; dès l'âge le plus tendre, on s'aperçut de ce qu'il serait un jour. Ce peintre avait l'habitude d'exposer ses ouvrages en public afin de recueillir les critiques. On cite à propos d'Apelle un grand nombre d'anecdotes que l'on pourra trouver à son article dans la *Biographie universelle.* On prétend que ce fut le seul peintre qui fut admis à faire le portrait d'Alexandre. On sait que cet artiste se servait d'un vernis pour recouvrir ses couleurs, au nombre de quatre, et dont personne ne connaît la composition. — Campaspe nue sous les traits de Vénus Anadiomène. — Alexandre tenant un foudre. — Clitus partant pour la guerre. — La pompe de Mégabyse. — Ménandre, roi de Carie. — Ancée. — Gorgosthein le tragédien. — Les Dioscures. — Alexandre et la victoire. — Bellone enchaînée au char d'Alexandre. — Héros nu. — Un cheval. — Néoptolème combattant à cheval contre les Perses. — Archélaüs, sa femme et sa fille. — Antigonüs armé. — Diane dansant avec des jeunes filles. — L'éclair. — Le tonnerre. — La foudre. — Sentiment, ordonnance, exécution, tout était parfait dans ce grand peintre. Travaillant assidu, Apelle produisit une grande quantité d'ouvrages. On croit qu'un autre peintre de ce nom a existé vers la 139e olympiade.

APOLLODORE, 450 ans av. J. C., Athènes. *Histoire.* Auteur d'un traité sur la peinture, maître de Zeuxis. (Pline.) — Un prêtre en adoration. — Ajax enflammé des feux de la foudre. — On écrivit sur ses ouvrages : On l'envierait plutôt qu'on ne l'imitera.

ARCÉSILAS, 260 ans av. J. C., Sicyone. *Histoire.* Fils de Tisicrate. (Pline.) — Leosthènes et ses enfants (apocryphe). — Peignait à l'encaustique.

ARDICÈS, 900 ans av. J. C., Corinthe. Cité par Pline.

ARÉGON, 900 ans av. J. C. Peignit avec Cléanthe dans le temple de *Diane Alphéenne.* (Strabon.)

ARELLIUS, 6 ans av. J. C. *Histoire et portrait.* Artiste qui acquit de la célébrité à Rome au siècle d'Auguste.—On lui reprochait de peindre les déesses sous la figure de ses maîtresses.

ARIMNA, 494 ans av. J. C. Cité par Varron.

ARISTARÈTE, fille de Néarcus. *Histoire.* Élève de son père.—Esculape.

ARISTIDE, fils et élève d'Aristodème, 350 ans av. J. C., Thèbes. *Histoire.* Chaque figure lui était payée 10 mines (900 fr. environ). Lors du siége de Corinthe, le roi Attale offrit 6,000 sesterces d'un tableau d'Aristide. (Pline.) — Ville prise d'assaut : mère blessée et mourante. — Bataille contre les Perses. — Quadriges en course. — Un suppliant. — Chasseurs avec leur gibier. — Portrait du peintre Léontion. — Biblis. — Bacchus et Ariane. — Tragédien accompagné d'un jeune garçon. — Vieillard montrant à un enfant à jouer de la lyre. — Un malade. — Sentiment parfait.

ARISTOBULE, peintre grec.

ARISTOCLÈS, 312 ans av. J. C., fils de Nicomaque. (Pline.)

ARISTOCLIDE, 429 ans av. J. C. Orna de peintures le temple de Delphes. (Pline.)

ARISTODÈME ou ARISTIDE, 392 ans av. J. C., Thèbes. Père et maître de Nicomaque et d'Aristide. (Pline.)

ARISTOLAÜS, fils de Pausias, 512 ans av. J. C., Grèce. *Histoire et portrait.* Élève de son père. (Pline.) — Epaminondas. — Périclès. — Médée. — La vertu. — Le peuple athénien personnifié. — Une hécatombe. — Grande élévation dans le sentiment.

ARISTON, 318 ans av. J. C. Fils d'Aristide, il eut pour élève un peintre peu connu nommé Autoride. (Pline.) — Satyre couronné tenant une coupe.

ARISTONIDES. Peintre grec.

ARISTOPHON, fils d'Aglaophon, 476 ans av. J. C., Thasos. *Histoire.* Frère et condisciple du célèbre Polygnote; exécuta un grand nombre de tableaux, mais fut loin d'acquérir autant de réputation que son frère. (Pline.) — Philoctète dans un accès de souffrance. — Chasse de Calydon.

ARTÉMON, 300 ans av. J. C. (?). Détails inconnus. (Pline.) — Danaé et les Corsaires. — La reine Stratonice. — Hercule et Déjanire. — Hercule au mont OEta. — Laomédon.

ASCLÉPIODORE, 335 ans av. J. C., Athènes. *Histoire.* Contemporain d'Apelle. Le tyran Mnason lui donna 30 mines (2700 fr.) par figure, pour son tableau des douze grands dieux. (Pline et Plutarque.) — Grande exactitude dans les proportions.

ATHÉNION, 512 ans av. J. C., Maronée. *Histoire.* Élève de Glaucon de Corinthe. Mort jeune. Mis au rang des grands peintres. (Pline.) — Philarque l'historien. — Syngénicon. — Assemblée de famille. — Achille déguisé en fille. — Palefrenier avec un cheval.

ATHÉNIS, ve siècle av. J. C., Chio. *Histoire.* Sculpteur et architecte.

B

BRIÉTÈS ou BRIÈS, 410 ans av. J. C., Sicyone. *Histoire.* Cité par Pline.

BULARQUE, 748 ans av. J. C. (?), Grèce. *Histoire et batailles.* Le tableau que Pline cite de cet artiste fut acheté au poids de l'or par Candaule, roi de Lydie; ce prince mourut 715 ans avant J. C. On présume que Bularque était plus ancien que lui. Pline le cite comme le premier peintre polychrome. — Bataille : défaite des Magnètes. — Employait des couleurs propres à imiter la nature.

C

CALATÈS, 300 ans av. J. C. *Genre.* Nommé *Rhyparographe*, peintre de petits sujets. (Pline.)

CALIPHON, 515 ans av. J. C., Samos. Fit pour le temple d'Éphèse le tableau de la *Discorde.* (Pausanias.)

CALLICLÈS, 300 ans av. J. C., Grèce. *Tableaux en miniature* On raconte que les tableaux de ce peintre n'avaient que 3 pouces de circonférence. (Pline.) — Varron assure que le talent de cet artiste se serait élevé au même rang que celui d'Euphranor, s'il avait entrepris de grandes compositions.

CALLIMAQUE, 415 ans av. J. C., Corinthe. *Histoire.* Sculpteur, architecte et peintre célèbre; ses ouvrages eurent une grande réputation. C'est à lui qu'appartient l'invention de l'ordre corinthien. (Pline, Plutarque et Vitruve.) — Aucun auteur ancien ne cite de ses tableaux. — Retouchait beaucoup ses ouvrages et n'était jamais content de son exécution; c'est pourquoi on l'avait surnommé l'ennemi de son art. Inventeur du *trépan*, instrument dont se servent les sculpteurs pour fouiller le marbre.

CALYPSO. *Portrait.* Détails inconnus. — Cette femme artiste avait peint le portrait d'un vieillard et d'un charlatan nommé Théodore.

CARMIDAS, 1400 ans av. J. C., Grèce. *Ornements.* Peignit beaucoup de vases.

CÉPHISODORE, 416 ans av. J. C. Cité par Pline.

CÉPHISODOTE, le jeune, 324 ans av. J. C., Paros (?). Fils de Praxitèle. (Pausanias et Pline).

CHARMADAS, 400 ans av. J. C. Peintre monochrome. (Pline.)

CHOEREPHANES. *Sujets licencieux.* Peignit beaucoup de vases.

CIMON, 850 ans av. J. C., Cléone (Grèce.) *Histoire.* Élève d'Eumarus d'Athènes. Un auteur, en parlant de cet artiste, dit qu'il augmenta

le salaire qu'il tirait de ses élèves en raison des progrès que lui devait la peinture. Nommé Conon par d'anciens écrivains. — Contribua beaucoup au progrès de l'art, varia les traits du visage, donna aux regards différentes directions, et imagina, à ce que l'on croit, les raccourcis. Parvint également à indiquer les articulations des membres, les veines du corps et les plis rentrants et saillants des draperies.

CLÉANTHE, 900 ans av. J. C., Corinthe. Premier peintre monochrome. Peignit avec Arégon dans le temple de Diane Alphéonie plusieurs tableaux sur mur. Parmi ces peintures Strabon cite la *Prise de Troie* et la *Naissance de Minerve.* Ces derniers tableaux paraissent apocryphes.

CLÉOPHANTE, 700 ans av. J. C., Corinthe. *Histoire.* Les Grecs le regardent comme l'inventeur de la peinture, parce qu'il est le premier qui appliqua de la couleur sur les dessins. — Un des premiers peintres monochromes ; l'unique couleur qu'il employait était, d'après Pline, de la brique pilée.

CLÉSIDES, 294 ans av. J. C., Éphèse. *Histoire et portraits.* Se rendit en Égypte ; fut admis chez la reine Stratonice ; peu satisfait de l'accueil de cette princesse, il peignit la reine, dans tout l'éclat de sa beauté, partageant l'ivresse d'un vil pêcheur, et laissa ce tableau exposé à la vue publique, après s'être assuré d'un navire qui mettait à la voile. Stratonice se trouva si belle qu'elle conserva le tableau.

CLÉTAS, 764 ans av. J. C., Grèce. Travailla au temple de Junon à Ardée. Cité par Pline.

COLOTÈS, 407 ans av. J. C., Téos. Cité par Quintilien.

CORAEBUS ou CORYBAS, 514 ans av. J. C., Athènes. *Miniature.* S'occupa à orner les vases antiques de ses peintures. Élève de Nicomaque.

CORMAXIDE. Peintre grec.

CORMÉNIDE, 545 ans av. J. C. Élève d'Euphranor. (Pline.)

CTÉSIDÈME, 352 ans av. J. C. Maître d'Antiphile de Naucratès en Égypte. Cité par Pline. — Hercule assiégeant l'OEchalie. Laodamie.

CTÉSILOQUE, 320 ans av. J. C., Grèce. *Histoire.* On croit qu'il ne forme qu'un avec Ctésiochus frère et élève d'Apelle : sa célébrité vient d'un tableau bizarre qu'il exécuta et qui représentait Jupiter accouchant de Bacchus; cette composition fut répétée sur plusieurs monuments. (Pline.)

CYDIAS, 364 ans av. J. C., île de Cythnos (Cyclades). *Histoire.* Ses ouvrages avaient une immense réputation : dans la suite, l'orateur Hortensius en paya un 154,000 sesterces et fit construire dans sa maison de Tusculum, une place pour le recevoir. Ce tableau, représentant le départ des Argonautes pour la Colchide, fut transporté par M. Agrippa, dans un portique dédié à Neptune. — Les Argonautes. — On lui attribue l'invention d'une couleur rouge produite par l'ocre brûlée, et l'on assure qu'il fit cette découverte pendant un incendie en s'apercevant que cette matière rougissait par l'action du feu.

D

DAMOPHILUS ou DÉMOPHILUS, 491 ans av. J. C., Himère. *Histoire.* Décora, de concert avec Gorgasus, l'ancien temple de Cérès, à Rome; une inscription en vers grecs annonçait que les ouvrages de peinture et de sculpture de la droite avaient été faits par Damophilus. Quelquefois le nom de ce peintre se trouve écrit Dimophilus. Avant ses œuvres, on ne connaissait à Rome que des peintures et des sculptures étrusques.

DINAS, 850 ans av. J. C., Grèce. *Ornements,* Peintre de vases anciens.

DYONISIUS, 412 ans av. J. C. (?). Colophon. *Hist. et portrait.* Contemporain de Polygnote; allait étudier dans l'atelier de ce peintre célèbre les expressions, le caractère, la pose et les draperies. Cité par Ælien et Plutarque.

— Portrait d'Aristarque. — S'attachait à rendre exactement la nature.
DIORÈS, 494 ans av. J. C. Cité par Pline.

E

ÉCHION ou AETION, 330 ans av. J. C., Grèce. *Histoire.* Compté par Pline au même rang qu'Apelle, Mélanthius et Nicomaque; ses ouvrages étaient recherchés dans toutes les villes de la Grèce. — On cite de lui : Bacchus. — La Tragédie et la Comédie. — Le couronnement de Sémiramis. — Une vieille portant deux lampes devant une nouvelle mariée. — Noces d'Alexandre et de Roxane. (C'est d'après la description de ce tableau que Raphaël composa un de ses ouvrages les plus célèbres.) — Cité aussi par Cicéron, comme ayant joui d'une grande célébrité; cultiva également la sculpture et travailla avec Thérimaque.

ERIGONUS, 250 ans av. J. C. Broyait les couleurs chez Néalcès et devint lui-même un peintre habile. (Pline.)

EUCHIR et EUGRAMMUS, 660 ans av. J. C. Lorsque les Bacchyades furent chassés de Corinthe, ces artistes suivirent Démarate père de Tarquin l'ancien en Italie. On leur a attribué à tort l'invention de la *plastique*. (Pline.)

EUDORE. Peintre grec dont l'existence est problématique.

EUMARUS, 850 ans av. J. C., Athènes. *Histoire.* Cité par Pline. — Le premier, croit-on, qui dans ses ouvrages imparfaits parvint à faire distinguer les hommes des femmes.

EUMELUS, 220 ans après J. C. Cité par Pisostrate.

EUPHRANOR dit L'ISTHMIEN, 364 ans av. J. C., Corinthe. *Histoire.* Établi à Athènes ; connaissant également bien la théorie et la pratique de son art; auteur de plusieurs ouvrages sur la couleur et l'ordonnance des tableaux que l'on doit regretter. Chargé d'exécuter les douze grands dieux, il fit le Neptune si beau, qu'il dut rester en-dessous pour les autres, même pour le Jupiter. Ayant concouru avec Parrhasius pour une figure de Thésée et son coloris étant plus vigoureux que celui de son rival : « Parrhasius, dit-il, a peint un Thésée « qu'il a nourri de roses, le mien est nourri « de chair vive. » — Bataille de Mantinée. — Thésée. — Junon. — Apollon. — Ulysse contrefaisant l'insensé. — *Parmi ses sculptures :* Pâris. — Minerve, surnommée plus tard Catulienne. — Latone venant de donner le jour à Apollon et à Diane, qu'elle tenait dans ses bras. — La Grâce et la Vertu (fig. colossales). — Alexandre. — Philippe. — Excellait dans tous les genres; travaillait également le marbre et le bronze; produisit une foule de chefs-d'œuvre, tableaux, statues, colosses, chars, vases ciselés ; le premier il donna aux figures de héros le caractère et la dignité convenables; on lui reprochait de faire, en général les têtes et les articulations trop fortes. Il eut pour élèves Antidote, Corménide et Léonidas d'Anthédon.

EUPOMPE, 370 ans av. J. C., Sicyone. *Histoire.* Rival et contemporain de Zeuxis, de Timanthe, d'Androcydes et de Parrhasius, on le compte au nombre des plus grands artistes que la Grèce ait produits; lorsqu'on lui demandait quel était celui de ses prédécesseurs qu'il avait cherché à imiter, il en nommait plusieurs, en ajoutant : « Ce n'est pas un ar« tiste, c'est la nature qu'il faut copier. » — Un Grec vainqueur aux jeux gymniques. — Sa réputation fut si grande que depuis on divisa les écoles qui précédemment n'étaient désignées que sous les noms d'Asiatique et d'Helladique, en école d'Athènes, de Sicyone et d'Ionie. Pamphile, maître d'Apelle, fut son élève.

EUXÉNIDAS, 330 ans av. J. C., Sicyone. *Histoire.* Aristide de Thèbes fut son élève. C'est un de ses principaux titres à la gloire.

EVENOR, 440 ans av. J. C., Grèce. *Histoire et portrait.* Peintre célèbre. Son fils fut le fameux Parrhasius.

F

FABIUS, 500 ans av. J. C. *Histoire.* On le surnomma Pictor (le peintre; et l'on pense que ce titre lui fut donné comme un ridicule parce que Fabius, appartenant à une famille illustre, fut censé déroger en s'adonnant à la peinture. — Peignit le temple de Salus sur le mont Quirinal. — Il est le premier peintre romain que l'on cite.

G

GLAUCON ou GLAUCION, 520 ans av. J. C., Corinthe. *Histoire.* Fut le maître d'Athénion. (Pline.)

H

HABRON. Peintre grec.

HÉLÈNE, 69 ans après J. C., Égypte. Fille de Timon l'Égyptien. (Photius.)

HÉRACLIDE, 518 ans av. J. C., Macédoine. Fils d'Agasias d'Éphèse, vécut pauvre. Peintre estimé de son temps. Fut aussi statuaire. Cité par Pline.

HILARIUS, 570 ans ap. J. C., Bithynie. Cité par Eunapius dans la vie de Priscus.

HYGIÉMON, 850 ans av. J. C. Cité par Pline.

I

IRÈNE, fille de Cratinus, peintre et comédien. *Histoire.* Figure de femme. (Ce tableau se voyait à Eleusis.)

L

LABEO (Antistius), 69 ans après J. C. *Histoire.* Préteur, proconsul de la province Narbonnaise. Mort sous Vespasien. (Pline.) — Peignit de petits tableaux. — Peu de mérite.

LALA ou LERLA, 80 ans av. J. C., Cysique (Mysie). *Histoire et portrait.* Elle florissait à Rome, acquit une grande célébrité en peignant à l'encaustique et sur ivoire. Ses tableaux furent préférés à ceux de Dyonisius. Pline l'a nommée *Vierge perpétuelle.* — Excellait dans les portraits de femmes ; exécution facile et légère, grande promptitude. Elle fit son portrait au miroir.

LÉONTISQUE. Détails inconnus. — Joueuse de harpe. — Aratus victorieux.

LIMONAQUE, Byzance. *Histoire.* Ajax. — Médée. — Oreste — Iphigénie en Tauride. — Lécythion ou maître à voltiger. — Famille noble. — Une gorgone.

LUC (St.), l'évangéliste, 57 ans après J. C. On croit qu'il fut peintre. Il est reconnu que les madones de Bologne qu'on lui attribue sont des peintures du moyen âge.

LUDIUS (Marcus), 400 ans av. J. C., Rome. *Rives, marines, paysages et figures.* Acquit une grande célébrité sous le règne d'Auguste; embellit la plupart des maisons de campagne des productions de son pinceau, et acquit le droit de bourgeoisie chez les Ardéates en récompense des travaux qu'il avait exécutés chez eux. Quelques historiens pensent que ce Marcus Ludius est le même que Clétas. — Invention fine, agréable et hardie; substitua la fresque à l'encaustique.

LYSIPPE, 410 ans av. J. C., Egine. Cité par Pline, mais d'une manière problématique.

M

MALLIUS, 395 ans après J. C. Peintre romain du temps de Macrobe.

MÉCOPHANE, 340 ans av. J. C., Grèce. *Histoire.* Élève de Pausias. (Pline.) — Socrate. — Un fainéant (ce tableau a joui d'une grande célébrité). — Dureté dans l'exécution.

MÉLANTHE, 324 ans av. J. C., Grèce. *Histoire.*

Élève de Pamphile et d'Apelle, dont il fut l'émule. Aristrate, tyran de Sicyone, se fit peindre par Mélanthe sur un char de triomphe; lors de la délivrance de Sicyone par Aratus, on détruisit toutes les images des tyrans; l'ouvrage de Mélanthe allait subir le même sort, lorsque la beauté de l'œuvre et les prières du peintre Néalcès obtinrent sa conservation à la condition qu'on effacerait la figure. Néalcès s'en chargea, et ne mit à la place qu'une palme, ne se jugeant pas digne d'y ajouter davantage. (Pline, Quintilien et Plutarque.) — Méthode excellente; ne se servait cependant que de quatre couleurs, les seules dont on faisait alors usage. Auteur d'un ouvrage sur son art, qui ne nous est pas parvenu.

MÉTRODORE, 168 ans av. J. C., Macédoine. *Histoire:* Florissait à Athènes; envoyé au consul Paul-Emile afin de peindre son triomphe; joignait à ses talents comme peintre les qualités d'exceller dans son art.

MICON, 430 ans av. J. C., Athènes. *Histoire et portrait.* Contemporain et rival de Polygnote; orna sa ville natale de plusieurs beaux ouvrages; n'ayant peint d'un homme que les yeux et le haut de la tête, et ayant caché le reste derrière un monticule, afin d'avoir plus vite fini, cet ouvrage singulier donna lieu au proverbe suivant : *Micon a peint Butès*, que l'on employait pour exprimer un ouvrage fait à la hâte. (Vitruve, Pline et Pausanias.) — On lui reprochait quelques défauts dans l'exécution de ses chevaux. Sculpteur.

N

NÉALCÈS, 248 ans av. J. C., Grèce. *Histoire.* Se faisait remarquer par les traits ingénieux dont il ornait ses tableaux. Ayant à représenter un combat naval livré sur le Nil entre les Perses et les Egyptiens, il représenta au bord du fleuve un crocodile prêt à dévorer un âne. C'est à Néalcès qu'on dut, à cette époque, la conservation d'un tableau célèbre de Mélanthe. (Voir ce nom.) — Sa fille Anaxandre cultiva également la peinture.

NESÉAS, 454 ans av. J. C., Thasos. Un des maîtres d'Apollodore d'Athènes. (Pline.)

NICANOR, 411 ans av. J. C., Paros. *Histoire.* Contemporain de Polygnote. (Pline.)

NICÉARQUE. Peintre grec.

NICIAS, 322 ans av. J. C., Athènes. *Histoire, portrait et animaux.* Élève de J. C. Antidote, sa réputation égala celle des plus grands maîtres de son temps ; se faisait remarquer par son zèle pour l'étude de son art, qui lui faisait souvent oublier ses bains et ses repas. Avide de gloire plutôt que de richesse, il donna à la ville d'Athènes un de ses tableaux pour lequel le roi Ptolémée lui avait offert 60 talents. (Pline et Pausanias.) — Pythonisse évoquant les ombres. — Calypso — Io. — Andromède. — Alexandre. — Hyacinthe. — Distribution savante des ombres et de la lumière, relief extraordinaire dans les figures; excellait à peindre les animaux et, surtout les chiens.

NICOMAQUE, fils d'Aristodème de Carie, 356 ans av. J. C., Grèce. *Histoire.* Élève de son père; comparé à Apelle par Cicéron. — Enlèvement de Proserpine. — Victoire s'élevant dans les airs sur un char. — Ulysse et Apollon. — Diane. — Cybèle assise sur un lion. — Bacchantes et Satyres. — La Scylla. — Grande rapidité dans l'exécution.

NICOPHANE, 355 ans av. J. C. *Histoire, etc.* Contemporain d'Aristide. Un des grands artistes de son époque.

O

OENIAS. Peintre grec.

OLYMPIAS. Cité par Pline. Elle eut un élève nommé Autobule duquel on ne sait rien.

OMPHALION, 300 ans av. J. C. D'abord esclave, puis élève et ami de Nicias. (Pausanias.)

ONATAS, 476 ans av. J. C. Fils de Micon. Peintre et statuaire. (Pausanias.)

P

PACUVIUS, 200 ans av. J. C. *Histoire*. Également poëte, neveu d'Ennius. (Pline.) — Peignit le temple d'Hercule dans le *Forum boarium*, Marché aux bœufs, à Rome.

PAMPHILE, 350 ans av. J. C., Amphipolis. *Histoire*. Élève d'Eupompe et maître d'Apelle; savant dans la géométrie et les belles-lettres; ne prenait point d'élèves à moins qu'ils ne lui payassent un talent (environ 6,000 fr. de notre monnaie) durant l'espace de dix ans qu'il les retenait dans l'étude de la peinture. Apelle et Mélanthe lui payèrent cette somme. (Pline.) — Combat dans la ville de Phlius ou Phliunte. — Victoire des Athéniens. — Ulysse dans son vaisseau

PANŒNUS. 448 ans av. J. C., Grèce. *Histoire et portrait*. Le premier qui fit usage de l'encaustique; il était frère du célèbre sculpteur Phidias. Plutarque nomme le frère de Phidias *Plisténète*, mais Pline, Strabon et Pausanias le nomment *Panœnus*. — Bataille de Marathon. — Atlas supportant le ciel et la terre. — Hercule et le lion de Némée. — Prométhée chargé de chaînes. — Excella dans le portrait, au point que les Grecs et les Perses reconnurent leurs généraux dans le tableau de la bataille de Marathon.

PARRHASIUS, fils d'Evenor, 420 ans av. J. C., Éphèse. *Hist. et port*. Élève de son père; contemporain et rival de Zeuxis; ne travaillait que lorsqu'il se sentait inspiré, et chantait à demi-voix pour nourrir son enthousiasme; ne put se défendre d'un excès d'amour-propre, ayant sans cesse ses propres louanges à la bouche. se prétendant issu d'Apollon, déployant le plus grand luxe et ne paraissant en public que vêtu de la pourpre et portant une couronne d'or, se considérant comme le roi de la peinture. (Pline et Pausanias.) — Le peuple d'Athènes. — Méléagre, Hercule et Persée. — Portrait d'un archigalle ou grand prêtre de Cybèle. — Énée, Castor et Pollux, Télèphe, Achille, Agamemnon et Ulysse. — Homme courant inondé de sueur. — Soldat haletant, en détachant ses armes. — Le rideau. — Nourrice crétoise avec son enfant. — Grande science du dessin, génie d'invention, figures élégantes et correctes, touche raisonnée et spirituelle, pinceau gracieux et vrai; deux de ses qualités distinctives étaient la manière dont il coiffait ses têtes, et la grâce qu'il donnait aux contours des bouches. Peignit aussi de petits tableaux licencieux.

PASIAS, 220 ans av. J. C. Élève d'Erigonus; il était frère du sculpteur Pasias d'Égine. (Pline.)

PAUSIAS, fils de Briétès, 340 ans av. J. C., Sicyone. *Histoire, portrait et fleurs*. Élève de son père et de Pamphile; un des amants de la célèbre courtisane Glycère, renommée pour ses grâces et pour l'art avec lequel elle tressoit ses couronnes de fleurs; Pausias essaya d'imiter ses bouquets charmants, et y réussit au point que les copies furent jugées dignes de leurs modèles; resta toute sa vie à Sicyone et contribua puissamment à la renommée de cette célèbre école. (Pline, Pausanias.) — Le portrait de Glycère couronnée de fleurs (tableau célèbre dans toute la Grèce). — Sacrifice de taureaux. — L'Amour tenant une lyre au lieu d'un carquois. — L'ivresse buvant dans une coupe au travers de laquelle on distinguait une partie du visage. — Introduisit l'usage de décorer les chambres intérieures des maisons; peignait de préférence des figures d'enfants.

PAUSON, 420 ans av. J. C., Grèce. *Histoire, portrait et animaux*. Son talent, loin de l'enrichir, ne le sauva pas de la misère; un amateur l'ayant chargé de peindre un cheval dans l'action de se rouler, il se trouva que le peintre avait représenté un coursier au galop; sur l'observation qui lui en fut faite, Pauson retourna le tableau en riant et fit voir que l'a-

nimal se trouvait sur son dos et tel qu'il l'avait demandé, ce qui prouve que l'on n'ajoutait alors aucun accessoire à l'objet principal. (Plutarque, Lucien et Élien.) — On rapporte de lui qu'il restait au-dessous de ses modèles. Aristote, Plutarque, Élien et Lucien le citent avec éloge.

PEDIUS (Quintus), 20 ans après J. C., Rome. Petit-fils de C. Pedius, homme illustre par l'amitié que lui porta Jules César. Quintus était muet, il mourut au moment où ses succès présageaient un bon peintre.

PERSÉE, 350 ans av. J. C., Grèce. Élève d'Apelle. Peu de talent.

PHALÉRION. Peintre grec.

PHIDIAS, 465 ans av. J. C. Illustre statuaire. On croit qu'il cultiva la peinture.

PHILOCARÈS, 50 ans av. J. C., Athènes. Fit pour les Comices un tableau représentant *Glaucon et son fils*. (Pline.)

PHILOXÈNE, 312 ans av. J. C., Érétrie. *Hist.* Élève de Nicomaque. — Bataille d'Alexandre contre Darius. Peinture trop expéditif.

PHILISCUS, 67 ans av. J. C. *Genre*. Florissait à Rome où ses ouvrages étaient remarqués pour la beauté du coloris et la belle imitation. On cite de lui : L'atelier d'un peintre, représenté par un petit garçon soufflant le feu.

PINUS (Cornélius), 40 ans av. J. C. *Histoire*. Florissait sous Vespasien, travailla avec Accius Priscus. — Le temple de la vertu et de l'honneur (fresques).

POLYGNOTE de Thasos, fils d'Aglaophon, 416 ans av. J. C., Thasos. *Histoire*. Élève de son père; fut chargé par les Athéniens de décorer le Pœcile, de concert avec Micon (vu ce nom); ne voulut recevoir aucun prix pour ce travail; embellit de ses ouvrages plusieurs édifices de la même ville, entre autres le temple de Minerve; reçut des Athéniens reconnaissants le droit de bourgeoisie; les Amphictyons lui décernèrent le droit d'hospitalité gratuite dans toutes les villes de la Grèce. Sa gloire et ses talents séduirent Elpinice, sœur de Cimon, fils de Miltiade, et elle consentit à lui servir de modèle; travailla pour la ville de Thespies. C'était à Delphes que se trouvaient ses chefs-d'œuvre; il y avait représenté, dans de vastes compositions les principales scènes qui suivirent la destruction de Troies. — Ulysse venant d'immoler les prétendants. — Castor et Pollux à pied et à cheval. — Union de Castor et de Pollux avec Llaïre et Phœbé, filles de Leucippe. — Les épisodes les plus remarquables de la guerre de Troie. — On croit qu'il se servait du procédé de l'encaustique et on lui attribue la composition d'un noir qu'il obtenait en brûlant le marc de raisin. Beaucoup de sentiment et d'étude, malgré la simplicité du coloris; beau caractère de figures; donna le premier aux têtes des expressions variées, peignit les bouches ouvertes et fit apercevoir les dents; inventa pour les figures de femmes des vêtements transparents et des coiffures de couleurs diverses qui leur donnaient une grâce singulière. On a prétendu que ce peintre avait fait appliquer un esclave à la torture pour peindre les tourments de Prométhée. On a dit la même chose de Parrhasius. Il écrivait ordinairement dans ses ouvrages les noms des héros qu'il représentait.

PROTOGÈNES, 336 ans av. J. C., Caune (Carie). *Histoire*. Son maître est inconnu. A 50 ans, assure-t-on, ce peintre n'avait encore produit aucune œuvre connue du public; puis il devint le digne rival d'Apelle qui le visita à Rhodes où il habitait. Protogènes avait été réduit, pour vivre, à peindre des vaisseaux. Le conte de l'éponge jetée et produisant sur la toile l'imitation exacte de la boue, lui est appliqué. — Lilyassus. — Satyre mourant d'amour. — Cydippe. — Tlépolème. — Philisque méditant. — Athlète. — Le roi Antigonus. — La mère d'Aristote. — Alexandre. — Pan. — Le seul reproche qu'on lui faisait, c'était de trop retoucher ses peintures. On a prétendu qu'il mit dans un tableau quatre couleurs l'une sur l'autre, afin qu'une couche de couleur venant à tomber, une autre couche lui succédât.

PYREICUS. Grèce. *Genre et animaux*. Surnommé *Rhyparographus*, peintre de bambochades. Cité par Pline avec de grands éloges.

S

SÉRAPION. *Architecture et décorations*. Faisait de très-grands tableaux.

SIANUS. Peintre grec.

SIMONIDE. Peintre grec.

SOCRATE. 315 ans av. J. C. *Histoire*. Disciple de Pausias. (Pline.) — Les filles d'Esculape, Hygie, Églé, Panacée, Iaso. — OEnos ou le cordier fainéant.

SOPOLIS, 87 ans av. J. C. *Genre et portrait*. Vivait à Rome. (Pline.)

SOSUS. Sicyone ? (Mosaïque). Florissait à la cour d'Attale, à Pergame.

T

TALUS, 1350 ans av. J. C. Neveu de Dédale; on croit qu'il peignit des vases antiques.

TAURISQUE. Peintre grec.

TÉLÉPHANUS, 900 ans av. J. C., Sicyone. *Miniature*. Renommé pour ses peintures de vases antiques. Cité par Pline.

THÉODORE, Athènes. Cité par Diogène Laërce. Pline parle d'un Théodore de Samos, élève d'un Nicosthène. Diogène Laërce cite encore un peintre de ce nom né à Éphèse.

THÉOMNESTE, 331 ans av. J. C. Il l'emportait sur Apelle dans l'ordonnance de ses compositions. (Pline.)

THÉON, 352 ans av. J. C., Samos. *Histoire et genre*. Cet artiste avait peint un guerrier qui, l'épée nue et l'air menaçant, se précipitait au combat. Avant de lever la toile qui cachait son œuvre, il fit sonner la charge par un trompette. — Oreste tuant sa mère.

THÉRICLÈS, Athènes. Un des peintres qui s'occupèrent à peindre des vases antiques.

THÉRIMAQUE, 350 ans av. J. C., Paros. Également sculpteur.

TIMAGORAS, 450 ans av. J. C., Chalchis. *Hist.* Célèbre peintre de son époque. (Pline.)

TIMANTHE, 400 ans av. J. C., Cythnos (une des Cyclades). *Histoire et portrait*. Rival de Parrhasius. Il y eut un deuxième Timanthe, bon peintre. (Pline et Plutarque.) — Sacrifice d'Iphigénie. — Polyphème endormi, dont de petits satyres mesurent le pouce avec un thyrse. — Il peignit rendre la douleur du père d'Iphigénie, il lui voila le visage : *Patris ipsius vultum velavit, quem digne non poterat ostendere*. Dalechamp, prétend que cette idée est due à Euripide.

TIMARÈTE, fille de Micon le jeune, 435 ans av. J. C. *Histoire*. Diane à Éphèse.

TIMOMACHUS, Byzance. *Histoire*. Ajax et Médée lui fut acheté par Jules César pour 80 talents. Cité par Pline. Ajax et Médée. — La Gorgone. — Iphigénie. — Oreste

TLÉPOLÈME, 75 ans av. J. C. Cité par Cicéron.

TURPILIUS, 69 ans après J. C., Rome. *Histoire*. Chevalier romain; exécuta de beaux ouvrages à Vérone. Pline, dont il était contemporain, raconte qu'il peignait de la main gauche.

Z

ZEUXIS, 475 ans av. J. C., Héraclée. *Histoire*. Élève d'Apollodore. Défié par Parrhasius, il peignit des raisins que les oiseaux vinrent becqueter. Parrhasius, de son côté, peignit un rideau que son rival le pria de soulever. Zeuxis se déclara vaincu. Ce peintre acquit une immense fortune. Il se montrait aux jeux olympiques couvert d'un manteau où son nom se trouvait écrit en lettres d'or. (Pline.) — Alumène. — Pan. — Pénélope. — Jupiter assis sur son trône et entouré des dieux qui sont debout. — Hercule étouffant les serpents. — Le tableau des raisins. — Hélène. — Marsyas. — Junon Sacinienne. Ce fut surtout remarquer par la recherche de l'idéal. Pline lui reproche de faire des têtes trop fortes.

PEINTRES DES IXe, X^e, XIe, XIIe ET XIIIe SIÈCLES.

ADÉLARD II, 11e siècle. *Miniature.* Abbé de Saint-Trond. Il fut aussi sculpteur..

ARIPERT. *Histoire.* Astolphe, roi des Lombards. le récompensa pour avoir peint à fresque les murs de son palais.

ALIMPIUS, 12e siècle. *Histoire.* Le plus ancien peintre de la Russie ; il était religieux au couvent des Grottes à Kiew, et a été canonisé par le clergé russe.

BERNWARD, 950?-1023. Hildesheim. Nommé précepteur de l'empereur Othon III ; eut part au gouvernement et fut nommé en 993, évêque de sa ville natale. — Savant, homme d'État, sculpteur, mosaïste, peintre, orfèvre et architecte.

BRUUN, dit CANDITUS, 9e siècle. *Histoire.* Religieux dans l'abbaye de Fulde ; embellit de ses ouvrages à fresque l'église de son couvent. Également poète latin.

DUNSTAN, évêque de Cantorbéry, 10e siècle. Facteur d'instruments et habile peintre.

FOULQUES, *1010. Flandre. *Miniature.* Préchantre de l'abbaye de Saint-Hubert ; peignait délicatement.

HERBERT, *1010. *Min.* Mort jeune, bon peintre.

HUGUES, 960. Bienne. *Histoire.* Moine de Moutier-en-Der ; orna les églises de ses fresques, de ses tableaux et de ses sculptures ; fut aussi statuaire.

LAZARE, *850. Italie. *Miniature et histoire.* Il était moine et vivait sous le règne de l'empereur Théophile, fils de Michel le Bègue ; ce prince, ennemi acharné de la peinture, fit torturer jusqu'à deux fois Lazare qui guérit pourtant de ses affreuses blessures, il reprit son art qu'il cultiva librement après la mort de son souverain.

MODESTUS. Calligraphe et miniaturiste, à Saint-Gall.

NATKER ou NOTKER, *950. *Miniature.* Moine, peintre, médecin et poète ; successeur de Modestus et Sintramme ; établi à Saint-Gall. — Appartient à l'école gallo-germanique.

PANTALEO, 10e siècle. *Miniature.* Au 10e siècle, l'empereur Basile Porphyrogénète envoya au duc de Milan, Louis Sforza, une espèce de Missel, nommé Ménologe où se trouvaient 430 tableaux en miniature, représentant des temples, des animaux, des meubles, des ornements, etc. La plupart signés par les auteurs. Au nom de Pantaleo, il faut ajouter les suivants : Michel Blanchernita, Siméon Blanchernita, Siméon, Georgias, Menas, Michel Micros et Nestor.

SINTRAMME. *Miniature.* Peintre-calligraphe.

THIÉMON ou DIETHMAR, 1057-1101. Bavière. *Histoire.* Peintre, sculpteur, fondeur et doreur. Ayant refusé de réparer une idole, il fut mis à mort ; vraie ou fausse, cette histoire l'a placé au rang des martyrs. — Abbé de Saint-Pierre en 1079, archevêque de Saltzbourg en 1090.

TRANFURNARI (Emmanuel), 10e ou 11e siècle. Constantinople. *Histoire.* On pense qu'il séjourna en Italie. — Le sommeil ou les obsèques de Saint-Ephrem, Rome. — Coloris vif et brillant.

TUTILON, +908? *Miniature et histoire.* Contemporain de Natker et moine comme lui ; florissait à Saint-Gall, où il était au couvent des Bénédictins — Peintre, poète, ciseleur, musicien et statuaire.

SIGNES CONVENTIONNELS.

L' * précédant une date indique le temps où l'artiste florissait ;

La +, l'année de sa mort ;

Une date seule, l'année de sa naissance ;

Le ? est dans tous les cas l'indication du doute.

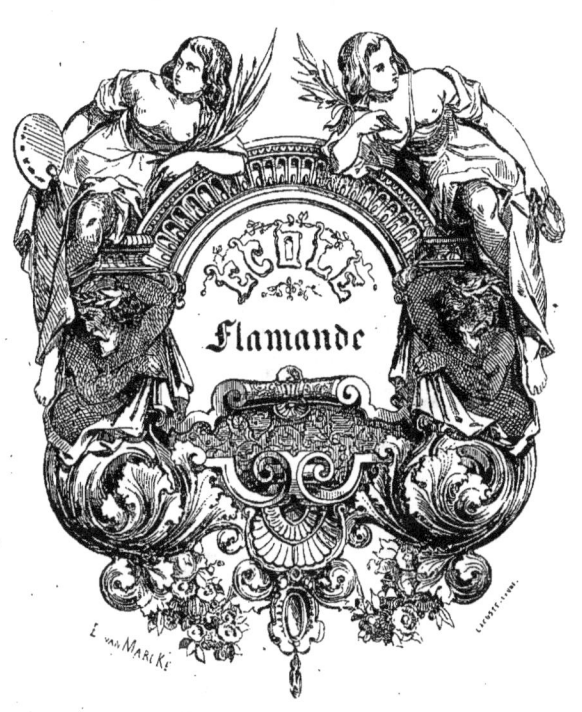

ÉCOLE

Flamande

E. van Marcke

DICTIONNAIRE HISTORIQUE

DES

PEINTRES DE TOUTES LES ÉCOLES.

ÉCOLE FLAMANDE.

NOMS.	ANNÉES DE NAISSANCE ET DE MORT.	LIEU DE NAISSANCE	GENRE.	NOTES HISTORIQUES.	TABLEAUX PRINCIPAUX ET LIEUX OU ILS SE TROUVENT.	Observations.
EYCK (Hubert Van).	Naiss. 1366 Mort. 1426	Maseyck.	Hist. relig., portr.	Il est, avec son frère, l'inventeur de la peinture à l'huile. En vain a-t-on honoré Antonielo, de Messine, de cette découverte, il est aujourd'hui prouvé qu'on la doit aux deux peintres flamands auxquels commence notre école. La sœur de Hubert et de Jean s'occupait aussi de peinture. Elle refusa de se marier dans la crainte de devoir abandonner cet art. Il existe au Musée d'Anvers un Repos en Égypte de Marguerite Van Eyck. Ce fut son frère Jean qui acheva le fameux tableau de l'Adoration de l'agneau , commencé par Hubert que la mort enleva à Gand, quatre ans après avoir entrepris cette œuvre.	L'adoration de l'agneau se trouve à Gand , peint par les deux frères. Les volets dont les deux frères avaient garni ce tableau, se trouvent actuellement dans le cabinet du roi de Prusse. Un triptyque, Gand. Adoration des mages, Bruges. Vierge allaitant, Anvers.	De tous les peintres contemporains des Van Eyck , personne ne comprit mieux qu'eux la perspective aérienne. Leur coloris surpasse celui de l'école italienne. On remarque, dans le tableau de l'Adoration de l'agneau , les portraits des deux frères.
ROGER de Bruges.	1366 1418?	Bruges?	Hist. relig.	Élève de Van Eyck. Fiorillo prétend qu'un voyageur a vu un tableau de ce peintre portant la date de 1462.	Il a peint de grands panneaux à la colle et à l'eau d'œuf qui, selon l'usage du temps, servaient de tapisseries. Il a donné beaucoup de tableaux aux églises de Bruges. Portrait d'homme, Bruxelles. Portrait de femme, ibid.	Pinceau correct et gracieux; il peignit peu à l'huile.
GOES (Hugues Van-den).	*1480	Bruges?	Id.	Élève de Van Eyck. Il peignait aussi sur verre. En 1473 il dirigea les fêtes qui eurent lieu à Gand, à l'occasion de l'entrée de Charles le Téméraire. Il mourut dans le couvent des chanoines réguliers , à Roensdaele.	Une épitaphe, à Gand. Une Descente de croix sur vitraux, ibid., et beaucoup d'autres tableaux, Bruges. Adoration des bergers, Bruxel. Une Vierge assise avec l'enfant Jésus, Florence. Un portrait, ibid. L'Annonciation, Berlin. La Vierge et l'enfant Jésus , ib. Saint Augustin, ibid.	Beaucoup de finesse dans le coloris. Composition judicieuse.
EYCK (Jean Van), surnommé dans les biographies étrangères JEAN DE BRUGES.	1570? 1445?	Maseyck.	Hist. relig., portr.	Sa carrière fut des plus honorables. Envoyé par le duc de Bourgogne avec une ambassade pour demander en mariage l'infante Isabelle, il fit le portrait de cette princesse. Après la mort de son frère Hubert, il vint s'établir à Bruges, où il vécut entouré de l'estime de tous. Jusqu'au xviiie siècle on célébrait chaque année, au mois de juillet, un service funèbre en son honneur.	Portrait du peintre, Bruges. La Vierge et l'enfant Jésus , et deux autres saints, ibid. Portrait de sa femme, ibid. Tête de Christ, ibid. Vierge glorieuse, ibid. Intérieur d'une chambre avec figures, Londres. Adoration des mages, Amsterdam. Temple avec plusieurs personnages, ibid. Portrait de J. Deleeuw, Vienne. L'Annonciation de la Vierge , Hollande. La Vierge de Lucques, ibid. La Vierge et l'enfant Jésus, ibid. La Vierge couronnée par un ange, Paris. Noces de Cana , ibid. Trois tableaux, Madrid.	Jean Van Eyck ayant exposé au soleil un tableau qui lui avait coûté beaucoup de soins, ce tableau, qui était sur bois, se sépara en deux. La douleur de voir ainsi détruire le fruit de ses travaux lui fit avoir recours à la chimie, pour tenter si, par le moyen des huiles cuites, il ne pourrait pas faire sécher son vernis sans le secours du soleil ou du feu : il se servit des huiles de noix et de lin, comme les plus siccatives, et en les faisant cuire avec d'autres drogues, il composa un vernis admirable. Il éprouva de plus, que les couleurs se mêlaient plus facilement avec l'huile qu'avec la colle ou l'eau d'œuf dont il s'était servi jusqu'alors, ce qui détermina Jean Van Eyck à suivre cette nouvelle méthode.

NOMS.	ANNÉES DE NAISSANCE ET DE MORT.	LIEU DE NAISSANCE	GENRE.	NOTES HISTORIQUES.	TABLEAUX PRINCIPAUX ET LIEUX OU ILS SE TROUVENT	Observations.
HEMLING (JEAN).	1425	BRUGES ou DAMME ou enfin CONSTANCE	Hist. relig.	La vie de ce grand peintre est pleine de lacunes et d'obscurité. Son nom même est encore un mystère ; beaucoup d'historiens le nomment MEMLING ou MEMMELINCK. On croit qu'il mourut en Espagne ; d'autres auteurs prétendent qu'accablé de misère il vint demander l'hospitalité à Bruges, à l'hôpital St-Jean, où il fut si bien soigné qu'il laissa comme gage de sa reconnaissance les admirables tableaux qui s'y trouvent aujourd'hui. Il a laissé, presque dans toutes les villes principales de l'Europe, des œuvres de sa main.	Portrait d'une jeune dame, Hollande. Deux portraits, Florence. Crucifiement, Lubeck. Portrait d'Hemling, Bruges. Adoration des rois. Mariage de sainte Catherine. Martyre de saint Hippolyte. Sibylle Sambeth. Saint Christophe portant l'enfant Jésus. Vierge avec l'enfant Jésus. Une madone, Bruges. Portrait de Mart. Van Nieuwenhoven, ibid. (Les huit tableaux ci-dessus sont signés de Hemling). Neuf tableaux, Hollande. Quatre qui lui sont attribués, ib. Annonciation, Anvers. Adoration des mages, Madrid. La châsse de ste Ursule, Bruges. Décollation de saint J.-B., ibid.	On prétend que le nombre des tableaux qui sont positivement de lui, s'élève à 80. Beaucoup de vérité et d'harmonie. Perfection admirable. Touche fine et délicate. Composition gracieuse.
HERPE (HIÉRONYME VAN).	1452 1486	GAND.	Hist., relig., etc.	Célèbre enlumineur et bon dessinateur. En 1463 il entra dans la corporation des peintres, à Gand.		
MEYRE (GÉRARD VANDER).	1450? 1512?	Id.	Hist.	Les iconoclastes détruisirent la plus grande partie de ses tableaux.	Le Christ entre les larrons, Gand. Adoration des mages, Berlin. Assomption de la Vierge, ibid.	Manière délicate.
METSYS (QUENTIN).	1450 1529	ANVERS.	Hist. relig.	D'abord maréchal, il se fit peintre par amour; on a prétendu que cela était faux. Toute son histoire est dans cette inscription que l'on voit sur une pierre avoisinant son tombeau. Connubialis amor de mulcibre fecit Apellem.	Descente de croix, Anvers. Huit tableaux, ibid. Triptyque (chef-d'œuvre du maître, ibid. Beaucoup de ses tableaux sont en Allemagne. Couronn. de la Vierge, Hollande. Un joaillier pesant des pièces d'or, Paris. Buste du Christ, ibid. Id. de la Vierge, ibid. Trois tabl., Madrid ; musée del rey i. Deux tableaux, Louvain. Buste de saint Jérôme, Florence. Portrait d'homme, Londres.	On voit à Anvers, près de la cathédrale le grillage d'un puits, ce grillage d'un travail curieux est de Quentin Metsys. Beaucoup de vérité, de caractère et de fini.
VANCLEEF (JOSEPH), le fou.	1479 1529	Id.	Hist.	Reçu à l'académie d'Anvers. Son orgueil le rendit fou. Sa famille le fit enfermer à cause de ses excentricités ; il courait dans les rues avec un habit vernis de térébenthine.	Saint Côme et saint Damien, Anvers. Jugement dernier, Gand. La Cène, ibid. Rachat des esclaves, ibid.	Il peignait ses panneaux des deux côtés. Réputé le plus grand coloriste de son temps, comparé aux meilleurs peintres d'Italie.
VANDERWEYDE (ROGER).	1480 1529	BRUXEL.	Id.	Il était fort riche et partagea son bien avec les pauvres. Il fut un des premiers peintres qui s'affranchit du goût gothique pour créer un genre plus national.	Christ mis au tombeau, Florence. Descente de croix, Madrid. Descente de croix, Berlin. Le musée de Bruxelles possède onze tableaux de cet artiste.	Exécution ferme, composition énergique et pleine d'expression.
BLÈS (HENRI MET DE), dit CIVETTA.	1480 1550?	BOVINES.	Hist., Pays. avec figure.	Élève de Patenier. Son nom lui vient d'une mèche de cheveux blancs qui retombait au milieu de son front.	Travail d'une minière, Florence. Trois tableaux, Berlin. Pèlerins d'Emmaüs. Un homme endormi sous un arbre. (Lieu inconnu.) Quatre tableaux, Vienne. Deux tableaux, Munich.	Ce peintre plaçait une chouette dans tous ses tableaux.
AERTS (RICHARD).	1482 1577	WYCK (Hollan.).	Hist. relig.	Il s'établit en 1520 à Anvers, où il fut reçu dans la corporation des peintres; sur la fin de ses jours il devint presque aveugle. On prétend que ses panneaux avaient quelquefois un pouce d'épaisseur en couleur. Dans sa jeunesse, s'étant brûlé au milieu d'un incendie, on fut obligé de lui faire l'amputation de la jambe. A cause de cet événement, on le surnomma Richard à la jambe de bois.		Quoique élève de J. Mostaart, le long séjour de ce peintre à Anvers l'a fait considérer comme étant de l'école flamande.

NOMS.	ANNÉES DE NAISSANCE ET DE MORT.	LIEU DE NAISSANCE	GENRE.	NOTES HISTORIQUES.	TABLEAUX PRINCIPAUX ET LIEUX OU ILS SE TROUVENT.	Observations.
VANCLEEF GUILL. .	1486 1518	ANVERS.	Hist.	Frère de Martin et d'Henri.		
PATENIER (JOACHIM).	1487?	DINANT.	Pays. et Batail.	L'ivrognerie perdit ce peintre pour lequel Albert Durer avait beaucoup d'estime. Il fut l'élève de Fr. Mostaert.	La Vierge aux sept douleurs, Bruxelles. Jésus-Christ baptisé dans le Jourdain, Munich. Huit tableaux, Vienne. Cinq tableaux, Madrid (musée del rey). Fuite en Egypte, Berlin.	De même que Teniers ce peintre plaçait dans un coin de presque tous ses tableaux, un petit homme obéissant à un besoin na'ure).
ORLEY (BERNARD VAN), dit BARENT, plus connu sous le nom de BERNARD DE BRUXELLES.	1490 1560	BRUXELL.	Chass., Hist. relig.	Élève de Raphaël. Il fut peintre de la gouvernante Marguerite, puis de Charles-Quint. Il fit aussi beaucoup de dessins pour des tapis. On a de lui des gravures.	Jésus-Christ au milieu de saints personnages, Bruxelles. Invitation de la sainte Famille d'après Raphaël, ibid. Mariage de la ste Vierge, Paris. Résurr. de Lazare, Londres. Vénus et l'Amour, Berlin. Education de la Vierge, ibid. Madeleine aux pieds du Sauveur, Bruges. Portement de croix, ibid. Repos en Egypte, Vienne.	Dans le tableau du Jugement dernier, ce peintre fit dorer son panneau; c'est de ce fond qu'il a tiré les tons chauds et brillants que l'on trouve dans le ciel. Coloris vigoureux, composition élevée, finesse d'exécution et de détails admirables.
BEER (ARNOLD DE).	1490 1542	ANVERS.	Hist. relig.	Reçu dans la corporation des peintres, à Anvers, en 1529.		Cet artiste dessinait pour les peintres sur verre.
BLONDEEL (LANCELOT).	1495 1560	BRUGES.	Ruines et persp.	Il avait été maçon dans sa jeunesse; sa fille épousa Pierre Pourbus. Il fut aussi graveur.	Martyre de saint Côme et de saint Damien, Bruges. Le Jugement dernier, Berlin.	La plupart de ses œuvres portent pour marque une truelle. Il excella à peindre des incendies pendant la nuit.
COXCIE (MICHEL) dit LE RAPHAEL.	1497 1592	MALINES.	Hist. relig.	Élève de Van Orley. En 1539 il entra dans la corporation des peintres de Malines. Ayant été appelé à Anvers pour orner la maison de ville de ses ouvrages, il se tua en tombant d'un escalier.	Le Couronnement d'épines, Bruxelles. La Cène, ibid. Martyre de saint Sébast., Anvers. (Coxcie fit ce tableau à 82 ans.) Martyre d'un saint, ibid. Jésus-Christ ressuscité, ibid. Mort de la Vierge, Madrid. Les sept œuvres de miséricorde, Gand. Christ entre les larrons, Louvain. Circoncision, Malines.	Pinceau moelleux. Les études qu'il avait rapportées d'Italie, lui servirent beaucoup dans l'ordonnance de ses tableaux. Les figures de femme sont particulièrement bien traitées dans ses ouvrages.
HOREBOUT (GÉRARD).	1498 1558	GAND.	Id.	Henri VIII, le nomma son premier peintre. Il eut un fils et une fille qui tous deux furent artistes.	Deux volets, Gand.	Ses ouvrages sont peu connus.
GOSSAERT (JEAN), dit de MABUSE ou de MAUBEUGE.	1499? 1562?	MAUBEUGE	Id. et port.	Ses débauches lui firent perdre sa liberté: il travailla beaucoup en prison, à Middelbourg. Il fut un des premiers qui rapporta d'Italie la manière de traiter le nu et de se servir de l'allégorie.	Le Christ chez Simon le Pharisien, Bruxelles. La Vierge et l'enfant Jésus, ibid. Plusieurs portraits, Londres. Adam et Ève, ibid. Ecce homo, Anvers. Vierge avec l'enf. Jésus, Madrid. Christ en croix, Berlin. Neptune et Amphitrite, ibid.	Coloris agréable, beaucoup de fini, mais un peu de roideur.
MEULEN (GILLES VANDER).	XVe siècle.	BRUGES.		Reçu dans la corporation des peintres de Bruges, en 1468.		Ni Descamps, ni Van Mander n'ont fait mention de ce peintre.
GOESTELINE (GUILLAUME).	1463	BRUXEL.	Hist.	En 1463 il exposa à Gand, dans l'église de Saint-Nicolas, un tableau d'autel. Ce peintre demeurait Grammont.		
LEUMONT (THIERRY DE).	XVe siècle.	LIÉGE.	Id.	Peintre sur verre.		
WERTH (JEAN ET LAURENT DE).	1482	Id.	Id.	Ils furent tous deux reconnus comme bons peintres sur verre.		
MARTINS (JEAN).	XVe siècle.	?	Hist. et port.	Il travailla avec G. Van Axpoele. Ces deux artistes firent en 1419 un contrat avec les receveurs de Gand, pour le renouvellement des portraits des comtes de Flandre.		
CLAISSENS (ANT.), frère de GILLES.	Id.	?	Hist.	Élève de Quentin Metsys. Il surpassa son frère.	Le Repas d'Esther, Bruges. Le Jugement de Cambise, ibid.	

NOMS.	ANNÉES DE NAISSANCE ET DE MORT.	LIEU DE NAISSANCE	GENRE.	NOTES HISTORIQUES.	TABLEAUX PRINCIPAUX ET LIEUX OU ILS SE TROUVENT.	Observations.
AXPOELE (Guillaume Van).	*1419	Gand.	Hist.	Compagnon de travail de J. Martins.	Il peignit beaucoup de tableaux à l'huile pour l'ancien hôtel de ville de Gand.	
CHRISTOPHSEN (Pierre).	*1420	?	Hist. relig.	Il est connu comme un des premiers élèves des frères Van Eyck.	La Vierge et l'enfant Jésus ayant à droite saint François et à gauche saint Jérôme, tableau très-renommé, Londres. (Signé et port. la date de 1417). Portrait d'une jeune fille de la maison Talbot, Berlin.	Beau coloris. Fini précieux. Pinceau hardi.
DE LIBERMÉ (Jacq.).	*1427	Liége.		(Détails inconnus).		
COUDENBERGHE (Jean Van).	*1430	Flandre.	Hist. relig.	Il a peint en 1430, avec Marc Vangestele, un tableau pour l'église de Roselede.		
SCOENERE (Saladin De).	*1434	Gand.	Hist.	On croit qu'il fut élève des frères van Eyck.	L'église des Mineurs, à Gand, possédait un tableau de ce peintre en 1434.	Dans le contrat qui fut passé entre cet artiste et la fabrique de l'église, il est non-seulement indiqué le sujet qu'il devra prendre, mais encore les couleurs qu'il pourra employer.
STEENER (Jean De) ou STOENER.	*1440	Gand?	Id.	Cet artiste a peint beaucoup de tableaux pour des béguinages, en Flandre.		
VORRE (Josse).	*1441	Gand.	Id.	Élève de Jean Martins. Il a laissé la réputation d'un artiste de mérite.		
WYTEVELDE (Baudouin).	*1443	Gand?	Id.		En 1439 il a fait un tabl. pour l'église de Saint-Bavon, à Gand; en 1443 il fit un autre tableau en compagnie de Jean de Steener.	
MARTINS (Nabor ou Nabur) fils de Jean.	*1445		Id.	Cet artiste semble avoir été également un bon faiseur d'horloges.	Deux de ses tableaux portent les dates de 1444 et 1449.	
GESTELE (Marc. Van).	*1445	Flandre.	Id.	Il peignit en 1445 un tableau pour l'église de Saint-Martin, à Courtray.		
MINNEBROER (Franç.).	*1450	Malines.	Id.		On voyait autrefois à Malines, deux tableaux de ce peintre qui étaient fort admirés.	
LAMBERT (Jean).	*1457	Liége.				
MOERTEELE (Gérolp. Van der).	*1460	Gand.	Id.	Élève de Daniel de Ricke, il travailla avec Liévin Van den Bossche.		On trouve le nom de ce peintre dans de vieux contrats, avec l'indication de quelques-uns de ses tableaux.
WESTERVELDE (Clerbaut Van).	*1460		Id.			Même observation.
GEND (Juste Van).	*1470		Id.	Un des meilleurs élèves de H. Van Eyck. On prétend qu'il aida son maître dans le tableau de l'Adoration, à Gand.	La Cène, Urbin (Italie). Il a peint ce tableau pour la confrérie du corps du Christ.	
LAURENT.	*1482	Liége.	Id.	Peintre sur verre.		
DE RICKE (Daniel) ou Daniels' RICKEN.	*1474	Gand.	Hist.	Élève de N. Martins; en 1464 il était doyen de la corporation des peintres, à Gand.	La plupart de ses œuvres ont été détruites par les iconoclastes.	
KOEK (Pierre).	1500 1550	Alost.	Hist. relig. et portr.	Élève de B. Van Orley. Il fut également architecte et géomètre. Charles V le nomma son peintre. Il voyagea en Italie et en Turquie.	Le Christ descendu de la croix, Bruxelles.	Un des hommes les plus distingués de son époque.

NOMS.	ANNÉES DE NAISSANCE ET DE MORT.	LIEU DE NAISSANCE	GENRE.	NOTES HISTORIQUES.	TABLEAUX PRINCIPAUX ET LIEUX OU ILS SE TROUVENT.	Observations.
BEERINGS (Grég.).	1500 1570	Malines.	Hist.	Ce peintre était fort pauvre; l'Italie, où il alla très-jeune, lui inspira de bons tableaux.	On ne connaît de lui que des ouvrages en détrempe. Van Mander lui attribue un tableau du Déluge, dans lequel on ne voyait que le ciel et l'arche.	
ELBURG (Jean Van).	1500 1546	Elburg.	Fig., pays., mar.	Dit *Petit-Jean*, reçu dans le corps des peintres, à Anvers, en 1535.	La Pêche miraculeuse, Anvers. La Multiplication des pains, *ib*.	Ce peintre excellait à rendre une mer orageuse. Beaucoup de naturel.
CRABETH (François	1500 1548	Malines.	Hist. relig.	On ne sait pas qui fut son maître, mais il travaillait dans le genre de Lucas de Leyde.	Jésus crucifié, Malines.	Ce peintre peignait à la détrempe avec autant de force que s'il eût peint à l'huile.
KOCK (Mathieu). » (Jérôme).	1500 1552? 1503 1570	Anvers.	Pays.	Le premier voyagea en Italie, le second quitta la peinture pour le commerce.	1° On estime beaucoup douze paysages peints par Mathieu et que Jérôme reproduisit au burin. 2° Antiquités romaines, 50 pl. Pompes funèbres de Charles-Quint, 20 pl.	Mathieu rendait la nature avec une vérité étonnante. Jérôme gravait mieux qu'il ne peignit.
SUSTERMAN (Lamb.), dit Lambert LOMBARD.	1506 1560 ou 1565	Liège.	Hist. et persp.	Élève d'Arnold de Beer et de J. de Mabuse. Ce peintre fut également architecte, antiquaire et littérateur. On disait de lui qu'il était l'homme le plus savant de son siècle. Graveur.	La Vierge et l'enfant Jésus, Berlin. Résurrection de Lazare, *ibid*.	Beau coloris. Bonne entente du jeu des ombres. Bon dessin. Malgré tout ce qu'il fit pour imiter le genre italien, il ne sut jamais se défaire de la roideur à laquelle il avait été habitué.
CLEEF (Martin Van).	1507 1557	Anvers.	Hist.	Frère de Henri, élève de Frank Floris. Il entra dans la corporation des peintres en 1551.		Il peignait souvent les figures dans les tableaux de son frère, de Gilles Van Cooninxloo et d'autres.
GAST (Michel De).	1509 1564	Id.	Pays., ruines.	Reçu à l'académie d'Anvers, en 1558.		Bon dessinateur.
CLEEF (Henri Van).	1510 1589	Id.	Pays.	Reçu à l'académie d'Anvers en 1533.		
POURBUS ou PORBUS (Pierre).	1510 1583 ou 1584	Gouda.	Hist., persp. et port.	Il s'établit à Bruges, où il s'était allié à la famille de Lancelot Blondeel; il fut doyen de la corporation des peintres, à Bruges.	Descente de croix, tableau à volets, Bruges. Son dernier ouvrage, le portrait du duc d'Alençon, fut considéré comme le meilleur tableau de son époque.	Il était également géographe distingué.
WEERDT (Adr. De).	1510 1562 ou 1566	Bruxel.	Pays.	Il apprit à peindre à Anvers chez le dessinateur et graveur Queburg, et voyagea en Italie. Mort à Cologne.	La Vierge et l'enfant Jésus, Berlin.	Cet artiste peignit dans la manière du Parmesan.
WITTE (Liévin De).	1510 1563 ou 1564	Gand.	Arch., persp.	Il peignit aussi sur verre. Architecte distingué.	Ses ouvrages sont rares et estimés.	
YPRES (Charles D').	1510 1563	Ypres.	Hist., portr.	Il voyagea en Italie où il se tua d'un coup de couteau.		Dessin correct, composition heureuse.
KAYNOT (Jean), dit le Sourd.	1520 1583	Malines.	Pays.	Élève de Math. Kock, en 1550.		Il peignit dans le goût de Patenier.
OORT (Lambert Van.)	1520 1575?	Amersfort.	Hist. et persp.	Reçu à l'académie d'Anvers, en 1547.	Dans l'église Saint-Jean, à Gouda, se trouvent six vitraux dessinés par lui et peints par Théod. Van Zyl.	Ordonnance riche et bon dessin. Il fut également bon architecte.
SAMELING (Benjam.)	1520 1582	Gand.	Hist., portr. pays.	Un des meilleurs élèves de Fr. Floris dont il imita la manière.		Il ornait ses ruines de figures d'animaux. Les portraits de ce peintre sont fort estimés.

NOMS.	ANNÉES DE NAISSANCE ET DE MORT.	LIEU DE NAISSANCE	GENRE.	NOTES HISTORIQUES.	TABLEAUX PRINCIPAUX ET LIEUX OU ILS SE TROUVENT.	Observations.
VRIEND (Franç. De), dit Frank FLORIS.	1520 1570	Anvers.	Hist.	Élève de L. Lombard. Avant de se livrer à la peinture il fut sculpteur. Cet artiste fut un des grands peintres de son temps ; il vécut riche, honoré, et entouré de l'amitié des grands. On croit qu'il a eu plus de cent élèves.	Le Jugement dernier, Bruxelles. Adam et Ève, Florence. Enfants jouant avec un agneau, Londres. Argus, *ibid.* La Chute des anges rebelles, Anvers. Adoration des bergers, *ibid.* Saint Luc peignant, *ibid.* Adam et Ève dans le paradis terrestre et les mêmes après leur péché, Vienne. Deux portraits, *ibid.* Adoration des berg., Dresde. Jésus portant sa croix, *ibid.* Sainte Famille, Munich. Le Déluge, Madrid. Portraits, *ibid.*	Il fut appelé de son temps le Raphaël des Flamands. Dessin correct, composition large, exécution très-fine.
KEY (Guillaume).	1520 1596	Breda.	Hist. et portr.	Élève de Lambert Lombard. Reçu à l'académie d'Anvers, en 1540. Ce peintre aimait le luxe, à force de travail et d'économie il parvint à donner un libre champ à son goût pour le faste. Le duc d'Albe l'ayant fait venir pour terminer son portrait, se concerta, devant lui, avec les juges criminels sur la condamnation du comte d'Egmont. Key reçut une impression si terrible de cette conversation, qu'il en mourut le jour même de l'exécution.	Portraits de magistrats, Anvers. Plusieurs de ses tableaux furent détruits par les iconoclastes.	Pinceau moelleux, composition réfléchie. Il saisissait la ressemblance avec un rare bonheur.
FRANCKEN (Nicolas).	1520? 1596	Herenthals.	Hist.	On croit qu'il fut élève de Frank Floris. En 1755 on voyait encore son tombeau à Herenthals, avec son portrait peint par lui-même.	Notre Seigneur portant sa croix, Courtray.	
WILLEMS (Marc).	1527 1561	Malines.	Hist.	Élève de Coxcie. Il fut le compositeur de presque tous les peintres et tapissiers de son temps.	En 1549, il peignit pour l'entrée de Philippe II, à Malines, un arc de triomphe où était représentée l'histoire de Didon.	Excellent dessinateur.
POINDRE (Jacq. De.	1527 1570	Id.	Portr. et hist.	Élève de Marc Willems, dont il avait épousé la sœur. Assassiné dans le Danemarck.		Très-estimé pour le portrait, qu'il traitait d'une manière habile.
ENGHELRAMS (Corneille).	1527 1583	Id.	Hist. relig.	Ce peintre ne nous a laissé que des tableaux en détrempe.	Tableaux, Malines. La plupart de ses œuvres sont en Allemagne.	Dessin très-correct.
BEUCKELAER (Joachim).	1530 1570	Anvers.	Hist., ois., poiss., fleurs, etc.	Élève de Pierre Aertsen, le Long, dont il était aussi le neveu. Il avait à peine de quoi vivre et fut obligé de travailler à 30 sous par jour ; il est mort dans un affreux dénûment.	Christ montré au peuple, Florence.	Après sa mort ses tableaux furent vendus à des prix exorbitants. Touche délicate et harmonieuse, coloris excellent.
BROECKE (Crepin Van den).	1530 1575	Id.	Pays., archit. et hist.	Élève de Fr. Floris, mort en Hollande. Il fut également un architecte renommé et un bon graveur.	Création du monde.	Malgré tout le mérite de cet artiste, il ne put atteindre au talent de son maître.
COIGNET (Gilles).	1530 1600	Id.	Pays. et fig.	Reçu à l'académie d'Anvers, en 1561 ; il a peint avec Molenaer. Mort à Hambourg.	On connaît de lui de charmantes petites compositions remarquables par leurs effets de lumière.	On lui a reproché d'avoir fait copier par ses élèves ses ouvrages qu'il retouchait un peu, puis qu'il vendait pour des originaux. Il peignit beaucoup en détrempe. Touche spirituelle.
LIERRE (Joseph Van).	1530? 1583?	Bruxel.	Pays. et fig.	Il est plutôt connu comme graveur. Il est fâcheux que s'étant fait calviniste, il se voua tout entier à propager cette doctrine.		

NOMS.	ANNÉES DE NAISSANCE ET DE MORT.	LIEU DE NAISSANCE	GENRE.	NOTES HISTORIQUES.	TABLEAUX PRINCIPAUX ET LIEUX OU ILS SE TROUVENT.	Observations.
LAMPSON (Dominiq.).	1552 1599	Bruges.		Élève de L. Lombard. Il est plutôt connu comme bon poëte. Il a écrit la vie de son maître. Le cardinal Paulus se l'attacha et l'emmena en Angleterre. Après la mort de ce prélat il alla s'établir à Liége, où il fut successivement le secrétaire des évèques Robert de Berg, Gérard Van Groesbecke et Ern. de Bavière.	Voici les deux principaux ouvrages de Lampson ou Lampsonius : 1° Elogia in effigies pictorum celebrium Germaniæ inferioris, 1572, en vers latins. 2° Vie de Lambert Lombard, 1565.	Juste Lipse le comptait parmi les illustrations de la Flandre.
DEVOS (Martin).	1551 ou 1552 1604	Anvers.	Pays., chass.	Élève de Frank Floris. Reçu à l'académie d'Anvers, en 1559. Il visita l'Italie où il travailla pour les Médicis. Son frère Pierre se livra aussi à la peinture.	La cathédrale d'Anvers possède ses plus belles toiles. Chasse au sanglier, Paris. Crucifiement du Sauveur, Florence. Tobie recouvrant la vue, Londres. Portrait d'homme, Bruxelles. Deux volets de tableaux : 1° Pêche miraculeuse, Berlin; 2° Jonas sortant de la baleine, ibid. Allégorie, ibid. Saint Éloi, Bruges.	Le Tintoret l'employa pour peindre le paysage de ses tableaux. Dessin correct, couleur vigoureuse, touche délicate. Il est un des peintres les plus féconds de son temps. On cite comme une particularité extraordinaire de ce maître, les coiffures qu'il donnait à ses personnages.
BOI. ou BOLI. (Jean).	1554 1593	Malines.	Pays., anim.	Il étudia longtemps à Heidelberg. Mort à Amsterdam. Graveur.	Les miniatures d'un livre d'heures (bibliothèque royale), Paris.	Composition agréable, bon coloris. Manière large d'esquisser.
HEERE (Lucas De).	1554 1584	Gand.	Hist.	Un des meilleurs élèves de Fr. Floris. Il a fait un poëme sur les peintres, qui s'est perdu.	Tableaux d'autels, Gand. Portrait d'Élisabeth, Londres. Portrait de lord Darnley et de Charles Stuart, ibid. Portrait de la comtesse Derby, ibid.	Il fut également historien et poëte, et étudia la peinture en France.
STRADANUS (Jean).	1556 1605	Bruges.	Id.	Il travailla avec Vasari. Jean d'Autriche le fit venir à Naples, pour peindre ses principaux faits d'armes.	La plupart de ses tableaux sont à Florence.	La plus grande partie de sa vie s'est écoulée en Italie. Dessin lourd et maniéré.
JORDAENS (Jean).	1559 1599	Anvers.	Hist., pays., etc.	Élève de Martin Van Cleef. Mort à Delft.	Les Égyptiens engloutis dans la mer Rouge, Anvers. Même sujet, Berlin.	
FRANS (N.).	1559 ou 1540	Malines.	Hist. relig.	Son maître est inconnu.	Tableaux dans quelques églises de Malines.	Il entra fort jeune dans l'ordre des récollets.
VLERICK (Pierre).	1559 1581	Courtray.	Id.	Élève de Ch. d'Ypres. Ce peintre fut d'abord ouvrier à Malines. Par la suite, il sut gagner l'estime du Tintoret qui voulut lui faire épouser sa fille, mais le désir de voyager fit que Vlerick repoussa cette proposition.		Il fut le premier qui peignit le Christ pendant par les bras sans aucun appui. Bonne couleur, touche ferme.
FRANCK (Ambroise), dit LE VIEUX, fils de Nicolas.	1540 1619	Anvers.	Id.	Élève de Martin Devos. Reçu dans la corporation de Saint-Luc, en 1573 et doyen en 1581.	Saint Sébastien parmi les prisonniers, Anvers. Plusieurs tableaux représentant des martyrs, ibid. Sortie de l'Arche, Valenciennes.	On a reproché aux tableaux de ce peintre une ordonnance un peu embrouillée.

NOMS.	ANNÉES DE NAISSANCE ET DE MORT.	LIEU DE NAISSANCE	GENRE.	NOTES HISTORIQUES.	TABLEAUX PRINCIPAUX ET LIEUX OU ILS SE TROUVENT.	Observations.
BRUYN (Abrah. De).	1540? 1598?	Anvers.	Portr.	Il fut aussi graveur et imita dans cet art la manière de Wierix. Mort à Cologne.	*Diversarum gentium armatura equestris*, in-f° suite de 52 planches; *Omnium fere gentium imagines*, suite de 49 planches.	Dessin peu correct. Quelques biographes le font mourir dans un âge très-avancé. Ses portraits sont recherchés.
COXCIE (Raph. Van), fils de Michel.	1540	Malines.	Hist.	Élève de son père. Il fut un des premiers maîtres de Gaspard de Crayer et mourut dans un âge très-avancé, à Bruxelles, où il fit beaucoup de tableaux d'histoire.		Peintre d'un grand mérite, sans pouvoir cependant égaler celui de son père.
FRANCESCHI (Paul), dit le FIAMMINGO.	1540 1596	Anvers.	Hist. et pays.	Il étudia sous le Tintoret, et mourut à Venise.	Descente de croix, Venise. Saint Jean prêchant dans le désert, *ibid*.	Il peignit pour l'empereur Rodolphe II des sujets d'histoire et des paysages qui lui firent une bonne réputation.
POURBUS (Franç.), ou PORBUS, dit LE VIEUX, fils de Pierre.	1540 1580	Bruges.	Hist. et portr.	Élève de son père et de Fr. Floris. Reçu à l'académie d'Anvers, en 1564; mort de fatigue à une fête donnée par la ville d'Anvers.	Tableaux, à Gand et à Tournay. La Cène, Paris. Saint François, *ibid*. Deux port. en pied d'Henri IV, dont l'un sert de type à tous ceux que l'on a faits de ce prince, *ib*. Port. d'homme, La Haye. Prédication de saint Éloy, Anvers. Portraits, Madrid. Portrait d'homme, Bruxelles. Deux port. de femme, Berlin.	L'ordonnance de ses tableaux est un peu confuse. Cependant il surpassa son père et fut le meilleur élève de Fr. Floris.
MYTENS (Arnold).	1541 1602	Bruxel.	Hist.	Cité par Pilkington.		
SCHAUBROEK (P.)	1542?	Anvers.	Fleurs et fruits.	Élève et successeur de Jean Breughel.		Il fut loin d'atteindre à la hauteur de son maître.
FRANCK (François), dit LE VIEUX, fils de Nicolas.	1544 1616	Id.	Hist.	Élève de Fr. Floris et d'Adam Van Noort. Il fut reçu dans la communauté des peintres d'Anvers, en 1567, et doyen en 1588.	Christ à Emmaüs, Élection de saint Paul et de saint Barnabé, Anvers. Apelle et Campaspe, 2 tableaux historiques, La Haye. Allégorie, sainte Famille, Amsterdam. Notre Seigneur au milieu des docteurs, à Anvers, est considéré comme son chef-d'œuvre. Christ entre les larrons, Berlin.	Il avait l'habitude de mettre une grande quantité de figures dans ses tableaux; coloris transparent, mais un peu foncé.
FRANCK (Jérôme), dit LE VIEUX, fils de Nicolas.	1544	Herenthals ou Anvers.	Hist. et portr.	Élève de Franck Floris. Il se retira à Anvers sur la fin de ses jours et y attira, près de lui, tous les élèves de son ancien maître qui venait de mourir. Premier peintre de portraits d'Henri III.	La Cène, Anvers. Saint Gommaire, Anvers. On regarde comme son chef-d'œuvre, un tableau de la Nativité, exécuté pour le grand autel de l'église des Cordeliers, Paris (1585).	Il travailla longtemps en France, où il fut surnommé le *peintre des rois*.
WYNGHEN (Joseph Van).	1544 1603	Bruxel.	Hist. allég.	Cet artiste affectionnait la peinture allégorique. Premier peintre du duc de Parme; il demeura longtemps à Rome.		Quelques-unes de ses œuvres ont été reproduites en tapisseries. Composition riche et grandiose.

NOMS.	ANNÉES DE NAISSANCE ET DE MORT.	LIEU DE NAISSANCE	GENRE.	NOTES HISTORIQUES.	TABLEAUX PRINCIPAUX ET LIEUX OU ILS SE TROUVENT.	Observations.
COONINXLOO (GILLES VAN).	1544 1610	ANVERS.	Pays.	Élève de Gilles Mostaert. Après avoir longtemps voyagé, il vint s'établir à Amsterdam.	Sainte Famille, tableau avec volets, Bruxelles. Naissance de saint Jean-Baptiste, ibid. Noces de Cana, peint des deux côtés, ibid. Et d'autres, ibid.	Ordonnance riche. Van Mander assure qu'il surpassa tous ses contemporains dans le paysage.
SNELLINCK (JEAN).	1544 1658	MALINES.	Hist. et batalill.	Il fut peintre d'Albert et d'Isabelle; son tombeau se voit à Anvers.	Transfiguration de Jésus-Christ, Audenaerde. Assomption de la Vierge, ibid.	Il avait un talent particulier pour peindre la fumée et le brouillard.
HOEFNAEGHEL (GEORGES).	1545 1600	ANVERS.	Pays. et portr.	Élève de J. Bol. Ce peintre travailla toute sa vie pour les princes d'Allemagne; il fut aussi poëte. Ortelius fut son ami et son compagnon de voyage. Il laissa un fils qui a été bon graveur.	Il orna de magnifiques dessins un missel pour l'électeur de Bavière.	Beaucoup de fini.
SPRANGER (BARTHÉLEMY); l'empereur d'Autriche l'ayant anobli, il s'appela Bartholomé Spranger Van den Schilde.	1546 1628	Id.	Hist. et pays.	Ce peintre eut à lutter contre la mauvaise fortune qui ne cessa de le poursuivre; vers la fin de sa carrière son talent et sa persévérance lui firent amasser des richesses considérables en même temps qu'ils lui attirèrent l'amitié des grands. Il mourut à Prague.	Paysages (fresque), Italie. Jugement dernier, Rome. Vierge, ibid. Portrait, Valenciennes. L'Ascension du Christ, Berlin.	Ordonnance riche, pinceau spirituel; son dessin laisse à désirer, contours anguleux.
VAN MANDER (CH.).	1548 1606	MEULEDEKE, près Courtray.	Hist.	Élève de Luc. De Heere et de P. Vlerick. Sa famille était ancienne et noble. Pendant son séjour à Rome il découvrit le premier les célèbres catacombes romaines. Après avoir longtemps voyagé, il voulut revenir dans la Flandre, qui se trouvait alors envahie par les Espagnols; mais aux environs de Bruges il fut saisi par des soldats qui le pendirent à un arbre: heureusement un officier le reconnut et le sauva à temps. Il finit par s'établir à Harlem où il fonda une académie qui le rendit célèbre. Il laissa un fils nommé Charles, excellent peintre de portraits. Van Mander fut bon poëte et bon historien. Il mourut à Amsterdam.	Beaucoup de tableaux, Harlem. Adam et Ève, les 12 Stations, Fête flamande, etc. Portrait du prince de Danemark, fils de Christian IV, Berlin.	Van Mander a laissé un ouvrage sur la vie des peintres, qui est le meilleur qu'on puisse consulter sous le rapport de l'exactitude des dates.
DEWITTE (PIERRE), dit CANDITO.	1548 1628	BRUGES.	Hist. persp.	Il travailla avec Vasari dans le palais du pape. Mort à Munich.	Quelques peintures dans le palais du prince Maximilien, à Munich. L'Annonciation, Berlin.	Il fut également bon sculpteur et bon architecte.
HEUVICK (GASPARD).	1550 1611?	AUDENAERDE.	Hist.	Il partit très-jeune pour l'Italie où il reçut des leçons de Laurent Costa.	Jugement dernier, Audenaerde. Tableau allégorique, ibid.	Il est cité comme un bon peintre par tous les biographes.
BRIL (MATHIEU), frère de Paul.	1550 1584	ANVERS.	Pays.	Il alla très-jeune à Rome où il travailla au palais du Vatican, qu'il orna de fresques.		
GELDORP	1553	LOUVAIN.	Hist. et portr.	Élève de F. Pourbus.		Le nombre des œuvres de Geldorp est très-considérable.
VRIES (PAUL DE), fils de Jean Frederman (Hollandais).	1554 1598	ANVERS.	Archit.	Il suivit avec honneur la carrière de son père.		
DE VRIES (SALOMON), fils de Jean Frederman (Hollandais).	1556 1604	Id.	Pays.	Mort à La Haye.		

NOMS.	ANNÉES DE NAISSANCE ET DE MORT.	LIEU DE NAISSANCE	GENRE.	NOTES HISTORIQUES.	TABLEAUX PRINCIPAUX ET LIEUX OU ILS SE TROUVENT.	Observations.
VERHAEGT (Tobie).	1556 1631	Anvers.	Pays. et archit.	Il voyagea en Italie où de grands seigneurs le protégèrent.		Il fut un des meilleurs paysagistes de son temps. Ciels d'une grande pureté.
BRIL (Paul), frère de Mathieu.	1556 1626	Id.	Pays.	Élève de son frère qu'il surpassa de beaucoup. Son goût pour le beau le conduisit en Italie, où après avoir vu les paysages du Titien et du Carrache il perfectionna les siens. Il est mort à Rome où il acheva au Vatican les ouvrages que son frère Mathieu ne put terminer. Graveur.	Saint Paul dans le désert, Florence. Paysage, Londres. Caravane dans un paysage, Amsterdam. Plusieurs paysages, Madrid. » » Munich. » » Vienne. La Tour de Babel et autres, Berlin.	Touche moelleuse, feuillé admirable. On lui a reproché d'employer un peu trop le vert. Annibal Carrache plaçait souvent des figures dans les tableaux de ce peintre.
OTTO VAN VEEN, dit OTTOVENIUS.	1556 1634	Leyden.	Hist. relig.	Après avoir étudié à Rome il vint se fixer à Anvers. Peintre de la cour d'Espagne dans les Pays-Bas, intendant des monnaies à Bruxelles; c'est lui qui forma Rubens. Ce peintre, qui peut être considéré comme le fondateur de l'école flamande, est mort à Bruxelles. Il était également poëte et historien.	Le Portement de la croix, à Bruxelles. Le Christ au Calvaire, ibid. La sainte Famille, ibid. Adoration des bergers, Gand. Résurrection de saint Lazare, Amsterdam. Douze tableaux représentant les faits mémorables des anciens Bataves sous Claudius Civilis, Amsterdam. Charité de saint Nicolas et autres, Anvers.	Ce fut l'école de Zucchero qui le forma. Dessin correct, composition gracieuse, excellente manière de draper, figures pleines d'expression.
NOORT (Adam Van), et non VAN OORT, fils de Lambert.	1557 1641	Anvers.	Hist.	Élève de son père. Sa brutalité l'avait rendu si dangereux, que tous ses élèves, parmi lesquels se distinguaient Rubens et Jordaens, le quittèrent; Jordaens seul lui resta et épousa sa fille.	Descente de croix, Anvers.	Les derniers tableaux de ce peintre n'ont d'autres mérites qu'une exécution facile et une bonne couleur.
WAEL (Jean De).	1558 1633	Id.	Hist.	Élève de François Franck, le vieux. Il fut de l'académie d'Anvers.		Étudia la peinture à Paris après avoir quitté son maître.
BALEN (Henri Van).	1560 1632	Id.	Id.	Élève d'Adam Van Noort. Il abandonna ce premier maître pour aller étudier à Rome.	Sainte Trinité, Anvers. Concert d'anges, ibid. Diane, Bacchus, etc., Amsterdam. La Pêche des catholiques et des protestants (peint en compagnie de Breughel de velours), ibid. Épousailles de la Vierge, Florence. Les Forges de Vulcain (les fig. seulement, le reste est de Breughel), Berlin.	Dessin correct, surtout dans ses académies, peu de ses contemporains purent l'égaler.
GARRARD (Marc).	1561 1635	Bruges.	Hist., pays. etc.	Il fut nommé premier peintre de la reine Élisabeth, puis de la reine Anne.	Figures pour les fables d'Ésope d'après ses compositions.	Bon dessinateur. Il a également gravé.
STELLA (François), dont le vrai nom est Van der Star.	1563 1605	Malines.	Hist.	Mort à Lyon, où il exécuta un grand nombre de tableaux. Il eut un fils qui s'établit en Toscane.	Descente de croix, Lyon. Christ au tombeau, ibid.	
CALVART (Denis), dit LE FLAMAND.	1565 1619	Anvers.	Hist., pays. avec figures	Fondateur de l'école bolonaise. Ses élèves furent le Guide, le Dominiquin et l'Albane. A sa mort, qui arriva à Bologne, Louis Carrache, son rival, alla à ses obsèques en tête de ses élèves.	Assomption de la Vierge (attribué), Londres. J. C. apparaissant à Marie-Madeleine sous les habits d'un jardinier, Bologne. Saint Jérôme, Florence.	Calvart avait de grandes connaissances dans l'architecture et l'anatomie. Pinceau plein de fougue, ordonnance spirituelle, et beau coloris. L'école bolonaise révère la mémoire de ce maître flamand.

NOMS.	ANNÉES DE NAISSANCE ET DE MORT.	LIEU DE NAISSANCE	GENRE.	NOTES HISTORIQUES.	TABLEAUX PRINCIPAUX ET LIEUX OU ILS SE TROUVENT.	Observations.
GHEYN (Jacques De), LE JEUNE, fils de Jacques, LE VIEUX, peintre hollandais.	1565 1625	Anvers.	Fleurs, pays. et inter.	D'abord graveur, il ne peignit que sur la fin de ses jours.		Goltzius lui apprit l'art de la gravure.
BREUGHEL (Pierre), LE JEUNE, dit d'ENFER, fils de Pierre LE VIEUX.	1567 1625	Bruxel.	Incendies.	Il affectionnait les sujets terribles.	Orphée aux Enfers, Paris. J. C. délivrant les âmes du purgatoire, La Haye. Fuite en Egypte (avec Rottenhamer), La Haye. Le Paradis (avec Rubens), ibid. L'Enlèvement de Proserpine, Madrid. Un Incendie, ibid. Le Chemin du Calvaire, Berlin.	Bon coloris, touche légère, effet médiocre.
BREUGHEL (Jean), dit DE VELOURS, fils de Breughel Pierre, LE VIEUX.	1568 1622	Id.	Pays.	Il étudia quelque temps en Italie et fut élève de Góe-Kindt.	Bataille d'Arbelles, Paris. Halte en Egypte, Amsterdam. Les Quatre éléments, Rome. Bouquet de fleurs, Bruxelles. L'Abondance et l'amour (fig. de Van Balen).	Rubens l'employa très-souvent à peindre le fond de ses tableaux.
LAURI (Balthasar).	1570	Anvers.	Id.	Il alla à Rome, où il travailla quelque temps avec Paul Bril.		
BRUYN (Nicolas De), fils d'Abraham.	1570	Id.	Hist.	Élève de son père, qu'il surpassa; il est connu comme bon graveur.		Il a peint à la manière de Lucas de Leyden. Un peu de roideur et peu d'effet. Beaucoup de vérité dans ses têtes.
ES (Jacques Van).	1570 1621	Id.	Fleurs, fruits et poiss.	Il est cité dans quelques biographies comme un bon peintre.	Poissons, coupe de vin, Madrid. Le pendant du précédent, ibid.	Il représentait la nature avec tant de vérité que ses tableaux trompaient la vue.
POURBUS (François), dit LE JEUNE, fils de François, LE VIEUX.	1570 1622	Id.	Hist. et portr.	Mort à Paris où il s'était établi très-jeune.	Portrait de la reine Élisabeth d'Angleterre, Amsterdam. Portraits, Madrid. Portrait d'Henri IV, Paris. Portraits, Florence. Portrait d'Henri IV, Berlin. J. C. au milieu des docteurs (la plupart des figures de ce tableau sont des portraits d'hommes en place sous le gouvernement de Philippe II, on y remarque le portrait du peintre), Gand.	Les portraits de ce peintre sont admirables par la couleur et la finesse d'exécution des détails.
ARTVELT (André Van).	1570	Id.	Marine			
BAKEREEL (Guill.).	1570 1600	Id.	Pays.	Mort à Rome. Le luxe de sa maison le perdit, mais son frère le tira de la misère.	Saint Félix, Anvers. Vision de saint Félix, Bruxelles. Saint Antoine de Padoue portant l'enfant Jésus et le saint Sacrement, ibid.	
CLEEF (Gilles Van).	1570	Id.	Hist. et portr.	Fils de Henri, quelques auteurs le croient fils de Martin.		

NOMS.	ANNÉES DE NAISSANCE ET DE MORT.	LIEU DE NAISSANCE	GENRE.	NOTES HISTORIQUES.	TABLEAUX PRINCIPAUX ET LIEUX OU ILS SE TROUVENT.	Observations.
GHEEST (Jacq. De).	1570 1612	Anvers.	Hist.	Il jouissait d'une bonne réputation comme peintre.		Ce peintre n'est guère connu que par les vers de Vondel.
BADENS (François), frère de Jean.	1571	Id.	Portr. allég., etc.	Il fit ses premières études à Amsterdam, puis il partit pour l'Italie où il fit un long séjour.		Belle ordonnance, beau coloris dans le nu, ce qui le fit surnommer l'Italien.
BAKEREEL (Gilles), frère de Guillaume.	1572 16**	Id.	Pays.	La vie calme et tranquille de ce peintre contrastait avec le faste qu'affectait son frère Guillaume.	L'Adoration des bergers, Brux.	
VRANCX (Sébastien).	1573 1647	Id.	Bataill. chasse, etc.	Élève d'Adam Van Noort. En 1612 il était doyen de la corporation de Saint-Luc.		Il peignit les chevaux avec succès. Composition énergique. Bon coloris. Dessin un peu roide.
FRANÇOYS (Lucas), LE VIEUX, dit de Malines.	1574 1643	Malines.	Hist. et portr.	Il fut peintre de la cour de France et de celle d'Espagne.	La Vierge présentant l'enfant Jésus à un saint carmélite, Anvers. Portrait de Phiderpe, sculpteur flamand, Bruxelles.	Manière agréable.
PEPIN (Martin).	1574 ou 1578 1641	Anvers.	Hist.	Il voyagea beaucoup, et s'établit en Italie où il mourut. Il eut une fille qui fut inscrite en 1655 dans la corporation des peintres à Anvers, et qui peignit le portrait d'une manière assez remarquable.	Élisabeth de Hongrie, Anvers. Saint Norbert prosterné devant le saint Sacrement, Anvers. Tableaux au musée d'Anvers.	On a prétendu que Rubens craignait ce peintre. Couleur énergique, dessin très-pur.
FRANCK (Sébastien), fils de François LE VIEUX.	1573 1636	Id.	Hist. et portr. etc.	Élève de son père. Il a gravé une suite de dessins représentant les modes de son temps.	Plusieurs de ses tableaux se trouvent dans les galeries de Munich et de Vienne. Tabl. à La Haye, parmi lesquels on remarque une Galerie de tableaux d'après différents peintres célèbres : sur le devant on voit Apelle faisant le portrait de Campaspe, maitresse d'Alexandre.	Il a peint beaucoup de figures dans les tableaux de ses contemporains.
LIEMACKERE (Nicol. De), dit ROOSE.	1575 1646	Gand.	Hist. relig.	Élève d'Ottovenius. Rubens ayant été appelé à Gand par la confrérie de Saint-Michel pour peindre une Chute des anges, dit en leur désignant de Liemackere : « Messieurs, quand on possède une rose si belle, on peut se passer de fleurs étrangères. » C'est depuis cette époque que le surnom de Roose lui est resté; il fut pendant quelques temps aussi fameux que Rubens. Doyen des peintres à Gand en 1628 et 1636.	Le chef-d'œuvre du maitre, Sacre de saint Nicolas, se trouve à Gand. Beaucoup de tableaux, ibid., parmi lesquels on remarque une suite de 12 sujets tirés des saints Evangiles.	Ce peintre travaillait avec une grande vivacité. Belle et large composition.
BADENS (Jean), frère de François.	1576 1603	Anvers.		Il s'occupa beaucoup en Allemagne et en Italie.		
SAVERY (Roland), fils de Jacques.	1576 1639	Courtray	Animé, pays., etc.	Il fut protégé par l'empereur Rodolphe II, après la mort duquel il se fixa à Utrecht, où il mourut.	Orphée attirant les animaux, La Haye. Paysage, Florence. » avec des lions, Londr. » » ibid. Animaux dans un paysage, Berlin. Adam et Ève dans un paysage, ibid.	Manière de Paul et de J. Breughel; bonne composition, effet agréable, touche spirituelle, quoiqu'un peu sèche. La couleur bleue est trop répandue dans ses ouvrages.

NOMS.	ANNÉES DE NAISSANCE ET DE MORT.	LIEU DE NAISSANCE	GENRE.	NOTES HISTORIQUES.	TABLEAUX PRINCIPAUX ET LIEUX OU ILS SE TROUVENT.	Observations.
RUBENS (Pierre Paul).	1577 1640	Cologne.	Hist., etc.	Le plus illustre peintre qu'ait produit l'école flamande. Il était fils de Jean Rubens, professeur en droit et échevin de la ville d'Anvers, qui, pour se mettre à l'abri des guerres civiles, déchirant alors le pays, s'était réfugié à Cologne. La première jeunesse de Pierre-Paul Rubens fut cultivée avec soin; on l'appliqua de bonne heure à l'étude des belles-lettres, et il fit des progrès rapides dans la langue latine. Son père étant mort, il obtint de sa mère la permission de se livrer à la peinture. On le plaça d'abord chez Tobie Verhaegt, et ensuite chez Adam Van Noort, qu'il quitta bientôt pour entrer dans les ateliers d'Ottovenius: à l'âge de 23 ans Rubens se crut en état de se passer de maître. Il eut accès chez les princes, et il s'y fit bientôt distinguer par ses talents et la sagesse de sa conduite. L'archiduc Albert l'envoya à Vincent de Gonzague, duc de Mantoue, qui le reçut favorablement et le prit à son service en qualité de gentilhomme. Ses talents et ses vertus aimables lui acquirent tant de considération dans l'esprit de ce prince, qu'il l'envoya comme ambassadeur à la cour de Philippe III, roi d'Espagne. Rubens partit chargé de riches présents pour le duc de Lermes, un des principaux favoris de Philippe; ces présents furent offerts avec une grâce qui en augmenta le prix. Le nouvel envoyé gagna bientôt l'estime du roi d'Espagne et de toute sa cour, il fit un grand nombre de portraits et de tableaux d'histoire qui lui valurent des sommes immenses. Le duc de Bragance, depuis roi de Portugal, le fit venir à Villaviciosa, où il faisait sa résidence; il l'envoya ensuite à Rome pour y copier les principaux tableaux des grands maîtres; les ouvrages du Titien et de Paul Veronèse l'attirèrent ensuite à Venise, et ce fut dans cette excellente école qu'il puisa les règles sûres du coloris, dont il ne s'est jamais écarté. Cet illustre artiste retourna ensuite à Rome, puis se rendit à Gênes où des portraits et des tableaux d'histoire l'occupèrent longtemps. La nouvelle de la maladie de sa mère vint suspendre ses travaux, il partit à la hâte mais arriva trop tard, sa mère n'était plus. Voulant fuir des lieux si cruels à son souvenir il se préparait à retourner à Mantoue, lorsque l'archiduc Albert détermina Rubens à ne plus quitter sa patrie; ce fut alors qu'il épousa Élisabeth Brant. Rubens jouissait d'une fortune immense et sa réputation devenait européenne. On osa calomnier son talent, il ne répondit à ses ennemis qu'en produisant de nouveaux miracles. Abraham Janssens, qui se trouvait à la tête des envieux, osa proposer à Rubens un défi de peinture: le grand artiste lui répondit qu'il accepterait son défi quand il aurait prouvé qu'il pouvait être son concurrent. La gloire de Rubens parut dans tout son éclat en 1620, lorsque Marie de Médicis le choisit pour peindre dans une des galeries du Luxembourg, les principaux événements de sa vie depuis sa naissance jusqu'à l'accommodement qu'elle avait fait à Angoulême avec son fils Louis XIII. Cette magnifique série de tableaux fut exécutée à Anvers, à l'exception de deux morceaux. Rubens au milieu des honneurs et des richesses, sentant venir les infirmités de la vieillesse, ne chercha plus que le calme et la paix; affligé de la goutte et d'un tremblement de main, il se renferma dans sa belle maison et ne peignit plus, aidé de l'appui-main, que des tableaux de chevalet. Il composa cependant encore les arcs de triomphe pour l'entrée de Ferdinand; ce fut son dernier ouvrage; il expira le 30 mai 1640, âgé de 63 ans. On fit un solenne artiste des obsèques magnifiques, il fut inhumé dans la chapelle derrière le chœur, dans l'église de Saint-Jacques, à Anvers. Deux siècles après, la ville d'Anvers paya son tribut d'admiration au grand peintre et lui éleva une statue colossale en bronze. La vie de Rubens est, ainsi que ses ouvrages, empreinte d'un caractère de grandeur, de noblesse et d'énergie virile; il nous apparaît comme un des plus grands génies qui aient honoré l'humanité; c'est sans contredit le plus complet dont puisse se glorifier la Belgique. Il eut le rare bonheur de comprendre son siècle, d'en être compris et apprécié, de jouir dignement de sa gloire, et d'être exempt de ces retours de fortune si communs dans l'existence des artistes. Ce n'est pas qu'il n'excitât l'envie de bien des rivaux; mais, étranger lui-même à ce sentiment, il ne fit que plaindre ceux à qui sa supériorité l'inspirait, et n'employa, pour les désarmer, que les bons procédés, payant la haine par des bienfaits.	Anvers possède 103 tableaux de Rubens parmi lesquels on remarque : La Descente de croix. La Mise au croix. Le Calvaire. L'Adoration des mages. Communion de saint François. Piété filiale. Jésus traînant sa croix. Jacob et Esaü. Le Christ en croix. Deux portraits. L'Éducation de la Vierge. Sainte Thérèse. La Sainte Trinité. L'Assomption. La Résurrection. Flagellation. Sainte Famille. Couronnement de la Vierge, Bruxelles. Martyre de saint Liévin, ibid. Adoration des mages, ibid. Station au Calvaire, ibid. Christ au tombeau, ibid. Saint François protégeant le monde, ibid. Assomption, ibid. A PARIS. 21 tableaux, la plupart allégoriques, sur Marie de Médicis, Henri IV et Louis XIII; Fuite de Loth, le Prophète Elie, Adoration des mages, Vierge aux anges, Fuite en Égypte, le Denier de César, Jésus sur la croix, Triomphe de la religion, Thomyris, Diogène, Kermesse, Tournoi, deux paysages, François de Médicis, Élisabeth de Bourbon, Jean Richardet, deux portraits de femme, l'Amour conduisant un jeune homme. A FLORENCE. Bataille d'Ivry, entrée d'Henri IV à Paris, Conséquences de la guerre, Paysage, sainte Famille, Rubens, Grotius, Juste Lipse. Visitation, Rome. Romulus et Rémus, ibid. Religieux, Naples. Cérès et Bacchus, Venise. A MADRID. Adoration des mages, Mercure et Argus; le Jugement de Pâris, les Grâces, Diane et Calisto, Apollon et Midas, Atalante, Enlèvement de Proserpine, Orphée, le Péché originel, Voie lactée, Saturne dévorant ses enfants, Médée, Andromède, Philippe II, Bacchanale, sainte Famille, Christ couronné d'épines, Vierge, Hercule et Omphale. A LONDRES. La Paix et la Guerre, la Pluie des serpents, saint Bavon, Enlèvement des Sabines, sainte Famille, deux paysages, Diane et ses nymphes (figures de Snyders). Crucifiement de saint Pierre, Cologne. Vénus et Adonis, La Haye. Catherine Brintes, ibid. Hélène Froment, ibid. Portr. de son confesseur, ibid.	Les œuvres de Rubens sont autant de poèmes où l'on découvre chaque jour de nouvelles beautés. Il peignait l'histoire, le portrait, le paysage, les fruits, les fleurs, les animaux et même la mer. Sa couleur est tendre, vive, fraîche et naturelle et il a poussé très-loin l'intelligence du clair obscur. Abondant et facile dans ses productions, il savait varier à l'infini ses attitudes et les contraster sans les outrer. Ses expressions sont pleines de justesse et l'on admire son jugement dans tous les morceaux où il a fait usage de l'allégorie. Ses draperies sont toujours convenables aux sujets, et jetées avec art; on y reconnaît distinctement la soie, la laine et le lin. Rubens a peut-être manqué quelquefois à l'élégance et au choix de la belle nature : il est même quelquefois maniéré, surtout dans les extrémités et les emmanchements de ses figures, mais ce défaut ne lui est point ordinaire. Pour la correction du dessin il est égal aux plus grands maîtres. Le rôle de Rubens dans l'histoire de l'art est de la plus haute importance, non pas seulement à cause des élèves qu'il a formés, et qui seuls suffiraient à sa gloire; ses œuvres, malgré leur mérite immense, ne servent pas seules non plus à marquer sa place; Jordaens, David, Teniers, Van Thulden, Van Dyck, et l'énorme quantité de tableaux connus par la gravure, constituent, il est vrai, la valeur personnelle de Rubens: mais dans l'histoire de la peinture son nom a un autre sens, un sens indépendant du mérite de ses élèves et du nombre de ses œuvres. Il est le chef d'une école qui a renouvelé la face de l'art. Malgré les études que Rubens a faites des écoles italiennes, on ne trouve nulle part dans ses œuvres, Rome, Florence ou Venise. Il a certainement saisi les secrets de Raphaël et de Paul Véronèse, mais l'individualité de ses connaissances en peinture a fait disparaître le fruit de ses études, sous un caractère majestueux et saisissant qui est la plus exacte expression du génie de Rubens. On a beaucoup gravé d'après cet habile peintre; ses disciples les plus distingués sont Van Dyck, Diepenbeck, Jordaens, David, Teniers, Van Mol, Vanthulden, etc.

NOMS.	ANNÉES DE NAISSANCE ET DE MORT.	LIEU DE NAISSANCE	GENRE.	NOTES HISTORIQUES.	TABLEAUX PRINCIPAUX ET LIEUX OU ILS SE TROUVENT.	Observations.
STABEN (Henri).	1578 1658	Anvers.	Hist. et intér.	Il étudia sous le Tintoret et visita la France.	La plus grande partie de ses tableaux se trouve en France.	Étant arrivé en France, il s'y fit une bonne réputation par de jolis tableaux d'intérieur. Bonne composition, coloris agréable.
WYNGHEN (Jérémie Van, fils de Joseph.	1578 1648	Bruxell.	Hist. et portr.	Il visita l'Italie et s'établit en Allemagne.		Bonne ressemblance, de la facilité et du naturel.
SNEYDERS (Franç.).	1579 1657	Anvers.	Fruits, chasse, batail., etc.	Élève d'Henri Van Balen : l'archiduc Albert fit la fortune de cet artiste. Il s'était mis d'abord à peindre des fruits ; Rubens l'engagea à peindre des animaux : personne n'a su l'égaler dans ce genre. Graveur.	Des cygnes dans l'eau se défendant contre un chien, Anvers. Chasse au cerf, etc., Paris. Chasse au sanglier, Florence. Chasses, Madrid. Chasse au crocodile et autres tableaux, Amsterdam. Chasse au cerf (paysage de Rubens), La Haye. Cuisine avec légumes et gibier (figures de Rubens), ibid. Tableau représentant gibier, chiens, etc., Londres. Beaucoup de tableaux, Madrid. Gibier, poissons, fruits, etc., Bruxelles. Dans plusieurs tableaux de Rubens, gibier et fruits, Berlin. Gibier, légumes et fruits, ibid.	Sneyders fut choisi par Rubens pour peindre les fleurs, les fruits et les animaux de ses tableaux. Composition riche et variée. Couleur énergique, touche hardie. Il a imité, on ne peut mieux, la nature.
BALEN (Pierre).	1580 165?	Liége.	Hist. etc.	Élève de Lambert Lombard dont il épousa la fille. Ce peintre acheva ses études en Italie.	Sainte Trinité, Liége.	A l'exception du tableau de la Sainte Trinité, on croit qu'il n'a peint que de petits sujets.
FOUQUIÈRES (Jacq.).	1580 1659	Anvers.	Pays.	Élève de Momper, de Breughel et de Rubens ; il travailla quelque temps à la cour de l'électeur Palatin et alla se perfectionner en Italie. Il fut protégé en France par le roi Louis XIII, ce qui ne l'empêcha pas de mourir à Paris dans la plus grande misère. Graveur.	Paysage, Berlin.	La rivalité qui existait entre ce peintre et le Poussin fit que ce dernier quitta la France pour l'Italie. Coloris tranchant et dessin très-pur. Rubens l'a quelquefois employé.
MOMPER (Josse De).	1580 1658	Bruges.	Pays.	Ses premiers tableaux sont ornés de figures de J. Breughel et de Teniers le père. Il a demeuré longtemps à Anvers. Graveur.	Paysage, Anvers. » avec fig. et animaux, Amsterdam. Paysage avec figures, Berlin. Beaucoup de tableaux, Madrid.	Il eut la réputation d'un grand maître. Beaucoup de naturel, quelques-uns de ses tableaux ont un grand fini ; il s'est relâché dans plusieurs.
MOL (Pierre Van).	1580 1650	Anvers.	Hist. et portr.	Élève de Rubens.	Adoration des mages, Anvers. Christ mort près des saintes femmes, Paris.	Bon peintre d'histoire et de portraits.
FRANCK (François), dit LE JEUNE, fils de François, LE VIEUX.	1580 1642	Id.	Hist., pays. et intér.	Élève de son père. Doyen de la corporation de Saint-Luc. Il alla à Venise où il s'appliqua à étudier les anciens. Il peignit souvent les figures dans les œuvres de P. Neefs et de J. de Momper.	Combat des Horaces, Anvers. Le Vieillard et la Mort, Paris. Histoire d'Esther, l'Enfant prodigue, ibid. Quatre tableaux dans la galerie de Florence, de François Franck, sans désignation de François le vieux ou le jeune.	Ses tableaux sont plus estimés que ceux de son père, tant pour le coloris que pour le dessin. Ordonnance vicieuse. Plusieurs sujets sur un même tableau.
WILDENS (Jean).	1580 1642	Id.	Pays.	Ami de Rubens. Hollar, Hondius, Matham et d'autres, ont gravé d'après lui.	Paysage de quelques tableaux de Rubens et de Rombouts, au musée d'Anvers.	Il avait un génie heureux dans le choix de ses sujets, une exécution facile, une bonne couleur, une grande légèreté dans les ciels et les lointains.
STALBENT (Adrien).	1580 1660	Id.	Id.	Élève de Thyssens ; Charles Ier l'appela à Londres où il exécuta un grand nombre d'ouvrages. En 1609, il entra dans la corporation des peintres, à Anvers ; il en fut doyen en 1618 et 1619.		Il a fait quelques gravures.

NOMS.	ANNÉES DE NAISSANCE ET DE MORT.	LIEU DE NAISSANCE	GENRE.	NOTES HISTORIQUES.	TABLEAUX PRINCIPAUX ET LIEUX OU ILS SE TROUVENT.	Observations.
HALS (Thierry).	1580 1656	Malines.	Anim.	Élève de son frère François. Quelques auteurs le font naître en 1589 et disent qu'il fut élève d'Abraham Bloemaert. Il mourut à Harlem.		Il abandonna le premier genre qu'il s'était choisi pour peindre des intérieurs à la manière de Palamède Stévens, mais il fut loin d'atteindre au talent de ce maître.
DELMONT (Dieudonné).	1581 1634	St-Trond	Hist. relig.	Il fut l'élève et le compagnon de voyage de Rubens, et travailla pour le roi d'Espagne.	La Transfiguration, Anvers.	Cet artiste avait de grandes connaissances en architecture.
CRAYER (Gasp. De).	1582 1669	Anvers.	Hist. et portr.	Élève de Michel Coxcie et peintre du prince cardinal Ferdinand. En 1607, il entra dans la corporation des peintres, à Bruxelles. Le faste qu'il étalait dans sa manière de vivre le mit quelquefois dans la gêne. Il finit par s'établir à Gand.	Saint Dominique se donnant la discipline, Anvers. Le Christ mort en présence de sa mère, ibid. Deux compositions religieuses, Paris. Le Martyre de saint Blaise, Gand. Sainte Rosalie couronnée par l'enfant Jésus, ibid. Conversion de saint Julien, Bruxelles. Pêche miraculeuse, ibid. Adoration des bergers, Amsterdam. Descente de croix, ibid. Les Disciples d'Emmaüs, Berlin. Sainte Thérèse recevant une chaîne de la sainte Vierge, Vienne. La Vierge et l'enfant Jésus, entourés de plusieurs saints, ibid.	Il peignit le martyre de saint Blaise à l'âge de 86 ans. La mort ne lui permit pas d'achever ce tableau. Dessin admirable de pureté. Ordonnance sage. Belle composition. Draperies variées. Coloris naturel.
TENIERS (David), LE VIEUX.	1582 1649	Id.	Foires et kerm., etc.	Élève de Rubens. Il voyagea en Italie où il rencontra Elzheimer dont il imita la manière. Graveur.	Les Sept Œuvres de miséricorde, Anvers. Adoration du Christ, Paris. Médecin assis avec une bouteille à la main, Florence. Tentation de saint Antoine, Berlin. Paysages avec figures, Vienne. Pan dansant avec une nymphe, satyres et nymphes, ibid. Vertumne et Pomone, ibid.	Ses tableaux sont pleins de charme et de vérité. Il travailla dix ans à Rome où il s'occupa à imiter le genre de différents maîtres.
NIEULANDT (Guill.).	1584 1635	Id.	Pays.	Élève de Roland Savery; il demeura trois ans à Rome où il travailla avec Paul Bril. Il fut aussi graveur à l'eau-forte.	Vue du Campo-Vaccino près Rome, Vienne.	Il avait d'abord adopté le genre de Paul Bril, qu'il abandonna ensuite. Coloris naturel et agréable mais un peu vert. Pinceau habile. Figures bien dessinées.
HALS (Franç.), frère de Thierry.	1584 1666	Malines.	Hist. et Portr.	Quoique ce célèbre peintre ait passé la plus grande partie de sa vie à Harlem, l'école flamande le revendique comme une de ses gloires. Sa manière de peindre, du reste, le place dans cette école à côté des plus beaux noms. Il est fâcheux pour la mémoire de Hals que sa vie se soit passée au cabaret.	Portrait de Descartes, Paris. Portrait, Amsterdam. Tableaux, Harlem. La Gaieté du jeune âge, Londres. Portrait en pied, ibid. Portrait d'homme, Berlin. Portrait de femme, ibid.	C'est, après Van Dyck, le plus grand peintre de portraits de son temps. On lui a reproché quelquefois de ne pas avoir assez de délicatesse dans les chairs.
CLEEF (Georges Van), frère de Gilles.	1585	Anvers.	Pays.	Les biographes ne sont pas d'accord sur la généalogie de cet artiste: les uns le croient fils d'Henri, les autres de Martin le jeune.		
VRIES (Pierre De), fils de Salomon.	1587	La Haye.	Id.	On ne connaît aucun détail sur la vie de cet artiste.		Il imita la manière de son père.

3

NOMS.	ANNÉES DE NAISSANCE ET DE MORT.	LIEU DE NAISSANCE	GENRE.	NOTES HISTORIQUES.	TABLEAUX PRINCIPAUX ET LIEUX OU ILS SE TROUVENT.	Observations.
PONTEAU (Michel), surnommé en Italie : il PONTIANO.	1588? 1650	Liége.	Hist. et portr.	Il eut pour premier maître Bertin Royaux, se rendit fort jeune en Italie et y passa ses plus belles années.	Presque tous ses ouvrages sont restés en Italie.	Il avait peint sur les vitraux de la maison qu'il habitait, à Liége, les portraits des empereurs romains.
SEGHERS (Gérard).	1589 1651	Anvers.	Hist., etc.	Élève de Van Balen et d'Abr. Janssens. Il se rendit en Italie où il s'appliqua à imiter Manfredi et Caravage. Le roi d'Espagne lui fit d'importantes commandes. Ami de Rubens et de Van Dyck.	Saint François en extase, Paris. Érection de la croix, Anvers. Mariage de la Vierge, ibid. Et d'autres, ibid. Vierge dans une gloire, Florence. Jésus dans la maison de Marthe et Marie, Madrid. Christ à la colonne, Gand. Résurrection de Lazare, ibid. Martyre de saint Liévin, ibid. Paysage avec une sainte Famille, Vienne. Sainte Famille, ibid. Et d'autres, ibid.	Dessin correct, couleur vigoureuse, belle entente du clair-obscur, expression pleine de vérité.
HORION (Alexandre De).	1591? 1659	Liége.	Hist. et portr.	Ce peintre porta l'amour de l'art si loin qu'il allait détacher les pendus pour en mouler les plus belles parties.		Ressemblance parfaite, bon dessin, mais manque d'animation.
GRACHT (Gommaire Van Der).	1590?	Malines.	Genre.	Élève de Raphaël Coxcie.	On connaît fort peu d'ouvrages de ce maître.	
SCHUT (Corneille).	1590 1676	Anvers.	Hist., etc.	Élève de Rubens. Il peignit souvent avec son ami Daniel Zeghers. Graveur.	Exaltation de la Vierge, Anvers. Martyre de saint Georges, ibid. Martyre de saint Jacques (esquisse), Bruxelles. La Vierge entourée d'une guirlande (fleurs de Zeghers), ibid. Vierge entourée d'une guirlande (fleurs de Zeghers): attribué, Berlin. Héro et Léandre, Vienne. La Vierge et l'enfant Jésus entourés d'anges et de fleurs (fleurs de Zeghers), ibid.	Peintre renommé. Composition heureuse. Le talent de Rubens excita sa jalousie.
SOUTMAN (Pierre).	1590 1653	Id.	Hist. et portr.	Élève de Rubens, et peintre de l'électeur de Brandebourg. Graveur.		Beaucoup de biographes se sont trompés à l'égard de cet artiste, en le faisant naître à Harlem en 1580.
ZEGHERS (Daniel).	1590 1660	Id.	Fleurs.	Élève de J. Breughel de Velours. En 1611, il avait déjà assez de talent pour être inscrit dans la corporation de Saint-Luc, à Anvers. Peu de temps après, il entra dans l'ordre des jésuites ; ses supérieurs l'envoyèrent à Rome pour se perfectionner ; revenu dans son pays, il y fut honoré de l'amitié de Rubens et comblé d'honneurs par tous les souverains. Ses tableaux furent, de son vivant, d'un prix exorbitant.	Guirlandes de fleurs entourant des tableaux de Corneille Schut, Anvers. Buste d'homme (grisaille entourée de fleurs), Florence. Bouquet de roses, Londres. Fleurs, ibid. Plusieurs guirlandes de fleurs entourant des tableaux de C. Schut, Madrid. Guirlande de fleurs autour d'une sainte Famille, La Haye. Bouquet de fleurs, Bruxelles. La Vierge et l'enfant Jésus entourés de fleurs, Bologne. Fleurs entourant des portraits, Berlin. Guirlande entourant le saint sacrement avec cette inscription : O amor qui semper ardes, Vienne. Fleurs entourant une sainte Famille (figures de Van Dyck), ibid. Et d'autres, ibid.	Fini précieux, pinceau de maître, coloris frais et naturel.

NOMS.	ANNÉES DE NAISSANCE ET DE MORT.	LIEU DE NAISSANCE	GENRE.	NOTES HISTORIQUES.	TABLEAUX PRINCIPAUX ET LIEUX OU ILS SE TROUVENT.	Observations.
WAEL (Luc De), fils de Jean De Wael.	1591 1662	ANVERS.	Batail. et pays.	Élève de Jean Breughel. Il alla fort jeune en Italie et en France où il acheva plusieurs beaux ouvrages.		Ordonnance riche; il représentait avec un talent égal les tempêtes et le temps calme.
GERBIER (BALTHAzar).	1592 1676	Id.	Miniature.	Il passa plusieurs années en Italie; revenu de ce voyage, il s'occupa peu de temps dans sa patrie et partit pour l'Angleterre où il fut d'abord au service du duc de Buckingham et ensuite de Charles Ier, dont il devint le favori. Ce prince lui confia des charges importantes et le créa chevalier. Il mourut à Londres après avoir visité Surinam.		D'après plusieurs biographes, Gerbier doit avoir été également architecte.
SNAYERS (PIERRE).	1593 1663	Id.	Hist., portr., bataill. et pays.	Élève de Van Balen, peintre d'Albert et d'Isabelle et plus tard du cardinal infant d'Espagne. Il mourut à Bruxelles, après avoir acquis une fortune considérable.	Bataille de Forty, Londres. Attaque nocturne de Lille, Madrid. Siége de Gravelines, ibid. Paysage avec figures, Berlin. Paysage avec figures, Vienne. Bataille, ibid. Halte militaire, ibid. Et d'autres, ibid.	Rubens et Van Dyck estimaient beaucoup le talent de ce peintre.
DOUFFET (GÉRARD).	1594 1660	LIÉGE.	Hist. et portr.	Il étudia à l'école de Rubens; ses tableaux étaient si beaux que les plus grands maîtres ne pouvaient se lasser de les admirer. Il voyagea longtemps en Italie.		Il avait d'abord été élevé pour les lettres; son penchant naturel l'entraîna vers la peinture.
JORDAENS (JACQ.).	1594 1678	ANVERS.	Hist., Myth., etc.	Élève d'Adam Van Noort et de Rubens; son mariage avec la fille du premier de ces deux peintres l'ayant empêché de se rendre en Italie, il en conçut une tristesse qui ne s'en alla qu'avec sa vie. Rubens l'aimait beaucoup : on a prétendu, à tort, que ce dernier voulut lui faire perdre le goût de la peinture à l'huile en le faisant travailler à la détrempe.	Martyre de sainte Apolline, Anvers. Anvers possède vingt tableaux de Jordaens. Saint Martin guérissant un possédé, Bruxelles. Tableau allégorique, ibid. Tête d'apôtre, ibid. Vénus suivie de bacchantes, La Haye. Vénus au miroir, avec les trois Grâces, Florence. Pharaon et son armée engloutis par la mer Rouge, Londres. Paysage, Pan entouré de chèvres, Amsterdam. Le Jugement de Pâris, Madrid. Le Mariage de sainte Catherine, ibid. Et beaucoup d'autres, ibid. Satyres, Silène, nymphes et enfants (avec Rubens), Berlin. Mise en action du proverbe flamand : Ainsi que les vieux chantent, gazouillent les petits, ibid. La Fête des Rois, Vienne. Jupiter et Mercure chez Philémon et Baucis, ibid. La Femme adultère, Gand. Le Roi boit, Paris. Et autres, ibid.	Un coloris chaud et brillant, une grande facilité, une belle touche, une richesse de composition extraordinaire se font remarquer dans ses ouvrages. Un peu plus de correction, plus de noblesse dans les caractères, plus d'élévation dans la pensée, un meilleur goût de dessin, auraient fait la perfection de cet artiste.
WAEL (CORNEILLE De), fils de Jean De Wael.	1594 1658	Id.	Hist., bataill. et anim.	Élève de son père. Le roi Philippe III lui fit de nombreuses commandes; il travailla également pour le duc d'Aerschot et accompagna son frère Luc en Italie.	Le Passage de la mer Rouge, Vienne.	Composition riche; beaucoup de feu et d'expression. Graveur.

NOMS.	ANNÉES DE NAISSANCE ET DE MORT.	LIEU DE NAISSANCE	GENRE.	NOTES HISTORIQUES.	TABLEAUX PRINCIPAUX ET LIEUX OU ILS SE TROUVENT.	Observations.
DIE (Adrien De).	1594 1652	Lierre.	Hist. et portr.	Élève de R. Schoof, peintre de Louis XIII, roi de France. A Rome, où il passa quelques années, il peignit, pour plusieurs cardinaux, sur or et sur argent.	Saint Éloi, Lierre.	Du soin et du fini.
UDEN (Luc Van).	1595 1660	Anvers.	Pays. avec figures	Il fut l'ami de Rubens qui orna ses paysages de figures ; par contre, Rubens l'employait pour peindre les paysages de ses tableaux. Il eut un frère, nommé Jacques, son élève, qui fut loin de l'égaler.	Paysage, Gand. Paysage, Londres. Paysage avec figures, Madrid. Paysage : Hébé présente l'ambroisie à l'aigle de Jupiter, *ibid.*	Un des meilleurs paysagistes de la grande école. Beau coloris, belle manière.
FRANCK (Gabriel), fils de Sébastien.	1595 ? 1642	Id.	Hist. et pays. en petit.	Doyen de la corporation de Saint-Luc en 1634 ou 1636.		Il peignait quelquefois sur cuivre et d'autres fois sur marbre ; sa manière se rapproche de celle de tous les autres Franck.
FRANQUAERT (Jacq.)	1596 1652	Bruxel.	Hist.	Élève de Rubens. Il visita l'Italie pour se perfectionner dans son art. Revenu dans sa patrie, il fut protégé par l'archiduc Albert et nommé ingénieur du roi d'Espagne dans les Pays-Bas.		Bon architecte. Plusieurs églises anciennes de la Belgique ont été bâties par lui.
HOOGSTRAETEN (Thierry Van).	1596 1640	Anvers.	Pays. avec figures	Sa famille étant allé habiter la Hollande, il fut élevé dans ce pays. Il embrassa d'abord l'état d'orfèvre, puis il s'adonna à la gravure et au dessin ; c'est après un voyage qu'il fit en Allemagne que Thierry commença à peindre. Il mourut à Dordrecht.		Bonne imitation de la nature.
LAIRESSE (Renier).	1596 1667	Liége.	Hist.	Élève de Jean Taulier, dont il épousa la fille. Il fut premier peintre de Ferdinand de Bavière, électeur de Cologne et évêque de Liége. Mort à Vitry-le-François, laissant cinq fils. (Voir école hollandaise.)		Ce peintre excellait à imiter, sur le bois, le jaspe rouge, le marbre blanc et celui des carrières du pays.
ROMBOUTS (Théodore).	1597 1640	Anvers.	Hist. et genre.	Élève d'Abraham Janssens. Voulant égaler Rubens en magnificence, il se ruina. On dit qu'il ne peignait jamais mieux que lorsqu'il s'animait contre Rubens, dont lui et Janssens étaient les plus grands ennemis.	Saint Joseph averti par un ange de fuir en Égypte, Gand. Descente de croix, *ibid.* Sainte Famille (paysage de Wildens), Anvers. Le Charlatan, Madrid.	Figures bien dessinées, coloris chaud et vigoureux, touche large et facile.
SAVERY (Jean), neveu de Roland.	1597 1655	Courtray	Animaux et pays.	Élève de son oncle; mort à Utrecht.		Il peignit le paysage dans la manière de Roland.
DAMERY (Simon).	1597 1640	Liége.	Hist.	Élève de Jean Taulier. Il s'enfuit de la maison paternelle pour visiter l'Italie, et mourut de la peste à Milan, où il s'était marié et établi.	Tableaux, à Liége.	On a de lui des gravures.
HORST (Nicolas Van Der).	1598 1646	Anvers.	Hist. et portr.	Élève de Rubens ; visita l'Allemagne, la France et l'Italie et vint s'établir à Bruxelles. L'archiduc Albert le nomma son peintre.		Il a fait beaucoup de dessins pour les libraires de Bruxelles.

NOMS.	ANNÉES DE NAISSANCE ET DE MORT.	LIEU DE NAISSANCE	GENRE.	NOTES HISTORIQUES.	TABLEAUX PRINCIPAUX ET LIEUX OU ILS SE TROUVENT.	Observations.
DYCK (Antoine Van).	1599 1641	Anvers.	Hist. et portr.	Son père, bon peintre sur verre, le plaça chez Van Balen, d'où il alla quelque temps travailler dans les ateliers de Rubens. Une anecdote suffira pour le faire connaître : un jour que Rubens était sorti, ses élèves entrèrent dans son atelier pour examiner la manière d'ébaucher et de finir du maître ; l'un d'eux, poussé par un autre, effaça le bras de la Madeleine et la joue et le menton de la Vierge, que Rubens venait de finir. Van Dyck fut choisi pour réparer ce malheur, et Rubens en rentrant s'écria : « Voilà un bras et une tête qui ne sont pas ce que j'ai fait de moins bien. » Ce tableau est la Descente de croix qu'on voit à Anvers. Une folle passion qu'il éprouva pour une jeune paysanne de Saventhem lui aurait fait manquer son avenir, si Rubens n'était venu à temps pour l'arracher de ces lieux. Après être revenu d'Italie dans sa ville natale, il partit pour l'Angleterre, afin d'échapper aux tracasseries dont il était l'objet. Ses portraits lui furent payés des sommes immenses ; Charles Ier lui fit l'accueil le plus flatteur. C'est à Londres que Van Dyck mourut d'une phthisie, à l'âge de 42 ans, après y avoir épousé la fille de lord Ruthven.	Saint Augustin en extase, Anvers. Le Christ en croix, ibid. Le Christ mort sur les genoux de sa mère, ibid. Anvers possède vingt-trois tableaux de Van Dyck. Le Christ en croix, Gand. Portrait, Bruxelles. Saint François en extase devant le crucifix, ibid. Le Christ en croix, ibid. Martyre de saint Pierre, ibid. Vieux Silène, ibid. Charles Ier, Paris. Le portrait du peintre, ibid. Plusieurs portraits, La Haye. Sainte Vierge avec l'enfant Jésus (grisaille), Florence. Portrait de femme, ibid. Plusieurs portraits, Londres. L'Amour et Psyché, ibid. Saint Ambroise refusant l'entrée de l'église à l'empereur Théodose, ibid. Portraits, Amsterdam. Femme en pleurs dans un paysage, ibid. La Madeleine, Madrid. Résurrection, Rome. Plusieurs portraits, ib. Le Couronnement d'épines, Madrid. Plusieurs portraits, ibid. Jésus livré aux railleries des soldats, Berlin. Portraits, ibid. La Vierge et l'enfant Jésus, entourés d'apôtres et de saints, Vienne. Vénus obtenant de Vulcain les armes d'Énée, ibid. Plusieurs portraits, ibid.	Il savait joindre dans ses portraits les perfections de l'art aux charmes de la vérité ; la simplicité naïve dont il les ornait, plaisait à tout le monde. Une ressemblance frappante des traits et des étoffes faisait son principal mérite. Si l'on ne place pas Van Dyck, considéré comme peintre d'histoire, au même rang que Rubens, on convient qu'il l'a surpassé par la délicatesse des teintes, et par la belle fonte des couleurs. Il n'a pas eu, il est vrai, la même abondance de génie, mais il avait des expressions plus fines, un meilleur caractère de dessin, et plus de vérité dans la couleur.
MEEL (Jean), ou MIEL, dit BICKER, ou bien encore GIOVANI DELLA VITE.	1599 1644	Bruxel.?	Hist. et bambochades.	Élève de G. Seghers et d'André Sacchi ; mort à Turin. Il fut peintre du duc de Savoie et membre de l'académie de Saint-Luc.	Le Mendiant, Paris. Le Barbier napolitain, ibid. Paysage, ibid. Halte militaire, ibid. Et d'autres, ibid. Paysage avec figures et animaux, Florence. Ruines (avec Viviani), Londres. La Cabane, Madrid. Groupes de paysans, ibid. Paysage avec figures et animaux, Berlin. Paysage avec bâtiments et arc de triomphe, Vienne.	Ses tableaux de chasses sont les plus recherchés ; les figures en sont dessinées avec infiniment d'esprit, de naturel et de vérité. On lui reproche un goût peu relevé dans le choix de ses sujets.
EYKENS (Pierre), LE VIEUX.	1599 1649	Anvers.	Hist.	Les biographes ne citent aucune particularité sur ce peintre.	Sainte Catherine, Anvers. La Cène, ibid.	
UTRECHT (Adrien Van).	1599 1651	Id.	Fleurs et anim.	La réputation de ce bon peintre le précéda dans ses voyages en France, en Italie et en Allemagne, où il trouva beaucoup d'ouvrage et l'accueil que méritait son talent. Le roi d'Espagne fut un de ses principaux protecteurs.	Une échoppe de marchand de poissons, Gand. Nature morte (avec figures de Jordaens), Madrid. Fruits et oiseaux, morts, etc., ibid.	Il excellait à peindre les oiseaux de l'Inde au plumage éclatant et varié.
BÉECK (Jean).	*1510	Looz.	Hist.	Moine et ensuite abbé au couvent de Saint-Laurent, près de Liège. Regardé comme le plus ancien Liégeois qui s'occupa de peinture après la mort des frères Van Eyck.	La plupart des tableaux qui ornaient l'église de son couvent, ont été faits par lui.	Ce peintre a publié la chronique de Jean Van Stavelot.

NOMS.	ANNÉES DE NAISSANCE ET DE MORT.	LIEU DE NAISSANCE	GENRE.	NOTES HISTORIQUES.	TABLEAUX PRINCIPAUX ET LIEUX OU ILS SE TROUVENT.	Observations.
CRANSSE (Jean).	*1510	Anvers.	Hist. relig.	Reçu dans la corporation des peintres en 1523.	On voyait autrefois, à Anvers, un beau tableau de Cransse représentant Notre Seigneur lavant les pieds aux apôtres.	
SMYTERS (Anne), mère de Lucas De Heere.	*1540	Gand.	Miniat.	D'anciens écrivains parlent avec éloge d'Anne Smyters.		Elle épousa le célèbre sculpteur Jean de Heere.
MOLENAER (Corneille), dit, LE LOUCHE.	*1540	Anvers.	Pays.	La débauche l'ayant ruiné, il fut obligé de travailler à 50 sols par jour. Égide Coignet et d'autres peintres se servaient parfois de lui pour les aider dans leurs ouvrages.	Deux Tabagies, Bruxelles. Paysage avec figures dans une barque, Madrid. Marines, ibid. Paysage, Berlin.	Cet artiste peignait un grand paysage en un jour. Bon coloris, ton et touche agréables. On prétend qu'il n'employait pas de pinceau pour peindre, et qu'il se servait de ses doigts.
CRABBE (François).	*1543	Malines.	Hist.	Il peignit à fresque.		Sa manière se rapprochait de celles de Quentin Metzys et de Lucas de Leyde.
GRIMMER (Jacques).	*1546		Pays.	Élève de Mathieu Kock; reçu à l'académie d'Anvers. Bon poète et grand comédien.	Histoire de la vie de saint Hubert (avec volets), Bruxelles. Portrait, Vienne.	Ses paysages sont ornés de bâtiments et de ruines parfaitement exécutés.
RYCKE (Bernard De).	*1550	Courtray	Hist. relig.	Reçu à l'académie d'Anvers en 1561.	Notre Seigneur portant sa croix, Courtray.	Manière agréable et moelleuse.
HORNE (Léonard).	*1550	Liége.		Contemporain des frères Hardy.		
GEERARTS (Marc).	*1550	Bruges.	Pays. et archit.	Élève de Martin De Vos. Il était aussi sculpteur et architecte. Cet artiste, pour fuir les dissensions qui déchiraient sa patrie, alla s'établir en Angleterre où il mourut. Graveur.	Le plan de la ville de Bruges, Bruges. Portrait d'homme, Vienne.	A l'exemple de Patenier, il plaçait dans ses paysages une personne accroupie.
BACKER (Jacq. De), surnommé quelquefois PALERMO.	*1550	Anvers.	Hist.	Exploité par un marchand de tableaux (Palermo) chez lequel il demeurait, il mourut à 30 ans d'un excès de travail. Le père de Jacques doit avoir été un bon peintre : un procès qu'il eut dans son pays, le força à s'exiler en France où il est mort.		Regardé comme un des meilleurs coloristes de son temps.
HARDY (François), frère de Gilles.	*1550	Liége.	Hist., etc.	On le croit élève de Lambert Lombard.		Il peignait à la manière de Fr. Floris, mais plus largement.
FRANCK (Jean).	*1550	Anvers.	Id.	Il fut membre de la corporation de Saint-Luc et s'établit à Naples en 1550, où on le surnomma : Franco.	Adoration des mages, Naples.	
MOSTAERT (Franç.)	*1555	Hulst.	Pays.	Ces deux jumeaux se ressemblaient à tel point qu'on ne pouvait les distinguer l'un de l'autre. En 1555, ils furent admis dans la corporation des peintres, à Anvers, où ils habitaient; Gilles avait peint un enfer où il s'était représenté jouant avec un de ses amis.	Paysage, Vienne. Clair de lune, avec pêcheurs, ibid. Huit portraits d'hommes en ex-voto, Anvers.	Gilles étant au lit de mort et étant resté pauvre, disait qu'il laissait la terre entière pour héritage à ses enfants et qu'ils n'avaient qu'à étendre les bras pour trouver la fortune. François mourut jeune.
MOSTAERT (Gilles), frère du précédent.	*1555	Id.	Petites figures hist., sujets grotesques.			
KEYSER (Clara De).	*1555	Gand.		Elle visita l'Allemagne, l'Italie, la France et l'Espagne. Ses ouvrages lui acquièrent du renom dans ces différents pays.		

NOMS.	ANNÉES DE NAISSANCE ET DE MORT.	LIEU DE NAISSANCE	GENRE.	NOTES HISTORIQUES.	TABLEAUX PRINCIPAUX ET LIEUX OÙ ILS SE TROUVENT.	Observations.
VEREYCKE (Jean), surnommé KLEIN HANSKEN.	*1556	Bruges.	Pays., persp. et port.	Alexandre met sa naissance en 1510, et sa mort en 1567 ; les erreurs reconnues dans lesquelles cet écrivain est tombé, doivent mettre en garde les personnes qui seraient tentées de le consulter.		Bonnes figures dans des paysages qui étaient composés d'une manière originale.
GELDERSMAN (Vincent).	*1560	Malines.	Hist.	On n'a rien consigné sur l'histoire de ce peintre.	Descente de croix, Malines.	Il rendait admirablement le nu.
BALTEN (Pierre).	*1560	Anvers.	Pays., kermesses et hist.	Admis à l'académie d'Anvers, en 1579. Il dessinait parfaitement et peignait aussi bien à la détrempe qu'à l'huile. Il était poète.		On lui fit mettre un éléphant à la place de saint Jean, dans un tableau d'histoire qu'il avait peint. Ce changement n'a jamais été expliqué. Sa manière se rapproche de celle de Pierre Breughel le Vieux. Figures spirituelles, bonne touche.
MOREELS (Maurus), LE VIEUX.	*1560	Malines.	Hist.	Reçu dans la corporation des peintres en 1560. Rubens estimait le talent de cet artiste.		Belle ordonnance et bon coloris.
BOM (Pierre).	*1560	Id.	Pays.	Reçu à l'académie d'Anvers en 1560. Quelques biographes donnent pour dates certaines de sa naissance et de sa mort 1530-1572.		Il peignit à la détrempe.
BORCHT (Pierre Van Der).	*1560	Bruxel.	Id. avec figures	Il a gravé beaucoup de ses compositions.		Dessin médiocre, têtes expressives, ordonnance habile.
CASSEL (Lucas).	*1560	Flandre.	Id.	Ami du savant Lampsonius.	Paysage avec figures, Vienne.	
DAELE (Jean Van).	*1560		Pays.	Contemporain de Pierre Bom.		Il excellait à peindre les rochers.
BARD (Olivier).	*1563	Bruges.		Il demeura longtemps à Courtray.		On ne connaît même pas le genre qu'avait adopté ce peintre.
MYNSHEERE (Jean).	*1564		Hist. et portr.	Mort à Tolède, où il avait été appelé pour peindre les statues des 12 apôtres dans la cathédrale de cette ville.	Il fit le portrait de Charles-Quint.	On le cite également comme architecte.
DALEN (Corneille Van).	*1566		Pays.	Reçu dans la corporation des peintres, à Anvers, en 1556.	Bacchus, Vienne.	Les biographes ne citent pas le lieu de sa naissance.
VALCKEMBURG (Luc et Martin De).	*1566	Malines.	1er portr. 2e pays.	Ils furent inscrits dans la corporation des peintres, à Malines, en 1560. Ils s'occupèrent beaucoup à Anvers ; les troubles de leur patrie les obligèrent à voyager ; ils travaillèrent quelque temps à Liége et à Aix-la-Chapelle. Luc fut peintre de l'archiduc Mathieu. Les deux frères moururent en Allemagne.	Plusieurs paysages (de Luc), Madrid. Idem, Vienne. Kermesse (de Martin), ibid.	Les paysages de ces deux artistes étaient en détrempe. Luc peignait également des miniatures à l'huile.
WITTE (Corneille De), frère de Pierre.	*1570		Pays.	En 1573, il appartenait à la garde particulière du duc de Bavière.		Peintre de mérite.
VADDER (Louis De).	*1570	Bruxel.	Id.	Il était habitué à étudier la nature au lever du soleil. On a de lui quelques gravures.	Paysage boisé, Bruxelles.	Cet artiste a excellé à rendre la brume du matin, et les piquants effets de lumière.

NOMS.	ANNÉES DE NAISSANCE ET DE MORT.	LIEU DE NAISSANCE	GENRE.	NOTES HISTORIQUES.	TABLEAUX PRINCIPAUX ET LIEUX OU ILS SE TROUVENT.	Observations.
TOEPUT (Louis).	*1570	Malines.	Pays., intér., etc.	Il passait pour un des meilleurs poëtes de son temps. Il fit quelques tableaux à Venise pendant le séjour qu'y fit Van Mander.		Bonne ordonnance.
BENNINGS (Simon).	*1570	Bruges.	Miniat.	Rien n'est consigné sur la vie de ce peintre.		Vasari nomme cet artiste dans sa Vie des peintres.
BENNINGS (Liévina), fille du précédent.	*1570	Id.	Id.	Élève de son père. Son talent fut en si grand renom que Henri VIII, roi d'Angleterre, l'appela à sa cour où elle épousa un grand seigneur; elle fut en faveur auprès d'Élisabeth et de Marie, filles de Henri VIII.		On ne connaît aucune date précise pour Liévina Bennings ni pour son père.
RAMAY (Jean), ou DELLE RAMÉGE.	*1575	Liége.	Hist.	Élève de Lambert Lombard. En 1585, il était doyen de la corporation des orfèvres, avec laquelle les peintres étaient unis d'après une convention de ce temps. Il vivait encore en 1612, et mourut sur les frontières de France, où il avait été appelé.		Il fut, avec P. de Four, celui des élèves de L. Lombard qui imita le plus son maître.
STEVENS (Pierre).	*1588	Malines.	Hist. et pays.	Au temps de Charles Van Mander, Stevens était peintre de l'empereur et demeurait à Prague.		Bon dessinateur.
RHENI (Remy Van).	*1590	Bruxel.	Portr. et figures	Détails inconnus. D'après quelques auteurs, Van Rheni serait né en 1568 et mort en 1619.		Il avait la réputation d'un bon peintre.
KLERCK (Henri De).	*1595	Id.	Hist.	Élève de Martin De Vos. Il fut également poëte. On croit qu'il est né en 1570 et mort en 1629.	Les églises de Bruxelles possèdent plusieurs de ses tableaux. Intérieur de l'église de Saint-Rombaut, Malines. Paysage avec figures (avec D. Alsloot). Vienne.	Il suivit la manière de son maître.
HARDY (Gilles), frère de François.	*xvie siècle.	Liége.		On le croit élève de Lambert Lombard.		Il abandonna le ton sec et dur de la vieille école pour suivre la manière de son maître.
CLEEF (Martin Van), LE JEUNE.	*Id.	Anvers.	Hist.	Fils de Martin, quelques auteurs le croient fils de Henri cité plus haut. Mort en Espagne.	Intérieur villageois, Vienne.	
TAYAERT (Liévin).	*Id.	Gand.		Il habita la Hollande où il s'occupa du commerce de tableaux.		Ce peintre n'était pas sans mérite.
ROGIER (Nicolas).	*Id.	Malines.	Pays.	Aucune particularité n'est rapportée sur la vie de cet artiste.		Il passe pour un bon peintre de paysages.
NIVAR (Jean).	*Id.	Liége.	Hist.	Bon peintre sur verre.		
SADELER (Gilles).	*Id.	Bruxel.	Hist.	Élève de son oncle Jean, graveur. Les biographes ne parlent de cet artiste que comme faisant partie de la célèbre famille du graveur de ce nom; pourtant Gilles doit avoir été également peintre puisqu'il existe de ses œuvres en Allemagne, où il fut appelé par l'empereur Rodolphe II et comblé de biens et d'honneurs par les empereurs Mathieu et Ferdinand II. Mort à Prague, où il avait passé presque toute sa vie. Célèbre graveur.	Saint Sébastien percé de flèches, Vienne.	Quelques auteurs donnent pour dates précises de sa naissance et de sa mort, les années 1570 — 1629.

NOMS.	ANNÉES DE NAISSANCE ET DE MORT.	LIEU DE NAISSANCE	GENRE.	NOTES HISTORIQUES.	TABLEAUX PRINCIPAUX ET LIEUX OU ILS SE TROUVENT.	Observations.
KOEBERGER (Venceslas).	*XVIe siècle.	Bruxel.	Hist.	Élève de Martin de Vos. Il se rendit d'abord à Rome, puis à Naples où il épousa la fille du peintre flamand Jean Francker. Il eut d'abord à lutter contre la jalousie de ses confrères, mais son talent eut le dessus, et à son retour à Bruxelles, où il s'établit, il fut nommé peintre de l'archiduc Albert d'Autriche auquel il donna des leçons. Quelques auteurs donnent pour dates précises de sa naissance et de sa mort 1560-1630.	Le Christ porté au tombeau, Bruxelles.	Il était excellent architecte; plusieurs belles églises de la Belgique ont été bâties par lui; il était encore bon ingénieur et dessécha plusieurs marais en conduisant leurs eaux vers la mer. On lui attribue l'établissement du Lombard à Bruxelles.
LUCIDEL (Nicolas), dit NEUFCHATEL.	*Id.	Mons.	Portr.	Ce peintre mourut à Nuremberg où il s'était probablement établi.	Portrait d'un jeune homme, Vienne. Portrait d'homme, Berlin.	Les auteurs allemands font seuls mention de ce peintre.
LOUIS (Daniel), et Liévin Louis, fils de Daniel.	*Id.		Hist. et portr.	Peintres sur verre.		Daniel peignit les vitraux des églises d'Eckerghem, Mendonck et Wondelghem.
METZYS ou MASSYS (Jean).	*Id.		Hist. et genre.	Quelques auteurs font mention de ce peintre; on croit qu'il était parent de Quentin Metzys: quelques-uns assurent qu'il en était le fils.	Saint Jérôme en prière devant le crucifix, Berlin. Un homme tenant des pièces d'or, ibid. Les Musiciens ambulants, Vien. (Ce tabl. est signé: IONNES. MASSYS. PINGEBAT. 1564.) Loth et ses filles, ibid. (Ce tableau est signé comme le précédent et porte la date de 1563.)	La manière de ce peintre appartient à l'école de Quentin Metzys.
HOLLANDER (Jean De).	*Id.	Anvers.	Pays.	Sa femme parcourait les foires du Brabant et de la Flandre avec une boutique ambulante de tabl.: ce commerce leur suffisait pour vivre.		Van Mander le cite comme un bon paysagiste.
METZYS (Corneille).	*Id.		Id.	Ce peintre sera probablement le même que quelques biographes ne citent que comme graveur et parfois sous le nom de Metensis.	Paysage avec figures, Berlin.	Le tableau de ce peintre que l'on voit à Berlin porte la date de 1540 et son monogramme.
FRANCKEN (Paul).	*Id.			Reçu dans la corporation de Saint-Luc, à Anvers, en 1561.		Ce peintre paraît avoir acquis peu de célébrité.
ZEEUW (Marin De) ou Marin VAN ROMERSWALE.	*Id.		Genre.	Contemporain de Franck Floris.	On parle d'un tableau remarquable, fait par ce peintre, et représentant un receveur assis dans son bureau.	Peu de soin et de fini, du talent et une ordonnance riche.
FRANCKEN (Gabriel).	*Id.			En 1637, il fut élève de Gaspard Van Abshoven.		Rien n'est consigné sur ce peintre: ni le lieu de sa naissance, ni le genre qu'il avait adopté.
FRANCKEN (Jérôme).	*Id.			En 1637, il fut élève de Christophe Van der Lanen.		Les détails sur cet artiste manquent complétement.
FRANCQ ou FRANCKEN (Jean).	*Id.			En 1644, il fut élève d'Abraham Mattys ou Matthyssens.		
PIRONET (Nicolas).	*Id.	Liége.	Hist. et portr.	Contemporain de Jean Nivar; il peignait sur verre.		Cet artiste a laissé une bonne réputation.
FRANCKEN (Ambroise).	*Id.			En 1645, il fut admis dans la corporation de Saint-Luc, à Anvers.		Le peu de renseignements qui existent sur ces Francken sont tirés des registres de la corporation de Saint-Luc, à Anvers.
SAVERY (Jacques).	*Id.	Courtray	Pays., anim.	Les biographes ne citent ce peintre qu'en passant et ne donnent aucun détail sur sa vie.		Il avait du talent pour représenter les différentes espèces d'animaux, d'oiseaux et de poissons.

NOMS.	ANNÉES DE NAISSANCE ET DE MORT.	LIEU DE NAISSANCE	GENRE.	NOTES HISTORIQUES.	TABLEAUX PRINCIPAUX ET LIEUX OU ILS SE TROUVENT.	Observations.
VEEN (Pierre Van), frère d'Otto.	*XVIe siècle.		Hist.	Il paraît que ce peintre avait reçu, pour son art, les plus heureux dons de la nature : malheureusement il travaillait peu et ne peignait que par récréation.	Les auteurs anciens parlent d'un tableau de grand mérite fait par ce peintre et représentant les habitants affamés de la ville de Leyde assiégée, secourus par l'amiral Boisot.	Comme ses ouvrages ont été fort rares et presque inconnus, il est impossible de parler de ses défauts et de ses qualités.
KEY (Adrien), neveu de Guillaume.	*Id.		Hist. et portr.	Il fut élève de son oncle Guillaume qu'il surpassa.	Personnages de la famille de Franco-y-Féo-de-Briez, Anvers. Deux volets : 1° Un chevalier, 2° Éducation de la Vierge, Berlin.	Beaucoup de vie et d'expression.
VOS (Guillaume De), neveu de Martin.	*Id.		Hist.	Élève de son oncle. Van Dyck l'a compris dans les portraits des hommes célèbres de son temps.		Il imita la manière de son maître.
SECU (Martin De).	*Id.			Contemporain de Franck Floris.		Il travaillait vite et facilement.
AELST (Paul Van).	*Id.		Fleurs.	Fils naturel de Pierre Koek, son maître. Mort à Anvers.	Oiseaux morts, Londres. Fruits, ibid. Fruits, nature morte, Florence. Buffet avec fruits et vaisselle, ibid. Objets de cuisine, ibid. Gibier, ibid.	Il se distingua par ses copies des tableaux de Jean de Mabuse, et le fini de ses bouquets de fleurs.
ANDRIESSENS (Henri), dit MANKEN-HEYN.	*Id.	Anvers.	Nature morte.	Il mourut en Zélande.		Beaucoup de soin et un fini remarquable.
FRANCK (Laurent).	*Id.	Id.	Hist. et pays.	Élève et neveu de Gabriel Franck. Il fut le maître de Francisque Milé, et alla s'établir à Paris.		On n'est pas d'accord sur les dates de mort et de naissance de ce peintre : ce qui paraît certain c'est qu'en 1623 il était élève de son oncle Gabriel.
CLAEYSSENS (Gilles), fils de Pierre.	*Id.	Bruges.	Hist.	Peintre du duc de Parme, gouverneur des Pays-Bas, et d'Albert et Isabelle.		On lui accorde beaucoup moins de talent qu'à son frère Antoine.
FRANCK (Jérôme), LE JEUNE, fils de François, LE VIEUX.	*Id.	Id.	Hist. et portr.	Élève de son père et d'Ambroise Franck, son oncle. Il est le moins renommé des peintres de ce nom.		Il réussissait assez bien dans le portrait.
FRANCK (Ambroise), LE JEUNE, fils de François, LE VIEUX.	*Id.	Anvers.	Hist.	Il fut élève de son père et reçu maître, à Anvers, en 1624. On croit qu'il habita quelque temps Louvain.		On prétend qu'il aida, à Louvain, Mathieu Van Nègre, élève de Martin De Vos et peintre très-peu connu, dans l'achèvement de plusieurs tableaux peints pour la grande église.
PLATTENBERG (Mathieu Van).	1600 1666	Id.	Pays. marine	Il travailla en Italie avec J. Asselyn. Il visita Paris où on le nomma Montagne, et où il mourut. Graveur.		Bonne imitation de la nature et bon coloris.
VERHOEVEN (Jean), fils de Gilles.	1600?	Malines.	Hist.	Élève de N. Ophem, artiste dont on ne connaît que le nom. En 1642 il fut admis dans la corporation des peintres; il vivait encore en 1676.		Il a fait quelques tableaux pour les églises de Malines.
SMEYERS (Nicolas).	1600?	Id.		Élève de L. Françoys. En 1632 il fut reçu maître dans la corporation des peintres.		Son père était peintre à Malines ; on ne connaît pas le genre que Nicolas avait adopté.

NOMS.	ANNÉES DE NAISSANCE ET DE MORT.	LIEU DE NAISSANCE	GENRE.	NOTES HISTORIQUES.	TABLEAUX PRINCIPAUX ET LIEUX OU ILS SE TROUVENT.	Observations.
HERREGOUTS (DAVID).	1600?	MALINES.	Hist.	En 1646, il peignit son chef-d'œuvre, à Ruremonde.	Saint Joseph visité par un ange, Malines.	Peintre de mérite.
HEUVELE (ANTOINE VAN DEN).	1600 1677	GAND.	Id.	Élève de Gaspard de Crayer. Il s'occupa plusieurs années en Italie.	Marie pleurant la mort de J. C., Gand. L'Annonciation, ibid. Martyre de sainte Amélie, Brux.	On accorde beaucoup de mérite à la plupart de ses tableaux.
HOECK (JEAN VAN).	1600 1650	ANVERS.	Id.	Élève de Rubens. Il cultiva les lettres et les sciences, visita l'Allemagne et l'Italie où il fut honoré et protégé par tous les grands; l'archiduc Léopold le nomma son premier peintre. Ses tableaux se vendirent si bien que sa fortune lui permit d'égaler son maître en magnificence.	Saint François adorant la Vierge et l'enfant Jésus, Anvers. Christ en croix, Bruges. Christ mis au tombeau, Louvain. Deux portraits de Léopold-Guillaume, Vienne. Portrait de Philippe IV d'Espagne, ibid. Vision de Léopold-Guillaume, ibid.	Dessin correct, coloris vigoureux et naturel, pinceau délicat; ses portraits se rapprochent de la manière de Van Dyck.
OOST (JACQUES VAN), LE VIEUX.	1600 1671	BRUGES.	Hist. et portr.	En 1619, il était déjà inscrit sur le registre des peintres, à Bruges, et en 1633, il était élu chef de la corporation. Il passa plusieurs années en Italie, et peignit ses meilleurs tableaux sur la fin de ses jours.	Saint Charles Borromée communiant les pestiférés, Paris. La Circoncision, Bruges. Adoration des bergers, Vienne.	Il a beaucoup copié Van Dyck et Rubens, et avec un talent remarquable. Ses tabl. sont de grande dimension: Il se montre très-sobre de personnages. Son coloris et son faire ont beaucoup de rapports avec la manière de peindre de Carrache.
DEVOS (PAUL).	1600 1654	ALOST.	chasse, bataill.	Il travailla beaucoup pour le roi d'Espagne et l'empereur d'Allemagne, qui tous deux estimaient son talent. Il a peint également des tableaux de chasses pour le duc d'Aerschot.	Animaux et fruits, Madrid. Renard courant, ibid. Combat de chats, ibid. Le Chien et la Pie, ibid. Cerfs et chiens, ibid.	Dans la plupart de ses ouvrages De Vos peignit souvent du feu et de la fumée. Beaucoup de force et de vérité. Genre de Snyders.
SUSTERMANS (JUSTE).	1600 1661	ANVERS.	Hist.	Établi en Italie, il y devint l'ami du grand-duc de Florence. Sa position excita la jalousie des seigneurs; mais sa conduite sage et ses manières aimables lui donnèrent autant d'amis qu'il avait d'ennemis.	Beaucoup de portraits, Florence. Un Enfant (Esquisse), ibid. Christ au tombeau, Berlin. Portrait d'une princesse, Vienn.	Ordonnance raisonnée, piquant coloris, dessin correct et effet remarquable.
FRANCK (JEAN-BAPTISTA), fils de Sébastien.	1600 1635	Id.	Hist. intér.	Élève de son père. Il reproduisit, de concert avec David Beck, un bal qui avait eu lieu à Bruxelles en 1611; dans ce tableau se voient plus de 40 personnages, parmi lesquels on remarque l'archiduc Albert, l'infante Isabelle, le prince et la princesse d'Orange, etc.	Visitation de la Vierge, Anvers. Possédés et malades autour du tom- beau d'un saint, ibid. Décollation de saint Jean, Brux.	Coloris agréable. Il s'entendait peu au clair-obscur. Afin de se perfectionner, il se choisit Rubens et Van Dyck pour modèles.
NEEFS (PIERRE), LE JEUNE, fils de Pierre, LE VIEUX.	1601 1658	Id.	Intérieurs d'églis.	Élève de son père.	Intérieur de la cathédrale d'Anvers, Bruxelles. Intérieurs d'église, Paris. Intérieurs d'église, Madrid et Amsterdam. Intérieurs d'église, La Haye. Plusieurs intérieurs d'église, Florence. Mort de Sénèque dans une prison, ibid. Int. d'église gothique, Vienne.	Il a peint dans la manière de son père sans pouvoir égaler son talent.
CHAMPAGNE (PHILIPPE VAN).	1602 1674	BRUXEL.	Hist. et portr.	Élève de Jacques Fouquières. Il peignit avec Duchesne et Lebrun son nom, les appartements de Marie de Médicis, au Luxembourg. Il fut professeur et recteur de l'académie; les talents de Lebrun firent perdre à Champagne son titre de premier peintre sans que celui-ci songeât à s'en plaindre. Il mourut à Paris où il avait passé presque toute sa vie et où il avait épousé la fille du peintre Duchesne.	Repas chez Simon le Pharisien, Paris. La Cène, ibid. Christ mort, ibid. Deux Paysages, ibid. Portraits de Louis XIII et du cardinal de Richelieu, ibid. Les Religieuses, ibid. Saint Grégoire le Grand, Gand. Portr. d'un religieux, La Haye. Éducation de la Vierge, Madrid. Seize tableaux, Bruxelles. Portrait d'homme, Florence. Adam et Ève pleurant la mort d'Abel, Vienne. La Mère mourante, ibid.	Ce peintre était d'une chasteté de mœurs si délicate, qu'il ne peignit jamais de figures qui fussent complètement nues. Dessin correct, coloris vrai et vigoureux.

NOMS.	ANNÉES DE NAISSANCE ET DE MORT.	LIEU DE NAISSANCE	GENRE.	NOTES HISTORIQUES.	TABLEAUX PRINCIPAUX ET LIEUX OU ILS SE TROUVENT.	Observations.
VOS (Simon De).	1603 1676	Anvers.	Hist. et chasses	Élève de Rubens. Il laissa aux pauvres la moitié de ses biens. Cette particularité se lit sur son portrait.	Portrait du peintre, Anvers. La cathédrale possédait autrefois un excellent tableau à volets de cet artiste, comparé aux ouvrages de Rubens. Ce tableau, enlevé en 1794, se trouve au musée de Lille, et ses volets à celui de Nantes.	Il peignait l'histoire en grand et en petit ; dans quelques-uns de ses tableaux on retrouve le coup de pinceau de son maître. On cite son portrait comme étant peint dans le style du Corrége.
COSSIERS (Jean).	1603 1652	Id.	Hist.	Élève de Corneille De Vos. Il travailla pour plusieurs souverains. En 1639, il fut directeur de l'académie d'Anvers.	Le Christ apparaissant à N. D., Anvers. Un gentilhomme allumant sa pipe, ibid. Adoration des bergers , ibid. Licaon et Jupiter, Madrid. Prométhée, ibid. Le Déluge, Bruxelles. Sainte Famille, ibid.	Ses fonds sont d'une ordonnance riche surtout lorsqu'il y peignait des détails d'architecture.
HEIL (Léonard Van), frère de Daniel et de Jean-Baptiste.	1603 16**	Bruxel.	Fleurs et insect.	Il est plutôt cité comme architecte et remplit cet emploi auprès de l'archiduc Léopold. Graveur.		Il copiait les insectes et les fleurs d'après nature, et les reproduisait avec la plus grande exactitude.
BOEKHORST (Jean Van), dit LANGENJAN.	1603 1671	Munster.	Hist. et portr.	Élève de Jordaens. Il passa la plus grande partie de sa vie à Anvers. Quelques auteurs prétendent qu'il est né à Gand.	L'Ancien et le Nouveau Testament (tabl. allégorique), Gand. Le Jugement de David pénitent, ibid. Martyre de saint Jacques, ibid. Résurrection (avec volets), Anvers. Portrait, ibid. Mercure et l'Amour dans les nuages, contemplant des déesses se rendant au temple de Minerve, Vienne.	Ses tableaux ont été souvent comparés à ceux de Van Dyck.
VARIN ou WARIN (Jean).	1604	Liége.	Portr.	Il est plutôt connu comme graveur et sculpteur. Il fut nommé graveur général pour les monnaies par le roi Louis XIII, et mourut à Paris où il s'était établi. Un des artistes les plus célèbres de son époque.		Beaucoup de fini et une bonne ressemblance.
HEIL (Daniel Van), frère de Léonard et de Jean-Baptiste.	1604 1662	Bruxel.	Pays.; incendies.	Aucun détail n'existe sur la vie de cet artiste.	Un Incendie à Anvers, Bruxel. Scène de patineurs, ibid. Narcisse, Madrid. Incendie (fig. de Bout), ibid. Vue des bâtiments de l'ancienne cour à Bruxelles, ibid.	Ses incendies sont représentés avec beaucoup de naturel et un pinceau de maître.
CLEEF (Nicolas Van).	1604	Anvers.	Pays.	On ne cite aucune particularité sur la vie de ce peintre.		Il est probable que la plupart de ses ouvrages se sont perdus.
EYNHODTS (Rom.)	1605	Id.	Portr.	Connu par ses gravures d'après Rubens et Schut.		Dessin spirituel, quoique souvent défectueux; bonne entente du clair-obscur.
CLOWET (Pierre).	1606	Id.		Les biographes n'indiquent pas le genre dans lequel a peint cet artiste.		Il fut aussi graveur.
FRANCOYS (Pierre), dit FRANÇOIS, fils de Luc Françoys, LE VIEUX.	1606 1654	Malines.	Hist., portr., etc.	Élève de son père et de Gérard Seghers. Il voyagea en France. Son talent pour le portrait lui fit obtenir la protection de l'archiduc Léopold d'Autriche.	Le Christ en croix, Liége.	Beaucoup de fini, bon dessin, coloris vif et naturel. Il essaya de tous les genres.

NOMS.	ANNÉES DE NAISSANCE ET DE MORT.	LIEU DE NAISSANCE	GENRE.	NOTES HISTORIQUES.	TABLEAUX PRINCIPAUX ET LIEUX OU ILS SE TROUVENT.	Observations.
PRIMO (Louis), dit GENTIL.	1606 1668	BRUXEL.	Hist. et portr.	Presque toute sa vie se passa à Rome, où il mourut. Il fit le portrait du pape Alexandre VII, ceux de plusieurs cardinaux et de beaucoup de personnes de haut rang.	Saint Raimond de Pennafort adorant l'enfant Jésus, Gand. Tableaux, Rome.	Ses portraits sont d'un fini remarquable. Ses tableaux d'histoire se distinguent par un pinceau large et vigoureux.
QUILLYN (Érasme).	1607 1678	ANVERS.	Hist., pays. et archit.	Élève de Rubens. Avant d'être peintre, il fut professeur. A 26 ans, il fut inscrit dans la corporation de Saint-Luc. Après la mort de sa femme, il alla finir ses jours à l'abbaye de Tongerloo. Graveur.	Saint Roch mourant entre deux anges, Anvers. La Cène, Malines. Sainte Vierge avec l'enfant Jésus, entourés de fleurs peintes par Van Thielen, Florence. Jason, Madrid. Mort d'Eurydice, ibid. Et d'autres, ibid. Saint Charles Borromée, Brux. Le Sauveur sur un fond d'architecture (grisaille), entouré de fleurs peintes par Zeghers, ibid. La Vierge et l'enfant Jésus (fl. de Zeghers), Berlin. Martyre de saint André, Vienne.	Ses œuvres attestent que pour le coloris et le coup de pinceau, il a tâché de suivre les traces de l'immortel Rubens.
DIEPENBEKE (ABRAHAM VAN).	1607 1675	BOIS-LE-DUC.	Hist. et portr.	Élève de Rubens. Directeur de l'académie d'Anvers. Revenu d'Italie en Belgique, il s'y occupa activement et produisit un grand nombre de tableaux et de dessins dont la plupart ont été gravés par Pontius et Bolswert. Il travailla quelque temps en Angleterre sous le règne de Charles Ier.	Saint Norbert, Anvers. Portraits de quatre aumôniers, (vitraux de la cathédrale), ibid. Clélie passant le Tibre avec ses compagnes, Paris. Même sujet, Berlin. Mariage de sainte Catherine, ib. Saint François adorant le saint sacrement, Bruxelles. Le Néant des grandeurs humaines, Vienne. Descente de croix, ibid.	Il peignait également sur verre et sur bois. Du goût, de l'imagination; ordonnance et pinceau spirituels, beau coloris, fini vigoureux. Le dessin seul laisse parfois à désirer.
THULDEN, (Théodore Van).	1607 1686	Id.	Hist., kermesses etc.	Élève de Rubens. Il aida son maître pour la galerie du Luxembourg et pour plusieurs autres ouvrages. Il séjourna longtemps à Anvers. Graveur.	Martyre de saint Adrien, Gand. Saint François Xavier enseignant la foi, ibid. Un sujet mystique, Paris. Orphée, Madrid. Invention de la pourpre, ibid. Esquisses d'arcs de triomphe, Anvers. Saint François dans une gloire, ibid. Orgies pendant une kermesse de village, Bruxelles. Le Christ à la colonne, ibid. Galatée, Néréides et Tritons, Berlin. Assomption, Vienne. La Vierge et l'enfant Jésus recevant l'hommage des provinces de Flandre, de Brabant et de Hainaut, ibid.	C'est l'élève qui, pour le coloris, s'est le plus rapproché de son maître. Il a peint les figures dans les tableaux de P. Neefs, le Vieux, et de Steenwyck.
BRAUWER (Adrien).	1608 1640	AUDENAERDE ?	Genre.	Él. de Fr. Hals. S'étant échappé de la maison de son maître qui exploitait son talent, il vint à Anvers où il fut arrêté, par méprise, comme espion. Rubens, qui admirait son talent, le délivra et l'hébergea. Toutefois, Brauwer préféra la société du boulanger et peintre Van Craesbeke, qui partageait ses goûts peu relevés. Après un voyage à Paris, il revint mourir pauvre à l'hôpital d'Anvers. Ce fut encore Rubens qui le fit enterrer avec les honneurs dus à son talent. Graveur.	Dispute grotesque de joueurs de cartes, Bruxelles. Paysans au cabaret, Amsterdam. Le Trio burlesque, Madrid. Conversation de paysans, ibid. La Musique à la cuisine, ibid. Intérieur d'une tabagie, Paris.	Dessin spirituel et correct, du goût et de l'expression; beau coloris, beaucoup d'effet. Ce peintre est aussi méprisé par sa vie libertine que considéré par ses talents. Quelques historiens classent Adrien Brauwer dans l'école hollandaise.
BERNAERD (Nicaise).	1608 1678	ANVERS.	Anim. et chasses	Élève de Fr. Sneyders ; il mourut à Paris.		Il peignit dans le goût de son maître.

NOMS.	ANNÉES DE NAISSANCE ET DE MORT.	LIEU DE NAISSANCE	GENRE.	NOTES HISTORIQUES.	TABLEAUX PRINCIPAUX ET LIEUX OU ILS SE TROUVENT.	Observations.
CRAESBEKE (JOSEPH).	1608 1661	BRUXEL.	Genre.	Élève et ami d'Ad. Brauwer. Il étoit boulanger ; ce fut en voyant peindre son maître que lui vint le désir de l'imiter.	Tabagie flamande. Bruxelles. Portrait de Hugo Grotius, Amsterdam. Soldats causant, Vienne. Craesbeke dans son atelier faisant le portrait d'Ad. Brauwer, Paris. Saftleven à son chevalet, ibid.	Manière de son maître qu'il fut bien près d'égaler. Malheureusement, il choisissait comme lui, des sujets extrêmement triviaux.
LINT (PIERRE VAN).	1609 1668	ANVERS.	Hist. et portr.	Il travailla en Italie à l'huile et à la détrempe, et il y fut pendant 7 ans au service du cardinal évêque d'Ostie. De retour dans son pays, le roi de Danemarck lui envoya beaucoup de commandes.	Séparation de saint Pierre et de saint Paul, Anvers. Sainte Catherine, ibid. Saint Christophe, ibid. Tableaux, Ostie. » » Rome. Christ guérissant les malades, Vienne.	Composition large, dessin correct et bon coloris.
FOUQUIER (BERTRAND).	1609 1674	BERG-OP-ZOOM.	Genre.	Élève de Van Dyck et de Jean Bylert, peintre hollandais. A Rome où le pape Urbain VIII estimait son talent, il fut impliqué dans une affaire malheureuse qui le força à quitter l'Italie. Il passa quelque temps à Florence, à Paris et à Anvers.		Genre de ses deux maîtres, du Tintoret qu'il avait étudié en Italie, et d'Adrien Brauwer, dont le genre avait plus de succès à cette époque. Il a peint sur verre.
HOECK (ROBERT VAN).	1609 1668	ANVERS.	Hist., genre, etc.	Il a peint pour l'église de l'abbaye de Saint-Vinox, les douze apôtres avec la représentation de leurs martyres au fond de chaque tableau. Il était contrôleur des fortifications, dans toute la Flandre.	Marine, Vienne. Hiver, ibid. Intérieur de cuisine, ibid. Et d'autres, ibid.	Fini remarquable, bon coloris, dessin correct, ordonnance riche. Les figures de ses tableaux sont si petites qu'il faut les examiner à la loupe.
HEIL (JEAN-BAPTISTE VAN), frère de Daniel et de Léonard.	1609 166*	BRUXEL.	Hist. et portr.	D'après Corneille de Bie ; il vivait encore en 1661.		Ses tableaux ont plus de réputation que ceux de ses deux frères.
THOMAS (JEAN).	1610 1672	YPRES.	Hist. relig.	Élève de Rubens, peintre de l'empereur Léopold. Il visita l'Italie avec A. Van Diepenbeke, son ami. Mort à Vienne.	Triomphe de Bacchus, Vienne. La plupart de ses tableaux sont en France et en Allemagne.	Il a gravé quelques paysages qui sont estimés.
REYN (JEAN DE).	1610 1678	DUNKER-QUE.	Hist. et portr.	Élève de Van Dyck, qu'il suivit en Angleterre et qu'il ne quitta qu'à sa mort.	Noces de Thétis et Pélée, Madrid.	Ce peintre, s'imaginant qu'on en voulait à sa vie, quitta brusquement Paris, où il résidait momentanément.
TENIERS (DAVID), LE JEUNE.	1610 1694	ANVERS.	Pays-kermesses etc.	Élève de son père, d'Adrien de Brauwer et de Rubens. Professeur à l'acad. d'Anvers. Il fut nommé peintre de l'archiduc Léopold, reçut des commandes importantes du roi d'Espagne, des marques d'estime de Christine de Suède, de plusieurs grands d'Angleterre et d'autres pays, et particulièrement de don Juan d'Autriche, qui fut son élève. Ce prince fit le portrait du fils de Teniers et l'envoya en présent au grand peintre. Rubens avait pour Teniers une estime et une amitié toutes particulières. Son beau talent et sa bonne conduite le firent aimer de tout le monde. Il peignit la plus grande partie de ses tableaux, à sa maison de campagne, à Perk, village entre Malines et Anvers. Son habileté à imiter tous les maîtres et tous les genres, le fit surnommer le Protée de la peinture. Graveur.	Valenciennes secourue, Anvers. Vue de Flandre, ibid. Maison rustique, Bruxelles. Saint Pierre reniant J. C., Paris. L'Enfant prodigue, ibid. Intérieur d'estaminet, ibid. La Banquet de noces à la campagne, Rome. Le Jeu de quilles, Madrid. Fête villageoise, ibid. L'Histoire d'Armide, en douze tableaux, ibid. Et d'autres, ibid. La bonne Cuisine, La Haye. Alchimiste dans son laboratoire, ibid. Saint Pierre pleurant, Florence. Partie de musique, Londres. Fête flamande, ibid. Intérieur de cabaret du village, Amsterdam. Tentation de saint Antoine, ibid. Et d'autres, ibid. Scène de paysans, Berlin. Concert de famille, ibid. Et d'autres, ibid. Fête flamande, Vienne. Abraham et Isaac, ibid. Et d'autres, ibid.	Les petits tableaux de Teniers sont supérieurs aux grands. Il n'y a rien de plus naïf et de plus facile dans l'exécution. Le feuillé des arbres est léger, les ciels admirables. Ses petites figures sont d'une touche très-spirituelle et le caractère y est parfaitement saisi. Ordonnance riche, coloris relevé, touche délicate, effets harmonieux, voilà les principaux traits qui distinguent ce peintre inimitable.

NOMS.	ANNÉES DE NAISSANCE ET DE MORT.	LIEU DE NAISSANCE	GENRE.	NOTES HISTORIQUES.	TABLEAUX PRINCIPAUX ET LIEUX OU ILS SE TROUVENT.	Observations.
BALEN (Jean Van), fils de Henri.	1611 1655	Anvers.	Hist. et pays.	Élève de son père. Il alla jeune en Italie, et y étudia avec bonheur les tableaux de l'Albane.	Sainte Famille dans un paysage, Vienne.	Bonne manière, feuillage bien touché, la carnation de ses figures est fraîche et piquante, et son coloris presque toujours transparent. Il excellait à peindre de petits amours et des nymphes à la chasse ou au bain.
MEYSSENS (Jean).	1612 1666	Bruxel.	Hist. et portr.	Élève de N. Vander Horst et d'A. Van Opstal. Il mourut à Bruxelles et fut marchand de tableaux à Anvers, où il vendit beaucoup de gravures dont il était l'auteur.	Portraits de l'amiral Trump et de sa femme, Amsterdam.	Il était père du graveur Corneille.
HEMELRAET.	1612 1668	Anvers.	Pays.	Il passa plusieurs années à Rome. Erasme Quillyn et d'autres ont peint les figures de ses paysages.		Les peintres d'Anvers l'employaient à orner de paysages le fond de leurs tableaux.
ARTOIS (Jacq. Van).	1613 16**	Bruxel.	Id.	Élève de Wildens. Il fut l'ami de Van Dyck. Ce peintre mourut pauvre après avoir dissipé une grande fortune, fruit de son talent. On prétend que Teniers peignait ou retouchait parfois les figures de ses paysages. Quelques auteurs donnent l'année 1665 comme celle de sa mort.	Scène d'hiver, Bruxelles. Paysages, ibid. Paysage avec figures, Vienne. Plusieurs paysages, Madrid.	Pinceau moelleux, touche facile, beaucoup d'harmonie, de la vigueur. Le coloris de ses tableaux les rapproche de celui du Titien, quoiqu'il soit souvent un peu sombre.
BOSSAERT ou BOSSCHAERT (Thomas-Willebrord).	1613 1656	Berg-op-Zoom.	Hist. et portr.	Élève de Gérard Zeghers. Il visita l'Italie, et à son retour fit les portraits de plusieurs grands personnages. En 1649, il fut nommé directeur de l'académie d'Anvers.	Saint Willebrord prosterné devant la sainte Famille, Saint-Willebrord (faub. d'Anvers). Des anges annonçant à Abraham la naissance d'Isaac, Bruxelles. Mariage de sainte Catherine, Berlin. Diane revenant de la chasse (avec Fyt), Vienne. Elie au désert, ibid.	Pinceau moelleux et harmonieux; dessin correct, ordonnance raisonnée. Ses portraits se rapprochent un peu de ceux de Van Dyck.
DAMERY (Walter).	1614 1678	Liége.	Hist. et pays.	Il visita l'Angleterre, la France et l'Italie. En retournant dans sa patrie, il fut pris par des corsaires qui l'emmenèrent à Alger, d'où il réussit à s'échapper.	Tableaux à Liége. L'enlèvement du prophète Élie dans un chariot de feu, fit la réputation de cet artiste à Paris.	Il fut élève de P. Beretin de Cortona, dont il imita entièrement la manière. Il peignait avec talent des enfants nus qu'il plaçait dans ses tableaux.
FLEMALLE (Berthollet), fils de Renier, LE VIEUX.	1614 1675	Liége.	Hist.	Élève de Gérard Douffet et de Jordaens. A 24 ans, il partit pour l'Italie où il travailla pour le grand-duc de Toscane. A Paris, qu'il visita plusieurs fois, il fut nommé membre et ensuite professeur de l'académie, grâce à la protection de Séguier et de Colbert, qui appréciaient son talent.	Exaltation de la croix, Liége. Crucifiement, ibid. Et d'autres, ibid. La gloire céleste, Paris.	On a cru qu'il fut empoisonné par la Brinvilliers avec laquelle il était lié. Composition relevée et pleine d'imagination, coloris vigoureux, dessin correct et belle manière.
WOUTERS (Franç.)	1614 1659	Lierre.	Pays., avec fig.	Élève de Rubens. Mort assassiné. Peintre de l'empereur Ferdinand II, puis du prince de Galles (Charles II), il fut directeur de l'académie d'Anvers.	Saint Joachim, Vienne. Saint Joseph, ibid.	Coloris agréable; grands effets de perspective. Il a peint également en grand, mais il réussit moins bien dans ce genre.
PEETERS (Bonaventure), frère de Jean.	1614 1671	Anvers.	Marines.	Il fut également poète et avait, comme peintre, un mérite peu commun.	Une mer agitée, Hoboken, près d'Anvers, dans le monument funéraire de Peeters. Incendie de la flotte anglaise dans le port de Chatham, en 1667, Amsterdam. Marines, Vienne. Combat naval, ibid.	Il se plaisait à retracer des scènes horribles.

NOMS.	ANNÉES DE NAISSANCE ET DE MORT.	LIEU DE NAISSANCE	GENRE.	NOTES HISTORIQUES.	TABLEAUX PRINCIPAUX ET LIEUX OU ILS SE TROUVENT.	Observations.
JONCHE (Lucas François De).	1615 1660	MALINES.	Portr.	Détails inconnus.		
BERGH (Mathieu Van Den).	1615 1647	YPRES.	Genre.	Élève de Rubens dont son père était intendant. En 1646, il entra dans la corporation de Saint-Luc, à Alkmaer, où il mourut.		Ce fut un des plus grands dessinateurs de son époque. On doute même qu'il se soit adonné à la peinture.
RYCKAERT (David), LE JEUNE, fils de David, LE VIEUX.	1615 1677	ANVERS.	Pays. avec figur., diableries.	Élève de son père. Plus tard il s'appliqua à étudier Brauwer, Teniers et Van Ostade et choisit enfin, avec beaucoup de succès, le genre de Breughel d'Enfer.	Un Chimiste, Bruxelles. Tentation de saint Antoine, Florence.	Ses tableaux de diableries sont les plus estimés. Son coloris, d'abord trop gris, devint chaud et agréable. Ses têtes sont bien dessinées.
FRANCOYS (Luc), LE JEUNE, dit François, fils de Luc, LE VIEUX.	1616	MALINES.	Hist.	Élève de son père et de Rubens.		
HORNES (Jacq. Van).	1618 ou 1620	Id.	Id.	Élève de Grégoire Beerings. Il fut reçu dans la corporation des peintres en 1645 ; il en fut doyen dans les années 1669, 1670 ou 1674.		Bon peintre à la détrempe. Ses tableaux ont beaucoup souffert des ravages du temps.
THIELEN (Jean-Philippe Van).	1618 1667	Id.	Fleurs.	Élève et ami de Daniel Zeghers. Ses ouvrages furent recherchés de tous côtés. Le roi d'Espagne les estimait beaucoup.	Guirlande de fleurs, Anvers. Fleurs, Madrid. Guirlande de fleurs entourant la Vierge et l'enfant Jésus, Vienne. Fleurs, ibid.	Il était seigneur de Couwenbergh. Ses tableaux sont parfois comparés à ceux de son maître.
COQUES (Conzales).	1618 1684	ANVERS.	Portr. genre.	Élève de David Ryckaert, le Vieux. Il se fit une grande fortune en peignant les portraits des principaux souverains de l'Europe. En 1664 et en 1679, il fut directeur de l'académie, à Anvers.	Une galerie de tableaux où le peintre s'est représenté avec sa famille, La Haye. Portraits, Londres. Portrait d'un prêtre, Berlin.	Il peignait dans la manière de Van Dyck : c'est tout dire.
MEERT (Pierre).	1618 1669	BRUXEL.	Id.	On ne cite aucune particularité sur sa vie ; Corneille de Bie fait un grand éloge de son talent.	Portr. de magistrats de Brux., Bruxelles. Portraits, Berlin.	On prétend qu'il sut égaler Van Dyck. Toutefois, cette assertion est fort hasardée.
GANDY (Jacques).	1619 1649			Élève de Van Dyck, mort en Irlande.		
BOUCQUET (Victor), fils de Marc.	1619 1677	FURNES.	Hist. et portr.	Élève de son père. Sa manière de peindre fait croire qu'il visita l'Italie.	Le Jugement de Cambyse se trouvait en 1754 à l'hôtel de ville de Nieuport.	Dessin incorrect. Couleur froide, bonne entente du clair-obscur. Il peignait bien le nu.
SAVOYEN (Charles Van).	1619 1669	ANVERS.	Myth.	Il a longtemps habité la Hollande, mais il mourut dans sa ville natale.		Bon coloris, dessin peu correct, surtout dans les contours. Il a gravé son propre portrait.
AVONT (Pierre Van Den).	1619?	Id.	Pays. avec figures	Il fut aussi marchand de tabl. Vinckeboons se servait de lui pour peindre les figures de ses tableaux.	Pays. avec une sainte Famille, Vienne. Même sujet, ibid. Flore entourée de génies, ibid. Assomption de la Vierge, Brux.	Figures bien dessinées, pinceau spirituel. Bon graveur.
VLEUGHELS (Philippe).	1620 1694	ANVERS.	Hist.	Il mourut à Paris.		

NOMS.	ANNÉES DE NAISSANCE ET DE MORT.	LIEU DE NAISSANCE	GENRE.	NOTES HISTORIQUES.	TABLEAUX PRINCIPAUX ET LIEUX OU ILS SE TROUVENT.	Observations.
DEWIT (Pierre), frère de Gaspard.	1620 1669	Anvers.	Pays.	Il est mort à Rome où on l'avait surnommé : Petrus Albus.		Beaucoup d'imagination et de facilité.
DEYNUM (Jean-Baptiste Van).	1620 1669	Id.	Hist. et portr.	Il peignit beaucoup en miniature et travailla pour la cour d'Autriche et celle d'Espagne.		Ses tableaux à la détrempe sont renommés pour leur coloris moelleux, leur ordonnance pleine de goût, et leur pinceau correct.
LUYX VAN LUXENSTEIN (François), dit LEUX.	1620 16**	Id.	Id.	Appartient à l'école de Rubens. Il s'établit à Vienne où il fut nommé peintre de la cour et directeur des galeries de tableaux de l'empereur Ferdinand III qui l'anoblit. Mort à Vienne.	Portrait du cardinal Charles-Ferdinand, Infant d'Espagne, Vienne. Allégorie sur le néant des grandeurs humaines, ibid.	Il est extraordinaire que l'on ne trouve dans aucune biographie le nom de ce peintre.
BEEK (David).	1621 1656	Delft.	Id.	Élève de Van Dyck. Il suivit son maître à la cour de Charles Ier et enseigna le dessin aux enfants de ce roi. Le roi de France, le roi de Danemarck et Christine de Suède furent ses principaux protecteurs.		Il imita avec bonheur la manière de son maître. On croit généralement qu'il mourut empoisonné à La Haye, à la suite d'une affaire d'amour.
ROKES (Henri).	1621 1682	Rotterdam.	Foires.	Élève de Teniers.		Il ne peignit que d'après nature.
DEWIT (Gaspard), frère de Pierre.	1621 1675	Anvers.	Pays.	Il voyagea en Italie et en France.	Beaucoup de vues des campagnes romaines. Paysage avec ruines, Vienne.	Il acquit plus de réputation que son frère Pierre.
SON (Georges Van).	1622 1676	Id.	Fleurs et fruits.	Les détails sur la vie de cet artiste sont entièrement inconnus.	Combat de deux joueurs, Florence. Fruits, Bruxelles.	Ton piquant et naturel, pinceau décidé.
PAPE (Simon De).	1623 1677	Audenaerde.	Hist. et portr.	On le croit élève de Gaspard de Crayer.	Tableaux, Audenaerde.	On remarque qu'aucun biographe ne fait mention de ce peintre.
VAILLANT (Waleram).	1623 1677	Lille.	Portr.	Élève de Jean Erasme Quillyn. Il fit les portraits des principaux souverains de l'Allemagne et de la France.		Ressemblance frappante et bonne manière. Il fut un des premiers graveurs en mezzotinto.
SCHUPPEN (Pierre Van).	1623	Anvers.	Id.	Cet artiste est renommé comme bon dessinateur et excellent graveur; il a produit très-peu d'ouvrages en peinture.	Portrait du prince Eugène de Savoie, Amsterdam.	
VAILLANT (Jean), frère de Waleram.	1624 16**	Lille.	Id.	Élève de son frère. Au moment de recueillir le fruit de ses bonnes études, il quitta la peinture pour le commerce.		
SIEBERECHTS (Jean).	1625 1686	Anvers.	Pays. et anim.	Il a peint beaucoup de vues d'Angleterre, pour le duc de Buckingham et a fait une grande quantité d'aquarelles.	Saint François d'Assise dans un paysage, Anvers. Intérieur d'une ferme, Bruxel.	Il s'est attaché à imiter Berchem et Carl Dujardin et y a réussi avec bonheur.
EYCKENS (Jean), fils de Pierre, LE VIEUX.	1625 1669	Id.	Fleurs et fruits.	Élève de son père. Il fut d'abord sculpteur.		
TYSSENS (Pierre).	1625 1682	Id.	Hist. et portr.	Élève d'Antoine Van Dyck. Directeur de l'académie d'Anvers en 1661.	Assomption de la Vierge, Anvers. Un portrait, ibid. Et d'autres, ibid. Vénus pleurant Adonis, Vienne.	Beau et vigoureux coloris, dessin correct. Ses fonds d'architecture sont très-bien exécutés.

NOMS.	ANNÉES DE NAISSANCE ET DE MORT.	LIEU DE NAISSANCE	GENRE.	NOTES HISTORIQUES.	TABLEAUX PRINCIPAUX ET LIEUX OÙ ILS SE TROUVENT.	Observations.
NEVE (François De).	1625 1681.	Anvers.	Hist.	Il étudia d'abord Rubens et Van Dyck et se perfectionna en Italie devant les chefs-d'œuvre de Raphaël.		Beaucoup de feu dans ses ordonnances, dessin agréable et bon coloris. Graveur.
FYT (Jean).	1625 1671	Id.	Fleurs, fruits et anim.	Rubens et Jordaens se servaient de ce peintre pour les fleurs et les animaux de leurs compositions.	Gibier, etc., Anvers. Fruits et gibier, Paris. Un poulailler, Madrid. Des poulets et un milan, ibid. Gibier, etc., Berlin. Cygne, paon, nymphe de Diane avec ses chiens, ibid. Gibier mort, animaux et fruits, Vienne. Diane revenant de la chasse (fig. de Th. W. Bossaert), ibid.	Manière de Sneyders; beaucoup de correction, pinceau de maître.
ADRIAENSENS (Alexandre).	1625 1685	Id.	Bas-reliefs, etc.	Il avait beaucoup de réputation, tant pour ses fleurs, fruits, vases de marbre, etc., que pour ses poissons qu'il reproduisait d'une manière extrêmement naturelle.	Plat de poissons, Madrid. Chat vivant et poissons, ibid. Écrevisses, oranges, citrons, Berlin. Oiseaux, coupe de vin, etc., ibid.	Coloris remarquable, bonne entente du clair-obscur, effet rempli de transparence.
THYS (Gisbert).	1625 1684	Id.	Pays., anim. et port.	Il allait de ville en ville pour faire des portraits.		On a comparé ses portraits à ceux de Van Dyck.
WOLFAERTS (Artus).	1625 1687	Id.	Hist.	Ce peintre était rempli de connaissances, d'esprit et d'imagination.	Fuite en Égypte, Madrid. Sainte Famille, ibid.	Il ornait ses fonds d'architecture. Ordonnance simple, quoique grande et noble. Il a peint quelques tableaux dans le goût de Teniers.
TILBORGH (Gilles Van).	1625 1678	Bruxel.	Assemblées et kermesses	On croit qu'il fut élève de Teniers. Quelques biographes parlent de deux peintres de ce nom; cette erreur vient probablement de ce que plusieurs le désignent sous le nom d'Égide Van Tilburg.	Plusieurs princes à cheval sortant du palais des ducs de Brabant, Bruxelles. Société de peintres à un dîner chez Adrien Van Ostade, La Haye. Une place avec beaucoup de figures, Dresde.	Il imita Brauwer à s'y méprendre et travailla beaucoup dans la manière de ce maître.
GABRON (Guill.).	1625 1679	Anvers.	Fleurs et fruits.	Il se forma en Italie et passa plusieurs années à Rome.		Ses fleurs et ses fruits sont groupés avec goût; beaucoup d'harmonie.
HOOGSTAD (Gérard Van).	1625 1675	Bruxel.	Hist. et portr.	On n'a rien consigné sur la biographie de cet artiste.		La plupart de ses tableaux représentent des épisodes de la Passion et des martyres de saints.
LOYER (Nicolas).	1625 1681	Anvers.	Hist.	Il travailla toute sa vie pour des souverains étrangers.		
BOEL (Pierre).	1625 1687	Id.	Fruits et anim.	Élève de Sneyders et de Corneille de Wael, son oncle. Se forma en Italie et en France. Il paraît qu'il s'établit à Paris où il reçut le titre de peintre de la cour.	Un Cygne sur un plat d'or, Anvers. Les Quatre Éléments, Paris. Fruits et fleurs, ibid. Paysage, gibier mort, Madrid. Chien gardant du gibier mort, Munich.	Pinceau hardi; coloris admirable. Ses gravures sont extrêmement belles et recherchées.
PEETERS (Jean), frère de Bonaventure.	1625 1677	Id.	Marine	Élève de son père.	Quatre marines, Anvers. L'Escaut devant Anvers, ibid. Marine, Vienne. Tempête sur mer, Munich.	Il rendait les tempêtes avec une effrayante vérité. Ses lointains sont très-vaporeux.
FRUYTIERS (Philippe).	1625 1677	Id.	Hist. et portr.	Il quitta la peinture à l'huile pour peindre à la gouache. Il eut l'honneur de peindre toute la famille de Rubens en miniature. Graveur.	On ne connaît aucune production de ce peintre qui soit en Belgique.	Ordonnance bonne et facile, draperies larges et pleines de goût.

NOMS.	ANNÉES DE NAISSANCE ET DE MORT.	LIEU DE NAISSANCE	GENRE.	NOTES HISTORIQUES.	TABLEAUX PRINCIPAUX ET LIEUX OU ILS SE TROUVENT.	Observations.
GOEBOUW (Antoine).	1623 1677	Anvers.	Hist. genre.	Il alla fort jeune à Rome où il s'occupa pendant plusieurs années à étudier les maîtres anciens.	Le Christ mort, Anvers. Réunion d'artistes. ibid. Vue de la place Navone, à Rome, ibid. Paysans près d'une étable, Florence.	Dessinateur correct, excellent coloriste. Il a peint quelques tableaux dans le goût de Van Ostade.
HECK (Jean Van).	1623 1669	Quaremonde, près Audenaerde.	Pays., nature morte.	Il vécut longtemps en Italie et il y trouva, aussi bien que dans sa patrie, l'acceuil que méritait son talent.	Vue d'un port de mer, Madrid. Combat naval, ibid. Marine, ibid.	Il a peint beaucoup de paysages en petit, ornés de fleurs, de fruits et de vases.
EYCK (Gaspard Van).	1625 1673	Anvers.	Marine et batail. navales	Presque tous ses tableaux de batailles navales représentent des combats entre les Turcs et les Chrétiens.		Bon dessinateur, pinceau facile.
SEGHERS (Hercule).	1625?		Pays.	Méconnu par ses contemporains, malheureux dans toutes ses entreprises, il finit par s'adonner à la boisson; il se tua en sortant d'une orgie. Graveur.		Ordonnance riche, couleur naturelle, ton agréable, beau pinceau.
BORGHT (Pierre Van Den).	1625 1674	Bruxel.	Hist. et pays.	On ne rapporte aucune particularité sur la vie de ce peintre.		Ses ouvrages étaient estimés et se plaçaient facilement en Flandre.
DUCHATEL (Franç.).	1625 ou 1626 1679	Id.	Genre et portr.	Él. de David Teniers, le Jeune. Ses tableaux se payaient un prix très-élevé.	Une cavalcade, Gand. Le roi d'Espagne recevant le serment de fidélité des Brabançons, tabl. de 7 m. sur 4. On y compte environ 1,000 figures, Paris. Un Cavalier, ibid.	Les tableaux de l'élève ont été comparés à ceux du maître; mais il travailla encore plus dans la manière de G. Coques. Dessin correct, très-bon coloris.
HOY ou HOJE (Nicolas Van).	1626	Anvers.	Hist., portr. etc.	On ne cite rien de remarquable sur cet artiste, sinon qu'il fut peintre de la cour de Vienne.	Deux batailles entre des cavaliers et des fantassins, Vienne.	Il existe des gravures que Nicolas Van Hoy exécuta à Bruxelles pour le cabinet de Teniers.
KESSEL (Jean Van).	1626 1679	Id.	Ois., fleurs, portr. etc.	Philippe IV, roi d'Espagne, estimant son talent, l'appela à Madrid où il l'attacha à sa personne comme peintre de la cour. Le prix énorme de ses tableaux fut un obstacle à sa fortune et à sa gloire.	Concert d'oiseaux, Anvers. Guirlandes de fleurs, Paris. Poissons, Florence. Tabagie, Vienne. La Boutique du barbier, ib. Guirlandes de fleurs entourant des figures de Van Thulden, Madrid.	Il peignait dans le genre de Breughel de Velours. Ordonnance sage, piquant coloris, un peu trop de sécheresse. Dans ses portraits, il voulut imiter Van Dyck mais il y réussit fort médiocrement.
EYCK (Nicolas Van).	1627 1677	Id.	Batail., scènes milit.	Quelques biographes le disent frère de Gaspard Van Eyck, mais ce fait ne peut être considéré comme certain.	Halte militaire, Dresde. Halte militaire dans un village, Vienne.	
EYCKENS (François), fils de Pierre, LE VIEUX.	1627 1673	Id.	Fleurs et fruits.	Élève de son père. Quelques auteurs donnent l'année 1677 comme celle de sa mort.	Gibier, fruits et légumes, Madrid. Fleurs dans un vase, Vienne.	
VAILLANT (Bernard), frère de Wateram.	1627 1674	Lille.	Portr.	Élève et compagnon de voyage de son frère Wateram. Il finit par s'établir à Rotterdam.		Connu comme célèbre dessinateur au crayon. On croit qu'il s'est fort peu occupé de peinture.

NOMS.	ANNÉES DE NAISSANCE ET DE MORT.	LIEU DE NAISSANCE	GENRE.	NOTES HISTORIQUES.	TABLEAUX PRINCIPAUX ET LIEUX OU ILS SE TROUVENT.	Observations.
VAILLANT (JACQUES), frère de Walcram.	1628 1670	LILLE.	Hist. et portr.	Le voyage d'Italie ayant perfectionné son talent, il devint un bon peintre d'histoire et s'établit à Berlin, où l'électeur de Brandebourg le nomma son peintre. A Vienne, où il fut appelé, il eut l'honneur de faire le portrait de l'empereur. Mort à Berlin.		Ses ouvrages eurent beaucoup de succès en Allemagne.
DUYTS (JEAN DE).	1628	ANVERS.	Hist. et figures nues.	Les biographes ne consignent aucun fait remarquable sur ce peintre.		
LANKRINK (PROSPER HENRI.	1628? 1692		Pays., etc.	Élève de l'académie d'Anvers. Il s'établit en Angleterre où il mourut; les fonds, paysages, fleurs, ornements et draperies des meilleurs tableaux de Pierre Lely sont peints par Lankrink.		Bonne composition, coloris frais et harmonieux. Figures dans le genre de celles du Titien.
LOON (THÉOD. VAN).	1629 1678	BRUXEL.	Hist.	Il passa plusieurs années à Rome et à Florence, où il s'occupa à imiter Raphaël et C. Maratti.	Adoration des bergers, Brux. Assomption de N. D., ib.	Ses tableaux sont généralement trop sombres en couleur. Ordonnance relevée, bon dessin. Il fut aussi sculpteur.
VAILLANT (ANDRÉ), frère de Walcram.	1629	LILLE.	Portr.	Il s'occupa deux ans à Paris pour étudier la gravure, et fit le voyage de Berlin afin d'y voir son frère; il mourut très-jeune.		On croit qu'il a fait très-peu de tableaux.
QUILLYN (JEAN-ÉRASME), fils d'Érasme.	1629 1715	ANVERS.	Hist.	Élève de son père. Il se forma le goût en Italie. A Rome, Naples, Florence et Vienne, partout il trouva de l'ouvrage et de la célébrité. L'empereur Léopold le nomma peintre de sa cour; il revint dans sa patrie où il fut inscrit dans la corporation des peintres en 1661; compté parmi les meilleurs peintres d'histoire de son temps. Mort à l'hôpital à Malines, où ses enfants l'avaient placé.	Différents épisodes de la vie de saint Augustin, Bruges. La Cène, Malines. L'Ange gardien, Anvers. La Piscine de Bethsaïde, ib. Et beaucoup d'autres, ib. Couronnem. de Charles-Quint, Vienne.	On compare sa manière à celle de Véronèze. Ordonnance riche et raisonnée, dessin correct, belles draperies. Expression vraie et bien sentie. Coloris trop rosé.
POPELS (JEAN).	1630?	TOURNAY.	Id.	Aucune particularité n'est consignée sur ce peintre.	Ses ouvrages, comme peintre, sont presque inconnus.	Il a gravé d'après les compositions de Rubens qui se trouvaient dans le cabinet de l'archiduc, à Bruxelles.
MEHUS (LIÉVIN).	1630 1691	AUDE-NAERDE.	Id.	A 10 ans on l'envoya à Milan où ses parents avaient fui les dissensions de leur patrie. Il y fut élève d'un artiste flamand nommé Carlo, établi en Italie, qui paraît avoir peint le paysage et les batailles avec un talent supérieur, mais dont l'histoire n'a rien consigné de plus. Plus tard il eut pour maître le célèbre Pierre de Cortone et suivit, avec un grand succès les traces de ce dernier. Il eut longtemps pour protecteur l'archiduc Mathieu et mourut à Florence où il s'était établi.	Saint Pierre d'Alcantara communiant sainte Thérèse, Præto (Toscane). La Vierge, l'enfant Jésus, saint Joseph et deux apôtres, ib. Le mariage de sainte Catherine, ibid. Tableau, Florence.	Dessin correct, belle ordonnance.
HOOGHE (ANTOINE D').	1630 1662	BRUGES.	Pays. et miniat.	David Teniers et d'autres grands artistes vantaient le talent de ce peintre.		
BREDAEL ou BREDA (PIERRE VAN.)	1630 1691	ANVERS.	Pays.	On croit qu'il visita l'Italie. Ce qu'on peut avancer comme certain, c'est qu'il passa quelque temps en Espagne où ses ouvrages étaient très-recherchés. Directeur de l'académie d'Anvers en 1689.	Pays. avec ruines et animaux, Berlin.	Il a imité J. Breughel.

NOMS.	ANNÉES DE NAISSANCE ET DE MORT.	LIEU DE NAISSANCE	GENRE.	NOTES HISTORIQUES.	TABLEAUX PRINCIPAUX ET LIEUX OÙ ILS SE TROUVENT.	Observations.
EL (FERDINAND).	1632	MALINES.	Portr.	Les biographes ne donnent aucun détail sur la vie de ce peintre.		
SPIERINGS (NICOL.).	1633 1691	ANVERS.	Pays.	Il passa plusieurs années en Italie où son talent le fit distinguer. Peintre de Louis XIV. D'après quelques biographes il mourut en Angleterre.	Deux grands paysages, Anvers.	Il a cherché à imiter Salvator Rosa. Presque toutes les figures de ses tableaux sont peintes par d'autres artistes, parmi lesquels on cite Pierre Eyckens.
BISET (CHARLES-EMMANUEL).	1633 ou 1634 1685	MALINES.	Genre.	Sa manière trouva beaucoup d'admirateurs en France, pourtant il revint s'établir dans sa patrie où il fut nommé peintre du gouverneur, le comte de Montéry. Directeur de l'académie d'Anvers en 1674. Son inconduite, sa paresse, qui allait parfois jusqu'à rester plusieurs jours de suite au lit, le plongèrent dans la misère.	Guillaume Tell, fait pour les arbalétriers d'Anvers, est cité comme un de ses meilleurs tableaux.	Ses ouvrages portaient le sceau de sa vie déréglée; il peignait avec esprit et talent des sujets dont le choix indiquait les mauvais penchants de l'artiste. Quelquefois pourtant il peignit des tableaux d'un goût plus relevé.
MEULEN (ANTOINE-FRANÇOIS VAN DER).	1634 1690	BRUXEL.	Batail. et pays.	Élève de Snayers. Peintre de Louis XIV, il dut cet honneur au ministre Colbert qui le fit venir de Bruxelles. Van Der Meulen suivit Louis XIV dans ses conquêtes et fut chargé d'immortaliser ses batailles par son pinceau. Mort à Paris où il avait épousé la nièce du peintre Lebrun.	Le siège de Tournai par Louis XIV, Bruxelles. Plusieurs tableaux, Paris. Louis XIV à cheval, Londres. Et autres, ib. Choc de cavalerie, Madrid. Louis XIV et sa cour à Versailles, Berlin. Bataille près d'un village, Vienne.	Il dessinait bien la figure et surtout les chevaux. Son paysage est léger et frais; sa touche et son feuillé sont spirituels, et son coloris est suave.
GRAEF (PHILIPPE DE).	1634? 1685	MALINES.		Élève de J. Verhoeven. Admis en 1663 comme maître dans la corporation de Saint-Luc.		
SMITS ou HARTCAMP (LOUIS).	1635	Hist. et fruits.		En 1675, il s'établit à Dordrecht.		Il s'est servi de couleurs qui n'ont pas résisté au temps; de là ses ouvrages ont perdu toute leur valeur.
RYKE (GUILL. DE).	1635 1697	ANVERS.	Hist. et portr.	Il abandonna son état de joaillier pour s'adonner à la peinture, et visita Londres où il mourut.		Il ne fut jamais qu'un peintre médiocre.
SMEYERS (GILLES), on le croit fils de Nicolas.	1635 1710	MALINES.	Hist.	Él. de J. Verhoeven. Il épousa Élisabeth Herregouts, fille du peintre David Herregouts.	Mort de saint Norbert, Bruxell.	Il a peint l'histoire en grand et en petit.
HEYLBROEK (MICH.)	1635 1733	GAND.		Il s'établit à Vérone; ce fut un des peintres qui atteignirent la longévité la plus extraordinaire. Il eut beaucoup de réputation et fut créé chevalier.		On prétend qu'il travailla encore quelques semaines avant sa mort. Bon graveur.
GYZEN (PIERRE).	1636 1689	ANVERS.	Pays., kermesses etc.	Élève de Breughel de Velours. Aucun nom de peintre n'a été écrit de manières plus différentes que le sien; de là vient que ses tabl. ont souvent été attribués à des artistes différents.	Paysage, chasse au cerf, Berlin. Village, chevaux, figures, etc. ibid.	Il peignit le paysage dans la manière de son maître, et ses vues du Rhin se rapprochent de celles de Saftleven.
CONINCK (DAVID DE).	1636 1689	Id.	Pays., anim. et fleurs.	Élève de Fyt. Après avoir fait des progrès assez remarquables, il visita l'Allemagne, la France et l'Italie, et s'établit à Rome, où on le surnomma Rommelaer et où il mourut.	Paysage, vue de Hollande, Brux. Jardin orné d'une fontaine et rempli d'animaux domestiques, Gand. Chasse aux cerfs et aux ours, Amsterdam. Gibier mort, chiens et canards vivants, ib.	Ce peintre plaçait un tapis dans tous ses tableaux. Il suivit la manière de son maître, sans toutefois pouvoir l'égaler.

NOMS.	ANNÉES DE NAISSANCE ET DE MORT.	LIEU DE NAISSANCE	GENRE.	NOTES HISTORIQUES.	TABLEAUX PRINCIPAUX ET LIEUX OÙ ILS SE TROUVENT.	Observations.
HAHN (HERMAN VAN).	1636	BELGIQUE	Nature morte.	Le nom de ce peintre ne se trouve dans aucune biographie. Le catalogue du musée de Vienne en fait seul mention.	Oiseaux morts, Vienne.	
JANSSENS (DANIEL).	1636 1682	MALINES.	Archit. tapisseries et décorations.	En 1660, il fut admis comme maître dans la corporation des peintres. Travailla sur parchemin.	En 1680, il peignit pour le jubilé de saint Rombaut, à Malines, un grand arc de triomphe qui subsiste encore. Presque toutes les décorations de ce jubilé avaient été exécutées par Janssens.	Peintre à la détrempe très-renommé, surtout pour les ouvrages d'architecture.
OOST (JACQUES VAN), LE JEUNE.	1637 1713	BRUGES.	Hist. et portr.	Élève de son père. Ses études étant assez avancées, il voyagea en Italie et en France pour se perfectionner. Quoique son talent fût très-admiré à Bruges, qu'il visita à son retour, il choisit Lille pour résidence. Il se maria dans cette dernière ville et pendant 40 ans son talent trouva de constants admirateurs. Devenu veuf, il revint mourir dans sa ville natale.	Saint Joseph averti par un ange de fuir en Égypte, Bruges. Mort de la Vierge, ib. Adoration des mages, ib. Et d'autres, ib. Presque tous ses tableaux se trouvent à Lille.	Manière de son père, touche plus généreuse et plus hardie, draperies plus larges. Ordonnance moins riche que raisonnée, figures bien dessinées et remplies d'expression. Beau coloris qui tend à se rapprocher de celui de Van Dyck. Il eut un fils qui peignit, mais sans acquérir de réputation.
RYCKE (NICOLAS).	1637 1695	Id.	Pays. avec fig.	Il voyagea en Orient d'où il rapporta beaucoup de vues très-bien dessinées. En 1667, il fut reçu dans la corporation des peintres, à Bruges.		Grande facilité de composition. Beaucoup de fougue dans le coloris.
MINDERHOUT (HENRI VAN).	1637 1696	AMSTERDAM?	Marines.	Il s'établit à Bruges et y fut admis, en 1663, dans la corporation de Saint-Luc.	Vue d'un port du Levant, Anvers. Port de mer, avec fig., Dresde.	Il rendait avec beaucoup de vérité tous les détails que comporte le gréement d'un vaisseau. Ses ciels étaient négligés ainsi que ses figures.
LEMENS (BALTHAZAR VAN).	1637 1704	ANVERS.	Hist., etc.	Il passa la plus grande partie de sa vie à Londres où il peignit beaucoup de draperies dans les tableaux de ses confrères.		Il peignait avec talent des tableaux d'histoire en petit.
GENOELS (ABRAHAM).	1640 1682	Id.	Pays. et portr.	Élève de G. Backereel. Il alla jeune à Paris où son talent le fit bien vite distinguer. Il travailla pour le marquis de Louvois et s'étant lié avec le célèbre Lebrun, celui-ci l'employa pour peindre les fonds de ses tableaux, représentant les batailles d'Alexandre. Il fut reçu membre de l'académie, et en 1674 il partit pour Rome où il passa quelques années. Il revint à Paris et retourna ensuite dans sa ville natale où il termina son existence calme et paisible.	Minerve et les Muses dans un paysage (le paysage seul est de Genoels), Anvers.	Il ne peignait que d'après nature. Charmant effet de lumière. Couleur naturelle. Dessin correct. Ses portraits sont médiocres. Graveur.
BAUDUINS (ANTOINE-FRANÇOIS).	1640 1700	DIXMUDE.	Pays.	Élève de Van Der Meulen, il mourut à Paris. Graveur.	On connaît peu de tableaux de ce peintre.	Excellent graveur, il a travaillé presque exclusivement d'après son maître.
CORBEEN.	1640 ***		Hist. et pays.	Aucune particularité n'est consignée sur cet artiste.		

NOMS.	ANNÉES DE NAISSANCE ET DE MORT.	LIEU DE NAISSANCE	GENRE.	NOTES HISTORIQUES.	TABLEAUX PRINCIPAUX ET LIEUX OU ILS SE TROUVENT.	Observations.
CARLIER (Jean-Guillaume).	1640 1675	Liége.	Hist. et portr.	Élève de Bertholet Flemalle, il accompagna son maître à Paris, mais il n'y résida que peu de temps. Un saisissement qu'il éprouva pendant les troubles de Liége lui fit une telle impression qu'il en mourut peu de jours après. Les tableaux de Carlier attestent que s'il n'avait été enlevé à la fleur de l'âge, il serait devenu un des meilleurs peintres de son époque.	La Femme adultère, Liége. Le Martyre de saint Denis, tableau peint sur bois et qui se trouvait autrefois à Liége, était considéré comme son chef-d'œuvre ; malheureusement, lorsque les agents du gouvernement français voulurent le détacher il tomba et fut entièrement abîmé. La plupart de ses ouvrages se trouvent à Dusseldorf et à Saint-Pétersbourg.	Dessin correct, coloris vigoureux. Quelques auteurs donnent l'année 1638 comme celle de sa naissance.
CUYCK DE MIERHOP (François Van).	1640 ***	Bruges.	Hist. et anim.	Descendant d'une noble famille, il ne cultiva d'abord la peinture que comme passe-temps, mais il s'y adonna bientôt sérieusement. Il s'établit à Gand où le corps des bouchers le choisit pour doyen, arbitre ou protecteur selon la coutume de cette époque qui appelait à ce grade les principaux citoyens des villes.	Les principales galeries de l'Europe ne possèdent pas de tableaux de ce peintre.	Il peignait les figures avec assez peu de talent, mais il réussissait extrêmement bien dans les animaux et fut presque le rival de Fr. Sneyders.
NOLLET (Dominique)	1640 1736	Id.	Hist., scènes milit. et pays.	Il fut admis dans la corporation des peintres en 1687 et s'attacha ensuite, en qualité de premier peintre, à Maximilien, duc de Bavière, dont il suivit la bonne et la mauvaise fortune.	Paysage, la Visitation, Bruges. Et autres, ibid.	Sa manière se rapproche beaucoup de celle d'A. Van Der Meulen.
THIELEN (Marie-Thérèse Van), fille de Jean-Philippe.	1640 ***	Anvers.	Fleurs.	Élève de son père.		Elle suivit avec bonheur la manière de son maître.
THIELEN (Anne-Marie Van), fille de Jean-Philippe.	1641 ***	Id.	Id.	Élève de son père.		Elle avait du talent et de la réputation.
WEZ (Arnold Van).	1642 1724	Oppenois, près de St-Omer.	Hist.	Il étudia en Italie et mourut à Lille.		
LEFÈBRE (Valentin)	1642	Bruxel.		Il grava à l'eau-forte.		
CHAMPAGNE (Jean-Baptiste Van), neveu de Philippe.	1643 ou 1645 1688	Id.	Hist.	Élève de son oncle et professeur à l'académie d'Anvers. Il avait fait d'excellentes études en Italie.	Assomption de la Vierge, Brux.	Il fut loin d'égaler son maître.
MILÉ (François).	1643 1680	Anvers.	Hist., pays. etc.	Élève de Laurent Francken, dont il épousa la fille. Encore fort jeune, son talent était assez mûr pour qu'il pût faire avec fruit le voyage de Hollande , de France et d'Angleterre ; il était si heureusement doué de la nature, que lorsqu'il avait examiné un site avec attention, il était à même de le reproduire sur la toile ; comme s'il l'avait copié de point en point. Ses talents lui valurent le titre de membre et de professeur à l'académie de Paris.	Bataille de Calloo avec Peeters, Anvers. Jésus dans la crèche, Bruxel. Repos de la Sainte Famille pendant la fuite en Égypte, ib. Portrait d'homme, Dresde.	D'après la version de quelques biographes , il aurait été empoisonné par jalousie. Un des meilleurs paysagistes de son temps ; on croit qu'il a gravé, sans toutefois en avoir la certitude.
VLEESHOUWER (Isaac).	1643 1690	Fles-singue.	Hist. et portr.	Élève et ami de Jordaens. Il s'occupa plusieurs années à Anvers puis il revint s'établir dans sa ville natale.		

NOMS.	ANNÉES DE NAISSANCE ET DE MORT.	LIEU DE NAISSANCE	GENRE.	NOTES HISTORIQUES.	TABLEAUX PRINCIPAUX ET LIEUX OU ILS SE TROUVENT.	Observations.
HEGRET (Théodore).	1643	Malines.	Pays.	Élève de Grégoire Beerings. En 1663, il fut admis comme maître dans la corporation de Saint-Luc.	Autrefois les églises et les couvents de Malines possédaient beaucoup de ses tableaux.	
GHESEL (Jean Van).	1644 1708			On ne cite aucune particularité sur la vie de ce peintre.		
GILLEMANS.	1644	Anvers.	Fleurs et fruits.	Les biographes ne citent rien de remarquable sur cet artiste.		Beaucoup de soin et de fini. Comme il représentait les objets plus petits que nature, l'effet de ses tableaux était peu satisfaisant.
THIELEN (Françoise-Catherine Van), fille de Jean-Philippe.	1643 ***	Id.	Id.	Élève de son père.		Elle peignit dans le genre de son maître.
DENYS (Jacques).	1645 1708	Id.	Hist. et portr.	Élève de Jordaens. Il dut une partie de sa fortune au duc de Mantoue, sous la protection duquel il travailla 14 ans en Italie; à son retour dans sa ville natale, on lui fit une réception digne de son talent; un des grands peintres dont s'honore Anvers. Mort riche et honoré.	La plupart de ses tableaux sont en Italie.	Dessin correct, touche vigoureuse. Sa manière se rapproche beaucoup plus de l'école italienne que de l'école flamande; aussi s'était-il choisi pour modèles, Raphaël, Le Guide, Jules Romain et le Titien.
DEYNS (Jacques).	1645 1704	Id.		Élève d'Érasme Quillyn.		Cet artiste, sur lequel les historiens n'ont laissé que fort peu de renseignements, ne serait-il pas le même que le précédent?
CLEEF (Jean Van).	1646 1716	Venloo.	Hist.	Élève de G. De Crayer et de Louis Primo. De Crayer l'employait très-souvent pour l'aider dans les nombreux travaux dont il était chargé, et à la mort de ce dernier, Jean Van Cleef fut chargé d'achever les tableaux commencés par son maître, et notamment les ouvrages que Louis XIV faisait exécuter en Belgique. Mort à Gand où il s'était établi.	L'enfant Jésus couronnant saint Joseph, Gand. La manne du désert, ibid. Saint Blaise, évêque, ibid. Et autres, ibid.	Meilleur dessinateur que son maître, mais moins bon coloriste.
KEYSER (Guill. De).	1647 1692	Anvers.	Hist. et portr.	D'abord élevé pour l'état de joaillier, il l'abandonna pour étudier la peinture. Ayant fait un beau tableau pour les religieuses anglaises à Dunkerque, ces dernières le recommandèrent au roi Jacques II d'Angleterre, qui le reçut très-bien. Son avenir fut détruit par les révolutions qui survinrent et le chagrin conduisit de Keyser au tombeau.		Il laissa une fille qui peignit avec succès le portrait et qui exécuta des copies estimées.
BACKER (Nicolas De).	1648 1689	Id.	Portr.	Après avoir achevé ses études, cet artiste partit pour Londres où il acquit la réputation d'un bon peintre de portraits et où il resta jusqu'à sa mort.		
PIETERS (Nicolas).	1648 1721	Id.	Hist. et portr.	Élève de Pierre Eyckens. La misère le força à recourir à des moyens peu honorables pour vivre. Il séjourna longtemps à Londres.		Kneller et d'autres peintres se servirent de lui pour peindre les accessoires de leurs tableaux. Son talent était peu goûté.

NOMS.	ANNÉES DE NAISSANCE ET DE MORT.	LIEU DE NAISSANCE	GENRE.	NOTES HISTORIQUES.	TABLEAUX PRINCIPAUX ET LIEUX OU ILS SE TROUVENT.	Observations.
HUYSMANS (Corneille).	1648 1727	Anvers.	Pays., marin.	Élève de G. De Wit et de J. Van Artois. Son talent fut d'abord ignoré et il vécut quelque temps dans la misère. Van Der Meulen l'engagea à s'établir à Paris en lui donnant les plus belles espérances ; cependant Huysmans resta dans son pays, habita premièrement Anvers et ensuite Malines, où il mourut.	Paysage, les disciples d'Emmaüs, Malines. Paysages, Paris. Pays. avec fig., Bruxelles. Id. id. Berlin. Id. id. Vienne. Paysage avec figures, Dresde. Paysages, Munich. Marines, ibid.	Couleur vigoureuse. Dessin correct. Sa manière révèle parfois l'école italienne.
EYCKENS (Pierre), LE JEUNE.	1650	Id.	Hist. relig.	En 1689, il fut directeur de l'académie d'Anvers.	Les églises d'Anvers possèdent plusieurs de ses tableaux. Tableaux, Malines.	Beau coloris, dessin correct, draperies pleines de goût.
SCHOONJANS (Antoine).	1650 1717	Id.	Hist. et portr.	Pendant son séjour à Rome il y reçut le surnom de Parrhasius. Son talent s'étant fait connaître en Allemagne, il fut nommé peintre de l'archiduc Léopold. De là, il alla habiter La Haye et Amsterdam et revint s'établir à Dusseldorf, où il mourut.	Narcisse, Munich.	
EECKHOUTE (Antoine Van Den).	1651 1695	Bruges.	Fleurs et fruits.	Fort jeune, il accompagna L. de Deyster en Italie et revint dans son pays avec un talent formé, mais il n'y resta pas longtemps : son goût le rappelait en Italie. Pendant un séjour qu'il fit à Lisbonne il s'y maria, et l'on prétend que peu de temps après il y fut assassiné par jalousie.	La plupart de ses tableaux sont restés en Italie.	Il a travaillé beaucoup avec L. de Deyster : celui-ci peignait les figures et Van Den Eeckhoute les fleurs et les fruits. Goût italien.
ORLEY (Richard Van), fils de Pierre.	1652 1732	Bruxel.	Hist., portr. et miniat.	Élève de son père et de son oncle le Récollet, qu'il surpassa de beaucoup. On croit qu'il vécut longtemps en Italie. Graveur.		Pour l'histoire il imita l'Albane, Pierre de Cortone et Nicolas Poussin. Belle perspective, excellente composition et dessin correct.
HELMONT (Mathieu Van).	1653 1759	Id.	Boutiq. intér., marché etc.	Élève de Teniers. La manière dont il peignait ses marchés à l'italienne, fait supposer, avec raison, qu'il les a exécutés d'après nature et sur les lieux. On croit qu'il s'occupa quelque temps à Paris.	On assure qu'il fit ses meilleurs tableaux pour le roi Louis XIV.	Manière de son maître ; coloris chaud et transparent, touche large, figures expressives et bien dessinées.
FISEN (Englebert).	1655 1753	Liége.	Hist. relig.	Élève de B. Flemalle. A l'exemple de la plupart de ses confrères, il alla se perfectionner en Italie.	Christ en croix, Liége. Saint Barthélémi, ibid. Visitation, ibid.	
DOUVEN (Jean-François).	1656 1724	Ruremonde.	Portr.	Élève de G. Lambertin. Peintre de plusieurs familles souveraines. Quelques biographes le font naître dans le duché de Clèves.	Éducation de la Vierge (effet de lumière), Florence. Portr. la princesse Anne-Marie-Louise de Médicis, ib. Portraits, ib. Suzanne et les vieillards, Paris. Sainte Famille, ib. Portrait équestre de l'électeur Jean-Guillaume, Munich.	Belle expression, bonne couleur, ressemblance parfaite et grande noblesse.
DEYSTER (Louis De).	1656 1711	Bruges.	Hist.	Élève de J. Maes. Il voyagea longtemps en Italie avec son ami A. Van den Eeckhoute dont il épousa la sœur. Reçu maître dans la corporation des peintres, en 1688. Son talent, longtemps ignoré, se fit jour et bientôt les élèves et la fortune arrivèrent chez lui ; malheureusement il cultiva trop d'arts différents à la fois et il perdit, aussi vite qu'il les avait gagnés, ses admirateurs et son argent. Ce grand peintre fut parfois sur le point de mourir de misère.	Job sur le fumier, Bruges. Ermite au désert, ib. Et d'autres, ib.	Il se rapproche parfois pour le coloris et le dessin, d'Ant. Van Dyck. Beaucoup de fini, même dans ses esquisses, manière large, belle composition. Excellent graveur à l'eau-forte.

6

NOMS.	ANNÉES DE NAISSANCE ET DE MORT.	LIEU DE NAISSANCE	GENRE.	NOTES HISTORIQUES.	TABLEAUX PRINCIPAUX ET LIEUX OÙ ILS SE TROUVENT.	Observations.
ELIAS (Mathieu).	1656 1747	Peer, près Cassel.	Hist. myth.	Élève de Corbeen qui le fit sortir du village où il demeurait. Il habita longtemps Paris et fut professeur à l'académie de Saint-Luc.	Tableaux, Dunkerque.	
BLOEMEN (Jean-François Van), frère de Pierre et de Norbert.	1656 1740	Anvers.	Pays.	Ce peintre passa sa vie en Italie où son beau talent fut en renom auprès du pape et de tous les autres souverains. A Rome, où il habita et mourut, on le surnomma : Orrizonte.	Paysage avec figures et ruines, Paris. Et autres, ib. Tableaux, Rome. Paysage avec figures, Berlin. Paysages, Vienne. Tableaux, Valenciennes. Paysage avec figures, Dresde.	Bon dessin, belle imitation de la nature, lointains admirables. Ses premiers tableaux se rapprochent de ceux de Van der Kabel, peintre hollandais, et ses derniers de ceux du Poussin.
BLOEMEN (Pierre Van), frère de Jean-François.	1658 1715	Id.	Batail. etc.	Il passa plusieurs années en Italie, où il reçut le surnom de Standaert. Directeur de l'académie d'Anvers en 1699. Bon peintre et bon graveur.	Paysage avec cavaliers, Berlin. Paysage avec ruines et figures, Vienne. Et autres, ib. Tableaux, Dresde.	Ordonnance riche, bonne couleur, dessin correct. Il excellait à peindre les chevaux. Un peu de roideur.
VERENDAEL (Nicolas).	1659 1717	Id.	Fleurs insect. etc.	On ne cite rien de remarquable sur cet artiste. On croit qu'il ne dut son talent qu'à la nature, car le nom de son maitre n'est mentionné dans aucune biographie.	Vase avec des fleurs, Florence. Fleurs, fruits, crucifix en bronze, tête de mort, etc., Munich. Famille de singes avec des vêtements d'homme, Dresde. Fleurs, ibid. Et autres, ibid.	Excellente imitation de la nature; insectes dessinés avec une grande finesse et beaucoup de correction.
SUCQUET.	1659 1722	Id.	Hist.	On ignore de qui il fut élève. Il n'est rien rapporté sur ce peintre, sinon qu'il appartenait à l'ordre des Dominicains.		
DUPONT.	1660 1712	Bruxel.	Pays. et archit.	Les biographes n'ont consigné aucune particularité sur cet artiste.		
BAULEWYNS (Nicolas).	1660 1700	Id.	Pays. vues de ville, etc.	Il a travaillé constamment avec Pierre Bout.	Pays. (fig. de Bout), Madrid. Id. Id. Berlin. Id. Id. Vienne. Id. Id. Florence.	Ce peintre a laissé une bonne réputation.
FRANCK (Constantin).	1660 1708	Anvers.	Batail.	Il fut directeur de l'académie d'Anvers en 1695 et doyen de la corporation de Saint-Luc, la même année.	Bataille d'Eeckeren, Anvers.	Il dessinait parfaitement les chevaux.
KAPPEN (François-Van Der).	1660 1725	Id.	Hist.	Le seul renseignement que l'on ait conservé sur ce peintre, c'est qu'il voyagea quelque temps en Italie.		
BOUT (Pierre).	1660	Bruxel.	Genre.	Il ornait les tableaux de Nicolas Baudewyns, de figures très-estimées. Les biographes nomment ce peintre tantôt François Baut, tantôt N. Baut, ce qui pourrait faire croire qu'il y a eu plusieurs artistes du même nom, tandis qu'en réalité il n'y en a eu qu'un.	Vue d'un palais avec figures avec N. Dupont, Gand. Figures dans les tableaux de Van Heil, représentant l'incendie de l'ancienne cour, à Bruxelles, en 1731, Bruxelles. Deux paysages (avec Baudewyns), Vienne. Paysages (avec Baudewyns), Berlin. Paysages (avec Baudewyns), Madrid. Paysages (avec Baudewyns), Florence. Paysage avec figures, Dresde. Tableaux (avec Baudewyns), ib.	Sa touche spirituelle rapproche sa manière de celle de Teniers. Quelque ressemblance avec Jean Breughel de Velours, mais plus de mérite et moins de roideur.
MAES (Godefroid).	1660 1722	Anvers.	Hist.	Élève de son père Godefroid, dont les biographes ne citent que le nom. Directeur de l'académie d'Anvers en 1682.	Martyre de saint Georges, Anvers.	L'étude de la nature jointe aux heureuses dispositions dont il était doué, en firent un des peintres les plus célèbres de son temps.

NOMS.	ANNÉES DE NAISSANCE ET DE MORT.	LIEU DE NAISSANCE	GENRE.	NOTES HISTORIQUES.	TABLEAUX PRINCIPAUX ET LIEUX OU ILS SE TROUVENT.	Observations.
KESSEL (FERDINAND VAN), fils de Jean.	1660 1696	ANVERS.	Pays., anim. Fleurs, etc.	Élève de son père. Peintre de J. Sobieski, roi de Pologne. Il mourut à Bréda. Eyckens, Maes, Van Opstal et Biset, ont peint les figures de ses tableaux.	Groupe d'animaux, Gand. Paysage avec scène mythologique, Vienne. On parle d'un tableau remarquable de ce peintre, représentant les quatre éléments, qui fut détruit par un incendie.	Il peignait agréablement le paysage et y introduisait des plantes, exécutées avec un fini précieux.
PAULY (NICOLAS).	1660 1748	Id.	Miniat. etc.	On a très-peu de renseignements sur ce peintre, seulement, on sait qu'il s'établit à Bruxelles et qu'il y mourut.		Son talent était en grande considération.
OPSTAL (GASPARD VAN).	1660 1714	Id.	Hist. pays. et portr.	Les ouvrages de ce peintre sont mieux connus que sa vie; on peut avancer, comme à peu près certain, qu'il passa quelques années en France.	J. C. apparaissant à saint Jean de la Croix, Anvers. Les quatre Pères de l'Église, Saint-Omer.	Il a fait une copie de la Descente de croix de Rubens qui a honoré son talent.
HEEDE (VIGOR VAN), frère de Guillaume.	1660 1708	FURNES.	Hist., nature morte.	Il voyagea en Italie et en Allemagne, mais son talent n'égala jamais, celui de son frère Guillaume.	Plat d'argent, pâté, olives, verres, etc., Berlin.	
MEDINA (JEAN-BAPTISTE).	1660 1711	BRUXEL.	Hist. et portr.	Né de parents espagnols, il eut pour premier maître F. Du Châtel et se perfectionna par l'étude des ouvrages de Rubens. Visita l'Angleterre, puis l'Écosse où il fit les portraits de beaucoup de nobles et où il fut fait chevalier. Mort à Édimbourg.	Portrait du peintre, Florence.	
TYSSENS (NICOLAS), fils de Pierre.	1660 1719	ANVERS.	Armoiries, fleurs et fruits.	Élève de son père; il passa quelque temps en Italie. Rebuté par le peu d'accueil que ses ouvrages reçurent dans son pays, il s'établit à Dusseldorf où il fut plus heureux. Visita la Hollande et l'Angleterre.		Beau coloris, bonne composition et dessin correct.
LEYSSENS (NICOLAS).	1661 1710	Id.	Hist.	Il voyagea en Italie où on lui a donné le surnom de Casse-noix.		Hardi, mé, Bossnert et Verbruggen, se servirent de lui pour peindre les figures de leurs tableaux.
SON (JEAN VAN), fils de Georges.	1661 1723	Id.	Fleurs. fruits, gibier mort, etc.	Élève de son père dans la manière duquel il peignit, mais en le surpassant de beaucoup. Il s'établit et se maria à Londres, où il mourut.	Rixe de deux joueurs, Florence. Fruits, Bruxelles.	Ordonnance agréable, spirituelle et raisonnée, pinceau de maître, beaucoup d'harmonie et un fini précieux. Il peignait les grappes de raisins avec tant de naturel et tant de vérité, qu'on pouvait apercevoir les pepins au travers de leur enveloppe transparente.
TYSSENS (AUGUSTIN), fils de Pierre.	1662 1722	Id.	Pays. avec figures.	Élève de son père. En 1691, il fut directeur de l'académie d'Anvers.		Il se choisit N. Berchem pour modèle et réussit avec beaucoup de succès à imiter la manière de ce maître.
HEEDE (GUILLAUME VAN), frère de Vigor.	1662 1728	FURNES.	Hist.	On ne sait pas quel fut son maître. Il partit fort jeune pour l'Italie, en passant par la France; Rome, Naples et Venise, eurent des preuves de son talent. À peine revenu dans sa patrie, il fut appelé à la cour de Vienne, où il exécuta différents ouvrages.	Les étrangers enlevèrent tous les tableaux que ce peintre avait faits à Furnes.	Il peignit dans le goût de Lairesse. Bonne composition, dessin correct, coloris riche et harmonieux.

NOMS.	ANNÉES DE NAISSANCE ET DE MORT.	LIEU DE NAISSANCE	GENRE.	NOTES HISTORIQUES.	TABLEAUX PRINCIPAUX ET LIEUX OU ILS SE TROUVENT.	Observations.
OUDENAERDE (Robert Van).	1663 1717	Gand.	Hist. et portr.	Élève de Jean Van Cleef et de Charles Maratti qui le chassa de chez lui pour avoir gravé un de ses tableaux. Il le reprit ensuite et ils furent étroitement liés.	Portr. : L'abbé de Duermael et tous les religieux de son ordre. Réunion de chapitre, Gand. Portraits, ib.	D'après le conseil de Maratti il s'adonna spécialement à la gravure, sans pourtant abandonner la peinture.
LEEPE (Jean-Antoine Van Den).	1664 1718	Bruges.	Pays., marine	Il n'eut point de maître et se perfectionna seul. Appartenant à une famille noble et fortunée, l'empereur le nomma contrôleur général et grand veneur de la Flandre. En 1713, il fut nommé conseiller à Bruges et échevin en 1716. Malgré tout l'ouvrage que lui donnaient ces différentes fonctions, il trouva encore le temps de faire un grand nombre de tableaux.	Vie de Jésus-Christ en quatorze sujets, Bruges.	Il peignit dans le genre du Poussin. Les figures de ses tableaux sont ordinairement peintes par Marc Van Duvenede, J. Van den Kerckhove et J. Ramont.
KERCKHOVE (Joseph Van Den.	1664 1724	Id.	Hist. et portr.	Élève de Quillyn le père. Il fonda et dirigea l'académie de peinture de Bruges et fut inscrit comme maître en 1693, dans la corporation des peintres.	Martyre de saint Laurent, etc., Bruges. Et d'autres, ib. Tableaux, Ostende.	Tons chauds, dessin correct, composition noble ; connaissance approfondie des lois de la perspective.
HAMILTON (Philippe Ferdinand Van), frère de Jean-Georges.	1664 1750	Bruxel.	Anim. et chasses	Il s'établit et mourut à Vienne, où il fut nommé, ainsi que son frère, peintre de l'empereur.	Léopard défendant, Vienne. Plusieurs tableaux représentant différents animaux, oiseaux, etc., ibid. Gibier mort, ibid. Chat guettant du gibier mort, Munich.	
JANSSENS (Victor-Honoré).	1664 1739	Id.	Hist. et genre.	Il était fils d'un tailleur ; mais la palette et le pinceau ayant plus d'attraits pour lui que l'aiguille de son père, il s'adonna avec zèle et succès à la peinture. Protégé par le duc de Holstein, il entreprit le voyage d'Italie, resta 11 ans à Rome, où il se lia avec P. Molyn, dit Tempesta, revint à Bruxelles, fut nommé peintre de l'empereur à Vienne, visita Londres et revint définitivement dans sa ville natale, où il mourut.	Saint Charles Borromée, Brux. Sacrifice d'Énée à Carthage, ib. Bataille grotesque de sept femmes, Gand. Didon, accompagnée de sa sœur, faisant bâtir Carthage, ibid.	Il peignit dans le goût de l'Albane. Imagination riche, pinceau facile.
MOREL (Nicolas .	1664 1732	Anvers.	Fleurs, fruits, bas-reliefs, etc.	Élève de N. Verendael. Il fut appelé à la cour de Bruxelles, où il travailla pour plusieurs grands personnages; le prix énorme qu'on lui payait ses tableaux, le mit à même de satisfaire son goût pour le faste.		Touche vigoureuse et spirituelle. Couleur vraie. Il peignait admirablement le feuillage.
SEGHERS (Corneille).	1665 1728	Id.	Id.	Les biographes ne citent aucune particularité sur cet artiste.		
ORLEY (Jean Van), frère de Richard.	1665	Bruxel.	Hist. et portr.	Élève de son oncle le Récollet. Il fut aussi bon graveur.	Délivrance de Saint Pierre, Bruxelles.	
HAMILTON (Jean-Georges Van).	1666 1740	Id.	Chasses chevaux, etc.	On n'a consigné aucune particularité sur ce peintre, sinon qu'il est mort à Vienne, où il passa probablement une grande partie de sa vie et où il fut peintre de l'empereur.	Plusieurs paysages avec chevaux, Vienne. Vue du haras impérial avec une multitude de chevaux peints d'après nature, ib. (Ce tableau est signé : Jean-Georges d'Hamilton, peintre du cabinet de S. M. I. et catholique A° 1727.) Gibier et attributs de chasse, ib. (Signé comme le précédent et portant la date de 1718.) Gibier mort, Munich.	Il a excellé dans son genre.

NOMS.	ANNÉES DE NAISSANCE ET DE MORT.	LIEU DE NAISSANCE	GENRE.	NOTES HISTORIQUES.	TABLEAUX PRINCIPAUX ET LIEUX OÙ ILS SE TROUVENT.	Observations.
GOBLET (Antoine).	1666 1721	Dinant.	Hist.	Peintre sur verre. A 20 ans, il se fit récollet à Verdun. Il orna de vitraux peints les couvents de son ordre.		Ne possédant aucune instruction, il confia les secrets de son art à un de ses confrères, qui les consigna par écrit; ce manuscrit a fourni de précieux renseignements à Leviel lors de la publication de son livre intitulé : *Art de la peinture sur verre et de la vitrerie.*
HERREGOUTS (Henri).	1666 1724	Malines.	Id.	On ignore quel fut son maître, on croit même qu'il se forma seul par l'étude des bons maîtres. Il peignit beaucoup dans les tableaux de ses confrères et surtout dans ceux de Jean Asselyn, peintre hollandais. Mort à Anvers.	Lapidation de saint Mathieu, Anvers. Jugement, dernier, Bruges. (Ce tableau est considéré comme son chef-d'œuvre.) Saint Jérôme au désert, Brux.	Idées nobles. Figures expressives. Bon dessin et bonne couleur.
SCHOOR (Nicolas Van).	1666 .1726	Anvers.	Hist., fleurs, pays., figures mytho. etc.	Directeur de l'académie d'Anvers en 1619. Il travailla avec Morel, le peintre de fleurs, et le paysagiste Rysbraek. Il doit avoir fait beaucoup de dessins pour les fabriques de tapis à Anvers et à Bruxelles.	Portrait équestre de Charles II, roi d'Angleterre, Gand.	Bon dessin, composition facile, coloris agréable. Il a excellé à peindre de petits amours, des nymphes et des génies.
LOIEMANS (Nicolas).	1666 ?	Id.		On ne cite aucune particularité sur la vie de ce peintre.		
HAL (Nicolas Van).	1668 1738	Id.	Hist.	Les biographes parlent peu de cet artiste; il paraît que son talent s'affaiblit sur la fin de ses jours et que ses derniers tableaux ont très peu de valeur.		Hardimé et d'autres artistes l'employèrent souvent à peindre des nymphes et des génies dans leurs tableaux.
VERBRUGGEN (Gaspard-Pierre, fils de Pierre.	1668 1720	Id.	Fleurs et fruits.	Élève de son père. Directeur de l'académie d'Anvers en 1691. En 1706, il quitta sa ville natale pour aller s'établir à La Haye, où il fut accablé d'ouvrage; malgré ce succès, il retourna pauvre à Anvers, où il devint domestique de la même académie dont il avait été directeur.	On voyait autrefois un tableau de fleurs, de ce peintre, dans la salle des réunions de la corporation de Saint-Luc, à Anvers.	La plupart de ses ouvrages consistaient en tapisseries, ornements de salon et décorations.
HAMILTON (Charles-Guillaume Van).	1668 1754	Bruxel.	Ois. et insect.	Mort à Augsbourg. Il est à supposer qu'il est le frère de Jean-Georges et de Philippe-Ferdinand, tous deux établis à Vienne.		
VLEUGHELS (Nicolas), fils de Philippe.	1669 1737	Anvers.	Hist. et genre.	Élève de son père. Il visita la France et ensuite l'Italie où son talent le fit nommer directeur de l'académie française, à Rome, et chevalier de l'ordre de Saint-Michel. Mort à Rome.	Le lever, Valenciennes. La toilette, *ibid.*	Sa composition et son coloris rappellent l'école vénitienne et spécialement Paul Véronèse.
BREUGHEL (Jean-Baptiste), fils d'Ambroise.	1670 1719	Id.	Fleurs et fruits.	Élève de son père. Surnommé Méléagre, en Italie, où il passa quelques années.		
HARDIMÉ (Simon), fils de Pierre.	1672 1737	Id.	Id.	Demeura longtemps à Londres et y mourut.		
BREUGHEL (Abraham), fils d'Ambroise.	1672 1720	Id.	Id.	Élève de son père. Surnommé le Napolitain, à cause de son séjour prolongé à Naples.	Bouquet de fleurs, Bruxelles. Guirlande de fleurs entourant une Sainte Famille et des anges (fig. de l'école de Rubens), Florence.	

NOMS.	ANNÉES DE NAISSANCE ET DE MORT.	LIEU DE NAISSANCE	GENRE.	NOTES HISTORIQUES.	TABLEAUX PRINCIPAUX ET LIEUX OU ILS SE TROUVENT.	Observations.
BLOEMEN (NORBERT VAN).	1672	ANVERS.	Pays. et portr.	La réputation que ses deux frères, Pierre et Jean-François, s'étaient faite à Rome , l'engagea à partir pour cette ville, où il s'occupa spécialement de l'étude de son art. Mort à Amsterdam.		Coloris peu vrai et peu naturel, contours anguleux.
DUVENEDE (MARC VAN).	1674 1729	BRUGES.	Hist.	Élève de J. B. Herregouts. Admis comme maître dans la corporation des peintres en 1700. À son retour d'Italie, il fut accablé d'ouvrage ; malheureusement, après s'être marié, il se laissa aller à la paresse la plus condamnable et ternit ainsi la gloire que son talent lui avait acquise. Un des fondateurs de l'académie de dessin, peinture et architecture, à Bruges, en 1717.		Imita C. Maratti ; bon dessin , manière large et facile.
STAMPART (FRANÇ.).	1675 1750	ANVERS.	Portr.	Élève de P. Tyssens. Il fut appelé à Vienne par l'empereur Léopold qui le nomma premier peintre de la cour, titre qui lui fut conservé par Charles VI. Mort à Vienne.	Portrait de G. De Herzelles, 3e évêque d'Anvers, Anvers. Portrait d'homme, Vienne.	Ses portraits ont de la réputation. Il imita son maître et étudia beaucoup les ouvrages de Van Dyck.
HOREMANS (JEAN).	1675 1759	Id.	Hist., kermesses etc.	Détails inconnus.	L'abbé de saint Michel et le bourgmestre, rendant visite au corps du serment de l'escrime, Anvers. École d'enfants, Florence. Intérieur d'une cuisine de pauvres, ibid.	
BOSSCHE (BALTHAZAR VAN DEN).	1675 1715	Id.	Intér., Hist. et portr.	Élève de Thomas. Directeur de l'académie d'Anvers. Sa réputation était si grande que le comte Malbourough lui fit faire son portrait pendant son séjour à Anvers.	Réunion du serment de l'arbalète, Anvers. (Architecture de Verstraeten , paysage de Huysmans.)	
MICHAU (THÉOBALD).	1676 1769	TOURNAY.	Kerm., scènes grotesques.	Il s'occupa longtemps à Bruxelles et mourut à Anvers, où il s'était établi.		Manière de D. Teniers, le jeune.
BREYDEL (CHARLES), dit LE CHEVALIER.	1677 1744	ANVERS.	Animaux, pays. et batail.	Élève de Rysbrack , visita la Hollande et l'Allemagne. Sa conduite le rendit peu estimable ; après avoir habité Anvers et Bruxelles, il s'établit à Gand, où il mourut.	Choc de cavalerie, Bruxelles. Le pendant du précédent, ib..	Il a peint des vues du Rhin dans la manière de Griffier; ses batailles sont d'une belle ordonnance et exécutées avec un pinceau spirituel.
JUPPIN (JEAN-BAPTISTE).	1678 1729	NAMUR.	Pays.	Fils d'un négociant, son goût naturel l'entraînait vers la peinture ; il l'étudia d'abord à Bruxelles, puis en Italie, où il travailla dans plusieurs grandes villes et notamment à Naples. Il s'établit à Liége, où il fit un grand nombre de tableaux.	On parle d'un chef-d'œuvre de ce peintre, représentant l'éruption du Vésuve, qui fut anéanti dans l'incendie des états, à Liége.	Les figures de ses tableaux ont été peintes par un artiste nommé Plumier dont les biographies ne citent que le nom.
HARDIMÉ (PIERRE), frère de Simon.	1678 1748	ANVERS.	Fleurs et fruits.	Élève de son frère. Il était établi à La Haye et travailla dans plusieurs villes de la Hollande. L'ambassadeur de Prusse lui fit plusieurs commandes.	En 1718, il fit pour l'abbaye de St-Bernard , au-dessus d'Anvers, quatre grands tableaux, dans lesquels étaient représentés tous les fruits et toutes les fleurs que produit la terre pendant les quatre saisons de l'année.	Le peintre d'histoire hollandais, Terwesten, se servait parfois du pinceau de Pierre Hardimé.

NOMS.	ANNÉES DE NAISSANCE ET DE MORT.	LIEU DE NAISSANCE	GENRE.	NOTES HISTORIQUES.	TABLEAUX PRINCIPAUX ET LIEUX OU ILS SE TROUVENT.	Observations.
BREYDEL (Franç.), frère de Charles.	1679 1750	Anvers.	Portr. et carna- vals.	Élève de son frère et de Rys- braeck ; il passa la plus grande partie de sa vie à la cour de Hesse- Cassel dont il fut peintre, et de- meura quelques années à Londres; son talent fut très-goûté partout où il résida.		Coloris agréable, pinceau déli- cat.
DEYSTER (Anne De), fille de Louis.	1680 1746	Bruges.	Hist.	On la croit élève de son père dont elle imitait si bien les ta- bleaux, que les connaisseurs eux- mêmes s'y trompaient souvent ; elle possédait des talents remar- quables.	On connaît peu de tableaux de ce peintre.	Elle écrivit la vie de son père.
MEULEN (Corneille Van Den).	1680		Portr.	Ce peintre a laissé une très- bonne réputation.		Manière de Samuel Van Hoogs- traten, peintre hollandais.
CREPU (Nicolas).	1680 1742	Bruxel.	Fleurs.	Lieutenant au service de l'Es- pagne, cet artiste ne commença à peindre qu'à l'âge de 40 ans.	Il n'a laissé que peu de tableaux.	Ordonnance agréable, ton ani- mé, pinceau facile.
CNUDDE (Louis).	1682 1741	Gand.	Hist.	Élève de J. Van Cleef; Auguste Cnudde, son fils et son élève, fut un bon peintre de fresques.		Il imita la manière de son maî- tre.
BREDA (Jean Van), fils d'Alexandre.	1683 1750	Anvers.	Pays., bataill. chasses	Élève de son père ; il visita Lon- dres, où son talent fut extrême- ment goûté. Lors de l'entrée de Louis XV à Anvers, ce prince acheta plusieurs tableaux de Van Breda. Son exemple fut suivi par les seigneurs de sa cour.	Paysage avec chevaux, cha- riots, etc., Amsterdam. Bataille : Le prince Eugène con- tre les Turcs à Péterwaradin , Vienne. Bat. : Le prince Eugène contre les Turcs à Belgrade, ib. Chasse; ib.	Son talent se forma par l'étude des tableaux de Jean Breughel et de Philippe Wouwerman, qu'il s'appliqua à imiter avec bonheur.
HELMONT (Zeger- Jacques Van), fils de Mathieu.	1683 1726	Id.	Hist.	Élève de son père.	Jésus-Christ sur la croix, Gand.	
KESSEL (Nicolas Van), neveu de Ferdinand.	1684 1741	Id.	Ker- messes	Il habitait Paris et aurait joui de la renommée des peintres qui portaient son nom, si sa vie liber- tine et dissipée n'y avait mis un obstacle ; il dépensa, en peu de temps, la riche succession que lui avait laissée son oncle, et mourut pauvre à Auvers.		Il a imité la manière de Teniers; sur la fin de ses jours, il peignit des portraits qui eurent peu de succès.
DESLYENS (Jacques- François).	1684 1761	Gand.	Portr.	Aucun renseignement sur ce peintre n'est consigné par les bio- graphes.		
FALENS (Charles Van).	1684 1735	Anvers.	Pays. et anim.	Mort à Paris.	Rendez-vous de chasse, halte, Paris. Paysage avec figures, Berlin.	Il imita Philippe Wouwerman.
TILLEMANS (Pierre).	1684 1734	Id.	Pays., portr. et chasses	En 1708, il partit pour l'Angle- terre, où il fut protégé par le duc de Devonshire et lord Byron, au- quel il enseigna le dessin. Mort à Norton (comté de Suffolk).	Son protecteur, le duc de De- vonshire, lui fit faire beaucoup de tableaux.	Ses copies d'après le Bourgui- gnon et Teniers lui acquirent beaucoup de réputation. Il excel- lait à peindre des chevaux.
ANGELIS (Pierre).	1685 1734		Pays., intér.	Il visita l'Angleterre et l'Italie et mourut dans ce dernier pays.		En Angleterre on admirait beau- coup son talent.

NOMS.	ANNÉES DE NAISSANCE ET DE MORT.	LIEU DE NAISSANCE	GENRE.	NOTES HISTORIQUES.	TABLEAUX PRINCIPAUX ET LIEUX OU ILS SE TROUVENT.	Observations.
ROORE (Jacques De), dit RORUS.	1686 1747	Anvers.	Hist.	Élève de Gaspard Van Opstal, de Van Schoor et de L. Van den Bosch, peintre hollandais. Il travailla beaucoup avec A. Genoels, qui lui servait de second père, habita Rotterdam et Amsterdam, et fut accablé d'ouvrage partout où il résida. Il laissa une grande fortune.	Un plafond (avec Eyckens', Anvers (hôtel de ville).	Beaucoup d'imagination, dessin ferme, coloris et composition peu agréables. Il a peint, presqu'exclusivement, des tapisseries selon la mode de cette époque.
REDOUTÉ (Jean-Jacques).	1687 1762	Dinant.		Les biographes ne citent pas même le genre dans lequel ce peintre a travaillé.		Cet artiste est l'aïeul du célèbre peintre de fleurs, Pierre-Joseph Redouté. (Voir ce nom.)
ANCHILUS (N.).	1688 1735	Anvers.	Marchés, fruits, etc.	Il s'occupa plusieurs années à Londres, où il travailla pour le chevalier Robert Walpole et mourut à Lyon, d'où il comptait se rendre à Rome.	Il a fait des copies en petit, de quatre grands tableaux de Sneyders et Rubens, représentant les quatre marchés de Bruxelles.	Son talent avait beaucoup d'admirateurs en Angleterre.
MARISSAL (Philippe).	1698 1770	Gand.	Portr.	Élève de Leplat. Il se rendit à Paris où le renom de l'académie française lui inspira la pensée d'en établir une dans sa ville natale. Il réussit dans cette entreprise et consacra sa vie à lui procurer tous les éléments du succès.		Il a fait quelques tableaux de mérite, mais il semblait être plutôt créé pour enseigner l'art aux autres que pour le pratiquer lui-même.
RUTHARDS (André).	*1600		Hist.	Il travailla à Rome et l'on croit qu'il entra plus tard dans un couvent de Célestins.		Quelques biographes lui donnent, par erreur, le nom d'André Russchardt.
VERBEECK (Jean), dit HANS-DE MALINES.	*1600		Id.	Il était peintre de l'archiduc Albert en 1600.	Une fête des archers d'Anvers, Anvers (attribué).	
FOUR (Pierre Du), dit DE SALZÉA.	*1600	Liége.	Hist.	Élève de Lambert Lombard. Il fut sur la fin de ses jours portier de l'hôpital Saint-Jacques, à Liége, où il est mort.	Saint Michel, Liége. Descente de croix, ib. (Ce tabl. porte la date de 1640.) On cite comme un des chefs-d'œuvre de Du Four, le tombeau de l'évêque Gérard de Groesbeck, portant la date de 1580 et des vers de Lampsonius; ce tableau se trouvait dans l'ancienne cathédrale à Liége, où l'on voyait encore un tableau de Du Four représentant Jésus au Jardin des Olives.	Cet artiste a laissé un nombre considérable de tableaux qui ont tous perdu leur couleur.
FRANCKEN (Thomas).	*1601	Anvers.		En 1601, il fut reçu maître dans la corporation de Saint-Luc, à Anvers.		Les auteurs ne parlent pas du genre que cet artiste avait adopté.
FRANCKEN (Isaac).	*1602	Id.		Élève de Jean Francken, ou Francq, en 1608.		C'est à peine si les biographes citent le nom de ce peintre.
FLORIS (Jacques), frère de Franck.	*1604	Id.	Hist. et portr.	Excellent peintre sur verre.		
FRANCKEN (Arnold).	*1611	Id.		En 1611, il fut admis comme élève du sculpteur français Cardon.	Ses tableaux sont peu connus.	

NOMS.	ANNÉES DE NAISSANCE ET DE MORT.	LIEU DE NAISSANCE	GENRE.	NOTES HISTORIQUES.	TABLEAUX PRINCIPAUX ET LIEUX OU ILS SE TROUVENT.	Observations.
FINSONIUS (Alonsius).	*1612	Bauces.	Hist.	L'existence de ce peintre est entièrement inconnue ; aucun renseignement n'a jusqu'ici été découvert sur les événements de sa vie.	L'Annonciation, Naples. Voici l'inscription de ce tableau: Alonsius Finsonius, Belga Brugensis fecit, 1612.	La belle composition et la bonne couleur qui distinguent le tableau de l'Annonciation, seul ouvrage que l'on connaisse de ce peintre, annoncent un artiste d'un mérite éminent.
MOREELS (Arnold et Maurus), LE JEUNE.	*1615	Malines?		Ces deux frères vinrent dans la corporation des peintres, à Malines, en 1610 et 1621.		On les croit fils de Maurus Moreels, le Vieux.
TIERENDORF (Jérémie Van).	*1619		Hist.	Aucun renseignement sur cet artiste n'a été recueilli par les biographes.	On voyait de lui à Ypres deux tableaux représentant: le premier, J. C. remettant les clefs à saint Pierre; le deuxième, la naissance du Christ.	
VOS (Corneille De).	*1619	Hulst.	Hist. et portr.	Tout ce que l'on sait de la vie de ce peintre c'est qu'il visita l'Italie.	La famille Snoeck offrant des ornements d'église à l'abbé de Saint-Michel, Anvers. Le Concierge de la corporation de Saint-Luc, ib. Le Triomphe de Bacchus, Madrid. Apollon et le serpent, ib. Vénus sortant de l'écume de la mer, ib. Portraits, Berlin. Baptême de Clovis, Vienne.	Selon quelques biographes, il mourut en 1651. Sa manière appartient à l'école d'Antoine Van Dyck.
ISAAC (Pierre).	*1620		Portr.	Élève de Jean Van Aken.	Portr. Chrétien IV, roi de Danemarck, Berlin.	
JANSSENS(Abraham).	*1620	Anvers.	Hist.	Contemporain de Rubens, et jaloux de la gloire de ce grand homme, il osa lui porter un défi que Rubens dédaigna d'accepter. Il fut un des doyens de la corporation de Saint-Luc. On n'est pas d'accord sur les dates de naissance et de mort de cet artiste; on les place le plus souvent en 1569 et 1631.	Le Fleuve, l'Escaut et la ville d'Anvers (allég.), Anvers. Adoration des mages, ib. Sainte Famille, ib. La Foi et l'Espérance soutenant la vieillesse contre les fatigues du temps, Bruxelles. La Vierge soutenant le corps du Christ, Gand. Vertumne et Pomone (fleurs et fruits de Sneyders), Berlin. Méléagre et Atalante (anim. de Sneyders), ib. Vénus et Adonis, Vienne. Et autres, ib.	Ordonnance pleine de feu et de génie. Dessin agréable, draperies larges et naturelles. Rubens seul le surpassa pour la vigueur et le coloris.
VERHOEVEN (Martin), fils de Gilles.	*1623	Malines.	Fruits.	Reçu dans la corporation des peintres en 1623.		
FRANCKEN (Ammon).	*1624			En 1624, il fut reçu comme maître dans la corporation des peintres.		On ignore le genre dans lequel travaillait cet artiste.
CIETENER (D.)	*1630		Genre.	Aucun biographe ne parle de ce peintre qui n'est cité que par les catalogues allemands.	Scène villageoise, Berlin. (Ce tableau est signé: D. Cietener. fe. 1658).	Sa manière le fait classer dans l'école flamande.
HOYOUX (Bertin).	*1637	Jupille près Liége.	Portr.	On ne connaît aucune particularité sur sa vie.		Il saisissait très-bien la ressemblance.
MIROU (Antoine).	*1640	Flandre.	Hist. et pays.	Il ornait ses paysages de sujets historiques, tirés des Écritures saintes.	Pays. Agar et Ismaël, Madrid. Pays. avec chasseurs, Berlin.	Bon dessin, pinceau facile.
RYCKAERT (David), LE VIEUX.	*1640?	Anvers.	Genre.	Les biographes ne citent que le nom de ce peintre.		

7

NOMS.	ANNÉES DE NAISSANCE ET DE MORT.	LIEU DE NAISSANCE	GENRE.	NOTES HISTORIQUES.	TABLEAUX PRINCIPAUX ET LIEUX OU ILS SE TROUVENT.	Observations.
LESTENS (Guill.).	*1642			Ni le genre dans lequel cet artiste a travaillé, ni le lieu de sa naissance, rien n'est consigné par les biographes.		
BAILLIEUR (Corneille De).	*1643		Bas-reliefs.	Quelques-uns croient que c'est le même que Balieu.	Bas-reliefs à l'hôtel de ville d'Anvers.	
HALEN (Pierre Van).	*1650			Détails inconnus.		
SMIT (André).	*1650		Marines	On n'a aucun détail sur sa vie.	Une mer légèrement agitée, Berlin.	
BRUYN (Jean De).	*1652	Alost.		Les biographes n'ont consigné aucune particularité sur la vie de ce peintre.		
ORLEY (Frère Van), frère de Pierre.	*1652			Connu pour un meilleur artiste que son frère Pierre, sans toutefois avoir possédé un mérite transcendant.		Il était récollet et donna des leçons à son neveu Richard, fils de Pierre, qui le surpassa promptement.
FRANCK (François), dit le Troisième, fils de François, LE JEUNE.	*1656			Doyen de la corporation de St-Luc, de 1656 à 1657 ou 1665.		Il est désigné sous le nom de *François Franck le Troisième*, pour le distinguer de son père et de son grand-père, qui tous deux portaient le même nom.
SPORCKMANS (Hubert).	*1658	Anvers.	Hist.	Élève de Rubens.	On voyait de lui, à Anvers, un tableau représentant saint Charles Borromée, priant pour les pestiférés.	
BAREN (Jean-Antoine Van Den).	*1660	Belgique.	Fleurs et fruits.	En 1660, ce peintre dont aucun biographe ne fait mention, vivait à Vienne où il était directeur de la galerie de tableaux de l'archiduc Léopold-Guillaume.	Buste entouré de fleurs dans une niche, Vienne. Buste entouré de fruits dans une niche, *ib*.	
LOON (Pierre Van).	*1661	Anvers.	Persp. et monuments.	On ignore les événements de sa vie ; ce qu'on peut avancer comme certain c'est qu'il mourut dans sa ville natale.		Bon pinceau, du naturel et du fini.
PÉRES (Henri).	*1662		Pays.	Il n'existe aucun renseignement sur l'existence de cet artiste.	Deux paysages, Anvers.	
GHERING (Jean).	*1665	Flandre.	Archit.	Aucune particularité n'est consignée sur ce peintre, par les biographes.	Intérieur de l'église des Jésuites à Anvers, Vienne. Intérieur d'église, Dresde.	
QUILLYN (Hubert).	*1666			On le désigne comme frère d'Erasme Quillyn, et quelques biographes le font mourir en 1688.		Il était bon dessinateur et graveur, et cultivait également la sculpture.
SEGHERS (Jean-Baptiste).	*1668			Les biographes le citent comme fils de Gérard sans désigner le lieu de sa naissance ni le genre qu'il avait adopté.		

NOMS.	ANNÉES DE NAISSANCE ET DE MORT.	LIEU DE NAISSANCE	GENRE.	NOTES HISTORIQUES.	TABLEAUX PRINCIPAUX ET LIEUX OÙ ILS SE TROUVENT.	Observations.
STEEN (François Van Den).	*1668	Anvers.	Hist.	Un accident qui lui arriva pendant son enfance, et qui le priva de l'usage d'une de ses jambes, détermina sa vocation pour la peinture. Il travailla pour l'archiduc Léopold qui lui assura une pension.		Il a laissé des gravures très-estimées. Quelques biographes donnent l'année 1604 comme celle de sa naissance.
ABBÉ (Henri).	*1670	Id.	Id.	Sa vie et ses œuvres, comme peintre, ne sont pas consignées par les biographes.	On croit qu'il a illustré une édition des Métamorphoses d'Ovide.	Bon dessinateur.
GASPERS (Jean-Baptiste).	*1670	Id.	Portr. et tapisseries.	Élève de Thom. W. Bossaert. Il se rendit en Angleterre où P. Lely et G. Kneller, se servirent de son pinceau. Mort à Londres, selon quelques biographes en 1691.		Bon dessinateur; il excellait dans les tapisseries.
MEULENAER (Pierre).	*1670		Bataill.	On ignore la biographie de ce peintre.	Attaque et défense d'un convoi, Madrid. Combat de cavalerie, ib.	
HERREGOUTS (Maximilien).	*1674		Genre.	Détails inconnus.	On connaît de lui un bon tableau représentant une cuisinière faisant des crêpes.	
LINT (Henri Van), dit STUDIO, fils de Pierre.	*1680		Pays.	Il passa la plus grande partie de sa vie à Rome. Il existe quelques gravures de cet artiste, portant la date de 1680.		Sa manière a quelque ressemblance avec celle de J.-F. Van Bloemen.
BERNAERTS (Pierre-Joseph).	*1680			Détails inconnus.	Assomption, Bruges.	
DEURWERDERS (Martin).	*1682			Id. Id.		
VERBRUGGEN (Henri).	*1686			Id. Id.		
CLAESSENS (Pierre), dit VLUGT (DILIGENCE).	*1688			Ce fut à Rome qu'on lui donna le surnom de Diligent, probablement à cause de sa manière de peindre.		
GARRIBALDO (Marc-Antoine).	*1690	Espagne.		Espagnol qui s'établit en Belgique et y fit un assez grand nombre de tableaux.	Fuite en Egypte, Anvers.	
TYSSENS (Jean-Baptiste).	*1691			Détails inconnus.		
THOMAS (Gérard).	*1694			Id. Id.		
WOUDE (Englebert Van Der).	*1695	Bruges.	Miniature, etc.	Il fut prieur d'un couvent à Bruges, et vivait encore en 1718.		Il partageait son temps entre la culture des lettres et la peinture; et possédait une des plus belles collections d'art qu'il y eût à Bruges.

NOMS.	ANNÉES DE NAISSANCE ET DE MORT.	LIEU DE NAISSANCE	GENRE.	NOTES HISTORIQUES.	TABLEAUX PRINCIPAUX ET LIEUX OU ILS SE TROUVENT.	Observations.
PEETERS (Jacques).	*1695		Intér. d'églis.	Détails inconnus.		Manière de Pierre Neefs.
CLÉ (Corneille De).	*1696		Id. Id.			
TAULIER (Jean).	†1640	Bruxel.	Hist.	Il s'établit à Liége en 1600, où il mourut après y avoir épousé la sœur de S. Dumery; sa femme fut son élève.		Graveur sur bois et sur cuivre.
FRANCK (Maximilien, frère de Laurent.	†1631		Id.	Aucune particularité remarquable n'est consignée sur cet artiste.		
HULLE (Anselme Van).	†1665	Gand.	Hist. et portr.	Il quitta sa patrie pour aller habiter la Hollande où il se fit une si bonne réputation, que le prince Frédéric-Henri l'attacha à sa personne et l'envoya à Munster, pour y peindre les portraits des confédérés qui assistèrent au traité.	Le Christ sur les genoux de sa mère, Gand.	Ton vigoureux, pinceau large, coloris piquant.
BLOOT (Pierre De).	†1667		Kerm. intér., etc.	Ce peintre, dont la vie est ignorée, avait un talent très-supérieur; ses tableaux ont beaucoup de valeur et sont conservés avec le plus grand soin.		Il peignait dans le genre de Teniers. Belle entente du clair-obscur et de la perspective, coloris moelleux et agréable, rigide imitation de la nature.
DONKER (Pierre), frère de Jean (peintre hollandais).	†1668	Gouda.	Hist., etc.	Élève de Jordaens. Il se trouvait à Francfort lors du couronnement de l'empereur Léopold. En 1659, il partit pour la France, et de là se rendit à Rome, où il travailla plusieurs années. Mort à Gouda.		
LANGE (Jean-Henri).	†1671	Bruxel.	Hist. relig.	Élève de Van Dyck.		
GHEEST (De).	†1672	Anvers.	Hist.	Ce peintre n'est cité que par Pilkington.		
FLEMALLE (Guill.), fils de Renier, LE VIEUX.	†1676	Liége.	Hist. et portr.	Élève de son père. Il est le dernier qui ait cultivé la peinture sur verre.	Il a peint quelques vitraux en grisaille pour l'église de Sainte-Madeleine, à Liége.	
SNYDERS (François).	†1678		Chass., pays.	Élève de F. Sneyders. Il visita l'Italie et s'établit, à Paris, où il mourut.		
JACOBSE (Jurriaan).	†1685		Chass., combat d'an., hist.	Il fut élève de Fr. Sneyders d'Anvers. Il habita Amsterdam.	Chiens et sanglier, Dresde.	Il peignait avec beaucoup de feu.
HEYDEN (Jean Van Der).	†1686 ou 1687	Bruxel.	Portr.	Séjourna à Londres et mourut en Angleterre.		
CASTEL (Alexandre).	†1694	Flandre.	Pays., bataill.	Mort à Berlin.	On voit quelques-uns de ses tableaux en Allemagne.	

NOMS.	ANNÉES DE NAISSANCE ET DE MORT.	LIEU DE NAISSANCE.	GENRE.	NOTES HISTORIQUES.	TABLEAUX PRINCIPAUX ET LIEUX OU ILS SE TROUVENT.	Observations.
DELCOUR (Jean-Gilles).	†1694	Hamoir, près de Liége.	Hist. relig.	Élève de Bertholet Flemalle; étudia longtemps à Rome, et à son retour travailla aux plafonds de l'église de Notre-Dame-aux-Fonts, à Liége. Mort subitement dans cette dernière ville.	Tableaux, Liége.	
VALCKENBURG (Frédéric), fils de Luc.	*XVII siècle.	Malines.	Pays. avec figures	Élève de son père qu'il accompagna en Allemagne. Il mourut à Nuremberg.	Une Fête de village, Vienne. (Ce tabl. porte la date de 1595.) Foire annuelle dans une ville avec beaucoup de figures, *ibid.* (Ce tabl. porte la date de 1594.)	Les biographes ne parlent pas de cet artiste.
ANTONIO (Don).	*Id.	Brabant.	Hist. et portr.	Détails inconnus.		
GOWI (Jean-Pierre).	*Id.		Hist.	Les biographes ne mentionnent pas ce peintre, dont le nom se trouve consigné dans les catalogues espagnols.	Hippomène et Atalante, Madrid. La Bataille des géants, *ibid.*	Le style de cet artiste appartient entièrement à l'école de Rubens, dont il pourrait avoir été l'élève.
BALIEU ou BALJUW (N.).	*Id.	Anvers.	Pays.	Détails inconnus.		
ORLEY (Léonard Van).	*Id.			On ne sait pas si cet artiste était parent des peintres de ce nom.		
HOOGHE (Balthazar D').	*Id.	Bruges.	Hist.	Il fut religieux à l'abbaye des Dunes.	Il a fait beaucoup de grands tableaux pour son couvent.	
ACHTSCHELLING (Luc).	*Id.	Bruxel.	Pays.	Élève de Louis de Vadder, qu'il surpassa pour la bonne imitation de la nature.	Paysage, Dresde. Le Pêcheur, *ibid.*	Ordonnance grandiose, coloris d'une transparence parfaite.
NEEFS (Pierre), LE VIEUX.	*XVIIe siècle.	Anvers.	Int. d'églis.	Élève d'H. Van Steenwyck qu'il surpassa; un des célèbres artistes de son époque. Quelques auteurs donnent comme dates précises de sa naissance et de sa mort les années 1570-1659.	Intérieur d'église pendant la nuit, avec figures, Munich. Intérieur de la cathédrale d'Anvers, Bruxelles. Intérieurs d'église, Paris. Id. Id. Madrid. Id. Id. Amsterd. Id. Id. La Haye. Id. Id. Florence. Mort de Sénèque dans une prison, *ibid.* Intérieur d'église gothique, Vienne. Intérieur d'église, Londres. Intérieur de la cathédrale d'Anvers (fig. de F. Franck), Dresde.	Connaissance approfondie de la linéaire et de la perspective aérienne, belle distribution de l'effet de lumière. Teniers, Breughel, les Franck et d'autres ont peint l'étoffage de ses tableaux.
MAHUE (Guillaume).	*Id.	Bruxel.	Hist. et portr.	Détails inconnus.		
BREUGHEL (Ambr.).	*Id.	Anvers.	Fleurs et fruits.	Directeur de l'académie d'Anvers, dans la seconde moitié du XVIIe siècle.	Fleurs dans un vase, Vienne. Même sujet, avec pierreries et bague sur une table, *ibid.*	
TENIERS (Abraham), fils de David, LE VIEUX.	*Id.	Id.		On croit qu'il fut élève de son père.		

NOMS.	ANNÉES DE NAISSANCE ET DE MORT.	LIEU DE NAISSANCE	GENRE.	NOTES HISTORIQUES.	TABLEAUX PRINCIPAUX ET LIEUX OU ILS SE TROUVENT.	Observations.
SALLAERT (Antoine).	*xviie siècle.	Bruxel.	Hist.	Contemporain et ami de Rubens.	Procession des corps de métiers de Bruxelles sur la Grand'Place, en 1620, Bruxelles. Suite de cette procession (pendant), *ibid.* Solennité du tir à l'arbalète, *ibid.* Procession de l'Ommeganek à Bruxelles, *ibid.* Allég. de la Passion du Christ, *ibid.* Sainte Famille dans un paysage, Gand.	D'après quelques biographes, il serait né en 1570 et mort en 1632.
MATHISSENS ou MATTYS (Abraham).	*Id.	Anvers.	Hist., pays., etc.	Détails inconnus.	La Mort de la Vierge, Anvers. Nature morte, livres, etc., Dresde.	D'après quelques auteurs, il est né en 1570.
CUYPER.	*Id.			Élève de Corbeen.		
FRANCK (H. P.).	*Id.	Id.	Hist.	Ce peintre a laissé peu de réputation.	Saint Antoine de Padoue, Anvers.	
AVERCAMP (Henri Van), dit STOMME.	*Id.	Campen?	Pays., nature morte.	Son surnom lui vient de sa manière d'être habituelle, et non d'un défaut corporel. Ses dessins sont plus recherchés que ses tableaux.	Jambon et accessoires, Louvain. Tableaux, Dresde.	Ordonnance souvent riche, figures spirituellement dessinées. §
WAMPS ou WANS, dit LE CAPITAINE.	*Id.		Pays.	Contemporain d'Eyckens le Vieux.		Il fit des copies d'après Van Dyck.
GELDER (N. Van).	*Id.		Anim.	Aucun biographe ne fait mention de ce peintre.	Oiseaux morts sur une table, Vienne (signé).	Sa manière de peindre appartient à l'école flamande.
BOOYERMANS (Thierry ou Théodore).	*Id.	Anvers.	Hist.	Élève de Van Dyck. Contemporain de Rubens dont il imita la manière avec succès.	Jésus, source de salut et de guérison, Anvers. Assomption de la Vierge, *ibid.* Tableau d'autel, Malines. Saint François Xavier convertissant un chef indien, Ypres. (Ce tableau est son chef-d'œuvre.) Vision de sainte Marie-Madeleine de Pazzi, Gand.	Bon coloris et bon dessin. Parfaite entente du clair-obscur. D'après quelques auteurs, ce peintre serait mort à Anvers en 1680.
GRIFF ou GRYF (Adrien).	*Id.	Id.?	Gibier, etc.	Élève de Sneyders.	Lièvres, perdrix, etc., Paris. Gibier mort, Gand. (Il y a eu deux peintres du même nom, et ce dernier tableau ne portant point de date, on ne sait s'il est l'ouvrage du vieux ou du jeune).	Manière de son maître, ordonnance riche, pinceau large, fonds un peu lourds.
GOSSWYN ou GOSSWIN (Gérard).	*Id.	Liége.	Fleurs et fruits.	Appelé à la cour de Louis XIII comme instituteur du Dauphin (Louis XIV). Il revint à Liége, où il se lia d'amitié avec Berth. Flemalle et G. Douffet. Ils peignirent des tableaux à trois. Mort à Liége.		On croit qu'il mourut vieux, car il ne se maria qu'à l'âge de 60 ans.
AKEN (Jean Van).	*Id.		Pays. et chev.	Il est plutôt connu comme graveur et comme dessinateur. Houbraken assure cependant qu'il a peint des chevaux.		
PEETERS (Clara).	*Id.		Nature morte.	Peintre inconnu, cité seulement par les catalogues espagnols.	Oiseaux morts, Madrid. Poissons, etc., *ibid.* Et autres, *ibid.*	

NOMS.	ANNÉES DE NAISSANCE ET DE MORT.	LIEU DE NAISSANCE	GENRE.	NOTES HISTORIQUES.	TABLEAUX PRINCIPAUX ET LIEUX OU ILS SE TROUVENT.	Observations.
WOUTERS (Gommaire).	*XVIIe siècle.		Hist.	Visita Rome, où on lui donna le surnom de RIDDER.		Les gravures qu'on a de lui sont dans la manière de Callot.
TOMBERG , fils de Guillaume, peintre sur verre, Hollandais.	*Id.		Hist. et portr.	Élève de son père.		Il imita Van Dyck, c'est ce qui le fait placer à l'école flamande.
SCHUT (Corneille), LE JEUNE, fils de Corneille, LE VIEUX.	*Id.		Hist.		On citait de lui un tableau que l'on voyait à Ypres, représentant la Conversion de saint François Borgia.	
BREUGHEL (Jean).	*Id.		Genre, etc.	On le croit fils de Jean de Breughel de Velours.		Il peignait dans la manière de Breughel de Velours.
MEULEN (Pierre Van Der), frère d'Antoine.	*Id.		Batail. et chass.	On le croit élève de son frère. En 1670, il se rendit en Angleterre, où il eut beaucoup de succès.	Les faits d'armes du roi Guillaume d'Angleterre.	Il avait été élevé pour devenir sculpteur.
HARDENBERG.	*Id.		Arch., etc.		On voyait encore à Anvers , il y a quelques années , un tableau de ce peintre, représentant l'intérieur d'un palais magnifique (ce tableau était peint avec Van Minderhout).	
COSTER (Adam De).	*Id.		Hist., portr., etc.	On croit qu'il fut élève de Th. Rombouts.		Bonne composition , coloris vigoureux.
REMS (Gaspard).	*Id.		Hist.	Ce nom n'est consigné dans aucune biographie.	Saint Jérôme se donnant la discipline , Vienne.	
HEGRET (Pierre).	*Id.	Malines.		On le croit frère de Théodore : son nom se trouve sur d'anciens registres de peinture.		
HOUTEN (Van).	*Id.	Bruxel.	Pays.	On ne connaît aucune particularité sur cet artiste.	Pays. dans un tableau de David Teniers, le jeune, Bruxelles.	
HONDEKOETER (Gilles De).	*Id.	Brabant.	Portr., pays., ois.	Élève de R. Savery et de Vinckeboons ; les troubles religieux le forcèrent à s'établir en Hollande. Une de ses filles épousa Jean-Baptiste Weeninx.		Manière de ses deux maîtres.
DAMERY (Jacques), frère de Walter.	*Id.	Liége.	Fleurs, fruits, et vases.	Il passa sa vie à Bonn et y mourut à l'âge de 56 ans, après y avoir acquis une excellente réputation.		On a de lui quelques gravures.
JOUI.	*Id.		Hist.	Ce peintre n'est cité par aucun biographe , son nom est consigné dans les catalogues espagnols.	Chute d'Icare , Madrid.	Sa manière appartient à l'école de Rubens.

NOMS.	ANNÉES DE NAISSANCE ET DE MORT.	LIEU DE NAISSANCE	GENRE.	NOTES HISTORIQUES.	TABLEAUX PRINCIPAUX ET LIEUX OU ILS SE TROUVENT.	Observations.
VENNE (Jean Van De).	*XVIIe siècle.	Hollande	Pays.	Pierre Bout a peint quelquefois les figures de ses paysages.		
VERGAZON (Henri).	*Id.		Pays., ruines, portr.	Il était établi en Angleterre sous le règne de Guillaume III.	Il peignit les fonds des portraits de Kneller.	
MANS (Arnold Van).	*Id.		Genre, kerm.	Élève de D. Teniers, le jeune.		
HONT (De).	*Id.		Id.	Id. Id.		
ERTEBOUT.	*Id.		Id.	Id. Id.		
LENS (Corneille), père d'André.	*Id.		Fleurs.	Les biographes ne citent que le nom de cet artiste.		
VORSTERMAN (Luc), LE VIEUX.	*Id.	Anvers.	Pays., etc.	Élève de Rubens, abandonna la peinture pour la gravure et excella dans cette dernière branche. En 1624, il partit pour l'Angleterre, où il s'occupa plusieurs années pour Charles Ier et le comte d'Arundel.	Paysage, Dresde.	Quelques auteurs donnent l'année 1578 comme celle de sa naissance.
HALLET (Gilles).	*Id.	Liége.	Hist.	Il demeura longtemps à Rome, où il mourut.	La plupart des tableaux de ce peintre, qui se trouvaient à Liége, furent détruits lors du bombardement de cette ville en 1691.	D'après ses dernières volontés, sa succession devait servir à l'entretien de l'hôpital de Sainte-Foi, près de Liége.
BOLOGNE (Jean De).	*Id.	Liége.	Hist.	Élève de P. Dufour. Visita l'Italie et mourut très-vieux, après une vie laborieuse.	Plusieurs églises et abbayes possédaient de ses tableaux.	Il introduisait un grand nombre de figures dans ses tableaux.
ALEMANS (N.).	*Id.	Bruxel.	Miniat.	Détails inconnus.		
HEYDEN (Van Der).	*Id.		Hist. et portr.	Id. Id.	Il se trouvait à Bruxelles un tableau de ce peintre représentant l'Adoration des Mages.	
SCHOOR (Van Der).	*Id.	Anvers.	Portr.	Id. Id.	Portrait équestre de Charles II, roi d'Espagne, âgé de 18 ans, Gand.	
YEURDIGNE.	*Id.		Hist.	Él. de Corbeen. Il était sourd-muet.	On a connu de lui un tableau représentant l'Éducation de la Vierge.	
SMEYERS (Gilles-Joseph).	*Id.	Malines.	Hist. ornem. etc.	Son père l'envoya à Dusseldorf pour étudier la peinture. A son retour dans sa patrie, il trouva peu d'ouvrage, et s'occupa de mettre à profit ses connaissances littéraires. Il écrivit des articles pour la Bibliotheca Belgica, et pour la Vie des peintres de Descamps.		Quelques auteurs donnent pour dates précises de sa naissance et de sa mort 1694-1771.
DRIESSE (Van).	*Id.			Élève d'Aubin Vouet.		
VALESCART.	*Id.	Liége.		Détails inconnus.		

NOMS.	ANNÉES DE NAISSANCE ET DE MORT.	LIEU DE NAISSANCE	GENRE.	NOTES HISTORIQUES.	TABLEAUX PRINCIPAUX ET LIEUX OU ILS SE TROUVENT.	Observations.
HAEGEN (Thierry Van Den).	XVIIe siècle.			Détails inconnus.		
AERTSENS (Henri).	Id.			Id. Id.		
CASSIERS (Jean).	Id.			Id. Id.		
BAER (De La).	Id.	Anvers.		Il était peintre sur verre.	Vitraux de la chapelle de la sainte Vierge dans l'église de Sainte-Gudule, Bruxelles. (Faits sur les dessins de Van Thulden.)	
DALEN (N. Van).	Id.		Fleurs.	Détails inconnus.		
RYSBREGTS.	Id.	Anvers.	Pays.	Id. Id.		
VÖET (Ferdinand).	Id.	Id.	Hist., pays. et portr.	Id. Id.		
LAMBERTIN (Gabriel).	Id.	Liège.		Id. Id.		
BISET (Jean-Baptiste), fils de Charles-Emmanuel.	Id.	Anvers?	Portr.	Passa une grande partie de sa vie à Breda.		
KASTEELS (P.).	Id.	Id.	Fleurs.	Détails inconnus.		
KASTEELS (Nicolas), frère du précédent.	Id.	Id.	Id.	Id. Id.		
KAPUYNS (N.).	Id	Bruxel.	Id.	Id. Id.		
VERVOORT (N.).	Id.	Id.	Pays.	Id. Id.		
VLEYS (Nicolas).	Id.	Bruges.		Il se rendit jeune en Italie où il reçut les leçons de C. Maratti. Reçu maître dans la corporation des peintres en 1694.	Il a laissé très-peu de tableaux.	Un de ses fils, nommé François, cultiva la peinture en amateur, embrassa les ordres, devint chapelain de la cathédrale de Saint-Donat, en 1756, et mourut en 1761.
WYNS (N.).	Id.	Bruxel.	Fleurs.	Détails inconnus.		
ECK (N. Van).	Id.	Id.	Id.	Id. Id.		
LEEMPUT (Remi).	Id.	Anvers.	Portr.	Id. Id.		
BOON (Daniel).	Id.	Borchenout. près d'Anvers.	Mythologie, sujets familiers.	D'après quelques auteurs, Daniel Boon serait né en Hollande, se serait établi en Angleterre sous le règne de Charles II, et serait mort en 1698.		Il s'attachait à provoquer le rire par la représentation des sujets et des grimaces les plus grotesques et il y réussissait presque toujours.
OOST (Van), fils de Jacques LE VIEUX.	Id.	Bruges.		Quelques auteurs prétendent, par erreur, que ce Van Oost était le frère de J. Van Oost, le Vieux. C'était son second fils.		Il était religieux dominicain.
MAES (Jean).	Id.	Id.	Hist.	Détails inconnus.	L'Ange avertissant saint Joseph de fuir en Égypte, Bruges.	

NOMS.	ANNÉES DE NAISSANCE ET DE MORT.	LIEU DE NAISSANCE	GENRE.	NOTES HISTORIQUES.	TABLEAUX PRINCIPAUX ET LIEUX OU ILS SE TROUVENT.	Observations.
GRIFF ou GRYF (ADRIEN), LE JEUNE.	*XVIIe siècle.	ANVERS ?	Nature morte.	Détails inconnus.		
GOIEMAER (JEAN).	*Id.		Hist.	Id. Id.		
BREDA (ALEXANDRE VAN).	*Id.	ANVERS.	Pays.	Il peignit beaucoup de vues d'Italie.		Ses tableaux étaient très-re-cherchés.
COLINS (N.).	*Id.	BRUXEL.	Id.	Voyagea en Italie.		
BOEKEL (VAN).	*Id.		Anim.	Élève de Sneyders.		
JANSSENS (JEAN).	*Id.	GAND.	Hist.	Détails inconnus.	Saint Jérôme, Gand. Résurrection de N. S., Bruges.	
BOUVERIE.	*Id.	NAMUR.		Id. Id.		
BALEN (THIERRY VAN).	*Id.			Élève de François Hals.		
BOIS (ÉDOUARD DU).	*Id.	ANVERS.	ortr. et pays.	Visita l'Italie où il fut au service de Charles-Emmanuel, duc de Savoie. Il séjourna à Londres, où il mourut.		Quelques auteurs donnent pour dates précises de sa naissance et de sa mort 1622-1699.
BOIS (CORNEILLE DU), frère du précédent.	*Id.	Id.?	Pays.	Détails inconnus.		Il s'attacha à imiter J. Ruysdael.
NAYS.	*Id.		Id.	Id. Id.		
ABTSHOVEN (THÉODORE).	*Id.		Pays., intér. nat. morte, etc.	Élève de David Teniers.	Citrons, huîtres, fruits sur une table, Dresde.	
VEEN (ROCH VAN), fils d'Otto.	*Id.		Ois.	Élève de son père. Mort à Haarlem, d'après quelques auteurs, en 1706. Un de ses fils, son élève, suivit la même carrière que lui.		Il peignit à la détrempe et sur parchemin.
BRUIN (ANNE-FRANÇOISE DE).	*Id.			Parente et élève de Jacques Franquaert.		
GYSBRECHT.	*Id.	ANVERS.		Détails inconnus.		
VEKEN (VAN DER).	*Id.		Hist. et portr.	Il était peintre sur verre.	Rodolphe de Habsbourg, montrant sa vénération pour le saint sacrement, vitrines de l'église St-Jacques, Anvers. (Dessin de Henri Van Balen.)	

NOMS.	ANNÉES DE NAISSANCE ET DE MORT.	LIEU DE NAISSANCE	GENRE.	NOTES HISTORIQUES.	TABLEAUX PRINCIPAUX ET LIEUX OÙ ILS SE TROUVENT.	Observations.
BROERS (N.).	*XVIIe siècle.	BRABANT.	Mar- chés, scènes villag.	Quelques auteurs le croient Hol- landais ; le choix de ses sujets, représentant ordinairement des marchés du Brabant, fait croire qu'il passa une partie de sa vie dans ce pays.		
MILÉ (N.).	*Id.	Id.	Portr.	Élève de Biset.		
NICOLA	*Id.		Hist.	Élève de Rubens. Il fut jésuite.	On voyait de lui, à Namur, plu- sieurs tableaux représentant la Vie et les Miracles du Sauveur.	
HALS (François), LE JEUNE.	*Id.	MALINES.		Fils de François Hals, le Vieux.		
HALS (HERMAN).	*Id.	Id.		Id. Id.		
HALS (JEAN).	*Id.	Id.		Id. Id.		
HALS (NICOLAS).	*Id.	Id.	Pays., vues de ville.	Id. Id.		
THIELENS (JEAN).	*Id.	ANVERS.	Pays.	Contemporain de Rubens.	Pays., chasse au cerf, Berlin. Paysage, Vienne.	
NIEULANDT (JEAN).	*Id.	Id.	Hist. et pays.	Détails inconnus. Ne serait-ce pas le même qu'Adrien Van Nieu- landt ?		La plupart de ses tableaux sont de petite dimension.
VEEN (GERTR. VAN), fille d'Otto.	*Id.		Portr.	Élève de son père.		
VEEN (CORNÉLIE VAN), fille d'Otto.	*Id.			Elle épousa un riche négociant d'Anvers.	Port. d'Otto Van Veen, Bruxel- les.	
CIRSEECKE.	*Id.			Détails inconnus.		
ORLEY (PIERRE VAN).	*Id.		Pays.	Peintre de peu de mérite.		
PENNEMAEKERS.	*Id.		Hist.	Élève de Rubens. Il fut récollet.	L'Ascension de N. S., Anvers.	
HERP (GÉRARD VAN).	*Id.		Hist. intér., etc.	Élève de Rubens.	St. Nicolas Tolentin, Bruxelles. Saint Augustin touché de la grâce, et son baptême, Anvers. Satyre chez des paysans, Berlin. Pharaon endormi, Londres. Le Christ portant sa Croix, ib.	Il peignit dans la manière de son maître. Ordonnance riche, beau coloris, beaucoup de trans- parence.
STOCK (JEAN VAN).	*Id.	ANVERS.	Hist.	Élève de Rubens.		
SERIN (N.).	*Id.	GAND.	Hist. et portr.	Élève d'Erasme Quillyn ; il est le père de Jean Serin, que l'on comprend dans l'école hollandaise à cause de son long séjour à La Haye.		

NOMS.	ANNÉES DE NAISSANCE ET DE MORT.	LIEU DE NAISSANCE	GENRE.	NOTES HISTORIQUES.	TABLEAUX PRINCIPAUX ET LIEUX OU ILS SE TROUVENT.	Observations.
STOCK (Ignace Van Den).	*XVIIe siècle.		Pays.	Jouissait d'une bonne réputation.		Fut également graveur.
HUYSMANS (Jacq.).	*Id.	Anvers.	Hist., portr.	Élève de G. Bakereel. Se rendit à Londres sous le règne de Charles II; ses portraits y furent excessivement goûtés, malgré la rivalité de ceux de P. Lely. Mort à Londres.		Quelques auteurs donnent pour dates précises de sa naissance et de sa mort 1656-1699.
PONT (N. Du), dit POINTIÉ.	*Id.		Persp.	Détails inconnus.	Vue d'un palais, Gand (avec P. Bout).	Baudewyns et Bout ont peint en société avec lui.
FLEMALLE (Renier), LE JEUNE, fils de Renier, LE VIEUX.	*Id.			Il s'occupa longtemps en Espagne, et l'on croit qu'il y mourut.		
KNIBERGEN.	*Id.		Pays.	Il visita l'Allemagne et la Suisse d'où il tira la plupart de ses sujets.		Il imita la manière de Paul Bril. Facilité extraordinaire. Peu de goût dans le choix de ses vues et dans l'arrangement de ses figures.
SCHOEVAERTS (M.).	*Id.	Flandre?	Fêtes villag., etc.	Il se rapprocha de loin en loin de Teniers.	Paysage avec figures, Florence.	On a de lui quelques gravures.
PILSEN (François).	1700 1786	Gand.	Hist.?	Élève de R. Van Oudenaerde; visita l'Italie, où il s'occupa pendant six ans.		Il était également graveur.
HERREGOUTS (Jean-Baptiste), fils de Henri.	1700	Bruges.	Hist.	Il n'atteignit pas le talent de son père.	Ses meilleurs tableaux sont à Bruges.	a de lui de bonnes gravures.
BODT (François De).	1701			Détails inconnus.		
VISCH (Mathieu De).	1702 1765	Reninghen (Flandre-Occid.)	Hist.	Élève de J. Van Den Kerckhove, à Bruges. Voyagea en France et resta plusieurs années en Italie. Revenu à Bruges, il y établit dans sa maison, en 1755, avec quelques-uns de ses confrères, une école de dessin, et grâce à ses soins l'académie y fut rétablie en 1739: il en fut professeur et directeur.		Il a écrit quelques notes sur la vie des peintres.
NOLLEKENS (Joseph-François).	1706 1748	Anvers.	Pays., etc.	Él. de Pierre Tillemans, voyagea très-jeune en Angleterre où il eut beaucoup de succès. Mort à Londres.	—	Il s'occupa beaucoup à copier les ouvrages de Watteau, et les ordonnances d'architecture de Jean-Paul Panini.
GEERAERTS (Martin-Joseph).	1706 1791	Id.	Hist., bas-reliefs.	Élève de Eyckens. Directeur de l'académie d'Anvers, en 1774.	Allégorie (bas-relief), Vienne. Les beaux-arts (bas-relief), Anvers.	Il atteignit un talent remarquable pour les bas-reliefs.
MAES (Thomas).	1708	Id.		Détails inconnus.		

NOMS.	ANNÉES DE NAISSANCE ET DE MORT.	LIEU DE NAISSANCE	GENRE.	NOTES HISTORIQUES.	TABLEAUX PRINCIPAUX ET LIEUX OU ILS SE TROUVENT.	Observations.
BESCHEY (BALTHA-ZAR).	1709 1776	LONDRES.	Hist. et portr.	Ce peintre naquit à Londres mais d'un père anversois. Il fut, en 1756, un des directeurs de l'académie d'Anvers.	Joseph vendu par ses frères, Anvers. Joseph vice-roi d'Égypte, ibid. Portrait du peintre, ibid.	
GAREMYN (JEAN).	1712 1799	BRUGES.	Hist., pays., archit. etc.	Élève de plusieurs artistes d'un mérite secondaire. Premier professeur à l'académie de Bruges en 1765.		Coloris chaud. Ordonnance riche, dessin facile, mais un peu relâché. Graveur.
REYSCHOOT (EMMA-NUEL-PIERRE VAN).	1713 1772	GAND.	Hist. et portr.	Reçu dans la corporation des peintres, en 1759.	A l'occasion du 6e jubilé de saint Bernard, célébré à l'abbaye de Baudeloo, près de Gand, il peignit 14 grands tableaux représentant les 12 apôtres, le Christ et la sainte Vierge.	
REDOUTÉ (CHARLES-JOSEPH), fils de Jean-Jacques.	1715 1776	JAMAGNE près de PHILIPPE-VILLE.	Hist., portr. et pays.	Élève de son père. En 1757, il partit pour Paris afin de continuer ses études à l'académie de cette ville; après 6 ans de séjour en France, il s'établit à Saint-Hubert où il mourut.	Il travailla pour l'abbaye de St-Hubert, pour celle de Stavelot et pour plusieurs châteaux des environs.	
EISEN (CHARLES), fils de François.	1722 1778	BRUXEL.	Portr.	Professeur de l'académie de Saint-Luc, à Paris, où il était établi et où il mourut.	Plusieurs illustrations de la vie des peintres, par Descamps, sont dues au crayon de C. Eisen.	Connu également comme graveur.
VERHAGHEN (JEAN-JOSEPH), dit POT-TEKENS VERHA-GHEN, frère de Pierre-Joseph.	1726?	AERSCHOT	Intér., villageois, objets de cuisine	Élève de son frère. Il étudia à Anvers. Son surnom lui vient du talent spécial avec lequel il représentait toute espèce de poterie.		Beaucoup de vérité; il avait un grand talent pour peindre sur métaux.
SPRUYT (PHILIPPE-LAMBERT-JOSEPH).	1727 1801	GAND.	Hist., portr. et genre.	Après avoir reçu quelques leçons de J.-B. Milé, il se rendit à Paris, où il fut élève de Ch. Van Loo, et en 1757 il fréquenta, à Rome, l'atelier de Raphaël Mengs. Premier professeur de l'académie de dessin à Gand, en 1778; à la fin du règne de Marie-Thérèse, il fut chargé de rédiger le catalogue de tous les tableaux qui se trouvaient dans les églises et les couvents de la Belgique.		Graveur d'assez peu de mérite.
VERHAGHEN (PIERRE-JOSEPH), frère de Jean Joseph.	1728 1811	AERSCHOT	Hist.	Élève de l'académie d'Anvers, en 1741; premier peintre du prince Charles de Lorraine, en 1771. Protégé par Marie-Thérèse, il visita la France, la Sardaigne, l'Italie et tous les pays possédés par l'impératrice. Cette dernière le nomma premier peintre de sa cour pendant son séjour à Vienne.	Adoration des Mages, Bruxelles. Agar et Ismaël renvoyés par Abraham, Anvers. Présentation de Jésus au Temple, Gand. Couronnem. de saint Étienne, roi de Hongrie, Vienne.	Ses ouvrages se distinguent par un coloris remarquable.
FASSIN (NICOLAS-HENRI-JOSEPH DE), LE CHEVALIER.	1728 1811	LIÉGE.	Pays.	Élève de l'académie d'Anvers. Visita l'Italie et la Suisse, demeura à Liége, Bruxelles et Aix-la-Chapelle; avant d'être artiste il avait servi dans les mousquetaires gris du roi de France, et ce n'est qu'à 34 ans qu'il commença à peindre. Directeur et l'un des fondateurs de l'académie de dessin, de peinture et de sculpture à Liége.	La plupart de ses ouvrages se trouvent en Allemagne et en Angleterre.	

NOMS.	ANNÉES DE NAISSANCE ET DE MORT.	LIEU DE NAISSANCE	GENRE.	NOTES HISTORIQUES.	TABLEAUX PRINCIPAUX ET LIEUX OU ILS SE TROUVENT.	Observations.
DOULX (Pierre Le).	?1750	Bruges.	Miniat. fleurs, etc.	Élève de J. Garemyn et M. De Visch. Il a fait d'excellentes notices sur les artistes de la Flandre.		Beau coloris, dessin vrai.
FRANCE (Léonard De).	1735 1805	Liége.	Tous les genres excepté les marines.	Élève de Jean-Bernard Coclers, peintre hollandais, mais qui habita longtemps Liége. Il fit un mémoire sur la nature et l'emploi des couleurs, qui fut couronné à Paris, en 1789; s'occupa 6 ans à Rome, visita toute l'Italie et la France. Premier professeur à l'académie de Liége, et plus tard professeur de l'école centrale du département de l'Ourthe.		Il possédait à un haut degré l'art de peindre la perspective aérienne et le clair-obscur.
ANTONISSEN (Henri-Joseph).	1757 1794	Anvers.	Pays.	Maître d'Ommeganck. Il forma plusieurs bons élèves.		Bon pinceau, effet agréable.
MUYNCK (André De).	1758? 1814	Bruges.	Hist.	Élève de M. De Visch; visita la France et s'établit à Rome, où il fut jusqu'à sa mort directeur d'un hospice, fondé pour héberger, pendant quelques jours, les voyageurs flamands.		
REYSCHOOT (Pierre-Norbert), fils d'Emmanuel-Pierre.	1738 1795	Gand.	Hist., portr. et pays.	Élève de son père. Premier professeur de perspective et d'architecture à l'académie de Gand, en 1770.	Onze tableaux imitant le bas-relief en marbre blanc, Gand. Les églises et les couvents de la Flandre orientale possèdent plusieurs de ses ouvrages.	Il a peint beaucoup de tapisseries.
BEERBLOCK (Jean).	1739 1806	Bruges.	Intér.	Élève de M. De Visch. Mort subitement.	En 1778, il peignit pour le curé de l'hôpital Saint-Jean, un tableau représentant l'intérieur de la salle des malades, dans cet hôpital, avec un grand nombre de figures.	Bonne couleur et bonne perspective. Il réussissait bien dans la peinture à fresque.
BESCHEY (Jean-François).	1739? 1799	Anvers.	Pays., intér., portr., etc.	Établi à Anvers, où il était marchand de tableaux.		Il a fait des copies d'après Pynacker, Moucheron, Wynands, Teniers et autres grands maîtres.
LEGILLON (J. F.)	1739 1797?	Bruges.	Pays., etc.	Élève de J.-B. Descamps, à Rouen; longtemps établi dans cette ville, il parcourut la France et l'Italie, revint à Bruges et s'établit enfin à Paris où il fut nommé membre de l'académie, en 1788, et où il mourut.		Beaucoup de vérité dans le dessin et la couleur, beaucoup de fini.
LENS (André-Corneille), fils de Corneille.	1739 1822	Anvers.	Hist.	Élève d'Eyckens et de Beschey. Peintre du prince Charles de Lorraine qui le mit à même de visiter l'Italie, s'établit à Bruxelles en 1781. Membre de plusieurs sociétés savantes, ce peintre rendit les plus grands services à l'art et forma d'excellents élèves.	Dalila coupant les cheveux de Samson, Bruxelles. L'Annonciation, Gand. Même sujet, Anvers. Et autres, ibid.	Un goût pur, un ton simple et agréable, un bon coloris, et une bonne entente du clair-obscur, sont les qualités qui distinguent cet artiste. Auteur d'un Essai sur le bon goût en peinture et d'un Traité sur les costumes des peintres anciens.
LION.	1740? 1814?	Dinant.	Hist. et portr.	Il se rendit à Paris, où il étudia sous le célèbre Vien; il habita longtemps Vienne et revint mourir dans sa patrie.		
CORT (Henri De).	1742 1810	Anvers.	Vues de ville intér., pays.	Él. de Herreyns et de H.-J. Antonissen. Mort à Londres, où il avait passé 10 années. Bon dessinateur.	Vue de l'Escaut à Anvers, Vienne.	Ommeganck et P. Van Regemorter ont peint l'étoffage de plusieurs de ses tableaux. Beaucoup de fini et de naturel.

NOMS.	ANNÉES DE NAISSANCE ET DE MORT.	LIEU DE NAISSANCE	GENRE.	NOTES HISTORIQUES.	TABLEAUX PRINCIPAUX ET LIEUX OÙ ILS SE TROUVENT.	Observations.
SUVÉE (Joseph-Bernard).	1743 1807	Bruges.	Hist. et portr.	Élève de M. De Visch et de l'académie de Saint-Luc, à Paris, où il fut surnommé plus tard le second Bachelier. Professeur de l'école gratuite de dessin, à Paris, en 1766 ; lauréat du concours qui eut lieu dans cette même ville en 1771 ; passa 6 ans en Italie et revint à Paris, où il fut nommé peintre du roi et membre de l'académie. En 1801, après avoir subi pendant quelques années l'influence de la révolution, Suvée alla diriger l'école française à Rome, et mourut subitement dans cette dernière ville.		Beau dessin, bon coloris, de l'imagination et beaucoup de facilité.
GRÉE (Pierre De).	1743 1789	Anvers.	Bas-reliefs.	Élève de M. J. Geeraerts. Visita l'Angleterre, fut nommé peintre de lord Buckingham, vice-roi d'Irlande. Mort à Dublin.	Bas-relief, Bruxelles.	Bonne réputation.
LONSING (F. J.).	1743 1799	Bruxel.	Portr.	Élève de l'académie d'Anvers et de M. J. Geeraerts. Il voyagea en Italie sous la protection de l'archiduc Charles, travailla à Rome dans l'atelier de Raphaël Mengs, s'occupa quelque temps à Lyon, s'établit à Bordeaux en 1785 et mourut à Léognan, près de cette dernière ville.		Style original. Manière italienne et manière flamande mélées. Graveur.
HERREYNS (Guillaume-Jacques).	1743 1827	Anvers.	Hist. et portr.	Élève de l'académie d'Anvers, près de laquelle il fut professeur de perspective, d'architecture et de dessin, en 1765 ; fondateur de l'académie de peinture, architecture et sculpture, à Malines en 1771. Premier peintre du roi de Suède et des états du Brabant, directeur de l'académie d'Anvers en 1798.	Le Père Éternel, Anvers.	Manière hardie, imagination vive.
PELICHY (Gertrude De).	1744 1825	Utrecht.	Portr. et anim.	S'établit à Bruges vers 1753, habita Paris où elle reçut les leçons de Suvée, revint à Bruges en 1777, et fût nommée membre honoraire de l'académie impériale et royale de peinture à Vienne.	Parmi ses tableaux on remarqua à Paris une copie d'après Bachelier, représentant : Un cheval se défendant contre un loup. Elle peignit, à Bruges, le portrait de Joseph II et celui de sa mère, l'impératrice Marie-Thérèse.	Dessin correct, coloris vif.
MASNE (Jean-Louis De).	1744 1829	Bruxel.	Hist., pays. et anim.	Établi à Paris. Mort à Batignolles en France. Son talent, apprécié durant sa vie, lui valut la fortune et les honneurs.	Il fit ses meilleurs tableaux, à Paris, de 1792 à 1808.	Manière de Berchem et de C. Dujardin ; excellent coloris, ordonnance agréable, tons vrais, touche facile et spirituelle.
SAUVAGE (M.).	1744 1818	Tournay.	Bas-reliefs, fruits et fleurs.	Élève de l'académie d'Anvers et de M.-J. Geeraerts pour les bas-reliefs. D'abord établi à Paris, il revint à Tournay, où il fut professeur à l'école de dessin.		Renommé pour ses peintures en émail et sur porcelaine. Son ami, G. Van Spaendonck, a peint des fleurs dans ses tableaux.
SPAENDONCK (Gérard Van).	1746 1822	Tilburg.	Fleurs et fruits.	Étudia à Anvers, s'établit à Paris, où il fut protégé par Lavalette, nommé professeur d'iconographie au Jardin des Plantes et membre de l'Institut. Mort à Paris.		Les tableaux de ce peintre célèbre étaient richement payés, et mettent son nom à côté de ceux des grands maîtres dans ce genre.
LENS (Jean-Jacques), fils de Corneille.	1746?	Anvers.	Hist.	Visita l'Italie en même temps que son frère, André-Corneille, et s'établit à Bruxelles.	Portrait de l'empereur Léopold, Bruxelles.	

NOMS.	ANNÉES DE NAISSANCE ET DE MORT.	LIEU DE NAISSANCE	GENRE.	NOTES HISTORIQUES.	TABLEAUX PRINCIPAUX ET LIEUX OU ILS SE TROUVENT.	Observations.
BORREKENS (Jean-Pierre-François).	1747 1827	Anvers.	Hist. et pays.	Élève de l'académie d'Anvers ; il avait épousé la sœur d'A.-C. Lens.		Plusieurs de ses tableaux sont étoffés par Ommeganck et d'autres maîtres.
THYS (Pierre-Joseph).	1749 1823	Lierre.	Fleurs.	Élève de l'académie d'Anvers, ami de Van Spaendonck avec lequel il fit le voyage de Paris; s'établit à Bruxelles.	Marie-Christine et le prince de Saxe le chargèrent d'orner de fleurs et de fruits les salles du palais de Laeken, près de Bruxelles ; ce bel ouvrage fut détruit par les troupes de la république française en 1792.	Il s'occupa avec beaucoup de talent à restaurer les vieux tableaux et exécuta plusieurs dessins coloriés d'après les anciens maîtres.
MERSCH (Philippe Van Der).	1749 1819	Aude-naerde.		Il fonda une école gratuite de dessin et d'architecture, à Audenaerde.		Il était plutôt dessinateur que peintre.
TRACHEZ (Jean).	1750? 1822	Anvers.	Pays., vues de ville, monuments.	Élève de H.-J. Antonissen ; travailla à la détrempe et fut aussi graveur.		Manière de H. De Cort, du fini et une bonne imitation de la nature.
QUERTEMONT (André-Bernard De).	1750	Id.	Hist. et portr.	Élève de l'académie d'Anvers, dont il fut directeur. Membre de l'académie de Dusseldorf.		Il était aussi graveur.
SISEL.	1750? 1813	Id.	Fleurs et fruits.	Il peignit quelquefois sur verre.		Il a exécuté quelques miniatures.
FAES (Pierre).	1750 1814	Meir (province d'Anvers)	Id.	Élève de l'académie d'Anvers. Ami de Van Spaendonck, d'Ommeganck et de Van Dael et parent du peintre d'histoire A.-C. Lens.	Quelques-uns de ses tableaux furent transportés à Vienne, par Marie-Christine.	Un des meilleurs peintres de son époque, dans le genre qu'il avait adopté.
DENIS (Simon).	1750? 1811?	Anvers.	Pays.	Élève de H. Antonissen. Se maria en Italie, s'établit à Naples et acquit une réputation méritée.		
GOESIN (Pierre-François-Antoine De).	1753	Gand.	Hist.	Professeur à l'académie de dessin et à l'école centrale, directeur de l'institut royal des arts et belles-lettres, à Gand.	Quelques-uns de ses tableaux se trouvent à Vienne.	Il a publié quelques ouvrages artistiques.
SCHAEKEN (Guill.).	1754 1830	Weerd.	Id.	Élève de J. Borrekens à Anvers, où il fut professeur à l'académie ; résida 2 ans en Italie.		Ses ouvrages sont nombreux. Il a peint des grisailles.
SAN (Gérard De).	1754 1829	Bruges.	Hist. et portr.	Élève de Legillon. Visita l'Italie en passant par la France. Craignant les désordres de la révolution, il alla s'établir à Groningue, en 1795, et y fonda une académie.		Bonne expression, bon coloris, touche hardie, manière large.
OMMEGANCK (Balthasar-Paul).	1755 1826	Anvers.	Pays. et anim.	Élève d'H.-J. Antonissen. En étudiant dans les environs de Liège, il fut pris pour un espion et arrêté ; l'intervention d'un ami le fit rendre promptement à la liberté. Membre de l'institut royal des Pays-Bas, membre correspondant de l'institut de France, conseiller à l'académie d'Anvers, etc. Auteur de quelques ouvrages traitant de l'art de la peinture.	Pays. des Ardennes, Bruxelles. Pays. avec moutons, La Haye.	Ordonnance simple et naturelle, ton chaud et agréable, animaux parfaitement exécutés. Ses tableaux, à peine payés de son vivant, montèrent à un prix très-élevé aussitôt après sa mort.
REGEMORTER (Pierre Van).	1755 1830	Id.	Kermesses et pays.	Il se forma seul, par l'étude des tableaux anciens qui enrichissaient plusieurs cabinets remarquables d'Anvers. Professeur à l'académie d'Anvers.		Il excellait à peindre les clairs de lune et possédait un grand talent pour restaurer les anciens tableaux.

NOMS.	ANNÉES DE NAISSANCE ET DE MORT.	LIEU DE NAISSANCE	GENRE.	NOTES HISTORIQUES.	TABLEAUX PRINCIPAUX ET LIEUX OU ILS SE TROUVENT.	Observations.
REDOUTÉ (Antoine-Ferdinand), fils de Charles-Joseph.	1756 1809	Saint-Hubert.	Décorations.	Élève de son père; s'établit à Paris, où il mourut.	Il travailla au palais de l'Élysée Bourbon, au château de Compiègne, etc.	Il s'acquit beaucoup de réputation dans le genre qu'il avait adopté.
SPAENDONCK (Corneille Van), frère de Gérard.	1756 1840	Tilburg.	Fleurs et fruits.	Étudia à Anvers, et fut ensuite élève de Herreyns, à Malines; il se rendit à Paris, près de son frère, et travailla avec lui pour la fabrique de porcelaines de Sèvres.		
BERGHE (Augustin-Van Den).	1757	Bruges.	Hist., portr. et pays.	Élève de J. Garemyn. Obtint de grands succès dans les concours, et après avoir travaillé dans l'atelier de Suvée, alla s'établir à Beauvais.	La plupart de ses tableaux sont en France.	Beau coloris et bon dessin.
DONCKT (Joseph-Octave Van Der).	1757 1814	Alost.	Portr. et miniat.	D'abord élevé pour entrer dans l'ordre des jésuites, puis, par suite de leur suppression, destiné au commerce, son penchant l'entraîna vers les arts. Visita la France et l'Italie.		Plus connu pour ses dessins et ses portraits au pastel.
REYSCHOOT (Anne-Marie Van), sœur de Pierre-Norbert.	1758 183*	Gand.	Bas-reliefs et genre.	Élève de son frère. Elle travailla jusque dans un âge très-avancé.		
LAFONTAINE (Pierre-Joseph).	1758 1855	Courtray	Intér. d'église.	Étudia à Paris, où il s'établit et où il fut nommé membre de l'académie de peinture, en 1782; il fut aussi marchand de tableaux.	Tableaux, Courtray.	
SENAVE (Jacques-Albert).	1758 1829	Loo, près Furnes.	Hist., genre, pays, kermesses etc.	Élève des académies de Dunkerque, de Saint-Omer et d'Ypres. Établi à Paris, il fut nommé directeur honoraire de l'académie d'Ypres et membre de l'institut royal à Gand. Mort à Paris.	L'atelier de Rembrandt, Ypres. Les Sept OEuvres de Miséricorde, Loo.	Dessin correct, belle composition, bonne imitation de la nature.
RÉDOUTÉ (Pierre-Joseph), fils de Charles-Joseph.	1759 1840	Saint-Hubert.	Fleurs, ornem. et hist.	Élève de son père. Travailla à Paris, où il dessina les plantes du cabinet du roi; visita Londres. Peintre de fleurs au musée d'histoire naturelle, à Paris, où il fut comblé de gloire et d'honneurs, et nommé peintre de l'impératrice Joséphine, en 1805. Mort à Paris.	Liliacées, 8 vol. in-folio; les Roses; Flora atlantica de Desfontaines; Flora borealis americana; Flore de Navarre, etc.	Manière large, facile. Un des plus célèbres dessinateurs de fleurs qui aient existé. Ses tabl. à l'huile sont très-renommés.
FRANÇOIS (Pierre-Joseph-Célestin).	1759 1844	Namur.	Hist.	Élève d'A. Lens. Visita deux fois l'Italie, voyagea en France et en Allemagne. Professeur à l'académie de Bruxelles, où il s'était établi, membre de plusieurs sociétés savantes et artistiques.	Tableaux, Bruxelles. Tableaux, Gand.	Il a contribué à relever l'école flamande. Graveur.
PLATEAU (Antoine).	1759 1815	Tournay.	Fleurs et décorations.	Ses travaux sont estimés.	Il a travaillé au palais de Laeken, près de Bruxelles.	
ROY (Jean-Baptiste De).	1759 1839		Pays. et anim.	Rendit de grands services à l'art par les élèves qu'il forma. Mort à Bruxelles.	Nombreux convoi de bestiaux, Bruxelles. Paysage avec animaux, effet de brouillard, ibid. Tableau, Gand.	Il se forma par l'étude des tableaux de Paul Potter.

NOMS.	ANNÉES DE NAISSANCE ET DE MORT.	LIEU DE NAISSANCE	GENRE.	NOTES HISTORIQUES.	TABLEAUX PRINCIPAUX ET LIEUX OU ILS SE TROUVENT.	Observations.
MYIN (Henri).	1760	Anvers.	Pays.	Élève d'Ommeganck, dont il épousa la sœur.		Sa femme, Marie Ommeganck, cultivait le même genre que lui.
SOLVYNS (François-Balthasar).	1760 1824	Id.	Marines.	Visita les Indes, d'où il rapporta des études précieuses. A son retour il publia un ouvrage de gravures coloriées, représentant les fêtes, habitudes et mœurs des Indiens.		
GERBO (Louis).	1761 1818	Bruges.	Hist.	Habita Paris, où il peignit des décorations.	Il a peint une sainte Famille pour l'église de Saint Jacques, à Gand.	
ÉLIARTS (J. F.).	1761	Deurne.	Fleurs et fruits.	Étudia à Anvers, visita Paris et mourut dans un âge avancé.		Il imita la manière de J. Van Huysum.
HENNEQUIN (Philippe-Auguste).	1762 1833	Lyon.	Hist., portr. et genre.	Élève de David. Visita l'Italie, eut une vie agitée, fut poursuivi par des malheurs de tous genres et trouva enfin un peu de repos en Belgique, où il fut directeur de l'académie de Tournai et où il mourut.		Les prix qu'il remporta dans plusieurs grands concours, les ouvrages qu'il exécuta pour différents souverains et les élèves qu'il forma, le mirent au rang des artistes célèbres de son époque.
DUVIVIER (J. B.).	1762 1837	Bruges.	Id.	Élève de l'académie de Bruges; travailla à Paris et visita l'Italie.		Bon dessin, coloris et composition agréables.
DUCQ (Joseph-François).	1762 1829	Ledeghem (Flandre Occid.).	Hist., allég., etc.	Élève de l'académie de Bruges et du peintre Suvée, à Paris. Visita l'Italie, professeur à l'académie de Bruges, peintre du roi, membre de l'institut et de l'académie à Anvers. Mort à Bruges.	Plusieurs de ses compositions sont gravées dans les Annales du Musée de Paris, tomes IX et X. Vénus sortant des eaux, Bruxelles.	Composition riche et agréable, dessin correct, beau coloris.
DUMORTIER (Paul).	1763 1838	Tournay.	Hist.	Élève de l'académie de Tournay. Visita Paris et fut membre de la société des Beaux-Arts à Gand.		
IMBERT DES MOTTELETTES (Henri).	1764 1837	Bruges.	Genre, scènes villag.	Élève de J. Garemyn, membre de plusieurs académies; il avait entrepris une biographie générale des peintres, mais la mort vint l'enlever au milieu de son travail.		Il copiait avec bonheur les ouvrages des anciens maîtres.
ANSIAUX (Jean-Joseph).	1764 1840	Liége.	Hist. et portr.	Un des meilleurs élèves de Vincent, à Paris, où il passa presque toute sa vie et où il mourut.	Tableaux, Liége.	
DAEL (Jean-Fr. Van).	1764 1840	Anvers.	Fleurs et fruits.	Établi à Paris, il y fut protégé par Napoléon et Louis XVIII. Son talent lui valut la fortune et une grande réputation.	La Croisée, Paris. Tombe de jeune fille, ornée de fleurs et de fruits.	Ordonnance riche, beaucoup de fini.
MALPÉ (Jean).	1764 1818	Gand.	Miniature.	Élève de l'académie de Gand Il travailla quelque temps à Paris.		
STEVAERT (Ant.).	1765?	Bruges.	Hist., clairs de lune, etc.	Élève de l'académie de Bruges et professeur à l'académie de Gand, où il s'était établi.	Ruines d'un temple gothique, Haarlem. Saint Antoine prêchant à Limoges, Gand.	

NOMS.	ANNÉES DE NAISSANCE ET DE MORT.	LIEU DE NAISSANCE	GENRE.	NOTES HISTORIQUES.	TABLEAUX PRINCIPAUX ; ET LIEUX OU ILS SE TROUVENT.	Observations.
REDOUTÉ. (Henri-Joseph), fils de Charles-Joseph.	1766	Saint-Hubert.	Fleurs.	Élève de son frère Pierre-Joseph, à Paris, où il fut dessinateur du Jardin des Plantes et membre de la commission des arts et sciences, que Bonaparte envoya en Égypte.		
VIGNE (Ignace De).	1767 1840	Gand.	Décorations.	Il s'établit à Gand en 1795.	Les théâtres de Londres lui doivent de belles décorations.	
BIANCI (T. S.).	1767 1827?	Amsterdam.	Portr. et genre.	Élève de Beschey.		
HUFFEL (Pierre Van).	1769	Grammont	Hist. et portr.	Élève de l'académie de Gand et du peintre Herreyns, à Anvers. Directeur de l'académie , à Gand, président de la société des Beaux-Arts et gardien du musée dans cette ville.	Tableaux, Gand.	Il remporta des prix dans plusieurs concours.
MOONS (Louis-Adrien-F.).	1769	Anvers.	Hist. et portr.	Élève de A. B. De Quertemont. Professeur à l'académie d'Anvers, travailla à Paris , Dresde, Saint-Pétersbourg, et visita l'Italie, la Suisse et l'Allemagne.		
SPRUYT (Charles), fils de P. L. J.	1769	Bruxel.	Hist., marin., pays., etc.	Élève de son père. Visita l'Italie et mourut dans un âge avancé.		Il a également gravé.
HALLEZ (G. J.).	1769 1840	Frameries près de Mons.	Genre et portr.	Élève et plus tard directeur de l'acad. de Mons. Mort à Bruxelles.	Il fut appelé à Bruxelles pour y faire le portrait de l'empereur d'Autriche.	
LOOSE (Jean-Joseph De).	1770	Zeele (Flandre Occiden.)	Hist. et portr.	Élève de l'académie de Gand et du peintre Herreyns, à Malines. Professeur de l'académie de dessin, à Saint-Nicolas.	Tableaux , Gand.	Bonne ressemblance.
CORRON (J. Du).	1770	Ath.	Pays.	Él. d'Ommeganck. Il ne commença à peindre qu'à l'âge de 32 ans. Fondateur et directeur de l'académie, à Ath.	Tableaux , Haarlem.	
BELLINGEN (Jean Van).	1770?	Anvers.	Pays., intér.	Élève de P. Van Regemorter.		
KINSOEN (François).	1770 1839	Bruges.	Hist. et portr.	On ne désigne pas le maître de ce célèbre artiste. Établi à Paris, il y fut comblé de gloire et d'honneurs et revint mourir dans sa ville natale, emportant l'affection, l'estime et les regrets de ses nombreux amis.	Il n'a laissé qu'une seule grande toile historique, représentant Bélisaire assistant à la mort de son épouse Antonine.	Goût gracieux dans le portrait, coloris moelleux et brillant, ressemblance parfaite.

NOMS.	ANNÉES DE NAISSANCE ET DE MORT.	LIEU DE NAISSANCE	GENRE.	NOTES HISTORIQUES.	TABLEAUX PRINCIPAUX ET LIEUX OU ILS SE TROUVENT.	Observations.
BRÉE (Mathieu-Ignace Van).	1773 1839	Anvers.	Hist., portr., etc.	Il se rendit jeune à Paris, où il fut élève de Vincent; les beaux succès qu'il y remporta, firent prévoir l'avenir qui l'attendait; malgré les offres brillantes qu'il reçut de la France, il revint faire hommage de sa gloire à sa patrie, où il fut nommé directeur de l'académie d'Anvers; c'est à lui qu'on doit le rétablissement du bon goût en peinture; il forma, par ses soins infatigables, des élèves qui maintenant jettent tant d'éclat sur leur pays. Possédant la théorie de toutes les sciences artistiques, mettant sans cesse sous les yeux de ses élèves l'exemple de leurs illustres prédécesseurs, consacrant aux arts sa vie tout entière, il est un des hommes qui ont rendu à la Belgique les services les plus signalés.	Portrait en pied de Guillaume Ier, roi des Pays-Bas, Bruxelles. Le prince d'Orange intercédant, en 1577, auprès des factieux, en faveur des catholiques opprimés, Gand. Entrée du 1er consul à Anvers, Versailles.	Dessin large et hardi, coloris harmonieux, figures parfaitement groupées.
BECKE (A. Van).	*1700		Fleurs et fruits.	Détails inconnus.		
MEREN (Jean-Baptiste Van Der).	*1700		Marine et batail.	Visita Vienne dans un âge avancé, et y eut peu de succès. Mort en 1708, d'après quelques auteurs.		Bauduins a peint quelquefois les fonds de ses tableaux.
ADRIAENSSEN (Renier).	*1702		Hist. et portr.	Peignit sur verre à l'huile.		On croit qu'il a également peint sur toile.
POORTER (Jean-Antoine De).	*1703		Genre, etc.	Détails inconnus.		Peignit dans la manière de Teniers.
HAL (Jacques Van).	*1705		Hist.	Id. Id.	On voyait autrefois de lui, à Anvers, un tableau représentant la Nativité de Notre Seigneur.	
DUPLESSIS.	*1708		Portr.	Id. Id.	Portrait du duc Jean de Brabant, Louvain.	
RYSBRAEK (Pierre).	*1713	Anvers.	Pays.	Élève de F. Milé. Directeur de l'académie d'Anvers, en 1713. Visita Paris, où des offres brillantes lui furent faites pour y rester, mais il préféra le séjour de sa ville natale. Quelques auteurs donnent l'année 1657 comme celle de sa naissance. Il doit y avoir eu un autre Rysbrack, peintre paysagiste de peu de talent.	Paysage, Baptême du Christ, Berlin.	On a beaucoup vendu de ses tableaux pour ceux du Poussin. Pinceau ferme et libre. Paysages d'un ton monotone et sans transparence. Graveur.
LETOMBE (Philippe).	*1717			Détails inconnus.		
HERCK (Jacques-Melchior Van).	*1720		Fleurs.	Élève de son beau-père, Pierre-Gaspard Verbruggen.		Il copia presque toujours son maître.
VUGHTERS (Charles).	*1722		Hist. et fleurs.	Élève de Van Opstal.		

NOMS.	ANNÉES DE NAISSANCE ET DE MORT.	LIEU DE NAISSANCE	GENRE.	NOTES HISTORIQUES.	TABLEAUX PRINCIPAUX ET LIEUX OU ILS SE TROUVENT.	Observations.
BEECK (Ignace Van Der).	*1725			Détails inconnus.		
VERBEECK (François-Xavier).	*1724			Id. Id.		
KERRICK ou KER-RICKX (Guillaume-Ignace).	*1724	Anvers.	Hist.	Il était fils de Guillaume le Vieux, sculpteur.	Agnus Dei, Anvers.	Peintre, sculpteur et architecte.
XHENEMONT (Jacques).	*1787	Liége.		En 1787, il remporta le premier prix de dessin, d'après nature, à l'académie de Saint-Luc, à Rome.		
TASSAERT (Jean-Pierre).	†1725		Hist. et portr.	En 1747, il se rendit à Munich, où il fit quelques portraits.	Réunion de philosophes, Anvers.	
COCQ (Jean-Claude De).	†1755	Anvers.		Plutôt connu comme sculpteur.		
FABRIQUE (Nicolas La).	†1756	Namur.	Ois. et figures	Élève de Bouge, peintre dont les biographes ne citent que le nom. Il visita Rome, où son talent le fit subsister. Mort à Liége.		Il réussissait parfaitement dans son genre.
AKEN (Joseph Van).	†1749		Figur. et ornem.	S'établit en Angleterre, où il s'occupa à faire les figures dans les tableaux des peintres les plus célèbres.		Il a travaillé sur le satin et sur le velours, et a produit des chefs-d'œuvre en ce genre.
DELCLOCHE.	†1752	Liége.	Intér., batail., etc.	Détails inconnus.	Tableaux, Liége.	Ses petits tableaux sont pleins de vie et d'esprit.
REYSCHOOT(Pierre-Jean Van), frère d'Emmanuel.	†1772	Gand.	Hist. et portr.	Surnommé l'Anglais, à cause de son séjour prolongé en Angleterre. Mort à Gand.	On voyait de lui, à l'église des Augustins, à Gand, un tableau représentant les Douze Apôtres.	
LOUP (Remacle Le).	*xviiie siècle.	Spa.	Pays.	Son fils Antoine s'est fait, ainsi que son père, une bonne réputation pour les dessins de paysages à la sépia.	Les illustrations de l'ouvrage : Les Délices du pays de Liége, sont dessinées et gravées par lui.	Il s'est distingué dans son genre.
VOLSUM (Jean-Baptiste Van).	*Id.	Gand.	Proces-sions, Hist., etc.	Élève de R. Van Oudenaerde; en 1706, il fut admis dans la corporation des peintres, à Gand.	Cavalcade qui eut lieu en 1717, Gand.	Coloris animé, dessin correct. Quelques auteurs donnent pour dates précises de sa naissance et de sa mort, les années : 1679-1752.
WINTER (De).	*Id.		Hist.	Van Gool rapporte de ce peintre, qu'il se trouvait à Rome, où il se faisait passer pour baron.		Artiste de peu de mérite.
VERSCHOOTEN.	*Id.	Bruxel.	Hist., plafon. et vestib.	Premier directeur de l'académie de Bruxelles, fondée dans cette ville par le prince Charles de Lorraine.	Il peignit au palais de l'ancienne Cour, à Bruxelles.	
RUBENS (A.).	*Id.			Détails inconnus.		

NOMS.	ANNÉES DE NAISSANCE ET DE MORT.	LIEU DE NAISSANCE	GENRE.	NOTES HISTORIQUES.	TABLEAUX PRINCIPAUX ET LIEUX OU ILS SE TROUVENT.	Observations.
VLEYS (François), fils de Nicolas.	XVIIIe siècle.	Bruges.		Il ne cultiva la peinture que comme amateur, embrassa les ordres et devint chapelain de la cathédrale à Bruges, en 1736.		D'après quelques auteurs, cet artiste serait mort en 1761.
RAMONT (Jean).	Id.			Les détails sur la vie de ce peintre manquent totalement.		
BOSSCHAERT (Nicolas).	Id.	Anvers.	Fleurs et fruits.	Élève de N. Crépu. Il parcourut longtemps les rues d'Anvers en demandant l'aumône.		Bon coloris, composition gracieuse. Quelques auteurs donnent les années 1696-1746, comme celles de sa naissance et de sa mort.
GOVAERTS.	Id.		Hist.	Détails inconnus.	Assemblée des confrères du serment de l'arbalète, Anvers.	
VERSTRAETEN.	Id.		Archit.	Id. Id.	Réunion du serment de l'arbalète, Anvers. (Paysage de Huysmans, fig. de B. Van Den Bossche.)	

PEINTRES DE L'ÉCOLE FLAMANDE

Dont les dates de naissance et de mort sont inconnues.

NOMS.	ANNÉES DE NAISSANCE ET DE MORT.	LIEU DE NAISSANCE	GENRE.	NOTES HISTORIQUES.	TABLEAUX PRINCIPAUX ET LIEUX OU ILS SE TROUVENT.	Observations.
BREUGHEL (Pierre), LE VIEUX.		Baronnie de Breda.	Hist., kerm., fêtes villag.	Élève de Pierre Koek, dont il épousa la fille. Il reçut également les leçons de Jérôme Koek. Fils d'un paysan, il s'établit à Anvers, et y entra dans la corporation des peintres. Visita la France et l'Italie. Les biographes ne s'accordent nullement sur les dates de ce peintre ; les uns le font naître en 1510, les autres en 1530, quelques-uns enfin, mettent l'époque de sa floraison en 1551, et c'est là le plus probable. Plusieurs auteurs le font mourir en 1560.	Portement de la Croix. Anvers. Paysages avec figures, Madrid. Paysage avec figures, Berlin. Les Israéliens et les Philistins, Vienne. Un hiver, le massacre des Innocents, ibid. Et autres, ibid.	Manière animée et spirituelle ; la disposition gaie et comique de son esprit se retrouve dans presque tous ses tableaux. Ses charges, ses déguisements de chats, feraient envie à nos plus spirituels dessina teurs modernes.
CRISPINUS.				Détails inconnus.	Sainte Famille, Madrid.	
STREEFKERK (C. Van).			Genre.	Id. Id.	On parle d'un tabl. très-bien peint de cet artiste, représentant le Bénédicité.	
VERHOEVEN (Gilles).		Malines.		Il fut aussi sculpteur.		
DORSSELAER (Jean Van).		Flandre.	Hist.	Détails inconnus.	Tableaux, Gand.	
BOUCQUET (Marc).				Peintre peu connu. Il est le père de Victor Boucquet.		
FLEMALLE (Renier), LE VIEUX.			Hist. et portr.	Peintre sur verre. Il est le chef de la célèbre famille d'artistes de ce nom.	Adoration des Mages, vitraux de l'église Saint-Paul, Liége.	Dessin correct, beau coloris.
EVERAARDS (N.).			Portr.	Détails inconnus.		Il peignait en miniature.

NOMS.	ANNÉES DE NAISSANCE ET DE MORT.	LIEU DE NAISSANCE	GENRE.	NOTES HISTORIQUES.	TABLEAUX PRINCIPAUX ET LIEUX OU ILS SE TROUVENT.	Observations.
STERI (A.).			Hist.	Détails inconnus.		
LÔTYN (Jean).		Bruxel.	Fleurs.	Id. Id.		
SMEYERS (Jacques), fils de Gilles, LE VIEUX).				Id. Id.		
EYCKENS (Catherine).			Fleurs et fruits.	Elle est citée par les catalogues espagnols.	Feston de fleurs et de fruits, Madrid. Guirlandes entourant un paysage, Madrid.	
POURBUS (Pierre), LE VIEUX.		Gouda.	Portr.	Aucun auteur n'avait parlé jusqu'ici d'un vieux Pierre Pourbus. Les catalogues allemands le citent et donnent pour date certaine de sa naissance l'année 1465.	Portrait d'homme, Vienne. Portrait d'un jeune homme, appartenant probablement à la caste des orfèvres, Vienne. (Ce tableau porte l'inscription suivante : AESTATES QVATVOR TRIA, BIS QVOCR ILVSTRA SVPERSES HOS MARCKARDVS EGO IVLTVS, HAC ORA FEREBAM.	Il est, toujours d'après les auteurs allemands, le père de P. Pourbus.
BUNDELEN (W. V.).			Hist.	Les catalogues allemands citent cet artiste.	Le prophète Elisée maudissant ceux qui le raillent, Berlin. (Ce tableau est signé : W.-V. BUNDELEN.)	Sa manière appartient à l'école flamande.
VOL-HOW (H.).			Nature morte.	Cité par les catalogues espagnols.	Oiseaux morts, Madrid.	
BORIT (P.).			Pays. et hivers.	Peintre dont la biographie est ignorée. Cité par les catalogues espagnols.	Les Patineurs ; dans le fond on voit la ville de Malines, Madrid.	
WUCHTERS (D.).			Hist.	Ce peintre est cité par les catalogues allemands. Ne serait-ce pas le même que Charles Vuehters? (Voir ce nom.)	Salomon recevant la reine de Saba, Berlin.	Sa manière le fait placer à l'école flamande.
FRANCK (Dominique).			Hist., etc.	Les auteurs espagnols s'étonnent qu'aucun biographe n'ait fait mention de ce peintre.	La Sentence de mort du Christ, Madrid. Prédication de saint Jean, ibid. Réunion dans un salon orné de tableaux et d'autres objets d'arts, Munich. (Ce tableau est signé : DO. F. Franck, inv. et f. On doute qu'il appartienne au même maître que les deux précédents.)	
FLORIS (Corneille, neveu de Franck Floris.				Fils du sculpteur et architecte, Corneille Floris, cet artiste possédait beaucoup de talent ; il habitait Anvers.		Il était également sculpteur.
NIEULANDT (André Van).		Anvers.	Pays. et figures	Elève de G. Isaac et de F. Badens. Mort vieux, à Amsterdam, où il s'était établi.		Bonne réputation.

FIN DE L'ÉCOLE FLAMANDE.

RÉSUMÉ.

—

Ecole Flamande :

DE JEAN VAN EYCK A MATHIEU VAN BRÉE (1370-1773) 403 ANS D'INTERVALLE, 771 PEINTRES

——————⋯⋯——————

(Pour l'École Flamande moderne depuis Mathieu Van Brée jusqu'à 1845, voir à la fin du volume.)

APPENDICE A L'ÉCOLE FLAMANDE.

CATALOGUE COMPLET DES ŒUVRES

CONNUES DE

PIERRE-PAUL RUBENS

AVEC L'INDICATION

DES MUSÉES ET DES ÉGLISES OU ELLES SE TROUVENT

Et celle des artistes qui les ont gravées (*).

SUJETS RELIGIEUX.

ANCIEN ET NOUVEAU TESTAMENT.

Abel mort, sur l'avant-plan d'un paysage. Gravé par J. Heath.— *Abigaïl offrant ses présents à David.* Gravé par Lommelin. — *Même sujet.* — *Abimélech avec Abraham et Sara.* — *Abimélech donnant à David le pain consacré.* Cette peinture, l'une des trente-six qui ornaient le plafond de l'église des Jésuites, à Anvers, périt dans l'incendie de cet édifice, en 1718. — *Abraham prêt à sacrifier Isaac.* Cet ouvrage périt dans le même désastre. — *Même sujet.* Dans la galerie de Potsdam. Gravé par Stock, gravé aussi par Galle, et par un anonyme, mais avec quelques changements. — *Abraham renvoyant Agar.* Gravé dans la Young's Grosvenor Gallery. — *Adam et Ève dans le paradis terrestre.* Au musée royal de La Haye. — *Même sujet.* Copié par Rubens d'après Titien. Dans l'Escurial, en Espagne. — *Agar dans le désert.* — *Bethsabée au bain.* — *Même sujet.* — *Même sujet* Gravé par Thommassin. — *Bethsabée au bain, recevant une lettre de David.* On en connaît une gravure, attribuée à Prenner. — *Caïn tuant son frère.* Gravé par D. de Meyne exc.— *Daniel dans la fosse aux lions.* Gravé au burin par Blooteling, par Van der Leeuw et par Lamb, et à la manière noire par J. Ward. Il en existait une eau-forte extrêmement rare par Street.. — *David coupant la tête à Goliath.* Une des peintures qui périrent dans l'église des Jésuites, à Anvers, en 1718. Gravé par Panneels. — *David terrassant un lion.* — *David étranglant un ours.* Gravé par Panneels, avec quelques changements. — *David avec les anciens d'Israël, transportant l'Arche.* — *Élie nourri dans le désert par un ange.* Au musée du Louvre, à Paris. Gravé au burin par Lauwers, et à l'eau-forte par Panneels. — *Même sujet.* Esquisse. — *Élie montant au ciel.* Une des trente-six peintures qui périrent dans l'incendie de l'église des Jésuites, à Anvers, en 1718. — *Esther devant Assuérus.* Périt dans le même désastre. — *Même sujet.* Esquisse. Gravé par Panneels et par Colins. — *Même sujet.* Gravé par Van den Wyngaerde.— *Ézéchiel (Vision d').* Dessin de Julio Clovio, d'après Raphaël, retouché par la main de Rubens. Gravé au trait dans la Young's Grosvenor Gallery.— *Jacob et Ésaü se rencontrant sur la route de Canaan.* Dans la gal. royale de Mu-

(* Les personnes qui désireraient avoir des détails plus étendus sur les travaux du grand artiste, feront bien de consulter le bel ouvrage de John Smith, ainsi que l'histoire de Rubens, par André Van Vanharfelt.

nich. Gravé par Vosterman, par Balliu et par Giffart. — *Même sujet.* Étude du précédent ouvrage. — *Jacob et Ésaü.* Dessin de Raphaël, retouché par Rubens. — *Job sur le fumier.* Cette peinture, gravée par Vosterman et par Krafft, se trouvait dans l'église de Saint-Nicolas, à Bruxelles, et périt dans le bombardement de cette ville, en 1695. — *Même sujet.* Esquisse terminée. Dans la galerie royale de Munich. — *Jonas jeté à la mer.* Gravé par Tassaert. — *Joseph chez Pharaon.* L'une des trente-six peintures qui périrent dans l'incendie de l'église des Jésuites, à Anvers, en 1718. — *Josué battant les Amalécites.* Esquisse. — *Judith coupant la tête à Holopherne.* Gravé par Galle. — *Judith mettant la tête d'Holopherne dans un sac.* Gravé par Voet et par Schroeder. — *Loth et sa famille fuyant de Sodome.* Au musée du Louvre, à Paris. — *Même sujet.* Composé d'une autre manière. Gravé par Vosterman. Le musée de Paris en possède un dessin retouché par Rubens pour servir à Vosterman. — *Loth avec ses filles.* Gravé par W. P. Leeuw. — *Même sujet.* Gravé par Coelmans. — *Même sujet.* Gravé par Swanenburg. — *Martyre des Macchabées.* — *Melchisédech donnant du pain et du vin à Abraham.* Au musée de Hesse-Cassel. Gravé par Witdouck et par Neefs. — *Même sujet.* — *Même sujet.* Esquisse terminée. — *Même sujet.* Dessin. — *La reine de Saba devant Salomon.* Périt dans l'incendie de l'église des Jésuites, à Anvers, en 1718. — *Même sujet.* Esquisse composée de dix figures. Gravée par Spruyt.—*Salomon (Jugement de).* Gravé par Bolswert, puis par Visscher avec quelques changements, ensuite par Viel. — *Samson trahi par Dalila.* Dans la gal. royale de Munich. Lithographié par Piloti. — *Même sujet.* Gravé par Matham. — *Samson terrassant le lion.* Esquisse terminée. — *Samson terrassant le lion.* Dans la gal. royale de Munich. Lithographié par Piloti. Le groupe du centre a été gravé par Soutman. — *Serpent d'airain (Élévation du) dans le désert.* S. t. dans la gal. royale de Potsdam. — *Même sujet.* Gravé par Bolswert et par Galle. — *Même sujet.* Cette répétition, qui s. t. à l'Escurial, passe pour une copie faite par un élève de Rubens, et retouchée par le maître. —. *Suzanne avec les deux vieillards.* *Même sujet.* Dans la gal. de Munich. Gravé par Pontius, par Vosterman, par Lasne, par Jegher, par Spruyt, par Simon et par Quirinus Marc. Les gravures de ces trois derniers offrent quelques changements d'après un dessin au trait pris sur Rubens. Il en existe aussi une planche à la manière noire. — *Même sujet.* Dans la gal. de Potsdam. — *Même sujet.* Esquisse. Cette pièce se trouvait, en 1745, dans la collection du comte Domburg. Le musée de Paris possède de cette composition un excellent dessin au crayon, lavé

au bistre et terminé à l'huile, par un élève de Rubens, et retouché par le maître, pour servir au graveur Pontius. — *Tobie avec l'ange.* Cette pièce forme l'un des volets du tab. de la *Pêche miraculeuse,* qui s. t. dans l'église de Notre-Dame, à Malines. Elle fut gravée par Bolswert. — *Adoration des bergers.* Gravé au burin par Vosterman, et à l'eau-forte par Spruyt. *Même sujet.* Esquisse de l'ouvrage précédent. — *Même sujet.* Composition de onze figures, peinte pour l'église des Capucins, à Lille. S. t. dans le musée de cette ville. — *Même sujet.* Un des petits tabx. peints pour l'autel de l'église de Saint-Jean, à Malines.—*Même sujet.* Pièce peinte pour l'église des Capucins, à Aix-la-Chapelle. Gravé par Vosterman, par Jeaurat et par un anonyme. — *Même sujet.* Dans la gal. royale de Munich. Gravé par Pontius. — *Même sujet.* Esquisse de l'ouvrage précédent Dans la même galerie. — *Même sujet.* Esquisse terminée. Composition de neuf figures et de deux anges. Gravé par Pontius. — *Même sujet.* Gravé par Basan. — *Même sujet.* Gravé par Panneels. — *Adoration des mages.* Composition de douze figures. Peinte pour l'abbaye de Saint-Michel, à Anvers. S. t. aujourd'hui au musée de l'Académie de cette ville. Gravé par Lommelin et par Eyndhoudt.—*Même sujet.* Cet ouvrage périt dans l'incendie de l'église des Jésuites, à Anvers, en 1718. — *Même sujet.* — *Même sujet.* Composition de vingt-quatre figures, peinte pour l'église des Capucins, à Tournai. Placé au musée de Bruxelles. Gravé par Vosterman et par Lauwers. On en possède un beau dessin retouché par Rubens, au musée de Paris. — *Même sujet.* Composition de vingt figures, peinte pour l'église Saint-Jean à Malines, où elle se trouve aujourd'hui. Gravé par Vosterman et par Nolpe. — *Même sujet.* Esquisse de la toile précédente.—*Même sujet.* Ouvrage commandé à Rubens par l'archiduchesse Isabelle, pour l'église des Annonciades, à Bruxelles. Aujourd'hui au musée de Paris. Gravé par Bolswert, par Panneels et par un anonyme. — *Même sujet.* Répétition de la précédente composition. Dans la Malborough Gallery, en Angleterre. — *Même sujet.* Composition de onze figures. Gravé par Witdouck, et dans la Young's Gallery. — *Même sujet.* Esquisse de l'ouvrage précédent. Dans la collection de M. Van Sasseghem, à Gand. — *Même sujet.* Dans la galerie de Potsdam. — *Même sujet.* Esquisse. — *Même sujet.* Dans la gal. de l'Escurial. Rubens s'y est représenté lui-même, à cheval.—*Même sujet.* Composition de quatorze figures. — *Même sujet.* Esquisse. — *Même sujet.* Gravé par Frizza. Il existe aussi de cette composition une gravure de livre, due à un anonyme, Van den Enden, *exc.* — *Adultère (la femme).* Ce tab. dans lequel on reconnaît les portraits de Rubens, de Van Veen, de Luther et de Calvin, fut peint pour la famille de Knyff, à Anvers. Gravé par Mlle Simons et par Tassaert, par Cardon dans la Tresheim's British Gallery, et par W. Bromley dans la Forster Gallery. — *André (martyre de saint).* Tab. peint pour l'autel de la chapelle flamande, à Madrid. Aujourd'hui placé à l'Escurial. Gravé par Alexandre Voet, jeune, et par un anonyme, J. Dierikx *exc.* — *Même sujet.* Magnifique dessin par Rubens. — *André (saint) appuyé sur sa croix.* Peint sur la partie extérieure du volet gauche du tableau de la *Pêche miraculeuse,* dans l'église de Notre-Dame, à Malines. — *Anges (deux).* Ces figures découpées ornaient autrefois l'autel de l'église de Sainte-Walburge, à Anvers. — *Ascension de Notre-Seigneur.* Cet ouvrage périt dans l'incendie de l'église des Jésuites, à Anvers, en 1718. — *Cène (la sainte).* Cet ouvrage périt dans la même désastre. — *Même sujet.* Esquisse en grisaille. Gravé par Bolswert. — *Même sujet.* Gravé par Bolswert. — *Même sujet.* Esquisse du tab. précédent, peinte en grisaille. — *Même sujet.* Dessin copié d'après la Cène de Léonard de Vinci. Gravé par Soutman et copié par A. Van Rymsdyk. — *Christ (le) en croix.* *Même sujet.* Ce tab. peint pour l'église de Sainte-Walburge, à Anvers, y était placé autrefois au-dessus de la sacristie. — *Même sujet.* Cet ouvrage, qui fut donné à l'église des Récollets d'Anvers, par Corneille de Winter, s. t. aujourd'hui au musée de l'Académie de cette ville. Gravé par Sneyers et par Bolswert. — *Même sujet.* Répétition du précédent, en petit. — *Même sujet.* Avec quelques changements. — *Même sujet.* — *Même sujet.* L'un des trois tab. qui ornaient autrefois l'autel de la chapelle de la corporation des Poissonniers, dans l'église de Notre-Dame, à Malines. — *Même sujet.* Dans la galerie royale de Munich. Gravé par Bolswert. — *Même sujet.* Gravé par Bolswert. — *Même sujet.* Jérusalem se montre dans le lointain. Gravé par Sompelin et par Galle. — *Même sujet.* Un peu plus grand. — *Même sujet.* Gravé par Bolswert avec la ville de Jérusalem dans le fond. Gravé par B. Harfeldt avec un fond éclairé, répété en petit, sans la ville, par C. Galle, jeune. — *Même sujet.* Avec un château sur une colline. Gravé par Bolswert. — *Même sujet.* Avec deux anges sur des nuages. Gravé par Pontius et à l'envers par C. Galle. — *Même sujet.* Gravé par Soutman. — *Christ (le) triomphant de la mort et du péché.* Épitaphe de la famille de Cocks, dans l'église de Sainte-Walburge, à Anvers Gravé par Remy Eyndhoudt, par Galle, par un anonyme, et par un autre anonyme, en petit.—*Même sujet.* Au palais Pitti à Florence. — *Christ (le) élevé en croix.* Tab. peint pour l'église de Sainte-Walburge, à Anvers. Placé aujourd'hui dans la cathédrale de Notre-Dame, en la même ville. Gravé par Witdouck. — *Même sujet.* Esquisse terminée de l'ouvrage précédent. — *Même sujet.* Autre esquisse avec beaucoup de changements. — *Même sujet.* Dessin à la plume colorié, Première étude du grand tab. — *Même sujet.* Dessin à la plume. — *Même sujet.* Tab. qui périt dans l'incendie de l'église des Jésuites, à Anvers, en 1718. — *Christ (le) se découvrant à ses disciples à Emmaüs.* — *Même sujet.* Au musée royal de Munich. Gravé par Witdouck, par Sompelin et à l'envers par Swanenburg.—*Même sujet.* Avec quelques changements. S. t. au palais de la Parada, en Espagne. — *Christ (le) voyageant avec ses disciples, à Emmaüs.* Le paysage est de Breughel. — *Christ (le) marchant sur l'eau.* L'un des trois petits tabx. qui ornaient la table de sacrifice de l'autel de la chapelle des Poissonniers, dans l'église de Notre-Dame, à Malines. Gravé par Tassaert. — *Christ (le) donnant les clefs à saint Pierre.* Gravé par Krafft, par Van Eisen et par Winstanley. — *Même sujet.* Composé d'une autre manière. Gravé par P. de Jode. — *Christ (le) montant au Calvaire.* Ouvrage peint pour l'abbaye d'Afflighem. S. t. au musée de Bruxelles. Gravé par P. Pontius. — *Même sujet.* Esquisse du précédent tab. Au musée d'Amsterdam. — *Christ (le) tenant la croix dans ses bras.* Dans la gal. impériale de Vienne. Gravé par N. Ryckmans et par Prenner. — *Christ (le) couronné d'épines.* Gravé par Bolswert, par Lauwers et Aubert. — *Christ (le) mort.* Esquisse terminée. — *Christ (le) portant la croix.* Superbe esquisse en grisaille. — *Christ (le) dans le jardin des Oliviers.* Gravé par Melar, par Coget, par le capitaine Baillie et par un anonyme. — *Christ (le) apparaissant à Marie Madeleine.* Gravé par Lommelin et par Van Wyngearde. — *Même sujet.* La scène se passe dans un paysage de Breughel.—*Christ (le) bénissant les enfants.* Quelques-uns contestent l'authenticité de cet ouvrage et l'attribuent à Diepenbeke. — *Christ (le) au tombeau.* Composition de cinq figures, peinte pour orner la sépulture de la famille Michielsens, dans la cathédrale d'Anvers. Placé aujourd'hui au musée de l'académie de cette ville. Gravé par Ryckman et par le musée français. — *Même sujet.* Avec saint François et deux anges. Donné par le duc d'Arenberg à l'église des Capucins, à Bruxelles, en 1616. Fait aujourd'hui partie du musée de la même ville. Gravé par Bolswert et par Pontius. — *Même sujet.* Saint Joseph d'Arimathie et Nicodème portent le corps, accompagnés de saint Jean et des trois saintes femmes. Gravé par Witdouck. Les planches de Pontius, de Bolswert, de Galle et de Landry, présentent plusieurs changements. On connaît de même sujet une gravure de Soutman, mais, où la Vierge ferme les yeux du Sauveur, et une autre de Prenner, où l'on compte deux figures de moins. — *Même sujet.* Figures à mi-corps. Dans la gal. impériale de Vienne. Gravé par Prenner. — *Même sujet.* Figures entières. Gal. du prince de Lichtenstein à Vienne. — *Même sujet.* A l'Escurial, en Espagne. — *Même sujet.* La Vierge tenant une serviette à la main. Gravé par Ryckmans. — *Même sujet.* Petit tab. d'une beauté remarquable. Décrit par M. Buchanan. — *Même sujet.* Le corps du Sauveur est soutenu par la Vierge, par saint Jean et par Marie Madeleine. Tab. peint pour l'église des Carmes déchaussés, à Anvers. Placé aujourd'hui au musée de cette ville. Gravé par Bolswert. — *Circoncision (la) dans le temple.* Sujet composé de douze figures. Gravé de Saint-Ambroise, à Gênes. Gravé par Lommelin. — *Croix (la descente de).* Cette grande toile, peinte pour l'autel de la chapelle des Arquebusiers, dans la cathédrale d'Anvers, se voit encore aujourd'hui dans la même église. Elle fut gravée par Vosterman, et à la manière noire, par Val. Green. Le musée de Paris possède de cet ouvrage un beau dessin au crayon, terminé par Rubens. — *Même sujet.* Esquisse. — *Même sujet.* Ce tableau, peint pour l'église des Capucins, à Lille, s. t. aujourd'hui au musée de cette ville. Gravé par Meyssens. — *Même sujet.* Avec quelques changements. Gravé par Waumans. — *Même sujet.* Cet ouvrage, peint pour l'église des Capucins, à Lierre, en disparut lors de l'invasion des troupes républicaines, en Belgique. Gravé par Lauwers. — *Crucifiement au mont Calvaire.* Au musée de l'académie d'Anvers. Gravé par Bolswert et par Aubert. — *Même sujet.* Esquisse du précédent. Appartenait autrefois au monastère des Capucins, à Lierre.—*Même sujet.* Sans autres figures que le Christ et les deux larrons. Peint pour l'église des Capucins, à Lille. S. t. au musée de cette ville. Gravé par Bolswert. — *Même sujet.* Avec plusieurs figures. Peint pour l'église de Santa Croce di Gerusalemme, à Rome, par ordre de l'archiduc Albert. Cet ouvrage périt en mer. — *Même sujet.* Autrement composé. Au musée du Louvre, à Paris. — *Étienne (martyre de saint).* Cet ouvrage, peint pour l'abbaye de Saint-Amand en Flandre, appartenait. en 1850, à S. M. le roi de Belges, alors prince de Saxe-Cobourg. Gravé par Tassaert. — *Ecce homo.* Une seule tête. Gravé par Dannoot. — *Même sujet.* Composition de plusieurs figures. Gravée par Galle et par Lauwers. — *Évangélistes*

(*les quatre*). Gravé par Eyndhoudt et par Bolswert. — *Même sujet.* Esquisse originale du précédent tab. — *Flagellation* (*la*) *de Notre-Seigneur.* Dans l'église des Dominicains, à Anvers. Gravée par Pontius. — *Même sujet.* Esquisse terminée au tab. précédent. Dans la gal. de l'Escurial, en Espagne. — *Fuite* (*la*) *en Égypte.* Effet de nuit, clair de lune. Au musée du Louvre, à Paris. — *Même sujet.* Esquisse terminée d'une autre composition. Gravée par Marinus et à l'envers par Galle. — *Hérodias* (*la fille d'*) montrant à Hérode la tête de saint Jean-Baptiste. Gravé par Bolswert et par Clouet. — *Hérodias* (*la fille d'*) portant la tête de saint Jean sur un plat. Figures jusqu'aux genoux. Admirablement gravé par Bolswert. — *Hérodias* (*la fille d'*) portant la tête de saint Jean sur un plat. Elle est accompagnée d'une femme plus vieille, qui tient un chandelier à la main. Figures vues jusqu'aux genoux. Gravé par Panneels. — *Incrédulité* (*l'*) *de saint Thomas.* Épitaphe du bourgmestre Nicolas Rockox, peinte pour l'église des Récollets, à Anvers. Placée originale au musée de l'académie de cette ville. Gravée par Chataigné. — *Innocents* (*massacre des*). Dans la gal. royale de Munich. Gravé par Pontius et par Dupuis. — *Jean* (*saint*) *l'Évangéliste, plongé dans l'huile bouillante.* Intérieur d'un des volets du tab. de l'Adoration des Mages, qui orne l'église de Saint-Jean, à Malines. Gravé à l'eau-forte par Spruyt. — *Jean* (*saint*) *l'Évangéliste dans l'île de Patmos.* Extérieur des volets du même tab. — *Jean-Baptiste* (*saint*) *baptisant le Sauveur.* Extérieur d'un des volets du même tab. — *Même sujet.* Composition de deux figures. Gravé par Panneels et par Lommelin. Gravé aussi avec quelques légers changements par Krafft. — *Même sujet.* Vaste composition qu'on dit peinte par Rubens pour l'église des Jésuites à Mantoue, pendant son séjour en Italie. Gravé en petit au trait par Ch. Onghena, de Gand. — *Jean-Baptiste* (*décollation de saint*). Intérieur d'un des volets du même tab. Gravé par Spruyt. On en connaît aussi une petite planche ovale gravée par P. de Jode. — *Jésus entrant à Jérusalem.* Tab. peint pour la cathédrale de Malines. — *Jésus lavant les pieds des Apôtres.* Tab. pour la même église. — *Jésus chez Simon le Pharisien.* Au palais impérial de l'Ermitage, en Russie. Gravé par M. Natalis, par Monaco et par Earlom, dans la Houghton Gallery; gravé à l'eau-forte par Panneels. — *Joseph* (*saint*) *et la Vierge allant à Jérusalem à la recherche de leur fils.* Gravé par un anonyme, Hendricx exc. — *Lazare ressuscité de la mort.* Dans la gal. de Potsdam. Gravé par Bolswert. — *Même sujet.* Esquisse. — *Marthe et Marie avec le Christ.* — *Nativité* (*la*). Cet ouvrage périt dans l'incendie de l'église des Jésuites, à Anvers, en 1718. — *Même sujet.* Composition de huit figures. *Même sujet.* Gravé par Bolswert, par Dallée et par Laurie. Gravé aussi par un anonyme pour une vignette de livre, Van den Enden exc. — *Nicodème visitant le Christ.* Gravé par Krafft. — *Paul* (*conversion de saint*). Dans la gal. royale de Munich. Lithographié par Piloti. — *Même sujet.* Gravé par Bolswert. — *Même sujet.* Superbe esquisse du tab. précédent. — *Même sujet.* Esquisse. — *Même sujet.* Esquisse. — *Même sujet.* Esquisse. — *Pasteur* (*le bon*). Gravé par Hendricx. — *Pêche* (*la*) *miraculeuse.* Dans l'église de Notre-Dame, à Malines. Gravé par Bolswert. — *Même sujet.* Esquisse. Gravée par Soutman. — *Pentecôte.* Descente du Saint-Esprit. Dans la gal. royale de Munich. Gravé par Pontius, et par Galle avec quelques changements. — *Même sujet.* Esquisse originale du précédent tab., en grisaille. — *Pierre* (*saint*) *trouvant dans un poisson la pièce d'argent du tribut.* Intérieur d'un des volets du tab. de la Pêche miraculeuse. Dans l'église de Notre-Dame, à Malines. Gravé par un anonyme. — *Pierre* (*saint*) *tenant les clefs à la main.* Extérieur d'un des volets du même tab. — *Pierre* (*martyre de saint*). Dans l'église de ce saint, à Cologne. On en connaît une gravure assez médiocre par Ernest Thelott. — *Présentation dans le temple.* Intérieur de l'un des volets qui ornent le tab. de la Descente de Croix, peinte pour les arquebusiers d'Anvers. Dans la cathédrale de cette ville. Gravé par Pontius, Holbenhemels, Visscher et Val. Green. — *Prodigue* (*l'enfant*). Dans l'intérieur d'une étable. Gravé par Bolswert. — *Résurrection de Notre-Seigneur.* Épitaphe de J. B. Moretus et de Martine Plantine. Peinte pour la cathédrale d'Anvers. Placée aujourd'hui au musée de l'académie de cette ville. Gravée par Bolswert, par Galle, par Punt, et en petit par un anonyme. — *Même sujet.* Ce tab. périt dans l'incendie de l'église des Jésuites, à Anvers, en 1718. — *Même sujet.* L'un des petits tabx. qui ornaient l'autel de l'église de Saint-Jean, à Malines. — *Retour d'Égypte.* Ouvrage peint pour l'église des Jésuites, à Anvers. Gravé par Bolswert. Il en existe une autre gravure où le sujet est enrichi de plusieurs anges. — *Même sujet.* Dans la Malborough Collection. Gravé par Vosterman, par Laurie, par Voet et par Mac Ardell; gravé aussi à l'envers par un anonyme. Il existe de cet ouvrage au musée de Paris un dessin au crayon et à l'encre de Chine terminé par Rubens. — *Salvator mundi.* Ouvrage peint en Italie pour le duc de Mantoue. — *Samaritain* (*le bon*). — *Tentation du Christ dans le désert.* Périt dans l'incendie de l'église des Jésuites, à An-

vers, en 1718. Gravé par Jegher. — *Thomas* (*martyre de saint*). Gravé par Neefs. — *Tribut de César.* Figures à mi-corps. Gravé par Landry, par Visscher et par Vosterman. Il existe une gravure du même sujet, composé de douze figures, par Dankers, et une autre en petit de cette même composition. — *Même sujet.* Répétition du précédent ouvrage, par un élève de Rubens et retouché par le maître. Au musée du Louvre. Les experts évaluèrent, en 1816, cette pièce à 50,000 francs. — *Tombeau* (*six femmes visitant le*) *du Sauveur.* Gravé par Vosterman.

Soixante et seize sujets représentant, d'une manière variée, la *Sainte Famille.* Dessinés dans les différents pays de l'Europe et gravés par les plus célèbres artistes.

Annonciation. L'ange a un genou posé en terre. Dans la Malborough Collection, en Angleterre. Gravé par Bolswert. Une autre planche, due à Drevet, offre cette même composition, mais augmentée de six anges. — *Même sujet.* La Vierge et l'ange se présentent de profil. Dans la galerie impériale de Vienne. Gravé par Diepenbeke. — *Même sujet.* Dans le musée d'Amsterdam. — *Même sujet.* Esquisse. Gravée par Drevet. — *Même sujet.* Sur l'avant-plan une corbeille et un chat. — *Même sujet.* La Vierge tient un livre à la main. Gravé par F. De Steen. Gravé aussi comme vignette de livre, Van den Enden exc. — *Même sujet.* Peint, selon la tradition, par Rubens avant son départ pour l'Italie. — *Assomption.* La meilleure composition ait faite de ce sujet. Dans la cathédrale d'Anvers. Gravé par Bolswert. — *Même sujet.* Périt dans l'incendie de l'église des Jésuites, à Anvers en 1718. — *Même sujet.* — Dans le musée de Bruxelles. Gravé par Bolswert, et en petit par Loemans. — *Même sujet.* L'esquisse originale du tab. précédent s. t. dans la collection royale d'Angleterre. — *Même sujet.* Le Sauveur se montre au-dessus de la Vierge. Tab. donné par les archiducs Albert et Isabelle à l'église de la Chapelle, à Bruxelles. S. t. aujourd'hui dans la gal. d'Augsbourg. Gravé par Pontius, et à l'envers par Jegher. Gravé de nouveau, plus tard, par Masson. — *Même sujet.* Même composition. Dans la gal. royale de Munich. — *Même sujet.* La Vierge agenouillée sur des nuages. Tab. peint pour l'église des Chartreux, à Bruxelles. Aujourd'hui dans la gal. Lichtenstein, à Vienne. Gravé par Witdouck. — *Même sujet.* Esquisse du tab. précédent. — *Même sujet.* La Vierge accompagnée d'une multitude d'anges. Dans la gal. impériale de Vienne. — *Même sujet.* Superbe esquisse. Dans la gal. royale de Potsdam. — *Même sujet.* Dessin terminé par Rubens. Dans la gal. de Florence. — *Même sujet.* Esquisse terminée. — *Même sujet.* On en connaît une assez médiocre gravure par Lommelin. — *Même sujet.* La Vierge, accompagnée de cinq anges. Gravé à l'eau-forte par Panneels. — *Conception* (*immaculée*). La Vierge avec l'Enfant debout sur un globe et écrasant la tête d'un serpent qui se tord à l'entour. Dans la collection royale d'Espagne. Gravé par Bolswert. — *Couronnement de la Vierge.* Périt dans l'incendie de l'église des Jésuites, à Anvers, en 1718. — *Même sujet.* Gravé par Bolswert. — *Même sujet.* Gravé par un anonyme, Van den Enden exc. — *Même sujet.* Grande composition. Au musée de Bruxelles. Gravé par Pontius, et par un anonyme, Van den Enden exc. Gravé aussi par Jegher et par Fauci avec quelques changements. Ce dernier d'après un tab. appartenant au marquis de Guerini, à Florence. La riche collection de M. Van den Schrieck, à Louvain, possède une esquisse de l'ouvrage du musée de Bruxelles. - *Exaltation de la Vierge.* La Vierge avec l'Enfant montent sur un nuage. Au-dessous une compagnie de saints qui les adorent. Dans la gal. royale de Potsdam. — *Marie* (*le nom de*) entouré d'une gloire d'anges. Périt dans l'incendie de l'église des Jésuites, à Anvers, en 1718. — *La Vierge.* Dans un cercle de fleurs, peintes par une autre main. — *La Vierge avec l'Enfant.* Groupe placé dans une niche et que des enfants ornent de guirlandes de fleurs et de fruits. Gravé par Galle. — *La Vierge devant le Christ.* Elle a une main posée sur son sein et, priant à genou, supplie le Sauveur qui, debout devant elle, tient sa croix et un ange à soutenir. Deux anges planant au-dessus d'eux. Gravé par Van Panderen. — *La Vierge* (*mariage de*). Gravé par Bolswert et par Lauwers. — *La Vierge des douleurs.* Elle est à genoux agenouillée par deux anges. L'un d'eux lui tire de la poitrine l'épée dont elle est percée. Gravé par W. P. Leeuw. — *Sainte Agnès.* Avec un agneau. L'un des volets du tab. de saint Georges, peint pour les arbalétriers de Lierre. Gravé par Voet, et à l'eau-forte par Panneels. — *Saint Ambroise.* Périt dans l'incendie de l'église des Jésuites, en 1718. - *Saint André avec sa croix.* Esquisse. Dans la gal. impériale de Vienne. — *Sainte Anne et la Vierge.* Périt dans l'incendie de l'église des Jésuites, à Anvers, en 1718. — *Même sujet.* Périt dans le même désastre. — *Saint Athanase.* Périt dans le même incendie. — *Saint Augustin.* Périt dans le même désastre. — *Même sujet.* Esquisse terminée. Dans la galerie impériale de Vienne. — *Apôtre* (*buste d'un*). Dans la gal. de Dresde. — *Apôtres* (*les douze*) Simples figures peintes par Rubens pour le palais Raspigliosi, à

Rome. Gravé par Bolswert sur des planches séparées. — *Les mêmes.* Gravé par Galle sur des planches séparées. – *Les mêmes.* Avec leurs attributs. Le Sauveur est auprès d'eux. Figures à mi-corps. Gravé par Ryckman, aussi par Bolswert, sur des planches séparées. — *Sainte Barbe.* Dans la gal. de Potsdam. Gravé par Bolswert sans les deux anges qui accompagnent la sainte dans le tab. — *Saint Basile.* Périt dans l'incendie de l'église des Jésuites à Anvers, en 1718.—*Sainte Catherine.* Partie extérieure d'un des volets de l'érection de la croix que possède la cathédrale d'Anvers. Gravé par Bolswert. — *La même.* Périt dans l'incendie de l'église des Jésuites, à Anvers, en 1718. — *La même.* S'appuyant sur une roue brisée. Figure à mi-corps. Gravé par Bolswert et par Panneels. — *La même.* S'appuyant sur un glaive, le pied posé sur une roue. Un ange la couronne. Gravé par Galle, par L. Zucché, et par P. De Jode dont un anonyme copia la planche. — *La même.* Gravé par Vosterman d'après un contour dessiné par Rubens d'après un antique. — *La même.* Esquisse peinte par Rubens pour un plafond. — *Sainte Cécile.* Périt dans l'incendie de l'église des Jésuites, à Anvers, en 1718. — *Saint Christophe portant l'Enfant Jésus sur ses épaules.* Partie extérieure d'un des volets de la Descente de Croix que possède la cathédrale d'Anvers. Gravé par Van Tienen. — *Saint Jean-Chrysostôme.* Périt dans l'incendie de l'église des Jésuites, à Anvers, en 1718.—*Sainte Claire.* Périt dans le même désastre. — *Sainte Claire et saint Albert.* Patrons des archidues Albert et Isabelle. Partie intérieure des volets du tab. de saint Ildephonse, peint pour l'église de Caudenberg, à Bruxelles; S. trouv. dans la gal. impériale de Vienne.— *Sainte Dorothée.* Gravé par Galle et par un anonyme. — *Saint Éloi.* Partie extérieure d'un des volets du tabl. de l'Erection de la croix, que possède la cathédrale d'Anvers. — *Ermite avec une lanterne.* Un des volets de la Descente de Croix, que possède la cathédrale d'Anvers. — *Sainte Eugénie.* Périt dans l'incendie de l'église des Jésuites, à Anvers, en 1718. — *Saint François-Xavier.* Debout devant un autel. Ce tab. fut peint pour l'église des Jésuites, à Bruxelles. Gravé par Bolswert et par Marinus, répété en petit par un anonyme. — *Saint François agenouillé sur une terrasse.* Au palais Pitti à Florence. Gravé par Mogalli. — *Saint George à cheval.* Gravé par Panneels. — *Saint Grégoire.* Périt dans l'incendie de l'église des Jésuites, à Anvers, en 1718. — *Le même.* Périt dans le même incendie. — *Le même.* En habits pontificaux et méditant sur un livre. Gravé par un anonyme. — *Sainte Hiltrude.* Couronnée de fleurs, tenant d'une main un livre et portant de l'autre une lampe. Gravé par Galle, et en ovale par Thomas Galle. — *Saint Ignace de Loyola.* Portrait. Dans la gal. royale de Munich. — *Le même.* Placé devant un autel. Peint pour l'église des Jésuites, à Bruxelles. Ce tableau fut gravé par Bolswert, par Marinus et en petit par un anonyme. — *Saint Jean-Baptiste.* Debout. L'un des volets de l'épitaphe de J.-B. Moretus. Au musée de l'académie d'Anvers - *Saint Jean l'Évangéliste.* L'un des volets de l'épitaphe de la famille Michielsens. Dans le même musée. — *Saint Jérôme.* Périt dans l'incendie de l'église des Jésuites, à Anvers, en 1718. — *Le même.* Dans la galerie impériale de Vienne.—*Le même avec un lion.* Se trouvait autrefois à Modène. — *Le même.* Vu jusqu'aux reins, tenant à la main une croix et une pierre. Gravé à la manière noire par Auric.— *Le même.* Simple figure. Dans la gal. de l'Escurial. — *Sainte Lucie.* Périt dans l'incendie de l'église des Jésuites, à Anvers, en 1718. Gravé par un anonyme. *Sainte-Marie Madeleine.* Périt dans l'incendie de l'église des Jésuites, à Anvers. Gravé par un anonyme. — *La même.* Une main posée sur sa poitrine, l'autre levée vers le ciel. Gravé par un anonyme. — *La même.* S'arrachant les cheveux et renonçant aux vanités du monde. Gravé par un anonyme. — *La même.* Les bras croisés sur sa poitrine. Gravé par un anonyme. — *La même.* Agenouillée dans une caverne. Gravé à l'eau-forte par Rubens lui-même. — *La même.* Tête vue de profil. Gravé par un anonyme. — *La même.* Tête vue de face. Gravé par un anonyme. — *La même.* Agenouillée devant un crucifix. Gravé par un anonyme. — *La même.* Méditant devant un crucifix. Gravé par un anonyme. — *La même.* Penchée sur un crucifix, qu'elle tient entre les mains. Gravé par un anonyme. — *La même.* Expirant, portée par deux anges. Gravé par Ballius. — *La même.* Assise au pied d'un rocher. Gravé par un anonyme. — *Sainte Martine.* Un des volets de l'épitaphe de la famille Moretus. Au musée de l'académie d'Anvers. — *Sainte Marguerite.* Périt dans l'incendie de l'église des Jésuites, à Anvers. Gravé par un anonyme. — *Saint Mathieu.* Buste. — *Le même.* Écrivant son évangile sous la dictée de l'ange. Gravé par Watson. — *Moines (deux).* Lisant dans un livre. Gravé à la manière noire par J. Spilsbury. — *Deux moines.* Dans la gal. Lichtenstein, à Vienne.— *Saint Pépin et sainte Bègue.* Dans la gal. impériale de Vienne. Gravé par Prenner et par Van den Steen.— *Saint Pierre et saint Paul.* Têtes. Ouvrages peints pour l'église de Saint-Donat, à Bruges. Ils furent vendus par cette église.—*Les mêmes.* Ouvrages peints pour l'église des Capucins, à Anvers. Gravé par Eyndhoudt. — *Les mêmes.* Dans

la gal. royale de Munich. Lithographié par Piloti. — *Les mêmes.* Esquisse terminée. Gal. impériale de Vienne. — *Saint Pierre avec les clefs.* Buste. Dans la Gal. de Dresde. — *Sainte Thérèse.* Avec un pigeon. Gravé par Verschüypen.— *La même.* Tenant un cœur enflammé. Un ange lui présente une coupe. Gravé par Galle.— Dans cette division il faut placer, en outre, les dix-huit figures suivantes, toutes gravées, Van den Enden exc. : — *Saint Antoine.* — *Saint Antoine de Padoue* — *Saint Bernard.* — *Saint François* — *Saint François de Paule.* — *Saint Hubert.* – *Saint Ignace de Loyola.* - *Saint Jean-Baptiste.* — *Saint Jean l'Évangéliste.* – *Saint Joseph.* — *Saint Joseph avec l'Enfant et une tige de lis.* - *Saint Joseph tenant l'Enfant qui couronne un saint.* — *Saint Paul.* — *Sainte Agathe.* — *Sainte Agnès.* — *Sainte Appoline.* — *Sainte Thérèse.* — *Sainte Ursule.*—*Ambroise (saint) refusant à Théodose l'entrée de l'église.* Dans la gal. impériale de Vienne. Gravé par Schmuzer et par Prenner. — *Le même.* Esquisse du précédent ouvrage. Dans la gal. royale de Munich.—*Ambroise (saint), saint Grégoire, saint Jérôme et saint Augustin, discutant un texte des livres saints.* Gravé par Van Dalen. — *Anges (un chœur d').* Dans la gal. de Potsdam. — *Anges.* Portant un tab. qui représente la Vierge avec l'Enfant. Ouvrage peint pour la Chiesa Nuova, à Rome vers l'an 1605. — *Anges (deux).* Peints pour l'église de Sainte-Walburge, à Anvers. — *Anne (sainte) enseignant à lire à la Vierge.* Ouvrage peint pour les Petits-Carmes, à Anvers. S. t. aujourd'hui au musée de l'académie de cette ville. Gravé par Bolswert, par Kaukerken et par un anonyme, Van den Enden exc. Aubert a gravé d'après cette composition, mais en l'altérant. — *Anne (sainte) arrangeant les cheveux de la Vierge en présence de saint Joachim.* Plusieurs anges planent au-dessus du groupe. Esquisse. Dans la galerie Lichtenstein, à Vienne. — *Annonciation en présence des Patriarches, des Prophètes, etc.* Superbe esquisse. — *Antoine (mort de saint).* Composition de sept figures. Gravé par P. Clouet. — *Augustin (saint) regardant un enfant assis au bord de la mer.* Il est vêtu de ses habits pontificaux. L'enfant tient une écuelle qui lui sert à creuser le sable. Gravé par Neefs et par Alexandre Voet. — *Bavon (saint) distribuant des aumônes.* Dans la cathédrale de Saint-Bavon, à Gand. Gravé par Pilsen. — *Même sujet* Esquisse d'une composition beaucoup plus vaste que la précédente. Provenant du Caregga Palazzo, à Gênes.— *Benoît (miracle de saint).* Esquisse. — *Cardinaux, évêques et docteurs de l'Église, discutant le mystère de l'Eucharistie.* Ouvrage peint pour l'église des Dominicains, à Anvers Gravé par Sneyers. — *Cardinaux (deux) donnant la mitre à un prélat.* Dans le fond on voit la Vierge et les douze Apôtres, au-dessus desquels plane le Saint-Esprit. Gravé par Soutman. — *Catherine (sainte) portée au tombeau par deux anges.* Un des trois petits tabx. que Rubens peignit pour l'autel de Sainte-Walburge, à Anvers. — *Catherine (mariage de sainte).* Tab. peint pour l'église des Augustins, à Anvers. Gravé par Sneyers et par Eyndhoudt. — *Même sujet.* Esquisse du tab. précédent. — *Même sujet.* Tab. qui appartenait, en 1766, aux Augustins de Malines. Gravé par P. de Jode. —*Même sujet.* Esquisse du tab. précédent.— *Même sujet.* Dans la gal. de Potsdam. - Gravé par Bolswert. *Même sujet.* Autrement composé.—*Cécile (sainte) jouant de l'orgue.* Deux anges l'accompagnent. Dans la gal. de Potsdam. Gravé par Witdouck. Gravé aussi, sans les anges, par Panneels et par Lommelin. — *Même sujet.* Autrement composé. Gravé par Panneels, par Lommelin et par Wyngaerde. — *Même sujet.* Esquisse en grisaille. — *Catherine (sainte).* Volet du tab. représentant l'Érection de la Croix, que possède la cathédrale d'Anvers. Gravé par Bolswert, et plus tard par Mariette, exc. — *Christ (le) voulant foudroyer le monde.* Ouvrage peint pour l'église des Dominicains, à Anvers. Gravé au trait dans les *Annales du Musée.* — *Même sujet.* Composition beaucoup moins riche. Peinte pour l'église des Récollets, à Gand. Aujourd'hui au musée de Bruxelles, nᵒ 122. — *Christ (le) mort couché sur le genoux de son Père.* Peint pour les Grands-Carmes, à Anvers. Aujourd'hui au musée de l'académie de cette ville. Gravé par Bolswert — *Christ (le) apparaissant à sainte Thérèse qui intercède pour les âmes du purgatoire.* Peint pour l'église des Grands-Carmes, à Anvers Aujourd'hui au musée de l'académie de cette ville. Gravé par Bolswert. — *Même sujet.* Esquisse du tab. précédent, peinte en grisaille coloriée çà et là. — *Même sujet.* Autre esquisse. — *Christ (le) apparaissant à quatre pécheurs repentants.* Dans la gal. royale de Munich. Gravé par Natalis, par Lauwers et à la manière noire par Val. Green. — *Même sujet.* Au palais royal de Turin. — *Christ (le) triomphant de la mort et du péché.* Dans la gal. royale de Potsdam. Gravé par Bolswert.—*Christophe portant l'Enfant Jésus.* Dans la gal. royale de Munich. — *Chute (la) des anges rebelles.* Dans la gal. royale de Munich. Gravé par Vosterman et à l'envers par Ragot. — *Même sujet.* Esquisse. — *Chute (la) du dragon.* Dans la gal. royale de Munich. Gravé par Van Orley. Soutman grava, en 1642, un des principaux groupes de cette composition. Un cinquième

dessin au crayon, lavé à l'encre de Chine, se trouve dans le British Museum. — *Chute* (la) *des damnés*. Dans la même galerie. Gravé par Suyderhoef. — *Clotilde* (sainte) *donnant l'aumône à un enfant perclus*. Esquisse. — *Dieu le Père*. Peint pour l'autel de l'église de Sainte-Walburge, à Anvers, sur un panneau découpé. Vendu en 1759. — *Docteurs* (les quatre) *de l'Église*. Esquisse. Gravée par Van Dalen. — *Ex voto*. Représentant saint Jean introduisant le donateur en présence du Sauveur, assis à table avec six de ses disciples. — *Foi* (la), *l'Espérance et la Charité*, représentées par trois femmes. Gravé en ovale par J. B. Michel. — *François* (saint) *d'Assise, recevant la communion*. Au musée de l'académie d'Anvers. Gravé par Sneyers en petit par un anonyme. Lithographié à la Société des Beaux-Arts, à Bruxelles. — *François* (saint) *recevant les stigmates*. Peint pour l'église des Récollets, à Gand. Aujourd'hui placé au musée de l'académie de cette ville. Gravé par Vosterman. Gravé aussi par Panneels avec quelques changements. Le musée de Paris possède de cet ouvrage un dessin au crayon, retouché par Rubens pour le graveur. — *Même sujet*. Volet du tab. peint par Rubens pour la corporation des tailleurs, à Lierre. Placé aujourd'hui dans l'église de Saint-Gommaire en cette ville. Gravé par Galle. — *Même sujet*. Gravure à l'eau-forte par Rubens lui-même. — *François* (saint) *ayant les stigmates*. Il est en extase devant l'enfant Jésus et saint Jean, dans un paysage peint par Sneyders. — *François* (saint) *recevant l'Enfant de la Vierge*. Tab. peint pour l'église des Capucins, à Anvers. Placé aujourd'hui dans la même église paroissiale. Gravé par Soutman et par Visscher. — *Même sujet*. Peint pour la corporation des tailleurs, à Lierre. Gravé par Lasne. — *Même sujet*. Peint pour l'église des Capucins, à Lille. Placé au musée de la même ville. — *François* (saint) *de Paule montant au ciel*. Gravé par Lommelin. — *François Xavier* (saint) *ressuscitant des morts*. Dans la gal. impériale de Vienne. Gravé par Marinus et par un anonyme. — *Même sujet*. Esquisse originale du précédent ouvrage. Dans la même gal. — *George* (martyre de saint). Tab. peint pour la corporation des arbalétriers, à Lierre. Gravé par Panneels. — *George* (saint) *foulant le dragon à ses pieds*. Volet du tab. précédent. — *George* (saint) *à cheval terrassant le dragon*. Gal. royale de Munich. Esquisse. Gravée à l'eau-forte par Panneels. — *George* (saint) *vainqueur du dragon*. Dans la collection royale d'Angleterre. Gravé par Liénard dans la gal. d'Orléans. La figure du saint est le portrait de Charles I er, roi d'Angleterre. La figure de Cléodelinde est le portrait de la reine Henriette-Marie. C'est le tab qui, à ce que l'on prétend, d'après une erreur de Michel, l'historien de Rubens, fut présenté au peintre à Charles I er. Selon le catalogue même des tabx. et des objets d'art que possédait ce prince, le roi acheta cet ouvrage à Endymion Porter. Le tab., après la vente de tous ces objets, entra dans la gal. d'Orléans, d'où il sortit après la vente de cette collection, en 1798. — *Georges* (saint) *terrassant le dragon*. Dans la gal. de l'Escurial. — *Grégoire* (saint), *saint Maurice, sainte Claire et d'autres saints*. Tab. peint à Rome pour la Chiesa Nuova des Pères de l'Oratoire. Gravé par un anonyme. — *Même sujet*. Tab. dont Rubens orna la chapelle de l'église de l'abbaye Saint-Michel, à Anvers, où sa mère fut enterrée. On sait qu'après la mort de sa femme, Isabelle Brant, il peignit dans la partie supérieure de cet ouvrage une Vierge avec l'Enfant Jésus. Gravé par Eyndhoudt. — *Guerre entre l'esprit et la chair*. Représentée par un homme suspendu en l'air à une corde, et qui est poussé en sens divers par des anges et des démons. Gravé par Bolswert. — *Hélène* (sainte) *trouvant la vraie Croix*. — *Hélène* (sainte) *tenant la sainte Croix*. Ouvrage peint à Rome pour l'église de Santa Croce, par ordre de l'archiduc Albert. — *Ignace de Loyola* (saint) *guérissant les malades*. Ouvrage peint pour l'église des Jésuites, à Anvers. Aujourd'hui dans la gal. impériale, à Vienne. Gravé par Marinus, par un anonyme et dans la Wiener Gallerie. Le musée de Paris possède de cette composition un beau dessin au crayon noir, rehaussé de blanc et retouché par Rubens pour le graveur. — *Même sujet*. Esquisse originale du tab. précédent. Dans la même gal. à Vienne. — *Même sujet*. Dans l'église de saint-Ambroise, à Gênes. — *Ignace de Loyola* (saint). — *Ildephonse* (saint) *recevant la chasuble de la Vierge*. Tab. peint pour la confrérie de ce saint, dans l'église de Caudenberg, à Bruxelles. Aujourd'hui dans la gal. impériale de Vienne. Gravé par Witdouck. Watelet a gravé, d'après un dessin d'étude de Rubens, une planche représentant le groupe placé à la gauche de la Vierge et représentant deux saintes. — *Inspiration du Saint-Esprit*. Représenté par une femme qui, un livre ouvert sur ses genoux et une plume à la main, écoute ce que lui dit l'Esprit saint représenté par une colombe. Dessin d'un fini admirable, composé sans doute pour servir de vignette à quelque livre religieux. — *Ivon* (saint). Appartenait autrefois à l'église des Jésuites, à Louvain. — *Jérôme* (saint) *expliquant les saintes Écritures*. Gravé par Galle. — *Jésus* (le nom de) *entouré d'une gloire d'anges*. Périt dans l'église des Jésuites, à Anvers, en 1718. — *Joseph* (saint) *présentant l'Enfant Jésus à Dieu le Père*. — *Jugement dernier*. Dans la gal.

royale de Munich. Gravé par Visscher et par C. E. Hess. Cette même gal. possède une autre composition représentant le même sujet. — *Même sujet*. Esquisse du tab précédent. Dans la gal. royale de Dresde. — *Laurent* (martyre de saint). Peint pour l'église de la Chapelle, à Bruxelles, qui vendit cet ouvrage pour en employer le produit à la réparation des désastres qu'avait causés à cet édifice le bombardement du maréchal Villeroi, en 1695. Il fut acquis par l'électeur Palatin, Guillaume de Neubourg, et se trouve aujourd'hui dans la gal. royale de Munich Gravé par Vosterman. — *Légende romaine*. Esquisse. Dans la gal. royale de Munich. — *Lièvin* (martyre de saint). Peint pour l'église des Jésuites, à Gand. Aujourd'hui au musée de Bruxelles. Gravé par Koukerken. — *Madeleine expirant dans les bras des deux anges*. Peinte pour l'église des Récollets, à Gand. Gravé par Bailiu. — *Madeleine renonçant aux vanités du monde*. Dans la gal. impériale de Vienne. Gravé par Vosterman. — *Martin* (charité de saint). Tableau provenant d'Espagne. Gravé par Chambers. — *Martyre d'une sainte*. Se trouvait autrefois dans la Chiesa Nuova, à Rome. Gravé par Van der Leeuw. — *Martyre d'un saint*. Dessin à la plume rehaussé. — *Martyre d'un saint*. Probablement saint Georges. Dessin colorié. — *Michel* (saint) *chassant les anges rebelles*. Périt dans l'incendie de l'église des Jésuites, à Anvers, en 1718. — *Michel* (saint) *armé de la foudre, foule Satan à ses pieds*. Esquisse. Gravée par Mélan. — *Michel* (saint) *chassant le grand ange*. Gravé par Neefs. — *Nom de Jésus entouré d'une gloire d'anges*. Périt dans l'incendie de l'église des Jésuites, à Anvers, en 1718. — *Pape ouvrant les portes du ciel*. Composition de plusieurs figures. Deux anges dans les nuages. — *Pape accompagné de deux saints et d'un ange*. Dessin. — *Pères* (les) *de l'Église*, marchant en procession avec saint Thomas d'Aquin et la duchesse infante Isabelle, vêtue en sainte Claire, sa patronne. Ouvrage peint pour l'église de Loches, en Espagne. Gravé par Bolswert et Eyndhout. — *Prêtre* (le) *incrédule devant l'autel avec un autre personnage*. — *Purgatoire* (la Vierge intercédant auprès de la sainte Trinité pour les âmes du). — *Purgatoire* (le): le nom de Jésus entouré d'une splendeur. Gravé par Galle. — *Résurrection* (la) *des justes*. Dans la gal. royale de Munich. — *Roch* (saint) *institué patron des pestiférés*. Dans l'église d'Alost pour laquelle cet ouvrage fut peint. Gravé par Pontius, par Audran et dans le Musée français. — *Roch* (saint) *guéri de la peste par un ange*. Petit tab. donné par Rubens aux membres de la confrérie de Saint-Roch, à Alost. — *Roch* (saint) *en prison*. Petit tableau donné par Rubens aux mêmes. — *Saint* (glorification d'un). Esquisse. Dans la gal. royale de Dresde. — *Sauveur* (le) *enfant, assis sur un coussin placé sur un nuage*. Il tient à la main un globe et donne de l'autre la bénédiction. — *Sauveur* (le), *la Vierge et treize autres figures*. Dessin au bistre, fait pour servir de titre à un livre. — *Sauveur* (le) *dans une gloire, entouré de saints*. Dessin fait à Rome d'après un tab. de Raphaël. Faisait partie de la même collection. — *Sébastien* (martyre de saint). Gravé par Panneels. Gravé aussi, mais avec quelques changements, par Ragot. Fut répété plus tard en petit à l'envers, Marin exc. — *Thérèse* (le Christ apparaissant à sainte). Donné par le duc de Bernonville et sa femme, la princesse d'Aremberg, à l'église des Carmes déchaussés, à Bruxelles. Appartenait, en 1814, à M. Delahante, à Paris. Gravé par Bolswert. Gravé aussi, mais avec quelques changements, par Deroy. — *Trinité* (la sainte). Dans la gal. royale de Munich. Gravé par Vosterman et par un anonyme. Lithographié par Piloti. — *Même sujet*. Tab. peint pour l'église de l'Ange-Gardien, à Madrid. — *Triomphe de la charité*. Peint pour l'église des Carmes, à Loches, fondée par le duc d'Olivarez. Gravé par Lommelin. — *Triomphe* (le) *de l'Église*. Peint pour la même église. Gravé par Bolswert. — *Même sujet*. Esquisse admirable. — *Triomphe* (le) *de la religion chrétienne*. Peint pour l'église de Loches. Aujourd'hui au musée du Louvre. Gravé par Lauwers. — *Triomphe* (le) *de la religion sur le paganisme et l'idolâtrie*. Peint pour la même église. Gravé par Bolswert. — *Ursule* (martyre de sainte) *et des onze mille Vierges*. Esquisse. Gravée à l'eau-forte par Spruyt. — *Vierge* (la) *avec l'Enfant, accompagnée d'autres saints*. Dans la chapelle qui sert de sépulture à Rubens, dans l'église de Saint-Jacques, à Anvers. Gravé par Pontius et par Aubert. — *Vierge* (la) *avec l'Enfant sur un trône*. Un grand nombre de saints groupés devant elle. Esquisse. Gravée au musée de Potsdam. — *Vierge* (la) *et sainte Anne adorant l'Enfant Jésus*. Autrefois dans l'oratoire de Monte Cavallo, à Rome. — *Vierge* (la) *au Rosaire*. Dans le palais de l'Ermitage, en Russie. — *Vierge* (la) *avec l'Enfant*. Elle est debout dans une niche devant laquelle sont placés huit saints personnages. Esquisse. — *Vierge* (la) *avec l'Enfant*. Assise sur un trône et accompagnée de saints. — *Vierge* (la) *avec l'Enfant*. Elle donne le scapulaire à un moine de l'ordre des Carmes, qui le reçoit à genoux. Gravé par P. de Jode. — *Walburge* (miracle de sainte). Elle est dans un bateau assailli par une tempête. Ouvrage peint pour l'église paroissiale de Sainte-Walburge, à Anvers. — *Walburge* (l'enterrement de sainte).

SUJETS TIRÉS DE L'HISTOIRE.

Agrippine avec trois autres personnages. Dessiné d'après un camée antique. Deux de ces figures ont été gravées en ovale par un anonyme. — *Auguste, Livius, Germanicus et Tibère.* Accompagnés de plusieurs soldats, ils érigent un trophée. Dessin d'après un camée de l'empereur d'Allemagne. Gravé par un anonyme. — *Cambyse (Jugement de).* Esquisse terminée. Gravé par Eyndhoudt. — *César (marche triomphale de) allant à un sacrifice.* Peint d'après les dessins d'Andréa Mategna. — *Charité romaine.* — *Même sujet.* Dans la galerie royale de La Haye. Gravé par A. Voet. — *Même sujet.* Dans la galerie du palais de l'Ermitage, en Russie. — *Même sujet.* Dans la Malborough Collection. Gravé.par J. Smith. — *Même sujet.* Même composition, mais dans des proportions plus petites — *Même sujet.* Autre composition. Gravé par Panneels. — *Charles, fils de Philippe III (monument de).* Gravé par Galle. On sait que ce monument fut composé parce que ce jeune prince avait, en 1626, tué à la chasse un taureau et un sanglier. — *Constantin (mariage de).* Se trouvait, en 1798, dans la gal. du duc d'Orléans. Gravé dans la Gal. d'Orléans par Tardieu et Godefroy. *Constantin auquel la croix lumineuse apparaît au ciel.* Faisait partie de la même gal. Gravé dans le même ouvrage par Tardieu et Liénard.— *Constantin confiant à deux de ses soldats la garde du Labarum.* Faisait partie de la même gal. Gravé dans le même ouvrage par Tardieu et Liénard.— *Constantin et Maxence (bataille entre).* Se trouvait dans la même gal. Gravé dans le même ouvrage par Lorieux, Tardieu et Moncornet. — *Constantin couronné par la victoire.* Provenant de la même gal. Gravé dans le même ouvrage par Cathelin, Tardieu et Moncornet. — *Constantin (son entrée triomphale à Rome).* Se trouvait dans la même gal. Gravé dans le même ouvrage par Lorieux et Tardieu. — *Constantin rendant la liberté aux sénateurs romains.* Faisait partie de la même gal. Gravé dans le même ouvrage par Cathelin et Tardieu. — *Constantin donnant à son fils le commandement de la flotte.* Provient de la même gal. Gravé dans le même ouvrage par Bosq et Tardieu. — *Constantin approuvant le dessin du plan de la ville de Constantinople.* Se voyait dans la même gal. Gravé dans le même ouvrage par Hubert et Tardieu. - *Constantin adorant la croix.* Faisait partie de la même gal. Gravé dans le même ouvrage par Delignon et Tardieu. — *Constantin (bataille de).* Provenant de la même gal. Gravé dans le même ouvrage par Delignon et Tardieu. — *Même sujet.* Autre composition. On en connaît une gravure médiocre de C. Baroni. — *Constantin.* Esquisse d'un des tabx. qui composent cette série. Elle représente un double mariage impérial devant l'autel de Jupiter. — *Décius consultant les augures avant de marcher contre les Gaulois et les Samnites.* Gravé par Schmuzer. — *Décius haranguant ses soldats avant la bataille.* Gravé par Schmuzer. — *Décius tiré par les prêtres et jurant de se dévouer pour le succès de ses armes.* Gravé par Schmuzer. — *Même sujet.* Gravé à l'aqua-tinte. — *Décius renvoyant les licteurs avant la bataille.* Gravé par G.-A. Muller. — *Décius (mort de).* Gravé par G.-A. Muller. — *Décius (funérailles de).* — *Même sujet.* Esquisse originale du tableau précédent. Dans la gal. royale de Munich. — *Décius.* Quatre cartons représentant des scènes relatives à la vie de ce consul et destinés à être exécutés en tapisserie. — *Décius* Esquisse représentant une scène de la vie de ce consul. — *Diogène, sa lanterne à la main, cherchant un homme sur la place publique.* Dans la gal. du Louvre. Évalué, en 1816, par les experts, à 70,000 f. — *Même sujet.* Dans la gal. royale de Munich. — *Empereur (triomphe d'un).* Il est monté sur un char dont les roues passent sur les corps de ses ennemis. Dessin fait par Rubens d'après une camée antique. Gravé en ovale par un anonyme. — *Ferdinand (entrevue des trois) avant la bataille de Nordlingen.* Ouvrage peint pour un des arcs de triomphe qui furent érigés à l'entrée solennelle de l'archiduc Ferdinand, à Anvers, en 1635. Dans la gal. impériale de Vienne. Gravé par Van Thulden. — *Même sujet.* Esquisse originale du tab. bleu précédent. — *Ferdinand, archiduc d'Autriche, et le roi de Hongrie à la bataille Nordlingen.* Ouvrage peint pour un des arcs de triomphe érigés à l'entrée solennelle de l'archiduc à Anvers, en 1635. Dans la gal. royale à Windsor. Gravé par Van Thulden. *Même sujet.* Esquisse originale du tab. précédent. Au musée de l'académie d'Anvers. — *Ferdinand (entrée triomphale de) à Anvers.* Ayant servi à orner un autre arc de triomphe. Gravé par Van Thulden. — *Ferdinand en habit de cardinal, conduit par Minerve et suivi de la Justice, de la Paix et de l'Abondance.* Gravé par Bolswert. — *Germanicus et Agrippine.* Montés sur un char trainé par des centaures. Dessin de Rubens d'après une camée antique. Gravé par un anonyme. — *Henri IV à la bataille d'Ivry.* Cet ouvrage devait faire partie de la deuxième série de tabx. commandés par Marie de Médicis. Dans la gal. de Florence. Gravé par Lorenzini. — *Henri IV (triomphe d') après la bataille d'Ivry.* Même origine. Se trouve dans la même gal. Gravé par Lorenzini. — *Même sujet.* Esquisse du tab. précédent. — *Même sujet.* Autre esquisse. — *Hippolyte (mort d').* Gravé par M. Cosway. Le musée de Paris possède de ce tab. un dessin au crayon. — *Même sujet.* Répétition de l'ouvrage précédent. Gravé par Earlom et par Anker Smith.—*Maxence (mort de).* Faisait partie de la série de tabx. de Constantin le Grand, Tardieu et un anonyme, Drevet exc.—*Mutius Scœvola devant Porsenna.* Composition de sept figures. Gravé par Schmuzer. — *Philopœmen coupant du bois pour l'esclave dans une hôtellerie.* Volaille, fruits, légumes et gibier, peints par Sneyders. Appartenait, en 1798, à la gal. du duc d'Orléans. Gravé dans la Gal. d'Orléans par N. Varin. — *La Pucelle d'Orléans.* — *Les Romains et les Sabins (paix entre).* Gal. royale de Munich. Gravé par H. Sentzenick. — *Romulus et Rémus allaités par une louve.* Esquisse. — *Même sujet.* Se trouvait dans la gal. du Capitole à Rome. — *Même sujet.* Esquisse pour un anonyme. — *Sabines (enlèvement des).* Dans la gal. de l'Escurial. — *Même sujet.* Esquisse du tab. précédent.— *Même sujet.* Dans la National Gallery, en Angleterre. On en possède une planche assez médiocre gravée par Martinasi, en 1770. — *Même sujet.* Dessins d'étude pour le même tab. — *Même sujet.* Dessin à la plume rehaussé de blanc, d'après Polidori. — *Les Sabins et les Romains (réconciliation entre).* Dans la gal. de l'Escurial. — *Même sujet.* Esquisse originale. — *Sages de la Grèce (les sept).* Esquisse. — *Sénèque (mort de).* Dans la gal. royale de Munich. Gravé par Alexandre Voet, junior. On connaît aussi une gravure de C. Galle qui représente la figure de Sénèque seule, avec retranchement du reste de cette composition qui offre cinq figures. — *Sénèque mourant (tête de).* — *Scipion (continence de).* Composition de quinze figures. Gravé par Bolswert. Gravé aussi dans la Gal. d'Orléans par Dambrun. On en connaît une eau-forte gravée par Spruyt, évidemment d'après l'esquisse. — *Séleucus confiant son fils à Stratonice.* — *Sophonisbe.* — *Thomyris (la reine) faisant plonger la tête de Cyrus dans un vase de sang.* Dans la gal. du Louvre. — *Même sujet.* Autrement composé. Gravé par Pontius, Ragot, Duchange et Launay.—*Même sujet.* Dessin magnifique de la même composition, fait au crayon, à l'encre de Chine et colorié.

SUJETS MYTHOLOGIQUES.

Achille plongé dans les eaux du Styx. Ouvrage peint par ordre de Charles Ier, roi d'Angleterre, pour servir de patron à une tapisserie. Gravé par Ertinger, en 1679, et par B. Baron, en 1724. — *Achille (éducation d').* Peint pour Charles Ier. — *Achille découvert chez les filles de Lycomède.* Peint pour le même. Esquisse terminée. *Même sujet.* Gravé par Visscher, par Ryckman et par un anonyme. — *Achille (la colère d') devant Agamemnon.* Ouvrage peint pour Charles Ier. — *Achille (Briséis rendue à).* Ouvrage peint pour le même. — *Achille (Thétis demandant à Vulcain des armes pour).* Peint pour Charles Ier. — *Achille vainqueur d'Hector.* Peint pour le même. — *Achille (mort d').* Ouvrage peint pour le même. — *Adonis (mort d').* Il en existe une gravure au trait dans la Dulwich Gallery. On en possède aussi une gravure par Panneels avec quelques changements. — *Ajax devant l'autel de Minerve.* Dans la gal. Lichtenstein à Vienne. — *Amazones et des Grecs (bataille des).* Dans la gal. royale de Munich. Gravé par Vosterman, en 1623. Gravé aussi par Duchange, et en petit par Dupuis.—*Même sujet.* Esquisse. — *Andromède enchaînée au rocher.* — *Andromède et Persée.* Dans la gal. de Potsdam. Gravé par Tardieu. — *Même sujet.* Dans la gal. de l'Escurial. — *Même sujet.* — *Même sujet.* Gravé par Harrewyns. — *Angélique et Herminie.* — *Antiope et Jupiter.* — *Même sujet.* Autrement composé. Gravé par Panneels. On connaît aussi une planche due au burin de Ravenet d'après un tab. de Rubens. — *Apollon sur son char.* Il est accompagné d'un grand nombre d'Amours, et la Nuit se retire devant lui. Dans la gal. Lichtenstein, à Vienne. — *Apollon poursuivant Daphne.* Esquisse. Gravée par Panneels. — *Apollon conduisant le char du soleil.* Dans la gal. de l'Escurial. — *Atalante et Méléagre chassant au sanglier.* Dans la gal. impériale de Vienne. Le paysage est de Wildens, les animaux sont de Sneyders. Gravé à l'eau-forte par Prenner. — *Même sujet.* — *Même sujet.* Autrement composé. Gravé par Earlom dans la Houghton Gallery. — *Même sujet.* Gravé par Bolswert. — *Même sujet.* Même composition que celle du tab. de la gal. impériale de Vienne. Gravé par Van Kessel. — *Bacchante (réveil d'une).* Dans la gal. de l'Escurial. — *Bacchanale (procession d'une).* Dans la Malborough Collection, en Angleterre. Gravé à la manière noire par Hodges. — *Bacchus tenant une coupe à la main.* — *Bacchus, Vénus et Cérès.* — *Bacchus ivre.* — *Bacchus (triomphe de).* Composition de six figures. Dans la gal. de l'Escurial. — *Bacchus assis sur un tonneau.* Nymphes et satyres. Dans la gal. de Florence. Gravé

par Piérolini. — *Bacchus soutenu par un satyre et par un faune.*
Un tigre et deux Bacchantes armées de tyrses. Gravé par Suyder-
hoef. — *Même sujet.* Sans le tigre et sans les Bacchantes. Gravé par
Bolswert d'après un dessin de Rubens. — *Bacchus (le jeune).* Buste.
Gravé par C. Watson. — *Bellérophon attaquant la Chimère.* Cet
ouvrage ornait l'un des arcs de triomphe érigés à l'entrée de l'archiduc Ferdinand, à Anvers, en 1635. Gravé par Van Thulden. —
Borée enlevant Orythie. Gravé par Spruyt. — *Cadmus semant les
dents du dragon.* Esquisse. — *Calisto découverte.* Il existe, selon
Waagen, un tab. représentant le même sujet à l'académie des arts
à Madrid. — *Castor et Pollux enlevant les filles de Leucyppe.* Dans
la gal. royale de Munich. Gravé par Val. Green. — *Centaure (amours
des).* — *Cérès avec un satyre et une corne d'abondance.* Le paysage
est attribué à Wildens. Gravé aussi par un anonyme. — *Cérès et Pomone.* — *Cupidons qui se
battent.* Sujet tiré de Philostrate. — *Cupidon se taillant un arc.*
Cet ouvrage, signé du nom de Rubens et portant le millésime
de 1614, est une copie d'après Corrége avec plusieurs changements.
Il se trouve dans la gal. royale de Munich. — *Cupidons et Bacchantes.* Copie d'après Titien. — *Cupidon endormi.* Psyché,
une lampe à la main, le regarde. Gravé par un anonyme. —
Cymon et Iphigénie. — *Danaé recevant la pluie d'or.* Dessin de
Rubens d'après Titien. Ce dessin servit à Krafft pour graver la planche qu'on lui doit de ce sujet. — *Déjanire (enlèvement de).* Gravé
dans la Galerie-Lebrun. Gravé aussi par un anonyme. — *Même sujet.* Gravé par Panneels. On en connaît aussi une eau-forte. — *Diane
(repos de) et de ses nymphes après la chasse.* Se voit dans la gal.
royale de Munich. Le paysage est de Breughel, les chiens et le gibier sont de Van Kessel. Gravé par Soutman. — *Diane et ses nymphes partant pour la chasse.* Le paysage est de Breugel. S. t. dans
la gal. royal de Munich. — *Même sujet.* Gravé par J. Ward. — *Diane
et ses nymphes poursuivant un cerf et un faon.* Gravé par Goupy.
— *Diane avec trois nymphes et trois satyres.* Dans la gal. royale de
Dresde. Gravé par Bolswert. — *Même sujet.* Les figures vues jusqu'aux genoux. Ce tab. d'un des élèves de Rubens, fut terminé par
le maître. Dans la gal. royale de Dresde. Gravé par Bolswert. —
Diane (bain de). Copie d'après Titien. Dans la gal. de l'Escurial.
Même sujet. Vendu par la veuve de Rubens au cardinal de Richelieu, pour trois mille écus. — *Diane et deux nymphes endor-
mies et deux satyres qui les épient.* Dans la collection royale d'Angleterre. Il en existe une belle planche gravée à la manière noire
par R. Earlom. — *Diomède et Ulysse allant prendre le Palladium
dans le temple de Minerve.* Gravé par Vosterman, jeune. — *Énée
cherchant son père dans les enfers.* Gravé par Vosterman. — *Énée
avec Astyanax, Creüs et Anchise, s'échappant de la ville de Troie.*
Esquisse. Dans la gal. impériale de Vienne Gravée par Prenner. —
Erichtonoïs découvert par les filles de Cécrops. Peint en 1614. S. t.
dans la gal. Lichtenstein à Vienne. Gravé par Van Sompel. — *Même
sujet.* Esquisse du tab. précédent. — *Europe (enlèvement d').* Dans
la gal. de l'Escurial. *Faune (jeune) ayant un chalumeau.* Dans la
gal. impériale de Vienne. Gravé par Prenner. — *Fleuve (génie d'un),*
appuyé sur une urne et entouré de roseaux. On connaît une gravure
faite d'après Rubens par Vangelisti, mais où le dieu est accompagné d'une Nymphe. — *Flore, Cérès et Pomone, avec une corne d'a-
bondance.* Dans la gal. de Potsdam. Gravé par Van Kessel. — *Même
sujet.* Avec deux cornes d'abondance. Deux figures, dit-on, sont
des portraits des deux femmes du peintre. *Flore couronnée de
fleurs.* Buste. Dans la galerie de l'Escurial. — *Même sujet.* Se
trouvait, en 1798, dans la gal. d'Orléans. *Grâces (les trois).* Il fut
vendu par la veuve du peintre au roi d'Angleterre, Charles Ier. —
Même sujet. Dans la gal. de l'Escurial. *Même sujet.* Avec deux
Cupidons. Peint en grisaille. Au palais Pitti à Florence. Gravé par
Massard Gravé aussi par P. De Jode sans les deux amours. — *Hébé
tendant une coupe à l'aigle de Jupiter.* Gravé en ovale par Panneels.
— *Hercule.* — *Hercule ivre, soutenu par une nymphe et par un
satyre.* Dans la gal. royale de Dresde. — *Hercule étranglant le lion
de Némée.* Dans la gal. royale de Potsdam. Gravé, en 1801, par
F.-F. Freidhof. — *Hercule se reposant de ses travaux.* Dans la gal.
de l'Escurial. — *Hercule abattant l'hydre de Lerne.* Dans la gal. de
l'Escurial. — *Hercule entre Minerve et Vénus.* Tab. peint pour le
duc de Toscane. Dans la gal. de Florence. — *Hercule et Omphale.*
Composition de plusieurs figures. — *Hercule exterminant les démons de l'Envie et de la Discorde.* Gravé par Jegher d'après un dessin de Rubens. — *Hygie, déesse de la santé.* — *Ixion embrassant
un nuage.* Gravé par Van Sompel. — *Junon, Minerve et Vénus des-
cendant sur un nuage devant Pâris.* — *Junon transportant les yeux
d'Argus sur la queue d'un paon.* — *Jupiter et d'autres divinités en
présence des trois Grâces.* Esquisse faite pour un plafond. Dans la
gal. Lichtenstein, à Vienne. — *Jupiter assis sur un nuage, Junon
appuyée sur son épaule.* Gravé par Panneels. — *Latone et ses enfants auxquels les paysans de la Carie refusent de l'eau.* Dans la gal.
royale de Munich. — *Mars agitant son glaive et accompagné de la*

Discorde. Dessin au bistre. — *Mars, Vénus et Cupidon.* Dans la
gal. de Dulwich. On connaît une forte d'après cet ouvrage,
gravée par un anonyme. — *Même sujet.* Autrement composé. On en
possède une fort mauvaise gravure par un anonyme, A.-V. Hoorn. exc.
— *Mars et Vénus dans une caverne.* Gravé, en 1778, par J.-F. Avril,
sous le titre de Mars au retour de la guerre. - *Méléagre présentant la
tête d'un sanglier à Atalante.* Dans la gal. royale de Dresde. Gravé
par Bartsch, et à l'envers par Meyssens. — *Même sujet.* Dans la
Malborough Collection à Blenheim, en Angleterre. Gravé par Bloe-
maert. Gravé aussi par Panneels d'après une autre composition. —
Mercure endormant Argus. — *Même sujet.* Dans la gal. royale de
Dresde. — *Même sujet.* — *Même sujet.* — *Même sujet.* Dans la gal.
de l'Escurial. — *Mercure accompagnant Psyché à l'Olympe.* Gravé
par Finden. — *Midas (jugement de).* Dans la gal. de l'Escurial. —
Même sujet. Composition de quatre figures. Gravé par Pilsen. —
Minerve protégeant une mère et ses enfants. Gravé par Henriquès
d'après un tab. qui se trouvait dans la collection de M. Langlier.
Le musée du Louvre possède une étude faite par Rubens pour cet
ouvrage. — *Narcisse qui se regarde dans l'eau.* Dans la gal. de l'Escurial. — *Neptune sur son char traîné par des chevaux marins.*
Dans la gal. de l'Escurial — *Neptune sur son char traîné par des
chevaux marins et accompagné des néréides.* Cet ouvrage, connu
sous le nom de *Quos ego,* et ayant servi à orner un des arcs de
triomphe érigés à l'occasion de l'entrée triomphale de l'archiduc
Ferdinand, à Anvers, en 1635, s. t. dans la gal. royale de Dresde.
Gravé par Van Thulden. — *Même sujet.* Esquisse originale du précédent ouvrage. — *Neptune et Amphitrite.* Gravé par Schmuzer
d'après un tab. appartenant au comte de Schœmburg, à Vienne. —
Même sujet. — *Olympe (réunion des dieux sur l').* Dans la
gal. de l'Escurial. — *Orphée délivrant Euridice des enfers.* Dans la
gal. de l'Escurial. Lithographié dans la Gal. de Madrid. - *Orphée
enchantant les animaux.* Composition capitale fort louée par Cumberland dans ses *Anecdotes of Spanish Painters.* S. t. dans la gal.
de l'Escurial. — *Orphée et Eurydice.* Esquisse. Dans la gal. royale
de Potsdam. Gravé par Dickenson et par Desplaces. — *Pan poursuivant Syrinx.* Dans la collection royale d'Angleterre. — *Même
sujet.* Esquisse. — *Pan et Cérès.* Le paysage et les fruits sont de
Breughel. — *Pâris (jugement de).* Petit tab. Dans la gal. royale de
Dresde. Gravé par Londerseel, par Dambrun, par Moitte et par Couché. *Même sujet.* Autrefois au palais de Buen Retiro, en Espagne.
Aujourd'hui dans la gal. de l'Escurial. — *Même sujet.* Répétition
en grand du tab. de la gal. de Dresde avec quelques changements.
Gravé par Woodman. -- *Même sujet.* Dessin d'une aiguière destinée
à être ciselée en argent, par Théodore Rogiers, pour le roi d'Angleterre, Charles Ier. Gravé par J. Neefs. — *Pâris enlevant Hélène.*
Dans la gal. de l'Escurial. — *Phaëton (la chute de).* Esquisse. Dans
la gal. Lichtenstein, à Vienne. Gravée à l'eau-forte par Panneels. —
Même sujet. Dessin que l'on croit fait pour servir de modèle pour
un plafond. Dans la collection du comte de Mulgrave, en Angleterre. Il existait autrefois un tab. présentant la même composition
dans le palais Brignoletti, à Gênes. - *Phaëton et Apollon.* Dans la
gal. de l'Escurial. — *Philémon et Baucis donnant l'hospitalité à
Jupiter et à Mercure.* Gravé par Meyssens. — *Pluton jugeant les
morts conduits devant son tribunal par Mercure.* Dessin colorié
d'après une peinture de Primatice. Au musée de Paris. — *Procris
(mort de).* — *Progné et sa sœur Philomèle montrant à Térée la tête
de son fils dont il vient de manger la chair.* Dans la gal. de l'Escurial. Gravé par Galle. — *Prosperpine (l'enlèvement de).* Dans la
gal. de l'Escurial. — *Même sujet.* Ouvrage capital. Placé dans la
Malborough-Collection. Gravé à l'eau-forte par Soutman. — *Même
sujet.* Esquisse du tab. précédent. — *Protée, Achéloüs et plusieurs
dieux marins à table.* Des néréides leur servent des poissons et
des fruits, qui sont dûs au pinceau de Breughel. Cet ouvrage fut
peint à Rome pour la princesse de Scalamare. — *Psyché (apothéose
de).* Dans la galerie royale de Potsdam. — *Pygmalion et Galathée.*
Dessin d'un bassin destiné à être ciselé en argent pour le roi
Charles Ier, par Théodore Rogiers. Gravé par Neefs. — *Phylagore
avec des fruits.* Les fruits peints par Sneyders. — *Sacrifice (un).*
D'après Elzheimer. — *Saturne dévorant ses enfants.* Petit tab. Dans
la gal. de l'Escurial. — *Satyre (un) avec un panier de raisins, accompagné d'une nymphe.* — *Satyre (un) tenant une grappe de
raisins, accompagné d'un faune qui boit.* Dans la gal. royale de
Munich. Lithographie par Piloti. — *Satyre (un) exprimant le jus
d'une grappe de raisins dans une coupe tenue par un autre satyre
plus jeune.* Derrière eux on voit le jeune Bacchus tenant une grappe
de raisins, et sur l'avant-plan une tigresse qui allaite ses petits.
Dans la gal. royale de Dresde. — *Satyre (un).* Grandeur naturelle.
Dans la gal. de l'Escurial. — *Satyre (un) couronné de pampre et
portant une grande quantité de fruits.* Il est accompagné d'une
Bacchante, qui joue des castagnettes et d'un faune tenant d'une
main une coupe et exprimant de l'autre le jus d'une grappe de raisins sur la tête du satyre. Figures vues jusqu'aux genoux. Gravé

par Carol. Francij. — *Satyre* (*un*) *assis sur une terrasse et exprimant le jus d'une grappe de raisins dans une coupe.* Sur l'avant-plan un tigre endormi et un autre qui cherche à saisir les fruits d'une branche vers laquelle il s'avance. Gravé par Vosterman. — *Satyre* (*un*), *un homme et une femme.* Ouvrage inachevé. — *Satyres* (*des*) *et d'autres figures dans une caverne.* Autour d'eux une quantité de vases et de coupes d'or de la plus grande variété et de la plus grande richesse. Gravé par Wyngaerde. — *Sylène ivre soutenu par un satyre et par un nègre.* Dans la gal. royale de Munich. Gravé par Boiswert, par Panneels et par Van Orley. — *Sylène, un nègre, un satyre et une vieille femme.* Dans la même gal. Gravé par Soutman. — *Sylène avec des nymphes, des satyres, etc.* Gravé par Delaunay avec addition d'une tête de bouc, et par Folo sans cette tête. — *Sylène ivre soutenu par un satyre et par un faune.* Dessin lavé au bistre et terminé à la plume. S. t. au musée de Paris. — *Sylène avec plusieurs satyres et faunes.* Au palais de l'Ermitage, en Russie. Gravé par Soutman, gravé aussi par Earlom dans la Houghton Gallery. — *Sylène que trois satyres placent sur un âne.* On connaît une gravure de Popels représentant un sujet semblable traité par Rubens, mais composé de douze figures. — *Sylène avec des satyres et des bacchantes.* — *Sylène avec des faunes et des satyres.* Excellente esquisse, en grisaille, représentant le même sujet que le tab. que possède le palais de l'Ermitage, en Russie. — *Thétis et Pélée* (*noces de*). Gravé par Wyngaerde. — *Thétis implorant le secours de Jupiter pour Achille.* — *Titans* (*chute des*). Dans la gal. de l'Escurial. — *Tybre* (*le fleuve du*). Représenté par un vieillard, appuyé sur une urne jaillissante et accompagné d'enfants, de Tritons et d'une femme tenant une corne d'abondance. Ouvrage peint en Italie pour le palais Ghigi, à Rome. — *Vénus suppliant Adonis de ne pas aller à la chasse.* Dans la gal. royale de Munich. Gravé par Panneels. — *Même sujet.* S. t. dans la gal. de Florence. Gravé par Patas et par Lorenzini. — *Même sujet.* — *Même sujet.* Au palais de l'Ermitage, en Russie. — *Même sujet.* Dans le musée royal de La Haye. Gravé par Tassaert, gravé aussi dans le Musée Français. — *Même sujet.* — *Vénus et Adonis.* Copie d'après Titien. Dans la gal. de l'Escurial. — *Vénus* (*fête en l'honneur de*) *dans l'île de Cythère.* S. t. dans la gal. royale de Vienne. Gravé par Prenner. — *Vénus* (*toilette de*). Copie d'après Titien. S. t. dans la gal. Lichtenstein, à Vienne. — *Vénus* (*naissance de*). Elle est accompagnée de Neptune, d'Amphytrite, de néréides, de tritons et d'amours. Dans la gal. royale de Potsdam. Gravé par Soutman. Gravé aussi par P. de Jode avec quelques changements. Il existe une gravure de Schmuzer d'une composition semblable de Rubens qui se trouvait dans la possession du comte de Schœnburn. — *Même sujet.* Peint en grisaille. On croit que cet ouvrage servit de modèle à une aiguière d'argent, destinée au roi Charles Ier. — *Vénus liant l'Amour.* Copie, d'après Titien. Dans la gal. de l'Escurial. — *Vénus et Adonis, accompagnés de plusieurs amours.* — *Vénus blessée par une épine et consolée par l'Amour.* Esquisse. — *Vénus endormie sur une terrasse et l'Amour alarmé par l'approche d'un satyre.* — *Vénus nourrissant les amours.* Gravé par C. Galle et par Surugue. Il existe aussi de ce sujet une eau-forte de Watelet, gravée d'après un dessin de Rubens, fait à la plume et au crayon. — *Vénus avec l'Amour endormi dans ses bras.* Gravé par Krafft. — *Vénus se regardant dans un miroir tenu par Cupidon.* Une femme plus âgée lui arrange les cheveux. Gravé par Panneels. — *Vulcain travaillant dans sa forge.* Dans la gal. de l'Escurial. — *Vulcain forgeant les armes d'Achille.* Esquisse d'un tab. qui ornait l'un des arcs de triomphe érigés à l'occasion de l'entrée de l'archiduc Ferdinand, à Anvers, en 1635. — *Vertumne et Pomone dans un jardin.* — *Même sujet.*

SUJETS ALLÉGORIQUES.

Abondance (*l'*). Trois génies avec une corne d'abondance. Gravé par un anonyme. On connaît une autre gravure due aussi à un anonyme et représentant le même sujet, mais composée d'une manière différente. — *Ambition* (*l'*) *foulant aux pieds le dieu du vin.* Dans la gal. royale de Dresde. Gravé par Tangé. — *Amour* (*l'*) *et le vin.* Rubens a introduit dans cette composition son portrait et celui de sa femme. S. t. au Palazzo Brignoli, à Gênes. — *Angleterre et l'Écosse* (*union entre l'*). Esquisse d'une partie du plafond de la salle de White-Hall. — *Autriche et l'Espagne* (*union entre l'*). Tab. qui ornait l'un des arcs de triomphe, érigés à l'occasion de l'entrée de l'archiduc Ferdinand, à Anvers, en 1635. L'esquisse originale de cette composition s. t. au musée de l'académie d'Anvers. Gravé par Van Thulden. — *Beauté* (*la*) *couronnant un héros.* Dans la galerie royale de Munich. — *Char orné de figures.* Esquisse. S. t. dans le musée de l'académie d'Anvers. Cet ouvrage faisait partie d'un des arcs de triomphe, érigés à l'occasion de l'entrée de l'archiduc Ferdinand, à Anvers, en 1635. Gravé par Van Thulden. On en possède un dessin au musée de Paris. — *Charité* (*la*). Une femme nourrissant

trois enfants. Dans la gal. royale de Potsdam. Gravé par Galle et par Surugue. — *Commerce* (*le*) *d'Anvers.* Ce tab. ornait un des arcs de triomphe élevés à l'occasion de l'entrée de l'archiduc Ferdinand, à Anvers, en 1635. — *Famine* (*la*). Gravé par un anonyme. — *Femmes* (*cinq*). La première est assise et tient une couronne. La deuxième, agenouillée, s'appuie sur un fauteuil. La troisième tient une lampe allumée. La quatrième a un livre, et la cinquième se présente dans l'attitude de la méditation. Deux génies dont l'un sonne de la trompette, planent dans l'air. Gravé à l'eau-forte par un anonyme. — *Femme assise et pleurant sur les cadavres de plusieurs guerriers.* Esquisse. Esquisse. Dans la gal. Lichtenstein, à Vienne. — *Femme* (*une vieille*) *et des enfants.* Elle tient un petit vase sur des braises sur lesquelles un des enfants souffle, tandis que l'autre tient un fagot à la main. Gravé par Boèce, gravé aussi par Basan. — *Ferdinand* (*l'archiduc*) *recevant l'hommage de la Belgique.* Ce tab. ornait l'un des arcs de triomphe érigés à l'occasion de l'entrée de ce prince, à Anvers, en 1635. Gravé par Van Thulden. — *Ferdinand* (*l'archiduc*) *accompagné de la Victoire, de la Miséricorde et de la Religion.* — Ce tab. ornait un autre arc de triomphe élevé à la même occasion. Gravé par Van Thulden. — *France* (*le Génie de la*) *avec les emblèmes du commerce, de la prospérité et du bon gouvernement.* — *Génie mettant d'accord la Peinture et la Nature.* Dessin à la plume, lavé au bistre. — *Gouvernement* (*le*) *florissant.* Une femme portant une couronne murale, assise sur un piédestal et tenant d'une main la proue d'un navire. Elle est appuyée par un bras sur un ballot. Gravé par P. Pontius Il existe une gravure d'un sujet semblable due au burin de Vosterman. — *Guerre* (*horreurs de la*). Mars armé d'un glaive et sortant du temple de Janus, dont les portes sont ouvertes. Dans la gal. de Florence. — *Guerrier assis sur les cadavres de ses ennemis.* Il est soutenu par Bellone et couronné par la Victoire. Dans la gal. impériale de Vienne. Il existe de ce sujet une lithographie. — *Guerrier tendant les bras à une femme accompagnée de l'Amour, qui verse les richesses d'une corne d'abondance.* Esquisse. Dans la galerie Lichtenstein, à Vienne. — *Henri IV* (*allégorie faisant allusion à*). Esquisse. — *Henri IV, tenant une branche d'olivier à la main et conduisant Marie de Médicis.* L'hymne plane au-dessus d'eux. Esquisse d'un des tabx. destinés à former une deuxième série sur la vie de ce roi. Gravé par Martinasi. — *Henri IV méditant son mariage avec Marie de Médicis.* Appartenant à la série de la gal. de Médicis, à Paris. Gravé par Audran. — *Même sujet.* Esquisse du tab. précédent. S. t. dans la gal. royale de Munich. — *Henri IV* (*mariage de*) *avec Marie de Médicis, à Florence.* Fait partie de la même série à Paris. Gravé par Trouvain. — *Même sujet.* Esquisse du tab. précédent. S. t. dans la gal. royale de Munich. — *Henri IV* (*consommation du mariage d'*) *avec Marie de Médicis, à Lyon.* Fait partie de la même série à Paris. Gravé par Duchange. — *Henri IV remet, avant son départ pour l'Allemagne, les soins du royaume à Marie de Médicis.* Fait partie de la même série. Gravé par Audran. — *Même sujet.* Esquisse du tab. précédent. S. t. dans la gal. royale de Munich. — *Henri IV* (*apothéose d'*). Fait partie de la même série, à Paris. Gravé par Duchange. — *Même sujet.* Esquisse du tab. précédent. S. t. dans la gal. royale de Munich. — *Isabelle* (*apothéose de l'archiduchesse*). Tab. qui décorait un des arcs de triomphe érigés à l'occasion de l'entrée de l'archiduc Ferdinand, à Anvers, en 1635. Gravé par Van Thulden. — *Janus* (*le temple de*). Tab. qui ornait un des arcs de triomphe érigés à la même occasion. Gravé par Van Thulden. — *Jacques Ier* (*apothéose du roi*) *accompagné de la Justice et de la Loi.* Un des compartiments du plafond de la salle, aujourd'hui la chapelle White-Hall, à Londres. Gravé par S. Gribelin et par Lucas Vosterman, jeune. — *Jacques Ier assis sur son trône.* A sa gauche, Bellone armée de la foudre. A ses pieds on voit la Guerre agenouillée. La Paix et l'Abondance l'accompagnant, ainsi que Mercure frappant de son caducée l'Envie et le Mal. Autre compartiment du même plafond. Gravé par S. Gribelin. *Jacques Ier assis sur son trône et tendant son sceptre vers son fils Charles Ier.* L'enfant est tenu par deux femmes, l'Écosse et l'Irlande, tandis qu'une autre, la Grande-Bretagne, le couronne. Autre compartiment du même plafond. Gravé par Gribelin. — *Jacques Ier* (*prospérité du gouvernement de*). Représenté dans deux frises qui accompagnent les ouvrages précédents. On y voit deux génies avec des fleurs et des fruits, qui signifient l'Abondance et la Prospérité du pays. Gravé par S. Gribelin et par Lucas Vosterman. — *Jacques Ier* (*bon gouvernement de*). Représenté par une femme qui, armée d'un frein, foule la Sédition à ses pieds. Autre compartiment d'un même plafond. — *Jacques Ier* (*sagesse du règne de*). Représenté par Minerve chassant la Sédition. Compartiment du même plafond. Gravé par S. Gribelin. — *Jacques Ier* (*splendeur des arts sous le règne de*). Représenté par Apollon qui tient une corne d'abondance dont il verse les trésors. Gravé par S. Gribelin. — *Jacques Ier* (*générosité de*). Il foule l'Avarice à ses pieds, tandis qu'auprès de lui Hercule frappe avec sa massue l'En-

vie. Compartiment du même plafond. Gravé par S. Gribelin. — *Justice* (*la*), *la Paix et l'Abondance*. Esquisse d'un des groupes de la gal. Médicis. Gravée par Eyndhoudt. — *Jupiter donnant à la femme le gouvernement du monde*. Esquisse. — *Louis XIII* (*Mars offrant des armes à*). Gravé par Murtinasi. — *Louis XIII* (*naissance de*). Tab. qui fait partie de la gal Médicis à Paris. Gravé par Audran. — *Même sujet*. Esquisse. S. t. dans la gal. royale de Munich. — *Louis XIII* (*majorité de*). Tab. qui fait partie de la gal. Médicis à Paris, Gravé par A. Trouvain. — *Même sujet*. Esquisse. S. t. dans la gal. royale à Munich. — *Maximilien* (*mariage de l'archiduc*) *avec Marie de Bourgogne*. Composition de sept figures. Ce tab. décorait un des arcs de triomphe érigés à l'occasion de l'entrée de l'archiduc Ferdinand, à Anvers, en 1635. Gravé par Van Thulden. — *Médicis* (*destinées de Marie de*). Ce tab. fait partie de la gal. Médicis à Paris. Gravé par Chastillon. — *Même sujet*. Esquisse de l'ouvrage précédent. — *Médicis* (*naissance de Marie de*). Cet ouvrage fait partie de la gal. Médicis, à Paris. Gravé par Duchange. — *Même sujet*. Esquisse du tab. précédent. S. t. dans la gal. de Munich. — *Médicis* (*éducation de Marie de*). Cet ouvrage fait partie de la gal. Médicis, à Paris. Gravé par A. Loir. — *Même sujet*. Esquisse du tab. précédent. S. t. dans la gal. royale de Munich. — *Médicis* (*mariage de Marie de*). Cet ouvrage fait partie de la gal. Médicis, à Paris. Gravé par Trouvain. — *Même sujet*. Esquisse du tab précédent. S. t. dans la gal. royale de Munich. — *Médicis* (*débarquement de Marie de*) *à Marseille*. Cet ouvrage fait partie de la galerie Médicis, à Paris. Gravé par Duchange. — *Même sujet*. Esquisse du tab. précédent. S. t. dans la gal. royale de Munich. — *Médicis* (*couronnement de la reine Marie de*) *à Saint-Denis*. Cet ouvrage fait partie de la gal. Médicis, à Paris. Gravé par Duchange. — *Même sujet*. Esquisse du tab. précédent. S. t. dans la gal. royale de Munich. — *Médicis* (*bon gouvernement de la reine Marie de*). Cet ouvrage fait partie de la gal. de Médicis, à Paris. Gravé par Picart. — *Même sujet*. Esquisse du tab. précédent. S. t. dans la gal. royale de Munich. — *Médicis* (*voyage de la reine Marie de*) *à Pont-de-Cé*. Cet ouvrage fait partie de la gal. Médicis, à Paris. Gravé par Simonneau. — *Même sujet*. Esquisse du tab. précédent. S. t. au musée royal de Munich. — *Médicis* (*la reine Marie de*) *ayant conclu le double mariage de sa fille et de son fils*. La scène se passe sur un pont de bateaux jeté sur l'Andaye. Isabelle de Bourbon est remise aux ambassadeurs d'Espagne, et Anne d'Autriche à ceux de France. Cet ouvrage fait partie de la gal Médicis, à Paris. Gravé par R. Audran. — *Même sujet*. Esquisse du tab précédent. S. t. dans la gal. royale de Munich. — *Médicis* (*prospérité de la régence de Marie de*). Cet ouvrage fait partie de la gal. Médicis, à Paris. Gravé par Picart. — *Même sujet*. Esquisse du tab. précédent. S. t. dans la gal. royale de Munich. — *Médicis* (*fuite de la reine Marie de*) *de Blois*. Cet ouvrage fait partie de la gal. Médicis, à Paris. Gravé par Vermeulen. — *Même sujet*. Esquisse du tab. précédent. S. t. dans la gal. royale de Munich. — *Médicis* (*Marie de*) *se détermine à se réconcilier avec son fils Louis XIII*. Cet ouvrage fait partie de la gal. Médicis, à Paris. Gravé par Nattier. — *Même sujet*. Esquisse du tab. précédent. S. t. dans la gal. royale de Munich. — *Médicis* (*conclusion de la paix entre Marie de*) *et son fils*. Cet ouvrage fait partie de la gal. Médicis, à Paris Gravé par Picart. — *Même sujet*. Esquisse du tab. précédent. S. t. dans la gal. royale de Munich. — *Médicis* (*confirmation de la paix conclue entre Marie de*) *et son fils; et entrevue de la reine mère et du roi*. Cet ouvrage fait partie de la gal. Médicis, à Paris. Gravé par Duchange. — *Médicis* (*Marie de*). Allégorie relative à cette reine. Dans la gal. royale de Postdam. — *Médicis* (*Marie de*). Allégorie relative à la vie de cette reine. Esquisse. — *Médicis* (*Marie de*) *conduite en prison à Blois*. Esquisse. S. t. dans la gal. à Munich. — *Minerve protégeant la Paix et le Bonheur contre les attaques de Mars*. S. t. dans la galerie royale de Munich. — *Minerve chassant les démons de la Guerre du trône de Jacques I*. Magnifique esquisse d'une partie du plafond de la salle de White-Hall. — *La Nature dévoilée par les Grâces*, *accompagnée de nymphes et de satyres qui jouent avec des fleurs et des fruits*. Les fruits et les fleurs sont peints par Brenghel. Gravé par Van Dalen. — *La Navigation et le Commerce*. Esquisse terminée. — *Neptuno favorisant le voyage de l'archiduc Ferdinand*. Ce tableau, connu sous le nom de *Quos ego*, décorait l'un des arcs de triomphe érigés à l'occasion de l'entrée de ce prince, à Anvers, en 1635. Il s. t. dans la gal. royale de Dresde. Gravé par Van Thulden. — *Même sujet*. Esquisse originale du tab. précédent. — *La Paix et la Guerre*. Tab. peint pour le roi Charles Iᵉʳ. Gravé par J. Heath dans la Stafford-Gallery. — *La Paix et la Guerre*. représentées par des trophées. Superbe esquisse d'une peinture qui décorait l'un des arcs de triomphe érigés à l'occasion de l'entrée de l'archiduc Ferdinand, à Anvers, en 1635. Gravée par Van Thulden et par Bickham. — *La Paix et l'Abondance*, représentées par deux femmes. — *Même sujet*. Esquisse. — *La Paix et la Prospérité du gouvernement*. Composition de quinze figures. Gravé par Eyndhoudt. —

Pallas défendant une femme et ses enfants contre les fureurs de la Guerre. Esquisse à l'huile sur papier. S. t. dans le musée du Louvre. — *La Paresse punie et l'Industrie applaudie par le Temps*. Gravé par Couchet. — *Philippe IV présentant à l'archiduc Ferdinand le bâton de commandant de son armée*. Ce tab. ornait l'un des arcs de triomphe érigés à Anvers, à l'occasion de l'entrée de l'archiduc, en 1635. Gravé par Neefs. — *Philippe IV investissant son frère l'archiduc Ferdinand du commandement de son armée destinée à marcher contre les Suédois en Allemagne*. Ce tab. décorait un autre arc de triomphe élevé à la même occasion. Gravé par Van Thulden. — *Philippe IV*. Composition allégorique. Gravé au burin par P. Pontius, et à l'eau-forte par Spruyt. — *Portique rustique, orné de figures allégoriques*. Esquisse d'un autre arc de triomphe érigé à Anvers, en 1635, à l'occasion de l'entrée de l'archiduc Ferdinand en cette ville. S. t. au musée de l'académie d'Anvers. Gravé par Van Thulden. — *Même sujet*. Il est surmonté de Jason qui enlève la Toison d'or. On y voit aussi une femme avec les emblèmes du commerce, et plusieurs autres figures allégoriques. Esquisse d'un autre arc de triomphe élevé à la même occasion. S t. au même musée. Gravée par Van Thulden. — *La Renommée couronnant Mars de lauriers*. Dans la galerie royale de Munich. Gravé par Taujé. La gal. de Munich possède un autre tab. de Médicis représentant le même sujet autrement composé. La gal. de Dresde possède deux autres compositions pareilles. — *Rome triomphante*. Esquisse terminée. — *La Sévérité*. — *Le Temps découvrant la Vérité*. — *Le Temps découvrant la vérité*. Ce tab. fait partie de la gal. Médicis, à Paris. Gravé par A. Loir. — *Le Temps découvrant la vérité du christianisme*. — *Le Temps triomphant de la Mort*. Dessin à la plume, lavé à l'encre de Chine, fait pour servir de titre à un livre. — *La Terre et l'Eau*, représentées par un fleuve appuyé sur une urne et par une femme ayant des fruits sur ses genoux. Il existe une planche gravée par Vangelisti, laquelle représente un sujet à peu près semblable, et qui fut probablement faite d'après le tab. peint par Rubens pour le palais Ghigi à Rome. On en connaît une autre, mais avec des changements, due au burin de P. de Jode. — *Terre* (*les quatre parties de la*), *représentées par quatre fleuves et autant de femmes avec des attributs divers*. S. t. dans la gal. impériale de Vienne. Gravé par Prenner. — *Triompho* (*arc de*). Deux études. S. trouv. au musée de Paris. — *Trophée d'armes de nations vaincues*. Dessin composé pour servir de titre à une histoire des Césars. Gravé par Lasne.

PORTRAITS.

Abbesse (*une*). S. t. dans la gal. royale de Munich. — *Abbesse* (*une*). Gravé dans la Galerie-Choiseul. — *Albe* (*le duc d'*) *assis sur un cheval bai*. Esquisse terminée. — *Albert et Isabelle* (*les archiducs*). Accompagnés de leurs patrons saint Albert et sainte Claire. Peints sur l'intérieur des volets du tab. fait par Rubens pour la chapelle de la confrérie de Sainte-Ildephonse dans l'église de Caudenberg. S. trouv. aujourd'hui dans la gal. impériale de Vienne. Gravé par Harrewyns. — *Albert* (*archiduc*). Il est assis sur un cheval fringant et tient de la main droite un bâton de commandement. Dessin à la plume, lavé au bistre. S. t. au musée de Paris. — *Le même*. Ce portrait ornait un des arcs de triomphe érigés à l'occasion de l'entrée de l'archiduc Ferdinand, à Anvers, en 1635. Il provient, dit-on, de l'hôtel de ville de Bruxelles et, après avoir appartenu, en 1829, à M. Emmerson, de Londres, fut vendu au gouvernement belge par M. Heris, de Bruxelles. — *Le même*. Portrait équestre. S. t. dans la gal. royale d'Angleterre. — *Le même*. — *Le même*. On le voit de trois quarts et du collier de la Toison d'or. Sa main droite est appuyée sur une table couverte d'un tapis et sa gauche tient la poignée de son épée. — *Le même*. Vu de face. Il porte une ample fraise et est vêtu d'un habit richement brodé. Sa main droite tient son épée. Gravé par Muller. — *Le même avec l'infante Isabelle*. Gravé dans un cadre ovale et embelli de palmes et de lauriers, d'après un dessin fait pour servir de modèle à une médaille. — *Le même*. — *Arundel* (*lord*). — *Arundel* (*lord*), assis sa femme et son fils. S. t. dans la gal. royale de Munich. — *Le même, revêtu d'un manteau garni de fourrure*. Gravé par J. Houbraken, dans un cadre ovale orné. — *Le même, revêtu d'une armure*. — *Attendulus Mutius*. Vu de profil et un bonnet sur la tête Gravé par un anonyme. — *Autriche* (*Anne d'*), *femme de Louis XIII, roi de France*. Gravé par Louys dans un ovale orné. Il existe une autre planche gravée par un anonyme, où le même portrait se voit dans un cadre octogone. — *Backx* (*Cornelie*), *fondateur du collége de Louvain qui porte ce nom*. — *Barca* (*Marcellin et Héliodore de*). Deux moines. Gravé en ovale par la même planche, l'un par un anonyme. — *Bellarmin* (*le cardinal*). Il est assis à une table dans son cabinet d'étude. Gravé par Bolswert. — *Boonen* (*madame*). On regarde le portrait connu sous ce nom

comme celui d'une dame de cette famille. D'autres le croient celui de la première femme de Rubens. Il fait aujourd'hui partie de la gal. du Louvre.— *Bourgogne (Philippe le Bon, duc de)*. S. t. dans la galerie impériale de Vienne. Gravé dans la Wiener-Gallerie. — *Bourbon (Élisabeth de)*, *femme de Philippe IV, roi d'Espagne*. Dans la gal. royale de Munich. Gravé sans les mains par P. Pontius et par Louys. Gravé aussi en petit par Viennot. — *La même*. Répétition du portrait précédent. — *La même*. Buste. Répétition du même portrait, attribué à un élève de Rubens et retouché par lui. Dans la gal. impériale de Vienne. — *La même*. Elle est vêtue de satin bleu. S. t. dans le musée du Louvre à Paris. Il existe une répétition de cet ouvrage dans la Malborough-Gallery, en Angleterre. — *Brant (Isabelle), première femme de Rubens*. S. t. dans la gal. royale de Munich. On connaît une gravure d'Elliot qui ressemble exactement à cette peinture. — *La même*. Dans la galerie royale de La Haye. — *La même*. Elle tient un livre à la main. Dans la gal. de Florence. — *La même* Elle a les cheveux blonds négligemment bouclés. — *La même*. Elle a une chaîne d'or au cou. — *Breughel de Velours (Jean)*. — *Buckingham (le duc de)*. — *Le même à cheval*. — *Le même, avec sa femme et ses trois enfants*. Gravé par W. Walker. — *Cardinal (portrait d'un)*. Il est assis dans un cabinet d'étude, a une main posée sur sa poitrine, et tient de l'autre un rosaire. Ses yeux sont fixés sur un miroir, tenu par un moine et dans lequel se reflètent les traits de saint François. Gravé par un anonyme. — *Le Chapeau de paille*. Ce magnifique portrait passe pour être celui d'une demoiselle de Lunden, d'Anvers, que, selon la tradition, Rubens voulait épouser. Gravé à la manière noire par Reynolds. Lithographié à Bruxelles. Il en existe aussi une gravure au trait faite par Teylor, d'après un ancien dessin au crayon noir. — *Charles le Téméraire*. — *Charles Ier d'Angleterre et la reine Henriette Marie*. Représentés, l'un en saint Georges et l'autre en Cléodelinde dans la grande composition de *saint Georges terrassant le dragon*, qui s. t. dans la collection royale d'Angleterre et qui fut gravé par Liénard. — *Charles V (l'empereur) à cheval*. Dessin d'étude, fait au bistre pour un portrait équestre de cet empereur. — *Charles V, Philippe IV et la reine Elisabeth de Bourbon*. — *Charles V, revêtu d'une riche armure*. Copie d'après Titien. Gravé par Vosterman. — *Charles d'Autriche, fils de Philippe III, roi d'Espagne*. Vu de profil et revêtu d'une armure. Gravé en ovale par P. de Jode. Gravé aussi dans un cadre rond pour servir de frontispice à un recueil de médailles, imprimée à Anvers. — *Constance, reine de Pologne, femme de Sigismond*. Figure entière. S. t. au musée royal de Munich. Gravé par P. Pontius. — *Courtisanes de Venise (quatre portraits de)*. Copies d'après Titien. — *Courtisane anglaise*. — *Dame française inconnue*. — *Dame inconnue ayant un bonnet sur la tête*. — *Dame inconnue ayant un petit chien entre les bras*. — *Dame inconnue*. Vue de face, vêtue d'une robe noire et coiffée d'un large chapeau. Dans la gal. royale de Munich.—*Dame inconnue (vieille)*. On croit que ce portrait est celui de la mère de Rubens. Dans le même gal. — *Dame inconnue, d'environ vingt-cinq ans*. Vue de trois quarts. S. t. dans la gal. royale de Dresde. — *Six portraits de femme*. S. trouv. dans la galerie de Dresde. — *Dame inconnue (jeune)*. Dans la gal. royale de Postdam. — *Dame inconnue*. Vêtue de soie noire, un chapeau sur la tête. Elle est assise sur un fauteuil et a un manchon sur les genoux. Dans la gal. du palais de l'Ermitage, en Russie. Gravé par Watson, dans la Houghton-Gallery. — *Dame inconnue* La tête couverte d'un chapeau garni de plumes; un collier de perles qui lui descend sur la poitrine; un corsage rouge et de larges manches. — *Dame inconnue*. La tête légèrement inclinée en avant. — *Dame inconnue*. Elle porte un voile noir. — *Dame inconnue*. Elle est vue de face, a les cheveux bouclés et ornés d'une rose, autour du cou une chaîne de joyaux, attachée par une agrafe au-devant de sa poitrine découverte, autour de ses épaules une large collerette de dentelle. Il en existe une gravure à l'eau-forte parmi les planches faites de cette collection. — *Dame inconnue (jeune)*. Elle est vue de face, vêtue de soie noire avec des manches tailladées et a une ample fraise autour du cou. Elle porte à la poitrine une riche croix de joyaux d'où tombe une chaîne. *Dame inconnue d'environ trente-cinq ans*. —*Dame inconnue, d'environ trente ans*. — *Dame inconnue*. Buste. — *Dame inconnue*. Représentée en Cléopâtre, tenant une coupe à la main et ayant un serpent attaché à sa poitrine. Gravé par Neefs. — *Dame inconnue*. Portrait en pied. Posée debout et portant une large fraise. Gravé par un anonyme. — *Dame inconnue*. Tête. Superbe dessin au crayon noir. — *Dyck (Antoine Van)*. Il fait partie de la gal. d'Angleterre. — *Éléonore femme de l'empereur Charles V*. Deux portraits copiés d'après Titien. — *Évêque (portrait d'un)*. — *Enfant (portrait d'un)*. Petite fille tenant un chat sous son bras. Gravé dans l'œuvre de G. Hout. — *Este (Isabelle d')*, *comtesse de Mantoue*. Peinte par Rubens d'après Titien. Gravé par Vosterman.—*La même*. Copiée d'après Titien.—*Este (Alphonse d')*,

duc de Ferrare. Copié d'après Titien. — *Ferdinand (l'archiduc)*, *gouverneur général des Pays-Bas*. Ce portrait ornait l'un des arcs de triomphe érigés lors de l'entrée de ce prince, à Anvers, en 1635. — *Le même*. Portrait équestre. On connaît une gravure de Van der Does qui ressemble beaucoup à ce tableau. — *Le même*. Représenté en cardinal. S. t. dans la gal. royale de Munich. Gravé par Galle. — *Le même*. Esquisse de l'ouvrage précédent. Dans la même gal. — *Le même*. Portrait équestre. Dans la même gal. Gravé par P. Pontius. Il existe du même ouvrage une répétition, attribuée à Van Dyck, dans la gal. du musée royal de Madrid. — *Le même*. Portrait en pied. Revêtu d'une armure, ayant une écharpe autour de l'épaule et un chapeau orné de plumes sur la tête. Dans la gal. impériale de Vienne. Gravé par Prenner. — *Le même*. Portrait équestre. Étude terminée sur papier. — *Le même*. En cardinal. — *Le même*. Portrait équestre. Dans la gal. royale d'Angleterre. — *Le même*. Étude d'un portrait équestre. Le prince est accompagné d'un aigle et d'une femme qui agite la foudre. — *Le même*. Portrait en pied. Revêtu d'une armure, tenant de la main droite un bâton de commandement, et de la gauche la poignée de son épée. Gravé par Prenner. — *Le même*. Vu de trois quarts, la tête coiffée d'un large chapeau à plumes, une fraise au cou et un bâton de commandement à la main droite. Gravé par Neefs Gravé aussi, sans les mains, par Sylvestre — *Ferdinand, roi de Hongrie*. S. t. dans la gal. impériale de Vienne. Gravé par Prenner. — *Ferdinand de Médicis, grand-duc de Toscane*. — *Ferdinand II* Gravé dans un cadre ovale orné de figures allégoriques par Porerga. Gravé aussi par un anonyme dans un ouvrage sur la numismatique. — *Ferdinand, comte palatin et duc de Bavière*. Gravé dans un cadre ovale orné de Rose *exc*. — *Fille (jeune) d'environ treize ans*. — *Froment (Hélène)*, *seconde femme de Rubens*. Dans la gal. royale de Munich. Lithographié par Piloti — *La même à l'âge de vingt-cinq ans*. Dans la gal. royale de Munich. — *La même*. Dans la gal. royale de Dresde. — *La même*. Elle se dispose à entrer au bain. Dans la gal. impériale de Vienne. Gravé par Prenner — *La même*. Dans la galerie royale de La Haye. — *La même, à l'âge d'environ vingt-deux ans, accompagnée de deux de ses enfants*. Dans le musée du Louvre. Gravé dans le musée français. Gravé aussi par M Cosway, mais sans les deux enfants. — *La même*. Dessin au crayon, légèrement la é au. pinceau. Dans la gal. de Florence — *La même*. Vue de face et les cheveux bouclés. S t. dans le palais de l'Ermitage, en Russie. Gravé par Michel dans la Houghton-Gallery. — *La même*. — *La même*. — *La même*. — *La même*. Portrait en pied. S t. dans la Malborough-Collection. Gravé par Earlom. — *La même*. — *La même*. On connaît encore un autre portrait d'Hélène Froment en bergère, gravé trois fois par Pether, d'après une peinture de Rubens. — *La même*. — *La même*. Elle porte un turban. Gravé par Elliot d'après un tableau qui appartenait à M. Bradford, en Angleterre. Il existe aussi de ce portrait une gravure par Dickenson. — *François Sforce, deuxième duc de Milan*. Peint d'après Titien. — *François de Médicis*. L'un des portraits peints pour la galerie Médicis, à Paris. Dans le musée du Louvre. Gravé par Edelinck.—*Frédéric de Saxe (le duc Jean)* Peint d'après Titien. — *Gerbier (Balthazar), sa femme et ses neuf enfants*. Ouvrage attribué à Rubens. Dans la gal. royale d'Angleterre. Gravé par Mac Ardell par R. Brookshaw et par W. Walker. — *Gerbier (madame)*, avec quatre de ses enfants. S. t. dans la galerie royale d'Angleterre. Répétition du groupe principal de l'ouvrage précédent. Attribué aussi à Rubens. — *Gevaerts* Il est assis dans son cabinet d'étude. Gravé par Pontius. — *Gonzague (Vincent), duc de Mantoue*. Il appelle la bénédiction de la Sainte-Trinité sur l'église nouvellement bâtie des Jésuites, à Mantoue. Cette peinture, dit-on, date de l'an 1611. — *Granvelle (le cardinal)*. — *Gritti (André), doge de Venise*. Peint d'après Titien. — *Grotius*. Buste. — *Havre (Jean Van)*. Gravé par C. Galle dans un cadre ovale orné. — *Hesse (Philippe Landgrave de)*. Peint d'après Titien.—*Goubau (Alexandre)* et sa femme. La Vierge au-dessus d'eux dans les nuages. Ces portraits furent peints pour orner la sépulture de ces deux personnages, dans la cathédrale d'Anvers. — *Homme (portrait d') habillé en turc*. — *Homme (portrait d') en costume espagnol*. Dans la gal. royale de Munich. — *Autre*. On le regarde comme le portrait de l'ambassadeur génois à la cour d'Espagne, peint pendant le séjour de Rubens, à Madrid. Il est vêtu de soie rouge et porte le collier de la Toison d'or. — *Autre*. Un jeune homme. Dans la galerie royale de Munich. — *Autre*. Tenant un livre à la main. Dans la même gal. — *Autre*. Tête. Dans la même gal. — *Autre*. Cheveux courts, barbe touffue, une fraise autour du cou. Dans la galerie royale de Dresde. Gravé par Daullé. — *Deux autres*. Dans la même gal. — *Autre*. Vu de profil, vêtu de noir, ayant une grande fraise et la tête chauve. Dans la gal. impériale de Vienne. — *Autre*. Dans la même gal. — *Autre*. Vêtu d'un habit de soie noire, d'une ample fraise et d'un manteau noir. Il tient son bonnet de la main droite et ses gants de la main gauche. Cet ouvrage, qui porte le millé-

sime de 1615, s. t. dans la gal. Lichtenstein à Vienne. — *Autre*. Jeune homme en costume espagnol. Dans la gal. royale de Potsdam. — *Autre* Vêtu de noir et portant une fraise. Les cheveux et la barbe noirs. — *Autre*. Vêtu de soie noire façonnée, ayant un manteau noir sur l'épaule gauche. Il a la main droite appuyée sur sa hanche. — *Autre*. Vêtu de noir, ayant un collet blanc qui retombe autour de son manteau qu'il tient devant lui de la main droite. — *Autre*. — *Autre*. Avec des cheveux courts et une barbe. Gravé dans un cadre ovale par un anonyme. — *Autre*. Peint en grisaille. Gravé par Jegher d'après un contour dessiné par Rubens. — *Autre*. — *Autre*. En costume de fauconnier. Dans la collection royale d'Angleterre. — *Homme (portrait d') accompagné d'une femme*. Dans la gal. royale de Potsdam. — *Autre*. Se trouvait, en 1780, dans le Palazzo Doria, à Gênes. — *Impératrice (portrait de l')*. — *Isabelle d'Autriche (l'archiduchesse infante)* Gravé par Muller. — *La même*. Gravé par Lauwers dans un cadre ovale orné. — *La même*. Elle porte le costume des Pauvres-Claires, et est accompagnée de deux anges qui lui mettent une couronne sur la tête. Gravé par P Pontius. — *La même*. Portrait sans mains. Gravé par un anonyme. — *La même*. S'appuyant contre un vase et ayant près d'elle un perroquet. Gravé à la manière noire par Miller. — *La même*. Ce portrait ornait un des arcs de triomphe érigés à l'occasion de l'entrée de l'archiduc Ferdinand, à Anvers, en 1635. — *Jeanne d'Autriche, grande-duchesse de Toscane*. L'un des portraits peints pour la gal. Médicis, à Paris. Gravé par Edelinck. — *Juste-Lipse*. — *Kessel (le bourgmestre d'Anvers Van)*. Gravé. — *Léon.X (le pape)*. Gravé dans un cadre ovale par Vosterman. — *Jessius (Léonard)*, jésuite. Gravé par C. Galle. — *Linden (Van den), chevalier de l'ordre de Saint-Jean-de-Jérusalem*. — *Longueval (Charles de)*. Gravé dans un cadre ovale orné, par Vosterman. — *Louis XIII (Anne d'Autriche, femme de)*. — *Louvain (portrait d'un docteur de)*. Gravé par Coëlmans. — *Lucas de Leyde*. Dessin fait au bistre rehaussé de blanc. — *Lupus (Édouard)*, musicien distingué de Lisbonne. Gravé par un anonyme. — *Maierna (le docteur)*, médecin du roi Jacques Ier. Gravé dans la collection du docteur Mead. — *Le même*. — *Mantoue (le frère du duc de)*. Vêtu d'une armure. — *Maximilien (l'archiduc)*. Vêtu de noir, ayant une fraise et un manteau fourré. Il porte une grande croix sur l'épaule et une autre suspendue à une chaîne à son cou. Gravé par Vosterman, et à l'envers dans un ovale orné par Meyssens. Gravé aussi dans un ovale orné par Suyderhoef. — *Le même*. Revêtu d'une armure richement travaillée. S. t. dans la gal. impériale de Vienne. Gravé dans la Wiener Gallerie. — *Médicis (Cosme de)*. Vu de profil. Gravé par Vosterman. — *Médicis (Laurent de)*. Gravé par Vosterman. — *Médicis (Catherine de)*. Assise sur un fauteuil. S. t. dans la Malborough Collection, à Blenheim, en Angleterre. — *Médicis (Marie de)*. Représentée en Bellone. Portrait peint pour la gal. Médicis, à Paris. Gravé par Massé. — *La même*. — *Militaire (portrait d'un)*. Revêtu d'une armure et ayant un manteau sur les épaules. Gravé par un anonyme. — *Ministre (portrait d'un) d'Angleterre*. Gravé à l'eau-forte par Rubens. — *Mirandole (Pic de la)*. Copie d'après une peinture italienne. Gravé. — *Moine franciscain*. Ayant un livre et une tête de mort. S. t. dans la gal. royale de Munich. — *Moine franciscain*. Ce portrait, que l'on regarde comme celui du confesseur de Rubens, s. t. au Palazzo Doria. — *Moine de l'ordre des cordeliers*. — *Moine en adoration devant un crucifix*. Gravé par deux Van Bergen. — *Moretus (Martine Plantin, femme de Jean-Baptiste)*. Se conserve chez les descendants de Moretus, à Anvers. Le même portrait se retrouve sur l'un des volets d'une Résurrection peinte pour la sépulture de cette famille, et qui se voient aujourd'hui dans le musée de l'académie d'Anvers. L'autre volet offre le portrait de Jean-Baptiste Moretus. — *Morus (Thomas) chancelier d'Angleterre*. Ce portrait fut fait, d'après le désir du roi d'Espagne, pendant le séjour de Rubens à Madrid, d'après une peinture de Hans Holbein II s. t. aujourd'hui au musée royal de Madrid. — *Nain de Philippe II (portrait du)* Copié d'après Titien. — *Neubourg (duc de)*. — *Officier espagnol (portrait d')*. Gravé par Fitler. — *Olivarez (comte d'), duc de San Lucar*. Peint en grisaille. Gravé par P Pontius avec le portrait par Galle, jeune. — *Ophius (Michel), dernier évêque de Bois-le-Duc et confesseur de Rubens*. S. t. au musée royal de La Haye. Gravé par Van den Bergh Le buste a été gravé aussi en ovale par un anonyme. — *Paracelse*. Vu de face, portant un manteau rouge garni de fourrure et tenant un livre à la main. Il est placé dans un paysage peint par Wildens S. t. dans la Malborough Collection, à Blenheim, en Angleterre Le buste a été gravé par Van Sompel. — *Platon (buste de)*. — *Philippe le Bon, duc de Bourgogne* — *Philippe II, roi d'Espagne* Figure entière. Copié d'après Titien. — *Philippe III, roi d'Espagne*. Figure entière. Vêtu de soie noire et portant le collier de la Toison d'or. S. t. au palais Durazzo, à Gênes. — *Le même*. Dans un cadre ovale orné des armes d'Espagne et d'autres emblèmes Gravé par Meyssens. — *Philippe IV, roi d'Espagne* Un chapeau sur la tête.

— *Le même*. Portrait équestre. S. t. dans la gal. royale d'Angleterre. — *Le même* Dans la gal. royale de Munich. Gravé sans les mains par P. Pontius et par Louys. Gravé aussi en petit par Viennot. — *Le même*. Portrait équestre. Dans la gal. de l'Escurial. Gravé par un anonyme. On connaît une planche gravé par P. de Jode et qui représente ce roi à cheval sous un arc de triomphe. Une autre gravure nous montre le même souverain à cheval, accompagné de quatre génies, qui planent au-dessus de sa tête, et dont deux portent un globe, tandis qu'un troisième tient une couronne et une croix ; derrière le roi on voit un page more qui porte un casque. Selon Cumberland, Rubens peignit cinq portraits de Philippe IV. — *Le même*. Vu à peu près de profil, ayant une ample fraise autour du cou et enveloppé d'un manteau. Esquisse terminée. — *Le même*. — *Prélat inconnu*. — *Prêtre inconnu* — *Prêtre inconnu (jeune)*. Gravé par un anonyme. — *Prince évêque de Liège (un)*. Gravé par Van Schuppen. — *Portraits divers*. Tibère. Accompagné de deux jeunes Romains, Pallas et Mécène, accompagné d'une femme qui porte un casque en forme de tête d'éléphant. Têtes dessinées d'après l'antique dans des cadres de forme ovale. Gravées par un anonyme sur la même planche. — *Autres*. Quatre têtes dessinées d'après l'antique et représentant Platon, Nicias, Pallas et Alexandre le Grand. — *Autres*. Vingt-quatre têtes, toutes dessinées d'après des médailles antiques, et de forme ovale. Seize de ces pièces représentent des médailles relatives à Jules César. Gravées par un anonyme. — *Autres*. Douze bustes dessinés par Rubens d'après des marbres antiques, et représentant Sophocle, Socrate, Hippocrate, Scipion et Néron, gravés par Pontius ; Démocrite, Platon, Brutus et Sénèque, gravés par Vosterman ; Démosthènes et Cicéron, gravés par Witdouck, et Jules César, gravé par Bolswert. — *Richardot (le président) et son fils*. Dans le musée du Louvre. — *Richmond (Louis Stuart, duc de)*. — *Richmond (Françoise, duchesse de)*. — *Richmond Jacques, duc de)*. — *Rockox (le bourgmestre Nicolas)*. — *Rodrigo (marquis de Castel)* Gravé P. Pontius, copié à l'envers par A Daes, gravé une seconde fois par Pontius. — *Rodrigo (marquis de Castel)* par Pontius dans un cadre ovale orné. — *Rubens (Philippe)*. Ce portrait ornait la tombe du frère de la peintre, dans l'église abbatiale de Saint-Michel. Gravé par Galle. — *Le même*. — *Rubens (Pierre-Paul) peint par lui-même*. A l'âge de soixante ans, s. t. Dans la gal. de Vienne Gravé à l'eau-forte par Prenner. Gravé dans la Wiener Gallerie. — *Le même*. A l'âge de quarante-cinq ans, le chapeau sur la tête. Dans la gal. de Florence. Gravé par Meulemester et par Grégori. — *Le même*. A l'âge de cinquante ans, la tête découverte. Dans la même gal. Gravé par Townley. La tête seule est peinte par Rubens. — *Le même*. A l'âge de cinquante ans, le chapeau sur la tête. Peint en ovale. Dans le palais Brignoli, à Gênes. — *Le même*. A l'âge de quarante-deux ans, le chapeau sur la tête. S. t. dans la collection royale d'Angleterre — *Le même*. — *Le même*. Le chapeau sur la tête. Dans la Malborough-Collection, à Blenheim, en Angleterre. — *Le même* Portrait en pied. Dans le lointain on voit le château de Steen. — *Le même*. Dessin à la plume qui possédait autrefois à la bibliothèque des Jésuites, à Anvers. Gravé dans les mêmes proportions par P. Pontius. — *Le même avec sa première femme*. Assis sous une treille et se donnant la main. Dans la gal. royale de Munich. Gravé par Hess. — *Le même avec sa première femme* Assis sur une terrasse. Dans la collection du comte Grosvenor, en Angleterre. — *Le même avec sa femme et son fils se promenant dans son jardin à Anvers*. Dans la gal. royale de Munich. — *Le même avec sa femme qui tient son fils sur ses genoux*. Dans la même gal. — *Le même se promenant avec sa seconde femme et un de ses enfants dans son jardin* — *Rubens (les deux premiers fils de)*. Dans la gal. royale de Dresde. Gravé par Tanjé et par Daullé. — Répétition du précédent ouvrage, mais d'une qualité très-supérieure. Dans la collection Lichtenstein, à Vienne. — *Rubens (fils aîné de)*. — *Le même*. A l'âge de neuf ans. — *Le même*. A l'âge de treize ans. Gravé par Schiavonetti — *Rubens (second fils de)*. — *Rubens (un enfant de) avec sa gouvernante entrant dans un garde-manger*. Gravé par Earlom. — *Rubens (fils de)*. — *Rubens (la fille de)*. A l'âge d'environ sept ans. — *La même*. Vêtue d'une robe gris de fer. Dans le fond le jardin du château de Steen. — *Rubens (quatre enfants de) avec deux servantes* Gravé par Tassaert d'après un tableau en miniature fait pour le roi d'Angleterre, par Fruytiers d'après un grand tableau attribué à Rubens. — *Rubens (trois enfants de)*. Gravé à la manière noire par Mac-Ardell. — *Rubens, son frère Philippe, Grotius, Juste-Lipse*. Ce tab., connu sous le nom des Quatre Philosophes, est un des plus beaux ornements du palais Pitti, à Florence. Gravé par Morel et par Grégori. Le buste de Juste-Lipse a été gravé en ovale avec ses ornements par Galle. — *Ruzzola (le père), confesseur d'Albert et d'Isabelle*. Gravé par un anonyme pour illustrer une histoire de l'ordre des Carmes auquel ce moine appartenait. — *Sénèque*. Buste peint d'après un marbre

antique. Gravé par Vosterman. — *Siamois (prêtre)*. Dessin fait pendant le séjour de Rubens, en Angleterre Gravé par W. Baillie. — *Siamois (ambassadeur)*. Dessin fait aussi en Angleterre. Gravé par le même. — *Sigismond, roi de Portugal*. Figure entière. Dans la gal. royale de Munich. Gravé par Pontius. — *Sneyders (François) et sa femme*. — *Spinola (le marquis)*. — *Sterren (Van der)*. Portrait de l'abbé de Saint-Michel, à Anvers. — *Strinmer (Tobie)*, *peintre allemand*. Dessin au bistre rehaussé de blanc. — *Sueiro (Emmanuel), chevalier de l'ordre du Christ*. Gravé par P. de Jode, en 1624. — *Têtes (deux) de vieillards*. Dans la gal. impériale de Vienne. — *Autres*. Dans la gal. de l'Escurial. — *Tête de vieillard*. — *Autre*. Vue de profil, crâue chauve et barbe grise. On assure que cette figure est une étude pour saint Joseph d'Arimathie. S. t. dans la gal. impériale de Vienne. — *Autre*. Gravé par un anonyme d'après un dessin de Rubens. — *Tête*. Vue de profil, chauve et posée sur une ample fraise. S. t. dans la gal. impériale de Vienne. Gravé par Prenner. — *Autre*. Avec cheveux courts et barbe. Gravé en ovale par un anonyme. — *Autre*. On regarde cette figure comme une étude de paralytique, qui devait servir à représenter le Christ guérissant les paralytiques. Gravé par Blooteling. — *Autre*. Dessin au crayon rouge. — *Tête*. Peinte, dit-on, pour servir de modèle à une tapisserie des Gobelins. — *Thulden (le docteur Van)*. Vêtu de noir, assis dans un fauteuil et tenant un livre à la main. Dans la gal. royale de Munich. Gravé par Coelmans. — *Tunis (le roi de)*. Deux copies d'après Antonio Moro. — *Urbain (le pape)*. Gravé par un anonyme. — *Utrecht (Marie Van)*. Ce portrait provient de l'un des descendants de la famille de Jean Van Olden-Barneveld, époux de Marie Van Utrecht. — *Vicq (le baron de)*, *ambassadeur*. — *Vicq (la baronne)*, *femme du précédent*. — *Vinci (Léonard de)*.

SUJETS D'IMAGINATION.

Bandits (troupe de) pillant des paysans. S. t. dans la gal. royale de Munich. — *Bandits pillant un village*. — *Berger embrassant une bergère*. On a cru reconnaître dans la figure du premier, le portrait de Rubens, et dans la figure de la seconde celui de sa femme. S. t. dans la gal. royale de Munich. — *Même sujet*. La première figure offre le portrait de Rubens, la seconde celui d'Hélène Froment. Gravé par Avril, sous le titre de *Croc-en-Jambe*. Le paysage est attribué à Momper. — *Même sujet*. Dans le palais royal de Turin. Cet ouvrage, gravé par Persyns, Mariette exc., ressemble beaucoup au précédent. — *Bohémienne disant la bonne aventure à une jeune fille*. Gravé par un anonyme. — *Copies (une grande quantité de)*. — *Dessins (une grande quantité de)*. — *Enfants nus (quatre), jouant avec un agneau*. Dans la gal. impériale de Vienne. Gravé par Spruyt. — *Même sujet*. Dans la galerie royale de Potsdam. — *Enfants nus (deux) traînant un feston de fruits*. Dans la gal. royale de Munich. Lithographié par Piloti. — *Même sujet*. Étude pour les frises du plafond de la salle de White-Hall. — *Enfants nus (deux), jouant avec un agneau*. Esquisse. S. t. dans la gal. royale de Potsdam. — *Enfants qui s'amusent à faire des bulles de savon*. Esquisse terminée. — *Enfants (études de deux bustes d')*. Ils ont des ornements de corail au cou. *Enfant nu assis sur un coussin*. Dans le lointain un arc-en-ciel. — *Enfant (tête d') couverte d'un chapeau garni de plumes*. Gravé par Bloteling. On connaît de ce graveur une autre planche où la même tête est représentée vue de profil. — *Études de six grandes pièces inachevées*, représentant les sièges de villes, les batailles et les triomphes de Henri IV, destinées à former la seconde gal. de la reine mère. — *Études d'une grande quantité de têtes peintes sur toile et sur bois*. — *Études*. — *Femmes (deux jeunes) recueillant des fruits dans un paysage*. Les fruits peints par Sneyders. Cet ouvrage s. t. dans la Malborough Collection, en Angleterre. Gravé par Michel. — *Femme (vieille) tenant un chandelier*. Gravé à l'eau-forte par Rubens. Gravé de même par Jaques Stahl en 1645. Gravé par Wisscher au burin, et à la manière noire par Joshua Loudon. Il en existe une autre composition dans la gal. de Dresde; elle fut gravée par Wyngaerde, par Basan et par Boece. On possède aussi une planche à la manière noire par Smith, avec addition de deux figures de jeunes gens. — *Femme debout broyant des couleurs*. Gravé par Galle. — *Femmes dans un salon*. à Madrid. — *Fille (jeune) avec deux petits garçons qui jouent au soldat*. Ouvrage gravé par Exshaw. — *Garçon (jeune) mangeant des raisins*. Gravé par Spilsbury. — *Guerriers (deux bustes de)*. Gravé par Gillis. — *Guerrier armé ayant une écharpe rouge*. — *Guerrier romain*. Un casque en tête, une lance à la main et une peau de lion sur son armure. — *Homme (un), une femme et deux enfants*. — *Homme (jeune) assis auprès d'une femme dans un paysage*. Dans la gal. royale de Potsdam. — *Homme athlétique se baissant pour lever un vase d'or massif*. — *Jardin d'amour*. Dans la gal. royale de Dresde. — *Même sujet*. On connaît de

ce sujet plusieurs gravures. Il y en a une, due à Jegher. Une seconde, à Clouet. Une troisième, à Lempereur. Il en existe aussi une planche médiocre gravée par Malbouré. — *Laitière (jeune)*. Ouvrage cité par Descamps. — *Lutteurs (deux)*. Esquisse. — *Nègre (tête de) souriant*. Esquisse. — *Nègre (tête de)*. — *Paysans italiens qui dansent*. Gravé par Bolswert, gravé aussi à l'eau-forte par Van Hiel. — *Paysans (combat de)*. Gravé par Vosterman. — *Paysan donnant à manger à un chien*. — *Paysans allant au marché*. Les figures principales de ce tab. ont été gravées par Sommerfield. — *Le Perroquet de Rubens*. — *Rubens à table*. Tab. connu sous le nom du *Petit Chaudron* et cité par Descamps. On dit que Rubens le peignit pour répondre à un défi qui lui aurait été fait de réussir dans le genre de Teniers. On y reconnaît le portrait du peintre et celui de Brouwer, de Craesbeke et de sa femme. — *Soldats attaquant et pillant des paysans*. Dans la gal. royale de Munich. — *Soldats (débauche de) devant une auberge de village*. Dans la même gal. Gravé par Van der Wyngaerde. — *Sultan (le Grand)*. Gravé par Soutman. Outre ces sujets, il existe un assez grand nombre de tabx. d'autres peintres que Rubens a enrichis de figures.

CHASSES ET ANIMAUX SAUVAGES.

Crocodiles (chasse aux) et à l'hippopotame. Dans la gal. royale de Munich. Gravé par Van der Leeuw, par Soutman et en petit par Lebas. — *Cerf (chasse au)*. Quatre hommes avec des chiens l'attaquent. Les animaux sont peints par Sneyders. — *Élan (la mort de l')*. Dans la galerie de l'Ermitage, en Russie. Gravé par Ward dans la Houghton Gallery. — *Lion (chasse au)*. S. t. dans la gal. royale de Munich. Gravé par Bolswert et par Letellier. — *Même sujet*. Dans la gal. royale de Dresde. Gravé par Suyderhoef et par Letellier. — *Même sujet*. Dans la gal. de l'Escurial. — *Même sujet*. Gravé par Moyreau. — *Même sujet*. Quatre hommes à cheval. Gravé par Soutman et par Lebas. — *Lions (trois jeunes) près de leur tanière*. S. t. dans la gal. de l'Ermitage en Russie. Gravé par Ward dans la Houghton Gallery. — *Lions (étude de deux) jouant ensemble*. Gravé par Blooteling. — *Lions (étude de)*. Dessins. Quatre planches gravées par Blooteling. — *Lions (étude de)*. Gravé par Hollar. — *Lion en repos*. Dessin au crayon lavé à l'encre de Chine. S. t. dans le British Museum. — *Lionne avec ses trois petits*. — *Lionne étendue par terre*. — *Sanglier (chasse au)*. Dans la gal. royale de Munich. Les animaux peints par Sneyders. Gravé par Soutman. — *Même sujet*. S. t. dans la même gal. Lithographié par Piloti. — *Même sujet*. Dans un paysage boisé. Lithographié par P. Lauters, à Bruxelles. — *Même sujet*. Esquisse magnifique du tableau précédent. Dans la gal. royale de Dresde. Il est à remarquer que, dans ce dernier ouvrage plusieurs chiens sont cuirassés tandis qu'ils ne le sont pas dans le tableau même. — *Même sujet*. Les figures par Rubens, les animaux par Sneyders, le paysage par Wildens. — *Même sujet*. Gravé par Van der Leeuw. — *Même sujet*. Tab. attribué à Rubens. Gravé par Legrand dans la Galerie Lebrun. — *Loups (chasse aux) et aux renards*. Gravé par Soutman et par Van der Leeuw. — *Même sujet*. — *Tigres dans un paysage*. On connaît une gravure à la manière noire par Rhein, d'après un tab. de Rubens, représentant une tigresse allaitant ses trois petits dans un paysage. — *Tigres (deux) mangeant des raisins*. Gravé par Hollar. — *Tigresse allaitant ses petits*. Un lion est auprès d'elle. Dans la gal. royale de Dresde. Gravé par Ridinger. — *Cinq chasses qui n'ont pas été gravées*.

GIBIER MORT ET FRUITS.

Cuisinière occupée devant une grande table, où se trouve une abondance de gibier mort, de fruits et de légumes. La femme seule est peinte par Rubens. Les accessoires sont dus à Sneyders. S. t. dans le musée de l'académie d'Anvers. — *Domestiques (trois) présentant à un seigneur des fruits, un faon et d'autre gibier*. Les accessoires sont peints par Sneyders. — *Éléments (les quatre)*. Les figures par Rubens, les accessoires, fruits, gibier, poissons et plantes, par Sneyders. Ils s. trouv. aujourd'hui au palais de l'Ermitage en Russie. Gravé par Earlom dans la Houghton Collection. — *Une femme et un chasseur dans un garde-manger*. La chambre est abondamment pourvue de gibier mort, de volaille et de fruits. — *Une femme et un fauconnier avec une grande quantité de gibier de toute espèce*. Gravé par Earlom sous le titre de : « The Fig (la Figue), » parce que le fauconnier prend deux de ces fruits dans le tablier de la femme qui en est rempli. — *Un homme et une femme avec une grande quantité de gibier et de volaille*. Le gibier, la volaille et les animaux sont peints par Sneyders. — *Même sujet*. Le gibier, les fruits et les légumes peints par Sneyders. — *Marchande de volaille*. Elle repousse les caresses d'un berger. Les accessoires sont dus au pinceau de Sneyders. — *Marché aux légumes, à Anvers*.

PAYSAGES ET BESTIAUX.

Clair de lune. — *Escurial (vue de l').* — *Étable (intérieur d') à vaches.* Gravé par Clouet. — *Étude de buissons et d'arbres.* — *Étable (l'enfant prodigue dans une).* — *Forêt (intérieur de) illuminée par les rayons du soleil.* Esquisse. Dans la gal. royale de Munich. — *Fête de village.* Avec un grand nombre de figures. Au musée du Louvre. Gravé par Fessard, et dans le Musée Français par Cngrcel. — *Naufrage.* D'après le IIIᵉ livre de l'Énéide. Gravé par Bolswert avec quelques changements. — *Naufrage d'Ulysse sur la côte de Phénicie.* S. t. au palais Pitti, à Florence. — *Paysage.* Un ciel orageux que traverse un rayon de soleil. — *Paysage montueux.* Gravé par Bolswert. — *Paysage.* Gravé par Dankaerts. — *Paysage montueux.* Représente l'inondation de la Phrygie après que les habitants eurent refusé l'hospitalité à Jupiter et à Mercure. Philémon et Baucis contemplent ce terrible spectacle. Cette belle production s. t. dans la gal. impériale de Vienne. Gravé par Bolswert. — *Même sujet.* — *Paysages (deux petits).* Dont l'un représente Diane à la chasse. S. trouv. dans la gal. de l'Escurial. — *Paysage avec neuf figures.* — *Paysage.* Gravé par Bolswert. — *Paysage.* Gravé par Coelmans. J. Smith révoque en doute l'authenticité de ce tab. — *Paysage.* Gravé par Van Uden. — *Paysage.* Un arc-en-ciel se montre dans l'air. Cet ouvrage s. t. dans la gal. royale de Munich. — *Paysage.* Gravé par Bolswert. — *Paysage boisé.* Effet de lune. Gravé par Bolswert. — *Paysage boisé.* On en connaît une superbe gravure par Bolswert. — *Paysage historié.* Agar et Ismaël. — *Paysage.* Village de Flandre, au milieu duquel on voit une chaumière de bois. Dessin à la plume, lavé à l'indigo. — *Paysage.* S. t. dans la gal. impériale de Vienne. Gravé par Bolswert. — *Paysage.* Cet ouvrage s. t. au musée du Louvre. Gravé par Bolswert, avec omission de quelques moutons et de plusieurs autres détails. Gravé aussi dans le Musée Français. — *Paysage.* OEuvre réellement incomparable et qui fait de Rubens un des premiers paysagistes connus. Elle fut donnée, en 1826, par sir George Beaumont, bart., au musée national d'Angleterre. On en connaît une belle gravure par George Cooke. — *Paysage.* S. t. dans la collection royale d'Angleterre. Gravé à l'eau forte par Van Kessel. Gravé aussi par Brown sous le titre de : « Going to Market (Départ pour le marché). » — *Paysage.* Gravé par Bolswert. — *Paysage.* Gravé par Bolswert. Il existe de cette planche une copie à l'envers, Van Thie-

nen *exc.* — *Paysage.* Gravé par Bolswert. Il existe de cette planche une copie, gravée à l'envers et où l'on a placé une Fuite de la sainte Famille. — *Paysage.* Gravé par Bolswert. Gravé aussi par Le Moite d'après le tab. qui se trouvait alors dans la possession du comte de Bruhl. — *Paysage boisé.* Gravé par Charpentier. J. Smith révoque en doute l'authenticité de ce tab. — *Paysage.* Gravé par Van Uden. Quelques écrivains attribuent cet ouvrage à Van Uden lui-même. — *Paysage.* Gravé par Bolswert. — *Paysage montueux.* Gravé par un anonyme. L'authenticité de ce tableau est révoquée en doute par J. Smith, qui l'attribue à Teniers le Vieux. — *Paysage.* Vue de la prairie de Laeken. Cet ouvrage est cité comme un des plus beaux que Rubens ait fournis dans ce genre. Cet ouvrage provient de la famille Van Havre, à Anvers, qui possédait aussi le fameux Chapeau de Paille. Il fut introduit, en Angleterre, par M. De la Hante, en 1821, et vendu au roi. Il s. t. aujourd'hui dans la collection royale. Gravé par Van Uden et par Neefs. — *Paysage.* S. t. dans le musée du Louvre. Gravé par Bolswert. — *Paysage.* S. t. dans la Dulwich-Gallery. Gravé sous le titre : « Deux arcs-en-ciel. » — *Paysage montueux.* Gravé par Major. — *Paysage.* Gravé par Bolswert. — *Paysage.* Ouvrage gravé par Bolswert. — *Paysage.* Cet ouvrage s. t. au Palais Pitti, à Florence. Gravé par Bolswert, par Guyot et par Vivarès. — *Paysage.* Gravé par L. Van Uden. — *Paysage.* Gravé par Bolswert. — *Paysage en Angleterre.* Gravé par Bolswert. — *Paysage.* Gravé par Bolswert. — *Paysage.* Gravé par Bolswert. — *Paysage.* Ornant aujourd'hui le palais de l'Ermitage, en Russie. Gravé par Bolswert. Gravé aussi par J. Brown dans la Houghton Gallery. On en connaît aussi une gravure médiocre, copiée d'après Bolswert, mais où l'on introduit une scène représentant des ours dévorant des enfants qui se sont moqués d'eux. — *Paysage montueux.* Il a été gravé dans la Young's Grosvenor Gallery. Une tradition dit que cette production fut peinte par Rubens à l'âge de dix-huit ou de vingt ans. — *Paysage.* — *Paysage.* Gravé par Van Uden et par Brookshkaw. Gravé aussi par Brown. — *Paysage.* Esquisse d'une beauté extraordinaire. S. t. dans la gal. du Louvre. — *Paysage.* Cet ouvrage s. t. dans la gal. du Louvre. Gravé par Bolswert, Gravé aussi par Duparc dans le Musée Français. — *Chaumière.* — *Paysage.* — *Paysage.* Gravé par Avril, par Boel et à la manière noire par Smith. Et 30 paysages non gravés, plus 156 dessins ayant servi pour vignettes, médailles, frises, plafonds, fresques, frontispices, la plupart allégoriques. On trouvera dans l'ouvrage de sir John une description minutieuse de ces dessins.

SUPPLÉMENT A LA SIXIÈME COLONNE.

Artois (Jacques Van), Paysage avec animaux, Dresde. Paysage, Chasse au cerf, Munich. — **Artvelt** (André Van), Marine, Vienne. N. B. *Van Dyck faisait grand cas du talent de ce peintre, dont il fit même le portrait, comme célébrité artistique: il excellait à rendre les tempêtes.* — **Bakereel** (Gilles), Héro et Léandre, Vienne. — **Balen** (Henri Van), nymphes et faunes, Dresde. Diane, nymphes et satyres, *ibid.* Et beaucoup d'autres, *ibid.* Saint Jérôme en méditation, Munich. Bacchanale (paysage de J. Breughel), *ibid.* Diane à la chasse (paysage de J. Breughel), *ibid.* Et beaucoup d'autres, *ibid.* Assomption, Vienne. Enlèvement d'Europe, *ibid.* — **Beuckelaer** (Joachim), Le Marchand de poisson, sa femme et sa fille, Munich. Un Marché avec la représentation de : *Voilà l'homme*, devant le palais de Pilate, *ibid.* Paysan vendant des oiseaux, des légumes, etc., Vienne. — **Bles** (Henri Met De, dit *Civetta*, Munich. Et autres, *ibid.* Paysage, Fuite en Egypte, Vienne. Prédication de saint Jean, *ibid.* — **Boekhorst** (Jean Van), dit *Langen-Jan*, Mercure devenant amoureux de la fille de Cécrops, Munich. Ulys-e découvrant Achille à la cour de Lycomède, *ibid.* — **Brauwer** (Adrien), Plusieurs scènes de paysans, buveurs, etc., Dresde. Joueurs de cartes, Munich. Fumeurs, *ibid.* Musiciens, *ibid.* Et d'autres, *ibid.* — **Breda** (Jean Van), Cavaliers devant la boutique d'un maréchal, Dresde. Cavaliers et dames à cheval, partant pour la chasse, *ibid.* — **Brednel** (Pierre Van), Danse de personnages près de bâtiments antiques, Dresde. — **Breughel** (Jean), *le Vieux*, Combat de Joueurs de cartes, Dresde. Prédication de saint Jean, *ibid.* Même sujet, Munich. Paysage, fête de paysans, *ibid.* Les Israélites et les Philistins, Vienne. Massacre des innocents, *ibid.* Et autres, *ibid.* — **Breughel** (Pierre, *le Jeune*, dit *d'Enfer*, fils de Pierre *le Vieux*, Tentation de saint Antoine, Dresde. L'Enfer,

Proserpine, démons et damnés, *ibid.* Incendie de Sodome, Munich. Incendie de Troye, Enée fuyant avec Anchise, *ibid.* — **Breughel** (Jean), dit *de Velours*, fils de Pierre *le Vieux*. Baptême du More, La Haye. David et Abigaïl, *ibid.* Paysage avec masse de figures et de voyageurs partant pour une fête de village, *ibid.* Paysage, Latone métamorphosant les laboureurs en grenouilles, *ibid.* Et autres, *ibid.* Les Quatre Éléments, Madrid. La Musique, *ibid.* Vénus et Cupidon dans une galerie d'armures, *ibid.* Guirlandes de fleurs, *ibid.* Bal champêtre, *ibid.* Et beaucoup d'autres, *ibid.* Fête de Bacchus (figures de Rottenhamer), Berlin. Paysage, Adam et Eve et animaux, *ibid.* Et autres, *ibid.* Adoration des Mages, Vienne. Intérieur villageois, *ibid.* Et d'autres, *ibid.* Paysage avec figures et animaux, Dresde. Hivers, ports de mer et beaucoup d'autres, *ibid.* La déesse Flore dans un jardin (figures de Rubens), Munich. Paysages avec figures, *ibid.* Fleurs et fruits entourant une sainte Famille (figures de P. Van Den Avont), *ibid.* Et beaucoup d'autres, *ibid.* — **Bril** (Mathieu), Paysage, Tobie, Dresde. Paysage, *ibid.* — **Bril** (Paul), Paysages avec figures de la Bible et autres, Dresde. Paysage, J. C. et ses apôtres, Munich. Paysage, Vue de la mer, *ibid.* Les Quatre Saisons, Rome. Et beaucoup d'autres, *ibid.* — **Broecke** (Crépin Van Den), Adoration des Mages, Vienne. — **Calvart** (Denis), Tête d'homme, Vienne. — **Champagne** (Ph. Van), Portrait d'un militaire, Munich. — **Christophsen** (Pierre), Saint Eloi vendant une bague de mariage à un jeune couple, signé : *Petro xpr. me fecit aº 1449*. Deux volets d'un tableau d'autel : 1º L'Annonciation et la naissance du Christ; 2º Le Jugement dernier, signé : *Petrns xpr. me fecit, anno Domini M. CCCC. LII.* Tous deux à Francfort-sur-le-Mein. — **Cleef** (Henri Van), *le Vieux*, Histoire de l'Enfant prodigue, plusieurs sujets en un seul tableau, Vienne. — **Coques** (Gonzales), Por-

trait de Charles Ier, d'Angleterre, Dresde. Portrait d'Henriette-Marie, femme du précédent (architecture de H. Steenwyck, peintre hollandais), *ibid.* Et autres, *ibid.* — **Coxcie** (Michel Van), La Vierge sur un trône et lisant dans un livre, Munich. Saint Jean-Baptiste, *ibid.* Sainte Barbe, *ib.* Sainte Catherine, *ibid.* — **Crayer** (Gaspard De), La Vierge et l'enfant Jésus entourés de plusieurs saints. Le peintre s'y est représenté lui-même, avec sa femme, sa sœur, son frère et son neveu (signé : Jaspar De Crayer fecit 1646), Munich. — **Diepenbeek** (A. Van), Neptune, Dresde. Abraham recevant la visite des anges, Munich.— **Douffet** (Gérard), Portraits d'homme, Munich. — **Dyck** (Antoine Van), La Vierge et l'enfant Jésus, Dresde. Plusieurs portraits, *ibid.* Et autres, *ibid.* Martyre de saint Sébastien, Munich. La Vierge, l'enfant Jésus, et saint Jean, *ibid.* Portraits, *ibid.* — **Eyck** (Hubert Van), La Vierge et l'enfant Jésus (avec volets), Dresde. Sainte Catherine, Vienne. — **Eyck** (Jean Van), L'Annonciation avec saint Jérôme et saint Jean-Baptiste. Un bain de femme. Représentation du monde en forme circulaire. La parabole où le Seigneur demande compte à ses serviteurs. Paysage avec pêcheurs prenant une loutre, deux personnes regardent la pêche. Saint Jérôme. Le Sacre de saint Thomas Becket comme archevêque de Cantorbéry (1421). Portrait d'Isabelle de Portugal (1429). Sainte Barbe (grisaille) (1437). La Madone (1439). Tableau d'autel pour l'église de Saint-Martin, à Ypres. Deux volets : 1° Saint Jean-Baptiste debout, tenant un livre sur lequel repose un mouton ; le fondateur, Henri Werlis, de Cologne, est agenouillé devant lui. 2° Ste Barbe (1438), Madrid. Sainte Famille, Dresde. Adoration des Mages, Munich. Annonciation, *ibid.* Présentation au temple, *ibid.* Saint Luc peignant (quelques auteurs l'attribuent à Roger de Bruges), *ib.* Descente de Croix, Vienne. La Vierge et l'enfant Jésus (triptyque), *ibid.* Portrait de Josse Vyd, *ibid.* Mort de la Vierge, Francfort. Miniatures du bréviaire du duc de Bedford, avec Hubert et Marguerite (1424), Paris. Tête de Christ (1436), Berlin. — **Eyck** (Hubert et Jean Van), Adoration des Mages. Deux volets : 1° Le Jugement dernier ; 2° Le Christ en croix. On y trouve les portraits d'Hubert, de Jean et de Marguerite. Adoration des Mages. La Vierge et l'enfant Jésus, assis sous le portail d'une église gothique. La Vierge, l'enfant Jésus, sainte Barbe et le donataire. Un volet : l'Annonciation. Madone (esquisse). Vierge allaitant esquisse. Portrait d'Hubert et de Jean. Marie avec le Christ sur ses genoux, est couronnée par un ange ; le donataire est agenouillé devant elle, Paris. Une Madone, Vienne. Le Jugement dernier en neuf panneaux, avec un grand nombre de figures (attribué), Beaune. — **Falens** (Charles Van), Tableaux, Dresde. — **Flemalle** (Bertholet); Pélopidas et les Lacédémoniens, Dresde. — **Franck** (François), *le Vieux*, Cabinet d'objets d'art, Vienne. Intérieur avec figures, danseurs, musiciens, etc., *ibid.* Et d'autres, *ibid.* — **Franck** (Ambroise), La Vierge et l'enfant Jésus entourés de fleurs admirables de Jean Van Kessel, Dresde. Et autres, *ibid.* — **Franck** (Jérôme), La Décollation de saint Jean, Dresde. — **Franck** (Sébastien), Tentation de saint Antoine, Dresde. — **Franck** (François), *le Jeune*, fils de François, *le Vieux*, Combat de cavalerie (signé : F. Franck inv. F. A° 1631), Munich. Les Sept Œuvres de miséricorde, *ibid.* Allégorie, *ibid.* Le Sabbat des sorcières, Vienne. Christ entre les larrons, *ibid.* J. C. et Nicodème, assis à une table et éclairés par une lampe, *ibid.*— **Fyt** (Jean), Gibier mort et fruits, Dresde. Animaux poursuivis par des chiens, Munich. Ours, *ibid.* Chiens près d'une tête de veau, *ibid.* Et autres, *ibid.*— **Geldorp**, Portrait d'homme, Munich. Portrait d'homme, Vienne. — **Goes** (Hugues Van Der), L'Annonciation, Munich. La Vierge et les saintes femmes pleurant sur le corps de J. C., *ibid.* Saint Jean au désert, *ibid.* La Vierge et l'enfant Jésus, *ibid.* Même sujet, Vienne. Deux volets : Les deux saint Jean, *ibid.*—**Gossaert** (Jean), dit de *Mabuse*, Adoration des Mages (attribué), Dresde. L'Archange saint Michel, Munich. Danaé et la pluie d'or, *ibid.* Sainte Famille, *ibid.* Crucifiement, *ibid.* Et autres, *ib.* La Vierge et l'enfant Jésus, Vienne La Femme adultère, Gand.—**Gyzen** (Pierre), Paysage avec figures, Amsterdam. Vue d'un village, Dresde. Paysages, *ibid.* — **Hals** (François), Portraits, Dresde. Tableau de famille, Munich. — **Hemling**, Diptyque : 1° Saint Jean-Baptiste avec l'agneau ; 2° Marie avec l'enfant Jésus (1470). Portr. d'Isabelle d'Aragon (attribué). Portrait du peintre. Portraits : Le mari et la femme. Plusieurs tableaux de saints. La Vierge et l'enfant Jésus. Portrait du peintre (1462). Diptyque peint des quatre côtés : 1° La Vierge et l'enfant Jésus ; 2° Le Christ donnant sa bénédiction ; 3° Un évêque agenouillé devant la Vierge ; 4° Un évêque en costume de carmélite priant devant un pupitre (1499). L'Annonciation, Portrait d'un jeune homme tenant un chapelet. Saint Christophe. Portraits d'un homme et d'une dame. La Vierge, l'enfant Jésus et saint Joseph. Les deux figures de la châsse de saint Bertin. Marie avec l'enfant Jésus sur ses genoux, prenant une pomme que lui présente un ange, avec plusieurs autres figures, les volets représentent les deux saints Jean. Miniatures du bréviaire du cardinal Grimani, Venise. Crucifiement, Lubeck. Le Baptême du Christ. Saint Christophe (attribué). Saint Hippolyte (attribué), Bruges. La Cène (attribué), Louvain. Quelques miniatures du bréviaire de Philippe le Bon, La Haye. Exposition du Christ, Nüremberg. Les Israélites recueillant la manne, Munich. Saint Jean-Baptiste, *ibid.* Adoration des Mages, *ibid.* Tête du Christ, *ibid.* Tête du Christ couronné d'épines, *ibid.* Saint Christophe et l'enfant Jésus, *ibid.* Abraham et Melchisédech, *ibid.* Le Christ livré par Judas, *ibid.* Les Sept Allégresses et les Sept Douleurs de la Vierge Marie, *ibid.* Portrait, avec volets, Vienne. Les patrons de la famille de Médicis, Francfort. — **Horemans** (Jean), Le cordonnier dans sa boutique, Dresde. Une mère assise près de son enfant endormi, *ibid.*— **Jordaens** (Jacques), Ariane entourée de faunes, de bacchantes et de satyres, Dresde. Présentation de Jésus au temple, *ibid.* Diogène et sa lanterne, *ibid.* Et autres, *ibid.* La Fête des rois, Munich. — **Kock** (Jérome), frère de Mathieu, Vue du Campo-Vaccino (près de Rome), avec ruines et figures, Vienne.—**Kock** (Mathieu), frère de Jérôme, Construction de la tour de Babel, Vienne. — **Lucidel** (N.), dit *Neufchâtel*, Portrait du mathématicien J. Neudorf, instruisant son fils, Munich.—**Mehus** (Liévin), Le Sacrifice d'Abraham, Florence. — **Metzys** (Quentin). La Boutique du changeur, Dresde. Un homme et une femme pesant des pièces d'or, Munich. La Circoncision, *ibid.* Saint Barthélémy et les deux saints Jean, *ibid.* Et autres, *ibid.* Saint Jérôme, Vienne. Portrait d'homme, *ibid.* Réunion d'avares, Rome. — **Meulen** (Ant. Fr. Van Der), Départ de Louis XIV pour Fontainebleau, Dresde. Louis XIV et Marie-Thérèse, *ibid.* Et autres, *ib.* Prise de Dolé, Munich. Siége de Tournai, *ibid.* Et autres, *ib.* —**Miel** (Jean), Paysages avec figures, Dresde. — **Momper** (Josse de), Paysages avec figures, Dresde. Paysage, Vienne. Tableaux, Rome. Tableaux (*pour plus amples informations sur les tableaux de ce peintre qui sont à Bruges, voir le* GUIDE DE BRUGES, *par Oct. Dellepierre*, Bruges. **Neefs** (Pierre), *le Jeune* fils de Pierre *le Vieux*. Intérieur d'une église d'Anvers, Vienne. Intérieur d'église (figures de B. Peeters), *ibid.* Délivrance de saint Pierre, Gand. *Nota :* Les tableaux qui sont marqués page 27, comme appartenant à Pierre Neefs, le Jeune, sont de Pierre Neefs, le Vieux. — **Noort** (Lambert Van). Résurrection du Christ, Anvers. Suite de sept sibylles, *ibid.*— **Orley** (Bernard Van). Saint Norbert prêchant, Munich. Repos en Egypte, Vienne. Portrait de deux religieux (avec volets), *ib.* — **Paepe** (Simon De), Portrait de l'abbé de Tronchiennes, Gand. — **Patenier** (Joachim), Fuite en Egypte, Munich. Paysage, le Martyre de sainte Catherine, Vienne. Paysage, Baptême du Christ, *ibid.* — **Peeters** (Bonaventure), Vue de Scheveningue, Dresde. — **Pourbus** (François), *le Vieux*. Portrait d'homme, Dresde. Portraits, Vienne. — **Pourbus** (François), *le Jeune*. Portraits de femme, Dresde. Portrait d'homme, Munich. Portrait d'une vieille femme, *ibid.* Portrait de femme, Vienne. — **Quillyn** (Erasme), Mariage de la Vierge, Dresde. Sainte Catherine couronnée par l'enfant Jésus, *ibid.* — **Roger** (de Bruges). Madone avec quatre saints, Francfort-sur-le-Mein. Adoration des Mages, Vienne. Même sujet, Munich. Petit autel de voyage de Charles V, formant trois tableaux d'autel superposés (quelques auteurs l'attribuent à Hemling), Bruxelles. Le Christ à la Croix, Anvers. Naissance du Christ (avec volets), Berlin. — **Rombouts** (Théodore), Société de musiciens, Munich. — **Ryckaert** (David), sans désignation de *Vieux* ou de *Jeune*. Famille de paysans, Dresde. Intérieur villageois, *ibid.* — **Ryckaert** (David), *le Jeune*. La Fête des rois au village, Munich. — **Savery** (Roland), Un Chasseur, Dresde. Paysage avec animaux, *ibid.* Paysage, groupes d'animaux, au fond l'arche de Noé, *ibid.* Paysage avec torrent, *ib.* Et autres, *ibid.* Un Chasseur dans une forêt, Munich. Fleurs dans un vase, Vienne. Paysage avec figures de l'écriture et de la fable allég., *ibid.* — **Schut** (Corneille), Bacchante et satyres, Dresde. Neptune et Amphitrite, *ibid.* — **Smeyers** (Gilles), *le Vieux*. Tentation de saint Antoine, Malines. — **Snayers** (Pierre), Paysage, voyageurs dépouillés et tués par des brigands, Dresde. Voyageurs attaqués par des cavaliers, *ibid.* Et autres, *ib.* — **Sneyders** (François), Chasse au sanglier, Dresde. Gibier mort sur un banc (figures de Rubens), *ibid.* Fruits, gibier mort, etc., Munich. Plusieurs tableaux d'animaux sauvages, *ibid.* Le Paradis terrestre, Vienne. Daniel dans la fosse aux lions, *ibid.* Chasses, *ibid.*—**Son** (Georges Van), Fruits, Dresde. — **Spranger** (Barthélémy), Apollon et les Muses, Vienne. Allégorie sur Rodolphe II, *ibid.* Hercule et Omphale, *ibid.* Et d'autres, *ibid.* Assemblée des Dieux, Londres. — **Stalbent** (Adrien), Le Jugement de Midas, Dresde. — **Stradanus** (Jean), Crucifiement, Florence. Un Alchimiste dans son laboratoire, *ibid.* — **Susterman** (Lambert), dit Lambert Lombard, J. C. mort sur les genoux de sa mère, Munich. — **Teniers** (David), *le Vieux*, Port de mer, clair de lune avec figures, Dresde. —**Teniers** (David), *le Jeune*, Scène de paysans, Dresde. Fête flamande, *ibid.* Scène de sorcières, *ibid.* Et beaucoup d'autres, *ibid.* Société de buveurs, Munich. Société de fumeurs, *ibid.* Et beaucoup d'autres, *ibid.* — **Uden** (Luc Van), Paysage, noce villageoise (figures de D. Teniers, le Jeune), Dresde. Paysage, Elie et saint Antoine, *ibid.* Paysage avec rivière et pêcheurs (figures de P. Bout), *ibid.* Et autres, *ibid.* Paysage, un paysan faisant entrer son cheval dans l'eau, Munich.—**Utrecht** (Adrien Van). Fleurs et pâtés sur une table, instruments de musique, Dresde. — **Vadder** (Louis De), Paysage avec cavaliers et animaux, Munich. — **Valckemburg** (Martin), La Tour de Babel, Dresde. — **Veen** (Otto Van), dit Otto Venius. Le Triomphe du catholicisme (en plusieurs tableaux), Munich. La Roue de la fortune, Vienne. Sainte Famille, *ibid.* Portrait d'Albert d'Autriche, *ibid.*— **Vos** (Martin De), Portrait du peintre, Vienne. Le Christ en croix entouré de sa mère, de saint Jean et de Madeleine, *ibid.* — **Vriend** (Fr. De), dit Franck Floris. Portrait de l'empereur Vitellius, Dresde. Adoration des bergers, *ibid.* Et autres, *ib.* —**Weyde** (Roger Van Der), Christ couronné d'épines, Munich. Sainte Famille, Vienne. Tête de Christ, Anvers. Tête de Christ et de la Vierge, Paris. Christ descendu de la Croix, Louvain.—**Wildens** (Jean), Hiver, chasseur entouré de ses chiens, Dresde. — **Witte** (Pierre De), dit Candito, Martyre de sainte Ursule, Vienne. Sainte Famille, *ibid.* Vierge et enfant Jésus entourés d'autres saints, *ibid.* — **Wynghen** (Joseph Van). Apelle et Campaspe, Vienne. Même sujet, *ibid.* — **Zeghers** (Daniel). Naissance du Christ (entouré de fleurs), Dresde. La Vierge et l'enfant Jésus entourés de fleurs (grisaille), *ibid.* Fleurs dans un vase, *ibid.* Et autres, *ibid.* Enfants jouant, entourés de fleurs (bas-relief), Munich.

TABLE ALPHABÉTIQUE DE L'ÉCOLE FLAMANDE.

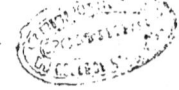

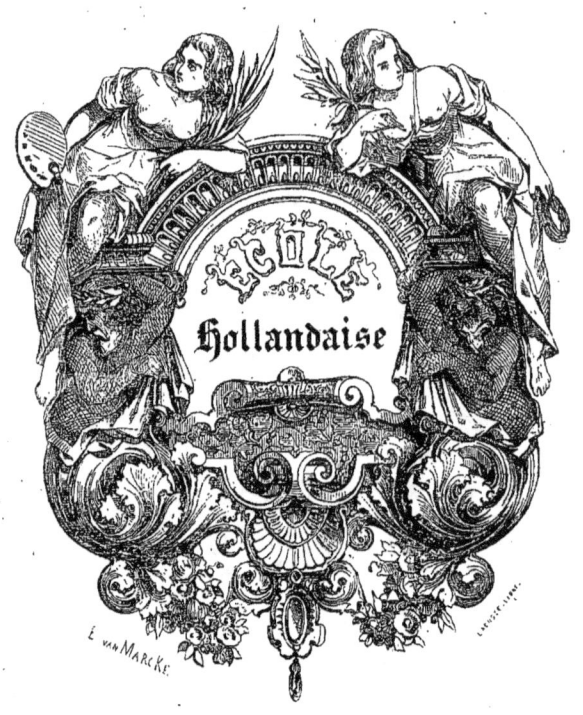

ÉCOLE

Hollandaise

E. van Marcke.

ÉCOLE HOLLANDAISE.

NOMS.	ANNÉES DE NAISSANCE ET DE MORT.	LIEU DE NAISSANCE	GENRE.	NOTES HISTORIQUES.	TABLEAUX PRINCIPAUX ET LIEUX OU ILS SE TROUVENT.	Observations.
OUWATER (Albert Van).	XVe siècle.	Harlem.	Hist. et pays.	Chef de l'école hollandaise. Un des premiers peintres d'histoire qui peignirent à l'huile, en Hollande. Les auteurs sont loin d'être d'accord sur les dates de naissance et de mort de Van Ouwater: Van Mander, la *Biographie universelle* et Immerzeel ne fournissent que des dates contradictoires.	Le Jugement dernier (attribué), Dantzig. Descente de croix (attribué), Vienne.	Ce peintre fit présager, à cette époque, la perfection qu'atteindraient un jour les artistes de Harlem, dans le paysage.
GÉRARD de St-Jean ou GÉRARD de Harlem.	Id.	Id.	Hist. relig.	Élève de Van Ouwater. Sans être dans les ordres, il vécut au couvent de Saint-Jean. Albert Dürer faisait grand cas de cet artiste. Les historiens sont également en contradiction sur les dates de sa naissance et de sa mort.	Descente de croix, Vienne. Transport des reliques de saint Jean-Baptiste, *ibid.* (attribué). J. C. se séparant de sa mère, Munich. J.-C. descendu de la croix, *ibid.* Ascension, *ibid.*	Mort à 28 ans. On estime que sans sa mort prématurée, il aurait surpassé son maître; le dessin, la perspective, l'expression et l'ordonnance de ses tableaux sont remarquables.
STUERBOUT (Thierry), dit de HARLEM.	1410? 1470?	Id.	Id.	On croit qu'il a longtemps habité la ville de Louvain.	L'empereur Othon, condamnant à mort un seigneur faussement accusé par l'impératrice Marie d'Aragon, La Haye. L'empereur Othon condamnant Marie d'Aragon à être brûlée vive, *ibid.*	Un des meilleurs artistes de son époque.
AGNEN (Jérôme), dit BOS ou BOSCH.	1450 alias 1470 1518 alias 1530	Bois-le-Duc.	Genre, hist.	Il est, avec Van Ouwater, un des premiers peintres qui peignirent à l'huile, en Hollande; passa une grande partie de sa vie en Espagne, où l'on voit beaucoup de ses œuvres.	Tentation de saint Antoine, Vienne. Les Cinq Sens, Madrid. Adoration des Mages, *ibid.* Plusieurs Tentations de saint Antoine, *ibid.* Chute des anges rebelles, Formation de l'homme et de la femme, Tentation du serpent et Sortie du paradis terrestre, le tout en un seul tableau, *ibid.* Le Jugement du Christ (avec volets), Berlin. L'Enfer, Londres.	Prenait la plupart de ses sujets dans les enfers. Coloris vigoureux, dessin correct, belles draperies. Peignait de préférence sur des fonds blancs; procédé qui donnait beaucoup de transparence à ses tableaux, lesquels sont recherchés, quoique d'un effet peu agréable.
ÉRASME (Didier).	1465 ou 1467 1536	Rotterdam.	Hist. relig.	Plutôt connu comme un des plus grands écrivains de son siècle que comme peintre. Holbein, son ami, fit son portrait. Mort à Bâle.	Les iconoclastes détruisirent ses tableaux.	On prétend que ce fut dans un monastère près de Gouda qu'il s'adonna à la peinture.
ENGHELBRECHTSEN ou ENGHELBERTSZ (Corneille).	1468 1533	Leyde.	Id.	Fils d'un graveur sur bois. Regardé comme le plus grand peintre de son époque. C'est de son école qu'est sorti Lucas de Leyde.	Beaucoup de ses œuvres furent détruites par les iconoclastes. Vierge avec l'enfant Jésus, tableau avec volets, Vienne. Le Crucifiement, Munich.	
MOSTERT (Jean).	1474? 1555 ou 1556	Harlem.	Hist. et portr.	Peintre de Marguerite, sœur du roi d'Espagne, Philippe Ier; fut protégé par cette princesse et eut un grand succès à sa cour.	Portrait d'homme, Vienne. La plupart de ses ouvrages périrent dans le grand incendie de Harlem. Deux volets: 1o le Tamis brisé; 2o deux Religieux à genoux; Bruxelles. La Vierge et l'enfant Jésus, Berlin.	Bonne touche et bonne ressemblance.
CORNELIS KUNST (Corneille), fils de Corneille Enghelbrechtsen.	1493 1544	Leyde.	Hist.	Élève de son père: demeura longtemps à Bruges.		Bon coloris. Un des peintres les plus renommés de son temps.

NOMS.	ANNÉES DE NAISSANCE ET DE MORT.	LIEU DE NAISSANCE	GENRE.	NOTES HISTORIQUES.	TABLEAUX PRINCIPAUX ET LIEUX OU ILS SE TROUVENT.	Observations.
LEYDE (Lucas De), fils de Hugo Jacobs.	1494 1533	Leyde.	Hist. portr. et pays.	Élève de son père et de C. Enghelbrechtsen. Cet artiste s'acquit un nom européen et fut un des grands maîtres de l'école hollandaise. Ses peintures à l'huile, à l'eau d'œuf, sur bois et sur verre, ainsi que ses gravures, en font l'artiste le plus célèbre de son siècle. A 9 ans, il fit des gravures dont les sujets étaient de lui. A 12 ans, il étonna les artistes par une peinture en détrempe représentant saint Hubert. C'est en voyant un armurier faire mordre à l'eau-forte des ornements gravés sur une cuirasse, qu'il devint graveur à l'eau-forte. Il surpassa Albert Dürer qui fit exprès le voyage de Leyde pour le voir, et qui se lia avec lui d'une étroite amitié. En témoignage de leur estime mutuelle, ils se peignirent l'un l'autre sur un même panneau. On prétend qu'étant allé à Flessingue, des artistes jaloux l'empoisonnèrent et que depuis cette époque il mena une vie triste et languissante; on croit plutôt qu'un travail excessif contribua à le faire mourir jeune.	Le Jugement dernier, avec volets représentant saint Pierre et saint Paul, Leyde. Portrait de Maximilien Ier, Vienne. Décollation de saint Jean, Munich. Circoncision, ibid. La Vierge et l'Enfant Jésus, ibid. Même sujet, Sleswig. Portrait de Philippe, duc de Bourgogne, Amsterdam. La Fille d'Hérodias tenant la tête de saint Jean-Baptiste sur un plat, La Haye. Portrait de Ferdinand, infant d'Espagne, Florence. Martyre de saint Sébastien, Londres. Crucifiement, ibid. Résurrection, ibid. Repos en Egypte, Rome. Paysage, ibid. Et autres, ibid. Descente de croix, Paris. Sainte Famille, ibid. La Salutation angélique, ibid. La Vierge et l'Enfant Jésus, Madrid. J. C. entouré d'une gloire, ibid. Un homme tenant des flèches, Dresde. Le Christ, ibid., Munich. Vierge allaitant, ibid. Sainte Christine et saint Jacques le mineur, ibid. Et plusieurs autres, ibid.	Figures expressives, bonne couleur, mais dessin souvent incorrect. C'est à lui que l'école hollandaise est redevable de la connaissance du clair-obscur, car il est le premier qui ait conçu l'idée d'affaiblir les teintes relativement aux distances. Comme peintre cependant, Lucas tient un rang moins distingué que comme graveur. Sa manière de composer est riche et pleine de mouvement; draperies peu heureuses. On a de lui beaucoup de dessins à la plume, touchés avec beaucoup d'esprit. La bibliothèque royale de Paris possède 230 pièces de ce maître.
SCHOORL ou VAN-SCOREL, ou enfin SCHOREEL (Jean).	1495 1562	Schorel.	Hist., portr.	Élève des Cornelis et de J. de de Mabuse. Ce peintre voyagea longtemps et fut protégé et enrichi par les rois; compagnon de travail d'Albert Dürer, à Nurenberg, où il se rendit après avoir visité Cologne et d'autres villes, partit pour l'Italie, s'arrêta à Venise; de là il fit une excursion en terre sainte, revint en 1520, fut employé à Rome, par le pape Adrien VI, et revint enfin à Utrecht, où il mourut.	Une Madone, Utrecht. Deux tabl. représentant douze abbés faisant un pèlerinage en terre sainte: dans un de ces tableaux qui lui sont attribués, on voit le portrait du peintre, ibid. Adoration des Mages (avec volets), Bruxelles. Marie-Madeleine méditant sur la mort, Amsterdam. Allég. Femme assise tenant un vase, ibid. Portrait du peintre, Vienne. Portrait de femme (ce tableau porte la date de 1539), ibid. Repos pendant la fuite en Egypte, Munich. Saint Georges et saint Denis, ibid. Et autres, ibid.	Puisa la plupart de ses sujets dans la terre sainte, où il demeura quelque temps.
HEEMSKERK (Martin), dit LE RAPHAEL HOLLANDAIS.	1498 1574	Heemskerk.	Id.	Élève de J. Schoorl qui, voyant les grands progrès de son élève, en conçut de la jalousie et l'éloigna de lui. Se rendit en Italie, étudia l'antique. En 1552, il exécuta un saint Luc assis, peignant la Vierge, qui le fit recevoir dans la confrérie des peintres, de Harlem. Il paraît que le nom de famille de ce peintre était: VAN-VEEN; on ignore pour quelle raison il l'avait abandonné.	Mars et Vénus surpris par Vulcain, Munich. Triomphe de Bacchus, Vienne. Saint Jean prêchant dans le désert, ibid. Ses meilleurs ouvrages furent détruits dans l'incendie de Harlem, par les Espagnols, en 1572. La Mort et le Jugement, Londres. Jonas, ibid. Jésus guérissant les malades, ibid. Christ succombant sous la croix (avec volets), Bruxelles. Le Jugement de Momus, Berlin. Saint Bénédict, Munich. Sainte Hélène, ibid. Saint Henri, empereur, ibid. Sainte Catherine, ibid. Et autres, ibid.	Rapporta de Rome une exécution plus étudiée mais plus sévère que celle de son maître. Lairesse dit que son dessin, facile et raisonné, mérite d'être étudié à cause de la fermeté et de la pureté des contours. Il a gravé 600 pièces environ que l'on recherche plus pour leur rareté que pour leur mérite.

NOMS.	ANNÉES DE NAISSANCE ET DE MORT.	LIEU DE NAISSANCE	GENRE.	NOTES HISTORIQUES	TABLEAUX PRINCIPAUX ET LIEUX OU ILS SE TROUVENT.	Observations.
KLAASZOON (Arth.) ou AARTGEN van Leyden.	1498 1564	Leyde.	Hist.	Élève de C. Enghelbrechtsen. Vécut dans la misère; refusa d'accompagner Fr. Floris à Anvers et se noya pendant une des promenades nocturnes qu'il accomplissait tous les jours en jouant de la flûte.	Sainte Famille (avec volets), Berlin. Le Christ devant Caïphe, ibid.	Peintre spirituel, mais peu correct, imita J. Schoorl et Heemskerk.
CHRISTOPHE (J.).	1498 1557	Utrecht.	Hist. et portr.	Élève d'Antoine Moro. Mort à Lisbonne. Jean III, roi de Portugal, l'attira à sa cour, lui fit faire beaucoup de tableaux, et le combla de bienfaits.	Tableaux, Lisbonne.	Un des peintres de son époque qui ont le mieux observé les lois de la perspective.
BOSCH (Louis-Jean Van Den).	14.. 1507	Bois-le-Duc.	Fleurs, fruits et insect.	Détails inconnus.		Il a représenté souvent des fleurs dans des bocaux; il fallait examiner ses insectes à la loupe. Touche légère, transparence admirable.
JORISZ (David).	†1556	Delft.	Hist.	Ce peintre était fou et prétendait être le vrai Messie. Obligé de quitter les Pays-Bas, en 1544, il s'établit à Bâle sous le nom de Jean Van Den Broeck.		Il peignit beaucoup sur verre.
HILLIART (Richard).	†1560	Angleterre.	Miniature.	Détails inconnus.		
CORNELIS (Thierry), fils de Jacques.	†1567			Élève de son père. Graveur sur bois.	Portrait d'homme (ce portrait porte la date de 1529), Vienne.	Les catalogues allemands donnent l'année 1497, comme celle de sa naissance.
HILLIART (Nicolas).	†1577	Angleterre?	Miniat.	Il fut aussi bon graveur.		On le croit frère de Richard.
VOLKERT (Nicolas).	*1450	Harlem.	Hist.	Cet artiste dessina beaucoup pour les peintres sur verre.		
JACOBS (Hugo).	*xve siècle.		Hist. et portr.	Il est le père du célèbre Lucas de Leyde.		
KLAASZEN (Allard).	*Id.		Portr.			
AARTSEN (Pierre), LE LONG.	1507 1573	Amsterdam.	Hist. et genre.	Élève d'Allard Klaaszen. Il fut aussi bon architecte. Lorsque l'on considère le fini extraordinaire de ses tableaux de genre, on a peine à croire que le même maître ait peint de beaux sujets d'histoire.	Beaucoup de ses œuvres périrent dans les émeutes. Scène de marché, Vienne. Jeune femme portant un enfant, Berlin. Le Portement de la croix, ibid.	Ses figures ressemblaient à des masques. Cette singularité paraissait lui être propre. Pinceau hardi.
GOUDA (Corneille Van).	1510 1550?	Gouda.	Hist. portr.	Un des meilleurs élèves de M. Heemskerk, qui le chérissait beaucoup.		Imita la manière de son maître.
MORO (Antoine).	1512. 1568	Utrecht.	Hist. et portr.	Élève de Schoorl. Visita l'Italie. Peintre et favori de Charles-Quint et de Philippe II. Fit une excursion en Angleterre; sa faveur excita la jalousie des courtisans de l'Espagne; quitta ce pays, vint à Bruxelles et se réfugia près du duc d'Albe qui le protégea lui et sa famille.	Résurrection, Paris. Saint Paul, ibid. Portrait de Grotius, ibid. Trois portraits d'hommes, ibid. Un homme assis devant une table, La Haye. Plusieurs portraits de souverains, Madrid. Portrait de Corneille Gross, Florence. Portrait d'un chanoine, Berlin. Portr. Le peintre flamand Gilles Mostaert, Vienne. Plusieurs portraits, ibid.	Touche vigoureuse, coloris vrai, imitation parfaite de la nature, ressemblance frappante.

NOMS.	ANNÉES DE NAISSANCE ET DE MORT.	LIEU DE NAISSANCE.	GENRE.	NOTES HISTORIQUES.	TABLEAUX PRINCIPAUX ET LIEUX OU ILS SE TROUVENT.	Observations.
VISSCHER (Corneille De).	1512	Gouda.	Hist. et portr.	Il se noya pendant la traversée de Hambourg à Amsterdam.	Portrait d'homme avec cette inscription : Aetatis suae 62. A° 1574. Ars probat virum, Vienne.	La plupart des biographes se trompent en donnant pour dates de sa naissance et de sa mort 1520-1568. Le tableau qui se trouve à Vienne, et qui est signé par lui, en est la preuve.
JACOBS (Simon).	1520 1572	Id.	Id.	Él. de Charles d'Ypres, peintre flamand. Il fut tué au siége d'Harlem.		Bonne couleur, pinceau très-moelleux.
ALBERT (Simonz).	1525	Harlem.	Hist.	Élève de J. Mostert. Le malheur l'accabla dans tout ce qu'il entreprit. Mort très-vieux.		
JORISZ (Augustin).	1525 1552	Delft.	Id.	Habita Malines et Paris, et se noya en puisant de l'eau.		Cinq beaux tableaux qu'il peignit à son retour à Delft, suffirent pour faire sa réputation.
GOLTZIUS ou GOLTZ (Hubert).	1526 1583	Venlo.	Id.	Élève de Lambert Lombard, ami d'Antoine Moro, et antiquaire célèbre. Mort à Bruges.	Le Jugement de Midas (le paysage est de Luc Cassel, peintre flamand), Dresde.	Il a publié des ouvrages sur la numismatique.
VRIES (Jean-Frédeman De).	1527 1588	Leuwarden.	Archit. et pays..	Élève de R. Gerrits, peintre peu connu; il habita longtemps Malines et travailla aussi à Anvers, à Francfort, à Brunswick, à Prague, etc.	Intérieur d'église gothique avec figures, Vienne.	Grand imitateur de la nature. Touche spirituelle et variée.
KUIK-WOUTERSZE (Jean Van).	1550 1572	Dordreght.	Hist.	Bon peintre sur verre. Soupçonné d'hérésie, il fut brûlé vif.		On le croit auteur de quelques ouvrages de théologie.
SPELT (Adrien Van Der).	1550? 1574	Leyde.	Fleurs.	Ce peintre travailla longtemps à la cour de l'électeur de Brandebourg et mourut de chagrin d'avoir épousé une femme acariâtre.		
MONTFOORT (Antoine Van), dit BLOKLAND.	1552 1583	Montfoort.	Hist. et portr.	Élève de Fr. Floris. Visita l'Italie et devint un des bons peintres de son époque. Son caractère et ses talents lui attirèrent l'estime et l'amitié de tous. Habita Delft et Utrecht, où il mourut.	Actéon changé en cerf et poursuivi par ses propres chiens, Vienne. Adoration des bergers, Berlin.	Il rendait bien le nu. Belles draperies. Trop de fougue. Dessin correct.
HOEY (Luc. De), frère de Jean.	1533 1604	Leyde.		La mère des peintres De Hoey était fille de Lucas de Leyde.		
BARENTSEN (Thierry).	1534 1592	Amsterdam.	Id.	Él. du Titien. Également poëte et musicien. Il existe une correspondance fort curieuse entre ce peintre et le savant Lampsonius.	Portrait d'homme, Vienne. Portrait de don Ferdinand de Tolède, duc d'Albe, Amsterdam.	Il imita la manière de son maitre, et acquit une grande réputation. Son père, nommé Bernard le sourd, fut un peintre médiocre.
NICOLAI (Isaac).	1534	Leyde.	Hist.	En 1596, il fut bourgmestre de sa ville natale.		
PIETERSZOON (Pierre), fils de P. Aertsen.	1541 1603		Portr. etc.	Élève de son père. Mort à Amsterdam.	Peignit pour les boulangers de Harlem un four allumé, qui lui fit beaucoup d'honneur.	Il a laissé un fils qui fut bon peintre de portraits.
ARP-RYCKHAART (D. Van).	1545		Genre.	Détails inconnus.	Un Atelier de cordonnier, Amsterdam.	
HOEY (Jean De), frère de Luc.	1545 1615	Leyde.	Hist.	Il fut au service d'Henri IV.		

NOMS.	ANNÉES DE NAISSANCE ET DE MORT.	LIEU DE NAISSANCE	GENRE.	NOTES HISTORIQUES.	TABLEAUX PRINCIPAUX ET LIEUX OU ILS SE TROUVENT.	Observations.
LONDERSEEL. (Assuérus-Van).	1548	Amsterdam.	Costumes des différents peuples.	Il fut aussi graveur et sculpteur en bois.		
KETEL (Corneille).	1548 161*	Gouda.	Hist. et portr.	Élève de Montfoort, dit Blokland. Travailla au château de Fontainebleau et à Paris. Les événements survenus dans son pays le forcèrent à aller habiter Londres, où il eut beaucoup de succès; s'établit enfin à Amsterdam.		En 1599, il se mit à peindre avec ses doigts, sans pinceau, et fit de même avec ses doigts de pieds. Il avait l'habitude de mettre sous ses tableaux l'explication du sujet en vers.
MENTON (François).	1550 1615?	Alkmaar.	Id.	Élève de Franck Floris; il fut également graveur.		Portraits terminés avec beaucoup de soin.
STEENWYK (Henri Van), LE VIEUX.	1550 1604?	Steenwyk	Hist. intér.	Élève de Jean Fredeman De Vries; il mourut à Francfort-sur-le-Mein, où il s'était établi après avoir demeuré dans les Flandres et dans le Brabant.	Bâtiments avec figures de J. Fr. De Vries, La Haye. Vue d'une église catholique à la lueur des chandelles, Amsterdam. Enée présenté à Didon, Londres. Intérieur d'église gothique pendant la nuit, Vienne. Délivrance de saint Pierre, ib. Intérieur d'église gothique avec figures, ibid. La Prison de saint Jean-Baptiste (figures de Fr. Franck, le Vieux), Florence. Plusieurs intérieurs d'église, Dresde. (Les catalogues de Dresde n'indiquent pas si ces tableaux sont du père ou du fils.)	Ce peintre avait beaucoup de mérite; ses tableaux étaient recherchés. Brenghel de Velours a peint des figures dans ses tableaux.
BEER (Joseph De).	1550 1596	Utrecht.	Hist. et portr.	Élève de Franck Floris. Protégé par l'évêque de Tournay.		
HERDER.	1550 1609	Groningue.	Id.	Il se trouvait à Rome avec Charles Van Mander. C'est tout ce que l'on sait de ce peintre.		Portraits exécutés avec une grande perfection.
CRABETH (Adrien).	1550? 1581?	Gouda?		Élève de J. Swart de Groningue. On croit qu'il mourut à Autun.		
SOENS (Jean).	1553 1611	Bois-le-Duc.	Pays.	Demeura quelque temps en Italie et mourut à Parme.		Il peignit beaucoup à fresque, en Italie. Couleur vraie, touche vigoureuse et pleine de feu.
BIEZELINGEN (Chrétien-Jean Van).	1558? 1600	Delft.	Portr.	Peintre du roi d'Espagne, il fit le portrait de Guillaume d'Orange et de son meurtrier Balthazar Gerards. Étant allé avec sa femme et ses enfants à bord d'un vaisseau pour y voir des amis, le vaisseau leva l'ancre pendant sa visite, et il fit forcément le voyage d'Espagne; mort à Middelbourg.		Excellait dans le portrait.
GOLTZIUS (Henri).	1558 1617	Mulbrack	Hist. et portr.	Sans avoir eu de maître, il commença dans sa jeunesse à peindre sur verre; plus tard il parcourut toute l'Italie, se faisant passer pour un marchand de fromage afin de mieux entendre ce qu'on disait de ses œuvres. Excellent graveur. Visita plusieurs fois l'Allemagne et mourut à Harlem.	Portrait de femme, Bruxelles.	Imagination riche. Bon coloris et pinceau moelleux.

NOMS.	ANNÉES DE NAISSANCE ET DE MORT.	LIEU DE NAISSANCE	GENRE.	NOTES HISTORIQUES.	TABLEAUX PRINCIPAUX ET LIEUX OÙ ILS SE TROUVENT.	Observations.
HAARLEM (Corneille Van), dit Corne-Lisz Cornelis-sen.	1562 1637 ou 1638	Harlem.	Hist.	Élève de Gilles Coignet, à Anvers; à 17 ans, il était bon peintre; Pierre Pieterszoon, qui gardait, pendant le siége de Harlem, la maison des parents de Corneille, donna quelques leçons au jeune artiste.	Le Massacre des Innocents, La Haye. Adam et Ève dans le Paradis terrestre, Amsterdam. Le Massacre des Innocents, ibid. Bethsabée, Berlin. Une orgie, ibid. Cadmus et le dragon, Vienne. Vénus, l'Amour et Cérès, Dresde.	Coloris peu vrai, manque d'ensemble. Ordonnance riche et spirituelle, figures dessinées avec soin et expression.
BLOEMAART (Abraham).	1564 ou 1567 1647 ou 1658	Gorcum.	Tous les genres.	Élève de J. De Beer, puis de J. Bassot et de Herry, peintres français. Il demeura longtemps à Paris, s'établit à Amsterdam et y fut nommé architecte de la ville. Graveur.	Diogène et le coq plumé, Munich. Résurrection de Lazare, ibid. Adoration des bergers (éclairé par une lampe), Berlin. Saint Joseph averti par un ange de fuir en Egypte, ib. Un Festin des Dieux, La Haye. Distribution des prix d'une course, ib.	Imagination heureuse, pinceau fin, il réussit peu dans le portrait.
UITEWAEL (Joachim.)	1566 1624	Utrecht.	Hist.	Élève de J. De Beer; visita l'Italie, fut protégé par l'évêque de Saint-Malo, avec lequel il voyagea plusieurs années.	Actéon surprenant Diane au bain est changé en cerf, Vienne. Adoration des bergers (éclairé par l'auréole du Christ), ib. Loth et ses filles, Berlin. Adoration des bergers, Madrid. Tête de vieillard, Dresde. Noces de Thétis et de Pelée, Munich.	Bon coloris, bon dessin. Peignit également sur verre.
VROOM (Henri-Corneille).	1566 1617 ou 1640	Harlem.	Marines.	Élève de Paul Bril. Le cardinal de Médicis l'employa à Rome. Il fit, en Angleterre, pour l'amiral Howard, une suite de tableaux représentant dix combats navals. Ce peintre voyagea beaucoup et mourut en laissant une grande fortune.	L'amiral Van Heemskerk faisant couler bas les galères espagnoles devant Gibraltar, Amsterdam.	
MIEREVELT (Mich.).	1567 1641	Delft.	Genre, hist., portr.	Élève d'A. de Montfoort, dit Blokland, dont il ne reçut des leçons que pendant 2 ans à peine; son talent lui attira bientôt la protection des grands et une foule de commandes. Le nombre des portraits qu'il a exécutés est porté à un chiffre très-considérable.	Portrait du prince Maurice, Amsterdam. Portrait du prince Frédéric-Henri, ib. Portrait de Hugo Grôtius, ib. Portrait de la femme de l'amiral Trump, ib. Portrait de Cats, ib. Portrait du général Smelsin et autres, ib. Portrait du prince Frédéric-Henri et de son épouse, La Haye. Portrait, Londres. Portrait de femme, Madrid. » d'un vieillard, Vienne. » d'une vieille femme, Berlin. Portraits, Florence. Deux portraits d'hommes, Paris. Un portrait de femme, ib. Portraits, Dresde. » Munich.	Bonne couleur, beaucoup de finesse et de vérité dans la touche.
MANDIN (Jean).	1568	Harlem.	Hist.	La ville d'Anvers lui fit une pension. Il mourut dans un âge fort avancé. Maître du célèbre B. Spranger, peintre flamand.	Adoration des Mages (attribué), Vienne.	Il peignit dans le goût de J. Bos.
PLAS (Pierre Van De).	1570? 1626?	Id.	Hist. et portr.	D'après Corneille De Bie, ce peintre aurait été un des plus grands artistes de son temps. Du reste, aucune particularité sur sa vie n'est consignée dans les biographies. On sait qu'il mourut à Bruxelles.	La Sainte Vierge et l'enfant Jésus, entourés des donateurs du tableau, Bruxelles.	

NOMS.	ANNÉES DE NAISSANCE ET DE MORT.	LIEU DE NAISSANCE	GENRE.	NOTES HISTORIQUES.	TABLEAUX PRINCIPAUX ET LIEUX OÙ ILS SE TROUVENT.	Observations.
BARTELS (GÉRARD).	1570		Hist. et portr.	Mort de la chute d'une pierre.		Ses tableaux étaient recherchés.
BLOK (DANIEL).	1571? 1651?	STETTIN.	Portr.	Détails inconnus.		
MOREELSE (PAUL).	1571 1638	UTRECHT.	Hist. et portr.	Visita l'Italie, y forma son goût d'après les maîtres anciens. Revenu en Hollande, y fut accablé d'ouvrage; et y remplit les fonctions honorables de conseiller et d'échevin de sa ville natale.	Portrait de Catherine-Christine de Nassau, La Haye. Portrait d'une princesse de Hanau, ib. Bergère tenant sa houlette, Amsterdam. Portrait de Marie Van Utrecht, ib. Portrait d'une jeune femme, Berlin. Portrait d'un homme tenant une pomme, Bruxelles.	Bon architecte et graveur. La porte de Sainte-Catherine, à Utrecht, fut bâtie d'après ses plans.
RAVESTEIN (JEAN VAN).	1572 1657	LA HAYE.	Portr.	En 1655, les peintres d'histoire, les sculpteurs et les amateurs demandèrent leur séparation d'avec les peintres peu renommés qui faisaient partie de la corporation de Saint-Luc; sur la requête se trouve le nom de J. Van Ravestein.	Portrait d'un homme et de sa jeune fille en prière, Berlin. Portr. de Kinna Van Hasselaer, héroïne hollandaise, Bruxelles. Portrait d'un vieux chevalier, Dresde. Portraits, Munich.	Excellent peintre de portraits. On ne connaît de cet artiste que la particularité qui se trouve consignée dans les Notes historiques.
BARRA (JEAN).	1574? 1634			D'origine hollandaise. Passa une grande partie de sa vie en Angleterre et mourut à Londres.		Dessinateur et graveur.
CUYP (JACQUES G.).	1575	DORDRECHT.	Pays., anim., portr., etc.	Él. d'Ab. Bloemaart. En 1642, il fonda, de concert avec trois autres peintres, une nouvelle corporation de Saint-Luc.	Portraits de la famille du peintre C. Troost, Amsterdam. Paysage, Bruxelles. Une ville près de la mer, Munich.	Coloris chaud et transparent, pinceau large et spirituel.
KLOK (NICOLAS).	1576?	LEYDE.		On le croit élève de Fr. Floris.		Connu également comme graveur.
WILLAARTS (ADAM).	1577 1640	ANVERS.	Processions, sions, marines.	Ce peintre s'établit à Utrecht, s'y acquit de la réputation, y fut doyen de la corporation de Saint-Luc et régent de l'hôpital de Saint-Job.	Tableau dans lequel le peintre se représente sur un vaisseau, Munich. Fête donnée, à Tervueren, à Albert et à Isabelle, Anvers. Port de mer avec vaisseaux, Vienne. Marine avec vaisseaux, Berlin. Vue d'un port de mer, Madrid. Port de mer avec vaisseaux et figures, Dresde.	Il excellait à peindre des vaisseaux incendiés. Couleur un peu grise.
DRUIVESTEIN (ARTHUR J.).	1577 1627	HARLEM.	Pays. et anim.	Bourgmestre de Harlem; peignait pour son amusement, pendant les moments de loisir que lui laissaient les différentes charges qu'il remplissait.		
VINCKEBOONS (DAVID).	1578 1629	MALINES.	Hist. en petit, kermesses (pays.), etc.	Élève de son père Philippe, assez bon peintre à la détrempe et qui mourut à Amsterdam en 1601; David habita quelque temps Anvers, mais il passa la meilleure partie de sa vie à Amsterdam; c'est à cause de cette particularité et de son genre de talent qu'on l'a placé à l'école hollandaise. Mort à Amsterdam. Graveur.	En 1603, il fit un tableau représentant une loterie à la lueur de chandelles, avec une multitude de figures. Paysage, La Haye. Le prince Maurice allant à la chasse, Amsterdam. Personnages dansant sur la glace, Florence. Paysage: Fuite en Égypte. Kermesse de village, et plusieurs autres, Berlin. Le Crucifiement, Vienne. Paysage: Repos pendant la fuite en Égypte, etc., ib. Fête sur une place de village, Dresde. Pauvres et estropiés recevant des secours devant un couvent, ib. J. C. montant au Calvaire, Munich. Carnaval sur le glace, ib.	Il fut bon peintre sur verre et exécuta en détrempe des miniatures représentant des oiseaux, des poissons, etc. Rottenhamer a quelquefois étoffé ses paysages. On lui reproche un peu de roideur et un ton souvent peu agréable.

NOMS.	ANNÉES DE NAISSANCE ET DE MORT.	LIEU DE NAISSANCE	GENRE.	NOTES HISTORIQUES.	TABLEAUX PRINCIPAUX ET LIEUX OU ILS SE TROUVENT.	Observations.
BLOCK (JACQUES-REUGERS).	1580	GOUDA.	Arch., persp.	Étudia en Italie, fut distingué par Rubens ; directeur des fortifications, en Pologne ; revint dans sa ville natale et mourut d'une chute de cheval, au service de l'archiduc Léopold.		Célèbre ingénieur.
LASTMAN (PIERRE).	1581 alias 1562 1649	HARLEM.	Hist.	Él. de C. Cornelissen et un des maîtres de Rembrandt ainsi que de Jean Livens. Visita l'Italie ; Vondel l'a célébré dans ses vers. Excellent graveur.	Repos pendant la fuite en Égypte, Berlin. Pays. : l'Apôtre Philippe baptisant, ib.	Les gravures qu'il a faites d'après ses tableaux sont très-rares, ainsi que ses peintures. Ordonnance riche. Belles draperies. Bonne entente du nu, mais coloris un peu faible.
BORCHT (HENRI VAN DER), LE VIEUX.	1585 1660	BRUXEL.	Id.	Élève de Valckenburg, à Francfort-sur-le-Mein, où ses parents s'étaient établis en 1586. Visita l'Italie : s'occupa longtemps à Frankenthal, passa plusieurs années en Angleterre et mourut à Francfort.		Graveur et antiquaire.
VLIET (GUILL. VAN).	1584 1642	DELFT.	Hist., portr., etc.	Après avoir peint l'histoire, il s'adonna spécialement au portrait.	Église vieille à Delft, Amsterdam.	Pinceau riche et savant. Touche ferme et facile.
VALK (PIERRE DE).	1584	LEUWARDEN.	Hist., portr. et pays.	Fils d'un orfèvre ; n'eut point de maître et se forma en Italie.	Il orna de ses ouvrages, le palais des princes, à Leuwarden.	Imita la manière d'Ab. Bloemaart.
BAILLY (DAVID).	1584 1638	LEYDE.	Portr., etc.	Él. de son père, Pierre, peintre médiocre, et plus tard d'A. Verburg et enfin de C. Van Der Voort ; visita l'Italie et passa plusieurs années à Rome.	Portrait de la femme d'Hugo Grotius, Amsterdam.	Dessin correct, fini précieux. Ne peignit plus sur la fin de sa vie et s'occupa à dessiner à la plume des portraits qu'il coloriait ensuite.
POELENBURG (CORNEILLE), dit BRUSCO ou SALGRO.	1586 1660	UTRECHT.	Hist. et pays.	Peintre des cardinaux à Rome, il fut très-laborieux. Ab. Bloemaart le guida le premier dans la carrière de l'art. Une rue d'Utrecht a conservé le nom de Poelenburg. Pendant son séjour à Rome, la manière d'Elzheimer le séduisit tellement qu'il se la proposa pour modèle et tenta d'y ajouter les grâces de Raphael, mais il ne sut parvenir à donner à ses figures la sévérité et la correction requises. Ce fut en Italie qu'on lui donna le surnom de Brusco, à cause de la brusquerie de son caractère. Le grand-duc de Toscane fit tous ses efforts pour retenir Poelenburg à Florence ; mais ce dernier, pressé de revoir sa patrie, n'écouta pas les brillantes propositions qui lui furent faites et revint mourir à Utrecht. Charles Ier lui fit d'importantes commandes. Morin, Blecker, Le Bas, Perelle et d'autres ont gravé la plupart de ses tableaux. Son portrait, peint par Ant. Van Dyck, a été gravé par Pierre De Jode.	Abraham et Sarah, Paris. Un ange annonçant aux bergers la naissance de J. C., ib. Paysages, ib. Paysage avec ruines et figures, La Haye. Pays., femmes au bain, ib. Paysage, Nymphes et Satyres, Amsterdam. Adam et Ève chassés du Paradis terrestre, ib. Baigneuses dans un pays, ib. Adoration des bergers (chef-d'œuvre), Florence. Et beaucoup d'autres, ib. Les Enfants de la reine de Bohême. Paysages. Loth et ses filles. Et d'autres, Londres. Diane se baignant avec ses nymphes, Madrid. Paysage, les Thermes de Dioclétien, ib. L'Annonciation, Vienne. Baigneuses dans un pays., ib. Sujet tiré du Pastor fido, Berlin. Madeleine au désert, ib. Saint Laurent, ib. Paysage, Diane et ses nymphes. Paysage, le jeune Tobie. Les Muses, Minerve et Pégasse au Parnasse. Paysage, femmes au bain. Et beaucoup d'autres, Dresde. Adoration des bergers. Paysages, Munich.	Manière délicate. Beaucoup d'air. Dessin peu correct, touche spirituelle, peignant le nu avec succès. Les petits tableaux de ce maître sont fort supérieurs aux grands. On rencontre dans les premiers une grande finesse et beaucoup de suaveté dans le coloris. Le choix des têtes, l'ingénieuse richesse de ses fonds, ornés des ruines de Rome, le ton vrai de ses paysages, la couleur transparente de ses ciels font le mérite de ce grand artiste.
CAMPHUYSEN (THIERRY-RAPHAEL).	1586 1626 ou 1627	GORCUM.	Anim., pays., etc.	Abandonna la peinture à l'âge de 18 ans. Se fit prédicateur et mourut dans une contrée lointaine. Bon poète.		Couleur naturelle, dessin pur, pinceau habile.
SCHOOTEN (GEORGES VAN).	1587	LEYDE.	Hist., portr., pays.	Élève de Conrad Van Der Maas ; bon peintre de portraits dès l'âge de 20 ans.		Ressemblance frappante.

NOMS.	ANNÉES DE NAISSANCE ET DE MORT.	LIEU DE NAISSANCE	GENRE.	NOTES HISTORIQUES.	TABLEAUX PRINCIPAUX ET LIEUX OU ILS SE TROUVENT.	Observations.
PEDDES (Pierre), ou PIERRE DE HAR- LINGEN.	1588 1634	Har- lingen.	Hist. et portr.	On croit qu'il peignit sur verre. Cité comme excellent graveur.	Jugement de Salomon, Delft.	
THOMAN (Jacques- Ernest).	1588 1653	Hagel- stein.	Id.	Détails inconnus.		
BRONKHORST (Pierre).	1588 1661	Delft.	Hist., vues d'églis.	Id. Id.	J. C. chassant les vendeurs du temple, Delft.	
TERBRUGGEN (Henri).	1588 1629	Deventer	Hist.	Élève d'A. Bloemaart; fit sa réputation à Rome et à Naples; Rubens estimait son talent. Il ne signait jamais ses tableaux.		Pinceau hardi, composition large; de l'imagination.
TORRENTIUS (Jean).	1589 1640	Amster- dam.	Nature -morte et sujets lascifs.	Ses immoralités le firent con- damner et appliquer à la question. Se réfugia à Londres, puis revint à Harlem et y mourut en prison.	La plupart de ses tableaux ont été brûlés.	Beaucoup de vigueur et de fi- nesse d'expression.
VENNE (Adrien Van Der).	1589 1662	Delft.	Batail., sujets grotes- ques, hist., etc.	Élève de J. Van Diest. Le prince d'Orange, le roi de Danemark et d'autres souverains recherchèrent ses ouvrages. Travailla beaucoup pour les imprimeurs; on recher- che l'édition de Cats qu'il a illus- trée : passa la plus grande partie de sa vie à Middelbourg et mou- rut à La Haye.	Le prince Guillaume Ier, repré- senté mort sur un lit de parade, Amsterdam. Le prince Maurice et d'autres princes à cheval, ib. Fête donnée en 1609 à l'occasion de la trêve conclue entre l'archi- duc Albert et les Hollandais (pay- sage et accessoires de J. Breughel de Velours), Paris.	Pinceau ferme. Ordonnance ri- che et variée. La plupart de ses tableaux sont peints en grisaille. Dessin spirituel. Il fut aussi poète.
STEENWYK (Henri Van), LE JEUNE, fils de Henri LE VIEUX.	1589	Amster- dam.	Hist., genre, archit. etc.	Ses débauches le conduisirent à la misère la plus complète. Mort à Londres où Charles Ier l'avait appelé. Après la mort de ce pein- tre sa veuve vint s'établir à Am- sterdam où elle peignit des vues d'après nature.	La Délivrance de saint Pierre (double), Vienne. Intér. d'église avec figures, ib. J. C. mené chez le grand prêtre, Madrid. Saint Pierre en prison, Londres. Intérieurs d'église, Paris. Jésus chez Marthe et Marie (figu- res de Poelenburg). Et autres, ib. Convoi de prisonniers (portant la date de 1642), Berlin.	Ses sujets sont le plus souvent allégoriques; belle couleur, beau- coup d'effet. Van Dyck l'employa pour les fonds d'architecture de ses portraits. Ici encore les bio- graphes se trompent en donnant pour date de la mort de ce peintre 1640, puisqu'un de ses tableaux, à Berlin, porte l'année 1642.
KIERINGS (Jacques).	1590 1646	Utrecht.	Pays., vues de campagne, vues de ville.	Voyagea en Angleterre sous le règne de Charles Ier; peignit les châteaux royaux de l'Écosse, pour ce prince. Mort à Amsterdam. Quelques auteurs, et entre autres Descamps, lui donnent, par erreur, le prénom d'Alexandre.	Paysage, Minerve et les Muses (figures d'Abr. Genoels, peintre flamand), Anvers. Plusieurs paysages, Dresde. Paysage, forêt, Munich.	Beaucoup de vérité. Feuillage exécuté avec une rare perfection. Les figures de ses paysages sont de Poelenburg et d'autres.
JANSSENS (Cor- neille).	1590 1665	Amster- dam.	Portr.	Se rendit en Angleterre, en 1618, y exécuta avec un grand talent les portr. de Georges Ier, de la famille de ce prince et de ses principaux courtisans; à l'arrivée de Van Dyck, à Londres, la vogue de Janssens diminua et il jugea convenable de retourner dans sa patrie, où ses tableaux étaient en grand renom.	La Reine de Bohême (double), Londres. Portr. de Georges de Williers, duc de Buckingham, ib.	Chairs et coloris naturels. Ton transparent. Fini précieux. Pei- gnit également en miniature et copia souvent ses propres ouvra- ges, dans ce dernier genre.
LINSCHOTEN (Adrien Van).	1590	Delft.	Hist. et genre.	On le croit élève de l'Espagno- let; sa vie fut déréglée et ren- ferme peu de traits honorables. Établi à La Haye, y travail- lait encore à 87 ans.		
GREBBER (Pierre De), fils de Fran- çois.	1590	Harlem.	Hist. et portr.	Élève de Goltzius. Il fut gra- veur dans le style de Rembrandt.	Les Fils de Jacob lui apportant la robe ensanglantée de Joseph, Harlem. Les Affamés rassasiés et les nus habillés, ib. Un Berger, une Bergère et des enfants, ib. Portraits, Dresde.	

NOMS.	ANNÉES DE NAISSANCE ET DE MORT.	LIEU DE NAISSANCE	GENRE.	NOTES HISTORIQUES.	TABLEAUX PRINCIPAUX ET LIEUX OU ILS SE TROUVENT.	Observations.
HONTHORST (GÉRARD).	1592 1660 ou 1662	Utrecht.	Hist., portr. et genre.	Élève d'A. Bloemaart. Voulant étudier les chefs-d'œuvre des grands maîtres italiens, Gérard partit pour Rome et s'y occupa avec succès pendant plusieurs années; excellant à représenter des effets de lumière, il dut à cette spécialité le surnom de *Gherardo della notte* (Gérard de la nuit), qui lui fut donné en Italie et sous lequel on le connaît dans ce pays. Partit pour Londres, peu de temps après son retour dans sa patrie, exécuta plusieurs tableaux et portraits remarquables pour le roi Charles Ier, eut l'honneur d'apprendre le dessin aux filles de la reine de Bohème, et à cette princesse elle-même. Rubens estimait le talent de ce peintre distingué, et lui rendit visite pendant son voyage en Hollande. Honthorst, revenu dans ce dernier pays, y devint peintre du prince d'Orange.	Le Christ devant Pilate, Paris. Saint Pierre reniant J. C., *ib.* Un Concert, *ib.* Triomphe de Silène, *ib.* Portrait de Charles-Louis, électeur palatin, *ib.* Un Homme tenant un violon et un verre, Amsterdam. Portr. de Guillaume II, prince d'Orange (double), *ib.* Portraits du prince Frédéric-Henri et de la princesse Amélie de Solms, *ib.* St. Joseph et la Vierge, Londres. Partie de chant (effet de lumière), *ib.* Plusieurs portraits, *ib.* Descente de croix, Gand. Le Sacrifice d'Abraham, Rome. Loth et ses filles (très-beau), *ib.* J. C. arrêté, *ib.* Incrédulité de saint Thomas, Madrid. J. C. devant Pilate. Enfant et chien. Saint Jérôme méditant (tous effets de lumière), Vienne. Délivrance de saint Pierre. Repas de soldats et de femmes. Esaü vendant son droit d'ainesse (effet de lumière), Berlin. Ador. des mages (chef-d'œuvre, effet de lumière), Florence. Et d'autres, *ib.* Plusieurs effets de lumière, Dresde. Moïse sauvé des eaux, *ib.* Et autres, *ib.* Délivr. de saint Pierre, Munich. Cérès métamorphosant le fils de la vieille, *ib.* Et autres, *ib.*	Dessin correct, composition grandiose. Admirable entente du clair-obscur. Coloris un peu sombre. Style vigoureux et plein d'effet, pinceau hardi. On connaît une planche gravée par Honthorst et représentant le *Festin de Neptune.* Suiderhoef, Soutman, Visscher et d'autres ont gravé d'après lui.
HEDA (Guillaume-Nicolas).	1594	Harlem.	Hist., nature morte.	Détails inconnus.	Table couverte d'assiettes d'étain et d'objets de dessert, Gand.	Peintre d'un mérite peu commun, dans le genre *nature morte.*
BRAMER (Léonard).	1596	Delft.	Hist., incend. et genre.	Visita la France; se rendit en Italie, y étudia avec ardeur et fruit; les tableaux y furent recherchés et dans ses représentations de vases d'or, d'argent, de bronze et de marbre, aucun peintre ne le surpassa; revenu dans son pays, y fut protégé par le prince Frédéric-Henri et le comte Maurice de Nassau.	Portrait de P. C. Hooft, Amsterdam. La Douleur d'Hécube, Madrid. Les Anges visitant Abraham, *ib.* Un Homme se mirant et une femme jouant du luth (allégorie), Vienne. Le Néant des choses de la terre, *ibid.* Christ livré aux railleries des soldats, Dresde. Salomon au temple, *ib.* La Reine de Saba, *ib.*	Touche fine et spirituelle. Il aimait dans ses petits tableaux à représenter des effets de feu; peignit beaucoup sur cuivre. La plupart de ses dessins sont tracés des deux côtés du papier.
MIEREVELT (Pierre, fils de Michel.	1596 1632	Id.	Portr.	Il mourut trop jeune pour pouvoir perfectionner son talent.	Portraits d'hommes, Dresde.	Imita, avec bonheur, la manière de son père.
GOYEN (Jean Van).	1596 1656 ou 1666	Leyde.	Pays. et marin.	Un de ses maîtres fut Isaac Van De Velde. Tout ce que les environs de sa ville natale et de La Haye lui offrait de sites pittoresques ou champêtres, il le reproduisait sur la toile; on ne pense pas que ce peintre remarquable sortît jamais de son pays; travaillant avec une grande rapidité, le fini de ses tableaux ne s'en ressentait nullement. Mort à La Haye.	Paysage hollandais, Amsterdam. Vue d'un monument romain à Nymègue, *ib.* Paysage, effet de soleil, Florence. Paysage avec figures, Londres. Paysage avec figures, Berlin. Paysages, Vienne. Paysage avec animaux de Wouwerman, *ib.* Les Côtes de la mer, Dresde. Plusieurs paysages, *ib.*	Nature exacte, pinceau délicat, plein de charme et d'esprit, touche franche. Ses tableaux sont devenus gris à cause du bleu de Harlem que quelques peintres employaient à cette époque. Graveur.

NOMS.	ANNÉES DE NAISSANCE ET DE MORT.	LIEU DE NAISSANCE	GENRE.	NOTES HISTORIQUES.	TABLEAUX PRINCIPAUX ET LIEUX OU ILS SE TROUVENT.	Observations.
NEYN (PIERRE DE).	1597 1639	LEYDE.	Pays., Persp., batail., etc.	Fils d'un tailleur de pierres, ses parents ayant besoin de son aide, l'élevèrent dans leur état. Son goût pour les arts lui fit trouver les moyens de les étudier.		Il fut également architecte.
ROGMAN (ROLAND).	1597 1687	AMSTERDAM.	Pays.	Prenait les croquis des sites qu'il voulait représenter et peignait ensuite d'après ses dessins. Graveur.		Pinceau un peu rude.
SAENREDAM (PIERRE).	1597 1666	ASSENDELFT (Hollande septentrionale).	Persp. avec figures etc.	Élève de F. P. De Grebber. En 1623, il entra dans la corporation des peintres, à Harlem.	Intérieur de l'église de Harlem avec figures, Amsterdam. Même sujet (vu d'un autre côté), ib. Vue de l'ancien hôtel de ville d'Amsterdam, ib.	Figures bien dessinées ; du naturel.
PARCELLES (JEAN).	1597 ou 1598	LEYDE.	Marin.	Él. de H. C. Vroom. Son amour pour la peinture le porta à s'exposer aux plus grands périls afin d'étudier les effets de l'orage en pleine mer. Mort à Leyerdorp.	Vue d'un port de mer, Madrid.	Il excellait à peindre les tempêtes dans toute leur fureur. Pinceau spirituel, étoffage riche.
BRAY (SALOMON DE).	1597 1664	HARLEM.	Hist. et portr.	Il avait du mérite, comme peintre, mais il était meilleur architecte.	Portraits, Dresde. Histoire de Marc-Antoine et de Cléopâtre (les personnages représentent la famille du peintre), Londres.	En 1647, la nouvelle église de Harlem fut bâtie d'après ses dessins.
VELDE (ISAAC VAN DE).	1597? 1648	LEYDE.	Batail., pays., etc.	En 1626, il habitait Harlem, et Leyde, en 1630. Mort dans cette dernière ville. Quelques auteurs le font élève de P. De Neyn, cette assertion est douteuse, mais ce qu'il y a de certain c'est qu'ils travaillèrent ensemble.	Paysage, combat de cavalerie, Vienne.	Touche spirituelle, coloris trop vert. Plusieurs artistes se servaient de lui pour peindre les figures de leurs paysages. Ses figures représentaient ordinairement des cavaliers vêtus à l'espagnole.
VELDE (JEAN VAN DE), frère d'Isaac.	1598?	Id.	Pays., anim. etc.	Il fut meilleur graveur que peintre. Grava au burin et à la pointe.		La plupart de ses gravures sont d'après M. Molyn, A. Elzheimer et G. Buitenweg.
VERWILT (FRANÇ.).	1598 1655	ROTTERDAM.	Pays.	Élève de C. Poelenburg.		Il travailla dans la manière de son maître, mais ne sut pas égaler le ton de ses paysages.
VERTANGHEN (DANIEL).	1598 1637	LA HAYE.	Hist. et pays.	Id. Id.	Saint François dans un pays., Vienne. Adam et Ève chassés du Paradis terrestre, Dresde.	On confond souvent ses tableaux avec ceux de son maître qu'il sut parfaitement imiter pour le coloris, l'ordonnance, le fini et les figures.
ZUSTRIS ou SUSTER (LAMBERT).	†1600	AMSTERDAM.	Hist. etc.	Élève du Titien. S'occupa longtemps à Venise, puis à Florence, où il concourut aux travaux d'embellissements exécutés au tombeau de Michel-Ange. Mort à Munich, au service de la cour de Bavière.	Vénus et l'Amour, Paris.	Quelques biographes le font maître en 1526.
DELFF (JACQUES-GUILLAUME), Le Vieux, dit DELPHIUS.	†1601	DELFT.	Hist. et portr.	Il avait fait un tableau où il s'était représenté avec toute sa famille en figures de grandeur naturelle.	Réconciliation d'Esaü et de Jacob, Vienne.	
PIETERS (PIERRE).	†1603	HARLEM.	Portr. et genre.	Détails inconnus.		Il excellait à peindre le feu.
KUFFEUS (ISEBRANDT-CORNEILLE).	†1618	Id.		Id. Id.		
JACOBS (HUBERT), dit GRIMANI.	†1628	DELFT.	Portr.	Vécut longtemps en Italie y fut peintre du doge Grimani, à Venise; et prit le nom de son protecteur qui resta depuis à sa famille.		C'était un bon peintre dans son genre, mais ayant trop d'ouvrage, il ne put apporter à ses tableaux tout le soin nécessaire.

NOMS.	ANNÉES DE NAISSANCE ET DE MORT.	LIEU DE NAISSANCE	GENRE.	NOTES HISTORIQUES.	TABLEAUX PRINCIPAUX ET LIEUX OU ILS SE TROUVENT.	Observations.
MIEREVELT (JEAN), fils de Michel.	†1633	DELFT?	Portr.	Détails inconnus.		
NICOLAÏ (JACQ.), fils d'Isaac.	†1639		Hist.	Travailla longtemps à Naples, s'y maria; revint en Hollande, en 1617, et mourut à Utrecht.	Nicolas, son frère, fut un peintre qui se distingua à La Haye.	
DEL PONTE (OCTAVE).	†1645?	UTRECHT.	Gibier mort, marin.	Régent de l'hôpital de Saint-Job, à Utrecht de 1639 à 1645.	En 1628, il offrit à l'hôpital de Saint-Job, un tableau représentant du gibier mort.	On le croit d'origine italienne.
WAAS (ARTHUR VAN).	†1650?	GOUDA.	Genre.	Élève de Vautier Crabeth. Il visita la France et l'Italie. Graveur.		
NÉS (JEAN VAN).	†1650	DELFT.	Hist. et portr.	Élève de M. Mierevelt. Voyagea en France et en Italie.		
TROJEN (ROMBOUT VAN).	†1650	AMSTERDAM?	Persp. et pays.	Mort à Amsterdam, où il passa une grande partie de sa vie.		
BELKAMP (JEAN VAN).	†1653		Portr.	S'occupa la plus grande partie de sa vie en Angleterre et y mourut.	Portr. d'Édouard IV, roi d'Angleterre, Londres. Portrait de Louis XIII, roi de France, ib.	Fut spécialement chargé de copier les principaux tableaux des galeries royales de Londres.
CAMPEN (JACQ. VAN).	†1657		Hist.	Étudia d'abord la peinture et visita l'Italie afin de s'y perfectionner; abandonna le pinceau et la palette et devint un des plus célèbres architectes de son pays.		Le lieu et l'année de sa naissance sont inconnus. On sait qu'il habita Harlem et qu'il mourut à son château de Randenbroek, près d'Amersfort.
HILLEGART (PAUL VAN).	†1658	AMSTERDAM.	Hist., vues de ville.	Détails inconnus.	Vue de la place à Utrecht avec figures, Amsterdam.	
RUELLES (PIERRE DE).	†1658	Id. ?		Id.　　Id.		
KEULEN (JANSON VAN).	†1665	COLOGNE?	Portr.	Habitait Londres en 1640, en même temps que Van Dyck, dont le talent l'écrasait de sa supériorité. Retourna en Hollande et mourut à Amsterdam.	Portrait d'homme, Paris. Portraits, Dresde.	Ses portraits étaient estimés à la cour de Charles Ier, roi d'Angleterre.
BILEVELT (ANTOINE).	†1666	MAESTRICHT.		Ce peintre passa la plus grande partie de sa vie en Italie où on le surnomma Bilivetti.	La plupart de ses œuvres sont restées en Italie.	
VERHAAST (ARTHUR).	†1666	GOUDA. ?	Hist.	Élève des Crabeth et peintre sur verre. Il étudia quelque temps à Rome.		
WOUWERMAN (JEAN), frère de Philippe.	†1666	HARLEM.	Pays.	Il fut loin d'égaler le talent de Philippe.		
WOUWERMAN (PIERRE), frère de Philippe.	†1668		Chasses et anim.	Id.　　Id.	Vues de Paris, Paris. Halte de cavaliers, ib. Chasseurs à cheval se reposant près d'un cabaret, Florence. Siége d'une ville flamande par les Espagnols, Berlin. Manége auprès d'un rempart, Bruxelles.	
KEYSER (GUILL. DE).	†1670	HOLLANDE.	Pays. et fleurs.	Mort à Londres.		Peintre de mérite.

NOMS.	ANNÉES DE NAISSANCE ET DE MORT.	LIEU DE NAISSANCE.	GENRE.	NOTES HISTORIQUES.	TABLEAUX PRINCIPAUX ET LIEUX OU ILS SE TROUVENT.	Observations.
CARLISLE (Anne).	†1670	Angle-terre.	Portr.	Détails inconnus.		
KUIL (Gisbert Van Der).	†1675	Gouda.	Hist.	Élève des Crabeth; peintre sur verre. Etudia à Rome et s'occupa longtemps dans cette ville.	Né au commencement du xviie siècle.	
UILENBURG (Gérard).	†1675	Amster-dam.	Pays.	N'ayant que peu de succès comme peintre, il se fit marchand de tableaux.		
SOEST (Jacq. Van).	†168*	Londres.	Portr.	Détails inconnus.		
LOTEN (Jean).	†1680	Hollande	Pays.	S'établit en Angleterre sous le règne de Charles II, et y mourut; presque tous ses tableaux sont de grande dimension.	Paysage boisé, Bruxelles. Pays., chasse au cerf, Berlin.	Beaucoup de fermeté; excellait à représenter des tempêtes, des chutes d'eau et des arbres épais.
VREEM (Antoine).	†1681	Don-drecht.		Mort très-jeune.		
WOLF (Jacq. De).	†1685	Gronin-gue.	Hist.	Ami de J. Starrenberg. Il se perça la poitrine d'un coup de baïonnette.		Le poëte L. Smids a écrit des vers sous ses tableaux.
BEERESTRAATEN (A. Van).	†1687	Frise?	Ma-rines, bataill. naval., etc.	Détails inconnus.	Paysage, Vienne. Bataille navale entre l'amiral Ruyter et l'amiral Monck, Amsterdam. Paysage, hiver, ib. Ruines de l'ancienne maison de ville d'Amsterdam, ib. L'ancien port de Gênes, Paris. Tempête sur mer, Dresde. Vue de la mer, ib.	Bon dessin, coloris sage, pinceau ferme.
WIELING (Nicolas).	†1689	La Haye.	Hist.	Il travailla pour le comte De Horn et fut appelé à la cour de Brandebourg. Un des fondateurs de la corporation des peintres, à La Haye.		
POEL (Egbert Van der).	†1690	Rot-terdam.	Nature morte, figures pays. persp. etc.	Ce peintre embrassa presque tous les genres; mais celui dans lequel il réussit le mieux, fut la représentation des incendies pendant la nuit la plus noire; rien de plus naturel et de plus animé que le grand nombre de petits personnages occupés à éteindre le feu.	Paysans devant une ferme, Paris. Explosion d'un magasin à poudre à Delft en 1654, Amsterdam. Intérieur d'une ferme avec figures, ib. Clair de lune, La Haye. Chaumière au bord d'une pièce d'eau, avec figures, Vienne. Incendie dans une ville pendant la nuit, ib.	Aucune circonstance historique sur sa vie n'est consignée par les biographes. Bonne couleur, figures spirituelles, dessin un peu relâché.
SONJÉ (Jean).	†1691	Id.	Pays.	Détails inconnus.		Pinceau facile. Ton manière et sombre, ciels parfois transparents, figures bien faites.
SNELLINKS (J.).	†1691	Id.	Id.	Id. Id.		Figures spirituellement dessinées.
GOOR (Van).	†1694		Portr.	Id. Id.		
WEBBERS (Zacharie).	†1697	Amster-dam.	Id.	Connu également comme théologien.	Fit les portraits de plusieurs hommes célèbres de son siècle.	Suiderhoef et Van Gunst ont gravé d'après lui. Dessinateur.
OLEN (Jean Van).	†1698	Amster-dam.	Ois.	Détails inconnus.		
CORNELISZ ou COR-NELISSEN (Jacq.).	*1512	Oost-Zaandam.	Hist., vues de ville.	Un des maîtres de Jean Schoorl. Conseiller de la ville d'Amsterdam en 1547. Mort dans cette ville.		Il excellait à représenter des vues de ville.

NOMS.	ANNÉES DE NAISSANCE ET DE MORT.	LIEU DE NAISSANCE	GENRE.	NOTES HISTORIQUES.	TABLEAUX PRINCIPAUX ET LIEUX OU ILS SE TROUVENT.	Observations.
SWART ou VREDE-MAN (JEAN).	*1522	Gro-NINGUE.	Hist. et pays.	Il voyagea en Italie, où ses études consciencieuses furent de la plus grande utilité aux élèves qu'il forma à son retour.	Adoration des Mages (avec volets), Bruxelles. Même sujet (avec volets), Berlin.	Manière de Jean Schoorl. Graveur sur bois. D'après Fortoul ce peintre serait né en 1480 et mort en 1541.
KOOL (LAURENT VAN).	*1530	DELFT?	Hist. et portr.	Peintre sur verre.	Il peignit les portraits des seigneurs de Delft sur les vitraux de leur chapelle.	Bonne réputation.
VRYE (THIERRY DE).	*1530	GOUDA.	Hist.	Détails inconnus.		
MARINUS.	*1541	HOLLAND.	Genre.	Id. Id.	Un homme pesant de l'argent; une jeune femme est près de lui, Dresde.	On le place quelquefois dans l'école flamande.
HEMSEN ou HEMESSEN (JEAN VAN).	*1550	ANVERS.	Hist. et portr.	Plusieurs biographes le font naître à Harlem. Cette erreur vient probablement de ce qu'il florissait dans cette dernière ville, où il s'était établi. Fortoul fait naître cet artiste en 1500 et mourir en 1550.	Descente de croix (avec volets), Bruxelles. Saint Guillaume, Vienne. Saint Jérôme dans une grotte, ibid. Portrait de Jean Gossaert dit de Mabuse, ib. Le Christ choisissant Mathieu pour disciple, ib. Tobie rendant la vue à son père, Paris. Isaac bénissant Jacob, Sainte Famille, etc., Munich. Saint Jérôme, Londres.	Quelques parties de ses tableaux étaient faites avec soin et talent. Imitateur d'Albert Dürer.
AERTSEN (THIERRY), fils de Pierre.	*1555	AMSTER-DAM.	Hist.	Assassiné à Fontainebleau.		
CRABETH (THIERRY), frère de Vautier.	*1560	GOUDA.	Hist. et portr.	Ils furent les meilleurs peintres sur verre de leur époque. Quoique vivant en bonne harmonie, ils tenaient à se surpasser en talent. Vautier visita la France et l'Italie.	Leurs chefs-d'œuvre sont les vitraux de la grande église de Saint-Jean, à Gouda.	Touche vigoureuse.
CRABETH (VAUTIER), dit LE VIEUX, frère de Thierry.	*1560	Id.	Id.			Bon dessinateur. Couleur tranchée.
YSEBRAND (ADRIEN).	*1565		Portr.	Élève de G. David Oudewater, peintre peu connu. Il vivait encore en 1580.	Il a peint beaucoup de portraits sur verre.	Il saisissait parfaitement la ressemblance.
BOSCH (CORNEILLE VAN 'S).	*1566		Hist.	Cité par Guicciardini comme un des meilleurs peintres sur verre de son temps.		Beaucoup d'effet. Composition heureuse.
HUYS.	*1571		Genre.	Détails inconnus.	Les Musiciens ambulants, Halte d'un cavalier, Berlin. Les Damnés conduits aux enfers par les démons, Madrid.	Le tableau de ce peintre qui se trouve à Madrid est dans le style de Jérôme Agnen, dit Jérôme Bos. Celui que l'on voit à Berlin est signé : HVIIS. FE. 1571.
LOUW (PIERRE).	*1590	AMSTER-DAM.	Hist.	Elevé à la maison luthérienne des orphelins. Donna des leçons de dessin; fut pendant plusieurs années directeur de l'académie à Amsterdam. On dit qu'il a été le premier maître de Jacques Cats.		Beau dessin. Grande pureté.
VLIET (HENRI VAN).	*1599		Hist., portr., clairs de lune, etc.	Élève de Guillaume Van Vliet, son oncle. Il fut aussi élève de Mirevelt.	Deux intérieurs d'églises gothiques avec figures, Gand. Femme travaillant à la lueur d'une lampe, Berlin. La Vieille église à Delft, La Haye. Intérieur d'église gothique, Munich.	Bonne entente du clair-obscur.
ASCH (JEAN VAN).	XVIe siècles.		Portr.	Poelenburg fit la réputation de cet artiste qui a longtemps demeuré en France.		

NOMS.	ANNÉES DE NAISSANCE ET DE MORT.	LIEU DE NAISSANCE	GENRE.	NOTES HISTORIQUES.	TABLEAUX PRINCIPAUX ET LIEUX OU ILS SE TROUVENT.	Observations.
CORNELIS (Luc), dit LE CUISINIER, fils de C. Engelbrecht- sen.	*XVIe siècle.	LEYDE.	Hist. et portr.	Élève de son père ; exerça quel- que temps, dans sa ville natale, le métier de cuisinier afin de sub- venir aux besoins de sa famille ; partit pour l'Angleterre, où, sous le règne de Henri VIII, les pein- tres étaient bien payés ; depuis son départ pour ce pays, on ignore en- tièrement les événements de sa vie.	Portraits de plusieurs dames de la cour de Henri VIII, Londres. La Tante de l'empereur Charles V, ibid.	Pinceau pur et agréable ; bon peintre à l'huile et à la détrempe.
SNELLART (Nicolas).	*Id.	TOURNAI.	Hist.	Élève de Charles d'Ypres, pein- tre flamand ; passa une grande partie de sa vie en Hollande et mourut à Dordrecht. On le croit né en 1542 et mort en 1602.		Aida son maître dans un grand tableau du Jugement dernier, peint par Charles d'Ypres au village de Hooglede ; dessin satisfaisant.
CORNELIS (Pierre), fils de C. Engel- brechtsen.	*Id.	LEYDE.	id.	Peintre sur verre. Ami de Luc de Leyde.		
JACOBS (Corneille).	*Id.	DELFT.	Hist., portr.,	Élève de C. Van Haarlem.		Bonne réputation.
VRIES (Adrien de).	*Id.	LA HAYE.		Se fixa à Prague. Plus connu comme sculpteur et comme gra- veur que comme peintre.	Le genre dans lequel il a tra- vaillé n'est guère connu.	
MONFOORT (P. G.).	*Id.	DELFT.		Élève de Mierevelt.		
BUC (Jean).	*Id.	BOIS- LE-DUC.	Hist.	Il eut une bonne réputation comme peintre sur verre.	Cet artiste peignit les vitraux de l'église N.-D. à Bois-le-Duc.	
KIES (Simon-Jean).	*Id.	AMSTER- DAM.	Hist. allég.	Élève de Franck Floris.	Connu par 17 tableaux de sa- lon, peints avec son maître dans une maison d'Anvers. Ces tableaux représentaient les travaux d'Her- cule et les arts libres.	
KLUYT (Pierre- Thierry).	*Id.	DELFT.	Intér.	Élève de Mierevelt.		
PIETERSZ (Aart), fils de P. Aertsen.	*Id.		Portr.	Détails inconnus.		
SECU (Martin de).	*Id.	ROMERS- WALEN,	Allégo- ries.	Vivait du temps de Fr. Floris.		Manière de peindre facile et prompte.
PIETERZEN (Gerrit).	*Id.	AMSTER- DAM.	Portr.	Élève de J. Lenartz et de C. Van Haarlem. Travailla longtemps à Anvers et à Rome.		Peignait très-bien le nu.
AMSTERDAM (Fré- déric Van).	*Id.		Hist.	Peintre sur verre.	Peignit les vitraux de l'ab- baye de Tongerloo.	
HEEM (David de).	*Id.		Fleurs fruits et insect.	Détails inconnus.	Fruits sur une table, Florence. Une caverne, ib. Fleurs, ib. Bouquet de Fleurs, Bruxelles. Fleurs, porcelaine, etc., Dresde.	
PAULUTZ (Zacharie).	1600	ALKMAAR.	Portr.	Détails inconnus.	En 1628, il fit les portraits des chefs de la corporation des arba- létriers.	
LYS (Jean Van Der).	1600 1657	BREDA.	Hist. et pays.	Élève de Poelenburg. Mourut à Rotterdam.	L'Enfant prodigue, Florence. Actéon changé en cerf, Berlin. Paysage avec figur. et animaux, ibid. Madeleine tenant une tête de mort, Dresde. Paysage, Pan et Nymphes, Mu- nich.	Il suivit son maître de si près, pour le coloris, le fini et le choix des sujets, qu'il est souvent diffi- cile de distinguer leurs tableaux.

NOMS.	ANNÉES DE NAISSANCE ET DE MORT.	LIEU DE NAISSANCE.	GENRE.	NOTES HISTORIQUES.	TABLEAUX PRINCIPAUX ET LIEUX OU ILS SE TROUVENT:	Observations.
HEEM (Jean-David De), fils de David.	1600 1674	Utrecht.	Fleurs fruits et insect.	Élève de son père, qu'il surpassa de beaucoup, quoiqu'on confonde parfois quelques-uns de leurs tableaux. Peu de particularités sont consignées sur la vie de cet habile artiste ; en 1670, afin de fuir les désastres de la guerre, il quitta la Hollande. avec toute sa famille , et vint habiter Anvers, où il mourut.	Nature morte (deux tableaux), Londres. Verres et vaisselle antique (trois tableaux dans ce genre), Amsterdam. Fruits, huîtres, citrons, pièces de dessert (deux tableaux), Paris. Fleurs , fruits et accessoires (deux tableaux), La Haye. Fleurs et fruits, Berlin. Fleurs , argenterie, etc. (plusieurs tableaux), Vienne. Fruits, etc., Madrid. Fruits, huîtres, citrons sur une table, Dresde. Fruits, oiseaux, fleurs, ib. Plantes et insectes, Munich. Fruits, ib.	Imitation parfaite, couleur fraîche. Rendant la transparence des corps lumineux avec un rare bonheur. Excellait à peindre des vases d'or et d'argent; ses ouvrages rendent supérieurement la nature et produisent l'illusion la plus complète et la plus agréable.
WIERINGEN (Corneille Van).	1600?	Harlem.	Marin. et pays.	Ce fut après avoir fait de longs voyages que cet artiste revint dans sa patrie avec le goût de la peinture.	Combat naval, Madrid.	Il rendait admirablement l'eau, les ciels et les tempêtes.
SPRONG (Gérard).	1600	Id.	Portr.	Il fit plusieurs portraits des arbalétriers de Harlem.	Portrait de femme, Paris.	
POT (Henri-G.).	1600	Id.	Hist. et portr.	De 1635 à 1659, ce peintre fut lieutenant des arbalétriers.	Char de triomphe, Harlem.	Touche fine.
MATHAM (Théodore).	1600	Id.		Peintre et graveur.		Ses ouvrages, comme peintre, sont inconnus.
BLEEKER (Jean-Gaspard).	1600	Id.	Hist.	Détails inconnus.	Ses tableaux sont peu connus.	Bonne composition , beaucoup d'effet ; bon graveur.
STEENREE (Guill.).	1600	Utrecht.		Neveu et élève de Poelenburg.		Imita la manière de son oncle.
UYTENBROEK (Moïse Van).	1600?	La Haye.	Pays.	On pense qu'il fut l'élève de Poelenburg.	Paysage avec cascade et anim., Florence. Paysage , bergers dansant autour d'un arbre, Vienne. Paysage , Nymphes et Faunes, ibid.	Ses tableaux sont composés dans le style de Poelenburg.
MOYAART (Chrétien-Louis).	1600		Hist. et pays.	Il florissait à Amsterdam en 1630, et avait la réputation d'un bon peintre.	Silène entouré de Faunes et de Satyres, Berlin.	
DUIVEN (Jean).	1600 1649	Gouda.	Portr.	Élève de Vauthier Crabeth.		
WYNANDS (Jean).	1600 1670	Harlem.	Pays. et archit.	A. Van De Velde, J. Lingelbach, Ph. Wouwerman , et d'autres encore ont doublé la valeur de ses tableaux en y peignant des figures.	Paysages (fig. de Lingelbach), Londres. Paysages (figures et animaux de A. Van De Velde), Amsterdam. Paysages (figures et animaux de A. Van De Velde), Paris. Paysages, Vienne. Id. Bruxelles. Paysage boisé, La Haye. Id. (figures de Lingelbach), ib. Paysage (figures et animaux de A. Van De Velde), Dresde. Paysages, ib. Id. Munich.	Manière de Ph. Wouwerman. Simplicité et naturel. Pinceau agréable ; ses vues de dunes sont délicieuses.

NOMS.	ANNÉES DE NAISSANCE ET DE MORT.	LIEU DE NAISSANCE	GENRE.	NOTES HISTORIQUES.	TABLEAUX PRINCIPAUX ET LIEUX OÙ ILS SE TROUVENT.	Observations.
BUITENWEG (GUILLAUME).	1600?	ROTTERDAM.	Pays., etc.	Van Scheyndel et les Van De Velde ont gravé d'après lui.		Il fut également graveur.
NOLP (PIERRE).	1601	HOLLANDE		Détails inconnus.	On neconnaît pas ses ouvrages, comme peintre.	Bon graveur à l'eau-forte.
AALST (ÉVRARD VAN).	1602 1658	DELFT.	Nature morte.	Détails peu connus.	Tableaux en Bavière (plusieurs à Munich). Gibier et attributs de chasse, Berlin. Gibier sur une table, ib. Oiseaux morts (deux tableaux), Florence. Un vase de fleurs, La Haye. Gibier mort, ib. Gibier mort et attributs de chasse, Dresde.	Ses œuvres sont rares et recherchées. Imitation parfaite de la nature.
EGMONT (JUSTE VAN).	1602 1674	LEYDE.	Hist.	Peintre de Louis XIII et de Louis XIV. Élève de Rubens qui l'employa quelquefois pour ses tableaux; un des fondateurs de l'Académie de sculpture, à Paris, en 1648.	Deux portraits de Philippe IV, enfant, Vienne. Portrait de l'archiduc Léopold-Guillaume, ib.	
KNUPFER (NICOLAS).	1603	LEIPZIG.	Hist., genre, etc.	Élève de Bloemaart.	La Fête de saint Jean célébrée à Leipzig, Leipzig? Le Peintre et sa famille, Dresde.	Grande finesse de touche.
BRONKHORST (JEAN VAN).	1603	UTRECHT.	Hist.	Étudia en France; ami de Poelenburg. Quelques conseils qu'il dut à l'amitié de Rubens, l'engagèrent à se livrer à la peinture à l'huile. Son fils, nommé Jean, comme lui, peignit à la gouache.	Les Vitraux de la nouvelle église d'Amsterdam. Portrait de vieillard, Anvers.	Atteignit un degré assez élevé dans la peinture sur verre, qu'il abandonna ensuite.
BYLERT (JEAN).	1603?	Id.	Hist. et genre.	Il fut peintre sur verre. Sa vie n'offre aucun trait honorable.	Presque tous ses tableaux lui furent commandés par des souverains étrangers. Une réunion, Kœnigsberg.	
TOMBERG (GUILL.).	1603 1678	GOUDA.	Hist. et portr.	Élève de Westerhout.	Après le terrible ouragan de 1674, il fut appelé à restaurer les vitraux des églises de sa ville natale.	Ses ouvrages sont moins éclatants et moins vigoureux que ceux de ses prédécesseurs.
BLOEMAART (CORNEILLE), fils d'Abraham.	1603 1680	UTRECHT.	Hist.	D'abord peintre, il se fit graveur par la suite. Mort à Rome.		
ASCH (PIERRE-JEAN VAN), fils de Jean.	1603	DELFT.	Pays.	Ses talents et ses bonnes qualités lui firent beaucoup d'amis.		Il peignit de préférence le paysage en petit. On regrette que quelques-uns de ses tableaux soient devenus noirs et qu'ils aient perdu leurs couleurs.
HONTHORST (GUILLAUME), frère de Gérard.	1604 1683	UTRECHT.	Hist. et portr.	Élève d'Abraham Bloemaart. Il travailla longtemps à Berlin, où il avait été appelé par la princesse Louise-Henriette d'Orange, femme de Frédéric le Grand, électeur de Brandebourg.	Portrait de la princesse Marie, fille de Charles Ier d'Angleterre, Berlin. Le Prince Guillaume II d'Orange, ib. La Princesse Amélie de Solms, ib.	
KOUWENBERGH (CHRÉTIEN VAN).	1604 1667	DELFT.	Hist.	Il se fit une brillante fortune par son talent. Élève de J. Van Nes, visita l'Italie et mourut à Cologne, où il s'était établi.		Dessin très-correct. Couleur vigoureuse. Peignait parfaitement le nu.
DANCKERTS DE RY (PIERRE).	1605 1659	AMSTERDAM.	Portr.	Peintre du roi de Suède; mort à Stockholm.	Portrait du mathématicien Dou, oncle de Gérard Dou, Bruxelles. Portrait de la femme de Gérard Dou, ib.	Ses portraits ont beaucoup de mérite.

NOMS.	ANNÉES DE NAISSANCE ET DE MORT.	LIEU DE NAISSANCE	GENRE.	NOTES HISTORIQUES.	TABLEAUX PRINCIPAUX ET LIEUX OU ILS SE TROUVENT.	Observations.
REMBRANDT VAN RYN (Paul).	1606 1664 ou 1674	Près de LEYDE entre LEYER- DORP et KOU- KERK.	Portr., intér., hist., etc.	Fils d'un meunier, élève de Lastman (Pierre) et de plusieurs autres peintres. Étant encore fort jeune, un tableau qu'il avait fait et qu'il avait porté à La Haye lui fut payé 100 florins. Il crut en devenir fou. Une soif insatiable de l'or déshonora le caractère de ce grand peintre en le portant à commettre des fraudes artistiques qu'il appelait des plaisanteries. Un jour il se fit passer pour mort, et sa femme, avec laquelle il était de connivence, vendit ses tableaux pour une somme énorme. Il ne vivait qu'avec le bas peuple et se plongeait parfois dans de honteuses orgies, dédaignant la société des gens d'élite dans laquelle ses talents semblaient l'appeler. S'étant établi à Amsterdam, en 1630, les commandes et les élèves lui arrivèrent en foule : à peine pouvait-il y suffire. Quelques biographes ont cru pouvoir avancer, d'après des gravures de Rembrandt, que ce grand artiste visita Venise ; d'autres ont prétendu qu'il travailla à Stockholm ; mais ces versions sont dénuées de vraisemblance ; Rembrandt, accablé d'ouvrage, devant donner tous ses soins à ses nombreux disciples, ne connaissant aucune langue étrangère, resta toute sa vie dans sa patrie, où d'ailleurs il ne lui manqua ni la fortune, ni la gloire. Il avait épousé une jolie paysanne de la Hollande septentrionale, et à l'instar de Rubens, sa femme lui servit souvent de modèle ; son fils unique, Titus Van Ryn, fut élevé par lui, pour suivre la même carrière, mais ses talents furent si peu remarquables, que c'est à peine si on a conservé son nom. Rembrandt mourut en répétant la maxime qui fut sa règle de conduite : « Liberté, peinture, argent. » Excellent graveur.	PARIS. Tobie et sa famille. Le Samaritain. Jésus à Emmaüs (double). Saint Mathieu. Le Philosophe en méditation (double). Le Ménage du menuisier. Vénus et l'Amour. Quatre portraits de lui-même. Trois portraits d'homme. Un portrait de femme. Berger, Naples. LA HAYE. La Leçon d'anatomie du professeur Tulp. Siméon au temple. Suzanne au bain. Un Officier. Un Jeune Homme. AMSTERDAM. La Garde de nuit (chef-d'œuvre). Décollation de saint Jean-Baptiste. Plusieurs portraits. Portrait d'homme, Bruxelles. FLORENCE. Intérieur d'un pauvre ménage. Paysage, rochers, lac, village, etc. LONDRES. Le Christ succombant sous la croix. La Femme adultère (chef-d'œuvre). Adoration des bergers. Femme au bain. Paysage, Tobie et l'Ange. Un Capucin. Un Marchand juif. Un Rabbin. Une Jeune Fille hollandaise. La Reine Artémise, Madrid. BERLIN. Deux portraits du peintre. Une Jeune Femme. Tobie aveugle et sa femme. Portrait du duc Adolphe de Gueldre. Saint Joseph averti par un ange de fuir en Égypte. Jacob luttant avec l'ange pendant la nuit. Moïse se plaignant de l'idolâtrie des israélites. VIENNE. L'Apôtre saint Paul. Le Juif. Deux portraits du peintre. Plusieurs portraits. DRESDE. Repos d'Assuérus. Portrait du peintre. Plusieurs portraits. Et beaucoup d'autres. MUNICH. Un Vieillard. Un Turc. Portrait du peintre. Portr. du peintre Govert Flinck. L'Ascension. La Naissance du Christ. Et autres.	Rembrandt est un des peintres dont le talent a une physionomie plus marquée ; peut-être est-elle un peu chargée, mais par cela même elle offre un intérêt très-piquant ; ses marques distinctives sont d'avoir disposé et éclairé les objets d'une manière toute particulière, et de les avoir imités d'une façon tout originale, soit par un coloris que lui seul possédait, soit par un pinceau essentiellement différent de celui des autres, qui, de près, déplaît quelquefois, mais qui, de loin, ajoute à l'effet magique de ses compositions. Rembrandt n'a dû son talent qu'à la nature qui guida son instinct. Il négligea l'étude des antiques et fut un dessinateur médiocre. Quant à la couleur, il n'est personne qui puisse lui être comparé. Il aimait les grandes oppositions de la lumière aux ombres et en poussa très-loin l'intelligence. Rembrandt ébauchait ses portraits avec précision et une fonte de couleur qui lui était particulière. Il revenait sur cette composition avec des touches de vigueur ; et il chargeait les lumières d'épaisseurs si considérables, qu'on aurait dit qu'il avait plutôt modelé que peint. Ses portraits étaient d'une ressemblance frappante, et il saisissait le caractère de chaque physionomie. Il imitait si fidèlement la nature qu'il semblait que ses têtes s'animassent et sortissent des cadres. Composition sans noblesse mais pleine d'expression. Génie plein de feu mais sans grandeur. Entente admirable du clair-obscur. Effets éclatants dans tous ses tableaux. Dans ses imitations des teintes du soleil, il tombe parfois dans des tons jaunâtres trop monotones ; on déplore également qu'il ait sacrifié souvent tout son tableau pour en perfectionner minutieusement les moindres accessoires. Les défauts de ce grand peintre sont d'ailleurs relevés par la vérité et l'esprit qu'il prodigue partout ; ses incorrections, ses costumes bizarres, lui sont pardonnés par la nouveauté de ses conceptions ; enfin, si Rembrandt n'est pas le modèle à offrir aux peintres, pour les préceptes sérieux de l'art, il pourra leur être d'un grand secours en éveillant leur imagination, et en donnant à leur génie une tournure piquante et originale. Ses gravures offrent les mêmes qualités et les mêmes défauts. Pointe libre et pittoresque qui s'affranchit des règles de l'art. Touche spirituelle, légère et expressive. Le nombre des estampes gravées par Rembrandt, s'élève environ à 400.

NOMS.	ANNÉES DE NAISSANCE ET DE MORT.	LIEU DE NAISSANCE	GENRE.	NOTES HISTORIQUES.	TABLEAUX PRINCIPAUX ET LIEUX OU ILS SE TROUVENT.	Observations.
CUYP (Albert), fils de Jacques.	1606	Dor-drecht.	Portr., ois., fruits, ma-rines, pays. clairs de lune.	Élève de son père. Il était né brasseur et vivait encore en 1683, ce n'est que vers la fin du xviiime siècle que l'on apprécia les tableaux de ce grand peintre. Ses contemporains et lui-même ignoraient la valeur de son talent.	Choc de cavalerie dans un paysage, Amsterdam. Paysages avec figures et anim., ibid. Vue aux environs de Dordrecht, La Haye. Animaux, Munich. Paysage et animaux, Vienne. Le Soir, paysage avec figures et animaux, Londres. Pâturage, Paris. Le Départ, ib. Le Retour, ib. Jeune Fille donnant à manger à une chèvre, ib. Le Chasseur, ib.	Belle imitation de la nature. Coloris vrai et vigoureux. On distingue très-facilement dans ses tableaux le matin, le midi et le soir.
EVERDINGEN (César Van).	1606 1679	Alkmaar.	Hist., portr.; pays. et genre.	Il fut un des meilleurs élèves de Jean Van Bronkhorst.	Allégorie : Diogène cherchant des hommes justes au marché de Harlem, La Haye. Portrait du grand pensionnaire Steyn, ib. Jeune Femme se coiffant devant une glace, Bruxelles. Fuite en Égypte, Rome.	Composition énergique. Bon dessin. Couleur un peu rude.
SANDRART (Joachim)	1606 1688	Franc-port-sur-le-Mein.	Hist., portr. et pays.	Élève de M. Mérian, le vieux, peintre allemand, et de Gérard Honthorst; c'est à cause des leçons qu'il reçut de ce dernier peintre, et de son séjour à Amsterdam, qu'on le place quelquefois à l'école hollandaise; protégé par Charles I, en Angleterre, voyagea en Italie et reçut partout des marques d'honneur. Mort à Nuremberg. Graveur.	Apollon vainqueur du serpent, Florence. Sénèque dictant ses dernières volontés, Berlin. Paysage. Mariage de sainte Catherine, Vienne. Le Philosophe Archimède, ib. Sujet allégorique, ib. Allégorie : Les Mois de l'année, Munich. Héraclite et Démocrite, ib. Et autres, ib.	Biographe distingué; on a de lui un recueil des vies des peintres anciens et modernes, dans lequel ses jugements ne sont pas exempts de partialité.
MONNIX.	1606 1686?	La Haye.	Genre.	Ce peintre demeura longtemps en Italie, où il était attaché à la maison du pape.		
SAFTLEVEN (Corneille), frère d'Herman.	1606 ou 1612	Rot-terdam.	Intér., genre et pays.	Il est plus connu comme graveur que comme peintre. Son frère, Herman, l'a surpassé de beaucoup.	Intérieur d'une chaumière, Dresde. Scène de paysans, ib.	Il a cherché à imiter le genre de Teniers et ne travailla que d'après nature. Groupes spirituels.
LIVENS (Jean).	1607	Leyde.	portr., hist. et pays.	Élève de P. Lastman. Vie tranquille et pleine de traits honorables. Il alla en Angleterre, et y peignit les portraits du roi, de la reine et de toute la cour. Graveur.	Visitation, Paris. Portrait du poëte Vondel, Amsterdam. Isaac bénissant Jacob, Berlin. Portrait d'un enfant en costume espagnol, ib. Paysage avec figures, ib. Portraits, Dresde. Id. Munich.	Touche spirituelle. Beaucoup de fini.
STEVENS (Palamède).	1607 1638	Londres.	Batail. et portr.	Mort à la fleur de l'âge. Enfin, disait-il, je vais commencer. La mort s'y opposa.	Combat de cavalerie et d'infanterie, Vienne. Portrait d'homme, Bruxelles. Combat de cavalerie, Dresde. Même sujet, Munich.	Il imita la manière de Van De Velde (Isaac).
WITT (Emmanuel De).	1607 1692	Alkmaar.	Hist., portr., Intér. d'églis. etc.	Cet artiste d'un grand talent, était presque fou. Un soir qu'on lui faisait des reproches sur sa vie déréglée, il alla se noyer. Il vivait en inimitié avec tous ses confrères et spécialement avec G. Lairesse, qu'il accusa plus d'une fois injustement.	Intérieur d'église avec figures, Amsterdam. Intérieur de l'église de Delft, ibid. Même sujet, Bruxelles. Intérieur d'église avec figures, Berlin.	Dessin correct. Bon coloris.

NOMS.	ANNÉES DE NAISSANCE ET DE MORT.	LIEU DE NAISSANCE	GENRE.	NOTES HISTORIQUES.	TABLEAUX PRINCIPAUX ET LIEUX OU ILS SE TROUVENT.	Observations.
WILLINGEN (Pierre Van Der).	1607 ? 16**	Berg-op-Zoom.	Nature morte.	Détails inconnus.		
SCHUERMANS (Anne-Marie).	1607 1678	Cologne.	Hist., portr. et fleurs.	Peintre, poëte, savante, musicienne, sculpteur et graveur. Elle réunit toutes les qualités et fut surnommée la *Merveille de son siècle.*	Les principaux musées de l'Europe ne possèdent aucun tableau de cette femme célèbre.	Sur la fin de ses jours elle se fit religieuse.
PEULEMAN (Pierre).	1608 1658	Rotterdam.	Nature morte.	Détails inconnus.		
BACKER (Jacques).	1608 1641 ou 1651	Harlingen.	Portr., hist. allég.	Passa la plus grande partie de sa vie à Amsterdam. On cite comme preuve de son habileté, qu'étant venu un matin de Harlem à Amsterdam, il commença un portrait mi-corps, grandeur naturelle, et le remporta à midi, entièrement terminé.	Portraits, Dresde. Id. Munich.	Cet artiste maniait le pinceau avec une facilité extraordinaire.
TERBURG (Gérard).	1608 1681	Zwol.	Portr. intér.	Élève de son père, artiste inconnu, qui passa quelques années à Rome ; étudia plus tard à Harlem, sous des maîtres habiles ; le goût des voyages lui vint de bonne heure ; parcourut successivement l'Allemagne, l'Italie, l'Espagne, l'Angleterre et la France. Ayant été distingué, à Munster, par l'ambassadeur d'Espagne, celui-ci l'emmena dans son pays ; Terburg reçut les honneurs que méritait son talent ; il s'y fit une grande fortune, mais son esprit et ses galanteries lui attirèrent des désagréments qui le forcèrent à fuir à Londres ; après avoir visité Paris, il revint en Hollande, où le prince d'Orange le nomma bourgmestre de Deventer. Il tomba en enfance vers la fin de sa vie.	Un Militaire offrant de l'argent à une jeune dame, Paris. La Leçon de musique, *ib.* Une Musicienne, *ib.* Un Conseil de magistrats, *ib.* Un Officier lit une lettre, une dame l'écoute, La Haye. Portrait du peintre en costume de bourgmestre, *ib.* Portraits de tous les plénipotentiaires qui assistèrent au traité de Munster, en 1648, représentés prêtant leur serment, Amsterdam. Scène d'intérieur (chef-d'œuvre), *ib.* Une Femme buvant à côté d'un jeune homme endormi, Florence. Jeune Femme pelant une pomme pour son enfant, Vienne. Jeune Fille écoutant la lecture d'une lettre, *ib.* Scène de famille, Berlin. Un Officier réprimandant sa fille, *ib.* Jeune Femme se lavant les mains, Dresde. Soldat écrivant, *ib.* Et autres, *ib.* Intérieur villageois, Munich. Scène d'intérieur, *ib.*	Cet artiste imita parfaitement les étoffes et surtout le satin ; bonne ressemblance ; mais dessin lourd et parfois incorrect ; pinceau un peu sec, manière agréable et large, coloris frais et transparent ; on lui reproche le manque d'expression ; ses portraits offrent des beautés peu communes.
SAFTLEVEN (Herman), frère de Corneille.	1609 1685	Rotterdam.	Pays.	Élève de J. Van Goyen. Ce peintre ne quitta jamais son pays, et perfectionna son beau talent par des études constantes et assidues d'après la nature, auxquelles il joignait les inventions de sa riante imagination. Il s'établit à Utrecht, s'y occupa presque exclusivement et y mourut.	Vue du Rhin, Paris. Paysage, groupes de paysans, Berlin. Paysage, vue du Rhin avec fig., *ibid.* Paysage avec pastorale, *ib.* Deux vues du Rhin avec figures, Amsterdam. Vue perspective du Rhin, *ib.* Paysage, Vienne. Trois vues du Rhin avec vaisseaux et figures, *ib.* Un Phare près de la mer, Dresde. Paysage, *ib.* Vue d'Utrecht, *ib.* Et autres, *ib.* Paysages : Vues du Rhin, etc., Munich.	Perspective très-pure, couleur sage, jours vaporeux. Étoffage très-riche de figures et de vaisseaux ; exécution agréable et finie. Ses productions sont d'une valeur assez inégale.

NOMS.	ANNÉES DE NAISSANCE ET DE MORT.	LIEU DE NAISSANCE.	GENRE.	NOTES HISTORIQUES.	TABLEAUX PRINCIPAUX ET LIEUX OÙ ILS SE TROUVENT.	Observations.
KONINCK. (Salomon).	1609 16**	Amsterdam.	Hist. et portr.	Élève de N. Moyaert. En 1650, il entra dans la corporation des peintres, à Amsterdam. Le roi de Danemarck le fit travailler ; vivait encore en 1663.	Portrait d'un rabbin, Berlin. Le Christ choisissant Mathieu pour disciple, ib. Crésus et Solon, ib.	
OSTADE (Adrien Van).	1610 1685	Lubeck.	Tabagies, etc.	La vie un peu vagabonde de ce peintre ne fournit aucun trait honorable à sa biographie. Ce fut Fr. Hals qui lui donna les premières notions de l'art de la peinture. C'est dans l'atelier de ce peintre qu'il connut Adrien Brauwer, et qu'il se lia avec lui ; il suivit même sa manière au commencement de sa carrière artistique ; mais, après avoir encore imité Teniers, Van Ostade se créa une manière à lui, et ne suivit plus que les inspirations de sa verve si vraie et si naturelle. Pendant les troubles de son pays, le peintre, averti de l'approche des ennemis, vend tout ce qu'il possède, quitte Harlem, et s'apprête à retourner à Lubeck ; en passant à Amsterdam, les avantages qu'offrait cette grande ville aux artistes, le séduisent ; il s'y établit et y resta jusqu'à la fin de sa vie.	Famille d'Adrien Van Ostade, Paris. Le Maître d'école, ib. Marché aux poissons, ib. Intérieur d'un ménage, ib. Le Notaire dans son étude, ib. Un Fumeur, ib. Un Buveur, ib. Paysage, villageois assis écoutant une femme, Amsterdam. L'Atelier d'un peintre, ib. Intérieur d'un ménage, La Haye. Extérieur d'une maison rustique, ib. Femme assise devant une maison, Berlin. La Musique, Madrid. Réunion de musiciens, ib. Un Homme tenant une lanterne, Florence. L'Atelier du peintre, Dresde. Les Buveurs, ib. Et autres, ib. Intérieur villageois, Munich. Les Fumeurs, ib. Et autres, ib.	Clair-obscur admirable. Jours bien conduits. Composition naturelle. Figures spirituelles, mais auxquelles on a reproché d'être un peu courtes. Dessin souvent lourd. Ses sujets sont ordinairement pris dans les tavernes, les marchés et les places ; la justesse d'observation qu'on remarque dans ses compositions, la finesse et la vérité de l'exécution, font oublier la laideur peu commune qu'il donne à ses personnages. Dans ses représentations d'intérieurs, il offre ordinairement à la vue une suite d'appartements dont les meubles et les accessoires sont traités avec beaucoup de fini et de précision.
HEEMSKERK (Egbert Van), LE VIEUX.	1610 1680	Harlem.	Genre.	Peignit à la manière de Teniers.	Intérieur d'un cabaret flamand, Bruxelles.	
KOOGEN (Léonard Van Der).	1610 ou 1611 1681	Id.	Hist. et portr.	La timidité de ce peintre fut un obstacle à ses succès. Jordaens lui donna des leçons. Graveur.		Travailla dans le style de son maître.
BOTH (Jean).	1610 1650	Utrecht.	Pays.	Élèves d'Ab. Bloemaart. Une touchante amitié unissait ces deux frères. Les tableaux de l'un étaient ornés de figures peintes par l'autre. André s'étant noyé à Venise, Jean ne lui survécut que peu de jours.	Paysages, Munich. » Dresde. Vue d'Italie, soleil couchant, (figures d'André), Paris.	Beaucoup de naturel et d'effet. Bon coloris. Ton chaud et clair. Touche spirituelle.
BOTH (André).	1610 1650	Id.	Anim. et figures.		Défilé entre des voitures, ib. Vue d'une écurie et d'une cour d'auberge en Italie, Amsterdam. Paysages (figures d'André), ib. Paysages (figures d'André), La Haye. Paysages (figures d'André), Berlin. Paysage, Florence. Id. le matin, Londres. Paysages, Rome. Id. Madrid. Paysages (avec Jean), Amsterdam. Paysages (avec Jean), La Haye. Paysage avec figures (paysage de Jean), Berlin. Tableaux, Rome. Paysages avec figures, Dresde. Id. Id. Munich.	
LAAR (Roland Van).	1610 ou 1611 1640	Laren.	Bambochades.	Cet artiste voyagea en Italie avec son frère, et aurait probablement égalé le talent de ce dernier, si la mort ne l'eût surpris, à Gênes, à la fleur de l'âge.		Même manière que celle de son frère, dont il se rapprocha beaucoup par le coloris et par le dessin.
VLIET (Jean-Georges Van).	1610?	Delft.	Genre, portr. etc.	Élève de Rembrandt. Il a fait, d'après les ouvrages de ce maître et d'après d'autres peintres, des gravures très-estimées.	Enlèvement de Proserpine, Berlin.	Cet artiste a imité la manière de son maître.

NOMS.	ANNÉES DE NAISSANCE ET DE MORT.	LIEU DE NAISSANCE	GENRE.	NOTES HISTORIQUES.	TABLEAUX PRINCIPAUX ET LIEUX OU ILS SE TROUVENT.	Observations.
VELDE (Guillaume Van De), LE VIEUX.	1610 1693	Leyde.	Marines.	Quand il prévoyait quelque combat en mer, il s'embarquait aussitôt pour le dessiner avec plus de vérité. Les états de Hollande lui firent équiper une flotte légère, au moyen de laquelle il pouvait, pendant le combat, aller d'un point à un autre. Charles II et Jacques II, d'Angleterre, le protégèrent. Il mourut à Londres.	Ses dessins ornent toutes les collections remarquables. Quant à ses tableaux, on en rencontre peu ou point, et ils n'ont d'autre mérite que celui de porter la signature du grand dessinateur.	Ce ne fut que vers la fin de ses jours qu'il peignit à l'huile, sans pouvoir réussir dans ce genre. Ses dessins sont admirables de vérité.
HANNEMAN (Adrien).	1610 1668 ou 1680	La Haye.	Hist. et portr.	Élève de J. Van Ravestein. Il visita l'Angleterre sous le règne de Charles Ier. De retour dans sa ville natale, il y devint directeur de l'académie.	La Justice, La Haye. Portrait de Charles Ier, d'Angleterre, Vienne. Portrait d'Antoine Van Dyck, ibid.	Manière de Van Dyck.
DONKER (Jean), frère de Pierre (peintre flamand).	1610 163*	Gouda.	Portr.	Mort à la fleur de l'âge.	Il fit les portraits des directeurs de la prison, à Gouda.	
STOOP (Thierry).	1610 1686	Dordrecht.	Chevaux, batail. et pays.	En 1678, il revint dans sa patrie, après avoir suivi, en 1662, l'infante de Portugal, avec le titre de peintre de la cour.	Paysage d'Italie, Bruxelles. Halte de postillon, ib. Combat de cavalerie, Berlin. Paysage, cheval et figures, ib. Un Homme entouré de chiens de chasse, Dresde.	On a de lui quelques gravures.
POTMA (Jacques).	1610 1684	Workum. (Frise.)	Hist. et portr.	Élève de Wybrand De Geest. Pendant son séjour à Vienne, l'électeur le protégea. L'accueil favorable qu'il reçut dans cette dernière ville l'engagea à s'y établir, et le succès ayant répondu à son attente, il y resta jusqu'à la fin de sa vie.		Laissa la réputation d'un peintre de goût et de talent.
ASSELYN (Jean).	1610 1660	Anvers.	Pays., anim., batail. et marin.	Élève d'Isaac Van De Velde. Quelques-uns prétendent que ce fut Jean Miel qui lui donna des leçons; un des premiers peintres de son temps. Le séjour de Rome développa et perfectionna ses heureuses qualités. Mort dans cette dernière ville.	Cygne défendant son nid contre un chien (sujet emblématique), Amsterdam. Vues de Rome et autres paysages, Paris. Port de mer, Berlin. Paysage avec figures, ib. Paysage avec figures, Bruxelles. Paysage boisé, Gand. Paysage, ruines d'un couvent, Dresde. Paysages, Munich.	Coloris vif et transparent, tons chauds. Touche ferme, figures bien dessinées. Il se choisit pour modèles, Claude Gelée, dit le Lorrain, et P. Van Laar, dit Bamboche.
BOL (Ferdinand).	1611 1681	Dordrecht.	Hist., portr. et genre.	Élève de Rembrandt. Ce peintre mourut riche et considéré. Des commandes importantes lui valurent sa fortune; la chambre du conseil d'Amsterdam, celle de Gouda et tous les principaux établissements de la Hollande, le firent travailler à l'envi. A l'instar de son maître, on croit qu'il ne quitta jamais sa patrie. Graveur.	Philosophe méditant, Paris. Enfants traînés par des chèvres, ibid. Deux portraits, ib. Scène d'arbalétriers, Gouda 1665). Portrait de l'amiral De Ruiter, Amsterdam. Portrait de l'architecte Van Campen, ib. Portrait de l'amiral De Ruiter, La Haye. Vieillard méditant et étudiant, Bruxelles. La diseuse de bonne aventure, Berlin. Un Ecclésiastique étudiant, ib. Et d'autres, ib. Le Songe de Jacob, Dresde. Repos pendant la fuite en Égypte, ib. Et autres, ib. Sacrifice d'Abraham, Munich. Portrait d'homme, ib.	Manière large, mais il ne peignit pas avec ce relief qui fit la réputation de son maître. Bonne composition, chairs trop brunes. Ses portraits sont exécutés avec beaucoup de hardiesse, et se rapprochent de la vie et de la nature d'une manière très-remarquable. Dans ses tableaux d'histoire, les figures ont une expression juste et convenable, mais l'effet est souvent peu agréable.

NOMS.	ANNÉES DE NAISSANCE ET DE MORT.	LIEU DE NAISSANCE	GENRE.	NOTES HISTORIQUES.	TABLEAUX PRINCIPAUX ET LIEUX OU ILS SE TROUVENT.	Observations.
OSTADE (Isaac Van).	1612 ou 1615 1671	Lubeck.	Pays., hivers, tabagies, etc.	Jamais il n'a su parvenir à la hauteur du talent de son frère, dont il était l'élève.	Halte de voyageurs, Paris. Un Paysan dans sa charrette, ib. Deux canaux glacés, ib. Paysan tenant une cruche à bière, Amsterdam. Voyageurs devant un cabaret, ibid. Scène villageoise, Vienne. Musiciens de village, Madrid. Le Buveur, ib. Et d'autres, ib. Un Hiver avec figures, Dresde. Un Hiver avec patineurs, Munich. Paysage, ib.	Composition heureuse. Tons chauds.
JANSSENS (Pierre).	1612 1672	Amsterdam.	Hist.	Élève de Jean Van Bronkhorst.		Cet artiste peignit sur verre.
BYE (Marc De).	1612	La Haye.	Animaux-Graveur.	Élève de Jacques Van Der Does.		Abandonna la peinture pour embrasser l'état militaire.
VLIEGHER (Simon De).	1612	Amsterdam.	Pays. et marin.	On ne connaît aucune particularité de la vie de ce peintre, qui a une grande réputation.	Vaisseau sur une rivière, Amsterdam. Mer légèrement agitée, avec vaisseau, Berlin. Marine : temps calme, avec vaisseaux, Paris. Petit tableau de marine, ib. Tempête sur mer, Dresde. Marine, ib. Tempête sur mer, Munich.	Coloris relevé et argenté.
NOOMS (Renier), dit ZEEMAN.	1612?	Id.	Marines	Il doit son surnom à l'état de marin qu'il avait d'abord exercé. D'après le dessin de ses vaisseaux, on le croit contemporain de G. Van De Velde, le Vieux. Il demeura longtemps à Berlin. Graveur.	Marine : plusieurs vaisseaux, au fond le port et une ville, Vienne.	Excellent dessinateur. Manière agréable, teintes claires. Il a fait des gravures qui représentent des vues des environs d'Amsterdam et de l'intérieur de la France.
HONDEKOETER (Gisbert), fils de Gilles et père de Melchior	1613 1653	Utrecht.	Pays., ois., etc.	Élève de son père.	Paysage avec chasseurs, Berlin.	Beaucoup de naturel.
MARCELLIS (Otto).	1613 1673	Amsterdam ?	Fleurs, insect. reptiles	Il fut longtemps à Paris au service de la reine mère, qui lui donnait un louis d'or par jour.	Insectes, animaux, arbres et fleurs autour d'un rocher, Florence. Deux serpents, arbres, plantes, etc., Berlin. Plantes et insectes, Dresde.	Beaucoup de fini.
LAAR (Pierre Van), dit BAMBOCHE, et aussi le SNUFFELAER.	1613 1675 ou 1674	Laren.	Chass., foires et bambochades.	Son premier surnom lui fut donné à cause de la jovialité de son caractère. Ce peintre était contrefait. Il demeura 16 ans à Rome, où il se fit connaître aussi comme graveur.	Départ d'une hôtellerie, Paris. Femme trayant une chèvre près d'un pâtre qui joue du chalumeau, ibid. Un Pauvre et son chien (sur ardoise), Florence. Un Homme abreuvant des chiens (sur ardoise), ib. Cabaret avec chevaux et chasseurs, ib. La Cabane : paysans avec chevaux, ib. Fête de paysans aux environs de Rome, Vienne. Paysage avec figures, ib. Les Joueurs de cartes, Dresde. Distribution de vivres devant un couvent, ibid. Et autres, ibid. Le Champ de bataille, Munich.	Dessin fin. Couleur forte et naturelle. Grande variété dans ses compositions. Facilité extraordinaire.

NOMS.	ANNÉES DE NAISSANCE ET DE MORT.	LIEU DE NAISSANCE	GENRE.	NOTES HISTORIQUES.	TABLEAUX PRINCIPAUX ET LIEUX OU ILS SE TROUVENT.	Observations.
HELT-STOKADE (Nicolas De).	1613 ou 1614 1669	Nimègue.	Pays., Hist. et portr.	Élève de son beau-père, Ryckaert (peintre flamand), visita l'Italie et la France, où il fut peintre de la cour.		Bon dessin, pinceau moelleux et coloris satisfaisant.
WILLAARTS (Abraham), fils d'Adam.	1613 1665 ou 1671	Utrecht.	Hist., anim., etc.	Élève de Simon Vouet (peintre français) et de Bylert. Le comte Maurice de Nassau, avant de se l'attacher, l'envoya en Afrique pour en rapporter des dessins sur les mœurs, coutumes et habillements de ce pays.		Exécuta un grand nombre de dessins.
DOU (Gérard).	1613 1681	Leyde.	Genre, intér. et port.	Élève de Rembrandt. Jamais peintre n'a poussé plus loin la patience dans le travail. Lorsqu'il peignit le portrait, il fut cinq jours entiers à peindre une main de femme. Il avoua qu'il avait mis trois jours pour peindre un manche à balai. Les précautions qu'il prenait dans son atelier étaient presque ridicules : il broyait ses couleurs sur un cristal. Il faisait lui-même ses pinceaux et fermait hermétiquement les fenêtres de son atelier, sans permettre que jamais on les ouvrît. Il mettait soigneusement sous clef sa palette, ses couleurs et ses pinceaux par crainte de la poussière. Lorsqu'il entrait dans son atelier, il n'osait remuer et se tenait immobile jusqu'à ce que l'air fût entièrement reposé. La plupart de ses sujets sont pris dans les occupations de la vie privée, et ses tableaux excèdent rarement un pied. Il ne peignait que d'après nature. Sachant très-mal dessiner on prétend qu'il inventa ce châssis, divisé par carreaux de même grandeur, dont on se sert dans la gravure. Le tableau connu sous le nom de la Femme hydropique mérite d'être compté au nombre des plus célèbres que son pinceau ait produits; Dou y dépasse la dimension ordinaire de ses ouvrages et surtout il y met un sentiment vrai et profond, une composition pleine d'intérêt et d'expression à laquelle il ne nous a pas habitués. Il y parle à l'âme et à l'esprit tout en ne négligeant rien de la perfection des détails, et semble vouloir nous prouver que, quand il le veut, sa pensée a le même génie que son exécution. Que n'a-t-il produit plus souvent de semblables preuves.	La Femme hydropique, Paris. Aiguière d'argent, ib. Épicière de village, ib. Le Trompette, ib. La Cuisinière hollandaise, ib. Femme accrochant une volaille, ibid. Le Peseur d'or, ib. L'Arracheur de dents, ib. Intérieur du ménage du père et de la mère de G. Dou, ib. Portrait de G. Dou, ib. Femme lisant, ib. Une Femme et un enfant au berceau devant une fenêtre ouverte, La Haye. Une Femme devant une lampe, ibid. Une École à la lueur des chandelles (chef-d'œuvre), Amsterdam. Une Dame et un cavalier dans un pays. de Berchem, ib. (On y voit le nom et le portrait de Dou sur un chapiteau). Ermite dans un souterrain, ib. Jeune Fille devant une fenêtre (effet de lumière), ib. La Vendeuse de beignets, Florence. Le Maître d'école (effet de lumière), ib. Tête de saint, Londres. Vieille Femme écrivant, ib. G. Dou dessinant à la lueur d'une lampe, Bruxelles. Jeune Homme devant un miroir, une vieille femme pleure, Vienne. Vieille Femme arrosant des fleurs, ib. Vieille Femme habillée en fourrures, Berlin. Une Servante tenant une lumière, ib. Marie-Madeleine, ib. Vieille Femme devant une table. Dresde. Jeune Fille arrosant une plante (effet de lumière), ib. Portrait du peintre, ib. Et beaucoup d'autres, ib. Vieille Femme à une fenêtre, Munich. La Marchande de crêpes (effet de lumière), ib. Portrait du peintre, ib. Dame à sa toilette, ib. Portrait d'un vieux peintre devant son chevalet, ib. La vieille Marchande de légumes et le Mendiant, ib. La Pâtissière, ib. Une Vieille tuant la vermine sur la tête d'un apprenti cordonnier, ib. Un Ermite dans une grotte, ib. Et autres, ib.	Composition peu noble, dessin servile et sentant le travail. Couleur admirable, d'une fraîcheur exquise. Expression de figures rendue avec finesse et vérité. Fini de détails qu'on ne trouve nulle part ailleurs que chez lui. Clair-obscur merveilleux. Il ne peignait jamais beaucoup de personnages dans ses tableaux; la plupart ne vont qu'à mi-corps. Il ressemble à son maître par la vigueur et la distribution des ombres et de la lumière; mais il est loin d'avoir cette poésie, cette fougue et ce génie qui distinguent Rembrandt. Gérard Dou n'est que le patient et laborieux imitateur d'une nature immobile ou dans un très-faible mouvement. Rembrandt, vu de près, ne satisfait pas l'œil; de loin, il produit un effet magique. Les tableaux de Gérard Dou, au contraire, doivent être regardés à la loupe pour qu'on puisse admirer l'étonnant fini de son pinceau.

NOMS.	ANNÉES DE NAISSANCE ET DE MORT.	LIEU DE NAISSANCE	GENRE.	NOTES HISTORIQUES	TABLEAUX PRINCIPAUX ET LIEUX OU ILS SE TROUVENT.	Observations.
HELST (BARTHÉLEMY VAN DER).	1613 1670	HARLEM.	Portr.	Il ne quitta jamais la Hollande. Les biographes ne citent point le nom de son maître et donnent fort peu de détails sur sa vie; ils se bornent à dire qu'il habita constamment Amsterdam, qu'il vécut riche et considéré et qu'il laissa un fils, peintre comme lui, mais dont le talent n'a pas même atteint le médiocre.	Portrait de femme, Londres. Id. d'homme, ib. Plusieurs portraits, ib. Portraits, Paris. Bourgmestres distribuant le prix de l'arc, ib. Portrait du peintre, Bruxelles. Id. de la femme du peintre, ibid. Portrait d'homme, Florence. Id. de Paul Potter, La Haye. Repas d'officiers, tous portraits (chef-d'œuvre), Amsterdam. Portraits de trois chefs du corps des arbalétriers, ib. Plusieurs portraits, ib. Portraits d'une jeune princesse et de sa nourrice, Berlin. Portrait d'homme, Vienne. Portraits, Dresde. Id. Munich.	Figures bien dessinées, couleur excellente, draperies larges. On prétend que Van Dyck seul, l'a surpassé dans son genre. Ordonnance riche et sage; accessoires traités avec le plus grand soin et la plus grande vérité. Effet remarquable.
ALMELOVEN (JEAN).	1614	GOUDA.	Pays. et portr.	On connaît de lui plus de gravures que de tableaux.		
LOO (JACQUES VAN).	1614 1670	SLUYS (Flandre)	Intér., hist., portr.	Il se fit d'abord une bonne réputation à Amsterdam, puis alla s'établir à Paris, où il fut reçu membre de l'académie des peintres et où il mourut. On le croit l'aïeul des Van Loo, qui ont brillé plus tard dans l'école française.	Portrait de Frédéric, prince de Galles, Londres. Portrait du peintre et graveur François-Michel Corneille, Paris.	Bon dessin. Couleur agréable. Pinceau moelleux. Il a peint parfois les figures des tableaux de Hobbema et de Wynands.
POTTEY (JEAN).	1615	HARLEM.	Hist. et portr.	En 1641, il partit pour l'Angleterre, où l'on croit qu'il est mort.		
ROODTSEUS (JEAN-ALBERT).	1615? 1674?	HOORN.	Portr.	Élève de P. Lastman. Peintre infatigable, il sut amasser une grande fortune.		Composition originale, touche spirituelle. On lui a reproché d'avoir mis trop de vert dans ses tableaux.
METZU (GABRIEL).	1615 1658	LEYDE.	Hist., genre et portr.	Un des plus grands peintres de l'école hollandaise. Ses talents et ses qualités le firent chérir et estimer de tout le monde. La plus grande partie de sa vie s'est passée à Amsterdam. Atteint de la terrible maladie de la pierre, il mourut au milieu de l'opération dans des douleurs atroces. Les biographes ne citent aucune particularité saillante de sa vie. On ne pense pas qu'il ait voyagé. Il n'a peint qu'un petit nombre de tableaux.	La Femme adultère, Paris. Marché aux herbes, ib. Le Galant militaire, ib. Une Femme à son clavecin, ib. Le Chimiste, ib. Femme buvant, ib. Une Cuisinière, ib. Portrait de l'amiral Trump, ib. Vieillard assis près d'un tonneau, Amsterdam. Homme et femme se disposant à prendre leur repas, ib. Partie de musique, La Haye. La Justice (allég.), ib. Un Chasseur, ib. La Femme malade, Berlin. La Famille hollandaise Geifing, ibid. Une Femme travaillant et causant avec un homme, Vienne. Une Poule morte, Madrid. Un Chasseur se présentant à une dame, assise devant sa toilette, Florence. Une Femme assise jouant de la guitare, à ses pieds un enfant et un chien, ib. Le Fumeur, Dresde. Le Marchand de volailles, ib. Et autres, ib. La Cuisinière flamande, Munich. La Fête des rois au village, ib.	Genre de Micris. Son dessin égalait celui de Van Dyck. Touché large et jamais exagérée. Couleur harmonieuse. Fini admirable. Il n'a traité que des sujets de caprice, des femmes entourées de leur famille, des médecins, des laboratoires de chimistes, des marchandes de fruits, etc. Ses sujets sont toujours pleins de vérité. Les peintres hollandais le prennent pour modèle.

NOMS.	ANNÉES DE NAISSANCE ET DE MORT.	LIEU DE NAISSANCE	GENRE.	NOTES HISTORIQUES.	TABLEAUX PRINCIPAUX ET LIEUX OU ILS SE TROUVENT.	Observations.
FLINCK (Govert).	1615 ou 1616 1660	Clèves.	Hist. et portr.	Élève de Jacobs (L.), puis de Rembrandt. Après la mort de ce dernier il adopta le genre italien.	Un Ange annonçant aux bergers la naissance de J. C., Paris. Marcus Curtius, Amsterdam. Prière de Salomon, ib. Assemblée d'officiers, ib. Isaac bénissant Jacob, ib. Abraham chassant Agar et Ismaël, Berlin. Education de la Vierge, ib. Portraits, Dresde. Isaac bénissant Jacob, Munich. Et autres, ib.	On confond beaucoup de ses tableaux avec ceux de Rembrandt. C'est tout dire.
RAVESTEIN (Arnold Van).	1615 1676	La Haye.	Portr.	Élève de son père Jean. Il fut doyen de la corporation des peintres à La Haye, en 1661 et en 1662.		Pinceau hardi.
JORDAANS (Jean), surnommé POT-LEPEL.	1616 1669	Delft.	Marin. et hist.	Il demeura longtemps en Italie, d'où il vint s'établir en Hollande.	Pharaon englouti avec son armée dans la mer Rouge, Berlin.	
JONGH (Ludolf De), dit LIEVE DE JONGH.	1616 1697	Over-schie.	Portr.	Son père, qui était cordonnier, l'ayant frappé, il s'enfuit de la maison pour n'y revenir que riche et honoré. Ses maîtres furent C. Saftleven, A. Palamède Stevens et J. Bylert.	Portraits du contre-amiral Van Nes et de sa femme, Amsterdam.	Tons chauds. Couleurs abondantes.
WYK (Thomas).	1616 1686 ou 1696	Harlem.	Marin. intér., foires, etc.	La ville de Harlem se glorifie d'être le berceau de ce peintre. Il excellait à représenter des ports de mer. Mort à Londres. Bon graveur à l'eau-forte.	Port de mer, Florence. Une Femme filant dans l'intérieur d'une maison, Amsterdam. Ruines près de la mer avec fig., Vienne. Un pont, pièce d'eau et figur., ibid. Ruines près d'un port de mer, Berlin. Chimiste dans son laboratoire, Dresde. Même sujet, Munich.	Coloris chaud. Beaucoup d'effet, groupes gracieux et naturels.
NEDEK (Pierre).	1616? 1686?	Amster-dam.	Pays.	Élève de P. Lastman.		
SCHAGEN (Gilles Van).	1616 1668	Alkmaar.	Marin. archit. portr., etc.	Élève de P. Verbeek. On lui donna, comme à Van De Velde, une frégate pour peindre des combats d'après nature.		Manière large et facile. Bon coloris.
TOMBE (N. La).	1616 1676	Amster-dam.	Ruines figur., etc.	Il résida quelque temps à Rome.		
PAUDITZ (Christophe).	1618?	Saxe.	Hist. anim. et intér.	Élève de Rembrandt.	Réveil de saint Jérôme, Munich. Vieillard avec un enfant, Vienne. Intérieur d'une maison rustique, ib. Saint Jérôme au désert, ib. Scène d'intérieur. — Buste de vieillard, Dresde. Un Loup, un Renard et un Agneau, Munich.	
WATERLOO (Ant.).	1618? 1662	Amster-dam. ou Utrecht.	Pays.	Il est beaucoup plus connu comme excellent graveur que comme peintre. Weeninx a peint les figures de ses paysages. Après une vie très-aventureuse, il vint mourir à l'hôpital.	Paysage, Florence. Paysage avec figures, Berlin. Paysages, Dresde. Paysage, forêt et chute d'eau, Munich.	Ciels et lointains légers. Grands effets de lumière. Composition un peu froide, et coloris trop uniforme.

NOMS.	ANNÉES DE NAISSANCE ET DE MORT.	LIEU DE NAISSANCE	GENRE.	NOTES HISTORIQUES.	TABLEAUX PRINCIPAUX ET LIEUX OU ILS SE TROUVENT.	Observations.
TEMPEL (Abraham Van Den).	1618 ou 1619 1672	Leyde.	Hist. et portr.	Élève de G. Van Schooten.	Portraits d'un homme de condition et de sa femme, Berlin.	Dessin de bon goût. Excellent coloris, belles draperies.
FROMENTION (Henri De).	1618	Nimègue.	Fleurs, ois. et fruits.	Détails inconnus.		Beaucoup de naturel.
DELFF (Jacques).	1619 1661	Delft.	Portr.	Son talent le fit protéger par de puissants personnages. Il peignit pour le conseil de guerre de Delft.		Ce peintre remplissait à Delft des fonctions élevées. Après sa mort on lui éleva un beau monument en marbre.
SPILBERG (Jean).	1619 1690	Dussel-dorf.	Hist. et portr.	Élève de Gov. Flinck. Il vécut dans les honneurs et dans les richesses, et eut, de son vivant, la réputation d'un bon peintre.		Dessin parfois incorrect. Couleur vraie, manière un peu pâteuse.
LASTMAN (Nicolas), fils de Pierre.	1619	Harlem.		Peintre et graveur.		
KONING (Philippe De).	1619 1689	Amster-dam.	Hist., pays. et portr.	Élève de Rembrandt. Vondel et J. Vos ont célébré, par leurs vers, les talents de ce peintre.	Paysage (avec Lingelbach), La Haye. Paysage, terrasse, figures et animaux, Amsterdam. Portraits de deux personnes de qualité, Madrid. Portrait d'un vieillard, Dresde.	Il suivit d'assez près les traces de son maître. Lingelbach et T. Van Bergen ont peint des figures dans quelques-uns de ses paysages.
NEER (Arthur Van Der).	1619? 1683?	Id.?	Pays., etc.	On n'est pas d'accord sur son lieu de naissance, il habita longtemps Amsterdam.	Paysage, hiver avec patineurs, Amsterdam. Paysage, le soir (figures de A. Cuyp), Londres. Village sur le bord d'une rivière (animaux attribués à A. Cuyp), Paris. Village hollandais au bord d'une rivière, chargée de bateaux, Vienne. Vue d'une ville, Dresde. Et autres, ib. Paysage, forêt, Munich.	Ses clairs de lune étaient pleins de naturel. Il ornait ses tableaux d'une multitude de figures. Ciels parfaitement bien traités, ordonnance riche, coloris vrai, tons harmonieux.
MEERKERK (Thier-ny).	1620?	Gouda.	Hist.	Voyagea en France et en Italie; de retour en Hollande, il se noya.		
MAAS (Arthur Van).	1620	Id.	Foires et noces.	Élève de D. Teniers, voyagea en Italie et en France et fut aussi graveur.		Il travailla dans la manière de son maître.
BEGA (Corneille).	1620 1664	Harlem.	Fêtes, intér. etc.	Élève d'A. Van Ostade; c'est en soignant sa maîtresse malade de la peste qu'il fut atteint de la même maladie.	Vieillard dans son cabinet d'étude, Amsterdam. Divertissement rustique, ib. Intérieur d'un ménage rustique, Paris. Femme assise jouant du luth, Florence. Homme assis jouant du luth, ibid. La Bohémienne, ib. Famille de paysans dans leur chaumière, Berlin. Matelots dans une embarcation, ibid. Femme s'accompagnant du luth, ib. Scène de paysans, Vienne. Fête de paysans, Dresde. Même sujet, Munich.	Considéré comme un des meilleurs élèves de Van Ostade, dont il suivit l'ordonnance et le coloris, mais auquel pourtant il est toujours resté très-inférieur. Pinceau agréable, bon coloris, composition spirituelle.

NOMS.	ANNÉES DE NAISSANCE ET DE MORT.	LIEU DE NAISSANCE	GENRE.	NOTES HISTORIQUES.	TABLEAUX PRINCIPAUX ET LIEUX OU ILS SE TROUVENT.	Observations.
BORCHT (Henri Van Der), LE JEUNE, fils de Henri, LE VIEUX.	1620?	Franckenthal.	Hist.	Il voyagea en Italie et se fixa en Angleterre, près du comte d'Arundel, qui fut son protecteur. Après la mort du comte, il passa au service de Charles II, puis il s'établit à Anvers, où il mourut dans un âge très-avancé.		Également graveur, très-laborieux; signait ses estampes de la même manière que son père.
SWANEVELD (Herman), dit HERMAN D'ITALIE.	1620 1690	Woorden	Pays. avec figures	Élève de G. Dou, puis de Claude Lorrain: il se distingua comme graveur. Mort à Rome.	Grand paysage, La Haye. Paysages, Florence. Id. Londres. Id. Rome. Paysage, saint Paul prêchant, Madrid. Paysage, effet de soleil, ib. Paysages, ib. Paysage avec figures, Berlin. Paysages, effets de soleil, Paris. Paysage, Dresde. Paysage italien, Munich.	Peinture suave, belles figures. Couleur quelquefois froide.
AALST (Guill. Van), neveu d'Evrard.	1620 1679	Delft.	Fleurs et fruits.	Élève de son oncle, qu'il surpassa. Surnommé en Italie Gulielmo.	Gibier mort sur une table et accroché au mur, Berlin. Argenterie, verres à vin, fruits, etc., ib. Plusieurs tableaux avec gibier, fruits, vaisselle, etc., Florence. Fruits sur une table, Dresde. Et autres, ib. Gibier mort, Munich.	Travailla quelque temps en France et se fit une excellente réputation.
WOUWERMAN (Philippe).	1620 1668	Harlem.	Foires, chass., etc.	Élève de J. Wynands, qu'il surpassa. Peut-on croire que pendant plusieurs années ce grand peintre eut peine à gagner sa vie; on préférait à ses tableaux ceux de Pierre Van Laar, dit Bamboche; mais Van Laar ayant traité un sujet que Wouwerman avait également choisi, la supériorité de ce dernier fut reconnue et désormais sa fortune ne rencontra plus d'obstacles. Le grand nombre de tableaux peints par cet artiste ferait croire à une longévité extraordinaire et pourtant il vécut à peine 48 ans! Philippe Wouwerman avait reçu d'abord quelques leçons de son père, peintre d'histoire fort médiocre, que les biographes ne citent qu'en passant. Sans avoir jamais quitté sa patrie, sans avoir rencontré au commencement de sa carrière artistique ces encouragements qui bien souvent animent et développent le génie, ce grand peintre a su arriver à une perfection dans son genre, qu'aucun de ses successeurs n'est encore parvenu à égaler	Paysage avec chevaux et figures, Amsterdam. Brigands battus et chassés par des paysans, ib. La Chasse au vol, ib. Rixe villageoise, ib. Chasseurs à la poursuite du cerf, ib. Manége en plein air, ib. Grande bataille, La Haye. Un Camp, ib. Paysage avec chevaux, ib. Partie de chasse, ib. Manége en pleine campagne, ib. Paysage, le Chariot de foin, ib. Paysans à pied et à cheval, ib. L'Arrivée à l'hôtellerie, ib. Le Départ de l'hôtellerie, ib. Bataille, Londres. Récolte du foin, ib. Paysage, figures, chevaux, etc., Berlin. Pays., le Retour de la chasse, ib. Pays, paysans et chevaux, ib. Paysage, chariots et chevaux, Vienne. Paysage, Voyageurs attaqués par des voleurs, ib. Pays., le Retour de la chasse, ib. Paysage avec cavaliers, etc., ib. Le Départ pour la chasse, Paris. Manége près d'une rivière, ib. Le Passage du gué, ib. Chasse au cerf, ib. Choc de cavalerie (double), ib. Promenade du bœuf gras, ib. Et autres, ib. Parade, Madrid. Les Cavaliers, ib. Chasse aux lièvres, ib. Départ pour la chasse, ib. Repos de cavaliers, ib. Et autres, ib. Paysages avec chasses, Dresde. Combats de cavalerie, ib. Marché aux chevaux, ib. Et autres, ib.	Nul ne l'a surpassé dans le dessin des chevaux et des figures, qui sont exécutés avec une admirable correction. Couleur excellente, touche ferme quoique fine, belle entente du clair-obscur, composition large, lointains et ciels très-vaporeux, imitation exacte de la nature.

NOMS.	ANNÉES DE NAISSANCE ET DE MORT.	LIEU DE NAISSANCE	GENRE.	NOTES HISTORIQUES.	TABLEAUX PRINCIPAUX ET LIEUX OU ILS SE TROUVENT.	Observations.
HOLSTEIN (Corn.), fils de Pierre.	1620 et non 1653 comme plusieurs auteurs l'affirment.	HARLEM.	Hist.	Élève de son père; il peignit également sur verre; mort empoisonné. Graveur.		Beaucoup de naturel, dessin savant.
GOEDAARD (Jean).	1620? 1668	MIDDELBURG.	Ois. et insect.	Il peignit beaucoup à la détrempe; bon naturaliste.		
ZORG (Henri-Martin)	1621? 1682	ROTTERDAM.	Genre, nature morte.	Élève de David Teniers.	Intérieur de cuisine, Paris. Légumes et ustensiles de cuisine, ib. Scène de pêcheurs, Dresde. Le Vendangeur, ib. Famille de paysans, Munich. Intérieur villageois, ib.	Pinceau moelleux, coloris agréable, beaucoup de fini. Riche ordonnance dans ses tableaux de nature morte.
WEENINX ou WOENIX (Jean - Baptiste).	1621 1660	AMSTERDAM.	Hist., pays., portr., nature morte, etc.	Élève d'A. Bloemaart et de N. Moeyaart. Weeninx avait un ardent désir de voir l'Italie : sa jeune femme et sa famille voulurent le retenir, il promit de n'être absent que pendant quatre mois; mais ces mois devinrent autant d'années. Il trouva à Rome un zélé protecteur dans le cardinal Pamphile, pour lequel il exécuta beaucoup de tableaux. Il vécut riche et honoré.	Gibier mort et instruments de chasse, Amsterdam. Gibier, oiseaux, fleurs, etc., ibid. Fruits, singe, chien, gibier mort, ib. Portrait d'une dame assise devant son miroir, Bruxelles. Corsaires turcs débarqués et repoussés, Paris. Port de mer avec bâtiments et figures, Vienne. Herminie chez les bergers, Berlin. Tableaux, Munich.	Plusieurs de ses tableaux sont si achevés qu'on les prend pour des ouvrages de Mieris et de Dou. Grande fraîcheur de coloris, composition large et aisée.
BREENBERGH (Barthélemy).	1621? 1660	UTRECHT.	Hist. et pays.	Ses petits tableaux ont plus de mérite que ses grandes compositions. Connu en France et en Italie sous le nom de Bartholomée. Graveur.	Paysage avec figures, La Haye. Paysages, Florence. Pays. avec ruines et animaux, Vienne. Paysage avec ruines et figures, Berlin. Paysage, repos de la Sainte Famille (figures de Poelenburg), Paris. Martyre de saint Étienne, ib. Saint Jean prêchant au désert, ibid. Ruines, ib. Joseph en Égypte, Dresde. Un Moine dans une grotte, Munich.	Beaucoup de fini, coloris vigoureux.
EVERDINGEN (Albert Van), frère de César.	1621 1675	ALKMAAR.	Marin. et pays.	Élève de Roland Savery et de Pierre Molyn dit Tempesta. Ses mœurs et sa piété le firent nommer diacre dans l'église réformée; il mérita le nom de Salvator Rosa du Nord. Graveur.	Paysage de Norwége, Amsterdam. Une grande chute d'eau, Florence. Paysage, Londres. Id. Berlin. Id. avec bâtiments et animaux, ib. Paysage avec animaux, etc., ib. Id. figures, Paris. Id. animaux, Dresde. Paysage, chasse au cerf, ib. Et autres, ib. Tempête sur mer, Munich. Paysages, ib.	Grande facilité. Couleur et dessin parfaits.
MAN (Corneille ou Charles De).	1621 1706	DELFT.	Portr., intér.	Se forma en Italie. Il fit les portraits des régents de la corporation des chirurgiens, à Delft. Cet ouvrage établit sa réputation.		Il imita le Titien.

NOMS.	ANNÉES DE NAISSANCE ET DE MORT.	LIEU DE NAISSANCE	GENRE.	NOTES HISTORIQUES.	TABLEAUX PRINCIPAUX ET LIEUX OÙ ILS SE TROUVENT.	Observations.
EECKHOUT (GERBRAND VAN DEN).	1621 1674	AMSTERDAM.	Hist. et portr.	Un des meilleurs élèves de Rembrandt, qui l'affectionnait beaucoup. Fort peu de peintres hollandais ont traité les grands sujets d'histoire : Van Den Eeckhout s'y distingua.	Le Convive expulsé pour ne pas avoir un habit de noce, Amsterdam. La Femme adultère, ib. Adoration des mages, La Haye. Mercure tuant Argus, Berlin. Présentation de l'enfant Jésus au temple, ib. Tête de vieillard, Vienne. Anne consacrant Samuel, Paris. Siméon tenant l'enfant Jésus, Dresde. Abraham renvoyant Agar et Ismael, Munich. Jésus-Christ enseignant les docteurs, ib.	Il avait les qualités et les défauts de son maître, qu'il égala quelquefois.
PYNACKER (ADAM).	1621 1673	PYNACKER (près de Delft).	Pays.	Grande réputation. Il passe pour un des meilleurs paysagistes de la Hollande. Séjourna trois années en Italie, et, de même que le célèbre Cl. Lorrain, il s'y occupa avec la plus grande assiduité à reproduire les sites si variés et si pittoresques de ce beau pays.	Vue d'une rivière d'Italie avec figures et animaux, Amsterdam. Un grand paysage, La Haye. Vue d'une tour dans un paysage avec figures, Florence. Vue d'Italie : Tivoli, Vienne. Paysage, un muletier s'arrêtant devant une auberge, Paris. Une tour, rivière et figures, ib. Paysage avec figures et anim., ibid. Paysage avec figur. et animaux au fond la mer, Berlin. Pays., effet de soleil couchant, ibid. Paysage, ruines du temple de Vesta, Dresde. Paysages, Munich.	Tons chauds, touche spirituelle. Belle imitation de la nature. Excellait à rendre le feuillage de tous les différents arbres que l'on rencontre dans la nature.
MURANT (EMMANUEL).	1622 1700	AMSTERDAM.	Id.	Élève de Ph. Wouwerman. Il mettait un temps infini à composer un tableau et par conséquent n'en peignit que fort peu ; mais aussi, à l'aide d'une loupe on pourrait compter les pannes et les pierres de ses maisonnettes. Il voyagea beaucoup et, entre autres pays, visita la France.	Paysage orné de fabriques, de ruines et d'animaux, Amsterdam.	Grande patience. Coloris clair et argenté.
CAUSABON (FRÉDÉRIC), dit KARSSEBOOM.	1623 1690	SOLINGEN (Angleterre).	Hist.	On pense qu'il étudia en Hollande.		
DOES (JACQUES VAN DER), LE VIEUX.	1623 1673	AMSTERDAM.	Pays. et anim.	Élève de N. Moyaert et ami de C. Dujardin ; il visita l'Italie. Les pertes de famille qu'il éprouva, rendirent son caractère mélancolique. Tous ses tableaux s'en ressentent. Graveur.	Pays. avec figures et animaux, Vienne. Paysage avec figures, ruines et animaux, ib.	Ordonnance dans le genre de celle de Van Laar, dit Bamboche.
MOMMERS (HENRI).	1623 1697	HARLEM.	Pays., anim., march. etc.	Il avait visité l'Italie, et choisissait des vues de ce pays pour sujets de presque tous ses tableaux. Ses dessins sont recherchés.	Marché aux herbes, Bruxelles.	Ton vigoureux et agréable. Les figures, quoique habilement peintes, laissent à désirer sous le rapport du dessin. Beaucoup d'effet.
KEYLHAU (ÉVRARD).	1624 1683	HELSINGER (Danemarck).	Hist.	Élève de Rembrandt. Mort à Rome.	Assomption, Mayence. Saint Benoît, Ravenne.	Les Italiens le surnommèrent *Monsu Bernardo.*

NOMS.	ANNÉES DE NAISSANCE ET DE MORT.	LIEU DE NAISSANCE	GENRE.	NOTES HISTORIQUES.	TABLEAUX PRINCIPAUX ET LIEUX OU ILS SE TROUVENT.	Observations.
BERCHEM (Nicolas), nommé quelquefois par les Allemands : Nicolas VAN HARLEM.	1624 1683	Harlem.	Pays., hist., anim., etc.	Il eut pour maîtres : J. Van Goyen, N. Moyaart, P. F. De Grebber, Jean Wils, son beau-père, et J. B. Weeninx qu'il laissa tous bien loin derrière lui. La femme qu'il avait épousée le rendit très-malheureux à cause de son extrème avarice. Il voyagea en Italie, d'où il rapporta des trésors en esquisses et en dessins. Les tableaux de Berchem étaient quelquefois vendus avant d'être commencés. Son assiduité au travail était remarquable et ne le cédait qu'à sa facilité et à la variété de ses conceptions. Juste Van Huysum, un de ses élèves, raconte que pour lui la peinture n'était qu'un jeu et que, la plupart du temps, c'était en riant et en chantant qu'il achevait ses meilleures toiles.	Paysage avec figures et animaux, Amsterdam. Paysage (Ruth et Booz), ib. Hivers, ib. Paysages, La Haye. Chasse au sanglier, ib. Combat de cavalerie dans un défilé, ib. Femme trayant une chèvre, Londres. Paysage avec animaux et fig., Bruxelles. Paysage, Vienne. Pays., le Prophète mort, Berlin. Paysages avec figures et animaux. — Hiver, etc., ibid. Débarquement de ballots, Madrid. Paysages, Rome. Le Lever du soleil, ibid. Vue des côtes de Nice, Paris. L'Abreuvoir, ibid. Le Passage du bac (chef-d'œuvre), ibid. Et autres, ibid. Paysage, le Christ annoncé aux bergers, Dresde. Paysages avec figures et animaux, ib. Paysages avec figures et animaux, Munich.	Grande facilité, composition heureuse, fini précieux, intelligence parfaite des ombres et de la lumière, coloris frais et brillant. Ses paysages ont une immense réputation. Le roux et le noir sont trop prodigués dans ses tableaux, les blancs trop crus y choquent souvent les yeux.
FABRICIUS (Charl.).	1624? 1654	Delft?	Persp. et portr.	Il périt avec tous les siens lors de la destruction du magasin à poudre, à Delft.		
HELMBREKER (Théodore).	1624 1694	Harlem.	Hist., pays., etc.	El. de P. De Grebber. Passa presque toute sa vie en Italie, où il fut protégé par le cardinal de Médicis. Mort à Rome.		Clair-obscur excellent, ordonnance riche, figures dessinées avec goût, coloris naturel.
POTTER (Paul).	1625 1654	Enkhuysen.	Anim. et pays.	Issu de la famille d'Egmont par sa mère ; il montra dès sa plus grande jeunesse des dispositions extraordinaires. A 14 ans, il était un maître habile. Sa vie fut toute consacrée à son art; il se levait avec le soleil et peignait tout le jour ; le soir était consacré au dessin et à la gravure; ses seules distractions étaient des promenades, pendant lesquelles encore il esquissait tous les sites agrestes qu'il rencontrait. Il se maria en 1650, à La Haye, non sans avoir eu à vaincre les préjugés du père de sa future, qui disait avec dédain que Potter n'était qu'un peintre... d'animaux. Il fut également excellent graveur. Son infatigable activité le conduisit au tombeau à 29 ans !	Orphée rassemblant les animaux au son de sa lyre, Amsterdam. Paysage, un bœuf brun, boue, génisse, bélier, deux brebis, un agneau, une femme allaitant un enfant, un homme jouant de la cornemuse, un chien; plus loin un bœuf, un cheval et un âne; des moutons gravissant une colline, ib. (Les deux tableaux qui précèdent sont des chefs-d'œuvre.) Et autres, ib. Animaux et pâtre (grandeur naturelle), La Haye. Paysages avec animaux, ib. Paysages avec animaux, Rome. Chevaux à la porte d'un cabaret, Paris. Bœufs et moutons dans une prairie, ibid. Paysage avec animaux, Dresde. Animaux devant une chaumière, Munich.	Il dessinait les figures, les chevaux et tous les autres animaux dans la plus grande perfection. Ses tableaux ont la couleur de ceux de Wouwerman et de C. Dujardin. Pinceau fin et moelleux, fonds de lointains vaporeux, parfaite entente du clair-obscur. Le seul reproche qu'on puisse lui faire, c'est un peu de roideur dans quelques-unes de ses productions.
DRILLENBURG (Guillaume Van).	1625?	Utrecht.	Pays.	El. de A. Bloemaart ; sa famille étant aisée, il peignit par goût et non par nécessité. Il passa la plus grande partie de sa vie au cabaret.		Manière de Jean Both, sans égaler toutefois le coloris et la touche de ce grand maître.

NOMS.	ANNÉES DE NAISSANCE ET DE MORT.	LIEU DE NAISSANCE	GENRE.	NOTES HISTORIQUES.	TABLEAUX PRINCIPAUX ET LIEUX OU ILS SE TROUVENT.	Observations.
LINGELBACH (Jean).	1625 1687?	Franc-fort-sur-le-Mein.	Pays., marines et genre.	Quoique Allemand de naissance, ce peintre, étant venu fort jeune à Amsterdam, est compris dans l'école hollandaise. En 1642, il se rendit en France et deux ans après à Rome : là, il séjourna huit années, qu'il employa à étudier avec ardeur, et revint mourir dans sa patrie adoptive en traversant l'Allemagne.	Deux ports de mer d'Italie avec figures, vaisseaux, etc., Amsterdam. Paysages avec figures et chevaux, ib. Manége en plein air, ib. Paysage, La Haye. Port de mer d'Italie, ib. Départ de Charles II, de Scheveningue pour l'Angleterre, ib. Marche de cavalerie, ib. Chasseurs au repos, Florence. Port de mer avec figures, Dresde. Paysage, Munich. Paysages avec figures, Vienne. Port de mer avec figures. ib. Vue de la place du Peuple à Rome, Bruxelles. Paysans et musiciens ambulants devant une maison, Berlin. Marché aux herbes, Paris. Port de mer avec beaucoup de figures, ib. Et d'autres, ib.	Composition spirituelle, couleur vaporeuse, pinceau large, dessin correct. Dans ses représentations de Dunes, de manéges, etc., il rivalisa avec J Wynands et Phil. Wouwerman, mais les sujets qu'il traitait de préférence étaient des ports de mer italiens, avec un étoffage et des accessoires très-riches.
TYBOUT (Guillaume)	1626 1699	Gouda.	Hist. et portr.	Peintre sur verre.	Il fit les portraits des comtes de Hollande.	
LAVECQ (Jacques).	1626? 1674	Dordrecht.	Portr.	Élève de Rembrandt. Reçu dans la corporation des peintres à Dordrecht, en 1655.	Il fit beaucoup de portraits en France.	
ROESTRAETEN (Pierre).	1627 1698	Harlem.	Nature morte et portr.	Élève de François Hals, dont il épousa la fille. Il se rendit à Londres, et là, pour ne pas nuire à la fortune du peintre Lely, il convint avec lui de ne plus faire de portraits ; de son côté, Lely se chargeait de placer avantageusement les tableaux de nature morte peints par Roestraeten.	Nature morte, Londres.	Bonne réputation.
VERSCHUURING (Henri).	1627 1690	Gorcum.	Hist., bataill. etc.	Él. de J. Both. Nommé bourgmestre de sa ville natale, où ses talents et ses vertus lui firent beaucoup d'amis. Il dessina tant de ruines, de châteaux et de bâtiments de tout genre, qu'il devint aussi un excellent architecte. Il passa plusieurs années en Italie, voyagea en France et en Suisse et périt dans un naufrage.	Les Remparts : Cantinières, chariots, femme assise sur une mule et autres figures, Berlin.	Imagination vive et féconde, fortes études dans le dessin, couleur vigoureuse. Il peignait de préférence des attaques de voleurs.
ULFT (Jacques Van Der).	1627 1680?	Id.	Pays., anim. et vues de ville.	Sans avoir été à Rome il en représenta des vues : bizarrerie inexplicable ; nommé bourgmestre de Gorcum. Il fut un des meilleurs peintres sur verre de son temps.	Paysages italiens avec bâtiments et montagnes, Amsterdam. Vue d'édifices antiques avec un corps d'armée en marche, La Haye. Les côtes de Scheveningue avec une multitude de figures, militaires, etc., Berlin. Place Trajane à Rome avec figures, ib. Porte d'une ville près d'une rivière, Paris. Vue d'une place publique avec une multitude de figures, ib. Paysages avec bâtiments et figures, Dresde.	Sa manière fait penser aux tableaux de J. Both.
GRAUW (Henri).	1627? 1681	Hoorn.	Hist. et portr.	Élève de P. F. De Grebber et de l'architecte Van Campen. En 1648, il se lia, à Rome, avec Le Poussin, qui le prit en grande amitié.		Ordonnance riche. Il peignit parfaitement le nu.

NOMS.	ANNÉES DE NAISSANCE ET DE MORT.	LIEU DE NAISSANCE	GENRE.	NOTES HISTORIQUES.	TABLEAUX PRINCIPAUX ET LIEUX OU ILS SE TROUVENT.	Observations.
HOOGSTRATEN (Samuel Van).	1627 1678	Dordrecht.	Hist., portr., fruits, etc.	Élève de son père et de Rembrandt. En 1651, il voyagea en Allemagne et en Italie ; excellent poëte et grand peintre, aimé et estimé de tous par son amabilité et ses bonnes mœurs. Il fut prévôt de la monnaie et publia un ouvrage sur la peinture.	Un grand portique sous lequel est une dame avec un chien, La Haye. Vieillard à une fenêtre, Vienne. La place de Vienne, ib.	Il suivit d'abord avec succès la manière de Rembrandt. Mais ensuite il trouva mieux ou plus facile d'imiter De Baan.
HEERSCOP (Henri).	1627 ?	Harlem.		Détails inconnus.		
GODEWYCK (Marguerite).	1627 1677	Dordrecht.	Portr.	Une des femmes les plus savantes de son siècle ; on la surnomma la perle de la jeunesse de Dordrecht , la fleur du paradis des arts et des sciences et une seconde Anne Schuurmans.		
OSSENBEEK (Jean ou George).	1627 1678	Rotterdam.	Pays. avec figures	Il passa une grande partie de sa vie en Italie, et fit quelques bonnes gravures. On rencontre peu de ses tableaux dans sa patrie.	Paysage, Voyage du patriarche Jacob vers la Mésopotamie. Vienne. Paysages avec figures, Dresde.	Genre de P. Van Laar, dit Bamboche.
WITHOOS (Mathieu).	1627 1703	Amersfort.	Plantes insect , fleurs, etc.	Il résida deux ans en Italie , où il travailla pour le cardinal de Médicis. Sa vie honorable et ses talents le firent estimer de tous.	Fleurs et insectes, Londres. Même sujet. ib.	Autant de fini que de naturel. Ses deux fils, Pierre et François , dessinaient sur parchemin des sujets qu'il reproduisait sur la toile.
MEER (Jean Van Der) LE JEUNE.	1627 1691	Schoonhoven.	Pays.	Élève de Nicolas Berchem.	Paysages avec figures et animaux, Amsterdam. Plusieurs paysages, Berlin. Paysage, vue de la mer, ib.	Il fut aussi graveur.
SCHUUR (Théodore Van Der).	1628	La Haye.	Hist.	Visita l'Italie et la France.		Le style italien dominait dans ses ouvrages.
GRAAT (Bernard).	1628 1709	Amsterdam.	Hist., pays. et anim.	Dans sa jeunesse il allait dans les églises voler les bouts de cierges afin de pouvoir travailler la nuit. Il établit dans sa maison une académie, où les meilleurs artistes de son temps venaient dessiner avec lui, d'après nature. Un des plus grands peintres de son époque.		Il réunissait d'une manière complète les qualités qui constituent le talent ; sa manière a quelque ressemblance avec celle de P. Van Laar.
BLANKHOF (Jean-Antoine).	1628 1670	Alkmaar.	Marines.	Él. de César Van Everdingen ; vie orageuse ; il reçut en Italie le surnom de Jean Maat.		Grande étude d'observation ; eau et ciels pleins d'effet.
MEYBURG (Barthélémy).	1628 1662	Maselandt-Sluys.	Hist. et portr.	Demeura quelques années en Allemagne , où il fit les portraits de beaucoup de grands seigneurs.	Tableaux en Allemagne.	
OOSTFRIES (Joseph).	1628 1661	Hoorn.	Id.	Peintre sur verre.		
VINNE (Vincent Van Der).	1629 1702	Harlem.	Hist., portr., pays. et anim.	Élève de Fr. Hals ; il se réunit à quelques autres peintres pour faire le tour de l'Allemagne, de la Suisse et de la France. A cette époque il était de mode de faire peindre les enseignes par des grands artistes. Vincent acquit tant de réputation dans ce genre, qu'il fut surnommé le Raphaël des enseignes.	Délivrance de S. Pierre. Bruxelles.	Beaucoup de génie, de feu et d'enjouement.

NOMS.	ANNÉES DE NAISSANCE ET DE MORT.	LIEU DE NAISSANCE	GENRE.	NOTES HISTORIQUES.	TABLEAUX PRINCIPAUX ET LIEUX OU ILS SE TROUVENT.	Observations.
BERCKMANS (HENRI).	1629 1690?	KLUNDERT (près Willemstad).	Hist. et portr.	Élève de Ph. Wouwerman, de Bossaert et de Jordaens; peintre du comte Henri de Nassau.	Port ; Le vice-amiral A. Banckert, Amsterdam.	Ses portraits sont très-estimés.
DUCART (ISAAC).	1630 1697	AMSTERDAM.	Fleurs sur étoffes.	Il s'occupa longtemps en Angleterre.		Beaucoup de naturel.
BEMMEL (GUILLAUME VAN).	1630 1708	UTRECHT.	Pays.	Élève de H. Saftleven; il visita Rome et s'occupa pendant son voyage à dessiner tous les beaux sites qu'il rencontrait. A son retour, il s'établit à Nuremberg, où il vécut riche et honoré. Il a fait quelques gravures; son fils, Jean-George, naquit à Nuremberg, en 1669, mourut en 1723 et fut peintre de batailles et de paysages.	Paysages avec ruines et figures, Vienne. Paysage, une troupe de cavaliers, ib. Paysage avec un pont et figures, Dresde. Le Soir (de Jean-George), Dresde. Le matin (id.), ib.	Coloris naturel et vivant, quoiqu'un peu vert; figures et barques bien dessinées, arbres un peu roides, effet en général très-agréable, pinceau de maître, bonne entente du clair-obscur, ciels chauds et naturels.
BEELDEMAKER (JEAN).	1630 ou 1636 1669	LA HAYE.	Chasses	Il représentait dans ses tableaux des chiens, dessinés d'après nature avec une grande vérité. Il eut plusieurs élèves, parmi lesquels se distinguèrent deux de ses fils.	Oiseaux effrayés par des fouines, Valenciennes.	Beaucoup d'imagination et de naturel.
BISSCHOP (CORNEILLE).	1630 1674	DORDRECHT.	Hist., portr. et ornements.	Élève de F. Bol. Peintre du roi de Danemarck ; il laissa onze enfants, dont cinq furent artistes.		
KALF (GUILLAUME).	1630? 1693	AMSTERDAM.	Nature morte.	Élève de H. Pot. Il passe pour un des meilleurs, sinon le meilleur peintre de ce genre de son époque.	Porcelaine, argenterie et fruits, Amsterdam. Intérieur de cuisine, avec figures, légumes, etc. Paris. Un daim, une cigogne et un chaudron, Londres. Porcelaine, citrons, etc. Dresde.	Beaucoup de vérité. Coloris vigoureux, belle harmonie.
DOUDYNS (GUILL.).	1630 1697	LA HAYE.	Hist. et portr.	Fils du bourgmestre de La Haye, d'une famille riche et honorée, il passa douze ans en Italie et fut directeur de l'académie dans sa ville natale.	Le Jugement de Salomon en trois parties, La Haye.	Il dessinait parfaitement l'anatomie du corps humain.
OOSTERWYK (MARIE VAN).	1630 1693	NOORTDORP (près de Delft).	Fleurs et fruits.	Élève du célèbre Jean David De Heem, dont elle égala la réputation ; femme illustre de la Hollande. Louis XIV, l'empereur Léopold, le roi de Pologne et Guillaume III, roi d'Angleterre, achetèrent de ses tableaux à un prix très-élevé.	Vase avec des fleurs, Florence. Fleurs (2 tableaux), Londres. Fleurs dans un vase, on y remarque un grand tournesol, Vienne. Fleurs dans un vase, Dresde. Fruits, ib.	Fini admirable. Vérité à laquelle elle ne parvint qu'à force d'études et de patience.
CARRÉ (FRANÇOIS).	1630 1669	FRISE.	Sujets villageois, etc.	Peintre de Guillaume-Frédéric.		Il cultiva également la gravure.
PAULYN (ISAAC).	1630?	AMSTERDAM.	Portr.	Élève d'A. Van Den Tempel. Il visita l'Angleterre, où il resta plusieurs années et revint s'établir à La Haye, où il mourut.		
WILLEMANS (MICHEL).	1630	PRUSSE.	Hist.	Étudia à Amsterdam.		

NOMS.	ANNÉES DE NAISSANCE ET DE MORT.	LIEU DE NAISSANCE	GENRE.	NOTES HISTORIQUES.	TABLEAUX PRINCIPAUX ET LIEUX OU ILS SE TROUVENT.	Observations.
SCHELLINKS (GuilLAUME).	1651? 1678	AMSTERDAM.	Hist. et pays.	Il voyagea pendant plusieurs années et parcourut l'Angleterre, la France, l'Italie, la Sicile, Malte, l'Allemagne et la Suisse.		Bon coloris, pinceau large, riche ordonnance.
ROODTSEUS (Jacq.), fils de Jean.	1651? 1681?		Fleurs, fruits, etc.	Élève du vieux De Heem.		Il travailla dans le genre de son maître.
PIERSON (ChrisTOPHE).	1631 1714	LA HAYE.	Hist., portr. et nature morte.	Élève et compagnon de voyage de Meyburg ; il appartenait à une famille distinguée et reçut une bonne éducation.		
ROOS (Jean-Henri).	1631	OTTENBOURG (Allemagne).	Hist., portr., pays. et anim.	Il étudia la peinture à Amsterdam, dans l'atelier de Bernard Graat. En 1673, il devint peintre de l'électeur Palatin. Mort dans un incendie. Graveur. (On trouvera cet artiste également cité à l'école allemande.)	Pays. avec animaux, La Haye. Fontaine et animaux. Londres. Animaux au pâturage , Vienne. Paysages avec figures et ruines. ib. Paysages avec animaux, Dresde. Tableaux, Munich.	Animaux dessinés avec soin et esprit.
KABEL (Adrien Van Den), ou Arie Van der Cabel.	1631 1695	RYSWYCK (près de La Haye).	Pays. et marin.	Élève de J. Van Goyen. Les uns disent qu'il visita l'Italie, et que c'est à Rome qu'il fut surnommé Corydon et Esprit. Les autres prétendent qu'il n'alla jamais plus loin que Lyon, où il mourut dans l'abrutissement le plus complet. Il a gravé quelques eaux-fortes.	Paysage, Munich.	Figures et animaux bien dessinés, pinceau vif et spirituel. Style des Carrache, Salvator Rosa et autres Italiens. Coloris trop sombre(on attribue ce défaut aux mauvaises couleurs qu'il employait).
BAKHUYZEN (LuDOLPHE).	1631 1709	ENDEN.	Id.	Élève de A. Van Everdingen. Il ne commença à dessiner qu'à l'âge de 19 ans. Au plus fort des tempêtes , ce peintre allait sur mer, seul, dans une petite nacelle afin de mieux étudier les éléments en fureur. Louis XIV le fit travailler, ainsi que plusieurs autres souverains. Grand peintre, bon écrivain , excellent poète et homme aimable, il se fit respecter et chérir de tous ses compatriotes. Malgré ses nombreux travaux, il trouva le temps de donner à des jeunes gens des leçons d'écriture. Il fut visité par plusieurs monarques et, entre autres, par le czar Pierre le Grand. On cite de lui un trait d'originalité assez extraordinaire. Après la mort d'un individu , les parents et les amis qui avaient accompagné l'enterrement se réunissaient , selon l'usage, dans la maison mortuaire, pour y boire un verre de vin. Bakhuyzen alla lui-même chez le marchand, choisir le vin qui devait servir à ses funérailles, et le fit mettre soigneusement de côté : en même temps, il avait mis dans un sac autant de florins qu'il comptait d'années : cette somme était destinée à ceux qui devaient le porter à sa dernière demeure et qui devaient être choisis parmi les artistes. Bakhuyzen mourut de la gravelle.	Scène de l'embarquement du grand pensionnaire J. de Witt en 1665, Amsterdam. Vue d'une partie du port d'Amsterdam, ib. Mer agitée, ib. Retour du roi Guillaume III d'Angleterre à Maasluis, La Haye. Marine, ib. Paysage avec figures et torrents, Vienne. Marine, ib. Vue du port d'Amsterdam, le peintre s'y est représenté lui-même, entouré de diverses personnes, ib. Un port de mer, Berlin. Une tempête, ib. Marine : temps calme, ib. Marine : bourrasque, Florence. Le port d'Amsterdam, Paris. Plusieurs marines, ib. Marine : tempête, Bruxelles. Combat naval, Dresde. Le port d'Anvers, Munich.	Grande vérité; orage , tempêtes, foudre, éclairs on ne peut mieux rendus ; eau d'une parfaite transparence et d'une agitation naturelle ; profonde connaissance des bâtiments de mer et des manœuvres employées par les marins.
VERMEER (Jean).	1632	DELFT.	Pays., vues de ville avec figures	Élève de C. Fabricius.	Paysage boisé avec figures et animaux, Amsterdam. Un escalier du cloître de Sainte-Agathe à Delft, ib. Vue de Delft du côté du canal, La Haye.	Il a suivi la manière de son maître.

NOMS.	ANNÉES DE NAISSANCE ET DE MORT.	LIEU DE NAISSANCE	GENRE.	NOTES HISTORIQUES.	TABLEAUX PRINCIPAUX ET LIEUX OU ILS SE TROUVENT.	Observations.
STREEK (JURIAAN VAN).	1632 1678	AMSTER-DAM ?	Portr. allég. et nature morte.	Détails inconnus.		Bon coloris, beaucoup de naturel.
MAAS (NICOLAS).	1632 1693	DON-DRECHT.	Intér. et portr.	Élève de Rembrandt.. Il fit une innombrable quantité de portraits et vécut dans l'opulence. Ses occupations ne lui permirent pas de voyager.	Jeune Fille appuyée sur un coussin devant une fenêtre, Amsterdam. Un Magistrat, La Haye. Le Berceau, Londres. La Femme de ménage flamande, ib. Intérieur d'un corps de garde, Paris. Portrait, Munich.	Il imita avec bonheur la manière de peindre de son maître. Figures bien dessinées, couleur vigoureuse, vraie et agréable. Ressemblance heureuse.
MOUCHERON (FRÉ-DÉRIC), LE VIEUX.	1633 1686	EDAM.	Pays.	Élève de J. Asselyn; il demeura quelque temps à Paris. Théodore Helmbreker, Guillaume Van De Velde et Jean Lingelbach peignirent les figures de ses tableaux. Mort à Anvers.	Paysage (figures de Lingelbach), La Haye. Paysage (fig. de A. Van de Velde), Amsterdam. Paysages, Florence. Paysage : Combat de cavalerie (fig. de A. Van de Velde), Vienne. Paysage : Bourrasque pendant une partie de campagne (figures de A. Van de Velde), ib. Vue d'un parc en terrasse (figures et animaux de A. Van de Velde), Paris. Un jardin avec figures, Dresde. Paysage, Munich.	Bon coloris quoiqu'un peu trop jaune-vert. Touche agréable.
VERBRUGGE-AN-DRIESZ (GISBERT).	1633	LEYDE.	Portr. et genre.	Él. de G. Dou ; demeura quelque temps en Angleterre.		
SPIERINCKX (P.).	1633		Pays.	Ami et contemporain de Bizet, peintre flamand.	Deux paysages, Madrid.	Aucun biographe ne cite cet habile paysagiste. Il imita la manière de Salvator Rosa.
VERHOEK (PIERRE).	1633 1702	BODE-GRAVEN.	Pays., bataill. et anim.	Il peignit d'abord sur verre, avec J. Van Der Ulft, et abandonna ce genre pour devenir l'élève d'Abr. Hondius. Mort à Amsterdam.		En Italie, où il demeura quelque temps, sa manière de peindre changea totalement. Il s'attacha à imiter le faire du Bourguignon.
BAAN (JEAN DE).	1633 1702	HARLEM.	Portr.	Ses maîtres furent son oncle Piemans, qui suivait la manière de Breughel de Velours, et Backer. L'histoire rapporte qu'il échappa comme par miracle au poignard d'un assassin, dont une jalousie d'amour avait armé le bras.	Portrait : le grand pensionnaire J. de Witt, Amsterdam. Portrait : Corneille de Witt, bourgmestre d'Amsterdam, ib. Outrage fait aux corps de C. et J. de Witt. Portrait : le comte Maurice de Nassau, La Haye. Portrait : le grand pensionnaire J. de Witt, ib. Portrait du peintre, Dresde.	Imita Van Dyck dans sa manière. Beau coloris, tons naturels.
VELDE (GUILLAUME VAN DE), LE JEUNE, fils de Guillaume, LE VIEUX.	1633 1707	AMSTER-DAM.	Marin.	Élève de son père et de S. De Vliegher. Peintre de Charles II, d'Angleterre, en 1675. A cette époque, il avait déjà atteint le plus haut degré de son incomparable talent. Il mourut à Londres, où il avait passé la plus grande partie de sa vie.	Prise du vaisseau le Royal-Prince, Amsterdam. Quatre vaisseaux pris et amenés dans le port de Gorée, ib. (Ces deux tableaux et le suivant sont considérés comme des chefs-d'œuvre.) Vue d'une partie de la ville et du port d'Amsterdam, avec vaisseaux, ib. Et d'autres, ib. Mer calme avec vaisseaux (deux tableaux), La Haye. Mer légèrement agitée avec vaisseaux, Berlin. Un calme sur mer, Londres. Une brise fraîche sur mer, ib. Marines , ib. Tempête sur mer. — Marine, Munich.	Bon dessin, ciels admirables, et des ombres, beau coloris, pinceau vigoureux, ordonnance riche et variée, effets magiques.

NOMS.	ANNÉES DE NAISSANCE ET DE MORT.	LIEU DE NAISSANCE	GENRE.	NOTES HISTORIQUES.	TABLEAUX PRINCIPAUX ET LIEUX OU ILS SE TROUVENT.	Observations.
GALLIS (PIERRE).	1633 1697	ENKHUY-SEN.	Pays. et fleurs.	Détails inconnus.		
KLEYNHENS (J.)	1634 1701	HARLEM.	Fleurs et fruits.	On ne connaît aucune particularité sur la vie de ce peintre.		
BOS (GASPARD VAN DEN).	1634	HOORN.	Marin.	Il n'est guère connu que par ses dessins à la plume et au pinceau. La mort le frappa au moment où il donnait de grandes espérances.		
COLONIA (ADAM).	1634 1685	ROT-TERDAM.	Pays. et anim.	Détails inconnus.		
MIERIS (FRANÇ. VAN).	1635 1681	DELFT.	Intér. et portr.	Élève de Gérard Dou, qu'il a surpassé et qui le nommait le prince de ses disciples. Dans sa jeunesse, il avait reçu quelques leçons d'Abraham Torenvliet, mais le talent de cet artiste n'était pas assez remarquable pour mener à la perfection un élève tel que Mieris; celui-ci eut le bonheur, trop rare pour l'artiste, d'être apprécié de son vivant. L'archiduc d'Autriche lui paya 1000 florins (somme énorme pour cette époque) un petit tableau où il ne se trouvait que deux figures. Le grand-duc de Toscane le fit également travailler; enfin les principaux souverains de l'Europe, les plus beaux cabinets et les galeries les plus remarquables voulurent posséder de ses ouvrages. Aussi Mieris vécut au sein d'une grande richesse. La triste habitude qu'il avait de s'enivrer le tua à l'âge de 46 ans. Il fut fidèle à son pays et refusa des offres très-brillantes qu'on lui fit pour le quitter.	Portrait d'homme, Paris. Dame à sa toilette, ib. Deux Dames prenant le thé, ib. Intérieur d'un ménage, ib. Une Dame écrivant une lettre, Amsterdam. Une Dame jouant de la guitare, trois personnes jouant aux cartes (effet de lumière), ib. Portrait du peintre et de sa femme, La Haye. Portrait : Horace Schuil, professeur, ib. Les Bulles de savon, ib. Portrait du peintre, Berlin. Intérieur d'un ménage, Vienne. La jeune Femme malade, ib. Jeune Femme assise devant un perroquet, Dresde. L'atelier du peintre, ib. Jeune femme assise, tenant un chien, ib. Et autres, ib. Jeune Dame avec un perroquet, Munich. Soldat fumant, ib. Jeune Dame s'évanouissant, ib. Portrait du peintre, ib. Et autres, ib. Toute la famille du peintre, Florence. Le Charlatan, ib. La Courtisane, ib. Le Vieillard amoureux, ib. Portrait du peintre, ib. Portrait de son fils, ib. Et autres, ib.	Dessin très-correct, suavité de couleur extrême. Composition spirituelle et large. Il rendait les étoffes avec une supériorité incontestable. On prétend que pour arrondir les objets, il se servait, comme son maître, du miroir convexe. On compte François Van Mieris parmi les meilleurs peintres de l'école hollandaise; personne n'atteignit à un si haut degré l'admirable fini, propre au pinceau de Gérard Dou.
ASSEN (JEAN VAN).	1635 1695	AMSTER-DAM.	Hist., pays. et portr.	Ce peintre se servait, pour ses tableaux, des gravures de Pierre Molyn, dit Tempesta, et envoyait ses ouvrages aux Indes Orientales, croyant par là s'affranchir du reproche de plagiat.	L'abbé Hugo, Munich. Descente de croix, ib. Sainte Catherine, ib.	Peu de fermeté dans le pinceau. Couleur souvent exagérée.
FRITS (PIERRE).	1635?	DELFT.	Sujets grotesques et sérieux.	Il passa sa vie à voyager, et finit par s'établir à Delft, où il abandonna la peinture pour se livrer au commerce des tableaux.	Orphée aux enfers, Madrid. Paysage : une rivière glacée avec patineurs, ib.	
LANGEVELT (RUTGER VAN).	1635 1675	NYMÈGUE.	Hist.	Ses grandes connaissances en architecture et en perspective le rendirent cher à l'électeur de Brandebourg, qui le nomma peintre de la cour et directeur de l'académie de Berlin, où il est mort, après avoir composé 24 ouvrages sur les beaux-arts.		On le cite aussi comme bon mathématicien.

NOMS.	ANNÉES DE NAISSANCE ET DE MORT.	LIEU DE NAISSANCE	GENRE.	NOTES HISTORIQUES.	TABLEAUX PRINCIPAUX ET LIEUX OU ILS SE TROUVENT.	Observations.
KIK (Corneille).	1635 1675	Amster-dam.	Portr. et fleurs.	Ce peintre, qui avait du génie, était paresseux à l'excès.		Couleur fraîche. Pinceau flou.
POST (François).	1635 1680	Harlem.	Pays.	En 1647, il partit pour les Indes Orientales, où il passa plusieurs années. La plupart de ses œuvres sont restées dans l'Amérique méridionale. Graveur.	Vue des Indes Orientales, Londres.	Ses tableaux et ses gravures ont du mérite.
DELEN (Thierry Van).	1635?	Heusden.	Arch., pays. et genre.	Élève de Fr. Hals. Sur la fin de ses jours il alla s'établir à Arne-muiden (Zélande), et y fut nommé bourgmestre.	Tableau d'église. Paris. Partie de ballon, ib. La salle du Binnen-hof, à La Haye, pendant l'assemblée des états, en 1651 (avec Stevens), La Haye. Tableau d'architecture avec fig., Vienne. Le Temple de la Paix (figures de Booyermans, peintre flamand), Anvers. Vue de plusieurs palais italiens avec figures, Berlin.	Bon dessin. Les figures de ses tableaux sont quelquefois peintes par Van Herp, Antoine Palamède Stevens et Wouwerman.
SCHELLINKS (Da-niel), frère de Guillaume.	1635 alias 1633 1701	Amster-dam.	Pays.	Élève de son frère Guillaume.		
RUISDAEL (Jacques).	1635 ou 1636 1681	Harlem.	Pays. et marin.	Aucun auteur ne cite le nom du maître de ce célèbre peintre; mais son amitié avec Berchem, ses re-lations avec Adrien Van de Velde, Philippe Wouwerman et Lingel-bach permettent de supposer que les conseils de tous ces grands maîtres ne lui manquèrent pas; son génie est pourtant entière-ment original et ceux des peintres dont il se rapproche le plus sont Albert Van Everdingen et Minard Hobbema. La perfection et la vé-rité avec lesquelles il nous repré-sente des vues de Suisse et d'Al-lemagne , donnent la certitude qu'il visita ces deux pays, et que c'est sur les lieux mêmes qu'il prit les croquis des sites agrestes, qu'il rend avec un talent si remar-quable. A l'âge de 12 ans, Ruisdael commença à peindre. Il reçut une bonne éducation et, eut quelque renommée comme médecin et comme chirurgien. Ses qualités le firent chérir et estimer de tout le monde. On dit qu'il ne voulut jamais se marier pour pouvoir mieux soigner son vieux père qui était continuellement malade.	Une forêt coupée par une ri-vière (anim. de Berchem), Paris. Paysage, village près d'un bois, ibid. Vaste campagne éclairée par un coup de soleil (fig. de Ph. Wou-werman), ib. Une Tempête, ib. Et autres, ib. Une Cascade, La Haye. Un Rivage, ib. Vue de la ville de Harlem, ib. Une Cascade (chef-d'œuvre), Amsterdam. Paysage montagneux avec cas-cade, ib. Pays. : une bourrasque, Flo-rence. Le bosquet, Madrid. Bosquet près d'un lac avec fi-gures, ib. Paysage avec fig. et cascade, Berlin. Paysage : une pièce d'eau et figures ib. Marine : mer légèrement agitée avec vaisseaux, ib. Paysage avec une pièce d'eau, Vienne. Paysage : le Passage du bac, ib. Paysage, ib. Paysage avec une pièce d'eau, Bruxelles. Paysage : le cimetière des juifs, Dresde. Pays. avec figures et anim., ib. Chute d'eau, ib. Paysage connu sous le nom de La Chasse (fig. de A. Van de Velde), id. Pays., au fond un village, ib. Id. le Chât. de Bentheim, ib. Id. le Cloître, ib. Et autres, ib. Paysage : cascade, Munich. Paysages. ib. Pays., approches d'un orage, ib. Cascade formée par deux tor-rents, ib.	Tons chauds. Touche décidée, feuillé très-naturel. Wouwerman a peint des figures dans ses pay-sages, ainsi que Berchem et Van de Velde. L'esprit poétique et la vive ima-gination de Jacques Ruisdael se plaisaient souvent à retracer les sites les plus sauvages, des pay-sages couverts de rochers ou de forêts, des chutes d'eau bouil-lonnantes et s'échappant avec fracas des fentes du roc, des rivières ou des mers agitées par la tempête; des arbres déracinés par l'oura-gan, ou bien encore quelques tom-beaux au milieu d'une campagne muette et déserte, tout ce qui fait rêver, tout ce qui porte à la mé-lancolie. Son génie, moins fou-gueux, mais aussi poétique, lui mérite le nom du Salvator Rosa du Nord.

NOMS.	ANNÉES DE NAISSANCE ET DE MORT.	LIEU DE NAISSANCE	GENRE.	NOTES HISTORIQUES.	TABLEAUX PRINCIPAUX ET LIEUX OU ILS SE TROUVENT.	Observations.
JARDIN (Charles Du) dit : CARLE DU JARDIN.	1635 1678	Amsterdam.	Pays., anim. figur., ortr. et hist.	Élève de N. Berchem. Il avait épousé une femme riche, mais vieille et acariâtre ; ce mariage malheureux le força de partir pour l'Italie, où ses tableaux lui rapportèrent beaucoup d'argent, mais pas assez pour subvenir à ses besoins fastueux. Quelque temps avant son mariage, il s'était déjà rendu en Italie, d'où il vint travailler à Lyon ; c'est dans cette ville que les dettes qu'il contracta l'obligèrent à épouser son hôtesse. Mort à Venise d'une indigestion.	Le bocage, Paris. Jésus crucifié, ib. Le pâturage, ib. Le gué, ib. Charlatans sur leurs tréteaux, etc., ib. Portrait du peintre, Amsterdam. Plusieurs portraits, ib. Plusieurs paysages avec figures et animaux, ib. Vue d'une cascade en Italie, La Haye. Animaux. Vienne. Paysage avec animaux, Berlin. Animaux et bergers, Dresde. Diogène, ib. Et autres, ib. Paysage : un malade aidé par des jeunes filles, Munich. Animaux et figures, ib.	Une lumière éblouissante règne dans ses tableaux. Dessin correct et spirituel. Ses ouvrages sont très-recherchés. Peu de peintres ont réussi dans autant de genres différents que Carle Dujardin ; cependant, ses tableaux d'histoire manquent d'une certaine élévation, nécessaire à ce genre ; après Paul Potter, personne n'a mieux peint les animaux que lui ; plus vrai que Berchem, il est l'égal de Van de Velde, tout en étant moins fini et d'une touche plus large et plus facile.
HAKKERT ou HACKAERT (Jean).	1636	Id.	Pays.	Visita l'Allemagne et la Suisse. Lingelbach et A. Van de Velde ont peint des figures dans ses paysages. Graveur.	Vue du bois de La Haye (figures d'A. Van de Velde), Munich. Allée de hêtres près d'un château, avec figures, Amsterdam. Paysage avec figures et animaux, Berlin. Forêt avec chasseur à cheval, Dresde. Le départ pour la chasse, Munich.	Pinceau spirituel. Il excellait à rendre le coucher du soleil.
OOSTFRIES (Catherine), sœur de Joseph.	1636 1708	Nieukop.	Hist.	A 72 ans, elle travaillait encore.		Peintre sur verre.
NIMEGEN (Guillaume Van).	1636 1698	Harlem.	Effets d'optique, dioramas.	Détails inconnus.		Beaucoup de vérité et de naturel.
DULLAERT (Heiman)	1636 1684	Rotterdam.	Hist. et portr.	Élève de Rembrandt. Il fut également poëte.		Travailla tout à fait dans la manière de son maître.
HONDEKOETER (Melchior), fils de Gisbert.	1636 1695	Utrecht.	Anim.	Él. de son père et de J. B. Weeninx, son oncle. Ses excès en tout genre le firent mourir misérablement. Il avait dressé un coq à lui servir de modèle.	Canards et pigeons, Amsterdam. Oiseaux, insectes et plantes, ib. Animaux morts et vivants dans un paysage, ib. Et autres, ib. La ménagerie de Guillaume III, au Loo, La Haye. Différents oiseaux (plusieurs tableaux), ib. Des poules, Florence. Oiseaux dans un pays., Vienne. Coq et poule dans un paysage, ib. Paon, faisan, singe dérobant des fruits, etc., Paris. Volaille, Londres. Volaille, Dresde. Combat de coqs, Munich. Volaille, ib.	Ce peintre avoit un talent remarquable pour peindre les plumes et le duvet des oiseaux. Ordonnance riche et variée. Coloris vrai.

NOMS.	ANNÉES DE NAISSANCE ET DE MORT.	LIEU DE NAISSANCE	GENRE.	NOTES HISTORIQUES.	TABLEAUX PRINCIPAUX ET LIEUX OU ILS SE TROUVENT.	Observations.
STEEN (Jean).	1636 1689 Alias 1678	Leyde.	Intér., scènes de caba- ret.	Élève de J. Van Goyen. Presque tous les biographes, à l'exemple de Houbraken et de Weyerman, ont flétri ce peintre, en disant qu'il avait passé sa vie dans la débauche et l'ivrognerie. Il paraît que ces accusations sont au moins hasardées, si elles ne sont tout à fait fausses. Jean Steen a eu une carrière assez courte, et pourtant il est parvenu à un haut degré de perfection et il a exécuté un grand nombre de tableaux. Il était cabaretier en même temps que peintre, et probablement l'état qu'il professait a donné lieu aux calomnies dont on a poursuivi son nom.	Portrait du peintre, Amsterd. Paysans revenant d'une fête, ib. Paysanne nettoyant des meubles, ib. Le pain chaud (chef-d'œuvre), ib. Tréteaux d'un charlatan de village, ib. La fête de Saint-Nicolas (chef-d'œuvre), ib. La partie de trictrac, ib. Noce campagnarde, ib. La famille du peintre, La Haye. Paysans à table sous un treillage, Florence. Danse et banquet de paysans, Paris. Paysans attablés dans un jardin, Berlin. Noce villageoise, Vienne. Intérieur d'une maison hollandaise avec figures, ib. Une femme et son enfant, Dresde. Combat de paysans, Munich. Le médecin et la femme malade, ib.	Pinceau facile, composition pleine de charme et d'effet, dessin correct. On croit qu'il a reçu des leçons d'Adrien Brauwer et d'Adrien Van Ostade.
HARLING (Daniel) ou HARLINGS ou enfin HARING.	1636? 1706	La Haye.	Portr.	Entra dans la corporation des peintres, en 1685, et fut directeur de l'académie de La Haye. Mort pauvre.		Imitateur de Gaspard Netscher.
BOSCH (J. Van den).	1636 1676	Amsterdam.	Fruits.	Détails inconnus.		
MYTENS (Daniel).	1636? 1688	La Haye.	Portr.	Le luxe avec lequel il vécut le perdit. Ce fut à la suite d'une orgie qu'il mourut.		
HARINGS (Mathieu).	1636?	Leuwarden.	Id.	Détails inconnus.		Pinceau moelleux, bonne ressemblance.
DUCQ (Jean Le).	1636	La Haye.	Intér., genre, pays., anim. et portr.	Élève de Paul Potter. Directeur de l'académie de La Haye. Ce peintre se fit militaire. Graveur.	Intérieur d'une ferme avec cavaliers, chevaux et attirail de guerre, Amsterdam. Intérieur d'un corps de garde, Paris. Jeune femme arrêtée par des voleurs, ib. Officiers suédois et paysans, Berlin. Suite d'une bataille, Rome. Portrait d'homme, Dresde. Le même, habillé différemment, ib. Soldats jouant aux cartes, Munich. Et autres, ib.	Il a peint dans le genre de son maître. Bonne entente du clair-obscur. Excellent fini. Étoffa les tableaux de Th. Van Delen. Ordonnance, dessin, expression et coloris également recommandables.
NECK (Jean Van).	1636 1714	Naarden.	Genre, hist., et figures nues.	Élève de J. Backer.	Paysage : une femme couronnant des statues de faunes, Dresde.	Touche vigoureuse.
ROSENDAAL (Nicolas).	1636 1686	Enkhuizen. (Holl. Sept.)	Hist.	Il accompagna Jacques Torenvliet en Italie.		
FISCHER (Jean).	1636	Amsterdam.	Anim.	Élève de Michel Carré ; ne commença à peindre qu'à l'âge de 56 ans.		Il avait d'abord été graveur.
BERKHEYDEN (Job).	1637 1693	Harlem.	Pays. et intér.	Voyagea en Allemagne, où il fut comblé d'honneurs et d'argent.		Genre de David Teniers.

NOMS.	ANNÉES DE NAISSANCE ET DE MORT.	LIEU DE NAISSANCE	GENRE.	NOTES HISTORIQUES	TABLEAUX PRINCIPAUX ET LIEUX OU ILS SE TROUVENT.	Observations.
HEYDE (Jean Van der)	1637 1712	Gorcum.	Pays., archit. et vues de villes.	Les dispositions qu'il apporta en naissant le conduisirent fort jeune à Amsterdam ; les premières leçons lui furent données par un peintre sur verre, dont le nom n'a pas été recueilli par les biographes. Non-seulement grand peintre, mais encore excellent mécanicien. Les Hollandais prétendent qu'il inventa les pompes à incendie. En 1669, la ville d'Amsterdam lui confia l'éclairage de ses rues.	Vue d'un canal de Hollande (figures d'A. Van de Velde), Amsterdam. Plusieurs vues de villes et de quais (figures d'A. Van de Velde), ib. Vue de ville (figures d'A. Van de Velde), La Haye. Vue de la place et de la maison de ville d'Amsterdam, Florence. Paysage, Vienne. Vue de la maison de ville d'Amsterdam, Paris. Église et place d'une ville de Hollande, ib. (Les figures des deux tableaux précédents sont d'A. Van de Velde.) Vue d'un village au bord d'un canal, ib. (Les barques sont de G. Van de Velde). Vue d'un couvent et de son église gothique, Dresde. Vue intérieure d'un couvent avec figures, ib. Et autres, ib. Vue d'une place plantée d'arbres, Munich.	Détails des plus minutieux. Touche lente, composition agréable, bonne entente du clair-obscur. Atteignit, dans le genre qu'il avait adopté, une hauteur à laquelle on n'était pas encore parvenu et qui n'a pas encore été surpassée. Son activité infatigable et sa riche imagination lui permirent d'exceller dans tous les talents qu'il cultiva.
MOLYN (Pierre), dit TEMPESTA ou DE MULIERIBUS.	1637? 1701	Harlem.	Chass., anim., orages, etc.	Ce peintre fut accusé d'avoir fait assassiner sa femme pour épouser une dame génoise ; on le condamna à être pendu. Il n'échappa à la potence que par la protection d'un grand personnage, le comte de Melio, qui fit commuer sa peine en une prison perpétuelle. Ce fut par suite de cette affaire qu'on le surnomma de Mulieribus. Étant à Rome, il abjura le protestantisme et se fit catholique.	Paysage, Florence. Paysages avec figures, Vienne, Une chasse, Rome. Un assaut, ib. Marine, ib. Un gros temps de mer, ib. Submersion de Pharaon (sur pierre), ib. Cavalcade de Clément VII, ib. Entrée de Charles V à Bologne, ib. Paysage : tempête, Dresde. Paysages avec figures, ib.	Ce fut pendant sa longue captivité que cet artiste fit ses plus beaux tableaux.
DINGMANS (Adam).	1637 1704	Id.		Élève de S. De Bray.		
HONDIUS (Abraham).	1638 1691	Rotterdam.	Chasses	Les mauvaises mœurs de Hondius ternirent sa gloire. Mort à Londres. Graveur.	Départ pour la chasse, Florence. Combat de cavalerie, Dresde.	Il excellait à peindre les différentes races de chiens. Pinceau naturel, hardi et facile. Coloris peu sage, dessin relâché.
HEUSCH (Guill. De)	1638	Utrecht.	Pays. avec figur.	Élève de J. Both. Ce peintre, après avoir passé plusieurs années en Italie, revint dans sa ville natale où il mourut très-vieux.	Paysages, La Haye. Paysage avec ruines, Vienne. Paysages avec figures et animaux, effet de soleil, Paris.	Coloris chaud. Figures bien dessinées.
HOOGE (Romain De).	1638?	La Haye.	Hist.	Il travailla beaucoup pour le roi Guillaume III, d'Angleterre. En 1675, il fut anobli par Jean III, roi de Pologne. Graveur.		Il a fait une grande quantité de gravures. Ordonnance embrouillée et surchargée de figures.
MIGNON (Abraham.)	1639	Francfort.	Fleurs et fruits.	Élève de J. D. De Heem. Sa réputation aurait été plus grande s'il n'avait eu pour rival le célèbre J. Van Huysum. Les filles d'Abraham Mignon furent élèves de leur père et cultivèrent la peinture dans le même genre que lui.	Vase de fleurs renversé par un chat, Amsterdam. Fruits, homard et verre antique, ib. Corbeille de fleurs, La Haye. Fruits, Florence. Fleurs dans un vase, Vienne. Fruits dans une corbeille, ib. Écureuil, poissons, fleurs, etc., Paris. Plusieurs tableaux de fleurs et de fruits, ib. Fleurs et fruits, Dresde. Gibier mort, ib. Et autres, ib. Fruits, Munich. Fleurs, ib. Et autres, ib.	Touche molle et agréable. Ordonnance riche. Composition spirituelle.

NOMS.	ANNÉES DE NAISSANCE ET DE MORT.	LIEU DE NAISSANCE	GENRE.	NOTES HISTORIQUES.	TABLEAUX PRINCIPAUX ET LIEUX OU ILS SE TROUVENT.	Observations.
HUGTENBURG (Jacq. Van , frère de Jean.	1659	Harlem.	Pays.	Élève de N. Berchem. Visita l'Italie et s'établit à Rome, où il mourut, trop jeune pour pouvoir réaliser les belles espérances que donnait son talent.	Paysage avec figures et ruines, Amsterdam.	
VELDE (Adrien Van de), fils de Guillaume, le vieux.	1659 1772	Amsterdam.	Anim., hist., pays., genre et bataill.	Élève de Wynands , qu'il surpassa. Dès son jeune âgé, il fit pressentir le talent qu'il posséderait un jour ; ayant plus de goût pour le paysage que pour les marines, genre dans lequel excellaient son père et son frère, on l'envoya à Harlem, et c'est là qu'il entra dans l'atelier du célèbre Wynands : on rapporte que ce dernier, en voyant les dessins du jeune Van de Velde, s'écria en se parlant à lui-même : « Wynands, » un grand maître est né. » Il peignit l'histoire avec autant de succès que le paysage. Graveur. Quelques-unes de ses gravures portent la date de 1653 : il n'avait alors que 14 ans.	Trois pâturages, Paris. Paysage, ib. Les amusements de l'hiver, ib. Et autres, ib. Paysage avec fontaines et figures, Amsterdam. Paysage (figures et animaux devant une chaumière), chef-d'œuvre du maître, ib. Animaux dans un paysage, La Haye. Le rivage de Scheveningue, ib. Paysages avec animaux, Florence. Paysage avec animaux , Londres. Paysage avec figures (le paysage est de Hakkert), Berlin. Paysage : combat de cavalerie (pays. de F. Moucheron), Vienne. Bourrasque pendant une partie de campagne, ib. Paysage : ruines d'un temple, avec figures, ib. Paysage avec ruines, figures et animaux, Dresde. Paysages, Munich. Chevaux, ib. Batailles, ib.	Pinceau flou, touche chaude. Composition pleine de gaieté ; il peignait bien les animaux. La mauvaise qualité des couleurs que ce peintre employa a gâté beaucoup de ses œuvres. Dessin très-soigné, effet remarquable, coloris beau et éclatant ; Van de Velde posséda toutes les qualités qui constituent le génie, et peut être placé sans crainte sur le même rang que Nicolas Berchem.
NETSCHER (Gaspard)	1639 1684	Heidelberg.	Portr., genre et intér.	La mère de ce peintre, restée veuve avec 4 enfants, fut forcée de se réfugier dans un château à cause des guerres qui désolaient ce pays. On assiégea le refuge qu'elle avait choisi, on intercepta les communications et la pauvre mère vit mourir de faim deux de ses enfants ; deux autres lui restaient. A la faveur de la nuit, elle s'échappa en les cachant sur son sein, et arriva à Arnhem dans l'état le plus misérable. Un médecin, nommé Tullekens, se chargea de l'éducation du petit Gaspard, qui n'avait alors que 2 ans. On voulut en faire un médecin ; mais le goût de la peinture se développant chez lui, on le mit chez G. Terburg, qui forma cet excellent maître. Netscher visita la France et l'Italie.	La leçon de chant, Paris. La leçon de basse, ib. La leçon de viole, ib. Une dame frisant les cheveux de son fils, et autres figures, Amsterdam. Portrait : Constant Huygens, le père, ib. Le peintre, sa femme et sa fille, La Haye. Sacrifice à Vénus, Florence. Femme en prière, ib. Le peintre et sa famille, ib. Servante lavant un chaudron, ib. Une jeune dame jouant de la guitare , assise dans une belle campagne ; derrière elle est une femme debout et tenant des fruits (chef-d'œuvre), ib. Un homme lisant : sur la table différents objets d'art, Vienne. La vieille cuisinière, Berlin. Pomone abordée par Vertumne, déguisé en vieille, ib. Une dame jouant du luth, ib. Une dame à sa toilette, Dresde. Portrait du peintre, ib. La jeune femme malade, ib. Et d'autres, ib. Bethsabée au bain, Munich. La musique, ib. Et autres, ib.	Affligé d'une cruelle maladie Gaspard Netscher passa la plus grande partie de sa vie couché sur son lit. Ce fut dans cette position incommode qu'il fit beaucoup de tableaux. La plupart de ses portraits sont historiés. Il rendait parfaitement les étoffes. Dessin gracieux et correct.
CODDE (Charles).	164* 1698	La Haye.	Pays.	Détails inconnus.		
CODDE (Pierre).	1640 1698	Id.	Id.	Même observation.		
TYDEMAN (Gerrit).	1640	Zwolle?	Persp.	Il s'établit à Zwolle, c'est ce qui fait croire à quelques biographes qu'il y est né.		

NOMS.	ANNÉES DE NAISSANCE ET DE MORT.	LIEU DE NAISSANCE	GENRE.	NOTES HISTORIQUES.	TABLEAUX PRINCIPAUX, ET LIEUX OU ILS SE TROUVENT.	Observations.
LAIRESSE (Gérard), et non DE LAIRESSE.	1640 1711	Liège.	Hist.	Élève de son père Renier Lairesse et de Bertholet Flémalle, tous deux peintres flamands; comme il ne trouvait pas d'ouvrage à Liége, sa patrie, il partit fort jeune pour la Hollande et se rendit d'abord à Utrecht; de là on l'emmena à Amsterdam, où il fut quelque temps à l'atelier d'Uilenburg; ce maître ne trouva guère à lui apprendre, et Lairesse fut bientôt indépendant. Grand peintre, mais déshonoré par sa vie libertine. Il fut puni de ses désordres par la cécité. Bon graveur et écrivain de talent. On a de lui plusieurs ouvrages estimés: *Principes du dessin. Leçons de peinture.* Deux de ses fils, Abraham et Jean, furent également peintres.	Mort de Pyrrhus, Bruxelles. Achille reconnu par Ulysse, La Haye. Antiochus malade, à qui son père Séleucus cède son sceptre et son épouse Stratonice (chef-d'œuvre), Amsterdam. Mars, Vénus et Cupidon, *ib.* Et d'autres, *ib.* Nymphe et Faunes, Berlin. Alexis au temple de Vesta, *ib.* Le testament d'une mourante, *ib.* Thétis plongeant Achille dans le Styx, *ib.* Soldats réunis auprès de ruines, Vienne. Soldats et femmes près de ruines, *ib.* Neptune et Amphitrite (allégorie), *ib.* La Cène, Paris. Hercule jeune, entre le vice et la vertu, *ib.* Débarquement de Cléopâtre, *ib.* Bergers et bacchantes, Dresde. Apollon et les Muses au mont Parnasse, *ib.* Allégories, Munich.	Un des caractères distinctifs de Lairesse est la poésie que l'on trouve dans la plupart de ses compositions. Manière agréable, mais peu vraie; esprit séduisant, mais peu juste et sans profondeur, coloris souvent monotone, mais fort et harmonieux; dessin spirituel, plein de charme et de mouvement; mauvais choix de formes, draperies heureuses, touche facile. Il fut surnommé *le Poussin hollandais.*
RAVESTEIN (Hubert Van).	1640?	Dondrecht.	Pays., anim.	Détails inconnus.		
WYK (Jean), fils de Thomas.	1640? 1702	Harlem.	Chass. et batail.	Élève de son père. Il passa la plus grande partie de sa vie en Angleterre, où il est mort.	Tableaux, Angleterre.	Tons chauds. Il peignait parfaitement les chevaux. Ses petits tableaux sont les plus estimés.
STEENWYK Nicol.)	1640 1698	Breda.	Allégories.	Mort dans la plus grande misère.		
SLINGELANT (Pierre Van)	1640 1691	Leyde.	Genre.	Élève de Gérard Dow, qu'il surpassa en patience.	Intérieur de ferme, concert villageois, Amsterdam. Portrait d'homme, *ib.* Les bulles de savon, Florence. L'ermite, Londres. Cuisinière nettoyant ses ustensiles de ménage, Berlin. Intérieur avec figures, Paris. Petit portrait d'homme, *ib.* Vaisselle, coffre, tonneau, etc., *ib.* La leçon de musique interrompue, Dresde. Scène d'intérieur, *ib.* Un atelier, Munich. Une femme cousant près de son enfant, *ib.*	Dessin sans goût. Détails traités avec la plus grande minutie.
APPELMAN (Bernard).	1640 1686	La Haye.	Pays.	Il peignit à Soestdyk une salle, dont il couvrit les murs de paysages, qui établirent sa réputation.		Genre italien. Il a peint de fonds aux portraits de J. De Baan.
VOIS (Arie De).	1641	Leyde.	Genre.	Élève de Knupfer et d'Abraham Van Den Tempel. Ce peintre était si paresseux qu'il ne fit qu'un tableau en 12 ans. Il se ranima par la suite.	Portrait d'un négociant assis à son bureau, Paris. Un peintre à son chevalet (on croit que c'est Adam Pynacker), *ib.* Pêcheur portant un panier de poissons, Amsterdam. Un musicien tenant son violon et un verre de vin, *ib.* Chasseur tenant une perdrix, La Haye. Vénus et Adonis, Berlin. Paysage: baigneuse endormie, Dresde. Et autres, *ib.* Le buveur, Munich. Le fumeur, *ib.*	Il imita spirituellement Brauwer et Teniers.

NOMS.	ANNÉES DE NAISSANCE ET DE MORT.	LIEU DE NAISSANCE	GENRE.	NOTES HISTORIQUES.	TABLEAUX PRINCIPAUX ET LIEUX OU ILS SE TROUVENT.	Observations.
ZOMER (Jean-Pierre)	1641 1726	Amster- dam.	Genre.	Ce peintre fut un excellent graveur.		
RILEY (Jean ou Jo- nan).	1641 1691	Londres.	Portr.	Détails inconnus.		
TORENVLIET (Jacq.)	1641 1719	Leyde.	Hist., portr. et genre.	. Ce fut en Italie qu'il puisa ses inspirations.	Le boucher, Vienne. (Ce tableau est signé : J. To- renvliet, invenit et· fecit, A° 1677.) Vieille femme de pêcheur de- vant une fenêtre, Dresde. Un vieux juif, ib. Une femme chantant, ib. Un homme jouant de la lyre, ib.	Touche froide, bonne composi- tion.
BAAK-HATTIGH (Jean).	1642	Utrecht.	Pays. et anim.	Détails inconnus.		Il a travaillé dans le genre de Poelenburg.
MEULEN (Nicol. Van der)	1642 1694	Alkmaar.	Hist., etc.	Peintre sur verre. Il fut le mari de Catherine Oostfries.		
HAANSBERGEN (Jean Van)	1642 1705	Utrecht ou Leyde.	Hist. et portr.	Élève de Poelenburg.	L'ange annonçant le Christ aux bergers, Dresde. Adoration des mages, ib. Adoration des bergers, ib. Assomption, ib.	Il peignit dans la manière de son maître, sans en avoir le ta- lent. Bon coloris et bon fini.
BACKER (Adrien), neveu de Jacques.	1643? 1686	Amster- dam.	Id.	Détails inconnus.	La justice regagne par la paix les forces qu'elle avait perdues par la guerre (allégories), An- vers.	
SCHALKEN (Gode- froid).	1643 1706	Don- drecht.	Intér., portr. et hist.	Élève de Gérard Dow. Élevé pour l'étude des lettres, son pen- chant naturel l'entraîna vers les arts ; les premiers principes de la peinture lui furent enseignés par Samuel Van Hoogstraten. Il fut assez heureux pour être ap- précié de son vivant ; sa réputa- tion se répandit à l'étranger et il se rendit en Angleterre, sous le règne de Guillaume III ; ce prince le protégea et se fit peindre par lui. Après quelque temps de sé- jour, Schalken, revint dans sa patrie, s'établit à la Haye, y fut accablé d'ouvrage et y resta jus- qu'à sa mort. On prétend que cet artiste était pourvu de peu d'intel- ligence et qu'il était d'une grande brutalité dans ses manières d'agir.	Cérès cherchant Proserpine, Paris. Deux femmes, ib. Sainte famille, ib. Vieillard écrivant, ib. Portrait : Guillaume III, d'O- range, à la lueur d'un flambeau, Amsterdam. Chacun son goût, ib. Plusieurs effets de lumière, ib. Une dame à sa toilette (effet de lumière), La Haye. La précaution inutile, ib. Vénus et les colombes, ib. Un médecin examinant l'urine, ib. Guillaume III, roi d'Angleterre, ib. Jésus mort près de sa mère, Florence. Une fille tenant une chandelle qu'elle préserve du vent, ib. Une femme jouant de la trom- pette (effet de lumière), ib. Jeune fille mettant une chan- delle dans une lanterne, et autres figures, Vienne. Vieillard lisant une lettre à la lueur d'une chandelle, ib. Le jeune pêcheur, Berlin. Un jeune homme et une jeune fille (effet de lumière), Bruxelles. Jeune femme tenant une lettre (effet de lumière), Dresde. Un artiste regardant un buste de Vénus, ib. Et autres, ib. La Madeleine, Munich. Les vierges folles et les vierges sages (effet de lumière), ib. Et autres, ib.	Grands effets de lumière. Très- souvent dans ses tableaux le per- sonnage principal tient une bou- gie. Dessin roide , sans goût, contours sans finesse. Sans pou- voir atteindre au talent de Gérard Dow , Schalken est pourtant compté au nombre des meilleurs peintres d'effets de lumière du XVIIe siècle. Ses ouvrages sont agréables à l'œil et d'un ton fort naturel ; il réussit mieux dans les figures d'hommes que dans celles de femmes. Pendant son séjour en Angleterre, il voulut s'essayer à peindre le portrait en grand, mais sans pouvoir y réussir. Kneller était alors le peintre en vogue , et Schalken reprit bien vite la dimension de toiles qui lui permettait de marcher de pair avec son rival.
FRÈRES (Thierry ou Théodore).	1645 1693	Enk- huyzen.	Hist.	Étant malade, et voulant revoir sa ville natale , il mourut en che- min.		Coloris faible, bon dessin.

NOMS.	ANNÉES DE NAISSANCE ET DE MORT.	LIEU DE NAISSANCE	GENRE.	NOTES HISTORIQUES.	TABLEAUX PRINCIPAUX ET LIEUX OU ILS SE TROUVENT.	Observations.
NÉER (Eglon-Henri) fils de Arthur.	1643 1703	AMSTER-DAM.	Pays., intér., portr., hist., fleurs, etc.	Élève de son père et de J. Van Loo. Ce peintre se maria, ayant 16 enfants, à une veuve qui en avait 9. Avec d'aussi fortes charges, il songea à peindre tous les genres, pour avoir de quoi vivre. Il s'était fait un atelier de son jardin pour mieux peindre des fleurs. Le nombre de ses tableaux est très-considérable.	Tobie voyageant avec l'ange, Amsterdam. Paysages, Florence. Esther devant Assuérus, ib. Combat de cavalerie, Madrid. Paysage avec figures, Paris. Cuisinière tenant un baquet de harengs, ib. Jeune femme faisant de la musique, Dresde. Même sujet, Munich. Jeune femme s'évanouissant, ib.	Il a réussi presque dans tous les genres. Ses clairs de lune sont précieux. Le plus grand reproche qu'on ait à lui faire, c'est d'avoir travaillé avec trop de précipitation. Mais il avait 25 enfants à nourrir !
KALRAAT (Abraham Van).	1643	DOR-DRECHT.	Fleurs, fruits et figur.	Il fut d'abord sculpteur. Ses maîtres, également sculpteurs, furent Émile et Samuel Hulp.		Ce peintre imita d'abord Sneyders, puis abandonna ce genre pour se livrer à la fougue de son naturel. Imitation admirable de la lumière et de ses effets.
LEEUW (Gabriel Van den) dit : De Leone.	1643 1688	Id.		Il passa 14 ans de sa vie à voyager.		Beaucoup de facilité; on a aussi de lui quelques gravures.
VORSTERMANS (Jean).	1643	BOMMEL.	Pays.	Élève de Herman Saftleven. Ce peintre aimait beaucoup le faste. Étant allé à Londres, où il travailla pour Charles II, il se fit un grand nombre d'ennemis et se vit mettre en prison pour dettes. Un riche Anglais s'étant attaché Vorstermans pour lui faire peindre des antiquités, il partit avec lui; mais l'Anglais étant mort on n'entendit plus parler du peintre.		
SLOOP (Jean).	1643 17**	EDAM.	Hist. et portr.	Élève de J. Oostfries; peintre sur verre.		
WEENINX (Jean), fils de J. B.	1644 1719	AMSTER-DAM.	Hist., anim., fleurs, pays., etc.	Élève de son père. Il travailla beaucoup en Allemagne, où ses tableaux se vendaient très-cher.	Animaux dans un paysage, La Haye. Faisan et autre gibier mort, ib. Gibier mort (deux tableaux), Londres. Gibier mort, Berlin. Différents animaux près d'une pièce d'eau, ib. Gibier mort dans un paysage, Vienne. Lièvre, perdrix et instruments de chasse, Paris. Gibier mort, auprès d'un vase et gardé par un chien, ib. Animaux morts et fruits, Madrid. Gibier mort, Dresde. Et autres, ib. Tableaux, Munich.	Dessin savant. Couleur vraie. Il a réussi dans tous les genres. Ses tableaux sont souvent confondus avec ceux de son père, mais son coloris est plus beau. Il atteignit la plus grande hauteur dans le gibier mort et vivant.
VERHOEK (Gisbert), frère de Pierre.	1644 1690	BODEGRA-VEN.	Bataill.	Élève de son père et d'A. Pynacker.		
DUVAL (Robert).	1644 1732	LA HAYE.	Hist.	Élève de N. Wieling. Directeur de l'académie de La Haye. Ce fut lui qui restaura, en grande partie, les précieux cartons de Raphael, en Angleterre.		Manière italienne.
BERKHEYDEN (Gérard), frère de Job.	1645 1698	HARLEM.	Vues de villes, églises, etc.	Au moment où sa réputation grandissait, il se noya.	Vue de la place publique, la maison de ville et l'église neuve à Amsterdam, Amsterdam. Vue de la cathédrale d'Harlem, Florence. L'église de Sainte-Marie de Cologne, avec figures, ib. Vue de la colonne Trajane et de l'église de Sainte-Marie de Lorette, à Rome, Paris. Vue de l'hôtel de ville d'Amsterdam, Dresde. Et autres, ib.	Ses tableaux sont très-recherchés, ceux surtout où son frère avait mis la main.

NOMS.	ANNÉES DE NAISSANCE ET DE MORT.	LIEU DE NAISSANCE	GENRE.	NOTES HISTORIQUES.	TABLEAUX PRINCIPAUX ET LIEUX OU ILS SE TROUVENT.	Observations.
MUSSCHER (MICHEL VAN).	1645 1705	ROTTER-DAM.	Hist. et portr.	Ses maîtres furent : M. Zaag-molen, A. Van Den Tempel, G. Metzu et A. Van Ostade.	Portrait : le peintre, sa femme et son fils, La Haye.	Coloris vrai et transparent, pinceau large et mou.
MEYERINGH (ALB.).	1645 1714	AMSTER-DAM.	Hist., etc.	Un des peintres les plus fé-conds de son époque; il visita la France et l'Italie. De retour dans son pays, il se lia intimement avec Glauber, et peignit, de concert avec lui, un grand nombre de ta-bleaux et de plafonds.	Nymphes se baignant, Berlin. Paysage : enfants nus dansant autour d'une statue de Flore, ib.	Connu également comme gra-veur.
HEEMSKERK (EGB. VAN), le jeune, fils d'Egbert, le vieux.	1645 1704		Scènes de cabar.	Mort à Londres.	Buste d'un vieillard (carica-ture), Florence. Buste d'une vieille femme (ca-ricature), ib. Personnages fumant et buv., ib. Paysans flamands, Londres. Hommes assis à une table jouant et fumant (sur ardoise), Florence.	
BERGEN (THIERRY VAN).	1645 1689	HARLEM.	Pays. et anim.	Élève d'Adrien Van de Velde.	Paysages ornés de figures et d'animaux, Amsterdam. Paysages avec figures et ani-maux, Florence. Paysages avec figures et ani-maux, Vienne. Paysages avec animaux, Paris. Paysages avec figures et ani-maux, Dresde.	Il imita la manière de son maître.
GELDER (ARTHUR DE)	1645 1727	DOR-DRECHT.	Hist., portr., etc.	Élève de Rembrandt.	Portrait : Pierre Ier, empereur de Russie, Amsterdam. J. C. devant Pilate, Dresde. Portrait, ib. La toilette de la fiancée juive, Munich.	Dans ses tableaux d'histoire, il habillait tous les personnages avec les costumes de son temps ; cou-leur chaude, dessin correct.
GRIFFIER (JEAN).	1645 ou 1656 1718	AMSTER-DAM.	Pays., marin. et fleurs.	Il avait acheté un vaisseau sur lequel lui et sa famille vécurent pendant longtemps ; il parcourut ainsi les principaux ports de l'Eu-rope ; dans un de ces voyages, son vaisseau périt avec tout ce qu'il possédait : lui et les siens furent sauvés par des pêcheurs. Il s'oc-cupa longtemps en Angleterre et y mourut.	Vue des rives du Rhin, Ams-terdam. Marine et paysage, Berlin. Paysage avec figures, ib. Paysage et marine, Vienne. Marine, ib. Ruines (sans prénom), Lon-dres. Paysages avec figures, Dresde.	Manière d'Herman Saftleven ; coloris transparent, beaucoup de fini : ses tableaux sont ornés d'une multitude de figures.
HUGTENBURG (JEAN VAN), frère de Jacq.	1646 1733	HARLEM.	Batail., etc.	Élève de J. Wyk et de Van Der Meulen ; peintre du prince Eugène et une des gloires artistiques de la Hollande.	Bataille de la Boyne, Amsterd. Combat de cavalerie, ib. Combat de cavalerie , La Haye. Choc de cavalerie, Bruxelles. Choc de cavalerie, Paris. Soldats et villageois, Berlin. Paysage : une chasse, ib. Paysage : combat de cavalerie, Vienne. Le siége de Namur en 1675, ib. Combats de cavalerie , Dresde. Combat de cavalerie , Munich. Convoi militaire, ib.	Composition variée et très-éner-gique, cou'eur vraie.
OFFERMANS (JEAN).	1646	DOR-DRECHT.	Pays. et anim.	Ne trouvant pas à vendre ses tableaux , il devint peintre en bâtiments.		
GLAUBER (JEAN) dit : POLYDORE , frère de Jean Godlieb.	1646 1726	UTRECHT.	Hist. et pays.	Élève de N. Berchem et d'A. Van Der Kabel. La plus grande partie de sa vie s'est passée en Allemagne. Grand ami de Lai-resse ; vécut riche et honoré.	Paysage d'Arcadie (avec Lai-resse), La Haye. Paysages d'Arcadie avec figures, Amsterdam. Paysages avec figures Madrid. Carrefour et ruines avec figu-res, ib. Paysages : fête en l'honneur de Pan (avec Lairesse), Paris. Paysages avec figures, Berlin. Paysage arcadien (figures de G. Lairesse), Dresde. Paysage (figures de G. Lai-resse), Munich. Paysage, ib.	Effets vaporeux , feuillé admi-rable, touche gracieuse.

NOMS.	ANNÉES DE NAISSANCE ET DE MORT.	LIEU DE NAISSANCE	GENRE.	NOTES HISTORIQUES.	TABLEAUX PRINCIPAUX ET LIEUX OU ILS SE TROUVENT.	Observations.
BISSCHOP (Jean De), dit EPISCOPIUS.	1646 1686	La Haye.	Hist. et pays.	Avocat à la cour de Hollande et mort à Amsterdam ; il fit quelques gravures , et comme il avait latinisé son nom , il les signait J. E.		Excellent dessinateur à la plume.
VOORHOUT (Jean).	1647	Amster- dam.	Hist. et portr.	Voyagea quelque temps en Allemagne. Chanté par les poëtes hollandais de son temps.		
NEVEU (Mathieu).	1647 1721	Leyde.	Intér., etc.	Élève de Gérard Dou et de A. Torenvliet.	Saint Jérôme agenouillé devant un autel, Amsterdam.	Un peu de négligence dans son dessin et dans la composition ; sujets spirituels.
PLAS (David Van der)	1647 1704	Amster- dam.	Portr.	Il se forma en étudiant les tableaux du Titien et de Rembrandt.	Portrait que l'on croit être celui de Milton, Londres.	Manière italienne.
WITTEL (Gaspard Van).	1647 1756	Utrecht.	Minia- ture, persp., pays., etc.	Élève de M. Withoos. Il visita l'Italie, où il fut accueilli par plusieurs grands personnages. Le duc de Médina-Cœli tint lui-même le fils de Gaspard sur les fonts baptismaux, à Naples. Mort à Rome.		Sa perspective et ses vues de ports de mer sont dans la manière de Canaletti.
KNELLER (Godefr.).	1648 1725	Lubeck.	Portr.	Élève de Rembrandt et de F. Bol. Premier peintre de Charles II, de Jacques II, de Guillaume et de la reine Anne. Avant de s'établir en Angleterre il avait voyagé en Italie et passé quelques années en Hollande.	Portrait d'un chanoine, Anvers. Portrait d'une princesse de Brabant, Vienne. Portrait d'une princesse de Portugal, ib. Portrait d'homme, ib. Portrait de Pierre le Grand , empereur de Russie, Londres. Et beaucoup d'autres, ib.	Il fut très-célèbre dans le genre qu'il avait adopté.
KESSEL (Jean Van).	1648 1698	Amster- dam.	Pays., marin. etc.	Détails inconnus. (Il ne faut pas confondre ce peintre avec Jean Van Kessel, né à Anvers, en 1626).		Bonne imitation de la nature, touche agréable , quelques-unes de ses compositions se rapprochent de loin en loin de Ruisdael.
WULFRAAT (Math.).	1648 1727	Arnhem.	Intér., portr. en mini., hist.,	Élève de A. Diepraam.		
HOET (Gérard).	1648 1733	Bommel.	Hist., portr. et pays.	Élève de Warnard Van Rysen. Il donna très-jeune des preuves de talent, habita Utrecht , Amsterdam et La Haye ; peignit beaucoup de plafonds et d'ornements de salon. Il fit quelques gravures , représentant des sujets mythologiques.	Mariage d'Alexandre, Amsterdam. Paysages avec figures et ruines. ib. Et autres, ib. Moïse faisant sortir l'eau du rocher, Vienne. Une femme entourée d'enfants qui lui donnent des fleurs, Dresde.	Pinceau flou, touche très-fine ; une grande imagination lui inspira des sujets heureux.
WITHOOS (Jean), fils de Mathieu.	1648 1685	Amers- fort.	Pays.	Demeura quelque temps à Rome. Mort au service du comte de Saxe-Lauwenbourg. Il dessina beaucoup plus qu'il ne peignit.		Coloris vigoureux.
L'UIKEN (Jean).	1649		Intér., allégor.	Élève de M. Zaagmolen. Il abandonna la peinture pour le dessin et la gravure et acquit dans ce dernier genre une grande célébrité ; le nombre de ses gravures est incalculable.		
NIKKELEN (Jean Van).	1649 1716	Harlem.	Pays.	Il fut quelque temps au service de l'électeur Palatin qui le nomma chevalier et mourut à la cour de Hesse-Cassel, où il avait également résidé.	Paysages montagneux, Dresde. Paysages : cascade, ib.	Manière de Charles Dujardin.
VOLLEVENS (Jean).	1649 1728	Gertrui- denberg.	Portr.	Son premier maître fut Nicolas Maas ; puis il entra dans l'atelier de Jean de Baan qui l'aida à peindre ses portraits. Mort à La Haye.		Ressemblance parfaite.

18

NOMS.	ANNÉES DE NAISSANCE ET DE MORT.	LIEU DE NAISSANCE	GENRE.	NOTES HISTORIQUES.	TABLEAUX PRINCIPAUX ET LIEUX OU ILS SE TROUVENT.	Observations.
BRAKENBURG (Richard).	1649 1702	Harlem.	Foires et intér.	On le croit élève de A. Van Ostade ; il a peint quelquefois des figures dans les paysages de Philippe De Koning et d'autres.	Scène de paysans joyeux, Amsterdam. Fête villageoise, Vienne. La fête des rois au village, ib. La place du village avec beaucoup de figures, Berlin.	Composition spirituelle.
TERWESTEN (Augustin), frère de Mathieu.	1649 1711	La Haye.	Hist.	Élève de Wieling et de Guillaume Doudyns. Directeur de l'académie de La Haye, grand génie admiré et honoré de son temps. Il fut longtemps ciseleur ; appelé à Berlin par l'électeur de Brandebourg, il y fonda une académie et y resta jusqu'à sa mort.		Bonne couleur, exécution rapide, composition savante.
MOELAERT (Jacq.).	1649	Dordrecht.	Hist. et portr.	Élève de Nicolas Maas.		Ne commença à peindre que fort tard.
SCHENDEL (Bernard Van).	1649	Harlem.	Hist., genre, fêtes, etc.	Il habita Leeuwarden.		
WINTER (Gilles De).	1650 1720	Leeuwarden.	Int. et fonds de pays.	Élève de Brakenburg. Mort à Amsterdam.		Couleur excellente, mais parfois incorrecte.
KALRAAT (Bernard Van), frère d'Abrah.	1650	Dordrecht.	Pays.	Élève de son frère Abraham et d'Albert Cuyp.		Manière de Saftleven.
KOENE (Isaac).	1650? 1715	Harlem.	Pays., et anim.	Élève de Ruisdael.		Les figures et les animaux dans les paysages de Koene sont presque toujours de B. Gaal.
WYTMAN (Mathieu).	1650 1689	Gorcum.	anim., pays., d.. fr., etc.	Ce peintre, qui promettait beaucoup, est mort à la fleur de l'âge.	Jeune fille feuilletant un livre, Dresde.	Style de G. Netscher.
MORTEL (Jean).	1650 1719	Leyde.	Fleurs et fruits.	Il s'occupa presque exclusivement à copier des tableaux de D. De Heem et de Mignon.		Talent faible, peu d'imagination.
BENT (Jean Van der).	1650 1690	Amsterdam.	Pays. et anim.	Élève de Wouwerman et d'A. Van de Velde. Mort de chagrin d'avoir été volé.		Il imita avec talent la manière de Van de Velde.
STORK (Abraham).	1650?	Id.	Marines.	Détails inconnus.	Combat naval, Paris. Un rivage, La Haye. Une mer calme, ib. Combat naval, Berlin. Le port d'Amsterdam, Dresde. Marine, ib. Et autres, ib. Vue de Rotterdam, Londres.	Pinceau excellent ; couleur vraie. Ses tableaux fourmillent de figures.
VERKOLJE (Jean).	1650 1693	Id.	Hist., portr. et intér.	Une plaie, qui força le jeune Verkolje à rester plusieurs années sur son lit, lui révéla sa vocation. Il dessinait pour se désennuyer. Jean Livens ne lui donna des leçons que pendant six mois, après lesquels Verkolje fut déjà un peintre distingué. Son plus grand talent était l'imitation. On a de lui beaucoup de gravures à la manière noire.	Scène d'intérieur, Paris.	Couleur agréable, pinceau ferme.
BEGYN (Abraham).	1650		Pays., arch., portr., etc.	Peintre du roi de Prusse. Mort subitement, la palette à la main.	Marine : environs de Naples, Bruxelles. Paysages avec figures et animaux, Berlin. L'arrivée de Marie de Médicis, Dresde.	Grande connaissance des lois de la perspective.
RUYVEN (Pieter Van).	1650 ou 1651 1716 ou 1718	Leyde.	Hist.	Élève de Jacques Jordaens. Il peignit l'arc de triomphe lors de l'entrée de Guillaume III, d'Angleterre, à La Haye.		Grande facilité, composition fougueuse.

NOMS.	ANNÉES DE NAISSANCE ET DE MORT.	LIEU DE NAISSANCE	GENRE.	NOTES HISTORIQUES.	TABLEAUX PRINCIPAUX ET LIEUX OU ILS SE TROUVENT.	Observations.
VRÉE (Nicolas De).	1630? 1702	Alkmaar?	Pays. et fleurs.	Son humeur misanthropique n'a laissé connaître aucune particularité sur sa vie. Il est mort à Alkmaar où l'on croit qu'il est né.	On connaît peu de ses ouvrages.	Ses tableaux avaient du mérite.
VISSCHER (Théod.).	1630? 1707	Harlem.	Pays. et anim.	Élève de Berchem. Quelques auteurs ont donné sur la vie de cet artiste des détails romanesques dont l'authenticité est loin d'être reconnue. Il passa plusieurs années à Rome, où il mourut.		
KONING (Jacques).	1630?	Id.	Pays., anim., hist. et portr.	Élève d'Ad. Van de Velde. Son talent ayant acquis du renom à l'étranger, il se rendit à la cour de Danemarck, où il avait été appelé par le souverain de ce pays.		Il abandonna le paysage et les animaux pour peindre l'histoire.
MARIENHOF.	1650	Gorcum.	Hist. en petit.	Il a passé sa vie à copier des tableaux de Rubens. Mort très-jeune, à Bruxelles.		
DANKS (François).	1650	Amster-DAM.	Hist. en petit, portr.	Il fut aussi modeleur.	En 1670, il modela une statue du Temps, qui fut reproduite en pierre.	
GROOT (Jean De).	1650	Flessingue.	Hist.	Élève de Van Ostade.		Ses dessins sont achevés avec un soin exquis.
SPILBERG (Adrienne) fille de Jean.	1650 169*	Amster-DAM.		Elle avait quelque mérite comme peintre, mais ses dessins au pastel ont seuls fait sa réputation. Son deuxième mari fut le célèbre Églon Van der Neer.		
INGEN (Guill. Van).	1651	Utrecht.	Id.	Élève de A. De Grebber. Travailla longtemps en Italie avec le peintre C. Maratti.		
TERWESTEN (Élie), frère d'Augustin.	1651 1726	La Haye.	Fleurs et fruits.	Élève de son frère. Mort à Rome.		
ALEN (Jean Van).	1651 1698	Amster-DAM.	Ois.	Il dut sa réputation et sa fortune aux imitations qu'il faisait des tableaux de Melch. Hondekoeter.	Le nombre de ses tableaux originaux est fort restreint.	Ce peintre ne possédait pas le talent de la création, mais il imitait admirablement bien. Les meilleurs connaisseurs se sont souvent trompés à l'égard de ses imitations de M. Hondekoeter.
EDEMA (Gérard).	1652 1700	En Frise.	Pays.	Élève de A. Van Everdingen. En 1670, il alla en Angleterre d'où il partit pour la Norwège.	Paysages, Londres.	Ses paysages représentent ordinairement des vues de la Norwège. Les figures sont presque toujours de J. Wyk.
BRUYN (Corneille De).	1652	La Haye.	Portr., anim., pays., etc.	Élève de Th. Van der Schuur. Ses nombreux voyages dans presque toutes les parties de l'Europe lui firent faire de grandes études.		Dessin correct; fini de détails précieux.
HULST (Pierre Van der), dit LE TOURNESOL.	1652	Dor-DRECHT.	Pays., fleurs, insect.	Demeura à Rome.		On remarque un tournesol dans la plupart de ses compositions. Couleur médiocre.
RIETSCHOOF (Jean Nicolas).	1652 1719	Hoorn.	Marin.	Élève de L. Bakhuyzen.	Deux marines, Amsterdam.	
LUBINIETZKI (Théodore), frère de Christophe.	1653 171*	Cracovie.	Hist.	Élève de A. Backer et de Gérard Lairesse. Il fut comblé d'honneurs par les cours de l'Allemagne. Mort en Pologne.		
DOES (Simon Van der), fils de Jacq.	1653		Portr., anim., pays. et figur.	Un mariage malheureux fit le tourment de sa vie. Il voyagea en Angleterre, revint en Hollande après la mort de sa femme, se trouva dans la misère et demeura longtemps à l'hôpital.	Paysage, Amsterdam. Pays. avec fig. et anim., Berlin. Bergère avec des moutons, La Haye.	Style de G. Netscher. Il excellait à peindre des moutons.

NOMS.	ANNÉES DE NAISSANCE ET DE MORT.	LIEU DE NAISSANCE	GENRE.	NOTES HISTORIQUES.	TABLEAUX PRINCIPAUX ET LIEUX OU ILS SE TROUVENT.	Observations.
LAROON (MARCEL).	1653 1705	LA HAYE.	Portr.	Élève de La Zoon, peintre de portraits en Angleterre, d'où il revint étudier dans son pays avec Fléchière. Graveur à la manière de Van Ostade.	Il a peint les draperies de presque tous les tableaux de Kneller.	Bon dessin. Il avait un talent particulier pour imiter la manière de peindre des plus grands maîtres.
BUNNIK (JEAN VAN)	1654 1727?	AMSTERDAM.	Pays. et hist.	Élève de H. Saftleven. Ruiné par des enfants ingrats, il mourut dans la pauvreté, après avoir voyagé longtemps et avoir été au service du duc de Modène.		Il est cité comme un des plus habiles paysagistes de son temps.
HOOGZAET (JEAN VAN).	1654	ZWOLLE.	Hist.	Élève de G. Lairesse. Il fut employé par le prince Guillaume III, et plusieurs autres grands personnages.		Son maître fut son modèle. Il l'imita parfois avec assez de bonheur.
KOETS (ROELOF).	1655 1725	NIMÈGUE.	Portr.	Élève de Gérard Terburg; il était aussi bon musicien que bon peintre et travailla pour plusieurs souverains. Il a laissé environ 5,000 portraits!	Malgré le nombre considérable et le mérite de ses travaux, les grandes galeries ne possèdent aucun de ses ouvrages.	Grande facilité, bonne couleur, accessoires heureux.
CALL (JEAN VAN).	1655 1703	LA HAYE.	Pays., vues de villes (en min.).	Exécuta un grand nombre de gravures et de dessins.	On ne connaît de lui que peu de tableaux.	Touche délicate et spirituelle, composition ingénieuse.
DIEST (ADRIEN VAN).	1655 1704	HARLEM.	Ruines etc.	Il alla fort jeune en Angleterre, où il peignit beaucoup pour le duc de Bath; sa vie fut très-malheureuse.		Bon coloris; ton fin et transparent.
CARRÉ (HENRI), LE VIEUX.	1656 1721	AMSTERDAM.	Kerm., pays. et anim.	Élève de J. Jacobse et de Jacques Jordaens. Les circonstances du temps le forcèrent à accepter une place de porte-drapeau dans l'armée hollandaise. Plus tard il reprit sa palette et ses pinceaux et devint aussi bon peintre qu'il avait été brave militaire.		Pinceau ferme, bon coloris.
GLAUBER (JEAN-GOTLIEB), frère de Jean.	1656 1703	UTRECHT.	Marines.	Élève de son frère et de Jacques Knyf ou Kruyf, à Paris, où Jean l'emmena; accompagna son frère en Italie; visita Vienne, Prague et Breslau, et mourut dans cette dernière ville.	Tableaux, Allemagne.	
MAAS (THIERRY).	1656	LEYDE.	Chass., pays., et bataill.	Élève de H. Mommers et de N. Berchem. Il fut aussi graveur.		Il abandonna le paysage pour peindre des chevaux et choisit Hugtenburg pour modèle.
MOOR (CHARLES DE).	1656 1738	HARLEM.	Hist., portr. et intér.	Élève de G. Dou, d'A. Van den Tempel, de F. Van Mieris et de G. Schalken; un des grands peintres dont la Hollande s'honore. La Russie, l'Allemagne et l'Italie le comblèrent de faveurs. Il a fait quelques gravures.	Portrait : le poète J. Van Gheel, Amsterdam. L'ermite, Dresde.	Composition grandiose, dessin très-correct, couleur hardie et franche. Ses tableaux sont pleins de feu et de vérité.
WISSING (GUILL.).	1656 1687	LA HAYE.	Portr.	Élève de G. Doudyns et de P. Lely, peintre Anglais. Il fut protégé par Jacques II, d'Angleterre, qui l'attacha à sa personne; on croit qu'il mourut empoisonné par des ennemis, envieux de sa gloire.	Deux portraits de la reine Marie, femme de Guillaume III d'Angleterre, Londres. Portrait de Guillaume III, d'Angleterre, ib.	Un des meilleurs peintres de portraits de son temps.
BEURS (GUILL.).	1656	DORDRECHT.	Pays. et fleurs.	Élève de G. Van Drillenburg; il donna des leçons de dessin à Groenloo (Hollande).		
GERMYN (SIMON).	1656	Id.	Ornements.	Élève de G. Schalken et de L. Smits.		
HEUSCH (JACQ. DE), neveu de Guill.	1657 1701	UTRECHT.	Pays.	Élève de son oncle; travailla longtemps en Italie. Surnommé Afdruk.	Paysage : côtes de la mer avec bâtiments et figures, Vienne. Paysage, ib.	Bon dessinateur; main ferme.
VITRINGA (WIGERUS).	1657 1721	LEEUWARDEN.	Marines	Il était docteur en droit.		Excellente touche, détails heureux, manque de transparence.

NOMS.	ANNÉES DE NAISSANCE ET DE MORT.	LIEU DE NAISSANCE	GENRE.	NOTES HISTORIQUES.	TABLEAUX PRINCIPAUX ET LIEUX OU ILS SE TROUVENT.	Observations.
VERHEYDEN (François-Pierre).	1637 1711	La Haye.	Chass., anim.	D'abord sculpteur, ce ne fut qu'à quarante ans qu'il commença à peindre. Il étudia d'après Fr. Sneyders, peintre flamand et d'après Hondekoeter.		Bonne couleur, grande harmonie ; les plumes et les poils de ses animaux sont d'une vérité frappante.
BROECK (Élie Van den).	1637 1711	Anvers.	Fleurs, fruits, etc.	Élève d'Ab. Mignon et de De Heem ; s'établit à Amsterdam, où il mourut.	Nature morte : huîtres, argenterie, etc., Vienne. Fleurs, etc., ib. Fleurs dans un vase, ib.	Peignit dans le goût de De-Heem.
VERSCHUURING (Guillaume), fils de Henri.	1637		Intér., portr.	Élève de son père et de J. Verkolje.		
TIDEMAN (Philippe).	1637 1705	Hambourg	Hist., allég.	Élève de G. Lairesse. Peintre savant, et qui répandit son érudition dans ses tableaux allégoriques.		
STUVEN (Ernest).	1637	Id.	Portr., fleurs et fruits.	Élève de J. Voorhout, de Guillaume Van Aalst, et d'Abraham Mignon. Ses excentricités lui donnèrent une foule d'ennemis, et le jetèrent même en prison. Mort à Amsterdam.		Abandonna le genre du portr. pour s'adonner à celui des fruits et des fleurs.
VINNE (Laurent Van der) fils de Vincent.	1658 1729	Harlem.	Fleurs et pays.	Élève de Berchem. Ce Peintre ne travailla que pour son agrément, car il était propriétaire d'une fabrique de coton et de rubans.		On reconnaît dans ses paysages et surtout dans ses arbres la manière de son maître.
WELLEKENS (Jean-Baptiste).	1658 1742		Portr.	On le croit élève de A. De Grebber ; visita l'Italie.	On ne connaît de lui que le portrait de sa mère.	
BREEKVELT (Guill.)	1658 1687		Hist.	Détails inconnus.		
WERF (Adrien Van der).	1659 1722	Kralin- ger- Amdacht (près de Rotterd.)	Hist., intér. portr. et pays.	Élève de C. Picolet et d'Égl. Van der Neer ; son père était meunier et voulait que son fils lui succédât ; sa mère désirait le voir entrer dans la carrière ecclésiastique ; mais la nature l'avait créé artiste et il obéit à sa vocation. A 17 ans, sa réputation était déjà faite : la vie de ce peintre offre une suite non interrompue de prospérités de tout genre. Il fut longtemps au service de l'électeur Palatin, qui l'enrichit et lui donna le titre de chevalier ; de là ses fréquents voyages à Dusseldorf, et son séjour dans cette ville. Appréciés de son vivant, ses tableaux furent couverts d'or : il dut en grande partie son talent à l'étude consciencieuse qu'il fit des belles toiles et des beaux antiques qui enrichissaient les principaux cabinets de son pays. Van der Werf cultiva également l'architecture, la gravure et la sculpture.	Adam et Ève, Paris. Moïse sauvé des eaux, ib. La chasteté de Joseph, ib. Un Ange annonçant le Christ aux bergers, ib. Madeleine au désert, ib. Séleucus cédant Stratonice à son fils, ib. Nymphes dansant, ib. Portr. du peintre, Amsterdam. Sainte famille, ib. Psyché et Cupidon, ib. Paysage : nymphes dansant près d'un berger, ib. Fuite en Égypte, La Haye. Portrait d'un magistrat, ib. Jugem. de Salomon, Florence. Adoration des bergers, ib. Portrait de Marlborough, ib. Bénédiction de Jacob, Berlin. Femmes honorant les statues de Priape et de Vénus, ib. Jacob bénissant Éphraïm et Manassé, ib. Loth et ses filles, ib. Nymphe de Diane, ib. Sainte famille, ib. Paysage avec figures, ib. Marie-Madeleine lisant, ib. Portrait d'homme, Vienne. Le jugement de Pâris, Dresde. Madeleine lisant, ib. Diogène et sa lanterne ib. Abraham chassant Agar, ib. Vénus et l'Amour, ib. Et autres, ib. Madeleine, Munich. Effet de lumière, ib. Ecce homo, ib. Allégorie, ib. Sara présentant Agar à Abraham, ib. Portraits, ib. Et beaucoup d'autres, ib.	Bon dessin, bonne ordonnance, belles draperies, fini précieux, grande patience, telles furent les qualités de ce peintre célèbre. On lui reproche d'avoir habillé des personnages de la Bible en velours et en satin et d'avoir employé des couleurs trop tranchantes. Landon, Le Carpentier, J. Reynolds et d'autres écrivains étrangers rendent tous hommage au talent de Van der Werf ; ils vantent l'effet agréable de ses tableaux, tout en lui reprochant de trop faire ressembler ses chairs à de la porcelaine ou à de l'ivoire, qui n'ont rien du moelleux de la vie ; on voudrait trouver aussi, dans son coloris, un peu plus de cette transparence qui ajoute tant à l'effet et au mérite d'un tableau.

NOMS.	ANNÉES DE NAISSANCE ET DE MORT.	LIEU DE NAISSANCE	GENRE.	NOTES HISTORIQUES.	TABLEAUX PRINCIPAUX ET LIEUX OU ILS SE TROUVENT.	Observations.
LUBINIETZKI (Christophe), frère de Théodore.	1659	Stettin.	Portr.	Il vint en 1675, à la Haye, y fut élève d'A. De Backer et de G. Lairesse et y resta jusqu'à sa mort.		
OPGANG (Nicolas), dit PIÉMONT.	1659 1709	Amsterdam.	Pays.	Élève de M. Zaagmolen et de Molenaer. Voyagea en Italie où son talent se développa d'une manière remarquable.		
MADDERSTAG (Michel).	1659 1709	Id.	Pays., marin.	Un des meilleurs élèves de L. Bakhuyzen; passa la plus grande partie de sa vie à la cour de Brandebourg et finit par abandonner la peinture pour le commerce de tableaux.	Marine : les vaisseaux de Frédéric Ier, roi de Prusse, Berlin. Marine, la pêche de la baleine, ib.	Il avait de grandes connaissances pour la construction des navires.
DALENS (Thierry).	1659 1688	Id.	Pays. avec figures	Mort au moment où il allait jouir de ses travaux.		
STREEK (Henri Van), fils de Jurinan.	1659	Intér. d'églis.		Élève de son père et d'E. De Witt.	Ses ouvrages, comme peintre, sont peu nombreux.	S'adonna spécialement à la sculpture.
HUYSUM (Juste Van), LE VIEUX.	1659 1716	Amsterdam.	Pays., fleurs, fruits, portr., etc.	Élève de N. Berchem ; il serait devenu un grand peintre s'il n'avait voulu embrasser tous les genres à la fois.		Ce fut dans le genre des fleurs et des fruits qu'il réussit le mieux.
OVERBEEK (Bonaventure Van).	1660 1706	Id.	Hist. et pays.	On croit qu'il fut élève de G. Lairesse ; il alla trois fois en Italie et y rassembla une grande quantité d'antiques, dont son neveu publia les dessins en 1709, sous le titre de : Reliquæ antiquæ urbis Romæ (150 planches).		
HOUBRAKEN (Arn.).	1660 1709	Dordrecht.	Hist. et portr.	Élève de G. Van Drillenburg, J. La Vecq et S. Van Hoogstraten. On a de lui une Vie des peintres flamands et hollandais, en 5 vol. in-8o, dont l'exactitude n'est pas le plus grand mérite. Il a fait beaucoup de dessins pour les éditeurs.	On cite parmi ses meilleurs-ouvrages : Oreste et Pylade. Iphigénie. La continence de Scipion. Le Crucifiement. Aman et Esther.	Bon dessin, beaucoup de fini, pinceau faible, coloris médiocre ; il était très-versé dans les antiquités et connaissait parfaitement les lois de la perspective.
VROOMANS , surnommé SLANGENSCHILDER.	1660	Hollande	Plantes et anim.	Détails inconnus.		Grand fini, beaucoup de naturel et bon coloris.
MIERIS (Jean), fils de François, le vieux.	1660 1690	Leyde.	Hist. et portr.	Élève de son père et de G. Lairesse. Mort à Rome, de la gravelle.		
WYNEN (Dominique Van).	1661	Amsterdam.	Genre grotesque.	Après avoir été pendant quelque temps l'élève de G. Doudyns, il se rendit à Rome ; sa prodigalité l'empêcha de faire fortune. Bonaventure Van Overbeek vint à son secours lors de son séjour à Rome : il lui donna des tableaux à faire, le ramena dans sa patrie et paya son voyage.	Il peignit beaucoup de sujets représentant des cérémonies de l'association des peintres, à Rome.	Touche large en même temps que spirituelle.
RAVESTEIN (Nicol.).	1661 1750	Bommel.	Hist. et portr.	Il fut d'abord élevé pour les lettres, mais son goût pour la peinture le fit placer chez J. De Baan. Travailla jusqu'à l'âge de 80 ans.	Il a fait les portraits de plusieurs grands personnages.	Coloris agréable, pinceau moelleux.
NETSCHER (Théodore) fils de Gaspard.	1661 1752	Bordeaux	Portr., etc.	Élève de son père. Demeura à la cour de France pendant 20 ans ; en 1715, envoyé par la Hollande, il se rendit en Angleterre, comme payeur des troupes de l'État, qui étaient à la solde de George Ier.	Tableaux , Londres.	Réussit dans le portrait.

NOMS.	ANNÉES DE NAISSANCE ET DE MORT.	LIEU DE NAISSANCE.	GENRE.	NOTES HISTORIQUES.	TABLEAUX PRINCIPAUX ET LIEUX OU ILS SE TROUVENT.	Observations.
BOEKHORST (Jean De).	1661 1724	Doetin-chem (Gueldre)	Hist., portr. et bataill.	Élève de G. Kneller, à Londres, où il s'était rendu très-jeune; il y entra au service de lord Pembroke ; plus tard il parcourut l'Allemagne et mourut à Clèves.	Nymphes et satyres, Vienne.	Peintre renommé.
MIERIS (Guill. Van), fils de François.	1662 1747	Leyde.	Pays., genre et hist.	Élève de son père. Cet artiste modelait en terre et en cire; on cite de lui quatre vases sur lesquels il avait sculpté des bacchantes.	Le marchand de volaille, Amsterdam. Ermite en prière devant un crucifix, ib. Une boutique d'épicier, La Haye. La Madeleine devant le crucifix, Florence. Une dame assise donnant à manger à un perroquet, Berlin. Soldat en costume espagnol, Vienne. Une femme tenant une bourse, ib. Un vieillard offrant de l'argent à une femme, ib. Les bulles de savon, ib. Le marchand de gibier, ib. Intérieur de cuisine avec figures, Paris. Ariane et Bacchus entourés de femmes et de Satyres, Dresde. Céphale et Procris, ib. Chasseur à une fenêtre et tenant du gibier, ib. Et autres, ib. Un enfant jouant du tambour, Munich.	Beaucoup de fini, mais il fut loin d'égaler son père.
VINNE (Jean Van der).	1663 1721	Harlem.	Chass. et pays.	Élève de son père et de J. Van Hugtenburg. Visita l'Angleterre.	Musiciens ambulants, Vienne.	
COETS (Herman).	1665 17**	Middel-burg.	Portr. et marin.	Élève de Blyhooft. Il habita Amsterdam sur la fin de ses jours.		
MEELE (Mathieu De).	1664 1724	La Haye.	Portr.	Élève de P. Lely, à Londres. Demeura longtemps à La Haye, et y fut directeur de l'Académie.		
HOOFT (Nicolas).	1664 1748	Amster-dam.	Figur.	Élève de D. Mytens, G. Doudyns et A. Terwesten. Régent de l'Académie.		Comme peintre il avait un mérite secondaire, mais il réussissait très-bien dans les Académies.
RUISCH (Rachel), femme de Juriaan Pool.	1664 1750	Harlem.	Fleurs et fruits.	Élève de Guillaume Van Aelst. L'électeur Palatin la nomma peintre de sa cour. Elle eut dix enfants, et sans oublier ses devoirs de mère, elle voua un culte constant à l'art. Elle peignit jusqu'à l'âge de 80 ans : plusieurs poëtes ont célébré les vertus et les talents de cette femme célèbre.	Fleurs et insectes, Amsterdam. Bouquet de fleurs, La Haye. Même sujet plus petit, ib. Fleurs, Florence. Fruits, ib. Fleurs et insectes, Vienne. Même sujet, Berlin. Fleurs et insectes, Dresde. Fleurs, fruits, insectes, Munich.	Fermeté extraordinaire, ordonnance riche et variée, pinceau spirituel, effet piquant, talent des plus remarquables.
DUSART (Corn.).	1665 1704	Kraelin-ger-Ambacht.	Scènes villag. Graveur.	Un des meilleurs élèves de Van Ostade. Il mourut subitement.	Marché aux poissons, Amsterdam. Plusieurs scènes de cabaret, ib. Scène villageoise, Vienne. Combat de paysans, Dresde.	Ordonnance spirituelle. Beaucoup de figures dans ses tableaux. Il savait très-bien reproduire sur la figure les divers sentiments dont l'âme est agitée.
WERF (Pierre Van der), frère d'Adr.	1665 1708	Hollande	Genre, portr. et hist.	Élève de son frère qu'il aidait souvent.	Saint Jérôme au désert, Amsterdam. Jeune fille parant de fleurs une statue, ib. Jeune fille dessinant près d'un jeune homme, ib. Le Christ pleuré par sa mère et autres saints, Berlin. Enfants jouant avec un oiseau, Florence. Jeune fille tenant une souricière (effet de lumière), Dresde. Et autres, ib.	Ses tableaux, quoique d'une touche moins délicate, ressemblent beaucoup à ceux de son frère.

NOMS.	ANNÉES DE NAISSANCE ET DE MORT.	LIEU DE NAISSANCE	GENRE.	NOTES HISTORIQUES.	TABLEAUX PRINCIPAUX ET LIEUX OU ILS SE TROUVENT.	Observations.
STRAETEN (Henri Van der).	1665	Hollande	Pays.	Il n'eut d'autre maître que la nature. Sa vie déréglée le fit mourir à la fleur de l'âge; on ne précise pas bien la date de sa mort. En 1681, il visita Londres.		
CARRÉ (Michel), frère d'Henri le vieux.	1666 1728	Amster- dam?	Pays. et anim.	Élève de son frère et de N. Ber- chem. Il habita quelque temps l'Angleterre, mais son talent n'était pas assez remarquable pour y être distingué; il revint dans sa patrie et y resta jusqu'à ce que Frédéric Ier, roi de Prusse, le nomma peintre de sa cour en remplacement d'A. Begyn. Mort à Alkmaar.	Pays. avec animaux, Londres.	Il a peint beaucoup de grandes toiles pour tapisseries de salon.
ELLIGER (Otmar).	1666 1732	Ham- bourg.	Hist., arch., genre, fleurs.	Élève de Van Musscher et de Lairesse. Il a fait beaucoup de dessins et de titres d'ouvrages.	Femme tenant des fleurs, Vienne. Fleurs sur une table, Dresde.	Belle ordonnance, pinceau large. (Il ne faut pas confondre cet ar- tiste avec Otmar Elliger, peintre allemand, né vers 1632.)
POOL (Juriaan).	1666 1745	Amster- dam.	Portr.	Il était le mari de la célèbre Rachel Ruisch.		Ce peintre était aussi marchand de tableaux.
SPIERS (Albert Van).	1666 1718	Id.	Hist., ornem.	Élève de G. Lairesse. Il forma son goût à Rome et à Venise.		
LEUR (Nicolas Van der).	1667 1726?	Breda.	Hist. et portr.	Il alla très-jeune à Rome, où il fit de bonnes études.		Portraits bien faits.
NYMEGEN (Élie Van), frère de Tobie.	1667 1755	Nimègue.	Fleurs, bas rel. et ornem.	Élevé avec son frère.		
WAART (Jean Van der).	1667 1721	Harlem.	Portr., hist.	S'établit pendant quelque temps à Londres, où il fit beaucoup de portraits.		S'adonna également à la gra- vure.
VERELST (Corn.), fils d'Herman.	1667?	Vienne?	Fleurs, fruits.	Accompagna son père à Londres.	Tableaux, Londres.	Excellait dans son genre.
COLONIA (Henri A.), fils d'Adam.	1668 1701		Pays.	Détails inconnus.		Peignit à la manière de N. Ber- chem.
BEELDEMAKER (François), fils de Jean.	1669	La Haye.	Hist. et chasses	Élève de son père et de G. Dou- dyns. Visita Rome, où on l'em- ploya à peindre des salles et des plafonds.		
BOONEN (Arnold).	1669 1729	Dor- drecht.	Portr., genre.	Élève d'A Verbuys et de God. Schalken; à 25 ans, il avait la réputation d'un grand peintre.	Portraits du czar Pierre, de la czarine, du prince d'Orange et de Marlborough, Paris. Un homme qui lit à la lumière d'un flambeau, ib. L'ermite, Dresde. Jeune femme avec une lanterne. ib. Le fumeur, ib. Et autres (tous effets de lu- mière) ib.	Coloris agréable. Bonne res- semblance dans ses portraits. Ses effets de lumière sont très-esti- més.
PÉE (Théodore Van), fils de Juste.	1669 1747	Amster- dam.	Hist., portr., intér.	Son art ne lui suffisant pas pour vivre, il ouvrit un magasin de tableaux hollandais et italiens. Voyagea en Angleterre.		Il peignit beaucoup de planches sur lesquelles il représentait des domestiques, des chiens aboyant, etc., objets fort recherchés dans ce temps pour orner les vesti- bules.
NOOTT (Wemmer).	1670 1754	Arnhem.		Détails inconnus.		
TERWESTEN (Ma- thieu), frère d'Au- gustin et d'Élie.	1670 175*	La Haye.	Hist. et portr.	Élève de G. Doudyns et de G. Mytens. Après avoir voyagé il re- vint dans son pays avec la répu- tation d'un bon peintre.	Portrait de la princesse Anne d'Angleterre, épouse de Guil- laume IV d'Orange, Amsterdam.	
CRAMER (N.).	1670 1710?	Leyde.	Portr.	Élève de J. Van Mieris et de Ch. De Moor.		Imita beaucoup la manière de peindre de Charles De Moor.

NOMS.	ANNÉES DE NAISSANCE ET DE MORT.	LIEU DE NAISSANCE	GENRE.	NOTES HISTORIQUES	TABLEAUX PRINCIPAUX ET LIEUX OU ILS SE TROUVENT.	Observations.
BERGEDAN (Van).	1670	Bréda.	Hist.	Détails inconnus. Ne serait-ce pas le même que Nicolas Van Bergen? Van Bergeden n'est cité que dans la *Biographie universelle*.	Sainte famille.	
NETSCHER, (Constantin), fils de Gaspard.	1670 1712		Portr.	Il fut régent de l'Académie.	Portrait d'homme revêtu d'une armure, Berlin. Portrait du margrave Louis de Brandebourg, *ib*. Vénus pleurant Adonis métamorphosé en fleur, Paris. Berger tenant une jeune fille dans ses bras, Munich.	Bonne ressemblance, coloris vigoureux.
BERGEN (Nicolas Van).	1670 1699	Bréda.	Hist.	Ce jeune peintre est mort devant un avenir glorieux.		Sa manière se ressent de l'étude qu'il avait faite de Rembrandt.
MOUCHERON (Isaac), fils de Frédéric et surnommé à Rome, ORDONNANTIO.	1670 1734 ou 1744	Amsterdam.	Pays.	A 24 ans il visita l'Italie. Selon la mode du temps, il embellit les salons des grandes maisons en y peignant des paysages dans le goût italien. Graveur.	Paysage d'Arcadie, Bruxelles. Paysage, char au cerf, *ib*. Paysage, Florence. Vue d'une ville avec figures, Berlin. Paysage avec figures et animaux. *ib*. Paysage avec animaux, Dresde.	Bonne et belle ordonnance. Couleur vraie, grande entente de la perspective. J. De Wit et Verkolje ont fait quelquefois les figures de ses paysages.
SILO (Adam).	1670	Id.	Marin. et portr.	Fameux constructeur de navires, graveur, dessinateur, musicien, etc. Il donna quelques leçons pour la construction des navires au czar Pierre le Grand.		Il ne commença à peindre que très-tard.
VOET (C. B.).	1670 1745	Zwolle.	Insect., fleurs et fruits.	A 19 ans il fut peintre du comte de Portland qui l'emmena en Angleterre.	Il embellit de ses œuvres Zorgvliet, maison de campagne du célèbre Cats.	
BLON (Christophe Le).	1670?	Allemagne.	Portr. en miniat.	En 1696, il alla à Rome, où il rencontra Bonaventure Van Overbeek qui l'emmena à Amsterdam. Ses tableaux y furent remarqués.		Artiste de talent.
BLEEK (Richard).	1670	La Haye.	Portr., etc.	Mort à Londres.		
GAELEN (Alexandre Van).	1670 1728	Amsterdam.	Chasses et bataill.	On le cite comme un des meilleurs élèves de Hugtenburg, qu'il aida souvent dans ses tableaux. Visita l'Allemagne et l'Angleterre.	Il peignit à Londres des tableaux remarquables : La reine Anne se rendant au Parlement. Les Batailles de Charles Ier, contre Cromwell.	Beaucoup des tableaux attribués à Hugtenburg, sont de Van Gaelen.
LAIRESSE (Jacques), fils de Renier.	1671 1709	Liège.	Fleurs et fruits.	Élève de son oncle Gérard.		
BURCH (Albert Van der).	1672 173*	Delft.	Hist. et portr.	Élève de J. Verkolje et de A. Van der Werf. Voyagea en Allemagne et fut protégé par l'électeur Palatin.		
RADEMAKER (Gérard).	1672 1711	Amsterdam.	Hist., pays., portr. etc.	Son père, qui était menuisier, s'opposa longtemps à sa vocation: il ne voulait même pas lui laisser apprendre les principes du dessin.	Tableau allégorique, Amsterdam.	
SMITS (N.).	1672 1731	Bréda.	Hist.	Détails inconnus.	Il a exécuté de beaux plafonds en Hollande.	Bon dessin, bonne composition et coloris agréable.
WIGMANA (Gérard).	1673 1741	Workum. (Frise.)	Hist.	Voyagea en Italie; surnommé par dérision et pour son orgueil : *Le Raphaël de la Frise.*		Travail facile et bon fini.
BAAN (Jacques De), fils de Jean.	1673 1700	La Haye.	Hist., portr. et intér.	Surnommé *le Gladiateur*, à Rome. A 20 ans il se rendit à la cour de Guillaume III, et mourut à Vienne.		Il a peint à fresque.

NOMS.	ANNÉES DE NAISSANCE ET DE MORT.	LIEU DE NAISSANCE	GENRE.	NOTES HISTORIQUES.	TABLEAUX PRINCIPAUX ET LIEUX OU ILS SE TROUVENT.	Observations.
VERKOLJE (Nicolas, fils de Jean.	1673 1746	Delft.	Hist., portr. et genre.	Bon graveur en mezzo-tinto.	Proserpine cueillant des fleurs, Paris. Jeune fille assise à une fenêtre près de laquelle se trouve un chasseur, Berlin. Un trompette à une table et autres figures, Dresde.	Il a peint aussi des effets de lumière.
LAIRESSE (Jean), fils de Renier.	1674 1724	Liége.	Fleurs et fruits.	Élève de son oncle Gérard.		
VALKENBURG (Thierry).	1675 1721	Amster-dam.	Anim., portr., etc.	Élève de J. Weeninx. Voyagea en Allemagne, où il fut protégé par plusieurs grands person-nages. Un mariage malheureux abrégea sa vie.		Exécuta des tableaux qui lui valurent une réputation méritée.
RADEMAKER (Abra-ham).	1675 1725 ou 1735	Id.	Pays. et marin.	Sans aucun maître et sans au-cun conseil il devint bon artiste.		On le cite également comme graveur.
WEELING (Anselme).	1675 1747	Bois-le-Duc.	Intér.	Il peut être compris dans les bons peintres d'intérieurs. Mort misérable.		Adopta la manière de Gode-froid Schalken.
BOONEN (Gaspard), frère d'Arnold.	1677 1729	Dor-drecht.	Portr.	Élève de son frère.	Peignit un grand nombre de portraits.	Bonne ressemblance.
KINT (Thierry).	1678 1756	La Haye.	Hist.	Élève de C. Netscher. Marchand de beurre en même temps que doyen de la corporation des pein-tres et directeur de l'Académie.		Il a laissé peu de réputation.
ROEPEL (Conrad).	1678 ou 1679 1748	Id.	Fleurs et fruits.	Élève de C. Netscher. Sa consti-tution maladive exigeant l'air de la campagne, c'est ainsi que lui vint le goût d'étudier et de pein-dre les plantes et les fleurs. Pro-tégé par l'électeur Palatin et di-recteur de l'Académie de La Haye.	Fleurs, Amsterdam. Fruits, ib. Bouquet de fleurs, Dresde.	Beaucoup de vérité et bon co-loris.
SERIN (Jean).	1678	Gand.	Portr.	Il s'occupa presque toute sa vie à La Haye et travaillait encore à l'âge de 70 ans.		De la roideur; coloris malheu-reux.
LAIRESSE (Ernest), fils de Renier.	1678 1718	Liége.	Ani-maux, fleurs et fruits.	Élève de son oncle Gérard. Maximilien-Henri de Bavière le protégea et l'envoya à Rome finir ses études.	Son chef-d'œuvre périt dans le bombardement de Bonn.	Cultiva avec succès, le genre qu'il avait choisi.
KOENRAAD.	1678 1747	La Haye.	Fleurs.	Élève de C. Netscher.		Ne serait-ce pas le même que Conrad ou Konrael Roepel, cité plus haut?
WULFRAAT (Margue-rite), fille de Ma-thieu.	1678 1738?	Arnhem.	Portr., genre, hist.	Détails inconnus.		Elle peignit à la manière de G. Netscher; main ferme, étoffes moelleuses.
RIETSCHOOF, fils de Jean.	1678	Hoorn.	Ma-rines.	Élève de son père.		
WEYERMAN (Jacq.-Campo).	1679 1747		Fleurs.	Ses écrits satiriques le firent mettre en prison, où il mourut.	Auteur d'une vie des peintres qui laisse beaucoup à désirer sous le rapport de l'exactitude.	Meilleur littérateur qu'artiste.
SOUKENS (Henri), fils de Jean.	1680 1711	Bommel. (Holl.)	Hist. et pays.	Visita l'Italie.		
APPEL (Jacques).	1680 1751	Amster-dam.	Portr. et pays.	Élève de T. De Graaf et de Van der Plas.		S'attacha à imiter la manière de P. Molyn, dit Tempesta.
GREENWOOD (Fran-çois).	1680	Rotter-dam.	Portr. et miniat.	Il possédait le talent de dessi-ner sur verre avec du diamant.		Connu également comme poëte.

NOMS.	ANNÉES DE NAISSANCE ET DE MORT.	LIEU DE NAISSANCE	GENRE.	NOTES HISTORIQUES.	TABLEAUX PRINCIPAUX ET LIEUX OU ILS SE TROUVENT.	Observations.
DYK (Philippe Van), dit LE PETIT VAN DYCK.	1680 1752	Amsterdam.	Hist., portr. et intér.	Élève de A. Boonen. Peintre du landgrave de Hesse; fit les portraits de beaucoup de grands personnages; travailla à La Haye, à Middelbourg, ainsi qu'à Cassel. Tout en cultivant lui-même la peinture, il faisait le commerce de tableaux.	Sarah présentant Agar, Paris. Abraham renvoyant Ismaël. ib. Une dame à sa toilette, Bruxelles. Une dame jouant de la guitare, La Haye. Une dame devant sa toilette, ib. Judith tenant la tête d'Holopherne, ib. Un homme tenant une plume. ib. Une dame et deux enfants à une fenêtre, Berlin. Deux jeunes filles dont la plus jeune veut cueillir des fleurs, un jeune homme jouant du luth, ib.	Il eut la réputation d'un bon maître, et posséda la confiance de plusieurs souverains qui le chargèrent d'embellir leurs galeries des tableaux des grands maîtres.
PALTHE (Gérard-Jean).	1681	Dagemcamp (Overyssel).	Portr., intér., effets de lum.	Élève de J. Pool. Habita longtemps Deventer.		Ses ouvrages ont quelque ressemblance avec ceux de G. Schalken, sans en avoir le beau coloris et la manière délicate.
KOEDYK (Nicolas).	1681	Zaandam.	Id.	Il obtint de Pierre le Grand des marques de bienveillance.	Portrait du lieutenant général P. P. Hein, Amsterdam.	
HUYSUM (Jean Van), fils de Juste.	1682 1749	Amsterdam.	Fleurs, fruits et pays.	Élève de son père ; connu comme le plus grand peintre de fleurs et de fruits qui ait jamais existé. Il vécut riche, honoré et comblé de gloire.	Fleurs, Florence. Id., La Haye. Fruits, ib. Fruits sur un socle de marbre, Amsterdam. Fleurs dans un vase d'ambre, ib. Paysage avec bâtiments et figures, ib. Paysage, ib. Tableaux, fleurs dans un vase, Berlin. Tableaux, fleurs, Vienne. Plusieurs paysages, Paris. Fleurs et fruits et autres, ib. Fleurs, Dresde. Paysage, ib. Fleurs et nid d'oiseau, ib. Et autres, ib. Fleurs, Munich. Fruits, ib.	Ordonnance riche, goût exquis. Le velouté, le duvet des fruits, l'éclat des fleurs, le transparent de la rosée, le coloris le plus brillant, le plus moelleux, joints à une imitation parfaite de la nature, le mouvement qu'il savait donner aux insectes, tout enfin enchante dans les tableaux de ce peintre admirable et unique dans son genre.
BREY (Henri).	1682	La Haye.	Hist.	Détails inconnus.		
WOLTERS (Herman).	1682	Zwolle.	Pays. et portr.	Élève de R. Koets et de Th. Van Pée : il épousa la fille de ce dernier.		
BALEN (Mathieu).	1684	Dordrecht.	Hist. et pays.	Élève de A. Houbraken. Il donna des preuves de talent comme graveur, et mourut très-vieux.		Il suivit la manière de son maître.
MYN (Herman Van der).	1684 1741	Amsterdam.	Hist., portr. fleurs.	Élève de E. Stuven. Fit les portraits de plusieurs grands personnages et voyagea beaucoup.	Fleurs, Munich.	Bon dessin, belles draperies, coloris trop gris.
TROOST (Guill.).	1684	Id.	Pays. et portr.	Élève de Glauber. Il s'établit en Allemagne où il peignit beaucoup de portraits.		Il a laissé la réputation d'un peintre de mérite.
CARRÉ (François-Abraham) , fils de Henri.	1684 1721	La Haye.		Mort en Angleterre où il s'était établi.		
DECKER (François).	1684 1751	Harlem.	Hist. et genre.	Détails inconnus.	Un atelier de forgeron, Berlin.	
TORENVLIET (Abraham), fils de Jacq.	1685 1735	Leyde.	Portr.	Id.		
SOUKENS (Gisbert), fils de Jean.	1685		Pays.	Id.		

NOMS.	ANNÉES DE NAISSANCE ET DE MORT.	LIEU DE NAISSANCE	GENRE.	NOTES HISTORIQUES.	TABLEAUX PRINCIPAUX ET LIEUX OU ILS SE TROUVENT.	Observations.
VOLLEVENS (Jean), le jeune, fils de Jean, le vieux.	1685	La Haye.	Portr.	Nommé peintre de la princesse douairière de Jean-Guillaume, prince d'Orange. Doyen de la corporation des peintres, à La Haye, en 1748.	Portraits du prince d'Orange et de sa famille.	Ses portraits avaient beaucoup de succès et lui étaient richement payés.
GOOL (Jean Van).	1685 1763	Id.	Pays. et anim.	Élève de M. Terwesten et de S. Van der Does. Visita deux fois l'Angleterre.	Auteur d'une vie des peintres qui fait suite à celle d'Houbraken.	On voit dans ses tableaux la décadence de l'art en coloris, effet et manière.
CARPI (Jacques Da).	1685 1755	Vérone.	Hist. et portr.	Étudia la peinture en Hollande.		
WALRAVEN (Isaac).	1686 1765	Amster-dam.	Id.	D'abord joaillier, il prit le goût de la peinture dans un voyage à Dusseldorf. Il avait déjà 24 ans lorsqu'il commença à étudier cet art.	Saint Jérôme, Dresde. Portraits, ib. Portraits, Munich.	Bon coloris, ordonnance sage, manière peu facile. D'après Bassan, il doit avoir fait quelques gravures.
CUYCK (Pierre Van), le vieux.	1687 1767 ou 1768	La Haye.	Hist.	Élève de Terwesten.		Il avait du mérite comme dessinateur.
MY (Hiéronyme Van der).	1687	Leyde.	Hist., portr., intér.	Élève de G. Van Miéris; beaucoup de personnages célèbres se firent peindre par cet artiste.		Ses intérieurs sont dans la manière de son maître; ses portraits ont le mérite de la ressemblance.
CHALON (Louis).	1687	Amster-dam.	Pays. avec figur.	Détails inconnus.		Bon pinceau et bonne couleur.
QUINKHARD (Jean-Maurice).	1688 1772	Rees.	Portr., intér., hist.	Élève de A. Boonen, de Lubinietski et de N. Verkolje. Il travailla jusqu'à l'âge de 80 ans, et par sa conduite et ses qualités s'attira l'estime générale.	Deux musiciens dans une chambre, Amsterdam.	Ses portraits lui valurent beaucoup de réputation, tant sous le rapport de la ressemblance que sous celui de la peinture.
VOGELESANCK (Isaac).	1688 1753	Amster-dam.	Hist., portr., batail., pays. av. fig.	Élève de Hugtenburg. S'établit à Londres, où il mourut.		Il peignit souvent des fonds de paysages dans les tableaux de ses confrères.
GRIFFIER (Robert), fils de Jean.	1688	Londres.	Pays.	Élève de son père; s'établit à Amsterdam.	Paysage avec figures, Amsterdam.	Il avait le talent d'imiter à s'y méprendre les tableaux de Ph. Wouwerman et d'A. Van de Velde. Ordonnance riche, coloris brillant, beaucoup de fini; une masse de figures.
DOUVEN (Barthél.), fils de Jean-Franç. (peintre flamand).	1688	Dussel-dorf.	Hist. et portr.	Élève de son père et de A. Van der Werf. Peintre de l'électeur Palatin Jean-Guillaume, qui le protégea. Plus tard il fut attaché à la cour de l'électeur de Cologne.	Aucun de ses ouvrages ne se trouve dans les principales galeries de l'Europe.	
DALENS (Thierry), le jeune, fils posthume de Thierry, le vieux.	1688	Amster-dam.	Pays., anim., figur., etc.	Élève de Th. Van Pée. Il a peint beaucoup de tapisseries.		Son style se rapproche de celui de Pynacker.
WAARD (Ant. De).	1689	La Haye.	Hist., portr., pays.	Élève de S. Van der Does. Visita la France, et habita quelque temps Paris.	Quelques tableaux de ce peintre se trouvent dans des cabinets d'amateurs à Paris.	Il a peint des tapisseries et des ornements de salon.
WASSENBERG (Jean-Abel).	1689 1750	Gro-ningue.	Portr.	Élève de A. Van der Werf. D'abord destiné à l'étude des lettres, son penchant l'entraîna à devenir peintre.		
VERGII (François).	1689	Franc-fort.	Pays.	Détails inconnus.		
TROOST (Jacqueline-Marie), née Van Nikkelen.	1690	Cassel.	Fleurs et fruits.	Id.		
WANDELAER (Jean).	1690 1759	Amster-dam.	Portr.	Rendit de grands services aux arts et fut aussi écrivain.		Plusieurs auteurs ne le citent que comme dessinateur : cependant il a peint des portraits.

NOMS.	ANNÉES DE NAISSANCE ET DE MORT.	LIEU DE NAISSANCE	GENRE.	NOTES HISTORIQUES.	TABLEAUX PRINCIPAUX ET LIEUX OU ILS SE TROUVENT.	Observations.
PRONK (Corneille).	1691 1759	Amster-dam.	Portr.	Élève de A. Boonen.		Bon dessinateur.
BATTEM (Gér. Van).	1691		Batail., chass., pays.	Ses dessins sont recherchés.		Coloris peu savant, ton agréa-ble, bon dessin.
WOLTERS (Hen-riette), fille de Th. Van Pée.	1692 1741	Amster-dam.	Portr. en miniat.	Elle fut honorée de la visite de Pierre le Grand et de celle du roi de Prusse. Sa réputation fut brillante, beaucoup de poëtes firent des vers à sa louange. Ceux qui voulaient être peints par elle devaient se résoudre à lui accor-der 20 séances de 2 heures cha-cune.	Il est assez extraordinaire que les auteurs ne citent aucun ta-bleau de cette femme remar-quable.	Un grand fini ; atteignit un haut degré de perfection dans la miniature.
KELLER (Jean-Henri)	1692 1765	Bale.	Hist., pays. avec figur.	Il étudia en Allemagne, puis, après avoir visité Paris, il vint s'établir à La Haye, où il trouva beaucoup d'ouvrage.		Il fit beaucoup de tapisseries ; ses paysages sont dans le goût de Teniers et de Watteau.
WILT (Thomas Van der).	1692 1727	Piershil.	Portr. et intér.	Élève de Verkolje à Delft, où il était établi.	Intérieur avec figures, Berlin.	Graveur en mezzo-tinto ; trop de roideur.
MELDER (Gérard).	1693 1754	Amster-dam.	Portr. et miniat.	Bonne réputation comme dessi-nateur de paysages avec figures ; connu surtout par ses miniatures sur ivoire. Mort à Utrecht.	Exécuta fort peu de tableaux à l'huile.	Style de Jean Van der Meer, le jeune ; beaucoup de fini.
BURG (Adrien Van der).	1693 1733	Dor-drecht.	Portr. et intér.	Élève de A. Houbraken.		Manière de son maître ; bonne ressemblance, coloris agréable.
DUBOURG (Louis-Fabrice).	1693 1775	Amster-dam.	Hist. et pays.	Élevé pour le commerce, sa vo-cation l'entraîna vers les arts. Il eut un frère qui mourut jeune et qui peignit très-bien la minia-ture. Il a peint des tapisseries. Graveur.	Ses tableaux sont très-peu nom-breux.	Plutôt connu comme grand des-sinateur.
HOET (Henri-Jacq.), fils de Gérard.	1693 1733		Fleurs, etc.	Détails inconnus.		Imita la manière de Van Huy-sum.
CARRÉ (Abraham), fils de Henri.	1694	La Haye.	Intér. et portr.	Id.		
EYNDEN (Franç. Van)	1694 1742	Nymègue.	Pays., etc.	Élève de Romborgh et de E. Van Nymegen. Il travailla beaucoup avec le dernier de ces deux ar-tistes. Peintre sur verre.		Ses paysages ont une couleur animée et une touche facile.
WIT (Jacques De).	1695 1754	Amster-dam.	Hist.	Élève de A. Van Spiers et de J. Van Hal. Ce peintre possédait des connaissances étendues, et était aussi aimable que savant. Le nombre des dessins qu'il a pro-duits est innombrable.	Bas-relief, enfants et attributs de chasse, Dresde.	Excella dans les études d'en-fants ; les petits séraphins, qu'il peignit en masse, sont d'une beauté idéale. Représentait avec vérité tout ce que l'on comprend sous le nom de grisailles, possé-dait une théorie parfaite en ana-tomie et par là même ses figures en raccourci étaient parfaitement exécutées.
CARRÉ (Henri), le jeune, fils de Henri, le vieux.	1696	La Haye.	Déco-rations portr., miniat. etc.	Il a peint des décors pour les théâtres français. Fortes études en architecture.		Renommé pour la peinture des bas-reliefs. Dessinait des por-traits au crayon.
LEINDER (Jacq. Van).	1696 1759	Utrecht.	Pays.	Détails inconnus.		
TROOST (Corneille), surnommé LE WAT-TEAU HOLLANDAIS.	1697 1750		Portr. et intér.	Élève de A. Boonen. Artiste jus-tement renommé pour son esprit et son talent. Il a fait un grand nombre de dessins.	Intérieur avec figures, Londres. Portrait du peintre, Amster-dam. Plusieurs dessins à la gouache et au pastel, La Haye.	Excellent dessin, composition des plus spirituelles, sans tomber dans la charge ; excella dans le comique de bon goût et sut, par son talent, diminuer le triste effet des costumes roides de son époque.

NOMS.	ANNÉES DE NAISSANCE ET DE MORT.	LIEU DE NAISSANCE	GENRE.	NOTES HISTORIQUES.	TABLEAUX PRINCIPAUX ET LIEUX OÙ ILS SE TROUVENT.	Observations.
ACCAMA (Bernard), frère de Mathieu.	1697 1756	Leeü-warden.	Portr.	Détails inconnus.	Il a fait les portraits de plusieurs stathouders de la maison de Nassau.	
MONI (Louis De).	1698 1771	Bréda.	Portr. et intér.	Élève de Van Kessel, de Biset et de Ph. Van Dyk. Mort à Leyde, où il avait longtemps habité.	Une vieille femme et un garçon dans une niche, La Haye. Femme arrosant un pot de fleurs, Amsterdam. Un cavalier offrant une bourse à une jeune fille, Paris. Jeune fille à une fenêtre, Vienne.	Ce fut à l'étude consciencieuse qu'il fit des tableaux de G. Dou, qu'il dut son talent pour les intérieurs.
ADMIRAL (Jean L').	1698 1773	Norman-die.	Portr. en miniat.	Élève de Leblon, à Londres. S'établit en Hollande et mourut à Amsterdam. Plus connu comme graveur.		Il illustra de portraits l'ouvrage de Van Mander, sur la vie des peintres.
CARRÉ (Jean), fils de Henri, le vieux.	1698		Portr. et hist.	Détails inconnus.		
LOUIS (Léonard-François).	1698	La Haye.	Portr.	Élève de P. Van Cuyck, du vieux J. Vollevens, et plus tard à Paris, du peintre De Troy.	On ne cite aucun de ses tablx.	
SAM (Ange).	1699 1769	Rotter-dam.	Portr. et hist.	Il avait le talent d'imiter parfaitement les dessins des artistes hollandais et italiens.		De la force et du fini.
SMITZ (Gaspard).	†1707		Hist., portr., fleurs, etc.	Visita l'Angleterre en 1662, et s'établit à Dublin, où il mourut.		Bonne ressemblance, bon coloris. Ses tableaux de fleurs et de fruits étaient très-recherchés.
BOIS (Simon Du).	†1708		Pays.-anim., bataill. et portr.	Élève de Wouwerman; il s'établit en Angleterre.		
BRANDON (Jean-Henri).	†1716	France.	Portr.	S'établit en Hollande.	Il fit en Hollande les portraits de plusieurs personnages distingués.	
VAART (Jean Van der).	†1721	Harlem.	Hist. et portr.	Mort à Londres, où il était établi.	Tableaux dans des cabinets, à Londres.	
BUNNIK (Jacq. Van), frère de Jean.	†1725		Pays., chev. etc.	Il accompagna son frère en Italie.		
EVRARD (Perpète).	†1727	Dinant.	Miniat.	On ignore quel fut son maître. Appelé en Espagne pour y peindre la famille royale, il se rendit de là à Vienne, et vint enfin s'établir à La Haye, où il mourut.		Plusieurs de ses portraits ont été gravés.
BENTUM (Juste ou Gustave Van).	†1727	Leyde.	Genre.	On le croit élève de G. Schalken.	Un cuisinier, Vienne.	
SMEES (Jean).	†1729	Amster-dam.	Pays.	Détails inconnus.		Il fut aussi graveur.
HALEN (Arnold Van).	†1732	Id. ?	Genre et portr.	Il est plus connu par ses travaux littéraires.		Graveur et modeleur.
SLUIS (Jacq. Van der).	†1736	Leyde.	Intér.	Élève de A. De Vois et de P. Van Slingelandt; élevé dans la maison des orphelins, à Leyde.		Imita la manière de ses deux maîtres.
HARTZOEKER (Théodore).	†1740	Utrecht.	Hist.	Il appartenait à une famille aisée, ne cultiva la peinture que par délassement, et passa quelque temps en Italie.		
ZEEMAN (Enoch).	†1744	Hollande	Portr.	Passa la plus grande partie de sa vie à Londres.	Portrait : La reine Caroline, femme de George II, Londres. Portrait : George II, ib. Portrait du peintre, Dresde.	Acquit de la réputation comme peintre de portraits.

NOMS.	ANNÉES DE NAISSANCE ET DE MORT.	LIEU DE NAISSANCE	GENRE.	NOTES HISTORIQUES.	TABLEAUX PRINCIPAUX ET LIEUX OU ILS SE TROUVENT.	Observations.
ZEEMAN (Isaac), frère d'Enoch.	†1751			Il laissa un fils qui cultiva également la peinture.		
AELBERTS (Gerret).	†1755	Nymègue.	Portr.	Détails inconnus.		Exécution large, couleur vigoureuse. Sur la fin de ses jours il devint maniéré et froid en couleur.
HAAG (J. F. C.).	†1758 ou †1759	Allemagne.	Portr. et pays.	Peintre du prince d'Orange. Mort à La Haye.		Bonne ressemblance.
LEMBORG (Henri Van).	†1759		Hist.	Détails inconnus.	Il a exécuté au palais de Sans-souci, l'histoire d'Achille. Amours jouant au colin-maillard, Amsterdam. Plaisirs de l'âge d'or, Paris. Repos de la Sainte Famille, ib. Vénus et l'Amour, Dresde.	Imagination heureuse.
NYMEGEN (Barbe Van), fille d'Élie.	†1771			Id.		
MIERS.	†1793		Pays.	S'établit à Londres, où il mourut.		
DIEST (Jérôme Van).	*1600	Delft.	Genre.	Détails inconnus.		
VOORT (Corneille Van der).	*1600	Amsterdam.	Portr.	Id.		
WABBE (Jacques).	*1602	Hoorn.	Hist. et portr.	Id.		
PINAS (Jean), frère de Jacques.	*1608	Harlem.	Hist. et pays.	En 1605, il habitait l'Italie avec P. Lastman.		Tons naturels; en général bon effet.
GAND (Henri).	*1614	Utrecht.	Hist.	Une passion malheureuse le fit mourir fou.	David coupant la tête de Goliath.	
AST (Barthélemy Van der).	*1619	Id.	Fruits. et fleurs.	Détails inconnus.		Peintre d'un mérite secondaire
QUANT.	*1620	Brême.	Hist.	Étudia à Amsterdam.		
PINAS (Jacques) frère de Jean.	*1620	Harlem.	Hist. et pays.	Détails inconnus.		La plupart des tableaux de ce peintre, ainsi que ceux de son frère Jean, sont de cette teinte rembrunie dans laquelle Rembrandt a fait de si belles toiles.
HOEKGEEST (J.)	*1621		Intér. d'églis. et portr.	Van Gool a vu de ce peintre des portraits dont il fait l'éloge, et qui portent la date de 1621.	Intérieur de l'église neuve, à Delft, La Haye. Même sujet, vu d'un autre côté, ib.	Coloris vigoureux, beaucoup d'effet.
WILLAARTS (Corneille, fils d'Adam.	*1622		Pays.	Détails inconnus.		
ORMEA (Marc).	*1623	Utrecht.	Marin.	De 1621 à 1625, il fut doyen du collège des peintres.		
DROOGSLOOT (Joseph-Corneille).	*1624	Dordrecht.	Hist. et kermesses	Doyen de la corporation de St.-Luc, à Utrecht, en 1624.	Les Lépreux et les Boiteux, à Bethsaïde, Berlin. Duel entre un officier hollandais et un gentilhomme français, Vienne. Les Patineurs, Madrid.	Composition riche, dessin spirituel, coloris faible, manière peu savante. Il a produit une quantité innombrable de tableaux.
NEUWINCX (Henri).	*1625	Schoonhoven.		Détails inconnus.		
RYSEN (Warnard Van).	*1625	Bommel.	Pays.	Élève de Pœlenburg; visita l'Italie, tint le commerce des joyaux sur la fin de sa vie, et mourut en Espagne.	On croit qu'il a laissé des tableaux en Espagne.	Ses études en Italie lui avaient donné une bonne manière.

NOMS.	ANNÉES DE NAISSANCE ET DE MORT.	LIEU DE NAISSANCE	GENRE.	NOTES HISTORIQUES.	TABLEAUX PRINCIPAUX ET LIEUX OU ILS SE TROUVENT.	Observations.
DUCQ ou DUCK (JACQUES).	*1626		Hist. et intér.	On le croit père de Jean Le Ducq. En 1626, il fut inscrit comme maître dans la corporation des peintres, à Utrecht.		Il a fait des gravures.
MUNNIKS (HENRI).	*1627	UTRECHT.	Hist.	En 1627, il fut régent de l'hôpital de St.-Job, et fit partie des peintres qui fondèrent une nouvelle académie de St.-Luc.	Vers 1620, il exécuta un tableau d'histoire, dont il fit don à l'hôpital de St.-Job.	
LION (A.).	*1628		Portr.	On ne sait rien de particulier sur ce peintre.		Un de ses portraits porte la date de 1628.
CRABETH (VAUTIER). le jeune, petit-fils de Vautier, le vieux.	*1628	GOUDA.	Hist. et portr.	Élève de C. Ketel. Il passa plusieurs années en France et en Italie.		Peintre renommé.
VILLE (J. DE).	*1628			Détails inconnus.		Également architecte.
HOOGH (CHARLES).	*1628	UTRECHT.	Hist. et pays.	En 1627, il fut élu membre du collége des peintres à Utrecht.	En 1628, il envoya un tableau à l'hôpital de St.-Job, d'après un usage du temps.	
BARATTA-ROMANUS (LAURENT).	*1629	Id.	Pays. avec figures	Reçu, en 1629, à l'académie des peintres, à Utrecht.		
MOYAART (NICOLAS).	*1630	AMSTERDAM ?	Hist., portr. et anim.	Il demeurait à Amsterdam en 1624; les élèves de ce maître sont : Berchem, Van der Does, S. Koning et J. B. Weeninx !	Ulysse et Nausicaa, Berlin.	Les élèves qu'il forma sont déjà un titre suffisant à sa gloire.
KEYSER (THÉODORE DE), selon quelques auteurs, fils du sculpteur Henri de Keyser.	*1630	AMSTERDAM ou UTRECHT.	Hist., portr., genre.	On n'a recueilli aucune particularité sur la vie de ce grand peintre.	Tableau de famille, 7 figures, Berlin. Portrait : le poète P. C. Hooft, Amsterdam. Portraits : la famille Hoogerbeets, ib. Vieille femme assise, un homme debout près d'elle, Munich. Portr. d'un magistrat, La Haye. Assemblée des bourgmestres à l'arrivée de Marie. de Médicis. (Chef-d'œuvre.) ib.	Ressemblance parfaite, bon et vigoureux coloris ; ses intérieurs se rapprochent de ceux de Terburg.
MYTENS (A.).	*1630		Portr. et hist.	Contemporain de Cats, dont il fit le portrait.	Mariage de l'électeur de Brandebourg, avec la princesse, fille de Frédéric-Henri, prince d'Orange, dans la salle de l'ancienne cour à La Haye, avec une foule de personnages tous d'après nature ou d'après leurs portraits.	On croit qu'il habita La Haye, depuis 1612 jusqu'en 1660.
ISENDOORN (JEAN VAN).	*1630	UTRECHT?	Hist.	En 1630, il fit cadeau à l'hôpital de St.-Job, d'un tableau représentant : la Tentation de St.-Job.		
COOSEMANS (ALEXIS)	*1630	HOLLANDE	Fruits.	Détails inconnus.	Fruits, Madrid. Fruits : raisins. et autres, Vienne.	
BOR (PAUL).	*1631	UTRECHT.	Portr.	En 1631, ce peintre envoya à l'hôpital de St.-Job, un tableau représentant : Une Femme en prière.		
CROOS (A. VAN), le vieux.	*1631		Pays.	Peintre de très-peu de mérite.		
MARSSEN (JEAN).	*1632		Anim., cavaliers.	Bartsch croit que son véritable nom était Martss.		Il a fait quelques gravures mal dessinées ; les chevaux surtout sont excessivement lourds.
QUAST (PIERRE).	*1632	LA HAYE.	Sujets bizarr.	Détails inconnus.	Il a peint la bataille de la viande contre le poisson. Fête villageoise, Vienne.	Graveur et dessinateur sur parchemin.
KLOMP (ALBERT).	*1632		Pays., anim. et figur.	On a de lui des vues d'Italie ; un de ses tableaux porte la date de 1632.	Entrée de ferme, Bruxelles. Le Christ annoncé aux bergers, ib.	Il est un des peintres qui ont le mieux saisi la manière de Paul Potter.

NOMS.	ANNÉES DE NAISSANCE ET DE MORT.	LIEU DE NAISSANCE	GENRE.	NOTES HISTORIQUES.	TABLEAUX PRINCIPAUX ET LIEUX OU ILS SE TROUVENT.	Observations.
OPHEIDEN (Gosswin).	1634	Utrecht.		. En 1634, il plaça dans l'hôpital de St.-Job, un tableau représentant : *Un chimiste dans son laboratoire*.		
MASYN (M.).	1634			On ne connaît pas ses ouvrages, mais comme il a gravé d'après ses propres compositions il doit avoir peint ou dessiné.	Ses tableaux sont inconnus.	Fut également graveur.
LINSEN (Jean).	1635			Le malheur le poursuivit dans toutes ses entreprises. Pendant un voyage d'Italie, il fut fait prisonnier par les Mores ; revenu dans son pays, il s'établit à Hoorn, où il fut tué d'un coup de couteau par son meilleur ami.	Il profita de son séjour parmi les Mores, pour exécuter un tableau remarquable représentant une scène tirée des coutumes de ce peuple.	Peintre d'un talent peu commun.
WILS (Jean).	1635	Harlem ?	Pays. et anim.	Détails inconnus.	On connaît peu de tableaux de ce peintre.	Manière de J. Both ; Berchem, à qui il donna des leçons, a peint parfois l'étoffage de ses tableaux.
SANTVOORT (D. D.).	1635		Hist. et portr.	Id.		
DUBLEWORST (Nicolas).	1636		Hist.	En 1636, il envoya à l'hôpital de Saint-Job, un tableau représentant l'*Adoration des mages*.		
STEVENS (Antoine-Palamède), frère de Palamède.	1636		Intér., genre, etc.	En 1636, il fut admis dans la corporation de Saint-Luc, à Delft, et en 1673, il en fut le Doyen.	Portr. d'une jeune fille, Berlin. Combat de cavalerie et d'infanterie, *ib.* Soldats dans une ferme, *ib.*	Effets agréables et bonne manière.
PORTENGEN (Pierre).	1637	Utrecht.	Hist.	Élève de P. Moreelse.		
JONG (Claude De).	1638	Id. ?	Pays.	En 1627, il fut admis comme membre du collége des peintres, à Utrecht.	En 1638, il envoya un paysage à l'hôpital de Saint-Job.	
PORTENGEN (Luman).	1638	Id.	Hist.	Détails inconnus.		Sans doute le frère de Pierre, cité plus haut.
KUILENBURG (Abraham Van).	1639	Id.	Pays.	Il a peint dans la manière de Poelenburg.		Moins de délicatesse que son modèle ; figures mieux faites.
CAPEL (Guill. Van).	1639	Id.	Hist.	Il envoya en 1639, à l'hôpital Saint-Job, un tableau représentant *Zacharie et l'enfant Jésus*.		
ÉLIAS (N.).	1639		Id.	Il n'est connu que par un tableau qui se trouve au palais d'Amsterdam et qui porte son nom avec la date de 1639.	Tableau d'histoire, signé N. ÉLIAS, 1639, Amsterdam.	Il ne faut pas le confondre avec Mathieu Élias, peintre flamand, né en 1656.
RODERMONT.	1640	Hollande.	Hist. et genre.	Détails inconnus.		Imita avec bonheur la manière de Rembrandt.
STENWINKEL.	1640			Id.		
MOL (Jean-Baptiste).	1640		Hist. et portr.	Id.		Imita la manière de Rembrandt, son contemporain.
LAECK (R. Van).	1640		Hist. mythologiq.	Id.	Paysage : l'Amour et Vénus, Berlin.	
BONDT (Jean De).	1641	Utrecht.	Portr. et hist.	En 1641, il offrit à l'hôpital de Saint-Job, un tableau représentant *saint Job et ses amis*.		
VERSPRONK (Corn.).	1641	Gouda.	Hist.	Élève de C. Van Haarlem et de C. Van Mander.	Les Régents de l'hôpital de Sainte-Élisabeth (1641).	Deux de ses fils cultivèrent la peinture : Gérard fut bon peintre d'histoire, et Jean, élève de Fr. Hals, devint un excellent peintre de portraits.

NOMS.	ANNÉES DE NAISSANCE ET DE MORT.	LIEU DE NAISSANCE	GENRE.	NOTES HISTORIQUES.	TABLEAUX PRINCIPAUX ET LIEUX OU ILS SE TROUVENT.	Observations.
LUYKS (Chrétien).	* 1641		Fleurs.	Détails inconnus.	Tableaux de fleurs, Madrid.	
VEER (Jean De).	* 1642	Utrecht.	Hist.	En 1642, il envoya à l'hôpital de Saint-Job un tableau représentant Andromède.		
EVERSDYK (Corn.).	* 1645	Tergoes.	Id.	Détails inconnus.		Cultiva son art avec succès.
BLEEKER (Jean-Baptiste.)	* 1645		Id.	Également bon graveur.		
LAAR (J. O. Van), frère de P. Van Laar, dit Bamboche.	* 1646	Nimègue	Portr.	Accompagna son frère en Italie.		
ELZEVIER (Arnold).	* 1646	Dordrecht?	Pays. et incendies.	En 1646, il fut reçu dans la corporation de Saint-Luc, à Dordrecht.		
VERVEER (Arie).	* 1646	Id.	Portr. et hist.	En 1646, il fut admis dans la corporation de Saint-Luc, à Dordrecht.		Il mettait beaucoup de figures nues dans ses tableaux. Manière trop rude.
DANKERS (Henri), frère de Jean.	* 1647	La Haye.	Pays.	Visita l'Italie; appelé en Angleterre par le roi Charles II, il y peignit beaucoup de vues pour ce prince.	Tableaux, Angleterre.	Bon graveur.
RITHOORN (Jean Van den).	* 1648	Harlem.		Détails inconnus.		
WULFHAGEN (François).	* 1648		Portr.	Élève de Rembrandt.		
DANKERS (Jean), frère d'Henri.	* 1648	La Haye?	Hist. et intér.	Il habitait Amsterdam.		On lui accorde quelque mérite.
STEEN (Suzanne Van).	* 1648		Intér. d'églis.	Détails inconnus.	On trouve ce nom au bas d'un intérieur d'église.	Artiste de mérite.
ROUTEN (C. Ten).	* 1649	Hollande	Portr.	. Id.		
MOLENAAR (Nicol.).	* 1649	Amsterdam.	Hivers, pays. avec figures	Peu d'auteurs font mention de ce peintre.		Du naturel, une bonne touche.
ROMBORGH.	* 1649	Nimègue.	Pays.	Visita l'Italie.		Manière de F. Moucheron.
HOOGSTRATEN (Jean Van), frère de Samuel.	* 1649	Dordrecht.	Hist. et genre.	En 1649, il fut admis dans la corporation des peintres, à Dordrecht. Mort à Vienne, trop jeune pour pouvoir répondre aux belles espérances que donnait son talent.	Deux femmes assises et causant, Vienne.	Bon dessin et bon coloris.
VERDOEL (Adrien).	* 1650	Flessingue.	Hist.	On croit qu'il fut élève de Rembrandt; d'autres disent, et c'est plus probable, que L. Bramer et G. De Wit furent ses maîtres.	Ses tableaux sont peu nombreux, car il abandonna la peinture pour se faire marchand de tableaux.	
TILMANS (Simon-Pierre).	* 1650		Pays.	Détails inconnus.		
TERLEE (Jean).	* 1650		Hist.	On connaît peu de particularités sur la vie de ce peintre.		
SPALTHOF (Nicolas).	* 1650		Hist., anim., etc.	Il alla trois fois à Rome, et fit chaque fois le voyage à pied.		Peignit souvent des marchés aux légumes en Italie.
DROST.	* 1650		Hist.	Élève de Rembrandt; il continua ses études à Rome.	La Leçon, Dresde. Mercure et Argus, ib.	

NOMS.	ANNÉES DE NAISSANCE ET DE MORT.	LIEU DE NAISSANCE	GENRE.	NOTES HISTORIQUES.	TABLEAUX PRINCIPAUX ET LIEUX OÙ ILS SE TROUVENT.	Observations.
CROOS (A. VAN), le jeune, fils de A. le vieux.	*1650	LA HAYE?	Pays. et marin.	On a de lui des tableaux qui portent les dates de 1643 et de 1667.		Genre de Pierre Molyn, dit Tempesta.
GRAAF ou GRAVE (TIMOTHÉE).	*1650	AMSTERDAM?	Pays. et archit.	Il fut également connu par des dessins qui ne sont pas sans mérite.		
VICTOR (JEAN), le vieux.	*1650		Hist. et intér.	Élève de Rubens. Quelques auteurs prétendent qu'il étudia sous Rembrandt.	Moïse sauvé des eaux, Dresde. Et autres, ib. Tobie et sa famille remerciant le Seigneur, Munich. Visitation de la Vierge, Anvers. Joseph expliquant les songes aux deux captifs, Amsterdam. Jeune fille à sa croisée, Paris. Jacob béni par Isaac, ib.	Ses compositions ont beaucoup de ressemblance avec celles de Rembrandt.
HIMPEL (ANTOINE TER).	*1650	DELFT.	Pays. et kerm.	Il fit de magnifiques peintures sur porcelaine.		On rencontre peu de tableaux de ce peintre, mais en revanche beaucoup de dessins.
DUC (A.).	*1650		Genre.	Les auteurs allemands parlent seuls de cet artiste.	Un Intérieur avec soldats, officiers et une femme, signé A. DUC, Vienne. Soldat et Paysan, Dresde.	
GHELLIG (GÉRARD).	*1650		Hist., etc.	Détails inconnus.		
BILTIUS.	*1651	HOLLANDE	Gibier.	Id.		Cet artiste peignait avec beaucoup de vérité.
BLIEK (DANIEL DE).	*1651	DELFT?	Intér. d'églis.	Id.	Intérieur d'église avec figures, Berlin.	
SEBILLE (GISBERT).	*1652	¡WESP?	Hist.	Il fut Bourgmestre de Wesp.	Tableaux, Hôtel de ville de Wesp.	
BLEKER (D.).	*1653		Portr.			
ANTEM (H. VAN).	*1654		Marines	Détails inconnus.	Mer légèrement agitée et couverte de vaisseaux, Berlin.	
LENGELÉ (MARTIN).	*1655			En 1656, il était un des trois chefs de la corporation des peintres, à La Haye.		
WORST (JEAN).	*1655		Pays.	Ami et compagnon de voyage de J. Lingelbach.		Grand dessinateur, bonne connaissance des lois de la perspective.
SWEERTS (MICHEL).	*1655		Portr.	Détails inconnus.		
PYL (JEAN).	*1655		Hist. et portr.	En 1659, il fut inscrit dans la corporation des artistes, à La Haye.		
HAGEN (JEAN VAN DER).	*1656	LA HAYE.	Pays.	Contemporain de N. Berchem et d'A. Van de Velde, qui peignirent souvent les figures de ses tableaux.	Vue du Rhynpoort à Arnhem, avec A. Van de Velde, La Haye. Une Vue de Gueldre, avec A. Van de Velde, ib. Paysage avec rivière, Amsterdam. Paysage, Paris. Paysage avec figures et animaux, Berlin. Paysage avec animaux, ib.	Presque tous ses tableaux sont devenus noirs. Il avait, de son temps, une bonne réputation.
BRASSEMARY (GUILLAUME).	*1657	AMSTERDAM?	Hist.	Détails inconnus.	Un de ses tableaux, qui fut découvert à la chambre d'assurance d'Amsterdam, porte la date de 1657.	
VRIES (JEAN-RENIER DE).	*1657	HARLEM.	Pays.	Id.	Paysages avec figures, Amsterdam. Paysage : Vue d'un village (sur bois), Gand. Paysages, Berlin.	Manière de J. Ruisdael.

NOMS.	ANNÉES DE NAISSANCE ET DE MORT.	LIEU DE NAISSANCE	GENRE.	NOTES HISTORIQUES.	TABLEAUX PRINCIPAUX ET LIEUX OU ILS SE TROUVENT.	Observations.
STELLINGMERK (G. Van).	*1657		Hist.	Détails inconnus.		
WYCKERSLOOT (J. Van).	*1658		Portr.	Id.		Travailla dans le genre de Terburg.
HOOGHE (Pierre De).	*1658		Portr. et intér.	Élève de N. Berchem. Les auteurs ne sont pas d'accord sur les années de naissance et de mort de ce peintre. Pilkington s'est trompé en plaçant sa naissance à 1643, puisqu'un de ses meilleurs tableaux porte l'année 1658.	Jeune fille lisant devant une fenêtre, Dresde. Intérieur villageois, Munich. Intérieur d'une chambre avec figures, Amsterdam. Portrait du peintre, ib. Intérieur d'une maison hollandaise, Paris. Intérieur d'une chambre : une femme jouant aux cartes montre son jeu à un militaire; au fond d'autres figures, ib.	Coloris frais, bon dessin; ses figures ont été comparées à celles de Mieris et de Metzu; beaux effets de lumière.
PYL (Arend).	*1659	Leyde.	Portr.	Détails inconnus.		
HEEKEL (G. Van).	*1660	Hollande	Genre.	Id.		
MOY (Corneille De).	*1660		Marin.	Id.		
EVERSDYK (Guill., fils de Corneille.	*1660		Portr.	Exécuta les portraits d'un grand nombre de personnes de distinction.	Tableaux, Middelbourg.	Houbraken et d'autres ont gravé d'après lui.
STOOP (Jean-Pierre	*1660	Dordrecht?	Batail.	Détails inconnus.		
OVENS (J.).	*1660		Hist.	Élève de Rembrandt.		
EVERDINGEN (Jean Van).	*1660	Alkmaar.	Nature morte.	Il a laissé plus de réputation comme avocat que comme peintre.		
CLOTZ (Valentin).	*1660	Maestricht.	Pays.	Détails inconnus.		Touche légère, beaucoup de soin.
BETS (Jean).	*1662			Id.		
HAYE (Reinier De la).	*1662	Amsterdam.	Genre.	Ce peintre demeurait à Utrecht.		
HOBBEMA (Meindert)	*1663	Harlem?	Pays.	L'année de la naissance de ce célèbre artiste et la ville où il a vu le jour sont encore un mystère: les uns citent Harlem, les autres la province de Drenthe, puis la Frise, et enfin Anvers ou Hambourg ; toujours est-il qu'il a habita longtemps la Hollande et que les sujets de ses paysages sont tirés de la province de Drenthe et de celle de la Gueldre. Quelques auteurs anglais donnent la date de 1611 comme celle de sa naissance. A en croire plusieurs biographes belges, sa vie mystérieuse aurait été remplie d'événements romanesques.	La chaumière, Munich. Paysage avec figures, Berlin. Paysage et animaux, Vienne.	Il égala au moins le célèbre J. Ruisdael. Il réunissait le relief et la beauté de la couleur à la vigueur et à un naturel inimitable. Les fonds de ses paysages sont larges, ses nuages transparents, ses demi-teintes remplies d'harmonie ; la réunion de ces admirables qualités produit un ensemble magique. A. Van de Velde, Berchem et Lingelbach ont souvent peint les figures de ses compositions.
DYCK (Abraham Van).	*1665	Alkmaar.	Portr.	Détails inconnus.		
GAAL (Bernard).	*1665	Harlem.	Batail. et chev.	Élève de Ph. Wouwerman.		
LELIENBERG (G.).	*1665	La Haye?	Nature morte.	Tout ce qu'on sait de cet artiste c'est qu'il demeurait à La Haye, où on suppose qu'il est né.	Gibier mort, Dresde. Gibier mort et légumes, Berlin.	Ses compositions ne sont pas sans mérite.

NOMS.	ANNÉES DE NAISSANCE ET DE MORT.	LIEU DE NAISSANCE	GENRE.	NOTES HISTORIQUES.	TABLEAUX PRINCIPAUX ET LIEUX OU ILS SE TROUVENT.	Observations.
LIN (Jean Van).	*1664	Hollande	Chev. et bataill.	On ne connaît que peu de détails sur ce peintre, et encore sont-ils dénués d'intérêt.	Combat de cavalerie entre des Mores et des Européens, Dresde. Retour de la chasse, ib. Une femme et son enfant sur un âne, ib. Combat de cavalerie, Vienne.	On lui avait donné le nom de tranquille (den Stille). Sa réputation, comme peintre de batailles, était très-répandue.
TEYLER (Jean).	*1665	Nymègue.	Hist. et vues de villes.	Élève de Van Langeveld; professeur à l'académie de Nymègue. Voyagea en Italie.		Il a fait beaucoup de tableaux sur tapisseries.
SCHAAK.	*1665		Scènes villag.	Détails inconnus.		
DUYNEN (Isaac Van).	*1665	Hollande	Nature morte et poiss.	En 1665, il entra dans la corporation des peintres, à La Haye.		Il peignait avec une grande vérité des cabillauds et des saumons coupés en tranches.
ORMÉA (Guill.).	*1665		Poiss. et fruits.	En 1638, il offrit à l'hôpital de Saint-Job, un tableau représentant plusieurs espèces de poissons.		
RUTHARD (Charles.	*1666		Chass, etc.	On ignore les particularités de la vie de ce bon peintre; on croit qu'il était d'origine allemande.	Chasse à l'ours, Paris. Paysages avec cerfs, Dresde. Chasse au cerf, ib. Et autres, ib. Animaux au repos, Florence. Combat de bêtes sauvages, ib. Chasse au cerf, Vienne. Même sujet, Berlin. Combat d'ours et de chiens, ib.	Très-habile dans le genre qu'il avait adopté, et bon graveur à l'eau-forte.
BOL (Corneille).	*1666	Hollande	Persp., etc.	Il se trouvait à Londres, pendant le terrible incendie qui dévora une grande partie de cette ville et dont il retraça quelques épisodes sur la toile.		Il grava plusieurs sujets représentant des marines.
BREKELENKAMP (Quiryn Van).	*1668		Intér. et figur.	On le croit élève de G. Dou.	Un baptême, Dresde. Vieillard et pêcheur, Amsterd. Vieillards assis au coin du feu, ib. Un vieillard écrivant, Paris.	Touche spirituelle, bon dessin, fini de détails qui rappelle G. Dou. Coloris peu agréable.
RUISDAEL (Salomon), frère de Jacques.	*1670	Harlem.	Pays.	Il avait une vingtaine d'années environ de plus que son frère.	Vue de village avec beaucoup de figures, Dresde. Pièce d'eau et pêcheurs, ib. Et autres, ib. Paysage avec figures et animaux, Munich. Vue d'un canal, Berlin. Un village près d'un canal, ib.	Manière de Jean Van Goyen, coloris trop jaune.
LEEUW (Pierre Van der), frère de Gabriel.	*1670	Dordrecht.	Pays. et anim.	Ce peintre possédait un tableau de Van de Velde (Adrien), qu'il consultait pour tous ses ouvrages. En 1669, il entra dans le Kunstgenootschap et en fut directeur en 1678.		Pinceau flou, composition agréable.
VERBUYS ou VERBUIS (Arnold).	*1670		Hist.	Vie orageuse et libertine.	La description des œuvres de ce peintre est impossible à cause des sujets lascifs qu'il choisissait.	
STARRENBERG (Jean).	*1670	Groningue.	Id.	Il vécut longtemps avec J. De Wolf, dont il était l'intime ami.		Comme il ne faisait qu'esquisser ses ouvrages, on finit par l'employer aux ornements de salon. Ordonnance riche et variée.
GILLIS (Jacques).	*1670		Marines, pays. et poiss.	Cité par les auteurs allemands.	Paysages avec poissons et attributs de pêche, Vienne.	
ANRAAT (Pierre Van)	*1670	Hollande	Portr.	Il a fait les portraits de plusieurs personnes de distinction à Amsterdam.		

NOMS.	ANNÉES DE NAISSANCE ET DE MORT.	LIEU DE NAISSANCE	GENRE.	NOTES HISTORIQUES.	TABLEAUX PRINCIPAUX ET LIEUX OU ILS SE TROUVENT.	Observations.
BRAY (Thierry De), fils de Salomon.	*1670	Harlem?	Fleurs et portr.	En 1675, il fut secrétaire de la corporation de Saint-Luc, à Harlem. Graveur et dessinateur.	Portraits des syndics rassemblés de la corporation des peintres à Harlem, en 1675 (avec son frère Jacques), Amsterdam.	
HEUSCH (Abraham De).	*1670	Utrecht.	Plantes et insect.	Devenu veuf, ce peintre se fit capitaine de vaisseau, puis s'étant remarié il reprit la peinture et devint plus tard bourgmestre de Leerdam, où il mourut.		Patience extraordinaire, fini de détails précieux, ses tableaux sont estimés.
VOLMARIN.	*1670		Hist.	Détails inconnus.		
ODEKERKEN (Guill.)	*1670	Nimègue.	Intér.	Id.	On connaît peu de tableaux de ce peintre.	Genre de Metzu.
DREVER (Adrien Van).	*1673		Pays. et marin.	Id.	Paysage : Hiver, Vienne.	
GRAAF ou GRAVE (Josua), fils de Timothée.	*1674		Pays. et arch.	Il a été capitaine au service de la Hollande.		On a de lui de bons dessins.
DEKKER (Conrad).	*1675		Pays.	Il fut aussi graveur. Une de ses gravures porte sa signature en toutes lettres, et malgré cela quelques historiens lui donnent le prénom de Corneille.	Paysage : Chaumière (figures de A. Van de Velde), Munich. Paysages avec figures, Londres. Paysages (figures de A. Van Ostade), Paris. Habitation rustique au bord d'une rivière (fig. de Fragonard, peintre français), ib.	Quelque ressemblance avec les œuvres de J. Ruisdael, sans égaler ce maître en naturel et en génie. Quelques-uns de ses tableaux sont ornés de figures par A. Van Ostade et A. Van de Velde.
JUWEEL (Nicolas).	*1675	Rotterdam.	Miniat.	Il dessina beaucoup de vues de ville en petit.		
ROER (Jacq. Van de).	*1675	Dordrecht.	Portr.	Élève de J. De Baan; mort misérable à l'hôpital de Dordrecht.		
HEEMSKERK (Sébastien).	*1680	Rotterdam.	Intér. et villag.	On possède de lui des tableaux qui peuvent passer pour des chefs-d'œuvre dans leur genre.		Quelque ressemblance avec la manière de J. M. Molenaer, touche spirituelle.
BEER (Pierre Van).	*1680		Marin. et genre.	Nommé par les catalogues allemands, Pierre Van Beek.	Mer légèrement agitée, Berlin.	
VERSCHUUR (Liévin)	*1680	Rotterdam.	Marines.	Fut également bon sculpteur; visita l'Italie avec J. Van der Meer.	Marine avec vaisseaux et fig. (punition d'un chirurgien de navire), Amsterdam. Marine : Arrivée de Charles Stuart à Rotterdam, ib.	Ses tableaux attestent qu'il visita le ciel transparent de l'Italie.
MOLYN (Pierre), le vieux.	*1680	Harlem.	Pays.	Ses gravures sont plus recherchées que ses tableaux.		Couleur bonne et sage, lointains très-purs; on trouve dans ses tableaux quelques réminiscences de ceux de J. Van Goyen.
MEER (Jean Van der), le jeune.	*1680	Delft.	Pays. et anim.	Élève de Berchem; il épousa la sœur de C. Dusart. Graveur.		Pinceau naturel; il excellait à représenter les moutons.
FILIUS (Jean).	*1680	Bois-le-Duc.	Intér.	Élève de P. Van Slingelandt. Quelques auteurs le désignent, par erreur, sous le nom de Jean Tilius.	Une jeune femme cousant, Dresde. Le musicien, Vienne.	Imita son maître, bon dessin, grand fini.
HALLEMAN (Thomas).	*1680	Rotterdam.	Hist. et portr.	Détails inconnus.	On connaît peu de tableaux de ce peintre.	
LINT (Henri Van), dit STUDIO, fils de Pierre.	*1680		Pays.	Il passa presque toute sa vie en Italie.		
NEYTS (Gilles).	*1681		Id.	Tout est supposition sur cet artiste; on croit qu'il habita la Hollande et qu'il fit des tableaux pour l'académie d'Anvers.	Paysage avec ruines et figures, Dresde. Paysages avec montagnes et figures, ib.	Graveur à l'eau-forte; style de Ruisdael.
VIERLY, le vieux.	*1685	Rotterdam.	Id.	Détails inconnus.		

NOMS.	ANNÉES DE NAISSANCE ET DE MORT.	LIEU DE NAISSANCE	GENRE.	NOTES HISTORIQUES.	TABLEAUX PRINCIPAUX ET LIEUX OÙ ILS SE TROUVENT.	Observations.
VIEBLY, le jeune.	*1685	Rotter-dam.	Pays.	Détails inconnus.		
VROUW (Jean de).	*1685	Id.	Pein-ture de détails	Id.		
HAEFTEN (Nicolas Van).	*1690	Gorcum.	Portr., etc.	Id.		
PEUTEMAN.	*1690	Rotter-dam.	Allég. et nature morte.	Un jour, ce peintre s'étant rendu à l'amphithéâtre de dissec-tion à Rotterdam, pour y étudier l'anatomie, il s'y endormit; le bruit des ossements qui s'entre-choquaient le réveilla et le saisit d'effroi; ce singulier événement était produit par un tremblement de terre qui se fit ressentir dans tout le pays, l'an 1692. Peuteman s'enfuit épouvanté et mourut fou des suites de cette terreur.		Ce peintre a gravé presque tous ses ouvrages.
PICOLET (Corneille)	*1691	Id.?	Portr. et intér.	On ne fait mention de ce pein-tre que comme ayant été le pre-mier maître d'Adrien Van der Werf.		Artiste assez médiocre.
COLIER ou COLEYER (Ernest).	*1691	Leyde.	Nature morte et intér.	Détails inconnus.		
PARMANTIO (Jacq.).	*1695	France.	Hist.	Demeurait à La Haye.	Il peignit, en 1698, trois pla-fonds pour les États généraux de La Haye.	Bon peintre d'histoire et à fresque.
BROUWER (Jean).	*1697	Delft.	Hist.	Détails inconnus.		
VOORHOUT (Jean), le jeune, fils de Jean, le vieux.	*1698	Uythoorn (près d'Amsterd.).	Hist.	Il a travaillé avec son père.		
NYMEGEN (Tobie Van).	*1698	Nymègue.	Pla-fonds, fleurs, etc.	S'établit à Dusseldorf, et y resta jusqu'à sa mort.		S'acquit une bonne réputation.
VRY (O. De).	*XVIIe siècle.		Marin.	Il faut croire que ce peintre a laissé peu d'ouvrages, sinon peu de réputation, puisque aucun biographe ne le cite.	Mer légèrement agitée avec des vaisseaux de guerre, etc., Berlin. (Grisaille, signée : O. DE VRY fecit Aº 1665. $\frac{11}{16}$.)	
LERMANNS (Pierre).	*Id.		Genre.	On croit qu'il fut élève de Fr. Van Mieris; cité par les auteurs allemands.	Vieille femme assise devant une table couverte de bijoux, Vienne.	Manière de son maître.
MANS (F. H.)	*Id.		Pays.	Les biographes ne font pas mention de cet artiste.	Paysage : Hiver avec figures, Vienne. (Ce tableau porte le monogramme du peintre et la date de 1687.) Village traversé par une ri-vière avec vaisseaux et figures, Florence. Hiver et patineurs, Dresde.	Ne serait-ce pas le même qu'Ar-nold Van Mans, peintre flamand du 17me siècle et élève de D. Te-niers, le jeune?
WIELING (Mathieu), fils de Nicolas.	*Id.		Décor.	Détails inconnus.		
MEER (B. Van der).	*Id.		Fleurs, fruits et nature morte.	Aucun auteur n'a consigné le nom de ce peintre.	Fruits, huîtres, argenterie, un perroquet, etc., Vienne. (Ce tableau est signé : B. VAN DER MEER, 1659).	
WUCHTERS (Abra-ham).	*Id.	Hollande.	Portr.	Établi à Copenhague, où son talent lui attira la protection du roi de Danemarck, qui le nomma peintre de la cour.	Portrait de Chrétien IV, roi de Danemarck, Vienne.	Ce peintre ne se trouve cité que par les catalogues allemands.

NOMS.	ANNÉES DE NAISSANCE ET DE MORT.	LIEU DE NAISSANCE	GENRE.	NOTES HISTORIQUES.	TABLEAUX PRINCIPAUX ET LIEUX OU ILS SE TROUVENT.	Observations.
DELFF (Roch. J.), fils de Jacques-Guillaume.	XVIIe siècle.	DELFT.	Portr.	Détails inconnus.		Cité comme un bon peintre de portraits.
BRAY (JACQUES DE), fils de Salomon.	Id.	HARLEM.	Hist. et portr.	Il fut également graveur.	Portraits des Syndics rassemblés de la corporation des peintres à Harlem, en 1675, Amsterdam (avec son frère Thierry). Tableaux, Harlem.	Bonne réputation.
HORST.	Id.		Hist., pays. avec figures et anim.	On croit qu'il fut élève de Rembrandt.	Pays. avec figures et animaux, Vienne. Scène de la vie de Scipion, ib.	École de son maître.
DELFF (CORNEILLE J.), fils de Jacques-Guillaume.	Id.	DELFT ?	Nature morte.	Élève de Corneille de Haarlem.		
DELFF (NICOLAS C.), fils de Corneille-Jacques.	Id.		Hist. et portr.	Détails inconnus.		Peintre sur verre.
SACOT (DANIEL).	Id.			Élève de Guillaume Doudyns.		
LELEN (P. DE).	Id.		Portr.	On le croit élève de Rembrandt; aucun biographe ne cite ce peintre.	Portrait d'un jeune homme, Vienne. (Ce tableau est signé : P. DE LELEN).	
PERSYN (JEAN).	id.			Élève de Gaspard Netscher.		
BRANDEN (S. VAN DEN).	Id.	LA HAYE.		Id.		
ELST (PIERRE VAN DER).	Id.		Genre, effets de lumière, etc.	Élève de Gérard Dou.	Scène villageoise, Vienne.	D'ordinaire ses figures sont peintes à mi-corps et sont éclairées par des torches.
HAEGHEN (THIERRY VAN DER).	Id.			Détails inconnus.		
VELDE (CORNEILLE VAN DE), fils de Guillaume.	Id.		Marin.	Id.		
POTUIL (HENRI).	Id.		Scènes villag.	Id.		Du fini, un effet agréable.
BRUYN (AUGUSTIN).	Id.		Portr.	Id.		
GRACHT (JACQ. VAN DER).	Id.	LA HAYE.	Anatomie.	Id.	Il a publié un bon ouvrage rempli de gravures, intitulé : Anatomie der niterlyke deelen van het menschelyke lichaam ten dienste van schilders, etc., 1634.	
MIKCKER (JEAN).	Id.		Pays., batail., etc.	On croit qu'il fut le maître de J. B. Weeninx; c'est à ce titre seul qu'il mérite d'être cité.		Coloris sombre, touche peu agréable.
PAULYN (HORACE).	Id.		Pays. et genre.	Il rassembla une espèce de caravane avec laquelle il partit pour la Terre sainte; mais la société se dispersa en route. Cet artiste demeura longtemps à Amsterdam, où il voulait se faire passer pour noble.	Un avare, Florence.	Il serait devenu un peintre de grand mérite, mais l'excentricité de sa vie se retrouve dans la composition de ses tableaux, très-recherchés de son temps.
TOL (DOMINIQUE VAN).	Id.		Genre et intér.	Élève de G. Dou; on a de lui des chefs-d'œuvre, mais il travaillait très-inégalement.	Enfants jouant avec un chat, Amsterdam. Un vieillard à une fenêtre, Dresde. Une vieille femme à une fenêtre, ib.	Dans le goût de Van Brekelencamp et de G. Dou, mais plus de fini que le premier de ces deux maîtres.

NOMS.	ANNÉES DE NAISSANCE ET DE MORT.	LIEU DE NAISSANCE	GENRE.	NOTES HISTORIQUES.	TABLEAUX PRINCIPAUX ET LIEUX OU ILS SE TROUVENT.	Observations.
PALING (Isaac).	xviiie siècle.	Leyde.	Hist. et portr.	Élève d'A..Van den Tempel ; il fit en Angleterre et dans son pays les portraits de beaucoup de grands seigneurs.		Bon peintre de portraits.
CUYP (Benjamin), neveu d'Albert.	Id.	Dor-drecht.	Hist., pays. et marin.	Détails inconnus.	Adoration des mages, Bruxelles.	Imita Rembrandt. Pinceau lé-ger, tons chauds, dessin faible.
COXCIE (Jean-An-toine).	Id.		Hist., portr. et all.	Peintre de Frédéric Ier, roi de Prusse.		Cité par Hoet comme un peintre hollandais.
DUBBELS (Henri).	Id.		Marin. et hivers.	Détails inconnus.	Marine, Florence. Marine : calme, Amsterdam.	Dessin correct, du soin et un coloris agréable.
BISSCHOP (Abraham), fils de Corneille.	Id.		Hist., pays., etc.	Id.	Il a peint de grands sujets pour salons.	
WESTERBAAN (J.).	Id.	La Haye.	Portr.	Id.		
SALM (A.).	Id.		Pays. et marin.	Id.		Manière de G. Van De Velde ; beaucoup de fini.
BLOEMAART (Adr.), fils d'Abraham.	Id.		Hist.	Visita l'Italie et s'établit à Salz-bourg. Mort en duel.	Exécuta de charmants tableaux à Salzbourg.	S'acquit une réputation méritée.
SWALM (Martin Van der).	Id.		Marin.	On croit qu'il y eut encore des peintres de ce nom, mais on ne connaît aucune particularité sur leur vie.		
UCHTERVELT (Jacq.)	Id.		Genre.	On le croit élève de Berchem.	Scène d'intérieur, Dresde. Intérieur avec figures, La Haye.	Le genre de ses ouvrages le fe-rait plutôt croire élève de Terburg ou de Metzu.
SOMER (Bernard Van)	Id.	Anvers.	Portr.	Visita l'Italie, où il épousa la fille d'A. Mytens.		
SOMER (Paul Van), frère du précédent.	Id.	Id.	Id.	Il se rendit en Angleterre, où il fit les portraits de plusieurs grands. Ces deux frères floris-saient à Amsterdam.	Portrait : Chrétien IV, roi de Danemarck, Londres. Portrait : Jacques Ier, d'Angle-terre, ib. Portrait : Henri, prince de Galles, fils de Jacques Ier, ib. Portr.: Le duc de Richmond, ib. Portrait : Anne de Danemarck, femme de Jacques Ier, ib.	
GRAHAM (Jean).	Id.	Angle-terre.	Hist.	Élève de M. Terwesten et de A. Houbraken ; voyagea en Italie et en France, puis vint s'établir à La Haye.		Il a peint beaucoup de plafonds.
RUISSCHER.	Id.	Hollande	Pays. et chutes d'eau.	Détails inconnus.		
KAPELLE (Jean Van de).	Id.		Hivers et marin.	Id.	Marine, Vienne. Marine avec vaisseaux, au fond une plage et une ville, Berlin.	Pinceau agréable, coloris chaud, vaisseaux très-bien dessinés ; genre de Cuyp.
SUSENIER.	Id.	Dor-drecht.	Nature morte et intér.	Entra, en 1646, dans la corpo-ration de Saint-Luc, à Dordrecht.		
RONTBOUT (J.)	Id.		Pays., anim. et marin.	Quelques biographes le confon-dent avec Théodore Rombauts.	Un homme fumant sa pipe et tenant un verre, Gand. Combat naval, Schleisheim. Tableaux, Leipzig.	Sa manière ressemble un peu à celle d'Hobbema, mais il en resta à une distance infinie tant pour le coloris que pour le dessin des fig.
ESSELENS (Jacques).	Id.	Amster-dam.	Pays., vues de ville et marin.	Élève de Rembrandt.		Tons clairs et vrais, coloris agréable ; on recherche ses des-sins.

NOMS.	ANNÉES DE NAISSANCE ET DE MORT.	LIEU DE NAISSANCE	GENRE.	NOTES HISTORIQUES.	TABLEAUX PRINCIPAUX ET LIEUX OU ILS SE TROUVENT.	Observations.
GEEST (Wybrand De)	*xviiᵉ siècle.	Frise.	Hist. et portr.	Détails inconnus.		
SCHALKEN (Marie), sœur de Godefroid.	*Id.	Dor-drecht.	Genre.	Id.	On connaît fort peu de ses tableaux.	Beaucoup de fini.
BELLEVOIS.	*Id.	Ham-bourg.	Marin.	Il se forma en Hollande.		
EYK (Abraham Van der).	*Id.		Portr. et intér.	Contemporain de G. Van Mieris.		Genre de Guillaume Van Mieris.
SWAANENBURG (Guillaume Van).	*Id.		Pays.	Cité plutôt comme poëte que comme peintre.	Ses ouvrages sont inconnus.	
BRIZÉ (Corneille).	*Id.		Nature morte.	Vondel fit des vers à la louange de son talent, qui était remarquable.		Beaucoup de naturel.
GELDORF.	*Id.	Londres.	Portr.	On croit qu'il vint étudier la peinture en Hollande.		
GREBBER (Marie De)	*Id.		Persp., hist., fleurs et fruits.	Détails inconnus.		
CLYT (Adrien).	*Id.	Alkmaar.	Portr.	Élève d'A. Montfoort.		On croit qu'il mourut en 1604.
GHEYN (Guill. De), parent des deux Jacques.	*Id.			S'établit à Paris, où il travailla pour Jean Le Blond.		
LAIRESSE (Renier), le jeune, fils de Renier le vieux, peintre flamand.	*Id.			Il fut envoyé à Rome, avec une pension, par le prince Maximilien-Henri de Bavière; finit par s'établir à Bonn.	La plupart de ses œuvres furent consumées dans le bombardement de Liége, en 1691.	
MACHEREN (Philippe Van).	*Id.		Marin. et comb. v.	Pour mieux étudier le genre qu'il avait adopté, il s'embarqua sur la flotte de son pays, en 1672, et plus tard il navigua avec les Suédois et les Danois, pour lesquels il peignit beaucoup de tableaux. Mort à Rotterdam.	On pense que plusieurs de ses ouvrages doivent se rencontrer en Suède.	Études consciencieuses; acquit dans les marines un talent distingué.
NIKKELEN (Isaac Van).	*Id.	Hollande	Intér. d'églis.	Les biographes ne citent ce peintre qu'en passant et ne donnent aucun détail sur sa vie.	Intérieur de la grande église d'Harlem, Bruxelles.	Manière de Van Vliet; on croit qu'il n'a fait que des copies.
SLABBAERT (Charl.)	*Id.		Intér.	Sa manière a tant de ressemblance avec celle d'Isaac Van Ostade, qu'on le croit élève de ce peintre.	Vieille femme coupant du pain pour ses deux petits enfants, en prière devant elle, Amsterdam.	Tons chauds, bonne composition, expression bien sentie.
STEENWYCK (Pierre).	*Id.		Hist. et allégo-ries.	Établi à Bréda, où il menait une vie très-déréglée; il choisissait presque toujours pour sujets de ses tableaux, les emblèmes de la mort.	Emblèmes de la mort, Madrid.	Cité par les auteurs espagnols.
VERBOOM (Abrah.).	*Id.	Harlem.	Pays. et anim.	Ses dessins sont très-voulus.	Le départ pour la chasse, Bruxelles. Paysage, Amsterdam.	A. Van de Velde et Ph. Wouwerman ont peint souvent l'étoffage de ses tableaux.
WYNTRACK.	*Id.	Drenthe.	Anim. et pays.	Élève de J. Wynands qui a peint parfois les paysages de ses tableaux.	Paysages avec figures et animaux, Paris.	Pinceau ferme et exact.
PARCELLES (Jules), fils de Jean.	*Id.		Marin.	Il signait ses tableaux comme son père.		On confond quelquefois les tableaux du père avec ceux du fils.
NOORDT (Jean Van).	*Id.	Amster-dam.	Hist., portr. et anim.	De bons artistes ont gravé d'après lui.		Connu également comme graveur.

NOMS.	ANNÉES DE NAISSANCE ET DE MORT.	LIEU DE NAISSANCE	GENRE.	NOTES HISTORIQUES.	TABLEAUX PRINCIPAUX ET LIEUX OU ILS SE TROUVENT.	Observations.
PAEPE (Adrien De).	*XVIIe siècle.	Amster-dam.	Genre, portr. et int.	École de Gérard Dou.	La leçon de peinture, Berlin. Intér. d'une maison, La Haye.	Manière de Dominique Van Tal.
BLYHOOFT (Jacq.).	*Id.	Hooger-zaal? (près Mid-delburg).	Portr., marin. et pays.	Bon dessinateur.		Portraits dans le genre de ceux de G. Netscher.
DIEPRAAM (Abrah.).	*Id.		Élève d'A. Brauwer. En 1648, il entra dans la corporation de St.-Luc, à Dordrecht : pauvre et malheureux, ce peintre avait à peine de quoi se vêtir : mort à l'hôpital.			J. P. Stoop et H. M. Zorg lui avaient également donné des le-çons, mais il suivit de préférence la manière de A. Brauwer.
LEEMANS.	*Id.	La Haye.	Nature morte, ois., etc.	Détails inconnus.		Beaucoup de naturel.
CASEMBROODT (Abraham).	*Id.		Hist., pays. et marin.	Vécut longtemps en Sicile.	Tableaux : sujets tirés de la Passion, Messine.	On a de lui de bonnes gravures.
PÉE (Juste Van).	*Id.	Bruxel.		Il était le père de Théodore Van Pée.		
WALTSKAPELLE (Jacques).	*Id.		Fleurs et fruits.	Peintre de mérite.	Fleurs et fruits, Berlin.	
URSELA.	*Id.		Intér.	Élève de François Van Mieris.		Manière de son maître.
KRANEVELT (Nico-las).	*Id.			Vondel l'a célébré dans ses vers.		
STOOM (Mathieu).	*Id.		Batail. et pays.	Détails inconnus.	Champ de bataille, Dresde. Combat entre des Européens et des Asiatiques, ib. Voyageurs attaqués et pillés, ib. Les côtes de la mer, embarque-ment de soldats, ib. Combat de cavalerie, ib.	
SAVEN (Christophe Van der).	*Id.		Hist. relig.	Id.		
SAVEN (Jacques Van der).	*Id.		Id.	Id.		
VALKERT (Warnard Van den).	*Id.	Amster-dam.	Hist. et portr.	Élève de Henri Goltzius ; quel-ques auteurs le font naître en 1572, d'autres en 1580.	Jésus-Christ faisant venir à lui les petits enfants, Utrecht.	Manière de son maître. Bonne ressemblance ; beau co-loris ; ordonnance riche, graveur à l'eau-forte.
WESTERHOUT.	*Id.	Utrecht.	Id.	Peintre sur verre.		
OUDENDYK (Adrien), fils d'Evert.	*Id.	Harlem.	Pays. et anim.	Détails inconnus.		
BOOM (A. Van).	*Id.		Pays.	Id.	Paysages, forêt, pâtre et mou-tons, Dresde. Paysages, cochons au pâturage, ib.	
TERBURG (Gezina), sœur de Gérard.	*Id.		Intér.	Id.		
ROSEMALE.	*Id.		Hist.	Id.		Manière d'Emmanuel De Wit.
AKERBOOM.	*Id.		Vues de ville.	Id.		Ses tableaux avaient un fini remarquable.
BLOEMAART (Henri), fils d'Abraham.	*Id.		Portr.	Peintre médiocre.		

NOMS.	ANNÉES DE NAISSANCE ET DE MORT.	LIEU DE NAISSANCE	GENRE.	NOTES HISTORIQUES.	TABLEAUX PRINCIPAUX ET LIEUX OU ILS SE TROUVENT.	Observations.
SIX (NICOLAS).	*XVIIe siècle.	HARLEM.	.	. Élève de C. De Moor.		
VROOM (CORNEILLE), fils de Henri C.	*Id.		Pays.	Détails inconnus.	Vue de la mer, Florence.	
VROOM (FRÉDÉRIC), fils de Henri C.	*Id.		Hist.	Il fut aussi architecte.		
POLA (HENRI).	*Id.	LA HAYE.	Id.	Détails inconnus.	On voyait à La Haye des tableaux de ce maître, consistant, la plupart, en tapisseries de salon.	
SOOLEMAKER (J. F.)	*Id.		Pays., genre, etc.	On le croit élève de Berchem; on prétend que Wynands se servait parfois de lui pour peindre les figures de ses tableaux.	Réconciliation de Jacob et d'Ésaü, Bruxelles. Paysage d'Italie, ib. Paysage, La Haye.	Le dessin de ses animaux ressemble à celui de Berchem, mais il ne posséda ni le pinceau spirituel ni le coloris de ce grand maître.
BATTEM (GÉRARD VAN).	*Id.		Chass., bataill. et pays.	Détails inconnus.		Coloris peu savant, ton agréable, bon dessin.
VINCK (J.).	*Id.		Portr. et pays.	On doute qu'il ait peint le portrait.		Genre de P. Bril, Breughel et Vinckeboons.
MATTON (B.).	*Id.		Scènes d'intér.	Élève de Gérard Dou.		On a de lui des effets de lumière de beaucoup de mérite.
VONCK (C.).	*Id.		Nature morte et ois.	Il peignit quelquefois des oiseaux dans les paysages de Ruisdael.	Chasse (Paysage de Ruisdael), Dresde. Volaille, ib.	Pinceau de maître, coloris vigoureux.
BASSEN (BARTHÉLEMY VAN).	*Id.		Persp. et portr.	Quoique cet artiste ait laissé assez peu de réputation, ses tableaux se rencontrent pourtant dans quelques-unes des principales galeries de l'Europe.	Charles Ier et sa femme dînant en public, selon la coutume du temps, dans un salon orné de décorations du XVIIe siècle. Le roi et la reine de Bohême : même sujet que le précédent, Londres. Une église catholique, La Haye. Intérieur d'église : une procession (figure de J. Franck), Berlin. Partie de danse dans un salon richement sculpté, ib.	Travail raide et maniéré; quelques connaissances en perspective et en architecture.
MOLENAAR (JEAN-MIENSE.).	*Id.		Scènes villag.	Il est fâcheux que ce peintre ait choisi souvent des sujets peu relevés.		Beaucoup de finesse, bon coloris, ton harmonieux.
ROMYN (GUILL.).	*Id.		Pays. et anim.	Détails inconnus.	Animaux au pâturage, Paris. Paysage italien avec figures et animaux, Amsterdam. Paysages, ib. Paysage avec animaux, Dresde. Paysage, Munich. Paysages avec figures et animaux, ib.	Sans égaler Van de Velde, Dujardin et Berchem, on trouve quelques traits de ces maîtres dans les tableaux de Guill. Romyn.
DUBORDIEU (PIERRE)	*Id.	DELFT.	Portr.	Ce peintre n'est connu que par les portraits que Suiderhoef, Natalis et Matham ont gravé d'après lui.		
DELVENAAR (UGAART)	*Id.		Pays.	Détails inconnus.		
BEEKE (VAN).	*Id.	BODEGRA-VEN. (Gueldre).	Fleurs, fruits, etc.	Il peignait comme amateur.	. Nature morte : huîtres, citrons, etc., Vienne.	
COUPER (JEAN).	*Id.	LONDRES.	Portr.	Étudia à Amsterdam.		
NIEUWPOORT (JEAN VAN DER).	*Id.	UTRECHT.	Genre.	Détails inconnus.		Cultiva également la gravure.
POST (JEAN).	*Id.	HARLEM.	Hist., etc.	Id.		Peintre sur verre.

NOMS.	ANNÉES DE NAISSANCE ET DE MORT.	LIEU DE NAISSANCE	GENRE.	NOTES HISTORIQUES.	TABLEAUX PRINCIPAUX ET LIEUX OU ILS SE TROUVENT.	Observations.
HEEM (Corneille De), fils de Jean David.	*XVIIe siècle.		Fleurs, fruits et insect.	Détails inconnus.	Fruits, huîtres, citrons, etc., Vienne. Citrons, fruits, etc., Dresde. Fleurs, fruits, ib. Fleurs, fruits, Munich. Et autres, ib.	Sa réputation eût sans doute été plus grande s'il avait porté un autre nom.
ZYL (Thierry Van).	*Id.	Utrecht.	Hist. et portr.	Contemporain des Crabeth.		Il était peintre sur verre.
VERELST (Simon).	*Id.		Fleurs, fruits et portr.	En 1666, il fut maître de la réunion des peintres à La Haye ; se rendit en Angleterre où il devint célèbre ; son principal protecteur, le duc de Buckingham le pria de faire son portrait : Simon se rendit à ses désirs, mais il y mit une si grand quantité de fleurs que l'on commença par en rire ; puis on finit par le trouver très-bien, et ce genre devint à la mode surtout parmi les femmes.	Portrait d'une dame d'honneur de la reine Catherine, Londres. Portrait de femme, ib.	Possédait un talent fort remarquable ; il fut en si grande vogue, en Angleterre, qu'on paya ses ouvrages d'un prix jusque-là sans exemple pour les tableaux de fleurs et de fruits. Les poëtes de son époque, et surtout Prior, firent des vers à sa louange.
VERELST (Pierre), frère du précédent.	*Id.		Intér., kerm. et portr.	En 1660, il fut maître de la réunion des peintres, à La Haye.	Portrait d'une vieille dame, Berlin. Réunion de paysans, Vienne.	Se distingua dans son genre.
VERELST (Herman), frère des deux précédents.	*Id.		Fleurs, fruits, etc.	En 1666, il fut maître de la réunion des peintres, à La Haye. Visita l'Italie et s'établit à Vienne où il resta jusqu'au siége de cette ville par les Turcs ; de là, il se rendit en Angleterre.	Tableaux, Allemagne.	Il acquit, ainsi que son frère Simon, une réputation très-méritée dans le genre qu'il avait adopté.
RYNVISCH (C.).	*Id.		Pays.	Détails inconnus.		Manière de Breughel de Velours. On croit qu'il grava à l'eau-forte.
ZYL (Gérard Van), surnommé à Londres LE PETIT VAN DYCK.	*Id.	Amsterdam.	Portr. et intér.	On prétend qu'il travailla long-temps chez Van Dyck, à Londres.		Ce que l'on remarquait le plus dans ses tableaux d'intérieurs étaient les figures de femmes, et surtout le charmant dessin et le blanc coloris des mains.
SPRIET (Jean Van der).	*Id.	Delft.	Portr.	S'établit en Angleterre.		
DOES (Jacques Van der), le jeune, fils de Jacq., le vieux.	*Id.		Pays., figur. et anim.	Élève de C. Dujardin, G. Netscher et G. Lairesse. Ayant accompagné l'ambassadeur hollandais en France, son talent lui promettait d'y faire fortune, lorsque la mort l'enleva après un an de séjour.	Sa mort prématurée est cause du petit nombre de ses tableaux.	Fit des progrès rapides sous les célèbres maîtres qui lui donnèrent des leçons : sa sévérité pour lui-même était si grande, qu'il détruisait les tableaux qu'il n'avait pas su terminer avec assez de soin.
JACOBS (Lambert).	*Id.	Leeuwarden.		Élève de Van Thulden, peintre flamand.		
HALDER (B.).	*Id.		Pays.	Détails inconnus.	Paysage, tombeau et ruines, Dresde.	
GELLIG (Jacques).	*Id.		Portr. et poiss.	Abandonna la peinture des poissons pour celle du portrait. Il fut le beau-fils d'Adam Willaarts.		Du soin et du naturel.
VERBEEK (Pierre).	*Id.	Harlem.	Pays., etc.	On croit qu'il fut le maître de Ph. Wouwerman : ce titre, joint à ses talents, lui a valu une bonne réputation.	Paysage, combat de cavalerie, Berlin.	Genre de Wouwerman ; bon dessin, touche facile.
CREETEN (Charles).	*Id.		Hist. et portr.	Détails inconnus.		
WITHOOS (Alida), fille de Mathieu.	*Id.		Fleurs, fruits et insect.	Id.		

NOMS.	ANNÉES DE NAISSANCE ET DE MORT.	LIEU DE NAISSANCE	GENRE.	NOTES HISTORIQUES.	TABLEAUX PRINCIPAUX ET LIEUX OU ILS SE TROUVENT.	Observations.
LOTYHA (G.).	*XVIIe siècle.		Genre.	Détails inconnus.	Intérieur villageois, Dresde.	
VERBYL (JEAN).	*Id.	GOUDA.		Id.		
COLYNS (DAVID).	*Id.	AMSTER-DAM.	Hist. relig.	Id.	Le banquet des dieux, Madrid. (Attribué : signé D C.)	Il choisissait de préférence les sujets bibliques où les figures abondaient.
MORIS (R.).	*Id.		Genre.	École de G. Schalken. Mort trop jeune pour pouvoir perfectionner son talent.		
BLINKVLIET.	*Id.		Pays.	On croit qu'il fut élève de Berchem.		Imita la manière de son maître.
HARP (VAN).	*Id.		Figur. myth.	Détails inconnus.	Groupe d'enfants, représentant les quatre saisons, Gand.	Pour la composition il imitait d'anciennes gravures.
HEK (NICOL. VAN DER).	*Id.		Hist. et pays.	Releva la corporation de St-Luc, à Alkmaar, en 1631.		
BOGAART (HENRI).	*Id.	AMSTER-DAM.		Mort misérable à l'hôpital.		
POTHEUK (J.).	*Id.		Portr.	Détails inconnus.	Il fit les portraits de personnages de distinction, à Leyde.	Peintre de mérite.
DROSSAART.	*Id.		Pays. et chasses	Id.		
DYK (DANIEL VAN DEN).	*Id.		Hist.	D'après les uns il naquit en France, d'après les autres dans les Pays-Bas, ce qui est le plus probable; travailla à Venise et fut inspecteur de la galerie du duc de Mantoue, en 1658.		Bon graveur à l'eau-forte.
VICTOR (JACQUES), frère de Jean.	*Id.		Id.	Détails inconnus.		
REYNIERS (JELLE).	*Id.	AMSTER-DAM?	Hist. et portr.	Id.	Ses œuvres n'existent plus.	Peintre sur verre.
FOLKEMA (ANNE).	*Id.	DOKKUM. (Frise.)	Miniat.	Id.		Cultiva aussi la gravure.
SOUKENS (JEAN).	*Id.	BOMMEL.		Élève de J. Vorsterman.		
JAGER (GÉRARD DE).	*Id.	DOR-DRECHT.	Marin.	En 1646, il entra dans la corporation de St.-Luc, à Dordreht.		
KNYF (VAUTIER).	*Id.	HARLEM.	Vues de ville.	Détails inconnus.		
GHEEL (VAN).	*Id.			Élève de Gabriel Metzu.		
GLAUBER (DIANE), sœur de Jean.	*Id.	UTRECHT.	Portr.	Elle travailla à Hambourg.	On croit que quelques-uns de ses tableaux sont restés en Allemagne.	Quelque réputation.
KAAN.	*Id.	NYMÈGUE.	Id.	Détails inconnus.		
POORTER (GUIL. DE).	*Id.	HOLLANDE	Hist., nature morte, etc.	Id.		
BYLERT.	*Id.		Hist. et portr.	Il était père de Jean Bylert.	On ne cite aucun de ses ouvrages.	Peintre sur verre.

NOMS.	ANNÉES DE NAISSANCE ET DE MORT.	LIEU DE NAISSANCE	GENRE.	NOTES HISTORIQUES.	TABLEAUX PRINCIPAUX ET LIEUX OU ILS SE TROUVENT.	Observations.
NAGEL (Jean).	*xviie siècle.	Harlem.	Pays.	Mort à la Haye.		Imita Corneille Molenaar ; d'après quelques auteurs, il serait mort en 1602.
SPERLING (Jean-Chrétien).	*Id.		Pays, fleurs, genre et hist.	Détails inconnus.	Pomone ; près d'elle Vertumne déguisé en vieille, Dresde.	
RYCK (Pierre-Corneille Van).	*Id.	Delft.	Intér., pays. et cuisin.	Élève de H. Jacobs; accompagna son maître en Italie et fut employé par les princes et les grands dignitaires de ce pays, où il resta quinze ans. A son retour, il s'occupa à Harlem.		Peignit beaucoup à fresque ; on croit qu'il mourut en 1628.
MOIRON (Van der).	*Id.		Pays., genre, kerm., etc.	Détails inconnus.	Paysage montagneux, Dresde. Foire près de la porte d'une ville, id.	
KNELLER (Jean-Zacharie, frère de Godefroid.	*Id.		Archit.	Élève de Rembrandt et de F. Bol; séjourna en Flandre, visita l'Italie, travailla à Munich, à Nüremberg et surtout à Hambourg, puis enfin se rendit en Angleterre.		Accomplit ses différents voyages en société de son frère qu'il aida dans ses nombreux travaux , à Londres ; peignit beaucoup à fresque.
GREBBER (Franç. De)	*Id.	Harlem.	Portr. en gr. et en petit, hist.	Élève de J. Savery, peintre flamand.	Épisode de la vie de l'empereur Barberousse, Harlem.	Excellait dans le genre qu'il avait adopté.
BISSCHOP (Jacques), fils de Corneille.	*Id.	Amsterdam.	Hist.	Élève de son père et d'A. Terwesten.		
MOLANUS (M.).	*Id.		Pays.-	Détails inconnus.	Paysage, Dresde.	
KNYF ou KRUYF (Jacques).	*Id.	Harlem.	Pays., ports de mer, etc.	Établi à Paris, où il donna des leçons à Jean Gotlieb Glauber.		Peintre de beaucoup de talent.
BOCK (Van).	*Id.		Genre et portr.	Détails inconnus.	Tête de vieillard, Dresde.	
BREEKVELT (La Ve).	*Id.			Elle fut la troisième femme d'Églon-Henri Van der Neer, et à la mort de ce peintre resta à la cour de l'électeur Palatin dont son mari était peintre.		
NYHOFF (H.).	*Id.		Portr.	Détails inconnus.		
OUDENDYK (Evrard)	*Id.	Harlem.	Pays. av. fig.	Id.		
KRYNS VAN DER MAAS (Évert).	*Id.		Hist. et portr.	Visita l'Italie.		Quelques auteurs le font naître en 1568 et mourir en 1627.
NEER (Mme Van der), née DU CHATEL.	*Id.	Brabant.	Miniat.	Élève de son père, François Du Châtel, peintre flamand ; fut la deuxième femme d'Églon-Henri Van der Neer, passa presque toute sa vie à Amsterdam, et mourut dans cette ville.		
GINDELS.	*Id.		Genre.	Détails inconnus.	Un homme tenant une jeune fille sur ses genoux, Dresde.	Manière de G. Dou.
HENGST (Guill.).	170* 1780 ou 1785	Nymègue.	Portr.	Étudia à Paris sous de bons maîtres.		Il peignit des bas-reliefs estimés.

NOMS.	ANNÉES DE NAISSANCE ET DE MORT.	LIEU DE NAISSANCE	GENRE.	NOTES HISTORIQUES.	TABLEAUX PRINCIPAUX ET LIEUX OU ILS SE TROUVENT.	Observations.
BLEEK (PIERRE), fils de Richard.	1700 1764	LA HAYE.	Portr.	Il fut aussi bon graveur.		
VERHEYDEN (M.).	1700	BRÉDA.	Id.	Détails inconnus.		
FREEZEN (JEAN-GEORGE).	1701	HEIDEL-BERG. (Allemagne)		Le meilleur élève de Ph. Van Dyk.		
ELLIGER (ANTOINE), fils d'Otmar.	1701 1781	AMSTER-DAM.	Hist. allég.	Élève de son père; il avait épousé une fille d'A. Houbraken.		Coloris peu savant, il peignit des grisailles, des bas-reliefs et des tapisseries.
SANDERS (GÉRARD).	1702 1767	WEZEL.	Hist., pays. et portr.	Élève de son beau-père T. Van Nymegen et de son oncle E. Van Nymegen : ce dernier l'emmena à Amsterdam, où il s'en fit aider pour ses tableaux de tapisseries.	On ne cite aucun de ses tableaux.	
JELGERSMA (TAKO-JAGO).	1702 1795	HARLIN-GEN.	Portr. et marin.	Élève de G. Vitringa. Mort à Haarlem, où il avait longtemps habité.		On a de lui de bons dessins.
ANTIQUUS (JEAN).	1702 1750	GRONIN-GUE.	Hist.	Élève de J. Wassenberg; peintre sur verre jusqu'à l'âge de 20 ans; après avoir éprouvé beaucoup de contrariétés, il trouva enfin un protecteur dans le grand-duc de Toscane.	On pense que plusieurs de ses ouvrages se trouvent encore en Italie.	Bon dessin, du goût, de la facilité; coloris agréable.
ACCAMA (MATHIEU), frère de Bernard.	1702 1783	LEEU-WARDEN.	Id.	Visita l'Italie.		
NYMEGEN (DYONIS VAN), fils d'Élie.	1705 1798	ROTTER-DAM.	Hist., portr., etc.	Élève de son père. Renommé pour ses dessins au crayon; à 90 ans, il fit encore un portrait.		Le poëte Smits a fait une pièce de vers sur un séraphin dessiné par Van Nymegen.
HENGEL (H. F. VAN).	1705 1785	NYMÈGUE.	Portr. intér. et pays.	Élève de H. Van der Myn, pendant le séjour de ce dernier à Londres; s'établit à Utrecht où il mourut.		
BEYER (JEAN DE).	1705	ARAU. (Suisse.)	Vues de ville et portr.	Il vint très-jeune à Amsterdam où il fut élève de C. Pronk, pour le dessin, et de Quinkhard pour la peinture; mort très-vieux dans le pays de Clèves.	Il ne commença à peindre qu'à l'âge de 40 ans; c'est ainsi que le nombre de ses ouvrages est très-restreint.	Bon dessinateur. Un peu de roideur.
MYN (GÉRARD VAN DER), fils d'Herman.	1706	AMSTER-DAM?	Hist. et portr.	S'occupa longtemps en Angleterre.	Portrait : une dame tenant des fleurs, Berlin.	
VERBRUGGEN (ADRIENNE).	1707	LA HAYE.	Fleurs.	Détails inconnus.		
CUYPERS (M. D.).	1707	Id.	Portr. etc.	Élève de M. Terwesten.		
GREENWOOD (COR-NEILLE), fils de François.	1708 1736	ROTTER-DAM.		Élève d'A. Van der Burgh, mort à Surinam.		
SCHOUMAN (ARTH.).	1710 1792	DOR-DRECHT.	Hist., portr. et ois.	Élève d'A Van der Burgh. En 1740, il était régent de l'académie de dessin et chef de la confrérie Pictura, à La Haye. Bon dessinateur et graveur.		Il peignit beaucoup de tapisseries; beau coloris; oiseaux admirablement exécutés.
LOFVERS (PIERRE).	1710 1788	GRONIN-GUE.	Marin.	Élève de J. A. Wassenberg. S'occupa beaucoup à l'étranger.		Vaisseaux bien dessinés.
MYN (CORNÉLIE VAN DER), fille d'Herman.	1710		Portr. et fleurs.	Elle habitait Londres.		
REGTERS (TIEBOUT).	1710 1768	DOR-DRECHT.	Portr.	Élève de Quinkhard.	Portrait : l'historien Jean Wagenaar, Amsterdam.	
PUNT (JEAN).	1711 1779	AMSTER-DAM.	Hist., pays., portr.	Acteur célèbre, peintre et graveur.		Grande originalité.

NOMS.	ANNÉES DE NAISSANCE ET DE MORT.	LIEU DE NAISSANCE.	GENRE.	NOTES HISTORIQUES.	TABLEAUX PRINCIPAUX ET LIEUX OU ILS SE TROUVENT.	Observations.
VERBRUGGEN (J.).	1712	ENKHUI-ZEN. (Holl. Sept.)	Marin.	Détails inconnus.		
RENTINCK (A.).	1712	AMSTER-DAM.	Portr. et genre.	Id.		
COMPE (JEAN TEN).	1713 1761	Id.	Pays., vues de ville, etc.	Élève de Th. Dalens; il s'était choisi pour modèles J. Van der Heyden et les Berkheyden.	Portr. du peintre, Amsterdam.	Belle manière, beaucoup de vérité.
BOSCH (J. DE).	1713 1785	Id.		Détails inconnus.		
MYN (ANDRÉ VAN DER), fils d'Herman.	1714		Portr.	Établi à Londres.		
HOLAART (J.).	1716? 1772	DOR-DRECHT.	Id.	Également peintre sur verre.		On a de lui des gravures en mezzo-tinto.
HOSSON (F. C. DE).	1717 1799	BENTHEIM	Hist. et portr.	Visita la Hollande et l'Allemagne et établit sa résidence à Groningue.		Il a peint des tapisseries.
BARBIERS (PIERRE), le vieux.	1717 1780	AMSTER-DAM.	Allég., décors et genre.	Détails inconnus.		
WINTER (HENRI DE).	1717 1783	Id.	Genre, pays., etc.	Élève de C. Pronk, s'occupa, dans sa jeunesse, pour des princes allemands.	Auteur d'un catalogue raisonné de toutes les gravures de Berchem, ouvrage très-estimé.	Manière de son maître.
PALTHE (JEAN), fils de Gérard.	1719 1769	DEVENTER	Portr.	Élève de son père. S'établit à Leyden où il mourut.		Il a fait quelques charges.
REYERS (NICOL.).	1719	LEYDE.	Portr., etc.	Détails inconnus.		
MYN (FRANÇ. VAN DER), fils d'Herman.	1719	LONDRES?	Portr. et intér.	S'occupa longtemps à Amsterdam et à La Haye.	Il fit les portraits de personnages importants.	Coloris relevé et agréable, nu moelleux, draperies larges.
FARGUE (PAUL LA).	172* 1782	LA HAYE.	Pays., etc.	Dessinateur et graveur.		Bonne imitation de la nature.
FRANCK (JEAN-GUIL.)	1720 1761	Id.	Fleurs, fruits et ois.	Détails inconnus.		
CUYCK (PIERRE VAN), le jeune, fils de Pierre, le vieux.	1720 1787	Id.		Id.	Il a fait un ouvrage sur les antiquités du Texel.	On connaît de lui de jolis dessins.
KOK (JEAN-MATHIEU).	1720 1770	AMSTER-DAM.	Marin., pays. et fig.	Élève de N. Verkolje.		Il dessina beaucoup d'après J. De Wit.
ZEGELAER (G.).	1720 1790	LOENEN.	Portr., intér. et hist.	Ce peintre était sourd et muet.		Il peignit des tapisseries.
BURG (THIERRY VAN DER).	1723 1773	UTRECHT.	Pays. et anim.	Également dessinateur.		
PONSE (GEORGE).	1723 1783	DOR-DRECHT.	Fleurs, fruits et ois.	Élève d'A. Schouman. S'étant établi à Amsterdam, il fut forcé d'y devenir peintre en bâtiments, pour pouvoir y gagner sa vie; ses connaissances théoriques lui firent faire de bons disciples.	Ses tableaux sont presque inconnus.	Comme la plupart de ses contemporains, il peignit beaucoup de tapisseries.
MYN (GEORGE VAN DER), fils d'Herman.	1723 1763	LONDRES.	Portr. et genre.	A la mort de son père, il quitta Londres pour s'établir à Amsterdam, où il mourut.	Tableaux, Angleterre.	Bonne ressemblance, bon coloris, beaucoup de naturel.
UDEMANS (GUILL.).	1723 1797	MIDDEL-BOURG.	Marin.	Couronné pour un projet de construction de trois-mâts, pour la Compagnie des Indes orientales.		Vaisseaux bien dessinés.

NOMS.	ANNÉES DE NAISSANCE ET DE MORT.	LIEU DE NAISSANCE.	GENRE.	NOTES HISTORIQUES.	TABLEAUX PRINCIPAUX ET LIEUX OU ILS SE TROUVENT.	Observations.
MYN (ROBERT VAN DER), fils d'Herman.	1724	LONDRES.	Pays., portr. et fleurs.	Détails inconnus.		
BUYS (JACQUES).	1724 1801	AMSTER-DAM.	Portr. et genre.	Id.		
STOLKER (JEAN).	1724 1785	Id.	Portr. etc.	Id.	Exécuta peu de tableaux.	Grand dessinateur.
BRUININX (DANIEL).	1724 1787	ROTTER-DAM.	Miniat. et portr.	Peignit beaucoup d'éventails.		Bonne ressemblance, du fini.
EKELS (JEAN).	1724 1781	AMSTER-DAM.	Pays., et vues de ville.	Élève de T. Dalens, le jeune ; il restaurait très-bien les tableaux.		Piquants effets de jour, du fini, bon dessinateur.
AUGUSTINI (JEAN).	1725 1773	GRO-NINGUE.	Fleurs, fruits et portr.	Mort à Harlem.		Il peignit des tapisseries.
POTHOVEN (HENRI),	1725	AMSTER-DAM,	Portr. et genre.	Élève de Ph. Van Dyk ; connu comme excellent graveur. Mort très-vieux, à La Haye.		Bon pinceau, coloris agréable dans le nu.
WASSENBERG (ÉLI-SABETH-GERTRUDE), fille de Jean-Abel.	1726 1782	GRO-NINGUE.	Portr. et intér.	Elle avait épousé le conseiller Fockens.	On connaît peu de ses ouvrages.	Ordonnance spirituelle, beau-coup de fini.
DAM (VAUTIER).	1726 1786	DOR-DRECHT.	Anim. et ois.	Élève de A. Schouman. Plus connu comme dessinateur.	Il a très-peu peint.	Il n'égala pas le talent de son maître.
LIENDER (PIERRE VAN), neveu de Jacq. et frère de Paul.	1727 1779	UTRECHT.	Pays.	Détails inconnus.		
WAL (J. VAN DER).	1728 1788	LA HAYE.	Tapiss. et ornem.	Détails inconnus.		
GREENWOOD (JEAN).	1729	BOSTON.	Portr., etc.	Id.		
JANSON (JACQUES).	1729 1784	AMBOINE.	Marin., pays. et anim.	Il vint en Hollande à l'âge de 8 ans et fut officier avant d'être peintre. Graveur. Un de ses fils, Pierre Janson, a peint le paysage et a gravé.	Vue du château de Heemstede, Amsterdam.	Bon dessin , du fini ; coloris faible et monotone.
COPIUS (GÉRARD).	1730 1785	LA HAYE.	Portr.	Élève d'H. Van Limborg. Direc-teur de l'académie à La Haye.		
UITERLIMMIGE (VAUTIER).	1730 1784	DOR-DRECHT.	Portr. et ois.	Élève de A. Schouman ; mar-chand de tableaux.	Ses tableaux sont en très-petit nombre.	Il possédait de grandes connais-sances théoriques.
LOO (PIERRE VAN).	1731 1784	HARLEM.	Fleurs, fruits, pays. et ornem.	Plus connu comme dessinateur.		
AA (THIERRY VAN DER).	1731 1809	LA HAYE.	Hist. et ornem.	Élève de J. H. Keller ; bon pein-tre de voitures, que l'on ornait de son temps de fleurs, de figures d'enfants , etc. Son caractère lui fit beaucoup d'amis.	Le genre de son talent est cause que presque aucun de ses ou-vrages n'est parvenu jusqu'à nous.	Ordonnance riche et variée, figures d'enfants bien peintes et bien dessinées.
LIENDER (PAUL VAN), neveu de Jacques , et frère de Pierre.	1731 1797	UTRECHT.	Pays.	Détails inconnus.		
TROOST (SARAH), fille de Corneille.	1731 1805		Portr. en miniat.	Id.		

NOMS.	ANNÉES DE NAISSANCE ET DE MORT.	LIEU DE NAISSANCE	GENRE.	NOTES HISTORIQUES.	TABLEAUX PRINCIPAUX ET LIEUX OU ILS SE TROUVENT.	Observations.
VERMEULEN (Corneille).	1752 1813	Dordrecht.	Ornements, etc.	Il était marchand de tableaux et copiait les ouvrages des grands maîtres hollandais : il réunissait symétriquement ces copies dans un grand cadre qu'il exposait chez lui.	Ses tableaux n'ont pas assez de mérite pour être placés dans des collections.	Ses copies sont lourdes et roides; on y reconnaît cependant l'original.
MAURER (Jacques).	1752 1780	Shaffuse.	Pays., anim., portr. et hist.	Étudia à l'académie de dessin d'Amsterdam.	Tableaux, Laren (Hollande).	Manière large, bon coloris.
MARINKELLE (Joseph), dit MARINKELTJE.	1752 1775 ou 1776	Rotterdam.	Miniat. et portr.	Son surnom lui venait de la petitesse de sa taille; les déceptions et les contrariétés qu'il éprouva le firent mourir de chagrin.		Bonne ressemblance.
VELDHOVEN (Henri Van).	1752 1769	Leyde.	Portr. et intér.	Mort à Utrecht où il avait longtemps enseigné le dessin.		Connaissances théoriques.
CUYPERS (Thierry).	1733 1796	Dordrecht.	Genre et ornem.	Él. de G. Ponse et A. Schouman.		Ses poésies, comme ses tableaux, ont peu de valeur.
EYNDEN (Jacq. Van).	1733 1824	Nymègue.	Fleurs, fruits et vues de ville.	Savant, lettré, amateur d'antiquités.		Plutôt connu comme dessinateur.
TAVERNIER (Henri).	1734 1807	Harlem.	Pays. et ornem.	Élève de J. Augustini ; travailla dans la fabrique de tapisseries de son maître, et plus tard pour son propre compte.	Ses tableaux sont en petit nombre comme ceux de presque tous les artistes hollandais de ce siècle, occupés par les fabriques de tapisseries.	Il a dessiné des paysages.
DUPRÉ (N.).	1734 1786	Utrecht.	Pays., ois., portr., etc.	Détails inconnus.		
NYMEGEN (Gérard Van), fils de Dyonis.	1735 1808	Amsterdam.	Pays. et portr.	Élève de son père; il dessina d'après Ruisdael, Hobbema, Haokert et d'autres. Graveur.		Composition hardie, pinceau ferme, manque de naturel.
VINNE (Vincent Van der), fils de Jean.	1736 1811	Harlem.	Fleurs, fruits et pays.	Élève de son père; il fut marchand de tableaux.		Ses dessins sont estimés; il travailla beaucoup pour les tapissiers.
ROODE (Théod. De).	1736 1791	Rotterdam.	Portr., genre et hist.	Détails inconnus.		
TORENBURG (G.).	1737 1785	Amsterdam.	Vues de ville.	Id.	Vue de l'Amstel à Amsterdam, La Haye.	
LOON (Van).	1737 1787	Id.	Fleurs, fruits et ois.	Il peignit beaucoup de tapisseries.		
DREGT (Jean Van).	1737 1807	Id.	Pays. avec figur.	Obtint une médaille d'or à l'académie de dessin d'Amsterdam.		
MEYER (Henri).	1737 1793	Id.	Pays.	D'après la mode de son temps, il établit à Harlem une fabrique de tapisseries. Directeur de l'académie de dessin de cette ville. Voyagea en Angleterre.	Départ du prince Guillaume III, de Scheveningue pour l'Angleterre, Amsterdam.	Plutôt connu comme dessinateur. Ordonnance riche et spirituelle, figures agréablement dessinées, peu d'effet, manière faible.
HAAG (Thétart, Philippe, C.).	1737 1812	Cassel.	Portr. et chevaux.	Il vint très-jeune en Hollande. Peintre de Guillaume V; directeur de l'académie de dessin à La Haye et doyen de la société, Pictura.	Les principales galeries ne possèdent aucun de ses ouvrages.	Il a fait des dessins de chevaux qui sont estimés. Graveur.

NOMS.	ANNÉES DE NAISSANCE ET DE MORT.	LIEU DE NAISSANCE.	GENRE.	NOTES HISTORIQUES.	TABLEAUX PRINCIPAUX ET LIEUX OU ILS SE TROUVENT.	Observations.
ARENDS (Jean).	1738 1805	Dor-drecht.	Marin., hist., etc.	Élève de G. Ponse. Il a décoré beaucoup de maisons de campagne de grands personnages.	Ses fresques n'ont pas résisté à la température humide de la Hollande.	Ses dessins sont corrects, mais un peu roides.
KEUN (Henri).	1738 1788?	Harlem.	Vues et persp.	Les environs de la ville de Harlem lui fournirent la plupart de ses sujets.		Manière de Berkheyden ; bon dessin, pinceau correct.
BRANDHOF (Jean Bernard).	1738 1805	Ham.	Pays., anim. et ornem.	Élève de Jelgersma.		Il a fait de bons dessins.
LAQUY (Guillaume Joseph).	1738 1798	Bruil. (Allemag.)	Intér., anim. et pays.	Étudia à Amsterdam et fut un bon peintre pour son époque. Mort à Clèves.		Ton gai et agréable, coloris peu sage, manque de naturel.
LOFVERS (Henri), fils de Pierre.	1759 1805	Gro-ningue.	Marin. pays. et fleurs.	Élève de son père.		Étudia la nature des environs de Drenthe.
GAAL (T.).	1759 1817	Termonde	Portr., fleurs et ois.	Directeur de l'académie de dessin de Middelbourg.	On connaît peu de ses tableaux	
HOOGERHEYDEN (Ange).	1759 1809	Middel-bourg.	Marin.	Élevé pour la marine, un accident qui lui survint aux jambes détermina sa vocation pour la peinture.		Peintre de mérite.
WALDORP (Jean Gé-rard).	1740 1809	Amster-dam.	Orne-ments, etc.	Directeur de l'académie de dessin à Haarlem.		Bon dessinateur.
SCHMIDT (Isaac).	1740 1818	Id.	Portr. et pays.	Élève de Jean Van Huysum et de Quinkhard. Il établit, de concert avec J. Andriessen, une fabrique de tapisseries qui eut le plus grand succès, tant que dura la mode des salons peints. Directeur et un des fondateurs de l'académie de dessin d'Amsterdam.	Presque tous ses ouvrages consistaient en dessins pour les fabriques.	Cultiva les lettres et fut en même temps graveur.
COCLERS (Louis-Ber-nard).	1740 1817	Maes-tricht.	Portr. et intér.	Visita l'Italie, travailla à Maestricht, Nymègue, Dordrecht, Leyden et Liége, et mourut dans cette dernière ville.	Villageoise avec son enfant, Amsterdam.	Ses intérieurs sont dans la manière de Mieris, Metzu et Schalken. Graveur.
BARBIERS (Barth.).	1740 1808	Amster-dam.	Pays.	Il travaillait de la main gauche.		Connaissances en perspective et architecture.
MUYS (Nicolas).	1740 1808	Rotter-dam.	Vues de ville, persp. et int.	Élève d'A. Schouman. Graveur.		Beaucoup de fini.
KELDERMAN (Jean).	1741 1820	Dor-drecht.	Fleurs, fruits et ois.	Élève de V. Dam ; peintre amateur.		On a de lui des tableaux bien ordonnés.
HENNING (Chrét.).	1741 1822	Erfurt.	Pays. et ois.	Un des directeurs de l'académie de dessin, à Harlem.		Graveur.
HAUCK (Augustin-Chrétien).	1742 ou 1747 1801	Mannheim.	Portr.	Vint s'établir fort jeune à Maestricht, puis à Leyde où il se maria. S'établit enfin à Rotterdam où il mourut.	Ses tableaux sont peu nombreux.	Excellent maître de dessin.
ANDRIESSEN (Ju-riaan).	1742 1819	Amster-dam.	Pays. et hist.	Élève d'A. Elliger et de J. M. Quinkhard. Directeur de l'académie de dessin, à Amsterdam.		Bon dessinateur.
BOSMAN (Bernard).	1742? 1807	Environs de Don-drecht.	Portr. et miniat.	Mort à Bois-le-Duc.		Peintre de mérite.
DYL (Thierry Van).	1742 1814	Amster-dam.	Équi-pages.	Élève de C. Van der Myn.		

NOMS.	ANNÉES DE NAISSANCE ET DE MORT.	LIEU DE NAISSANCE	GENRE.	NOTES HISTORIQUES.	TABLEAUX PRINCIPAUX ET LIEUX OU ILS SE TROUVENT.	Observations.
VELDMAN (M.).	1742 1800	Gro- ningue.	Portr. et miniat.	Détails inconnus.		
KNIP (N. F.).	1742	Nymègue.	Pays., fleurs, fruits, etc.	Id.		
PREY (J. Z.).	1744 1823	Prague.	Hist.	S'établit à Rotterdam, en 1770; mort à Bois-le-Duc.		Dessinateur.
HENDRIKS (Wy- brand).	1744 1831	Amster- dam.	Portr., pays., fleurs, etc.	S'occupa dans une fabrique de tapisseries, après avoir visité l'Angleterre; travaillait encore à 84 ans. Directeur de l'académie de dessin, à Harlem.	Vue de ville, Amsterdam.	Bon dessinateur.
NUMAN (Herman).	1744 1820	Zingé, près Groningue.	Portr., pays., fleurs et fruits.	Élève d'Augustini; s'occupa quelque temps à Paris.		Bon graveur.
OS (Jean Van).	1744 1808	Middel- harnis.	Fleurs, fruits, marin. et anim.	Élève d'A. Schouman, à La Haye, où il habitait. Directeur de l'académie des belles-lettres dans cette ville, et auteur de plusieurs ouvrages.	Fleurs et fruits, Amsterdam.	Bon peintre de fleurs.
DINTER (Gérard Van).	1745 1820	S'Bosch.	Pays.	Quelques biographes le com- prennent dans l'école flamande. Fondateur de l'acad. de S'Bosch.		
BLAAUW (P. A.).	1744 1808	Hoorn.	Marines	Détails inconnus.		
MERTENS (Jean-Cor- neille).	1745 1821	Amster- dam.	Portr.	Élève d'A. Elliger et de Quink- hard; s'occupa deux ans à l'aca- démie d'Anvers.		Plus connu comme dessinateur.
HORSTOK (Jean- Pierre Van).	1745 1825	Overveen près d'Harlem.	Portr., intér. et hist.	Élève de Jelgersma et de P. Bar- biers, le vieux. Mort à Harlem, où il habita longtemps.	Intérieur de cabaret, Amster- dam.	
PRUD'HOMME (An- toine-Daniel).	1745	Zwolle.	Pays., marin. et portr.	Il fut également dessinateur.		
TEMMINCK (Léon.).	1746 1813	La Haye.	Miniat.	Directeur de la société Pic- tura.		
SCHWEICKART (Henri-Guillaume).	1746 1797	Brande- bourg.	Pays., anim. et portr.	Il demeura à La Haye et alla s'établir en 1786, à Londres, où il mourut.	Quelques-uns de ses ouvrages sont restés en Angleterre.	Animaux bien dessinés.
DRIELST (Egbert Van).	1746 1818	Gro- ningue.	Pays.	Élève de H. Meyer.		Effet maniéré, ordonnance ferme.
HANGEST dit d'IVOY (Egbert-Marin-Fré- déric D').	1746 1810	Utrecut.	Pays. et vues de ville.	Peintre amateur.		Il a laissé des dessins.
ZANTEN (Pierre Van).	1746 1813	Leyde.	Portr.	S'établit à Rotterdam où il mourut.		Marchand de tableaux.
OUWATER (Isaac).	1747 1793	Amster- dam.	Vues de ville.	Peintre de mérite.	Deux vues à Amsterdam, Am- sterdam.	Bon dessinateur.
HOOGERS (Henri).	1747 1814	Nymègue.	Hist., pays. etc.	Il était tanneur et ne peignait que par amusement; cependant il cultivait cet art avec ardeur et succès.	En 1801, la société Felix Meritis, à Amsterdam, couronna un de ses paysages.	Il était également graveur.
STRATEN (J. Van).	1747 1824	Utrecht.		Détails inconnus.		

NOMS.	ANNÉES DE NAISSANCE ET DE MORT.	LIEU DE NAISSANCE	GENRE.	NOTES HISTORIQUES.	TABLEAUX PRINCIPAUX ET LIEUX OU ILS SE TROUVENT.	Observations.
EYNDEN (ROLAND VAN), frère de Jacques.	1747 1819	NIMÈGUE.	Pays. et portr.	Connu par ses ouvrages sur la peinture et sur les peintres. Dessinateur.	Exécuta peu de tableaux.	Bonne ressemblance.
BESTERS (A. J.).	1747? 1819	LA HAYE.	Pays.	Détails inconnus.		
RITTER (G. N.).	1748 1809	HEIL-BRONN. (Allemag.)	Portr. et miniat.	S'établit à Amsterdam, où il mourut.		Il a laissé des dessins.
LAMME (ARIE).	1748 1801	HEEREN-JANSDAM.	Pays. et ornem.	Sa famille alla s'établir à Utrecht, où Arie devint élève de G. Ponse ; doué du naturel le plus heureux, son esprit égayait tous ceux qui l'entouraient.	Ses principaux ouvrages consistaient en ornements de salons, que le temps n'a pas respectés.	Il suivit avec assez de bonheur, la manière d'A. Cuyp.
LANGENDYK (THIERRY).	1748 1805?	ROTTER-DAM.	Ma-rines, batail., etc.	Un des plus grands dessinateurs que la Hollande ait produits. Un mariage malheureux lui fit chercher des consolations qui hâtèrent sa mort.	Ses tableaux sont médiocres et peu nombreux.	Ses ouvrages, comme peintre, sont loin d'avoir le mérite de ses dessins.
BARBIERS (PIERRE), le jeune.	1748	AMSTER-DAM.	Pays., décor. et ornem.	Détails inconnus.		
GELDERSBLOM (LAU-RENT).	1748? 1778	DOR-DRECHT.	Fleurs et fruits.	Élève de G. Ponse.		
DONGEN (DYONIS VAN).	1748 1819	Id.	Pays. et anim.	Élève de J. Savery. Dessinateur et marchand de tableaux.		Il a fait d'excellentes copies d'après Potter, Cuyp, Wynands et d'autres.
DIDIER DE BON-COUR (ANNE-CHAR-LOTTE).	1748 1802	LA HAYE.	Portr. et hist.	En 1775, lors de son mariage avec Henri Van der Haer, greffier à la cour de justice de Leuwarden, elle abandonna la peinture.		Dessinait très-bien les portraits au crayon.
SALLIETH (M.).	1749 1791	PRAGUE.		Détails inconnus.		
SCHULTZ (J.-C.).	1749 1812	AMSTER-DAM.	Pays.	Id.		
PUYL (G. VAN DER).	1750?	UTRECHT.	Portr.	Id.		
TEISSIER (JEAN-GEORGE).	1750?	LA HAYE.	Hist., portr. et pays.	S'étant appliqué spécialement à la partie théorique de l'art, il fut recherché pour l'enseignement et forma de bons disciples. Directeur de l'académie de dessin d'Amsterdam. Mort vieux.	Le genre de ses connaissances restreignit le nombre de ses tableaux.	Peintre médiocre.
KOBELL (HENRI).	1751 1782	ROTTER-DAM.	Ma-rines.	Élevé d'abord pour le commerce; ami de Langendyk ; dessinateur et graveur.		Contours soignés, ordonnance hardie, vigueur et fermeté.
SCHMETTERLING (J.-A.).	1751 1828	VIENNE.		Détails inconnus.		
THIER (BERNARD-HENRI).	1751 1814	MUNSTER.	Pays., fleurs et fruits.	Il vint à Amsterdam comme vitrier ; mais son goût pour les arts le fit entrer dans une fabrique de tapisseries, où il peignit d'abord des fleurs et des fruits et ensuite des paysages. Il finit par s'établir à Harlem. Graveur.	Il en fut de ce peintre comme de beaucoup d'autres de cette époque : ses ouvrages furent défruits lorsque la mode des tapisseries passa.	Le contour de ses dessins est bon, mais il pèche par trop de roideur.
ROOYEN (GABRIEL VAN).	1752 1817	UTRECHT.	Portr. et ornem.	Travailla à Amsterdam et à Harlem dans les fabriques de tapisseries.		Dessinateur de portraits au crayon ; pinceau ferme.
GRAND-JEAN (JEAN).	1752 1781	AMSTER-DAM.	Hist.	Élève de J. Verstegen et de J. Andriessen. Voyagea en Italie.		

NOMS.	ANNÉES DE NAISSANCE ET DE MORT.	LIEU DE NAISSANCE.	GENRE.	NOTES HISTORIQUES.	TABLEAUX PRINCIPAUX ET LIEUX OU ILS SE TROUVENT.	Observations.
OVERBEEK (LEENDERT).	1752 1815	HARLEM.	Pays. et ornem.	Élève d'H. Meyer. En 1775 et les années suivantes, il fut directeur de l'académie de dessin, à Harlem. Dessinateur et graveur.		Inventa l'art de dessiner et de graver sur verre avec or et argent; cette invention mourut avec lui.
HEENCK (JABES).	1752 1782	LA HAYE.	Genre et ois.	Élève de A. Schouman. Mort à Leyde.		Il ne put égaler son maître.
DUPRÉ (DANIEL).	1752 1817	AMSTERDAM.	Pays. et anim.	Élève de J. Andriessen. Voyagea en Suisse, en Allemagne et en Italie.		
POL (CHRÉTIEN VAN).	1752 1813	BERKENRODE, près d'Harlem.	Fleurs et fruits.	Élève et ami du célèbre Van Dael; établi à Paris où il mourut, s'acquit de la réputation par ses belles arabesques ornées de fleurs, de fruits et d'oiseaux parfaitement exécutés, et fit quelques ordonnances pour les Gobelins.	Plusieurs de ses ouvrages sont restés en France.	S'occupa beaucoup, selon la mode du temps, à peindre des couvercles de tabatières.
LAUWERS (JACQUES-JEAN).	1755 1800	BRUGES.	Pays. et genre.	Après avoir souffert, à Rome, toutes sortes de privations, il vint s'établir en Hollande, où il fit sa fortune en copiant des tableaux de G. Dou.	Une femme auprès d'un puits et devant une ferme; Amsterdam.	Il imita avec bonheur la manière de G. Dou.
STRY (ABRAHAM VAN), frère de Jacques.	1755 1826	DORDRECHT.	Fleurs, portr. et int.	S'était fait une réputation en ornant les voitures de fleurs et de fruits.	La leçon de dessin, Amsterdam. Jeune fille nettoyant un chaudron, ib.	Couleur agréable, pinceau large.
HAASTERT (ISAAC VAN).	1755 1834	DELFT.	Hist., pays. et anim.	Possédait les connaissances théoriques de la peinture, était poëte, lettré et savant en histoire naturelle.		Dessinateur et graveur.
LEEN (GUILL. VAN).	1755 1825	DORDRECHT.	Fleurs et fruits.	Élève de J. Arends, de G. Ponse et de T. Cuypers. S'occupa quelque temps à Paris, où il se lia avec G. Van Spaendonck.	Ses ouvrages sont trop peu importants pour se trouver dans les galeries.	On a de lui de jolies miniatures sur tabatières.
UPPINK (H.).	1755? 1798	AMSTERDAM.	Id.	Détails inconnus.		
MALLEYN (G.).	1755 1816	DORDRECHT.	Chev., ornem. etc.	Mort à Rotterdam, où il s'était établi.		Bon dessinateur, surtout pour les chevaux.
BRUSSEL (PAUL-THÉODORE VAN).	1754 1795	Environs de SCHOONHOVEN.	Fleurs et fruits.	Reconnu pour le meilleur peintre de fleurs et de fruits de la fin du XVIIIe siècle. Mort à Amsterdam.	Il est étonnant que l'on ne cite aucun de ses tableaux.	Pinceau frais, dessin correct, ordonnance riche et variée; on a de lui de magnifiques dessins.
GROENEWEGEN (GERRIT).	1754 1826	ROTTERDAM.	Vaiss.	Élevé pour la construction des vaisseaux, un accident au pied droit nécessita l'amputation et décida sa vocation pour les arts.		Dessinateur et graveur.
HOFMAN (PIERRE).	1755 1837	DORDRECHT.	Pays., ornem. fruits, etc.	Élève de G. Ponse. Un des fondateurs et des directeurs de la société Pictura, à Dordrecht.		
GEELEN (CHRÉTIEN VAN).	1755	UTRECHT.	Portr. et pays.	Élève de J. Maurer. S'occupait principalement d'enseigner le dessin et de faire le commerce de tableaux.	Exécuta peu de tableaux.	Il eut un fils, né en 1794, son élève, qui donnait les plus belles espérances lorsque la mort vint l'enlever en 1825 ou 1826.
LELIE (ADRIEN DE).	1755 1820	TILBURG.	Ornements, portr. et genre.	Étudia à l'académie d'Anvers et visita l'Allemagne.	Intérieur : un jardinier bourrant sa pipe et autres figures, Amsterdam.	Ordonnance riche, spirituelle et variée, pinceau large.
LINTHORST (J.).	1755 1815	AMSTERDAM.	Fleurs et fruits.	Détails inconnus.	Fruits, Amsterdam. Fleurs, ib.	Bon coloris.
LÜBBERS (GUILL.).	1755 1834	En GRONINGUE.	Ornements et portr.	Id.		

NOMS.	ANNÉES DE NAISSANCE ET DE MORT.	LIEU DE NAISSANCE	GENRE.	NOTES HISTORIQUES.	TABLEAUX PRINCIPAUX ET LIEUX OU ILS SE TROUVENT.	Observations.
SCHOENMAKERS (J.)	1755 1842	Dordrecht.	Pays.	Détails inconnus.		
VERSTEEG (Michel).	1756	Id.	Marin., pays. et eff. de lumière.	Élève de G. Ponse.		Beaucoup de fini.
OOSTERHOUDT (Thierry Van).	1756 1830	Tiel.	Portr., etc.	Détails inconnus.		On a de lui des gravures.
STRY (Jacques Van), frère d'Abraham.	1756 1815	Dordrecht.	Pays.	Élève d'A. C. Lens, à Anvers; se forma d'après les ouvrages d'A. Cuyp et travailla plusieurs années, les mains malades et enveloppées de linge.	Paysages avec animaux, La Haye. Paysages avec animaux, Amsterdam.	Coloris chaud, bonne manière; ses dessins se rapprochent de ceux de Cuyp et d'Hobbema. Bonne imitation de la nature.
WALL (Guillaume, R. Van der).	1756 1813	Utrecht.	Pays. et anim.	Bon modeleur et bon dessinateur.		
LEUVEN (G. J. Van).	1756	Arnhem.	Fleurs et fruits.	Détails inconnus.		
BEEKKERK (Herman-Vautier).	1756 1796	Leuwarden.	Pays. hist., etc.	Élève de J. Van Dregt.	Tableaux, Leuwarden. (Un de ces tableaux a 20 pieds de largeur.)	Composition hardie, coloris savant.
SWAGERS (François).	1756? 1856	Utrecht.	Pays. et mar.	Travailla une grande partie de sa vie à Paris, où il mourut.		Les figures de ses tableaux sont de G. R. Van der Wal.
MEERTENS (A.).	1757 1825	Middelbourg.	Fleurs etc.	Détails inconnus.		
FRANCK (C. F.).	1758 1816	Zwolle.	Pays.	Avant de peindre le paysage, il peignait des ornements pour les tapissiers.		On lui reproche de n'avoir pu imiter la nature.
WOLFF (Benjamin).	1758 1825	Dessau. (Allemag.)	Hist., portr. et miniat.	S'occupa à Dresde, Berlin, Vienne et Rome et finit par s'établir à Amsterdam, où il mourut.	Portrait: François Ier, Amsterdam.	Bon dessinateur.
MEURS (J. Van).	1758? 1824	Amsterdam.	Hist., chass., etc.	Détails inconnus.		
EKELS (Jean), le jeune, fils de Jean, le vieux.	1759 1793	Id.	Genre, etc.	Élève de son père, étudia à Paris.		Beaucoup de vérité dans ses compositions; on a de lui de bons dessins.
LAEN (Thierry-Jean, Van der).	1759	Zwolle.	Pays. et genre.	Élève d'H. Meyer.		
PRINS (J. H.).	1759 1805	La Haye.	Vues de ville, etc.	Élevé d'abord pour la médecine, son goût l'entraîna vers le dessin; on a de lui quelques gravures; le nombre de ses tableaux est très-restreint.	Vue d'un temple gothique sur une grande place, Amsterdam.	Il a travaillé principalement d'après J. Van der Heyden et A. Van de Velde.
SJOLLEMA (D. P.).	1760 1840	Terbantsterschans.	Pays. et marin.	Détails inconnus.		
GRYPMOED (G.).	1760	Zwolle.	Pays.	Id.		
KRAUSZ (S. A.).	1760 1825	La Haye.	Id.	Id.	Paysage, La Haye.	
KAMPHUYSEN (Jean).	1760	Amsterdam.	Hist., portr., pays., etc.	Élève de J. Van Dregt et de P. Barbiers. Visita l'Italie et s'occupa quelque temps à Bordeaux.		
AMELSFOORT (Quyrin Van).	1760? 1820	Bois-le-Duc.	Hist. et portr.	Étudia à Dusseldorf.		

NOMS.	ANNÉES DE NAISSANCE ET DE MORT.	LIEU DE NAISSANCE	GENRE.	NOTES HISTORIQUES.	TABLEAUX PRINCIPAUX ET LIEUX OU ILS SE TROUVENT.	Observations.
SCHELTEMA (Taxo).	1760 1837	Harlin- gen.	Portr.	Détails inconnus.	Il a fait tous les portraits des fondateurs et directeurs de la réunion batave, à Rotterdam. Ces tableaux se trouvent dans cette ville dans une des salles au-dessus de la Bourse.	Peintre de mérite.
KUYPER (Jacques).	1761 1808	Amster- dam.	Hist. et pays.	Une des gloires d'Amsterdam. Ses paysages arcadiens ont servi à beaucoup de tapisseries; cet homme estimé et aimé est mort trop tôt pour ses amis et pour son art.	Il est plus connu par ses magnifiques dessins que par ses tableaux.	Grand dessinateur; très-versé dans les sciences historiques.
BURKMAN (J.).	1761	Bavière.	Minial.	Demeura longtemps à Amster- dam.		
REUVER (Théodore De).	1761 1808	Utrecht.	Pays. et anim.	Imitait avec succès les ouvrages des autres peintres.		Excellente réputation.
VISSER (Adrien De).	1762 1837	Rotter- dam.	Pays. et portr.	Élève d'Ommeganck, à Anvers.		S'occupa longtemps à donner des leçons de dessin.
DAANEBRINK (Guil- laume-Albert).	1762 1840	Utrecht.	Intér., portr., et vues de ville.	Détails inconnus.		
BOSCH (Antoine Van Den).	1763 1838	Nimègue.	Pays.	Travailla pour les tapisseries, dont il tenait une fabrique.	Ses ouvrages ont presque tous disparu.	
BRUSSEL (Herman Van).	1763 1815	Harlem.	Pays., etc.	Élève de J. B. Brandhof; bon peintre.		Coloris vrai, effet agréable, pinceau ferme.
VERMEULEN (André), fils de Corneille.	1763 1814	Dor- drecht.	Pays., anim. et marin.	Élève de son père; il a fait de bons dessins d'après les tableaux de Cuyp.		Facilité extraordinaire pour l'ordonnance de ses tableaux; il peignit le plus souvent des hivers avec une multitude de figures; coloris agréable; peu de vérité.
JANSON (Jean-Cuné- tien), fils de Jac- ques.	1763		Pays.	Élève de son père; ce fut pour se reposer de ses travaux mili- taires, que dans ses vieux jours il se livra à la peinture.	On ne connaît pas ses ouvrages.	
BOUMAN (Pierre).	1764?	Dor- drecht.	Pays.	Détails inconnus.		
CLAESSENS (Lam- bert-Antoine).	1764? 1834	Anvers.	Id.	Abandonna la peinture pour la gravure et s'établit à Paris, où il mourut.	Exécuta fort peu de tableaux.	
PENNING (Nicolas- Louis).	1764 1818	La Haye.	Pays., marin. etc.	Élève de T. Van der Aa.		
HODGES (Charles- Howard).	1764 1837	Angle- terre.	Portr.	Établi en Hollande où il fit les portraits de beaucoup de grands.	Tableaux, Londres. Id. Hollande.	Bonne ressemblance, pinceau large, beau coloris.
VISSER (P. J. De).	1764	Lemmer. (Frise.)	Portr., int. et pays.	Détails inconnus.		
SMIES (Jacques).	1765 1833	Amster- dam.	Hist. et portr.	Id.		
APELDOORN (J.).	1765 1838	Amers- fort.	Pays. et portr. en min.	Id.		Bon dessinateur et peintre médiocre.
HANSEN (Charles- Louis).	1765 1840	Amster- dam.	Int. et vues de ville.	Id.		
MEULEMANS (Adr.).	1766	Dor- drecht.	Portr., etc.	Élève de M. Versteeg.		

NOMS.	ANNÉES DE NAISSANCE ET DE MORT.	LIEU DE NAISSANCE	GENRE.	NOTES HISTORIQUES.	TABLEAUX PRINCIPAUX ET LIEUX OU ILS SE TROUVENT.	Observations.
HULSWIT (Jean).	1766 1822	Amster- dam.	Pays. et vues de ville.	Élève de P. Barbiers.	Paysage, Amsterdam. Vue de la porte d'une ville, *ib.*	
FOCK (Herman).	1766 1822	Id.	Pays.	Détails inconnus.		Il fut également graveur.
NICOLAY (Jean-Henri).	1766 1826	Leuwar-den.	Ois., etc.	Id.		
KERKHOFF (D.).	1766 1821	Amster-dam.	Vues de ville.	Id.		
RECCO (Pierre).	1766	Id.	Portr.	Élève d'A. de Lelie ; s'établit à Bâle : de là vient l'erreur de plusieurs biographes qui le font naitre en Suisse.		Bon dessinateur.
VOOGD (Henri).	1766 1839	Id.	Pays., vues de ville.	Élève de J. Andriessen. Visita Rome.		
BOIS (Chrétien Du).	1766 1857	Id.	Pays.	Élève de Marinkelle et de J. Andriessen. Directeur de l'académie de dessin, à Amsterdam.		
STRAATEN (Jean-Joseph-Ign. Van).	1766 1808	Utrecht.	Gibier mort.	Peintre de mérite.		
BAUR (Nicolas).	1767 1820	Harlin-gen.	Hist., marin. et pays.	Élève de son père, qui était, croit-on, peintre de portraits.	Vue du port et d'une partie de la ville d'Amsterdam, Amsterdam. Perspective de Rotterdam, au delà de la Meuse, *ib.* Marines représentant le combat d'Alger en 1816, La Haye. Mer agitée, *ib.*	Son talent, d'abord employé pour les tapisseries, trouva beaucoup d'amateurs.
UYTENBOGAARD (Isaac).	1767 1831	Amster-dam.	Pays.	Détails inconnus.		
WART (Thierry-Antoine Van de).	1767	Id.	Miniat. et pays.	Élève de J. Kuyper ; également professeur de musique.		
REYGERS (Jean-Hubert).	1767	Gorcum.	Portr. et bas-reliefs.	Détails inconnus.		
STOKVISCH (Henri).	1767 1824	Loenes-loot. (Utrecht.)	Pays. et anim.	Se livra très-jeune à la peinture.	Paysages avec animaux, Amsterdam.	
KOSTER (Simon De).	1767 1831	Middel-bourg.		Détails inconnus.		
KOOI (Guill.-B. Van der).	1768 1836	Augusti-nusga. (Environ de Leuwarden.)	Portr. et genre.	Élève de Beekkerk.		
GAAL (Pierre).	1769 1819	Middel-bourg.	Portr. et pays.	Élève de Schweickhart.		
GROENIA (Pierre).	1769	Makkum. (Frise.)	Hist. et portr.	Élève de Beekkerk. Séjourna en France et en Espagne et revint en Hollande, où il fut nommé colonel.		Les tableaux qu'on vit de lui dans différentes expositions, témoignent d'un talent satisfaisant.
LEXMOND (Jean Van).	1769 1838	Dor-drecht.	Pays.	Élève de Van Stry.		
PLOEGSMA (Thierry-Jacques).	1769 1791	Leuwar-den.	Portr., genre, hist., etc.	Élève de M. Accama.		Sa mort prématurée empêcha son talent de se perfectionner.
KNOOP (J. H.).	1769	Amster-dam.	Vues de ville	Élève de P. Barbiers, le jeune.		Il fut également dessinateur.

NOMS.	ANNÉES DE NAISSANCE ET DE MORT.	LIEU DE NAISSANCE	GENRE.	NOTES HISTORIQUES.	TABLEAUX PRINCIPAUX ET LIEUX OU ILS SE TROUVENT.	Observations.
BERG (Gisbert-Jean Van den).	1769-1817	Rotterdam.	Hist., portr. en miniat.	Détails inconnus.		
FELGERHUYS (Jean).	1770-1836	Leuwarden.	Intér.	Graveur, dessinateur, peintre et acteur.	Le petit marché aux poissons à Amsterdam, La-Haye. La vieille église à Delft, Amsterdam. Vue de la porte de Leyde à Amsterdam, ib. Un voisinage à Delft, ib.	Auteur d'un ouvrage sur le geste.
SCHOUMAN (Martin).	1770	Dordrecht.	Marin.	Élève de Versteeg et d'A. Schouman.		
SMAK-GREGOOR (Gilles).	1770	Id.	Pays. et anim.	Détails inconnus.		
LIERNUR (A.).	1770	La Haye.	Hist.	Id.		
HUMBERT DE SUPERVILLE (D. P. G.)	1770	Id.		Id.		
CASPARI (Jean-Guillaume).	1770-1829	Wezel.	Portr. en min.	Id.		
DASVELT (J.).	1770	Amsterdam.	Pays. et chiens.	Élève de H. Stockvisch.		Amateur distingué.
POORT (Albert-Jacques Van der).	1771-1807	Dokkum.	Portr., pays., etc.	Élève de G. Beekkerk.		
HAM (J. B.).	1771-1802	Middelburg.	Genre.	Détails inconnus.		
KRUYF (Corneille De).	1771	Amsterdam.	Pays. et vues de ville.	Id.		
BAKKER (Corneille).	1771	Goedereede.	Portr. et int.	Élève de A. C. Hauck.		
SCHWACKHOFFER (Jean-Joseph).	1772	Mayence.	Portr. etc.	Élève de J. Kuyper.		
BARBIERS (Pierre), le troisième.	1772-1837	Amsterdam.	Pays. et hist.	Détails inconnus.		Également graveur.
HARI (Jean).	1772	La Haye.	Portr.	Id.	Ses ouvrages sont inconnus.	
WELL (Arnold Van).	1772-1818	Dordrecht.	Hivers et clairs de lune.	Élève d'A. Vermeulen.		
FONTEYN (Pierre).	1773-1839	Id.	Portr., min., etc.	Élève de P. Hofman et de G. Van Leen.	Les tableaux de ce peintre sont en petit nombre.	
BORSTEEGH (Corneille).	1773-1834	Ameide.	Pays. et anim.	Détails inconnus.		Il peignait, de préférence, des hivers.
SERNÉ (Adrien).	1775	Harlem.	Vues de ville, etc.	Id.		On a de lui quelques gravures.
MORITZ (Louis).	1773	La Haye.	Intér. et hist.	Élève de T. Van der Aa.		
BOURJÉ (Jean-Pierre).	1774-1834	Middelbourg.	Portr., etc.	Élève de P. Gaal.		On trouve une notice sur ce peintre dans le Kunst en letterbode du 30 septembre 1834.
LOEFF (H. D.).	1774	La Haye.	Portr.	Détails inconnus.	Les collections ne possèdent aucun de ses tableaux.	
OUWERKERK (Jean Van).	1774	Middelbourg.	Marin.	Id.		
MICHAELIS (Gerrit-Jean).	1775	Amsterdam.	Pays., etc.	Id.		Il fut aussi graveur.
ANDRIESSEN (Chrétien), fils de Jurriaan.	1775	Id.	Hist., portr., pays., etc.	Élève de son père, travailla longtemps en Allemagne.	Tableaux, Allemagne.	On a de cet artiste des gravures et des lithographies.

NOMS.	ANNÉES DE NAISSANCE ET DE MORT.	LIEU DE NAISSANCE	GENRE.	NOTES HISTORIQUES.	TABLEAUX PRINCIPAUX ET LIEUX OU ILS SE TROUVENT.	Observations.
BOSHAMER (JEAN-HENRI).	1775	Dordrecht.	Marin.	Élève de J. Van Leen.		Arie Lamme lui donna également des leçons.
SCHEFFER (JEAN-BAPTISTE).	†1809	Manheim.	Portr. et intér.	S'établit à Dordrecht, où il épousa Cornélie Lamme.	J. H. De Ryk dans la prison, La Haye.	Quoique né en Allemagne, ce peintre est classé dans l'école hollandaise avec laquelle sa manière et ses relations l'ont étroitement uni.
WIERINGA (GÉRARD).	†1817	Groningue.	Pays.	Élève de J. Andriessen. Étudia quelque temps à Dusseldorf.		
LAMME (CORNÉLIE), fille d'Arie.	†1839	Dordrecht.	Miniat.	Elle épousa J. B. Scheffer et fut la mère des peintres célèbres de ce nom qui font partie de l'école française moderne.	Aucune des principales galeries de l'Europe ne possède de ses tableaux.	Ses talents, son esprit, ses éminentes vertus, en ont fait une des femmes les plus remarquables de ce siècle.
SCHLICHTEN (JEAN-PHILIPPE VON).	*1720	Allemagne.	Hist.	Élève d'A. Van der Werf.		
CROIX (P. DE LA).	*1755			Détails inconnus.		
BEESTEN (A. H. VAN)	*1764	Amsterdam.	Intér., portr. et grisailles.	Il a fait de jolis dessins de fleurs.		Ses intérieurs sont dans la manière de Troost; figures bien dessinées; du fini, mais le tout sec et maniéré.
ZIEZENIS (JEAN-GEORGE).	*1765	Allemagne.	Portr.	S'occupa longtemps à la cour d'Angleterre et à celle de Hollande.	On croit que l'Angleterre possède de ses tableaux.	
CRAKOO (JEAN).	*1770	Utrecht.	Id.	Mort à Amsterdam.		
BULTHUYS (JEAN).	*1785	Groningue.	Pays.	Élève de J. Andriessen. On a de lui quelques gravures.		
BERNINCK (H.).	*1787		Fleurs et fruits.	Se forma lui-même par l'étude des tableaux de J. Van Huysum et de R. Ruisch.		Ses tableaux sont recherchés.
APPELIUS (JEAN).	*XVIIIe siècle.		Portr.	Cité par un ouvrage publié en 1778.		
VRYMOET (J.).	*Id.		Pays.	Détails inconnus.	On connaît peu d'ouvrages de ce peintre.	Pinceau ferme, bonne couleur.
FARGUE (MARIE LA), sœur de Paul.	*Id.	La Haye.	Intér.	Id.		
HAVERMAN (Mme) fille de J. Van Huysum.	*Id.			Id.		
PALTHE (ANTOINE), fils de Gérard.	*Id.		Portr.	Peintre de peu de réputation.		
GRASDORP (GUILL.).	*Id.		Fleurs et fr.	En 1710, il habitait Amsterdam.		On parle de ses ouvrages comme finis avec soin.
HUYSUM (JACQ. VAN), fils de Juste.	*Id.		Fleurs.	S'établit en Angleterre, où il s'occupa à copier les tableaux de son frère Jean.	Tableaux, Angleterre.	Il ne sut pas se mettre à la hauteur du nom qu'il portait.
LAMAIR.	*Id.	Nymègue?	Plantes et insect.	Détails inconnus.		Manière d'Otto Marcellis.
WILKENS (THÉOD.).	*Id.	Amsterdam.	Pays.	En 1710, il étudiait à Rome, en même temps que J. Van Lint.		
DAM (ANTOINE VAN).	*Id.		Marin.	Cité dans un ouvrage publié en 1778.	Ses ouvrages sont peu connus.	
ONKRUIT (THÉOD.).	*Id.	Utrecht.	Miniat.	Détails inconnus.		
BERKENBOOM (MARTIN).	*Id.	Nymègue.		Id.	Exécuta beaucoup plus de dessins que de tableaux.	Grand dessinateur.
HULST (HENRI VAN).	*Id.		Genre.	Également bon poëte.		

NOMS.	ANNÉES DE NAISSANCE ET DE MORT.	LIEU DE NAISSANCE	GENRE.	NOTES HISTORIQUES.	TABLEAUX PRINCIPAUX ET LIEUX OU ILS SE TROUVENT.	Observations.
KAMPER (G.).	*XVIIIe siècle.		Pays.	Détails inconnus.		Il peignait souvent des clairs de lune. Quelque ressemblance avec Arthur Van der Neer ; moins de transparence , effet plus sombre, beaucoup moins de talent .
PALTHE (Adrien), fils de Gérard.	*Id.		Portr.	Il copia, en détrempe, beaucoup de tableaux.	Ses œuvres originales sont peu nombreuses.	
VONK.	*Id.	Middel- bourg.	Ois.	Il a fait des tapisseries.		Manière de A. Schouman.
HUYSUM (Juste Van), le jeune , fils de Juste le vieux.	*Id.		Batail.	Mort à 22 ans.		Peignit en grand et en petit.
STEEN (Jean Van der)	*Id.		Vues, etc.	Passa une grande partie de sa vie à Constantinople.	Sa patrie a conservé peu de ses œuvres.	
WEYENBERG (J.).	*Id.		Portr.	Détails inconnus.		
SPOOR (G. L. J.).	*Id.	Budel.	Pays.	Élève de J. Antonissen.		Il fit quelques gravures.
FOURNIER (Jean).	*Id.	France.	Portr.	Élève du peintre français F. de Troy. Établi à La Haye, où il fit les portraits de plusieurs grands, entre autres du duc de Cumberland et de l'amiral Anson.	Aucun de ses portraits ne se trouve dans les grandes galeries de l'Europe.	Renommé comme peintre de portraits.
MENHEERE (Corneille-Laurent).	*Id.	Hollande	Marin.	Établi à Flessingue , dont il représenta beaucoup de vues.		
VERSTEGEN (Jacq.).	*Id.		Portr.	On croit qu'il habitait Amsterdam.	Il a fait le portrait du poëte hollandais Nomsz : ce portrait est gravé par Houbraken.	Peintre d'assez de mérite.
XAVERY (Jacq.), fils de Jean-Baptiste, célèbre sculpteur.	*Id.		Presque tous les genres.	Élève de J. De Wit.		
CAENEN (F.).	*Id.	Allemagne.	Portr.	S'établit à Nymègue.		
LANGE (J. H. De)	*Id.		Id.	Détails inconnus.	On connaît peu de ses ouvrages.	Bonne ordonnance.
ROBART (M.).	*Id.		Fleurs, fruits et gib. mort.	On le croit élève de Jean Van Huysum.		S'attacha à suivre la manière de son maître.
LEDEBOER (Isaac).	*Id.		Portr.	Détails inconnus.		Il fut aussi graveur.
WASSENBERG, fils de Jean Abel.	*Id.			Id.		
MARUM (E. Van).	*Id.	Hollande	Pays. et anim.	Élève de J. Buys ; marchand de tableaux.	Exécuta peu de tableaux.	Dessinateur.
CUYLENBURGH (C. Van).	*Id.	La Haye.	Portr., pays., etc.	Membre de l'académie de dessin de La Haye, et un de ses directeurs.		
LAMME (Arnold), fils d'Arie.	*1800	Dor- drecht.	Pays., anim. et batailles.	Détails inconnus.		
OOSTERHUIS (H. P.).	*1805	Gro- ningue.	Pays. et portr.	Id.	Ses tableaux sont peu nombreux.	Bon dessinateur.

PEINTRES DE L'ÉCOLE HOLLANDAISE

DONT LES DATES DE NAISSANCE ET DE MORT SONT INCONNUES.

A

ANGLES. — Portraits.

ANTONISZOON (CORNEILLE) — AMSTERDAM. — Au 15e siècle(?) fut conseiller de la ville. — Graveur sur bois.

B

BABUER (THÉODORE). — HOLLANDE. — Intérieur d'église et perspective. — Habita Anvers. — Imita Pierre Neefs.

BAMESBIER (JEAN). — ALLEMAGNE. — Histoire et portrait. — Élève de Lambert Lombard ; s'établit à Amsterdam ; s'adonna à la boisson et fut misérable dans sa vieillesse; atteignit l'âge de près de 100 ans.

BANCK (JEAN VAN DER). — Portraits et genre. — Il demeura longtemps à Londres. — Faber et d'autres ont gravé d'après lui des portraits en mezzo-tinto. — La réception, Londres.

BANDRIGEEN. — Portraits. — Il a fait les portraits de personnages importants. — Suiderhœf a gravé d'après lui.

BANHEINING (C.). — Portraits. — Suiderhoef a gravé des portraits d'après ce maitre.

BEGA (A.).

BERENTS. — Miniature.

BEUCHOLT (L.). — Portraits.

BEYEREN (ALBERT VAN). — Fruits, poissons et nature morte. — Table garnie de différentes sortes de poissons, Amsterdam. — Du naturel, un beau pinceau.

BICHELBERGER (Mlle S.). — La Haye? — Miniature.

BIE (GISBERT DE).

BILLEVORS. — Marine. — On ne trouve le nom de cet artiste que dans les catalogues espagnols. — Marine : une Galère turque, un Navire hollandais, une Embarcation latine avec leurs équipages. Madrid.

BLEKERS (NORBERT). — Harlem. — Histoire.

BODEKKER.

BOKSHOORN. — LA HAYE. — Histoire.

BORNWATER (JACQUES). — DORDRECHT? — Histoire. — Il y a peu d'années on voyait encore à Dordrecht un tableau de ce peintre, représentant le Crucifiement.

BORSSUM (ABRAHAM VAN). — Paysages, vues de ville, animaux, etc. — Il fut excellent dessinateur. — École de Rembrandt; bon dessin, faire vigoureux et piquant, ton un peu sombre.

BRANDS (N.). — COLOGNE. — Hist., portr:, pays., fleurs, etc.

BRASSER (P. M.). — HOLLANDE. — Oiseaux. — Il dessinait également des portraits au crayon.

BROEKMAN (M.). — Portraits.

BUNS (JEAN). — Portraits. — Beaucoup de poëtes hollandais l'ont chanté. — On ne connaît aucun tableau de ce peintre.

BUSOLEN. — HOLLANDE. — Histoire et portraits. — Il fit le portrait de Charles II.

BYER (NICOLAS). — DRONTHEIM. — Histoire et portraits.

C

CEINING (GÉRARD). — Histoire et portraits.

CONSTANTYN (N.). — LA HAYE.

COUSYNS (PIERRE). — LA HAYE. — Fleurs.

COVYN (RENIER). — BRABANT. — Genre, fruits, légumes. — Il habitait Dordrecht.

COVYN (ISRAEL). — BRABANT. — Histoire, portraits. — Presque tous les sujets des tableaux de ce peintre sont tirés des œuvres de Cats.

D

DICHT (T.). — Nature morte. — Genre de Guillaume Kalf; il n'est cité par aucun biographe si ce n'est par Gault de Saint-Germain, qui parle de quelques-uns de ses tableaux.

DOMER. — Vues de ville.

DOORNIK (JEAN VAN) — LEYDE. — Genre, etc. — Peignit dans la manière de Wouwerman.

DOORSCHOT. — LA HAYE.

DORRE-WILTSCHUT (HUGUES VAN). — Paysages et animaux.

DURREN (OLIVIER VAN). — Histoire et portraits.

DYK (FLORENT VAN). — Fruits.

F

FAUCHIER (N.). — BERG-OP-ZOOM. — Histoire, etc. — Mort noyé.

G

GAESBEEK (A. VAN). — Genre. — Une femme assise : à ses pieds une lanterne, les rayons du soleil entrent par la fenêtre ouverte, Vienne.

GALEN (TYMAN VAN). — Archit., persp. — Il est connu par la représentation d'un temple, qu'il offrit à l'hôpital de Saint-Job.

GHEYN (JACQUES DE), le vieux. — UTRECHT. — Histoire; portraits; miniature. — Peintre sur verre.

GODYN (DYONIS). — LA HAYE. — Portraits.

GRAESBEEK (J. VAN). — Portraits, genre. — Cité par Hoet et par de vieux catalogues. — Portrait de Hugo Grotius, Amsterdam. — Il peignit dans la manière de Van Slingelandt; beaucoup de fini.

GRASDORP (JEAN). — Genre. — Une dame assise, tenant un petit chien, Vienne.

GREENHIL (JEAN). — ANGLETERRE. — Portraits.

GROES (VAN DER). — Paysages, animaux.

GYSEES (FRANÇOIS). — LEYDE. — Histoire et portraits.

H

HAAN (N. DE). — LA HAYE. — Portraits.

HAAN (ABRAHAM DE). — Genre, etc. — Élève de Pronk.

HAAN (DAVID DE). — ROTTERDAM. — Batailles. — Visita l'Italie. — On le croit né vers 1602.

HAARLEM (PIERRE-NICOLAS VAN). — HARLEM? — Nature morte. — Étudia d'après nature.

HAMEN (JEAN VAN ou VAN DER). — PAYS-BAS. — Hist., portr:, etc. — Père du peintre espagnol du même nom. — Excella dans les fleurs et les fruits. — Pinceau très-doux. Mort dans le XVIIe siècle (?)

HEEMS (N. VAN). — ROTTERDAM.

HEER (MARGUERITE DE). — Genre, oiseaux, insectes. — Genre de Bronkhorst et de Holstein. — Moins de fini que ses modèles.

HEMERT (GUILLAUME-HENRI). — Portraits.

HEUVEL (JOACHIM VAN DEN). — UTRECHT. — Genre et portraits. — Il offrit à l'hôpital de Saint-Job, un tableau représentant un Médecin entouré de ses malades.

HOLS. — Intérieur d'églises. — Intérieur d'église, Vienne.

HOLSTEIN (PIERRE). — HARLEM? — Histoire et portraits. — Peintre sur verre, graveur et dessinateur.

HOOG (S. VAN DER). — Intérieurs.

HOOGSTRAETEN (ABRAHAM VAN). — LA HAYE.

HOSKINS (JEAN). — Portraits.

HOYINCK (OTHON).

HULSDONCK (JEAN VAN). — Fleurs. — Couleur sèche, peu de goût, du fini.

HULST (PIERRE VER). — DORDRECHT. — Fleurs. — Surnommé Tournesol.

J

JONKHEER. — Animaux. — Chiens, Vienne.

K

KELLER (N.) — Suisse. — Histoire et paysages.
KINDERMAN (N.). Bohême.
KUCK (Gerrit Van). — Hist. — On rencontre fort peu de tableaux de ce maître.
KUICHEM (Van). — Histoire.
KRUGER (F.). — Paysages.
KRUGER (Jacques). — Paysages.

L

LACTORIUS (N.). — Fleurs.
LANSAECK (C. W.). — Genre. — Intérieur : villageois, soins de ménage, Berlin. Ce tableau est signé C. W. LANSAECK.
LAROON (Jean), frère de Marcel. — Portraits.
LAURENS (N.). — Histoire.
LEVINUM (Pierre-Simon). — Miniature.
LEZIER .(Paul). — Dordrecht. — Histoire.
LIET (M.). — Genre. — Le poëte Fr. De Haes a célébré dans une pièce de vers un tableau peint par cet artiste.
LIS (Jean). — Oldenburg. — Hist., kerm., mascarades, etc. — Élève d'Henri Goltzius, étudia en France, s'établit en Italie et mourut de la peste à Venise, vers le xviie siècle. Imita d'abord son maître à s'y méprendre, puis adopta ensuite entièrement le style de l'école vénitienne. Dessin très-correct, ordonnance spirituelle, bon coloris et beaucoup de fini. — L'Enfant prodigue, Florence.
LORME (A. De). — Rotterdam. — Monuments.
LUNDENS (Gerrit). — Intér. et scènes villageoises. — Intérieurs villageois, Dresde.
LUSTICHUYS (J.). — Portraits.
LYBERGEN (Gysbert Van).

M

MAES (Adrien). — Paysages. — Animaux.
MAES (Pierre). — id. id.
MAES (Gerrit). — id. id.
MELE (N. De). — La Haye. — Portraits.
MEYER (Jean De). — Histoire et batailles.
MICHIEL (Louis). — La Haye. — Fleurs et fruits.
MOLENAER (Jean). — Hollande. — Kermesses, noces villag., etc. — L'atelier du peintre, Berlin. Paysage : groupe de paysans, ib. Fête villageoise, ib. — Beaucoup de vérité dans les caractères, ordonnance riche et variée, fini précieux.
MYTENS (Isaac).
MYTENS (Martin), frère du précédent. — Portrait. — Élève de son frère Isaac.

N

NASO (Pierre). — Amsterdam. — Portraits et nature morte. — Fruits, huîtres, argenterie, etc., Berlin. Portrait : Le Prince d'Orange, gouverneur du Brésil, Bruxelles.
NEGRE (Nicolas Van). — Portraits. — Suiderhoef, Van Dalen, et d'autres ont gravé d'après lui.

O

OBEET. — Fleurs et fruits. — Fruits, huîtres, coupe de liqueurs, etc., Madrid.
OORTHORN (Abraham). — La Haye.
OUDEROGGE. — Intérieur et genre. — Paysans dans un atelier de tisserand, Amsterdam.
OUWATER (Jacques). — Fleurs et fruits. — On rencontre de ses tableaux dans quelques cabinets.

P

PAS (Van der). — Paysages et animaux.
PEN (Jacques). — Histoire.
PENNINKS. — Paysages et animaux.
PERMENTIER (Jacques). — France.

R

RAVEN (Guillaume). — Portraits.
RHEEN (Théodore-Juste). — Histoire.

RING (Pierre De). — Flandre. — Fruits et nature morte. — Il a passé toute sa vie en Hollande. — Table garnie de homards, fruits, etc., Amsterdam. Instruments de musique sur une table, Berlin.
ROEDIG (J. C.). — Fleurs.
RYS (Pierre). — La Haye. — Portraits.

S

SALOMON (N). — Histoire.
SCHALKEN (Jacques).
SCHEFFERS (N.). — Utrecht. — Histoire.
SINJEUR (Govert). — Paysages?
SMETS (Antoine).
SMISSEN (Dominique Van der). — Portraits.
SNAPHAAN (A. D.). — Genre. — Une dame à sa toilette, recevant un billet, Berlin. (Ce tableau est signé A. D. SNAPHAAN.)
SONNIUS (Henri). — Mort en Angleterre.
SPIES (N.). — Bois-le-Duc. — Histoire.
SPIRK (N.). — La Haye.
SPYKERMAN (P.). Genre.
STAFORTIUS (Abraham).
STAVEREN (Jean Adrien Van). — Amersfort. — Intér., allég. — Il a peint beaucoup de moines en prière. Il imita Gérard Dou; du caractère, de l'expression, du fini. — Un géographe dans son cabinet, Paris. Vieillard méditant dans une grotte, Amsterdam. Une vieille arrosant un pot de fleurs, ib.
STRAETEN (N. Van der). — Paysages.

T

TAILLER (M.). — Nimègue. — Paysages et monuments.
TEYLINGEN (J. Van). — Portraits.
THIRY (Léonard). — Établi à Deventer. — Il fut également graveur.
TROUWEELST (Guillaume).

V

VENNE (Hubert Van der). — La Haye.
VERELST (Marie). — Portraits et miniature. — Elle avait de grandes connaissances en linguistique.
VERMEYEN (Jean-Corneille), dit JAN MET DEN BAARD. — Beverwyk, près de Harlem. — Histoire et portrait. — Protégé par plusieurs grands personnages; fut longtemps au service de l'empereur Charles V. Mort à Bruxelles. — La plupart de ses ouvrages ont été détruits par les iconoclastes. — Quelques biographes le font naître en 1500 et mourir en 1559. Graveur à l'eau-forte, dessinateur, grand peintre et bon géomètre.
VICTOR (Laurent). — Oiseaux. — Ce peintre n'est pas sans mérite.
VIERPYL. — Allégories et armoiries.
VILAIN (Philippe).
VOS (H. J.). — Genre et intérieurs.
VOSNAGEL (Jean). — La Haye.
VRIES (Diderick De). — Frise. — Cuisines, échoppes de fruits. — Il habita quelque temps Venise. — Bon coloris, du naturel.

W

WALVIS. — Gouda. — Histoire. — Étudia la peinture en Italie. — Bonnes figures, dessin correct.
WAUDAMUS (Jean-Corneille). — Hollande. — On ignore s'il fut dessinateur ou peintre.
WETH (Jacques De). — Harlem? — Histoire. — Bon dessin, assez bonne ordonnance.
WILDE (J. De). — Frise? — Portraits. — On lui accorde du mérite.
WOLTERS (N.). — Histoire.
WOREVEN (M. V.). — Paysages et histoire. — Paysage : Orphée attirant les animaux au son de sa lyre, Berlin. (Ce tableau est signé M. V. WOREVEN.)

Z

ZAAGMOLEN (Martin). — Amsterdam? — Histoire. — Mérite peu transcendant.
ZANDWYCK (François Van). — La Haye.
ZEEMAN (Paul), fils d'Enoch. — Portraits.

FIN DE L'ÉCOLE HOLLANDAISE.

RÉSUMÉ.

—

Ecole Hollandaise :

DEPUIS LE COMMENCEMENT DU XVme SIÈCLE JUSQU'EN 1775, 1329 PEINTRES.

———— ⚭ ————

(Pour l'École Hollandaise moderne jusqu'en 1845, voir à la fin du volume.)

TABLE ALPHABÉTIQUE DE L'ÉCOLE HOLLANDAISE.

FIN DE LA TABLE.

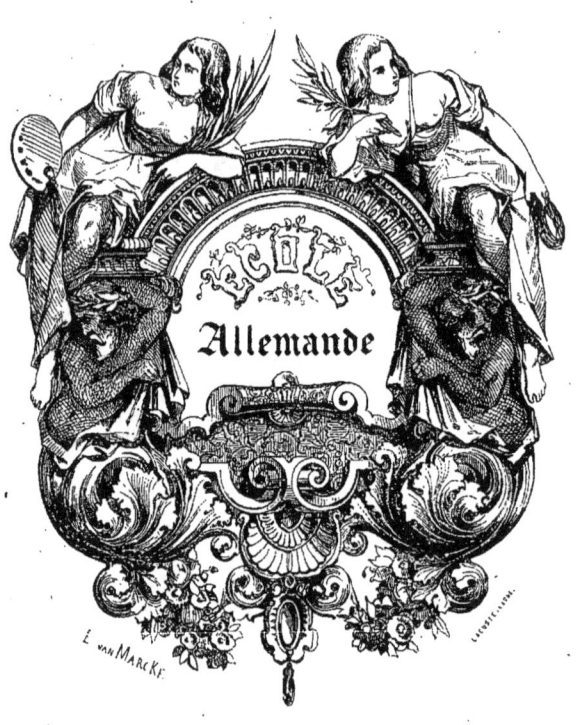

École
Allemande

ÉCOLE ALLEMANDE.

NOMS.	ANNÉES DE NAISSANCE ET DE MORT.	LIEU DE NAISSANCE.	GENRE.	NOTES HISTORIQUES. TABLEAUX PRINCIPAUX ET LIEUX OU ILS SE TROUVENT. OBSERVATIONS.
WURMSER (Nicol.).	*1357	STRAS-BOURG.	Hist.	Florissait à Prague. — Jésus-Christ crucifié, Vienne.
PRAGUE (THÉODORE ou THIERRY DE).	*1360	PRAGUE?	Id.	Florissait à Prague. — Saint Augustin, Vienne. Saint Ambroise, ib.
WURUSS (B.).	*1370	ULM.	Hist. et portr.	Détails inconnus.
WILHELM VON COLN dit MEISTER WIL-HELM.	*1380	HERLE. (Allem. sep.) ou COLOGNE.	Id.	Détails inconnus. — Vierge, Cologne. Crucifiement, ib. Plusieurs saints, Munich. La Vierge, l'enfant Jésus et plusieurs Saints (attrib.), Berlin. Vie de la Vierge et épisodes de la vie de Jésus-Christ, ib. — Dessin souple; têtes souriantes.
SCHOEN ou SCHOEN-GAUER (MARTIN), surnommé en France LE BEAU MARTIN.	1420? 1486	KULBACH (Franconie)	Hist.	Élève de Lupert Rust, graveur dont les biographes ne citent que le nom. Les Allemands lui attri-buent l'invention de la gravure en taille douce. Mort à Colmar. — Les Israélites recueillant la manne, Paris. Jésus-Christ crucifié (avec volets), Vienne. Christ mis au tombeau, Munich. Un évêque, une femme et un enfant, ib. Entrée triomphale de David, à Jérusalem, ib. La Vierge, ib. Jésus-Christ, la Vierge et Saint Jean, Madrid. — Couleur et manière des Van Eyck; composition savante, détails finis. Orfévre et graveur au burin. Quelques auteurs le font naître en 1445, et mourir en 1488; d'autres le font mourir en 1499.
WOHLGEMUTH (MICHEL).	1434 1519	NUREM-BERG.	Id.	Élève de Jacques Walen. — Jugement dernier, Cologne. La Passion, Nüremberg. Jésus devant Pilate, Paris. Saint Martin et Saint Venceslas, Sainte Élisabeth et Sainte Barbe, Nüremberg. Tableaux, Zwickau. Saint Jérôme (tableau d'autel avec volets), Vienne. La Vierge, l'enfant Jésus et les deux Saint Jean, Berlin. Jésus-Christ au jardin des Olives, Munich. Crucifiement, ib. Descente de croix, ib. Résurrection, ib. Et autres, ib. — Dessin senti, couleur riche, imitation assez exacte de la nature, composition simple, expression naïve et religieuse.
ISRAËL, dit VAN MECKENEM ou VAN MECKEN.	1440 1505	MALINES.	Id.	Détails inconnus. — Trois apôtres, Munich. Annonciation, ib. Présentation de Marie au temple, ib. Saint Cunibert et Saint Jérôme, ib. Jésus-Christ crucifié, ib. La mort de la Vierge, ib. Et autres, ib. — Un peu de lourdeur; imitation vulgaire, de la naïveté. Graveur.
HOLBEIN (JEAN), le vieux.	1450	AUGS-BOURG.	Id.	Travaillait encore en 1499. — Tableaux, Augsbourg. Tableaux, Nüremberg. Jésus-Christ au jardin des Olives, Munich. Présentation de Marie au Temple, ib. Jésus-Christ à la colonne, ib. Naissance de Jésus-Christ, ib. Et autres, ib. — Imita l'école flamande.
HOLBEIN (SIGISMOND), frère de J. Holbein, le vieux.	1456?	Id.	Portr. et hist.	Habita Bâle. — Portrait d'un vieillard, Vienne. Portrait d'un jeune homme, ib. — Graveur sur bois.
GRÜN, GRUEN ou GRIEN (JEAN-BARTH.) dit BALDUNG GRÜN.	1470 1545	GMUND. (Souabe.)	Hist. et portr.	Mort à Strasbourg. — Tableaux, Nüremberg. Portrait d'un jeune homme, Vienne. Jésus-Christ crucifié, Berlin. Martyre de Saint Étienne, ib. Portrait : le margrave Philippe-Christophe de Bade, Munich. — Caractère élancé, coloris sobre.
WALCH (JACQUES).	1470 1500		Id.	Détails inconnus.—Portrait : l'empereur Maximilien Ier, Vienne. Portr. : Maximilien Ier, Munich. Portrait d'homme, ib.
DÜRER (ALBERT).	1471 1528	NUREM-BERG.	Hist. et portr.	Élève de M. Wohlgemuth; destiné à l'orfévrerie, état qu'exerçait habilement son père, Albert à peine sorti de l'enfance le surpassait déjà; mais sa vocation l'entraîna vers la peinture et la gra-vure; quitta Nüremberg en 1490, se trouvait à Colmar en 1492, revint dans sa ville natale en 1494, y épousa la fille d'un habile mécanicien, visita Venise en 1506, y séjourna 8 mois, se rendit à Bologne, alla retrouver sa femme, se rendit avec elle dans les Pays-Bas, en 1520, en revint en 1524. Appelé à la cour de l'empereur Maximilien Ier, protégé et anobli par ce prince. Accueilli par Charles-Quint, par Ferdinand, roi de Bohême et de Hongrie; ami d'Érasme, de Mélanchton, de Raphaël, de Lucas de Leyde et d'autres artistes et hommes célèbres; membre du conseil de Nürem-berg. Ayant épousé une femme méchante et acariâtre, tous les honneurs qu'il reçut et toute la gloire dont il jouit ne purent lui donner le bonheur. — Conversion de Saint Eustache, Milan. Passion, Paris. Crucifiement, Augsbourg. Saint Eustache, Rome. Un lapin, ib. Saint Jérôme, ib. Portrait : un cardinal, ib. La Vierge et l'enfant Jésus, ib. Tête de l'apôtre Saint Philippe (en détrempe), Florence. La Vierge et l'enfant Jésus, ib. L'Épiphanie, ib. Portrait d'homme, La Haye. Portrait d'homme, Londres. Jésus-Christ succombant sous la croix (grisaille), Dresde. Tableau, St-Pétersbourg. La Vierge des douleurs (sur cuivre), Anvers. Port. : l'Empereur Maximilien Ier, Vienne. Le Martyre de 10,000 chrétiens; on y voit le portrait du peintre et celui de son ami Willibald Pirk-haimer, ib. La Sainte Trinité, ib. Vierge allaitant (1505), ib. La Vierge et l'enfant Jésus (1512), ib. Portrait d'un jeune homme (1507), ib. Portrait : Jean Kleberger (1526), ib. Portrait : Jacq. Fugger (?) Munich. Jésus-Christ descendu de la croix, ib. Saint Pierre et Saint Jean l'Évangéliste, ib. Saint Paul et Saint Marc, ib. Lucrèce se donnant la mort, ib. Portrait du peintre, avec cette inscription : Albertus Durerus noricus ipsum me propriis sic effingebam coloribus aetatis XXVIII (1500), ib. Portrait : Michel Wohlgemuth, ib. Et autres, ib. Jésus-Christ crucifié, Madrid. Ève et le serpent, ib. Portrait du peintre, ib. Allégorie, ib. La Vierge et l'enfant Jésus, ib. Les trois âges de la vie humaine, ib. Adam et Ève, ib. Portrait d'homme, ib. — Couleur claire, délicate et lumineuse; beaucoup de force et de vérité, imitation parfaite de la nature, composition profonde, mystique, et souvent terrible; imagination féconde, touche savante, dessin correct, exécution soignée; on dési-rerait un meilleur choix dans les objets de la nature, plus de noblesse dans ses figures, moins de roideur dans le dessin, une manière plus facile, plus d'abandon, et enfin une perspective aérienne plus juste dans la rupture des couleurs. Attitudes vraies dans le portrait. Sites pittoresques et agréables dans ses paysages. Costumes mal observés, selon l'habitude de son époque. Célèbre graveur au burin, sur cuivre, sur bois, en clair-obscur, à l'eau-forte. Architecte, sculpteur, écrivain, Albert Dürer est une des plus belles gloires de l'Allemagne.

NOMS.	ANNÉES DE NAISSANCE ET DE MORT.	LIEU DE NAISSANCE	GENRE.	NOTES HISTORIQUES. — TABLEAUX PRINCIPAUX ET LIEUX OU ILS SE TROUVENT. OBSERVATIONS.
SUNDER (Luc), le vieux, dit KRA-NACH ou MÜLLER.	1472 1553	KRANACH, près de Kulmbach et de Bamberg.	Hist. et portr.	Attaché de bonne heure à la maison électorale de Saxe, il suivit Frédéric le Sage en Palestine, reçut des lettres de noblesse, en 1508, fut un des premiers adeptes de la doctrine de Luther, son ami, partagea volontairement pendant cinq ans la prison de Jean-Frédéric, le Magnanime, et mourut à Weimar, après avoir passé quelque temps à Wittenberg et y avoir rempli la dignité de bourgmestre. — Les dix commandements, Wittenberg. Les sacrements protestants, ib. Le sacrifice d'Abraham, Paris. Portrait : l'électeur Jean-Frédéric, ib. Portraits : les électeurs de Saxe, Cologne. Martyre de Saint Sébastien (triptyque), ib. Vénus, Nüremberg. Portrait : Chrétien II, roi de Danemarck, ib. Descente de croix, ib. La femme adultère (attribué), Munich. Portrait : Luther, ib. Portrait : Calvin, ib. Portrait : Maurice de Saxe, Dresde. Plusieurs saintes, ib. Crucifiement, ib. Tableaux, Weimar. Laissez venir à moi les petits enfants, Naumbourg. Jésus-Christ au jardin des Olives, Berlin. La fontaine de Jouvence, ib. Apollon et Diane, ib. Vénus, ib. Catherine de Bore, femme de Luther, Florence. Portrait : Luther, ib. Portraits : les électeurs de Saxe, ib. Adam et Eve, ib. Saint Christophe et d'autres saints, Londres. Adam et Ève, Anvers. Lucrèce se donnant la mort, Vienne. Paysage : adoration des mages, ib. Portrait d'une jeune femme, ib. Portrait : Martin Luther, ib. Portrait : Philippe Melanchton, ib. Chasse au cerf ; parmi les chasseurs on remarque les portraits de l'empereur Charles V et de Jean Frédéric, le Courageux, duc de Saxe, ib. Le baiser de Judas, ib. Adam et Ève, ib. Joab et Abner, ib. Portraits : trois jeunes filles, ib. Portrait : Frédéric III, électeur de Saxe, ib. Jésus-Christ apparaissant aux saintes femmes, ib. Mariage de Sainte Catherine, ib. Un vieillard mettant un anneau au doigt d'une jeune fille, ib. Saint Jérôme et Saint Léopold, margrave d'Autriche, ib. Loth et ses filles, Venise. Hercule et Omphale, Berlin. Portrait : l'électeur Albert de Brandebourg, ib. Portrait : Jean Frédéric, le jeune, duc de Saxe, ib. Adam et Ève, ib. Jésus-Christ lavant les pieds aux apôtres, ib. Jésus-Christ mis au tombeau, ib. Portrait : Mélanchton, ib. Portrait : Luther, ib. Le jugement de Salomon, ib. Portrait : la femme de Luther, ib. Portraits, ib. Madeleine aux pieds du Christ, ib. Chasse au cerf, Madrid. Chasse aux cerfs et aux sangliers, ib. — Couleur large, touche facile ; la manière italienne se mêle à la naïveté chaste de la peinture allemande ; composition variée, grandiose, sévère, ou gracieuse et tendre. Dessin peu correct, exécution sèche. Graveur sur bois et sur cuivre. Un des plus grands artistes que l'Allemagne ait produits.
BURGKMAYR (Jean).	1473 1559	AUGS-BOURG.	Hist., portr. et bataill.	Élève et ami d'Alb. Dürer. — Tableaux et fresques, Augsbourg. Bataille de Zama, Munich. Présentation de Marie au Temple, Nüremberg. Portrait : le peintre et sa femme (1529), Vienne. Saint Jérôme se donnant la discipline, Berlin. Saint Jean l'évangéliste, Munich. Et autres, ib. — De l'énergie et de l'expression dans les têtes ; trop de dureté et de sécheresse. Égala son maître pour la gravure sur bois ; grava en clair-obscur et à l'eau-forte.
MANUÉL (Nicolas).	1484 1530	BERNE.	Fres-ques.	Reçu dans le grand conseil, en 1510 ; occupa plusieurs autres dignités élevées et joua un rôle lors de la réformation. — Exécuta dans l'église française, à Berne, une danse des morts qui lui fit beaucoup d'honneur. — Poëte satirique et auteur dramatique. Un de ses fils, Jean-Rodolphe, étudia la peinture à Bâle, sous Maximin.
DEUTCH (Nicolas-Emmanuel).	1484 1530	Id.	Hist. et portr.	Issu, d'après Sandrart, d'une famille noble d'Angleterre, réfugiée en Suisse ; d'après Fuessli, au contraire, son véritable nom serait Cholard et lui-même serait d'origine française ; quatre de ses fils furent peintres et graveurs comme lui : un seul mérite d'être cité, c'est Jean-Rodolphe-Emmanuel (voir ce nom). — L'ouvrage le plus remarquable de Deutch est une suite de six estampes, représentant les Vierges folles et les Vierges sages. — Graveur très-estimé. Ses tableaux se distinguent difficilement de ceux des autres maîtres de son époque.
HOLBEIN (Ambroise), fils de J. Holbein, le vieux.	1484?	AUGS-BOURG.	Id.	Détails inconnus. — Portrait d'homme, Vienne.
ALTDORFER (Alb.).	1488 1538	ALTDORF. (Suisse.)	Batail. et hist.	On le regarde comme le meilleur élève d'Alb. Dürer, auprès duquel il étudia, à Nüremberg. Sénateur, à Ratisbonne : mort dans cette ville. — Bataille d'Arbelles, Munich. Chevaliers combattant des Turcs (attribué), Paris. Saint François recevant les stigmates, Berlin. Saint Jérôme se donnant la discipline, ib. Saint Jérôme écrivant, ib. La chaste Suzanne, Munich. Combats de chevaliers contre des Turcs (attribué), Paris. — Détails admirables ; peu d'intelligence de la perspective ; manque de goût. Graveur sur bois.
KRUGER ou KRUG (Lucas ou Louis).	1489 1535	NUREM-BERG.	Hist.	Comme il marquait ses estampes d'un L et d'un K avec une petite cruche au milieu, on le surnomma le maître à la cruche. — Orfévre et graveur au burin. Ses ouvrages se ressentent de l'enfance de l'art.
AMBERGER (Christophe).	1490 1563	Id.	Hist. et portr.	Élève de J. Holbein, le vieux ; protégé par Charles-Quint, qui le fit venir à Augsbourg, en 1530. Quelques auteurs font naître ce peintre en 1510, et lui donnent pour maître, Holbein, le jeune. — Portrait d'homme, Dresde. Une jeune fille avec des chiens, ib. Portrait d'un chevalier, Vienne. Portrait : Martin Weiss, ib. Portrait : l'archiduc Louis de Bavière, ib. Portrait d'un jeune homme, ib. Hérodiade regardant la tête de St Jean-Baptiste, Vienne. Portraits, ib. Portrait : Sébastien Munster, Berlin. Saint Augustin, ib. Portrait : l'empereur Charles V, ib. Dieu le père, Munich. La Vierge et l'enfant Jésus, ib. Saint Roch avec un ange, ib. — Beaucoup de fini et d'expression ; manière sèche, coloris peu harmonieux. Imita la manière de son maître, bon dessin, bonne perspective, figures bien groupées, bon coloris. Il a peint à fresque.
BINCK (Jacques).	1490 1560	COLOGNE.	Portr. et hist.	Élève d'A. Dürer ; quelques auteurs le font naître à Nüremberg, mais cette assertion est erronée. Mort à Kœnigsberg. — Portrait du peintre, Vienne. — Graveur au burin et sur bois.
BEHAM ou BOEHM (Barthélemy).	1496 ou 1502 1540 ou 1542	NUREM-BERG.	Hist.	Élève d'Alb. Dürer ; on prétend qu'il travailla en Italie, et qu'il y fut élève du célèbre graveur Marc-Antoine. — Quatre sujets tirés de l'histoire de David, Paris. Crucifiement, Vienne. L'impératrice Hélène ressuscitant une femme par l'attouchement de la vraie croix, Munich. Marcus-Curtius, ib. — Belle couleur, composition savante ; on remarque que, dans le tableau de ce peintre qui se trouve à Munich, il a représenté les Romains avec les costumes allemands du XVIe siècle. Graveur au burin.

NOMS.	ANNÉES DE NAISSANCE ET DE MORT.	LIEU DE NAISSANCE	GENRE.	NOTES HISTORIQUES. — TABLEAUX PRINCIPAUX ET LIEUX OU ILS SE TROUVENT. — OBSERVATIONS.
SCHOEUFFELEIN (Jean).	1498 1540 ou 1550	Nord-lingue. (Souabe.)	Hist. relig. et portr.	Élève d'Alb. Dürer, dont il parvint à imiter parfaitement la manière; quelques auteurs le font naître à Nuremberg et mourir à Nordlingue: il est prouvé que leur assertion est fausse et que Hans Schœuffelein est mort à Nuremberg. — Descente de croix, Nordlingue. Siége de Béthulie, ib. Décollation de saint Paul, Florence. Saint Pierre et saint Paul conduits au martyre, ib. Et autres, ib. Tête d'homme, Vienne. Portrait du peintre(?), Berlin. Jésus-Christ prenant congé de sa mère, ib. La Vierge au milieu d'autres femmes, ib. La Cène, ib. Mort de la Vierge, Munich. Couronnement de la Vierge, ib. Saint Pierre marchant sur l'eau, ib. Jésus-Christ couronné d'épines, ib. Jésus-Christ au jardin des Olives, ib. — Couleur chaude, composition naïve et douce. Graveur sur bois. Auteur des gravures du *Theurdanck*.
HOLBEIN (Jean), le jeune, fils de Jean, le vieux.	1498 1554	Augs-bourg.	Hist. et portr.	Élève de son père; conduit jeune en Suisse, il se rendit en Angleterre, en 1526, sur l'invitation d'Érasme, son ami, et afin de fuir les tracasseries que lui causait le mauvais caractère de sa femme; reçu par Thomas Morus avec beaucoup de distinction; attaché au service de Henri VIII, et en grande faveur auprès de ce prince; mort de la peste, à Londres, après y avoir fait un grand nombre d'ouvrages et les portraits de toute la cour et des principaux personnages du royaume. Ses œuvres font croire qu'il visita l'Italie. — Portraits, Milan. Portrait: le comte Fugger, Munich. Adoration des mages, Paris. Apprêts de la sépulture, ib. Saint François recevant les stigmates, ib. La Cène, ib. Portraits: Th. Morus, l'archevêque de Cantorbéry, Nicolas Kratzer, Érasme, etc., ib. Portraits du peintre et de sa femme, Rome. Portraits: Luther et sa femme, ib. Portraits, ib. Portrait: François Ier, roi de France, armé et à cheval, Florence. Portr. de femme, ib. Portrait: Richard Southwell, conseiller d'État de Henri VIII, ib. Thomas Morus, ib. Thomas Morus, La Haye. Robert Cheseman, ib. Jeanne Seymour, ib. Portrait de femme, ib. Charles-Quint, Amsterdam. Robert Sidney, ib. Érasme, ib. Maximilien d'Autriche, ib. Thomas Morus, Bruxelles. Portrait d'un enfant, Londres. La reine Élisabeth, ib. Lady Vaux, ib. Surrey, ib. Will Somers, ib. Henri Guildeford, ib. Henri VIII, ib. Érasme, ib. François Ier, roi de France, ib. Marie-Madeleine au tombeau du Christ, ib. Portrait de femme, Dresde. Le bourgmestre de Bâle (chef-d'œuvre), et autres, ib. Portrait: François II, dauphin de France, Anvers. Portrait: Érasme, ib. Portrait: Charles le Téméraire, Vienne. Portrait d'une jeune femme, ib. Portr. de femme, ib. Portr.: Jeanne Seymour, ib. Portrait: Jean Chambers, médecin de Henri VIII, ib. Portrait d'un jeune homme, ib. Portrait de femme, ib. Portrait: Érasme, ib. Portraits, ib. Portraits, Milan. Portrait d'un jeune homme, Naples. Réunion dans un cabaret, Berlin. Portrait: George Frunsberg, ib. Portrait: George Gyzen, ib. Beaucoup de tableaux, Munich. Saint Jérôme, Madrid. Portrait d'homme, ib. Portraits, St.-Pétersbourg. — Beaucoup de finesse et de naïveté dans les têtes, touche vraie, imitation parfaite de la nature, manque de profondeur et de force; grande vérité dans le portrait; belle composition; peignait des deux mains; draperies peu heureuses. Peintre célèbre. La plupart de ses biographes le font naître à Bâle, c'est une erreur.
ASPER (Jean).	1499 1571	Zurich.	Id.	Élève de J. Holbein, le jeune; ses compatriotes lui frappèrent une médaille et pourtant il mourut pauvre; deux de ses fils cultivèrent également la peinture, et leurs tableaux ont été confondus avec ceux de leur père. — Dessins de l'*Helvetia Sancta*, de Murer. Portrait d'un jeune homme, Vienne. Portrait, Munich. — Imita avec finesse la manière de son maître; ses portraits sont recherchés.
GRUNEWALD (Ma-thieu), frère de Jean.	†1510?	Aschaf-fenbourg.	Id.	Élève d'Alb. Dürer; habitait Francfort-sur-le-Mein, et y mourut. — Portrait: Louis II, roi de Hongrie, enfant, Vienne. Portrait: l'empereur Maximilien Ier, ib. Portrait: Ladislas II, roi de Hongrie, ib. Portrait: Charles V, enfant, ib. La famille de l'empereur Maximilien Ier, ib. Sainte Madeleine, Munich. Saint Lazare, ib. Conversion de saint Maurice, ib. La Sainte Vierge, Sainte Marguerite et Sainte Dorothée, ib. Et autres, ib.
MERKEL ou MER-KLIN (Conrad).	†1518	Ulm.	Hist., portr. et genre.	Contemporain et ami d'Alb. Dürer. — Peintre renommé, poète et graveur sur bois.
FESELEN ou FESELE (Melchior).	†1538		Hist. et bataill.	Élève d'Alb. Dürer. Florissait à Ingolstadt. — Siége de Rome par Porsenna, Munich. Siége d'Alexia par César, ib. Tableaux, Nuremberg. Tableaux, Schlosheim. — Imitait son maître avec bonheur; beaucoup de fini, manière originale; composition riche et abondante.
SCHOEN (Erhard).	†1542	Nurem-berg.	Portr.	Élève d'Alb. Dürer. — Graveur sur bois.
ADAM (Jean).	†1567		Hist.	Peintre d'images, à Nuremberg. — Graveur sur bois.
OELGAST (Thomas ou Todie).	†1584	Munich.	Id.	On le croit fils de Michel OElgast. Mort à Nuremberg, où il s'était établi, en 1570. — Son père, Michel OElgast, florissait en 1520.
SCHUBART (Christ.)	†1594	Ingol-stadt.	Hist. et portr.	Habitait Munich. — Portrait: la reine Anne d'Angleterre, épouse de George de Danemarck, Dresde.
JUVENELL (Nicolas).	†1597	Pays-Bas.	Portr. et hist.	Habita Nuremberg et y mourut. — Annonciation, Vienne.
STEPHAN.	*1410		Hist.	On le croit élève de Wilhelm. — Adoration des mages (triptyque), Cologne. Jugement dernier, ib. Christ en croix, ib. Madone, ib. — Beaucoup de douceur dans l'expression; beaucoup de soin et de richesse dans les costumes, belle imitation de la nature.
KNECHTELMAN (Marx), nommé aussi BAYER.	*1440	Ulm.	Hist. et portr.	S'établit à Nordlingue, et y devint bourgeois, en 1440.
PFENNING (D.).	*1449		Hist.	Détails inconnus. — Jésus-Christ crucifié, Vienne.
LINDENMEYER (Knappt).	*1470	Ulm.	Hist. et portr.	Détails inconnus. — Graveur au burin et sur bois.

NÓMS.	ANNÉES DE NAISSANCE ET DE MORT.	LIEU DE NAISSANCE	GENRE.	NOTES HISTORIQUES. — TABLEAUX PRINCIPAUX ET LIEUX OU ILS SE TROUVENT. — OBSERVATIONS.
MOECHSELKIRCHEL (Gabriel).	*1470		Hist.	Florissait à Munich.
STÜRMER (Jean).	*1477		Hist. et portr.	Acquit le droit de bourgeoisie, à Ulm, en 1477.
FÜTERER (Ulric).	*1480	Landshut	Hist.	Florissait à Munich.
LARGKMAIR (Jean).	*1488		Id.	Élève de Martin Schoen; florissait à Colmar. — Jésus-Christ crucifié, Vienne. Les volets du tableau précédent : 1° Résurrection, 2° la Salutation angélique, ib. Portrait : le peintre Martin Schoen, Munich. Jésus-Christ crucifié, ib.
ZEYTBLOOM (Barthélemy).	*1490	Ulm.	Hist. et portr.	Peintre très-distingué qui travaillait encore dans sa ville natale entre les années 1504 et 1517. — Tableaux, Nuremberg. Saint Georges, Munich. Saint Antoine, ermite, ib. — Style sévère, coloris jaunâtre.
WIDENMANN (Jean).	*1490	Weissenhorn.	Id.	Travailla à Ulm et dans plusieurs autres villes de l'Allemagne.
HERLIN (Frédéric).	*xv° siècle.	Nordlingue?	Id.	Il florissait à Nordlingue, en Souabe, vers 1467. On le fait élève de Jean Van Eyck. — Jésus-Christ crucifié (attribué), Vienne. — Imitateur habile de l'école de Bruges. On pense qu'il mourut en 1488 ou 1491.
LEUENSPRUNG (Paul).	*Id.	Berne.		Mort à la bataille de Dornack. — On le fait mourir en 1499.
WALEN (Jacques).	*Id.	Allemagne.		Détails inconnus.
MEHLEM (Jean Von).	*Id.	Malines?	Hist. et portr.	Élève de Jean Schoorl (peintre hollandais); établi à Cologne. — Portrait d'une vieille femme, Berlin. La Sainte Trinité, ib. Saint Jean l'évangéliste, Munich. L'empereur Saint Henri, ib. Jésus-Christ crucifié, ib. Sainte Agnès, ib. Portrait du peintre, ib. Et autres, ib.
JARÉNUS.	*Id.		Hist.	Florissait en Westphalie, de 1450 à 1500. — Plusieurs épisodes de la passion de Jésus-Christ en un seul tableau, Berlin. Résurrection; les trois Maries; Ascension; la Pentecôte; et le Dernier jugement (en un seul tableau), ib. Annonciation; Naissance de Jésus-Christ; Adoration des mages; et Présentation de Jésus-Christ au temple (en un seul tableau), ib. — Expression énergique, couleur riche et claire.
BOLDUC (Jean ou Sigismond).	*Id.	Uri. (Suisse.)		Quelques auteurs le font naître à Venise. — Graveur sur médailles; un des premiers qui aient gravé sur acier.
WAGNER (Jean), dit DE KULMBACH.	1500 1545	Kulmbach	Hist. et portr.	Élève de J. Walch, puis d'Alb. Dürer, à Nuremberg. — Déposition, Nuremberg. Quatre saints (1523), ib. Descente de croix, ib. Saint Nicolas, ib. Un saint roi, ib. Portrait : Jacques Fugger, le riche, Berlin. Saint Zacharie, Munich. L'adoration des mages, ib. Descente du Saint-Esprit, ib. Et autres, ib. — Coloris brillant, composition gracieuse et parfois austère.
PEINS (Grégoire), dit GEORGE PENS.	1500 1550 ou 1556	Nuremberg.	Id.	Élève d'Alb. Dürer; se rendit en Italie, s'arrêta à Rome et y reçut les leçons de Raphaël : C'est d'après les conseils de cet illustre maître que Peins abandonna la manière un peu sèche et un peu roide d'Alb. Dürer, pour se rapprocher du style de l'école romaine. Mort à Breslau. — Gentilhomme italien, Londres. Plusieurs parties d'un tableau représentant l'adoration des mages, Dresde. Portrait : le général Schirmer, Nuremberg. Portrait d'homme, Vienne. Jésus-Christ crucifié (avec volets), ib. Portrait d'un jeune homme, Berlin. Portrait : le peintre Ehrard Schwezer, ib. Portrait : la femme du précédent, ib. Vénus et l'Amour, Munich. Saint Marc, évangéliste, Paris. La charité, Madrid. — Imagination féconde et manière italienne mêlées.
BEHAM ou BOEHM (Jean-Sebald), frère de Barthélemy.	1500 1550	Id.	Hist., genre et portr.	Élève de B. Beham et d'Alb. Dürer. Mœurs dissolues. Abandonna la peinture pour le cabaret; poursuivi à cause des sujets licencieux qu'il traitait, se réfugia à Francfort-sur-Mein, et y mourut après s'être fait marchand de vin. — Paysans causant avec un soldat, Vienne. — On a de lui un ouvrage posthume, publié en 1552 : Traité de la manière d'apprendre à dessiner d'après les proportions, la mesure et la division du cercle. Grava beaucoup de petites estampes, au burin, et quelques planches en taille de bois.
HOOGENBERG (Jean-Nicolas).	1500? 1554?	Munich?	Portr., ois., etc.	Les renseignements que l'on a sur ce peintre sont fort obscurs : on croit qu'il doit y avoir eu deux artistes du même nom, puisqu'on trouve sur des estampes au burin, signées de même, la date de 1595 qui ne correspond pas avec celle de 1554. — Graveur au burin.
ALDEGRAEVER, ALDEGRAEF ou ALDEGREVER (Henri).	1502 1560 ou 1562	Soest. (Westphalie)	Hist. et portr.	Élève d'Alb. Dürer et un de ceux qui se sont le plus approchés de ce maître ; abandonna presque entièrement la peinture pour la gravure. Ses dernières années furent employées à travailler pour les orfèvres ; mort pauvre dans sa ville natale. — Circoncision, Vienne. Vision de saint Luc, ib. Adam et Ève chassés du paradis terrestre, ib. Le dernier jugement, Berlin. Tête d'homme, Munich. La Vierge et l'enfant Jésus dans une gloire, ib. Le bon Samaritain, ib. Lucrèce se donnant la mort, Madrid. — Imagination féconde; bonne couleur; de la sécheresse, mauvais goût de dessin ; un des graveurs connus sous le nom de petits-maîtres, à cause du grand nombre de petits sujets qu'ils ont gravés.
LAUTENSACK (Henri).	1506? 1590	Nuremberg.	Hist.?	Son père, Paul Lautensack, exerçait la peinture à Nuremberg, mais ne laissa pas une grande réputation. Henri alla s'établir à Francfort-sur-le-Mein. — Graveur sur cuivre.

NOMS.	ANNÉES DE NAISSANCE ET DE MORT.	LIEU DE NAISSANCE	GENRE.	NOTES HISTORIQUES. — TABLEAUX PRINCIPAUX ET LIEUX OU ILS SE TROUVENT. — OBSERVATIONS.
SOLIS (Virgile).	1514 1562	Nuremberg.	Hist. portr., etc.	Détails inconnus. — Très-habile enlumineur. Graveur au burin, sur bois et à l'eau-forte.
KRANACH (Luc), dit SUNDER ou MULLER, fils de Luc, le vieux.	1515 1586	Wittenberg.	Hist. et portr.	Élève de son père, qu'il aida dans ses travaux et avec lequel il ne forma, pour ainsi dire, qu'un seul artiste. — David au désert, Nuremberg. Conversion de saint Paul, ib. La chute et la rédemption (allégories), ib. Portraits : Maurice, électeur de Saxe, et sa femme, Dresde. Portrait d'une jeune femme, en Judith, Vienne. Portrait d'un jeune homme, ib. Portrait d'une jeune femme, ib. Portrait d'homme, Berlin. — Imita les diverses manières de son père, ne le surpassa point et l'égala peut-être. Bon littérateur.
MIÉLICH (Jean).	1515 1572	Munich.	Hist. miniat. et portr.	Florissait à la cour du duc Albert de Bavière, à Augsbourg. Mort dans cette ville. — Il orna de figures assez correctes les beaux manuscrits d'Orlando Lasso. Portrait d'un homme de la famille Hermann, Vienne. Portrait d'homme, Munich. Portrait de femme, ib. — Bon dessin, bonne couleur, beaucoup de vérité; excellait dans la miniature.
LORCH (Melchior).	1527 1586	Flensburg?	Hist. et portr.	Séjourna à Constantinople, y grava les portraits du Grand Seigneur et de la sultane, et mourut à Rome. — Ses tableaux sont rares. Exécution habile. Graveur sur bois et à l'eau-forte. Antiquaire.
MAURER (Josias).	1530 1580	Zurich.	Hist. et portr.	Bon peintre sur verre; fut également écrivain, et cultiva avec succès l'astronomie. Le plan de la ville de Zurich qu'il fit graver sur bois, en 1576, et qui est de la plus grande exactitude, lui attira de la considération dans sa patrie. — Belle imagination, couleur excellente, composition, style et dessin médiocres.
STIMMER (Tobie).	1534	Schaffouse.	Id.	L'histoire de ses premières années est fort obscure, travailla à Francfort-sur-le-Mein et à Strasbourg; appelé à la cour du margrave de Bade; mourut à Strasbourg dans la vigueur de l'âge. Rubens a fait son portrait. — Bonne ordonnance, dessin noble et satisfaisant; imitation exacte de la nature. Deux de ses frères cultivèrent la peinture. Abel, comme peintre sur verre; Josias, né en 1555, peignit à l'huile.
WEGMANN ou WAGMAN (Jean-Henri).	1536?	Zurich.	Id.	Habita Lucerne; et s'y convertit au catholicisme. — Belle ordonnance; dessin vigoureux.
WAEGEMAN (Henri).	1556	Id.	Id.	On le croit fils d'un grand magistrat de Zurich; admis dans la société des artistes de cette ville, en 1579. — Dessinateur à la plume.
AMMAN (Josse).	1539 1591	Id.	Id.	Passa sa vie à Nuremberg, où il acquit le droit de bourgeoisie. — Auteur d'une collection de portraits des rois de France, depuis Pharamond jusqu'à Henri III, avec un article biographique sur chacun d'eux (1576). — Grande fécondité; excellait dans l'art de disposer et de grouper les figures; dessinateur sur bois, sur verre et à la plume. Graveur.
DIETERLING (Wendelin) ou DITTERLEIN (Wendel).	1540 1599	Strasbourg.	Persp., archit., hist., etc.	Architecte et graveur à l'eau-forte. — Élection de saint Mathias, tableau d'architecture, Vienne. — Il a fait un traité d'architecture. On croit qu'il fit le premier l'usage du pastel.
SCHWARTZ (Christophe).	1550 1594	Ingolstadt.	Hist. et portr.	Élève du Titien. Mort à Munich. — Vulcain montrant à l'assemblée des dieux, Mars et Vénus qu'il a surpris ensemble, Bruxelles. Jésus à la colonne, Vienne. Saint Jérôme, Munich. La Vierge et l'enfant Jésus dans une gloire, ib. Sainte Catherine, ib. Portrait d'homme; une femme et un enfant lui présentent des cerises, ib. Et autres, ib.
LAIRE (Sigismond).	1550? 1636	En Bavière.	Miniat.	Se rendit à Rome, sous le pontificat de Grégoire XIII, et y fut élève de François Du Châtel (peintre flamand). Arrivé à l'âge de 86 ans et possédant de grandes richesses, il embrassa la vie religieuse. Mort à Rome. — Son pinceau, exempt de sécheresse, avait un grand fini et beaucoup de moelleux. Peignit une grande quantité de madones, qui furent toutes envoyées aux Indes.
STRAUCH (Laurent).	1554 1630	Nuremberg.	Portr.	On n'a aucun renseignement sur cet artiste. Graveur à l'eau-forte.
ACHEN (Jean Van).	1556 1621	Cologne.	Hist. et portr.	Élève de George ou Jerrigh; voyagea en Italie, travailla quelque temps pour l'électeur de Bavière, à Munich, puis résida à la cour de l'empereur d'Allemagne. Mort à Prague. — Les palais impériaux de Prague sont ornés de ses ouvrages. Sainte famille, Florence. — Ses portraits sont renommés.
MAURER (Christophe) fils de Josias.	1558 1614	Zurich.	Id.	Élève de son père et de Tobie Stimmer, à Strasbourg; publia, conjointement avec ce dernier, un recueil de pièces de chasse, en 1605. — Recueil de figures tirées de la sainte Écriture. Emblemata miscellanea nova. — Imita tellement la manière du second de ses maîtres qu'on a de la peine à reconnaître leurs tableaux. Ses portraits sont estimés; travailla à fresque. Graveur au burin.
FLEGEL (George).	1563? 1636	Olmutz. (Moravie.)	Fruits et nat. morte.	Étudia d'après nature, et habita quelque temps Nuremberg et Francfort-sur-le-Mein. — Ensemble sans goût; du mérite dans les détails.

NOMS.	ANNÉES DE NAISSANCE ET DE MORT.	LIEU DE NAISSANCE	GENRE.	NOTES HISTORIQUES. TABLEAUX PRINCIPAUX ET LIEUX OU ILS SE TROUVENT. *OBSERVATIONS.*
ROTTENHAMER (JEAN).	1564 1604?	MUNICH.	Hist. en petit.	Élève de son père et de J. Donnauer, étudia d'abord à Rome, puis fut élève du Tintoret, à Venise. Mort à Augsbourg où il s'était établi; malgré ses nombreux travaux, ce peintre devint si pauvre, que ses amis durent se cotiser afin de payer les frais de son enterrement. — La chute de Phaëton (avec Breughel de Velours), La Haye. Mars, Vénus, et autres figures, Amsterdam. Sainte famille, Sainte Catherine et quelques anges, *ib.* Le jugement de Pâris, Londres. Enlèvement des Sabines, *ib.* Mort des enfants de Niobé, *ib.* Martyre de saint Étienne, *ib.* La Vierge et l'enfant Jésus, Dresde. Paysage : la fuite en Égypte (paysage de D. Vinckeboons), Vienne. Les quatre éléments (avec Breughel d'Enfer), *ib.* Naissance de Jésus-Christ, *ib.* Les élus, *ib.* Les damnés, *ib.* Massacre des Innocents, *ib.* Résurrection de Lazare, *ib.* La Musique, la Poésie, la Peinture et l'Architecture, Berlin. Fête de Bacchus (paysage de Breughel de Velours). *ib.* Bataille entre les Grecs et les Amazones (paysage de Breughel de Velours), *ib.* Vision de saint Augustin, Munich. Martyre de sainte Catherine, *ib.* La Vierge et l'enfant Jésus entourés de saints, *ib.* Diane et Actéon (paysage de Breughel), *ib.* Jugement de Pâris, *ib.* Et autres, *ib.* Le Christ portant sa croix, Paris. Mort d'Adonis, *ib.* Sainte Famille, St.-Pétersbourg. — Exécuta un grand nombre de petites compositions sur cuivre, finies avec beaucoup de soin; imita le coloris du Tintoret et sa manière de disposer les figures; sur la fin de sa vie, il tomba dans le maniéré, tout en conservant une certaine grâce dans ses airs de tête et beaucoup de finesse dans ses petites figures. Ordinairement Jean Breughel de Velours et Paul Bril peignirent les fonds et les paysages de ses tableaux.
HEINZ (JOSEPH).	1565 1609	BÂLE.	Hist. et portr.	Élève de J. Van Achen; protégé par l'empereur Rodolphe II, qui facilita son voyage à Rome; séjourna quatre ans en Italie et revint à Prague, où il mourut, comblé des dons de son bienfaiteur. — Il a peint plusieurs tableaux à Berne et à Zurich. Enlèvement de Proserpine, Dresde. Jésus-Christ à la colonne, *ib.* Portrait : Chrétien II, électeur de Saxe, *ib.* Portrait : Jean-George Ier, électeur de Saxe, etc., *ib.* L'Amour et son arc, Vienne. Vénus endormie, *ib.* Vénus et Adonis, *ib.* Allégorie, *ib.* Diane et Actéon, *ib.* Jésus-Christ crucifié (double), *ib.* Portrait : l'empereur Rodolphe II, Vienne. — Imita le Corrège et jouit d'une grande réputation. Son fils aîné a laissé de petits sujets de féeries et de métamorphoses, gracieux et bien finis.
DACH (JEAN).	1566 1650	COLOGNE.	Hist.	Élève de Barth. Spranger (peintre flamand). Protégé par Rodolphe II. Visita l'Italie à deux reprises différentes. Mort à Vienne, aussi admiré pour ses talents qu'estimé pour ses vertus. — Contours fermes et élégants; plusieurs de ses dessins sont en Angleterre.
KAGER (MATHIEU).	1566 1634	MUNICH.	Hist.	Élève de P. De Witte, dit *Candito* (peintre flamand) : se perfectionna en Italie; fut appelé à Munich par l'électeur Maximilien, qui lui accorda sa protection et le nomma son premier peintre; s'établit à Augsbourg, y fut nommé bourgmestre et y mourut. — David et Abigaïl, Vienne. — Il a peint à fresque.
MAYER (DIETRICH ou THÉODORE).	1571 1658	EGLISAU, canton de Zurich.	Portr., kerm., chas., etc.	Se distingua dans la gravure aussi bien que dans la peinture; nommé du grand conseil en 1600; trésorier de la cathédrale, en 1614. — Ses portraits sont recherchés.
ELZHEIMER (ADAM), dit ADAM DE FRANCFORT et TEDESCO.	1574 1620	FRANC-FORT S/M.	Pays., hist. et effets de nuit.	Élève de Ph. Uffenbach; de bonne heure ce peintre annonça un talent remarquable pour le paysage; afin de cultiver les heureuses dispositions qu'il avait reçues de la nature, il partit pour l'Italie, dont il visita les principales villes, faisant partout une récolte d'études qui devaient lui servir plus tard à composer ses jolis tableaux. Revenu dans sa patrie, il s'occupa du plus grande partie de sa vie dans sa ville natale. — Fuite en Égypte, Paris. Le bon Samaritain, *ib.* Un berger jouant du chalumeau, Florence. Le triomphe de Psyché, *ib.* Un ange parlant à une femme, *ib.* Paysages, La Haye. Une sorcière; un garçon métamorphosé en lézard, Londres. Jupiter et Mercure reçus par Philémon et Baucis, Dresde. Paysage : la fuite en Égypte, *ib.* Paysages, *ib.* Paysage : Repos pendant la fuite en Égypte, Vienne. Cérès altérée, *ib.* Paysage : Saint Laurent, Munich. Triomphe du Christianisme, *ib.* Incendie de Troie, *ib.* Paysage : clair de lune; la Fuite en Égypte, *ib.* Et autres, *ib.* Cérès dans la maison de Récube, Madrid. — Il fut un des maîtres de Corneille Poelenburg (peintre hollandais); tableaux agréables et gracieux; talent peu classique et peu sévère, mais plein de charme et de coquetterie; un des meilleurs paysagistes de l'Allemagne. Grav. à l'eau-forte.
RINGGLE (GOTTHARD).	1575 1655	ZURICH.	Hist.	On ignore quel fut son maître; appelé à Berne pour y peindre l'origine de cette ville en plusieurs tableaux, il s'acquitta si bien de cette commande qu'on lui accorda le droit de bourgeoisie. — Exécution spirituelle et pleine de feu. Ses dessins sont estimés. Graveur sur bois et au burin.
MAJOR (ISAAC).	1576 1650	FRANC-FORT S/M.		Peintre et graveur. Pour la gravure, élève de Gilles Sadeler. Mort de misère à Vienne. — Ce ne fut qu'après sa mort qu'on rendit justice à son mérite comme graveur.
KELLER (GEORGE).	1576 1640?	Id.	Hist. et pays.	Élève de J. Amman; demeura à Nuremberg et y mourut. — Graveur à l'eau-forte.
JUVENEL (PAUL), fils de Nicolas.	1579 1643	NUREM-BERG.	Pays., vues de ville, persp. et int. d'égl.	Élève d'A. Elzheimer et de son père; habita quelque temps Vienne. Mort à Presbourg. — Vue de Rome, Vienne. — Exécuta de belles copies d'après des tableaux de Dürer.
FISCHER (JEAN-G.).	1580 1643	AUGS-BOURG.	Hist. et portr.	Étudia à Prague. — Jésus-Christ arrêté, Munich. — Imitait Albert Dürer à s'y méprendre.
FURTENBACH (JO-SEPH).	1581 1667	LEUTKIR-CHEN.	Arch., etc.	Conseiller à Ulm, où il mourut. — *Architectura universalis, civilis et navalis, etc. Itinerarium.* Et autres ouvrages d'architecture. — Architecte.
HAGELSTEIN (JEAN-ERNEST-HOMANN DE).	1588 1653	HAGEL-STEIN.	Pays. av. fig.	Élève d'A. Elzheimer; étudia à Constance, à Kempten et en Italie, où il résida quinze ans, travaillant avec Pinas, Lastman et son ami Elzheimer. — Imita parfaitement son maître.
PAY ou PEY (JEAN VAN).	1589 1660	RIEDLIN-GEN.	Portr. et hist.	Peintre des électeurs de Bavière. — Portrait d'homme, Munich.

NOMS.	ANNÉES DE NAISSANCE ET DE MORT.	LIEU DE NAISSANCE	GENRE.	NOTES HISTORIQUES. — TABLEAUX PRINCIPAUX ET LIEUX OU ILS SE TROUVENT. — *OBSERVATIONS.*
SCHMID (Jean-Rudolphe).	1590 1667	Stein.	Monuments, pays., etc.	Célèbre général et ambassadeur ; vie très-aventureuse ; habita l'Allemagne, l'Italie et la Turquie. — Peintre et poète.
HOFFMAN (Samuel).	1591? 1649	Zurich.	Hist., portr. et nat. morte.	Élève de Goth. Ringgle et de Rubens, habita Amsterdam et Francfort-sur-le-Mein ; appelé dans plusieurs villes de son pays et à la cour du duc de Saxe-Weimar, afin d'y faire les portraits de plusieurs grands. — Pinceau léger et moelleux ; coloris naturel, ordonnance riche. Une de ses filles, nommée Madeleine, peignit les fleurs avec succès.
HEER ou HERR (Michel).	1591 1661	Menzingue dans le Wurtenberg.	Hist. et portr.	Habita Nuremberg, et y mourut.
SCHICKHARDI (Guillaume).	1592 1635	Herenberg, près Tubingue.		Érudit, orientaliste, hébraïsant, astronome. — Auteur du livre : *Exercitationes hebraicæ.*
MÉRIAN (Mathieu), le vieux.	1593 1651	Bâle.	Pays. et genre.	Élève de D. Mayer et de Th. de Brye (graveur), dont il épousa la fille ; s'occupa à Nancy ; visita Paris s'y lia avec J. Callot, parcourut toute l'Allemagne et s'établit à Francfort. Mort à Schwalbach, près de Francfort-sur-le-Mein. — Paysage avec pêcheurs, Vienne. — Plus connu comme célèbre graveur à l'eau-forte.
HAUER (Jean).	1596 1660	Nuremberg.	Hist.	Élève de Pierre Hochhaimer.
GIRGER (Jean-Conrad).	1597 ou 1601 1674	Zurich.	Hist. et portr.	Étudia d'après nature ; reçut des commandes de plusieurs grands et fut honoré de distinctions flatteuses. — Célèbre par de belles peintures sur verre et un grand plan géométrique de la ville de Zurich.
FUESSLI (Mathieu), le vieux.	1598 1664	Id.	Batail., combats navals, incend., etc.	Élève de Gotthard Ringgle ; passa quelque temps à Venise, où Tempesta et Ribera le distinguèrent ; ne s'attacha à copier aucun maître et se fit une manière tout originale ; fit naître parfois des scènes d'épouvante afin de les dessiner d'après nature. — Excellait à représenter des scènes horribles ; travailla également en émail, en miniature et à fresque. Graveur au burin.
HERTZ (Jean).	1599 1635	Nuremberg.	Hist. et pays.	On n'a rien consigné sur la vie de cet artiste.
HOFFMAN (Jean).	†1600	Id.	Portr. anim., fl., et insect.	Entra, en 1584, au service de l'empereur Rodolphe II. Habita quelque temps à Vienne, et y mourut. — Imita Alb. Dürer.
PEHAM ou PECHAM (George).	†1604		Pays.	Élève de Boksberger, à Munich, où il mourut. — Graveur à l'eau-forte.
HAMMER (George).	†1610	Munich.	Hist.	Peintre médiocre.
HAMMER (Vitus).	†1616		Id.	Mort à Munich.
HARRICH (Job).	†1617	Nuremberg.	Id.	Détails inconnus.
AVEMAN (Wolff).	†1620	Id.	Persp.	Étudia d'après H. Van Steenwyk (peintre hollandais) : habita quelque temps la Hesse.
REUTER ou REITER (Barthélemy).	†1622		Hist.	Mort à Munich. — Graveur à l'eau-forte.
CREUTZFELDER (Jean).	†1636	Nuremberg.	Hist. et portr.	Élève de N. Juvenell, en 1593. — Martyre de saint Ignace, évêque d'Antioche, Vienne. — Beaucoup de fini.
UFFENBACH (Phil.).	†1640	Francfort s/m.	Portr. et hist.	Élève d'A. Grimmer. — Annonciation, Vienne. — Graveur. Il est souvent nommé par erreur : Oudenbach, Oflenbach ou enfin Ussenbach.
WEYER (Gabriel).	†1640	Nuremberg.	Hist., portrait, etc.	Travailla beaucoup à Cobourg pour les graveurs. — Peintre de mérite.
GRIEMER ou GRIMMER (Adam).	†1640?	Allemagne.	Hist. et pays.	Élève de Math. Grünewald ; florissait à Francfort-sur-le-Mein. — Il paraît que son véritable nom est *Griemer.*
JUVENELL (Jean), fils de Nicolas.	†1641	Nuremberg.	Hist.	Élève de Paul Juvenell ; demeura quelque temps à Vienne.
FLEP (Philippe).	†1641	Berne.	Portr. et fr.	Détails inconnus.
KOENIG (Jean).	†1642	Augsbourg.	Pays, ornem., pet. fig. et mar.	Habita Nuremberg. — Les Quatre saisons : allégories, Vienne. Gros temps de mer, Dresde.
CORDUER (Pierre-Antoine).	†1644	Nuremberg.	Hist.	Élève de Michel Heer ; demeura à Venise.
HALTER (Christ.).	†1648	Id.	Id.	Détails inconnus.

NOMS.	ANNÉES DE NAISSANCE ET DE MORT.	LIEU DE NAISSANCE	GENRE.	NOTES HISTORIQUES. — TABLEAUX PRINCIPAUX ET LIEUX OU ILS SE TROUVENT. *OBSERVATIONS.*
JUVENELL (Jean-Philippe), fils de Nicol.	†1650	Nuremberg.	Persp.	Élève de Paul Juvenell ; demeura quelque temps à Vienne.
BRENDEL ou BRENTEL (Frédéric).	†1631	Strasbourg.	Min., hist. et portr.	Protégé par les principaux souverains de son époque. Demeurait à Augsbourg. Mort très-vieux. On met l'époque de sa naissance tantôt en 1580, tantôt en 1586, et enfin parfois en 1590.—Miniatures d'un manuscrit intitulé : *Officium B. Mariæ Virginis, Pii V, Pont. Max., jussu editum,* in-8e (1647), chef-d'œuvre, Bibliothèque impériale, Vienne. — Dessin correct, coloris brillant et agréable ; peignit à la gouache. Graveur à l'eau-forte.
GONDELACH (Math.).	†1653	Cassel.	Hist. et portr.	Travaillait à Prague, à la cour de l'empereur Rodolphe II. Mort à Augsbourg. — Le mariage de sainte Catherine ; on y trouve le portrait du saint empereur Mathias et celui de sa femme , l'impératrice Anne (signé : M. Gondelach, F. 1614) , Vienne.
EIMMART (George-Christ.) , le vieux.	†1663	Ratisbonne.	Portr., nature morte, paysage et hist.	Mort à Nuremberg. — Graveur à l'eau-forte et au burin.
HAUER (Rupert).	†1667	Nuremberg.	Archit.	Élève de Jean Hauer.
STORER (Christ.).	†1671	Costnitz.	Hist.	Habita quelque temps Milan.
SPILNBERG ou SPILENBERGER (Jean).	†1675		Id.	Gentilhomme hongrois ; travailla à Venise, à Augsbourg et à Vienne : quitta cette dernière ville à cause de la peste, et mourut dans une maison de quarantaine , au moment de se rendre en Bavière. — Graveur à l'eau-forte ; il ne faut pas le confondre avec Jean Spilberg , peintre hollandais, allemand de naissance , mais élève de Govert Flinck.
SCHAPER ou SCHAPPER (Jean).	†1674	Hambourg	Hist. et portr.	Habita Nuremberg, et y mourut. Excellent peintre sur verre. — Peignit avec beaucoup de délicatesse des verres à boire et des cruches de porcelaine.
WITTIG (Barthél.).	†1684	Œls. (Silésie.)	Hist. et genré.	Habita Nuremberg et y mourut. — Un grand repas, Vienne.
SCHALTZ (Daniel).	†1686	Dantzick.	Hist., portrait et anim.	Détails inconnus. — Excellent graveur à l'eau-forte.
SMITS (Gaspard).	†1689	Allemagne.	Hist., fleurs, portr. et fr.	Affectionnait particulièrement de peindre des *Madeleines.* Amené à Dublin par des aventures galantes , il y mena une vie désordonnée et y mourut dans la misère. — Expression naturelle , belle carnation , bonne couleur. Un *chardon* qu'il plaçait dans tous ses fonds était sa signature. On prétend que sa femme servit de modèle pour toutes ses Madeleines.
PRUCKER ou BRUCKER (Nicolas).	†1694		Portr.	Peintre à la cour de Bavière. — Portrait d'un jeune homme, Munich.
GRUNEWALD (Jean), frère de Mathieu.	*1500		Id.	Florissait à Mayence. — Portrait : l'empereur Maximilien Ier, Vienne.
OLENDORF (Jean D').	*Id.		Hist.	Peintre du duc de Bavière, en 1500.
MAYR ou MAIR.	*Id.	Landshut	Id.	On a de lui des tableaux portant la date de 1514. — Sainte famille (attribué), Vienne. — Graveur.
HERLIN (Luc), fils de Frédéric.	*1503	Nordlingue.	Id.	Détails inconnus.
MARÈS (Pierre De).	*1517		Hist. et portr.	Appartient à l'ancienne école de la basse Allemagne. — Saint Maurice refusant de sacrifier aux idoles, Munich. Crucifiement, *ib.* Décollation de saint Maurice , *ib.*
STOLZLIN (Jean).	*1520	Ulm.		Détails inconnus.
DÜRER (Jean), frère d'Albert.	*1525		Hist. et portr.	Peintre à la cour du roi de Pologne. On prétend qu'il vécut dans la maison de son frère depuis 1502. — Mauvais goût et mauvais dessin.
VOGTHERR (Henri)	*1527	Strasb.	Hist. ?	Détails inconnus.
WORMS (Antoine De)	*1530	Worms.	Hist. et portr.	Demeurait à Cologne, en 1529. — Graveur sur bois.
KNECHTELMAN (Luc)	*1540	Ulm.	Hist.	Détails inconnus. — Tableau d'autel, Nordlingue.
TAIG (Sébastien)	*Id.	Nordlingue.	Id.	Travailla, de 1516 à 1560, avec J. Herlin et Jean Schœuffelein.—Son père, Martin, était peintre sur verre, à Lauingen.
OSSINGER (Michel).	*1543	Hennau, près de Ratisbonne.	Id.	Élève d'A. Altdorfer. — Dieu le père dans sa gloire, Munich. — Manière nette et très-fine.
GLOCKENTON (Alb.).	*Id.		Hist. et portr.	Habile peintre sur verre.
HIRSCHVOGEL (Augustin).	*1545	Nuremberg ?	Hist., portrait, pays., etc.	Demeura à Vienne en Autriche. — Bon peintre sur verre et en émail. Graveur à l'eau-forte.

NOMS.	ANNÉES DE NAISSANCE ET DE MORT.	LIEU DE NAISSANCE	GENRE.	NOTES HISTORIQUES. — TABLEAUX PRINCIPAUX ET LIEUX OU ILS SE TROUVENT. — OBSERVATIONS.
GERON (Mathieu).	*1550		Hist.	Travailla à Lauingen, en Bavière. — Le camp de l'armée de l'empereur Charles V devant la ville de Lauingen (attribué), Lauingen.
HEINTZ (C.).	*Id.		Portr.	Détails inconnus. — Peintre de mérite.
OSTENDORFER (Martin ou Michel).	*Id.		Hist. et portr.	Florissait à Landshut.—Tableaux d'histoire religieuse, Nuremberg. Portrait d'Albert V, duc de Bavière, Schleisheim. — Tons chauds.
KANDEL (David).	*1551	Strasbourg.	Plan, fl., etc.	Il n'eut d'autre maître que son génie et devint un excellent artiste. — Bon dessinateur.
STOER (Laurent).	*1556	Augsbourg.	Portr.	Graveur sur bois.
DEUTCH (Jean-Rodolphe-Emmanuel), fils de Nicolas-Emmanuel.	*1560	Bâle.	Hist. et portr.	Élève de Maximin; ses tableaux, comme ceux de son père, sont confondus avec les ouvrages de ses contemporains. — Son œuvre de gravure représente les principales villes de l'Europe, dont elle fait connaître l'état pittoresque au XVIᵉ siècle. — Ses gravures sont très-estimées.
SCHOEPFER (Jean).	*Id.	Nordlingue.	Portr. et hist.	Détails inconnus.
SEEFRIED ou SEYFRIED (Fréd.).	*Id.	Id.	Portr.	Quelques auteurs croient qu'il ne fait qu'un avec un artiste peu connu, nommé Westenrieder.
RING (Louis).	*1562		Portr. et genre.	Élève de son père nommé également Louis et sur lequel on n'a pas plus de détails que sur le fils; on croit que ce dernier naquit en 1496.—Portrait d'homme, Berlin. Intérieur d'une cuisine, ib. — On le place quelquefois à l'école flamande. On parle d'un Herman Ring, qui pourrait avoir été le frère de Louis, le jeune.
HERLIN (Joseph), fils de Luc.	*1565	Nordlingue.	Hist.	Détails inconnus. — Peignit à fresque.
KLAUBER (Hugues).	*1568	Bâle?	Id.	Détails inconnus. — Répara la Danse macabre de Bâle et y ajouta trois nouveaux tableaux.
RIEDER (George).	*1570		Id.	Acquit, en 1550, le droit de bourgeoisie dans la ville d'Ulm.
WECHINGER (Jérémie).	*1571	Anspach.		Devint bourgeois de Nordlingue, en Bavière, en 1571, y travailla, avec Joseph Herlin, à la façade de l'hôtel de ville.
MÜLLER (Michel).	*1575	Zug.	Hist. et portr.	Détails inconnus. — Peintre sur verre renommé.
ZIEGLER (Jacques).	*Id.	Id.	Id.	Peintre de la cour d'Autriche; travailla beaucoup pour l'évêque Vite de Wurzbourg. — Tableau d'autel, Bamberg. — Talent médiocre.
KESER (Jacques).	*1576		Archit. int. d'égl.	Détails inconnus.
SPECART (Jean).	*1577	Allemagne.	Portr. et hist.	Florissait à Rome, où il mourut. Ami d'Arnold Mytens; travailla quelque temps à Florence. — Portrait du peintre, Vienne.
HAGERICH.	*1578	Thur.	Hist.	Détails inconnus. — Ce nom se trouvait au bas d'un tableau remarquable, à Isenheim (Suisse).
MAIR (Alexandre).	*1579		Pays. histor.	Travaillait à Augsbourg. — Bon graveur au burin; représenta souvent des incendies.
WECHTER (George).	*Id.	Nuremberg.	Nature morte?	Détails inconnus. — Graveur.
SWISTER (Joseph), ou LE SUISSE.	*1580	Suisse.	Hist.	Élève de J. Van Achen, travailla pour l'empereur.
LINDMEYER (Daniel)	*Id.	Schaffouse.	Hist., etc.	On le croit élève de T. Stimmer. — Manière de son maître.
ALT (Élie).	*1590	Tubingue.	Hist. et portr.	On le nomme quelquefois Helias Altzius, en latinisant son nom.
EISENHOUT (Ant.).	*Id.	Varnbourg.	Hist.	Travailla à Rome. — Habile graveur à l'eau-forte.
FRAISINGER (Gasp.).	*Id.	Ingolstadt.	Id.	Détails inconnus. — Graveur à l'eau-forte.
HEERNEYSEN, HERREISEN ou enfin HORNEISER (And.)	*Id.	Nuremberg.	Hist. et portr.	Détails inconnus. — En 1587, il fit les peintures du beau puits (der schone Brunnen), à Nuremberg.
ZUBERLEIN (Jacq.).	*Id.	Tubingue.	Portr.	Dessina des portraits qu'Élie Alt avait peints. — Bon dessinateur.

NOMS.	ANNÉES DE NAISSANCE ET DE MORT.	LIEU DE NAISSANCE	GENRE.	NOTES HISTORIQUES. — TABLEAUX PRINCIPAUX ET LIEUX OU ILS SE TROUVENT. — OBSERVATIONS.
WEHME (Zacharie).	* 1591		Vues de ville, etc.	Peintre à la cour de Chrétien Ier, électeur de Saxe.
HETZELSDORFFER (Frédéric).	* 1597	Nurem-berg.	Portr.	Détails inconnus.
STIMMER (Abel).	* XVIe siècle.	Suisse?	Hist. et portr.	Peintre sur verre. — On voyait de lui, en Suisse, de fort beaux vitraux.
SINGHER (Jean).	* Id.	Pays de Hesse.	Pays.	Admis dans le corps des peintres, à Anvers. — Beaucoup d'art et de variété.
SCHWEZER (Enrard)	* Id.	Nurem-berg.		Contemporain de Georges Pens, qui fit son portrait.
HOLTZMAN (Jean).	* Id.	Cologne.	Portr.	Élève d'Augustin Brün. — On croit qu'il mourut en 1639.
SCHAFFNER (Mart.).	* Id.	Ulm.	Hist. et portr.	Depuis 1502 jusqu'en 1539, Schaffner fut bourgeois et peintre à Ulm, et y fit partie d'une société de peintres. — Sainte famille, Vienne. La Salutation angélique, Munich. La Descente du Saint-Esprit, ib. Mort de la Vierge, ib. Portrait : le mathématicien Pierre Appianus, ib. Et autres, ib. Tableaux, Ulm. — Composition pleine de douceur, un des meilleurs peintres de son école.
ROTTENHAMER, le vieux.	* Id.	Allema-gne.		Détails inconnus.
BRÜN ou BRAUN (Augustin).	* Id.	Cologne.	Hist.	Détails inconnus. — La Salutation angélique, Dresde. La Visitation, ib. La Naissance de Jésus-Christ, ib. Circoncision, ib. Apparition du Christ, ib.
MAXIMIN.	* Id.	Bale.	Hist. et portr.	Détails inconnus.
LAUTENSACK (Paul).	* Id.	Nurem-berg.	Id.	Détails inconnus.
CRAMER.	* Id.	Allema-gne.	Hist.	Détails inconnus. — Tableaux, Nuremberg. — Réunissait les qualités élevées de la peinture ogivale à une expression plus avancée.
GEORGE ou JER-RICH.	* Id.		Portr.	Détails inconnus. — Habile dans son genre.
BRUYN (Barthélemy Van).	* Id.	Anvers ?	Hist. et portr.	Florissait à Cologne, de 1520 à 1530 ; du reste, les renseignements que l'on a sur ce peintre sont fort obscurs et fort contradictoires ; le pays où on le croit né ne possède aucune de ses œuvres et presque tous ses tableaux sont en Allemagne, ce qui fait supposer avec raison qu'il passa toute sa vie dans ce pays. — Portrait d'un bourgmestre de Cologne, Berlin. Jésus-Christ mort sur les genoux de sa mère, ib. La Vierge et l'enfant Jésus adorés par un duc de Clèves, ib. Incrédulité de saint Thomas, ib. Saint Cunibert, Munich. Saint Suibert, ib. Saint Étienne, ib. Descente de croix, ib. Saint Géréon, ib. — On le place quelquefois à l'école flamande ; style gothique, avec quelques beautés et beaucoup des défauts de l'ancienne manière.
DONNAUER (Jean).	* Id.	Allema-gne.	Hist.	Détails inconnus. — Peintre médiocre.
FISCHER (Suzanne), fille de Jean Fischer.	1600 1674	Augs-bourg.		Élève de son père.
RUPRECHT (Jean-Chrétien).	1600 1654	Nurem-berg.	Portr.	Détails inconnus. — Le Martyre de 10,000 chrétiens, d'après A. Dürer, Vienne.
FISCHER ou FISCHES (Jean-Thomas).	1603 1685	Id.	Fleurs à l'aquar.	Bon enlumineur.
FRANCK (Jean-Ulric).	1603 1680	Kaufbeu-ren. (Souabe.)	Hist.	Mort à Augsbourg. — Graveur à l'eau-forte.
LEISMAN (Jean-Antoine).	1604 1698	Saltzb.	Hist.?	Détails inconnus.
SKRETA (Charles).	1604 1674	Prague.	Hist.	Très-admiré en Bohême. — On cite comme ses tableaux les plus célèbres les suivants : Assomption. Saint Luc et saint Marc, Dresde. Annonciation. — Manière de Pierre de Cortone, Charles Maratti et Conca.
GOLLING (Léonard).	1604 1667	Nurem-berg.	Id.	Détails inconnus.
MAYER (Rodolphe), fils de Dietrich.	1605 1638	Zurich.	Portr. et hist.	Élève de son père ; visita Nuremberg. Augsbourg et Francfort, où il travailla pour Mérian ; un travail excessif, joint à une santé délicate, le conduisirent au tombeau avant que son talent remarquable n'eût atteint sa maturité. — Graveur sur cuivre et dessinateur.

NOMS.	ANNÉES DE NAISSANCE ET DE MORT.	LIEU DE NAISSANCE	GENRE.	NOTES HISTORIQUES. — TABLEAUX PRINCIPAUX ET LIEUX OU ILS SE TROUVENT. OBSERVATIONS.
PETITOT (Jean).	1607 1691	Genève.	Émail, miniat. et portr.	Destiné d'abord au métier de joaillier; fut mis sous la direction de Bordier; s'associa aux travaux de son maître; celui-ci peignait les cheveux, les draperies et les fonds et Petitot les figures et les mains; visita l'Italie, acquit des connaissances chimiques et fit faire un grand pas à son art; quitta l'Italie pour se rendre en Angleterre, toujours accompagné de Bordier; s'y lia avec Mayerne, premier médecin de Charles Ier et habile chimiste : découvrit les couleurs qui pouvaient être employées dans la peinture en émail; fut présenté à Charles Ier par Mayerne, attaché à la personne du roi et créé chevalier; Van Dyck lui conseilla d'abandonner l'orfévrerie pour s'adonner entièrement à la peinture du portrait en émail; suivit Charles II, fugitif en France; accepta les offres de Louis XIV et resta à Paris; chargé de plusieurs travaux importants et richement traité par le roi de France. A la révocation de l'édit de Nantes, Petitot, n'ayant pu obtenir la permission de se retirer à Genève, voulut s'enfuir secrètement et fut emprisonné; le chagrin lui causa une maladie que son âge rendit dangereuse; il avait alors 80 ans : on lui rendit la liberté et il en profita pour se retirer à Genève; c'est alors que le roi et la reine de Pologne voulurent avoir leur portrait peint par Petitot, et, malgré son grand âge, il s'acquitta dignement de cet ouvrage; le concours des amis qui vinrent lui témoigner leur estime devint si grand que le vieux peintre se retira à Vevei pour pouvoir s'y occuper uniquement de son art. Une attaque d'apoplexie le conduisit au tombeau. — 56 portraits, Paris. L'Angleterre, la Russie et presque toutes les principales collections de l'Europe possèdent de magnifiques ouvrages de ce célèbre artiste. — Regardé comme l'inventeur de la peinture en émail, considérée jusqu'alors comme un métier; finesse de dessin, douceur et vivacité de coloris vraiment admirables; ses portraits sont d'autant plus précieux et plus recherchés qu'ils représentent, pour l'ordinaire, des personnages remarquables du grand siècle de Louis XIV; les portraits du roi et de la reine de Pologne sont exécutés avec toute la force et le fini de la jeunesse, quoique le peintre fût alors octogénaire; les conseils que lui donna Van Dyck, à Londres, ne contribuèrent pas peu à le perfectionner dans son art.
JUVENELL (Frédéric), fils de Nicolas.	1609 1642	Nuremberg.	Persp.	Élève de Paul Juvenell.
SCHOENFELD (Jean-Henri).	1609 ou 1619 1675	Biberach (Souabe).	Hist., genre, pays., etc.	Élève de Jean Sichelbein; habita Munich et Saltzbourg, se rendit en Italie, étudia avec ardeur les chefs-d'œuvre de l'art, à Rome, et y reçut des commandes importantes; revint en Allemagne en passant par Lyon, Munich, Vienne, etc. Mort à Augsbourg. — Christ au Calvaire, Augsbourg. Descente de croix, ib. Hamilcar et Annibal, Dresde. Cadmus tuant le dragon, ib. Partie de musique, ib. Fête de bergers, ib. Le combat des géants, ib. Les Hongrois au tombeau d'Ovide, Londres. Gédéon et les Madianites, Vienne. Sacrifice païen, ib. Paysage : Réconciliation de Jacob et d'Ésaü, ib. — Grande liberté d'exécution; dessin correct et élégant; imagination active et gracieuse; pinceau fougueux; composition sage et savante. Graveur à l'eau-forte.
BAUR ou BAWR (Jean-Guillaume).	1610 1640	Strasbourg.	Hist., persp., pays., en miniat., etc.	Élève de F. Brendel; visita l'Italie, et s'occupa longtemps à la Villa-Madama. Mort à Vienne. — Métamorphoses d'Ovide. Batailles. Paysages avec figures. Et autres gravures. — Beaucoup d'imagination, touche spirituelle et légère, beaucoup d'expression, dessin peu correct. Il ne peignit qu'à la gouache, sur vélin. Graveur à l'eau-forte. Quelques auteurs le font naître en 1600.
LOTH (Jean-Ulric).	1611 1660	Munich.	Hist.	Détails inconnus. — Jésus-Christ et les disciples d'Emmaüs, Munich. — Imita Charles Saraceno, dit Vénitien.
STRAUCH (George).	1613 1675	Nuremberg.	Hist. et portr.	Élève de Jean Hauer; habita sa ville natale et Augsbourg. — L'immaculée conception, Vienne.
FELS (Élie).	1614 1655	St-Gall.	Hist.	Peintre de l'électeur palatin. Mort à Heidelberg.
FRIES (Jean-Conrad).	1617 ou 1623 1695	Canton de Zurich.	Portr.	Élève de S. Hoffman; reçu dans les deux conseils de sa patrie. — Portrait de femme, Munich. — Imita son maître avec succès.
MAYER (Conrad), fils de Dietrich.	1618 1689	Zurich.	Portr., histoire et pays.	Élève de son père et de son frère Rodolphe; parcourut toute l'Allemagne et s'arrêta quelque temps à Francfort, chez M. Mérian, ami de sa famille; le cadet de ses fils fut peintre et graveur à l'eau-forte et travailla avec succès au grand ouvrage de Sandrart sur la peinture. — Peintre de mérite; bon graveur à l'eau forte.
GOEDELER (Élie).	1620 1693	En Autriche.	Hist. et pays.	Habita Nuremberg, Bayreuth et Hildbourghause.
WEYER (Jean-Mathieu).	1620 1690	Hambourg.	Batail., chev, etc.	Donna des leçons à Jean-Philippe Lembke. Nommé quelquefois Jean et quelquefois Mathieu. — Dessin peu correct, pinceau très-spirituel.
MÉRIAN (Mathieu), le jeune, fils de Mathieu, le vieux.	1621 1687	Bâle.	Hist. et portr.	Élève de son père et de J. Sandrart (peintre hollandais); les conseils de Van Dyck, Rubens, Vouet, Lesueur, Sacchi, Carlo Maratti et autres, perfectionnèrent son talent; il rencontra ces célèbres artistes pendant le cours de ses voyages en France, en Angleterre, en Italie et dans les Pays-Bas; s'établit à Nuremberg, puis à Francfort; travailla pour l'empereur et pour plusieurs princes d'Allemagne; continua le commerce de librairie de son père; nommé conseiller et chargé d'affaires du grand électeur de Brandebourg et conseiller aulique du margrave de Baden-Dourlach. — Portrait d'un vieillard, Vienne. — Imita avec bonheur la manière de Van Dyck; excella dans le portrait.
HURTER (Gaspard).	1625?	Schaffouse.	Hist.	Détails inconnus.
NEIDLINGER (Michel).	1624 1700	Nuremberg.	Id.	Élève de George Strauch.

26

NOMS.	ANNÉES DE NAISSANCE ET DE MORT.	LIEU DE NAISSANCE	GENRE.	NOTES HISTORIQUES. TABLEAUX PRINCIPAUX ET LIEUX OU ILS SE TROUVENT. OBSERVATIONS.
THILL (JEAN-CHARLES DE).	1624 1676	NUREM-BERG.	Fruits et ois.	Élève de Chr. Rupert; étudia en Italie et habita Venise.
UMBACH (JONAS).	1624 1700	AUGSB.	Hist.	Détails inconnus. — Graveur à l'eau-forte.
FRANCK (FRANÇOIS-FRÉDÉRIC), fils de Jean Ulric.	1627 1687	Id.	Portr., hist. et n. morte.	Élève de son père. — Portrait d'homme, Vienne.
PREISLER ou PREIS-SLER (DANIEL).	1627 1665	PRAGUE.	Hist. et portr.	Élève de Chr. Schiebeling; habita Nuremberg et y mourut. — Jésus-Christ faisant venir à lui les petits enfants, Vienne.
EHRENSTRAL (DAVID CLOCKER D').	1629 1698	HAMBOURG	Hist., portr., anim. etc.	Élève de P. de Cortone; étudia en Hollande; peintre de la cour de Suède; il avait été employé comme secrétaire des ambassadeurs de Suède, chargés de négocier le traité de Westphalie; voyagea en Italie, par la protection de la reine Marie-Éléonore, veuve de Gustave-Adolphe; reçut des lettres de noblesse de Charles XI, en 1674; donna des leçons de dessin à ce prince, ainsi qu'à la fameuse Christine de Suède. Mort à Stockholm. — Couronnement de Charles XI, Stockholm. Jugement dernier, ib. — Dessinateur. Ses tableaux d'animaux sont peints avec assez de vérité; architecture et paysages parfaitement exécutés; beaucoup de talent pour le portrait.
WERENFELS (RO-DOLPHE).	1629 1673	BÂLE.	Portr. et hist.	Étudia trois ans à Amsterdam, visita la France et l'Italie; ne revint à Bâle qu'en 1664 et fut reçu dans le conseil. — Dessin satisfaisant, coloris trop gris.
ROOS (JEAN HENRI).	1631 1685	OTTER-BOURG.	Pays., anim. et portr.	Les uns le font élève de Bernard Graat, les autres d'Adrien de Bie, tous deux peintres hollandais; s'établit d'abord à Mayence; parcourut l'Italie, la France, l'Angleterre et une partie de l'Allemagne: son talent lui avait acquis une fortune considérable, s'établit à Francfort et périt dans un incendie qui détruisit sa maison. Paysages avec animaux, Dresde. — Couleur vigoureuse, touche décidée dans les arbres, bon choix de formes; goût exquis dans le dessin de ses animaux. Bon graveur à l'eau-forte.
LEMBKE (JEAN-PHIL.).	1631 1721	NUREMB.	Batail., chass., etc.	Élève de Mathieu Weyer et de G. Strauch; visita l'Italie, en 1655; premier peintre du roi de Suède, Charles XII. Mort à Stockholm, dans la plus grande indigence. — Combat de cavalerie, Vienne. — Imita P. Van Laar, dit Bamboche, et J. Courtois, dit le Bourguignon; composition belle, savante, originale, pleine de mouvement et de chaleur. Graveur à l'eau-forte et à la pointe.
BLOCK (BENJAMIN), le jeune, fils de Benjamin le vieux.	1631	LUBECK.	Hist. et portr.	Élève de son père; habita Nuremberg; protégé par Frédéric-Adolphe, duc de Mecklembourg; visita la Hongrie, puis l'Italie, où il fit le portrait du fameux jésuite le père Kircher. Retourna dans sa patrie et y épousa Anne-Catherine Fischer. (Voir ce nom.) — Il peignit les portraits des principaux souverains de l'Allemagne. — Bonne réputation surtout pour le portrait.
LOTH (CHARLES), fils d'Ulric et nommé en Italie CARLO LOTI.	1632 1698	MUNICH.	Id.	Élève de son père et du Vénitien Pierre Liberi, cet artiste fut une des merveilles de son siècle et fut protégé par tous les souverains de l'Allemagne. — Adam, pleurant Abel, Florence. Job et ses amis, Dresde. Christ devant Pilate, ib. Loth et ses filles, ib. Jacob bénissant les enfants de Joseph, Vienne. Jupiter et Mercure reçus par Philémon et Baucis, ib. Saint Dominique recevant le rosaire, Munich. L'archange Gabriel, ib. Portrait du peintre, ib. Sara amenant Agar à Abraham, ib. Isaac bénissant Jacob, ib. — Coloris quelquefois un peu rouge, mais presque toujours brillant et lumineux; composition intelligente, clair-obscur savant, touche fière, caractérisée et souvent expressive.
ELLIGER (OTHAR), le vieux.	1632 ou 1633	GOTTEN-BOURG.	Fleurs et fruits.	Destiné aux sciences; les abandonna pour la peinture; se rendit à Anvers, y fut élève de D. Zeghers; appelé à Berlin, peintre de l'électeur Frédéric Guillaume, dont il obtint la faveur. — On ignore l'année de sa mort. Manière de son maître dont il se rapprocha beaucoup.
HUNGAR (JEAN-MICH.)	1634 1714	RAPPER-SCHWEIL. (Suisse.)	Hist.	Étudia à Milan; parcourut l'Italie; revint dans sa patrie, en 1656; reçu dans les conseils, en 1663 et en 1668, et en remplit toutes les dignités. — Bonne réputation.
EISMANN (JEAN-ANT.)	1634 1698	SALTZ-BOURG.	Batail., et pays.	Mort à Vérone. — Ruines au bord de l'eau, Dresde. Paysage: combat de cavalerie, Vienne.
AUER (JEAN-PAUL.).	1636 1687	NUREMB.	Hist. et portr.	Élève de G. Chr. Eimmart, le vieux.
POPP (HENRI).	1637 1682	Id.	Id.	Élève de Da. Preisler.
WERNER (JOSEPH), le jeune, fils de Joseph le vieux.	1637 1710	BERNE.	Hist. en pet. et en miniat.	Élève de son père et de Math. Mérian, le jeune; ami du poète Quinault; appelé en France par Louis XIV, puis nommé professeur de peinture à l'académie de Berlin, par Frédéric II; habita quelque temps Augsbourg; visita l'Italie, travailla à Inspruck, établit une école de dessin dans sa maison et mourut dans sa ville natale. — Tobie ensevelissant les morts, Vienne. Allégorie: les Muses, Munich. — Se distingua particulièrement dans la miniature; apporta dans un cadre restreint tout le mouvement, l'effet et l'expression des plus grandes compositions.
GRAFF (JEAN-ANDRÉ).	1637 1701	NUREMB.	Persp., portr. et fl.	Élève de Jacq. Morell; épousa, en 1665, Marie-Sibylle Mérian, belle-fille de son maître; s'attira de mauvaises affaires au bout de quelques années de mariage et fut forcé de prendre la fuite; revint à Francfort, en 1684. — Peintre habile.
EIMMART (GEORGE-CHRISTOPHE), fils de G. C. le vieux.	1638 1705	RATISB.	Portr., Émail, hist., etc.	Élève de son père; habita Nuremberg; y fut directeur de l'académie en 1674; fut honoré de la distinction de Charles XI, roi de Suède, vie toute consacrée aux arts et aux sciences; secondé par sa fille, Marie-Claire. (Voir ce nom.) — Iconographia nova contemplationem de sole, in devolatis antiquorum philosophorum ruderibus concepta, Nuremberg, 1701, in-folio, ouvrage d'astronomie dédié à Louis XIV. — Mathématicien, mécanicien, astronome distingué, graveur et dessinateur; connaissances en architecture.

NOMS.	ANNÉES DE NAISSANCE ET DE MORT.	LIEU DE NAISSANCE.	GENRE.	NOTES HISTORIQUES. TABLEAUX PRINCIPAUX ET LIEUX OU ILS SE TROUVENT. OBSERVATIONS.
FUESSLI (MATHIEU), le jeune . fils de Mathieu, le vieux.	1638 1759	Zurich.	Portr.	Élève de son père ; se rendit à Rome, et y fut reçu dans l'atelier de Benoît Luti ; séjourna neuf ans en Italie et revint s'établir dans sa ville natale. — Abandonna le genre de l'histoire, d'après le conseil de Kupetzky, pour s'adonner au portrait. Sa femme, Anne Mayer, fille d'un peintre, nommé Jean Mayer , peignit des fleurs en détrempe avec assez de succès.
ROOS (Théodore), frère de Jean-Henri.	1638 1698	Wesel.	Pays., anim. et portr.	Élève d'Ad. de Bie (peintre hollandais), et de son frère J. H. Roos ; travailla beaucoup avec ce dernier ; fut employé par le landgrave de Hesse ; s'établit à Manheim , en 1657 ; ses succès lui valurent le titre de premier peintre des cours de Birkenfeld , de Bade, de Hanau , de Nassau et de Wurtemberg ; se trouvait à Strasbourg lors de la prise de cette ville par les Français, en 1681, et fut traité par eux avec toutes sortes d'honneurs. — Manière large et facile, couleur vigoureuse ; aurait occupé le premier rang parmi les peintres de portrait s'il avait possédé une meilleure science de dessin.
WERDMULLER (Rodolphe).	1639 1668	Zurich.	Pays., anim., portr., hist., etc.	Élève de J. Morell et de Conrad Mayer ; visita Amsterdam, y devint gravement malade et dut revenir dans sa patrie ; forma le projet de visiter la France , en 1668, et se noya par accident pendant le voyage. — Étudia beaucoup d'après nature ; se distingua par une grande vérité. Ingénieur et architecte.
RUDOLF (Samuel).	1639 1745	En Alsace.	Portr.	Habita Nuremberg et Erlangue.
SCHEITZ (Mathieu).	1640 1700	Hambourg.	Genre.	On croit qu'il fut élève de Ph. Wouwerman. — Manière de Van Ostade et de Teniers.
WIRTZ , WIRG ou WIRZ (Jean).	1640 1709	Zurich.	Portr. et sujets bizarres.	Élève de Conrad Mayer ; perdit un œil pendant le courant de ses études, ce qui ne l'empêcha pas de cultiver son art avec ardeur ; comme il fut constamment obligé de travailler pour avoir du pain , il s'attacha au genre du portrait, et son génie ne put recevoir tout son développement. Pourtant il est extraordinaire d'avoir pu , comme lui, sans jamais quitter sa patrie, imiter le style de plusieurs grands maîtres de l'école italienne, entre autres Michel-Ange , Salvator Rosa et Paul Véronèse , et d'avoir pu reproduire une foule de détails avec une vérité qui tient du prodige. — Graveur à l'eau-forte. Romæ animale exemplum , ouvrage mystique et absurde, accompagné de 42 planches (1677, in-8º). Les planches sont remarquables par leur exécution bizarre, grandiose, hardie et pleine d'effet.
BOTSCHILD (Samuel)	1641 1706	Sangenhausen. (Prusse.)	Portr. et hist.	Peintre de la cour et inspecteur de la galerie de Dresde : mort dans cette ville. — Portrait de Gaspard Van Klengel, Dresde. — Graveur à l'eau-forte.
ERMEL ou ERMELS (Jean-François).	1641 1695	Près de Cologne.	Hist. et pays.	Élève de J. Holtzman; habita Nuremberg , vers 1660. — Paysage avec ruines et figures, Vienne. Imita Jean Both (peintre hollandais). Graveur à l'eau-forte.
HARMS (Jean-Oswald).	1642 1708	Hambourg	Pays., archit., persp. et ruines.	Élève d'Ellerbrock ; acheva ses études en Italie , devant les tableaux de Salvator Rosa. — Alcune inventationi di Ruvini et architettura, disegnato et fatto con acqua forte (1675). (Pièces in-folio , en largeur.) — Graveur à l'eau-forte.
WAGENER (Jean-George).	1642 1686	Nuremb.	Hist. et portr.	Élève de D. Preisler ; habita quelque temps Darmstad.
MURRER (Jean).	1644 1713	Id.	Id.	Élève de J. F. Heinzel.
DÜNZ (Jean).	1645 1736 ou 1738	Berne.	Portr. et fleurs.	On ne cite pas le nom de son maître ; possédait une grande fortune ; ne peignant que pour son plaisir, ses amis seuls pouvaient avoir de ses tableaux ; doux, bienfaisant, menant une vie réglée; les artistes pauvres , trouvaient en lui un zélé protecteur. — Ses ouvrages sont peu connus; le témoignage de Fuessli permet seul de les juger. — Bonne ressemblance, coloris agréable, du soin dans le portrait, composition savante, fini précieux, touche légère et ferme, coloris vrai et brillant dans ses tableaux de fleurs.
RÖTENBECK (George-Daniel).	1645 1705?	Nuremb.	Hist., port., etc.	Peintre habile, dessinateur et modeleur.
MÉRIAN (Marie-Sibylle), fille de Mathieu , le vieux.	1647 1717	Francf.	Fleurs, fruits, ins. et miniat.	Élève d'Abraham Mignon (peintre hollandais); épousa, en 1665, Jean-André Graff, de Nuremberg; les mauvaises affaires de son mari lui firent conserver son nom de famille ; après quatorze ans de séjour à Nuremberg , elle revint avec lui à Francfort, en 1684, et le quitta peu de temps après avec ses deux filles pour entrer dans la secte des Labadistes, établie à Bosch, entre Francker et Leuwarden ; passa à Surinam, en 1699, et y resta deux ans. — Beaucoup de fini et d'exactitude. Erucarum ortus, alimentum et paradoxa metamorphosis (1679 et 1685). Metamorphosis insectorum sarinamensium (1705).
HOPFER (Guillaume-Louis).	1648 1698	Nuremb.	Portr.	Élève de G. Strauch.
SICHELBEIN (Jean-Frédéric).	1648 1719	Memmingen. (Bavière.)	Id.	Détails inconnus. — Graveur.
VEITH (Jean-Martin).	1650 1717	Schaffouse.	Hist.	Détails inconnus. — Style sauvage et grandiose. Dessinateur.
WOLFF (Jean-André), fils de Jonas.	1652 1716	Munich.	Hist. et portr.	Élève de son père et de Bal. Ableitner. — Mariage de la Vierge, Munich. Portrait du peintre, ib.
EHINGER (Gabriel).	1652 1736	Augsb.		Graveur.

NOMS.	ANNÉES DE NAISSANCE ET DE MORT.	LIEU DE NAISSANCE	GENRE.	NOTES HISTORIQUES. — TABLEAUX PRINCIPAUX ET LIEUX OU ILS SE TROUVENT. — OBSERVATIONS.
FURSTIN (MADE-LEINE).	1652 1717	NUREMB.	Fleurs en min.	Élève de Jean Fischer et de Marie-Sibylle Mérian ; habita quelque temps Vienne.
LUBIENISKY (THÉO-DORE DE).	1653 1726	CRACOVIE.	Pays.	Noble de naissance ; mort en Pologne. — Graveur à l'eau-forte.
MEYER (FÉLIX).	1653 1713	WINTHER-THUR. (Suisse.)	Id.	Élève de F. Ermel ; visita l'Italie , d'où sa santé le força de revenir ; travailla en Autriche ; fut nommé membre du grand conseil à son retour en Suisse et gouverneur du château de Weyden, en 1708. Son fils, Henri. cultiva la peinture dans le genre du paysage, mais il n'hérita pas des talents de son père. — Chute d'eau , Vienne. — Facilité et promptitude d'exécution étonnantes ; ses tableaux les plus recherchés sont ceux où Roos et Rugendas ont peint les figures ; graveur à l'eau-forte.
FEHLING (HENRI).	1653 1725	SANGER-HAUSEN. (Prusse.)	Hist.	Élève de Samuel Botschild , son parent ; accompagna son maître en Italie ; directeur de l'académie de Dresde, peintre de la cour et inspecteur de la galerie des tableaux. — Fresques à Dresde.
ROOS (PHILIPPE), dit Rosa de Tivoli, fils de Jean-Henri.	1655 1705	FRANCF.	Pays. et anim.	Élève de son père ; envoyé en Italie par la protection du landgrave de Hesse ; se fit remarquer à Rome par Hyacinthe Brandi ; devint amoureux de la fille de ce peintre ; encourut par là sa disgrâce ; résolut de se convertir au catholicisme et obtint ainsi la main de son amante ; s'établit à Tivoli, d'où lui vint son surnom ; se plongea dans la débauche, vécut misérablement , oublia son premier bienfaiteur, le landgrave de Hesse, et mourut par suite de ses excès. — Beaucoup de tableaux, Dresde. Tableaux , Italie. — Facilité extraordinaire qui ne nuisit point au fini de ses ouvrages ; grande vérité ; imitation exacte de la nature, dessin correct, touche large et moelleuse ; groupes distribués avec art et intelligence, ciels légers et transparents ; fonds bien entendus. Graveur.
KLOSTERMANN.	1656	HANOVRE.	Portr.	Fut appelé à la cour de Londres , s'y acquit beaucoup de réputation ; puis fut mandé par le roi d'Espagne ; eut un grand succès à Madrid et revint à Londres comblé de biens ; eut l'honneur de peindre la reine Anne, et mourut fou , par suite d'un vol commis chez lui par sa gouvernante. — Portrait de la reine Anne. — Imita Godefroid Kneller, peintre hollandais, établi à Londres ; composition, harmonie, ressemblance et coloris satisfaisants.
GEBHARD (JEAN-ANDRÉ).	1656 1725	NUREMB.	Hist. en fresq.	Élève de Jean Muncken.
HEINITZ (IGNACE-FRANÇOIS).	1657 1742		Fleurs et fr.	Peintre de l'empereur, en 1721, inspecteur-adjoint de la galerie impériale, de 1729 à 1740. Mort à Weimar. — Fleurs, Vienne.
HUBER (JEAN-RO-DOLPHE).	1658 1748	BÂLE.	Hist. et portr.	Élève de J. Werner, de P. Molyn dit *Tempesta* (peintre hollandais), et de C. Maratti ; passa six années en Italie et revint à Bâle, en 1695 ; se rendit ensuite à Berne et y resta jusqu'en 1758. Le nombre de ses tableaux est immense. — Imita avec bonheur le dessin, le feu, et en général toute la manière du Tintoret ; pinceau léger et expressif, coloris vif et animé.
TAMM (FRANÇOIS-WERNER).	1658 1724	HAMBOURG	Fleurs, fruits et n. morte.	Élève de Th. Von Sosten et de J. Pfeiffer. Mort à Vienne. — Plusieurs tableaux de fleurs et de fruits, Vienne. Un chasseur entouré de gibier mort, ib. Gibier mort, gardé par un chien, ib. Paire de pigeons, Dresde. Poule, etc. ib.
EBERMAYR (JEAN-ÉRARD).	1659 1692	NUREMB.	Hist.	Élève de Jean Murrer ; se perfectionna à Venise.
ROOS (JEAN-MEL-CHIOR), fils de Jean-Henri.	1659 1751	FRANCF.	Anim., portrait, hist. et paysage.	Élève de son père ; habita sa ville natale, puis Wurtzbourg, Cassel et Brunswick ; voyagea en Italie et se fixa à Nuremberg ; la vanité le perdit ; il voulut avoir une vaste maison et se ruina dans cette entreprise. — Bergers au bois, Dresde. — Peu de fini ; faire agréable ; dessin correct, bon coloris ; de l'harmonie. Graveur à l'eau-forte.
ROTTMAYER (JEAN-MICHEL).	1660 1727	LAUFEN.	Hist.	Élève de C. Loth. Mort à Vienne, où il était peintre de la cour. — Le sacrifice d'Iphigénie, Vienne.
BRANDEL (PIERRE).	1660 ou 1668 1739	PRAGUE.	Id.	Élève de J. Schrœder. Mort à Kuttenberg. — Tableaux d'église, Prague. Idem, Breslau. La femme adultère , Vienne. — Imita Rembrandt pour le clair-obscur , mais sans pouvoir y réussir ; demi-teintes sans transparence ; ses tableaux se sont noircis.
BRANDENBERG (JEAN).	1660 1729	ZUG.	Hist. batail., portr., etc.	Fut pendant deux ans au service du trésorier polonais George Bembo , à Inspruck ; se rendit à Mantoue à la suite du comte Ferrari ; parcourut l'Italie ; habita l'Allemagne, revint dans sa ville natale et n'y trouva qu'une existence malheureuse. Son père, nommé Thomas, mort en 1688, avait eu la réputation d'un assez bon peintre. — Un souper à la campagne, Rome. — Les circonstances malheureuses où il se trouva lui firent abandonner sa première manière pour en adopter une plus facile et moins soignée.
BYS (JEAN-RODOLPHE)	1660 1738	SOLEURE.	Hist., paysage et portr.	Étudia à Rome ; appelé à Vienne, en 1704, par l'empereur Charles VI ; puis à Mayence, par l'électeur, qui le nomma peintre de sa cour ; comblé de biens par ce prince et plusieurs grands de sa cour. Mort à Wurtzbourg. — Fresques , Vienne. — *Description de la galerie de Pommersfelden*, publiée en 1719. Peignit beaucoup à fresque et jouit d'une excellente réputation.
STRUDEL (PIERRE), fils de Jacques.	1660 1717	CLEZ. (Tyrol.)	Hist., allég. et fleurs.	Élève de son père et de Charles Loth. Protégé par l'empereur Léopold. Mort à Vienne , où il était premier directeur de l'Académie des beaux-arts, fondée en 1704 par l'empereur Léopold Ier. — Enfants jouant avec des fruits (avec F. W. Tam), Dresde. Jupiter et Antiope , ib. Suzanne et les vieillards, ib. Quatre tableaux représentant des génies tenant des guirlandes de fleurs , Vienne. Le Christ mort sur les genoux de sa mère, ib. Ecce-Homo, Munich. — Grande originalité de faire et de composition. Le catalogue de Vienne le fait naître en 1648 et mourir en 1714 ; celui de Munich donne pour dates de sa naissance et de sa mort 1680-1717.

NOMS.	ANNÉES DE NAISSANCE ET DE MORT.	LIEU DE NAISSANCE	GENRE.	NOTES HISTORIQUES. — TABLEAUX PRINCIPAUX ET LIEUX OU ILS SE TROUVENT. — OBSERVATIONS.
BRANDMULLER (Grégoire).	1661 1691	Bâle.	Hist. et portr.	Élève de G. Meyer, puis de Lebrun, à Paris; séjourna à Prague, revint en France, travailla à Versailles; poursuivi par l'envie, l'amitié de Lebrun ne put le retenir; retourna dans sa patrie, s'y maria et y mourut d'excès de travail. Les cours de Wurtemberg et de Bade-Dourlach lui commandèrent la plupart de ses ouvrages. — Composition noble et animée; dessin assez correct, coloris vigoureux, touche franche, bonne expression; peignit à fresque.
BEISCH ou BEICH, (François-Joachim), fils de Guillaume.	1665 ou 1665 1748	Ravens-bourg.	Hist., pays. et bataill.	Élève de son père; peignit, pour l'électeur Maximilien-Emmanuel, les batailles livrées en Hongrie par ce prince; visita l'Italie. Mort à Munich. — Paysage: troupe de cavaliers, Vienne. Paysage: cavaliers vêtus à l'orientale, ib. Paysage: vue de la mer, Munich. Paysage: le prophète Élisée métamorphosant les enfants railleurs, ib. Paysage: prédication de saint Jean, ib. — Imita Salvator Rosa et Gaspard Dughet, dit Gaspard Poussin. Graveur à l'eau-forte.
GERIKE (Théodore).	1665 1750	Spandau.	Hist.	Élève de Rutger Van Langevelt (peintre hollandais).
RUGENDAS (George-Philippe).	1666 1742	Augsb.	Bataill. et pays.	Élève d'I. Fischer; eut un accident à la main droite et s'habitua à peindre de la gauche; à Vienne, où il se rendit, il recouvra l'usage de sa main droite; résida à Venise, en 1692, y fut élève du Molinaro; étudia à Rome, et revint se fixer dans sa ville natale; pendant le siége d'Augsbourg, Rugendas s'exposa au feu afin d'étudier de plus près les effets des boulets et de toutes les horreurs d'un assaut. — Cavaliers sur un champ de bataille, Dresde. Scènes de batailles, Vienne. Siége d'une ville forte, Berlin. Soldats dans un paysage, ib. — Dessin ferme et correct; génie abondant; composition pleine de feu et pourtant sage; faire facile; couleur séduisante; ce peintre a eu trois manières: la dernière est la meilleure. Graveur à l'eau-forte et en manière noire.
PREISLER (Jean-Daniel).	1666 1737	Dresde.	Hist. et portr.	Élève de J. Murrer; directeur de l'Académie des beaux-arts, à Nuremberg. — Dessinateur.
AGRICOLA (Christophe-Louis).	1667 1719	Ravens-bourg.	Pays.	Étudia d'après nature. N'ayant pas de demeure fixe, ce peintre parcourait toute l'Europe. — La nuit, Florence. Un arc-en-ciel, ib. La pluie, ib. L'aurore, ib. Paysage: voyageurs, Dresde. Paysages avec figures, ib. Paysage avec bâtiments et figures, Vienne. — Quelques auteurs donnent la ville de Ratisbonne comme sa patrie.
BLENDINGER (George).	1667 1741	Noremb.	Id.	Élève de J. F. Ermel.
KUPETZKI (Jean).	1667 1740	Pessing. (Hongrie.)	Portr. et hist.	Élève de N. Claus; fils d'un tisserand; s'enfuit de la maison de son père afin de ne pas devoir embrasser le même état; habita Vienne et y travailla avec son maître; parcourut les principales villes d'Italie, se fixa à Rome, n'ayant encore trouvé partout que faim et misère; parvint enfin à se faire connaître, devint riche, alla étudier à Bologne, et s'y perfectionna; fut appelé par divers souverains d'Allemagne; céda aux instances du prince de Lichtenstein et se rendit à la cour de Joseph Ier, à Vienne; fut protégé par ce prince ainsi que par son successeur, Charles VI; perdit son père au moment où il allait mettre sa fortune à ses pieds en échange de son pardon, épousa la fille du peintre Claus, son ancien maître, et fut très-malheureux par cette union; travailla pour le czar Pierre, s'arrêta à Leipzig et revint à Vienne; refusa la place de premier peintre que l'empereur lui offrit; se laissa persuader que l'on allait exécuter contre lui une persécution religieuse et s'enfuit à Nuremberg; la perte de son fils unique et l'inconduite de sa femme altérèrent sa santé et son esprit déjà affaibli, et à la suite d'une hydropisie de poitrine, Kupetzki mourut d'une goutte remontée. — Portrait du peintre (attribué), Dresde. Portrait: une dame et son fils, Vienne. Portrait du peintre, ib. Saint François au désert, Berlin. Portrait du peintre, ib. Portrait: la fille du peintre, ib. Portrait d'un évêque, Munich.
SCHUSTER (Jean-Martin).	1667 1758	Noremb.	Hist. et portr.	Élève de J. Murrer.
WEIDEMAN (Frédéric).	1668	Oster-bourg.	Portr.	Élève de Rutger Van Langevelt (peintre hollandais), et de l'académie royale de Berlin.
ARLAUD (Jean-Antoine).	1668 1746	Genève.	Portr. et miniat.	Élevé d'abord pour la théologie, sa vocation l'entraîna vers la peinture; arriva à Paris en 1688; protégé par le duc d'Orléans à qui il donna des leçons et qui le fit loger à Saint-Cloud; honoré de l'estime des souverains étrangers, ami de Newton qui lui offrit la traduction française de son Optique, il revint à Genève où il mourut, laissant une fortune considérable. — Ressemblance parfaite, caractères bien saisis.
GRAFF (Jeanne-Hélène), fille de Jean-André et de Marie-Sibylle Mérian.	1668	France.	Fleurs et insect.	Élève de sa mère; la suivit dans la secte des Labadistes; habita Amsterdam; accompagna Marie-Sibylle à Surinam; se rendit une seconde fois dans ce pays en 1702, et y séjourna quelques années; elle s'était mariée et son mari portait le nom d'Hérold, sous lequel on la désigne quelquefois. — Envoya de Surinam à sa mère, en 1702, des mémoires et des dessins publiés plus tard, à Amsterdam, par sa sœur cadette sous le titre de: Histoire des insectes d'Europe et de Surinam.
SCHUPPEN (Jacques Van).	1669 1751	Anvers.	Portr. et hist.	Élève de N. Largillière (peintre français); mort à Vienne, où il était peintre de l'empereur et directeur de l'Académie des beaux-arts. — Portrait: Frédéric-Louis, prince de Wurtemberg, Dresde. Portrait: le peintre Ignace Parrocel, Vienne. Portrait d'homme; une lettre jetée sur une table à côté de lui, porte l'adresse suivante: « A Monsieur, Monsieur Thomas de Granger, à Vienne. » ib. — D'après quelques biographes, ce peintre serait né à Paris où son père, graveur renommé, avait été appelé par le ministre Colbert.
HELWIG.	1670 1715	Spangen-berg. (Hesse.)	Portr. en min.	Étudia à Rome et habita Cassel.
QUERFURT (Tobie).	1670?		Chev., chas., etc.	Florissait à Brunswick. — Graveur à l'eau-forte.

NOMS.	ANNÉES DE NAISSANCE ET DE MORT.	LIEU DE NAISSANCE	GENRE.	NOTES HISTORIQUES. — TABLEAUX PRINCIPAUX ET LIEUX OU ILS SE TROUVENT. OBSERVATIONS.
SCHMUTZ (JEAN-RODOLPHE).	1670	REGENS-BERG. (Canton de Zurich.)	Portr.	Élève de M. Fuessli, le jeune ; visita Londres, y fut ami de Kneller, et y mourut. — Manière de Kneller ; fut recherché en Angleterre.
GESELL (GEORGE).	1671 1740	ST.-GALL.	Hist. et portr.	Élève d'A. Schoonjans (peintre flamand) ; travailla à Amsterdam et à Saint-Pétersbourg et mourut dans cette dernière ville.
KROCK (HENRI).	1672 1758	SLESWIG.	Hist.	Élève de C. Maratti ; habita Rome et Copenhague.
SAITER ou SEITER (DANIEL).	1674 1705	VIENNE.	Hist. et portr.	Élève de Ch. Loth et de C. Maratti ; anobli par le duc de Savoie. Concourut à l'embellissement du palais Quirinal sous innocent X. Travailla beaucoup pour la cour de Turin. — Notre-Dame des douleurs. Turin. Fresques. ib. Saint Jérôme, Dresde. — Couleur pleine de vigueur. On donne parfois l'année 1642 comme celle de sa naissance ; la différence est si énorme qu'on ne peut rien conclure de satisfaisant.
MANGOKI ou MA-NYOCKY (ADAM DE).	1674	SZOKOLYA (Hongrie.)	Portr.	Élève d'And. Scheitz ; habita Dresde. — Portrait : le comte de Promnitz, Dresde. Portrait : François Rakoczy, ib. Portrait : Auguste le courageux, roi de Pologne, ib. Portrait : le maréchal de Pologne comte Bielinsky, ib.
LISIEWSKY (GEORGE)	1674	Village de GANTEN (Suisse.)	Id.	Se forma seul et habita Berlin.
SCHARER (JEAN-JACQUES).	1676 1746	SCHAF-POUSE.	Id.	Apprit la peinture à Munich. — Architecte et modeleur.
EIMMART (MARIE-CLAIRE), fille de George-C., le jeune	1676 1707		Planch. d'astrom., etc.	Élève de son père, avec lequel elle s'occupa presque toujours. Épousa le physicien et astronome J. H. Muller. — Dessinateur et graveur.
FISCHER ou FIS-CHES (ISAAC).	1677 1705	AUGS-BOURG.	Hist. et portr.	Détails inconnus. — Peintre estimé.
EICHLER (GODEFROID) le vieux.	1677 1757	Id.	Portr. et hist.	Élève de Charles Maratti, à Rome ; se rendit à Vienne avec Kupetzky, y résida cinq ans, voyagea encore quelques années dans le reste de l'Allemagne, et revint dans sa ville natale ; peintre de la cour, directeur de l'Académie d'Ausbourg, en 1742 ; malheureux et pauvre pendant les dernières années de sa vie. — Tableau d'autel, Augsbourg. — Peintre célèbre.
ORIENT (JOSEPH).	1677 1747	BURBACH. (Basse-Hongrie.)	Pays.	Élève d'A. Faistenberger ; amateur passionné de la chasse, puisa au milieu des montagnes et des forêts cette connaissance variée et approfondie des phénomènes de la nature qui distingue ses productions. Mort à Vienne, où il était vice-directeur de l'Académie des beaux-arts. — Paysages tyroliens, Vienne. — Vérité extraordinaire ; pinceau séduisant ; imita dans quelques-uns de ses tableaux la manière de G. Dughet ; compositions vastes et riches ; ses derniers ouvrages sont un peu maniérés dans le feuillé des arbres des premiers plans. Ferg, Janneck, Querfurt et Canton ont étoffé ses paysages.
MONCE (FERDINAND DE LA), fils de Paul.	1678 1755	MUNICH.	Archit.	Élève de son père ; fut envoyé jeune à Paris ; visita Rome et les principales villes d'Italie et revint en France par Marseille ; chargé, pendant son séjour à Rome, par le régent duc d'Orléans, d'acquérir le célèbre cabinet de la reine Christine ; se maria à Grenoble, s'y occupa quelque temps et s'établit à Lyon, en 1731. Mort dans cette ville. — Église des Chartreux, à Lyon. — Architecte célèbre. Plusieurs des plus beaux monuments de Lyon ont été construits d'après ses dessins.
GRAFF (DOROTHÉE-MARIE), fille de Jean-André, et de Marie-Sibylle Mérian.	1678	NUREM-BERG.	Fleurs en miniat.	Élève de sa mère ; entra avec cette dernière dans la secte des Labadistes ; habita Amsterdam ; outre un talent remarquable en peinture, Dorothée avait acquis une connaissance fort étendue dans la langue hébraïque. — Elle fit paraître, à Amsterdam, les mémoires et les dessins envoyés de Surinam à sa mère, par sa sœur aînée, Jeanne-Hélène, sous le titre d'Histoire des insectes d'Europe et de Surinam.
FAISTENBERGER ou FEISTENBERGER (ANTOINE).	1678 1722	INSPRUCK.	Pays.	Élève de Bonritsch. Mort à Vienne. — Paysages avec figures, Dresde. Paysage : voyageurs attaqués par des brigands, ib. Paysage : voyageurs attaqués par des brigands, Vienne. — Paysages bien composés ; manière de Glauber et de Dughet.
WASER (ANNE).	1679 1715	ZÜRICH.	Portr. et min.	Élève de J. Werner et de Sulker ; employée par les cours de Londres, de Bade-Dourlach, de Stuttgard, de Wurtemberg et par la république de Hollande. Morte d'une chute. — Dessin correct ; bonne ressemblance ; essaya de peindre à l'huile, mais sans succès. Exécuta quelques pastorales, avec beaucoup d'harmonie ; littérateur distingué.
BAECK (ÉLIE), surnommé quelquefois HELDENMUTH.	1680 1747	LAUBACH.	Ins., anim. etc.	Étudia à Rome, où la société des peintres flamands lui donna son surnom ; s'établit à Augsbourg et y mourut. — Graveur à l'eau-forte.
LECLERC (DAVID).	1680 1758	BERNE.	Portr., hist., pays. et fl.	Élève de J. Werner ; se rendit à Francfort à l'âge de dix-huit ans, y acquit une excellente réputation ; fut appelé à la cour de Darmstadt ; passa au service du landgrave de Hesse-Cassel et y resta trente ans ; fit, pendant ce temps, un voyage à Paris ; retourna à Francfort, alla en Angleterre en 1715, y resta deux ans. S'établit définitivement à Francfort et y mourut. — Fit le portrait du landgrave de Darmstadt Ernest-Louis et de plusieurs autres princes et princesses d'Allemagne. — Imita Rigaud et Rubens pour le coloris ; grande manière, bon dessin ; la plupart de ses ouvrages sont des portraits à l'huile et en miniature ; peignit également sur émail.
HUNKELER (JEAN-GEORGE).	1682 1740	LUCERNE.	Hist.	Embrassa l'état militaire, sans cesser de cultiver la peinture.

NOMS.	ANNÉES DE NAISSANCE ET DE MORT.	LIEU DE NAISSANCE	GENRE.	NOTES HISTORIQUES. TABLEAUX PRINCIPAUX ET LIEUX OU ILS SE TROUVENT. OBSERVATIONS.
GARDELLE (Robert).	1682 1766	Genève.	Portr.	Travailla à Cassel et à Berlin ; visita Paris et y fut élève de Largillière ; travaillait encore l'année de sa mort : celle-ci fut causée par une chute. L'aîné de ses frères peignit avec succès la miniature. — Il fit les portraits de presque toute la cour de Prusse, de Charles XII, roi de Suède, et d'Auguste, roi de Pologne. — Imitation heureuse des différentes physionomies.
PESNE (Antoine), fils du graveur Thomas Pesne.	1683 1757	Paris.	Portr., hist. et genre.	Élève de son père. Premier peintre du roi de Prusse ; mort à Berlin. — Portrait du chevalier de Vleughels, Paris. Portrait du peintre, Dresde. Portrait : le peintre Dubuisson, ib. Portrait d'une jeune fille (la fille du peintre?), ib. Une cuisinière plumant une dinde, ib. Jeune fille tenant des pigeons, ib. Jeune dame se faisant dire la bonne aventure, ib.
TRIPPEL (Jean-Henri).	1683 1708	Schaf-fouse.	Genre.	Architecte et très-versé dans la perspective. — Pinceau spirituel.
FAISTENBERGER (Joseph), frère d'Antoine.	1684 1735	Insbruck.	Pays.	Élève de son frère. Mort à Vienne. — Paysage avec figures et chute d'eau, Vienne. Paysage montagneux, ib.
DIETRICH (Jean-George).	1684 1752	Weissen-see.	Hist.	Artiste médiocre. Parcourait les foires de Leipzig et d'autres villes avec ses tableaux et ceux de son fils. Établi à Dresde. — Imita parfaitement les Flamands et spécialement Teniers. Graveur à l'eau-forte.
AIGEN (Charles).	1684 1762	Olmutz.	Pays., kerm. et foires.	Professeur de l'Académie des beaux-arts de Vienne. Mort dans cette ville. — Foire devant la porte d'une ville, Vienne. Paysage : fête villageoise, ib.
ZINCKE (Chrétien-Frédéric).	1684 1767	Dresde.	Émail et portr.	Élève de Boit ; se fixa en Angleterre en 1706, et y fut protégé par George II ; nommé peintre du cabinet de Frédéric, prince de Galles ; fit une excursion en Allemagne en 1737, et revint en Angleterre, où il ne reprit ses pinceaux qu'à la demande de Mme de Pompadour, qui lui fit copier en émail le portrait de Louis XV. — Acquit une grande réputation dans le genre qu'il avait adopté, et fut mis au même rang que le célèbre Petitot.
BELAU (Nicolas-Bruno).	1684	Magde-bourg.	Hist. et portr.	Élève d'A. Terwesten (peintre hollandais) ; habita Berlin.
THIELE (Alexandre).	1685 1752	Erfurt.	Pays. à l'huile et au pastel.	Étudia d'après nature, et reçut quelques leçons de C. A. Agricola. — Paysage : parmi les figures on remarque le portrait du peintre, Berlin. — Il paraît qu'il fut le premier à exécuter le paysage au pastel.
DENNER (Balthasar).	1685 1747 ou 1749	Hambourg.	Portr, fruits, nature morte et genre.	Élève d'Ammana ; étudia beaucoup dans la galerie de Frédéric II, à Berlin ; emporta au tombeau le secret d'une préparation de laque, employée dans toutes ses carnations et dont il se servait avec un art connu de lui seul. — Tête d'une vieille femme, Vienne. Tête d'un vieillard, ib. Portrait d'un vieillard, Berlin. La vieillesse, Londres. La jeunesse, ib. Quelques petits tableaux, St.-Pétersbourg. — Fini surprenant dans ses têtes, touche juste, couleur vraie, bonne expression, dessin souvent faible et incorrect, draperies mal jetées, composition sans goût et sans choix.
REINER (Venceslas-Laurent).	1686 1745 ou 1753	Prague.	Vues de ville et hist.	Peignit à fresque et à l'huile. — Vue du Campo-Vaccino, du palais impérial et de l'arc de Titus, à Rome, Dresde.
PACHELBLIN (Amalia).	1686 1723	Nurem-berg.	Fleurs en min.	Détails inconnus.
BERGMULLER (Jean-George).	1687 1762	Dinck-heim. (Bavière.)	Hist. et portr.	Élève d'André Wolff ; s'établit à Augsbourg et y dirigea l'académie. — Baptême de Jésus-Christ. Saint Dominique. Saint Thomas. Sainte Catherine. Signes du zodiaque. Les quatre saisons, etc. — Graveur à la pointe et au burin ; imitateur enthousiaste de C. Maratti, expression très-douce.
MURRER (Anne-Bar-be), fille de J. Murrer.	1688 1721	Nurem-berg.	Fleurs	Élève de son père.
KENCKEL (Jean).	1688 1722	Augs-bourg.	Portr. au pastel.	Élève d'Isaac Fischer et de Mar. Schuster ; habita Nuremberg.
HARPER (Jean).	1688	Stock-holm.	Portr, en grand et en min.	Élève de Martin Meytens et de David Kraft ; demeura à Berlin.
WAHL (Jean-Salom.).	1689	Chemnitz.	Portr.	Élève de Dav. Hoyer ; étudia d'après nature, et habita Dresde, Hambourg et Copenhague.
FERG (François de Paule), fils de Pan-crace.	1689 1740	Vienne.	Vues de ville, foires, kerm. et paysage.	Élève de son père, de Jean Graff et de J. Orient. Mort à Londres. — Paysages, Florence. Bâtiments : un charlatan sur ses tréteaux, Dresde. Ruines avec figures, ib. Plage, ib. Plusieurs foires, Vienne. — Graveur à l'eau-forte.
MENGS (Ismaël).	1690 1764	Copen-hague.	Miniat. émail et portr.	Élève de S. Cooper (peintre anglais) ; nommé peintre au pastel et en émail du roi de Pologne, directeur de l'Académie royale de Dresde. — Portrait du peintre, Dresde. — Quelques auteurs lui donnent, par erreur, le nom d'Isaac.
BRAND (Chrétien), le vieux.	1693 ou 1695 1756	Franc-fort-sur-l'Oder.	Pays.	Élève de C. A. Agricola ; professeur à l'Académie impériale. Mort à Vienne, où il passa sa vie. — Paysage : femmes occupées à blanchir, Vienne. Paysage avec figures et animaux, ib. Paysage, ib. — Graveur à l'eau-forte.
HERZ (Jean-Daniel).	1693 1754	Augs-bourg.	Hist. et pays.	Directeur de l'Académie dans sa ville natale ; artiste très-laborieux. — Graveur.

NOMS.	ANNÉES DE NAISSANCE ET DE MORT.	LIEU DE NAISSANCE	GENRE.	NOTES HISTORIQUES. — TABLEAUX PRINCIPAUX ET LIEUX OU ILS SE TROUVENT. — OBSERVATIONS.
SIMLER (Jean).	1695 1748	Zurich.	Portr.	Élève du graveur Melchior Fuessli, reçut quelques leçons de Pesne, à Berlin, parcourut toute l'Allemagne, visita la Turquie. — Graveur.
SCHINNAGEL (Maximilien-Joseph).	1694 1761	Burghausen. (Bavière.)	Pays.	Élève de son beau-père, J. Kamelor. Mort à Vienne. — Paysage : forêt et figures, Vienne. Paysage : pêcheurs, etc., ib. Paysages, ib.
GRAN (Daniel).	1694 1757	Vienne.	Hist.	Élève de Pancrace Ferg et de Wernle. Mort à Saint-Polten. — Sainte famille, Vienne.
DÄLLIKER (Jean-Rodolphe).	1694 1769	Zurich.	Portr.	Séjourna à Magdebourg, à Brunswick, à Cassel, à Leipzig et à Berne ; visita Paris, y connut Largillière et Rigaud. Habita Saint-Gall, et mourut à Schaffouse. — La plupart des grands personnages de sa patrie se firent peindre par lui.
RIEDINGER (Jean-Élie).	1695 1757	Ulm.	Anim. et pays.	Élève de Chr. Resch. On prétend que dans son pays et de son époque, aucun artiste n'eut comme lui le talent de peindre toutes sortes d'animaux. Il surpassa Paul Potter. Excellent graveur à l'eau-forte. Mort à Augsbourg. Son fils aîné, Martin-Élie, peintre comme lui, l'aida souvent dans ses travaux, ainsi que son gendre, Jean-Gottfried Seuter. — Connaissance parfaite de l'anatomie des animaux. Expression naturelle ; composition pleine d'énergie. Beaucoup d'effet. Un peu de lourdeur dans le dessin.
MEYTENS (Martin Von), fils de Pierre-Martin.	1695 1770	Stockholm.	Portr. et hist.	Élève de son père. Étudia en Hollande, et se perfectionna en Italie. Mort à Vienne, où il était peintre de l'empereur et directeur de l'Académie des beaux-arts. — Portrait de vieillard, Dresde. Portrait du peintre, Vienne. — Choisit Van Dyck pour modèle ; peignit d'abord en émail, puis à l'huile ; carnations excellentes.
MEYER (Conrad).	1695 1766	Zurich.	Hist. et portr.	Le dernier peintre sur verre de sa ville natale ; connaissances étendues en physique. — Belle manière, touche nette.
HANDEL (Maximil.).	1696 1758	Bohême.	Portr.	Élève de J. Kupetzky. Mort à Vienne. — Portrait d'un vieillard, Vienne. Portrait d'un jeune homme, ib.
QUERFURT (Aug.), fils de Tobie.	1696? 1761	Vienne.	Pays., genre, bat., etc.	Élève de G. P. Rugendas. — Une dame à cheval faisant l'aumône à un pauvre, Dresde. Paysage : le départ pour la chasse, ib. Paysages, ib. Deux tableaux de chasse, Vienne. Paysage : chasse au cerf, Berlin, touche spirituelle, composition ingénieuse, pinceau léger et facile.
AUERBACH (Jean-Gottfried).	1697 1753	Mulhouse.	Portr.	Mort à Vienne, où il était peintre de la cour depuis 1735. — Portrait : l'empereur Charles VI, Vienne. Portrait : le comte Gundacker Van Althann, ib.
KNOBELSDORF (Jean-G. Wenceslas baron de).	1697	Prusse.		Détails inconnus. — Architecte : la salle de l'Opéra de Berlin et le château de Sans-Souci, sont bâties par lui.
SEIBOLDT (Chrét.).	1697 1768	Mayence.	Portr. et hist.	N'eut d'autre maître que son génie et l'étude assidue de la nature, et choisit Balthasar Denner pour modèle. Peintre du cabinet de l'impératrice Marie-Thérèse, en 1759. Mort à Vienne. — Portrait du peintre, Paris. Portrait d'enfant, Dresde. Portrait du peintre, ib. Portrait d'une jeune fille, ib. Portrait d'homme, ib. Portraits de jeunes filles, Vienne. Portrait d'un jeune homme, ib. — Dessin savant, bon choix d'attitudes, fini extraordinaire. Ses figures sont à mi-corps.
MARÉES (George des)	1697 1776		Portr.	Élève de M. Von Meytens. — Portrait du peintre et de sa fille, Munich. Tableau de famille, ib. Portrait du peintre F. J. Beich, ib.
PRENNER (Antoine-Joseph De).	1698 1761	Vienne.	Hist.?	Détails inconnus. — Graveur en manière noire et à l'eau-forte.
TROGER (Paul).	1698 1777	Zell. (Tyrol.)	Id.	Élève d'un peintre italien ; peintre de l'empereur, et depuis 1751 jusqu'en 1759, recteur de l'Académie, à Vienne, où il mourut. — Jésus-Christ au jardin des Olives, Vienne. — Graveur à l'eau-forte.
WEYERMANN ou WEYHERMANN (Jacq.-Christophe).	1698 1757	St.-Gall.	Pays.	Élève de Beich, à Munich ; travailla à Augsbourg, et mourut dans cette ville. — Talent fort inégal.
STERN (Ignace), dit STELLA, en Italie.	1698 1746	Bavière.	Hist.	Élève de Charles Cignani, italien. Après avoir longtemps voyagé il se fixa à Rome, où il mourut. — Annonciation, Plaisance. Vierge allaitant, Vienne.
PREISLER (Jean-Justin).	1698 1771	Nuremberg.	Hist., etc.	Directeur de l'Académie de Nuremberg. — Plus connu comme graveur à l'eau-forte.
PROVENER.	†1701	Allemagne.	Hist.	Étudia en Italie, et habita Berlin.
MONCE (Paul De la).	†1708			Dijonnais d'origine ; premier peintre et premier architecte de l'électeur de Bavière.
STETTLER (Guill.).	†1708	Berne.	Miniat.	Reçu dans le grand conseil, en 1680. — Dessinateur et médailleur.
MÜLLER (Joseph-Adam).	†1710	Erdingen? (Bavière.)	Hist.	Travailla à Munich ; exécuta beaucoup de fresques. — Graveur à l'eau-forte.
QUITER (Herman-Henri).	†1711		Hist. et portr.	Étudia, en 1700, à Rome, sous Ch. Maratti. Mort à Brunswick.

NOMS.	ANNÉES DE NAISSANCE ET DE MORT.	LIEU DE NAISSANCE	GENRE.	NOTES HISTORIQUES. — TABLEAUX PRINCIPAUX ET LIEUX OU ILS SE TROUVENT. OBSERVATIONS.
MÉRIAN (JEAN-MA-THIEU), fils de Mathieu le jeune.	†1716		Miniat. etc.	Continua avec un grand succès la librairie de son aïeul et de son père; nommé conseiller aulique de l'électeur de Mayence, qui lui accorda des lettres de noblesse. Mort à Francfort. — Peintre renommé et fort habile au pastel.
BOY (PIERRE).	†1717			Habile orfévre et peintre sur émail. Mort à Dusseldorf.
ARLAUD (BENOIT), frère de Jacques.	†1719		Portr.	S'établit en Angleterre et y mourut. — On possède de cet artiste le portrait de Shakspeare, gravé par Duchange.
CAULITZ (PIERRE).	†1719	BERLIN.	Pays. et anim.	Étudia à Berlin et en Italie. — Oiseaux et animaux dans une basse-cour, Berlin.
HABICH (JEAN-RO-DOLPHE).	†1722	ULM.		Détails inconnus.
STUBER (GODEFROID).	†1724?		Hist.	S'occupa à Munich et y mourut. — Il appartient probablement à la famille de Nicolas Stuber.
ONGHERS (JACQUES).	†1750		Hist., arch. et int. d'égl.	Mort très-âgé. — Composition riche, bon dessin; coloris trop rougeâtre.
DANHAUER.	†1755	SOUABE.	Hist. et min.	Élève de S. Bombelli (peintre italien); fils d'un horloger, il le fut d'abord lui-même, passa en Italie pour cultiver la peinture et abandonna également cet art pour se livrer à la sculpture. Mort à Saint-Pétersbourg, après avoir passé plusieurs années en Russie et y avoir laissé ses plus beaux ouvrages. Grande facilité dans les miniatures aussi bien que dans les compositions importantes.
FUESSLI (MATHIEU), le 3me fils de Mathieu le jeune.	†1759		Portr.	Détails inconnus.
ROUQUET.	†1758	GENÈVE.	Émail.	Travailla à Londres ; s'établit à Paris, y fut reçu membre de l'Académie de peinture et mourut au Louvre. — S'occupa beaucoup de recherches sur la partie mécanique de son art. Auteur de quelques ouvrages sur la peinture.
BRINCKMAN (PHI-LIPPE-JÉRÔME).	†1761		Pays.	Mort à Manheim, comme peintre de la cour. — Graveur à l'eau-forte, dans le goût de Rembrandt.
BRASCH (VENCESLAS-IGNACE).	†1761	PRAGUE.	Batail., chasses et chev.	Travailla quelque temps à Francfort-sur-le-Mein, et mourut à Schwabach, près de Nuremberg.
ZIMMERMANN (FRAN-ÇOIS).	†1764	AUGS-BOURG.	Hist.	S'établit à Munich et y mourut. — Peignit également à fresque.
MORIER (DAVID).	†1770	BERNE.	Portr. et chev.	Travailla en Angleterre et y exécuta les portraits de plusieurs princes de ce pays. — Portraits de rois et de princes d'Angleterre, Angleterre.
HARTWAGNER (MICHEL).	†1775	DEGGEN-DORF (Bavière).	Hist.	Étudia à l'Académie de Munich, et mourut dans cette ville. — Graveur à l'eau-forte.
FALBE (JEAN-MARTIN)	†1782		Hist. et genre.	Élève de J. Harper et d'A. Pesne. Mort à Berlin. — Graveur à l'eau-forte.
STEPHAN (JOSEPH).	†1786	MUNICH.	Pays., gibier et n. morte.	Élève de Watterschott. — Graveur à l'eau-forte.
MERTER (JEAN-MICH.)	†1790		Pays.	Élève de J. Dorner. Mort à la fleur de l'âge. — Montra beaucoup de talent dans son genre.
KLASS (CHARL.-CHRÉ-TIEN), frère aîné de Frédéric.	†1794		Hist.	Élève de Casanova ; inspecteur du cabinet des estampes de Dresde, et maître de dessin des pages.
HOCHHALMER (PIERRE).	*1600	ALLEMA-GNE.		Détails inconnus.
MULLER (CHRISTOPHE).	*1600		Hist.?	Florissait à Cassel.
BRENTEL (GEORGE).	*1603	LAUINGEN.	Id.	Détails inconnus. — Graveur sur bois.
HENNEBERGER (JAC-QUES, ou JEAN-JOA-CHIM).	*1605	GEIS-LINGUE, près d'Ulm.	Hist. et portr.	Détails inconnus.
MEYER (DANIEL).	*1609	FRANC-FORT S/M.	Arch.	Bourgeois de Francfort. — Bon graveur à l'eau-forte.
ZEGIN (PAUL).	*1610		Hist.	On croit qu'il florissait à Munich.
KOPP (GEORGE).	*1611		Hist. et portr.	Élève de Chr. Schwartz. — Dessina beaucoup à la plume.
HUG (H. M.)	*1614		Id.	Détails inconnus. — Peintre sur verre.

NOMS.	ANNÉES DE NAISSANCE ET DE MORT.	LIEU DE NAISSANCE	GENRE.	NOTES HISTORIQUES. TABLEAUX PRINCIPAUX ET LIEUX OU ILS SE TROUVENT. OBSERVATIONS.
AMMAN (JEAN).	*1616	NUREM-BERG.	Portr.	On le surnomma : *Pierre Leberwurst* (Jean Saucisson). — Tableau, Hôtel de ville de Nuremberg.
ULENBROK (ROM-BAUT VON).	*Id.		Genre et int.	Travaillait à Dantzick. — Manière d'A. Cuyp ; peignait de préférence les sujets de cuisine.
FREYBERGER (JEAN)	1620	AUGS-BOURG.	Hist.	Quelques auteurs le font naître à Wolfsberg ; séjourna en Italie.
HERING (JEAN-GEORGE)	*Id.		Id.	Élève de Christophe Muller, à Cassel. Peintre à la cour de Prague ; étudia quelque temps en Italie. — Belle composition ; coloris trop gris.
KARG (GEORGE).	*Id.	AUGS-BOURG.	Portr.	Détails inconnus.
WEINER (JEAN).	*Id.	WEILHEIM (Bavière).	Hist., portrait et genre.	Élève de Frédéric Zustris (peintre italien et fils de Lambert Zustris, peintre hollandais), et de Chr. Schwartz. — Graveur à l'eau-forte.
JEGLI (H.)	*1624	SUISSE.	Hist. et portr.	Peintre sur verre. — Coloris vif, dessin médiocre.
KESSLER (F.).	*1627		Portr.	On le croit élève de Geldorp. Florissait à Cologne. — Peintre de mérite.
WILLMANN (MICHEL)	*1630		Portr., genre et hist.	Florissait à Konigsberg ; se fit moine et mourut dans le couvent Leubus, en Silésie, vers la fin du XVIIᵉ siècle. On le cite comme un excellent peintre. — Portrait d'enfant, vu de profil, Dresde. — Graveur à l'eau-forte.
RICHTER (CHRÉTIEN).	*Id.	WEIMAR?	Pays.	Détails inconnus. — Graveur.
HEIMBACH (CHRÉTIEN-WOLFGANG).	*1657		Genre et portr.	Détails inconnus. — Bon peintre de portraits. Manière de Palamède Stevens.
SCHORER (JEAN-FRÉ-DÉRIC).	*1659	AUGSB. ou VIENNE.	Id.	Détails inconnus. — Graveur et dessinateur.
WALS (GODEFROID).	*1640	COLOGNE.	Pays.	Élève d'Augustin Tasso, en Italie ; travailla à Gênes, à Savone, et mourut à Naples, dans un tremblement de terre. — Manière d'Adam Elzheimer ; on croit qu'il grava à l'eau-forte.
WATMAN (HENRI).	*1650		Id.	Détails inconnus.
SUSTERMANS (JEAN) frère de Juste(peintre flamand).	*Id.		Portr. et genre.	Florissait à Vienne. — Tête de matrone, Vienne.
ROHNLIN (JEAN-JAC-QUES).	*Id.	ULM.		Détails inconnus.
KLAPHAUER (JEAN-GEORGE).	*1651		Portr.	Gonfalonier et magistrat à Cologne. — Excellait dans son genre ; manière de Geldorp.
MEGLINGER.	*1653	LUCERNE.	Hist. et portr.	Détails inconnus. — Du temps de Fuessli, on conservait encore de ses peintures à Lucerne ; elles étaient fort remarquables. — Réussit dans le portrait.
FABRITIUS (KILIAN).	*1660		Pays.	Florissait à Dresde. — Paysage avec ruines, Vienne.
SCHWEIZER (JEAN).	*Id.	SUISSE.	Pays., hist., etc.	Travaillait à Heidelberg. — Graveur.
EHRENBERG(GUILL.-SCHUBERT VON).	*1664		Intér. d'églis.	Détails inconnus. — Intérieur d'église avec figures, Vienne.
FÜRSTENBERG (THÉODORE-GASPARD BARON DE).	*1668		Portr.	Détails inconnus. — Graveur en manière noire.
RUEL(JEAN-BAPTISTE)	*1680		Hist. et portr.	D'origine flamande ; travailla à Heidelberg, à Mayence, à Wurtzbourg ; établi dans cette dernière ville. Travailla de 1668 à 1715. — Tableaux, Wurtzbourg.
DAVID (LOUIS).	*Id.	SUISSE.	Hist.	Passa une partie de sa vie en Italie, et y fut élève de C. Cignani. — Graveur.
DITMAR (HENRI).	*Id.	DANS LE DITMAR-SCHEN.	Portr.	Détails inconnus. — Portrait, Copenhague. — Travailla dans le style de Rembrandt.
GEYGER ou GEIGER (FRANÇOIS-JOSEPH).	*Id.		Hist. et portr.	Travailla à Munich.
LAUCH (CHRISTOPHE).	*Id.		Portr.	Florissait à Vienne, où il était au service de l'impératrice Éléonore. — Portrait d'homme, Vienne.
SCHEITZ (ANDRÉ) ou SCHE.TS, fils de Mathieu.	*Id.	HAMBOURG	Pays.?	Détails inconnus. — Graveur à l'eau-forte.

NOMS.	ANNÉES DE NAISSANCE ET DE MORT.	LIEU DE NAISSANCE	GENRE.	NOTES HISTORIQUES. TABLEAUX PRINCIPAUX ET LIEUX OU ILS SE TROUVENT. OBSERVATIONS.
MEYER (Gaspard).	*1682			Quoique possédant un faible talent, ce peintre était à cette époque le meilleur de la ville de Bâle, où il demeurait ; il mérite d'être cité pour avoir donné des leçons à Jean Huber et à Brandmuller. — Peintre médiocre.
LOEBER (Jean-Frédéric).	*1685		Anim., gib., etc.	Florissait à Weimar.
QUADAL (Martin).	*Id.	Moravie.		Détails inconnus.
MEGAN (R. ou P.)	*1690	Brabant.	Pays. avec fig.	Florissait à Vienne ; il était d'origine flamande. — Paysage : chasse au cerf, Vienne. Paysage : voyageurs dévalisés, ib. — Paysage : forêt et figures, ib.
BOECKLIN (Jean-Christophe).	*1695		Portr.	Établi à Leipzig, y travailla depuis 1680 jusqu'en 1704. — Graveur médiocre.
HOYER (David).	*1698		Id.	Détails inconnus. — Portrait du peintre, Berlin. (Ce tableau est signé : David Hoyer, fecit, 1693.)
WOLF (Jonas).	*XVIIe siècle.	Allemagne.		Détails inconnus.
WERNER (Joseph), le vieux.	*Id.			Détails inconnus.
REMDEL.	*Id.		Hist.	Détails inconnus. — Fresques, Prague. Les Titans escaladant le ciel, ib. — Talent fécond, beaucoup d'imagination, effet un peu maniéré, surtout dans ses fresques ; bonne couleur, composition vive et riche.
WALTER.	*Id.	Strasbourg.	Miniat.	Détails inconnus.
SWEERTS (Michel).	*Id.		Portr.	Détails inconnus. — Graveur à l'eau-forte.
STRUDEL (Jacques)	*Id.	Allemag.		Détails inconnus.
POCH ou POCK (Tobie).	*Id.	Constance.	Hist. et genre.	Demeurait à Vienne en 1662. — Martyre de sainte Dorothée, Vienne. Scène d'intérieur, ib. Tableau (signé : Tobias Pock, fec. Viennæ, 1672), Schleisheim.
STUBER (Nicolas).	*Id.	Munich ?	Hist.	Élève de son père, s'occupa longtemps en Italie ; fut chargé de plusieurs grands travaux dans sa ville natale, et employa pendant quelques années le pinceau de J. H. Keller. — Manière se rapprochant de celle de l'école romaine, dessin vigoureux, coloris agréable, ordonnance pleine de force, architecture remarquable. Son père, Gottlieb, et ses deux frères, Joseph et François, cultivèrent également la peinture, mais sans parvenir à la hauteur de Nicolas.
MORELL (Jacques).	*Id.	Francfort ?	Fleurs.	Épousa la veuve de Mathieu Mérian, le jeune, et devint ainsi le beau-père de Marie-Sibylle Mérian, à l'éducation de laquelle il donna les plus grands soins. — Acquit de la réputation dans son genre.
MAYER (Jean-Ulric), p.-fils de Conrad ?	*Id.	Augsbourg.	Portr.	Élève de Rembrandt et de Jac. Jordaens. — L'apôtre saint Philippe, Vienne.
MANNEWETCH.	*Id.	Allemag.	Hist.	Donna les premières leçons à Jean-Rodolphe Huber. — Peintre sur verre.
MEMMINGEN (Heis Von).	*Id.	Memmingue.	Id.	Élève de J. H. Schoenfeld, habita Augsbourg.
LIST (George-Nicol.)	*Id.		Portr.	Florissait à la cour de Wurtemberg.
STOSKOPF (Sébast.)	*Id.	Strasb.	Nature morte.	Élève de Daniel Soriau ; habita quelque temps à Venise et à Paris.
SPILBERG (Gabriel).	*Id.	Allemagne.	Hist.	On le croit frère de Jean Spilberg, artiste hollandais. Peintre à la cour d'Espagne.
SOSTEN (Ch. Von).	*Id.	Id.		Détails inconnus.
SORIAU (Daniel).	*Id.	Id. ?		Détails inconnus.
SCHROEDER (Jean).	*Id.	Id.		Détails inconnus.
FEISTENAUER (André).	*Id.		Hist. et portr.	Florissait à la cour de Bavière. — Tableaux d'autel, Bavière. — Coloris brillant, ombres trop chargées.
SCHIELLING (Chr.).	*Id.	Allemag.		Détails inconnus.
SANDRART (Jean), neveu de Joachim.	*Id.	Francfort.	Hist.	Élève de son oncle Joachim Sandrart (peintre hollandais).
RESTLEIN (George).	*Id.	Zwabach près de Nuremberg.	Hist. et portr.	Détails inconnus. — Graveur.
PFEIFFER (Jean).	*Id.	Allemag.		Détails inconnus.
MUNCKEN (Jean).	*Id.	Id.		Détails inconnus.

NOMS.	ANNÉES DE NAISSANCE ET DE MORT.	LIEU DE NAISSANCE	GENRE.	NOTES HISTORIQUES. — TABLEAUX PRINCIPAUX ET LIEUX OU ILS SE TROUVENT. — OBSERVATIONS.
BERICHAU.	XVIIe siècle.	Hambourg	Hist.	Détails inconnus. — Jugement dernier, Brême.
MULLER (Jean-Sigis-mond).	Id.	Augs-bourg.	Portr.	Élève de son père et de Jon. Sandrart (peintre hollandais).
ELLERBROCK.	Id.	Allemag.		Détails inconnus.
CLAUS (N.) ou KLAUS	Id.	Lucerne.		Détails inconnus.
BROKOFF.	Id.			Vivait en Bohême.
BOURITSCH.	Id.	Saltz-bourg.		Détails inconnus.
BORDIER.	Id.	Genève.	Émail.	Embrassa l'état d'orfèvre, fut le maître du célèbre Petitot, l'aida dans toutes ses découvertes et mérita une part dans sa gloire : il l'accompagna dans tous ses voyages, devint son beau-frère, fut associé avec lui pendant 50 ans. Les familles des deux peintres étant devenues trop nombreuses, ils furent obligés de se séparer, et partagèrent intégralement le fruit de leurs travaux, qui s'élevait à un million. — Ses ouvrages ayant été très-peu nombreux, et son talent consistant plutôt en découvertes utiles à l'art, on ne trouve aucune de ses productions dans les principales collections.
BLOCK (Anne-Cathe-rine), née Fischer, fille de Jean Fischer	Id.	Nurem-berg.	Fleurs en min., portr. à l'huile et au pastel.	Élève de son père; habita quelque temps Ratisbonne ; épousa le peintre Benjamin Block, le jeune. Obtint de la réputation.
HAEBERLEIN (Léo-nard).	Id.		Fleurs, fr., etc.	Donna des leçons à Jean André Gruf.
GASSNER (Nicolas).	Id.	Franc-fort s/m.	Pays.	Détails inconnus.
BLOCK (Benjamin), le vieux.	Id.			Originaire d'Utrecht. Mort de chagrin de ce que toute sa fortune avait péri dans un incendie.
BEICH (Guillaume).	Id.	Allemag.		Il était géomètre et ne peignait que pour son amusement.
LALLEMAND (George)	Id.	Osna-bruck.	Hist., etc.	Les uns le font naître en 1641, d'autres prétendent qu'en 1650 il était déjà un artiste formé, enfin une troisième version le fait naître à Nancy, en 1660. — Ses tableaux sont peu nombreux. — Graveur sur bois et à l'eau-forte, travailla beaucoup pour les graveurs en camaïeu.
BACHMAN (George).	Id.	Fried-berg.	Hist.	Mort à Vienne.
ARLAUD (Louis-Aimé), neveu de Jacques et de Benoît.	Id.		Miniat.	Ses tableaux sont pleins de mérite.
AMMANA ou AMAMA.	Id.	Hambourg	Pays., ois. et fl.	Détails inconnus.
ABLEITNER (Bal-thasar).	Id.	Allemag.		Détails inconnus.
KRAFT (David).	Id.	Id.		Détails inconnus.
KEMPENER (Jacq.).	Id.	Id.	Fleurs et fruits.	On ignore s'il fut peintre ou dessinateur. — Ses ouvrages, comme peintre, sont inconnus.
HEINZEL (Jean-Fr.).	Id.	Id.		Détails inconnus.
LAUTERER.	1700 1733	Vienne.	Pays. et anim.	Élève de J. Orient. — Paysages avec figures et animaux, Vienne. — Étudia d'après Berchem.
STUDER (Jean-Ro-dolphe).	1700	Winter-thuur.	Portr., émail et miniat.	Étudia à Bâle, visita Paris, y reçut des leçons de De Troy, travailla à Genève, à Neufchâtel et à Bâle, voyagea en Angleterre et en Hollande. — Dessin correct, coloris naturel ; très-inégal dans ses productions.
LIOTARD (Jean-Étienne).	1702 1788?	Genève.	Genre, miniat. et émail.	Se rendit à Paris en 1725, s'y lia avec Lemoine ; fit le voyage d'Italie, à la suite du marquis de Puysieux, ambassadeur de France auprès de la cour de Naples; séjourna dans cette ville, visita Rome où ses portraits lui firent beaucoup de réputation ; suivit des Anglais de sa connaissance à Constantinople, en 1738, y resta 4 ans, adopta l'habit levantin et laissa croître sa barbe, ce qui lui valut le surnom de peintre turc ; se rendit à Vienne, fut bien reçu par l'empereur François Ier, et particulièrement protégé par l'impératrice Marie-Thérèse, visita encore la France, puis l'Angleterre et la Hollande ; se maria dans ce dernier pays et mourut à Genève. — Vieille femme endormie, Vienne. Il fit les portraits de l'empereur François Ier et de Marie-Thérèse, des membres de la famille royale de France, de la princesse de Galles, du stathouder de Hollande et de la sœur de ce prince. — Grande force de coloris, contours précis, touche exacte ; on a de lui des émaux de près d'un pied et demi de haut, sur un pied de large. Il conserva toute sa vie l'habit levantin et ne se rasa que lors de son mariage avec la fille d'un négociant français établi à Amsterdam.

NOMS.	ANNÉES DE NAISSANCE ET DE MORT.	LIEU DE NAISSANCE	GENRE.	NOTES HISTORIQUES. — TABLEAUX PRINCIPAUX ET LIEUX OU ILS SE TROUVENT. OBSERVATIONS.
JANNECK (François-Christophe).	1703 1761	Graz.	Pays.	Élève de Math. Vangus. Mort à Vienne. — Paysage : groupe de paysans, Vienne. Paysage : forêt et chasseurs, ib.
WOLFGANG (George-André).	1703	Augsbourg.	Portr.	Travailla en Angleterre et vint à Gotha où on le nomma peintre de la cour. — Excella dans son genre.
PLATZER (Jean-Victor).	1704 1767	Vintschgau (Tyrol.)	Genre.	Élève de son beau-père, Kesler ; s'occupa à Vienne, de 1730 à 1755, et mourut à Epan (Tyrol). — Hommes et femmes buvant et faisant de la musique, Vienne. Les joueurs de cartes, ib.
SCHNATZLER (Jean-Ulric).	1704 1763	Schaffhouse.	Portr.	Élève de J. J. Scharer et de Van Schuppen, à Vienne ; revint dans sa patrie, après six ans d'absence ; s'adonna à la boisson et mourut subitement. — Pinceau léger, coloris vigoureux et agréable, sculpteur.
SEDELMEYER (Jérôme-Jacques.	1704 1761	Augsbourg.	Portr. et miniat.	Élève de Keukel, son beau-frère, auprès duquel il se réfugia, à Vienne, pour fuir les mauvais traitement du graveur Pfeffel, son premier maître ; se lia avec G. Fuessli et travailla en commun avec cet artiste. Ayant présenté à l'empereur un remarquable travail de gravure et n'ayant essuyé qu'un refus pour les encouragements qu'il demandait, Sedelmeyer devint fou et mourut misérable dans sa ville natale. — Tableaux de la bibliothèque impériale de Vienne, d'après Daniel Gran, en treize grandes feuilles. — Plus célèbre comme graveur que comme peintre.
ROESEL (Aug.-Jean), dit ROSHOOF ou ROSELIUS ou ROSENHOF ou ROSTER.	1705 1759	Augustendourg (près d'Arnstadt).	Anim., portrait, miniat. et insect.	Élève d'un de ses parents, peintre d'animaux et de fresques, s'établit à Nuremberg, en 1725, séjourna deux ans à Copenhague, et resta tout le reste de sa vie dans la ville qu'il avait choisie pour résidence. Sa fille, qui l'aida pour la gravure, avait épousé le peintre Kleemann. Rœsel fut anobli. — Le loup et l'agneau, Munich. — Beaucoup de finesse dans le trait, coloris vrai et éclatant. Graveur et célèbre naturaliste.
GÜNTHER (Mathieu)	1705	Bisenberg (Bavière.)	Hist.	Élève d'A. Asam ; vivait encore en 1789, à Augsbourg, où il était directeur de l'Académie. — Graveur à l'eau-forte.
LEINBERGER (Chrétien).	1706 1770	Erlangue	Arch., histoire et allég.	Fut également géomètre. — Graveur à l'eau-forte.
KRAUSE (François).	1706 1754	Augsbourg.	Portr., genre et hist.	Étudia sous Piazetta, à Venise ; passa douze années à peindre en entier l'église de Notre-Dame des Ermites, en Suisse, visita Paris, se présenta à l'Académie, mais sa vanité lui ayant aliéné tous les esprits, il ne put y être reçu ; il se maria et s'établit à Langres ; habita Dijon, Lyon et ensuite la Suisse, où il mourut. — Peignit pour les chartreux, de Dijon, l'histoire de la Vierge (sept tableaux), et Madeleine parmi les Pharisiens. — Bon dessin, peu d'imagination, couleur vigoureuse et dorée, touche ferme et brillante, quoique trop sèche ; ses tableaux sont en général trop noirs ; on attribue ce défaut à l'emploi qu'il faisait du stil de grain et de l'orpin.
FUESSLI (Jean-Gaspard), fils de Mathieu le 5e.	1707 ou 1709 1782	Zurich.	Portr.	Élève de son père ; se rendit à Vienne, à dix-huit ans, fut recherché des artistes et des grands, passa au service du duc de Wurtemberg, voyagea en Allemagne, se lia avec Kupetzki, à Nuremberg et avec Rugendas et Riedinger, à Augsbourg, revint en Suisse à cause de la guerre, s'y maria et y occupa la place de chancelier. — L'ouvrage numismatique de Hedlinger a été gravé par Haid, d'après ses dessins. — Ses deux filles, Rose et Lise, mortes avant lui, avaient réussi dans la peinture des fleurs et des insectes. Écrivain distingué, auteur de la Vie de Rugendas et de Kupetzki, d'une Histoire des meilleurs peintres de la Suisse, et autres ouvrages.
MOSER (George-Michel).	1707 1783	Schaffhouse.	Émail et miniat.	S'occupa de travaux d'orfévrerie pendant son séjour à Genève, et fut très-habile dans cet art ; passa en Angleterre, en 1726, y travailla plusieurs années chez le célèbre Haid, se maria, en 1729, avec Marie Guynier, fille d'un peintre de Grenoble ; fut protégé par le roi George III ; établit sous les auspices de ce prince et malgré les intrigues des artistes parmi lesquels on cite Hogarth, une académie de peinture, en 1768. — Sa fille, Marie, naquit en 1744, cultiva également la peinture ; des lettres de noblesse lui furent accordées ainsi qu'à son père, par le roi George III ; elle se distingua dans le genre des fleurs.
HOLZER (Jean).	1708? 1740	Burgriefs (Tyrol.)	Hist.	Élève de Bergmüller. Mort à Bonn. — Peignit à fresque et grava à l'eau-forte.
GOETZ (Godefroid-Bernard).	1708 1780?	Klosterwelchrod (Moravie).	Id.	Établit à Augsbourg un commerce d'objets relatifs aux beaux-arts, et mourut dans cette ville. — Peignit également à fresque, graveur à l'eau-forte et en manière noire.
FUESSLI (Jean-Rodolphe, le vieux, de la famille des Fuessli.	1709 1793	Zurich.	Miniat.	Élève du graveur Melchior Fuessli, se perfectionna à Paris, chez Lutherburg, l'aîné. Remplit les fonctions de sénateur à Zurich. — Dictionnaire des artistes, in-folio (continué par son fils). — Cultivait l'histoire littéraire des arts, possédait une bibliothèque très-riche, et une collection presque complète de portraits d'artistes.
SCHELLENBERG (Jean-Ulric).	1709	Winterthur (Suisse.)	Pays. et portr.	Élève de J. Hettinger, peintre de peu de renom ; parcourut l'Allemagne, s'établit à Berne, fut reçu dans la maison du peintre Huber, dont il épousa la fille, retourna à Berne, y fut nommé membre du grand conseil, en 1759. — Peintre médiocre.
CANTON (Jean-Gabriel), fils de François-Thomas.	1710 1753	Vienne.	Batail., anim. et paysage.	Élève de son père. Ses ouvrages sont très-recherchés en Angleterre. — Paysage : danse de paysans, Vienne. — Peignait les animaux dans les tableaux du peintre Orient et les batailles dans ceux de Meytens ; touche hardie.
HAELSZEL (Jean-Baptiste).	1710 1776	Dresde.	Fleurs et fr.	Élève de J. B. du Buisson, à Berlin ; depuis 1769, membre de l'Académie des beaux-arts, à Vienne, où il mourut. — Plusieurs tableaux de fleurs et de fruits, Vienne.
DIETZSCH (Jean-Christophe).	1710 1769	Nuremberg.	Pays.	Passe, en Allemagne, pour un des bons peintres de paysages de ce pays ; possédait un cabinet précieux de curiosités et d'histoire naturelle. — Bonne imitation de la nature, pinceau facile et léger, touche gracieuse, coloris agréable. Graveur à l'eau-forte.

NOMS.	ANNÉES DE NAISSANCE ET DE MORT.	LIEU DE NAISSANCE	GENRE.	NOTES HISTORIQUES. — TABLEAUX PRINCIPAUX ET LIEUX OU ILS SE TROUVENT. — OBSERVATIONS.
EHRET (George-Denis).	1710 1770	Bade.	Plant., fleurs et ins.	Fils d'un simple jardinier, dut son talent à lui-même ; visita Bâle, Montpellier, Lyon et enfin Paris, où il travailla quelque temps à la collection des vélins, commencée par Robert, sous les auspices de Gaston d'Orléans. Visita Londres, parcourut la Hollande, retourna en Angleterre, en 1740, y fut protégé par plusieurs grands, s'y établit et mourut à Londres. — *Hortus Cliffortianus* (avec Linnée, 1737. *Flore de la Jamaïque* (texte de Brown). *Histoire des Corallines* (texte d'Ellis). Suite de plantes et de papillons gravés (de 1748 à 1759). — S'acquit une grande célébrité ; travailla avec Linnée, rendit les plus grands services à la botanique aussi bien qu'à l'art. Graveur.
BAUMGARTNER (Jean-Wolfgang).	1712 1761	Kufstein. (Tyrol.)	Pays.	Peintre sur verre. Mort à Augsbourg. — Abandonna la peinture pour le dessin, et grava à l'eau-forte.
DIETRICH (Chrétien-Gust.-E.) ou DIE-TRIECY, fils de Jean-George.	1712 1774	Weimar.	Pays., genre, portr., hist., etc.	Élève d'Alexandre Thiele ; se forma par ses voyages en Hollande et en Italie ; protégé par le comte de Bruhl ; travailla pour le roi de Pologne et mourut à Dresde. — Portrait du peintre, Bruxelles. La monnaie du tribut, Londres. La femme adultère, *ib.* Nymphes au bain, *ib.* Portrait : la mère du peintre ? Dresde. Portrait de vieillard, *ib.* Paysage : nymphes au bain, *ib.* Paysage : Mercure et Argus, *ib.* Siméon tenant l'enfant Jésus, *ib.* La Vierge et l'enfant Jésus, *ib.* Les bulles de savon, *ib.* Paysage : un berger et une bergère, *ib.* Et beaucoup d'autres. *ib.* Le Christ annoncé aux bergers, Vienne. Adoration des bergers. *ib.* Mariage de sainte Catherine, Berlin. Lazare dans les bras d'Abraham et le mauvais riche aux enfers, Munich. Paysage : vue de la mer, *ib.* Paysage : deux aveugles, *ib.* Et autres, *ib.* La femme adultère, Paris. — Imita Rembrandt, les Carrache, et les grands paysagistes italiens. Ce peintre admirable se distingua surtout par sa touche franche et originale et son génie d'invention. Graveur à l'eau-forte.
BULLINGER (Jean-Balthasar).	1713	Langnau (Suisse.)	Hist., portr. et pays.	Élève de Tiepolo à Venise ; revint dans sa patrie, parcourut toute l'Allemagne, séjourna à Dusseldorf, à La Haye et à Amsterdam ; retourna en Suisse, en 1742, s'y maria et s'y établit. — Abandonna l'histoire pour le paysage à la manière hollandaise. Graveur à l'eau-forte.
RINGE (Christophe-Godefroid)..	1713 1797	Bernburg		Peintre fou qui mena une vie des plus bizarres et des plus grotesques ; beaucoup de malheurs l'accablèrent ; l'autorité voulant venir à son secours le trouva mort dans sa maison. — Ses tableaux sont peu nombreux. — Ses œuvres se ressentent de la vie qu'il menait.
MATHIEU, (Rosine), née LISIEWSKY, fille de George Lisiewsky.	1713	Berlin.	Portr.	Élève de son père.
TRAUTMAN (George)	1713 1769	Deux-Ponts.	Fêtes villag. et genre.	Mort à Francfort-sur-le-Mein. — Graveur à l'eau-forte.
GRUND (Norbert).	1714 1767	Prague.	Hist., portrait, genre et batailles.	Son insouciance et sa paresse le réduisirent à l'indigence. — Ordonnance sage, dessin correct, coloris harmonieux. Presque tous ses tableaux sont de petite dimension.
MULLER ou MILLER (Jean-Sébastien).	1715 1782?	Nurem-berg.	Pays., hist. et portr.	S'établit en Angleterre avec son frère Tobie, graveur, en qualité de peintre graveur, y exécuta un grand nombre de travaux. Muller eut, de deux mariages, vingt-neuf enfants ; deux de ses fils se sont fait connaître comme dessinateurs. — On connaît de lui : La confirmation de la grande charte. Les portraits du roi et de la reine d'Angleterre. — Botaniste et graveur. *Illustratio systematis sexualis Linnœi* (latin-anglais). Londres, 1777, 15 cahiers grand in-folio.
EICHLER (Godefroid) le jeune, fils de Godefroid, le vieux.	1715 1770	Augs-bourg.	Portr.	Élève de son père ; voyagea pendant plusieurs années, s'arrêta à Vienne et à Nuremberg, et exécuta un grand nombre d'ouvrages, à son retour dans sa patrie. — Graveur en taille douce et à la manière noire ; grandes connaissances théoriques en peinture.
SAMBACH (François-Gaspard).	1715 1795	Breslau.	Bas-reliefs.	Élève de l'Épée et de Raphaël Donner ; habile sculpteur ; en 1762, professeur à l'Académie des beaux-arts, à Vienne ; en 1772 directeur et conseiller à la même Académie. — Bacchanale d'enfants (d'après un bas-relief antique), Vienne.
DIETSCHEN (Mlle).	1716	Nurem-berg.	Fleurs et ois. en miniat.	Élève de son père.
LECLERC (Jean-Fré-déric, fils de David.	1717	Londres.	Miniat.	Employé à la cour de Deux-Ponts, en 1768.
OESER (Adrien-Fré-déric ou Adam-Frédéric).	1717 1799	Pres-bourg.	Hist.	Se rendit à Vienne, y reçut les leçons du sculpteur R. Donner ; se rendit, en 1739, à Dresde, se lia de la plus étroite amitié avec Winckelmann, et dirigea les premières études de ce savant sur l'antique ; nommé professeur de la nouvelle Académie de Dresde, puis directeur de celle de Leipzig, s'établit dans cette dernière ville, en 1764. — Exécuta plusieurs beaux ouvrages à Dresde. — Ordonnance simple, couleur chaude, grande connaissance de l'antique, travailla beaucoup à fresque. Mouleur et graveur au burin et à l'eau-forte.
WITZ (Emmanuel).	1717	Biel. (Suisse.)	Portr. et hist.	Étudia à Paris, se rendit en Espagne ; d'abord poursuivi par le malheur, la fortune lui devint enfin favorable ; revint dans sa patrie, en 1761. — Les ouvrages qu'il fit en Espagne lui valurent beaucoup de réputation.
WUNDER (Guillaume-Ernest).	1717?	Cranich-feld (Turingue.)	Hist., genre, fl. et fr.	Entra au service du margrave Frédéric, de Bayreuth, et devint inspecteur de la galerie de ce prince et de tous les tableaux d'église de sa principauté. — Peignit beaucoup de décorations de théâtre.
HEILMANN (Jean-Gaspard).	1718 1760	Mulhouse	Hist., portr., genre et pays.	Élève de Doggeler, à Schaffhouse ; travailla quelque temps à la cour de l'évêque de Bâle, se rendit à Rome, y fut protégé par le cardinal de Tencin, ambassadeur de France, qui l'emmena à Paris, en 1742. Ses portraits y furent tellement recherchés qu'il dut abandonner presque totalement le genre de l'histoire. — Beaucoup de ses portraits sont en France dans des collections particulières. — Coloris vif et transparent, clairs-obscurs d'un effet vigoureux.

NOMS.	ANNÉES DE NAISSANCE ET DE MORT.	LIEU DE NAISSANCE	GENRE.	NOTES HISTORIQUES. TABLEAUX PRINCIPAUX ET LIEUX OU ILS SE TROUVENT. OBSERVATIONS.
SMIDT (Martin-Joachim).	1718	Graffenwerth, près de Krems en Autriche.	Hist.	D'abord destiné à la sculpture, son penchant l'entraîna vers la peinture; artiste très-laborieux. — Graveur à l'eau-forte.
SCHÜTZ (Chrétien-George).	1718 1791	Floersheim, près de Darmstadt.	Pays.	Représenta, dans presque tous ses tableaux, des vues du Rhin. Mort à Francfort-sur-le-Mein. — Étudia beaucoup d'après Herman Saftleven (peintre hollandais).
HANDMANN (Emmanuel).	1718	Bâle.	Portr. et hist.	Élève de J. U. Schnatzler, à Schaffhouse, et de Restout, à Paris; parcourut la France et l'Italie, revint dans sa patrie, en 1746, visita Berlin et Berne. — Tableaux, Suisse. — Peignit également au pastel.
DIEFFENBRUNNER (George).	1718 1786	Mittewald (Bavière.)	Hist.	Étudia à Rome et s'établit à Augsbourg. — Graveur à l'eau-forte et peintre à fresque.
WINTTER (Joseph-George).	1720 1789	Munich.	Chass. et an.	Graveur de la cour. — Bon graveur à l'eau-forte.
TISCHBEIN (Jean-Antoine), frère de Jean-Henri.	1720 1784	Haina (Hesse.)	Hist.	Reçut les premières notions du dessin à Francfort et ne s'y occupa d'abord que de la peinture en tapisserie; étudia à Paris et à Rome, et revint en Allemagne; s'établit à Hambourg, y forma une école de dessin et y mourut. — Auteur d'un ouvrage intitulé : Instruction pour apprendre la peinture par principes, Hambourg, 1771, in-8o.
DIETZSCH (Jean-Albert), frère de Jean-Christophe.	1720 1782	Nuremberg.	Pays., portr., batailles, etc.	Détails inconnus.
THERBOUSCH (Anne-Dorothée), née LISIEWSKY, fille de George Lysiewsky.	1721	Berlin.	Portr.	Élève de son père.
OEFELE (François-Ignace).	1721 1797	Posen.	Portr. et hist.	Élève de Balt. Aug. Albrecht; nommé, par l'électeur Maximilien III, professeur à l'Académie de dessin, à Munich; visita l'Italie. — Graveur à l'eau-forte.
TISCHBEIN (Jean-Henri), frère de Jean-Antoine.	1722 1789	Haina.	Sujet myth. et portr.	Élève de Van Loo, en France, et de Piazetta, à Venise. Peintre du landgrave de Hesse-Cassel, nommé directeur de l'Académie de peinture et d'architecture, fondée à Cassel, en 1776, et professeur de peinture au collège Carolin; c'est là qu'il fonda une école nouvelle, se rapprochant de l'école vénitienne. — Quatre portraits au pastel, Amsterdam. — Imagination riante et poétique, n'imitait jamais, excellait à représenter les sentiments de l'âme, composition pleine de génie, d'ensemble et d'unité, nu savant, draperies transparentes, jetées avec goût, belle entente du clair-obscur, coloris parfois trop vif.
BRAND (Chrétien), le jeune, fils de Brand, le vieux.	1722 ou 1723 1795	Vienne.	Pays., batail., allég. etc.	Élève de son père; peintre de l'empereur François Ier, et depuis 1771, professeur de la peinture de paysage, à l'Académie des beaux-arts. Bataille de Hochkirchen, ib. Paysages avec ruines, ib. Paysages, ib. — Coloris vrai, figures groupées avec art.
SCHALCH (Jean-Jacq.)	1723	Schaffhouse.	Portr., paysage et hist.	Élève de Schnatzler; visita la France, l'Allemagne, l'Angleterre, la Hollande, revint dans sa patrie, en 1770. — Dessinateur et graveur à l'eau-forte.
ABERLI (Jean-Louis).	1723 1786	Winterthur.	Pays. et portr.	Élève de Henri Meyer, peintre médiocre, et de Jean Grimm; comme il ne quitta jamais son pays, son talent, assez remarquable, est peu apprécié à l'étranger. — Beaucoup d'imagination. Graveur à l'eau-forte.
RIEDEL (Godefroid-Frédéric).	1724 1784	Dresde.	Hist., port., etc.	Mort à Augsbourg. — Graveur.
CALAU (Benoît ou Benjamin).	1724 1785	Friedrickstadt (Holstein).	Portr.	Peintre de la cour, et membre de l'Académie des beaux-arts de Berlin, où il mourut. — Il passe pour avoir retrouvé la composition de la cire punique dont se servaient les peintres de l'antiquité.
PALKO ou BALKO (François-Xav.-Ch.)	1724 1767	Breslau.	Hist.	Élève de son père. Mort à Prague, d'après les uns; à Vienne, d'après les autres. Sainte famille, Vienne.
GUIBAL (Nicolas).	1725 1784	Lunéville	Hist. et pays.	Élève de Cl. Charles, à Nancy; quitta ses études pour la sculpture et celle-ci pour la peinture; visita Paris, y eut du succès; se rendit à Stuttgard, y fut protégé par le duc de Wurtemberg qui l'envoya à Rome; se lia avec Mengs, passa quatre ans en Italie; revint en Allemagne, fut nommé premier peintre de la cour, à Stuttgard; travailla pour l'électeur Palatin, pour les villes de Soleure, Manheim, etc. — Employé également à Stuttgard, comme architecte, professeur des arts du dessin et directeur de la galerie de tableaux.
RODE (Chrétien-Bernard).	1725 1797	Berlin.	Hist. et portr.	Élève de Pesne, puis de C. Van Loo et de Restout, à Paris; se perfectionna à Venise et choisit Tiepolo pour modèle. A son retour en Prusse, fut chargé de plusieurs travaux par le roi Frédéric II. Directeur de l'Académie des arts de Berlin, en 1785. — Peintures au palais de Sans-Souci, Berlin. Sujets sacrés, ib. — Peignit à fresque, grande facilité, peu de soin, pas de fini; composition originale et neuve; attitudes naturelles; formes monotones et triviales, airs de tête dépourvus d'expression et de noblesse; ensemble maniéré, excellent clair-obscur. Célèbre graveur à l'eau-forte.

NOMS.	ANNÉES DE NAISSANCE ET DE MORT.	LIEU DE NAISSANCE	GENRE.	NOTES HISTORIQUES. TABLEAUX PRINCIPAUX ET LIEUX OU ILS SE TROUVENT. OBSERVATIONS.
WAGENSCHON (François-Xavier).	1726 1790	Prague.	Hist.	Élève de P. Brandel. Mort à Vienne. — Graveur à l'eau-forte.
CHODOWIECKI (Daniel-N.)	1726 1801	Dantzick	Hist., miniat. et portr.	Remplaça Rode, en 1797, comme directeur de l'Académie, à Berlin. Né de parents peu fortunés, il fut élevé pour le commerce d'épiceries et donnait à l'étude du dessin une partie de ses nuits ; le désir d'améliorer la position malheureuse de sa mère le fit travailler à son art avec la plus grande ardeur. Sa réputation égala son beau talent. Mort à Berlin. — Passion de Jésus-Christ, miniatures en douze parties. — Saisissait admirablement le caractère principal des figures qu'il était appelé à peindre. Fini précieux, grande énergie. Un des plus célèbres graveurs modernes de l'Allemagne.
RAUFFER (Charles De).	1727 1802	Ratisb.	Miniat. et sur porcel.	Secrétaire de l'électeur Maximilien III, de Bavière. Mort à Munich. — Habile dessinateur et bon peintre.
KRAUS (George-Melchior).	1727 1806	Franc-fort s/m.	Hist. et genre.	Étudia chez Greuze, à Paris ; reçut également les leçons de J. H. Tischbein ; s'établit à Weimar, comme directeur de l'école de dessin. — Dessinateur et graveur à l'eau-forte ; ses dessins sont très-recherchés.
HAUZINGER (Joseph)	1728 1786	Vienne.	Bas-reliefs, hist. et allégor.	Élève de Paul Troger ; professeur à l'Académie des beaux-arts, à Vienne, depuis 1772, peintre de la cour. — Bas-relief : Enfants jouant (d'après Fiammingo), Vienne.
KNOLLER (Martin Von).	1728 1804	Steinach (Tyrol.)	Portr.	Élève de P. Troger. Mort à Milan. — Portrait : Joseph Rosa, Vienne. Saint Bénédict et sainte Scolastique recommandés à la sainte Trinité par la Vierge, Munich.
MENGS (Antoine-Raphael), fils d'Ismaël.	1728 1779	Aussig (Bohême.)	Hist. et portr.	Élève de son père ; conduit à Rome, en 1740, y resta cinq ans ; nommé premier peintre du roi, à Dresde, en 1746, fit une excursion à Rome, en 1747, y embrassa la religion catholique et y épousa une Romaine qui ne lui apporta en dot que des charmes et des vertus ; revint avec elle à Dresde, repassa une troisième fois en Italie, en 1752 ; professeur à l'Académie de peinture du Capitole, en 1754, s'occupa quelque temps à Naples, fut appelé à Madrid, par Charles III, premier peintre du roi d'Espagne, en 1761 ; fit un nouveau voyage à Rome, en 1769, afin d'y rétablir sa santé, s'arrêta à Florence, y fut nommé prince de l'Académie de Saint-Luc, retourna en Espagne, revint définitivement à Rome, en 1777, et y mourut peu de temps après avoir perdu sa femme. — Ascension, Dresde. Cupidon aiguisant une flèche, ib. Apothéose d'Hercule, Madrid. Scènes de la passion, ib. Nativité, ib. Madeleine, ib. Saint Pierre, ib. Charles III, ib. Charles IV, ib. Marie-Luisa, ib. Ferdinand IV, ib. Le peintre lui-même, ib. Sainte famille, Paris. Saint Eusèbe environné d'anges, Rome. Apollon et les Muses sur le Parnasse, ib. L'Histoire écrivant sur le dos du Temps, etc. (toutes fresques), ib. Songe de saint Joseph, Vienne. La Vierge, l'enfant Jésus et deux anges, ib. Annonciation, ib. Saint Pierre, ib. Portrait : Marie-Thérèse, enfant, ib. Portrait : l'impératrice Marie-Louise, ib. Sainte famille, Berlin. Portrait du peintre, Munich. Portrait d'un capucin, ib. — Beaucoup de noblesse et d'harmonie, touche peu molle et grâce un peu outrée, composition savante et réfléchie, couleur harmonieuse, beau clair-obscur. On a de lui des : Considérations sur la beauté et le goût en peinture.
ROOS (Joseph), petit-fils de Philippe.	1728	Vienne.	Pays. et genre.	Élève de son père, nommé Joseph comme lui, dont le talent n'atteignit pas la médiocrité ; l'étude des ouvrages de ses aïeux le perfectionna ; demeura longtemps à Dresde et y fut membre de l'Académie électorale ; obtint la direction de la galerie impériale de Vienne. — Paysages , animaux, chaumière, scène villageoise, Dresde. Paysage avec pâtre et animaux, ib. — Soutint la réputation de sa famille. Graveur à l'eau-forte.
GEISZLER (Chrétien-Gottlieb).	1729	Augsbourg.	Émail.	S'établit à Genève et y obtint le droit de bourgeoisie. — Graveur.
FISCHER (Vincent).	1729 1810	Fürsten-zell (Bavière.)	Archit. et vues de ville.	Mort à Vienne, où il était professeur à l'Académie des beaux-arts. — Bâtiments antiques, Vienne. Le pendant du précédent, ib.
NOTHNAGEL (Jean. A. B.).	1729	Buch (Saxe-Cob.)	Genre.	S'établit à Francfort-sur-le-Mein, en 1747, et y fut employé, comme peintre, dans la manufacture de papiers peints dirigée par son beau-père et à laquelle Nothnagel donna une extension remarquable. — Imitateur de Teniers ; pinceau vrai et spirituel. Graveur à l'eau-forte.
HOCHECKER (Franç.)	1730 1782		Pays.	Élève de Schütz. — Ses ouvrages sont peu connus.
KRAHE (Lambert).	1730 1790	Dussel-dorf.	Hist.	Premier directeur de l'Académie de Dusseldorf, à la fondation de laquelle il contribua puissamment ; se rendit à Rome , y reçut les leçons de Subleyras et de M. Benefiali ; se distingua par la protection qu'il accorda aux artistes pauvres.
FRISCH (Jean-Christophe).	1730	Berlin.	Hist. et portr.	Élève de Rode et de Pesne ; passa plusieurs années à Rome. — Peintures au palais de Sans-Souci. — Peignit à fresque ; quelque ressemblance avec la manière de Boucher, peintre français.
WEIROTTER (François-Edmond).	1730 1771	Insbruck.	Pays.	Visita l'Italie et la France. Mort à Vienne, professeur de l'Académie. — Graveur à l'eau-forte et à l'aqua-tinta.
WÜRSCH (Jean-Melchior).	1732	Buchs (Unterwald)	Portr.	Voyagea en France et en Italie.
WEISS (Barthélemy).	1752	Munich.	Hist.	Détails inconnus. — Graveur à l'eau-forte.
RIEDEL (Jean-Ant.).	1732	Prague.	Genre, hist., etc.	Inspecteur de la galerie de Dresde, où il mourut. — Graveur à l'eau-forte.
MARON (le chevalier Antoine De).	1733 1808	Vienne.	Portr.	Élève d'A. R. Mengs, dont il avait épousé la sœur (voir Thérèse de Maron). Mort à Rome. — Portrait : l'empereur Joseph II, Vienne. — Peintre estimé en Italie.

NOMS.	ANNÉES DE NAISSANCE ET DE MORT.	LIEU DE NAISSANCE	GENRE.	NOTES HISTORIQUES. TABLEAUX PRINCIPAUX ET LIEUX OU ILS SE TROUVENT. OBSERVATIONS.
TREU (Jean-Nicolas), fils de Joseph.	1734 1786	Bamberg.	Hist.	Élève de son père; étudia à Paris, sous Charles et Pierre Van Loo; voyagea en Italie; s'établit à Wurtzbourg et y mourut. — Couleur fraîche; style maniéré.
STEINER (Gaspard).	1734	Winter-thur.	Portr.	Détails inconnus.
RECLAM (Frédéric).	1734 1774	Magde-bourg.	pays., genre, etc.	Élève d'A. Pesne; travailla en France et en Italie et mourut à Berlin. — Graveur à l'eau-forte.
DICKEL (Joseph).	1734 1807	Bohème.	Portr.	Peintre de la cour, à Vienne, où il mourut.
HENNING (Christo-phe-Daniel).	1734	Nurem-berg.	Vues de ville, port., etc.	Vivait encore en 1789. — Graveur et marchand d'estampes.
GESSNER (Salomon).	1734 1788	Zurich.	Pays.	Écrivain distingué; grava à l'eau-forte, pour son amusement.
WOLF (Gaspard).	1735	Muri. (Suisse.)	Pays., marine, etc.	Étudia à Constance, parcourut l'Allemagne; visita Paris et y travailla auprès de Lutherburg.
KLEEMANN (Chré-tien-Frédéric).	1735 1789	Altdorf.	Hist. natur.	Également écrivain, quoique fort médiocre en ce genre; s'associa à la réputation de Rosel de Rosenhof, célèbre naturaliste et peintre, dont il avait épousé la fille. — Planches du Catalogue systématique des Coléoptères, par Voet. — Dessins pleins d'exactitude et de netteté.
BRAND (Frédéric-Auguste).	1735 1806	Vienne.	Pays.	Élève de Paul Troger. Quitta la peinture pour se livrer entièrement à la sculpture. — Graveur à l'eau-forte.
GRAF (Antoine).	1736 1813	Winter-thur.	Portr.	Élève de J. U. Schellenberg; passa huit ans à Augsbourg; nommé peintre de la cour, à Dresde, en 1766; visita Leipzig et Berlin; le nombre de ses portraits est très-considérable. — Portrait : le roi de Saxe, Frédéric-Auguste, Dresde. Portrait du peintre, ib. Portrait du peintre, Munich. — Beaucoup de vérité, de naturel, absence totale de prétention.
HACKERT (Philippe), dit : Hackert d'Ita-lie.	1737 1807	Prenzlau (Prusse.)	Pays. et marine	Son père lui enseigna d'abord la peinture des fleurs, genre qu'il abandonna pour le paysage; parcourut l'Allemagne, la France et l'Italie; travailla pour Catherine de Russie, qui le protégea; établi à Rome, y rendit de grands services à l'art; nommé peintre du roi de Naples, en 1786; se retira à Florence lors de l'arrivée des Français en Italie et mourut peu après. — Vue des environs de Naples, Amsterdam. Tableaux, Russie. — Copiait habilement la nature; excellait dans la perspective; pinceau assez vigoureux, coloris presque toujours harmonieux. Les ouvrages de sa vieillesse ont bien moins de mérite que ses autres productions.
ROSENBERG (Jean-Ch.-Guil.).	1737 1809	Berlin.	Hist., portrait et décor.	Dessina beaucoup pour les libraires. — Bon graveur à la pointe.
KOELLA (Henri), neveu de Jean.	1737 1789	Staefa. (Canton de Zurich.)	Hist. et portr.	Élève de son oncle et de J. Fuessli; se perfectionna à Rome. Mort trop jeune pour pouvoir réaliser les belles espérances que donnait son talent. — Ses portraits sont estimés.
FUESSLI (Jean-Ro-dolphe), fils de Jean Gaspard.	1737 1806	Zurich.	Portr.	Élève de son père; se rendit à Vienne, en 1765; s'occupa en Hongrie, comme géomètre et comme chancelier, revint à Vienne, en 1790, et s'y occupa spécialement de l'histoire de l'art. — Vignettes et portraits de l'histoire des peintres Suisses, par son père. — Dessinateur et graveur. Journal de l'art, destiné aux états autrichiens. Catalogue raisonné des meilleures estampes gravées d'après les artistes les plus célèbres de chaque école.
WINCK (Chrétien).	1738 1812	Eich-stadt. (Bavière.)	Hist.	Peintre de la cour de Bavière. Mort à Munich. — Graveur à l'eau-forte.
FRANK (Jean-Henri).	1738		Portr.	Détails inconnus. — Excellait dans le genre qu'il avait adopté.
MAURER (Hubert).	1738 1818	Rattchen près de Bonn	Hist.	Arriva à Vienne, en 1762, fut envoyé comme pensionnaire de l'État, à Rome, en 1774, et y resta quatre ans; nommé professeur et conseiller de l'Académie, à Vienne, en 1785. — Dieu le père sur les nuages, Vienne. Sainte Catherine, ib. Jésus-Christ faisant venir à lui les petits enfants, ib. (Ce dernier tableau fut peint par l'artiste à l'âge de 77 ans). — Bonne composition, bon dessin.
MORGENSTERN (Jean-Louis-Ernest)	1758 18**	Rudel-stadt.	Arch. et persp.	S'établit et mourut à Francfort-sur-le-Mein. — Manière de P. Neefs et de Steenwyk, tous deux peintres hollandais.
PRESTEL (Jean-Théophile).	1739 1808	Grune-bach. (Souabe.)	Hist.?	Mort à Francfort-sur-le-Mein. — Dessinateur et graveur dans presque toutes les manières.
WUTKI (Michel).	1739 1822	Tuln.	Pays.	Passa plusieurs années en Italie où il fut le rival de Hackert. Mort à Vienne. — La cascade de Tivoli, Rome. — Se distingua dans les effets de nuit et les grands paysages sur bois.
SCHELLENBERG (Jean-Rodolphe), fils de Jean Ulric.	1740	Winter-thur.	Ois.. fleurs, ins., etc.	Élève de son père; ami de Gessner et d'autres savants; sa santé l'ayant empêché de voyager, il forma seul son beau talent. — Pinceau spirituel et plein de feu, belle imitation de la nature, bon graveur à l'eau-forte.

NOMS.	ANNÉES DE NAISSANCE ET DE MORT.	LIEU DE NAISSANCE	GENRE.	NOTES HISTORIQUES. — TABLEAUX PRINCIPAUX ET LIEUX OU ILS SE TROUVENT. — OBSERVATIONS.
LUTHERBURG (Philippe-Jacques), le jeune, fils de Ph. Jacq. le vieux.	1740 1814	Strasbourg.	Batail., paysage, chasse, etc.	Élève de Tischbein et de Casanova, membre de l'Académie de peinture, à Paris, en 1768. — Bataille, château de Rambouillet. — Son père, né en 1698, à Bâle, et mort, en 1768, s'établit à Francfort et s'y occupa à peindre en miniature et à graver à l'eau-forte.
KOELLA (Jean).	1740 1778	Staefa.	Genre.	Élève de G. Fuessli; fils d'un paysan, son amour pour les arts le porta à étudier la peinture. — Peintre assez estimé.
KOBELL (Ferdinand).	1740 1796	Manheim.	Pays.	Destiné à la diplomatie, son penchant l'entraîna vers la peinture. Peintre de l'électeur de Bavière, en 1793, se perfectionna à Paris, et y resta dix ans. Mort à Munich. — Bon choix de sujets, coloris frais. Graveur à l'eau-forte.
HOLTZMANN (Charles-Frédéric).	1740	Dresde.	Pays.? genre?	Élève de Chr. Dietrich. — Dessinateur, graveur à la pointe, au burin et en clair-obscur.
TREU (Catherine).	1741	Bamberg.	Fleurs, fruits et nat. morte.	Attachée à la cour Palatine, à Manheim, et membre de l'Académie de Dusseldorf. — Touche large et libre.
WÜEST (Jean-Henri)	1741	Zurich.	Pays., etc.	Étudia en Hollande, travailla à Rotterdam et à Amsterdam, visita la France, et revint dans sa patrie, en 1769. — Ciels légers, pinceau et coloris satisfaisants.
LANDOLT (Salomon).	1741 1818	Id.	Batail., scènes militaires, pays, et chasse.	Embrassa la carrière militaire et alla étudier la peinture à Paris chez Le Paon, séjourna à Lyon, nommé membre du grand conseil, bailli à Greifensée, puis à Eglisau, il rendit de grands services au pays tout en l'administrant de la manière la plus singulière. Il joua un rôle dans les guerres de son siècle et mourut presque pauvre. — Manque des premiers principes. Talent original, rendit les effets de jour et de nuit avec vérité.
KAUFFMANN (Marie-Anne – Angélique-Cathern.), fille de Joseph.	1741 ou 1742 1807	Coire.	Hist. et portr.	Élève de son père, l'accompagna à Morbegno, à Côme et à Constance, et quoique à peine âgée de douze ans, fit parler de son talent dans ces deux dernières villes; habile musicienne, elle préféra pourtant l'étude assidue de la peinture, visita Parme et Florence, vint à Rome, en 1763 et se rendit ensuite à Naples, retourna à Rome, en 1764, passa à Venise, en 1765, et de là partit pour Londres. Arriva dans cette ville, en 1766, fut recherchée par Josua Reynolds, et, trompée par un aventurier qui s'intitulait le comte Frédéric de Horn, elle eut l'imprudence de lui accorder sa main et apprit peu de temps après qu'elle avait épousé un domestique; la séparation lui fut accordée, en 1768. Fut inscrite sur le registre des peintres de Londres, amassa de la fortune, fut chantée par Gessner et Klopstock, épousa, après la mort de son premier mari, le peintre italien Antoine Zucchi, son ami; cette union fut célébrée à Londres, en 1781; séjourna à Ostende et repartit pour l'Italie, s'arrêta à Venise et s'établit à Rome. En 1795, Angélique perdit son mari et éprouva des revers de fortune; son courage et sa piété vinrent à son secours, plusieurs princes lui donnèrent des marques de leur bienveillance et de leur estime; morte d'une maladie de langueur. — Portrait : Fortunée Salgher Fantastici, Florence. La Religion accompagnée par les Vertus, Londres. Portrait : la duchesse de Brunswick, ib. Portrait d'une jeune dame en sibylle, Dresde. Portrait d'une jeune femme en vestale, ib. Douleur d'Ariane, ib. Portrait du peintre, Berlin. Jésus-Christ et la Samaritaine, Munich. Portrait du peintre, ib. Télémaque appelé à la gloire par Minerve, Saint-Pétersbourg. Scène de famille, ib. — Composition ingénieuse et raisonnée, draperies inventées et dessinées avec goût, imita le Poussin et l'antique; manière expressive, facile et remplie de grâce, dessin faible.
DORNER (Jacques), le vieux.	1741 1813		Portr. et genre.	Élève de Fr. Rosch. — La femme de ménage : portrait de la femme du peintre, Munich.
DORFMEISTER (Jean-Évangéliste).	1741 1765	Vienne.	Pays. et ag.	Détails inconnus. — Paysage : forêt, Vienne.
TISCHBEIN (Jean-Henri-Conrad), neveu de Jean-Henri.	1742 1808	Haina. (Hesse.)	Pays. et hist. natur.	Élève de son oncle, à Cassel, voyagea en Hollande, nommé en 1775, par le landgrave de Hesse-Cassel, inspecteur de la belle galerie mise en ordre par Jean-Henri. — Traité élémentaire de la gravure à l'eau-forte, avec quatre-vingt-quatre feuilles de gravures, tirées selon cette méthode, Cassel, 1790, in-folio (en allemand). — Graveur à l'eau-forte.
KRUGER (Antoine ou André-Louis).	1743	Potsdam.	Genre? pays.?	Élève de Ch. Rode. — Dessinateur et graveur à la pointe et au burin.
HACKERT (Jean-Théophile), frère de Philippe.	1744 1773		Pays.	Accompagna son frère Philippe dans la plupart de ses nombreux voyages et mourut en Angleterre, où il s'était rendu seul. — Peintre de talent.
UNTERBERGER (Ignace).	1744 1797	Kabales. (Tyrol.)	Hist. anim., fleurs, arch., etc.	Favorisé par la cour de Vienne. Après avoir été à Rome, il fut un des plus grands artistes de l'Allemagne; bon mécanicien, il inventa; pour une société qui faisait creuser un canal en Hongrie, un char dont l'utilité fut reconnue par le gouvernement. — Composition noble, dessin à l'antique, ses groupes, ses distributions de lumière, ses draperies et son coloris, transportent d'admiration.
DUCROS (Pierre).	1745 1810	Suisse.	Pays. et vues de ville.	S'établit à Rome, ami du célèbre Volpato, avec lequel il exécuta une magnifique suite de vues de Rome et de ses environs, travailla ensuite de concert avec P. de Montagnani, pour les vues de la Sicile et de l'île de Malte. Mort à Lausanne. — Vues de Rome et de ses environs (avec Volpato). Vues de Sicile et de Malte (avec Paul de Montagnani). — Un des meilleurs peintres modernes de paysage historique, beaucoup d'effet et d'éclat, exécution habile, grande vérité. Excellent graveur.
MECHAU (Jean-Guillaume).	1745 1808	Leipzig.	Pays.	Élève d'Oeser et de Rode, étudia ensuite en Italie et fut aussi graveur à l'eau-forte. — Manière de Ph. Hackert, coloris délicat, beaucoup de sentiment.

NOMS.	ANNÉES DE NAISSANCE ET DE MORT.	LIEU DE NAISSANCE	GENRE.	NOTES HISTORIQUES. TABLEAUX PRINCIPAUX ET LIEUX OU ILS SE TROUVENT. OBSERVATIONS.
FREUDENBERGER (Sigismond).	1745 1801	Berne.	Portr., genre et pays.	Se rendit à Paris à l'âge de vingt ans, s'y lia avec les artistes les plus distingués; de retour dans sa patrie, choisit les sujets de ses compositions dans la nature des Alpes; estimé de son vivant et regretté par tous ceux qui le connurent. — Dessins de l'Heptameron français, Berne, 1792 Histoire des mœurs et coutumes des français, au XVIIIe siècle (une partie). — Exécuta beaucoup de dessins coloriés, fort recherchés. Goût délicat, dessin correct, composition agréable.
RUNK (Ferdinand).	1746 1834	Fribourg (Brisgau.)	Pays.	Peintre du duc de Schwarzenberg. — Connu spécialement par une série de huit tableaux dans lesquels il représente le système de la nature depuis les côtes de la mer jusqu'aux sommets des montagnes les plus élevées.
DUNKER (Balthasar-Antoine).	1746	Saal, près de Stralsund.	Hist. et pays.	Élève de Hackert; accompagna ce maître, à Paris, en 1765, y reçut les leçons de Vien, puis de Hallé; ayant appris la ruine de ses parents, il abandonna l'histoire pour le paysage, genre plus lucratif; résida à Bâle, puis s'établit à Berne, près de son ami Freudenberger; s'y maria, en 1775, et y acquit le droit de bourgeoisie. — Fut chargé de graver la collection de tableaux du duc de Choiseul, mais dut abandonner ce travail à cause de la disgrâce du ministre. — Bon graveur à l'eau-forte; quelque talent pour la poésie.
THIELE (Jean-Frédéric-Alex.).	1747 1805	Dresde.	Pays.	Probablement fils d'Alexandre Thiele. — Graveur à l'eau-forte.
KNIEP (Christophe-Henri).	1748 1825.	Hildes-heim.	Pays. et portr.	Séjourna à Hanovre, Hambourg, Cassel, Berlin; se rendit à Rome par la protection de l'évêque d'Ermeland, Krasinski, et y arriva après avoir visité Varsovie, Vienne et le Tyrol; à peine arrivé, il reçut la nouvelle de la mort de son protecteur, ce qui le força à vivre misérablement en Italie; s'établit à Naples, y fut nommé professeur honoraire et conseiller à l'Académie, y mena une vie pleine de déceptions et y mourut. — Connaissait à fond les règles de la perspective; détails minutieux, beaucoup de fini, en même temps qu'une verve pleine d'entrain et de vie. Dessinateur.
HACKERT (Guillau.), frère de Philippe.	1748 1780		Hist. et portr.	Élève de R. Mengs. Mort à Saint-Pétersbourg, — Se distingua dans le genre qu'il avait adopté.
BEMMEL (Charles-Sébastien).	1748	Bamberg.	Pays., marines et incend.	Détails inconnus.
FUCHS (Félix-Caje-tan).	1749	Rapper-schweil.	Hist.	Étudia à Augsbourg; visita l'Italie et y reçut des leçons de Mengs; revint dans sa patrie, en 1775. — Sculpteur.
MEYER (Jean-Jacq.).	1749	Suisse.	Pays.	Élève de Pfenninger; se rendit à Vienne, en 1771; y reçut les leçons de Chr. Brand le jeune; habita Presbourg et visita l'Italie.
PFEIFNINGER ou PFENNINGER (Henri).	1749	Zurich.	Portr.	Élève de Bullinger; se rendit à Dresde, y resta trois ans et revint dans sa ville natale; y reçut les conseils et l'amitié de Lavater, dont il fit le portrait. — Beaucoup de naturel; grande ressemblance. Graveur à l'eau-forte et à la pointe. Figures du Traité de la physiognomonie de Lavater.
SCHMIDT (Mathieu).	1749 1823	Manheim.	Pays.	Directeur de la collection royale d'estampes, à Munich, où il mourut. — Graveur à l'eau-forte.
TISCHBEIN (Jean-Frédéric-Auguste), neveu de Jean-Henri.	1750 1812	Maes-tricht.	Portr. et hist.	Élève de son oncle, à Cassel; étudia pendant sept ans les écoles de France et d'Italie, par la protection du prince de Waldeck, qui le nomma à son retour, peintre de sa cour, avec le titre de conseiller; visita la Hollande; se trouvait à Dessau, en 1795, et obtint la place de professeur et directeur de l'école des beaux-arts, à Leipzig, en 1800. Mort à Heidelberg. — Ses portraits sont très-recherchés.
MÜLLER (Frédéric), dit : MALER MUL-LER.	1750 1825	Creuz-nach.	Pays.	Mort à Rome. — Bon graveur à l'eau-forte.
METTENLEITER (Jacques).	1750 1825	Gnosku-chen.	Hist.	Élève de Ch. Zincke; se rendit à Saint-Pétersbourg, en 1785, et y mourut. — Graveur à l'eau-forte.
FREY (Michel).	1750	Biberach.	Pays.	Demeurait à Augsbourg, depuis 1768, et y florissait encore, en 1789. — Graveur à la pointe, à l'eau-forte et en couleur.
TISCHBEIN (Jean-Henri-Guillaume), neveu de Jean-Henri.	1751 1829	Haina?	Hist. et portr.	Élève de son oncle, travailla à Hambourg, en Hollande, à Hanovre, arriva à Berlin, en 1777, et y fit tous les portraits de la famille royale; se trouvait à Rome, en 1779, et en 1787, à Naples, où il se fit connaître de toute la cour; nommé directeur de l'Académie, dans cette ville, en 1790. Les malheurs de la guerre qui tombèrent sur Naples, le forcèrent de retourner dans sa patrie, en 1799. — Éducation, aventures et fin déplorable d'un âne (gravures). Homère, dessiné par Tischbein, d'après les antiques, expliqués par Heyne, Gottingue, 1801 à 1804, en six cahiers. Recueil de gravures de vases antiques (1791-1803), etc. — Un des plus grands peintres d'histoire de son époque. Célèbre dessinateur.
SCHICK (Gottlieb).	1751 1829	Allema-gne.	Hist.	Élève de A. Carstens.
RIETER (Henri).	1751 1818	Winter-thur.	Pays. et portr.	Fils d'un artisan. Alla à Neufchâtel prendre des leçons de dessin. De là se rendit à Dresde, où il copia un grand nombre de tableaux de la galerie de cette ville; il avait une ardeur extraordinaire au travail; pendant le délire qui précéda sa mort, il fit encore quelques études. Il fut trente-sept ans maître de dessin à l'école publique de Berne. — Manière large et main exercée. On remarque que vers ses vieux jours il mouchetta ses tableaux. Il abandonna le portrait pour le paysage.

NOMS.	ANNÉES DE NAISSANCE ET DE MORT.	LIEU DE NAISSANCE	GENRE.	NOTES HISTORIQUES. — TABLEAUX PRINCIPAUX ET LIEUX OU ILS SE TROUVENT. — OBSERVATIONS.
KLENGEL (Jean-Chrétien).	1751 1824	Kessel-dorf. (Saxe.)	Hist. pays. et portr.	Élève de Dietrich; fondateur de l'école de Dresde. — La récolte du froment, Dresde. Paysage italien au crépuscule, ib. Apollon gardant les bœufs d'Admète, ib. L'école de village, ib. Cascade, ib. L'entrée au bois, ib. La jeune baigneuse, ib. La tempête, ib. Le sarcophage, ib. Clair de lune, ib. — Graveur à l'eau-forte. Manque de transparence dans quelques-uns de ses ouvrages. Excellente réputation.
FÜGER (Henri-Frédéric).	1751 1818	Heil-bronn. (Souabe.)	Portr., miniat. et hist.	Élève de Guibal et d'Oeser. Visita Rome, en 1766, et resta 7 ans en Italie. Mort à Vienne, où il était conseiller et directeur de la Galerie Impériale, depuis 1806, et depuis 1795, directeur de l'Académie des beaux-arts. — Adam et Eve pleurant la mort d'Abel, Vienne. Madeleine, ib. Saint-Jean-Baptiste, ib. Apothéose de l'empereur François 1er, ib. — Belles formes de dessin, coloris parfois agréable et parfois faux, composition sans caractère. Auteur des beaux dessins de la Messiade, de Klopstock.
WINCK (Jean-Amand), neveu de Chrétien.	1752 1820	Laufer-sur-le-Neckar.	Fleurs et fr.	Florissait à Munich et y mourut dans un hôpital.
SAINT-OURS.	1752? 1809	Genève.	Hist. et portr.	Membre correspondant de l'Institut de France, vint à Paris, en 1771, et y fut élève de Vien, remporta le grand prix et se rendit à Rome. Mort dans sa ville natale. — On cite parmi ses tableaux un tremblement de terre. — Exécuta de fort beaux portraits.
OESER (Frédéric), fils d'Adrien.	1752 1792		Pays.	Détails inconnus. — Peignait principalement à l'aquarelle et au lavis.
LAMPI.	1752 1830	Romeno. (Tyrol.)	Portr. et hist.	Professeur et conseiller à l'Académie de Vienne, depuis 1786, abandonna l'histoire pour le portrait, séjourna longtemps en Russie et s'y fit une grande fortune. — Son fils, né à Trente, en 1775 et mort à Vienne, en 1856, se fit, aussi bien que son père, une excellente réputation.
KLASS (Frédéric-Chrétien), frère de Chrétien.	1752 1800?	Dresde.	Pays.	Se forma d'après les conseils de Casanova, se fit bientôt de la réputation, membre de l'Académie royale de Saxe, succéda à son frère dans l'emploi de maître de dessin des pages, place qu'il remplit jusqu'à sa mort. — Graveur à l'eau-forte.
RIVE (Pierre-Louis De La).	1753 1815	Genève.	Pays. histor.	Destiné à la carrière ecclésiastique ou à la magistrature, ce ne fut qu'après plusieurs années de persévérance qu'il obtint de son père la permission de suivre sa vocation; le chevalier de Fassin (peintre liégeois), qui se trouvait alors à Genève, lui enseigna son art; visita Dresde et y reçut les conseils de Casanova, partit pour l'Italie, en 1784 et revint à Genève, en 1786; pendant les troubles de cette ville, De la Rive parcourut toute la Suisse et la Savoie, copiant tous les beaux sites qu'il rencontrait. — Aucun de ses tableaux ne se trouve dans les principales galeries de l'Europe. — Masses grandioses, lignes simples, grande vérité de détails. Ses dessins au lavis étaient exécutés avec une rare perfection.
NATHE (Christophe).	1753	Görlitz.	Pays.	Élève d'Oeser; directeur de l'école de dessin dans sa ville natale. — Sammlung radirter Blätter. (44 paysages gravés à l'eau-forte.) — Graveur à l'eau-forte.
HARTMAN (Jean).	1753	Manheim.	Pays., à l'huile et à la gouache.	Élève de F. Kobell; s'établit à Bienne, en Suisse. — Graveur à l'eau-forte.
BERGLER (Joseph).	1753 1829	Saltz-bourg.	Portr. et hist.	Premier directeur de l'école de dessin, à Prague; protégé par le comte Aversperg, cardinal et prince-évêque de Passau, et par le comte de Thun, successeur du précédent. Étudia longtemps en Italie. — Composition facile, manque de profondeur, de soin et d'étude. Coloris peu transparent et peu vrai, dessin souvent incorrect. Dessinateur et graveur à l'eau-forte.
HUBER (Jean-Daniel)	1754	Genève.	Pays. et an.	Il ne pratiqua les arts que pour son amusement. — Ses tableaux sont peu nombreux. — Graveur à l'eau-forte.
GOTZ (Joseph-François, Baron de).	1754	Herman-stadt. (Transyl-vanie.)	Portr., etc.	Travailla à Vienne et à Munich et mourut à Ratisbonne. — Graveur à l'eau-forte, très-médiocre.
CARSTENS (Asmus-Jacques).	1754 1798	Saint-Gurgen, près de Sleswig.	Hist. et portr.	Fils d'un meunier, il n'eut point de maître et apprit de sa mère les principes du dessin; passa sept ans à Copenhague et habita Lubeck; il partit à pied pour l'Italie, mais sa pauvreté le força à revenir à Berlin, où il fut nommé membre de l'Académie, aussitôt que son talent y fut reconnu. Visita une seconde fois l'Italie et mourut à Rome. — Grand dessinateur; beaucoup de force et d'expression; formes pures, poses gracieuses; parfois un peu de rudesse; ne peignit que sur la fin de sa vie.
GASSNER (Simon).	1755	Stein-berg. (Tyrol.)	Hist. et pays.	Élève de Streicher, à Saltzbourg; étudia à Munich, et en Italie; fut appelé à Carlsruhe, par le margrave de Bade. Retourna à Munich, en 1790. — Graveur à l'eau-forte et en aqua-tinta.
FREUDWEILER (Henri).	1755 1795	Zurich.	Hist. et portr.	Étudia à Dusseldorf, en 1777; puis à Manheim; voyagea dans la Suisse italienne, en 1782; visita Dresde et Berlin; reçut des offres du prince de Dessau; les refusa afin de conserver son indépendance. — La plupart des tableaux de ce peintre remarquable sont tirés de l'histoire de la Suisse. — Grande vérité de détails, beau coloris.
ESCHER.	1756?		Pays.	Peignait pour son amusement, dans le goût de S. Gessner. — Un artiste, nommé Martin-Frédéric Escher, peintre de paysages et graveur à l'eau-forte, né à Lyon, en 1772, et mort à Zurich, en 1814, pourrait être le même que celui-ci.
DRECHLER (Jean).	1756 1811	Vienne.	Fleurs, fr. et ois.	Professeur de la peinture des fleurs, à l'Académie de Vienne. — Fleurs, fruits et oiseaux, Vienne.

NOMS.	ANNÉES DE NAISSANCE ET DE MORT.	LIEU DE NAISSANCE	GENRE.	NOTES HISTORIQUES. — TABLEAUX PRINCIPAUX ET LIEUX OU ILS SE TROUVENT. — OBSERVATIONS.
STEINER (JEAN-CONRAD).	1757	WINTERTHUR.	Pays.	Style imitant celui de S. Gessner. — Graveur à l'eau-forte.
ROSENBERG (FRÉDÉRIC).	1758	DANTZIG.	Id.	Demeura longtemps en Suisse et en Hollande et s'établit enfin à Altona, où il travaillait encore, en 1830. — Graveur à l'eau-forte.
HETCH (PHILIPPE-FRÉDÉRIC DE).	1758 1838	SOUABE.	Hist.	Élève de J. Harper. — OEdipe aveugle, Stuttgart. Brutus et Porcia, ib. Adieux de Régulus, ib. Daniel dans la fosse, ib. L'Amour et Psyché, ib. Achille et Agamemnon, ib.
KELLERHOVEN (MAURICE).	1758 1830	ALTENRATH. (Duché de Berg.)	Hist., portrait, etc.	Professeur à l'Académie des beaux-arts, à Munich, où il mourut. — Graveur à l'eau-forte et en manière de lavis.
REHBERG (FRÉDÉRIC)	1758	HANOVRE.	Hist.	Élève d'Oeser, à Leipzig et à Dresde; se rendit à Rome, en 1777, y suivit les leçons de Mengs, étudia au Vatican, d'après Raphaël et les antiques. Professeur à l'Académie de Berlin, en 1785. Retourna à Rome, pour y présider à une école des arts, allemande, qui ne put être établie. Visita l'Angleterre, en 1812, retourna une troisième fois à Rome, en 1815 et s'établit enfin à Munich. — Grava quelques eaux-fortes; exécuta un grand nombre de dessins et s'occupa beaucoup de la lithographie.
DORN (JOSEPH).	1759	GNATZSAMDACH. (Bavière.)	Genre et hist.	Étudia à Munich, Vienne et Dusseldorf; demeura à Bamberg. — Exécuta de bonnes copies d'après Fr. Miéris, Gérard Dou, etc.
LANGER (PIERRE-JOSEPH).	1759 1824	KALKIN, près de Dusseldorf.	Hist.	Élève de l'Académie fondée par Charles-Théodore; visita la Hollande, en 1789, et Paris, en 1798. Directeur de l'Académie de Dusseldorf, depuis 1790 jusqu'en 1806; à cette époque, l'Académie fut transférée à Munich; Langer la suivit et obtint la place de directeur. Mort à Munich. — On le nomme quelquefois Jean-Pierre de Langer; excellent peintre d'histoire et graveur à l'eau-forte.
MOLITOR (MARTIN DE)	1759 1812	VIENNE.	Pays.	Élève de Chr. Brand; excellent peintre. — Graveur à l'eau-forte.
WATZDORF (HENRI-AUGUSTE DE).	1760	GREITZ. (Saxe.)	Pays. et chev.	Travaillait en amateur. — Graveur à l'eau-forte.
SEIDL (ANDRÉ).	1760	MUNICH.	Hist.	Professeur à l'Académie des beaux-arts, dans sa ville natale. — Graveur à l'eau-forte.
ROTERMUNDT (JEAN-LAURENT).	1760 1825		Id.	Détails inconnus.
KÜFFNER (ABRAHAM-(WOLFGANG).	1760	GRAFENBERG, près de Nuremberg.	Portr. et hist. en petit.	Travailla à Altorf et à Nuremberg. — Graveur de peu de mérite.
HESS (LOUIS).	1760 1800	ZURICH.	Pays.	Fils d'un boucher; conserva l'état de son père tout en cultivant la peinture; fit à pied le voyage de Rome, en 1794; ses ouvrages sont répandus en France, en Angleterre, en Allemagne, en Danemarck et en Russie. — Bonne imitation de la nature, coloris pur et suave, dessin vrai, composition choisie et pleine de goût, sites variés et harmonieux, eaux d'une transparence et d'un ton parfaits. — Graveur.
DILLIS (GEORGE DE), frère de Cantius.	1760	GIEBING. (Bavière.)	Pays. et portr.	Élève de J. Dorner. Il fut directeur de la galerie royale de Munich. — Bon graveur à l'eau-forte, paysagiste distingué.
BECKER (PHILIPPE).	1760 1829	PFORTZHEIM.	Hist., portrait, pays. et animaux.	Élève de Raph. Mengs et de Trippel. Directeur de toutes les collections de tableaux, de dessins et d'estampes du grand-duc de Bade, visita l'Italie, en 1776, et y resta sept ans. — Tableaux, études et dessins, Carlsruhe. — Coloris distingué, belles formes. Quelques auteurs le font naître en 1759.
DARINGER (JEAN-GEORGE).	1761 1809	RIED.	Hist.	Correcteur à l'Académie de Vienne, où il mourut presque indigent.
REINHART (CHRÉTIEN).	1761	HOF. (Franconie)	Hist. et pays.	Élève d'Oeser, destiné d'abord à l'état ecclésiastique, s'établit à Rome, depuis 1789. Graveur à l'eau-forte. — Formes un peu conventionnelles, composition belle et simple, son coloris rappelle celui du Poussin.
WACHTER (EBERHARD).	1762	STUTTGARD.	Hist.	Visita l'Italie et florissait encore à Vienne, en 1806. Quelques auteurs le font naître à Bahlingen, dans le royaume de Wurtemberg. — Belle imagination, exécution faible, peu de couleur.
WOETCHLER (EBERHARD DE)	1762	ALLEMAG.	Id.?	Élève de A. Carstens.
GAUERMAN (JACQUES)	1762		Pays., intér. et chasses.	Abandonna la peinture.
RIEDEL (ANTOINE-HENRI), fils de Jean-Antoine.	1765	DRESDE.	Portr., etc.	Vivait encore en 1809. — Graveur à l'eau-forte.
RAMBERG (JEAN-HENRI).	1765	HANOVRE.	Hist. et genre.	Élève de J. Reynolds, à Londres; fit des progrès rapides. — Graveur à la pointe et en manière coloriée.

NOMS.	ANNÉES DE NAISSANCE ET DE MORT.	LIEU DE NAISSANCE	GENRE.	NOTES HISTORIQUES. — TABLEAUX PRINCIPAUX ET LIEUX OU ILS SE TROUVENT. — OBSERVATIONS.
SCHNORR DE KA-ROLSFELD (VITE-JEAN).	1764	SCHNEE-BERG. (Thuringe.)	Hist.	Étudia la jurisprudence, se voua aux beaux-arts à l'âge de 25 ans, et fut élève d'Oeser ; directeur de l'école de peinture à Leipzig. — Peintre de beaucoup de mérite et graveur à l'eau-forte.
PENZEL (JEAN-GEORGE).	1764 1809	HERS-BRUCK, (près de Nuremberg.)	Pays.?	Élève de J. U. Schellenberg, à Winterthur ; étudia à Dresde. — Abandonna la peinture pour la gravure.
CAUCIG (FRANÇOIS).	1762 1828	GÖRZ.	Hist. et pays.	Professeur à l'Académie de Vienne, en 1799, puis directeur et conseiller de la même Académie. — Le jugement de Salomon, Vienne. — Manière se rapprochant de l'antique pour la disposition des sujets ; connaissance approfondie des mœurs et costumes des anciens. Bon dessinateur.
MENKEN (JEAN-HENRI)	1764	BRÈME.	Pays. et ani.	Élève de Klengel et de Casanova, à Dresde. — Graveur à l'eau-forte.
MAYRHOFER (JEAN-NÉPOMUCÈNE).	Id.	OBERNEU-KIRCHEN. (Autriche.)	Fleurs, fruits, hist. nat.	Élève de Haslinger, à Lintz ; se perfectionna à Munich.
GABLER (AMBROISE).	Id.	NUREMB.		Vivait encore, en 1831. — Graveur au burin et sur bois.
BUNDSEN (JEAN).	1766?	ASSENS.	Pays., archit. et int. d'égl.	Se forma à Copenhague et à Dresde. — Peintre de mérite ; graveur à l'eau-forte.
KOBELL (GUILLAUME), fils de Ferdinand.	Id.	MANHEIM.	Batail., pays. et sujets champêt.	Élève de son père ; étudia dans sa ville natale et à Dusseldorf ; nommé professeur de l'Académie des beaux-arts, à Munich, en 1808, et chevalier de l'ordre du Mérite, par le roi de Bavière, en 1816. — Choisit Ph. Wouwerman pour modèle et devint un habile imitateur de ce grand peintre. Bon dessinateur et bon graveur à l'eau-forte et à l'aqua-tinta.
THIERRY (GUILLAUME)	1766 1823	BRUHSAL.	Pays.	Élève de F. Kobell, à Manheim ; entra, en 1793, au service du duc de Meinungen. — Architecte et graveur à l'eau-forte.
SCHALLHAS (CHARL.)	1767 1797	PRES-BOURG.	Pays. et anim.	Mort à Vienne. — Graveur à l'eau-forte.
RETSCH (HENRI DE).	1767		Hist.	Directeur de la galerie de Stuttgard. — Brutus et Porcia, Stuttgard.
FISCHER (JOSEPH).	1767 1822	VIENNE.	Portr., genre, anim. etc.	Détails inconnus. — Graveur à l'eau-forte et à l'imitation du lavis.
MIND (GODEFROID).	1768 1814	BERNE.	Chats.	Élève de Freudenberger. Son affection pour les chats fut extraordinaire. Lors du massacre de ces animaux, ordonné par la police de Berne, il éprouva une douleur qui ne se consola qu'en reportant son affection sur les ours. Disgracieux au physique, insupportable au moral, on ne le souffrait qu'à cause de son talent remarquable. On a parodié pour lui les vers suivants de Catulle sur la mort d'un moineau : *Lugete, o feles, ursique lugete, Mortuus est vobis amicus.* Il variait à l'infini les poses gracieuses des petits chats jouant avec leur mère. — Peignit beaucoup plus à l'aquarelle qu'à l'huile. Vérité extraordinaire, talent unique dans le genre qu'il avait adopté.
KOCH (JOSEPH-ANT.).	1768 1839	OBERGIE-BELN.	Pays. et hist.	Élève de A. Carstens ; visita l'Italie, en 1794. Ami de Thornwaldsen ; un des plus célèbre artistes de son siècle ; mort à Rome. — Graveur à l'eau-forte Grand dessinateur. Imagination bizarre et passionnée ; dessin souvent incorrect, teintes harmonieuses, ciels transparents, coloris pur et vigoureux.
EHERBARD (CON-RAD), frère de Fran-çois.	1768	HINDE-LANG. (Algan.)	Hist.	Élève de l'Académie de Munich, où il entra par la protection de l'électeur de Trèves, Clément Venceslas ; professeur de sculpture à l'Académie, en 1816. — Plus connu comme sculpteur, caractère gothique et religieux, composition riche, grande finesse d'exécution.
ABÉL (JOSEPH).	1768 1818	ASCHACH.	Hist. et portr.	Élève de Füger. Passa plusieurs années à Rome, comme pensionnaire du gouvernement. Mort à Vienne. — Bonne réputation ; ses portraits sont renommés.
HARDOFF (GÉRARD).	1769	Près de HAMBOURG	Pays. genre, etc.	Élève de J. A. Tischbein et de Casanova ; travaillait encore à Hambourg, en 1796. — Graveur à l'eau-forte.
HESS (CHARLES-ADOL-PHE-HENRI).	Id.	DRESDE.	Chev.	Un des meilleurs peintres de chevaux que l'Allemagne ait produits.
KRETSCHMAR (HENRI).	Id.	BRUNS-WICK.	Hist. et portr.	Élève de l'Académie de Berlin, en 1789 ; visita l'Italie, en 1803 ; membre de l'Académie, en 1806, professeur, en 1817 et membre du Sénat, en 1823.
WARENBERGER (SIMON).	Id.?	BULACH. (Bavière.)	Pays.	Pensionnaire de la cour de Munich. — Graveur à l'eau-forte.

NOMS.	ANNÉES DE NAISSANCE ET DE MORT.	LIEU DE NAISSANCE	GENRE.	NOTES HISTORIQUES. TABLEAUX PRINCIPAUX ET LIEUX OU ILS SE TROUVENT. OBSERVATIONS.
KÜGILGEN (Gérard et Charles-Ferdinand De).	1772 Gérard 1820 Charles 1832	Bonn.	Hist. portr. et pays.	Ces deux frères étaient jumeaux et se ressemblaient parfaitement ; appartenant à une famille noble, ils se vouèrent pourtant aux arts ; Gérard comme peintre d'histoire et Charles comme paysagiste, ce dernier travailla chez Schütz puis alla rejoindre son frère dans l'atelier de Zincke d'où ils passèrent tous les deux dans celui de Hegel ; de retour à Bonn ils furent présentés à l'électeur de Cologne, Maximilien François d'Autriche, par la protection duquel ils passèrent quelque temps à Rome : la guerre les força de quitter l'Italie : après un court séjour en Allemagne, ils se rendirent à Riga d'où leur réputation arriva jusqu'à Saint-Pétersbourg ; reçus par l'empereur Paul Ier, celui-ci nomma Charles paysagiste de la cour et se fit peindre par Gérard ainsi que toute la famille royale ; les deux frères furent admis à l'Académie de Saint-Pétersbourg et à celle de Berlin ; Gérard quitta la Russie et alla s'établir à Dresde où plus tard il dirigea l'école de peinture. Charles resta dans sa patrie adoptive, visita deux fois la Crimée et plus tard la Finlande, éprouva de grands revers de fortune que la protection du czar Alexandre répara en partie. Gérard fut tué par un voleur de grande route. Charles lui survécut douze ans. Les deux jumeaux avaient épousé deux sœurs d'une famille esthonienne. — Charles : tableaux, Saint-Pétersbourg. Gérard : tableaux, Angleterre. L'enfant prodigue, Florence. — Charles : ses premiers ouvrages sont roides et durs ; l'expérience fit disparaître ces défauts ; beaucoup de vérité et d'originalité ; eaux et ciels peu agréables ; feuillé et effets de jour entre les arbres , inimitables ; coloris vigoureux et transparent. Gérard : expression vraie, simple et entraînante, peu de fracas ; manière poétique. intime ; dessin correct, ferme et beau ; anatomiste irréprochable ; saisissait parfaitement la ressemblance : têtes gracieuses touchées ; coloris froid et un peu noir ; beaucoup de sentiment, peu d'imagination.
OCHLICH (Jean-Conrad).	1772	Nuremberg.	Pays., animaux et portr.	Étudia dans sa ville natale et à Munich. — La plupart de ses ouvrages sont des copies d'après les grands maîtres.
HERTERICH (Henri-Joachim).	Id.	Hambourg	Portr. et pays.	Travaillait encore à Hambourg, en 1822. — Graveur à l'eau-forte.
HAMPE (Frédéric).	Id.	Berlin.	Hist. et genre.	Membre de l'Académie, à Berlin, depuis 1816, professeur depuis 1825 et membre du sénat académique depuis 1827.
FUES (Frédéric-Chrétien).	Id.	Tubingue	Genre et portr.	Élève de Harper et de Retsch, à Stuttgard ; professeur à l'Académie de Nuremberg. — Graveur à l'eau-forte.
BUSSLER (Ernest-Frédéric).	1773	Berlin.	Portr. en min. et hist.	Élève de l'Académie de Berlin ; employé de la maison du roi. — *Ornements de l'antiquité*, renfermant cent-vingt-six gravures. — Graveur au burin et à l'eau-forte.
CONJOLA (Charles).	1775 1831	Manheim.	Pays.	Mort à Munich. — Exécuta beaucoup de dessins à l'aquarelle.
GRAF (Charles-Antoine), fils d'Antoine.	1774 1852	Dresde.	Id.	Élève de Zincke ; quitta son maître pour étudier d'après nature , parcourut la Suisse et l'Italie. — Composition sage, dessin correct ; coloris satisfaisant, souvent même chaud et vigoureux.
REDEL (Joseph).	1774 1836		Hist.	Professeur à l'Académie, à Vienne, où il mourut. — Bon coloris ; manière de Füger.
STÜRMER (Henri).	1774	Kirchberg.	Hist. et pays.	Étudia d'abord à Oehringen et à l'Académie d'Augsbourg, travailla ensuite à Gottingue et s'établit plus tard à Berlin. — Ne serait-ce pas le même que Jean Stürmer, ou bien est-ce son frère ?
WAGENBAUER (Maximilien-Joseph)	1774 1829	Grafing. (Bavière.)	Pays. et anim.	Inspecteur de la galerie royale, à Munich. — Animaux bien dessinés, belle imitation de la nature, beaucoup de naïveté et de grâce.
DORNER (Jacques), le jeune.	1775	Munich.	Pays. histor.	Inspecteur de la galerie de Munich, depuis 1808. — De la vigueur, bons détails, bonne entente du clair-obscur.
HORCZINCKA.	Id.	Prague.	Portr.	Directeur de la galerie de Colloredo-Mansfeld.
RHODEN (Martin De)	Id.		Pays.	Établi à Rome. — Tableaux, Cassel. — Composition originale, détails très-soignés.
RUGENDAS (Jean-Laurent), arrière-petit-fils de George Philippe.	1775 1826	Augsbourg.	Batail.	Directeur de l'Académie d'Augsbourg. — Graveur à l'eau-forte et en manière de lavis.
SCHINDLER (Jean-Népomucène).	1775 1836		Genre et pays.	Peintre de la cour, à Vienne où il mourut. — Saint-Jean Népomucène, Vienne.
STURMER (Jean).	1775	Kirchberg.	Portr. et hist	Membre de l'Académie de Berlin, en 1816. — Peignait à fresque.
VOLCKER (G.).	Id.	Berlin.	Fleurs et fr.	Étudia à la fabrique royale de porcelaine, dont il est directeur. Membre de l'Académie. — Ses tableaux de petite dimension ont plus de mérite que les grands.
BENDIXEN (Siegfried).	†1800	Kiel.	Pays.	Détails inconnus. — Graveur à l'eau-forte.
MARON (Thérèse De), née Mengs , fille d'Ismaël.	†1806		Émail, minial. et pastel.	Élève de son père ; reçut une pension d'Auguste III, roi de Pologne, et plus tard de la cour de Russie. Morte octogénaire après s'être occupée jusqu'à la fin de ses jours. — Ses tableaux étaient estimés.

NOMS.	ANNÉES DE NAISSANCE ET DE MORT.	LIEU DE NAISSANCE	GENRE.	NOTES HISTORIQUES. — TABLEAUX PRINCIPAUX ET LIEUX OU ILS SE TROUVENT. — OBSERVATIONS.
EHBERHARD (François), frère aîné de Conrad.	†1836	Hinde-lang?	Hist.	Une étroite amitié le liait à son frère avec lequel il a exécuté la plupart de ses ouvrages. Mort du choléra. — Excellent sculpteur ; mêmes qualités que Conrad.
FERG (Pancrace).	*1700	Allemag.		Détails inconnus.
WEINLE.	*Id.	Id.		Détails inconnus.
HARTMANN (Jean-Jacques).	*1716	Kuttem-berg.	Hist.	Florissait à Prague. — Les quatre éléments, Vienne.
ASAM (Côme).	*1720	Munich?	Fresq.	Travailla à Inspruck, à Ettlingen et à Munich. — Bon peintre de fresques.
DIETSCHEN, le vieux.	*Id.	Allemag.		Détails inconnus.
GRIMM (Jean).	*Id.	Berne.	Miniat.	Détails inconnus. — Son fils peintre de paysage florissant en Angleterre vers 1770.
WAXSCHLUNGER (Paul).	*Id.		Chass. et pays.	Travaillait à Ratisbonne, mort très-jeune, à Bamberg.
MOLLER (André).	*1721	Allemag.	Hist. et portr.	Détails inconnus. — Portrait : le prince Guillaume de Hesse-Cassel, Dresde. Portrait : Charles, landgrave de Hesse-Cassel, ib. Portrait : George-Guillaume, margrave de Baireuth, ib.
SCHNELL (Jean).	*1725	Bâle.	Portr.	Visita l'Angleterre, en 1720 ; mort à Bristol. — Bonne manière.
RAUFT (François-Louis).	*1730	Lucerne.	Hist.	Élève de son père, peintre très-médiocre ; étudia à Paris et à Rome ; visita la Hollande et l'Allemagne, séjourna à Hambourg et mourut à La Haye, à l'âge de 68 ans. — Exécuta quelques beaux plafonds au palais du landgrave de Hesse-Cassel.
RICHTER (David).	*Id.	Suède.	Pays.	Florissait à Vienne. — Paysage avec bâtiments et figures, Vienne. Paysage : vue de la mer, ib.
UNTERLEITNER (Joseph).	*1736	Bavière.	Hist.	Florissait à Freisingue. — Sculpteur.
TREU (Joseph-Mar-quard).	*1740	Allemag.	Id.?	Détails inconnus.
HIRSCHELY (Gaspard).	*1741		Fleurs et fruits.	Détails inconnus. — Tableaux, Schleisheim.
BOEHMER (Charles-Guillaume).	*1750		Pays. et mar.	Élève et beau-frère de Chr. Dietrich ; florissait en Saxe. — Graveur à l'eau-forte.
BURGAU (P. Von).	*Id.		Ois. et fleurs.	Florissait à Vienne. — Oiseaux, Vienne. Oiseaux et plantes, ib.
MATHES (Chrétien-Godefroid).	*Id.		Portr.	Élève de Chr. Ber. Rode. Maître de dessin, à Berlin. — Graveur.
SPEER (Martin).	*Id.		Hist.	On prétend qu'il fut élève de Fr. Solimène ; du moins il fut son imitateur. — Graveur à l'eau-forte.
LANDERER (Ferdinand).	*1760	Stein. (Autriche).	Genre, etc.	Professeur à l'Académie militaire, à Vienne. — Je me moque. L'économie fait mon plaisir. La pauvreté me tourmente. Vous me faite rire, etc. (Caprices : gravures à l'eau-forte.) — Connu également comme graveur à l'eau-forte.
NILSON (Élie).	*1765		Portr.	Directeur de l'Académie d'Augsbourg, vers 1769. — Graveur au burin.
COENTGEN (George-Joseph).	*1770	Mayence.	Genre?	S'établit à Francfort-sur-le-Mein, et y érigea, en 1779, une école de dessin. — Graveur.
CAREEL (Jean).	*Id.		Fleurs et fruits.	Florissait à Nuremberg.
GASPARI (Jean-Paul).	*Id.	Allemag.	Décor. et arch.	Peintre de décorations de théâtre, à la cour de Bavière.
SCHMITT (Mathieu).	*Id.		Pays. et anim.	Florissait à Augsbourg. Ne serait-ce pas le même que Mathieu Schmidt, né à Manheim, en 1749 et mort à Munich, en 1825. — Graveur à l'eau-forte.
TRIPPEL (Alexandre)	*Id.	Scuaf-fouse.	Hist.	Travaillait à Copenhague, en 1767 et y remporta le premier prix de peinture, à l'Académie.
GOTTLOB (Ernest).	*1775		Portr. au pastel.	Vivait encore, à Leipzig, en 1789. — Graveur à l'eau-forte.
SCHÜTZ ou SCHYTZ (Charles).	*Id.	Vienne?		Artiste laborieux et plein de talent. — Dessinateur et graveur à la pointe, au burin et en manière colorée.
RICHTER (Adrien-Louis et Ch. A.), frères.	*1780		Pays.	Élèves de Zincke ; travaillèrent à Dresde. — Adrien-Louis fut un bon graveur à l'eau-forte.

NOMS.	ANNÉES DE NAISSANCE ET DE MORT.	LIEU DE NAISSANCE	GENRE.	NOTES HISTORIQUES. — TABLEAUX PRINCIPAUX ET LIEUX OU ILS SE TROUVENT. — OBSERVATIONS.
GUTTENBRUN (Louis).	*1785	En Autriche		Détails inconnus.
GRUND (J. Jacques).	*1790	Anspach.		Détails inconnus.
SCHONBERGER (Louis).	*Id.	Allema-gne.	Pays.	On le croit élève de Wutki; demeurait en Bohème, en 1798; habita Vienne, visita l'Italie et l'Angleterre. — Graveur à l'eau-forte.
KÖNIG (François-Nicolas).	*1795	Berne.	Genre.	Élève de Freudenberger. — Graveur à l'eau-forte.
WEITCH (Jean-Fré-déric).	*xviiie siècle.		Hist. et portr.	Visita l'Italie; directeur de l'Académie de Berlin, en 1798. — Portrait : le père de l'artiste, Berlin.
WATTERSCHOOT Henri Van).	*Id.		Pays., batailles et fleurs.	Vivait à Munich, dans la plus grande misère, malgré son beau talent. — Rival de Fr. Joa. Beich, qu'il surpassa dans quelques parties.
VANGUS (Mathieu).	*Id.	Allemag.	Hist.	Détails inconnus. — Saint Cyrille et saint Méthodius, Rome.
STREICHER.	*Id.	Saltz-bourg?	Hist., pays., etc.	Donna des leçons au peintre Simon Gassner.
RÖSCH (François).	*Id.	Allemag.		Détails inconnus.
PFORR (George).	*Id.	Franc-fort s/m.	Chev.	Détails inconnus. — Très-renommé dans le genre qu'il avait adopté.
PALKO ou BALKO, le vieux.	*Id.	Allemag.		Détails inconnus.
MEYTENS (Pierre-Martin Van).	*Id.	Id.		Détails inconnus.
MEYER (Louis).	*Id.		Anim.	Détails inconnus. — Beaucoup de naturel.
KUPELWIESER.	*Id.		Hist. et portr.	Détails inconnus.
KÜGLER (Louise).	*Id.		Émail.	Artiste de mérite.
KOCH (Jean).	*Id.	Vallen-das, près d'Ehren-breistein.	Pays.	Graveur à l'eau-forte.
KEUKEL.	*Id.		Miniat.	Épousa la sœur du peintre Sedelmeyer auquel il donna des leçons et avec lequel il travailla. Établi à Vienne.
KESLER.	*Id.	Allemag.		Détails inconnus. — Ne serait-ce pas le même que F. Kessler ?
KAUFFMANN (Jean-Joseph).	*Id.		Hist.	Fut appelé à Morbegno, en Valteline, s'y occupa beaucoup de l'éducation artistique de sa fille; habita Côme, en 1752, puis Constance, où le cardinal de Roth l'avait mandé. — Peintre médiocre, mais connaissant bien la théorie de l'art.
KAMELOR (J.)	*Id.	Allemag.		Détails inconnus.
JERRIÈRE.	*Id.	Genève.		Détails inconnus.
HASLINGER.	*Id.		Fleurs et fr.	Habitait Lintz.
GRASSI (Joseph).	*Id.		Hist. et portr.	Florissait à Dresde. — Saint Jean-Baptiste, Dresde. L'apôtre saint Pierre, ib. — Ses portraits sont très-estimés.
GLUME.	*Id.		Hist.	Contemporain de J. H. Frank. — Bon graveur à l'eau-forte; ne pas confondre cet artiste avec Glume le sculpteur, qui était son frère.
DUNKER (Philippe-Henri), fils de Bal-thasar.	*Id.		Pays.	Détails inconnus. — Peintre à l'aquarelle.
DILLIS (Cantius De), frère de George.	*Id.		Hist. et pays.	Directeur actuel de la galerie de Munich.
DICHTL (Martin).	*Id.		Genre.	Travailla à Nuremberg. — Graveur en manière noire.
BUISSON (Jean-R. Du).	*Id.	Allemag.		Détails inconnus.

NOMS.	ANNÉES DE NAISSANCE ET DE MORT.	LIEU DE NAISSANCE	GENRE.	NOTES HISTORIQUES. — TABLEAUX PRINCIPAUX ET LIEUX OU ILS SE TROUVENT. — *OBSERVATIONS.*
BIDERMANN (Jean-Jacques).	*XVIIIe siècle.	Winter-thur.	Pays., genre et portz.	Élève d'A. Graf, à Dresde, en 1780 ; s'établit à Berne. — Graveur à l'eau-forte.
ALBRECHT (Balthasar-Auguste).	*Id.	Allemag.	.	Détails inconnus.
HACKERT (Charles-Louis), frère de Philippe.	†1800		Pays.	Travailla quelque temps à Rome avec son frère Philippe. Mort en Suisse. — Artiste de mérite.
KIEN (Jean).	Dates inconnues.		Batail. et scènes milit	On le croit né en 1700. — Combat entre des fantassins et de la cavalerie turque, Vienne. Combat entre des cavaliers turcs et chrétiens, *ib.*
RYE (Égide de).	Id.		Hist.	Détails inconnus ; on croit qu'il vivait au XVIe siècle. — Sainte Catherine mise au tombeau, Vienne.
OLDENBURG.	Id.		Archit. et pays.	Détails inconnus. — Palais du prince Maurice de Nassau, Londres. Paysage, *ib.*
ZAGEL (Martin).	Id.	Allemag.	Hist.?	Détails inconnus.
WIEBKE (Bertholet)	Id.	Id.	Fleurs et fr.	Détails inconnus. — Fruits, Dresde.
WEYER (Jean).	Id.	Cobourg.	Hist.? etc.	Élève de Wolf. Bircker. — On a de lui une grande quantité de dessins admirables,
ULTKINS.	Id.		Pays.	Détails inconnus. — Paysages, Rome.
SULKER.	Id.	Allemag.?		Détails inconnus.
STESSINWINCKEL.	Id.	Dane-marck.	Hist.	Célèbre par le tableau des sept planètes qu'il peignit sur un plafond du palais de la reine.
RESCH (Chrétien).	Id.	Allemag.		Détails inconnus.
RANER (Daniel).	Id.		Genre.	Détails inconnus.
POTASCH.	Id.		Ois., gib. mort, etc.	Détails inconnus. — Oiseaux sur une table, Dresde.
PLAZER (George).	Id.	Allemag.	Hist.	Détails inconnus. — Crésus et Solon, Dresde. N'est-ce pas le même que Jean-George Platzer?
PLATZER (Jean-George).	Id.	Id.	Hist. et allég.	Détails inconnus. — Les quatre éléments, Dresde.
PETERS (Venceslas).	Id.		Anim.	Détails inconnus. — Tableaux, Rome. — Exécution magnifique ; coloris, vigueur, effet, composition, rien n'y manque.
LISZKA.	Id.	Allemag.	Hist.	Détails inconnus. — Achillas apportant à César la tête de Pompée, Dresde.
KERN (Antoine).	Id.		Id.	Détails inconnus. — Le massacre des Innocents, Dresde.
HEISS (Jean).	Id.		Id.	Détails inconnus. — La sortie des Israélites de la terre d'Égypte, Dresde.
GEHLING (Henri-Christophe).	Id.	Allemag.	Portr.	Détails inconnus. — Portrait : Jean-George IV, Dresde.
DONOP (Le baron E. Von).	Id.	Id.	Pays., ani., ois., fl. et fr.	Colonel au service de Hesse-Cassel. — Graveur.
DOGGELER.	Id.	Id.		Détails inconnus.
BLUM (M.).	Id.	Id.	Genre.	Détails inconnus.
BIRCKER (Wolfgang).	Id.			Détails inconnus.
BEUTTLER (Clément).	Id.	Lucerne.	Pays. et hist.	Détails inconnus. — Saint Antoine, prêchant au bord de la mer, Lucerne ? On cite, comme son chef-d'œuvre, le jardin d'Éden. — Renommé comme un des meilleurs paysagistes de son temps.

Résumé. ÉCOLE ALLEMANDE : depuis le milieu du XIVe siècle jusqu'en 1775, 732 peintres.

(Pour l'école allemande moderne, jusqu'en 1848, voir à la fin du volume.)

FIN DE L'ÉCOLE ALLEMANDE.

TABLE ALPHABÉTIQUE DE L'ÉCOLE ALLEMANDE.

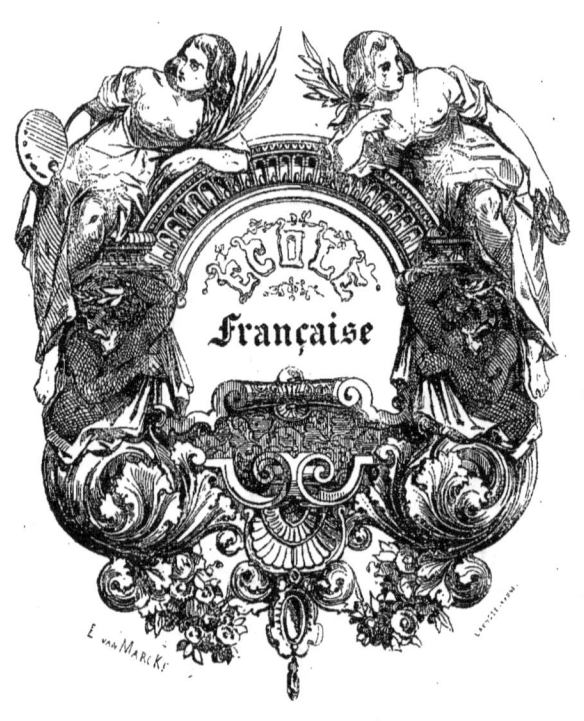

École
Française

ÉCOLE FRANÇAISE.

NOMS.	ANNÉES DE NAISSANCE ET DE MORT.	LIEU DE NAISSANCE	GENRE.	NOTES HISTORIQUES. TABLEAUX PRINCIPAUX ET LIEUX OU ILS SE TROUVENT. OBSERVATIONS.
RENÉ D'ANJOU, comte d'Anjou et de Provence, duc de Lorraine et de Bar.	1408 1480	CHÂTEAU D'ANGERS.	Hist. et miniat.	On a de lui des poésies et des tableaux qui ne sont pas sans mérite. — Danse de vieilles femmes entraînées par la mort, Rennes. La Vierge et l'enfant Jésus assis au milieu du buisson ardent. (Triptyque.) 1er volet : le roi René entouré de ses saints protecteurs ; 2me volet : la femme du roi, également entourée des saints, ses patrons, Aix.
GUILLAUME, dit LE FRÈRE GUILLAUME	1475 1537	MARSEILLE	Hist.	Fut impliqué dans une affaire criminelle, entra dans les ordres, se lia avec le frère Claude, l'accompagna à Rome, où Jules II avait appelé ce dernier et y travailla aux mêmes ouvrages ; protégé par le cardinal Silvio Passerini, travailla leur même titre de prélat, à Cortone ; fut appelé à Arezzo, Florence, Pérouse, Castiglione, etc. Accueilli et comblé de bienfaits par la république d'Arezzo, le père Guillaume s'y établit et y mourut, après avoir quitté l'habit religieux dès son arrivée à Rome ; depuis il était connu sous le nom du Prieur. — Dessin noble et correct, expression vive, perspective vraie, coloris éclatant et harmonieux. Un des plus grands peintres sur verre de son temps ; cultiva également l'architecture, la peinture à fresque, et la peinture à l'huile.
LÉONARD, le limousin.	1480	LIMOGES.	Émail.	Nommé par François Ier directeur de la manufacture d'émaux, fondée par lui, à Limoges ; reçut en même temps le titre de peintre-émailleur-ordinaire de la chambre du roi. Les procédés qu'employait Léonard sont remarquables pour l'époque où il vivait, mais comparés à ceux de notre siècle ses ouvrages ne sont plus que de belles faïences. — Médaillons du tombeau de Diane de Poitiers, Paris. Portraits de l'amiral Ph. de Chabot et de Guise, ib. — Exécuta un grand nombre de vases, de coupes, d'aiguières, etc., d'une grandeur extraordinaire et d'une forme très-élégante ; les peintures de ces objets sont d'après les dessins de Raphaël, Jules Romain et Jean Cousin ; formes remarquablement belles, dessin pur, composition riche, couleur pleine d'éclat et de transparence.
PINAIGRIER (ROBERT)	1490?	TOURS?	Hist. relig.	Peintre sur verre. On ne connaît aucun détail sur cet artiste, son histoire n'a été jusqu'ici qu'une supposition, et n'offre aucun détail intéressant. — Vitraux à Chartres. Vitraux à Paris. La plupart des œuvres de Pinaigrier ont été détruites. —Contours purs, beaucoup d'expression, grande vivacité de coloris, style noble et hardi.
MARMION (SIMON)	†1489	VALENCIENNES.	Hist. et min.	Nommé peintre de Philippe, duc de Bourgogne. — Artiste très-renommé de son temps.
ANGUERAND ou AN-GRAND-LE-PRINCE	†1530		Hist. et portr.	Mort à Beauvais, dont il avait décoré la plupart des églises. — Peintre sur verre.
GRINGONNEUR (JACQUEMIN).	*1420	FRANCE.	Portr., miniat. et hist.	Vivait sous le règne de Charles VI et exécuta pour ce monarque différents jeux de cartes. — La famille de Jean Juvénal des Ursins (mort en 1431), Versailles. (Ce tableau lui est attribué.)
DESANGIVES (NICOLAS).	*1425?	Id.	Hist. et portr.	Habile peintre sur verre. — Belle intelligence des formes et des draperies.
FOUQUET (JEAN).	*1490	TOURS.	Miniat.	Premier peintre de Louis XI. — Miniatures d'une traduction française de l'histoire des juifs , par Josèphe, Paris. — Style remarquable, beaucoup de goût. On assure que le même peintre a exécuté des tableaux de grande dimension.
OTELIN.	*xve siècle.	VALENCIENNES.	Hist.	Le premier peintre dont on cite le nom, dans les annales de sa ville natale. — Les Valenciennois prêts à aller abattre deux maisons à Bruay et à Fresnes, le 25 avril 1456, Valenciennes.
PALISSY (BERNARD).	1500? 1590?	AGEN.	Hist. et portr.	Sculpteur , naturaliste, hydraulicien et introducteur en France de la poterie de terre émaillée, connue depuis lui sous le nom de faïence ; sans maître, n'ayant pour se conduire que son seul génie, il lutta vingt ans contre la misère et les déceptions ; ses efforts furent enfin couronnés de succès, et la fortune et les honneurs vinrent récompenser son talent et son courage. Emprisonné, comme protestant, en 1559, il dut sa liberté à son protecteur, le connétable de Montmorency. — Émaux, Rennes. — Célèbre peintre sur verre ; inventeur d'une foule de procédés pour perfectionner les différentes branches qu'il cultivait avec tant de supériorité. Reçut le brevet d'inventeur des rustiques figurines du roi, et le surnom de Bernard des Tuileries.
CAILLEAU (HUBERT).	1500?	VALENCIENNES.	Hist. et min.	Détails inconnus.
DENISOT (NICOLAS).	1515 1554	MONS.		Peintre, graveur, poète latin et français ; passa en Angleterre, fut professeur des demoiselles de la famille Seymour, revint en France, et y fut recherché comme bel esprit.—Ses tableaux étaient fort peu estimés.
LAUNE (ÉTIENNE DE).	1518 alias 1536	ORLÉANS.	Hist. et portr.	Vivait encore en 1570. — Dessinateur et graveur au burin.
COUSIN (JEAN).	1520 1590	SOUCI, près de Sens.	Id.	S'établit à Paris ; sans visiter l'Italie et n'ayant sous les yeux que les tableaux et les statues que François Ier avait fait venir d'Italie, il s'éleva à une grande hauteur ; très-considéré à l'époque orageuse où il vivait, ses vertus le firent aimer et estimer. — Repas chez le Pharisien, Rennes. Jugement dernier, Paris.—Dessin correct et savant, belle composition, coloris médiocre, pinceau sec. Composa divers ouvrages sur la perspective et sur la géométrie (1565). Sculpteur ; exécuta peu de tableaux à l'huile ; la plupart de ses compositions sont sur verre.

NOMS.	ANNÉES DE NAISSANCE ET DE MORT.	LIEU DE NAISSANCE	GENRE.	NOTES HISTORIQUES. TABLEAUX PRINCIPAUX ET LIEUX OU ILS SE TROUVENT. OBSERVATIONS.
RABEL (JEAN).	1550 1603	PARIS.	Hist. et portr.	Détails inconnus. — Graveur à l'eau-forte.
GAUDIN (LOUIS-PASCAL).	1556 1621	VILLA-FRANCA. (Catalogne)	Hist.	Chartreux de la Scala Dei, où il fit profession, en 1595 ; on ignore quel fut son maître ; parcourut toute l'Espagne ; acquit une si bonne réputation que le pape Grégoire XV l'appela à Rome, afin d'y travailler à la basilique de Saint-Pierre ; sur le point de partir, Gaudin tomba malade et mourut. — Exécuta un grand nombre d'ouvrages ; dessin correct, composition savante, poses remarquablement belles, beaucoup de noblesse dans l'expression de ses figures ; style un peu trop prononcé dans les ombres.
BUNEL (JACQUES).	1558	BLOIS.	Id.	Peintre du roi ; travailla avec Dubreuil, au Louvre, à la galerie, brûlée en 1660 ; s'occupa à Fontainebleau et dans plusieurs autres résidences royales. — Fresques, Fontainebleau.
DUPERAC (ÉTIENNE).	1560	BORDEAUX	Hist., arch.,etc.	Se perfectionna en Italie, et à son retour en France mérita, par ses talents, d'être nommé architecte du roi. — Dieux marins, Fontainebleau. Jupiter et Calisto, ib. — Graveur, architecte et bon peintre.
RAYMOND ou REX-MANN (PIERRE).	1564 1578	LIMOGES.	Émail.	Rival des Léonard, des Jehan et des Courtois.
FRÉMINET (MARTIN).	1567 1619	PARIS.	Hist. et portr.	Élève de son père, peintre de peu de mérite ; étudia à Rome et à Venise pendant quinze à seize ans ; premier peintre de Henri IV ; fut chargé de décorer la chapelle de Fontainebleau, ne termina cet ouvrage que sous Louis XIII ; fut créé, par ce prince, chevalier de l'ordre de Saint-Michel. — Plafond de la chapelle de Fontainebleau (chef-d'œuvre), Fontainebleau. — Composition remarquable. Connaissances approfondies en architecture, perspective et anatomie ; contours souvent exagérés, mouvements des muscles trop prononcés ; coloris un peu noir et un peu dur ; style fort et terrible.
VOUET (SIMON).	1582 1641	Id.	Id.	Élève de son père Laurent, peintre médiocre ; ses progrès furent si rapides qu'à quatorze ans déjà, il fut appelé en Angleterre et y recueillit des sommes assez considérables ; emmené à Constantinople par l'ambassadeur français, son succès n'y fut pas moins grand ; se rendit à Venise et de là à Rome ; fut employé par le pape Urbain, et protégé par les Doria ; nommé prince de l'Académie de saint Luc ; rappelé à Paris, par Louis XIII, et nommé premier peintre du roi à qui il eut l'honneur de donner des leçons ; rival malheureux du Poussin, Vouet ne put lui pardonner son talent supérieur. La grande masse d'ouvrages qu'il eut à exécuter lui fit abandonner sa première manière si recommandable, pour en adopter une autre plus expéditive qui nuisit beaucoup à son coloris et à sa réputation. — Portrait de Suger, Nantes. Saint Fabien, Rome. Les trois âges, ib. Saint Charles Borromée priant pour les pestiférés, Bruxelles. Annonciation, Florence. Saint Louis en extase, Dresde. La salutation angélique, Berlin. Jésus-Christ présenté au temple, Paris. La Vierge, l'enfant Jésus et saint Jean, ib. Jésus-Christ au tombeau, ib. La charité romaine, ib. Réunion d'artistes, ib. Portrait en pied de Louis XIII, ib. La justice, la modération, la force et la prudence, Versailles. La Vierge et l'enfant Jésus, Saint-Pétersbourg. Mater Dolorosa, ib. Plusieurs tableaux d'histoire, ib. —Eut une grande et bonne influence sur la direction que prit l'école française à son époque ; dessinateur habile, coloris savant, pinceau facile, teintes fraîches ; négligea le clair-obscur et la perspective.
LECLERC (JEAN).	1587 1633	NANCY.	Id.	Élève de Ch. Saraceno, dit Ch. Vénitien, en Italie. — Imita avec bonheur la manière de son maître. Graveur.
TASSEL (RICHARD).	1588 1666 ou 1668	LANGRES.	Hist., etc.	Élève de son père et du Guide. Occupa des emplois civils. Se distingua comme citoyen, comme sculpteur et comme peintre. Ses compositions sont plus nombreuses que soignées. — Tableaux, Langres. Tableaux, Dijon. Tableaux, Lyon. — Bon coloris et bon dessin, touche légère, attitudes forcées, demi teintes très-fraîches. Son épitaphe dit qu'il mourut en 1660. C'est une erreur puisqu'il en peignit en 1665 le tableau de sainte Martine.
VIGNON (CLAUDE).	1590 1673	TOURS.	Hist. et portr.	Suivit d'abord la manière de Michel-Ange de Caravage. Graveur à l'eau-forte. — Adam et Ève après leur péché, Dresde. Les mêmes chassés du paradis terrestre, ib. — Manière expéditive ; composition et formes invraisemblables ; coloris séduisant, mais que le temps a tout à fait terni.
PERRIER (FRANÇOIS).	1590? 1650? ou 1655?	ST.-JEAN-DE-L'ÒNE.	Hist.	Se rendit fort jeune à Lyon et y travailla pour les Chartreux ; sans ressources, et possédé de l'envie de se rendre à Rome, il imagina de se faire le conducteur d'un aveugle qui partait pour la même ville et parvint ainsi à être nourri pendant le voyage ; réussit à se faire remarquer de Lanfranc, qui lui donna des leçons ; revint à Lyon, y travailla quelque temps, partit pour Paris, n'y eut pas le succès qu'il désirait et retourna une seconde fois en Italie ; s'y déshonora en servant la jalousie de Lanfranc contre le Dominiquin ; y resta dix ans ; revenu dans sa patrie, on le chargea de plusieurs travaux importants qui lui firent une belle réputation ; professeur à l'Académie. — Exécution facile, touche hardie, mais un peu dure ; grande fougue d'imagination ; dessin souvent incorrect, airs de tête communs et manquant de grâce, coloris trop noir ; peignit le paysage dans la manière des Carrache ; peu d'entente de la perspective. Bon graveur à la pointe et en clair-obscur. Se rendit célèbre par la collection de gravures d'après l'antique qu'il exécuta en Italie sous le titre de : *Statuæ antiquæ centum, edente Francisco Perrier, Romæ*, 1638, et *Icones et segmenta illustrium è marmore tabularum, quæ Romæ adhuc exstant*, Rome, 1645.
CALLOT (JACQUES).	1593 ou 1594 1635	NANCY.	Hist. et batail.	Élève de Cl. Henriot ; s'échappa deux fois de la maison paternelle, afin d'étudier les maîtres anciens, en Italie ; reçut enfin le consentement de sa famille à la carrière qu'il avait choisi ; peignit d'abord à Cosme II, duc de Médicis ; puis à Henri, duc de Lorraine. Mort d'excès de travail. Caractère noble, grand et généreux. — La vie du soldat (12 tableaux), Rome. Jésus-Christ montré au peuple, Florence. Le châtiment militaire, Dresde. Foire d'Impruneta (près Florence), Vienne. — Brillante imagination. Célèbre graveur à l'eau-forte et dessinateur.

NOMS.	ANNÉES DE NAISSANCE ET DE MORT.	LIEU DE NAISSANCE	GENRE.	NOTES HISTORIQUES. TABLEAUX PRINCIPAUX ET LIEUX OU ILS SE TROUVENT. OBSERVATIONS.
POUSSIN (Nicolas).	1594 1665	Les Andelys.	Hist. pays. et portr.	Originaire de Soissons et fils d'un gentilhomme dont les services militaires avaient épuisé la fortune, Quintin Varin (peintre d'Amiens), reconnut ses dispositions précoces et lui enseigna les éléments de la peinture. Le Poussin se rendit à Paris sans ressources, trouva un protecteur dans un gentilhomme de Poitiers, entra dans l'atelier de Ferdinand. Él. de Malines; puis de Lallemant, de Lorraine, mais

ne resta plus longtemps chez ce dernier; ayant rencontré des dessins originaux de Raphaël et de Jules Romain, il les étudia avec ardeur, et ce fut réellement là sa première école. Parcourut à pied le Poitou, revint à Paris, tomba malade d'épuisement et de fatigue, alla se rétablir aux Andelys, et revint dans la capitale avec le dessein de partir pour Rome, afin de s'y perfectionner; tenta vainement deux fois ce voyage; parvint la première jusqu'à Florence, et dut s'arrêter, la seconde, à Lyon. Ce fut à son retour de Florence, et logeant à Paris, qu'il connut Ph. Van Champagne et travailla avec cet artiste chez un peintre médiocre, dont les travaux secondaires ne pouvaient faire connaître leur mérite. Concourut, en 1623, pour une suite de tableaux commandés par les jésuites et remporta le prix : attira par ces peintures l'attention du cavalier Marini qui l'occupa aux dessins tirés de son poème d'*Adonis*. Entreprit une troisième fois le voyage de Rome, arriva dans cette ville, en 1624, étudia les antiques avec le sculpteur flamand Duquesnoy, auquel l'infortune l'avait attaché; vengea, par ses éloges publics et savants, le Dominiquin de l'oubli où on le laissait, sans toutefois heurter son rival, le Guide, dont il se plaisait à louer les qualités; fut heureux de la reconnaissance de l'artiste persécuté. Vers cette époque et probablement à l'instigation de quelques Italiens jaloux, le Poussin fut attaqué par des soldats près de Monte-Cavallo et de Julus une blessure à la main, qui heureusement n'eut pas de suites fâcheuses. Devenu malade, il n'eut qu'à se louer des soins plus qu'hospitaliers de la part de la famille de Jacques Dughet, son compatriote, chez lequel il recouvra la santé : épousa, en 1629, une des filles de son hôte, Anne-Marie, n'en eut pas d'enfants, mais adopta un jeune frère de sa femme qui hérita de son nom et de son talent pour le paysage (voyez Gaspard Dughet, dit *Poussin*). Il fut ensuite chargé de quelques travaux, par le cardinal Barberini, neveu du pape Urbain VIII, et trouva un protecteur affectueux et constant dans le chevalier Pozzo, de Turin; reçut des commandes pour Naples, l'Espagne et la France, fut lié avec Jacques Stella, à Rome. Plusieurs invitations pour se rendre en France lui furent faites, et il ne les accepta que lorsque son ami le plus dévoué, M. de Chanteloup, vint le prendre, en 1640. Les plus grands honneurs l'attendaient dans sa patrie : il y fut nommé premier peintre du roi et directeur général des embellissements des maisons royales. La jalousie de Vouet et les petites persécutions des amis de cet artiste firent éprouver au Poussin le besoin de revoir sa famille; il demanda un congé et repartit pour Rome, en 1642, avec Dughet et Lemaire, en promettant de revenir. La mort de Richelieu et celle de Louis XIII, lui firent considérer ces engagements comme rompus : il ne revint plus en France, ne cessant pas toutefois de travailler pour elle, et donnant par ses conseils une nouvelle impulsion à son école, ce qui le fit considérer comme le rénovateur de la peinture, sous Louis XIV. — Thésée à Trézène, Florence. Vénus et Adonis, *ib.* Martyre de saint Érasme, Rome. Triomphe de Flore, *ib.* Repos en Égypte, Venise. Nymphes et Satyres, Londres. Jupiter et Antiope, *ib.* Céphale et l'Aurore, *ib.* Phinée et ses compagnes métamorphosées en pierre à la vue de la Gorgone, *ib.* La peste à Asdad, *ib.* Paysage, *ib.* Paysage, La Haye. Adoration des mages, Dresde. Martyre de saint Érasme, *ib.* Le royaume de Flore, *ib.* Narcisse, *ib.* L'Amour et Vénus, *ib.* Pan et Syrinx, *ib.* Offrande de Noé, *ib.* Portrait du peintre, *ib.* Jésus-Christ vêtu en jardinier, apparaissant à Madeleine, Madrid. David vainqueur de Goliath, *ib.* Le Parnasse, *ib.* Noé et la famille après le déluge, *ib.* Combat de gladiateurs, *ib.* Paysages, *ib.* Et beaucoup d'autres, *ib.* Paysage : Junon mettant les yeux d'Argus dans la queue de son paon, Berlin. Enfance de Jupiter, *ib.* Renaud et Armide, *ib.* Le soleil et Phaéton, *ib.* Triomphe de Jérusalem, Vienne. Adoration des bergers, Munich. Jésus-Christ mis au tombeau, *ib.* Midas priant Bacchus de reprendre le don qu'il lui avait accordé de changer en or tout ce qu'il touchait, *ib.* Saint Norbert recevant l'habit religieux, de la Vierge, *ib.* Portrait du peintre, *ib.* Rébecca et Éliézer, Paris. Moïse sauvé des eaux, *ib.* Même sujet, traité différemment, *ib.* Moïse, enfant foulant aux pieds la couronne de Pharaon, *ib.* Moïse changeant en serpent la verge d'Aaron, *ib.* Les Israélites recueillant la manne, *ib.* Les Philistins frappés de la peste, *ib.* Jugement de Salomon, *ib.* Adoration des mages, *ib.* Sainte famille, *ib.* Repos de la sainte famille, *ib.* Les aveugles de Jéricho, *ib.* Jésus-Christ guérissant les aveugles, *ib.* La femme adultère, *ib.* La Cène, *ib.* La mort de Saphire, *ib.* Saint Jean-Baptiste donnant le baptême, *ib.* Apparition de la Vierge à saint Jacques le majeur, *ib.* Assomption, *ib.* Ravissement de saint Paul, *ib.* Saint François Xavier aux Indes, *ib.* Le printemps, *ib.* L'été, *ib.* L'automne, *ib.* L'hiver, dit : *Le déluge* (chef d'œuvre), *ib.* Éducation de Bacchus, *ib.* Bacchanale, *ib.* Écho et Narcisse, *ib.* Le triomphe de Flore, *ib.* La mort d'Eurydice, *ib.* Les bergers d'Arcadie, *ib.* Le jeune Pyrrhus, *ib.* Mars et Rhea Sylvia, *ib.* Enlèvement des Sabines, *ib.* Le maître d'école renvoyé aux Falisques, *ib.* Diogène jetant son écuelle, *ib.* Triomphe de la vérité, *ib.* Enfant jouant, *ib.* Portrait du peintre, *ib.* Hercule au mont OEta, Saint-Pétersbourg. Continence de Scipion, *ib.* Testament d'Eudamidas, *ib.* Et beaucoup d'autres, *ib.* — Un des plus grands peintres d'histoire sous le rapport poétique, moral et dramatique; la richesse de ses compositions et la beauté de ses expressions l'ont fait surnommer : *Le peintre des gens d'esprit*. Recherchait le bon goût de l'antique en y associant quelquefois ou en y ramenant les formes de la nature et celles de l'art; s'attacha principalement aux beautés expressives, comme peignant par un trait vif et précis le langage de la pensée et du sentiment : aussi recherchait-il dans l'antique ce beau idéal ou intellectuel, en même temps que moral, qui lui faisait choisir les sujets historiques les plus propres aux développements nobles et expressifs de la composition et du style. Dans ses excursions au sein de Rome, dans ses nombreuses promenades solitaires, il méditait partout, observait et notait sur ses tablettes tout ce qui frappait sa vue et son imagination, afin de donner à l'antique, son modèle, la diversité, la vie et le mouvement qui lui manquaient. Il s'instruisait des théories de la perspective dans Matteo Zaccolini, de l'architecture dans Vitruve et Palladio, de la peinture dans Alberti et L. de Vinci; apprenait l'anatomie non-seulement dans Vésale, mais dans les dissections de Nicolas Larche; le modèle vivant dans l'atelier du Dominiquin, l'élégance des formes dans celui d'André Saechi, enfin les plus beaux faits de poésie et d'histoire dans Homère et Plutarque et surtout dans la Bible. Grande science pour les usages et les costumes des anciens; répéta souvent le même sujet en le multipliant par une disposition nouvelle; reçut à Rome une des plus grandes faveurs que l'on accordât aux artistes étrangers : ce fut d'être employé à peindre un tableau représentant le martyre de saint Érasme, pour être copié en mosaïque, à la basilique de Saint-Pierre. Dans la seconde période de sa vie, le Poussin exécuta rarement des tableaux de grande dimension : d'une conception vive, d'un esprit précis, ses toiles même, les plus petites renferment un poème entier. Ses figures étaient groupées et modelées avec le plus grand soin, tout était profond, noble et digne, le concours d'actions vrai et naturel, l'accord de la réflexion et du sentiment admirablement exprimé. En avançant en âge, il adoucit un peu sa manière, tout en l'agrandissant; son pinceau devint plus moelleux, l'harmonie plus parfaite, la composition plus riche. On lui reproche d'avoir parfois trop divisé ses compositions et dispersé sa lumière, ce qui nuit à l'ensemble des lignes et à l'effet du clair-obscur. Paysages riants et variés, sites riches, naturels et vrais, belle imitation des différents phénomènes de la nature. Tour à tour grave et doux, agréable et sévère, il nous émeut, nous élève dans les diverses scènes qu'il nous représente, et sympathise avec les émotions qu'il fait naître en nous. Possédant, pour la peinture religieuse, la foi qui inspire le génie et le talent qui exécute, le Poussin mérite le premier rang parmi les peintres de l'école française. D'un caractère généreux et reconnaissant, d'une philosophie douce et religieuse, moins ami des honneurs que de son repos, menant une vie retirée, paisible et très-laborieuse; ami zélé, à qui rien ne coûtait pour obliger; d'une modestie égale à sa modération, d'un esprit grave, spirituel, noble, franc et affable, d'une raison droite et saine, Nicolas Poussin possédait tout le génie d'un artiste immortel, toutes les vertus de l'honnête homme, et mourut en chrétien.

NOMS.	ANNÉES DE NAISSANCE ET DE MORT.	LIEU DE NAISSANCE	GENRE.	NOTES HISTORIQUES. TABLEAUX PRINCIPAUX ET LIEUX OU ILS SE TROUVENT. OBSERVATIONS.
CHAPERON (Nicolas)	1596? 1647	Château-Dun.	Hist.	Élève de Simon Vouet ; visita Rome. S'établit à Paris, où il mourut. — Composition facile. Plutôt connu comme célèbre graveur à l'eau-forte. Les pièces qu'il a gravées d'après ses propres compositions représentent ordinairement des Bacchanales.
STELLA (Jacques), fils de François (peintre flamand).	1596 1647	Lyon.	Hist. port., etc.	Se rendit jeune en Italie ; employé par le grand-duc Côme II ; partit pour Rome, en 1623, et y reçut les conseils du Poussin ; appelé en Espagne par le roi de ce pays, il était prêt à s'y rendre lorsque les injustes accusations de ses ennemis le firent mettre en prison ; aussitôt que son innocence fut reconnue, il se hâta de retourner en France ; nommé peintre du roi par le cardinal de Richelieu, il reçut le cordon de Saint-Michel, en 1645. — Jésus-Christ apparoissant à Marie-Madeleine, Paris. Moïse retiré du Nil, Saint-Pétersbourg , Sainte famille, ib. — Manière agréable et fine ; imita le Poussin avec bonheur ; excellait dans les jeux d'enfants, la perspective et l'architecture ; dessin assez correct ; coloris de pratique et parfois trop rouge ; son grand défaut est la froideur ; pinceau fin. Graveur à l'eau-forte.
BELLANGÉ (Th.).	1596? Mort au milieu du XVIIe s.	Nancy.	Id.	Élève de Cl. Is. Henriot, à la cour de Charles III, duc de Lorraine, puis de S. Vouet, à Paris ; travailla avec Lebrun, Mignard, Lesueur ; retourna de nouveau en Lorraine et y exécuta des travaux remarquables. — Conception de la Vierge, Nancy. Vierge au lit de mort, ib. Assomption, ib. — Idées originales et bizarres ; composition remarquable ; un des plus célèbres artistes de son époque.
LEMAIRE (Jean).	1597 1659	Damman-tin.	Hist. et persp.	Élève de Cl. Vignon ; se rendit à Rome, en 1613, et s'y distingua par de grands ouvrages à fresque ; revint à Paris, en 1625, et exécuta, chez le cardinal de Richelieu, des ouvrages de perspective étonnants ; retourna une seconde fois à Rome et y travailla sous Nicolas Poussin ; revenu dans sa patrie, il y obtint le titre de peintre du roi. Perdit tous ses effets dans un incendie, se retira et mourut à Gaillon.
VILLEQUIN (Étienne)	1599 1668	Servière. (Brie.)	Hist. et portr.	Détails inconnus.
DUBREUIL (Tous-saint).	†1604		Id.	Travailla à Fontainebleau après la mort du Primatice.
DUCHESNE.	†1627?		Id.	Premier peintre de la reine mère ; maltraitait tous les artistes qu'il employait aux embellissements de Fontainebleau. — Peintre médiocre en tout, excepté pour la direction des travaux, dont il était chargé.
DUMOUTIER (Da-niel).	†1651	Paris.	Portr.	On ignore quel fut son maître ; on suppose qu'il fut élève d'un des peintres italiens attachés à la cour de François Ier ; fit les portraits de presque tous les grands, sous les règnes de François Ier, Henri IV et même Louis XIII. — Exécution facile, pinceau franc, physionomies bien saisies ; manière du Primatice ; dessina une suite de 56 portraits aux trois crayons.
VOUET (Virginie), née Vezzo-Velletrano, femme de Simon Vouet.	†1638		Hist. et portr.	Détails inconnus.
LENAIN (Antoine), frère de Louis.	†1648	Laon.	Portr., suj. bas, intérieur, genre et hist.	Exécuta peu de tableaux et mourut presque en même temps que son frère ; nommé membre de l'Académie, l'année de sa fondation. — Un maréchal dans sa forge (avec son frère), Paris. Adoration des bergers (avec son frère), ib. — Excella dans le mauvais genre qu'il avait adopté.
LENAIN (Louis), frère d'Antoine.	†1648	Id.	Id.	Mort à deux jours de distance de son frère ; admis à l'Académie de peinture, l'année de sa fondation. — Adoration des bergers , Florence. (On ne dit pas de quel Lenain est ce tableau.) Procession dans l'intérieur d'une église (avec son frère), Paris. — Naïveté, imitation exacte, excellent coloris. Mathieu Lenain, frère de Louis et d'Antoine, fut , comme eux, peintre et membre de l'Académie, et mourut en 1677.
DUGUERNIER , fils cadet d'Alex.	†1656	France.	Pays. et portr. en min.	Mort à la fleur de l'âge. — Réussit dans le genre qu'il avait choisi.
PARROCEL (Barth.).	†1660	Montbri-son.	Hist.?	Destiné à l'état ecclésiastique, fut entraîné vers la peinture ; résolut de visiter l'Italie, rencontra en route un grand d'Espagne, qui, charmé de ses dispositions et de son esprit, l'emmena dans son pays ; après un séjour de plusieurs années, Parrocel s'embarqua pour l'Italie, fut pris par des corsaires d'Alger, mais le capitaine connaissant le consul français, un prompt échange rendit les captifs à la liberté ; se dirigea vers Rome, y étudia quelques années, revint en France , s'établit à Brignolles et y mourut dans un âge peu avancé. — L'aîné de ses fils, peintre comme lui, mourut fort jeune ; le deuxième, Louis, exerça le même art avec quelque distinction, et se retira en Languedoc après voir séjourné en Provence et à Paris. Pour le plus jeune, voir Joseph Parrocel.
LEBICHEUR.	†1666		Persp.	Professeur à l'Académie. — Fit un traité sur la perspective.
MOUELLON.	†1667		Hist.	Travailla presque toute sa vie pour les fabriques de tapisseries.
QUILLERIE (Noel).	†1669?		Id.	Adjoint à professeur, à l'Académie. — Peignit un cabinet aux Tuileries.
PARMENTIER (Denis)	†1672	Paris.	Fleurs et fr.	Détails inconnus.
HALLÉ (Daniel).	†1674	Id.	Hist. et portr.	Mort dans un âge très-avancé. — Peintre distingué.
GUYOT (Claude).	†1676		Hist.	Composa beaucoup pour les fabriques de tapisseries.

NOMS.	ANNÉES DE NAISSANCE ET DE MORT.	LIEU DE NAISSANCE	GENRE.	NOTES HISTORIQUES. TABLEAUX PRINCIPAUX ET LIEUX OU ILS SE TROUVENT. *OBSERVATIONS.*
COTELLE (JEAN).	†1676	MEAUX.	Hist. et portr.	Élève de S. Vouet ; reçu à l'Académie ; une de ses filles épousa le peintre François de Troy.
LEFÉVRE (ROLAND).	†1677	ANJOU.	Portr.	Séjourna à Paris, à Venise, passa en Angleterre et y mourut. — Contours outrés et chargés ; bonne ressemblance.
NICASIUS (BERNARD).	†1678	ANVERS.	Chass., animaux, fleurs, fr. et pays.	Élève de Fr. Snyders ; visita l'Italie et vint s'établir à Paris ; employé par Louis XIV ; reçu à l'Académie de peinture, en France. — Beaucoup de goût dans le paysage, accessoires largement touchés. Sa naissance le fait quelquefois placer à l'école flamande.
BODESSON (NICOLAS)	†1682	TROYES.	Fleurs et fruits.	Nommé quelquefois, par erreur, Baudesson. — Excellent coloris.
LICHERIE (LOUIS).	†1687	HOUDAN. (Normandie)	Hist. et portr.	Élève de Lebrun. — Rencontre de David et d'Abigaïl, Paris.
DOFIN (OLIVIER).	†1693		Hist., portr., etc.	Mort à Bologne ; on croit qu'il ne fait qu'un avec Charles d'Offin, peintre de la même époque. — Graveur à l'eau-forte.
CLAUDE.	*1500	FRANCE méridionale.	Hist., portr. sur verre.	Habitait Marseille. Le pape Jules II ayant ordonné au Bramante, son architecte, d'orner de sujets historiques quelques fenêtres du Vatican, le Bramante appela Claude à Rome : celui-ci y emmena le frère Guillaume (voir ce nom), et les deux artistes exécutèrent de concert, en Italie, plusieurs peintures fort admirées ; Claude mourut peu de temps après. — Quelques-uns le font naître en 1465, et d'autres en 1470. Coloris brillant ; grande réputation.
BRÉCE (JEAN-MARIE DE).	*1502	BRÉCE.	Hist. et portr.	Travailla au couvent des Carmes, à Brèce. Travaillait encore en 1534. — Graveur.
DESMOLES (ARNAUD)	*1510	FRANCE.	Id.	Travailla à Auch, par ordre de François, cardinal de Sourdis, de 1509 à 1513. — Vitraux de la cathédrale d'Auch. — Peintre sur verre d'un talent très-supérieur.
GODEFROY.	*1519	Id.	Miniat.	Détails inconnus. — Miniatures d'une traduction française des Triomphes de Pétrarque, in-12, Paris. Miniatures d'un manuscrit contenant un colloque entre le roi François Ier et Jules César, Londres. — Style gracieux, mais un peu maniéré.
CLOUET (FRANÇOIS), dit JANNET ou JEANNET.	*1547		Hist. et portr.	Détails inconnus. — François II, de France, enfant, Londres. La femme de François Ier, *ib.* Élisabeth, reine d'Angleterre, Bruxelles. Portrait d'Henri II, roi de France, Berlin. Le duc d'Anjou, depuis Henri III, *ib:* Charles IX, roi de France, âgé de vingt ans, Vienne. Bal de cour, Paris. Mariage du duc Anne de Joyeuse avec Marguerite de Lorraine, *ib.* Portrait d'Henri II, roi de France, *ib.* Plusieurs portraits, *ib.* Exécution minutieuse ; style gothique ; ses portraits ont beaucoup de mérite.
CORTEYS ou COURTOIS (PIERRE), frère de Jean, dit VIGIER.	*1550	LIMOGES?	Émail.	Produisit des œuvres très-remarquables. — On désigne parfois cette famille sous les noms de Corteys, ou Courtois, ou Court, ou enfin De Court.
CORTEYS ou COURTOIS (SUZANNE), sœur de Pierre et de J., dit VIGIER.	*Id.	Id.?	Id.	Artiste de beaucoup de talent.
CORTEYS ou COURTOIS (JEAN), dit VIGIER.	*1556	Id.	Id.	Élève et successeur de Léonard le Limousin. — Composition grandiose, dessin correct et énergique.
PÉNICANT (N.).	*1585	Id.	Id.	Détails inconnus.
PAROY (JACQUES DE).	*Id.	ST-POURÇAIN-SUR-ALLIER.	Hist. et portr.	Peintre sur verre. — Vitraux de l'église Saint-Méry, Paris.
HENRIOT (CLAUDE-ISRAEL).	*1596	CHAMPAGNE.	Id.	Appelé à la cour de Charles III, duc de Lorraine, vers 1596, afin d'enrichir de ses beaux vitraux les principales églises de la province. — Excellait dans la peinture sur verre.
VOUET (CLAUDE), fils de Laurent.	*XVIe siècle.		Id.	Élève de son frère Simon ; celui-ci le chargea de l'aider dans quelques-uns de ses ouvrages.
VOUET (AUBIN), fils de Laurent.	*Id.		Id.	Élève de son frère, qu'il aida dans ses travaux. Mort à l'âge de 42 ans.
SANTOSE (ANTOINE).	*Id.		Hist., port., etc.	Détails inconnus. — On a lieu de croire que c'est le même que Fantose, cité plus loin.
SANSON (JEAN).	*Id.		Id.	Détails inconnus.
SAILLANT (le père).	*Id.		Miniat.	Religieux augustin ; comtemporain de Louis Duguernier. — Cultiva son talent avec distinction.
RONDELET (LOUIS-FRANÇ.-JEAN-GUILL.)	*Id.		Hist., port., etc.	Détails inconnus.

NOMS.	ANNÉES DE NAISSANCE ET DE MORT.	LIEU DE NAISSANCE	GENRE.	NOTES HISTORIQUES. TABLEAUX PRINCIPAUX ET LIEUX OÙ ILS SE TROUVENT. OBSERVATIONS.
ROCHETET (Michel).	*XVIIe siècle.		Hist., port., etc.	Travailla au Louvre et à Fontainebleau sous la direction du Primatice.
PINAIGRIER fils de Robert. { Nicol., le vieux. Jean. Louis.	*Id.		Hist. et portr.	Nicolas fut le plus habile des trois. — On admire à Chartres des vitraux peints, croit-on, par cet artiste.
PASQUIER.	*Id.		Hist., orn., etc.	Élève de T. Dubreuil.
MUNIER (Germain).	*Id.		Hist., port., etc.	Détails inconnus.
MEUSNIER (Germain)	*Id.		Hist., orn., etc.	Employé par le Primatice, au Louvre et à Fontainebleau. — Probablement le père ou l'aïeul de P. Meusnier.
MERSIER (Étienne).	*Id.	Limoges.	Émail.	Vivait sous le règne d'Henri IV.
LEROY (Simon).	*Id.		Hist., orn., etc.	Employé aux travaux confiés au Primatice.
LERAMBERT (Jean).	*Id.		Hist., port., etc.	Détails inconnus.
JEHAN LIMOUSIN.	*Id.	Limoges.	Émail.	Artiste distingué du temps de la renaissance.
HOMET.	*Id.		Hist., pays., etc.	Élève de T. Dubreuil.
GÉRARD (Michel).	*Id.		Hist., port., etc.	Employé par le Primatice, au Louvre et à Fontainebleau.
FRANÇOIS (Louis).	*Id.		Portr.	Détails inconnus.
FLAMAND (Arthus).	*Id.		Hist., pays., etc.	Élève de T. Dubreuil ; florissait vers le règne d'Henri IV. — Ne serait-ce pas un nom estropié par les biographies françaises ?
FANTOSE.	*Id.		Hist., orn., etc.	Travailla aux maisons royales, sous le Primatice.
DUMÉE (Guillaume).	*Id.		Id.	Élève de T. Dubreuil.
DUGUERNIER (Louis) le vieux.	*Id.		Portr. et miniat.	Peignit les portraits des personnages les plus distingués de son temps ; exécuta pour le duc de Guise, avant le départ de ce prince pour Rome, les miniatures d'un livre d'heures, où il représenta les plus belles femmes de la cour sous la figure de saintes. — Ressemblance parfaite même dans les plus petites proportions ; peignait ordinairement sur vélin et pointillait sans employer de blanc ; un des plus célèbres artistes de la France dans le genre qu'il avait adopté.
DUBREUIL (Louis).	*Id.		Portr., orn., etc.	Travailla aux embellissements des maisons royales, sous le Primatice. — Sans doute de la famille de Toussaint Dubreuil.
DUBOIS (Eustache).	*Id.		Hist., port., etc.	Détails inconnus.
DORIGNY { Charles et Théod. ou Thom.	*Id.		Portr. orn., etc.	Travaillèrent au Louvre et à Fontainebleau, sous le Primatice. — Ils furent sans doute les aïeux des Dorigny qui fleurirent au XVIIe siècle.
CORNEIL ou COR- NEILLE.	*Id.	Lyon.	Hist., port., etc.	Détails inconnus.
CARMOIS (Charles), ou CHARMOY.	*Id.		Hist., orn., etc.	Employé à l'embellissement du Louvre et de Fontainebleau, sous les ordres du Primatice.
CACHETEMIER (Francisque).	*Id.		Id.	Travailla sous les ordres du Primatice.
BURON { Jean et Virgile.	*Id.		Id.	Employés par le Primatice, pendant le séjour de ce dernier en France.
BRIE (Jean de).	*Id.		Id.	Élève de T. Dubreuil ; travaillait vers le règne d'Henri IV.
BOBRUN ou BEAU- BRUN (Louis), oncle de Charles et de Henri.	*Id.		Portr.	Peintre de mérite. — Imita les Pourbus (peintres flamands). — De la vérité.

NOMS.	ANNÉES DE NAISSANCE ET DE MORT.	LIEU DE NAISSANCE	GENRE.	NOTES HISTORIQUES. TABLEAUX PRINCIPAUX ET LIEUX OU ILS SE TROUVENT. OBSERVATIONS.
BERNARD (Salomon), dit LE PETIT BERNARD.	XVIe siècle.	Lyon.	Hist.	Élève de J. Cousin ; on croit que son surnom lui vient de la petitesse de sa taille. — Trop de monotonie. Graveur sur bois.
BALDOUIN (Claude).	Id.		Hist., orn., etc.	Travailla au Louvre et à Fontainebleau, sous la direction du Primatice.
GELÉE (Claude), dit LE LORRAIN.	1600 1682	Château de Chamagne. (Lorraine.)	Pays., histor. et mar.	Se rendit, à l'âge de douze ans, à Francfort, auprès d'un de ses frères, bon graveur sur bois ; apprit dans cette ville les premiers préceptes du dessin ; suivit un de ses parents à Rome ; y étudia avec ardeur, fut privé par la guerre d'une petite pension que lui faisait sa famille ; se rendit à Naples et y étudia l'architecture et la perspective sous Godefroi ; retourna à Rome et y entra à l'atelier d'Augustin Tassi, qui le prit en amitié et le garda chez lui jusqu'en 1625 ; revint dans sa patrie, fut employé par Claude Dervet, peintre du duc de Lorraine ; repartit une troisième fois pour Rome et y fonda une école ; présenté au pape Urbain VIII, par le cardinal Bentivoglio ; protégé par le souverain pontife ; quelques artistes ayant fait passer leurs tableaux pour les siens, Claude fit un livre où il dessina tous ses ouvrages avec le nom de l'acquéreur et le prix qu'ils avaient été payés ; un de ses élèves, Jean Dominico avait été comblé de ses bienfaits ; les envieux firent courir le bruit qu'il lui faisait peindre ses tableaux ; Dominico, oubliant la reconnaissance qu'il devait à son maître, ne réfuta pas ce bruit, concourut même à le propager et poussa l'impudence jusqu'à réclamer le prix des ouvrages qu'il prétendait avoir exécutés. Le Lorrain, apprenant sa conduite, le fait venir, et sans le moindre reproche lui fait compter toute la somme à laquelle il avait évalué ses travaux. Ce trait suffit pour faire connaître le caractère du grand maître. Dominico mourut peu après, et depuis Claude ne voulut plus former d'élèves. — Arbre et lointain, Bordeaux. Noces de Rébecca et de Jacob, Londres. (Ce tableau est connu sous le nom du Moulin.) La reine de Saba, ib. Et plusieurs autres, ib. Répétition du Moulin (chef-d'œuvre). Rome. Marine au soleil couchant, Florence. Fuite en Égypte, Dresde. Paysage, ib. Ruines de Rome antique, Madrid. Clair de lune, tentation de saint Antoine, ib. Paysages : Tobie et l'Ange (figures de G. Courtois), ib. Et autres, ib. Paysage : Diane réunissant Hippolyte à Aricie, Berlin. Paysage : triomphe de Silène, ib. La nymphe Égérie (chef-d'œuvre), Naples. Marine, ib. Soleil couchant, Munich. Le matin : marine, ib. Paysage : Agar et Ismaël, ib. Paysages : Agar et l'Ange, ib. Le Sacre de David, Paris. Débarquement de Cléopâtre, ib. Marines, ib. Fête villageoise, ib. Port de mer au soleil couchant, ib. Paysage, ib. Vue du Campo Vaccino, à Rome, ib. Siége de La Rochelle, ib. Le pas de Suze, forcé par Louis XIII, ib. Jésus-Christ et les disciples d'Emmaüs, Saint-Pétersbourg. Vue maritime, ib. Clair de lune, ib. Le jeune Tobie, ib. — Patience opiniâtre. Étudiant tous les phénomènes de la nature avec l'attention la plus scrupuleuse ; c'est ainsi, que tout en ne peignant pas d'après nature, ses ouvrages sont remplis d'une si grande vérité ; éclat et force inimitables ; composition idéale et exacte de détails ; imitation vraie, sans servilité ; lointains admirables ; on distingue les différentes sortes d'arbres ; effets de lumière rendus avec une vérité et un charme ravissants ; ciels vaporeux et rougeâtres, couleur fraîche, sites variés ; figures mal dessinées ; aussi les faisait-il ordinairement exécuter par ses élèves ; savant dans son art, ses connaissances s'y bornaient entièrement et c'est à peine s'il savait écrire son nom.
VALENTIN (Moïse.)	1600 1632	Coulommiers. (Brie.)	Hist. et genre.	La similitude de son genre avec celui de Vouet a fait croire qu'il avait été l'élève de ce dernier, mais il est aujourd'hui reconnu qu'il n'en est rien. Étudia Michel Ange et Caravage et fut le contemporain et l'ami du Poussin qui l'a même imité dans ses ouvrages. Un bain pris mal à propos fut cause de sa mort prématurée. — Les quatre évangélistes, Paris. L'innocence de Suzanne reconnue, ib. Le jugement de Salomon, ib. Deux concerts, ib. Militaires et femmes, ib. Et autres, ib. Martyre de saint Procès et de saint Martinien, Rome. Décollation de saint Jean, ib. Reine triomphante, ib. J. C. et les docteurs, ib. Un joueur de guitare, Florence. Une sentence de Jésus-Christ, ib. Vieillard jouant de la viole, Dresde. Martyre de saint Laurent, Madrid. Scène de bohémiens, Berlin. Le lavement des pieds, ib. Moïse et les tables de la loi, Vienne. Jésus-Christ livré aux railleries des soldats, Munich. La reine Artémise, ib. Saint Pierre reniant Jésus-Christ, Saint-Pétersbourg. Jésus-Christ chassant les vendeurs du temple, ib. — On disait à Rome que le Poussin saisissait mieux les affections de l'âme et que le Valentin représentait mieux la nature. Pinceau léger, coloris fort et vigoureux. On a gravé ses œuvres.
BLANCHARD (Jacq.), frère de Jean.	1600 1638	Paris.	Hist.	Élève de Bellori, son oncle maternel ; étudia à Lyon, visita l'Italie, s'occupa à Venise et à Turin, et s'y forma une belle réputation qui le précéda à son retour à Paris. Mort d'une fluxion de poitrine, laissant un nombre considérable d'ouvrages. — Tableaux, Venise. La charité, Paris. Sainte famille, ib. La Vierge, l'enfant Jésus et sainte Anne, ib. On considère comme son chef-d'œuvre la descente du Saint-Esprit qu'il fit pour la confrérie des orfèvres. — Composition noble et simple, coloris fin et vigoureux ; peignit à fresque. Excellent graveur à l'eau-forte.
MOSNIER (Jean).	1600 1656	Blois.	Hist. et portr.	Étudia à l'Académie de Florence, sous la protection de Marie de Médicis. Son fils, Pierre, mort professeur à l'Académie royale de peinture, se fit peu de réputation. — Coloris assez vigoureux ; style réfléchi ; composition peu sage, dessin maniéré.
TORTEBAT (François), le vieux.	1600		Hist.	Gendre de S. Vouet. — Auteur d'un livre d'iconologie, fort estimé.
MELLAN (Claude).	1601 1688	Abbeville.		Mort à Paris. — Se rendit célèbre par sa manière unique de graver, au moyen de tailles rentrées, pour rendre les différentes teintes des ombres sans employer les contre-tailles.
BELLI ou BELLY (Jacques).	1603?	Chartres	Hist., port, etc.	Travailla à Rome d'après les Carrache et d'autres maîtres. — Graveur à l'eau-forte.
STELLA (François), le jeune, fils de François (peintre flam.).	1603 1647		Hist.	Suivit son frère Jacques dans tous ses voyages et ne le quitta que pour se marier à Paris ; son mariage lui occasionna une foule de procès qui le détournèrent de la peinture et le conduisirent au tombeau. — Même style que son frère ; moins de force.
CORNEILLE (Michel), le vieux.	1603 1664	Orléans.	Hist. et portr.	Élève de S. Vouet. Un des douze premiers membres de l'Académie. — Style antique, manière sage ; peu d'intelligence du clair-obscur.

NOMS.	ANNÉES DE NAISSANCE ET DE MORT.	LIEU DE NAISSANCE	GENRE.	NOTES HISTORIQUES. — TABLEAUX PRINCIPAUX ET LIEUX OU ILS SE TROUVENT. — OBSERVATIONS.
BOBRUN ou BEAU-BRUN (Henri).	1603 1677	Amboise.	Portr. et hist.	Ces deux cousins ne forment pour ainsi dire qu'un seul artiste ; la plus étroite amitié les unissait ; l'un achevait le portrait, commencé par l'autre ; très-goûtés à la cour de Louis XIV ; renommés pour leur amiabilité ; membres et trésoriers de l'Académie de peinture. — Chargés de peindre l'arc de
BOBRUN ou BEAU-BRUN (Charles).	1604 1692	Id.	Id.	triomphe du pont de Notre-Dame, élevé pour l'entrée de Marie-Thérèse, à Paris , en 1660. Leurs portraits se rencontrent très-rarement. Portrait d'un roi enfant, probablement Louis XIV, Madrid. — Ils avaient la réputation d'embellir leurs modèles, tout en observant la ressemblance.
LEMOINE (Pierre-Antoine).	1605 1665	Paris.	Fruits	Détails inconnus. — Beaucoup de finesse et de légèreté.
FRANÇOIS (Simon).	1606 1671	Tours.	Hist. et portr.	Protégé par plusieurs grands et surtout par la reine et le cardinal de Richelieu. Séjourna en Italie, y fut ami du Guide, qui fit son portrait. Mort de la pierre. — Ses ouvrages représentent ordinairement des sujets religieux.
LAHYRE (Laurent De), fils d'Étienne.	1606 1656	Paris.	Hist., pays., portr. et archit.	Élève de son père, puis de S. Vouet ; obtint la protection du cardinal de Richelieu, du chancelier Séguier et de plusieurs autres personnages importants ; désigné comme un des douze premiers membres de l'Académie ; acquit une grande célébrité. Son fils aîné, Philippe, né en 1640 et mort en 1718 fut son élève , mais il abandonna la peinture pour l'astronomie et acquit beaucoup de renom dans cette branche ; son petit-fils, nommé également Philippe, né en 1677 et mort en 1719, fut bon médecin et cultiva la peinture en amateur dans le genre du paysage et des figures à la gouache. — Tableaux, le Mans. Miracles de saint Pierre, Florence. Assomption , Vienne. Laban cherchant ses idoles, Paris. La Vierge et l'enfant Jésus , ib. Jésus-Christ apparaissant aux trois Marie , ib. Saint Pierre guérissant les malades , ib. Nicolas V , visitant le corps de saint François , ib. Paysage avec baigneuses, ib. Paysage avec quelques figures, ib. Abraham et les anges, Saint-Pétersbourg. Enfance de Bacchus, ib. — Étudia le Primatice, maître Roux et Paul Véronèse ; pinceau savant, mais un peu mou, dessin maniéré surtout dans les airs de tête et les mains ; grandes connaissances en perspective et en architecture, fonds vaporeux et teintes bien fondues ; trop peu d'imitation de la nature. Graveur à la pointe.
MAUPERCHÉ (Henri)	1606 1686	Id.	Pays., etc.	Professeur à l'Académie, en 1655. Chercha à imiter Claude Lorrain. — Plusieurs paysages, Fontainebleau. — Graveur à l'eau-forte.
ERRARD (Charles).	1606 1689	Nantes.	Hist.	Chargé par Louis XIII, des ouvrages d'embellissement au Louvre ; envoyé en Italie, par le cardinal de Richelieu pour présider au moulage des antiques et aux copies des grands tableaux que l'on voulait posséder en France ; on en abandonna l'exécution. Directeur de l'Académie de Paris , puis de celle de Rome où il mourut. — Architecte et dessinateur.
MIGNARD (Nicolas), dont le vrai nom est NICOLAS MORE, frère de Pierre.	1608 1668	Troyes.	Portr., genre, et hist.	Son père, Pierre More, servait avec six de ses frères, tous officiers d'une belle figure , dans les armées du roi Henri IV, qui, en les voyant un jour réunis, leur dit en plaisantant : Ce ne sont pas là des Mores, mais bien des Mignards. Ce nom leur resta. Nicolas étudia d'abord la peinture dans sa ville natale, puis à Fontainebleau, puis enfin en Italie ; revint se fixer à Avignon, où il se maria. Le cardinal Mazarin le fit venir à Paris où il mérita bientôt la protection de Louis XIV. Fit les portraits de toute la cour et fut chargé par le roi de peindre son appartement du rez-de-chaussée des Tuileries. Ce travail le tua ; il est quelquefois surnommé Mignard d'Avignon pour le distinguer de son frère Pierre surnommé le Romain. Professeur et recteur de l'Académie de peinture. Graveur à l'eau-forte. — Adoration des bergers, Saint-Pétersbourg. Fresques, Paris. — Plus de sagesse que de chaleur. Belle imagination. Ses compositions rappellent quelquefois l'Albane. Il a surtout réussi dans les sujets qui exigent plutôt l'expression des affections douces que celle des passions violentes. Pinceau flou, composition ingénieuse, dessin assez correct. Ses mouvements de tête ont beaucoup de grâce.
DUPUIS (Pierre).	1608 1682	Montfort l'Amaury.	Fleurs et fruits.	Artiste de talent. — Nommé quelquefois Dupuy.
BOULLONGNE (Louis), le vieux.	1609 1674	Paris.	Hist. et portr.	Peintre du roi et membre de l'Académie. — Composition peu savante, beau coloris, expression mignarde.
BREBIETTE (Pierre)	1609	Mantes-sur-Seine	Hist.	Peintre du roi. Génie bizarre et original. — Plus connu comme bon graveur à l'eau-forte.
POERSON (Paris).	1609 1667		Id.	Peintre ordinaire du roi et de son Académie de peinture. Chevalier de l'ordre de Mont-Carmel et de Saint-Lazare. Mort à Paris. — Quelques biographes, et Félibien entre autres, le nomment Charles-François, le confondant sans doute avec son fils.
ROBERT (Nicolas).	1610? 1684?	Langres.	Fleurs, plantes, oiseaux, animaux, et miniat.	Se fit d'abord connaître par la fameuse guirlande de Julie, dont il peignit les fleurs ; fut attaché comme peintre de plantes, à Gaston d'Orléans, et ensuite au roi Louis XIV. Travailla, pour l'Académie des sciences, à l'ouvrage intitulé : Projet de l'histoire des plantes. — Auteur de plusieurs ouvrages de botanique avec de magnifiques dessins. Graveur à la pointe et à l'eau-forte.
BAUDRIN (Yvart).	1610 1690	Boulogne	Hist.	Détails inconnus.
BOSSE (Abraham).	1610 ou 1621 1678	Tours.	Genre et caricatures	Élève de J. Callot ; destiné au barreau, il prit un jour la porte de l'atelier de Callot pour celle du Palais de Justice, et cette erreur décida de sa vocation. Professeur de perspective à l'Académie royale de peinture , place qu'il perdit par ses satires contre Lebrun. Mort dans sa ville natale. Les heures du jour. Les quatre saisons. Les quatre âges. Les cinq sens. — Beaucoup d'exactitude ; esprit fin et observateur ; arrangement adroit et raisonné, dessin correct ; attitudes et expressions variées. Graveur à l'eau-forte.

NOMS.	ANNÉES DE NAISSANCE ET DE MORT	LIEU DE NAISSANCE	GENRE.	NOTES HISTORIQUES. — TABLEAUX PRINCIPAUX ET LIEUX OU ILS SE TROUVENT. OBSERVATIONS.
MIGNARD (Pierre), frère de Nicolas.	1610 1695	Troyes.	Hist., portr. et genre.	Destiné d'abord à l'état de médecin, son goût pour les arts changea la direction qu'on avait donnée à ses études. Élève de Vouet qu'il égala. Se rendit à Rome où il rencontra Dufresnoy avec lequel il se lia d'amitié jusqu'à la mort. Fit les portraits des plus célèbres personnages de l'Italie. Les Italiens l'ont comparé, pour ses *Vierges*, à Annibal Carrache. On les appelait *Mignardes*. Ce mot, dont a fait aujourd'hui un reproche, était alors l'expression de l'admiration qu'on éprouvait pour ce peintre; après être resté vingt-deux ans en Italie, Louis XIV le rappela en France. Les principaux ouvrages que Mignard exécuta à Paris et à Versailles ont été détruits. Ami de Molière, de La Fontaine, de Racine et de Boileau. Louis XIV l'anoblit en 1687, et en 1690 il fut nommé le même jour académicien, professeur, recteur, directeur et chancelier. — Louis XIV, roi de France, Londres. Portrait de femme, en Diane, Bruxelles. La comtesse de Grignan, Florence. Portrait d'un prince de la maison de France, enfant, Madrid. Saint Jean au désert, *ib.* Portrait de Marie Mancini, Berlin. Saint Antoine, ermite, Vienne. La Vierge à la grappe, Paris. Jésus-Christ succombant sous la croix, *ib.* Saint Luc peignant la Vierge, *ib.* Sainte Cécile, *ib.* Portrait de Mme de Maintenon, *ib.* La famille du Dauphin, fils de Louis XIV, *ib.* Portrait du peintre, *ib.* Portrait de la marquise de Feuquières, fille du peintre, *ib.* La foi, *ib.* L'Espérance, *ib.* Alexandre et la famille de Darius, Saint-Pétersbourg. Jephté. *ib.* Cléopâtre, *ib.* — Grande fraîcheur de coloris, composition gracieuse, il est regardé comme le meilleur coloriste du siècle de Louis XIV. Carnations vraies, pinceau moelleux et léger, ordonnance riche. Faible dans l'expression des sentiments, et souvent froid par l'extrême fini qu'il apporte à son travail. Après sa mort il eut beaucoup de détracteurs. On cite de lui quelques reparties heureuses, en voici une : Faisant le portrait de Louis XIV pour la dixième fois et regardant attentivement le roi, celui-ci lui dit : « Mignard, vous me trouvez sans doute vieilli? » — « Sire, répondit le peintre, il est vrai que je vois quelques victoires de plus sur le front de Votre Majesté. »
DERVET (Claude).	1611 1642	Nancy.	Portr., genre, etc.	Anobli par le grand-duc et en grande faveur près de ce prince. Contemporain de Jacques Callot, la gloire de ce dernier excita son envie; employa tous les moyens pour lui nuire. La vengeance de Callot consista à graver le portrait de son ennemi et celui de son fils et de les lui envoyer avec quelques vers à sa louange. — Les quatre éléments (divertissements de la cour sous Henri IV), Orléans. — Peintre médiocre.
DUFRESNOY (Charl.-Alphonse).	1611 1665	Paris.	Hist. et pays.	Élève de Fr. Perrier et de S. Vouet; destiné à la médecine, reçut une excellente éducation; fut irrésistiblement entraîné vers les arts; visita l'Italie, y fut dénué de ressources, dut quelque amélioration de son sort à son ami Mignard, qui vint le retrouver; se rendit à Venise, en 1653, revint en France, en 1656, et, devenu paralytique, mourut à la suite d'une attaque d'apoplexie, à Villers-Lebel, près de Paris. — Mort de Socrate, Florence. Sainte Marguerite. Paris. Nymphes et Naïades, *ib.* — Dessin correct, bon coloris ; profondes connaissances théoriques ; auteur d'un célèbre poème sur la peinture, intitulé : *De Arte graphica.*
BARRIÈRE (Dominiq.)	1612	Marseille.	Pays. et arch.	On ne sait rien de cet artiste si ce n'est qu'il habitait Rome. — Graveur à l'eau-forte.
LANCE (Michel).	1613 1661	Rouen.	Fleurs, fruits et anim.	Détails inconnus.
CHAUVEAU (Franç.).	1613 1676	Paris.	Hist. et genre.	Élève de Laurent de la Hyre pour le dessin; membre et conseiller de l'Académie de peinture. — Figures pour les poèmes de la Pucelle, de Clovis et d'Alaric. — Dessinateur et graveur à l'eau-forte et au burin. Ses tableaux, en petit nombre, sont d'un genre gracieux.
DUGUERNIER (Louis) le jeune, fils aîné d'Alexandre.	1614 1659	France.	Miniat. et émail.	Renommé pour le meilleur peintre sur émail de son temps ; surpassa dans ce genre tous les artistes qui avaient travaillé avant lui ; un de ses frères avait embrassé la même carrière et avec les plus belles promesses de succès, mais il mourut avant de pouvoir les réaliser. — Grande ressemblance; couleur éclatante, ignorée par ses prédécesseurs et que Petitot eut seul le talent d'imiter.
SAINT-ANDRÉ (Simon-Renard De).	1614 1677	Paris.	Hist.	Élève des Bobrun, membre de l'Académie royale. — Peignit pour les Gobelins. Peintures et sculptures de la galerie d'Apollon, au Louvre. — Graveur à l'eau-forte. Également sculpteur.
LETELLIER (Jean).	1614 1676	Rouen.	Hist. et portr.	Élève et neveu de N. Poussin, aux leçons éclairées duquel il doit le mérite de ses ouvrages ; sur la fin de sa vie, Letellier changea de manière et adopta un style mou et très-fini qu'on ne remarque pas dans ses premiers tableaux. — Tableaux. Rouen. — Belle imitation de la nature, style simple et noble, couleur faible, bonne perspective linéaire, expression juste, accessoires bien choisis, dessin mou, formes rondes et sans fermeté; tête de Vierges pleines de candeur et d'une grâce assez noble.
LERAMBERT (Louis).	1614 1670	Paris.	Hist.	Élève de Vouet ; membre de l'Académie. — François Lerambert, père ou frère de Louis, travailla sous le Primatice. — Également statuaire.
ALIX (Jean).	1615	Id.	Id.	Élève de Ph. Van-Champagne (peintre flamand). — Graveur.
TESTELIN (Louis).	1615 1655	Id.	Hist. et portr.	Élève de Vouet. Ami de Lebrun. Membre de l'Académie royale de peinture, en 1648. — Flagellation de saint Paul et de Silas, Paris. Saint Pierre ressuscitant Tabithe, *ib.* — C'est lui qui, le premier, orna d'accessoires les portraits, et qui, détruisit ainsi la simplicité dont ce genre est susceptible.
LENFANT (Jean).	1615 1674	Abbeville	Portr.	Peintre au pastel ; mort à Paris. — Graveur au burin.
BOURBONNOIS.	1615 1698		Hist. et portr.	Mort à Paris, professeur à l'Académie royale.
BERNARD (Samuel).	1615 1687	Paris.	Hist. et min.	Professeur de l'Académie de peinture et père du célèbre traitant Samuel Bernard. — Peignit à la gouache ; belle exécution. Graveur.

NOMS.	ANNÉES DE NAISSANCE ET DE MORT.	LIEU DE NAISSANCE	GENRE.	NOTES HISTORIQUES. TABLEAUX PRINCIPAUX ET LIEUX OU ILS SE TROUVENT. OBSERVATIONS.
TESTELIN (Henri), frère de Louis.	1616 1695?		Hist. ?	Élève de Vouet. Secrétaire de l'Académie et professeur; après la révocation de l'édit de Nantes, Testelin, étant calviniste, alla s'établir et mourir à La Haye. — Passage du Rhin, Versailles. — On a publié, après sa mort, un de ses ouvrages traitant de la peinture et de la sculpture.
BOURDON (Sébast.), fils de Bourdon, le vieux.	1616 1671	Montpellier.	Hist., portr. et pays.	Élève de son père; à quatorze ans, il exécuta déjà une œuvre remarquable; se perfectionna à Paris et en Italie, se réfugia en Suède, par suite de la révocation de l'édit de Nantes; nommé premier peintre de la reine Christine; revint en France, vers 1655, et fut un des douze anciens qui fondèrent l'Académie de peinture, dont il devint recteur. Graveur à l'eau-forte. — Les quatre parties du monde (allég.), La Haye. Paysage, Londres. Repos en Égypte, Florence. Saint Paul et saint Barnabé dans la ville de Lystria, Madrid. Allégorie, ib. Vue aux environs de Rome, Munich. Sacrifice de Noé au sortir de l'arche, Paris. Repos de la sainte famille, ib. Jésus-Christ faisant venir à lui les enfants, ib. Descente de croix, ib. Portrait du peintre, ib. Martyre de saint Pierre, ib. Et autres, ib. Persée et Andromède, Saint-Pétersbourg. Jacob et Laban, ib. Et autres, ib. — Proportions sveltes, attitudes naïves, expression austère, distribution antique, style noble, dessin correct, coloris transparent. Imitait à s'y tromper les principaux maîtres de son temps. Traita avec un égal succès l'histoire, le portrait et le paysage.
LESUEUR (Eustache)	1617 1655	Paris.	Hist. et portr.	Élève de S. Vouet; fut reçu maître de l'ancienne Académie de Saint-Luc, et attira dès lors l'attention du Poussin; un des douze premiers membres de l'Académie, créée en 1648; son caractère doux, modeste et peu ambitieux ne lui fit jamais rechercher les faveurs de la cour; la seule place qu'il y occupa fut celle de peintre de la reine mère; Lesueur méritait le bonheur et la gloire, et ni l'un ni l'autre ne fut son partage; rival de Lebrun, les œuvres de celui-ci pâlissaient toujours à côté des siennes, et le peintre du roi s'en vengea cruellement : Lesueur fut décrié, persécuté et n'eut aucune part aux bienfaits de Louis XIV; naïf et bon, mais pourtant sensible à l'injustice, il se permit une seule allégorie où il s'est représenté triomphant de ses rivaux, comme le Poussin. Resté veuf et seul, une maladie de langueur détermina sa retraite chez les Chartreux où la reconnaissance l'avait souvent accueilli, et où il mourut. Lesueur avait décoré la Chartreuse, et travaillé pour plusieurs églises de Paris ainsi que pour l'hôtel Lambert. — Saint Bruno, Berlin. Le père de Tobie donnant des instructions à son fils, Paris. La salutation angélique, ib. Flagellation, ib. Jésus-Christ portant sa croix, ib. Descente de croix, ib. Jésus-Christ apparaissant à Madeleine, ib. Saint Gervais et saint Protais, ib. Saint Paul à Éphèse, ib. Le sacrifice de la messe, ib. Apparition de sainte Scolastique à saint Benoît, ib. Vie de saint Bruno (chef-d'œuvre en vingt-quatre tableaux), ib. Les Muses, ib. Phaëton demande à Apollon la conduite de son char, ib. Histoire de l'Amour (en six tableaux), ib. Ganimède enlevé par Jupiter, ib. Le lavement des pieds, ib. Mort de saint Étienne, le jeune, Saint-Pétersbourg. Moïse exposé sur le Nil, ib. Sainte famille, ib. Et autres, ib. — Exécution séduisante et facile, pinceau rempli de charme et d'expression, composition sage, noble, gracieuse, pleine de goût et d'âme, disposition grande et simple, expression juste et naïve, attitudes vraies, draperies heureuses; correction délicate, ton suave, belle entente du clair-obscur, idées poétiques; mérita le surnom de Raphaël français.
BLANCHET (Thomas).	1617 1689	Id.	Id.	Visita l'Italie, où il reçut les conseils et l'amitié d'Albane, d'André Sacchi et du Poussin; établi à Lyon; nommé membre de l'Académie, en 1676; ami de Lebrun; mort à Lyon. — Le plafond de l'hôtel de ville de Lyon, chef-d'œuvre du peintre, fut détruit par un incendie, en 1674. Presque tous ses ouvrages périrent pendant la révolution de 1793. — Bon dessin, expression et coloris satisfaisants, bonne entente de la perspective; peignit à fresque.
LEPAUTRE (Jean).	1617 1682	Id.	Hist., décorat., arch.,etc.	Reçu à l'Académie, en 1677. Son fils, Pierre, fut comme lui bon dessinateur et graveur.
DORIGNY (Michel).	1617 1665	Saint-Quentin.	Hist. et portr.	Élève et gendre de Simon Vouet; professeur à l'Académie; François Mansard ayant proposé d'établir un impôt sur les arts, Dorigny publia, en 1651 une estampe (allég.) : connue sous le nom de la Mansarde, au bas de laquelle se trouvait une satire contre cet architecte. Mort à Paris. — Imita la manière de son maître, mais sans réussir à l'égaler. Graveur à l'eau-forte.
LEBRUN (Charles).	1619 1690	Paris.	Id.	Élève de S. Vouet; séjourna six ans à Rome, fit ce voyage avec N. Poussin; se lia avec ce grand peintre, n'eut, à Rome, d'autre demeure que la sienne, et reçut de lui d'inappréciables conseils ; rappelé à Paris, en 1648, fut reçu la même année à l'Académie; protégé par le ministre Fouquet, qui lui fit exécuter plusieurs ouvrages remarquables; présenté à Louis XIV, par le cardinal Mazarin, entra en faveur auprès de ce prince et de la reine mère, dirigea les travaux de décorations à l'occasion du mariage du roi; nommé premier peintre de la cour, par la protection de Colbert, obtint des lettres de noblesse, en 1662, puis la direction générale de tous les ouvrages de peinture, sculpture et ornements dans les bâtiments de la couronne; placé à la tête de la manufacture des Gobelins; recteur, chancelier et directeur de l'Académie de peinture; et quoique absent et étranger, prince de l'Académie de Saint-Luc, à Rome; engagea Louis XIV, en 1666, à créer l'école française de Rome; après la mort de Colbert, le ministre Louvois fit sentir sa haine à Lebrun et à tous ses protégés; malgré l'estime du roi, le peintre essaya tant de désagréments qu'il tomba dans une maladie de langueur qui le conduisit au tombeau. — Madeleine, Venise. Fresques, Versailles. Saint-Denis, Rome. Saint Louis, ib. Le Sacrifice de Jephté, Florence. Sainte famille, Dresde. Portrait de famille, Berlin. Ascension, Vienne. Mme de Lavallière en Madeleine, Munich. Saint Jean l'évangéliste à Patmos, ib. Nativité, Paris. Même sujet, plus étendu, ib. Sainte famille, ib. Jésus-Christ servi par les anges, ib. Entrée de Jésus-Christ dans Jérusalem, ib. Jésus-Christ succombant sous la croix, ib. Crucifiement, ib. Le crucifix aux Anges, ib. Jésus-Christ mort sur les genoux de sa mère, ib. La Pentecôte, ib. Martyre de saint Étienne, ib. Madeleine, ib. Passage du Granique, ib. Bataille d'Arbelles, ib. La tente de Darius, ib. Défaite de Porus, ib. Entrée d'Alexandre dans Babylone, ib. La mort de Caton, ib. Constance de Mutius Scévola, ib. Portrait du peintre dans sa jeunesse, ib. Portrait en pied du même, ib. Portrait du peintre Alph. Dufresnoy, ib. Jésus-Christ crucifié, Saint-Pétersbourg. Dédale et Icare, ib. — Coloris faible, sombre et sans relief, dessin mou et lourd, exécution pénible, expression exagérée; science profonde, beaucoup de poésie, composition sage, fictions ingénieuses ; un des plus grands peintres de l'école française.

NOMS.	ANNÉES DE NAISSANCE ET DE MORT.	LIEU DE NAISSANCE.	GENRE.	NOTES HISTORIQUES. — TABLEAUX PRINCIPAUX ET LIEUX OU ILS SE TROUVENT. — *OBSERVATIONS.*
MIGNARD (PAUL), fils de Nicolas.	1619 1671	AVIGNON.	Portr.	Reçu à l'Académie, quoique artiste d'un mérite fort secondaire. Mort à Lyon. — Graveur à l'eau-forte.
GERVAISE (JEAN).	1620 1670	ORLÉANS.	Hist.	Peignit beaucoup aux appartements des Tuileries. — Employé pour les manufactures de tapisseries.
LEMAIRE (FRANÇOIS).	1621 1688	MAISON-ROUGE, près de Fontainebleau.	Portr.	Détails inconnus. — Bon coloris.
COURTOIS (JACQUES), dit LE BOURGUI-GNON, fils de Jean.	1621 1676	St-HIP-POLYTE. (Franche-Comté.)	Batail., portr., hist. et pays.	Élève de son père; partit fort jeune pour l'Italie, visita les écoles les plus célèbres de Milan, de Venise, de Bologne et de Rome; se lia intimement avec le Guide et l'Albane; se mit pendant trois ans à la suite d'une armée pour mieux étudier toutes les parties du genre qu'il peignait de préférence. Se maria, fut malheureux en ménage, perdit sa femme presque subitement et entra dans l'ordre des jésuites, comme frère lai; ses ennemis l'accusèrent d'avoir empoisonné sa femme et de s'être fait religieux afin de se soustraire à la vengeance de ses parents et au châtiment que ce crime attirait sur lui. Mort à Rome dans la maison de son ordre. — Batailles, Rome. Crucifiement; ib. Marche d'une armée, Londres. Soldats dans un paysage, ib. Bataille, ib. Choc de cavalerie, Bruxelles. Une grande bataille, Florence. Batailles, ib. Batailles, Dresde. Bataille, Madrid. Bataille, Berlin. Paysage : clair de lune avec cavaliers, ib. Batailles de cavalerie, Vienne. Champ de bataille, Munich. Bataille, ib. Choc de cavalerie, Paris. Batailles, ib. Batailles, Saint-Pétersbourg. Et autres, ib. — Grande vérité, figures bien disposées, remplies de variété et de mouvement; imagination brillante, touche admirable, pinceau facile, coloris chaud et vigoureux; beaucoup de ses tableaux sont noircis par le temps; ses grandes compositions ont bien moins de mérite; le dessin en est ordinairement très-faible. Graveur à l'eau-forte et à la pointe.
PUGET (PIERRE).	1622 1694	MARSEILLE	Hist. et portr.	Célèbre statuaire, constructeur de vaisseaux, peintre et architecte, né d'une famille illustre dans les fastes de la Provence. S'appliqua de bonne heure aux beaux-arts. A l'âge de quatorze ans, fut placé chez un constructeur de galères nommé Roman, à dix-sept ans partit à pied pour l'Italie où il eut à souffrir toutes sortes de privations. Travailla sous les ordres de Cortone dont il devint l'ami, et qui lui fit de brillantes propositions pour le garder près de lui; mais le mal du pays força Puget à revenir en France. La sculpture et l'architecture lui sont redevables d'admirables ouvrages; Puget est moins célèbre comme peintre. — Baptême de Constantin, Marseille. Baptême de Clovis, ib. Tableaux, Toulon. Tableaux, Aix. — Beaucoup d'élévation dans la composition. Il choisissait de préférence des sujets tragiques.
SEVE (PIERRE DE), frère de Gilbert.	1623 1695	PARIS.	Hist.	Reçu au nombre des membres de l'Académie.
MICHELIN (JEAN).	1623 1696	LANGRES.	Id.	Mort à l'Ile de Jersey.
LAMINOIS (SIMON).	1623 1685	NOYON.	Batail. et pays.	Mort à Vrigny (Orléanais).
GUERTIÈRE (FRANÇ. DE LA).	1624		Hist.	Détails inconnus. — Grotesques des loges du Vatican, d'après Raphaël (dix-sept planches). — Graveur à l'eau-forte.
LOIR (NICOL.-PIERRE).	1624 1679	PARIS.	Id.	Élève de Bourdon; se rendit à Rome, en 1647, revint en France; fut nommé académicien en 1663, et obtint de Louis XIV une pension de 4,000 francs. — Sainte famille, Florence. — Facilité extraordinaire, assez de grâce et de correction. Graveur à l'eau-forte.
RIVALS (JEAN-PIERRE) le vieux.	1625 1706	BASTIDE-D'ANJOU. (Languedoc.)	Hist. et portr.	Élève d'Ambr. Frédeau. La plus grande partie des travaux des Rivals est restée dans leur patrie. — Également architecte.
COURTOIS (GUILL.), fils de Jean.	1628 1679	SAINT-HIPPO-LYTE.	Id.	Élève de Pierre de Cortone; travailla aux grandes compositions de son frère Jacques et fut employé par le pape Alexandre VII. — Bataille (petit tableau), Florence. Sacrifice d'Abraham, Dresde. Quelques-uns l'égalent à son maître; même manière, mais moins de correction, coloris trop mou; graveur à l'eau-forte.
COYPEL (NOEL).	1628 1707	PARIS.	Hist.	Élève de Guillerié, peintre obscur; travailla en 1655 au Louvre, orna les plafonds de l'appartement de la reine, au mariage de Louis XIV; fut reçu, en 1663, à l'Académie; nommé directeur de l'Académie de Rome, en 1672, ensuite, après la mort de Mignard, appelé au poste de directeur perpétuel de l'Académie royale de peinture, à Paris, avec un traitement de mille écus. Épousa en première noces, Madeleine Hérault, qui eut quelque talent pour la peinture et fut la mère d'Antoine Coypel. Sa seconde femme fut Anne-Françoise Perrin, dont les tableaux sont oubliés. Coypel travaillait encore peu de temps avant sa mort. — Suzanne accusée par les vieillards, Madrid. Solon se séparant des Athéniens, Paris. Ptolémée Philadelphe donnant la liberté aux Juifs, ib. Trajan donnant audience publique, ib. Prévoyance d'Alexandre Sévère, ib. Réprobation de Caïn, ib. Ptolémée, Alexandre Sévère, Trajan et Solon, Versailles. — Belle imagination, pinceau gracieux, dessin peu correct, peu de fidélité dans le costume, attitudes trop théâtrales; coloris plein de vie, ordonnance magnifique; possédait à un haut degré les connaissances théoriques de l'art. Graveur à l'eau-forte.
DUCHEMIN (CATHER.).	1629 1698	Id.	Fleurs et fr.	Elle épousa le sculpteur Girardon; membre de l'Académie. — Peignit avec succès.
LALLEMANT (PHIL.).	1629 1716	REIMS.	Hist.	Fut le second maître du Poussin; habita Paris.

NOMS.	ANNÉES DE NAISSANCE ET DE MORT.	LIEU DE NAISSANCE	GENRE.	NOTES HISTORIQUES. — TABLEAUX PRINCIPAUX ET LIEUX OU ILS SE TROUVENT. — OBSERVATIONS.
STELLA (Antoine BOUSSONNET), neveu de Jacques et de François.	1630	Lyon.	Hist.	Élève de son oncle Jacques ; eut beaucoup de succès dans sa ville natale, ainsi qu'à Paris ; admis à l'Académie de peinture. — Imita parfaitement la manière de son maître ; pinceau agréable. Graveur à l'eau-forte.
ROUSSEAU (Jacques)	1630 1693	Paris.	Persp., arch., pays., etc.	Visita l'Italie ; séjourna à Rome et y épousa la sœur du peintre hollandais H. Swanevelt ; revenu en France son talent lui valut l'exécution de plusieurs grands ouvrages ; reçu membre de l'Académie, en 1662 ; fut obligé de quitter la France, par suite de la révocation de l'édit de Nantes ; se retira en Suisse, embrassa le catholicisme, en 1688, et vint reprendre sa place de conseiller à l'Académie. Mort à Londres. — Tableaux d'architecture, Londres. Perspectives, Versailles. — Étudia tous les genres de peinture ; ses tableaux d'architecture et de perspective sont ornés d'excellentes figures. Rapidité extraordinaire. Bon dessinateur. Graveur à l'eau-forte.
MARE-RICHARD (Florent De la).	1630 1718	Bayeux.	Portr.	Mort à Versailles. — Fort estimé de son temps.
LAMBERT (Martin).	1650 1699	Paris.	Hist. et portr.	Détails inconnus.
NANTEUIL (Robert).	1650 ou 1631 1678	Reims.	Portr.	Célèbre graveur de portraits. Mort à Paris. — Louis XIV (au pastel), Florence. Le maréchal de Turenne (au pastel), ib.
MONTAGNE (Nicol.), fils de Mathieu Van Plattenberg (peint. flamand).	1654	Paris.	Portr. et marin.	Élève et parent de Ph. Van Champagne. Son véritable nom était Van Plattenberg (plate-montagne), mais, pendant la résidence de son père à Paris, les Français traduisirent son nom dans leur langue, et le fils n'est connu que sous le nom de Montagne. — Tempêtes sur mer (deux tableaux), Florence. (Désigné dans cette ville sous le nom de Van Platen.) — Graveur à l'eau-forte ; excellait dans les marines.
GARNIER (Jean).	1652 1705	Meaux.	Fleurs et fr.	Détails inconnus.
LEFEBURE ou LEFÈVRE (Claude).	1653 1675	Fontaine-bleau.	Portr. et hist.	Élève de Lebrun et de Lesueur ; reçu membre de l'Académie de peinture ; mort à Londres, où il s'était établi. — Portrait d'homme, Paris. Esther devant Assuérus, Saint-Pétersbourg. — Grande ressemblance ; vérité, coloris et esprit satisfaisants ; peu d'harmonie. Graveur à l'eau-forte.
BLANCHARD (Gabr.) fils de Jacques.	1654 1704		Hist. et portr.	Élève de son père ; reçu académicien, en 1663, et ensuite professeur et recteur de l'Académie. — Fut loin d'égaler son père.
STELLA (Claudine BOUSSONNET), nièce de Jacques et de François.	1654 1697	Lyon.		Élève de son oncle Jacques ; montra un talent réel pour la peinture, mais acquit beaucoup plus de célébrité comme graveur. Morte à Paris.
VIGNON (Philippe).	1654 1701		Portr.	Détails inconnus.
STELLA (Antoinette BOUSSONNET-), nièce de Jacques et de François.	1655 1676	Lyon.		Élève de son oncle Jacques ; morte à Paris , des suites d'une chute. — Cultiva la gravure avec succès.
MONOYER (Jean-Baptiste) , nommé communément BAPTISTE.	1655 1699	Lille.	Fleurs.	Admis à l'Académie de peinture, à Paris, en 1665. Il composa souvent les fonds des portraits de Kneller, à l'époque où il était avec ce dernier à Londres. — Annonciation, entourée de fleurs fig. de Lafosse), Chapelle du grand Trianon. Plusieurs tableaux de fleurs, Londres. — Beaucoup de fraîcheur, de vérité, ordonnance pleine de grâce et de charme. Un de ses fils, nommé Antoine, cultiva la peinture , mais n'acquit pas la réputation de son père ; il fut membre de l'Académie, en 1704. Un autre de ses fils, se rendit à Rome, y prit l'habit de dominicain et peignit quelques tableaux religieux dans son couvent, avec assez de succès.
LEMOINE (Jean).	1655 1713	Paris.	Hist.	Détails inconnus.
DUFRESNE DE POSTEL (Charl.-Louis).	1655 1711	Nantes.	Id.	Peintre amateur. Mort à Argentin.
GUSCAR (Henri).	1655 1701	Paris.	Portr.	Mort à Rome. — Tableaux, Rome. — Peintre de mérite.
PILES (Roger De).	1655 1709	Clamecy.	Id.	Plus connu comme littérateur. Voyagea en qualité de secrétaire avec Amelot de la Houssaye. — On cite de lui le portrait de Boileau et celui de Mme Dacier. — Auteur d'un abrégé de la vie des peintres et d'un grand nombre d'ouvrages sur la peinture.
LEBLOND (Jean).	1655 1709	Paris.	Hist.	Détails inconnus. — Jupiter foudroyant les Titans, Paris. — Le peintre hollandais, Guillaume de Gheyn, travailla pour lui. (Voir ce nom à l'école hollandaise.)
FOREST (Jean).	1636 1712	Id.	Pays. et genre.	Élève de P. F. Mola (peintre italien) ; jouit, dans son temps, d'une réputation non méritée : reçu à l'Académie, en 1674, et nommé peintre du roi. — Effet lourd et faux, coloris mat et désagréable.
MASSON (Antoine).	1636 1702	Louri, près d'Orléans.		Vint fort jeune à Paris, fut membre de l'Académie de peinture et devint un des plus célèbres graveurs au burin de la France. — On parle peu de ses ouvrages comme peintre.

NOMS.	ANNÉES DE NAISSANCE ET DE MORT.	LIEU DE NAISSANCE.	GENRE.	NOTES HISTORIQUES. TABLEAUX PRINCIPAUX ET LIEUX OU ILS SE TROUVENT. OBSERVATIONS.
PERELLE (NICOLAS).	1608	PARIS.	Hist. et pays.	Fils du graveur Gabriel. — Saint Jean-Baptiste assis près du Jourdain, Florence. — Plus connu comme graveur.
CHATILLON (LOUIS DE).	1639 1734	SAINTE-MENE-HOULD.	Émail et min.	Employé par Colbert, conjointement avec Robert et Bosse, à la fameuse collection des plantes sur vélin, conservée au cabinet des estampes. — Dessinateur et graveur.
MORIN (JEAN).	1639	PARIS.	Hist.	Élève de Phi. Van Champagne. — S'attacha particulièrement à la gravure.
LAFOSSE (CHARLES DE).	1640 1716	Id.	Hist. et portr.	Élève de Lebrun ; visita l'Italie ; revenu en France, s'y fit une excellente réputation, travailla pour Louis XIV ; reçu membre de l'Académie, en 1683, il obtint bientôt les premières charges de cette assemblée ; fut appelé à Londres par lord Montaigu ; se fit tellement admirer dans ce pays que le roi Charles II voulut l'y retenir ; revint en France dans l'espoir d'être nommé peintre du roi après la mort de Lebrun ; ne put obtenir cette place par la mort de l'architecte Mansard, son ami et son protecteur. — Fresques, Invalides. Plafonds à fresque, Versailles. Acis et Galatée, Madrid. Mariage de la Vierge, Paris. Enlèvement de Proserpine, ib. Moïse retiré du Nil, Saint-Pétersbourg Rébecca et Eliézer, ib. — Composition poétique, ordonnance riche, peinture moelleuse, grande intelligence du clair-obscur, airs de tête assez nobles et expressifs, figures en général trop courtes et un peu lourdes; draperies peu heureuses, coloris brillant et vigoureux, mais dépourvu de naturel.
BIGNON (FRANÇOIS).	1640	Id.	Id.	Fut également graveur.
AUDRAN (CLAUDE), le vieux.	1641 1684	LYON.	Id.	Élève de Perrier, de Vairix, d'Errard, puis de Ch. Lebrun. Frère du célèbre graveur Gérard; reçu, en 1675, à l'Académie et nommé professeur en 1681. — Démétrius et Cyrus, Versailles. — Imitateur trop servile de Charles Le Brun.
FAUCAS (GEORGE).	1641 1708	CHÂTEAU-DUN.		Détails inconnus.
MATTHERI (MARC).	1642 1705	PARIS.	Portr.	Reçu académicien, en 1676; dessina la galerie de Rubens, dite du Luxembourg.—Marie-Thérèse, impératrice, Bruxelles.
CORNEILLE (MICHEL), le jeune, fils de Michel le vieux.	1642 1708	Id.	Hist.	Élève de son père ; étudia à l'Académie de Rome ; admis, en 1663, dans l'Académie de peinture, à Paris ; protégé par le roi et le Dauphin ; ne jouit pas, de son vivant, de la réputation qu'il méritait, à cause de son caractère modeste et ami de l'obscurité — Mercure, Dieu des arts et des sciences, avec ses attributs (fresque), Versailles. La Visitation, Saint-Pétersbourg. — Manière des Carrache ; dessin grandiose et correct, composition noble et sage, expression juste, pinceau large, coloris vigoureux, teintes trop rembrunies ; ton violet désagréable. Bon graveur à l'eau-forte.
DEVUEZ (ARNOULD).	1642 1724	OPPENOIS, près de Saint-Omer.	Hist., portr. et bas-rel.	Élève de frère Luc, récollet, à Paris, où il fut envoyé sur la recommandation d'un juif qui lui avait donné les premières notions de peinture ; visita l'Italie ; rappelé en France par Lebrun afin d'aider cet artiste dans ses immenses travaux, l'envie força Devuez à quitter la cour ; protégé par la mère du prince Eugène et le ministre Louvois. Se retira à Lille, y occupa la place d'échevin et y mourut. — Tableaux d'église, Lille. — S'inspira de Raphaël dans ses compositions ; dessin correct, de l'harmonie ; imitait le marbre à s'y méprendre ; mauvais coloriste.
SPIERRE (FRANÇOIS).	1645 1681	NANCY.	Hist.	Connu plus spécialement comme célèbre graveur.
REVEL (GABRIEL).	1645 1712	CHÂTEAU-THIERRY.	Portr.	Mort à Dijon.
SAVOYE (DANIEL DE)	1644 1716	GRENOBLE	Portr. et hist.	Élève de S. Bourdon ; mort à Erlangen. — Portrait de la femme du peintre, Dresde. — Graveur à l'eau-forte.
REBON (NICOLAS), fils de Pierre.	1644 1686		Hist. et portr.	Détails inconnus.
JOUVENET (JEAN), le jeune, fils de Jean le vieux.	1644 ou 1647 1717	ROUEN.	Hist. et genre.	Élève de son père, puis de Lebrun, à Paris ; membre de l'Académie de peinture, en 1675 ; sa réputation s'étendait de tous côtés ; accablé d'ouvrage pour les principales villes de la France ; protégé par Louis XIV, exécuta plusieurs grands travaux pour ce monarque ; professeur, directeur et enfin un des recteurs perpétuels de l'Académie en 1707 ; forcé d'abandonner ses pinceaux, à la suite d'une attaque d'apoplexie, qui l'avait rendu paralytique du bras droit, il découvrit après quelque temps l'inactivité qu'il réussissait à peindre de la main gauche, et travailla désormais de cette manière. — Les vendeurs chassés du temple, Lyon. Madeleine chez le Pharisien, ib. Saint Ovide, Grenoble. Jésus-Christ au jardin des Olives, ib. Présentation au temple. Le Mans. Mariage de la Vierge, Alençon. Le Christ en croix, Dijon. Le centenier aux pieds de Jésus-Christ, Tours. Le fils de la veuve, Versailles. Éducation de la Vierge, Florence. Visitation de sainte Élisabeth, Madrid. L'extrême-onction, Paris. Jésus-Christ chez Marthe et Marie, ib. Jésus-Christ guérissant les malades, ib. La pêche miraculeuse, ib. Résurrection de Lazare, ib. Les vendeurs chassés du temple, ib. Repos chez Simon le Pharisien, ib. Descente de croix, ib. Ascension, ib. Vue intérieure de Notre-Dame de Paris, ib. — Composition vaste et étendue, figures heureusement groupées, coloris peu vrai et trop jaune, bonne entente du clair-obscur ; de l'harmonie et de la vigueur, dessin fier et exact, mais lourd, anguleux et souvent sans noblesse ; draperies larges et bien jetées, quoique peu exactes et manquant de grandiose ; effet trop théâtral ; les défauts de ce peintre venaient en grande partie de son manque de connaissance de l'antique.

NOMS.	ANNÉES DE NAISSANCE ET DE MORT.	LIEU DE NAISSANCE	GENRE.	NOTES HISTORIQUES. TABLEAUX PRINCIPAUX ET LIEUX OU ILS SE TROUVENT. OBSERVATIONS.
ALLEGRAIN (Étienne)	1645 1736	Paris.	Pays.	Reçu à l'Académie royale. Il est le père du célèbre Allegrain, sculpteur du roi. — Jardins de Versailles (1690), Versailles. Bosquet de l'Ile d'amour, ib. Bosquet de la fontaine de l'Obélisque (1718), ib. Grand Trianon (1700), ib. Et autres vues de Versailles, etc., ib. — Graveur à l'eau-forte.
ARMAND (Charles).	1645 1720	Bar-le-Duc.	Hist.	Détails inconnus. — Exécution fine et légère.
BOULLONGNE (Geneviève), fille de Louis le vieux.	1645 1708		Fleurs, fruits et hist.	Épousa J. Clérion, statuaire, et fut nommée membre de l'Académie. — Aida son père dans ses travaux.
DETROY (François), fils de Nicolas.	1645 1730	Toulouse	Hist. et portr.	Élève de Loir et de Cl. Lefèvre, à Paris; membre de l'Académie et peintre chéri des femmes, à cause de l'habitude qu'il avait de les représenter en déesses et de donner aux laides mêmes un caractère de beauté, tout en conservant la ressemblance. — Portrait du duc du Maine, Dresde. Portrait du sculpteur Des Jardins, Paris. Suzanne surprise au bain, Saint-Pétersbourg. Loth et ses filles, ib. — Peintre de mérite, surtout dans le portrait historié.
HOUASSE (René-Antoine).	1645 1707	Paris.	Id.	Élève de Lebrun; reçu à l'Académie, en 1673; nommé directeur de l'Académie de Rome, en 1699, demeura cinq ans dans cette dernière ville; se rendit à la cour d'Espagne, et mourut à Paris, trésorier de l'Académie royale. — Portrait d'une jeune femme, Madrid. — Plusieurs tableaux, Versailles. — Peu d'invention; imita la manière de son maître sans songer à se faire un style original.
BONNART (Robert-François).	1646	Id.	Pays. et hist	Élève de Vandermeulen (peintre flamand). — Graveur.
BOULLONGNE (Madeleine), fille de Louis le vieux.	1646 1710	Id.	Fleurs et fr.	Travailla aux tableaux de son père.
CARREY (Jacques).	1646 1726	Troyes.	Hist., monum. etc.	Élève de Lebrun; désigné par ce dernier pour accompagner Ollier de Nointel, ambassadeur français, à Constantinople; visita avec lui Athènes, la Palestine et l'Archipel; revint en France, obtint une pension, un logement aux Gobelins et un autre à Versailles. Mort dans sa ville natale. — Le feu Jérusalem. Vue de Saint-Pantaléon, Troyes. — Grand dessinateur.
COLOMBEL (Nicolas)	1646 1717	Sotteville, près de Rouen.	Hist. et portr.	Élève d'E. Lesueur, visita Rome; reçu à l'Académie, dont il mourut professeur. — Miracle de saint Hyacinthe, Paris. Mars et Rhea Sylvia, ib. Fuite en Égypte, Saint-Pétersbourg. — Style froid; goût sage, perspective savante; fonds d'architecture magnifiques et bien ordonnés.
CORNEILLE (Jean-Baptiste), fils de Michel le vieux.	1646 1695	Paris.	Id.	On le croit élève de son père; reçu à l'Académie, en 1675; séjourna à Rome; et à son retour fut nommé professeur. — Il peignit surtout des tableaux d'église; sa manière ressemble à celle de son frère, quoique moins sévère et moins pure.
PARROCEL (Joseph), fils de Barthélemy.	1648 1704	Brignolles.	Batail. et hist.	Élève de son frère Louis, qu'il alla trouver dans le Languedoc; visita Marseille et Paris, et au bout de quelques années de travail et d'économie, se dirigea vers Rome, en 1668; y devint élève du Bourguignon; parcourut ensuite l'Italie, s'arrêta à Venise avec l'intention de s'y fixer; une tentative d'assassinat, dirigée contre lui par les envieux de son talent, le dégoûta du séjour de l'Italie; revint en France, en 1675, s'établit à Paris; reçu à l'Académie, nommé conseiller, en 1705, protégé par Louvois; travailla aux Invalides par ordre de ce ministre; rival peu heureux de Vandermeulen, Lebrun lui préféra ce dernier pour peindre les victoires de Louis XIV. Mort d'une attaque d'apoplexie en se mettant à table. — Attaques de cavaliers, Florence. Passage du Rhin, Paris. — Coloris chaud et brillant, touche heurtée et pleine de verve, effets de lumière vifs et piquants, compositions pleines de fracas, de fougue et d'enthousiasme; travailla d'imagination et peu d'après nature, de là ces mouvements exagérés, cette expression outrée qui font ressortir le naturel et l'imitation vraie des tableaux de Vandermeulen; la plupart de ses ouvrages ont noirci, surtout dans les ombres; le bleu de ses ciels a également tourné au noir, et l'usage trop fréquent des huiles siccatives a écaillé la plupart de ses toiles. Graveur à l'eau-forte.
FERDINANT (Louis).	1648 1717		Portr.	Mort à Reims.
CHÉRON (Élisabeth-Sophie), fille de Henri Chéron.	1648 1711	Paris.	Portr. et hist.	Une des artistes les plus célèbres de la France; excellente musicienne et poète, ses tableaux, ses gravures et ses dessins lui firent une grande réputation. Reçue à l'Académie de peinture à Paris, en 1672; à celle de Padoue, en 1699, sous le nom de la Muse Erato; reçut de Louis XIV une pension de 500 livres; née calviniste, elle embrassa le catholicisme et épousa, à l'âge de 60 ans, M. Lehay, un ami dont ce mariage assurait la position, pratiqua toutes les vertus de la femme chrétienne et mourut universellement regrettée. — Dessin correct, coloris naturel et vigoureux, de l'harmonie; ressemblance parfaite. Voici ses œuvres comme poète : Essai de psaumes et de cantiques (1694). Les cerises renversées. Ode sur le jugement dernier. Mlle Chéron, connaissait le latin et l'hébreu. Ses deux nièces, De la Croix, ont été ses élèves.
BOULLONGNE (Bon), fils de Louis le vieux.	1649 1717	Id.	Hist. et portr.	Élève de son père; visita l'Italie; admis à l'Académie, en 1677; professeur au même institut. Laborieux, bon et aimable; s'acquit l'estime de tous. Mort à Paris. — Saint Jérôme et saint Ambroise, aux Invalides. Saint Benoît ressuscitant un enfant, Paris. Fresques, Versailles. Mariage de sainte Catherine, Saint-Pétersbourg. — Dessin correct; coloris vigoureux; possédait à un haut degré, l'art d'imiter plusieurs grands maîtres; peignit à fresque.
UBELESQUI ou UBIELESQUI (Alexandre, dit Alexandré.	1649 1717	Id.	Hist.	Élève de Ch. Lebrun; continua ses études à Rome, et devint membre de l'Académie de Saint-Luc; à son retour en France, il travailla pour le roi et mourut professeur à l'Académie.

NOMS.	ANNÉES DE NAISSANCE ET DE MORT.	LIEU DE NAISSANCE	GENRE.	NOTES HISTORIQUES. — TABLEAUX PRINCIPAUX ET LIEUX OU ILS SE TROUVENT. — OBSERVATIONS.
VERDIER (FRANÇOIS).	1651 1730	PARIS.	Hist. et portr.	Élève et neveu de Lebrun ; reçu à l'Académie, il en devint professeur. Mort dans la plus grande indigence. — Génie abondant, facile ; beaucoup d'érudition dans l'histoire.
SANTERRE (JEAN-BAPTISTE).	1651 1717	MAGNY.	Hist.	Élève de Boullongne l'aîné. Protégé par Louis XIV. Ses élèves lui servirent de modèles. Dans sa dernière maladie, il brûla par scrupule de conscience un grand nombre d'études de femmes nues. Mort à Paris. — Suzanne au bain, observée par les vieillards, Paris. Fresques, Versailles. — Excellait à peindre les jeunes filles. Dessin correct. Coloris sage et gracieux. Génie froid.
AUBRIET (CLAUDE).	1651 1743	CHÂLONS-SUR-MARNE.	Fleurs, plantes, oiseaux, poissons, etc.	Peintre à la gouache et en miniature. Nommé dessinateur du jardin du roi. Il fut aussi botaniste.
TORTEBAT (FRANÇ.), le jeune, fils de Franç. le vieux.	1652 1718		Portr.	Excellait dans son genre. — Edelinck a gravé d'après lui.
POERSON (CHARLES-FRANÇ.), fils de Pâris.	1652 1725		Hist.	Directeur de l'Académie de Rome, où il mourut.
HALLÉ (CLAUDE-GUY), fils de Daniel.	1652 1736	PARIS.	Hist. et portr.	Élève de son père ; professeur, recteur et enfin directeur de l'Académie de peinture. Contribua, par une imitation lourde de ses prédécesseurs, à dégénérer le goût en France. — Annonciation, Paris. Réparation faite au roi par le doge de Gênes, Versailles. — Idées abondantes et heureuses ; bonne entente du clair-obscur, exécution facile, coloris gracieux.
FERRAND (JACQUES-PHILIPPE).	1653? 1732	JOIGNY. (Bourgogne)	Miniat. et émail.	Élève de Mignard, pour le dessin et de Samuël Bernard pour la peinture ; fils d'un médecin de Louis XIII ; membre de l'Académie royale de peinture et valet de chambre de Louis XIV ; voyagea en Italie, en Angleterre et en Allemagne. — Excellait dans son genre ; auteur d'un ouvrage, intitulé : Art du feu, ou manière de peindre en émail, accompagné d'un petit traité de miniature.
PATEL (PIERRE), le vieux.	1654 1705		Pays.	On ne connaît ni le lieu de sa naissance ni le nom de son maître ; désigné communément sous le nom du Bon Patel, ou de Patel le tué, parce qu'il périt dans un duel. Choisit Claude Lorrain pour modèle et réussit à l'imiter avec succès — Paysages, Orléans. Paysage avec figures et animaux, Paris. — Forme d'arbres élégante, composition riche et variée, architecture dessinée avec goût, ciels chauds, brillants et harmonieux, mouvements de terrain déterminés avec habileté, distances observées et rendues avec finesse, touche ferme et brillante, coloris clair et vrai, sites bien distribués ; trop de sécheresse, précision nuisant au naturel.
URBAIN (FERDINAND DE SAINT-).	1654	NANCY.	Arch.?	Né d'une famille anoblie par les ducs de Lorraine. Apprit la peinture sans maître. S'adonna à la gravure et à l'architecture, arts dans lesquels il s'est rendu célèbre.
IMBERT (JOSEPH-GABRIEL).	1654 1740	MARSEILLE	Hist.	Élève d'A. Van der Meulen (peintre flamand), et de Lebrun ; se fit chartreux à trente-quatre ans, fit profession à la chartreuse de Villeneuve-lez-Avignon et peignit beaucoup de tableaux pour les maisons de son ordre. — Calvaire, Marseille. — Coloris plein de fraîcheur et de vérité, dessin correct, composition vigoureuse.
GUILLAIN (SIMON).	1654?	TOURS.	Portr. au pastel.	Abandonna la peinture pour la sculpture. — Graveur à l'eau-forte.
DORIGNY (LOUIS), fils de Michel.	1654 1742	PARIS.	Hist. et portr.	Élève de Lebrun ; visita Rome, passa dix ans à Venise, s'établit à Vérone ; fit un voyage en France, en 1704, se présenta à l'Académie, essuya un refus, par suite des intrigues de Mansard, qui se rappelait la satire de son père, retourna en Italie et fut appelé à Vienne, en 1711, pour orner le palais du prince Eugène. — Vierge, Foligno. Fresques, Trente. — Beaucoup d'imagination, style élevé, bonne entente des raccourcis, dessin correct, bonne couleur, manque d'agrément et de grâce, trop peu de caractère. Graveur à l'eau-forte.
BOULLONGNE (LOUIS) le jeune, fils de Louis, le vieux.	1654 1733	Id.	Hist.	Premier peintre du roi ; lié à son frère, Bon, par la plus tendre affection ; artiste très-laborieux. — Présentation au temple, Paris. Tableaux, Versailles. Le printemps, l'été et l'automne, Berlin. — Moins de réputation que son frère, quoique compris dans les bons artistes de l'école française.
BLAIN DE FONTENAY (J. B.).	1654 1715	CAEN.	Fleurs, fruits, bas-rel. etc.	Élève de B. Monnoyer ; abjura la religion protestante et devint le gendre de son maître ; membre et conseiller de l'Académie ; peint pour Louis XIV ; travailla à Versailles, à Marly, à Trianon, à Fontainebleau. Ses tableaux avaient un grand succès en France, mais à l'apparition de ceux de Van Huysum, ces derniers firent pâlir les siens. — Belle imitation des formes, de l'éclat des fleurs, du velouté des fruits ; rosée transparente ; égala son beau-père.
MEUSNIER (PHILIPPE).	1655 1734	PARIS.	Persp., imit. d'égl. etc.	Élève de J. Rousseau ; se perfectionna à Rome ; employé, à son retour en France, dans les maisons, pour les décorations de perspective et d'architecture. Élu Académicien, en 1702, puis conseiller et trésorier. — Watteau et Pater ont quelquefois étoffé ses tableaux. Son fils aîné, élève de Largillière, passa en Angleterre, et y mourut après avoir donné des preuves de capacité.
LARGILLIÈRE (NICOLAS).	1656 1746	Id.	Portr., hist., pays. et genre.	Élève d'Ant. Goebouw (peintre flamand) ; envoyé à Londres, à l'âge de neuf ans, pour y apprendre le commerce ; ne s'occupa qu'à dessiner ; on le rappela et on lui permit de s'adonner à la peinture ; retourna à Londres, y fut bien accueilli comme peintre, mais dut abandonner l'Angleterre, comme catholique ; revint à Paris, s'y lia intimement avec Lebrun et s'y fixa définitivement ; Largillière ne quitta cette résidence que pour faire une excursion fort courte à Londres où on l'avait appelé ; reçu membre de l'Académie, en 1686, il fut successivement professeur, directeur, recteur et enfin chancelier de cette assemblée ; ami intime de Rigaud, d'un caractère paisible et sans ambition, Largillière se contenta de sa fortune et ne rechercha jamais les faveurs de la cour. — Portrait du peintre, Paris. Portrait de J. B. Rousseau, Florence. Portrait d'homme, Dresde. — Beaucoup de facilité, composition riche, pinceau frais, touche légère et spirituelle, dessin correct, têtes et mains admirables, draperies savantes, effet quelquefois un peu maniéré. On l'appelle le Van Dyck français.

NOMS.	ANNÉES DE NAISSANCE ET DE MORT.	LIEU DE NAISSANCE	GENRE.	NOTES HISTORIQUES. — TABLEAUX PRINCIPAUX ET LIEUX OU ILS SE TROUVENT. — OBSERVATIONS.
ANTREAU (Jacques).	1656 1745	Paris.	Genre.	Meilleur poëte que peintre: Mort aux Incurables.
DORIGNY (Nicolas), fils de Michel.	1657 1746	Id.	Hist.	Quitta la robe pour le dessin et la peinture, et s'adonna ensuite presque exclusivement à la gravure: se rendit en Italie, y séjourna vingt-huit ans ; fut appelé à Londres, en 1711, pour y graver les célèbres cartons de Raphaël ; y fut nommé chevalier par le roi George Ier, revint en France, en 1719, et fut reçu à l'Académie en 1725. — Plus connu comme graveur ; célèbre dans ce genre.
MATHIEU (Pierre).	1657 1719	Dijon.	Id.	Détails inconnus.
VIVIEN (Joseph).	1657 1734	Lyon.	Portr.	Se rendit jeune à Paris et y reçut les conseils de Lebrun ; se fit une grande réputation comme peintre au pastel et travailla pour les principaux personnages de l'Europe; protégé par Louis XIV, reçu à l'Académie, en 1701, comme membre et ensuite comme conseiller; premier peintre des électeurs de Bavière et de Cologne. Mort à Bonn. — Portrait de Fénélon, Munich. Portrait de Maximilien-Emmanuel, électeur de Bavière, ib. Portrait du peintre, ib. Portrait de Fénélon, Paris. — Dessin savant, coloris frais, ressemblance exacte: beau choix d'imitation; grande facilité, exécution hardie. Un de ses fils fut son élève, accompagna son père en Allemagne et mourut à Bruxelles à l'âge de trente ans.
SERRA ou SERRE (Michel).	1658 1728	Catalogne.	Hist.	N'étant âgé que de huit ans, il s'enfuit de la maison où sa mère l'abreuvait de mauvais traitements. Vint à Marseille, s'y acquit beaucoup de réputation, et quoique dénué de ressources alla à Rome, y étudia l'antique et revint à Marseille, où il fut un des bienfaiteurs de l'humanité pendant la peste qui épouvanta cette ville. — Beaucoup de tableaux, Marseille. — Plein du spectacle affreux, qui avait si longtemps frappé ses regards, il en retraça les scènes les plus terribles dans deux tableaux destinés au régent de France. — Beaucoup de feu et d'invention. Doué d'une grande imagination, il en a quelquefois abusé.
AUDRAN (Claude), le jeune, neveu de Claude le vieux.	1658 1734	Lyon.	Genre, etc.	Maître de Watteau.
MARTIN (Jean-Bapt.) dit MARTIN DES BATAILLES.	1659 1735	Paris.	Hist. et batail.	Élève de Lahyre: étudia la fortification, fut envoyé comme dessinateur auprès du maréchal de Vauban ; recommandé vivement par celui-ci à Louis XIV: mis par ce prince sous la direction de Van der Meulen ; nommé directeur de la manufacture des Gobelins, après la mort de ce dernier ; accompagna le grand Dauphin et le roi dans presque toutes leurs expéditions. — Prise d'Ypres, Versailles. Prise de Lewe, ib. Départ du roi après le lit de justice, ib. Prise d'Orsoy, ib. Les principales actions de la vie de l'empereur Charles V (en plusieurs tableaux, Lunéville. (Ces ouvrages lui furent commandés par Léopold, duc de Lorraine, et fils de Charles V.) — Les tableaux qu'il fit pour le château de Versailles, et qui représentent les victoires et les conquêtes du roi, lui valurent le surnom de Martin des batailles.
PAILLET (Antoine)	1659 1734	Id.	Portr. et hist.	Professeur à l'Académie.
RIGAUD (Hyacinthe)	1659 1743	Perpignan.	Id.	Fils et petit-fils de peintres ; surnommé le Van Dyck de la France. En 1682, il remporta, à Paris, le premier prix de peinture ; détourné par Lebrun, de faire le voyage de Rome, l'Académie le reçut au nombre de ses membres, en 1700. Décoré de l'ordre de Saint-Michel, choisi par cinq monarques pour faire leur portrait, ce peintre est une des plus belles gloires de l'école française. — Portrait de Bossuet, Paris. Présentation au temple, ib. Saint André appuyé sur une croix, ib. Portrait de Louis XIV, ib. Portrait de Louis-XV, enfant, ib. Portrait de Lebrun, ib. Portrait de Mignard, ib. Auguste III, roi de Pologne; Dresde. Portrait de Louis XIV, Madrid. Portrait du sculpteur Pignard, Berlin. Élisabeth-Caroline, fille de Philippe d'Orléans, Vienne. Portrait d'un ecclésiastique, ib. Portrait de Chrétien III, duc de Deux-Ponts, Munich. — Ressemblance frappante, grande richesse de détails, belles draperies et chairs vivantes. Pinceau gracieux et plein de vivacité. On connaît de lui plus de deux cents portraits.
TAVERNIER (Franç.)	1659 1725	Paris.	Hist.	Nommé Académicien, en 1704, et quelques années après, secrétaire de la même institution.
SPARVIER (Pierre De);	1660 1731		Portr., batailles, fleurs, etc.	Élève de César Gennari, à Bologne; s'établit à Florence et y mourut. — Manière agréable.
CHÉRON (Louis), fils de Henri.	1660 1725?	Paris.	Hist.	Visita l'Italie; étudia les chefs-d'œuvre de Raphaël et de Jules Romain ; forcé de quitter le pays à cause de la religion protestante qu'il professait, et par suite de la révocation de l'édit de Nantes, il se rendit en Angleterre, y eut du succès et mourut à Londres. — Beau caractère de dessin, coloris médiocre; peu de grâce. Graveur.
CHABRY (Marc).	1660 1727	Barbentane ou Lyon.	Hist. et portr.	Établi à Lyon ; nommé, par le roi, sculpteur de cette ville: se rendit en Allemagne, dut revenir dans son pays par suite de la mort du prince qui l'avait appelé; s'arrêta à Mayence et y fit le portrait de l'électeur. — Sculpteur assez renommé ; le maréchal de Villeroi lui paya une figure de l'hiver 6,000 livres.
COYPEL (Antoine), fils de Noël.	1661 1722	Paris.	Hist. et portr.	Élève de son père; l'accompagna à Rome; se lia avec le Bernin, écouta ses conseils et le prit pour guide; nommé premier peintre de Monsieur, en 1681, et premier peintre du roi, en 1715. — Athalie chassée du temple, Paris. Fresques, Versailles. — Composition assez bien entendue : on lui a reproché d'avoir introduit dans son pays le mauvais goût en peinture, en suppléant à la grâce véritable par l'afféterie ; à l'expression vraie, par des poses et des minauderies de théâtre, manière qu'il avait puisée dans sa liaison avec le Bernin, et qui contribua à ses succès à l'époque où il vivait. Bon graveur à l'eau-forte.

NOMS.	ANNÉES DE NAISSANCE ET DE MORT.	LIEU DE NAISSANCE.	GENRE.	NOTES HISTORIQUES. — TABLEAUX PRINCIPAUX ET LIEUX OU ILS SE TROUVENT. — OBSERVATIONS.
DESPORTES (Franç.)	1661 1743	Champi- gneul. (Cham- pagne.)	Portr , anim., et nat. morte.	Fils d'un laboureur ; fut envoyé à Paris à l'âge de douze ans ; ami de C. Audran, peignit avec lui au château d'Anet et à la ménagerie de Versailles : se rendit en Pologne, y peignit les portraits du roi , de la reine, et de presque toute la cour ; rappelé en France, par Louis XIV, reçu à l'Académie, en 1699 ; suivait le roi à la chasse dont il peignait les principaux épisodes ; visita l'Angleterre ; en 1712 ; fut protégé par le régent et travailla pour Louis XV. — Animaux, Le Mans. Cerf poursuivi par des chiens , Paris. Volaille , gibier et légumes , ib. Gibier et fruits, ib. Deux chiens dans un paysage, ib. Portrait en pied du peintre, ib. Chasse au loup. ib. Chiens chassant des faisans, ib.— Facilité rare ; excella dans le genre des animaux et de la nature morte. S'occupa également de littérature et composa une comédie, intitulée : La veuve coquette.
DIEU (Antoine).	1662 1727	Paris.	Hist. et portr.	On a attribué quelquefois ses tableaux à de bons maîtres d'Italie ; Jean Arnold a gravé d'après lui. — Mariage du duc de Bourgogne avec Marie-Adélaïde de Savoie, Versailles. Et autres, ib. — Pinceau facile, dessin lourd, draperies embarrassées, coloris faible, composition sans caractère.
GOYRAND (Claude).	1662	Sens.	Hist.	Appartient à l'école de Vouet et à celle de Lahyre. — Graveur.
ANDRÉ (Jean).	1662 1753	Paris.	Id.	A dix-sept ans il se fit religieux dominicain, ses supérieurs l'envoyèrent à Rome d'où il revint avec un talent estimable. — La plupart de ses œuvres qui se trouvaient dans quelques églises de Paris sont aujourd'hui dispersées ou perdues. — Peintre très-laborieux.
PARROCEL (Pierre), fils de Louis.	1664 1739	Avignon.	Id.	Élève de son oncle, puis de C. Maratti, à Rome : revint en France ; parcourut le Languedoc, la Provence, le comtat d'Avignon et laissa partout des preuves de son talent ; agréé à l'Académie, mort à Paris. — Dessin gracieux, coloris agréable, exécution ferme, effet harmonieux.
FERET (Jean-Bapt.).	1664 1757	Évreux.	Pays.	Mort à Paris.
JOUVENET (Franç.), fils de Jean le vieux.	1665? 1749	Rouen.	Portr.	Reçu académicien, en 1701. Mort à Paris.
MILÉ (Jean-Fran- cisque).	1666 1725	Paris.	Pays. histor.	Reçu académicien.
BERTIN (Nicolas).	1667 1736	id.	Hist. et genre.	Élève de Jouvenet et de Bon-Boullongne , protégé par le ministre Louvois, visita Rome , inspira l'amour à une princesse italienne, fut forcé de revenir en France afin d'éviter la vengeance des parents de sa maîtresse. Reçu à l'Académie en 1703, nommé professeur, en 1716. Appelé à Munich, il refusa de quitter sa patrie et mourut célibataire, dans sa ville natale. — Suzanne et les vieillards, Amsterdam. Joseph et la femme de Putiphar, ib. Le gland et la citrouille, Dresde. — Beaucoup de facilité, dessin ferme et correct, composition sage, expression satisfaisante.
CHRISTOPHE (Jo- seph).	1667 1748	Verdun.	Hist.	Reçu à l'Académie, en 1702; mort à Paris.
MAROT (François).	1667 1719	Paris.	Hist. et portr.	Élève de Ch. de Lafosse ; reçu à l'Académie, en 1702, il en devint professeur. Appartenait à la famille du poète Clément Marot. — Suivit la manière de son maître.
RIVALS (Antoine), fils de Jean-Pierre.	1667 1735	Toulouse	Id.	Élève de son père. Étudia à Paris et en Italie ; eut l'honneur d'être couronné au Capitole, par le cardinal Albani, et contribua à la fondation de l'Académie de Toulouse. — Bon goût de dessin et du style.
RAOUX (Jean).	1667 1734	Montpel- lier.	Hist. portr. et genre.	Élève de Ranc et de Bon Boullongne : séjourna quelque temps en Italie ; revint à Paris, y obtint la protection et l'amitié du grand prieur de Vendôme ; refusa le titre de premier peintre du roi d'Espagne, de crainte du climat, et y fit envoyer à sa place, Ranc, le fils de son ancien maître ; entreprit le voyage d'Angleterre, mais l'état de sa santé le ramena en France au bout de huit mois ; travailla pour l'électeur Palatin, fut reçu à l'Académie , en 1717 ; peignant de préférence des portraits de femme ; il est un des premiers artistes de son temps qui suppléèrent au naturel , par des grâces de convention. — Coloris assez brillant et assez fin ; grâce affectée, fraîcheur peu vraie quoique agréable, dessin incorrect, style peu élevé, composition faible ; ne possédant pas assez de talent pour l'histoire, il occupe un rang très-honorable dans les meilleurs peintres de portraits de l'école française ; bon arrangement des figures coloris éclatant et ressemblance remarquable ; peu d'expression.
VERDOT (François).	1667 1753	Paris.	Hist.	Détails inconnus.
PARROCEL (Ignace), fils de Louis.	1668 1722	Avignon.	Batail.	Élève de son oncle ; voyagea en Italie et en Autriche ; chargé par l'empereur et par le prince Eugène d'un grand nombre de travaux ; appelé dans les Pays-Bas par le duc d'Aremberg. Mort à Mons. — Combat contre les Turcs, Vienne. Une ambulance, ib. — Imita la manière de son maître et fut celui qui s'en approcha le plus.
FAVANNE (Henri).	1669? 1752		Hist.	Nommé membre de l'Académie, en 1704.
GALLOCHE (Louis).	1670 1761		Id.	Élève de L. Boullongne ; membre de l'Académie royale de peinture, à Paris ; visita l'Italie, survécut à sa gloire et mourut recteur et chancelier de l'Académie. — Ordonnance sage, coloris satisfaisant, bonne entente du clair-obscur.

NOMS.	ANNÉES DE NAISSANCE ET DE MORT.	LIEU DE NAISSANCE	GENRE.	NOTES HISTORIQUES. — TABLEAUX PRINCIPAUX ET LIEUX OU ILS SE TROUVENT. — OBSERVATIONS.
DULIN (Pierre).	1670 1748	Paris.	Hist.	On ignore quel fut son maître ; se forma sur les ouvrages de Lebrun ; membre de l'Académie de peinture ; travaillait encore à soixante et dix ans. — Établissement de l'hôtel royal des Invalides, avec C. Lebrun, Versailles. — Bonne composition ; ordonnance riche et poétique.
ALLOU (Gilles).	1670 1751	Id.	Portr.	Nommé membre de l'Académie, en 1711.
ALLEGRAIN (Gabr.), fils d'Étienne.	1670 1748		Pays.	Frère du sculpteur du roi.
MASSÉ (Samuel).	1671 1755	Tours.	Miniat.	Il ne faut pas confondre cet artiste avec un peintre du même nom, également né à Tours et qui florissait en 1705.
VENEVAUT (Nicol.).	1671 1755		Id.	Reçu académicien.
BOURLIER (Franç.)	1672		Hist.	Élève de L. Boullongne ; se livra au commerce d'estampes. — Graveur à l'eau-forte.
DOMACHIN DE CHAVANNES (Pierre).	1672 1744	Paris.	Pays.	Mort à la manufacture des Gobelins. — Peintre très-médiocre.
CHAUFOURRIER (Jean).	1672 1757		Marin. et pays.	Professeur de perspective ; mort à Paris. — Bonne perspective ; ses tableaux ont du mérite.
GILLES (Claude).	1673 1722	Langres.	Hist. et portr.	S'adonna également à la gravure.
GILLOT (Claude), fils de Gillot, le vieux.	1673 1722	Id.	Genre burlesque.	Élève de son père, puis de J. B. Corneille, à Paris ; reçu à l'Académie, en 1715 ; jaloux de la supériorité de Watteau, son élève, Gillot renonça à la peinture et s'adonna à la gravure. — Imagination vive, composition originale, plus de goût que de correction. Graveur à l'eau-forte.
CHASTELIN.	1674 1755		Pays. et vues de ville.	Mort à la manufacture des Gobelins.
BELLE (Alexis-Simon)	1674 1734	Paris.	Portr.	Membre de l'Académie de peinture, en 1703. — Sa femme, Marie Horthemels, est connue par quelques ouvrages de peinture et de gravure.
RANC (Jean), fils de Ranc, le père.	1674 1735	Montpellier.	Portr.	Élève d'H. Rigaud ; reçu à l'Académie, en 1703 ; mérita la faveur du roi d'Espagne, qui le nomma son premier peintre, en 1724. Mort à Madrid. — Marie-Louise de Savoie, Madrid. Philippe V, d'Espagne, ib. Isabelle Farnèse, ib. Le prince Louis, ib. Et autres, ib. — Correction rigoureuse, vérité dure, imitation sèche, exécution froide, coloris sombre, ressemblance parfaite.
VIEIL (Guill. Le).	1675? 1751	Rouen.	Hist. et portr. sur verre.	Petit-fils, du côté maternel, de Jean Jouvenet, qui lui enseigna les éléments du dessin ; se rendit à Paris et y obtint des commandes remarquables. Mort dans cette ville. — On le croit de la même famille que Pierre Le Vieil. (Voir ce nom.)
SILVESTRE (Louis).	1675 1760	Paris.	Hist. et portr.	Fils d'un graveur de mérite. Élève de Le Brun et de Boullongne. Alla à Rome, fut directeur de l'Académie de Dresde et revint à Paris où Louis XIV lui donna un logement au Louvre et une pension de mille écus. — Entrevue de l'impératrice Amélie, veuve de Joseph Ier, et d'Auguste III, roi de Pologne, Dresde. Portrait de Louis XV, ib. Hercule poursuivant Nessus, ib. Beaucoup de portraits, ib. — Excellent dessinateur.
HOUASSE (Michel-Ange), fils d'Anti	1675 1750	Id.	Portr. et hist.	Élève de son père ; reçu à l'Académie, en 1707 ; mort en Espagne, avec le titre de premier peintre du roi Philippe V. — Portrait de l'infant don Philippe, duc de Parme, enfant, Madrid. Philippe V, d'Espagne, ib. Bacchanale, ib. Sacrifice en l'honneur de Bacchus, ib. Sainte famille, ib.
CAZES (Pierre-Jacq.)	1676 1754	Id.	Hist. et portr.	Élève de Houasse, puis de Bon Boullongne ; reçu à l'Académie, en 1703, il en remplit successivement toutes les places jusqu'à celle de chancelier ; deux de ses fils embrassèrent la même carrière, sans se faire aucune réputation. — Bonne composition, dessin assez correct, coloris chaud harmonieux, mais trop uniforme ; peu d'imagination ; touche large ; exécutant bien les figures de femmes et d'enfants, il en introduisait dans tous ses tableaux.
LANGE (Franç.), fils de César-Amédée.	1676 1756	Annecy.	Id.	Élève de son aïeul maternel, André Cheville, à Turin, où ce dernier enseignait son art ; séjourna huit ans dans cette ville, enseigna le dessin aux princes de Carignan et y fut nommé professeur des pages et de l'Académie royale ; suivit la cour en Italie, pendant le siège de Turin, en 1706, et s'établit à Bologne ; reçut les conseils du chevalier Franceschini, se retira comme frère lai honoraire, chez les PP. de l'oratoire de Saint-Philippe de Néri, et se fit aimer par sa douceur et sa piété pleine de charité. — Composition intelligente, du goût ; expression et dessin un peu faibles ; retouchait trop ses ouvrages.
TOURNIÈRES (Robert).	1676 1752	Caen.	Portr. en petit et hist.	Élève de B. Boullongne ; reçu à l'Académie, en 1716 ; se retira dans sa ville natale, deux ans avant sa mort. — Portrait de famille, Nantes. — Ses portraits sont souvent historiés ; bon goût, coloris agréable.
DETRÔY (Jean-François), fils de Franç.	1680 1752	Paris.	Hist.	Élève de son père, passa neuf ans en Italie et revint en France, jouit d'une grande réputation ; membre de l'Académie, directeur de l'Académie de Rome et décoré de l'ordre de Saint-Michel. Mort à Rome au moment où il se préparait à revenir en France. — Tableaux, Rome. Henri IV reçoit les chevaliers de l'ordre du Saint-Esprit, Versailles. — Dessin sans caractère et peu correct, couleur agréable, manière funeste à la peinture réellement belle et sérieuse.

NOMS.	ANNÉES DE NAISSANCE ET DE MORT.	LIEU DE NAISSANCE	GENRE.	NOTES HISTORIQUES. — TABLEAUX PRINCIPAUX ET LIEUX OU ILS SE TROUVENT. — OBSERVATIONS.
COLSON (Jean-Baptiste-Gilles).	1680 1762	Verdun.	Miniat.	Détails inconnus. — Peignait également au pastel.
GRIMOUX (Jean).	1680 1740	Ramont. (Suisse.)	Portr. et genre.	Ne dut son talent qu'à lui-même et eut mille difficultés à vaincre pour pouvoir suivre sa vocation. Mort à Paris. — Un enfant (tableau de genre), Dresde. — Idées originales et bizarres ; touche grasse, empâtée, pleine de goût et de légèreté ; excellent coloris.
WATTEAU (Jean-Antoine).	1684 1721	Valenciennes.	Genre	Fils d'un maître couvreur, élève de Gillot et d'Audran, fut appelé à Paris, pour y peindre les décors de l'Opéra. D'un caractère mélancolique, inconstant et chagrin, il se fit congédier par les directeurs, fut réduit à faire des dessins pour six et huit francs. Après bien des tracasseries de tout genre, Gillot le prit chez lui et guida son travail. Watteau remporta le prix à l'Académie, en fut nommé membre, et fit un voyage en Angleterre, où il fut presque toujours malade. Il revint en France et alla mourir à Nogent, dans la fleur de l'âge. — La conversation, Valenciennes. Assemblée sur une terrasse, Dresde. Vénus et les grâces, ib. Bal champêtre, Madrid. Vue du parc de Saint-Cloud, ib. Divertissements français, Berlin. Le carnaval en Italie, ib. La musique, ib. Jeune homme, habillé à l'espagnole et jouant du luth, Vienne. Nombreuse société se divertissant dans un jardin, Munich. Embarquement pour Cythère, Paris. — Figures naïves, gracieuses et pleines d'expression, pinceau vrai, dessin correct. Sa composition se ressent du mauvais goût de l'époque quant aux costumes et à l'architecture. On prétend qu'à l'article de la mort en voyant le crucifix que le curé de Nogent lui présentait, il s'écria : « Comment un artiste a-t-il pu si mal représenter les traits de Dieu ? »
LOO (Jean-Baptiste Van), fils de Louis.	1684 1745	Aix.	Hist. et portr.	Voyagea longtemps, fut reçu avec beaucoup de distinction dans les cours royales, surtout en Angleterre, se vit ruiné par la banque de Law, recommença sa fortune, fut nommé professeur de l'Académie et mourut de chagrin de la mort d'un de ses enfants. — Annonciation, Aix. Et autres, ib. — Coloris admirable. Ton excellent. Touche spirituelle, chairs vraies. Larmessin et Chereau ont gravé d'après lui.
NATTIER (Jean-Marc), fils de Marc.	1685 1766	Paris.	Portr. et hist.	Reçu à l'Académie ; exécuta les portraits des principaux personnages de son temps. — Portrait : le comte Maurice de Saxe, Dresde. — Pinceau et coloris légers ; sa manière de choisir les attitudes le fit surnommer le Peintre des grâces.
GUESLAIN (Charles-Étienne).	1685 1765		Portr.	Académicien. Mort à Paris.
LUCAS.	1685 1765		Hist.	Membre de l'Académie.
OUDRY (Jean-Bapt.)	1686 1755	Paris.	Anim., hist., portr., pays. et fleurs.	Élève de N. Largillière ; exécuta le portrait de Pierre le Grand, lorsque ce prince visita Paris ; le czar fut si content de ce tableau qu'il pressa Oudry de le suivre à la cour de Russie : le peintre fut obligé de se cacher lors du départ du czar pour ne point être forcé d'obéir à ses prières ; abandonna tous les autres genres pour s'adonner à celui des animaux ; reçu à l'Académie, en 1717 ; nommé directeur de la manufacture des Gobelins et peu après de celle de Beauvais qu'il avait pour ainsi dire fondée. — Animaux, le Mans. Chasse au loup, Paris. Chasse au sanglier, ib. Chien gardant du gibier, ib. — Touche naturelle et vraie, bonne couleur. Graveur. Il eut un fils, son élève, qui fut académicien et attaché au service du prince Charles, à Bruxelles.
LAJOUE (Jacques).	1687 1761	Id.	Arch., ornem., pays., etc.	Disposait ordinairement ses compositions dans le genre du décor. — Architecture et ornements de mauvais goût, ainsi que le paysage et les figures, peintes dans le style de Watteau et de Lancret.
MASSÉ (Jean-Bapt.).	1687 1767	Id.	Miniat.	Reçu en 1717 à l'Académie ; conseiller de cette institution ; nommé peintre du roi et conservateur des tableaux de la couronne, par Louis XV. — Graveur à l'eau-forte.
LEMOINE (François).	1688 1737	Id.	Hist., genre et portr.	Élève de L. Galloche, auprès duquel il resta douze ans ; obtint le grand prix, en 1711 ; les malheurs de la guerre l'empêchèrent alors de visiter Rome ; reçu membre de l'Académie, en 1718 ; accompagna un de ses amis, en Italie, en 1723, mais son talent déjà formé ne gagna que fort peu à ce voyage ; nommé professeur de l'Académie, à son retour ; employa sept années à peindre le plafond de l'église de Saint-Sulpice et celui du salon d'Hercule, à Versailles ; fut obligé de refaire le groupe principal et plusieurs accessoires de ce dernier ouvrage : cette fatigue excessive et cette contrariété altérèrent sa santé ; il perdit vers la même époque une femme qu'il chérissait, et malgré sa nomination à la place de premier peintre du roi et la pension de 4,000 livres qui lui fut accordée, son caractère s'aigrit. Devenu haineux et jaloux, son esprit même finit par s'égarer, et un matin que M. Bergier son fidèle ami, venait le prendre pour le faire traiter à la campagne, Lemoine entendant frapper, s'imagina qu'on venait l'arrêter, se perça de neuf coups d'épée, se traîna jusqu'à sa porte et en l'ouvrant tomba mort aux pieds de son ami. — Chasseurs se désaltérant, Munich. Hercule assommant Cacus, Paris. Apothéose d'Hercule (fresque), Versailles. Portrait de Louis XV dans sa jeunesse, ib. — Un des premiers fauteurs de la décadence de l'art en France : entendait bien les grandes compositions, disposait ses groupes avec intelligence, variait sans affectation les mouvements de ses figures ; de l'âme et du feu ; coloris peu vrai, mais assez séduisant par sa fraîcheur et sa suavité ; exécution difficile, dessin incorrect, mou, et manquant de finesse dans les attaches, formes maniérées, têtes de femmes affectées et minaudières, têtes d'hommes sans caractère, style noble mais figures sans noblesse.
COYPEL (Noel-Nicolas, fils de Noël.	1688 1734	Id.	Hist. et genre.	Élève de son père ; annonça dès sa jeunesse les meilleures dispositions. L'ouvrage qui lui fit le plus d'honneur fut la coupole de la chapelle de la Vierge, peinte en 1731. Reçu à l'Académie. — Composition riche, formes élégantes, dessin correct, intelligence du clair-obscur, harmonie d'ensemble. Ses dessins sont estimés. Graveur à l'eau-forte.
BOYER (Michel).	1688 1744	Le Puy.	Arch., perspect. et pays.	Membre de l'Académie de peinture. — Beaucoup d'auteurs ne disent pas l'année de sa naissance et le font mourir, par erreur, en 1791.

NOMS.	ANNÉES DE NAISSANCE ET DE MORT.	LIEU DE NAISSANCE	GENRE.	NOTES HISTORIQUES. — TABLEAUX PRINCIPAUX ET LIEUX OU ILS SE TROUVENT. — OBSERVATIONS.
PARROCEL (Charl.), fils de Joseph.	1688 1755	Paris.	Batail. et hist.	Élève de Lafosse ; se rendit à Rome ; revint en France, abandonna l'histoire pour les batailles, entra dans un régiment de cavalerie afin d'étudier ses sujets d'après nature ; membre de l'Académie et professeur dans cette société, depuis 1745 ; chargé, en 1721, par le duc d'Antin et de la part de Louis XIV, de deux toiles remarquables, qui lui firent beaucoup d'honneur. Suivit le roi Louis XV, dans ses campagnes en 1744 et 1745, et fut chargé de représenter ses conquêtes. Mort d'apoplexie, aux Gobelins, où il demeurait. — Étudia particulièrement les mouvements du cheval ; parvint à les représenter avec la plus grande exactitude et beaucoup de grâce et de naturel ; coloris moins brillant que celui de son père, moins de fracas, mais empâtement de couleurs plus solide et ton de vérité bien préférable. Ses dessins sont fort recherchés. Graveur au trait.
ODIEUVRE (Michel).	1690? 1756	Norman-die.		D'abord tailleur, ensuite peintre et enfin marchand de tableaux et de gravures, à Paris. Mort à Rouen. — Célèbre par la suite de 600 portraits de personnages célèbres, gravés à ses frais et enrichissant les 6 volumes de l'*Europe illustre* de Dreux du Radier.
LANCRET (Nicolas).	1690 1743	Paris.	Genre.	Élève de Pierre d'Ulin, puis de Gillot ; ami de Watteau dont il reçut les conseils ; quelques-uns de leurs tableaux ayant été confondus, Watteau en conçut une profonde jalousie et se brouilla avec Lancret ; reçu membre de l'Académie, en 1719, sous le titre de peintre de fêtes galantes, et nommé conseiller, en 1735 ; eut une grande vogue, résultat de la décadence de l'art, à cette époque. — Scène de carnaval, Nantes. Les quatre âges, Londres. Préparation à la danse, Dresde. Un jeune homme dansant avec une jeune fille, *ib.* Société travestie en bergers et bergères, Berlin. — Effet factice, guindé, théâtral ; grâces fausses et maniérées, couleur mignarde et papillotée, scènes sans vérité et sans naturel.
RESTOUT (Jean), le jeune, fils de Jean le vieux.	1692 1768	Rouen.	Hist.	Élève de son oncle Jouvenet ; reçu à l'Académie, en 1720 ; obtint successivement toutes les dignités de cette assemblée, jusqu'aux plus élevées ; considéré de son temps, comme un des plus grands peintres de l'école française, grâce à la décadence presque totale où l'art était parvenu à cette époque. — Saint Paul imposant les mains à Ananie, abbaye de Saint-Germain des Prés. Plafond de la Bibliothèque Sainte-Geneviève. Flore et Bacchus, Fontainebleau. Alexandre et son médecin, Grand Trianon. — Jésus-Christ guérissant le paralytique, Paris. — Imagination féconde, touche vague et molle, style dépourvu de noblesse et de grandiose, dessin maniéré, lourd et incorrect ; accessoires entièrement sacrifiés à un effet de convention, coloris terne et désagréable ; peu de soin.
AUTREAU (Louis).	1692 1750	Paris.	Portr.	Agréé à l'Académie, en 1735, nommé académicien, en 1741. — Graveur.
CAYLUS (Anne-Cl.-Ph. Comte de).	1692 1765	Id.	Genre et hist.	Littérateur, archéologue, membre de l'Académie de peinture et de l'Académie des inscriptions. Voyagea en Orient. — Recueil d'antiquités égyptiennes, grecques, etc. Recueil de peintures antiques. OEuvres badines, etc.
COLLIN DE VERMONT (Hyacinthe).	1693 1761	Ver-sailles.	Hist.	Élève et filleul de H. Rigaud ; visita l'Italie ; professeur à l'Académie de peinture. — Présentation au temple, Versailles. — Bon dessin, pinceau pur et élégant.
LUNDBERG.	1694 1785		Portr. et hist.	Académicien. Mort à Stockholm.
COYPEL (Charles-Antoine), fils d'Antoine.	1694 1752	Paris.	Hist., bambo-chades et portr.	Élève de son père ; élevé par la faveur au poste de premier peintre du roi ; une anecdote suffira pour le faire connaître : dessinant un soir à l'Académie, dont il était directeur, un jeune élève se glissa derrière lui, et lui dit : « Tu as un bel habit de velours et tu dessines une figure de camelot, » puis il se perdit dans la foule. Peintre bel esprit, Coypel composa un assez grand nombre de pièces pour le théâtre, qui eurent du succès, mais dont aucune ne fut imprimée. — Imita la manière de son maître, mais avec une grande infériorité ; quitta l'histoire pour la bambochade et ne réussit pas mieux dans l'un que dans l'autre genre.
TOCQUÉ (Louis).	1695 1772	Id.	Portr.	Élève de N. Bertin ; reçu à l'Académie ; renommé en Suède et en Russie. — Portrait de Mme de Graffigny, Paris. — Effet gracieux et noble ; touche légère et spirituelle ; coloris vrai et animé ; moins bien dessinées et bien peintes.
PATER (Jean-Bapt.).	1695 1736	Valen-ciennes.	Genre et vues.	Élève de Watteau ; peintre très-laborieux, au point que l'excès de travail abrégea ses jours ; reçu membre de l'Académie de Paris ; mort dans cette ville. — Vue des jardins de Marly, Nantes. Un homme et une femme dansant, Dresde. Danse sous un arbre, *ib.* — Peignit dans le goût de son maître ; touche moins fine, exécution plus solide, dessin peu correct ; bon coloris.
MANGLARD (Adrien).	1696 1760	Lyon.	Marin. et hist.	Mort à Rome ; il eut la gloire d'avoir été le maître du célèbre Vernet. — Marines, Rome. Marine : coucher de soleil, Vienne. Marines, *ib.* — Graveur à l'eau-forte.
JEAURAT (Étienne).	1697 1789		Hist.	Mort à Versailles.
MILÉ (Joseph-Francisque).	1697? 1777		Pays.	Mort à Versailles. — Artiste médiocre.
CHARDIN (Jean-Baptiste-Siméon).	1699 1779	Paris.	Genre, portrait, n. morte, etc.	Fils d'un menuisier, sa vocation se fit jour de bonne heure ; se perfectionna par l'étude de la nature ; membre, conseiller et trésorier de l'Académie. — Intérieur de cuisine, Paris. La leçon, *ib.* Le bénédicité, *ib.* — Bonne imitation de la nature, naïveté charmante, coloris frais et agréable.
DROUAIS (Hubert).	1699 1767	La Roche (Normandie)	Portr.	Mort académicien, à Paris. — Se distingua dans son genre.
LAMY (Charles).	1699 1755	Mortagne (Perche).		Académicien. Mort à Paris.

NOMS.	ANNÉES DE NAISSANCE ET DE MORT.	LIEU DE NAISSANCE	GENRE.	NOTES HISTORIQUES. — TABLEAUX PRINCIPAUX ET LIEUX OU ILS SE TROUVENT. — OBSERVATIONS.
DURAND (Jacques).	1699 1767	Nancy.	Hist.	D'abord élève du graveur, architecte et dessinateur, Léopold Durand, puis de Nattier, à Paris ; retourna à Nancy, visita Rome, y fut protégé par le grand-duc Léopold et y séjourna huit ans ; de retour dans sa patrie, ses ouvrages y furent très-recherchés. — Composition facile, dessin assez correct, coloris satisfaisant.
SUBLEYRAS (Pierre).	1699 1749	Uzés.	Hist., portr., etc.	Fils d'un peintre médiocre, nommé Mathieu, il alla à Rome où il se maria. Le calme de son existence, son amour pour les beaux-arts et son caractère paisible en firent un homme estimable et un peintre de talent. Mort à Rome. — Saint Basile remettant le calice à un diacre, Rome. Jésus-Christ chez Simon le Pharisien, Dresde. Saint Janvier, Berlin. Tableau, Milan. Jésus-Christ chez Simon le Pharisien, Paris. Le serpent d'airain, ib. Martyre de saint Pierre, ib. Martyre de saint Hippolyte, ib. Saint Basile le Grand, ib. L'empereur Théodose recevant la bénédiction de saint Ambroise, ib. Saint Bruno guérissant un enfant, ib. Saint Basile et l'empereur Valens, Saint-Pétersbourg. Portrait de l'architecte François Romain, Gand. — Belle ordonnance, couleur suave. Il eut le malheur de paraître au milieu de la décadence de l'école romaine.
SIMPOL (Claude).	†1700?		Hist.	Détails inconnus.
PUGET (François), fils de Pierre.	†1707		Portr. et genre.	Également architecte. — Portraits de plusieurs musiciens et artistes du siècle de Louis XIV, Paris.
THOMASSIN (Simon).	†1732	Paris.		Graveur.
BOUYS (André).	†1740		Portr.	Élève de Fr. de Troy. Fut membre de l'Académie. — Graveur en manière noire.
DUFLOS (Philotée).	†1747	Paris.	Hist.	Élève de J. F. de Troy. Mort pensionnaire à Rome.
LEBOUTEUX (Pierre)	†1750	Id.	Portr.	Reçu académicien, en 1728 ; mort en Flandre.
FERRAND DE MON-THELON.	†1752	Id.		Professeur à l'Académie de Saint-Luc, à Paris. — Auteur d'un *Mémoire sur l'établissement de l'école des arts à Reims*.
GRESLY (Gabriel).	†1756	Lisle, sur le Doubs	Genre	Élève d'un peintre fort médiocre ; dut son talent à ses dispositions naturelles et à son travail ; se rendit à Paris, y fut protégé par le comte de Caylus, revint à Besançon et y mourut dans un âge peu avancé. — Bonne imitation de la nature ; composition intelligente.
BAUDOUIN (Pierre-Antoine).	†1770		Sujets galants	Élève et gendre de Fr. Boucher ; reçu à l'Académie, en 1766 ; nommé le peintre et le poëte des boudoirs ; titre qu'il ne méritait en aucune manière ; peintre très-immoral. — Peignait à la gouache. Génie froid, dessin sec, coloris gris ; effet nul.
BRIARD (Gabriel).	†1777	Paris.	Hist.	Élève de Natoire ; visita l'Italie, en 1749 ; reçu à l'Académie, en 1768. — Belle ordonnance ; effet satisfaisant ; de la grâce et de la facilité ; peu de coloris ; dessin assez correct ; peignait à fresque.
BOUCHER (François) le jeune, fils de François le vieux.	†1781		Archit. et ornem.	Mort à Paris. — Goût médiocre.
FRATREL (Joseph).	†1783	Épinal.	Hist. et portr.	Appelé à Manheim, comme peintre de la cour de l'électeur Charles-Théodore ; nommé professeur de l'Académie des beaux-arts à Dusseldorf. Mort à Manheim. — Passa, de son temps, pour un artiste de génie. Graveur à l'eau-forte.
RIVALS (Jean-Pierre) le jeune, fils d'Antoine.	†1785		Hist.	Élève de son père ; visita l'Italie, reçut le titre de chevalier.
VISPRÉ.	†1790?		Fleurs et fr.	Séjourna à Londres, où l'on croit qu'il mourut. — Peignait les fleurs et les fruits sous glace. On trouve encore quelques-uns de ses fragiles ouvrages. — Graveur.
RESTOUT (Jean-Bernard), fils de Jean le jeune.	†1796		Hist., portrait et genre.	N'atteignit pas le talent de son père, dont il était l'élève. Reçu académicien. Mort à Saint-Lazare, où il avait été enfermé comme complice du vol du garde-meuble. — Saint Bruno en prière, au désert, Paris. — Contribua à faire dégénérer l'art.
DUGUERNIER (Alexandre), fils de Louis.	*1600	France.	Portr. et miniat.	Se trouva un des plus anciens à la fondation de l'Académie de peinture ; mais, appartenant à la religion protestante, la révocation de l'édit de Nantes le força à quitter sa patrie ; mort en pays étranger. — Ses portraits, qui ne le cèdent en rien à ceux de son père, ont conservé un éclat extraordinaire et sont excessivement recherchés.
LERAMBERT (Henri).	*Id.		Hist.	Peintre du roi. — Exécuta beaucoup de travaux pour les tapissiers.
CHEVILLE (André).	*1625		Hist. et portr.	Établi à Turin.
PICOU (Robert).	*Id.	Tours.	Hist.	Détails inconnus. — On ne connaît ses tableaux que par les gravures qu'il en a faites. — Graveur.
PINAIGRIER (Nicol.) le jeune, petit-fils de Robert.	*Id.		Hist. et portr.	Détails inconnus. — Peignit en 1618 et en 1635, à Paris, des vitraux qui n'existent plus.
TOUTIN (Jean).	*1632	Château-dun.	Émail.	Orfévre, qui trouva la manière de faire des émaux épais et opaques sur or.

NOMS.	ANNÉES DE NAISSANCE ET DE MORT.	LIEU DE NAISSANCE	GENRE.	NOTES HISTORIQUES. TABLEAUX PRINCIPAUX ET LIEUX OU ILS SE TROUVENT. — OBSERVATIONS.
ESTAIN (Jean-Ninet de l').	*1636		Hist. et portr.	Élève de S. Vouet ; florissait à Paris.
VUIBERT (Rémi).	*1639	Paris?	Id.	Élève de S. Vouet ; travailla presque toute sa vie à Rome. Graveur à l'eau-forte. On le croit né vers 1607. — Nommé quelquefois, par erreur, Remi Wibert.
GRIBELIN (A. E.).	*1640		Portr. au pastel et genre.	Détails inconnus.
SCALBERGE (Pierre)	*1650		Hist.	Détails inconnus. — Graveur à l'eau-forte.
MESLIN (Charles), dit LE LORRAIN.	*1650	Lorraine	Hist. pays., etc.	Élève de S. Vouet ; travailla presque toujours en Italie. — Graveur à l'eau-forte.
DUDOT (R.).	*1659		Hist.	Florissait à Paris.
BAUGIN (Lubin).	*1660		Id.	Reçut le surnom du petit *Guide* — Compositeur pour les manufactures de tapisseries.
FLAMEN (Albert).	*1661	Bruges.	Pays., oiseaux et poiss.	S'établit jeune à Paris et abandonna la peinture pour s'adonner entièrement à la gravure. — Excellent graveur à l'eau-forte ; quelques biographes le font naître en 1564 et mourir en 1646; mais leur assertion ne peut être vraie.
OFFIN (Charles D').	*1670	Lorraine	Hist. et portr.	Élève de S. Vouet; travailla, depuis 1664, à Turin, au service du prince de Carignan ; dit quelquefois le chevalier *Dauphin* et *Delfino*. — Probablement le même que Olivier d'Ofin.
GREVENBROECK (Horace).	*Id.		Marin.	Florissait à Paris. — Port de mer ; la mer agitée par la tempête, Vienne.
FOUCHÉ (Nicolas).	*Id.		Hist.	Élève de P. Mignard ; vivait à Paris.
VAN LOO (Louis).	*1685	Amsterdam.		Fils de Jacques Van Loo (peintre hollandais) , se rendit à Paris, se retira en Savoie, à la suite d'une affaire d'honneur, rentra en France et s'établit à Aix. — Bon dessinateur.
GÉRIN (Jacq.-Alb.).	*1685	Valenciennes.	Hist. et portr.	Si cet artiste eût voyagé, il aurait atteint un talent remarquable. — Dessin correct ; composition savante.
WATTEAU (Julien).	*1691	Id.		Élève de G. Mignon. Peintre de mérite.
POILLEVET.	*1694	Limoges.	Émail.	Détails inconnus.
AILLIER.	*XVIIe siècle.		Hist.	Détails inconnus.
BAILLEUL.	*Id.		Portr.	Détails inconnus.
BAR (Nicolas De).	*Id.	Barrois. (France.)	Hist.	Connu en Italie sous le nom de *Nicoletto* ; appartenait à la famille de Jeanne d'Arc. Mort à Rome. — Excellait à peindre les Vierges.
BARTHÉLEMY.	*Id.	Fontainebleau.	Id.	Employé pour les peintures des Tuileries.
BEAUREPÈRE (Louis).	*Id.		Hist., pays., etc.	Détails inconnus.
BELIN.	*Id.		Pays.	Élève de J. Fouquières (peintre flamand); travailla aux Tuileries, sous les ordres de S. Bourdon.
BERNARD (N.).	*Id.	Limoges.	Émail.	Détails inconnus.
BLAIN DE FONTENAY, fils de J. B.	*Id.		Fleurs.	Mort à la fleur de l'âge.
BLANC (Horace Le).	*Id.		Hist. et portr.	Vivait à Lyon ; employé par le duc d'Angoulème, à la galerie de Gros-Bois, près de Paris.
BLANCHARD (Jean), frère de Jacques.	*Id		Id	Accompagna son frère, en Italie. — Peintre médiocre.
BOIT (Charles).	*Id.		Émail.	Célèbre peintre dans son genre.
BOLLORY ou BELLORI.	*Id.		Hist. et portr.	Oncle de Blanchard. — Peintre sur verre.
BOULE.	*Id.		Chass., etc.	Élève de Fr. Snyders, dont il épousa la veuve, mort aux Gobelins, employé dans cette manufacture. — Imita d'assez loin son maître, artiste médiocre.
BOURDON, le père.	*Id.		Hist. et portr.	Détails inconnus. — Peintre sur verre, fort médiocre.
CHARMETON (George).	*Id.	Lyon.	Hist., ornem., perspect. et archit.	Élève de Jacques Stella.

NOMS.	ANNÉES DE NAISSANCE ET DE MORT.	LIEU DE NAISSANCE	GENRE.	NOTES HISTORIQUES. — TABLEAUX PRINCIPAUX ET LIEUX OU ILS SE TROUVENT. — OBSERVATIONS.
CHARTIER.	XVIIe siècle.		Émail.	Élève de Toutin. — Les portraits, bagues, et boîtes de montres des élèves ou imitateurs de Toutin, étaient fort célèbres au XVIIe siècle.
CHÉRON (HENRI).	Id.	MEAUX.	Id.	Détails inconnus.
COURTOIS (JEAN).	Id.		Hist.?	Il fut le père du célèbre Jacques Courtois. — Peintre médiocre.
COURTOIS (LE FRÈRE GUILL.), fils de Jean.	Id.		Hist.	Entra de bonne heure dans l'ordre des Capucins et ne travailla que pour les maisons de son ordre. Artiste très-peu connu.
DARET.	Id.	BRUXELLES.	Hist. et portr.	Étudia en Italie et se fixa à Aix qui possédait ses principaux ouvrages. — Un guitarrero, Aix. — Coloris supérieur, dessin inspiré et correct.
DESFONTAINES.	Id.		Portr.	Détails inconnus.
DESMAREST (MARTIN).	Id.		Hist. et portr.	Détails inconnus. — Edelinck, Bernard Picart et d'autres ont gravé d'après lui.
DESORMEAIX.	Id.		Hist.	Élève fort médiocre de Michel Corneille, le jeune.
DESPORTES (NICOL.) neveu de François.	Id.		Portr.	Élève de H. Rigaud.
DÉTROY (NICOLAS).	Id.	TOULOUSE	Hist., etc.	Peintre de l'hôtel de ville de Toulouse. — Artiste obscur; son fils aîné fut son élève, s'établit à Toulouse et y acquit de la réputation comme peintre d'histoire.
DUBIÉ.	Id.		Émail.	Sorti de l'école de Toutin.
DUBORDIEU.	Id.		Portr.	Détails inconnus.
DUME.	Id.		Id.	Détails inconnus.
DUMOUSTIER (NICOLAS).	Id.		Hist.	Travailla, avec Barthélemy, aux appartements des Tuileries.
DUPUIS (FRANÇOIS).	Id.	AUVERGNE	Hist., portrait, pays., etc.	Détails inconnus.
DURET.	Id.		Pays., etc.	Élève d'A. Fr. Vandermeulen.
FRÉDEAU (AMBROISE).	Id.		Hist.?	Religieux de l'ordre des ermites de Saint-Augustin, à Toulouse.
FRIQUET.	Id.		Id.	Professeur à l'Académie. — Ne serait-ce pas le même que Friquet de Vaurose?
FRIQUET DE VAUROSE (ANTOINE).	Id.		Id.	Élève de S. Bourdon. — Employé, comme graveur, par son maître.
GILLOT, le vieux.	Id.			Détails inconnus.
GOULADE (THOMAS).	Id.		Hist. et portr.	Beau-frère d'Eus. Lesueur, qu'il aida dans ses travaux à la chartreuse de Paris.
GUERRIER.	Id.		Émail.	Imitateur du célèbre Petitot.
GUILLERIÉ.	Id.			Détails inconnus.
GUILLEROT.	Id.		Pays.	Élève de J. Fouquières (peintre flamand); fut employé à orner les Tuileries, sous les ordres de S. Bourdon. — Talent renommé.
HOMME (JACQUES L').	Id.		Hist., pays., etc.	Détails inconnus.
JÉRÔME.	Id.	EN LORRAINE		Donna quelques leçons à J. Courtois, dit le Bourguignon.
JOSEPH (le frère).	Id.		Hist. et portr.	Moine feuillant.
JOUVENET (NOEL).	Id.	ROUEN.	Hist.?	D'origine italienne, n'est guère connu que pour avoir donné les premières leçons au Poussin.
JOUVENET (LAURENT) fils de Noël.	Id.			Détails inconnus.
JOUVENET (JEAN) le vieux, fils de Noël.	Id.			Détails inconnus.
JUSTE.	Id.		Portr.	Membre de l'Académie.
LA FLEUR.	Id.		Fleurs en min.	Artiste de mérite.

NOMS.	ANNÉES DE NAISSANCE ET DE MORT.	LIEU DE NAISSANCE	GENRE.	NOTES HISTORIQUES. —— TABLEAUX PRINCIPAUX ET LIEUX OU ILS SE TROUVENT. —— OBSERVATIONS.
LA HYRE (Étienne De).	XVIIe siècle.		Hist. et portr.	Peintre presque inconnu en France. — Tableaux, Pologne. — Ses productions ne sont pas sans mérite.
LANGE (César-Amédée).	Id.			Son nom de famille était Josserme, mais ayant tenu une auberge à l'enseigne de l'Ange, il en avait gardé le surnom.
LAUDIN (Nicolas).	Id.	Limoges.	Émail	Artiste d'un grand talent et l'aîné de la famille de ce nom. — La mort d'Abel, Limoges. Le sacrifice d'Abraham, ib. L'adoration des mages, ib. Les noces de Cana, ib. Jésus-Christ en croix, ib. — Exécution ravissante ; composition, dessin, couleur, rien ne laisse à désirer.
LAUDIN (Joseph).	Id.	Id.	Id.	Sans doute frère de Nicolas et de Valérie.
LAUDIN (Valérie).	Id.	Id.	Id.	On la croit sœur de Nicolas et de Joseph.
LARICHARDIÈRE.	Id.		Miniat. sur vélin.	Artiste très en vogue de son temps. — Renommé pour son coloris.
LAURENT.	Id.	Limoges.	Émail.	Détails inconnus.
LEBLANC (Horace).	Id.	Lyon.	Hist. et portr.	Élève de Lanfranc, en Italie ; de retour à Lyon, il y fut nommé peintre de la ville et y mourut dans un âge avancé après y avoir travaillé avec François Perrier. — Mère de Dieu, Lyon. Martyre de saint Irénée, ib. Christ au tombeau, ib. — Adopta la manière du cavalier d'Arpin. Excella dans le portrait surtout pour la ressemblance.
LEBRUN (Gabriel), frère de Charles.	Id.		Portr. et hist.	Élève de son frère.
LEMAIRE (P.).	Id.		Portr.	Détails inconnus. — L. Cars, a gravé d'après lui, le portrait du prince de Conti.
LESUEUR { Philippe Pierre. Antoine.	Id.		Hist., portr., etc.	Frères d'Eustache. Travaillèrent avec leur frère aux tableaux représentant la vie de saint Bruno, et exécutés à la grande Chartreuse de Paris.
LEVIEUX (Renaud).	Id.	Nîmes.	Hist.	Florissait sous le règne de Louis XIV. — Histoire de saint Jean-Baptiste, Nîmes. Histoire de saint Jean-Baptiste, Avignon.
LUC (Frère).	Id.		Id.	Nommé quelquefois frère Lucas de La Haye. Religieux de l'ordre des Carmes. — Peintre médiocre.
MALO (Vincent).	Id.	Cambrai.	Fêtes villag. et genre.	Étudia sous Rubens et sous Teniers, le jeune, passa presque toute sa vie en Italie, mort à Rome, à l'âge de quarante-cinq ans. — Conversion de saint Paul, Londres. — Imita Teniers, beau coloris.
MARTIN, le jeune.	Id.		Pays., etc.	Élève d'A. Fr. Vandermeulen.
MARTIN (Isaac).	Id.?	Limoges.	Émail.	Détails inconnus.
MICHU (Benoît).	Id.		Hist. et portr.	Connu par les beaux vitraux des anciens feuillants. — Peintre sur verre.
MIGNARD (Pierre) le jeune, fils de Nicolas.	Id.		Hist.	Peintre de Marie-Thérèse d'Autriche, chevalier de l'ordre du Christ, membre de l'Académie d'architecture et architecte du roi. Mort à Avignon, à l'âge de 35 ans. — Obtint de la réputation.
MIGNON (Gaspard).	Id.		Id.?	Détails inconnus.
MIMAULT.	Id.	Aix?	Hist. et portr.	Élève d'Alonsius Finsonius (peintre flamand). — Distingué dans le portrait.
MONTBELLIARD.	Id.	En Franche-Comté.	Genre en petit.	Se fit une bonne réputation.
MOSNIER (Les).	Id.		Hist. et portr.	Peintres sur verre.
MUSET.	Id.	Amiens.	Hist.	Céda au peintre Lemoine une commande qui lui avait été faite.
NOSTRE (André Le).	Id.		Hist., port., etc.	Détails inconnus.
NOUAILHIER { Jean-Bapt. Bernard. Joseph. Pierre.	Id.	Limoges.	Émail.	Détails inconnus. — Pierre est le seul de cette famille dont on ait pu recueillir des dates certaines. Il est né en 1686 et mort en 1717.
OUARTE.	Id.		Hist.	Détails inconnus.
PANTOT.	Id.	Lyon.	Portr.	Ami de Blanchet, pendant le séjour de ce dernier à Rome. — Habile dans son genre.
PARROCEL (Louis), fils de Barthélemy.	Id.		Hist.?	Peintre distingué ; établi en Languedoc.

NOMS.	ANNÉES DE NAISSANCE ET DE MORT.	LIEU DE NAISSANCE.	GENRE.	NOTES HISTORIQUES. TABLEAUX PRINCIPAUX ET LIEUX OU ILS SE TROUVENT. OBSERVATIONS.
PATEL (PIERRE) le jeune, fils de Pierre le vieux.	*XVIIe siècle.		Pays.	Élève de son père, dont il imita la manière et avec les tableaux duquel on confond souvent les siens. — Paysages, Valenciennes. Les quatre saisons, Paris. — Mêmes qualités et mêmes défauts que son maître; manque d'effet.
PERRIER (GUILL.), neveu de François.	*Id.		Hist. et portr.	Se rendit coupable d'un meurtre, se réfugia à Lyon, au couvent des Minimes et y exécuta quelques tableaux. — Peintre médiocre.
PERRIN.	*Id.		Id.	Peintre sur verre.
PESNE (JEAN).	*Id.		Portr.	Séjourna à Rome.
PEZET.	*Id.		Hist.	Établi à Montpellier.
POCRION (CHARLES).	*Id.		Id.	Élève de Noël Coypel.
PONCET.	*Id.	LIMOGES.	Émail.	Détails inconnus.
POPLIER.	*Id.		Miniat.	Reçu à l'Académie.
RABEL (DANIEL), fils de Jean.	*Id.		Hist., pays., etc.	Peintre médiocre. — Graveur à l'eau-forte.
RANC, le père.	*Id.			Détails inconnus.
RESTOUT (JEAN) le vieux.	*Id.		Hist.?	Épousa la sœur de Jouvenet, et fut un peintre distingué. — Sa femme cultivait également la peinture.
RICHARD.	*Id.		Portr.	Détails inconnus.
RUET.	*Id.		Hist.?	Élève de Cl. Henriot; vivait à la cour de Charles III, duc de Lorraine.
SARABBAT.	*Id.			Détails inconnus. — Il eut un fils, né à Lyon, qui fut un bon physicien.
SATE (HENRI).	*Id.	PICARDIE.	Hist., port., etc.	Détails inconnus.
SEMPY.	*Id.		Hist. et portr.	Bon peintre sur verre.
SORLAY.	*Id.		Id.	Élève de Pierre Mignard, le vieux.
SYLVESTRE (FRANÇ.)	*Id.		Pays.	Élève de Joseph Parrocel. — Membre de l'Académie.
TALON.	*Id.		Portr.	Détails inconnus.
TRAMULLES (François), frère de Manuel (peintre esp.).	*Id.	PERPIGNAN?		Détails inconnus.
VAUQUER (ROBERT).	*Id.		Émail.	Imitateur de Toutin.
VARIN (QUINTIN).	*Id.	AMIENS.	Hist. et portr.	Florissait à Paris; son meilleur titre à la gloire est d'avoir donné les premières leçons à Nicolas Poussin.
VARIN (JEAN).	*Id.		Portr.	Mort surintendant des bâtiments et maître de la Monnaie de Paris. — Plus connu par son talent dans les médailles.
VAURINX.	*Id.	LYON?	Hist.	Donna des leçons à Claude Audran, le vieux.
VERNANSAL.	*Id.		Id.	Élève de Ch. Lebrun.
NATOIRE (CHARLES).	1700 1777	NISMES.	Hist. et portr.	Élève de Lemoine, jouit pendant longtemps d'une grande réputation que lui valait le mauvais goût dominant alors en France; fut, pendant près de vingt ans, directeur de l'Académie française, à Rome, y exerça un pouvoir despotique qui alla jusqu'à expulser de l'Académie un pensionnaire du roi, pour un motif entièrement étranger à l'art. Mort à Castel-Gandolfo. — Peintures de la chapelle des Enfants-Trouvés, Paris. — Dessin correct, coloris faible et gris.
LADEY (JEAN-MARC).	1700? 1749	PARIS.	Fleurs et fr.	Élève de Blain de Fontenay. Académicien. Mort aux Gobelins.
DUMONT (JEAN), dit LE ROMAIN.	1700.	Id.	Hist. et genre.	Son morceau de réception à l'Académie de peinture, représentant Hercule et Omphale, est le meilleur tableau du maître; quelques-unes de ses compositions ont été gravées, plus de réputation que de talent. — Pinceau correct, couleur médiocre; peu de grâce et de facilité; composition sage dans ses tableaux d'histoire.
DANDRÉ-BARDON (MICHEL-FRANÇOIS).	1700 1783	AIX.	Hist.	Élève de P. Van Loo et de Detroy; visita l'Italie; membre de l'Académie, à Paris. Fondateur et directeur d'une Académie de peinture, à Marseille. — Poète et musicien, auteur de plusieurs ouvrages distingués, sur la peinture et sur les artistes.
DESBARRES (BONAVENTURE).	1700 1729	PARIS.	Genre.	Élève de Cl. Hallé. — Style maniéré et de mauvais goût.

NOMS.	ANNÉES DE NAISSANCE ET DE MORT.	LIEU DE NAISSANCE	GENRE.	NOTES HISTORIQUES. TABLEAUX PRINCIPAUX ET LIEUX OU ILS SE TROUVENT. OBSERVATIONS.
FRONTIER (Jean-Charles).	1701 1763	Paris.	Portr. et hist.	Élève de Cl. Hallé. Reçu à l'Académie, en 1744 ; mort à Lyon.
BAILLY (Jacques).	1701 1768	Versailles.		Peintre et garde des tableaux du roi. Poëte.
BASSEPORTE (Madeleine-Françoise.	1701 1780	Paris.	Fleurs, plantes, ins., etc.	Élève d'Aubriet, peintre du jardin du roi, qu'elle remplaça lorsqu'il mourut, en 1743. Donna des leçons aux filles de Louis XV et travailla à la collection des plantes sur vélin commencée pour Gaston d'Orléans. — De l'élégance et de la grâce.
ATTIRET (Jean-Denis).	1702 1768	Dole.	Tous les genres	Étudia en Italie et à son retour entra chez les jésuites en qualité de frère convers. Quelques années après il partit en mission pour la Chine où il s'acquit l'affection de l'empereur Kien-Long. Celui-ci ayant élevé Attiret au poste de mandarin, Attiret refusa, et mourut épuisé par de longs travaux. — Tableaux, en Chine. — A son arrivée en Chine, il fut obligé de changer sa manière de peindre et d'adopter le mauvais goût des peintres chinois qui s'attachaient aux plus minutieux détails.
AVED (Jacques-André-Joseph).	1702 1766	Douay.	Portr.	Fut emmené fort jeune en Hollande. Étudia les maîtres de l'école flamande et vint à Paris en 1721, où il fut élève de Lebel. Membre de l'Académie en 1734. Fit le portrait de Louis XV. Mort d'apoplexie. — Portrait de Guillaume IV, prince d'Orange, Amsterdam. — Touche agréable, coloris harmonieux. Ce peintre a été comparé avec beaucoup d'exagération à Van Dyck et à Titien.
TREMOLIÈRE (Pierre-Charles).	1703? 1739	Cholet, en Poitou.	Hist. genre, et portr.	Élève de J. B. Van Loo ; remporta le grand prix de peinture et resta six ans à Rome ; reçu à l'Académie, en 1737. Mort à Paris. — Invention vive et féconde ; dessin correct, clair-obscur savant, effet juste, coloris heureux, pinceau léger et spirituel. Graveur à l'eau-forte.
LENFANT (Pierre).	1704 1787	Anet, près de Dreux.	Pays. et bataill.	Élève de Ch. Parrocel. Reçu à l'Académie, en 1745. Mort aux Gobelins. — Prise de Menin, Versailles. Siége de Fribourg, ib. Siége de Tournai, ib. Siége de Mons, ib.
DELATOUR (Maurice-Quentin).	1704 1788	Saint-Quentin.	Portr. au pastel.	S'acquit une grande réputation comme peintre au pastel, fit les portraits de Louis XV et de Madame de Pompadour, fut reçu à l'Académie, en 1746. Il devait sa fortune à la peinture, et en consacra une grande partie à fonder des prix et des institutions utiles aux arts. Son esprit s'étant affaibli, il gâta une partie de ses portraits sous prétexte de les retoucher ; sur la fin de sa vie, sa raison s'aliéna entièrement et on le reconduisit dans sa ville natale où il mourut avec la réputation d'un grand peintre et d'un très-grand original. — Beaucoup de tableaux, Saint-Quentin. — Travaillait avec beaucoup de lenteur, afin de rendre la nature avec fidélité et précision ; malgré cela, ses ouvrages semblent peints avec facilité ; touches larges et savantes qui rendaient vigoureux le pastel même ; expression vraie et sentie, ressemblance parfaite.
BOUCHER (François), le vieux.	1704 1770	Paris.	Hist. et genre.	Élève de Lemoine ; visita l'Italie, en 1725 ; fut très à la mode en France ; nommé peintre du roi, en remplacement de C. Van Loo ; assura qu'il gagnait parfois 50,000 livres par an ; laissa à ses héritiers un cabinet d'objets d'art admirablement orné. — Fuite en Égypte, Saint-Pétersbourg. — Effet mignard et affecté, coloris répréhensible, dessin peu correct ; possédait des qualités réelles, mais sacrifiait tout au goût dominant.
VAN LOO (Carle ou Charles - André), frère de Jean-Baptiste.	1705 1765	Nice.	Id.	Il n'était âgé que d'un an lorsque le maréchal de Berwick assiégea la ville de Nice. On le descendit dans une cave où il paraissait en sûreté, lorsqu'une bombe tomba sur la maison, traversa les plafonds et en éclatant emporta jusqu'aux moindres vestiges du berceau. Heureusement que son frère l'avait emporté dans ce moment, loin du berceau où la mort l'attendait. Carle fut plus tard sur le point d'abandonner la peinture pour la sculpture, mais la mort du statuaire Le Gros qui lui donnait des conseils, arrêta ses projets. Jeune et aimant les plaisirs, Van Loo chercha à se procurer de l'argent par tous les moyens possibles, c'est alors qu'il se fit décorateur d'Opéra et peintre de petits portraits, lorsque le premier prix qu'il remporta à l'Académie de Saint-Luc détermina sa fortune et ses succès. Ses tableaux furent recherchés par les plus grands personnages. Alla à Rome, à Turin, où il eut le malheur de perdre son neveu François dans une affreuse catastrophe, résultat d'une chute de voiture. Le roi de Sardaigne chargea Carle de nombreux travaux. Épousa une célèbre cantatrice, devint professeur de l'Académie et directeur, peintre du roi et fut nommé chevalier. On prétend qu'il savait à peine lire et écrire. Mort d'un coup de sang à Paris. — Lavement des pieds, Le Mans. Diane et Endymion, Bruxelles. La Vierge et l'enfant Jésus, Florence. Mariage de la Vierge, Paris. Énée portant son père Anchise au milieu de l'incendie de Troie, ib. Institution de l'ordre du Saint-Esprit, Versailles. Junon et l'Amour, Saint-Pétersbourg. Vénus-Uranie, ib. — L'école française livrée depuis longtemps par Coypel et de Troy à un goût maniéré prit, grâce à Carle Van Loo, une voie plus naturelle et un goût plus sain. Cet artiste avait un pinceau moelleux et facile et une couleur qui ne manquait pas d'éclat. Son dessin était agréable, cependant trop relâché. On trouve dans ses têtes plus de grâce que de véritable beauté. On l'a comparé de son vivant à Raphaël pour le dessin et à Titien pour la couleur. Cet éloge absurde fut suivi d'un dénigrement plus absurde encore, car on ne saurait citer un peintre de son époque qui pourrait lui être préféré. Diderot nous apprend qu'il ne dédaignait pas les conseils de ses élèves, « dont il payait quelquefois la sincérité d'un coup de pied ou d'un soufflet ; mais le moment d'après, et l'incartade de l'artiste et le défaut de l'ouvrage était réparés. »
VAN LOO (Louis-Michel), fils de Jean-Baptiste.	1707 1771	Toulon.	Portr. et hist.	Élève de son père, fut avant lui reçu dans l'Académie. Appelé par le roi d'Espagne pour exécuter quelques travaux. On cite le désintéressement de son caractère. Son ami, auquel il avait confié sa fortune, ayant péri dans un naufrage avec son navire, il dit : « J'ai perdu un bon ami. » — Portrait de Louis XV (sans prénom), Versailles. — Composition raisonnée, figures vraies, ressemblance des plus heureuses. Son coloris est parfois un peu trop rouge, on peut lui faire ce reproche surtout devant le portrait de son oncle Carle qu'il exposa en 1765.

NOMS.	ANNÉES DE NAISSANCE ET DE MORT.	LIEU DE NAISSANCE	GENRE.	NOTES HISTORIQUES. TABLEAUX PRINCIPAUX ET LIEUX OÙ ILS SE TROUVENT. OBSERVATIONS.
NONNOTTE (Donat).	1707 1785	BESANÇON	Hist. et portr.	Élève de Lemoine, à Paris, en 1728 ; fut distingué par son maître et employé par lui ; la mort du duc d'Antin, son protecteur, détruisit l'espoir qu'il avait de visiter Rome sous les auspices de ce prince ; peintre du roi, reçu à l'Académie, en 1741 ; nommé, en 1754, peintre de la ville de Lyon, y établit une école gratuite de dessin, devenue le modèle de toutes celles de ce genre. — Bonne composition, coloris satisfaisant ; abus de l'allégorie ; associé comme littérateur aux Académies de Rouen et de Lyon. Auteur d'un *Traité complet de peinture*, divisé en quatorze mémoires.
VIEIL ou VIEL (Pierre Le).	1708 1772	PARIS.	Hist. et portr. sur verre.	Originaire de Normandie, et appartenant à une famille qui s'y distinguait depuis plus de deux siècles à peindre sur verre, Pierre le Vieil soutint dignement la réputation que son nom avait acquise ; Jean le Vieil, probablement frère de Pierre, le seconda dans ses travaux. — Vitraux du charnier de Saint-Étienne du Mont, Paris. — Auteur d'un ouvrage intitulé : *Art de la peinture sur verre et de la vitrerie*, Paris, 1774, in-folio. — On lui attribue également un *Essai sur la peinture en mosaïque*, Paris, 1768, in-12.
CHAMANT (Jean-Jacques).	1708 1770	NANCY.	Décor.	Détails inconnus. — Tableaux, en Lorraine. Tableaux, Vienne (Autriche).
GIRARDET (Jean).	1709 1778	LUNÉ-VILLE.	Hist.	Élève de Cl. Charles ; destiné d'abord à l'état ecclésiastique, fut envoyé à Pont-à-Mousson pour suivre son cours de droit, laissa là ses études pour entrer dans un régiment de cavalerie, donna sa démission et entra enfin dans l'atelier de Charles ; visita l'Italie, y resta huit ans ; à son retour, travailla pour François III, duc de Lorraine ; suivit son protecteur à Florence ; revint dans sa patrie, fut nommé premier peintre du roi Stanislas ; travailla à Stuttgard, en 1762 ; fut membre de l'Académie de cette ville et mourut à Nancy, d'excès de travail.
GAUTIER D'AGOTY.	1710 ? 1785	MARSEILLE	Anim. et fleurs.	Graveur, anatomiste et naturaliste. — Perfectionna l'art de graver et d'imprimer en couleur.
HALLÉ (Noel), fils de Claude-Guy.	1711 1781	PARIS.	Hist. et genre.	Élève de Jean Restout, le jeune ; reçu à l'Académie en 1748 ; professeur de cet institut, chevalier de l'ordre de Saint-Michel et surintendant de la manufacture des Gobelins ; séjourna à Rome comme pensionnaire et y retourna comme directeur de l'Académie française dans cette ville. — Fresques, Paris. Prédication de saint Vincent de Paul, Versailles. — Style heurté, pointu ; coloris trop rouge ; architecture et perspective traitées avec talent.
QUILLART (Antoine)	1711	Id.	Id.	Mort à Lisbonne, à la fleur de son âge.
OLIVIER (Michel-Barthélemy).	1712 1784	MARSEILLE	Genre, pays, etc.	Agréé à l'Académie ; peintre du prince de Conti ; mort à Paris. — Exécution précieuse, coloris vague, touche aride et sèche ; goût des modes de son temps.
MONTPETIT (Armand-Vincent De).	1713 1800	MÂCON.	Portr. et miniat.	Étudia la jurisprudence à Dijon et y cultiva les arts et la mécanique ; après avoir inventé plusieurs machines fort recommandables et avoir perdu, en 1763, la plus grande partie de sa fortune, il se livra tout entier à la peinture et fut admis à faire le portrait de Louis XV, dont il multiplia les copies par ordre de ce prince. — En 1759, Montpetit inventa une nouvelle manière de peindre la miniature, à laquelle il donna le nom d'*éludorique*, parce qu'on n'y employait que l'huile et l'eau.
VERNET (Claude-Joseph), fils d'Antoine.	1714 1789	AVIGNON.	Marin. et pays.	Élève de son père et de Manglard ; se rendit en Italie, y entra dans l'école de Ber. Fergioni et ne tarda pas à surpasser se maître ; après des commencements assez pénibles, son mérite lui amena la fortune ; ami du célèbre Pergolèse, reçu à l'Académie de Saint-Luc, en 1743 ; revint en France, sur l'invitation de Louis XV, après une absence de vingt ans ; fut reçu, à son arrivée, membre de l'Académie de peinture, et conseiller en 1766 ; fut chargé de représenter tous les ports de la France et s'en acquitta, en dix ans, avec un talent remarquable. Son génie fut apprécié de son vivant et rien ne troubla sa gloire. — Marines, Rome. Marines. Nantes. Une tempête, La Haye. Un paysage, *ib.* Marines, Florence. Paysage : Cascade, Madrid. Paysages, *ib.* Paysage : Cascade, Berlin. Vue du Tibre à Rome, Vienne. Le matin, Munich. Vue de Rome : soleil couchant, *ib.* Incendie d'une ville maritime pendant la nuit, *ib.* Marine : tempête, *ib.* Et autres, *ib.* Marine : tempête, Paris. Marines, *ib.* Paysages, *ib.* Vues des ports de mer de la France (15 tableaux), *ib.* Paysages, Saint-Pétersbourg. Le matin, *ib.* Marines, *ib.* — Ce peintre eut deux manières : dans la première il a imité la vigueur et la fierté de Salvator Rosa ; dans la seconde, qu'il adopta à son retour en France, il a su éclairer ses teintes, les varier, les rendre plus aimables, mettre dans son exécution une merveilleuse facilité sans jamais s'écarter de la nature ; quelquefois cette facilité lui a fait adopter un style un peu maniéré que rachetaient d'ailleurs d'éminentes qualités. Magnifiques effets de lumière, belle ordonnance, ciels transparents et pleins d'effet ; grande variété de scènes ; composition tour à tour effrayante, pleine d'émotions, de poésie et d'enthousiasme, ou calme, tranquille et riante. Lorsque Vien commença à ramener l'école française vers les saines doctrines, Vernet n'eut rien à faire pour son genre : ses tableaux sont dignes des meilleurs temps de l'art.
DESCAMPS (Jean-Baptiste).	1714 1791	DUN-KERQUE.	Intér.	Élève de Louis Coypel, son oncle maternel ; étudia les ouvrages de l'école flamande, se perfectionna à Paris, y devint élève de Largillière, et y fut employé aux travaux du sacre de Louis XV ; s'établit à Rouen, fonda dans cette ville une école de dessin, obtint la formation d'une école gratuite dont il fut professeur et directeur ; membre de l'Académie royale de peinture. Mort, chéri de ses élèves et estimé de tous ceux qui le connurent. — Sa réputation s'établit surtout par les ouvrages qu'il publia. *La vie des peintres flamands, hollandais et allemands*, quoique souvent inexacte et fort incomplète, est un ouvrage recommandable.
PIERRE (Jean-Bapt.-Marie).	1714 1789	PARIS.	Hist. et portr.	Élève de Natoire et de Detroy. Successeur des Van Loo et des Boucher, comme premier peintre du roi, cet artiste se fit de bonne heure une réputation qu'il ne soutint pas par la suite ; l'ambition des honneurs lui fit négliger toutes les branches sérieuses de l'art. — Ignorance profonde de la théorie.
HUTIN (Charles).	1715 1776	Id.	Genre.	Mort à Dresde. — Jeune fille tenant une lettre, Dresde. Un homme conduisant du vin sur une charrette, Madrid. Une femme allumant son feu, *ib.* — Graveur à l'eau-forte.

NOMS.	ANNÉES DE NAISSANCE ET DE MORT.	LIEU DE NAISSANCE	GENRE.	NOTES HISTORIQUES. TABLEAUX PRINCIPAUX ET LIEUX OU ILS SE TROUVENT. OBSERVATIONS.
PERRONEAU (Jean-Baptiste).	1715? 1783		Portr.	Reçu académicien en 1753. Mort à Amsterdam.
VIEN (Joseph-Marie), le vieux.	1716 1809	Montpellier.	Hist. et portr.	Élève de Legrand ; partit pour Paris en 1741 ; remporta plusieurs prix dans les concours et fut envoyé à Rome par le gouvernement ; parcourut toute l'Italie, travaillant avec ardeur d'après l'antique et le modèle vivant ; fut reçu à l'Académie peu après son retour à Paris ; nommé presque aussitôt professeur ; fut appelé dans les principales cours de l'Europe et refusa toujours de quitter sa patrie. Honoré des titres de conseiller, de membre de l'Académie d'architecture et enfin de directeur de l'Académie française à Rome ; reçut le cordon de Saint-Michel ; revint à Paris, en 1781 ; nommé premier peintre du-roi, en 1788 ; perdit ses places et ses pensions à la révolution et se trouvait dans un état voisin de la gêne lorsqu'il fut appelé par le premier consul au sénat conservateur, où il reçut successivement les titres de comte et de commandant de la Légion d'honneur. Vien, quoique âgé de 93 ans, travaillait encore six mois avant sa mort. — Prédication de saint Denis, Paris. Saint Germain et saint Vincent, ib. L'ermite endormi, ib. Saint Denis prêchant dans les Gaules, ib. Hélène poursuivie par Énée pendant l'incendie de Troie, Versailles. Fresques, Rome. — Manière large et sage tenant de celle du Dominiquin et de celle de Lesueur ; belles têtes, dessin correct, beaux pieds et belles mains, draperies bien jetées, expressions simples et naturelles ; rien de tourmenté, ni de recherche dans les détails et l'ordonnance ; simplicité quelquefois poussée jusqu'à la froideur et la roideur ; bonne entente des lumières, pinceau ferme et frais, coloris harmonieux. Considéré comme le restaurateur de la peinture moderne en France. Graveur à l'eau-forte.
CHALLE (Charles-Michel-Ange).	1718 1778	Paris.	Hist.	Professeur de perspective à l'Académie, dessinateur du cabinet du roi et chevalier de l'ordre de Saint-Michel. Architecte et géomètre distingué. — Comme peintre on ne cite que fort peu de ses œuvres. — On a de lui quelques ouvrages sur son art. La chaire à prêcher de Saint-Roch fut faite d'après ses dessins.
VAN LOO (Ch.-Amédée-Philippe), fils de Jean-Baptiste.	1718	Turin.	Hist. et portr.	Élève de son père, fut tenu sur les fonts de baptême par le prince de Piémont et la princesse de Carignan. Alla à Rome avec son oncle et son frère et vint s'établir à Berlin. — Deux familles de satyres (1761). Peintre remarquable.
PARROCEL (Étienne) petit-neveu de Ch.	1720	Paris.	Hist.	Peintre médiocre qui fut loin de soutenir la gloire de son nom. — Graveur à l'eau-forte.
CLÉRISSEAU (Ch.-Louis).	1721 1820		Pays., vues et archit.	Doyen de l'ancienne Académie, à Paris, membre de celles de Londres et de Saint-Pétersbourg et architecte de Catherine de Russie ; séjourna longtemps à Rome ; chevalier de la Légion d'honneur. — Auteur des Antiquités de France, monuments de Nîmes, etc., in-folio, 42 planches, 1778. Ruines (à la détrempe), Florence. — Également architecte.
BELLE (Clément-Louis-M.-A.), fils d'Alexis-Simon.	1722 1806	Paris.	Hist.	Élève de Le Moyne ; visita l'Italie ; revint en France, y fut nommé membre de l'Académie, en 1761, puis professeur et enfin recteur, en 1785. Inspecteur de la manufacture des Gobelins ; mort estimé de tous. — Christ, Dijon. Réparation des saintes hosties, Paris. — Laissa le calque, sur papier transparent, des fresques de Raphaël au Vatican.
LAGRÉNÉE (Louis-Jean-François.)	1724 1805	Id.	Id.	Élève de C. Van Loo ; remporta le premier prix à l'Académie et fut envoyé à Rome ; nommé agréé à son retour en France, en 1755 ; reçu académicien en 1755 ; appelé à la cour de Russie par l'impératrice Élisabeth Pétrowna, y fut peintre de cette princesse et directeur de l'Académie de St-Pétersbourg ; après peu de temps de séjour, il revint en France, fut nommé par le roi, en 1781, directeur de l'Académie à Rome ; séjourna quelque temps dans cette ville ; presque ruiné par la révolution, Lagrénée lui survécut heureusement, fut récompensé par la tendresse de sa famille ; nommé chevalier de la Légion d'honneur, remplit encore plusieurs autres fonctions, et mourut après s'être acquis une bonne réputation. — Visite d'Alexandre à la famille de Darius, Angers. Mercure confiant Bacchus aux Nymphes de Naxo, ib. Sainte Élisabeth adorant la Vierge, Madrid. — Peu d'imagination, manque de vigueur ; fausse idée du beau idéal ; expression gracieuse dans les figures de femmes, carnations fraîches et moelleuses ; ses tableaux de chevalet sont les plus estimés.
SAINT-AUBIN (Gabriel-Jacques De).	1724 1780	Id.	Hist. et genre.	Frère du célèbre graveur de ce nom. — Graveur à l'eau-forte.
BACHELIER (Jean-Jacques).	1724 1805		Genre, chasses et anim.	Fondateur d'une école gratuite de dessin, et directeur de la manufacture de porcelaine de Sèvres. — La chasse au lion, Paris. Chasse à l'ours, ib. — Peintre médiocre, inventeur d'une espèce d'encaustique pour préserver les-statues de l'impression de l'air.
PORTE (Roland De La)	1724 1793	Paris.	Nature morte et bas-rel.	Reçu académicien.
LALIVE DE JULLY (Ange-Laurent).	1725 1775	Id.	Genre.	Introducteur des ambassadeurs. — Également graveur.
DUPLESSIS (Joseph-Siffrède), fils de DUPLESSIS, le vieux.	1725 1802	Carpentras.	Portr., hist. et pays.	Élève de son père, puis du frère Imbert ; destiné à l'état ecclésiastique, sa vocation pour les arts l'entraîna de ce côté ; visita Rome, en 1745, y reçut les leçons de Subleyras ; revint dans le Comtat, s'occupa à Lyon et s'établit à Paris ; reçu à l'Académie en 1774 ; perdit sa fortune par la révolution, et accepta la place de conservateur au Musée de Versailles, où il mourut. — Portrait de Gluck, Vienne. — Possédait l'art de cacher la difficulté du travail sous un pinceau facile et gracieux ; grande réputation pour le portrait. Parmi ceux qu'il exécuta on cite les suivants : Franklin, Thomas, Marmontel, l'abbé Bossut, Gluck, M. et Mme Necker.
LEMETTAY (Pierre-Charles).	1726 1760	Fécamp.	Mar., hist. et pays.	Élève de Boucher ; remporta le prix de Rome, se rendit dans cette ville, et parcourut toute l'Italie ; revint en France, fut admis à l'Académie de peinture et nommé peintre du roi. — Ses ports d'Italie sont remarquables par la correction, la vérité et le talent de son étoffage. Quelques connaisseurs le jugent digne d'être comparé à Vernet.

NOMS.	ANNÉES DE NAISSANCE ET DE MORT.	LIEU DE NAISSANCE.	GENRE.	NOTES HISTORIQUES. TABLEAUX PRINCIPAUX ET LIEUX OU ILS SE TROUVENT. OBSERVATIONS.
GREUZE (Jean-Bapt.)	1726 1805	Tournus (Bourgogne)	Hist., genre et portr.	Ses goûts pour la peinture furent d'abord contrariés par son père ; le peintre Landon, obtint à la fin de pouvoir lui servir de maître, et l'emmena à Lyon et de là à Paris ; visita Rome ; fut agréé à l'Académie ; mais le goût corrompu de cette époque ne pouvait apprécier le charmant talent de Greuze ; son tableau de réception à l'Académie ne fut pas jugé convenable ; les œuvres qu'il avait présentées au salon, furent refusées, et dès lors, malgré toutes les sollicitations, il refusa d'exposer ses compositions jusqu'à ce que la révolution eût dissous l'Académie et aboli une censure ignorante et imbue des principes de la décadence. — Louis XVI, roi de France, Londres. Mme de Pompadour, ib. Tête de vieille, Madrid. L'accordée de village, Paris. Le départ, ib. Le retour, ib. Portrait du peintre, ib. Portrait de Jeaurat, ib. La cruche cassée, ib. Le vieillard paralytique, Saint-Pétersbourg. Talent original et plein de vérité et de charme ; ses têtes, rigoureusement dessinées, sont remplies d'âme, de grâce et de verve ; draperies lourdes et mesquines ; composition et dispositions scéniques ; plans énergiquement accusés ; passions fortes, expressions vives, caractères communs, attitudes populaires, coloris suave dans les chairs, sale dans les draperies, touche irrégulière, clair-obscur faible.
DOYEN (Gabriel-François).	1726 1806	Paris.	Hist. et portr.	Élève de Van Loo auquel il fut attaché par les liens de la plus étroite amitié ; obtint le grand prix à l'âge de vingt ans, partit pour Rome en 1748, visita Naples, Venise, Bologne, Parme et Plaisance ; séjourna à Turin, et revint s'établir dans sa ville natale ; reçu à l'Académie en 1758 ; étudia les grands maîtres de l'école flamande ; appelé en Russie, y fut nommé professeur à l'Académie de Saint-Pétersbourg, et fut chargé d'orner les palais de la czarine Catherine II ; après la mort de cette princesse, fut protégé par Paul Ier, en reçut beaucoup de marques d'honneur et mourut à Saint-Pétersbourg. — La peste des ardents, Paris. Mort de saint Louis, ib. Fresques, Invalides. — Ordonnance savante, riche et grandiose, bonne composition, manière italienne.
PÉRIGNON (Nicolas).	1726 1782	Nancy.	Marin., vues de ville, fleurs et pays.	Reçu à l'Académie en 1774. Graveur. Mort à Paris. — Peignait ordinairement à la gouache et dessinait à l'aquarelle ; du goût, de la vérité et de la légèreté.
DROUAIS (François-Hubert).	1727 1776	Paris.	Portr.	Reçu à l'Académie en 1758. Recherché par toutes les beautés de son temps, dont il saisissait à merveille les mignarderies et le teint d'emprunt.
TARAVAL (Hugues).	1728 1785		Hist.	Élève de J. B. Pierre ; fit partie de l'Académie. Mort à la manufacture des Gobelins. — Graveur à l'eau-forte.
VIEN (Marie), née REBOUL, femme de Joseph Vien.	1728 1805		Nature morte et fleurs.	Élève de son mari ; reçue académicienne en 1757. — Excella dans le genre qu'elle avait adopté.
DASSONVILLE (Le chevalier-Jacq.).	1729	Près de Rouen.	Genre.	Détails inconnus. — Graveur à l'eau-forte.
DESHAYS (Jean-Baptiste).	1729 1765	Rouen.	Hist. et genre.	Élève de Colin de Vermont et de Restout, puis de Van Loo, en 1751 ; visita l'Italie ; revint dans sa patrie, fut reçu, en 1758, membre de l'Académie royale de peinture et devint gendre de Boucher. Mort des suites d'une chute. — Saint Benoît recevant le viatique, Orléans. — Beaucoup d'expression, de vérité et d'imagination, grande activité.
GUY-BRENET (Nicolas).	1729 1792		Id.	Regardé d'abord comme le plus médiocre des académiciens, ce n'est qu'à force de sollicitations qu'il put obtenir la faveur de participer au concours ordonné par le roi ; sa modestie et son mérite furent récompensés, car il remporta le premier prix. — Belles idées, pensées héroïques. Malheureusement le goût de son époque, répandu dans ses tableaux, détruit leur mérite.
MAURICE (Louis-Joseph.	1730 1820	Nancy.		Fut d'abord reçu avocat ; mais entraîné par son goût pour les arts, il s'adonna à l'étude du dessin et de la peinture ; partit pour Saint-Pétersbourg en 1759, et devint premier peintre de l'impératrice Élisabeth ; appelé à Moscou, y assista au couronnement de Catherine II, et ordonna les fêtes qui eurent lieu à cette occasion ; se rendit en Italie en 1779, y compléta une magnifique collection d'objets d'art.
BARTHE (J. De la).	1730	Rouen.	Pays.	Graveur à l'eau-forte et dessinateur.
AMAND (Jacques-François).	1730 1769		Hist. et genre.	Membre de l'Académie ; mort à Paris.
WATTEAU (Louis-Joseph), neveu d'Antoine.	1731 1803	Valenciennes.	Hist., genre, fêtes villageoises et scènes militaires.	On ignore quel fut son maître, mais on pense qu'il se forma d'après les tableaux de son oncle ; professeur à l'Académie de Lille. Mort dans cette ville. — Les quatre parties de la journée, Valenciennes. Le congé absolu, ib. Tableaux d'église, Saint-Amand. — Composition facile, touche fine.
RENOU (Antoine).	1731 1806	Paris.	Hist.	Élève de Pierre et de Vien. Reçu à l'Académie en 1781 ; nommé secrétaire perpétuel de cet institut ; peintre du roi de Pologne, duc de Lorraine ; membre de l'Académie de Rouen. — Annonciation, Saint-Germain en Laye. Fresques, Paris. Prise de Gand, Versailles, Bataille de Nordlingue, ib. — Peintre médiocre, ses talents, comme écrivain, furent encore moins remarquables.
PASQUIER (Pierre).	1731 1806	Villefranche. (Beaujolais.)	Miniat. en émail.	Fit partie de l'Académie.
DEVOSGE (François)	1732 1811	Gray.	Hist.	Fondateur de l'école de dessin, peinture et sculpture de Dijon ; membre de l'Académie de cette ville et de celle de Besançon. — Nativité, Toulongeon ?

NOMS.	ANNÉES DE NAISSANCE ET DE MORT.	LIEU DE NAISSANCE	GENRE.	NOTES HISTORIQUES. — TABLEAUX PRINCIPAUX ET LIEUX OU ILS SE TROUVENT. — OBSERVATIONS.
FRAGONARD (Nicol.).	1732 1806	GRASSE. (Provence.)	Hist. et genre.	Élève de Fr. Boucher ; quitta la place de clerc de notaire pour s'adonner à la peinture ; visita l'Italie, après avoir obtenu le grand prix de l'Académie ; à son retour, fut reçu membre de cette société ; abandonna les grands sujets d'histoire pour le genre et devint le peintre à la mode ; malheureusement la plupart de ses sujets sont extrêmement licencieux ; perdit toute sa fortune à la révolution, ne peignit plus et mourut malheureux. — La famille du fermier, Saint-Pétersbourg. — Un peu trop d'affectation dans ses figures et dans sa manière de grouper ; composition plus noble, plus raisonnée et plus poétique que celle de son maître ; pinceau plein de grâce et de magie, touche un peu indécise, style agréable sans caractère déterminé, coloris factice et peu vigoureux ; négligea, afin de plaire à son siècle, les plus-belles parties de l'art. Dessinateur.
BARDIN (Jean).	1732 1809	MONTBAR.	Hist.	Élève de Lagrénée l'aîné, à Paris ; séjourna quelques années à Rome ; revint en France, fut reçu à l'Académie en 1778 ; nommé membre correspondant de l'Institut et professeur de dessin à l'école centrale d'Orléans. Mort dans cette ville. — Sainte Catherine au milieu des docteurs. — Possédait assez bien le mécanisme de l'art ; mais appartenait entièrement, par son style, à la décadence. Un de ses titres à la gloire est d'avoir été le maître de David et de Regnault.
ROSLIN.	1733? 1793	SUÈDE.	Portr.	S'établit à Paris , et y fut nommé membre de l'Académie. — Imitation habile des étoffes et des accessoires, sentiment nul, dessin peu correct, mauvais coloris.
ROBERT (Hubert).	1735 1808	PARIS.	Monuments et ruines.	Destiné à l'état ecclésiastique, une véritable passion l'entraîna vers la peinture ; étudia pendant vingt ans à Rome, y fut lié avec Fragonard et fut admis à l'école française de Rome, dirigée alors par Natoire ; revint en France en 1767, fut reçu membre de l'Académie, en devint conseiller ; reçut les titres de garde des tableaux du roi, et dessinateur de tous les jardins royaux. La révolution le priva de toutes ses places et lui ravit même la liberté pendant dix mois. Mort subitement. — Porte de ville pratiquée au milieu des ruines d'un temple, Paris. Portique sous lequel s'élève une statue équestre en bronze montée sur son piédestal, ib. — Imagination fraîche, touche hardie , couleurs nuancées avec habileté ; compositions heureuses. Bon dessinateur. Graveur.
LEPRINCE (Jean).	1733 1781	METZ.	Pays. et genre.	Élève de Boucher à Paris, où la protection du maréchal de Bellisle l'avait envoyé ; partit pour la Russie après quelques vicissitudes de fortune et de ménage ; son vaisseau fut pris par un corsaire anglais, puis relâché comme n'étant pas de bonne prise ; bien accueilli à Saint-Pétersbourg, par le marquis de l'Hôpital, ambassadeur de France. Leprince se fit un nom et reçut beaucoup de commandes; sa santé exigea son retour en France ; reçu à l'Académie en 1765, et nommé conseiller en 1772. — Concert russe, Angers. — Touche, transparence et coloris satisfaisants ; peu de vérité et de teinte locale; peignit aussi sur cuivre. Graveur à la pointe.
DURAMEAU (Louis).	1733 1796	PARIS.	Hist.	Professeur à l'Académie de peinture, peintre de la chambre et du cabinet du roi et gardien des tableaux de la couronne. Mort à Versailles. — Composition satisfaisante ; ses derniers tableaux n'ont aucune espèce de mérite ; on les croirait d'une autre main.
COLSON (Jean-François-Gilles), fils de Jean-Baptiste.	1733 1803	DIJON.	Portr.	Élève du frère Imbert , à Avignon et de Nonnotte, à Lyon. Se rendit à Paris, y fut présenté au prince de Bouillon qui s'attacha à lui, remplit la Navarre de ses travaux comme architecte, sculpteur, peintre et même jardinier; survécut peu à son protecteur et mourut à Paris. Se fit une grande réputation dans le portrait ; laissa plusieurs ouvrages manuscrits sur la perspective et les beaux-arts, et un recueil de poésies écrit avec goût et facilité.
LEMAY (Olivier).	1734 1797	VALENCIENNES.	Pays., mar., etc.	Élève de Lutherburg (peintre allemand, mais établi en France); entreprit deux fois le voyage d'Amérique afin de mieux étudier le genre des marines ; revint ensuite à Bruxelles , où il résidait ; parcourut l'Italie. — Peintre de mérite et graveur à l'eau-forte.
LECLERC (Jacques-Sébastien).	1734? 1785		Persp., hist., etc.	Professeur de perspective à la manufacture des Gobelins.
LÉPICIÉ (Nicolas-Bernard).	1735 1784	PARIS.	Hist., portr., genre et anim.	Élève de C. Van Loo ; destiné à la gravure , la faiblesse de sa vue le força d'abandonner cet art ; reçu Académicien en 1768, nommé professeur-adjoint en 1769 , et enfin peintre du roi ; ce ne fut qu'à la fin de sa vie qu'il peignit des animaux ; les études excessives que lui coûta cette nouvelle branche, jointes à une grande sensibilité, abrégèrent ses jours. — Dessin sans études et sans nature, coloris faux et de convention.
HOUEL (Jean-Pierre-Louis).	1735 1813	ROUEN.	Pays. et anim.	Élève de Casanova ; visita l'Italie. — Graveur. Dessinateur.
JULIEN (Simon).	1736 1800	TOULON.	Hist.	Élève de Dandré-Bardon, à Marseille, puis de C. Van Loo, à Paris ; remporta le premier prix de l'Académie et fut envoyé à Rome ; y resta , pendant dix ans ; fut protégé par le duc de Parme et par reconnaissance prit le surnom de Julien de Parme , qui lui resta toute sa vie ; revint à Paris vers 1776 ; fut reçu à l'Académie comme agréé ; la révolution ayant supprimé cette institution, Julien ne put en être membre et mourut regretté de ses nombreux amis. — Son dessin, sa composition et sa couleur se ressentent de l'époque où il vivait, et quoique cet artiste ait fait de grands efforts pour donner une nouvelle direction à son art, son talent ne fut pas assez grand pour y parvenir. Ses dessins ont plus de mérite.
BOISSIEU (Jean-Jacques De).	1736 1810	LYON.	Pays.	Élève de J. Frontier. — Paysage, Paris. — Dessinateur au lavis, et graveur à l'eau-forte et au burin.
DUCREUX (Joseph).	1737 1802	NANCY.	Portr.	Élève unique de De Latour ; envoyé à Vienne par le duc de Choiseul en 1769 , pour y faire le portrait de l'archiduchesse Marie-Antoinette, depuis Dauphine et reine de France , il devint peintre de cette princesse ; reçu membre de l'Académie impériale de Vienne ; mort d'une apoplexie foudroyante sur la route de Paris à Saint-Denis. — Excellait dans le pastel ; beaucoup de force et d'éclat; couleur médiocre ; attitudes peu nobles dans les portraits qu'il fit de lui-même ; réussit moins bien dans les tableaux à l'huile et en miniature.

NOMS.	ANNÉES DE NAISSANCE ET DE MORT.	LIEU DE NAISSANCE	GENRE.	NOTES HISTORIQUES. — TABLEAUX PRINCIPAUX ET LIEUX OU ILS SE TROUVENT. — OBSERVATIONS.
MARTIN.	1737 1801	MONT-PELLIER.	Hist.	Agréé à l'Académie ; mort à Paris. Artiste de très-peu de mérite. S'attacha davantage au commerce des tableaux.
LEBARBIER (JEAN-JACQUES-FRANÇOIS).	1738 1826	ROUEN.	Id.	Élève de Pierre ; membre de l'Institut ; visita la Suisse avec une mission artistique du gouvernement, s'y lia intimement avec S. Gessner et fit ensuite le voyage de Rome. Il avait été membre de l'ancienne Académie de peinture. — Jupiter sur le mont Ida, Versailles. Jeanne Hachette, Beauvais. Siége de Nancy, Nancy. — Ses tableaux ne sont pas dépourvus de mérite. Dessinateur.
THÉOLON (ÉTIENNE).	1759 1780	AIGUES-MORTES.	Scènes familières et portr.	Agréé à l'Académie en 1774. Mort à Paris. — Portrait de vieille femme, Paris. — Style plein de goût ; coloris transparent, touche légère.
PEYRE (ANTOINE-FRANÇOIS).	1759 1823			Frère de l'architecte Mathieu-Joseph Peyre. Membre de l'Académie d'architecture, puis de l'Institut. — Également architecte.
GIBELIN (ESPRIT-ANTOINE).	1759 1814	AIX.	Hist.	Élève d'Arnulfi (Florentin) ; visita l'Italie ; séjourna dix ans à Rome, remporta en 1768 ou 1769 un prix à l'Académie de Parme ; vint à Paris en 1771 ; fut chargé de décorer l'école de chirurgie, aujourd'hui l'école de médecine. — Fresques, Paris. — Génie d'invention, pinceau spirituel, perspective aérienne très-faible ; style noble et gracieux ; imita Polidore Caravage pour les fresques monochromes. Graveur à l'eau-forte et antiquaire.
GAMELIN (JACQUES).	1759 1803	CARCAS-SONNE.	Id.	Obtint à Paris le grand prix de peinture et fut successivement professeur à l'Académie de Saint-Luc, à Rome, directeur de l'Académie de Montpellier et professeur de dessin à l'école centrale de l'Aude. — Achille traînant le corps d'Hector, Toulouse. Ulysse chassant les amants de Pénélope, ib. (Ces deux morceaux sont des dessins au lavis très-estimés.) — Coloris médiocre, figures trop courtes ; composition pleine de chaleur, dessin correct.
PAON, DU PAON ou LE PAON (LOUIS).	1740? 1785	Près de PARIS.	Batail.	Fils d'un paysan ; entra fort jeune dans les dragons, y montra le goût de peindre des batailles ; dans ses différentes campagnes fit preuve d'autant de courage que de talent ; obtint un congé, vint à Paris, se présenta à C. Van Loo et à Boucher ; fut bien accueilli par ces deux artistes, et devint élève et rival de Casanova. — Moins coloriste et moins fougueux que son maître ; meilleur dessinateur, plus exact dans ses plans et meilleur imitateur de la nature.
LEMOINE.	1740 1805	ROUEN.	Hist.	Élève de J. B. Descamps ; se livra au travail avec ardeur et succès, malgré les obstacles d'une santé très-faible. — Fresques, Rouen. — Composition grandiose.
LAGRÉNÉE (JEAN-JACQUES), frère de Louis et dit LAGRÉNÉE LE JEUNE.	1740 1821	PARIS.	Id.	Élève de son frère Louis ; fit le voyage de Rome ; suivit son frère en Russie et y exécuta plusieurs tableaux ; admis à l'Académie comme membre et comme professeur ; attaché pendant quelque temps à la manufacture de Sèvres. — Télémaque dans l'île de Calypso. — Étude consciencieuse de l'anatomie et de la perspective, exécution facile ; ensemble défectueux, touche moelleuse et ton frais dans ses tableaux de petite dimension ; manière dure, mauvaise ordonnance dans ses grandes compositions.
DESPREZ (LOUIS-JEAN).	1740? 1804	LYON.	Hist., décor. et batail.	S'occupa à Paris et à Lyon ; visita l'Italie ; attaché à la cour de Gustave III, roi de Suède, comme peintre et architecte ; visita Londres ; revint en Suède, reçut des marques d'honneur de plusieurs souverains et mourut à Stockholm. — Tableaux, Suède. — Imagination riche, hardie et brillante, manière grande et large, peu de fini et de correction. Auteur de quelques caricatures fort spirituelles.
BOUNIEU (MICHEL-HONORÉ).	1740 1814	MARSEILLE	Genre hist., etc.	Élève de J. B. Pierre ; agréé à l'Académie en 1770 ; conservateur du cabinet des estampes à la Bibliothèque nationale, de 1792 à 1794, et, pendant vingt ans, professeur de dessin à l'école des ponts et chaussées. — Deux jeunes filles en prière, Valenciennes.
CALLET (ANTOINE-FRANÇOIS).	1741 1823		Portr. et hist.	Remporta le grand prix à l'âge de dix-huit ans, et fit le voyage d'Italie. Membre de l'Académie de peinture. — Portrait de Louis XVI, Valenciennes. Fresques, Paris. — Qualités et défauts de l'ancienne école.
LEMONNIER (ANICET-CHARLES-GABRIEL).	1743 1824	ROUEN.	Hist.	Élève de Vien ; membre de l'Académie.
CAMMAS (LAMBERT-FRANÇOIS-THÉRÈSE).	1743 1804	TOULOUSE	Id.	Élève d'A. Rivals ; membre de l'Académie de Saint-Luc et professeur à celle de Toulouse. — Également architecte.
BERTHÉLEMY (JEAN-SIMON).	1743 1811	LAON.	Id.	Élève de Noël Hallé ; visita Rome ; membre de l'Académie en 1780 ; exécuta plusieurs plafonds à Fontainebleau, au Musée et au Luxembourg ; mort à Paris, professeur à l'école spéciale de dessin. — Fresques, Paris. Fresques, Fontainebleau. Entrée de l'armée française à Paris, Versailles. Le général Bonaparte visite les fontaines de Moïse près du mont Sinaï, ib. — Réussissait très-bien dans les plafonds ; excellente composition.
PEYRON (JEAN-FRANÇOIS-PIERRE).	1744 1813	AIX.	Id.	Élève d'Arnulfi, de Lagrénée l'aîné, à Paris, en 1767, et de Dandré-Bardon ; remporta le grand prix en 1773 ; partit pour Rome, y passa sept années en employant tout son pouvoir à ramener le goût vers l'antique et la saine imitation de la nature ; revint à Paris, fut reçu à l'Académie en 1783 ; nommé directeur de la manufacture des Gobelins en 1785 ; perdit ses places et sa fortune par suite de la révolution ; sa santé se trouva gravement affectée par ces infortunes sans que pourtant son beau caractère s'en aigrît le moins du monde. Mort après dix ans de langueur et de souffrance. — Mort de Socrate, Paris. Paul-Émile vainqueur de Persée, ib. Dévouement de Cimon, ib. Mort du général Walhubert, Versailles. — Composition sage, raisonnée, quelquefois un peu trop méthodique mais toujours pleine d'intérêt ; sujets ordinairement neufs et ingénieux, style grave, énergique, et généralement correct ; draperies simples et amples ; teintes transparentes et suaves, touche ferme, vive et spirituelle ; dans ses derniers tableaux ses chairs sont un peu violettes, mais les lumières sont toujours habilement ménagées, l'ensemble est parfaitement harmonieux et la touche n'a rien perdu de sa légèreté. Graveur à l'eau-forte.

NOMS.	ANNÉES DE NAISSANCE ET DE MORT.	LIEU DE NAISSANCE	GENRE.	NOTES HISTORIQUES. TABLEAUX PRINCIPAUX ET LIEUX OU ILS SE TROUVENT. OBSERVATIONS.
MÉNAGEOT (Franç.-Guillaume), fils de MÉNAGEOT le vieux	1744 1816	Londres.	Hist., portr. et genre.	Élève d'Augustin, de Deshays et de Boucher, à Paris, où il était venu à l'âge de six ans ; reçut enfin les leçons de Vien, qui fut longtemps son maître et son ami ; remporta le grand prix, en 1766, resta cinq ans à Rome, fut reçu académicien en 1780 ; nommé successivement adjoint-professeur, et professeur en 1787 ; directeur de l'Académie de France à Rome ; fut obligé de quitter Rome par suite de la dissolution de l'Académie, en 1793. Se retira à Vienne, y resta huit ans, refusa les offres des cours étrangères, revint dans sa patrie, en 1800, y remplit les fonctions de professeur de l'école de peinture à l'Académie et fut nommé membre de l'Institut et de la Légion d'honneur. — Tableaux, Neuilly. Vierge aux Anges, Vienne. Dagobert Ier donnant des ordres pour la construction de l'église de Saint-Denis, Saint-Denis. Mariage du prince Eugène de Beauharnais et de la princesse Auguste-Amélie de Bavière, à Munich, Versailles. — Expression douce et gracieuse, composition sage, dessin pur, draperies heureuses, coloris harmonieux, sujet net et expressif ; grande vérité et exactitude dans les costumes.
BOUILLARD (Jacq.).	1744 1806	Versailles.	Hist. et portr.	Membre de l'Académie de peinture ; un des collaborateurs de la Galerie du Palais-Royal. — Plus connu comme graveur.
LANTARA (Simon-Mathurin.	1745 1778	Près de Montargis.	Pays.	Reçut quelques leçons d'un peintre de Versailles qu'il surpassa bientôt ; aurait acquis une belle fortune, grâce à son talent, si la paresse la plus condamnable ne s'y était opposée et ne l'avait toujours laissé dans l'indigence ; vivait au milieu d'artisans obscurs, les payait de leur hospitalité par un dessin ou un tableau et ne pouvait s'habituer à une existence plus relevée. Mort à l'hospice de la Charité. — Excella dans la perspective aérienne et dans la représentation des diverses heures du jour ; rappelle Claude Lorrain dans quelques parties de ses ouvrages.
DANLOUX (Pierre).	1745 1809	Paris.	Hist. et portr.	Se rendit jeune en Italie, revint en France, s'y acquit de la célébrité, passa en Angleterre dans les premières années de la révolution : ami de Delille dont il fit le portrait et qui, dans son Poëme de la Pitié, parle ainsi d'un tableau du peintre : *Nous pleurons quand Danloux dans la fosse fatale* *Plonge, vivante encor, sa charmante Vestale.* Ses portraits et ses compositions historiques lui acquirent une bonne réputation.
AUBRY (Étienne).	1745 1781	Versailles.	Portr., genre, etc.	Élève de Vien. Reçu académicien ; mort à Paris. — Goût très-inconstant ; peignit d'abord le portrait, puis les scènes familières, dans lesquelles il réussit, et enfin l'histoire, où il échoua.
VINCENT (François-André).	1746 1816	Paris.	Hist.	Élève de Vien ; remporta le grand prix en 1768, nommé agréé de l'Académie en 1777 et membre titulaire cinq ans après ; membre de l'Institut, de la Légion d'honneur, etc. — La Piscine miraculeuse, Rouen. Bataille des Pyramides, Versailles.
TAILLASSON (Jean-Joseph.	1746 1809	Blaye, près de Bordeaux.	Id.	Il avait écrit sur les murs de la maison de son père : *Je serai peintre ou je mourrai, je le jure par Raphaël.* Il alla fort jeune à Paris avec Lacour et s'y fit un nom estimable. Alla en Italie, s'y forma et revint en France, où il vécut au milieu des amis que s'était conciliés son caractère. — Beaucoup d'expression ; revenant trop souvent sur des parties déjà traitées, ce qui donne à son coloris l'air d'avoir été fait péniblement. Auteur d'un bon ouvrage : *Observations sur quelques grands peintres* (Paris, 1807 à 1808).
NORBLIN DE LA GOURDAINE (Jean-Pierre).	1746 1830	Misy, près de Sens.	Hist. et genre.	Élève de Casanova ; partit, peu de temps avant la révolution, avec le prince A. Czartoryski, pour la Pologne, où il laissa ses principaux ouvrages. Il y fonda une école d'où sortirent de bons artistes, y fut nommé peintre de la cour ; anobli par le roi Stanislas. Revint en France, en 1804. — L'Aurore, le Sommeil (plafonds), Pulavy (Pologne). Tableaux, Pologne. — Bon graveur à l'eau-forte.
LACOUR.	1746 1814	Bordeaux	Hist., portr., genre, mar., etc.	Élève de Vien ; visita l'Italie, revint en France et se fixa dans sa ville natale : associé de l'Institut et professeur à l'Académie de Bordeaux ; donna un nouvel essor à cette institution et forma un grand nombre de bons élèves. — Saint Paulin, archevêque de Bordeaux, ouvrant son palais aux malheureux, Bordeaux. Et beaucoup d'autres, ib. — Étudia l'antique avec zèle, imita les Italiens et spécialement le Dominiquin.
BOZE (Joseph).	1746? 1826		Portr. et batail.	Obtint, sous le ministère de Brienne, le titre de peintre breveté de la guerre ; son attachement à la famille royale le fit emprisonner ; rendu à la liberté, il alla en Angleterre et revint en France à la restauration. — Joignait à son talent pour la peinture des connaissances assez étendues en mécanique.
TOUZÉ (J.).	1747? 1807	Paris.	Genre.	Connu par les facéties dont il divertissait ses amis. — Invention ingénieuse et spirituelle ; peu d'études solides.
LEBRUN (Jean-Baptiste-Pierre).	1748 1813	Id.		S'adonna spécialement au commerce des tableaux et fut un excellent appréciateur. — Galerie des peintres flamands, hollandais et allemands, 3 volumes, in folio. Almanach historique et raisonné des architectes, peintres, sculpteurs, graveurs, ciseleurs, 1776, in-12.

NOMS.	ANNÉES DE NAISSANCE ET DE MORT.	LIEU DE NAISSANCE	GENRE.	NOTES HISTORIQUES. TABLEAUX PRINCIPAUX ET LIEUX OU ILS SE TROUVENT. OBSERVATIONS.
DAVID (Jacq.-Louis).	1748 1825	Paris.	Hist. et portr.	Son père ayant péri dans un duel, un de ses oncles, nommé Buron, architecte et parrain du jeune David, se chargea de son éducation et eut pour lui les soins et l'affection la plus tendre; pendant le cours de ses études un accident grave lui occasionna un embarras de prononciation dont il ne se défit jamais : une pierre lancée par un camarade l'avait atteint au visage et lui avait cassé une dent, ce qui le défigura pour le reste de sa vie; singulier rapprochement avec Michel-Ange! Comme la plupart des grands artistes, sa vocation se détermina presque dès son enfance; destiné à l'architecture par son oncle et sa mère, il sut faire changer leurs plans et les faire consentir à ce qu'il devînt peintre; on le confia d'abord à Boucher, mais ce dernier sentit son insuffisance et eut la générosité de céder son élève à Vien; David concourut cinq fois avant de remporter le premier prix de Rome; il accompagna son maître dans cette ville et là il comprit à quel point de décadence était arrivée l'école française; il sentit quelle tâche il aurait à remplir, et pendant tout son séjour en Italie, son temps fut activement employé à étudier à fond les chefs-d'œuvre de l'antique. Revenu à Paris en 1780, il fut, peu de temps après, reçu académicien et logé au Louvre. C'est alors qu'il ouvrit cette école célèbre d'où sortirent tant d'illustres maîtres; il accompagna son élève chéri, Drouais, son élève chéri, et eut encore à lutter, à Rome, contre les instances qui lui furent faites afin de le fixer dans cette ville; de retour dans sa patrie, son tableau des Horaces le fit proclamer le régénérateur de la peinture. La révolution arriva : David fut nommé, en 1792, député de Paris à la convention : cette époque malheureuse de sa vie sera toujours une tache à son nom; David, exalté par ses idées politiques, donna dans les excès de la terreur et vota la mort de Louis XVI; emprisonné après la réaction du 9 thermidor, il fut rendu à la liberté par l'amnistie de 1795; apprécié par Napoléon, il fut nommé son premier peintre, et pendant toute la durée de l'empire sa fortune ne se démentit pas; le retour des Bourbons mit fin à son bonheur; banni par la loi, il alla s'établir à Bruxelles, y reçut encore les témoignages les plus vifs de l'admiration des princes étrangers et de la reconnaissance de ses élèves, et y expira le 29 décembre 1825, à l'âge de 77 ans; le 15 décembre il peignait encore.—Le Serment des Horaces. Paris. Léonidas aux Thermopyles, ib. Les Sabines. ib. Les licteurs apportant à Brutus les corps de ses fils qu'il avait condamnés à mort, ib. Bélisaire demandant l'aumône, ib. Les amours de Pâris et d'Hélène, ib. Portrait du pape Pie VII, ib. Sacre de Napoléon et couronnement de Joséphine. Versailles. Napoléon distribuant des aigles à l'armée, ib. Le premier consul passant les Alpes, ib. Portraits, Rome. Le Serment du Jeu de paume. — Recherchant, comme artiste, les principes du beau, et entraîné par son siècle vers l'idéal, il donna parfois à la nature vivante les formes de la sculpture antique; son style, d'ailleurs plein de force et de mouvement, s'en ressentit, ainsi que son dessin, qui tout en étant correct et beau, rappelle parfois le marbre par sa fierté, sa rigidité et une sévérité peut-être un peu trop exagérée; pourtant ses derniers ouvrages se font remarquer par leur tendance à plus de simplicité et à plus de naïveté; goût pur et élégant, manière nette, mâle et vive; figures d'un trait et d'un modèle remarquables; le coloris donne souvent matière à la critique; composition noble, sévère, large et grandiose. Régénérateur de l'art français, il fut le premier des peintres de son époque et sera toujours une des gloires de la France.
WEYLER (J.-B.).	1749 1791	Stras- bourg.	Portr. en miniat. sur émail.	S'établit en France; fut chargé, par le roi, en 1785, de faire sur émail les portraits des hommes célèbres; la mort l'arrêta au milieu de cet intéressant travail. — Mme Kugler, sa femme et son élève, fut chargée, par le gouvernement, de continuer la collection.
LABILLE DES VERTUS (Adélaïde).	1749 1803		Portr. au pastel.	Élève de Vincent. Épousa d'abord un nommé Guiard et ensuite l'académicien Vincent; membre de l'Académie de Saint-Luc et de celle de France.
MOUCHET (François-Nicolas).	1750 1814	Gray, (Franche-Comté).	Min., portr. hist. et genre.	Élève de Greuze, à Paris; obtint le premier prix en 1776; partisan zélé de la révolution française; fut nommé successivement membre de la municipalité et juge de paix d'une des sections de Paris; envoyé en Belgique en 1792, pour désigner les objets d'art qui devaient être dirigés sur la France, Mouchet fut bientôt dégoûté des horreurs que l'on commettait autour de lui, et sa franchise à les signaler lui valut une détention de quelques mois, pendant laquelle il s'occupa activement à faire des portraits. Fut rendu à la liberté en 1794, retourna dans sa ville natale et y établit une école de dessin à ses frais. — On cite parmi ses meilleurs tableaux : L'Origine de la peinture, le Triomphe de la peinture.
LESUEUR (Nicolas-Blaise).	1750	Paris.	Hist. et portr.	Résida en Prusse et fut directeur de l'Académie de Berlin. On ignore s'il appartenait à la famille d'Eustache Lesueur. — Artiste distingué.
LECARPENTIER (Charles-Louis-François).	1750 1822	Rouen.		Peintre et littérateur; professeur à l'école des beaux-arts de sa ville natale et membre de l'Académie; correspondant de l'Institut. — Galerie des peintres célèbres, 2 volumes, in-8o.
RUE (Louis-Félix De la).	1750?	Paris.	Pays. marines, sujets milit. etc.	Élève de Ch. Parrocel; agréé à l'Académie. — Dessinateur et graveur à l'eau-forte.
VALENCIENNES (Pierre-Henri).	1750 1819	Toulouse	Pays. histor.	D'abord destiné à la musique, alla étudier le dessin chez Doyen; se rendit en Italie, revint en France et forma une école d'où sont sortis la plupart des paysagistes dont la France s'honore. Membre de l'ancienne Académie vers 1780, membre de l'Académie de Toulouse, de la Légion d'honneur, etc. Mort à Paris. — Paysage : Cicéron découvrant le tombeau d'Archimède, Paris. — Composition pleine de noblesse. Il publia un Traité de perspective et de l'art du paysage, 1800, in-4o.
DUMONT (François), frère de Nicolas-Antoine.	1751	Lune- ville.	Hist. portrait et min.	Élève de Girardet; reçu membre de l'Académie royale de peinture en 1788.
LELORRAIN (J. Louis)	1752	Paris.	Hist.	Membre de l'Académie. — Peignit à fresque avec succès.
DROLLING (Martin).	1752 1817	Oberber- gheim, près Colmar.	Genre et intér.	Étudia sans maître; se rendit à Paris et y fut admis à l'Académie de peinture. — Intérieur de cuisine, Paris.

NOMS.	ANNÉES DE NAISSANCE ET DE MORT.	LIEU DE NAISSANCE	GENRE.	NOTES HISTORIQUES. — TABLEAUX PRINCIPAUX ET LIEUX OU ILS SE TROUVENT. OBSERVATIONS.
REGNAULT (Le baron Jean-Baptiste).	1754 1829	Paris.	Hist.	Élève de Bardin ; suivit fort jeune son maître à Rome, y remporta toutes les médailles, ainsi que dans sa patrie ; retourna à Rome, après avoir remporté le grand prix. Agréé à l'Académie en 1782, et reçu académicien en 1783. Chevalier des ordres royaux de Saint-Michel et de la Légion d'honneur , professeur-recteur aux écoles spéciales de peinture , sculpture , architecture et membre de l'Institut. — Fresques, Rome. Descente de croix, Paris. Éducation d'Achille , ib. La France s'avançant vers le temple de la paix , ib. Le sénat reçoit les drapeaux pris dans la campagne d'Autriche , Versailles. Mariage du prince Jérôme Bonaparte et de la princesse Frédérique-Catherine de Wurtemberg , ib. Bataille de Marengo : mort de Desaix, ib. — Un des meilleurs peintres de son époque ; émule de David , il fut non-seulement célèbre par son talent, mais encore par les bons élèves qui sortirent de son atelier.
PERRIN (Jean-Charles-Nicaise).	1754	Id.	Id.	Élève de Doyen et de Durameau ; directeur de l'école gratuite de mathématiques et de dessin ; membre de l'ancienne Académie de peinture. — Sacrifice de Cyannipe, Lyon. Tableaux, Versailles. Assomption, Montpellier. — Composition agréable, pinceau doux, teintes harmonieuses.
MONSIAU (Nicolas-André).	1754 1837	Id.	Hist. et portr.	Élève de Peyron ; membre de l'ancienne Académie de peinture. — Éponine et Sabinus , Trianon. Saint Bruno à Paris, ib. Prédication de Saint Denis, Saint-Denis. Couronnement de Marie de Médicis, ib. Alexandre et Diogène, Versailles. François Ier traversant les Alpes, ib. — Exécuta un grand nombre de dessins pour les libraires.
MOMAL (Jacques-François).	1754 1832	Lewarde, près Douai.	Hist.	Élève de L. Durameau ; médailliste à l'école royale des beaux-arts, à Paris. Professeur de l'Académie de Valenciennes depuis 1785. — Assomption, Valenciennes. Et autres, ib. — Également graveur.
GAULT DE SAINT-GERMAIN (Pierre-Marie).	1754	Paris.	Hist. et portr.	Élève de Durameau ; ancien pensionnaire du roi de Pologne. — Auteur de plusieurs ouvrages de littérature , relatifs aux beaux-arts.
COLIEZ (Adrien-Norbert-Joseph).	1754 1824	Valenciennes.	Décor., vues de ville et pays.	Visita l'Espagne, dont les beaux sites déterminèrent sa vocation pour la peinture. — Plusieurs vues de ville, Valenciennes. Éruption du Vésuve, ib. Et autres, ib.
TAUNAY (Nicolas-Antoine).	1755 1830	Paris.	Hist., pays., et scènes militaires.	Élève de Casanova ; membre de l'Institut et de la Légion d'honneur. — Passage de la Guadamara, en Espagne, par l'armée française, Paris. Bonaparte recevant des prisonniers sur le champ de bataille, ib. Messe à Saint-Roch, ib.
SOIRON (François).	1755 1813	Genève.	Émail.	Détails inconnus.
POUGENS (Marie-Charles-Joseph De)	1755 1833	Paris.		Littérateur, philologue, membre de l'Académie des inscriptions et belles-lettres. — Récréation de philosophie et de morale, 1784 , in-12. Archéologie française, 1821-1825 , 2 volumes, in-8o.
LEBRUN (Mme), née Marie-Louise-Élisabeth VIGÉE, fille de Louis Vigée.	1755 1842	Id.	Portr. et hist.	Élève de son père et de J. Vernet ; cette femme célèbre s'acquit une grande réputation ; les princes et les personnages les plus marquants du règne de Louis XVI ont tour à tour posé devant elle ; en 1789, Madame Lebrun se crut obligée, par suite des événements politiques, de quitter la France ; elle se rendit en Italie, de là en Allemagne, en Prusse et en Russie , et reçut partout l'accueil le plus flatteur et le plus mérité. Madame Lebrun ne revint en France qu'après la restauration. Elle séjourna encore quelque temps à Londres, et devint membre des Académies de Paris , de Rouen, de Vaucluse, de Bologne, de Parme, de Saint-Luc à Rome, de Berlin et de Saint-Pétersbourg. — Portraits : Marie-Antoinette et ses trois enfants, Versailles. Marie-Caroline, épouse de Ferdinand IV. roi de Naples, Madrid. Portrait d'une princesse de Naples, fille de Ferdinand IV et de Marie-Caroline, ib. Portrait de Cl. J. Vernet, Paris. Portrait de Ch. Lebrun, ib. Un génie peignant, Saint-Pétersbourg. Portrait en pied de l'impératrice Marie-Féodorovna, ib. — Excella dans le portrait ; sa gloire fut européenne ; non-seulement renommée comme peintre, elle cultiva encore la littérature : Souvenirs, 3 vol., in-8o.
GARNEREY (Jean-François).	1755	Id.	Genre, portrait, fleurs et int. d'égl.	Élève de David. — Bataille de Navarin, Versailles. Combat naval d'Augusta , ib.
FORESTIER.	1755? 1828	Néuou. (Manche.)	Pays., figures, marines, etc.	Inventeur d'une méthode pour apprendre le dessin de la figure.
DEBUCOURT (Philippe-Jean).	1755 1832	Paris.	Hist. et genre.	Élève de Vien ; membre de l'Académie de peinture. — Créateur de la gravure à l'aqua-tinta.
CONTÉ (Nicolas-Jacques).	1755 1805	St-Cénert (Normandie)	Portr. et hist	Dès l'âge de douze ans, un penchant irrésistible l'entraîna vers la mécanique et la peinture ; sans aucun maître il parvint à réussir d'une manière assez remarquable dans le portrait, et exécuta même quelques sujets religieux pour l'hôpital de Séez, qui satisfirent tout le monde : n'ayant d'autre outil qu'un couteau, il était parvenu à fabriquer un violon qu'on entendit avec plaisir et que l'on conserve encore ; on lui conseilla d'aller perfectionner ses talents à Paris ; Conté s'y rendit, y fit un grand nombre de portraits et s'occupa en même temps de suivre les cours d'anatomie, de chimie, de physique et de mécanique ; directeur de l'école des aérostiers à Meudon, membre du conservatoire établi pour les arts et métiers, créateur de la manufacture de crayons qui porte son nom, attaché à l'expédition d'Égypte, rendit à l'armée les services les plus signalés ; de retour en France, fut nommé directeur de la commission d'Égypte et inventa à cet effet une machine à graver. Son zèle pour les découvertes le priva de l'œil gauche, par une explosion qui le blessa, dans le laboratoire où il travaillait ; un des premiers membres de la Légion d'honneur ; rempli de génie, simple, modeste, bon, aimant, devoué, désintéressé, l'estime de toute une nation ne put lui faire oublier la mort d'une femme, à qui il rapportait tous ses travaux. Ce chagrin le conduisit au tombeau. — Ressemblance parfaite, coloris rempli de fraîcheur et de vérité. Pour de plus longs détails sur les découvertes et la vie de cet homme célèbre, voir l'article chronologique inséré dans le premier numéro de l'Athœneum, par M. Verrier.

NOMS.	ANNÉES DE NAISSANCE ET DE MORT.	LIEU DE NAISSANCE	GENRE.	NOTES HISTORIQUES. TABLEAUX PRINCIPAUX ET LIEUX OU ILS SE TROUVENT. — OBSERVATIONS.
LEFÉVRE (Robert).	1756 1831	Bayeux.	Hist., portr. et décor.	Élève de Regnault; premier peintre de la chambre et du cabinet du roi, chevalier de la Légion d'honneur, membre de l'Académie des belles-lettres de Caen, de la Société Philotechnique, etc. On croit que le chagrin d'avoir perdu son emploi par la révolution de 1830 le porta à mettre fin à ses jours. — Phocion prêt à boire la ciguë. Compiègne. Portrait de Louis XVIII, Paris. Apothéose de Saint-Louis, La Rochelle. Le poète Malherbe, Caen. Portrait de Napoléon, Versailles. — Bonne ressemblance, pinceau brillant et vigoureux; un des plus célèbres peintres de portraits de son époque.
CASSAS (Louis-François).	1756 1827	Azay-le-Féron. (Indre.)	Pays.	Passa une partie de sa jeunesse en Italie; accompagna l'ambassadeur français en Turquie; visita la terre sainte et revint en France vers la révolution; inspecteur général de la manufacture des Gobelins, chevalier de Saint-Michel et de la Légion d'honneur. — Ses recherches sur les monuments de l'antiquité sont pleines de science, d'exactitude et de mérite.
THIBAUT.	1757 1826	Montier-render. (Hte-Marne)	Id.	Se rendit à Rome comme pensionnaire du roi; fut nommé, à son retour, architecte des maisons royales; fut appelé en Hollande pour restaurer le palais de La Haye et l'hôtel de ville d'Amsterdam, membre de l'Académie, etc. — Également architecte; laissa plusieurs ouvrages sur la perspective. Peintre amateur.
NAIGEON (Jean).	1757 1832	Beaune. (Côte-d'Or.)	Hist. et portr.	Élève de Devosge, de l'Académie de Dijon, et de David. Conservateur du Musée du Luxembourg; chevalier de la Légion d'honneur. — Fresques, Paris. Prise de Bologne, Versailles. Portrait d'Henri II, ib.
DUNOUY (Alexandre-Hyacinthe).	1757	Paris.	Pays.	Élève de G. Briard. — Éruption du Vésuve, Fontainebleau. Et autres, ib. Tableaux, Trianon. Beaucoup de tableaux, Naples. — Manière spirituelle. Graveur à l'eau-forte.
CONSTANTIN (Jean-Antoine).	1757	Marseille	Id.	Élève de l'Académie de Marseille, visita Rome, s'établit à Aix, en 1780.
BELLE (Augustin-Louis), fils de Clément-Louis.	1757	Paris.	Hist. et portr.	Élève de son père, auquel il succéda comme inspecteur de la manufacture des Gobelins. — Périclès et Anaxagoras, Paris. L'Amour tenant le sceptre du monde, Rouen. Agar et Ismaël, Tours.
LANGLOIS DE SÉ-ZANNE (Claude-Louis).	1757	Sézanne.	Portr. et hist.	Élève de Beaufort; directeur de l'école de dessin, à Sens.
WATTEAU (Franç.-Louis-Joseph), fils de Louis-Joseph.	1758 1825	Valenciennes.	Hist., genre, batailles et décor.	Élève de L. Durameau; professeur et ensuite directeur de l'école de dessin, à Lille, en 1798 et en 1812. Créateur du Musée de cette ville, où il est mort. — Le menuet sous le chêne, Valenciennes. Mort de Socrate, Lille. Et autres, ib. — Composition abondante.
VERNET (Antoine-Charles-Horace), fils de Claude-Joseph.	1758 1836	Bordeaux	Batail., hist, chasses et genre.	Élève de son père; membre de l'Académie; fut chargé de représenter la plupart des grandes victoires de l'empire, remporta, en 1782, le grand prix et partit pour Rome en qualité de pensionnaire; reçu membre de l'Académie de peinture, en 1787, et membre de l'Institut, en 1814. Chevalier des ordres de Saint-Michel et de la Légion d'honneur. Connu sous le nom de Carle Vernet. — Le Corso, Avignon. Batailles de Rivoli, de Marengo, de Tolosa, de Wagram, Versailles. Prise de Pampelune, ib. Napoléon donnant l'ordre avant la bataille d'Austerlitz, ib. Napoléon accorde une heure à la ville de Madrid pour capituler, ib. Bataille de Marengo, ib. — Excella dans les chasses; exécuta un nombre prodigieux de petits sujets, de dessins et de lithographies dans tous les genres.
SUAU (Jean).	1758	Toulouse	Hist.	Élève de Rivals; remporta le grand prix de peinture; professeur à l'école centrale de Haute-Garonne; rendit de grands services à cette école; membre de l'Académie royale de peinture, sculpture et architecture de Toulouse et membre de plusieurs sociétés savantes. — Liberté rendue par Louis XVI aux États-Unis, Toulouse. — Dessinateur.
MACARÉ (Pierre-Joseph).	1758 1806	Valenciennes.	Genre.	Élève de Louis Watteau. — Imita son maître.
KANZ (Charles-Chrétien).	1758	Plauen. (Saxe.)	Émail et portr.	Élève de Hesse et Kemly; établi à Paris. — Tableaux, Saint-Pétersbourg.
JOUSSELIN (Michel).	1758	Versailles.	Pays. et intér.	Élève de Bruandet.
MALLET (Jean-Baptiste).	1759	Grasse. (Var.)	Hist. et genre.	Élève de Simon Julien, à Toulon, puis de Prudhon et de Mérimée, à Paris. — Éducation de Henri IV, Pau. La nature et l'honneur, Marseille.
GARNIER (Étienne-Barthé).	1759	Paris.	Hist. et portr.	Membre de l'Institut, en 1816; chevalier de la Légion d'honneur. — Ajax bravant les dieux, Paris. Funérailles de Dagobert, Saint-Denis. Les plans du Louvre déployés devant Henri IV par son architecte, Versailles.
AUDEBERT (Jean-Baptiste).	1759 1800	Roche-fort.	Anim., fleurs etc.	Peintre et naturaliste.
AUGUSTIN (Jean-Baptiste-J.).	1759 1832	St-Dié. (Vosges.)	Portr. en miniat. sur émail.	Donna un nouveau lustre à la peinture sur émail, et ne dut son talent qu'à lui-même; nommé, en 1819, premier peintre en miniature de la chambre et du cabinet du roi, et, en 1821, chevalier de la Légion d'honneur. Mort du choléra, à Paris, où il résidait depuis 1781. — On cite parmi ses portraits ceux de l'impératrice Joséphine, de Denon et surtout celui de lord William Bentinck, gouverneur général des Indes. — Coloris riche et vigoureux. Son école de dessin et de peinture a formé un grand nombre des meilleurs artistes français modernes. Sa femme et son élève, Madame Augustin, cultiva le même genre que lui.

NOMS.	ANNÉES DE NAISSANCE ET DE MORT.	LIEU DE NAISSANCE	GENRE.	NOTES HISTORIQUES. — TABLEAUX PRINCIPAUX ET LIEUX OU ILS SE TROUVENT. — OBSERVATIONS.
BOURGEOIS (Charl.-G.-Al.).	1759 1832	Amiens.	Portr. en miniat.	Auteur de plusieurs découvertes utiles à la partie chimique de la peinture. — Manuel d'optique expérimentale, à l'usage des artistes et des physiciens, Paris, 1821. Et autres ouvrages. — Peignit également sur porcelaine; bonne ressemblance; teintes pures et harmonieuses.
PRUDHON (Pierre-P.).	1760 1823	Cluny. (Bourgogne)	Hist.	Treizième enfant d'un maçon, et admis par protection au collége de sa ville natale; son goût pour le dessin se manifesta de bonne heure et il entra, à Dijon, dans l'atelier du peintre Desvoges, dont les leçons lui devinrent bientôt inutiles; se rendit à Paris, vers 1780; rappelé à Dijon, par le concours, il remporta le grand prix de Rome; passa plusieurs années en Italie et fut ami intime du sculpteur Canova; toutes les infortunes l'accablèrent à son retour en France; timide de caractère, à peine était-il connu; malheureux dans son intérieur, le bonheur domestique ne le récompensait pas de la misère; enfin, une commande importante lui fut faite et son talent fut apprécié; on le chargea ensuite de peindre un tableau destiné au tribunal criminel, et il produisit sa belle toile du *Crime poursuivi par la justice céleste*, tableau pour lequel il fut décoré par l'empereur. Membre de l'Académie, depuis 1816; il travaillait encore trois jours avant sa mort. — Jésus-Christ sur la croix, Paris. La justice et la vengeance divine poursuivant le crime, *ib.* — Coloris recommandable, mais souvent trop violet; carnations charmantes, expressions enchanteresses, airs de tête ravissants, expression pleine de grâce; détails parfois un peu flous, un peu relâchés, dessin vague et un peu incorrect, contours et formes fantastiques; pensées poétiques. Surnommé le *Corrège de la France*.
LETHIÈRE (Guill.-Guillon).	1760 1832	Ste-Anne, dans la Guadeloupe. (Amérique.)	Id.	Élève de Doyen; remporta le grand prix, en 1786; nommé, en 1811, directeur de l'Académie de France, à Rome; en 1815 membre de l'Institut, professeur de l'école royale des beaux-arts, chevalier de la Légion d'honneur, etc. Mort à Paris. — Mort des fils de Brutus, Paris. Saint Louis visitant et touchant un pestiféré dans les plaines de Carthage, Bordeaux. Madeleine aux pieds de Jésus-Christ, Paris. Philoctète gravissant les rochers de Lemnos, *ib.* Le Christ sous la forme d'un jardinier, *ib.*
LANDON (Charles-Paul).	1760 1826	Nonant. (Orne.)	Hist. et portr.	Élève de Regnault, visita l'Italie, après avoir remporté le grand prix de Rome; littérateur, correspondant de l'Institut, conservateur des tableaux du musée; peintre du duc de Berry, etc. Mort à Paris. — Paul et Virginie, Paris. Dédale et Icare, *ib.* — Composition gracieuse, mais un peu froide, dessin peu savant; de la finesse dans les têtes de femme; coloris satisfaisant. Annales du musée et de l'école moderne des beaux-arts, 35 volumes, in-8°. Vies et œuvres des peintres les plus célèbres, 22 volumes, in-4°., etc.
GEORGET (Jean).	1760? 1823		Miniat.	Élève de David; abandonna pendant huit ans la peinture pour se faire acteur, et au bout de ce temps, reprit le pinceau; reçu à la manufacture de Sèvres, il en devint un des meilleurs artistes. Mort à Paris. — Peintre sur porcelaine. Coloris admirable.
BUTAY (Jean-Bapt.).	1760	Pau.	Hist. et pays.	Professeur de dessin au collége royal et à l'école gratuite de la ville de Pau; décoré, par le roi de Suède, de l'ordre de Wasa. — Tableaux d'autel, Bayonne. Fresques, Pau.
BROSSARD DE BEAULIEU (Marie-Renée-Geneviève).	1760	La Rochelle	Portr. et hist.	Élève de Greuze; agréée à l'Académie, en 1784, et membre de l'Académie de Rome, en 1785. — Tableaux, Pologne. — Graveur en manière noire.
BOISSIER (André-Claude).	1760	Nantes.	Hist.	Élève de Brenet; professeur des enfants du Saint-Esprit. Établi à Château-Gontier. — Assomption, Péking (Chine). Apothéose de saint Vincent de Paul, *ib.* Résurrection, Haussaye.
BALTZ (J.-George).	1760	Strasbourg.	Pays. et portr.	Ses petits tableaux sur porcelaine figurent dans quelques collections particulières en France, en Russie, en Angleterre et en Allemagne. — Peignait en miniature et sur porcelaine.
VIEN (Joseph-Marie) le jeune, fils de Joseph-Marie le vieux	1761	Paris.	Hist. et portr.	Élève de son père et de Vincent. Peintre amateur.
PERRIN (Alexis-Stanislas).	1761 1832		Hist.?	Détails inconnus.
GÉRARD (Marguerite).	1761	Grasse.	Genre et portr.	Élève de H. Fragonard. — Portrait de François Ier, Versailles.
GAUFFIER (Louis).	1761 1801	La Rochelle	Hist., genre et pays.	Élève de Taraval; remporta le grand prix, en 1784; visita Rome; fut reçu à l'Académie; mort à Florence. — La famille du peintre (la tête du peintre est exécutée par sa femme), Florence. — Manière fine, fine et gracieuse; peu d'énergie; goût délicat; fonds de paysages exécutés avec talent.
FOUCHER (Jean-François).	1761	Paris.	Marin.	S'occupa de la restauration des tableaux.
DEPERTHES (Jean-Baptiste).	1761 1833	Reims.	Pays.	Élève de Valenciennes; ne cultiva la peinture qu'en amateur. — Brouillard tombant, Reims. — Auteur de plusieurs ouvrages excellents sur l'art et les artistes.
BUGUET (Henri).	1761	Fresne. (Seine-et-Marne).	Hist. et portr.	Élève de David.
BURCH (André-Jacq.-Édouard Van der).	1761 1803	Montpellier.	Pays.	Mort à Paris.
BACLER-D'ALBE (Louis-Albert-G. baron de).	1761 1824	St-Pol. (Pas-de-Calais.)	Hist.	Passa plusieurs années en Suisse; revint en France, devint partisan de la révolution et s'enrôla dans l'armée; nommé général de brigade; directeur du dépôt de la guerre et adjoint au cabinet topographique de l'empereur Napoléon. Mort à Sèvres. — Souvenirs pittoresques ou vues lithographiées de la Suisse. Vues pittoresques du Haut-Foucigny, etc. Bataille de Rivoli, Versailles. Bombardement de Vienne, *ib.* On cite comme son chef-d'œuvre : La bataille d'Arcole. — Publia une carte du théâtre de la guerre en Italie, sous la république, ouvrage qui est considéré comme le meilleur qui existe en ce genre; dessinateur habile, géographe-cartographe distingué, écrivain de mérite et bon peintre.

NOMS.	ANNÉES DE NAISSANCE ET DE MORT.	LIEU DE NAISSANCE	GENRE.	NOTES HISTORIQUES. TABLEAUX PRINCIPAUX ET LIEUX OU ILS SE TROUVENT. OBSERVATIONS.
BRETON (JEAN-FRANÇOIS LE).	1761	Bonchamp près Laval. (Mayenne.)	Persp.	Élève de Vincent et de David ; professeur de dessin et de perspective à l'institution des Sourds et Muets.
BOILLY (LOUIS-LÉOPOLD).	1761	La Bassée .(Nord.)	Genre et portr.	Étudia sans maître ; artiste très-laborieux. — On lui doit à peu près 5,000 portraits. — Lithographe.
LEGUAY (CHARLES-ÉTIENNE).	1762	Sèvres.	Miniat. et portr.	Élève de l'école de la manufacture de Sèvres, puis de l'Académie, à Paris ; créa un nouveau système de couleurs pour la peinture sur porcelaine. — Eut quelques succès dans la peinture sur verre et excella dans la peinture sur porcelaine.
DABOS (LAURENT).	1762	Toulouse	Hist., portrait et genre.	Élève de Vincent ; obtint plusieurs médailles et des marques de distinction des principaux souverains de l'Europe. — On doit à cet artiste, Louis XVI écrivant son testament, tableau fait au Temple pendant la captivité de la famille royale, et le portrait de Louis XVII, d'après nature.
ALMOUL.	1762? 1842		Pays.	Mort à Versailles. — Jouit de quelque réputation.
VARENNE (CHARLES SANTO.RE de).	1763	Paris.	Pays. et mar.	Élève de Cl. J. Vernet ; premier professeur de l'Académie des beaux-arts de Varsovie : décoré de l'ordre de Saint-Stanislas de Pologne, par le czar Alexandre. — Incendie de Moscou, Saint-Pétersbourg.
TOURCATY (JEAN-FRANÇOIS).	1763	Id.	Portr. et hist.	Élève de J. Bardin ; agréé à l'Académie. — Graveur.
THIBOUST (JEAN-PIERRE).	1763	Id.	Miniat. et portr.	Élève de Durameau. — Peintre sur porcelaine.
LAURENT (JEAN-ANTOINE).	1763 1833	Baccarat. (Meurthe.)	Hist. et portr.	Élève de J. Durand ; conservateur du musée des Vosges. — La jeunesse de Duguesclin, Paris. Chérubert offrant l'anneau royal à Théodegilde, Auch. Clotilde de Surville, Parme. — Auteur d'un ouvrage théorique sur le dessin linéaire.
DROUAIS (JEAN-GERMAIN), fils d'Henri.	1763 1788	Paris.	Hist.	Élève de son père et de Brenet ; consacrait tous les moments de sa vie à la peinture et dessinait la nuit ; à 21 ans, il remporta le premier prix de l'Académie, par le beau tableau de la Cananéenne aux pieds du Christ, l'admiration pour cette œuvre fut si grande que Drouais fut porté en triomphe dans les rues de Paris. par ses condisciples ; le succès ne le rendit point orgueilleux ; visita l'Italie afin de perfectionner son rare talent, et y mourut d'une fièvre ardente, épuisé par le travail et à peine âgé de vingt-cinq ans. — Le Christ et la Cananéenne, Paris. Marius à Minturnes, ib. — Belle composition, ordonnance remplie de vigueur et d'énergie ; un des peintres les plus distingués de l'école française.
CHAUDET (ANTOINE-DENIS).	1763 1810	Id.	Hist.	Membre de l'Institut. Sa femme et son élève Jeanne-Élisabeth Gabiou, née à Paris en 1767, cultiva la peinture de genre et le portrait. — Également sculpteur.
SIMON (LOUIS-ANDRÉ).	1764	Id.	Décor.	Détails inconnus.
PRÉVOST (PIERRE).	1764 1823	Montigny près de Châteaudun	Panoramas.	Fils de cultivateurs. Commença à travailler à Valenciennes, puis se rendit à Paris. On lui doit l'invention des panoramas quoiqu'on l'attribue à Fulton. En 1817, il s'embarqua pour la Grèce et l'Asie avec M. de Forbin. Une fluxion de poitrine qu'il avait contractée en peignant le panorama d'Athènes, l'enleva à 59 ans. Cette mort ne lui permit pas de mettre à exécution l'idée qu'il avait eue de travailler pour les pauvres. — Panoramas de Rome, de Naples, d'Amsterdam, de Boulogne, de Tilsitt, de Londres, de Wagram, d'Anvers, de Jérusalem et d'Athènes. — Personne ne poussa l'illusion aussi loin que ce peintre. Effet prodigieux ; exactitude de détails remarquable. Pinceau léger et gracieux.
MILLIN DU PERREUX (ALEXANDRE-LOUIS-ROBERT).	1764	Paris.	Pays. histor.	Élève de Huc et de Valenciennes ; visita, à plusieurs reprises différentes, la Suisse, l'Italie et les Pyrénées. Chevalier de la Légion d'honneur. — Rentrée des Chartreux à la grande Chartreuse, Paris. Charles VII et Jeanne d'Arc, Tours. — Les figures de ses tableaux sont quelquefois de De Masne (peintre flamand).
ÉPINAT (FLEURY).	1764	Montbrison.	Pays. et hist.	Élève de David ; accompagna son maître à Rome, passa quinze ans en Italie et, à son retour en France, abandonna l'histoire pour le paysage historique.
DUBUISSON (JEAN).	1764	Langres.	Hist.	Élève de l'Académie de Dijon ; se rendit à Paris et y fut élève de Suvée (peintre flamand). Attaché à la cour du prince de Deux-Ponts et ensuite directeur de l'école des beaux-arts, à Langres. — Apothéose de Saint-Martin, Langres. Fuite en Égypte, ib. Jésus-Christ appelant à lui les petits enfants, ib. Et autres, ib.
DESFOSSEZ (CHARL.-HENRI, VICOMTE).	1764	Château-de-Cappy. (Oise.)	Miniat.	Élève d'Augustin et de Greuze ; membre de l'Académie des beaux-arts de Florence, en 1808, et de du Val d'Arno, en 1809.
BALLY (ALEXANDRE).	1764	Paris.	Portr.	Élève de David ; ex-professeur de l'école centrale de Nîmes ; membre de l'Académie de Marseille, ville qu'il choisit pour résidence.
TARDIEU, dit COCHIN (JEAN-CHARL.).	1765	Id.	Hist., portrait et pays.	Élève de Regnault ; fils et petit-fils de graveurs. — Allégorie, Rouen. Tableaux, Paris. Tableaux, Besançon. Tableaux, Nîmes. Tableaux, Lons-le-Saulnier. Halte de l'armée française à Sienne, Versailles.
MELLING (N.).	1765	Suisse.	Pays.	S'établit à Paris. y fut attaché au ministère des affaires étrangères, visita Constantinople et fit encore plusieurs autres voyages. Chevalier de la Légion d'honneur.
HOOGHSTOEL (JEAN-MARIE).	1765	Paris.	Hist.	Élève de David ; restaurateur des tableaux du Musée royal ; fut employé dans cette branche par la plupart des souverains étrangers.

NOMS.	ANNÉES DE NAISSANCE ET DE MORT.	LIEU DE NAISSANCE	GENRE.	NOTES HISTORIQUES. TABLEAUX PRINCIPAUX ET LIEUX OU ILS SE TROUVENT. OBSERVATIONS.
PAJOU (Jacques-Augustin).	1766 1820?	Paris.	Hist. et portr.	Élève de Vincent et fils du célèbre sculpteur Pajou. — OEdipe maudissant Polynice, Fontainebleau. Consécration de sainte Geneviève, Paris.
FABRE (François-Xavier).	1766 1837	Montpellier.	Hist., pays. et portr.	Élève de David ; on assure qu'un mariage secret l'avait uni à la comtesse d'Albani, veuve du dernier des Stuarts. Cette dame lui ayant légué toute sa fortune, il l'employa à fonder, à Montpellier, le Musée qui porte son nom. Habita l'Italie de 1787 à 1826 ; il fut professeur à l'Académie de Florence. Décoré de plusieurs ordres et créé baron, en 1828. — Mort d'Abel, Montpellier. Saül poursuivi par l'ombre de Samuël, ib. Sainte Famille, ib. OEdipe à Colonne, ib. Mort de Narcisse, ib. Portrait de Canova, ib. Portrait de Vittorio Alfieri, Florence. — Belle exécution ; ressemblance très-satisfaisante. Graveur à l'eau-forte.
GIRODET-TRIOSON (Anne-Louis).	1767 1824	Montargis.	Hist. et portr.	Élève de David ; remporta le grand prix de peinture, en 1789, et partit pour Rome : son nom était Girodet, mais en 1812, il y joignit celui de son tuteur, le docteur Trioson. Membre de l'Académie des beaux-arts, de l'Institut, du conseil établi près le ministère de la maison du roi, en 1816 : le roi lui décerna après sa mort les insignes d'officier de la Légion d'honneur et elles furent attachées sur son cercueil. Mort à Paris. On a publié, en 1829, les OEuvres posthumes, poétiques et didactiques de Girodet-Trioson, 2 volumes, in-8°. — Romulus faisant tuer Tatius, Angers. Scène du déluge, Paris. Révolte du Caire, ib. Sommeil d'Endymion, ib. Atala au tombeau, ib. Napoléon reçoit les clefs de Vienne, Versailles. — Dessin pur et savant, coloris médiocre, imagination vive, brillante, poétique ; touche gracieuse, séduisante ; les tableaux qu'il concevait lui-même sont supérieurs à ceux qui lui étaient commandés ; ses compositions sont remplies d'un charme inexprimable.
GIRARDIN (Alexandre-François-Louis COMTE DE).	1767	Paris.	Hist. et pays.	Élève de Bidault. Chevalier de la Légion d'honneur et de Saint-Louis.
DELAPLACE (Jacq.).	1767	Vernon. (Eure.)	Portr. en min..	Élève de Chatelain et Renou. — Dessinateur à l'aquarelle.
BOURGEOIS (Florent-Fidèle-Constant).	1767	Paris.	Pays. histor.	Élève de David ; visita trois fois l'Italie, voyagea en Suisse, parcourut toute la France ; fut nommé membre de la Légion d'honneur, en 1827. — Plusieurs de ses tableaux sont en Russie et en Allemagne. Tableau, Fontainebleau. Tableau, Trianon. — S'occupa également de lithographie.
BARRABAND (Pierre-Paul).	1767 1809	Aubusson (Creuse.)	Fleurs, fruits, hist. et nature morte.	Élève de Malaine, à Paris, où il vint à l'âge de seize ans ; exécuta de nombreux dessins pour la manufacture de Sèvres, dont il contriba beaucoup à étendre la réputation ; nommé professeur à l'école des arts de Lyon, il mourut peu de temps après son arrivée dans cette ville. — Plusieurs de ses productions figurent dans le grand Ouvrage d'Égypte. — Grande facilité ; coloris plein d'effet et de fraîcheur ; inimitable pour l'exécution des oiseaux, surtout les oiseaux de paradis. Quelques biographes lui donnent, par erreur, le prénom de Jacques, et le font naître en 1772.
MEYNIER (Charles).	1768 1832	Paris.	Hist. et bataill.	Élève de Vincent, membre de l'Institut ; remporta le grand prix de Rome, en 1789, membre de l'Institut, en 1815, chevalier de la Légion d'honneur, en 1822. — Le 66e de ligne reprenant ses drapeaux à Inspruck, Versailles. Entrée des Français à Berlin, ib. Saint Vincent de Paul, Lyon. Alexandre et Campaspe, Rennes. Triomphe de saint Michel sur le démon, Saint-Mandé. OEdipe enfant présenté à Péribée, Paris.
MENJAUD (Alexandre).	1768 1832	Id.	Genre, histoire et portr.	Élève de Regnault ; remporta le grand prix de peinture, en 1802. — L'avare puni, Paris. Mort du duc de Berri, ib.
CELLIER (François-Placide), fils de Célestin.	1768	Valenciennes.	Hist. et genre.	Élève de son père et de Momal ; membre de l'Académie de sa ville natale ; peintre amateur. — Méléagre et Atalante, Valenciennes. Une Idylle, ib.
BENOIST (Marie-Guilhelmine, née DE LA VILLE-LEROUX)	1768 1826	Paris.	Portr., etc.	Élève de madame Lebrun et de David. — Portrait d'une négresse, Paris. — Elle fut célèbre sous le nom d'Émilie, dans les Lettres sur la mythologie, que lui adressa Demoustier.
TOPINO-LEBRUN (François-Jean-Baptiste).	1769 1801	Marseille	Hist. et portr.	Fut envoyé à Rome, comme élève et s'y lia intimement avec David, qui le reçut dans son école à son retour à Paris ; se passionna pour la révolution et se livra à tous ses excès ; fut nommé en 1793, juré du tribunal révolutionnaire, et quoique bon serviable, et ami sincère, il se laissa entraîner, par son imagination à voter un grand nombre de condamnations iniques, et s'égara entièrement ; traduit lui-même devant les tribunaux, la mort de Robespierre le sauva ; son esprit exalté le ramena toujours dans les intrigues politiques et il périt sur l'échafaud, accusé d'avoir conspiré contre le premier consul, avec Demerville, Aréna et le sculpteur Ceracchi. — Mort de Caïus Gracchus, Marseille. — Un de ses tableaux, La mort de Caïus Gracchus, fut couronné au salon et valut à son auteur une récompense du gouvernement ; ce tableau annonce pour le genre de l'histoire, un talent auquel il fut rendu justice.
SWEBACH (Jacques-Fr.-Jo.), dit FONTAINE.	1769 1823	Metz.		Directeur de la fabrique de porcelaine de l'empereur de Russie.
GAUTHEROT (Claude).	1769 1825	Paris.	Hist. et portr.	Élève de David ; son amitié avec ce peintre le jeta dans de fâcheux écarts révolutionnaires ; il ouvrit une école préparatoire où vinrent étudier les plus célèbres artistes. — Napoléon harangue les troupes sur le pont du Lech, Versailles.
CIOR (Pierre-Charl.)	1769	Id.	Hist., miniat. et portr.	Élève de Bauzin ; peintre en miniature du roi d'Espagne. — Saint Thibault, Rue-Saint-Pierre (près Beauvais). Tableaux, Paris.
BERTIER (Louis-Marie).	1769	Neuilly. (Somme.)	Hist. et portr.	Élève de Regnault.

NOMS.	ANNÉES DE NAISSANCE ET DE MORT.	LIEU DE NAISSANCE	GENRE.	NOTES HISTORIQUES. TABLEAUX PRINCIPAUX ET LIEUX OU ILS SE TROUVENT. OBSERVATIONS.
BARBIER–WALBON-NE (Jean-Luc).	1769	Nismes.	Hist. et portr.	Élève de David. — Portraits des maréchaux Moncey, Raguse et Moreau, Paris. Scène morale d'un père à son fils (tableau couronné).
HUET (Nicolas), fils de Jean-Baptiste.	1770	Paris.	Hist. natur. et anim.	Élève de son père; peintre du Musée d'histoire naturelle et chargé du cours public d'iconographie des animaux. — Travailla à la collection de vélins, commencée en 1650, par Gaston d'Orléans. — Dessinateur.
GÉRARD (Le baron François).	1770 1837	Rome.	Hist. et portr.	Élève de Brenet, puis de David, en 1786; né d'un père français et d'une mère italienne; concourut en 1789, et remporta le second prix; la mort de sa mère et sa ruine totale lui firent perdre quatre de ses plus belles années, pendant lesquelles il avait fait une courte excursion en Italie. Vers 1800 sa position s'améliora et dès lors tous les grands voulurent se faire peindre par lui; plus tard, Louis XVIII, l'empereur de Russie, le roi de Prusse et bien d'autres princes vinrent eux-mêmes poser dans son atelier. Il avait été nommé membre de la Légion d'honneur à la fondation de l'ordre; Louis XVIII le créa baron et lui donna le titre de premier peintre du roi. L'Institut l'admit dans son sein à l'unanimité des voix. Pendant trente-cinq ans, sa maison fut le rendez-vous des hommes les plus distingués de son époque, tant étrangers que français, et sa mort qui arriva après une courte maladie fut vivement regrettée par tous ceux qui l'avaient connu. — Peste de Marseille, Marseille. Les trois âges, Naples. Portrait de l'empereur Napoléon, Dresde. L'Amour et Psyché, Paris. Sacre de Charles X à Rheims, Versailles. Philippe de France, duc d'Anjou, déclaré roi d'Espagne, ib. Le génie, le courage, la force et la vigilance (allégorie), ib. Entrée de Henri IV à Paris, ib. Bataille d'Austerlitz, ib. — Belle entente de la composition, exécution presque toujours supérieure; goût exquis; pinceau délicat, harmonie remplie de douceur; beau caractère de têtes; expression ordinairement juste, tantôt grave et mélancolique, tantôt douce et ingénue et toujours pleine de variété; ensemble imposant, grandiose, touche large et hardie, imagination poétique; excella dans les accessoires.
FEVRET DE SAINT-MÉMIN (Charles-Balth.-Julien).	1770	Dijon.		Conservateur du Musée de Dijon, depuis 1817. — Dessinateur.
DUFAU (Fortuné).	1770? 1821	St-Do-mingue. (Amérique.)	Genre portr. et hist.	Élève de David; visita l'Italie; soldat réquisitionnaire, il fut fait prisonnier et conduit en Hongrie où son talent lui permit d'adoucir sa captivité; revint en France après la guerre et fut nommé professeur de dessin à l'école de cavalerie de Saint-Germain et à celle de Saint-Cyr.
CRINON (Pierre-Mé-dard).	1770	Vez. (Oise.)	Miniat.	Élève de Vincent; membre de l'ancienne Académie.
DEVOSGE (Anatole), fils de François.	1770	Dijon.	Hist.	Élève de son père et de David; directeur et professeur de peinture à l'école des beaux-arts de sa ville natale; membre de l'Académie. — Dévouement de Cimon, fils de Miltiade, Dijon. Hercule délivrant Phillo, ib.
DEVOUGE (Louis-Benjamin-Marie).	1770	Paris.	Hist. et portr.	Élève de Regnault et de David; séjourna en Russie; professeur au grand collège de Lyon. — Descente de croix, Orléans. Résurrection, en Bretagne. Tableaux, Saint-Pétersbourg.
AUBRY (Louis-Fran-çois).	1770	Id.	Miniat. et portr.	Élève de Vincent et d'Isabey. — Portraits du roi et de la reine de Westphalie. Portrait de Dérivis. — Ses tableaux ont mérité de prendre place dans plusieurs remarquables galeries particulières.
PHILIPPINE (Jean-François).	1771	Sèvres.	Fleurs, fruits et portr.	Élève de la manufacture royale de Sèvres. — Peintre sur porcelaine.
PEYNAUD Jacques-François).	1771 1829	Laferté-St-Aubin.	Hist., fleurs, mar., etc.	Élève de l'Académie d'Orléans, puis de Girodet et d'Aubry. Fut, pendant dix-huit ans, directeur de l'école gratuite de dessin, à Saint-Malo, où il mourut. — Martyre de saint Clément, Cancales (Ille-et-Vilaine). Les âmes du purgatoire, Pleustuis (Ille-et-Vilaine). Portrait de Mauperluis, Saint-Malo.
MARLET (Jean-Henri)	1771	Autun.	Hist., genre et portr.	Élève de l'Académie de Dijon et de Regnault; fit les portraits de plusieurs grands personnages. — Lithographe.
LENOIR (Adélaïde), née BINART.	1771	Paris.	Portr.	Élève de Regnault.
GROS (Le baron An-toine-Louis).	1771 1835	Id.	Hist. et portr.	Élève de David; remporta le grand prix de Rome; fut forcé, pendant son séjour en Italie, de se faire peintre de miniature; revint en France, vers 1800; excita bientôt l'enthousiasme par les belles toiles qu'il produisit son pinceau; créé chevalier de la Légion d'honneur, par Bonaparte. La faveur dont il avait joui sous le consulat et l'empire lui fut continuée sous la restauration; il fut nommé baron, officier de la Légion d'honneur et chevalier de l'ordre de Saint-Michel. On prétend que les critiques faites sur son dernier ouvrage, Le Diomède, frappèrent son esprit, naturellement triste et morose, lui firent apprécier l'inconstance de la gloire et contribuèrent à hâter sa mort. — Fresques, Paris. Le champ de bataille d'Eylau, ib. François Ier et Charles-Quint visitant l'église de Saint-Denis, ib. Le général Bonaparte visite les pestiférés de Jaffa, Versailles. Louis XVIII quitte le palais des Tuileries, ib. Revue de la garde royale à Reims, par Charles X, ib. Bataille d'Aboukir, ib. Bataille des Pyramides, ib. Entrevue de Napoléon et de François II, après la bataille d'Austerlitz, ib. Capitulation de Madrid, ib. — Pinceau plein de hardiesse, de fougue et d'éclat; couleur riche, sans être toujours naturelle, dessin animé, mais souvent peu correct; effet puissant; exécution peut-être trop prompte et trop facile; verve originale; manière large et grandiose. Son père peignait bien la miniature et sa mère exécutait de jolis pastels.
DUQUEYLAR (Paul).	1771	Digne.	Hist. et pays.	Élève de David.
VALDAHON (De).	1772	Dôle. (Jura.)	Hist. et portr.	Détails inconnus.
CHARLES.	1772	Paris.	Pays.	Élève de Delamarre.

NOMS.	ANNÉES DE NAISSANCE ET DE MORT.	LIEU DE NAISSANCE	GENRE.	NOTES HISTORIQUES. — TABLEAUX PRINCIPAUX ET LIEUX OU ILS SE TROUVENT. — OBSERVATIONS.
CRÉPIN (Louis-Philippe).	1772	Paris.	Marin.	Élève de Regnault, d'Hubert Robert et de C. J. Vernet ; peintre de beaucoup de mérite. — La Bavonnaise prenant à l'abordage la corvette anglaise l'Embuscade, Paris. Voyage de Louis XVI à Cherbourg, Versailles. Combat naval entre les Anglais et les Français, ib. — Dessinateur, graveur à l'eau-forte, à l'aqua-tinta et à la manière anglaise.
CASTELLAN (Antoine-Laurent).	1772	Montpellier.	Pays.	Élève de Valenciennes ; membre honoraire de l'Académie royale des beaux-arts, du conseil des Musées, etc. — Graveur à l'eau-forte.
BESSA (Pancrace).	1772	Paris.	Fleurs, fruits et hist. natur.	Élève de G. Van Spaendonck et de Redouté ; peintre de fleurs de la duchesse de Berri, à laquelle il donna des leçons ; peintre du Musée d'histoire naturelle, depuis 1823. — Dessins du Nouveau Duhamel, 7 volumes, in-folio. 600 dessins pour l'Herbier de l'Amateur — Plusieurs de ses ouvrages ont été acquis par des princes et souverains étrangers.
AUTISSIER (Louis-Marie).	1772 1830	Vannes. (Bretagne.)	Minial. et portr.	Élève de Vautrin ; s'établit à Bruxelles ; membre de l'Académie des beaux-arts de Gand, depuis 1812 ; exécuta les portraits de plusieurs personnages élevés. — Acquit une réputation méritée.
VÉRON, dit BELLECOURT.	1773	Paris.	Hist. et fleurs.	Élève de David et de G. Van Spaendonck (peintre flamand).
MONTABERT (Jacq.-Nicolas PAILLOT de).	1773	Troyes. (Aube.)	Hist. et portr.	Élève de David. — Inventa un nouveau procédé de couleurs, qui semble très-analogue à l'encaustique employé par les anciens.
LEMIRE (Antoine SAUVAGE, dit).	1773	Lunéville	Id.	Élève de Regnault. — Mort d'Annibal, Douai. Portrait du duc d'Angoulême, Paris.
LAJOYE (N.).	1773	Saint-Chabraix. (Creuse.)	Pays. et anim.	Détails inconnus. — Paysage, Douai.
GIRTIN (Louis).	1773 1802		Hist. et vues de ville.	Détails inconnus. — Peignit des panoramas.
DUCIS (Louis).	1773		Hist. et portr.	Élève de David. — Mort du Tasse, Lyon. Tableaux, Paris.
COUPIN DE LA COUPRIE (Marie-Phil.).	1773	Sèvres.	Hist.	Établi à Versailles ; professeur de dessin à l'école militaire de Saint-Cyr. — Sully au tombeau de Henri IV, Paris. Valentine de Milan, Saint-Cloud.
BORDES (Joseph).	1773	Toulon.	Minial.	Élève d'Isabey ; remporta différentes médailles aux expositions.
VAUTHIER (Jules-Antoine).	1774	Paris.	Hist.	Élève de Regnault. — Dessinateur et lithographe.
NAUDET (Thomas-Charles).	1774 1810	Id.	Pays.	Détails inconnus.
LEDRU (Hilaire).	1774	Opt. (Pas-de-Calais.)	Hist., genre et portr.	Étudia sans maître.
LAFOND (Charles-Nicolas-Joseph).	1774	Paris.	Hist. et portr.	Élève de Regnault ; chargé d'exécuter les tableaux et décors pour le passage du roi à Arras ; mérita plusieurs médailles de première classe. — Énée au mont Ida, Rouen. La chaste Suzanne . Meudon. L'ombre de Samuel, Dijon. Testament d'Eudamidas, Paris. Assomption, Toulouse. Nativité, ib. Christ, Tulle.
KRANTZ (Martin-Nicolas).	1774	Nancy.	Pays., genre et décor.	Étudia sans maître ; établi à Épinal et professeur au collége de cette ville. — Tableaux, Épinal. — Restaurateur de tableaux.
GUÉRIN (Le baron Pierre-Narcisse).	1774 1833	Paris.	Hist. et portr.	Élève de Regnault ; visita l'Italie à plusieurs reprises. Nommé directeur de l'école française à Rome, honneur qu'il refusa d'abord et qu'il accepta, en 1822 ; mort à Rome ; un des premiers membres de la Légion d'honneur ; membre de l'Institut depuis 1816 ; créé baron. et chevalier de l'ordre Saint-Michel, par Louis XVIII. — Mort du maréchal Lannes, Valenciennes. Louis XVIII, roi de France, Londres. Énée racontant à Didon les malheurs de la ville de Troie, Paris. La piété filiale, ib. Phèdre et Hippolyte, ib. Fureurs de Clytemnestre, ib. Marcus Sextus, ib. Andromaque et Pyrrhus, ib. Bonaparte faisant grâce aux révoltés du Caire, Versailles. — Composition grave et simple, expression forte et vraie, formes pures, coloris vigoureux, pinceau gracieux et naïf ; style mâle et touchant tout à la fois.
BROCAS (Charles).	1774	Toulouse	Id.	Élève de Roque et de Regnault.
BAUDRY DE BALSAC (Mme Thérèse).	1774	Paris.	Hist. natur.	Élève du sculpteur Pecquinot et de G. Van Spaendonck (peintre flamand). Pensionnaire de l'ordre de la Légion d'honneur. — Quelques-uns de ses dessins de botanique ont été gravés par Legrand, pour les Annales du Muséum d'histoire naturelle.
TURPIN (Pierre-Jean-François).	1775	Vire. (Calvados.)	Id.	Étudia sans maître. — Bon dessinateur.
MORTELÈQUE (Ferdinand-Henri).	1775?	Tournay.	Hist., int. d'égl. etc.	Peignit beaucoup sur verre. — Inventeur d'un procédé pour peindre sur la lave d'Auvergne ou de Volvic.

NOMS.	ANNÉES DE NAISSANCE ET DE MORT.	LIEU DE NAISSANCE	GENRE.	NOTES HISTORIQUES. — TABLEAUX PRINCIPAUX ET LIEUX OU ILS SE TROUVENT. — OBSERVATIONS.
LEJEUNE (Louis-François).	1775	Stras-bourg.	Batail.	Élève de Valenciennes. Baron, ancien aide de camp du général Berthier, maréchal de camp d'état-major; chevalier de Saint-Louis et commandeur de la Légion d'honneur.
LAGRÉNÉE (Anselme-François), fils de Louis.	1775 1832	Paris.	Hist.. portrait. min., etc.	Élève de Vincent; après avoir suivi pendant quelque temps la carrière militaire il revint à ses pinceaux; visita la Russie. Mort du choléra. — Peintre médiocre.
GABRIEL (George-François-Marie).	1775	Id.	Portr. en min. et à l'aquarelle.	Élève de Naigeon et de Regnault. — Dessins pour le grand ouvrage de l'Institut d'Égypte. — — Dessinateur et lithographe.
BERTIN (Jean-Victor)	1775	Id.	Pays. histor.	Élève de Valenciennes; obtint une médaille d'or de première classe, en 1808, et fut nommé, en 1817, chevalier de la Légion d'honneur. — Vue de la ville d'Olevano, Trianon. Offrande au Dieu Pan, Rennes. Chérebert et Théodegilde, Fontainebleau. — Fondateur de l'école de paysage historique.
BERLOT (Jean-Bapt.)	1775	Ver-sailles.	Arch. et pays.	Élève de H. Robert. — Ses ouvrages consistent surtout en vues d'Italie.
AUZOU (Pauline), née DESMARQUETS.	1775	Paris.	Genre et portr.	Élève de Regnault. — Marie-Louise, au moment de partir pour la France, distribue ses bijoux à ses frères et à ses sœurs, Versailles. Arrivée de Marie-Louise à Compiègne, ib.
GAUFFIER (Pauline), née CHÂTILLON.	†1801		Hist.?	Élève de son mari et de Drouais. Morte à Florence, environ trois mois avant son mari. — Beaucoup de délicatesse; plusieurs de ses tableaux ont été gravés en Angleterre, par Bartolozzi.
BRUANDET.	†1803		Pays.	Peintre de beaucoup de mérite. — Ses meilleurs tableaux représentent des forêts; imitation vraie, exécution soignée.
LAVALLÉ-POUSSIN.	†1803		Hist.	Élève de J. B. Pierre; académicien, chevalier donato de l'ordre de Malte, de l'Académie des Arcades, de Rome. Mort à Paris. — Mérite très-faible.
MARTEAU (Louis).	†1805	Paris.	Portr.	Se rendit en Pologne, comme pensionnaire du roi, y resta presque toute sa vie et y mourut très-vieux. Tous les grands se firent peindre par lui. — Le grand nombre de commandes dont il fut accablé l'engagea à choisir le genre du pastel dans lequel il brilla par beaucoup de force et de légèreté.
MOREAU (Louis-G.).	†1806		Pays. à la gouache et vues de ville.	Élève de Machy. Frère aîné du célèbre dessinateur de ce nom. — Beaucoup de goût.
LUCAS (Jean-Paul).	†1808	Tou-louse ?		Fils du statuaire Pierre Lucas.
PILLEMENT (Jean).	†1808		Pays. et mar.	Détails inconnus. — Port de mer (au pastel), Florence. Tempête sur mer, ib. Paysages, Madrid. — Plus connu pour ses dessins à la plume ou lavés à l'encre. Imagination très-vive.
CARAFFE (Armand-Charles).	†1812		Hist.	Élève de L. Lagrénée; habita Rome; se fit remarquer, à son retour en France, par ses opinions républicaines Passa dix ans en Russie. Remporta un prix par son tableau L'Amour se console auprès de l'Amitié des outrages du Temps. —Sujets allégoriques, Paris. —Bon goût de dessin, coloris suave, effet lumineux, composition gracieuse, caractères vrais.
CHASSELAT (Pierre).	†1814		Minint. et portr.	Élève de Vien. Mort à Paris.
MAYER (Constance).	†1821?		Portr. et genre.	Élève de Suvée (peintre flamand), de Greuze et de Prudhon.
DIÉBOLT, le vieux.	†1822		Pays.	Détails inconnus.
HUE (J. F.).	†1825?		Pays. et mar.	Détails inconnus. — Reprise de Gênes par l'armée française, Versailles. L'armée française traverse le Danube à l'île de Lobau, ib. Et autres, ib.
DESPORTES, fils de François.	*1700			Détails inconnus. — Mérite bien inférieur à celui de son père. Auteur de la Vie de Lebrun.
DUPLESSIS, le père.	*1700			Chirurgien distingué, abandonna cet état pour se livrer entièrement à la peinture.
FERRAND (Antoine), fils de Jacq.-Phil.	*1700			Détails inconnus.
TOUTON.	*1700		Émail.	Successeur du Suisse Petitot. — Émaux, Paris.
MILÉ, dit FRAN-CISQUE.	*1709		Pays. histor.	Reçu académicien, en 1709.
GOLBERT.	*1714		Portr.	Détails inconnus. — Louis, dauphin de France, Madrid. La famille de Louis XV, ib.
VIALY (Louis-René de).	*1716		Id.	Élève d'H. Rigaud; exécuta le portrait de don Philippe, infant d'Espagne et de plusieurs membres de la famille royale de France.
CREC (C. J. de).	*1717		Genre.	Détails inconnus. — Bal travesti dans lequel figurent les domestiques de la maison du prince de Croy, Valenciennes.

NOMS.	ANNÉES DE NAISSANCE ET DE MORT.	LIEU DE NAISSANCE	GENRE.	NOTES HISTORIQUES. TABLEAUX PRINCIPAUX ET LIEUX OU ILS SE TROUVENT. OBSERVATIONS.
DUMONT (J.).	*1740		Hist. et genre.	Académicien — Ne serait-ce pas le même que Dumont le Romain ?
GILIS (Antoine).	*Id.		Hist.	S'établit à Valenciennes. Également sculpteur.
BOIZOT (Antoine).	*Id.	Paris.	Id.	Fut mis au nombre des académiciens, en 1736. — Attaché à la manufacture des Gobelins.
COURTIN (Jacques-François)..	*1745	Sens. (Bourgogne)	Id.	Élève de L. Boullongne, le jeune. Reçu à l'Académie, en 1710. — Le Christ mort sur les genoux de sa mère, Bruxelles.
DE LETTRE.	*Id.		Id.	Fit partie de l'Académie.
DATHAN (George).	*Id.		Hist. et portr.	Détails inconnus. — Allégorie sur le mariage de la princesse Marie-Joséphine, fille d'Auguste III, roi de Pologne, avec le Dauphin, fils de Louis XV, en 1747, Dresde.
DELOBEL (Nicolas`.	*Id.		Id.	Élève de L. Boullongne, le jeune ; membre de l'Académie.
LESUEUR (Pierre).	*Id.		Portr.	Fit partie de l'Académie.
POITREAU (Étienne)	*Id.	Corbigny. (Nivernais.)	Pays.	Détails inconnus.
PARROCEL (Joseph-Ignace), fils de Pierre.	*1747	Avignon.		Membre de l'Académie de peinture ; mort à Paris vers la fin du règne de Louis XV ; le dernier artiste de la célèbre famille des Parrocel. — Bataille de Lawfeld, Versailles. — Ne laissa que des filles : l'aînée, madame de Valsanreaux, s'adonna à la peinture dans le genre des fleurs et des animaux et mourut dans un âge très-avancé.
BOITARD (Louis-Pierre).	*1750	France.	Portr.	S'établit à Londres. — Graveur.
ROUQUET.	*1755		Portr. en min. et sur émail.	Reçu à l'Académie, en 1753.
JULIARD (Nicolas-Jacques).	*1759		Pays.	Élève de Boucher. Reçu à l'Académie , sans doute à cause du peu de peintres de paysages qu'il y avait à cette époque. — Dépourvu de toute espèce de mérite.
VALADE (Jean).	*1760	Poitiers.	Portr.	Fit partie des membres de l'Académie.
MACHY (Pierre-Antoine de).	*Id.		Pays. et archit.	Contemporain d'Hubert Robert ; membre de l'Académie, en 1788. — Les ruines d'un temple, Valenciennes. — Sa manière se rapproche de celle d'H. Robert.
JEAURAT DE BERTRY (Nicol.-Henri)	*Id.		Sujets libres, orn., etc.	Peintre et pensionnaire de Marie Leczinska, femme de Louis XV ; reçu à l'Académie, en 1756.
VOIRIOT (Guillaume)	*1765	Paris	Portr.	Agréé à l'Académie, en 1757 et nommé académicien en 1759 ; membre de l'Institut de Bologne, de l'Académie de Florence et de celle de Rouen.
GLAIN (Pascal de).	*1769	France.	Portr. au pastel.	Détails inconnus.
GUERRIN (François).	*1770	Paris.	Scènes populair. en petit.	Fit partie de l'Académie.
GUILLET (A.).	*Id.		Portr.	Détails inconnus.
BELLENGÉ (Michel-Bruno).	*1775	Rouen.	Fleurs et fr.	Fit partie de l'Académie. — Artiste médiocre.
BRENET.	*1777		Hist. et portr.	Membre de l'Académie ; il fut le premier maître de Gérard. — Prise de Châteauneuf de Randon et mort de Duguesclin, Versailles.
CHERY (Philippe).	*1790		Id.	Élève de Vien. — Annonciation , Gonerville. Tableaux , Boulogne-sur-Mer. Décollation de saint Jean, Carentan. Martyre de saint Étienne, Metz. — Auteur de plusieurs ouvrages de littérature.
FORTIN (Augustin-Félix`.	*Id.		Pays. et genre.	Membre de l'Académie.
ZIESEL (G.).	*Id.	Anvers.	Fleurs et fr.	Établi à Paris. — Grand fini ; beaucoup d'effet.
ARMAND.	*XVIIIe siècle.		Ois.	Travailla dans la manufacture de Sèvres. — Se distingua dans son genre.
BALTARD.	*Id.		Pays.	Architecte. Auteur de Paris et ses monuments. — Vue de Castel-Gandolfo.
BAUZIN.	*Id.			Détails inconnus.
BAYEUL.	*Id.		Portr.	Élève d'H. Rigaud.
BEAUFORT.	*Id.		Hist.	Reçu à l'Académie.

NOMS.	ANNÉES DE NAISSANCE ET DE MORT.	LIEU DE NAISSANCE	GENRE.	NOTES HISTORIQUES. — TABLEAUX PRINCIPAUX ET LIEUX OU ILS SE TROUVENT. — OBSERVATIONS.
BEIL (Antoine).	*xviiie siècle.		Pays.	Membre de l'Académie. — Peintre au-dessous du médiocre.
BENARD (Jean-Baptiste).	*Id.		Pays., bamb. et scènes famil.	Détails inconnus.
BERTAUX (J.).	*Id.		Pays. et bat.	Détails inconnus.
BIDAULD (Pierre-Xavier), frère de Joseph-Xavier.	*Id.		Pays. et hist. natur.	Détails inconnus.
BOUILLAT.	*Id.		Fleurs et fr.	Employé à la manufacture de Sèvres. — Bon peintre sur porcelaine.
BOUQUET..	*Id.		Émail.	Détails inconnus.
BOUTON.	*Id.		Id.	Détails inconnus.
CARESME (Jacques-Philippe).	*Id.		Hist. et genre.	Agréé à l'Académie.
CARLIER (P.).	*Id.		Genre	Ancien restaurateur des tableaux du roi.
CASTEL. .	*Id.		Ois.	Travailla dans la manufacture de Sèvres. — S'acquit de la réputation comme peintre sur porcelaine.
CAUSET.	*Id.		Hist.	Élève et filleul de Ch. Parrocel.
CATON.	*Id.		Figur.	Peintre de la manufacture de Sèvres. — Artiste de mérite.
CELLIER (Célestin).	*Id. .		Portr. et hist.	Fut souvent employé pour la décoration des églises. — La plupart de ses tableaux ont disparu, lors de la révolution de 1793. — Artiste distingué.
CHAISES.	*Id.		Hist.	Mort jeune après avoir été agréé à l'Académie presqu'en même temps que Gauffier. — Peintre médiocre.
CHARLES (Claude).	*Id.			Détails inconnus.
CHARLIER (Jacques).	*Id.		Miniat. et portr.	On le croit élève de Boucher. — Peignit beaucoup sur ivoire, d'après des tableaux de son maître.
CHATELAIN.	*Id.			Détails inconnus.
CHEVALIER.	*Id.		Portr., genre et hist.	Élève de J. Raoux.
CHULOT.	*Id.		Arabesques.	Employé à la manufacture de Sèvres. — Peintre distingué.
CLAUDOT.	*Id.	Nancy.	Portr.	Détails inconnus.
CORNICAL.	*Id.		Hist.	Élève de L. Boullongne, le jeune.
COVINS.	*Id.		Fleurs et fr.	Élève de Blain de Fontenay.
CROISAC.	*Id.		Hist.	Élève d'Ant. Rivals.
DAVESNE.	*Id.			Donna des leçons à madame Lebrun.
DELAMARRE (Charl.)	*Id.			Détails inconnus.
DEGOTTI.	*Id.		Décor.	Décorateur de l'Opéra et maître de Daguerre.
DELAUNAY.	*Id.		Portr.	Élève d'H. Rigaud.
DEQUOY.	*Id.		Genre.	Détails inconnus. — Bon goût d'exécution.
DESCOURT.	*Id.		Portr.	Élève d'H. Rigaud.
DESPAX (J. B.).	*Id.		Hist.	Élève d'Ant. Rivals. Peintre renommé de l'école Toulousaine.
DESOSIER.	*Id.		Hist. et portr.	Peintre sur verre. — Vitraux au parc de Versailles.
DODIN.	*Id.		Figur.	Peintre à la manufacture de Sèvres. — Se distingua dans son genre.
DROUAIS (Henri), fils d'Hubert.	*Id.		Portr.	Détails inconnus.

NOMS.	ANNÉES DE NAISSANCE ET DE MORT.	LIEU DE NAISSANCE	GENRE.	NOTES HISTORIQUES. TABLEAUX PRINCIPAUX ET LIEUX OU ILS SE TROUVENT. *OBSERVATIONS.*
DUBOIS.	xviiie siècle.	VALENCIENNES.	Pays. histor.	Détails inconnus.
DUMESNIL (P. F.).	*Id.		Portr. scènes famil. et hist.	Mort à Paris. — Lit de justice de Louis XV, Versailles.
DURAND.	*Id.		Émail.	Détails inconnus.
EGRET.	*Id.		Hist.	Élève de Ch. Parrocel.
DUVERGER (P.).	*Id.		Pays., animaux et figures	Détails inconnus. — Pastorales dessinées avec goût et d'un effet très-pittoresque.
EVANS.	*Id.		Pays.	Peintre de la manufacture de Sèvres. — Artiste distingué.
FAVRAY ou FAURAY (LE CHEVALIER ANTOINE DE).	*Id.		Genre.	Élève de J. Fr. de Troy. Appartenait à l'ordre de Malte, et fut reçu académicien, en 1762. — Conversation de dames Maltaises, Paris.
GAUTIER (PIERRE).	*Id.		Hist.	Cultiva également la gravure. — Bombardement et prise du fort de Bard, Versailles.
GENEST.	*Id.			Chef de tous les artistes employés à la manufacture royale de Sèvres.
GRANDON.	*Id.		Portr.	Beau-père de Grétry ; jouissait, à son époque, d'une grande réputation. — Peintre médiocre.
GRIAIT.	*Id.		Portr., etc.	Membre de l'ancienne Académie.
GUYNIER.	*Id.	GRENOBLE		Sa fille épousa le peintre allemand J. M. Moser. (Voir ce nom).
HALL (PIERRE-ADOLPHE).	*Id.	SUÈDE.	Miniat.	Agréé à l'Académie de France, où il s'était établi. Mort à Liége.
HULIOT (les frères).	*Id.		Fleurs et fr.	Élèves de R. Tournières.
JANS.	*Id.		Portr.	Élève de Largillière.
JOLLAIN.	*Id.	PARIS.	Hist.	Élève de J. B. Pierre ; reçu à l'Académie, en 1775. — Artiste fort médiocre.
KEMLY.	*Id.			Détails inconnus.
LACROIX.	*Id.		Marin. et pays.	Séjourna longtemps en Italie.
LALLEMAND (J. B.).	*Id.		Pays.	Peignait à la gouache. — Plus de manière que de vérité ; effet pittoresque et agréable ; figures d'un bon style.
LAROCHE.	*Id.		Arabesques.	Travailla dans la manufacture de Sèvres. — Bonne réputation.
LAVREINCE (NICOL.).	*Id.		Genre en petit.	Détails inconnus. — Style de l'époque.
LEBEL.	*Id.			Détails inconnus.
LEGROS.	*Id.			Élève d'H. Rigaud ; frère du célèbre sculpteur. Reçu à l'Académie.
LEGRAND.	*Id.		Portr.	Détails inconnus.
LEMIRE, aîné.	*Id.	FRANCE.	Hist. et portr.	Détails inconnus.
LEPRIEUR (ADRIEN).	*Id.		Portr.	Élève d'H. Rigaud.
MALAINE (Louis).	*Id.	FRANCE.	Fleurs et fruits.	Peintre de la manufacture des Gobelins. — Fleurs (2 tableaux), Madrid.
MÉNAGEOT, le vieux.	*Id.		Pays.	Détails inconnus.
MERCIER.	*Id.	PARIS.	Hist.	Élève de Ph. Meusnier.
METTAI.	*Id.		Genre.	Élève de Boucher.
MICAUD.	*Id		Fleurs et fruits.	S'occupa à la manufacture de Sèvres. — Peintre distingué sur porcelaine.
MILOT.	*Id.		Portr.	Élève de Largillière.
MONDIDIER.	*Id.		Genre, histoire et portr.	Élève de J. Raoux.

NOMS.	ANNÉES DE NAISSANCE ET DE MORT.	LIEU DE NAISSANCE	GENRE.	NOTES HISTORIQUES.___TABLEAUX PRINCIPAUX ET LIEUX OU ILS SE TROUVENT.___OBSERVATIONS.
MONGEZ (Mme).	*XVIIIe siècle.		Hist.	Détails inconnus.
PARPETTE.	*Id.		Fleurs et fr.	Travailla à la manufacture de Sèvres. — Peintre sur porcelaine; du mérite.
PENAI (LA),	*Id.		Portr.	Élève d'H. Rigaud.
PÉQUIGNOT.	*Id.		Pays.	Ami de Girodet-Trioson avec lequel il visita Naples.
PITHOU.	*Id.		Fleurs et fr.	Employé dans la manufacture de Sèvres. — Se distingua dans la peinture sur porcelaine.
RAGUENET.	*Id.		Vues de ville, etc.	Détails inconnus. — Étoffage très-riche.
RICHARD, le jeune.	*Id.		Hist. et genre.	Élève de David.
RIVALS (BARTHÉL.), cousin d'Antoine.	*Id.		Hist.	Élève d'Antoine Rivals. — Graveur à l'eau-forte.
ROBERT (PIERRE-ANTOINE).	*Id.		Portr. et hist.	Élève de P. J. Cazes.
ROMAGNESI.	*Id.		Genre et portr.	Élève de R. Tournières.
ROQUE.	*Id.			Professeur à l'Académie de Toulouse.
ROSSET.	*Id.		Pays.	Employé à la manufacture de Sèvres. — Peintre de mérite.
SANÉ (J. P.).	*Id.		Hist.	Partit pour Rome, et mourut à Paris, accablé d'infirmités. — La mort de Socrate. — Le seul tableau que l'on connaisse de lui, donnait les plus belles espérances, dont aucune ne fut réalisée.
TRAVERSE (CHARL.-FRANÇOIS).	*Id.		Hist.?	Gentilhomme du marquis d'Ossun, ambassadeur de France en Espagne ; accompagna son maître dans ce dernier pays. — Artiste intelligent.
VALLEYER-COSTER (Mme).	*Id.		Fleurs et fr.	Eut l'honneur d'être reçue à l'Académie de peinture. — Talent remarquable.
VAUQUIER (JEAN-ROBERT).	*Id.		Id.	Cultiva également la gravure.
VAUTRIN.	*Id.			Détails inconnus.
VESTIER.	*Id.	FRANCE?	Portr.	Membre de l'ancienne Académie.
VIGÉE (LOUIS).	*Id.		Portr. et hist.	Il est le père de Louise-Élisabeth Vigée, devenue Madame Lebrun. — Artiste estimé, surtout dans le portrait.
VILLERS (Mme).	*Id.		Genre.	Détails inconnus.
WILK.	*Id.			Détails inconnus.
BIDAULD (JOSEPH-XAVIER), frère cadet de Pierre Xavier.	*1800		Pays. histor.	Élève de son frère; passa plusieurs années en Italie, obtint une médaille d'or au salon de 1812; membre de l'Institut et chevalier de la Légion d'honneur. — Vue du lac Majeur, Trianon. — Peintre de beaucoup de mérite.
HESSE (HENRI-JOSEPH)	*Id.		Portr., miniat. et genre.	Élève de David et d'Isabey. — Peignit beaucoup à l'aquarelle.
HUET (JEAN-BAPT.).	*Id.	PARIS.	Hist. natur., paysage et anim.	Élève de J. B. Leprince : peintre du roi et membre de l'ancienne Académie. — Dessinateur.
LAFITTE (N.).	*Id.		Hist. et portr.	Élève de Regnault ; ancien pensionnaire de l'école de Rome.
CLÉRIAN (LOUIS-MA-THIEU).	*1803	PONT-AUDEMER. (Normandie)	Hist.	Établi à Aix, où il fut élève de Constantin et où il devint premier professeur.
PAU DE St-MARTIN (ALEXANDRE).	*1804	MORTAGNE	Pays.	Élève de Leprince et de Vernet.
THÉVENIN (CHARLES)	*1804		Hist. et portr.	Élève de Vincent ; membre de l'Académie des beaux-arts, conservateur-administrateur de la bibliothèque royale pour les estampes, et membre de la Légion d'honneur. — Passage de l'armée française sur le Mont-Saint-Bernard, Versailles. Le général Augereau au pont d'Arcole, ib. Reddition d'Ulm, ib. Portrait de Louis XI, ib.

NOMS.	ANNÉES DE NAISSANCE ET DE MORT.	LIEU DE NAISSANCE	GENRE.	NOTES HISTORIQUES. TABLEAUX PRINCIPAUX ET LIEUX OÙ ILS SE TROUVENT. *OBSERVATIONS.*
CHARPENTIER (Mme) née MARIE-CONST. BLONDELU.	*1805		Genre et portr.	Élève de David, de Gérard, etc.
DUMONT (NICOLAS-ANTOINE), frère cadet de François.	*Id.	LUNÉ-VILLE.	Genre et hist.	Élève de son frère.
ISABEY (JEAN-BAPT.)	*1809		Min., portr., etc.	Élève de David. Peintre des relations extérieures, des cérémonies, du cabinet de l'empereur, directeur des décorations de l'Opéra, peintre du roi et ordonnateur des fêtes et spectacles de la cour. Officier de la Légion d'honneur, membre de plusieurs Académies, etc., etc. — Peignit beaucoup à l'aquarelle.
REATTU (JACQUES).	*1810	ARLES.	Hist.	Élève de Regnault; remporta le grand prix de peinture, en 1791 et se rendit à Rome. Correspondant de l'Institut de France. — Histoire de Saint-Paul, Beaucaire.
BOUILLON (PIERRE).	*1815	THIVIERS. (Dordogne.)	Id.	Élève de Monsiau. — Jésus-Christ ressuscitant le fils de la veuve. Aréthuse échappant à Alphée.
COLLET (JEAN-BAPT.)	*1822	FRANCE?	Pays.	Détails inconnus.
ANDIEN DE CLERMONT.	Dates inconnues.		Fleurs et fr.	Mort à Paris, d'après quelques-uns, en 1783.
FRANQUE (PIERRE).	Id.		Hist.	Détails inconnus.
GAGNERAUX.	Id.		Chass. et batail.	Détails inconnus. — Chasse au lion, Florence. Choc de cavaliers, *ib.*
GAUBERT (PIERRE).	Id.		Portr.	Détails inconnus. — Portrait de femme, Dresde.
LAUMOSNIER.	Id.		Hist.	Détails inconnus. — Tableaux d'histoire, Le Mans. — Imitateur hardi mais peu recommandable de J. B. Vandermeulen.
NOCRET (JEAN).	Id.	NANCY.	Hist. et portr.	Recteur de l'Académie royale de peinture. — Portrait de Philippe de Bourbon, Madrid. — Quelques auteurs le font naître en 1618 et mourir en 1672.
PAPE (N.).	Id.	LIMOGES.	Émail.	Détails inconnus.
PEIGUILLON.	Id.	Id.	Id.	Détails inconnus.
PINAIGRIER (THOM.)	Id.	PARIS.		Détails inconnus. — On donne pour dates de sa naissance et de sa mort 1616-1655.
PINSON (NICOLAS).	Id.	VALENCE. (Drôme.)	Hist.	S'établit à Aix. — L'empereur Trajan supplié par une pauvre femme de venger la mort de son fils, Aix.
PRÉT (FRANÇOIS).	Id.		Fleurs et fr.	Détails inconnus. — Fleurs, Madrid.
REBON (PIERRE).	Id.	LE HAVRE.	Hist. et portr.	Plusieurs auteurs le nomment, par erreur, *Rabon* et le font naître en 1616 et mourir en 1684.
REGNAUD.	Id.	NÎMES.		Établi à Aix.
RIVIÈRE (FRANÇOIS).	Id.	FRANCE.	Genre, etc.	Établi à Livourne, où il mourut. — Ses tableaux d'assemblées et de danses turques étaient fort recherchés en Italie. On pense qu'il vécut vers 1725.
SÈVE (GILBERT DE), frère de Pierre.	Id.	PARIS.	Hist. et portr.	Membre de l'Académie. — On le croit né en 1617 et mort en 1698.

Résumé. ÉCOLE FRANÇAISE : depuis le commencement du xve siècle jusqu'en 1775, 861 peintres.

(Pour l'école française moderne, jusqu'en 1845, voir à la fin du volume.)

FIN DE L'ÉCOLE FRANÇAISE.

TABLE ALPHABÉTIQUE DE L'ÉCOLE FRANÇAISE.

FIN DE LA TABLE.

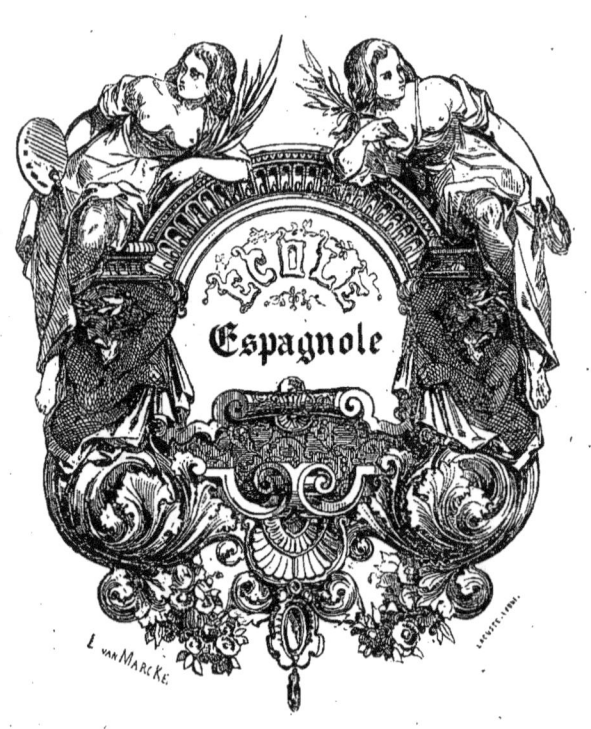

École
Espagnole

L. van Marcke.

NOMS.	ANNÉES DE NAISSANCE ET DE MORT.	LIEU DE NAISSANCE.	GENRE.	NOTES HISTORIQUES. TABLEAUX PRINCIPAUX ET LIEUX OU ILS SE TROUVENT. OBSERVATIONS.
ESTEBAN (Rodrigue)	*1291			Peintre du roi Sanche IV, c'est du moins ce qui est prouvé par les comptes de ce prince que possède la bibliothèque royale. — On ignore quelles sont les œuvres de cet artiste ; toutes les recherches faites à cet égard ont été infructueuses. — L'acte authentique qui révèle l'existence d'Esteban sert du moins à prouver que, vers la fin du XIIIe siècle, les rois d'Espagne avaient déjà leurs peintres en titre.
CESILLES (Jean).	*1382	Barce-lone.	Hist.	On sait, par les archives de Reus, qu'il s'engagea à peindre, le 16 mars 1382, l'histoire des douze apôtres et quelques ornements, pour la somme de 300 florins d'Aragon. En 1557, on remplaça cet ouvrage par un tableau d'un maître de l'époque.
GONZALES (Ferran)	†1399			Détails inconnus. Graveur sur bois.
RINCON (Antonio de)	1446? 1501?	Guada-laxara.	Portr.	Il est regardé par quelques auteurs comme le fondateur de l'école espagnole. Ferdinand le Catholique le combla de bienfaits. — Beaucoup de ses tableaux furent dévorés dans l'incendie du Prado, en 1608. — Il est le premier peintre espagnol qui abandonna le caractère gothique et qui donna de la rondeur et de la grâce au dessin.
GALLEGOS (Ferdin.)	1461 1550	Salaman-que.	Hist. et portr.	Élève de P. Berruguete ; le plus bel éloge qu'on puisse faire de cet artiste c'est qu'on a confondu souvent ses tableaux avec ceux du grand peintre qu'il avait choisi pour modèle. — Sainte Vierge avec l'enfant Jésus, entourés de saint André et de saint Christophe (chef-d'œuvre), Salamanque. Saint Michel, ib. Saint Antoine, ib. Épiphanie, ib. — Imitateur d'Albert Dürer ; dessin correct, composition sage, beau coloris, figures bien posées.
BERRUGUETE (Alphonse), fils de Pierre.	1480? 1561	Paredès de Neva.	Hist., etc.	Peintre, sculpteur et architecte. Élève de Michel-Ange, ami d'André del Sarto et d'autres artistes célèbres. Travailla à Rome, à Florence et revint dans sa patrie, en 1520, où il exécuta un grand nombre de travaux. Charles-Quint le créa chevalier et le nomma gentilhomme de la chambre. Mort très-vieux, à Madrid, laissant une grande fortune et une belle réputation. Le roi lui fit faire de magnifiques funérailles. — Il eut la gloire d'avoir répandu le premier, dans sa patrie, les grandes notions de l'art moderne qu'il avait été puiser en Italie. Son dessin est plein de fierté et sa manière de peindre est savante.
PRADO (Blas del).	1497 1557	Tolède.	Hist., fleurs, fruits et portr.	On le croit élève de Fr. de Comontès ; envoyé par Philippe II, à l'empereur du Maroc, afin d'embellir les palais de ce prince ; revint dans sa patrie riche et considéré ; travailla avec L. Carbajal. — Sujet mystique, Madrid. Tête de Christ, Saint-Pétersbourg. Figure de la Vierge, ib. Saint François adorant la Vierge et l'enfant Jésus, Paris. — Dessin pur, formes grandioses, composition simple. D'après les auteurs espagnols il aurait été élève de Berruguete.
HENRIQUEZ (Franç.)	†1519			Peintre de réputation. Dom Emmanuel l'ayant forcé de terminer les ouvrages qu'il lui avait commandés, cet artiste mourut de la peste, ainsi que sept peintres flamands venus pour l'aider dans les travaux de peinture à exécuter pour la cour de justice de Lisbonne.
BORCOÑA ou BOUR-GOGNE (Jean de).	†1533?	Tolède?	Hist. et portr.	Un des peintres de l'école espagnole compte parmi ses plus illustres membres. Travailla conjointement avec d'autres artistes dans les principales villes de l'Espagne. Les biographes offrent peu de renseignements sur les dates de naissance et de mort de ce peintre ; il est cité comme modèle pour le coloris et le jet des draperies. On lui doit de grandes et belles fresques.
YAÑEZ (Hernand ou Ferdinand).	† De 1530 à 1560	Almedina de la Manche.	Id.	On le croit élève de Raphaël, à Rome ; d'autres lui donnent L. de Vinci pour maître ; ces assertions prouvent au moins le grand mérite de Yañez, qui était réellement un des plus célèbres artistes de son époque. Il florissait à Cuença. — Saint Sébastien, Paris. — Expression noble, belle couleur, style ferme.
ARROYO (Diego d').	†1551		Miniat.	Mort à Madrid.
GUEVARA (Don Philippe).	†1563		Hist.?	De l'illustre maison des Ladron de Guevara ; chevalier et commandeur de Saint-Jacques ; ambassadeur de Charles-Quint ; se distingua à la prise de Tunis, en 1535, voyagea longtemps en Italie, y reçut les leçons du Titien et acquit un talent assez remarquable. — Cité et loué par l'historien Garibay, son contemporain ; auteur de Commentaires sur la peinture.
COMONTES (François de), fils d'Inigo.	†1564	Tolède?	Hist. et portr.	Élève de son père ; fit les portraits de beaucoup de dignitaires ecclésiastiques. — Composition facile, et grande fécondité.
DIAZ (Gaspard).	†1571	Portugal	Id.	Élève de Raphaël et de Michel Ange ; ses talents lui méritèrent le surnom de Raphaël Portugais ; quelques auteurs parlent d'un Gaspard Dies, qui n'est autre que Gaspard Diaz. — Pinceau suave ; dessin très-correct, passions merveilleusement exprimées.
TAVARA (Don Fray Fernando).	†1577	Santarem	Hist.	Grand aumônier du roi dom Sébastien, cultivait la peinture avec grand succès. — Tableaux au couvent de Benefica.
PEDRIEL (Toussaint)	†1578		Id.	Élève d'A. S. Coëllo, qu'il aida dans quelques-uns de ses travaux.
CORTEREAL (Jérôme).	†1593	Portugal	Id.	Poète et compositeur. — Saint Michel, Evora.

NOMS.	ANNÉES DE NAISSANCE ET DE MORT.	LIEU DE NAISSANCE	GENRE.	NOTES HISTORIQUES. TABLEAUX PRINCIPAUX ET LIEUX OU ILS SE TROUVENT. OBSERVATIONS.
CASTELLO (Nicolas), appelé GRANELO.	†1593		Hist. et portr.	Élève de son père, artiste italien. Peintre de Philippe II qui le chargea d'importantes commandes. —Exécuta beaucoup de fresques à l'Escurial ainsi que dans un grand nombre de palais, à Madrid. — Dessin très-correct, on lui reproche un peu de sécheresse de détails. On retrouvera ce peintre à l'école italienne à laquelle il appartient par sa naissance.
GÓMEZ (Jean).	†1597		Hist.	Nommé peintre de Philippe II, et employé par ce prince aux travaux de l'Escurial. — Méditation de saint Jérôme, Paris. — Style doux et assez élevé.
ALFON (Jean).	*1418	Tolède.	Id.	Détails inconnus. — Peignit des reliquaires que la cathédrale de Tolède conserve encore.
LOUIS (Maître).	*1445		Id.	Travailla au monastère de Sainte-Marie de Naxera.
GONÇALO (Eannes).	*1450			Il n'est question de lui que dans un diplôme donné à Vasco l'enlumineur.
ANNES (Jean).	*1454		Hist. etc.	Peintre de la ville de Lisbonne. Il obtint les priviléges de cette charge, en 1454.
INGLES (Maître-George).	*1455		Hist. et portr.	Peintre anglais qui florissait à Grenade. — Groupait avec intelligence.
SANCHEZ (Pierre).	*1462		Hist.	Accrédité à Séville.
GOMEZ (Gonçalo).	*1480			Peintre du roi dom Emmanuel.
JOANE.	*Id.			Élève et apprenti de Gonçalo Gomez.
GOMEZ (Diego ou Jacques).	*Id.			Élève et apprenti de Gonçalo Gomez, de même que le précédent.
RODRIGUEZ (Pero).	*1490			Peintre du palais du roi Emmanuel.
MARTEL (N.).	*1495		Hist.	Peignit à Tolède, en 1495.
LOPEZ (Jacques).	*Id.		Id.	Élève d'Ant. del Rincon, à Tolède. — Un des artistes les plus célèbres de son époque, dans le genre gothique.
COMONTES (Inigo de).	*Id.			Élève d'Ant. del Rincon. — Peignit l'histoire de Pilate : cet ouvrage a été anéanti.
CRUZ (Santos).	*1497		Hist.	Travailla avec P. Berruguete.
GONZALES-BECER-RIL (Jean).	*1498		Id.	Élève et beau-fils de P. Berruguete.
TOLÈDE (Jean de), le vieux.	*Id.		Id.	Élève de J. de Bourgogne ; travailla avec son maître au cloître de l'église de Tolède. — Un des peintres les plus célèbres de son temps.
PEREZ DE VILLOL-DO (Alvar).	*1499		Id.	Élève de Jean de Bourgogne, à Tolède.
DIAZ (Gonzalès).	*Id.		Id.	Détails inconnus. — Peignit, en 1498, des statues dans la cathédrale de Séville. — Beau dessin et bon coloris.
BARCO (Garcia et Jean Rodrigue del).	xve siècle.	Castille.	Id.	Deux frères qui peignirent à fresque les corridors et galeries du palais du duc d'Albe, en 1476.
BERRUGUETE (Pierre).	*Id.			L'existence de ce peintre est souvent contestée ; on prétend d'autre part qu'il fut peintre de Philippe Ier.
CARILLO.	*Id. ?		Hist.	Détails inconnus. — Vierge allaitant, Berlin. Ce tableau est signé : Carillo.
NUÑO (Gonçalvez).	*Id.			Peintre du roi Alphonse IV. — Peignit pour la cathédrale de Lisbonne l'autel de Saint-Vincent. — Imita avec bonheur le genre des vieux maîtres italiens.
ALVARO DI PIETRO	*Id.			Peintre du roi dom Emmanuel.
JACQUES (Maître).	*Id.		Hist. et min.	Peintre venu d'Italie et qui florissait en Portugal, sous le règne de Jean Ier.
ESPAÑA (Jean), dit L'ESPAGNOL.	1500		Hist.	Élève du Pérugin et ami de Raphaël. — Artiste plein de mérite.
VARGAS (Louis de).	1502 1568	Séville.	Hist. et portr.	Étudia en Italie puis revint en Espagne où il eut peu de succès. Retourna en Italie et y resta longtemps. Rappelé dans sa patrie, il y exécuta beaucoup de fresques qu'on a laissées dépérir. — La Vierge et l'enfant Jésus dans une gloire, Paris. Sainte Famille, ib. — Excellente entente des raccourcis, dessin savant. Doué d'un caractère gai, ce peintre ne s'en livrait pas moins à toute l'austérité de la pénitence, se couchait dans une bière et se recouvrait d'un cilice.

NOMS.	ANNÉES DE NAISSANCE ET DE MORT.	LIEU DE NAISSANCE	GENRE.	NOTES HISTORIQUES. — TABLEAUX PRINCIPAUX ET LIEUX OU ILS SE TROUVENT. — OBSERVATIONS.
CAMPAÑA PEDRO ou PIERRE DE CHAMPAGNE.	1503 1580	Bruxelles.	Hist.	On le croit élève de Michel-Ange. Travailla longtemps à Rome et à Séville. Mort à Bruxelles. — Purification, Séville. Descente de croix, Berlin. La Vierge au pied de la croix, Paris. Madeleine, ib. — Tous ses tableaux sont peints sur bois; composition admirable, correction irréprochable, clair-obscur vigoureux.
MORALES (Louis de), dit EL DIVINO.	1509? 1586	Badajoz.	Hist. relig. et portr.	Étudia à Valladolid et à Tolède; appelé à la cour de Philippe II, Moralès s'y rendit en déployant un grand faste; desservi par des envieux, le peintre reçut en même temps ses frais de route et l'ordre de retourner chez lui; la fortune abandonna ce grand homme et le manque d'occupation le fit tomber dans une profonde misère. Philippe II, passant à Badajoz, en 1581, vit le malheureux artiste et lui dit: « Tu es bien vieux, Moralès. — Oui, sire, et très-pauvre. » A cette réponse le roi lui accorda une pension de 300 ducats dont il ne jouit que pendant cinq ans. — Tête de Christ, Dresde. Jésus-Christ portant sa croix, Paris. Et autres, ib. La Vierge des douleurs (chef-d'œuvre), Madrid. Ecce Homo (double), ib. Circoncision, ib. Tête de Christ, ib. La Vierge et l'enfant Jésus, ib. Tête de femme, Saint-Pétersbourg. — Dessin de la plus austère correction; anatomie savante, dégradation parfaite des teintes; fini inimitable dans les barbes et les cheveux qui n'en sont pas moins du plus bel effet; beaucoup d'énergie; excellait à représenter sur les traits les passions de l'âme; on peut dire qu'il est le peintre du sentiment, de l'expression et du fini le plus parfait.
VERGARA (Nicolas de), dit LE VIEUX.	1510? 1574	Tolède.	Hist.	On croit qu'il ne quitta jamais sa patrie, quoique ses œuvres se rapprochent des meilleures écoles d'Italie; nommé peintre et sculpteur de la cathédrale de Tolède, en 1542, et en peignit les vitraux avec l'aide de ses deux fils, Nicolas et Jean. — Dessin plein de goût, accessoires délicats, belles formes.
COËLLO (Alonzo-Sanchez).	1515? 1590	Bourg de Benifayro? Royaume de Valence.	Hist. et portr.	Élève de Raphaël, à Rome et d'Antoine Moro (peintre hollandais), établi en Espagne; se rendit en Portugal, y fut au service de Don Juan; à la mort de ce prince, Coëllo revint en Espagne et s'attacha à dona Juana, sœur de Philippe II, et ensuite à ce dernier. En grande faveur à la cour d'Espagne, favorisé par plusieurs papes, par les ducs de Florence, de Savoie, le cardinal Farnèse et plusieurs autres grands personnages. Mort à Madrid, après avoir fondé, à Valladolid, un hospice pour les enfants trouvés. Célèbre par le fameux Lopez de Véga, qui fit son épitaphe. — Tableaux, Paris. Portrait de femme, Vienne. Portrait de don Carlos (?), Madrid. Portrait d'Isabelle-Claire-Eugénie, ib. Portraits, ib. Mariage de sainte Catherine, ib. — Belle expression, beaucoup de relief, coloris dans le genre de celui du Titien. Portraits ressemblants et pleins de vérité; né au commencement du XVI siècle; l'année précise de sa naissance n'a jamais été connue.
VILLEGAS-MARMOLEJO (Pierre de).	1520 1577	Séville.	Hist.	Ami du fameux Arias Montano et lui-même un des plus célèbres artistes de l'Andalousie. — La Nativité, saint François, saint Sébastien, Vierge et Jésus, et autres, Paris. — Dessin correct, composition noble, attitudes majestueuses, beaux raccourcis, beaucoup d'expression.
FACTOR (Nicolas).	1520 1583	Valence.	Vierges	En 1537, il fut reçu franciscain, et illustra par ses vertus, l'ordre qu'il avait choisi. Le pape Pie VI, le fit canoniser, en 1786. — Peu de couleur, mais excellent dessin; en 1787, une médaille fut frappée en l'honneur du BEAT Nicolas Factor.
BÉCERRA (Gaspard).	1520 1570	Baeza (Andalousie)	Hist. et portr.	On le croit élève de Michel-Ange, à Rome; travailla avec Vasari, revint en Espagne vers 1556; nommé sculpteur de Philippe II en 1562, et peintre du même roi en 1563; travailla à Grenade et dans quelques villes des Castilles; réforma le goût de ses compatriotes, surtout comme sculpteur; remplit les églises d'Espagne de belles statues, et mourut à Madrid. — Du relief, bon coloris; grande perfection dans le dessin et l'expression des têtes. Un des plus célèbres sculpteurs de l'Espagne; architecte.
JOANÈS (Vincent), dit JUAN DE JOANÈS.	1523 1579	Fuente de la Higuera.	Hist. relig. et portr.	Égala en mérite ses plus célèbres contemporains; chef de l'école de Valence d'où sortirent les artistes renommés. Ses œuvres attestent qu'il vit l'Italie, et que tout en n'ayant pu être élève du divin Raphaël, il en étudia conscieneieusement les chefs-d'œuvre; revenu de Rome, Joanès s'établit à Valence et fit de sa maison une véritable Académie; d'une conscience timorée, il se préparait à l'exécution de ses tableaux par les sacrements et des expiations publiques. Mort à Bocairente. — Christ, Valence. Tableaux, Paris. Visitation, Madrid. Martyre de Sainte-Inès, ib. Couronnement de Notre-Seigneur, ib. Le divin Sauveur, ib. Ecce Homo, ib. Jésus-Christ sur la croix, ib. Portrait de D. Louis de Castelvy, ib. Saint Étienne conduit au martyre, ib. Martyre de saint Étienne, ib. Enterrement de saint Étienne, ib. La Cène (chef-d'œuvre), ib. Jésus-Christ au jardin des Oliviers, ib. Descente de croix, ib. Institution de l'Eucharistie, ib. Melchisédech, ib. Aaron, ib. Saint Étienne annonçant l'Évangile, ib. Sujet mystique, ib. — Pinceau un peu réservé, d'une énergie tempérée par un dessin pur et sévère; raccourcis savants, draperies larges, style noble, coloris de l'école romaine, exécution un peu timide; figures, cheveux et barbes terminés avec grand soin; têtes de Christ d'une douceur entraînante. On croit que son nom de famille était Macip.
NAVARRETE (Jean-Fernandez), dit EL MUDO (le muet).	1526? 1579	Logroño (province de la Rioja).	Hist. et portr.	A trois ans, une maladie le priva de l'ouïe et de la parole; son talent se révéla de bonne heure; envoyé en Italie, visita Rome, Naples, Florence, Milan, Venise, fréquenta les ateliers des maîtres les plus renommés, et devint élève assidu du Titien; revint en Espagne, après vingt ans d'absence, appelé par Philippe II, qui le nomma son peintre; exécuta des travaux remarquables; apprit à lire, à écrire, à jouer aux cartes et posséda, malgré son infirmité, une instruction peu commune en histoire et en mythologie. — Flagellation, Paris. Baptême de Jésus-Christ, Madrid. Saint Paul, ib. Saint Pierre apôtre, ib. Assomption, ib. Martyre de saint Jacques, ib. Saint Jérôme au désert, ib. Nativité de Jésus-Christ, ib. — Excellait dans le dessin et le coloris; ordonnance belle et grandiose, expression remarquable. Imita la manière de son maître et mérita à tous égards le surnom du Titien espagnol. Un moine, nommé Vincent, lui avait donné les premières notions de la peinture.
PHILIPPE II, ROI D'ESPAGNE.	1527 1598		Hist.	Protecteur éclairé des arts, peintre lui-même et architecte.
CAMPO (Jean).	1530	Italie.	Id.	Élève de Fr. de Comontes, il partit en 1537 pour l'Amérique où il mourut.

NOMS.	ANNÉES DE NAISSANCE ET DE MORT.	LIEU DE NAISSANCE	GENRE.	NOTES HISTORIQUES. — TABLEAUX PRINCIPAUX ET LIEUX OU ILS SE TROUVENT. — OBSERVATIONS.
BORRAS (LE PÈRE NICOLAS).	1550 1610	COCENTATNA.	Hist.	Peintre et prêtre. Élève de Vincent Joanès prononça ses vœux en 1576. Il mourut en laissant le cloître de Gandie comme preuve de son talent. — Le monastère de Gandie se trouvait littéralement encombré des beaux tableaux de Borras. — Peignit exactement dans la manière de son maître.
CARBAJAL ou CARABAJAL (LOUIS DE).	1534 1613?	TOLÈDE.	Id.	Élève de Jean de Villoldo. Peintre de Philippe II. Exécuta d'importants travaux pour ce prince. — La Madeleine pénitente, Madrid. Circoncision, Saint-Pétersbourg. — Dessin très-pur, têtes expressives, un peu de timidité dans la composition et dans le coloris.
OÑATE (MICHEL).	1555 1606	SÉVILLE.	Portr.	Élève d'Antoine Moro (peintre hollandais), qui se trouvait à Madrid en 1552; suivit son maître en Portugal et l'accompagna de nouveau à Madrid. Acquit une fortune considérable. — Manière exacte et finie; très-célèbre dans son genre.
CESPEDÈS (PAUL DE).	1538 1608	CORDOUE.	Hist., etc.	Peintre, sculpteur, architecte et érudit; un des noms illustres de l'Espagne. Il fut guidé dans la peinture par un des élèves de Michel-Ange dont le nom est perdu. Alla deux fois à Rome où il se perfectionna dans son art. De retour à Cordoue, où on le surnomma le *Raphaël espagnol*, Cespedès fut nommé chanoine du chapitre de sa ville natale, et mourut dans un âge avancé, après avoir été longtemps l'ami de Zucchero. — Cène, Cordoue. Assomption, Madrid. Portrait du peintre, Paris. Par une fatalité déplorable la plupart des tableaux de Cespedès ont disparu sans que l'on connaisse leur sort. — Grand imitateur de Corrége, et un des meilleurs coloristes de l'Espagne. Dessin ferme et élégant, grande intelligence de l'anatomie, expression vraie, et excellente entente du clair-obscur. Il a laissé de très-bons ouvrages sur la peinture, sur les antiquités et sur d'autres matières.
BARROSO (MICHEL).	1538 1590	CONSUEGRA. (Castille nouvelle.)	Id.	Élève de Becerra. En 1589, Philippe II le nomma son peintre, avec 100 ducats par an; c'était un des hommes les plus instruits de son temps. — Tableaux à l'Escurial, Madrid. — Grande imitation du style de Corrége, mais manque de vigueur et fausse entente du clair-obscur.
VERGARA (NICOLAS DE) le jeune, fils de Nicolas le vieux.	1540? 1606	TOLÈDE.	Hist.	Remplaça son père comme peintre et sculpteur de la cathédrale de Tolède, et travailla pendant quarante ans aux vitraux de ce monument. Ami intime de Fernandez Navarrete le Mudo qui mourut dans ses bras. — Se distingua dans la peinture sur verre, la sculpture et l'architecture.
JORDAN (ÉTIENNE).	1543 1605?	VALLADOLID.	Id.	Les uns le font élève du Berruguete, à Valladolid, les autres supposent qu'il étudia en Italie. — Bon peintre, célèbre sculpteur et architecte.
GALINDEZ (LE PÈRE MARTIN).	1547 1627	HARO.	Hist. et portr.	Élève du frère Vincent de Santo-Domingo, religieux hiéronymite qui avait quelque réputation. Se fit chartreux. — Manière correcte et naturelle; mécanicien et bon sculpteur.
THEOTOCOPULI (DOMINIQUE), dit EL GRECO.	1548? 1625	EN GRÈCE.	Hist.	Élève ou condisciple du Titien en Italie, où il reçut son surnom; habitait Tolède, en 1557; fut appelé à Madrid, par Philippe II, pour travailler à l'Escurial. Soutint dignement l'honneur de l'art, protégea tous les jeunes artistes et forma des élèves qui lui furent bien supérieurs. Sculpteur et architecte. Mort à l'âge de près de 80 ans. — Tableaux, Paris. Portrait d'homme (signé), Vienne. Jésus-Christ mort, Madrid. Don Rodrigue Vasquez, président de Castille, ib. Plusieurs portraits, ib. Saint Bernard, ib. Assomption, ib. — Le premier tableau qu'il fit en Espagne et qui représente le Partage des vêtements de Jésus-Christ est tout à fait dans la belle manière du Titien. Le Greco adopta ensuite un style fantastique, un coloris grisâtre, blafard qui métamorphose ses personnages en fantômes. Il lui resta toujours un pinceau ferme, un empâtement plein de science et de vigueur.
ICIAR (JEAN DE).	1550	DURANGO.	Orn.	Amateur distingué. — *Ortografía practica à Arte de escribir*. Ouvrage très-rare et très-estimé.
MINGOT (THÉODOSE).	1531 1590	EN CATALOGNE.	Hist.	Se perfectionna en Italie; travailla au palais du Pardo, à Madrid. — Dessin correct; anatomie savante, belle pâte.
RIBALTA (FRANÇOIS).	1551? 1628	CASTELLON DE LA PLANA.	Id.	Étudia à Valence; de même que Quentin Metzys, l'amour le fit grand artiste: il travailla plusieurs années en Italie afin de mériter la fille de son maître de Valence; c'est dans cette ville que s'établit Ribalta et qu'il composa ses beaux tableaux. Vie très-laborieuse. — Tableaux, Paris. Saint Pierre et sainte Madeleine au tombeau de Jésus-Christ, Saint-Pétersbourg. Sainte Catherine délivrée par un ange, ib. Rencontre d'Anne et de Joachim, ib. (Ces tableaux sont désignés comme étant des Ribalta, sans spécifier s'ils sont l'œuvre du père ou du fils.) — Dessin sévère; figures nobles et grandioses; composition facile, grande science anatomique; son coloris, parfois un peu rude, est le plus souvent bien empâté et sans mollesse.
CRUZ (JEAN DE LA), dit PANTOJA DE LA CRUZ.	1551 1610	MADRID.	Hist. et portr.	Élève de Sanchez Coëllo. Destiné à l'état ecclésiastique, il fut d'abord enfant de chœur dans un couvent; sa vocation se révéla bientôt; reçut ses premières leçons en Espagne, se perfectionna à Rome; fut appelé à la cour, par Philippe II, qui le protégea. Mort à Valladolid. — Portrait de l'archiduc Albert d'Autriche, Munich. Portrait de l'infante Isabelle, ib. Portrait de doña Maria, première femme de Philippe IV (?), Madrid. Naissance de la Vierge, ib. Naissance de Jésus-Christ, ib. Marguerite d'Autriche, femme de Philippe II, ib. Portrait de Philippe II, ib. Portrait de Charles Ier, ib. Doña Juana, infante de Castille, ib. L'empereur Charles V, ib. Portraits, Paris. — Dessin pur, figures gracieuses et expressives; vérité remarquable dans les chairs; excella dans le portrait; égala son maître dans toutes ses qualités et le surpassa pour la délicatesse de son fini. La biographie universelle le fait naître en 1545.
VASCO (FERNANDEZ), dit GRAN-VASCO.	1552	VIZEU.	Hist., etc.	La biographie de ce peintre est fort obscure; on pourra lire avec fruit le livre du comte Raczynski, qui donne à cet égard de nombreuses explications. Gran-Vasco a laissé beaucoup de tableaux en Portugal, mais on lui en prête beaucoup plus qu'il n'en a peint. Cité comme le plus grand peintre portugais.
GAUDIN (LE PÈRE LOUIS PASCAL).	1556 1621	VILLAFRANCA (diocèse de Barcelone).	Hist.	Se fit Chartreux, en 1593; parcourut l'Espagne; appelé à Rome, par le pape, il mourut au moment de s'y rendre. — Manière correcte, intelligente; style un peu dur, bonne composition; perspective satisfaisante, caractères nobles.

NOMS.	ANNÉES DE NAISSANCE ET DE MORT.	LIEU DE NAISSANCE	GENRE.	NOTES HISTORIQUES. TABLEAUX PRINCIPAUX ET LIEUX OU ILS SE TROUVENT. OBSERVATIONS.
ROELAS (JEAN DE LAS le licencié, dit LE CLERC ROELAS.	1558 ou 1560 1625	Séville.	Hist.	Étudia en Italie d'après les meilleurs maîtres. Séjourna à la cour de Madrid, revint à Séville, fut nommé chanoine à Olivarès, où il mourut. Un des plus grands peintres de l'Espagne. — Tableaux, Paris. Moïse faisant sortir l'eau du rocher, Madrid. Saint Jacques Mata-Moros secourant les chrétiens à la bataille de Clavijo, ib. Mort de saint Isidore, ib. — Dessin sévère, composition parfaitement entendue, expression douce et suave, formes et caractères grandioses, nature majestueuse, teintes et coloris vénitiens, beaux raccourcis, vérité entraînante. Les œuvres de Roelas peuvent, sans crainte, être comparées aux beaux ouvrages du Titien et du Tintoret.
ROELAS (PAUL DE LAS)	1560 1620	Id.	Id.	Élève du Titien ; considéré comme un excellent peintre ; confondu quelquefois avec le précédent.
POLO (JACQUES), le vieux.	1560 1600	Burgos.	Hist. et portr.	Élève de P. Caxes, à Madrid. — Bon coloris.
MOHEDANO (ANTOINE)	1561 1625	Antequera.	Hist., fl., fr. et orn.	Élève de P. de Cespedès ; travailla à Séville, à Cordoue ; se retira à Lucena, vers la fin de sa vie et mourut dans cette ville ; Pacheco , son ami intime, le cite comme un des plus grands fresquistes de l'Andalousie. — Fresques, Séville. Fresques, Cordoue. — Composition heureuse, dessin correct, groupes habilement contrastés ; beau caractère de têtes, formes grandioses.
SANCHEZ - COTAN (LE FRÈRE JEAN).	1561 1627	Alcazar de St. Jean	Hist., fleurs et nature morte.	Élève de Blas del Prado, à Tolède ; se fit chartreux, en 1604 ; séjourna à Grenade, où il mourut regretté pour ses vertus et ses talents. — Dessin assez pur, coloris doux et harmonieux, poses tranquilles. Excella dans les tableaux de fleurs et de fruits.
ESPINOSA (RODRIGUE DE).	1562 1650?	Valladolid.	Hist.	Apprit les éléments de la peinture dans sa ville natale ; s'établit à Valence et y mourut. — Saint Sébastien et saint Roch. Saint Laurent et saint Hippolyte. — Peintre de mérite.
COËLLO (DONA-ISABELLE ou ÉLISABETH) fille de Sanchez.	1564 1612	Madrid.	Portr. et hist.	Élève de son père ; citée comme une femme accomplie pour son esprit, ses talents en musique et ses connaissances variées. — Acquit dans le portrait une réputation méritée.
CHIRINOS (JEAN DE).	1564 1620	Id.	Hist.	Élève du Greco. — Bon professeur.
GONZALES (BARTHÉLEMY).	1564 1627	Valladolid.	Hist. et portr.	Élève de P. Caxes ; protégé par le roi Philippe III, pour lequel il voyagea en Espagne et qui le nomma son peintre, en 1617. — Dessin correct ; coloris agréable ; composition simple et bien ordonnée ; accessoires parfaitement traités ; beaux portraits.
CASTILLO (AUGUSTIN DEL), frère de Jean.	1565 1626	Séville.	Hist.	Élève de L. Fernandez, s'établit à Cordoue ; le temps a détruit la plupart des ouvrages de cet artiste éminent, et d'ignorantes retouches permettent à peine de juger de ce qui reste. — Conception, Cordoue. Fresques, ib. Saint François en extase, Paris. Adoration des mages, Cadix ? — Peignait le plus souvent à fresque.
JAUREGUI-D'AGUILAR.	1566 1607	Tolède.	Portr. et hist	Chevalier de Calatrava et écuyer de la reine Élisabeth de Bourbon, femme de Philippe IV ; visita Rome, fit le portrait de Cervantes et composa, sur son art, un ouvrage en vers, qui lui fit beaucoup d'honneur. — Narcisse, Madrid. Vénus sortant du bain, ib. — Dessin correct ; excella dans le portrait ; composition savante ; génie plein de goût ; style Florentin.
CUEVAS (PIERRE DE LAS).	1568 1635	Madrid.	Hist.	Épousa la veuve de Dominique Camilo , son ami, et eut un soin tout particulier de son fils François. Forma de nombreux et de bons artistes ; mort de chagrin de ne pas avoir été nommé peintre du roi à la mort de Barthélemy Gonzalès. — Adoration de Jésus-Christ, Saint-Pétersbourg. — La réputation de son fils Eugène semble avoir plus fait pour sa renommée que son talent ; dessin très-ferme.
MAYNO (LE PÈRE JEAN-BAPTISTE).	1569? 1649		Hist. et portr.	Élève du Greco ; jouissait d'un grand crédit à Tolède ; se fit dominicain, fut choisi pour donner des leçons de son art à Philippe IV, qui devenu roi le nomma directeur de toutes les œuvres d'art de l'Espagne. Mort à Madrid. Allégorie, Madrid. Portrait d'homme, ib. Adoration des bergers, Saint-Pétersbourg. — Manière vénitienne ; figures gracieuses, attitudes aimables.
PEREYRA (DIÈGUE).	1570? 1640	Portugal	Pays., mar., fl., fr , etc.	Un des peintres les plus distingués de sa patrie, dans son genre ; éprouva les rigueurs de la fortune pendant tout le cours de sa vie, et aurait péri de misère s'il n'avait été recueilli dans la maison d'un grand seigneur. A peine mort, ses ouvrages furent recherchés et on s'en disputa la possession. — Excellait à représenter les incendies des tours brûlées , des purgatoires, des enfers ; paysages peints avec esprit et ornés de petites figures d'un excellent goût ; plusieurs d'entre eux sont dans le goût de Teniers.
PACHECO (FRANÇOIS)	1571? 1654	Séville.	Hist. et portr.	Élève de L. Fernandez, le vieux ; se rendit à Madrid en 1611 ; revint à Séville et y ouvrit une école d'où sortirent Alonzo Cano et Vélasquez : c'est tout dire. Le dernier devint son gendre : le nombre de ses portraits est assez considérable ; sa maison était le rendez-vous de toutes les célébrités de son pays. Auteur d'un ouvrage remarquable sur la peinture et sur ceux qui l'ont exercée. — Tableaux, Paris. Saint Jean l'Évangéliste, Madrid. Saint Jean-Baptiste , ib. Sainte Catherine. ib. Sainte Inès, ib. — Dessin très-correct, style pur et noble, attitudes naturelles, perspective et chair-obscur savants ; coloris médiocre, exécution peu facile. Nommé le peintre de la science et de l'enseignement. Poëte de quelque talent.

NOMS.	ANNÉES DE NAISSANCE ET DE MORT.	LIEU DE NAISSANCE	GENRE.	NOTES HISTORIQUES. TABLEAUX PRINCIPAUX ET LIEUX OU ILS SE TROUVENT. OBSERVATIONS.
LOPEZ MADERA (Don Grégoire).	1374 1640	Madrid.		Remplit un grand nombre de charges importantes comme magistrat et cultiva les arts en amateur éclairé.
LIAÑO (Philippe de).	1375 1625	Id.	Portr. en min.	Élève d'Alonzo S. Coëllo; on croit qu'il visita l'Italie. Ami du célèbre Lopez de Véga. — Surnommé le petit Titien à cause de son beau coloris; dessin exact, ressemblance parfaite.
HERRERA (François), le vieux.	1376 1656	Séville.	Hist.	Élève de Louis Fernandez de Séville; la rudesse de son caractère était si grande qu'aucun de ses élèves ne put rester chez lui; il en fut de même de ses enfants : l'un d'eux lui enleva son argent et s'enfuit à Rome; sa fille se fit religieuse; s'exerçant à graver en bronze, il fut poursuivi comme faux monnayeur et dut se réfugier dans un couvent de Séville; Philippe IV lui accorda sa grâce après avoir eu de lui un ouvrage admirable; Herrera se rendit à Madrid en 1650, y jouit d'un grand crédit et y resta jusqu'à sa mort. — Consécration, Séville. Tableaux, Paris. — Manière large, style original; anatomie savante, dessin très-correct, composition remarquable, figures habilement contrastées, teintes très-harmonieuses, coloris magique, expression profondément philosophique et parfaitement belle.
CAXES, CAXESI ou CAXETE (Eugène), fils de Patrice.	1377 1642	Madrid.	Id.	Élève de son père; nommé peintre du roi, en 1612; il est considéré par l'école espagnole comme un des meilleurs professeurs. — Saint Ildefonse, Paris. Débarquement des anglais à Cadix, Madrid. Jugement de Salomon, ib. Vie d'Agamemnon, ib. Madone, ib. Chapelle de la Vierge (avec Carducho), Tolède. — Dessin plein de pureté, de grâce et de correction. Coloris harmonieux.
VERA (Le frère Christophe de).	1377 1621	Cordoue.	Id.	Élève de P. de Cespedès; se fit hiéronymite, en 1602. Mort d'excès de travail.
PHILIPPE III, roi d'Espagne, fils de Philippe II.	1378 1621			S'adonna avec beaucoup de zèle à l'étude des arts. — On conserve des dessins de ce prince.
HERRERA (Alphonse de).	1379	Ségovie.	Hist.	Exécuta des travaux remarquables pour la paroisse de Villa-Castin; ami intime de J. Fernandez Navarrete el Mudo. — Dessin et coloris remarquables.
LEONARDO (Le frère Augustin).	1580? 1640	Royaume de Valence.	Hist., genre, portr. et botaill.	Embrassa l'état religieux dans l'ordre de la Merci et étudia la peinture avec ardeur; décora le couvent de Notre-Dame del Puig; se rendit à Séville, en 1625. fut appelé à Madrid par le supérieur de son ordre et y exécuta plusieurs ouvrages remarquables. — Variété d'expression admirable, dessin correct, connaissances étendues en perspective, composition savante; coloris sec et dur; ses portraits étaient estimés.
FERNANDEZ (Louis).	1580?	Séville.	Hist.	Il eut pour élèves, Herrera le vieux, Jean et Augustin del Castillo et Fr. Pacheco. — On a confondu ses œuvres avec celles de Zambrano. — Eut une grande réputation.
LEYVA (Le frère Jacques de).	1580? 1637	Haro de la Rioja.	Hist. et portr.	On croit qu'il étudia à Rome; s'établit à Burgos, devint veuf, entra dans l'ordre des Chartreux et vécut avec la réputation d'un grand artiste. — Bon dessin, composition et coloris recommandables; style un peu mesquin.
PEÑALOSA (Jean de).	1581 1656	Baeza.	Hist.	Élève de Cespedès, à Cordoue. Mort dans cette ville. — Imita son maître avec bonheur, pour le coloris et le dessin.
VIDAL (Jacques), le vieux.	1585 1615	Valmose-da.	Id.	Étudia à Rome; revint dans sa patrie, se fixa à Séville et y exécuta des ouvrages remarquables. Mort prématurément. Chanoine de la cathédrale de Séville. — Le Christ, Séville. La Vierge, ib. — Dessin correct, beau coloris.
CASTILLO (Jean del), frère d'Augustin.	1584 1640	Séville.	Hist. et portr.	Élève de L. Fernandez; séjourna à Grenade. Mort à Cadix. Son plus beau titre à la célébrité est d'avoir été le premier maître de trois grands peintres Moya, Alonzo Cano et Murillo. — Assomption, Séville. David, Paris. Saint Jérôme, ib. Saint Paul terrassé par la grâce, ib. Et autres, ib. — Excellait dans le dessin.
LANCHARÈS (Antoine).	1586 1658	Madrid.	Hist.	Élève de Patr. Caxes; peintre renommé. — Ascension, Madrid. Descente du saint Esprit, ib. Chartreuse du Paular, ib. Vie de saint Pierre de Velasquez, ib. — Imitation exacte de la nature; exécution simple.
TRISTAN (Louis).	1586 1640	Près de Tolède.	Hist. et portr.	Élève du Greco, dont il sut imiter les bonnes qualités et éviter les défauts; de bonne heure son beau talent fut apprécié et les commandes arrivèrent en foule; si ses œuvres ne suffisaient pas à sa célébrité, le titre glorieux de maître de Velasquez rendrait sa gloire assez belle. — Tableaux, Paris. Tableaux, Tolède. Tableaux, Bourg de Yepès. Portrait de Lopez de Véga, Saint-Pétersbourg. — — Dessin correct et pur, teintes gracieuses, composition vive et savante, accessoires parfaitement traités. Palomino s'est trompé en le faisant naître plus tôt.
CONTRERAS (Antoine de).	1587 1654	Cordoue.	Id.	Élève de P. de Cespedès; s'établit et se perfectionna à Grenade; travailla quelque temps à Buxalance, ville du royaume de Cordoue. — Beaucoup de fraîcheur, pinceau correct. Grande ressemblance.

NOMS.	ANNÉES DE NAISSANCE ET DE MORT.	LIEU DE NAISSANCE	GENRE.	NOTES HISTORIQUES. TABLEAUX PRINCIPAUX ET LIEUX OU ILS SE TROUVENT. OBSERVATIONS.
RIBERA (Joseph), dit L'ESPAGNOLET.	1588 1656	Xativa, aujourd'hui San Felipe. (près de Valence.)	Hist. et portr.	Élève de Fr. Ribalta, de Valence ; se rendit à Rome sans aucune ressource, fut recueilli par un cardinal , quitta son protecteur pour se faire soldat, fut cinq ans captif dans les bagnes d'Alger ; devint élève de Michel-Ange de Caravage, où se rendit à Parme pour y étudier les œuvres du Corrége, revint à celles du Caravage, par les conseils de ses amis; visita Naples, y épousa la fille d'un riche marchand de tableaux et vit ainsi changer sa fortune jusque-là si misérable ; peintre de la cour d'Espagne, à Naples, alors province espagnole, protégé par Philippe IV et par tous les grands de sa cour ; membre de l'Académie de Saint-Luc, en 1630; décoré de l'ordre du Christ, en 1644 ; tous les honneurs l'accablèrent, et son génie, ses richesses et ses relations en firent l'égal des rois et des princes. On a prétendu qu'il mourut du chagrin de voir sa fille séduite par don Juan d'Autriche ; cette double assertion est fausse. — Saint François, Dresde. Sainte Marie l'Égyptienne, ib. Diogène et sa lanterne, ib. Dims Scotus, docteur écossais, Londres. Saint Jean, ib. Madeleine, Rome. Saint Jérôme (plusieurs fois répété), ib. Saint Pierre pénitent, ib. Épisodes de la vie de saint Pierre, Séville. Tableaux, Grenade. Martyre de saint Barthélemy, Paris. Et autres, ib. Martyre de saint Barthélemy, Florence. Saint Jérôme en extase, ib. Saint Bruno, Naples. Saint Sébastien, ib. Saint Jérôme, ib. Silène, ib. Saint Janvier sortant du four, ib. Descente de croix (chef-d'œuvre), ib. Communion des apôtres, ib. Douze prophètes, ib. Élie et Moïse, ib. Saint Jérôme, Berlin. Martyre de saint Barthélemy, ib. Saint Pierre pleurant, Munich. Sénèque mourant, ib. Décollation de saint Jean, ib. Archimède, ib. Saint Jérôme, ib. Saint André descendu de la croix, ib. Et autres, ib. Jésus-Christ parmi les docteurs, Vienne. Portement de croix, ib. Saint Pierre repentant, ib. Un philosophe méditant, ib. Archimède, ib. Martyre de saint Barthélemy (chef-d'œuvre), Madrid. Sainte Marie Égyptienne, ib. Saint Paul, ermite, ib. La Madeleine, ib. Saint Jérôme en prière, ib. L'échelle de Jacob, ib. Prométhée, ib. Saint Sébastien, ib. Prêtre de Bacchus, ib. Tête de sibylle, ib. La conception, ib. La sainte Trinité, ib. Le Sauveur, ib. Les douze apôtres, ib. Un saint anachorète, ib. L'aveugle de Gambazo, sculpteur, ib. Saint Roch, ib. Saint François d'Assise en extase, ib. Saint Christophe, ib. Saint Joseph et l'enfant Jésus, ib. Archimède, ib. Ixion, ib. La bénédiction d'Isaac, ib. Saint Augustin, ib. Femmes combattant dans un cirque, ib. — Effets saisissants : oppositions de clair-obscur un peu outrées, sujets souvent trop choisis pour montrer ses connaissances anatomiques, ou pour porter l'horreur et l'effroi dans la pensée du spectateur ; fidélité incomparable, énergie miraculeuse, force, audace, vigueur. grandeur et éclat que nul n'a surpassé ; ses ouvrages offrent cela de remarquable que, de quelque côté ou de quelque distance qu'on les examine, ils font le même effet. Il suivait parfois la manière du Corrége en imitant la douceur et la suavité de cet artiste, mais la manière du Caravage convient mieux au genre de son génie. Graveur à l'eau-forte.
SOTO (Jean de).	1592 1620	Madrid.	Hist.	Élève distingué de Barth. Carducho. Mort à la fleur de l'âge. — Peignit les fresques du cabinet de toilette de la reine, au Prado. — Il promettait de devenir un des meilleurs peintres de son pays.
FERNANDEZ (Louis).	1594 ou 1595 1654	Id.	Id.	Élève d'Eug. Caxes. — Excellent coloriste.
ARNAU (Jean).	1595 1693	Barcelone.	Id.	Élève d'Eug. Caxes. — Il a laissé un grand nombre de tableaux. — Tableaux, Barcelone. — Dessin correct , mais rude. Bon coloriste.
RIZI (Le frère Jean), frère de François.	1595 1675	Madrid.	Hist. et portr.	Élève de J. B. Mayno ; embrassa la vie religieuse, en 1626; travailla dans les principales villes de l'Espagne, visita Rome, où ses vertus le firent distinguer par le pape. — Saint François recevant les stigmates, Madrid. — Peu de fini, clair-obscur vigoureux ; poses heureuses et naturelles, bonne composition, dessin pur.
BAUSA (Grégoire).	1596 1656	Majorque	Hist.	Élève de Jean Ribalta, à Valence, où il alla fort jeune et où il mourut. — Tableaux dans les cloîtres de Valence.
ROMAN (Barthélemy)	1596	Madrid.	Id.	L'élève le plus distingué de V. Carducho ; étudia sous Vélasquez : d'un caractère timide, ce peintre vécut sans gloire et sans fortune, et pourtant ses œuvres sont fort remarquables. Excellent coloris ; draperies très-heureuses.
VANDERHAMEN DE LÉON (Don Jean de), fils de Vanderhamen (peintre holl.).	1596? 1632?	Id.	Hist., fl., fr., etc.	Élève de son père. Célébré par Lopez de Vega. — Tableau de nature morte, Madrid. — Ses tableaux d'histoire sont secs et âpres, mais ses portraits sont d'un pinceau fort doux. Il excella dans les fleurs, les fruits et autres tableaux de genre.
HORFELIN (Antoine de).	1597 1660	Saragosse.	Portr. et hist.	Élève de son père, Horfelin de Poultier, peintre médiocre ; envoyé à Rome pour se perfectionner, il revint dans sa patrie avec un talent satisfaisant. — Bon dessin, coloris remarquable ; réussit dans le portrait.
RIBALTA (Jean de), fils de François.	1597 1628	Royaume de Valence.	Hist. et portr.	Élève de son père, auquel il survécut peu de temps : à dix-huit ans, J. de Ribalta avait déjà composé un tableau digne d'un grand maître. Malgré une vie fort courte, il produisit une assez grande quantité d'œuvres remarquables ; on assure qu'il étudia en Italie. Mort à Valence. — Tête de trépassé, entourée de flammes, Madrid. Tête d'une âme bienheureuse, ib. Jésus-Christ mort, ib. Saint François d'Assise, ib. Saint Marc et saint Luc, ib. Buste d'un chanteur, ib. Une messe, Paris. — Belle composition, coloris brillant et plein d'effet. Bon poëte.
OBREGON (Pierre de).	1597 1659	Madrid.	Hist. et genre.	Un des meilleurs élèves de V. Carducho. — Imita le dessin et le clair-obscur de son maître. Graveur.
CORTE (Jean de la).	1597? 1660	Id.	Hist., batailj., paysages et persp.	Élève de Velasquez ; fut chargé, jeune encore, de plusieurs ouvrages importants et s'en acquitta à la satisfaction générale ; peintre du roi d'Espagne : le nombre de ses grandes compositions est peu considérable. — Grande facilité, goût sûr ; ses tableaux de batailles et de paysages sont les plus recherchés ; pinceau gracieux, touche fraiche.
GALVAN (Don Jean).	1598 1658	Lucène d'Aragon.	Hist.	Étudia à Saragosse ; se perfectionna en Italie. — Belles études , carnations pures.

NOMS.	ANNÉES DE NAISSANCE ET DE MORT.	LIEU DE NAISSANCE.	GENRE.	NOTES HISTORIQUES. TABLEAUX PRINCIPAUX ET LIEUX OU ILS SE TROUVENT. — OBSERVATIONS.
GASSEN (François).	1598 1658	En Catalogne.	Hist.	Travailla avec Pierre Cuquet. — Composition heureuse; coloris harmonieux.
CARO (François-Lopez).	1598 1662	Séville.	Portr.	Élève de Roelas; vint à Madrid, en 1660. — Style maniéré.
XIMENÈS (François)	1598 1666	Tarragone.	Hist.	Passa plusieurs années à Rome; fut employé à Teruel, à son retour, et fit des legs aux jeunes élèves fils de peintres et aux orphelines filles d'artistes. — Faire très-large, bon coloris, dessin incorrect.
VELA (Christophe).	1598 1658	Jaën	Id.	Élève de Cespédès, à Cordoue; puis de V. Carducho, à Madrid. Mort en tombant dans une citerne. — Dessin correct, mauvais coloris.
ZURBARAN (Franç.)	1598 1662	Fuente de Cantos (Estramadure).	Hist. et portr.	Reçut d'abord l'éducation d'un laboureur; son goût pour la peinture le fit envoyer à Madrid où il entra dans l'atelier de J. de Las Roelas; dès lors son talent se fit remarquer; bientôt les commandes lui arrivèrent en foule et presque toutes les villes de l'Espagne employèrent son pinceau. Il était peintre du roi. — Madeleine repentante, Dresde. Beaucoup de tableaux, Cadix. Sainte Ursule, ib. Apothéose de saint Thomas, Séville. Le père éternel, ib. Et beaucoup d'autres, ib. Judith, Paris. Moine en prière, ib. La sainte à la flèche, ib. Et beaucoup d'autres, ib. Jésus-Christ à la colonne, Berlin. Saint Jean accompagne la mère de douleurs, Munich. Saint François en extase, ib. Apparition de saint Pierre, apôtre, à saint Pierre Nolasque, Madrid. Saint Pierre Nolasque, ib. Les travaux d'Hercule, ib. L'enfant Jésus endormi, ib. — Manière pleine de grandeur; effet brillant, études solides; étudia beaucoup d'après les tableaux de Michel-Ange de Caravage et mérita d'être surnommé : le Caravage espagnol, mais il est plus froid, plus correct que son modèle, et ne lui ressemble que par la science du clair-obscur et les teintes bleues de ses compositions; jetait des masses de lumière dans ses premiers plans, finis avec soin et obtenait ainsi des effets merveilleux; inspiration toujours sérieuse, même dans la grâce; rendait parfaitement les figures ascétiques et austères du cloître.
VELASQUEZ DE SILVA (Don Diego).	1599 1660	Séville.	Hist., portr., pays., genre, ll., fr., etc., etc.	Son père se nommait Juan Rodriguez de Silva, sa mère doña Geronima Velasquez : c'est ce dernier nom qui est resté au grand peintre; de bonne heure on s'aperçut de son goût pour la peinture ; placé dans l'atelier de Herrera le vieux, la rudesse de ce maître obligea l'élève à le quitter; Velasquez se mit alors sous la direction de Fr. Pacheco, dont il devint bientôt le disciple favori et qui, cinq ans plus tard, lui accorda la main de sa fille; les tableaux de Louis Tristan de Tolède frappèrent

Velasquez et lui firent abandonner le style sec et roide auquel ses professeurs l'avaient habitué ;
c'est alors qu'il résolut d'aller à Madrid ; il s'y rendit en 1622, y étudia d'après les chefs-d'œuvre que renferme cette ville et fut appelé à la cour l'année suivante ; Philippe IV l'attacha tout d'abord à son service, et lui ayant commandé son portrait, il fut si satisfait de l'exécution de cet ouvrage qu'il le nomma son peintre particulier, titre auquel il ajouta plus tard ceux de huissier de sa chambre et de grand maréchal des logis ; admis dans l'intimité du roi, ses succès et sa faveur n'altérèrent pas son caractère et ne portèrent point atteinte à l'austérité de sa vertu. Rubens vit le jeune artiste, lors de son séjour à Madrid ; il devina son génie, l'encouragea et lui conseilla d'aborder les grands sujets, mais de s'y préparer par des études devant les chefs-d'œuvre de l'Italie; dès l'année suivante, Velasquez suivit les avis de l'illustre flamand ; il débarqua à Venise, de là se rendit à Rome, où Urbain VIII le logea au Vatican, puis alla visiter son compatriote Ribera à Naples, et s'occupa partout à étudier avec l'ardeur la plus noble et le goût le plus éclairé; aussi, en 1631, lors de son retour en Espagne, il y fut reçu avec un redoublement de faveur et y occupa sans partage le premier rang dans la peinture; il accompagna à deux reprises le roi en Aragon, dans les années 1642 et 1644 et fut envoyé une seconde fois en Italie, afin d'y faire des acquisitions pour le musée royal; dans ce deuxième voyage, il fit le portrait du pape Innocent X, et cet ouvrage reçut, comme les œuvres de Raphaël, et du Titien, les honneurs de la procession et du couronnement; il revit encore son ami Ribera et visita successivement Bologne, Florence, Parme et Gênes d'où il comptait se rendre à Paris ; la guerre entrava ce projet, et Velasquez s'embarqua pour Barcelone et revint à Madrid où il travailla paisiblement jusqu'en 1660 ; pendant le cours de cette année il fit le voyage d'Irun, lorsque Philippe IV conduisit sa fille Marie-Thérèse à Louis XIV ; les fatigues de ce voyage altérèrent la santé déjà chancelante du grand peintre ; il revint malade à Madrid et y mourut après une carrière qui ne fut qu'une longue suite de succès et d'honneurs de tous genres. — La diseuse de bonne aventure, Valenciennes. Le comte d'Olivarez, Dresde. Philippe IV. Londres. La reine Christine, femme de Philippe IV, ib. Portrait de Charles-Balthasar, fils de Philippe IV, à l'âge de deux ans, la Haye. Portraits de deux enfants, Bruxelles. Portrait d'Innocent X. Rome. Portrait d'homme, ib. Portrait de Philippe IV, Florence. Vierge allaitant, Barcelone. L'infante Marguerite, fille de Philippe IV, Paris. Et beaucoup d'autres, ib. Portrait d'une enfant (attribué), Nantes. Portrait d'un cardinal, Naples. Portrait d'homme, Berlin. Portrait de peintre (?). Munich. Un mendiant, ib. Portrait du cardinal Respigliosi, ib. Portraits, ib. Paysan tenant une fleur, Vienne. La famille du peintre, ib. Philippe IV, roi d'Espagne, ib. L'infant don Carlos, ib. L'infante Marie-Thérèse, ib. Portraits, ib. Jésus-Christ crucifié, Madrid. Couronnement de la Vierge, ib. Philippe IV, jeune (buste), ib. Portrait d'Alonzo Cano (??), ib. Saint Antoine, abbé, et saint Paul, premier ermite, ib. Bosquets de jardins, avec architecture et figures, ib. Portrait de Philippe IV, ib. Portrait de Marie-Anne d'Autriche, seconde femme de Philippe IV, ib. Portrait de don Prosper, fils de Philippe IV, ib. Vue de l'arc de Titus et du Campo-Vaccino, à Rome, ib. Tête de vieille (étude), ib. Portrait en buste d'Élisabeth de Bourbon, première femme de Philippe IV, ib. Réunion de buveurs, tableau connu sous le nom : des Ivrognes (chef-d'œuvre), ib. La famille de Philippe IV, ib (Ce célèbre tableau, où le peintre s'est représenté lui-même, la palette en main, valut à l'auteur la décoration de l'ordre de Saint-Jacques que Philippe IV peignit lui-même sur la poitrine de Vélasquez, suivant la tradition.) Adoration des mages, ib. Portrait équestre du comte d'Olivarez, ib. La forge de Vulcain, ib. Portrait de Philippe III à cheval, ib. Un prétendant de la cour de Philippe IV, ib. Portrait de don Balthazar Carlos, fils de Philippe IV, ib. Portrait d'Autriche, jeune, ib. Mercure et Argus, ib. Portrait équestre de Philippe IV, ib. Reddition de Breda, chef-d'œuvre), ib. Les fileuses (chef-d'œuvre), ib. Portrait du poète Gongora, ib. Paysages, ib. Portraits de Philippe IV, de la famille de ce prince, de plusieurs personnages de sa cour, etc., ib. Vue du Prado, ib. Vue d'Aranjuez, ib. Deux figures de nains, ib. Mort de saint Joseph, Saint-Pétersbourg. Portrait du pape Innocent X, ib. Portrait du roi Philippe IV, ib. Portrait du duc d'Olivarez, ib. Tête de jeune homme, ib. — Velasquez ne se contenta point de suivre les leçons de ses maîtres ; il étudia la nature dans ses moindres détails ; depuis les plantes, lesinsectes jusqu'à l'homme, il ne négligea rien ; sans craindre les difficultés, il étudia le corps humain dans toutes ses différentes sensations, s'attacha ensuite à un examen profond des sentiments de l'âme et parvint ainsi à cette surprenante vérité qui se remarque dans tous ses ouvrages et surtout dans ses portraits. Ses paysages sont traités largement, presque esquissés, on doit les voir à quelque distance et l'on admire alors une nature belle, simple et sublime. Dans le portrait il a vaincu tous les peintres de son pays et il n'est surpassé par aucun de ses rivaux étrangers; rien n'est comparable à la parfaite imitation de la nature que l'on y remarque, si ce n'est la franchise et l'audace avec lesquelles son pinceau en aborde les difficultés. Dans les tableaux d'histoire, Velasquez évita toujours les sujets sacrés, les scènes d'imagination; son esprit observateur et presque mathématique ne se prêtait pas aux grandes conceptions qui demandent la chaleur du sentiment et l'exaltation de l'âme. Peintre de la vérité et de la nature, sous ce rapport Velasquez est sans égal; son dessin est d'une pureté irréprochable, il se joue des difficultés de la forme, comme de celles de la lumière : tantôt il compose un tableau entièrement en clair-obscur ; puis il en achève un autre sans un seul repoussoir, sans une ombre, et tous deux sont des chefs-d'œuvre; sa couleur est ferme, sûre, naturelle, sans éclat; pour l'entente de la différence des plans, la distribution de la lumière, la perspective linéaire et aérienne, il poussa ces diverses qualités jusqu'à la perfection; on ne peut lui faire aucun reproche, car tout ce que l'étude peut faire acquérir, il le posséda au plus haut degré; ce qui lui manquait ne dépendait pas de lui ; l'imagination, la force de conception, la profondeur de pensée, le sentiment, l'expression, sont des dons du ciel qu'aucune science humaine ne saurait enseigner.

NOMS.	ANNÉES DE NAISSANCE ET DE MORT.	LIEU DE NAISSANCE	GENRE.	NOTES HISTORIQUES. — TABLEAUX PRINCIPAUX ET LIEUX OU ILS SE TROUVENT. — OBSERVATIONS.
COLLANTES (François).	1599 1656	Madrid.	Pays. et hist.	Élève de Vincent Carducho. — Paysage traversé par un ruisseau, Munich. Vision d'Ézéchiel, Madrid. Paysages, ib. Saint Guillaume, duc d'Aquitaine, ib. Pénitence de saint Jérôme, Paris. — Excellent dessinateur.
PEREDA (Antoine de)	1599 1669	Vallado-lid.	Hist., nature morte, etc.	Envoyé à Madrid, en 1606, il y devint élève de P. de Las Cuevas, puis de J. B. Crescenzi (peintre italien). A dix-huit ans, Pereda était un grand peintre; ses talents, ses qualités, lui valurent la protection de plusieurs hauts personnages. — Portrait d'un gentilhomme espagnol, Munich. Espagnols jouant aux cartes, ib. Officiers espagnols jouant aux dames, ib. Jeune homme se faisant dire la bonne aventure, ib. Saint Jérôme méditant, Madrid. Charles Ier et Philippe II, ib. Saint Jean l'évangéliste, Paris. Et autres, ib. — Coloris vénitien, plein de fraîcheur et du plus bel empâtement; dessin exact, effet vigoureux, grande vérité.
LABRADOR (Jean).	†1600	Dans l'Estra-madure.	Fleurs, nature morte, fruits et intér.	Élève de Moralès et l'un des meilleurs peintres de l'Espagne dans le genre qu'il avait adopté; porta un défi à plusieurs artistes ses compatriotes, et remporta la victoire. Mort à Madrid, dans un âge très-avancé. — Beau contraste de couleurs, fleurs savamment groupées, feuillage délicat, tons vrais et transparents; fini précieux.
SEGURA (Antoine de)	†1605	St-Michel de la Cogolla. (Rioja.)	Hist.	Travailla à l'Escurial, sous Philippe II. Mort à Madrid.
VELASCO (Louis de).	†1606		Hist. et portr.	Peintre du chapitre de Tolède, en 1581; exécuta dans cette ville des ouvrages remarquables. — Incarnation, Tolède. Et autres, ib. — Dessin correct: formes grandioses, caractères nobles; teintes assez suaves et brillantes.
CAXÈS, CAXESI ou CAXETE (Patrice).	†1612	Arezzo.	Hist.	L'ambassadeur d'Espagne, don Louis de Requesens, l'emmena dans son pays; accueilli à la cour de Philippe III, Caxès y travailla pour ce prince et mourut en Espagne. — La Vierge et l'enfant Jésus, Madrid.
CASTELLO (Fabrice), fils de J. Baptiste.	†1617		Hist. et portr.	Élève de son frère et de Fr. d'Urbain. Travailla continuellement avec son frère. — Fresques (avec son frère), à l'Escurial. — Considéré comme peintre de grand talent.
PEREYRA (Vasco).	†1618		Hist.	D'origine portugaise. — Ecce homo, Paris. Conversion de saint Paul, premier ermite, ib.
ZARIÑENA (Christophle), fils de François.	†1622	Valence.	Id.	Élève de son père. Mort très-jeune. — Savante et heureuse imitation du Titien.
ZARIÑENA (François)	†1624	Id.	Id.	Élève de Ribalta, le père. — Suivit avec bonheur la manière de son maître.
ROMULO (Jacques), frère de François.	†1625	Madrid.	Hist. et portr.	Alla à Rome, à la suite de l'ambassadeur espagnol; y fut appelé à faire le portrait du pape Urbain VIII, et fut, en récompense, nommé chevalier; mort à Rome peu de jours après le triomphe que lui avait valu le succès de son ouvrage.
CASTANEDA (Grégoire).	†1629	Valence?	Hist.	Élève de Fr. Ribalta, on croit qu'il fut aussi son gendre. — Les archives d'Andilla constatent que ce peintre vint travailler à la cathédrale de cette ville. — On confond souvent les tableaux du maître avec ceux de l'élève.
DONADO (Hernand-Adrien).	†1630	Cordoue.	Id.	Religieux des carmes déchaussés, à Cordoue; ignorait son propre talent, au point qu'on avait peine à l'empêcher de déchirer les toiles qu'il venait de finir. Mort très-vieux. — Madeleine pénitente, crucifiement. (Tableaux faits pour son couvent.) — Imita Raphaël Sadeler; un des grands artistes de l'Espagne.
ZARIÑENA (Jean), fils de François.	†1654		Id.	Élève de son père.
ROMULO (François), frère de Jacques.	†1655	Madrid.	Id.	Étudia à Madrid; fut nommé chevalier par le pape; se rendit à Rome et y mourut après avoir exécuté plusieurs beaux ouvrages.
CARDUCHO (Vincent) frère de Barthélemy (peintre italien)	†1638	Florence	Hist et portr.	Élève de son frère; peintre de Philippe II et de Philippe III, dont il obtint également la protection et la faveur particulière. Il était venu en Espagne en 1685, n'ayant pas encore passé la première enfance; il reçut une des plus vastes commandes dont l'histoire de l'art fasse mention, celle de décorer le cloître de la chartreuse del Paular. — Constance délivrée, en 1635, Madrid. Baptême de Jésus-Christ, ib. Salutation angélique, ib. Naissance de la Vierge, ib. Bataille de Fleurus, ib. Présentation de Jésus-Christ au temple, ib. Visitation de sainte Anne et la Vierge, ib. Vie de saint Bruno et miracles des chartreux (provenant de la chartreuse del Paular), ib. Sainte famille, Paris. Trois religieux en prière, ib. — Auteur d'un traité sur la nature et la dignité de la peinture, divisé en huit livres et intitulé : Dialogo de la Pintura, su defensa, origen, essencia, definicion, modos y diferencias, Madrid, 1633, in-4°.
ZAMBRANO (Jean-Louis).	†1639	Cordoue.	Hist. et genre.	Élève de Cespèdès; s'établit à Séville et y mourut. — Imita parfaitement son maître; coloris brillant; de l'expression et du feu; composition pleine de charme dans ses tableaux de genre.
GUIRRI (Le père Vincent).	†1640	Valence.	Portr.	Religieux augustin, depuis 1608. — Artiste médiocre.
RUEDA (Gabriel de).	†1641		Hist.	Nommé peintre du chapitre de Tolède, en 1655; séjourna à Grenade.

NOMS.	ANNÉES DE NAISSANCE ET DE MORT.	LIEU DE NAISSANCE	GENRE.	NOTES HISTORIQUES. TABLEAUX PRINCIPAUX ET LIEUX OU ILS SE TROUVENT. OBSERVATIONS.
TOLÈDE (Jean de). le jeune.	†1645		Hist.	Élève de Tristan; nommé peintre du chapitre de Tolède, en 1641. — Beaucoup de goût.
BISQUERT (Antoine)	†1646	Valence.	Id.	Élève de l'école de Ribalta. Mourut de chagrin de se voir préférer Fr. Ximenès. — Jouit d'une grande réputation; belle couleur, bon dessin, du sentiment.
LUCENA (Don Jacq.).	†1650		Portr.	Élève de Velasquez de Silva; mort assez jeune, à Madrid. — Imita son maître dans le portrait qu'il peignit très-ressemblant.
RUBIO (Antoine).	†1655		Hist.	Élève d'Ant. Pizarro; nommé peintre du chapitre de Tolède, en 1645.
VARELA (François).	†1658	Séville.	Id.	Élève distingué de Las Roelas. — Bon dessin, draperies larges, coloris vénitien.
MICIER (P.).	†1659	Sena.	Id.	Juge de l'audience de Saragosse, où il mourut; acquit une grande fortune qu'il donna aux pauvres à la fin de sa vie. — Dessin correct, du goût.
REYNA (François de)	†1659		Id.	Un des meilleurs élèves d'Herrera, le vieux, à Séville; il serait devenu un grand peintre s'il n'était mort à la fleur de l'âge. — Belle pâte; clair-obscur très-vigoureux, manière large, composition pleine de feu.
MARCH (Étienne), dit MARCH DES BATAILLES.	†1660	Valence.	Batail., genre, portr. et hist.	Élève d'Orrente; afin d'exciter son imagination, il s'escrimait, armé de pied en cap, contre les murs de son atelier. Aucun de ses élèves ne put supporter ses extravagances. — Une vieille avec un tambour de basque, Madrid. Portrait du peintre J. B. del Mazo, ib. Un camp, ib. Un vieux buveur, ib. Vieille tenant une bouteille, ib. Saint Jérôme. ib. Passage de la mer Rouge, ib. Tobie et son père, Paris. — Pinceau facile, coloris frais, grande vérité.
DIAZ (Jacques-Valentin).	†1660	Valladolid?	Persp.	Fondateur de l'hospice de la Miséricorde, où il est enterré.—Tableaux, Valladolid. — Admirable entente de la perspective.
PALENCIA (Pierre-Honoré).	†1661?		Hist.	Établi à Séville où il fut un des fondateurs de l'Académie et son premier consul; on croit qu'il y mourut.
LEGOTE (Paul).	†1662	Séville.	Id.	Établi d'abord à Séville, il quitta ce séjour pour celui de Cadix et exécuta dans ces deux villes des ouvrages qui lui ont mérité la réputation d'un grand peintre. — Nativité, Séville. Épiphanie, ib. Annonciation, ib. Deux saint Jean, ib. Les douze apôtres, ib. — Beaucoup de naturel, de vérité, bon dessin et belle couleur.
CUQUET (Pierre)	†1666	Barcelone.	Id.	Homme d'esprit et de génie, ami de François Gazen ou Gassen avec lequel il travailla. — On voyait naguère quelques-unes de ses œuvres dans le couvent de Saint-François de Paule. — Les restaurateurs, sous le prétexte de restaurer les tableaux de Cuquet, les ont totalement perdus.
MONTEZUMA (Don Pierre de, comte de Tula).	†1670?		Genre.	Amateur; établi à Madrid.
MARQUEZ JOYA (Ferdinand).	†1672?		Portr. et hist.	Établi à Séville. — Suivit la manière de Murillo.
AYALA (Barnabé).	†1673	Séville.	Hist.	Élève de Franç. Zurbaran. Un des fondateurs de l'Académie de Séville. — Deux saint François d'Assise, Paris. — Imitation de son maître surtout dans les draperies.
MARTINEZ (Ambroise)	†1674	Grenade.	Id.	Élève d'Alonzo Cano, mort jeune. — Suivit avec peu de bonheur la manière de son maître; style maniéré.
JEPES (Thomas de)	†1674	Valence.	Fleurs, fruits, n. morte.	Détails inconnus. — Grande vérité.
BERENGUER (le père Ramon).	†1675	Lérida.	Hist.	Prieur de la Chartreuse. — Imita la manière de Vincent Carduccio dont il copia les tableaux.
CIEZA (Michel Jérôme de).	†1677	Grenade.	Id.	Élève d'Alonzo Cano. Laissa deux fils qui cultivèrent la peinture et eut pour élève Philippe Gomez de Valence. — Il rappelle son maître aussi bien dans le coloris que dans le dessin.
CAZARES (Laurent).	†1678	Burgos.	Id.	Détails inconnus. — Tableaux, Burgos.
TORRE (Nicolas-André).	†1678		Id.	Mort à Madrid. — Manière large et facile.
GOMEZ (Sébastien), dit LE MULATRE DE MURILLO.	†1678	Grenade.	Hist. et portr.	Par une singulière coïncidence, Murillo eut, comme Velasquez, son esclave mulâtre devenu peintre; cet élève distingué, qui fit honneur à son maître, est Sébastien Gomez. Il mourut à Séville. — Saint Jérôme étudiant l'hébreu dans le désert de la Chalcide, Paris. — Bonne couleur; pâte vigoureuse; dessin assez exact.
HISPANO (le frère Marc).	†1679		Hist.	Vivait à Madrid; religieux de l'ordre de Saint-Augustin.
ARIAS-FERNANDEZ (Antoine).	†1684	Madrid.	Id.	Élève de Pierre de Las Cuevas. Fut un des meilleurs peintres de Madrid. Malgré toutes ses protections, ses mœurs irréprochables, il mourut de misère dans un hôpital. Il eut une fille qui se distingua dans la peinture. — Christ mort, Madrid. La monnaie du tribut, ib. — A quatorze ans, il peignit avec beaucoup de succès tout le grand autel des Carmes chaussés de Tolède.

NOMS.	ANNÉES DE NAISSANCE ET DE MORT.	LIEU DE NAISSANCE	GENRE.	NOTES HISTORIQUES. TABLEAUX PRINCIPAUX ET LIEUX OU ILS SE TROUVENT. OBSERVATIONS.
ROCANEGRA (Pierre-Athanase), dit ATHANASIO.	†1688	Grenade.	Hist.	Élève d'Alonzo Cano. Il arriva à cet artiste de mérite plusieurs aventures que lui attira son excessive vanité et qui causèrent sa mort. Il fut nommé peintre du roi en 1676. — La dernière heure du Christ, Grenade. Tableaux, Saint-Pétersbourg. Le jugement dernier, Paris. — Beaucoup d'énergie, teintes savantes. Il a imité Van Dyck à s'y tromper.
VILLACIS (Nicolas de).	†1690	Murcie.		Élève de Velasquez, à Madrid ; visita Rome. Peintre amateur. — Goût épuré et correct.
MARTINEZ (Chrysostome).	†1694	Valence.	Hist.	Mort dans les Pays-Bas. — Graveur.
CAUDI (Joseph).	†1696	Id.		Plus connu comme ingénieur.
SEGURA (André de).	*1500		Hist.	Établi à Madrid ; travailla à Tolède.
GUILLEN (François).	*1500		Hist.?	Travailla à Tolède.
FLORES (Frutos).	*1500		Hist.	Il n'est connu que par quelques travaux qu'il exécuta à Tolède, dans la cathédrale. La bizarrerie de son nom n'a jamais pu être expliquée.
CORDOBA (Pierre de).	*1500	Cordoue.	Id.	Détails inconnus. — Jésus-Christ à la colonne, Paris. Mort de saint Jérôme, ib. — Bon dessin, grand fini.
CORRALES (Franç. de los).	*1500		Id.	Détails inconnus. — On croit qu'il travailla à la cathédrale de Tolède.
FERNANDEZ (Pero).	*1500			Peintre des appartements de la reine.
ANTONIO DE HOLLANDE.	*1500	Hollande		Enlumineur. Florissait au temps d'Emmanuel.
RINÇON (Ferdinand de), fils d'Antoine.	*1505		Hist.	Élève de son père ; travailla à Tolède avec Jean de Bourgogne.
NEAPOLI (François).	*1506	Madrid.	Id.	On le croit élève de L. de Vinci ; travailla avec Paul Aregio, à Valence.
AREGIO (Paul).	*1506		Id.	On croit qu'il a été élève de Léonard de Vinci. — Peignit avec François Neapoli les portes du grand maître-autel de la cathédrale de Valence. — Dessin correct, formes grandioses et expression bien sentie.
MEDINA (Louis de).	*1508		Id.	Florissait à Tolède ; très-renommé comme fresquiste.
AMBERES (François de).	*1508	Tolède?	Id.	Également sculpteur. — Tableaux, Tolède.
FIGUEREDO.	*1508			Travailla avec George Alphonse au tribunal de Lisbonne.
GEORGE (Alphonse).	*1508			Beau-frère du peintre François Henriquez et peintre du roi.
PALENCIA (Gaspard de).	*1509		Hist.	Travailla à Valladolid et à Astorga.
FERNANDEZ DE GUADALUPE (Pierre).	*1510	Séville?	Id.	Travailla longtemps dans la cathédrale de Séville. — Tableaux, Séville.
MESA (Barthélemy de).	*1511		Id.	Travailla à Séville.
FALCO (Nicolas).	*1515	Valence.	Id.	Détails inconnus.
COMONTES (Antoine de), frère d'Inigo.	*1519	Tolède?	Id.	Élève d'Antoine del Rinçon. — Peintre très-médiocre.
HERNANDEZ ou FERNANDEZ (Alexis).	*1520		Id.	Travailla à Séville et à Cordoue. — Artiste de mérite.
FRANCIONE (Pierre).	*1521		Id.	Vivait en Italie. — Tableaux, Naples. — Talent supérieur.
BARRERA (Jacques de la).	*1522	Séville?	Id.	Détails inconnus. — Tableaux, Séville. — Peintre de deuxième rang.
MEXIA (André de).	*1522		Id.	Presbytérien à Séville.
RODRIGUEZ (Christophe).	*1525			Neveu de François Henriquez ; peintre du cardinal.
ALVARUS.	*1527			Célèbre enlumineur dont le roi Emmanuel faisait beaucoup de cas.
DELGADO (Pierre).	*1529	Orgaz.	Hist.	Détails inconnus. — Notre-Dame, Orgaz (signé).
SEGARRA (Jayme).	*1530		Id.	Travailla dans la ville de Reus.

NOMS.	ANNÉES DE NAISSANCE ET DE MORT.	LIEU DE NAISSANCE	GENRE.	NOTES HISTORIQUES. TABLEAUX PRINCIPAUX ET LIEUX OU ILS SE TROUVENT. OBSERVATIONS.
VILLOLDO (Jean de).	*1530		Hist.	Élève et neveu d'A. Perez de Villoldo ; établi à Tolède, y travailla avec Amberes et Jean de Bourgogne, et sut mériter l'admiration de ses contemporains. — Fresques, Madrid. Tableaux sur bois, ib. — Beau dessin, autant de noblesse que le permettait le style de son époque.
CORTE-REAL (Jérôme),	*1530			Poëte et peintre. Les écrivains de l'époque en font un grand éloge.
EÇAS (Pierre de).	*1533		Hist.	Détails insignifiants. — On croit avoir vu à Tolède un tableau de ce peintre.
FERNANDEZ (Jacq.).	*1535	Séville.	Id.	Cité dans les comptes de la cathédrale de Séville. — Couleur sèche et touche timide.
CHARLES (Frère).	*1535		Id.	Détails inconnus.
GARCIA-FERNANDEZ	*1535			Gendre de Henriquez. Termina les travaux entrepris par son beau-père.
RAMIREZ (Jean).	*1536		Portr. et hist.	Florissait à Séville. — Se distingua dans le portrait.
VAZ (Diego).	*1538			Exécuta des travaux dans la sacristie d'Alcobaça.
ALPHONSE.	*1540			Dans les comptes de la maison du roi Emmanuel, on rencontre les noms de ces artistes.
LOPEZ (Grégoire).	*1541			
GALLEGO (A.).	*1544		Hist.	Exécuta plusieurs tableaux pour le monastère de Sainte-Marie de Naxera. — Sculpteur.
MACHUCA (Pierre).	*1548		Id.	Visita l'Italie, où on assure qu'il fut élève de Raphaël ; s'établit à Grenade. — Imita Raphaël ; sculpteur et architecte.
PEREZ (Antoine).	*1550	•	Id.	Travailla beaucoup à Séville et eut un fils doué d'un grand talent.
GOMEZ (Martin).	*1550	Cuenca.	Id.	Employé par Philippe II aux travaux de l'Escurial. On le croit frère de Jean Gomez.
FRUTET (François).	*1550	Belgique.	Id.	On ignore quel fut son maître ; né en Flandre, il s'établit et mourut à Séville. — Manière italienne.
CORREA (D.).	*1550		Id.	On croit qu'il étudia en Italie. — Deux tableaux en forme de diptyque, Madrid. Tableaux, Paris. — Imitation de l'école florentine.
URBINA (Jean de).	*1550	Madrid.	Id.	Élève d'A. S. Coello.
ARFIAN (Antoine de).	*1551	Séville?	Id.	Élève de Louis de Vargas. Dans le principe, cet artiste peignait des serges en détrempe, ce qui était alors exigé pour faire des progrès. — Tableaux, Séville. — Se distingua dans la peinture à fresque. Il est le premier, dit Pacheco, qui peignit au trait en couleur sur des fonds blancs. Bon dessin, pinceau léger.
SEQUO (Simon).	*1551			On trouve, dans les comptes de la reine Catherine, que ce peintre reçut une cruzade pour un tableau peint sur bois et livré à la supérieure du couvent d'Abrantès.
FERNANDEZ (Dominique).	*1551			On trouve, dans ces mêmes comptes, que ce peintre reçut huit cruzades pour un tableau peint sur bois et livré à la supérieure du couvent d'Abrantès.
RUIZ (Antoine).	*1554		Hist.	Élève de L. de Vargas ; travailla avec Ant. d'Arfian, à Séville.
MORAES (Christophe de).	*1554			Peintre de la reine. Il lui fut compté 26,000 reis pour peintures exécutées à une litière.
FRANÇOIS DE HOLLANDE (fils d'Ant.).	*1554			Fit le portrait de la reine Catherine pour la somme de 800 reis. Il a laissé des mémoires sur l'histoire de l'art à son époque.
RUBIALES (Pierre de).	*1555	En Estramadure.	Hist.	Élève de Fr. Salviati, à Rome ; aida son maître dans plusieurs de ses ouvrages ; ami de Gas. Becerra. — Artiste d'un très-grand mérite.
SANTO DOMINGO, le frère Vincent de).	*1555		Id.	Élève de L. de Médina, à Tolède ; se fit hiéronymite ; son principal titre à la gloire est d'avoir donné des leçons à Navarrete (El Mudo). — Belle couleur.
EMMANUEL (Maître)	*1555			Détails inconnus.
CHACON (Jean).	*1557		Hist.	Détails inconnus. — Peignit le monument de Séville.
OLIVES (Maître-Fr.).	*1557		Id.	Florissait à Tarragone ; son mérite le fit nommer appréciateur des ouvrages de toute la province.
DOMENECH (Ant.).	*1558	Valence.	Id.	Élève du père Nicolas Borras qu'il aida dans plusieurs ouvrages. — Imita servilement son maître.
SÉRAFIN (Pierre).	*1562		Id.	Résidait à Barcelone où il était connu sous le nom du Grec ; travailla à Tarragone avec P. Pablo.
PABLO (Pierre).	*1564		Id.	Travailla à Tarragone. — Belle couleur ; dessin assez correct.
HELLE (Isaac del).	*1565		Id.	On le croit élève de Michel-Ange. — Manière de son maître ; beaucoup de mérite.
CÉA (Jean de).	*1565		Id.	Détails inconnus. — Peignit en 1565, avec J. de Aneda, des tableaux dans la cathédrale de Burgos.

NOMS.	ANNÉES DE NAISSANCE ET DE MORT.	LIEU DE NAISSANCE.	GENRE.	NOTES HISTORIQUES. TABLEAUX PRINCIPAUX ET LIEUX OU ILS SE TROUVENT. OBSERVATIONS.
SANCHEZ DE CASTRO (Jean).	*1565		Hist.	Florissait à Séville ; fondateur de la primitive école de cette ville. — Composition mal entendue et peu noble.
AVILA (Ferdinand d').	*1565		Id.	Peintre et sculpteur de Philippe II. Élève de Fr. Comontes. — Sa réputation comme peintre et comme sculpteur s'est éclipsée avec le temps.
ANEDA (Jean de).	*1565	Burgos.	Id.	Travailla avec Jean de Cea. — Tableaux, Burgos. — Peintre médiocre.
PEREZ - FLORIAN (Jean).	*1566		Genre.	Chevalier du Christ et valet de chambre de Philippe II. — Peintre amateur.
PACHECO (Christophe).	*1568		Hist. et portr.	Protégé par le duc d'Albe pour lequel il exécuta plusieurs ouvrages ; fit les portraits des principaux personnages de son temps. — Manière excellente, belle couleur, soins minutieux dans les détails des vêtements.
LOPEZ (François).	*1568		Hist.	Florissait à Madrid.
VAZQUEZ (Jérôme).	*1568		Id.	Élève de G. Becerra ; résidait à Valladolid.
HOYOS (Gaspard de).	*1569		Id.	Élève de Becerra ; travailla à Astorga avec Gaspard de Palencia.
AGUILA (François del).	*1570	Murcie ?	Fresq.	En 1570, il peignit dans la cathédrale de Murcie le beau mausolée d'Alphonse le Sage.
CABRERA (Jérôme).	*1570		Hist.	Détails inconnus. — Fresques au Pardo. — Manière large.
GUITART (Pierre).	*1577	Catalogne.	Id.	Peignit plusieurs tableaux de mérite pour la ville de Reus.
CERECEDO (Jean de).	*1577		Id.	Détails inconnus. — Il concourut avec Gaspard de Palencia pour des travaux à accomplir à Espinar. — Bonne réputation.
HENRIQUEZ (Léonard).	*1580	Cordoue.		Appelé à Malaga pour taxer les ouvrages de César Arbasia.
CISNEROS (les frères)	*1580	Tolède.	Hist.	Détails inconnus. — Travaillèrent au monastère de Silos.
ARAGON (Jean de).	*1580	Grenade ?	Id.	Détails inconnus. — Travailla au monastère de Saint-Jérôme, fondé par Gonzalve de Cordoue.
VERGARA (Jean de), fils de Nicolas, le vieux.	*1580	Tolède.	Id.	Travailla avec son père et son frère aux vitraux de la cathédrale de Tolède.
FERNANDO (Gomez).	*1580			Détails inconnus.
ARTOS-TISON.	*1581	Murcie.	Hist.	Détails inconnus. — Le temps a détruit ses œuvres.
URBINA (Jacq. de).	*1585	Madrid.	Hist. et décor.	Travailla avec Al. San. Coello, en 1570, aux arcs de triomphe élevés lors de l'entrée d'Anne d'Autriche, femme de Philippe II, à Madrid ; exécuta de beaux ouvrages à Burgos, de concert avec Gr. Martinez. — Dessin large, coloris brillant mais un peu sec.
PEROLA (Jean et François).	*1586	Almagro.	Tous les genres.	On croit ces deux frères élèves de Becerra ; travaillèrent avec César Arbasia au palais du ministre de Santa-Cruz Sculpteurs et architectes. Un de leurs parents, nommé Étienne, possédait les mêmes talents qu'eux : il est quelquefois désigné comme leur frère. — Facilité extraordinaire, coloris brillant, dessin large, caractères nobles, attitudes majestueuses.
TAPIA (Pierre-Jean de).	*1586		Genre.	Habitait Valence. — Profondes connaissances théoriques.
AGUILERA (Jacq.).	*1587	Tolède ?	Hist.	Il fut chargé par les grands d'Espagne et les chapitres d'apprécier les tableaux qu'ils achetaient aux artistes. — La plupart de ses œuvres ont péri dans un incendie. — Eut une grande réputation à Tolède.
HERMES (Isaac).	*1587		Id.	Travailla à Tarragone.
OÑA (Pierre).	*1590		Id.	Gendre et élève d'Estève Jordan, sculpteur de Philippe II.
MONTOYA (le frère Pierre de).	*1590		Id.	Religieux Augustin ; bonne renommée.
GONZALES (Christophe).	*1590		Id.	Vivait à Madrid.
REQUENA (Vincent).	*1590	Cocentayna.	Id.	Florissait à Valence.
ACEVEDO (Christophe de).	*1592	Murcie.	Id.	Élève de Barth. Carducho. — Ses ouvrages se voyaient dans les divers couvents de sa ville natale. Dessin pur, caractères de figures très-nobles.
ORTEGA (Pierre de).	*1594		Id.	Florissait à Séville.

NOMS.	ANNÉES DE NAISSANCE ET DE MORT.	LIEU DE NAISSANCE	GENRE.	NOTES HISTORIQUES. — TABLEAUX PRINCIPAUX ET LIEUX OU ILS SE TROUVENT. — OBSERVATIONS.
SALCEDO (JACQUES), frère de Jean.	*1594	SÉVILLE.	Hist.	Ses fresques ont du mérite.
SALAMANCA (JÉRÔME DE).	*1594	SALAMAN-QUE.	Hist. aquar.	Florissait à Séville.
GRILLO-BLAS.	*1594		Hist.?	Travailla à la restauration de la cathédrale de Séville.
ESQUIVEL (JACQUES).	*1594			Détails inconnus. — Travailla au monument de Séville. — Peu de mérite.
CID (FRANÇOIS).	*1594		Hist.	Détails inconnus. — A travaillé au monument de Séville.
ARGUELLO (JEAN-BAPTISTE).	*1594	SÉVILLE ?	Nature morte.	Détails inconnus.
ZAMORA (JACQUES DE)	*1594		Hist.	Travailla à la cathédrale de Séville.
VAZQUEZ (AUGUSTIN ET AMORO).	*1594		Id.	Ces deux frères jouissaient d'une excellente réputation à Séville.
UCEDA (JEAN DE).	*1594	SÉVILLE.	Id.	Travailla pour le chapitre de sa ville natale.
SALCEDO (JEAN DE), frère de Jacques.	*1595		Id.	Se distingua dans l'embellissement du catafalque que la cathédrale de Séville ordonna pour les obsèques de Philippe II.
LLORENS (CHRISTOPHE).	*1597		Id.	On le croit élève de Joanès. — Coloris et dessin recommandables.
LANDA (JEAN DE).	*1599		Id.	Établi à Pampelune; bonne réputation.
RAXIS (PIERRE DE).	*XVIe siècle.	GRENADE ?	Hist. et grotesques.	On croit qu'il étudia en Italie; en grande réputation à Grenade. Il paraît que cet artiste eut deux frères, bons peintres, mais qui pourtant ne l'égalèrent pas. — Beaucoup de délicatesse surtout dans les grotesques.
VELASCO (MATHIAS), fils de Christophe.	*Id.		Hist.	Élève de son père; suivit la cour de Philippe III, à Valladolid. — Artiste de mérite.
VERA (JEAN DE).	*Id.		Id.	Résidait à Baeza. — Plus connu comme sculpteur.
VASQUEZ (JEAN-BAPTISTE).	*Id.	SÉVILLE.	Id.	Peintre et sculpteur. — Bonne réputation.
VALDIVIESO (LOUIS DE).	*Id.		Genre.	Jouissait d'une grande réputation à Séville. — Manière facile et élégante.
NUNNEZ (JEAN).	*Id.	ESPAGNE.	Hist.	Élève de Jean Sanchez de Castro, à Séville; on peut le placer au rang des meilleurs artistes espagnols de son siècle. — Draperies heureuses, détails d'un fini précieux; trop de sécheresse.
MARTINEZ (JOSEPH).	*Id.		Id.	Élève de l'école florentine; habitait Valladolid. — Composition, dessin et coloris savants.
MARTINEZ (GRÉGOIRE)	*Id	VALLADO-LID.	Pays., genre et hist. en petit.	Peignait le paysage avec succès, mais réussissait encore mieux dans les petits sujets historiques. — Tons d'une finesse remarquable; beau coloris.
LÉON (ANDRÉ DE).	*Id.		Hist.	Florissait à Séville.
MARCOS DA CRUZ.	*Id.		Id.	Détails inconnus. — Sainte Marie Madeleine, Lisbonne. — Grande réputation qu'il a du reste justifiée.
ANDREA (GONZALEZ).	*Id.			Détails inconnus.
CAMPELLO (ANTOINE)	*Id.		Hist.	Chercha à imiter Michel-Ange. — Jésus portant sa croix, au monastère de Belem. — Composition majestueuse.
VASCO.	*Id.			Enlumineur du roi Alphonse V. — Il ne faut pas confondre ce peintre avec Gran-Vasco.
PRIM (ABRAHAM).	*Id.		Hist.	Sa biographie est fort obscure. — On voit de lui de fort beaux tableaux à Lisbonne.
RODRIGUEZ (SIMON).	*Id.		Id.	Détails inconnus. — Naissance de Notre-Seigneur, dans le monastère de Belem. — Peintre de mérite.
LEDESMA (BLAS DE).	*Id.		Hist. grotesques.	Florissait en Andalousie. — Manière italienne.
HERRERA (CHRISTOPHE DE).	*Id.	BURGOS.	Hist.	Travailla avec André de Espinosa.

NOMS.	ANNÉES DE NAISSANCE ET DE MORT.	LIEU DE NAISSANCE.	GENRE.	NOTES HISTORIQUES. — TABLEAUX PRINCIPAUX ET LIEUX OU ILS SE TROUVENT. — OBSERVATIONS.
CUEVAS.	xvie siècle.	Huesca.	Hist.	Élève de Th. Pélegret, travailla avec son maître dans la cathédrale d'Huesca. — Pinceau très-gracieux.
ALCALA (le duc d').	*Id.			Ami de Fr. Pacheco sous lequel il étudia la peinture.
ESPINOSA (François)	*Id.		Hist. et portr.	Appelé par Philippe II pour travailler à l'Escurial, y montra un talent remarquable. — Peintre sur verre.
ESQUARTE (Paul).	*Id.		Portr.	Élève de Titien, travailla pour le duc de Villa-Hermosa ; mort en Espagne. — Grande réputation de son vivant.
DONTONS (Paul).	1600 1666	Valence.	Hist. et portr.	On ignore quel fut son maître ; on pense qu'il étudia en Italie ; un des meilleurs peintres de son époque ; travailla dans toute l'Espagne, mais spécialement dans sa ville natale. — Tableaux, Valence. — Excellent coloris, bonne composition, dessin de bon goût.
ESPINOSA (Hyacinte.-Jérôme), fils de Rodrigue.	1600 1680	Concen-tayna (royaume de Valence).	Id.	Élève de son père et de Ribalta ; on pense qu'il se perfectionna en Italie et surtout à Bologne, devant les chefs-d'œuvre des Carrache ; appelé plusieurs fois à Madrid, maître des œuvres royales, Espinosa ne put se résoudre à quitter sa patrie et y finit tranquillement ses jours après avoir passé une vie calme, pieuse et douce. — Sainte Marie Madeleine, Madrid, Notre Seigneur Jésus-Christ, ib. Saint Jean, ib. Communion de la Madeleine, Valence. Mort de saint Louis Bertrand, ib. Transfiguration, ib. Et autres, ib. L'ange et Tobie, Paris. Sainte famille, ib. Jésus-Christ portant sa croix, ib. Et autres, ib. — Imita d'abord Joannès, puis les maîtres d'Italie ; beaux effets de clair-obscur, dessin correct et hardi, pinceau gracieux, de l'expression ; style grave.
FUENTE (Jean-Léandre).	1600 1654	Grenade.	Id.	On ignore quel fut son maître ; travailla à Séville, en 1638 ; d'un esprit peu intrigant et peu ambitieux, ce peintre, malgré son beau talent, mourut pauvre dans sa patrie. — Tableaux, Grenade. Tableaux, Séville. — Dessin correct ; beau coloris, grande force de clair-obscur ; ses ouvrages rappellent ceux des Bassan.
MENA (Philippe-Gilbert De).	1600 1674	Vallado-lid.	Id.	Élève de J. Vanderhamen, à Madrid ; établit dans sa maison une Académie de jeunes artistes et la soutint à ses frais. — Bonne ressemblance ; manière affectée.
CANO (Alonzo ou Alexis.	1601 1667	Grenade.	Hist. et portr.	Élève de Fr. Pacheco, à Séville, de Juan del Castillo et de Herrera ; visita Madrid et y résida pendant treize ans ; fut nommé, par la protection du duc d'Olivarez, en 1638, maître des œuvres royales, peintre de la chambre et premier professeur du prince Balthasar Carlos, d'Autriche. Perdit sa femme par la main d'un assassin italien ; poursuivi par l'envie, il fut accusé d'avoir été l'auteur de ce crime, fut condamné, s'enfuit à Valence, y fut reconnu, et eut l'imprudence de revenir à Madrid, où on l'arrêta ; soumis à la question, il la subit avec un courage héroïque qui lui rendit la faveur du roi, entra dans les ordres et mourut tranquille après une vie si pleine d'orages. — Plusieurs tableaux, Grenade. Saint Jacques, Séville. Tableaux, Paris. La Vierge apparaît à saint Antoine de Padoue, Munich. Saint Jean écrivant l'Apocalypse, Madrid. Jésus-Christ mort, ib. Saint Benoît abbé, ib. Saint Jérôme au désert, ib. La Vierge et l'enfant Jésus, ib. Jésus-Christ à la colonne, ib. Portraits, ib. La Vierge et l'enfant Jésus, Saint-Pétersbourg. — Pinceau suave et gracieux ; coup d'œil admirablement juste et sûr ; dessin très-pur, naïf et majestueux en même temps ; coloris savant surtout dans les demi-teintes ; composition sage, harmonieuse et pleine de goût ; draperies naturelles ; exécution d'un soin parfait dans les pieds et les mains. Sculpteur, architecte et peintre, un des plus grands artistes que l'Espagne ait produits.
CASTELLO (Félix), fils de Fabrice Castello.	1602 1656	Madrid.	Hist. et bat.	Élève de son père et de Vincent Carducho. — Passage de rivière par des soldats , Madrid. Combat entre des Espagnols et des Hollandais, ib. — Facture large, composition grandiose.
MARTINEZ (Sébas-tien).	1602 1667	Jaën.	Hist. et pays.	Un des plus grands peintres de l'école de Séville ; travailla pour des couvents de Cordoue et pour les églises de la même ville ; nommé en 1660, par Philippe IV, peintre du roi. Mort à Madrid. — Nativité, Cordoue. Saint Jérôme, ib. Saint François, ib. Christ, ib. Saint Sébastien, Jaën. Conception, ib. — Bon dessin, coloris plein de grâce et d'harmonie.
VIDAL DE LIENDO (Jacques) le jeune, neveu de Jacq. le v.	1602 1648	Balma-seda.	Hist.	Élève de son oncle ; se rendit comme lui, à Rome, pour obtenir une prébende et y étudia avec assiduité et fruit. Mort à Séville. — Tableaux, Valence. — Parvint à surpasser son maître.
CASTILLO Y SÁA-VREDA (Antoine del), fils d'Augustin.	1603 1667	Cordoue.	Hist., portr. et pays.	Élève de son père et de Zurbaran, à Séville ; s'occupa longtemps à Cordoue ; revint à Séville, en 1666, y vit les tableaux de Murillo, dont s'établissait alors la célébrité, reconnut de suite le génie de ce maître et s'écria avec douleur : « Il n'y a plus de Castillo ! » Il mourut l'année suivante de chagrin de ne pouvoir acquérir les qualités qui lui manquaient. — Adoration des bergers, Madrid. Saint Pierre, Paris, Sainte Lucie, ib. Un franciscain, ib. Un dominicain, ib. — Dessin très-correct ; coloris défectueux ; grande finesse dans ses dessins à la plume ; cultiva la poésie ; ses portraits étaient très-ressemblants et fort recherchés.
GARCIA (Salmeron-Christophe).	1605 1666	Cuenca.	Genre.	Élève d'Orrente ; fut appelé à Madrid et y mourut. — Imita son maître pour le coloris et la vigueur du clair-obscur.
FERNANDEZ (Franç.).	1605 1646	Madrid.	Hist. et portr.	Élève de V. Carducho, fut aussi graveur. Tué par son ami Fr. de Varas, dans une dispute qu'ils eurent en buvant ensemble. — Il fut choisi pour peindre tous les rois d'Espagne ; ces tableaux devaient orner le palais de Madrid.
PHILIPPE IV , roi d'Espagne, fils de Philippe III.	1605 1665	Madrid.	Hist.	Peintre et poëte, ce prince, bon artiste lui-même se rendit encore plus remarquable par l'extraordinaire protection qu'il accorda aux arts. C'est sous son règne que brilla le célèbre Vélasquez. — Pinceau flou et onctueux, beau coloris, dessin assez correct.

NOMS.	ANNÉES DE NAISSANCE ET DE MORT.	LIEU DE NAISSANCE	GENRE.	NOTES HISTORIQUES. TABLEAUX PRINCIPAUX ET LIEUX OU ILS SE TROUVENT. OBSERVATIONS.
CARDENAS (Barth.).	1606	Vallado- lid.	Hist.	Détails inconnus. Fresques, Madrid. Fresques, Valladolid.
PAREJA (Jean De).	1606 1670	Séville.	Portr. et genre.	Esclave de Velasquez, dont il broyait les couleurs, son talent pour la peinture fut longtemps un secret : il n'osait montrer ses ouvrages ; accompagna son maître à Madrid. Ayant enfin mis au jour un de ses tableaux, son talent lui valut la liberté à la prière même de Philippe IV. Velasquez l'accepta comme élève : Pareja, plein de reconnaissance, continua de le servir, et, après l'avoir perdu, se mit au service de sa veuve auprès de laquelle il resta jusqu'à sa mort. — Tableaux, Paris. Vocation de saint Mathieu, Madrid. — Imita parfaitement les teintes de son maître ; exécuta fort peu de tableaux d'histoire ; ses portraits passent quelquefois pour être de Velasquez.
RIZI (François).	1608 1685	Madrid.	Hist., genre et portr.	Élève de V. Carducho ; nommé peintre de Philippe IV, de Charles II, du chapitre de Tolède, protégé par les grands. son génie, d'accord avec le goût de son temps le rendit très-célèbre et lui fit faire une grande fortune. — Portrait d'un général, Madrid. Tableaux d'histoire, ib. Tête de saint Pierre, Paris. L'enfant prodigue, ib. — Invention féconde, ornements capricieux, compositions bizarres, dans les décorations ; préférant la facilité à la correction, son influence devint très-funeste aux arts. Teintes agréables, touche hardie, attitudes énergiques.
SALMERON (Franç.).	1608 1632	Cuenca.	Hist. et genre.	Élève de P. Orrente. — Coloris éblouissant et presque incomparable ; le dessin laisse à désirer, parce qu'une mort prématurée l'empêcha d'en faire une étude sérieuse.
SARABIA (Joseph De), fils d'André Ruiz de Sarabia.	1608 1669	Séville.	Hist.	Élève de F. Zurbaran ; s'établit à Cordoue et y mourut. Beaucoup des œuvres de ce peintre sont des plagiats, imités des estampes de Sadeler et d'autres artistes. — Un franciscain priant, Paris. — Simplicité noble, dessin pur, belle couleur, pinceau de maître.
CAMILO (François).	1610? 1671	Madrid.	Id.	Élève et beau-fils de Las Cuevas : son père était un Florentin, établi en Espagne. Bon peintre de fresques et de petits tableaux de chevalet. Eut beaucoup de succès à la cour. — Tableaux, Tolède. Saint Charles Borromée, Salamanque. Descente de croix, Ségovie. Vierge de Bélem, Madrid. Sainte Marie d'Égypte, Alcala. Adoration, Paris. Martyr, ib. — Dessin correct, quoique s'éloignant des formes antiques ; couleur excellente.
MOYA (Pierre De).	1610 1666	Grenade.	Hist. et genre.	Élève de J. del Castillo, à Séville ; son goût pour les voyages le conduisit en Flandre, où les chefs- d'œuvre de la peinture l'aidèrent à se perfectionner ; enthousiaste de Van Dyck. il alla retrouver ce peintre à Londres, devint son élève et le perdit peu de temps après. Moya s'embarqua immédiate- ment pour Madrid, où il excita l'admiration de tous et surtout de Murillo, son ancien condisciple qui stimulé par cette rivalité, fit de nouvelles études : mort à Grenade. — Tableaux, Paris. — Imita Van Dyck et devint un des plus célèbres peintres de l'Espagne, surtout pour le coloris.
LÉON LÉAL (Simon De).	1610 1687	Madrid.	Hist.	Élève de Pierre de Las Cuevas ; en faveur à la cour, où il obtint plusieurs emplois. — Parfait coloriste ; imita Van Dyck.
GUZMAN (Jean), ou le frère Jean d'el San- tissimo Sacramento.	1611 1680	Puente. (Royaume de Cordoue.)	Id.	Étudia à Cordoue, puis à Rome ; revint en Espagne, en 1654, et se fixa à Séville ; mêlé à une révolte, il ne se sauva qu'en prenant l'habit des carmes et finit par mener une vie exemplaire. Mort à Aguilar. — Peintre médiocre ; coloris frais ; belle pâte. Architecte.
TOLÈDE (le capitaine Jean De).	1611 1665	Lorca.	Hist., fl., fr., batail. et marin.	Son père, Michel de Tolède, lui enseigna les premiers éléments ; se rendit en Italie comme soldat ; devenu capitaine, il quitta cette carrière pour revenir à ses pinceaux ; ami de M. A. Cerquozzi, qui lui donna des leçons ; s'établit à Grenade, travailla à Murcie, vint enfin à Madrid, y fut particuliè- rement distingué et y mourut. — Combat naval entre des Espagnols et des Turcs, Madrid. Débar- quement de Mores et combat, ib. Combat naval, ib. Fleurs et fruits, Paris. — Style et manière de son maître ; composition ingénieuse, belle exécution ; excellait pour le coloris et la parfaite entente du clair-obscur.
MARTINEZ (Joseph).	1612 1682	Sarra- gosse.	Hist.	Étudia à Rome et mérita à son retour d'être nommé peintre du roi Philippe IV, en 1642 ; reçut le même titre de D. Juan d'Autriche ; malgré ces faveurs que justifiait son talent, Joseph ne voulut jamais abandonner Sarragosse. — Coloris remarquable, style peu élevé ; dessin médiocre ; graveur à l'eau-forte.
VARGAS (André De).	1613 1674	Cuenca.	Id.	Élève de Fr. Camilo. Il avait pour coutume de ne soigner ses œuvres qu'en raison du prix qu'on lui en donnait. — Tableaux, Cuenca, Tableaux, Hiniesta. La sainte Vierge, Paris. — Habile dessi- nateur et coloriste brillant.
MONTERO DE ROXAS (Jean).	1613 1688	Madrid.	Id.	Élève de P. de Las Cuevas ; se perfectionna à Rome d'après le Caravage et revint dans sa patrie, où son talent fut estimé.
XIMENEZ DE ILLES- CAS (Barnabé).	1613 1671	Lucena.	Id.	Embrassa la carrière militaire ; passa en Italie, où se réveilla son goût pour la peinture. Mort à Andujar.
CUEVAS (Eugène de Las), fils de Pierre	1613 1667	Madrid.	Genre et portr.	Son application au dessin lui donna une ophthalmie dont il parvint à se guérir. Fut choisi pour donner des leçons de dessin à don Juan d'Autriche. Poëte, musicien et ingénieur. — Il composait ses petits tableaux avec un goût exquis.
ANTONIO (Pierre).	1614 1675	Cordoue.	Hist.	Élève d'Antoine del Castillo. — Tableaux, Cordoue. — Rangé dans les bons coloristes espagnols.
ARELLANO (Jean De).	1614 1676	Santor- caz.	Fleurs.	Élève de Jean de Solis. N'ayant fait aucun progrès jusqu'à l'âge de trente-six ans, il prit le parti de copier les fleurs de Mario Nuzzi. Son travail dans ce genre n'a pu être surpassé par aucun peintre espagnol. Mort à Madrid. — Fleurs (plusieurs tableaux), Paris. Fleurs (plusieurs tableaux), Paris. — Imitation exacte de la nature, admirables nuances, composition très-large.
MOLINAS (le frère Manuel De).	1614 Alias 1625 1677	Jaën?	Hist. et portr	Étudia en Italie. fut au point de périr sur mer, en revenant dans sa patrie ; fit vœu n'tred'r en religion et se fit moine franciscain. — Perspective savante ; bon peintre de portraits.

NOMS.	ANNÉES DE NAISSANCE ET DE MORT.	LIEU DE NAISSANCE	GENRE.	NOTES HISTORIQUES. —— TABLEAUX PRINCIPAUX ET LIEUX OU ILS SE TROUVENT. —— OBSERVATIONS.
CAREÑO DE MIRAN-DA (DON JUAN).	1614 1685	AVILÈS (Asturies).	Hist. et portr.	Élève de P. de Las Cuevas et de B. Roman. A vingt ans il surpassait ses maîtres. Velasquez l'enleva aux charges honorifiques dont il était revêtu et le fit travailler avec lui aux fresques du palais. En 1669, Philippe IV le nomma son peintre; en 1671, Charles II en fit autant et eut pour lui une amitié durable. Careño eut une vie paisible, heureuse, que son caractère plein de générosité sut embellir de traits qui lui font honneur. Il est mort à Madrid, regretté de ses élèves et de tous ceux qui le connaissaient. — Portrait en pied de D. Carlos, fils de Philippe IV, Valenciennes. Portrait de Charles II d'Espagne, Berlin. Marie-Anne d'Autriche, femme de Philippe IV, Madrid. Charles II d'Espagne, ib. Charles II d'Espagne enfant, ib. Portrait de Pierre-Ivanouitch Potemkin, ib. Portraits, ib. Martyre de saint Barthélemy, ib. Tableaux, Saint-Pétersbourg. Institution de l'ordre des Trinitaires, Pampelune. Tableaux, Paris. — Dessin large et pur, coloris vague et suave, invention facile. Il rappelle dans ses tableaux Van Dyck et Velasquez qu'il a cherché à imiter. Graveur à l'eau-forte.
VALPUESTA (le licen-cié don PIERRE DE).	1614 1668	BOURG D'OSNA.	Hist.	Élève d'Eug. Caxès, à Madrid; se fit ordonner prêtre. — Imita son maître avec bonheur.
NUNNEZ (PIERRE).	1614? 1654	MADRID.	Hist. et portr.	Élève de Jean Soto; voyagea en Italie, et fut chargé, à son retour, d'exécuter une partie des portraits des rois d'Espagne.
LEONARDO (JOSEPH)	1616 1656	CALA-TRAVA ?	Hist., batail. et pays.	Élève de P. de Las Cuevas, à Madrid; nommé peintre du roi; il était dans la force de l'âge et du talent lorsqu'il prit, par mégarde, un breuvage empoisonné qui lui fit perdre la raison. Mort peu d'années après, à Saragosse. Quelques-uns attribuent cet événement à un crime, commis par jalousie. — Marche de soldats, Madrid. Reddition de Breda, ib. Saint Jean précurseur, Paris. — Composition savante et animée, dessin correct, coloris vigoureux, frais et suave. Palomino le fait naître à Madrid, et Martinez en Catalogne.
MURILLO (BARTHÉ-LÉMY-ESTEBAN).	1618 1671	SÉVILLE.	Hist., portr., genre, etc.	Chef de l'école flamenco-espagnole, dès sa plus tendre enfance, il fit connaître son penchant pour la peinture; son père le plaça chez Jean del Castillo, son parent, qui lui enseigna les éléments du dessin avec bonheur, mais ne lui donna qu'une couleur sèche qu'il tenait lui-même de ses études à Florence; après avoir perdu ce maître, Murillo resta longtemps livré à lui-même ne faisant que de la marchandise de pacotille; jusqu'à l'âge de 24 ans, personne n'aurait pu deviner le génie qui devait

plus tard lui donner le sceptre de la peinture espagnole. Vers cette époque, Pierre de Moya passa à Séville, rapportant dans le bon goût et le brillant coloris de Van Dyck : Murillo vit les œuvres de Moya : un voile se déchira devant lui et sa vocation se détermina ; il amassa quelques réaux et partit pour Madrid où il se présenta à Velasquez qui l'accueillit bien et lui donna des leçons pendant deux ans; le jeune Esteban étudia avec ardeur d'après les grands coloristes, et en 1645, plus ami de la liberté que des honneurs, il quitta Madrid pour revenir dans sa patrie : à son arrivée ne tarda pas à faire sensation, et les chefs-d'œuvre de son pinceau lui firent en peu de temps une position élevée et une immense réputation. Murillo conserva toujours son indépendance; aucune protection royale ne le tenta : c'est ainsi que ses œuvres innombrables se répandirent de tous côtés et que son nom devint bientôt européen; accablé de commandes, il suffisait à toutes, grâce à son incomparable facilité. Avec l'aide de ses confrères et de ses élèves, Murillo obtint des autorités une partie du bâtiment de la Bourse pour y fonder une Académie de dessin ; cet établissement fut solennellement ouvert le 11 janvier 1660; et Murillo en fut nommé le premier directeur et le premier maître. Appelé à Cadix, en 1681, le grand peintre y tomba de l'échafaud sur lequel il peignait : cette chute lui causa une maladie grave qui l'obliga à retourner à Séville ; depuis, il ne fit plus que languir et mourut encore dans la force de l'âge et après une vie des plus laborieuses, entièrement consacrée à son art et à tout ce qui pouvait s'y rapporter. — Une mère et son enfant, Dresde. Sainte famille. Londres. Paysan pelant du fruit, ib. Saint Jean, ib. La Vierge et l'enfant Jésus, La Haye. Un berger espagnol, ib. Annonciation, Amsterdam. Demi-figure de femme, Rome. Madone, ib. Mariage de sainte Catherine, Cadix. (C'est en travaillant à ce tableau que Murillo fit la chute dont il mourut.) Saint Philippe en extase, Séville. Ascension, ib. Saint Antoine de Padoue, ib. Et beaucoup d'autres, ib. Le joueur de vielle, Nantes. Jeune fille tenant un livre de prières, ib. Jeune mendiant, Paris. Saint en extase, ib. Conception, ib. Sainte famille, ib. Et autres, ib. Saint François d'Assise, Naples. Petit berger, Venise. La Vierge et l'enfant Jésus, Florence. Saint Antoine de Padoue tenant l'enfant Jésus dans ses bras, Berlin. Portrait du cardinal Dezio Azzolini, ib. Mendiants mangeant des fruits, Munich. Mendiants jouant aux dés, ib. Saint François guérit un paralytique, ib. Une vieille femme nettoie la vermine de la tête d'un jeune garçon, ib. Et autres, ib. Annonciation (double), Madrid. Sainte famille au petit chien, ib. L'enfant Jésus, bon pasteur (chef-d'œuvre), ib. Saint Jean-Baptiste enfant, ib. Conversion de saint Paul, ib. La Portioncule, ib. La conception, ib. Jésus-Christ crucifié (répété), ib. Madeleine pénitente, ib. Tête du Christ, ib. La Vierge des douleurs, ib. Saint Ferdinand, roi d'Espagne, ib. Saint François de Paule, ib. Même sujet, ib. L'enfant Jésus dormant sur la croix, ib. Martyre de saint André (chef-d'œuvre), ib. Saint Jérôme au désert, ib. Saint Jacques, apôtre, ib. Adoration des bergers (chef-d'œuvre), ib. L'enfant Jésus et saint Jean (chef-d'œuvre), ib. Rébecca et Éliézer, ib. Tête de saint Paul, ib. Éducation de la Vierge, ib. Plusieurs épisodes de la vie de l'enfant prodigue, ib. Tête de saint Jean-Baptiste, ib. L'immaculée conception (répété), ib. Saint Augustin, évêque d'Hippone, ib. La Vierge et l'enfant Jésus, ib. Conception, entourée d'anges, ib. Paysages avec figures, ib. Sainte Anne et la Vierge, ib. Une bohémienne, ib. Sujet mystique, ib. Portrait du frère Cabanillas, ib. Apparition de Notre-Seigneur à Saint-Ildephonse, ib. La Vierge au rosaire, ib. Saint Jérôme en méditation, ib. La vieille fileuse, ib. Sainte Élisabeth de Hongrie (chef-d'œuvre), ib. Fondation de Sainte-Marie Majeure (chef-d'œuvre), ib. (Ce dernier tableau divisé en deux parties, est désigné tantôt sous le nom des Hémicycles, tantôt sous celui du Miracle du chevalier Romain.) Repos en Égypte, Saint-Pétersbourg. Songe de Jacob, ib. Adoration des bergers, ib. Assomption, ib. Annonciation, ib. Saint Joseph avec l'enfant Jésus, ib. La paysanne fruitière, ib. Paysage, ib. — Le nombre excessif de ses commandes ne lui permit pas toujours de finir tous ses ouvrages avec le même soin : de là l'inégalité de ses tableaux, dont quelques-uns rappellent encore ses premiers pas dans la peinture ; doué d'une imagination brillante, féconde, inépuisable, de sentiments tendres, pleins de délicatesse et parfois même d'exaltation, Murillo affectionnait avant tout les compositions religieuses où l'on entre si bien dans le domaine de l'idéal ; ses têtes de Christ sont inimitables ; n'importe à quel âge il représente le Sauveur, on retrouve toujours une expression devant laquelle on reste en extase ; Murillo, en avançant en âge ne changea point de manière ; seulement, dès le commencement de sa grande carrière il en adopta trois différentes, qu'il employa tour à tour et que ses compatriotes nommèrent : froide, chaude et vaporeuse ; la première se retrouve dans les sujets familiers, les tableaux de genre, les mendiants, etc., la troisième si propre à représenter les miracles et les mystères a été portée par Murillo jusqu'à la perfection ; la seconde est celle qu'il affectionnait le plus ; c'est celle qu'il employait dans la plupart de ses sujets religieux et qui leur donne cet effet magique résultant de l'opposition de la lumière du jour avec la lumière céleste ; ses apparitions surpassent ce que l'imagination peut concevoir ; rien ne saurait rendre l'expression extatique, remplie d'étonnement, de ravissement et d'adoration de ses figures de saints en extase; on respire partout la divine poésie dans les œuvres de ce grand maître; pour apprécier de l'imagination enthousiasme avec lequel il rendit les scènes célestes. Une ordonnance grandiose et magnifique, des caractères majestueux et nobles, des détails d'une harmonie sans égale qui concourent à l'effet prodigieux de l'ensemble, les attitudes variées qui produisent toutes les expressions; un style plein d'énergie et de vérité, un dessin aussi pur que hardi, un coloris que nul n'a su imiter, voilà les principales qualités du grand artiste, qui peignit tous les genres avec une égale perfection et qui mérita que le nom de Murillo fût placé à côté de ceux des rois de la peinture.

NOMS.	ANNÉES DE NAISSANCE ET DE MORT.	LIEU DE NAISSANCE	GENRE.	NOTES HISTORIQUES. — TABLEAUX PRINCIPAUX ET LIEUX OU ILS SE TROUVENT. — OBSERVATIONS.
HERRERA BARNUE-VO (Sébastien).	1619 1671	Madrid.	Hist.	Comme architecte, cet artiste célèbre obtint de grands succès qui lui valurent des places à la cour; habile dans toutes les branches de l'art, renommé par ses talents, estimé et aimé par son caractère, Sébastien mourut dans sa ville natale. — Imita Alphonse Cano dans la peinture, la sculpture et l'architecture; dessin correct; coloris se rapprochant de celui du Titien; manière du Guide; bon graveur à l'eau-forte.
POLO (Jacques), le jeune.	1620 1655	Burgos.	Hist. et portr.	Élève d'An. Lancharès, à Madrid. Mort prématurément. — Bon coloris; réussit dans le portrait.
MARINAS (Henri, dit LAS).	1620 1680	Cadix.	Marin.	C'est en voyant tous les jours les vaisseaux et les bords de la mer que se détermina sa vocation, et son habileté lui valut le surnom de las Marinas, ou des Marines. Acquit une fortune considérable, se rendit à Rome afin de s'y perfectionner davantage, choisit cette ville pour résidence et y mourut. — Port de mer, Berlin. Marine (dessin à la plume), Paris. Ses tableaux sont fort rares. — Vérité et exactitude remarquables; eaux transparentes, horizons, vapeurs, traités avec un pinceau de maître. D'après Lanzi, cet artiste ne ferait qu'un avec le peintre hollandais Henri-Corneille Vroom. Sandrart place sa naissance en 1566. (Voir école hollandaise, H. C. Vroom.)
IRIARTE (Ignace).	1620 1685	Azcoitia (Guipuscoa)	Pays., fl., fr., etc.	Élève d'Herrera, le vieux, à Séville, en 1642; un des principaux fondateurs de l'Académie de Séville, en 1660; il en fut le premier secrétaire jusqu'en 1669; estimé et aimé de Murillo, avec lequel il se brouilla plus tard. — Paysages, Madrid. Échelle de Jacob, Paris. Fleurs, fruits, ib. Paysage, ib. — Variété et goût surprenants, feuillage léger, composition riche, sites profonds, clair-obscur savant, eaux et ciels transparents, teintes aériennes et vaporeuses, harmonie parfaite. Iriarte ne réussit pas toujours dans les figures. Ses plus beaux paysages sont ceux étoffés par Murillo.
FERRADO (le père don Christophe).	1620? 1675	Anieva (Asturies).	Hist. et pays.	Se fit chartreux à vingt ans. Son zèle et sa piété le firent nommer recteur de la chartreuse de Cazalla. Ce fut au fond de sa cellule qu'il fit pour différentes églises de très-beaux tableaux. Mort de la pierre. — Il fit dix tableaux pour le cloître de Saint-Michel et d'autres encore pour son monastère. — Dessin pur, composition bien conçue et paysages bien entendus. La Chartreuse lui fournissait tout ce qu'il fallait pour peindre.
BOBADILLA (Jérôme)	1620 1680	Ante-quera.	Genre.	Élève de Zurbaran. Il avait l'habitude de mettre un tel vernis sur ses tableaux que Murillo disait qu'il employait du cristal. — Mauvais dessin, excellente couleur; petites figures, bonne perspective.
COËLLO (Claude), de la même famille qu'Alonzo.	1621? 1695	Madrid.	Hist. et portr.	Élève de F. Rizi; regardé comme le dernier peintre de talent qui ait paru en Espagne, au XVIIe siècle. Travailla à Madrid, à Tolède, à Saragosse; succéda à Careño, comme peintre du roi et dans toutes ses autres charges. Le roi d'Espagne, ayant fait venir Luc Giordano pour peindre plusieurs parties de l'Escurial, Claude fut si sensible à cette préférence, qu'il en mourut de chagrin après une vie très-laborieuse. — Saint Pierre d'Alcantara marchant sur les ondes, Munich. Sujets mystiques, Madrid. La santa forma, ib. Apparition de Jésus-Christ à saint François, Paris. — Étudia le Titien, Rubens et Van Dyck. Coloris remarquable : dessin correct, beaucoup d'effet; excellait dans l'architecture. Il n'a manqué à ce peintre pour être un génie immense que de naître plus tôt.
GONZALES DE LA VEGA (le licencié Jacques).	1622 1697	Id.	Hist.	Élève de Fr. Rizi; entra dans les ordres et vécut saintement. — Manque total d'énergie.
HERRERA (François), le jeune, fils de François, le vieux.	1622 1685	Séville.	Hist., genre, fl.. fr. et poiss.	Élève de son père; s'échappa de chez lui afin de se soustraire à la sévérité de son maître; se rendit à Rome, s'y fit renommer et revint à Séville, après la mort de son père; nommé deuxième président de l'Académie de cette ville : travailla pour Philippe IV, qui le nomma d'abord son peintre et plus tard, en 1677, grand maître des ouvrages royaux. Il se fit autant d'ennemis par sa ridicule vanité que d'admirateurs par son beau talent. — Mercure apparaît à deux vieillards, Munich. Suzanne au bain, ib. Sainte Herménégilde, Madrid. Saint François, ib. Cène, ib. Saint Vincent Ferrier, ib. L'archange Raphael, Paris. L'ange gardien, ib. Apparition de la Vierge, ib. — Grande vérité de ton; il devint si habile à peindre des poissons, qu'on le surnomma : Lo Spagnuolo degli pesci. Coloris plein d'effet, clair-obscur savant, composition remplie de feu; sans avoir les belles pâtes de son père, il l'égala dans les tableaux de chevalet et le surpassa dans les fleurs. Grand fresquiste, architecte et graveur à l'eau-forte.
REINOSO (don Antoine Garcia).	1623 1677	Cabra (Andalousie)	Hist.	Élève de S. Martinez. Mort à Cordoue. — Plus de facilité que de goût; excellait dans l'imitation de la nature. Bon architecte.
RAMIREZ (le docteur don Joseph).	1624 1692	Valence.	Id.	Élève de J. d'Espinosa. — Imita son maître avec assez de talent pour que l'on confondit leurs tableaux.
CASTREJON (Ant.).	1625 1690	Madrid.	Hist. et genre.	Élève de Fr. Fernandez; un des meilleurs artistes de son époque; on cite la facilité extraordinaire avec laquelle il passait des grands sujets d'histoire aux petits tableaux de genre, dans la manière hollandaise; on voit qu'il s'est choisi Murillo pour modèle. — Bonne ordonnance, touche large et facile, coloris brillant, beaucoup d'effet; peignit souvent de petits sujets historiques dans les tableaux de Roque Ponce, de J. Garcia et Gabriel de la Corte, en imitant avec grand succès la manière de ces maîtres, quoique dans ses grands tableaux il ait une manière toute originale.
AGUERO (Benoît-Manuel).	1626 1670	Id.	Batail. et pays.	Élève de J. B. del Mazo. Vit ses tableaux orner les palais de Madrid. Philippe IV quand il allait le voir dans son atelier aimait beaucoup à causer avec lui. — Imita son maître de la manière la plus heureuse. Il voulut par la suite suivre le Titien, mais il ne put y parvenir.
SEVILLA ROMERO D'ESCALANTE (Jean De).	1627 1695	Grenade.	Hist.	Élève d'A. Arguello, puis du célèbre P. de Moya; rival heureux d'A. Bocanegra; obtint une grande célébrité dans sa ville natale, et la mérita. — Imita avec le plus grand bonheur Van Dyck et Rubens.

NOMS.	ANNÉES DE NAISSANCE ET DE MORT.	LIEU DE NAISSANCE	GENRE.	NOTES HISTORIQUES. — TABLEAUX PRINCIPAUX ET LIEUX OU ILS SE TROUVENT. — OBSERVATIONS.
CAÑO (François), fils de François Lopez Caro.	1627 1667	Séville.	Hist.	Élève d'Alph. Cano ; reçut les premières leçons de son père ; fut chargé de travaux importants et remplit sa tâche à la satisfaction générale. — Tableaux, Ségovie. — Imita la manière de son maître. Mort trop jeune.
XIMENEZ - DONOSO (Joseph), fils d'Antoine.	1628 1690	Consuegra.	Id.	Élève de son père, et de Fr. Fernandez, à Madrid ; alla à Rome, y négligea les études sérieuses ; travailla à Valence, à Segorbe, à Madrid avec Cl. Coello, son ami, à Tolède, où il fut nommé peintre du chapitre, en 1685. — Vie de saint Benoît (en six tableaux), Madrid. Canonisation de saint Pierre d'Alcantara, ib. Cène, ib. Conception, ib. Saint Joseph, Paris. — Teintes agréables ; assez de relief dans les figures, génie d'invention ; en général plus de présomption que de talent.
MESA (Alonzo De).	1628 1668	Madrid.	Id.	Élève d'Alonzo Cano. — Dessin médiocre ; n'imita son maître que pour les teintes.
SOLIS (don François De).	1629 1684	Id.	Hist.	Élève de son père, Jean de Solis, pour le dessin ; à dix-huit ans il exécuta un tableau remarquable, qui lui acquit la faveur de Philippe IV et lui procura beaucoup d'ouvrages ; ouvrit une académie dans sa maison et la soutint à ses frais. — Au commencement de sa carrière ses tableaux de conceptions lui acquirent une célébrité méritée, mais il suivit ensuite le goût du jour, adopta un coloris blafard, et sacrifia sa gloire à sa fortune.
ESCALANTE (Jean-Antoine).	1630 1670	Cordoue.	Hist. et genre.	Élève de Fr. Rizi ; une vie de saint Gérard, qu'il avait peinte pour le cloître des Carmes déchaussés, à Madrid, lui valut beaucoup d'honneur. — Bohémienne (attribué), La Haye. Sainte famille, Madrid. L'enfant Jésus et saint Jean, ib. — Couleur peu harmonieuse, expression mal rendue, il passa sa vie à étudier les tableaux du Tintoret.
LEDESMA (Joseph De)	1630 1670	Burgos.	Hist.	Élève de J. Careño; à Madrid. — Jésus-Christ mort, Madrid. Saint Jean et la Madeleine, ib. Saint François, ib. Incarnation, ib. Saint Dominique, ib. — Coloris remarquable.
GUIRRO (François).	1630 1700	Barcelone.	Id.	Un des meilleurs artistes espagnols de son époque.
GIACHINETI GONZALES (Jean).	1630? 1696	Madrid.	Portr.	Étudia d'après le Titien ; se rendit en Italie et mourut à Bergame. — Surnommé en Italie : le Bourguignon de la tête.
MAZO MARTINEZ (Jean-Baptiste del)	1630 1687	Id.	Pays. genre et portr.	Élève de Velasquez qui, plein d'estime pour ses talents, lui donna sa fille en mariage ; nommé, en 1661, après la mort de son beau-père, peintre de Philippe IV. — Tableaux, Paris. Vue de Saragosse, Madrid. Portrait d'un capitaine sous Philippe IV, ib. Paysages, ib. Vue du monastère de saint Laurent de l'Escurial, ib. Vue d'un port de mer, ib. Notre-Seigneur Jésus-Christ, Saint-Pétersbourg. Tableaux, Aranjuez. Tableaux, Pompelune. — Ressemblance parfaite dans le portrait. Copia son maître à s'y méprendre ; ses paysages, d'une composition large, sont magnifiques ; il exécuta de charmantes aquarelles.
VALDES LEAL (Jean De).	1630 1691	Cordoue.	Hist.	Élève d'A. del Castillo ; s'établit à Séville, y fut majordome et président de l'Académie jusqu'en 1666 ; fit une excursion dans sa patrie, en 1672, et y donna d'excellents conseils à Palomino ; revint à Séville et se rendit à Madrid, en 1674, et retourna de nouveau à Séville, où il mourut ; la rivalité de Murillo excita bien des fois sa jalousie. — Tableaux, Paris. Présentation de Marie au temple, Madrid. L'empereur Constantin, ib. — Ses principes ressemblaient extraordinairement à ceux de Fr. Rizi : tous deux ils visaient à travailler beaucoup, sans songer à bien faire et abusaient du talent qu'ils avaient reçu de la nature ; attitudes forcées, manière heurtée et prompte ; fécondité extraordinaire, dessin et coloris satisfaisants. Sa femme, Élisabeth Carasquilla, peignait en amateur.
TORRES (Mathias De)	1631 1711	Espinosa de los Monteros.	Hist., orn., pays. et bat.	Élève de son oncle Thomas, peintre très-médiocre, qui le fit venir à Madrid, lorsque déjà, sa première jeunesse était passée ; reçut heureusement quelques leçons d'Herrera, le jeune. Ses fils, grands peintres d'illuminations, l'aidèrent à s'enrichir, mais ils moururent avant lui, et le vieux Torres tomba dans la misère. Mort à l'hôpital. — Ses ouvrages ne sont plus reconnaissables tant il les faisait sombres. Assez de grâce et de liberté dans le paysage et les batailles.
JUNCOSA (le frère Joachim).	1631 1708	Cornudella.	Hist. et portr.	Élève de son père Jean, peintre fort médiocre, qu'il surpassa bientôt ; se fit chartreux, en 1660 ; envoyé à Rome pour se perfectionner, y fit de grands progrès ; à son retour, ne pouvant exercer librement son art dans son couvent, il abandonna ce dernier et alla se jeter aux pieds du pape qui lui pardonna et lui permit de se retirer dans un petit ermitage près de Rome, où il mourut. — Ordonnance habile, pinceau franc, dessin correct, belle couleur, clair-obscur savant.
GUEVARA (Don Juan Niño De).	1632 1698	Madrid.	Id.	Élève d'Alonzo Cano ; protégé par Antoine Henriquez, évêque de Malaga, auquel il dut son éducation ; s'établit à Malaga et fut chargé de beaucoup d'ouvrages pour les couvents et les églises. — Imita tantôt son maître et tantôt Rubens et Van Dyck ; goût exquis dans le portrait.
FERNANDEZ DE LAREDO (Jean).	1632 1692	Id.	Hist.	Élève de Fr. Rizi, en 1687, nommé peintre du roi Charles II ; mourut misérablement. — Grand peintre de fresques.
CABEZALÉRO (Jean-Martin).	1633 1673	Almaden (royaume de Cordoue).	Hist. religieuse.	Élève de don Juan Careño. Mort à Madrid, dont les églises possèdent plusieurs de ses ouvrages ; on fondait sur son talent les plus belles espérances, lorsque la mort vint l'enlever au milieu de sa carrière. — Portraits, Madrid. — Coloris remarquable ; style sage, correct et gracieux.
MARCH (Michel), fils d'Étienne.	1633 1670		Hist. et batt.	Élève de son père ; visita Rome ; mort à Valence. — Assez de facilité et de correction.

NOMS.	ANNÉES DE NAISSANCE ET DE MORT.	LIEU DE NAISSANCE	GENRE.	NOTES HISTORIQUES. — TABLEAUX PRINCIPAUX ET LIEUX OU ILS SE TROUVENT. OBSERVATIONS.
RUIZ GONZALES (PIERRE).	1633 1709	MADRID.	Hist. et genre.	Élève de J. A. Escalante, puis de J. Careño. Son talent lui fit faire une grande fortune quoiqu'il n'eût commencé à peindre qu'à l'âge de 30 ans. — Flagellation, Paris. Portement de croix, ib. — Ses esquisses se distinguent par la grâce et le coloris.
GOMEZ DE VALENCIA (PHILIPPE).	1654 1694	GRENADE.	Hist.	Élève de M. J. Cieza. — Imita Alonzo Cano ; bonne composition et bonne expression.
PEREZ (BARTHÉLEMY)	1654 1693	MADRID.	Fleurs, fruits, décor. et hist.	Élève et gendre de J. d'Arellano ; mérita le titre de peintre du roi ; tomba d'un échafaudage et mourut instantanément. — Plusieurs tableaux de fleurs, Madrid. — Imita son maître pour la facilité, le goût et la délicatesse, et le surpassa pour le dessin.
VELA (le licencié Don ANTOINE), fils de Christophe.	1654 1676	CORDOUE.	Hist.	Il était prêtre dans sa ville natale. — Dessin et coloris assez satisfaisants.
SOTO (Don LAURENT).	1654 1688	MADRID.	Pays. et hist.	Élève de Benoît-Manuel de Aguero. Abandonna la peinture pour exercer un autre emploi, voulut dans sa vieillesse reprendre ses pinceaux, mais sans succès ; mort dans la misère. — Sainte Rosalie, Madrid. — Imitation du style de son maître.
CEREZO (MATHIEU).	1635 1685	BURGOS.	Hist. et portr.	Élève de don Juan Careño, à Madrid ; à vingt ans, il égalait son maître ; vie très-laborieuse ; peu d'artistes ont exécuté autant de travaux. Mort à Madrid. — Madeleine en adoration, La Haye. Saint Jérôme, Madrid. Assomption, ib. La Manne au désert, ib. Visite de saint Joachim, Paris. Sainte Vierge et saint Joseph, ib. Sainte Vierge et Jésus, ib. Saint Martin, etc., ib. — Imitation parfaite de la nature ; s'appropria la manière de son maître à tel point que l'on confond souvent leurs tableaux ; bonne couleur, du relief, pinceau large, beaucoup d'harmonie.
NUNNEZ DE VILLA-VICENCIO (Don PIERRE).	1655 1700	SÉVILLE.	Hist., portr. et genre.	Élève de Murillo ; chevalier de Malte et appartenant à une illustre famille ; ne cultiva d'abord la peinture que comme délassement, et par suite de ses progrès extraordinaires en fit son occupation constante ; visita Naples et y reçut les leçons de M. Preti, dit le Calabrais, chevalier de Malte, comme lui ; revenu en Espagne, se réunit à Murillo, se lia avec lui, et à sa mort lui ferma les yeux. — Le jeu de dés, Madrid. — Un des meilleurs imitateurs de Murillo ; naturel exquis ; réussit également bien dans le portrait, et, tout en cultivant la peinture, servit son ordre de la manière la plus distinguée.
SOTOMAYOR (LOUIS DE).	1655 1673	VALENCE.	Hist.	Élève d'E. March, puis de J. Careño, à Madrid ; sa mort prématurée fit évanouir les belles espérances que donnait son talent. — Goût pur, belle couleur, composition savante.
BÉNAVIDÉS (VINCENT DE).	1657 1703	ORAN (Afrique).	Hist. et archit.	Élève de Fr. Rizi, à Madrid ; peignit une chapelle de l'église de la Victoire, à Madrid ; travailla avec Denis Mantuano. — Fresques, Madrid. — Grande manière ; bonne perspective ; moins de talent pour la figure. Peignait à la détrempe et à fresque.
VERA CABEZA DE VACA (FRANÇOIS DE)	1657 1700	CALA-TAYUD.	Portr. et hist.	Élève de Jos. Martinez ; page de D. Jean d'Autriche. — Réussit dans le portrait.
SECANO (JÉRÔME).	1658 1710	SARA-GOSSE.	Hist.	Se perfectionna à Madrid ; fut chargé de plusieurs ouvrages dans sa ville natale. — Manière correcte ; bon coloris ; devint sculpteur à l'âge de 50 ans.
ANTOLINEZ (JOSEPH).	1659 1676	SÉVILLE.	Pays., hist. et portr.	Élève de François Rizi, il ne tarda pas à se distinguer. Son goût pour l'escrime le fit mourir prématurément ; à la suite d'un rude assaut une fièvre maligne l'emporta en peu de jours. Cet artiste avait une jactance et un orgueil qui lui valurent de cruelles leçons de la part de Rizi et d'autres. Mort à Madrid. — La Madeleine, Madrid. — Coloris savant ; répandit avec beaucoup de grâce des teintes vaporeuses sur ses tableaux. On recherche ses productions avec avidité.
MARTINEZ (frère ANTOINE), fils de Joseph.	1659 1690	SARA-GOSSE.	Hist.	Élève de son père ; étudia à Rome ; prit l'habit religieux dans la chartreuse d'Aula-Dei et mourut dans ce couvent. — On lui accorde un pinceau spirituel et une assez bonne couleur.
VICENTE (BARTHÉL.)	1640 1700	près de SARA-GOSSE.	Hist., genre et pays.	Élève de J. Careño, à Madrid ; revint à Saragosse, y enseigna les mathématiques et y resta jusqu'à sa mort. — Coloris vénitien ; style agréable dans le paysage.
PALACIOS (FRANÇ.).	1640 1676	MADRID.	Portr. et hist	Élève de Vélasquez. — Ressemblance parfaite ; de la franchise et du goût.
ALFARO DE GAMEZ (JEAN DE).	1640 108.	CORDOUE.	Hist. et portr.	Élève d'Antoine del Castillo, travailla aussi sous Vélasquez. L'orgueil le perdit dans l'estime de ses compatriotes ; il était également littérateur et, comme tel, a laissé quelque réputation. — Incarnation, Cordoue. Ange gardien, Madrid. Portrait de Calderon, ib. Deux extases de saint Jérôme, Paris. — Coloris assez ferme, dessin incorrect. Ayant passé sa jeunesse à voyager, il n'avait que fort peu étudié.
CONCHILLOS FALCO (JEAN).	1641 1711	VALENCE.	Hist. et genre.	Élève de Marc de Valence. Ce peintre souffrit toutes sortes de douleurs, il perdit la vue et fut attaqué de paralysie. — Ses œuvres se trouvent disséminées dans toute l'Espagne. — Grava aussi à l'eau-forte.
MORENO (JOSEPH).	1642 1664	BURGOS.	Hist.	Élève de Fr. de Solis, à Madrid ; donnait les plus belles espérances. — Sainte famille, Paris. — Égala son maître dans le coloris et le surpassa dans le dessin.
HUERTA (GASPARD DE LA).	1645 1714	ALTOBUEY (province de Cuenca).	Id.	Se rendit très-jeune à Valence, afin d'étudier la peinture ; eut le malheur d'être admis dans l'atelier de Jesualdi Sanchez, veuve d'un peintre médiocre, nommé Pierre Iufant et dont plus tard il épousa la fille ; ses heureuses dispositions ne purent être convenablement cultivées ; le bon marché auquel il travaillait lui procura beaucoup d'ouvrage ; parvenu à amasser une fortune, il la partagea entre les pauvres et les religieux de Saint-François, n'ayant pas eu d'enfants. — Dessin assez satisfaisant, bon coloris ; beaucoup de facilité.

NOMS.	ANNÉES DE NAISSANCE ET DE MORT.	LIEU DE NAISSANCE	GENRE.	NOTES HISTORIQUES. — TABLEAUX PRINCIPAUX ET LIEUX OU ILS SE TROUVENT. — OBSERVATIONS.
BARCO (Alphonse Del).	1645 1685	Madrid.	Pays.	Élève de J. Antolinez. — Grâce, fraîcheur et délicatesse. Ses tableaux sont fort recherchés.
AGUIRRE (François De).	1646	Tolède?	Portr.	Élève d'Eugène Caxès. On lui confia, pour être restaurés, les principaux tableaux de la cathédrale de Tolède : il les abîma. — On ne connaît de lui que des portraits.
GILARTE (Mathieu).	1648 1700	Valence.	Hist.	Élève de l'Académie de Valence ; s'établit à Murcie, s'y lia intimement avec le peintre Jean de Tolède, avec lequel il travailla en commun ; Doña Madeleine Gilarte hérita de ses talents. — Naissance de la Vierge, Madrid. — Beaucoup d'esprit et de science.
CORTE (Gabriel De La), fils de Franç.	1648 1694	Madrid.	Fleurs.	Élève de son père. Antoine de Castrejon et Mathieu de Torres peignirent des petits sujets tirés de la fable au milieu de ses guirlandes de fleurs. Mort dans sa ville natale, au sein de la plus profonde misère. — Imita le Mario et Arellano, du goût et de l'harmonie.
RODRIGUEZ - BLANEZ (Benoît).	1650 1757	Grenade.	Hist. et portr.	Embrassa l'état ecclésiastique et se distingua par ses talents et ses vertus.—Portrait d'un guerrier, Munich. — Imitateur d'Alonzo Cano.
ORRENTE (Pierre).	1650? 1644	Monte-Alegre (Murcie).	Hist., genre et anim.	Palomino le fait élève du Bassan; d'autres assurent qu'il ne fit qu'imiter ce maître ; on croit qu'il reçut des leçons de Greco, à Tolède ; exécuta des ouvrages remarquables à Murcie, puis à Valence et enfin à Madrid; ami de Pacheco; mort à Tolède. — Jésus-Christ guérissant les malades, Vienne. Adoration des bergers, Madrid. Le Calvaire, ib. Pasteur reconduisant son troupeau, ib. Un berger et sa femme entourés de poulets, ib. Jésus-Christ apparaît à Madeleine, ib. Paysage, ib. Repos de la famille d'Abraham, ib. Jacob et Rachel, Paris. Noces de Cana, ib. Et beaucoup d'autres, ib. — Pinceau énergique, facile et vrai ; invention capricieuse; manière originale; peu de fini, dessin correct ; clair-obscur savant; visait à l'effet; peignait les animaux avec une grande vérité; style vénitien.
ARREDONDO (Isid.).	1653 1702	Colmenar	Hist.	Élève de Joseph Garcia et de Fr. Rizi. Après la mort de ce dernier il fut nommé peintre du roi. Il s'est fait une grande réputation par ses fresques.
ESPINOSA (Jean De).	1653	Puente (en Navarre)	Hist., fruits et nature morte.	Mort subitement. — Fruits, etc., Madrid. (Ce tableau appartient peut-être à un homonyme de J. Espinosa dont on ignore la vie.) — Dessin et composition satisfaisants; mauvaise couleur.
PALOMINO, DE VELASCO (Don Acisclo Antoine).	1653 1726	Buja-lance (Andalousie).	Hist.	Conduit très-jeune à Cordoue, y étudia la théologie, la philosophie et la jurisprudence; reçut quelques leçons de Jean-Valdes Leal et se livra avec ardeur à son goût pour la peinture; sans négliger ses autres études; alla à Madrid, en 1678, par les conseils d'Alfaro, dont il termina quelques tableaux ; se lia avec J. Careño et Coëllo, travailla à l'Escurial, fut nommé peintre du roi ; fit plusieurs excursions à Valence; séjourna à Salamanque, en 1705, à Grenade, à Cordoue et revint enfin à Madrid ; devenu veuf il se fit ordonner prêtre et mourut peu de temps après. — Saint Bernard, abbé, Madrid. Immaculée conception, ib. Saint Jean, enfant, ib. Confession de saint Pierre, Valence. Sainte Anne, Paris. Un franciscain, ib. — Dessin pur, caractères de figures un peu communs, ensemble satisfaisant, coloris harmonieux et beau, composition savante ; connaissances en anatomie et en perspective. Auteur de plusieurs ouvrages remarquables sur les peintres et la peinture.
MUÑOZ (Sébastien).	1634 1690	Naval-Carnero.	Hist. et portr.	Un des meilleurs élèves de Cl. Coëllo ; chargé en partie des décorations exécutées à Madrid pour le mariage de Charles II avec Louise d'Orléans, en 1675, employa le fruit de ses travaux à faire un voyage à Rome ; y reçut les leçons de C. Maratti ; revint en Espagne, en 1684, travailla avec son ancien maître, le suivit à Madrid, fut nommé peintre du roi, en 1688; chargé de retoucher dans l'église d'Atocha, la belle voûte, peinte par Herrera, le jeune, Muñoz monta du haut de l'échafaudage et fut tué sur le coup. — Portrait du peintre, Madrid. — Quoique possédant un talent distingué, on lui reproche d'avoir introduit en Espagne, le mauvais goût qui infestait déjà l'Italie. Composition exagérée, coloris heurté et visant à l'effet; le dessin, la noblesse du style et la grandeur dans le caractère, laissent à désirer.
MONTERO (Laurent)	1656 1710	Séville.	Orn., fleurs, fr., pay. et portr.	Vint à Madrid, en 1684 et y mourut. — Réussit le mieux dans la peinture à fresque.
GARCIA HIDALGO (Don Joseph).	1656 1712?	Murcie.	Hist.	Quelques-uns le croient fils de François Garcia. Élève d'A. Brandi, à Rome et de J. Careño, à son retour en Espagne ; séjourna à Valence, vint à Madrid, en 1674. Fut en grand crédit à la cour; peintre de Philippe V, en 1705. — Composition remarquable.
CIEZA (Vincent), fils de Mich. Jérôme.	1656 1701	Grenade.	Id.	Élève de son père. — Saint Ambroise, Paris.
CIEZA (Joseph De).	1656 1692	Id.	Hist. et décor.	Peignit les décors du théâtre de Retiro ; peintre du roi. Mort à Madrid. — Mauvais dessin, pinceau suave.
CANO DE AREVALO (Jean).	1656 1696	Valde-moro.	Genre.	Élève de Fr. Camilo. Ne peignit qu'en petit. Il parvint à peindre des éventails si minutieusement qu'il dut sa fortune à cet art. Assassiné après un combat de taureaux, en Andalousie.—Peintre de la reine. Il voulut peindre l'aquarelle en grand, mais il n'y réussit pas.
URZANQUI.	1657	Sarragosse.	Hist. relig.	Obtint quelque réputation.
VICTORIA (Don Vincent).	1658 1712	Valence.	Hist. et portr.	Étudia d'abord dans sa ville natale et alla se perfectionner à Rome dans l'école de C. Maratti ; peintre de Côme III, grand-duc de Toscane; obtint un riche canonicat à Xativa, près Valence et revint dans sa patrie ; entreprit une seconde fois-le voyage de Rome, fut nommé antiquaire du pape et fut entouré de la considération et de l'estime de tous les hommes remarquables de l'Italie. Mort à Rome. — Connaissance profonde de l'antiquité, goût délicat ; le meilleur éloge que l'on puisse faire de cet artiste, c'est qu'on le confondit souvent ses tableaux avec ceux de son maître; peignait le portrait avec succès. Graveur.

NOMS.	ANNÉES DE NAISSANCE ET DE MORT.	LIEU DE NAISSANCE	GENRE.	NOTES HISTORIQUES. TABLEAUX PRINCIPAUX ET LIEUX OU ILS SE TROUVENT. OBSERVATIONS.
PEREZ (ANDRÉ), fils de François Perez de Pineda, le vieux.	1660 1727	SÉVILLE.	Hist., fleurs et fruits.	Élève de son père. — Fruits, Paris. — Réussit surtout dans les fleurs ; bonne couleur.
TROYA (FÉLIX).	1660 1731	St-PHILIPPE (alors Xativa).	Hist.	Élève de G. De la Huerta, à Valence. — Imita son maître.
MORALES (LE FRÈRE FRANÇOIS).	1660 1720	ÎLE TERCÈRES.	Id.	Élève de Palomino ; chartreux du Paular, où il mourut. — Assez de goût et de couleur.
VALDES (LUC DE).	1661 1724	SÉVILLE.	Hist. et portr.	On ne cite pas son maître ; fut choisi, lors de la formation du département de la marine, à Cadix, comme maître de mathématiques des cadets ; mort dans cette ville. — La Vierge et l'enfant, Paris. Le Christ, ib. — Formes peu grandioses ; beaucoup de facilité dans les fresques ; grand dessinateur ; graveur en taille-douce.
VILLAMOR (ANTOINE).	1661 1729	ALMEYDA DE SAVAGO (Zamora).	Hist.	Élève de ses oncles Jacques et André, à Valladolid ; s'établit à Salamanque et y mourut regretté pour son inépuisable charité. — Plus de pratique que de science.
ARDEMANS (THÉOD.)	1664 1726	MADRID.	Hist., etc.	Élève de Cl. Coëllo. Fut peintre, sculpteur et architecte. — Fresque à Madrid. — Plus connu comme architecte. On a de lui quelques gravures.
BAYERO (JEAN-BAPT.)	1664	VALENCE.	Hist.	Détails inconnus. — Fresques, Valence. — Bon peintre.
TORRES (CLÉMENT DE)	1665? 1750	CADIX.	Id.	Élève de J. Valdes-Leal, à Séville ; vint à Madrid, s'y lia intimement avec Palomino et revint mourir à Cadix. — Dessin très-agréable.
COBO DE GUSMAN (JOSEPH).	1666 1746	JAËN.	Id.	Élève de Valois, mort à Cordoue. — Peignit dans beaucoup de couvents de son pays. — Grande fécondité.
CLAROS (LE FRÈRE LOUIS).	1667?	VALENCE.	Id.	On ignore le nom de son maître.
VIDAL (DENIS).	1670	Id.	Id.	Élève d'A. Palomino, à Madrid ; de retour dans sa ville natale, on lui confia des travaux importants. Mort à Tortose. — Vie de saint Nicolas de Barri. Vie de saint Pierre. Fresques, Valence. — Belle exécution.
MEDINA (MOÏSE-CASIMIR).	1671	St-PHILIPPE.	Portr.	Résidait à Valence ; devint veuf et entra dans les ordres. — Acquit une réputation que ne justifiaient pas ses talents.
MIÑANA (LE PÈRE JOSEPH).	1671 1730	VALENCE.	Hist.	Se perfectionna à Naples ; religieux de l'ordre de la sainte Trinité ; savant et littérateur. — Exécuta des tableaux de mérite.
MUÑOZ (ÉVARISTE).	1671 1737	Id.	Id.	Élève de Conchillos ; embrassa par goût le métier des armes qui lui permettait de se livrer à la peinture ; il épousa successivement deux femmes que l'on croyait veuves et que leurs premiers maris, revenus de guerres lointaines, vinrent réclamer ; Muñoz fut plus heureux en troisièmes noces : cette fois personne ne vint le déposséder. Établit à Valence une école de dessin, très-fréquentée jusqu'à sa mort. — Fécondité extraordinaire ; la fougue de son imagination l'empêcha d'être noble et correct.
CHAVARITO (DOMINIQUE).	1676 1750	GRENADE.		Élève de Joseph Risueño et de Benoît Lutti. Étudia à Rome. — Tableaux à Grenade dans des collections particulières. Épiphanie, Paris. — Bonne couleur et composition d'une heureuse originalité.
DUQUE CORNEJO.	1677 1757	SÉVILLE.	Hist.	Sculpteur, peintre, architecte et graveur à l'eau-forte. Il fut nommé statuaire de la reine. On fit à cet artiste de somptueuses funérailles. — Vie de saint Bruno. Ses dessins sont nombreux et recherchés. — Invention facile et grande fécondité.
GARCIA DE MIRANDA (JEAN).	1677 1747	MADRID.	Id.	Élève de J. Delgado ; nommé peintre de Philippe V, en 1735 ; né sans la main droite, il se faisait attacher sa palette et peignait de la main gauche. Laissa un fils, nommé Jean, qui mourut à 21 ans, donnant déjà les plus belles espérances. — Excellait dans la restauration des peintures anciennes ; pratique exacte ; nuances harmonieuses, bon dessinateur.
VILADOMAT (ANT.).	1678 1755	BARCELONE.	Hist., batt., portrait, et pays.	Élève de Pascal Baylon, puis de B. Peromon ; reçut les leçons de l'italien Bibiena pour l'architecture et la perspective. Fut chargé d'un grand nombre de travaux dont il s'acquitta avec un talent supérieur. Selon le témoignage de Raphaël Mengs, A. Viladomat est le meilleur peintre que possédât l'Espagne à cette époque. — Tête de vieillard, Paris. — Il ne dut ses talents qu'à ses dispositions naturelles ; invention facile, manière vraie, correcte, expressive ; coloris frais et harmonieux, style sage et simple.
TOBAR (ALPHONSE-MICHEL DE).	1678 1758	HIGUERA (près Aracena).	Hist. et portr.	Élève de J. A. Faxardo, à Séville ; ses dispositions suppléèrent au talent du maître ; son talent et son caractère le firent nommer peintre de Philippe V, en 1729 ; suivit le roi à Madrid et continua, jusqu'à sa mort, de s'occuper avec zèle de son art. — Tableaux, Paris. Portrait de Murillo, Madrid. La divine bergère. ib. — Imitateur de Murillo ; les copies de Tobar sont très-souvent prises pour des originaux. Il n'a fait malheureusement qu'un seul ouvrage de sa propre invention et c'est un tableau d'un mérite supérieur.
MENENDEZ (MICHEL-HYACINTHE), frère de Franç.-Antoine.	1679	OVIEDO.	Hist.	Étudia à Madrid ; nommé peintre de Philippe IV, en 1712. — Dessin, invention et coloris satisfaisants.
GARCIA (DON BARNABÉ).	1679 1731	MADRID.	Id.	Élève de Jean Delgado ; en faveur à la cour. — Imita le faire et la couleur de son maître.

NOMS.	ANNÉES DE NAISSANCE ET DE MORT.	LIEU DE NAISSANCE	GENRE.	NOTES HISTORIQUES. — TABLEAUX PRINCIPAUX ET LIEUX OU ILS SE TROUVENT. OBSERVATIONS.
IRALA YUSO (le frère Mathias-Antoine).	1680 1753	MADRID.	Hist.	Entra chez les franciscains, y passa quarante-huit ans sans sortir, se livrant dans sa cellule aux travaux de son art, donnant l'exemple des plus hautes vertus et formant des élèves qu'attiraient son talent autant que son extrême douceur. — Dessin très-pur; fortes études, effet maniéré; dessinateur et graveur en taille-douce.
BUSTAMANTE (François).	1680 1737	OVIEDO.	Portr.	Élève de Michel-Hyacinthe Menendez.
FRANCISQUITO.	1681 1705	VALLADO- LID.	Hist. et pays.	Élève de L. Giordano; suivit son maître à Naples, en 1702. Mort subitement. — Assomption, Naples. — Composition et invention faciles et supérieures; imita son maître pour le coloris.
BRU (Moïse-Vincent).	1682 1703	VALENCE.	Hist.	Élève de J. Conchilos; mort avant d'avoir pu répondre au brillant espoir que donnaient ses talents. — Belle composition, pinceau de maître.
MENENDEZ (Franç.-Antoine), frère de Michel-Hyacinthe.	1682	OVIEDO.	Portr., genre, marines et minist.	Étudia peu de temps à Madrid, fut envoyé en Italie, en 1699; se trouva sans ressources à Naples et fut obligé de s'y faire soldat; revint en Espagne, en 1717. Nommé directeur de l'Académie primitive, établie d'après ses conseils, à Madrid. — Grande vérité. Ses fils furent ses élèves.
PHILIPPE V, roi d'Espagne.	1683 1746	MADRID.		Mérita par sa protection éclairée le titre de restaurateur des arts en Espagne. — Palomino assure que le talent de ce prince était assez remarquable.
VILA-LAURENT, fils de Senen Vila.	1683 1713	MURCIE.	Hist. et genre.	Élève de son père; se distingua dans sa patrie.
GERMAN Y LLO-RENTE (Bernard).	1685 1757	SÉVILLE.	Portr. et hist.	Élève de son père et de Christophe Lopez; appelé en 1711, à Madrid, par le roi Philippe V, afin de faire le portrait de l'infant don Philippe; nommé peintre de la cour, l'indépendance de son caractère lui fit refuser cette place; créé membre honoraire de l'Académie de Saint-Ferdinand, en 1755. Le père Isidore, capucin de Séville, ayant représenté la Vierge sous la figure d'une bergère entourée de ses moutons, German imita cette idée et fit un grand nombre de tableaux du même sujet, ce qui lui valut le surnom de peintre de bergères. — Pinceau délicat et gracieux, poses remarquablement belles, dessin correct; sur la fin de sa vie il rembrunit tellement la teinte de ses tableaux que l'on est souvent embarrassé de trouver le sujet des compositions qu'il exécuta à cette époque.
CANCINO (Louis).	1685? 1758	Id.	Hist.	Élève de Lucas Valdes. Historien et peintre. Mort à Madrid. — Plus connu comme historien.
VICTORIA (Don Jean-Joseph NAVARRO marquis DE LA).	1687 1771		Genre et pays.	Soldat à huit ans, il parvint à de hautes dignités. Un des hommes les plus célèbres de l'Espagne. Il enseigna la peinture à ses deux filles, Marie-Ignace et Rosalie. Mort à Cadix. — Dessin plein d'originalité.
DICHARTE (DON ANTOINE).	1690 1764	YECLA.	Hist.	Élève de Senen Vila, à Murcie, puis d'un des Menendez; s'établit à Valence et y fut en réputation.
ROVIRA DE BROCAN-DEL (Hippolyte).	1693 1765	VALENCE.	Hist. et portr.	Élève d'E. Muñoz; séjourna à Rome, y copia en clair-obscur les peintures du palais Farnèse, avec la plus rare perfection; sa grande assiduité au travail et sa vie misérable influèrent sur sa santé et surtout sur sa raison; il revint fou en Espagne, et jouissant de temps en temps de quelques moments lucides, souvent il commençait fort bien un ouvrage pour le barbouiller ensuite lorsque sa raison se voilait de nouveau. Mort à l'hôpital. — Médaillon de saint François Régis, Séville. — Le peu d'ouvrages qu'il mena à bonne fin, donnent une idée avantageuse de son talent.
PARREU (Joseph).	1694 1766	RUSAFA (Valence).	Hist.	Élève de D. Vidal. — Bon coloris.
RODRIGUEZ DE MI-RANDA (Pierre).	1696 1766	MADRID.	Hist., paysage, port., etc.	Élève et neveu de J. Garcia de Miranda; obtint la survivance de peintre du roi. — Don Quichotte à l'hôtellerie, Madrid. Don Quichotte, armé chevalier, ib. Le Sauveur, Paris. — Beaucoup de goût et de vérité dans le paysage et les bambochades.
VALENCIA (le frère Mathias DE).	1696 1749	VALENCE.	Hist. et genre.	Son nom de famille était Laurent Chafrion. Élève de Corrado Giacuinto, à Rome; revint à Valence, se rendit à Grenade, se fit capucin et mourut noyé. — Bon coloris.
GARCIA DE MIRANDA (Nicolas), frère de Jean.	1698 1758	MADRID.	Pays.	Élève de son frère; bon musicien. — Coloris agréable et naturel; imagination vive et capricieuse.
MENESÈS OSORIO (François).	†1700		Hist.	Élève de Murillo; ami intime de Jean Garzon, avec lequel il travailla; majordome de l'Académie de Séville, en 1668. Mort dans cette ville. — Saint Philippe de Néri, Séville. Sainte Catherine (commencée par Murillo), Cadix. — Le meilleur imitateur de son maître; ses tableaux sont quelquefois confondus avec ceux de Murillo.
BENET (père Jérôme).	†1700			Jésuite. — Beaucoup d'expression dans ses têtes.
ANTOLINEZ DE SA-RABIA (François), neveu de Joseph Antolinez.	†1700			Étudia d'abord le droit à Séville, et fréquenta l'atelier de Murillo et l'Académie fondée en 1660. Malgré ses talents pour la peinture, il s'obstina à ne vouloir se faire connaître que comme homme de lettres et peignit ses tableaux en secret. Antolinez est mort à Madrid, en 1700, laissant de vifs regrets aux vrais amis des arts. — Saint Jérôme au désert, Munich. Paysages, Paris. Baptême de Jésus-Christ, ib. Assomption, ib. — Ses tableaux sont tous de petite dimension; à peine les plus grands ont-ils deux pieds de haut. Coloris plein de grâce et de fraîcheur. Son talent aurait dû être mûri par la critique, mais malheureusement son caractère fantasque fit qu'il n'osait avouer ses œuvres.

NOMS.	ANNÉES DE NAISSANCE ET DE MORT.	LIEU DE NAISSANCE	GENRE.	NOTES HISTORIQUES. — TABLEAUX PRINCIPAUX ET LIEUX OU ILS SE TROUVENT. — OBSERVATIONS.
ARTEAGA D'ALFARO (MATHIAS).	†1704	SÉVILLE.	Persp. histoire, pays., etc.	Peintre et graveur. Élève de J. de Valdes. — Tableaux, Séville. — Plus connu comme graveur.
RUIZ DE LA IGLESIA (FRANÇOIS-IGNACE).	†1704	MADRID.	Hist. et portr.	Élève de Fr. Camilo, puis de J. Careño; ami de J. de Cabezalero; il eut le malheur de se former d'après les ouvrages de Donoso; il fut pourtant nommé peintre de Philippe V, en 1689. — Style dur et affecté.
VILA (SENEN).	†1708	VALENCE.	Hist.	Élève d'E. March; s'établit à Murcie et y mourut. — Dessin correct; invention facile, exactitude austère dans les personnages et les costumes.
COELHO BENTO DE SILVEIRA.	†1708		Id.	Mort très-âgé. — Tableaux, Lisbonne. — Bon dessin, coloris satisfaisant.
MURILLO (GASPARD), fils de Barthélemy.	†1709			Appartient à l'école de Séville. — Amateur très-médiocre.
ARTIGA (FRA DE)	†1711	HUESCA.	Hist., etc.	Historien, architecte, graveur, mathématicien célèbre et poëte. Fonda une chaire de mathématiques à l'université de Huesca. — Imagination féconde. Bon dessin.
ARREDONDO (MANUEL).	†1712		Hist.	Fut peintre du roi et remplacé par Pierre de Calabria.
UCEDA (PIERRE DE).	†1714	SÉVILLE.	Hist. et genre.	Élève de J. de Valdes-Leal. — Bon coloris, perspective assez savante, manque de noblesse.
SIMO ou SIMONI (JEAN-BAPTISTE).	†1717	VALENCE.	Hist.	Élève d'A. Palomino, sous lequel il travailla et qu'il accompagna à Madrid. Mort dans cette ville. Son fils, Pierre Simo, termina les ouvrages laissés inachevés par la mort de son père; il s'en tira à son honneur. — De la facilité dans les fresques.
OBREGON (DON MARC), fils de Pierre.	†1720		Genre.	Élève de son père; plus connu comme graveur. Mort à Madrid.
MARQUEZ (ÉTIENNE), neveu de Ferdinand.	†1720	EN ESTRAMADURE.	Hist.	Élève de son oncle, à Séville; fut d'abord poursuivi par la mauvaise fortune et réussit à la vaincre à force de travail et d'application. — Dessin satisfaisant, coloris assez agréable; imita avec bonheur le style de Murillo.
RISUEÑO (JOSEPH).	†1721	GRENADE.	Id.	Élève d'Alonzo Cano; travailla avec Palomino qui fait de lui un grand éloge. — Coloris de son maître; sculpteur.
LÉON (PHILIPPE DE), frère de Christophe?	†1728		Id.	Mort à Séville. — Imita Murillo avec bonheur.
LARRAGA (APOLLINAIRE).	†1728	VALENCE.	Genre et anim.	Étudia les ouvrages d'Orrente. — Bonne imitation de la nature; clair-obscur savant.
LÉON (CHRISTOPHE DE), frère de Philippe.	†1729		Hist.	Élève de Valdes. S'établit et mourut à Séville. — Pinceau franc, goût distingué, dessin large, manière hardie.
GARZON (JEAN).	†1729?	SÉVILLE.	Id.	Élève de Murillo; ami intime de Menesès Osorio, avec lequel il fit la plupart de ses ouvrages. — Imita son maître.
LOPEZ (CHRISTOPHE), fils de Joseph.	†1730	Id.	Id.	Élève de son père. — Beaucoup de facilité et de fraîcheur.
BOUZAS (JEAN-ANTOINE).	†1730	GALLICE.	Genre.	Élève de Luc Giordano, mourut en laissant un fils qui peignit bien les fleurs. — Réussit mieux dans les fresques.
MILLAN (SÉBASTIEN).	†1731	SÉVILLE.	Portr. et genre.	Élève d'Al. Escobar. Mort très-vieux. — Beaucoup de goût et de facilité.
PEREZ DE PINEDA (FRANÇOIS), le jeune, fils de François, le vieux.	†1732		Hist.	Élève de son père, puis de L. de Valdes. Mort à Séville. — Ses poésies ont aussi peu de mérite que ses tableaux.
MERA (JOSEPH DE).	†1734	VILLANUEVA de la Serena.	Id.	Élève de B. d'Ayala. Mort à Séville. — Masses habilement préparées, belle couleur; style maniéré et incorrect.
MARTINEZ (THOMAS).	†1734	SÉVILLE.	Id.	Élève de J. S. Guttierez; d'un caractère fort bizarre, Thomas s'était fait construire une bière qui lui servait de lit et qu'il couvrait d'un drap funéraire; c'est dans ce lit et avec ce linceul qu'il voulut être enseveli. — Imita Murillo et se rapprocha fort près de ce grand maître dans quelques-uns de ses ouvrages.
ROCHE (BÉNÉDICT).	†1735	VALENCE.	Id.	Élève de Gasp. de la Huerta. On prend souvent ses tableaux pour ceux du maître. — On citait un tableau de lui, représentant saint François de Paule alimentant plus de 5,000 personnes. — Dessin peu soigné, mais coloris excellent.

NOMS.	ANNÉES DE NAISSANCE ET DE MORT.	LIEU DE NAISSANCE	GENRE.	NOTES HISTORIQUES. — TABLEAUX PRINCIPAUX ET LIEUX OU ILS SE TROUVENT. — OBSERVATIONS.
AGUILA (Michel)..	†1736		Genre.	Mort à Séville. — Style de Murillo.
PAREDES (Jean De).	†1738	Valence.	Hist.	Élève de M. Menendez, à Madrid et d'Evar. Muñoz, à Valence. — Dessin et coloris satisfaisants; perspective savante.
MARTINEZ (Dominique).	†1750	Séville.	Id.	Élève de Jean Antonio, peintre inconnu; ses ouvrages l'enrichirent et son caractère lui fit beaucoup d'amis; fonda une Académie dans sa maison et employa une partie de sa fortune à l'instruction de ses jeunes élèves; chargé de plusieurs travaux importants lors de la visite de Philippe, à Séville; reçut la proposition de venir à Madrid, avec le titre de peintre du roi, mais refusa de quitter sa ville natale. — Le manque de principes solides se fait remarquer dans ses ouvrages; peu de génie et d'originalité; se servait d'estampes pour composer ses sujets.
FORTEA (Joseph).	†1751	Aragon.	Fleurs, etc.	Élève d'Apollinaire Larraga de Valence. On lui doit le beau monument en perspective de la cathédrale de Valence, travail qu'il exécuta avec Hippolyte Robira. Graveur en taille-douce.
BONAVIA (Jacques).	†1760			Plus connu comme architecte.
RUBIRA (don André De).	†1760	Escacena del Campo.	Hist. et genre.	Élève de Dom. Martinez, à Séville, puis de Fr. Vieira, à Lisbonne; s'établit à Séville et s'y fit remarquer. — Beaucoup de naturel dans ses tableaux de genre.
PERNICHARO (Paul).	†1760	Saragosse.	Hist.	Élève d'Houasse (peintre français), à Madrid; visita Rome, y obtint d'être admis à l'Académie de Saint-Luc et fut nommé, à son retour, peintre de Philippe V; vice-directeur et ensuite directeur de l'Académie de Saint-Fernand. — Beaucoup d'intelligence; dessin assez satisfaisant; ton lourd et maniéré.
MURES (Alphonse), le vieux.	†1761.?		Id.	On ignore quel fut son maître. Protégé par l'évêque de Badajoz: mort dans cette ville. On le nommait le Vieux pour le distinguer de ses fils qui peignaient également. — Imagination féconde, dessin correct, têtes pleines de charme, clair-obscur savant; composition remplie de feu.
CASANOVA (Charl.).	†1762	Exea (Aragon).		Peintre et graveur. Son fils François fut aussi graveur.
TORTOLERO (don Pierre).	†1766	Séville.	Hist.	Élève de D. Martinez.
GRIFOL (François).	†1766	Valence.	Genre, paysage, marine, fleur. fr.	Mort à l'hôpital de sa ville natale.
COLLADO (Jean).	†1767	Id.	Hist.	Élève de Richarte. — Ne peignit que des fresques. — Bon poète, dit-on.
PIGNATELLI (le frère don Vincent).	†1770		Pays.	Un des peintres italiens qui rendirent les services les plus signalés aux arts et aux artistes; vint à Madrid, y fut nommé membre de l'Académie de Saint-Fernand, puis conseiller et enfin vice-protecteur. Mort à Saragosse. — Artiste de mérite.
PEREDA DE DUARTE (don Thomas De)..	†1770			Peintre presbytérien et académicien honoraire de Saint-Fernand.
VERGARA (Eusèbe-Marcellin De).	†1771			Chanoine de la collégiale de Talavera de la reine. Peintre amateur.
PEÑA (Jean-Baptiste).	†1773		Genre.	Élève du Français Houasse, à Madrid; séjourna à Rome avec une pension du roi; nommé à son retour peintre de Philippe V et vice-directeur de l'Académie de Saint-Fernand, lors de sa fondation, en 1752. — Style maniéré.
SANCHO (Étienne), dit: MANETA.	†1778	Mayorque	Hist.	Élève de P. J. Ferrer; son surnom lui vient de ce qu'il était né privé de la main droite. — Coloris satisfaisant; dessin correct.
SANCHEZ SARABIA (Jacques).	†1779		Genre et arch.	Membre honoraire de l'Académie de Saint-Fernand, en 1762; travailla quelque temps à Grenade. — Lignes sèches.
PEREZ (Joachim).	†1779	Alcoy.	Hist.	Membre honoraire de l'Académie de Saint-Charles, à Valence, où il avait obtenu le premier prix et dont il devint vice-directeur. — Imita avec peu de bonheur le style des Ribalta.
RAMIREZ BÉNAVIDES (Jean).	†1782		Id.	Étudia à Saragosse, puis à Madrid. — Composition facile.
VEXES (Joseph).	†1782	Madrid.	Id.	Séjourna en Italie et s'établit, à son retour, à la Rioja, où il mourut. Aventurier, grand poète, ce peintre eut pu acquérir un talent très-supérieur s'il avait voulu faire des études sérieuses. — Dessin très-correct, facilité surprenante, belle couleur.
ESPINAL (Jean De), fils de Grégoire.	†1783	Séville.	Id.	Élève d'abord de son père Grégoire, puis de Dominique Martinez. Directeur de l'Académie; Charles III eut quelque estime pour lui. Un jour qu'il vit, à Madrid, les œuvres des grands maîtres, il conçut un tel désespoir de ne pouvoir les égaler, qu'il en mourut. — Tableau à l'ancien évêché de Séville: Histoire de saint Jérôme. — Dessin peu correct, pinceau assez énergique, style original. Il est du reste, un des meilleurs artistes de son époque.

NOMS.	ANNÉES DE NAISSANCE ET DE MORT.	LIEU DE NAISSANCE	GENRE.	NOTES HISTORIQUES. — TABLEAUX PRINCIPAUX ET LIEUX OU ILS SE TROUVENT. — . OBSERVATIONS.
CANO (JOACHIM-JO- SEPH).	†1784	SÉVILLE.	Hist.	Secrétaire de l'école de dessin de Séville. — Ne pouvant créer, cet artiste s'attacha à copier Murillo, ce qu'il fit admirablement.
SILVA BAZAN DE SARMIENTO (DOÑA MARIANNE DE), du- chesse de Huescar et d'Arcos.	†1784			Reçue membre honoraire de l'Académie de Saint-Fernand, en 1766 ; elle fut plus tard directrice honoraire de la même institution.
GONZALES (RUIZ- ANTOINE).	†1785		Hist.	Élève de Michel Houasse (peintre français), à Madrid ; visita Paris, puis Rome ; resta plusieurs années en Italie ; directeur de l'Académie de Saint-Fernand, peintre du roi, en 1757, et directeur général de l'Académie en 1759, sous le roi Charles III. Membre de plusieurs autres sociétés savantes d'Europe. — Coloris peu harmonieux, dessin souvent incorrect, style maniéré.
CANTELLOPS (Jo- SEPH).	†1785	PALMA (Majorque).	Id.	Membre de l'Académie de Saint-Fernand. — Tableaux, Palma.
VILADOMAT (JOSEPH)	†1786		Id.	Élève de son père. Mort à Barcelone. — Artiste fort médiocre.
BOURBON (L'INFANT DON GABRIEL DE).	†1788		Hist., etc.	Nommé, en 1782, membre de l'Académie de Saint-Fernand. Mort à la fleur de l'âge. — Deux apôtres de grandeur naturelle qu'il envoya à l'Académie de Saint-Fernand. — Il s'amusa à peindre avec de la poussière de laine en couleur.
VALERO (CHRISTOP.).	†1789	ALBORAYA (Valence).	Hist.	Élève d'Ev. Muñoz, puis de S. Conca, à Rome ; directeur de l'Académie de Valence, en 1768 ; membre de l'Académie de Saint-Fernand, depuis 1762. — Ses ouvrages se distinguent par le coloris et l'énergie.
XIMÉNÈS (FRANÇOIS- MICHEL).	†1792	SÉVILLE.	Hist. et genre.	Élève de D. Martinez ; directeur de l'école de dessin de sa ville natale. — Style décadence.
GUILLEN (PIERRE).	†1793	Id.	Hist.	Élève de Sauveur des Illanes. — Bon coloris ; dessin faible.
SANTIAGO PALOMA- RES (DON FRANÇOIS- XAVIER DE).	†1796		Pays., genre, et portr.	Érudit célèbre et artiste de talent. Mort à Madrid.
REJON DE SILVA (DON JACQUES).	†1796		Hist.	Amateur ; auteur de plusieurs ouvrages concernant les arts.
ZAMORA.	*1600		Id.	Résidait à Valence. — Peignit un grand nombre de madones fort médiocres.
LOPEZ (FRANÇOIS).	*1600		Id.	Élève de B. Carducho ; vivait à Madrid, y fut chargé de travaux importants, les exécuta d'une manière remarquable et fut nommé peintre de Philippe III, en 1603. — Formes heureuses, dessin élégant, coloris frais. Graveur à l'eau-forte.
SANCHEZ (ANDRÉ).	*1600	PORTILLO (Tolède).	Id.	Élève du Greco, à Tolède.
VELASCO (CHRISTO- PHE DE), fils de Louis.	*1600		Genre et portr.	Élève de son père. — Il ne put égaler son maître.
GUZMAN (PIERRE DE), dit EL COXO (le boiteux).	*1601		Hist.	Élève de P. Caxes ; peintre de Philippe III. — Artiste distingué.
VALON (JEAN).	*1603		Id.	Travailla à Valence.
HARO (JEAN DE).	*1604		Id.	Peignit en concurrence avec Pantoja de la Cruz et Louis de Carbajal et ne fut point inférieur à ses compétiteurs. — Bon dessin, composition et coloris remarquables.
GRACIAN DANTISCO (THOMAS).	*1605		Hist. et ornem.	Peintre amateur, de mérite.
JOANÈS (JEAN-VIN- CENT), fils de Vin- cent.	*1606	·	Hist. religieux.	Élève de son père, que jamais il ne put égaler. — Flagellation, Paris. Repentir de saint Pierre, ib. — Ses deux sœurs Dorothée et Marguerite cultivèrent également la peinture.
GARCIA (FRANÇOIS).	*1607		Hist.	Florissait à Murcie ; attaché au marquis de Velez. — Dessin habile, belles poses.
TEROL (JAYME).	*1607	VALENCE.	Id.	Élève de N. Borras de Cocentayna ; peignit avec J. Rodr. de Espinosa, en 1607.
LOPEZ (PIERRE).	*1608		Id.	Élève du Greco. — Manière correcte et élégante.
SANCHEZ (LOUIS).	*1611		Id.	Résidait à Madrid.
SARABIA (ANDRÉ- RUIZ DE).	*1614		Id.	S'embarqua pour Lima en 1616, et mourut peu de temps après.
PIZARRO (ANTOINE).	*1618		Id.	Élève du Greco ; vivait à Tolède et y exécuta des tableaux dignes d'éloges.

NOMS.	ANNÉES DE NAISSANCE ET DE MORT.	LIEU DE NAISSANCE	GENRE.	NOTES HISTORIQUES. — TABLEAUX PRINCIPAUX ET LIEUX OU ILS SE TROUVENT. — OBSERVATIONS.
FONSECA DE FIGUE- ROA (Jean).	*1620			Amateur distingué à qui Velasquez dut en partie sa fortune.
CARDENAS (Juan De).	*1620	Vallado- lid.	Fleurs et fruits.	Élève de Barth. de Cardeñas. — Jouit d'une grande réputation.
AYANZA (Jérôme D').	*1620	Madrid ?		Détails inconnus ; on sait seulement qu'il fut chevalier d'Alcantara.
SANCHEZ (Clément).	*1620		Hist.	Résidait à Valladolid. — Bon coloris, dessin correct.
LOARTE (Alexandre).	*1622		Genre, histoire, chasse, animaux.	Élève du Greco, à Tolède. — Coloris et style vénitiens.
UCEDA CASTRO- VERDE (Jean).	*1623		Hist.	Élève de J. de Las-Roelas, à Séville. — Dessin large, composition noble, goût vénitien.
ARCO (Alphonse ou Alexis Del), nommé el Sordillo de Pereda (le sourd de Pereda).	1625 1700	Madrid.	Hist., portr. et décors.	Élève d'Ant. Pereda. Sa femme dirigeait son atelier et prenait des arrangements avec les personnes qui venaient demander des tableaux ou des portraits au peintre. Arco est mort de misère , à Madrid. —Tableaux, Madrid. Baptême du Seigneur, Tolède. Portrait de D. Manuel, Paris.—Bon goût et bonne couleur, mais dessin incorrect. On prend souvent les tableaux de quelques-uns de ses élèves pour les siens.
ALVAREDA (Raphael De).	*1625	Vallado- lid.	Hist.	Détails inconnus.
CARENO (André).	*1626	Id ?		Surnommé l'avocat des artistes.
LOPEZ (Joseph).	*1626			Défendit avec vigueur les priviléges de la peinture contre le fisc. — Ses ouvrages ne sont pas cités.
HERRERA (Jean De).	*1627		Genre.	Établi à Séville. — Beaucoup de goût et de simplicité. Dessinateur et graveur.
LICALDE (Jean De).	*1628	Madrid.	Portr.	Élève de P. de Las Cuevas ; cet artiste fut tué au moment où son beau talent allait atteindre sa maturité.
ZORRILLA (Jean De).	*1650			Élève de J. de Chirinos ; résidait à Madrid ; ami de Vanderhamen. — Coloris frais.
VILLAFUERTE DE ZAPATA (Jérôme).	*1650		Hist.?	Gentilhomme et garde-bijoux de Philippe IV ; amateur, résidant à Madrid. — Dessin pur ; bon mécanicien.
VELASQUEZ MINAYA (don François).	*1650		Genre.	Chevalier de Saint-Jacques, écuyer de la reine et peintre amateur. — Composition agréable.
MUÑOZ (don Jérôme).	*1650		Portr.	Chevalier de Saint-Jacques ; peintre de mérite.
LABANA (don Thomas)	*1650		Hist. et genre.	Vivait à Madrid ; chevalier du Christ et gentilhomme de la Chambre. — Peintre amateur.
HURTADO DE MEN- DOZA (Étienne).	*1650			Chevalier de l'ordre de Saint-Jacques ; se distinguait à Séville comme amateur. — On citait son goût et sa manière intelligente.
DIAZ MORANTE (Pierre).	*1650		Genre, etc.	Il fut dénoncé à l'inquisition parce qu'il écrivait des deux mains et considéré comme sorcier pour ce fait. — Publia de 1625 à 1631 son ouvrage intitulé : Instruccion de los principios.
CACERES (Felices De)	*1650			S'établit à Saragosse et peignit peu à l'huile. — Grand dessinateur. Eut un fils qui ne savait pas dessiner, mais qui avait un coloris suave.
GARCIA FERRER (le licencié don Pierre).	*1652	Alcoriza (Aragon).	Hist. et persp.	Travailla à Valence et à Madrid. — Excellait dans la perspective.
CRUZ (Michel De La).	*1653	Madrid ?	Hist.	Mort très-jeune. — Carducho assure qu'il donnait de magnifiques espérances.
JORDAN (Sauveur).	*1656		Portr.	Détails inconnus. — Bon dessin, bonne ressemblance.
HERRERA (Barthé- lemy De), père de François, le vieux.	*1659		Id.	Travailla d'une manière distinguée , à Séville, en 1659.
LLERA ZAMBRANO (Alphonse De).	*1659		Hist. et genre.	Établi à Cadix ; exécuta de jolies aquarelles.
BARRERA (François)	*1640		Hist.	Plaida en 1640, contre les droits de Maîtrise qu'on voulait élever sur les peintres.
NUNNEZ DE SEPUL- VEDA (Mathieu).	*1640		Id.	Nommé peintre du roi d'Espagne, Philippe IV , avec le privilége exclusif de dorer et diriger les peintures de l'escadre royale. Un des plus habiles peintres à fresque de son temps. — Pinceau léger et facile, couleur satisfaisante.
MORAN (Jacques).	*1640		Hist., genre et pays.	Travaillait à Madrid et peut être compté parmi les bons peintres de son époque. —Dessin correct, science anatomique coloris brillant ; sites charmants dans les paysages.

NOMS.	ANNÉES DE NAISSANCE ET DE MORT.	LIEU DE NAISSANCE	GENRE.	NOTES HISTORIQUES. — TABLEAUX PRINCIPAUX ET LIEUX OU ILS SE TROUVENT. OBSERVATIONS.
CASTRO (LE LICENCIÉ DON LÉONARD-ANTOINE DE).	*1640	LUCENA.		Ecclésiastique et amateur distingué.
REBELLO (JOSÉ-D'AVELAR).	*1640		Hist.	Contemporain de Reiseoso.
CUBRIAN (FRANÇOIS).	*1642	SÉVILLE?	Id.	Élève de Zurbaran. — Tableaux, Séville. — Bonne entente du clair-obscur. Figures sveltes et gracieuses.
CERVERA (FRÈRE BLAS DE).	*1644		Id.	Détails inconnus. — Peignit, en 1644, des tableaux pour le cloître de Saint-François à Valladolid.
MORALES (JACQUES DE).	*1645		Portr.	Travailla à Tolède. — Coloris satisfaisant.
BARRANCO (FRANÇ.).	*1646	ANDALOUSIE.	Genre et bamb.	Détails inconnus. — Vérité et couleur.
POLANCOS (LES).	*1647		Hist.	Ces frères furent élèves de Fr. Zurbaran, à Séville. — Saint François, lisant, Paris. (Ce tableau est de Charles Polanco.) — Imitèrent parfois leur maître à s'y méprendre.
HORRERA (PIERRE DE).	*1650		Intér.	Conseiller des finances ; peintre amateur.
BLASCO (MATHIAS).	*1650		Hist.	Détails inconnus. — Embellit, en 1650, la paroisse de Saint-Laurent à Valladolid.
CUNHA (JEAN DA).	*1650?			Détails inconnus.
XIMENO (MATHIAS).	*1652		Id.	Florissait dans la vieille Castille. — Beau dessin, coloris satisfaisant.
ROLAN FANGUERBE	*1653		Id.	Établi à Séville.
PUGA (ANTOINE).	*1653		Genre.	Élève de Velasquez de Silva, à Madrid. — Imita son maître avec bonheur.
ALVAREZ DE NAVA (LOUIS).	*1653			Reçu à l'Académie de Saint-Fernand, en 1653.
ESPINOSA (MICHEL-JÉRÔME), fils d'Ilyacinthe-Jérôme.	*1654	ARAGON.	Hist.	Détails insignifiants. — Très-inférieur à son père.
NAVARRO (JEAN-SIMON).	*1654		Hist., fl., fr.	Vivait à Madrid. — Manière incorrecte, peu d'harmonie ; bonne couleur ; réussit surtout dans les fleurs.
GALLARDO (MATHIEU)	*1657		Hist.	Résidait à Madrid ; peignait de préférence des madones. — Coloris agréable, suave et bien empâté.
GUTIERREZ (FRANÇ.)	*1657		Pays.	Établi à Madrid. — Perspectives d'un effet délicieux.
NORIEGA (PIERRE).	*1658		Portr. et hist.	Vivait à Madrid.
VILLAFRANCO MALAGON (PIERRE DE)	*1660	ALCOLEA de la Manche.	Hist.	Élève de V. Carducho, à Madrid ; vivait encore en 1680. — Graveur en taille-douce.
XIMENÈZ DE ZARZOSA (ANTOINE).	*1660			Un des principaux élèves et soutiens de l'Académie de Séville.
VALOIS (AMBROISE).	*1660	JAËN?	Hist.	Élève de S. Martinez.
VALLE DE BARCENA (LE FRÈRE JEAN DE).	*1660	MAZUELLA (près Burgos).	Id.	Religieux dominicain, à Burgos.
UCEDA (DON JEAN DE).	*1660	SÉVILLE.	Id.	Élève de D. Martinez ; un des fondateurs de l'Académie de sa ville natale. — Pinceau libre, mais incorrect.
RAMIREZ (JÉRÔME).	*1660		Id.	Élève de Roelas, à Séville. Parent de Christophe et de Pierre Ramirez. — Belle couleur, manière hardie, dessin large.
RAMIREZ (PIERRE).	*1660			L'un des premiers soutiens de l'Académie de Séville. Parent de Christophe et de Jérôme Ramirez.
MORAN (BARTHÉLEMY)	*1660			Un des soutiens de l'Académie de Séville, en 1664.
NEGRON (LUCIEN-CHARLES DE).	*1660		Genre.	Protecteur, élève et un des fondateurs de l'Académie de Séville.
HERBAS (DON JACQUES DE).	*1660			Contribua à l'établissement de l'Académie de Séville ; amateur.

NOMS.	ANNÉES DE NAISSANCE ET DE MORT.	LIEU DE NAISSANCE	GENRE.	NOTES HISTORIQUES. — TABLEAUX PRINCIPAUX ET LIEUX OU ILS SE TROUVENT. — OBSERVATIONS.
CAMPROBIN (PIERRE DE).	*1660	SÉVILLE?	Fleurs, fruits et animaux.	Un des professeurs distingués de l'Académie de Séville. — Beaucoup de vérité et de fraîcheur.
CAMPO LARGO (PIERRE).	*1660	Id.?		Peintre et graveur à l'eau-forte. — Ses gravures sont plus estimées que ses tableaux.
ARJONA.	*1660		Hist.?	Élève de Sébastien Martinez. — Tableaux dans quelques cloîtres d'Espagne. — Peintre très-médiocre.
AGUIAR (THOMAS).	*1660	MADRID?	Portr.	Élève de Velasquez de Silva. Fit le portrait du poëte Solis qui à son tour célébra le peintre dans un sonnet fort connu. — Grande ressemblance et style plein de simplicité.
GODOY DE CARBA-JAL (MATHIEU).	*1660		Hist.?	Concourut à l'établissement de l'Académie de Séville, en 1660; il en fut deuxième directeur, en 1665.
RAMIREZ (CHRIST.)	*1660		Hist.	On le croit frère ou parent de Jérôme et de Pierre Ramirez. Florissait à Séville. — Le Sauveur (1638), Madrid. — Dessin correct; bonne entente de la composition.
PETÉ (SIMON).	*1660			Établi à Valladolid; y défendit les droits des artistes.
DIAZ DE ARAGON (JOSEPH).	*1661	VALLADO-LID.	Genre.	Détails inconnus.
AVENDAÑO (JACQUES)	*1661	Id.?	Hist.	Détails inconnus.
VALCAZAR (GABRIEL DE).	*1661		Id.	Défendit les droits des artistes, à Valladolid.
MARZO (ANDRÉ), frère d'Urbain.	*1662	VALENCE.	Id.	Élève de Ribalta.
GOMEZ (LUCIEN), frère de Vincent (?).	*1662		Id.	Élève d'H. J. Espinosa; résidait à Valence. — Coloris satisfaisant.
SANTOS (JEAN).	*1662		Genre.	Florissait à Cadix. — Invention agréable.
MEDINA (ANDRÉ DE).	*1663		Hist.	Élève de J. de Castillo, à Séville — Bon dessin; manière sèche et dure. Graveur.
ZAMORA (JEAN DE).	*1664		Hist. et pays.	Très en renom à Séville; un des soutiens de l'Académie. — Manière flamande; figures assez correctes.
ROMERO (SIMON).	*1664		Portr. et genre.	Un des fondateurs de l'Académie de Séville.
MATEOS (JEAN).	*1665			Un des fondateurs de l'Académie de Séville, dont il fut le fiscal, en 1667.
NAVARRO (LOUIS-AN-TOINE).	*1665		Hist.	Un des fondateurs de l'Académie de Séville. — Laissa d'assez belles fresques.
ZARZA (CHARLES et JEAN-MATHIEU).	*1665			Ces deux frères contribuèrent à l'établissement de l'Académie de Séville.
PONTONS (PAUL).	*1665	VALENCE.	Hist. et portr.	Élève de P. Orrente; peignit avec H. J. Espinosa. — Imita le coloris de son maître.
PEREZ DE HERRERA (ALPHONSE).	*1665		Portr.	Un des fondateurs de l'Académie de Séville, en 1660.
PEREZ (ANTOINE et NICOLAS).	*1665			Concoururent aux frais de l'établissement de l'Académie de Séville, en 1660.
PEÑA (JACQUES et FRANÇOIS).	*1665			Ces deux frères contribuèrent à l'établissement de l'Académie de Séville.
ESTEBAN (JEAN).	*1666	JAËN?	Hist. et portr.	Détails inconnus. — Une Annonciation faite par lui porte la date de 1666. — Bon dessinateur.
MEDINA VALBUENA (PIERRE DE).	*1667		Hist. et décor.	Un des fondateurs de l'Académie de Séville, dont il fut le premier majordome, président et consul; ami intime de Murillo. — Artiste très-renommé.
LLANOS DE VALDES (DON SÉBASTIEN).	*1667		Hist. et genre.	Élève d'Herrera le vieux, au caractère duquel il sut résister le plus longtemps; se battit avec Alonzo Cano et fut blessé; un des fondateurs de l'Académie de Séville, en 1660, il en fut nommé vice-président. — Style un peu maniéré et un peu lourd; bon dessin, coloris vrai.
RIBERA (LOUIS-AN-TOINE).	*1668			Concourut à l'établissement de l'Académie de Séville.
LOAYSA (DON JEAN DE).	*1669			Amateur et chanoine de la cathédrale de Séville; un des plus grands bienfaiteurs de l'Académie de cette ville. — Dessin plein de goût et d'intelligence; fit des recherches savantes sur les monuments de Séville.

NOMS.	ANNÉES DE NAISSANCE ET DE MORT.	LIEU DE NAISSANCE	GENRE.	NOTES HISTORIQUES. — TABLEAUX PRINCIPAUX ET LIEUX OU ILS SE TROUVENT. — OBSERVATIONS.
PAREDES (Jean De).	*1669			Un des soutiens de l'Académie de Séville.
SANCHEZ (Pierre).	*1669			Élève de l'Académie de Séville et un de ses soutiens.
CHAMORRO (Jean).	*1669	Séville?	Hist.	Élève de Fr. Herrera, le vieux, président de l'Académie de Séville. — Tableaux, Séville. — Peintre très-laborieux.
ATIENZA CALATRAVA (Martin De).	*1669	Id.	Id.	Un des fondateurs de l'Académie de Séville, dont il fut aussi secrétaire.
PEREZ DE PINEDA (François), le vieux.	*1670	Id.	Id.	Élève de Murillo ; soutint l'Académie de sa ville natale. — Style de son maître.
MARTINEZ DE PAZ (Mathieu).	*1670			Concourut à l'établissement de l'Académie de Séville et en fut majordôme.
CORREA (Marc).	*1670			Élève de Bobadilla. — Beaucoup de vérité.
CASARÈS (Jacques-Antoine).	*1670	Séville?	Hist.	Mort jeune. — Ecce homo.
BAENA (Pierre De).	*1670	Madrid?	Hist. et portr.	Détails inconnus. — Portraits, Madrid. — Bonne ressemblance.
ROXAS DE VELASCO (don Sauveur).	*1670			Amateur ; un des soutiens de l'Académie de Séville.
SUAREZ DE OROZCO (Martin).	*1670			Un des soutiens de l'Académie de Séville.
RUIZ (Jean-Sauveur)	*1671			Élève de l'Académie de Séville et l'un de ses soutiens.
RUIZ CÉSAR (Barthélemy).	*1671			Concourut à l'établissement de l'Académie de Séville.
BURGOS DE MANTILLA (Isidore).	*1671		Portr.	Peintre et poète. — Portraits des rois d'Espagne. — Assez bonne couleur.
JUAREZ (Manuel).	*1671		Genre.	Établi à Valladolid ; un des plus ardents défenseurs des droits des artistes, contre le droit de milice et les taxes auxquels on voulait les assujettir.
MARTIN (Thomas).	*1672		Hist.	Élève d'Al. Faxardo ; établi à Séville.
TERAN (Jean-Ant.).	*1673			Élève et soutien de l'Académie de Séville.
ARROYO (Jean).	*1674	Séville?	Hist.	Un des fondateurs de l'Académie de Séville. — Peintre médiocre.
ESPANADA (Étien.).	*1676		Id.	Inquisiteur du tribunal de Valence, soutint de ses propres deniers l'Académie de cette ville.
PARRILLA (Michel).	*1676	Malaga.	Id.	Élève de Bar. de Illescas, à Lucena ; travailla à Séville. — Se distingua surtout comme doreur et peintre de statues.
RUIZ GIXON (Jean-Charles).	*1677		Id.	On le croit élève de Fr. Herrera, le jeune. Vivait à Séville. — Goût sévère, pinceau brillant et hardi.
FRANQUET (Joseph).	*1678	Cornudella. Arch. de Tarragone.		Élève de Jean Juncosa ; peignit avec le fils de son maître, Joachim Juncosa, l'hermitage de Notre-Dame de la Miséricorde, près de la ville de Reus.
PERTUS (Raphaël).	*1680		Hist. et pays.	Florissait à Saragosse. — Très-estimé comme coloriste.
LEYTO (André).	*1680		Hist., genre et intér.	Étudia à Madrid ; travailla à Ségovie. — Bonne couleur, dessin faible ; se distingua surtout dans les tableaux d'intérieur.
DIAZ DE ARAGON (Pierre), fils de Joseph.	*1681			Détails inconnus.
AMAYA.	*1682	Ségovie?	Hist.	Élève de Vincent Carducho. — Tableaux, Ségovie. — Bon coloris, dessin correct.
AYBAR XIMENÈS (Pierre).	*1682		Id.	Parent et élève de Fr. Ximenès. — Bonne couleur et bonne composition.
REDONDILLO (Isidore De)	*1683	Madrid.	Portr. et hist.	Nommé peintre de Charles II.
ALVAREZ (Laurent).	*1688		Hist.	Élève de Barthél. Carducho. — Tableaux dans quelques couvents de Murcie. — Peintre de mérite.
ORIENT (Joseph).	*1689	Villa-Real.	Portr. et hist.	Florissait à Valence.

NOMS.	ANNÉES DE NAISSANCE ET DE MORT.	LIEU DE NAISSANCE	GENRE.	NOTES HISTORIQUES. — TABLEAUX PRINCIPAUX ET LIEUX OU ILS SE TROUVENT. — OBSERVATIONS.
XIMENÉS (Angel-Joseph).	*1690		Hist.	Élève d'A. Rubio, à Tolède ; peintre de la cathédrale de cette ville.
GUILLO (Vincent).	*1690	Alcala de Gibert. (Royaume de Valence.)	Id.	Résida à Barcelone ; peignit beaucoup à fresque ; se vit préférer A. Palomino et en mourut de chagrin presque subitement. — Composition facile et spirituelle.
QUADRA (don Nicolas-Antoine).	*1695		Portr.	On croit qu'il fut élève de Cl. Coëllo. — Composition intelligente ; bonne architecture.
BALLUERCA.	*1695		Hist.	Détails inconnus. — D'un mérite médiocre.
MUÑOZ (N.).	*1696		Id.	Travailla à Lorca et à Carthagène. — Coloris satisfaisant, dessin médiocre.
GARCIA (Grégoire).	*1696		Id.	Détails inconnus.
ETHENARD DE ABARCA (Franç.-Antoine).	*1699			Peintre et graveur, de plus capitaine aux gardes sous Charles II. — On a de lui de bonnes gravures qui se trouvent dans deux ouvrages stratégiques imprimés à Madrid et composés par lui.
ESCOBAR (Alphonse De).	*XVIIe siècle.	Séville?	Hist.	Détails inconnus. — Apparition de Notre-Dame. — Peintre de mérite.
ESTEBAN (le licencié Jean).	*Id.	Madrid ?	Hist., persp. et pays.	Cet artiste était prêtre. — Beaucoup de réputation ; jolis effets.
EZQUERRA (Dominique).	*Id.		Portr.	Élève de Carreño.
FALCO (Félix).	*Id.	Valence.	Genre.	Élève d'Espinosa. — Tableaux , Valence.
FIGUEROA (Franç.).	*Id.		Hist.	Religieux dominicain qui fit de bons tableaux pour son couvent.
FUREZ DE MUÑIZ (don Jérôme).	*Id.		Hist. et genre.	Amateur ; chevalier de Saint-Jacques ; gentilhomme de Philippe IV.
GALCERAN.	*Id.	Aragon.		Vivait à Saragosse ; artiste médiocre rempli d'amour-propre. — Dessin très-incorrect.
GANDIA (Jean De).	*Id.		Persp. et archit.	Renommé dans son genre.
ASENSIO.	*Id.	Saragosse.	Portr.	Détails inconnus.
AULA (le marquis D').	*Id.			Plus connu comme amateur.
AVEIRO (la duchesse D').	*Id.	Madrid?		Citée par les biographes espagnols comme un bon amateur. — Tableaux , Madrid.
ABARCA (Marie De).	*Id.	Madrid.	Portr.	Détails inconnus. — Grande intelligence et ressemblance extraordinaire.
ABRIL (Jean-Alp.).	*Id.	Valladolid ?	Hist.	Détails inconnus. — Tableaux, Valladolid. — Coloris trop brillant.
BESTARD ou BASTARD.	*Id.	Majorque	Id.	Résida à Palma. On ne connaît ni son maître, ni l'époque de sa naissance, ni celle de sa mort. — On cite de lui un admirable tableau qu'il fit pour le couvent de Montésion, à Palma : Jésus dans le désert servi par des anges. — Grand relief, couleur excellente. Il a fourni les dessins pour les compositions qui ornent différents établissements de Palma.
CACERES (François-Gines De).	*Id.	Madrid ?	Id.	Élève d'Escalante.
CAMACHO (Pierre).	*Id.		Id.	Travailla beaucoup pour les couvents de Murcie. — Bonne couleur.
CORTE (Franç. De la)	*Id.	Antequerra.	Persp.	Talent renommé.
COSIDA (Jérôme).	*Id.	Saragosse.	Genre.	Détails insignifiants. — Couleur très-suave, invention féconde.
CUEVA BENAVIDEL DE BARRADAS (doña Mariana).	*Id.			Détails inconnus. — Citée par Palomino.
GARCIA (Michel et Jérôme).	*Id.		Genre.	Élève d'A. Cano. Frères jumeaux ; tous deux chanoines à Grenade ; travaillèrent constamment ensemble. — Leurs ouvrages tiennent de la manière de leur maître. Sculpteurs.
GASULL (Augustin).	*Id.	Valence.	Hist.	Élève de C. Maratti, à Rome. — Tableaux, Valence. — Coloris remarquable.
GERMANY LLORENTE (le père).	*Id.		Genre.	Ne composait des tableaux que pour la foire de Séville et les pacotilles destinées à l'Amérique.

NOMS.	ANNÉES DE NAISSANCE ET DE MORT.	LIEU DE NAISSANCE	GENRE.	NOTES HISTORIQUES. — TABLEAUX PRINCIPAUX ET LIEUX OU ILS SE TROUVENT. — OBSERVATIONS.
GINER.	*XVIIe siècle.	VALENCE.	Persp	Détails inconnus. — Manière intelligente.
GOMEZ (VINCENT-SALVADOR) frère de Lucien?	*Id.	Id.	Hist., pays., etc.	Élève d'H. J. Espinosa; directeur de l'Académie de Valence, en 1670. — Pinceau libre et facile; coloris agréable; réussit surtout dans le paysage, les perspectives et les animaux.
GOMEZ (Sébastien).	*Id.	GRENADE.	Hist.	Élève d'A. Cano. — Peintre médiocre.
GONZALES DE CE-DILLO (DON ANT.).	*Id.	TOLÈDE.	Genre.	Élève de Rizi, à Madrid; séjourna à Rome et revint mourir en Espagne. — Dessin pur et facile.
GUILLEN (Moïse-Fr.)	*Id.	VALENCE.	Hist.	Détails inconnus. — Goût intelligent, manière facile.
HERRERA LE ROUGE fils de Herrera, le vieux.	*Id.	SÉVILLE.	Genre.	Élève de son père; mort prématurément. — Donnait de belles espérances.
GUTIERREZ (JEAN-SIMON).	*Id.	Id.	Hist.	Élève de Murillo; membre de l'Académie de Séville, et un de ceux qui soutinrent cet établissement, de 1664 à 1672. — Imita avec bonheur le coloris de son maître; dessin faible.
IGNACIO (François).	*Id.		Id.	Élève de Fr. Camilo. — Imita avec bonheur la manière de son maître.
JUNCOSA (LE Dr DON JOSEPH), cousin de Joachim.	*Id.	CORNU-DELLA.	Hist. et portr.	Élève de son oncle Jean; étudia la théologie, entra dans les ordres et devint un prédicateur célèbre; travailla immensément. — Beaucoup de facilité.
LIRIOS ou LIGLI (BONAVENTURE).	*Id.		Hist. et bat.	Étudia d'abord à Madrid, puis en Italie, sous L. Giordano. — Plus de facilité que d'exactitude.
LOPEZ (Joseph).	*Id.		Hist.	Élève de Murillo. — Imita le style de son maître; peignit beaucoup de madones.
LOPEZ CABALLERO (André).	*Id.		Portr. et hist.	On le croit élève de Jos. Antolinez; résidait à Madrid. — Artiste de mérite.
MARTINEZ DE GRA-DILLA (Jean).	*Id.	SÉVILLE.	Hist.	Élève de Zurbaran.
MARTINEZ DE CA-ZORLA (François).	*Id.	Id.	Id.	Élève de J. Valdès-Leal; florissait à Séville. — Dessin médiocre, coloris séduisant.
MARZO (Urbain), frère d'André.	*Id.	VALENCE.	Id.	Détails inconnus.
MATARANA (Barthé-LEMY).	*Id.		Id.	Florissait à Valence. — Fresques estimées.
MESA (Jean De).	*Id.		Id.	Florissait à Madrid.
MELGAREJO (LE PÈRE JÉRÔME).	*Id.		Id.	Religieux augustin, à Grenade. — Composition et coloris satisfaisants.
MONREAL (ANT. DE).	*Id.		Id.	Florissait à Madrid.
MONTIEL (Joseph).	*Id.		Portr.	Florissait à Madrid. — Réussit dans le portrait.
MORA (Jérôme).	*Id.		Hist.	Élève d'A. S. Coëllo; travailla au palais du Prado, à Madrid et fut chargé de terminer un tableau esquissé par Vincent Joanes.
OROZCO (Eugène).	*Id.		Id.	Établi à Madrid. — Manque d'harmonie; clair-obscur magique.
PALOMINO DE VE-LASCO (DOÑA FRAN-CISCA), sœur d'Ant.	*Id.		Portr.	Florissait à Cordoue; morte dans cette ville. — Bonne réputation.
PELEGRET (Thomas).	*Id.	TOLÈDE.	Hist.	Élève de Balthasar de Sienne et de Polydore de Caravage, en Italie; s'établit à Saragosse, sous le règne de Charles V, et y acquit beaucoup de réputation. Mort à quatre-vingt-quatre ans. — Bonne perspective, invention féconde; grand dessinateur. Imita le clair-obscur de Polydore; peignit beaucoup en grisaille.
PEREZ POLANCO (André).	*Id ?		Id.	Détails inconnus.
PITI.	*Id.	SALA-MANQUE.	Id.	Élève de L. Giordano, à Madrid; travailla à Valladolid et dans sa ville natale. — Imita le faire de son maître.
PLANO (François).	*Id.	DAROCA.	Portr., etc.	Résidait à Saragosse et y jouissait d'une grande réputation comme peintre et architecte.
CARO DE TAVIRA (Jean).	*Id.	CARMONA.	Hist.	Élève de Zurbaran; Philippe IV le nomma chevalier de Saint-Jacques. — Mort jeune.

NOMS.	ANNÉES DE NAISSANCE ET DE MORT.	LIEU DE NAISSANCE	GENRE.	NOTES HISTORIQUES. TABLEAUX PRINCIPAUX ET LIEUX OU ILS SE TROUVENT. OBSERVATIONS.
POLO (Bernard).	*XVIIe siècle.		Fleurs et fr.	Florissait à Saragosse. — Ses tableaux sont estimés.
PONCE (Roch).	*Id.		Pays.	Élève de J. de la Corte, à Madrid. — Composition gracieuse.
QUINTANA.	*Id.		Hist.	Résidait à Baza, royaume de Grenade. — Coloris satisfaisant.
SANGUINETO (Don Raphael).	*Id.			Chevalier de Saint-Jacques; amateur; résidait à Madrid; très-lié avec A. S. Coëllo.
SARABIA.	*Id.		Hist.	Travailla avec André de Leyto, à Ségovie. — Le coloris est meilleur que le dessin.
SAURA (Moïse-Dominique).	*Id.	LUCENA. (Valence.)	Id.	Devint veuf, se fit ordonner prêtre et ne commença à peindre qu'à cette époque. Mort au commencement du dix-huitième siècle. — De la facilité; imagination féconde; bon dessinateur.
SARMIENTO (Doña Thérèse De), duchesse de Béjar.	*Id.		Id.	Vivait à Madrid; peintre amateur. — Tons fins et délicats.
SEGOVIA (Jean De).	*Id.		Marin.	Florissait à Madrid. — Pinceau facile et élégant; figures mal dessinées; vaisseaux et agrès exécutés avec une grande vérité.
THOMAS (Moïse-Pierre).	*Id.	VALENCE.		Détails inconnus.
VALDÈS (Don Jean De).	*Id.			Ministre des finances, à Madrid; peintre-amateur.
VALDEMIRA DE LEON (Jean).	*Id.	TAFALLA. (Navarre.)	Fleurs, fruits et ornem.	Élève de Fr. Rizi, à Madrid. Mort à trente ans, au moment où son talent allait atteindre sa maturité.
VIDAL (Joseph).	*Id.	VIÑAROZ.	Genre et bat.	Élève d'E. March, à Valence; son fils, Joseph Vidal, ne put jamais égaler son père. — Manière de son maître.
VILLAMOR (Jacques et André).	*Id.		Hist.	Élèves de V. Díaz; ces deux frères, établis à Valladolid, furent très-grands défenseurs des droits des artistes.
VILLAUMBROSA (la comtesse De).	*Id.		Portr.	Établie à Madrid; amateur. — Excella dans le portrait.
SANG DE LA LLOZA (Jacques et Bernard.)	*Id.	VALENCE.	Genre.	D'une famille noble, ces deux frères se distinguèrent comme amateurs.
VINCENT (Michel).	*Id.		Hist.	Résidait à Madrid. — Teintes agréables, dessin satisfaisant.
VISO (le Père Christophe).	*Id.		Portr.	Moine franciscain; vivait à Madrid avec le titre de commissaire général des Indes. Mort dans cette ville.
XIMENÈS (Michel).	*Id.			Florissait à Madrid. — Bonne réputation.
YAVARRI (Jérôme).	*Id.		Hist.	Résidait à Valence. — Ne réussit que dans les fresques.
ZAPATA (Antoine).	*Id.	SARIA.	Id.	Élève d'Al. Palomino, à Madrid; il était prêtre.
VIEIRA (François).	1700? 1783	LISBONNE.	Id.	Étudia 13 ans à Rome, revint dans sa patrie, en 1732 et y travailla jusqu'à la fin de sa vie. — Graveur à l'eau-forte. Ce peintre eut, de son temps, une réputation colossale.
RUIZ SARIONO (Jean)	1701 1763	HIGUERA DE ABACENA.	Id.	Élève d'A. M. de Tobar, son cousin, à Séville. Mort dans cette ville. — Coloris sec et dur, dessin incorrect.
ROMEO (Don Joseph).	1701 1772	CERVERA. (Aragon.)	Id.	Élève de Masucci, à Rome; s'établit à Madrid, où il fut nommé peintre de Philippe V, pour son talent de restaurer les anciens tableaux.
RODRIGUEZ DE MIRANDA (François).	1701 1751	MADRID.	Hist. et pays.	Peintre en titre des écuyers du roi. — Son frère Nicolas se distingua dans le paysage et mourut peu de temps avant François.
CALLEJA (André De La).	1705 1785	RIOJA.	Hist.	Élève de Jérôme de Esquerra; directeur de l'Académie et peintre du roi; son plus grand mérite est d'avoir restauré admirablement les tableaux de la galerie de Philippe V. — Forma beaucoup de bons élèves.
SAN ANTONIO (le frère Barthélemy De).	1708 1782	CIENPOZUELOS.	Hist. et portr.	Prit l'habit religieux à l'âge de 15 ans, étudia à Rome, y resta 6 ans, y reçut les leçons d'A. Masucci et revint à Madrid, en 1740; membre de l'Académie de Saint-Fernand. — Peintre de mérite.
MARTINEZ (D. Joseph LUXAN).	1710 1785	SARAGOSSE.	Id.	Élève de Maître Léo, à Rome; protégé par l'illustre famille Pignatelli, qui lui procura divers travaux, à son retour en Espagne; se rendit à Madrid, en 1741 et y fut nommé peintre du roi, par Philippe V; revint à Saragosse, fut nommé par l'Inquisition réviseur des tableaux; établit dans sa maison une école de dessin, d'où sortirent plusieurs élèves remarquables et qui donna naissance à l'Académie de Saint-Louis. Il avait épousé Thérèse Zabalo, dont le père, Jean Zabalo, cultivait également la peinture. — Couleur suave, exécution facile et large.

NOMS.	ANNÉES DE NAISSANCE ET DE MORT.	LIEU DE NAISSANCE	GENRE.	NOTES HISTORIQUES. TABLEAUX PRINCIPAUX ET LIEUX OU ILS SE TROUVENT. OBSERVATIONS.
POSADAS (LE FRÈRE MICHEL).	1711 1753	EN ARAGON.	Hist.	Religieux dominicain, à Ségorbe ; séjourna à Valence.
LORENTE(DON FÉLIX)	1712 1787	VALENCE.	Genre, pays., n. morte, int., hist., port., etc.	Élève d'Ev. Muñoz ; nommé membre de l'Académie de Saint-Charles, lors de sa fondation. — Se distingua dans tous les genres.
PREZIADO (FRANÇ.).	1713 1789	SÉVILLE.	Hist.	Dirigea pendant plusieurs années l'Académie de Saint-Fernand et l'Académie Espagnole, à Rome. Auteur d'une lettre sur les artistes de l'Espagne. — Composition sage.
VILLANUEVA (LE PÈRE ANTOINE).	1714 1785	LORCA.	Id.	Membre de l'Académie de Saint-Charles, à Valence. Mort dans cette ville. — Style maniéré.
VÉLASQUEZ (LOUIS-GONZALEZ), frère d'Alexandre et d'Antoine.	1715 1764	MADRID.	Hist. et décor.	Élève de l'Académie de Madrid ; travailla, avec son frère Alexandre aux décorations du théâtre du Retiro, lors du couronnement de Ferdinand VI ; nommé sous-directeur de l'Académie et peu d'années après peintre du cabinet du roi. — Les peintures de la coupole de l'église de Saint-Marc, à Madrid, lui firent le plus grand honneur.
TRAMULLES (DON MANUEL), frère de François (peintre français).	1715 1791	BARCE-LONE.	Id.	Élève d'A. de Viladomat ; établit une Académie chez lui : de nombreux élèves y venaient étudier. — Manière incorrecte ; ses meilleurs ouvrages sont ceux dans lesquels il imita son maître ; se distingua dans la perspective.
MENENDEZ (LOUIS DE), fils de Franç.-Antoine.	1716 1780	NAPLES.	Nature morte, fl.. fr., et hist.	Élève de son père avec lequel il revint jeune en Espagne. — Tranche de saumon, citrons, etc. Madrid. Fruits, ib. Beaucoup de tableaux de nature morte, de fruits, de légumes, etc. ib. — La Vierge et l'Enfant Jésus, ib. Sainte famille, ib.
ESTRADA (JEAN), frère d'Ignace.	1717 1792	BADAJOZ.	Genre et persp.	Élève de son père, peintre peu connu ; la grande amitié qui le liait à son frère lui fit adopter son genre de peinture ; membre de l'Académie des beaux-arts, à Séville. — On a beaucoup de peine à distinguer les tableaux de Jean de ceux d'Ignace, on trouve de leurs œuvres à Badajoz.
QUIROS (LAURENT).	1717 1789	SANTOS. (Estramadure.)	Hist.	Étudia à Badajoz, à Séville, sous B. German y Llorente, puis enfin à Madrid. Esprit inquiet et turbulent. — Imitateur de Murillo.
INGLES.	1718 1786	VALENCE.	Portr., minat. et hist.	Élève de Richarte ; membre de l'Académie, et ensuite sous-directeur honoraire de cette institution. — Réussit dans le portrait, bon coloris, beaucoup de facilité dans l'invention ; habile à la détrempe.
DOMINGO (LOUIS).	1718 1767	Id.	Hist.	Peintre et sculpteur ; il est plus connu par ce dernier art. — Il fit un Saint-Louis qui lui valut beaucoup d'honneur.
VÉLASQUEZ (ALEX.-GONZALEZ), frère d'Antoine et de Louis.	1719 1772	MADRID.	Hist. et décor.	Élève de l'Académie de Madrid ; fut chargé de travaux remarquables, dès l'âge de 19 ans ; nommé en 1752, sous-directeur de la classe d'architecture, et en 1762, obtint le même titre dans celle de peinture. Travailla presque constamment avec ses deux frères. — Architecte renommé ; excellait dans la perspective.
TAPIA (DON ISIDORE DE).	1720	VALENCE.	Hist.	Élève d'E. Muñoz ; vint à Madrid, en 1743 ; visita le Portugal, et revint mourir à Madrid ; membre de l'Académie de Saint-Fernand, depuis 1755. — Coloris gracieux.
ESPINOS (JOSEPH).	1721 1784	Id.	Id.	Peintre et graveur. Élève de Martinez, puis de Muñoz. — Tableau, Valence. — Ses estampes sont assez estimées.
ESTRADA (IGNACE), frère de Jean.	1724 1790	BADAJOZ.	Genre et persp.	Élève de son père, il fut également architecte et sculpteur ; on cite Jean et Ignace pour leur amitié et pour leur touchante conduite envers leur père aveugle.
PONZ (ANTOINE).	1725 1792	BEXIX. Royaume de Valence.	Hist. et portr.	Élève d'Antoine Richarte, à Valence ; arriva à Madrid, en 1746, y étudia cinq ans et se rendit à Rome ; revenu dans sa patrie, son talent lui procura des commandes importantes, entre autres à l'Escurial ; reçut une mission pour l'Andalousie, et conçut l'excursion le projet de son voyage général en Espagne qu'il commença en 1771 ; nommé secrétaire de l'Académie de Saint-Fernand, en 1776 ; la plupart des Académies de l'Espagne le reçurent dans leur sein et à sa mort, on célébra des funérailles magnifiques en l'honneur de sa mémoire. — Déploya un rare talent dans les copies des plus beaux tableaux de Raphaël, du Guide et de P. Véronèse ; recherche et analysa tous les ouvrages relatifs aux beaux-arts ; auteur de : Comentarios de la Pintura et de plusieurs autres travaux.
VERGARA (JOSEPH).	1726 1799	VALENCE.	Id.	Élève d'E. Muñoz ; se forma en copiant les estampes de l'Espagnolet et étudia la manière de Coypel et de Paul de Mateis ; ardeur extraordinaire pour le travail ; un des fondateurs de l'Académie de Sainte-Barbe, à Valence, et directeur de celle de Saint-Charles, dans la même ville. — Mentor et Télémaque. Valence. Couvent, ib. Saint-Sébastien, Paris. — Tenta tous les genres et essaya tous les procédés. Coloris excellent, dessin correct, mais manque de style. Auteur de quelques notes sur les peintures de son pays.
VÉLASQUEZ (ANT.-GONZALEZ), frère d'Alexandre et de Louis.	1729 1793	MADRID.	Hist.	Élève de Corrado Giacuinto, à Rome ; fut chargé de plusieurs ouvrages dans cette ville ; revint en Espagne, en 1753 ; reçut, en récompense des beaux travaux qu'il y exécuta, le titre de peintre du roi Charles III, en 1757, et, en 1765, la place de directeur de l'Académie ; aida ses deux frères dans leurs principales œuvres. — Excellent peintre à fresque ; beaucoup de grâce et de facilité ; imagination féconde.
CAMARON Y BONO-NAT (DON JOSEPH).	1730 1803	SÉGOVIE.	Id.	Directeur de l'Académie de Saint-Charles, à Valence. Mort dans cette ville. La douleur, Madrid.

NOMS.	ANNÉES DE NAISSANCE ET DE MORT.	LIEU DE NAISSANCE	GENRE.	NOTES HISTORIQUES. TABLEAUX PRINCIPAUX ET LIEUX OU ILS SE TROUVENT. OBSERVATIONS.
HUEVA (Doña Barbe Marie De).	1755	Madrid.	Genre.	Eut l'honneur d'être admise à l'Académie de Saint-Fernand. — Beaucoup de goût et de délicatesse.
BAYEU DE SUBIAS (François), frère de Ramon.	1734 1795	Saragosse.	Hist.	Élève de Luxan; remporta de grands succès en Espagne, peintre du roi et directeur de l'Académie, sa vie ne fut qu'une suite de succès et de services réels rendus aux arts. — Tableaux, Tolède. Fresques, ib. Sainte-Trinité, Madrid. L'Olympe, ib. Comédie champêtre, ib. Et autres, ib. — Dessin plein de correction, composition gracieuse, bon clair-obscur et coloris plein d'harmonie; graveur à l'eau-forte.
CASTILLO (Joseph Del), frère de Ferdinand.	1737 1793	Madrid.	Id.	Élève de Joseph Roméo et de Giacuinto; on a de lui de célèbres gravures à l'eau-forte. — Tableaux, Madrid. id. Rome. Sommeil de la Vierge, Paris. — On voudrait chez ce peintre plus de connaissance des lois de la perspective, et une plus grande harmonie de couleurs.
MARTINEZ DEL BARRANCO (D. Bernard).	1738 1791	Village de Cuesta.	Hist., portr. et genre.	Étudia à Madrid; se rendit en Italie, en 1765, y resta quatre ans; revint en Espagne et y fut reçu, en 1774, membre de l'Académie de Saint-Fernand, et professeur de cette même assemblée; Antoine Raphaël Mengs lui confia plusieurs travaux importants. — Étudia les chefs-d'œuvre que renferment Turin, Parme, Naples et Rome, et se forma d'après les ouvrages du Corrège.
MAELLA (Don Mariano Salvador).	1739 1819	Valence.	Hist., pays. et mar.	Élève de Gonzalez, pour la peinture et de Castro pour la sculpture; directeur général de l'Académie de Saint-Fernand et premier peintre du roi. Mort à Madrid. — Le printemps, Madrid. — L'été, ib. L'automne, ib. L'hiver, ib. Ascension; ib. La Cène, ib. Marines, ib.
SANCHEZ (Don Mariano Ramon).	1740 1822	Id.	Marin. et pays.	Étudia à Madrid; peintre de la chambre du roi sous Charles IV. — Vue du port de Sainte-Marie avec figures, Madrid. Vue du môle de Carthagène, ib. Vue du pont de Tortose, ib. Paysage, ib. Et autres, ib.
CASTILLO (Ferdinand Del), frère de Joseph.	1740 1777	Madrid.	Genre.	Peintre et sculpteur. — Tableaux, Madrid. — En 1757, nommé peintre de la fabrique royale de portraits, au Retiro de Madrid.
ACEVEDO (Manuel).	1744 1800	Id.	Hist.	Élève de Joseph Lopez, qu'il surpassa.
FERNANDEZ (Louis)	1745 1767?	Id.	Id.	Élève de Vélasquez; mort trop jeune pour réaliser les belles espérances que donnaient ses succès.
GOMEZ (Hyacinthe).	1746 1812	St.-Ildephonse.	Id.	Élève de Bayeu et peintre du roi. — Les anges adorant le Saint-Esprit, Madrid.
GOYA Y LUCIENTÉS (François).	1746 1852	Fuentetodes. (Aragon.)	Portr., genre, caricat. et hist.	Élève d'un artiste peu connu à Saragosse, se rendit à Rome et y étudia d'après les grands maîtres avec beaucoup d'intelligence; fut nommé, à son retour, peintre particulier de Charles IV, puis vint à Bordeaux. Mort dans cette ville, en 1852. — Marie-Louise, femme de Charles IV, Madrid. Portrait équestre de Charles IV, ib. Une loge au cirque des taureaux, ib. Dame étendue sur un lit, ib. Auto-da-fé, ib. Procession du vendredi saint, ib. Courses de taureaux, ib. Maison de fous, ib. Enterrement, Dernière prière d'un condamné. Manolas au balcon. Femmes de Madrid. Forgerons. Lazarille de Tormes. Portrait de la duchesse d'Albe, id. du peintre, Paris. — Talent incorrect, sauvage, sans méthode et sans style, mais plein de verve, d'audace et d'originalité; dessin défectueux, beautés inattendues et piquantes, effet vigoureux, pâte ferme, coloris vrai, pinceau audacieux et puissant; composition spirituelle, malicieuse, ses caricatures rappellent Hogarth, pour l'idée et Rembrandt par l'exécution; graveur à l'eau-forte.
BAYEU DE SUBIAS (Ramon), frère de François.	1746	Tarragone.	Hist.	Élève de son frère François, qu'il aida dans les fresques; obtint des succès et fut nommé peintre du roi. Mort jeune. — Peintre d'une grande correction; il a gravé à l'eau-forte quelques-uns de ses tableaux ainsi que ceux de son frère.
PARET D'ALCAZAR.	1747 1799	Madrid.	Genre, marin. et vues.	Élève d'Ant. Gonzalez Velasquez; remporta le 1er prix à l'Académie de Saint-Fernand, en 1766; reçut ensuite les leçons du Français Ch. Fr. Traverse, qui dirigea parfaitement ses études; visita l'Italie; membre de l'Académie de Saint-Fernand, dont il fut nommé vice-secrétaire; désigné pour peindre les ports d'Espagne, la mort l'arrêta au milieu de sa carrière. — Dessin correct; beaucoup d'invention; points de vue arrêtés avec un grand talent, plusieurs de ses tableaux se rapprochent beaucoup de ceux de Cl. Joseph Vernet, goût exquis, effet plein de grâce, de charme et d'harmonie; dessinateur et graveur à l'eau-forte.
BERATON (Joseph).	1747 1796	Tarragone.	Hist.	Élève de Joseph Luxan; obtint quelques succès à l'Académie de Saint-Fernand, et mourut à Madrid. — Tableaux, Madrid. — Genre maniéré; il voulut sur la fin de ses jours imiter le style de Fr. Bayeu.
RUBIRA (Don Joseph De), fils d'André.	1747 1787	Séville.	Hist. et min.	Il serait devenu un des meilleurs artistes de son époque, si une santé maladive n'y eût mis obstacle. Mort à Cadix. — Imitateur de Murillo.
CARNICERO (Don Antoine).	1748 1814	Salamanque.	Pays. etc.	Étudia à Rome et fut, à son retour, nommé peintre du roi. — Vue d'Albufera, près de Valence, Madrid.
CRUZ (Manuel De la)	1750 1792	Madrid.	Hist. et genre.	Obtint le 1er prix de l'Académie de Saint-Fernand, à 19 ans, et fut reçu dans cet institut, en 1789. — Foire de Madrid, Madrid. — Graveur à l'eau-forte.
PRIETO (Doña Maria de Lorette).	1753 1772	Id.		Reçue membre honoraire de l'Académie de Saint-Fernand. — Graveur à l'eau-forte.
NAVARRO (Don Augustin.	1754 1787	Murcie.	Hist., genre et persp.	Élève d'Al. Gonzalez Vélasquez, à Madrid; obtint le prix de Madrid, en 1778, passa six années dans cette ville, fut nommé à son retour, membre de l'Académie et professeur de la classe de perspective. — Excella dans la perspective, grand coloriste.

NOMS.	ANNÉES DE NAISSANCE ET DE MORT.	LIEU DE NAISSANCE	GENRE.	NOTES HISTORIQUES. — TABLEAUX PRINCIPAUX ET LIEUX OU ILS SE TROUVENT. — OBSERVATIONS.
SEQUIERA.	1760?		Hist.	Exposa en 1824, à Paris, un tableau qui reçut des éloges et qui représentait *la mort du Camoens*. — Saint Bruno, Lisbonne.
CALDERON DE LA-BARCA (Vincent).	1762 1794	Guada-laxara.	Portr. pays. et hist.	Élève de Fr. Goya ; donnait les plus belles espérances, lorsqu'une mort prématurée vint l'enlever aux arts. — Imita son maître ; bonne ressemblance et bonne manière dans le portrait, touche spirituelle ; pinceau fin et gracieux dans le paysage.
PLANES (Louis-Ant.)	1765 1799	Valence.	Portr. et hist.	Élève de son père, Louis, qui fut en 1800, directeur de l'Académie de Saint-Charles ; reçut des leçons de Fr. Bayeu et mérita d'être reçu membre de l'Académie de Saint-Charles. Mort d'excès de travail.
TABORDA.	1766			Détails inconnus.
MONTALVO (don Barthélemy).	1769	San-Garcia, près de Ségovie.	Nature morte.	Élève de don Zacharie Velasquez ; nommé peintre du roi, en 1816. — Plusieurs tableaux de gibier mort et de nature morte, Madrid.
LOPEZ (don Vincent).	1772	Valence.	Hist.	Élève du père Villanueva, étudia à Madrid ; directeur général de l'Académie de Saint-Fernand, en 1843 ; il était premier peintre du roi. — Charles IV et sa famille (allégorie), Madrid. Portrait du peintre François Goya, *ib.* La Santaforma (d'après Cl. Coëllo), *ib.*
APARICIO (don Joseph).	1773 1838	Alicante.	Id.	Étudia à Valence, à Madrid, puis à Paris où il entra dans l'atelier de David ; peintre de la chambre royale, en 1815 ; membre honoraire de l'Académie de Saint-Luc, à Rome et directeur de l'Académie de Saint-Fernand, à Madrid. — Rachat de Captifs, Madrid. Les gloires de l'Espagne (allégorie), *ib.* Famine de Madrid (allégorie), *ib.*
TORRES (le comte de Las).	*1700			Amateur ; travaillait à Madrid.
PALLOTA (Philippe).	*1705		Genre.	Résidait à Madrid, en qualité d'ingénieur de Philippe V, et de fourrier cavalcadour de la reine. — Grand dessinateur ; se distingua surtout dans la gravure.
CALABRIA (Pierre De).	*1712		Hist. et bat.	Peintre de Philippe V et élève de Luc Giordano. — Grand imitateur de son maître.
GUZMAN (Pierre De)	*1714	Lucena.	Hist.	On le croit élève de Valdès-Léal. — Beaucoup de fraîcheur.
UCEDA (le duc d').	*1715			Ambassadeur d'Espagne, en Italie ; amateur.
PUCHE.	*1716		Genre et hist.	Élève d'A. Palomino, à Madrid. — Bon coloris ; dessin satisfaisant.
FERNANDEZ (Manuel-Santos).	*1719	Madrid.	Hist.	Détails inconnus.
DELGADO (Jean).	*Id.	Id.?	Id.	Ami de Palomino, pour qui il composa des vers. — Excellente couleur, mais pinceau maniéré.
RODRIGUEZ DE RI-BERA (Isidore).	*1725			Peintre du roi ; choisi pour taxer les peintures antiques.
PAZ (don Joseph).	*Id.		Hist.	Habitait Madrid ; nommé appréciateur des peintures antiques.
IRIARTE (don Valère)	*Id.			Florissait à Madrid où on le nomma, en 1725, pour taxer les peintures antiques.
FERRER (Pierre-Jean).	*1730	Ma-jorque?		Élève de G. Mesquida. — Bonne composition.
ORTEGA (Franç. De).	*Id.	Andujar.	Hist.	Établi à Madrid ; choisi pour un des huit taxateurs de peintures antiques. — Réussit mieux dans la fresque que dans la peinture à l'huile.
SANCHEZ (don Manuel).	*1731		Hist. et portr.	Établi dans Murcie.
LARRAGA (Joséphine-Marie), fille d'Apollinaire.	*1758		Hist. et miniat.	Élève de son père ; soutint à ses frais et dans sa maison, pendant plusieurs années, une Académie d'élèves. — Dessin assez correct ; pinceau gracieux ; se distingua surtout dans la miniature.
BARAMBIO (père Grégoire).	*Id.		Hist.	Détails inconnus. — Tableaux, Burgos.
REBOLLOSO (Ant.).	*1741		Id.	Vivait à Murcie. — Plus de dessin que de couleur.
ESPINAL (Grégoire).	*1746	Séville.	Id.	Travaillait à la foire de Séville. — Peignit beaucoup de Vierges pour les possessions espagnoles. — Bon coloriste.
DUSSENT (Joseph).	*1752		Genre.	Élève et neveu de Vanloo ; fut un des premiers élèves de l'Académie de Saint-Fernand. — Imitateur éloigné de son maître.
PEREZ CABALLERO (doña Angela).	*1753	Caparro-sa. (Navarre.)	Hist.	Nommée membre surnuméraire à l'Académie de Saint-Fernand.

NOMS.	ANNÉES DE NAISSANCE ET DE MORT.	LIEU DE NAISSANCE	GENRE.	NOTES HISTORIQUES. — TABLEAUX PRINCIPAUX ET LIEUX OU ILS SE TROUVENT. — OBSERVATIONS.
NAVA (Louis De).	*1755			Chevalier de Saint-Jacques, lieut. des gardes et membre de l'Académie de Séville. Peintre-amateur.
DIAZ (François).	*1755		Genre.	Détails inconnus. — Enlèvement de Déjanire. — Dessin très-pur ; bonne composition.
UBEDA (le père Thomas).	*1754		Genre et hist.	Membre de l'Académie de Sainte-Barbe, connue plus tard sous le nom de Saint-Charles, à Valence. — Composition aimable.
ROSSELL (don Joseph)	*Id.		Hist.	Membre de l'Académie de Sainte-Barbe, à Valence.
ZABALZA (Michel De)	1756			Membre de l'Académie de Saint-Fernand ; chevalier et amateur.
AGUIRE (Hortes de Velasco d'), marquis de Montehermoso.	*Id.			Amateur et peintre distingué ; il fut nommé, en 1756, membre de l'Académie de Saint-Fernand.
LOPEZ PALOMINO (don François.)	*1759		Genre et portr.	Reçu à l'Académie de Saint-Fernand ; étudia à Madrid.
FERRER (Joseph).	*1780	Alorca.	Fleurs.	Obtint un 1er prix en 1776, à l'Académie de Saint-Charles. — Beaucoup de vérité et de fraîcheur.
BERTUCAT (Louis De).	*Id.		Hist.	Officier de dragons qui à cause de son talent en peinture fut nommé membre de l'Académie de Saint-Fernand. — Composition gracieuse et pleine de fraîcheur.
EXIMENO (Joachim) père et fils.	*xvııı siècle.	Valence.	Nature morte.	Le 1er est élève d'Espinosa, dont il épousa une des filles, et dont il eut un fils qui se distingua dans le genre de son père, et qui mourut en 1754. — Tableaux, Valence.
EZQUERRA (Jérôme-Antoine).	*Id.		Genre et pays.	Élève de Palomino ; nommé en 1725, par le conseil de Castille, pour taxer les peintures anciennes. — Paysage, Neptune, Tritons et Néréides, Madrid. — Couleur large ; bonne réputation.
FEMENIA (Gabriel).	*Id.	Majorque	Pays.	Détails inconnus. — Tableaux, Genève. — Il eut la réputation d'être un des meilleurs paysagistes de son temps.
FERNANDEZ DE CASTRO (Antoine)	*Id.		Hist.	On le croit né à Cordoue ; il fit deux tableaux pour l'église de cette ville. — Tableaux, Cordoue.
FIGUEROA (Franç.).	*Id.	En Galice.	Pays.	Attaché à la maison du prince de Pio, ami de Miranda ; il profita de leurs leçons et leur dut bientôt une bonne réputation dans le paysage.
CARMONA.	*Id.	Castellon de la Plana.	Hist.	Détails inconnus.
GOMEZ DE VALENCIA (François), fils de Philippe.	*Id.	Grenade.	Id.	Élève de son père ; passa en Amérique et mourut au Mexique, vers 1750. — Saint-Jérôme, en prières, Paris. — Coloris frais et agréable ; exécution facile.
CYRILLO.	*Id.		Hist. alleg. etc.	Détails inconnus. — Tableaux en Portugal et particulièrement à Lisbonne. — Genre facile et style léger.
ANDRADE (Jérôme De).	*Id.			Détails inconnus.
ROSA (Jose Corvalho)	*Id.			Détails inconnus.
PEDRO (Alexandrino)	*Id.			Détails inconnus.
CAETANO (Simon).	*Id.			Détails inconnus.
NARCISO (José-Antonio).	*Id.			Détails inconnus.
GUILLO (Augustin).	*Id.	Valence.	Hist.	Détails inconnus.
GUILLO (Florent), fils d'Augustin.	*Id.		Id.	Peintre très-médiocre.
LLAMAS (François).	*Id.		Id.	Imitateur ignorant de L. Giordano. — Composition incohérente ; coloris nul ; dessin incorrect ; imagination des plus fougueuses.
LOZA (le licencié don Jean).	*Id.		Portr.	Établi à Madrid.
MOREY.	*Id.	Majorque	Hist.	Résidait à Palma.
NAVARRO (Philippe)	*Id.	Valence?	Id.	Détails inconnus.
PANCORBO (Franç.).	*Id.		Id.	Élève d'A. Valois, à Jaën. — Imita S. Martinez.
PONS ou PONZ (Moïse-Jaïme).	*Id.	Valls, près de Tarragone.	Id.	Élève des Juncosa ; embrassa l'état ecclésiastique, et peignit en 1722, une grande partie des tableaux de la chartreuse de Scala Dei ; s'acquit, par son talent, une réputation méritée. — Couleur satisfaisante ; bon goût de dessin.

NOMS.	ANNÉES DE NAISSANCE ET DE MORT.	LIEU DE NAISSANCE	GENRE.	NOTES HISTORIQUES. — TABLEAUX PRINCIPAUX ET LIEUX OU ILS SE TROUVENT. — OBSERVATIONS.
POZO (Pierre).	XVIIIe siècle.	Lucena.	Hist.	Élève de L. Cancino ; se perfectionna à Rome, dirigea une école de dessin à Séville ; il eut un fils, meilleur peintre que lui, qui passa en Amérique.
RABIELLA (Paul).	Id.		Batail.	Résidait à Saragosse. — Dessin incorrect ; manière large.
RIBERA (Jean-Vinc.).	Id.		Hist.	Nommé pour taxer les peintures antiques, à Madrid. — Beaucoup de franchise.
RUFO (don Joseph-Martin).	Id.	Madrid.	Hist. et portr.	Étudia dans sa ville natale.
TOMÉ (Narcisse).	Id.		Hist.	Voici comment les biographes s'expriment sur son compte : *Destructeur des arts au commencement du 18e siècle, ce peintre dont on ignore la mort aurait dû ne pas naître.* — Sculpteur et architecte.
VELÁSQUEZ (Zachar.)	Id.			Détails inconnus.
VICENTE (Jean).	Id.		Hist.	Détails inconnus. — La conception, Paris.
DANUS (Michel).	Id.	Île de Majorque		Élève de C. Maratti. — Tableaux, Palma. — Imita la manière de son maître ; on le place quelque fois dans l'école italienne.
ALMOR (Jean),	1800	Sara-gosse.	Hist.	Détails inconnus.
ESPINOS (Benoit), fils de Joseph.	Id.		Fleurs.	Directeur de l'Académie de Saint-Charles de Valence en 1800. — Guirlande de fleurs entourant les figures de Mercure et de Minerve, Madrid. Plusieurs tableaux de fleurs, ib.
BENAVENTE (le comte De).	Dates inconnues.			Détails inconnus comme peintre. — Grand dessinateur.
BEJAR (le duc De).	Id.		Pays.	Bon peintre-amateur et brave capitaine.
AVILA (François D').	Id.		Portr.	Peintre et ami de l'archevêque de Séville, son excellence Pierre Vaca de Castro.
DELLO.	Id.		Hist. et bat.	Peintre de Jean II. — On citait en 1587 de cet artiste une toile de 130 pieds de longueur, représentant la bataille de la Higueruela.
FAXARDO (Alphonse-Jean et Nicolas).	Id.	Séville.		Détails inconnus. — Peintres de peu de mérite et qu'on ne trouve cités que dans les archives de l'Académie de Séville.
DIAZ (le frère Ginès)	Id.	Villena.	Hist.	Religieux de la chartreuse de Porta Cœli. — Médiocre ; ayant cependant quelque élévation, dans le goût de ses compositions.
RAMIREZ (Philippe).	Id.		Chass., oiseaux, n. morte et bamb.	Peintre d'un talent supérieur. — Dessin correct ; beaucoup de fraîcheur ; dessin large, anatomie savante.
LOPEZ (Jacques), el Mudo.	Id.	Madrid.	Hist.	On ne le cite que pour empêcher qu'on ne le confonde avec le grand Navarrete, surnommé également : el *Mudo*.
HERNANDEZ (Thomas).	Id.	Valence.	Id.	Détails inconnus ; peintre à fresque.
GUELDA (Thomas).	Id.	Id.		Élève d'E. Marcel.
PIAGALI (François).	Id.			Florissait à Valence.
PEDRO el Mudo.	Id.		Hist. et portr.	Laissa des ouvrages distingués. — Bonne couleur ; draperies larges.
MAS CAREÑAS (don Jérôme).	Id.		Hist.?	Évêque de Ségovie ; peintre-amateur.
ZABALA (Jérôme De).	Id.	Murcie.		Élève de J. N. Villacis ; amateur et chevalier.
VITTORIA (Vincent).	Id.	Valence.		Détails inconnus. — Tableau, Rome.
SUAREZ ou JUARÈS (Laurent).	Id.	Murcie.	Hist.	Condisciple de Christophe d'Acebedos, que les biographes ne citent qu'en passant, travailla de concert avec cet artiste dans sa ville natale. — Composition bien entendue ; draperies heureuses ; belle nature.
PIERRE (Maître).	Id.			Cité dans les documents du couvent de Batalha, comme peintre de l'infant don Henri.

Résumé. ÉCOLE ESPAGNOLE : depuis le XIIIe siècle jusqu'en 1775 : 821 peintres.

(Pour l'école espagnole moderne, jusqu'en 1848, voir à la fin du volume.)

TABLE ALPHABÉTIQUE DE L'ÉCOLE ESPAGNOLE.

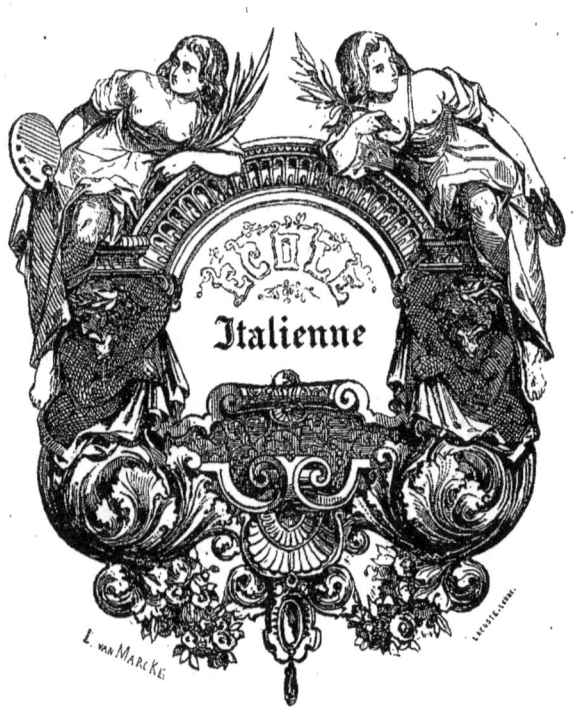

École
Italienne

E. van Marcke

ÉCOLE ITALIENNE.

NOMS.	ANNÉES DE NAISSANCE ET DE MORT.	LIEU DE NAISSANCE	GENRE.	NOTES HISTORIQUES. — TABLEAUX PRINCIPAUX ET LIEUX OU ILS SE TROUVENT. — OBSERVATIONS.
				PEINTRES PRIMITIFS.
CASSIODORE.	vᵉ siècle.		Miniat.	Ministre de Théodoric ; bon calligraphe et peintre en miniature ; il enrichit de ses œuvres les manuscrits de la bibliothèque du monastère qu'il avait fondé en Calabre.
METHODIUS.	ixᵉ siècle.	Thessa-lonique.	Hist.	Comme il se trouvait à Constantinople, en 853, Bogoris, roi des Bulgares, l'appela à Nicopolis pour lui faire peindre une salle de festins et lui ordonna d'y représenter un sujet terrible ; Methodius y peignit le jugement dernier, et ce tableau fit une telle impression sur le roi, qu'il se convertit au chris-tianisme et avec lui tout son peuple. Methodius était moine et prêcha l'Évangile aux Moraves et autres peuples slaves, de concert avec saint Cyrille ; il fut évêque de la Moravie et de la Pannonie ; l'Église l'honore d'un culte public.
JEAN.	Entre 960 et 970?	Italie.	Id.	Se fit une grande réputation ; fut appelé à Aix-la-Chapelle, par l'empereur Othon III ; exécuta à la satisfaction générale plusieurs ouvrages pour ce prince ; nommé à un évêché d'Italie en récompense de ses travaux ; ne put prendre possession de cette place, revint en Allemagne ; se rendit à Liége quelque temps après, s'y établit dans un couvent de Bénédictins et y mourut. — Sculpteur et archi-tecte ; construisit l'église de Saint-André, à Liége.
ERACLIUS.	xᵉ ou xiᵉ siècle.	Rome.	Id.	Auteur d'un ouvrage en prose et en vers, intitulé : De Artibus Romanorum, où il traite de l'art de sculpter le verre, de celui de peindre les vases d'argile avec des verres de couleur, pilés et employés comme matière colorante, de la préparation des laques pour la peinture à la détrempe, de la peinture à l'huile et de la peinture sur verre. — D'après son ouvrage, on croit pouvoir avancer avec certitude qu'il vivait vers la fin du 10ᵉ siècle, ou au commencement du 11ᵉ ; son chapitre sur la peinture à l'huile ne traite que de la manière de peindre les colonnes en imitation du marbre.
LUCA SANTO.	xiᵉ siècle.	Florence	Id.	Ayant embrassé la vie religieuse il vécut dans cet état avec une telle perfection qu'il mérita le nom de Saint. — La vierge et l'enfant Jésus, Bologne (attribué). — Plusieurs peintres du même nom existèrent à différentes époques, toutes très-reculées ; ce sont eux qui exécutèrent les images de la Vierge attribuées à saint Luc par la tradition.
RICO (André).	†1405?	Candie.	Id.	Un des premiers peintres primitifs qui envoyèrent leurs productions en Italie. — La Vierge et l'enfant Jésus entourés d'anges tenant les emblèmes de la Passion, Florence.
BARNABA.	†1150	En Toscane.	Id.	Détails inconnus. — Ses tableaux sont sur toile et collés sur bois.
PIETROLINO.	*1415	Italie.	Id.	Travailla avec Guido Guiduccio ; résida longtemps à Rome. — Peintures à l'église de Santi Quadri Coronati, Rome.
GUIDO GUIDUCCIO.	*Id.		Id.	Travaillait de 1410 à 1420, à Rome, avec Pietrolino. — Son nom se voit encore sur une peinture exécutée dans la tribune de l'église des SS. Quadri Coronati.
BIZZAMANO, l'oncle.	*1184	En Toscane.	Mado-nes.	Artiste très-fécond. — Descente de croix, Berlin. (Ce tableau est signé : Angelus Bizamanus pinxit in Notzanto.) On ne dit pas si c'est l'oncle ou le neveu. — Fonds en or sur bois et contours bordés d'un large trait noir.
BIZZAMANO, le neveu.	*1190		Hist. relig.	Détails inconnus.
ALIGHIERI (Jean).	*1193		Miniat.	Enrichit de ses œuvres une ancienne copie manuscrite de Virgile.
MARGARITONE.	1212? 1289?	Arezzo.	Hist. et portr.	Tenait le premier rang parmi les imitateurs des Grecs avant Cimabûe et Giotto ; architecte et sculpteur, construisit dans sa patrie une cathédrale sur les dessins de Lapo ; le chagrin que lui causa la renommée toujours croissante de Cimabûe et de Giotto, le conduisit au tombeau. — Madone (fresque), Arezzo. Christ id., ib. Saint François, Sargiano. Le portrait en sculpture et en peinture du pape Grégoire X, exécuté par Margaritone dans le tombeau de ce Pontife, passe pour son meilleur ouvrage, ib. — Il ne peignit que sur fond d'or et exécuta des tableaux sur cuivre.
TAFI (André).	1213 1294	Florence	Mo-saïque.	Contemporain de Cimabûe, et élève d'Apollonius, à Venise. — Introduisit plusieurs perfectionne-ments dans le genre qu'il avait choisi ; peignit le premier, dans ses tableaux, des anges jouant du violon.
STEFANI (Thomas Dé)	1250	Naples.	Hist.	Contemporain de Cimabûe ; protégé par Charles I, roi de Naples, de préférence à ce dernier maître ; jouit également de la faveur de Charles II.
SOLSERNUS.	*1207		Id.	Détails inconnus. — Le Sauveur entre la Vierge et de saint Jean (mosaïque), Spolète. — Style byzantin mêlé d'une expression grande et digne.
ODÉRIC de Sienne.	*1213	Sienne.	Miniat.	Chanoine de Sienne. — Miniatures, Sienne. — Style sec, manière grecque.
CONCIOLO.	*1219		Hist.	Auteur d'un tableau représentant la consécration d'une église.

NOMS.	ANNÉES DE NAISSANCE ET DE MORT.	LIEU DE NAISSANCE	GENRE.	NOTES HISTORIQUES. — TABLEAUX PRINCIPAUX ET LIEUX OU ILS SE TROUVENT. — OBSERVATIONS.
TULLIO DE PÉRUGIA	* 1219	Pérouse.	Hist.	Ce peintre se rendit à Assise, pendant le célèbre chapitre *delle stuore* afin d'y peindre un portrait de saint François, en reconnaissance d'une grâce qu'il assurait avoir reçue par son intercession. — Saint François. — Ce tableau qui s'est malheureusement perdu, portait l'inscription suivante : *Io Tullio, pittore di Perugia, essendo stato guarito da questo beato huomo. F. Francesco d'Assisi, di una grandissima apoplesia, sono andato quest'anno MCCXIX al capitolo delle store alla M. deli Angeli, et ho fato il presente suo ritratto sopra di lui per divocione che io ho in questo beato huomo.*
GUIDO dit : GUIDO DA SIENA.	* 1221	Sienne.	Hist. et miniat.	On croit qu'il naquit à la fin du 12e siècle ; le tableau cité de ce peintre fut exécuté pour l'église des Dominicains où il se voit encore. — La Vierge et l'enfant Jésus, entourés d'anges, Sienne : Ce tableau porte cette inscription : *Me Guido de Senis diebus depinxit amenis, quem Christus lenis nullis velit agere pœnis.* A. D. MCCXXI. — L'ange Gabriel. La Vierge écoutant l'annonciation, Munich. — Attitudes dignes, assez de justesse dans les mouvements, expression convenable ; têtes d'un dessin satisfaisant pour l'époque.
TURRITA (frère Jacques degli Altimanni Da). dit : FRATE MINO.	* 1225	Torrita près de Sienne.	Mosaïque.	Ses travaux grossiers, lui valurent une grande réputation ; travailla à Rome et à Pise. — Mosaïque de Saint-Jean, Florence (ce tableau porte l'inscription suivante : *Viginti quinque Christi cum mille ducentis*). Mosaïques, Rome. — Dessin, expression et couleur recommandables.
GIOVANNI DE VENISE.	* 1227	Bologne.	Hist. et portr.	Appartenait à la 1re association de peintres formée à Venise par des artistes byzantins.
THÉOPHANE de Constantinople.	* 1230	Constantinople.	Miniat. et hist.	Se rendit en Italie, s'établit à Venise et y forma des disciples ferrarais, ce qui le fait regarder comme le fondateur de l'école ferraraise.
PISANO (Giunta), dit : GIUNTA DE PISE.	* 1230	Pise.	Hist.	Le père Angelo nous apprend que cet artiste reçut, en 1210, les premiers éléments de son art des peintres italiens les plus habiles qui à cette époque eussent été instruits par les Grecs. — Crucifiement, Assise. — Tableau de Saints, *ib.* Fresques, *ib.* (Tous attribués.) — Têtes expressives ; draperies bien jetées ; proportions un peu longues, ce qui, du reste, était un défaut du temps ; on a quelquefois confondu ses tableaux avec ceux de Cimabüe.
BERLINGHIERI (Bonaventure).	* 1235	Lucques.	Hist. et portr.	Florissait à Sienne.
BARTOLOMMEO (Maestro).	* 1236		Hist.	Florissait à Florence.
SERRATI.	* 1240	Ferrare ?	Miniat.	Moine bénédictin. — Miniatures de livres de chœur, Ferrare. — Expression pleine de noblesse.
MASNADA (Nicolas Della).	*Id.		Hist.	Florissait à Ferrare.
GELASIO di Niccolo.	* 1242	Terre de St George	Hist. et miniat.	Élève de Théophane de Constantinople ; exécuta pour Azzon d'Este, premier seigneur de Ferrare, une peinture représentant la chute de Phaëton ; et pour Philippe, évêque de Ferrare, une image de la Vierge et une bannière de saint George.
VENTURA.	* 1248	Bologne.	Hist. et portr.	Élève des peintres grecs établis en Italie.
GUIDO de BOLOGNE.	*Id.	Id.	Hist.	Détails inconnus.
ANTONIO (Antoine d')	* 1267	Messine.	Id.	On prétend que c'est de cet artiste que descendit le célèbre Antonello de Messine, après une succession de plusieurs peintres.
GUIDO.	* 1287	Sienne.	Id.	Moins célèbre que Guido da Siena qui vécut en 1221 ; ce peintre n'est connu que par un payement qui lui fut fait vers 1295.
DIODATO de Lucques.	* 1288	Lucques.	Id.	Détails inconnus.
MINUCCIO (Maestro)	* 1289		Hist. et portr.	Appelé quelquefois Mino ; il ne faut pas le confondre avec frère Mino da Turrita. — Fait partie de l'école Siennoise.
NERI (Nello).	* 1299	Pise.	Hist.	Détails inconnus.
URSONE.	*Commencement du XIIIe siècle.	Bologne.	Hist. et portr.	Élève ou imitateur des peintres grecs établis en Italie.
VICINO.	*XIIIe siècle.	Pise.	Mosaïque et hist.	Acheva, avec André Tafi et Gaddo Gaddi, une mosaïque commencée par fra Mino da Turrita. — Style ancien ; également sculpteur.
THEOTONIUS (frère)	*Id.	Allemagne.	Hist. et portr.	Établi en Italie ; peintre sur verre.
SEGNA.	*Id.	Sienne.	Hist.	Il ne reste plus aucun vestige de ce peintre qui fut célèbre à Sienne.
MARTINELLO DE BASSANO.	*Id.	Bassano.	Hist. et portr.	Fut au nombre des peintres réunis par les Byzantins à Venise.

NOMS.	ANNÉES DE NAISSANCE ET DE MORT.	LIEU DE NAISSANCE	GENRE.	NOTES HISTORIQUES. — TABLEAUX PRINCIPAUX ET LIEUX OU ILS SE TROUVENT. — OBSERVATIONS.
LORENZO ou LOREN-ZETTI, le vieux.	XIIIe siècle.	SIENNE?	Hist. et portr.	Peintre obscur qui s'exerçait à Sienne.
GERA (JACOPO di NI-COLA), dit : GERA DE PISE.	'Id.		Hist.	Travaillait à Pise.
COSMATI (LES).	'Id.		Mosaïque.	Parmi cette famille, établie à Rome on cite Adeodato di Cosimo, Cosmati; qui travaillait en 1290.
APOLLONIUS.	'Id.	GRÈCE.	Id.	S'établit et mourut à Venise. — Excellait dans la Mosaïque.

ÉCOLE ITALIENNE PROPREMENT DITE.

NOMS.	ANNÉES DE NAISSANCE ET DE MORT.	LIEU DE NAISSANCE	GENRE.	NOTES HISTORIQUES.
GADDI (GADDO).	1259 1312	FLORENCE	Hist. et portr.	Compatriote et ami de Cimabüe; chargé, par le pape Clément V, de plusieurs ouvrages considé-rables pour la basilique de Saint-Pierre, à Rome; se retira dans sa ville natale sur la fin de ses jours et ne s'occupa plus qu'à de petits ouvrages de mosaïque avec des coquilles d'œufs de différentes couleurs, exécutés avec un fini très-précieux. — Mosaïques, Rome. — Bon dessin, imita la manière de Cimabüe; excellait dans la mosaïque.
CIMABÜE (JEAN).	1240 1300 ou 1310	Id.	Hist.	Élève de deux peintres Grecs, appelés à Florence par le sénat. Considéré comme le père de la peinture moderne et le fondateur de l'école italienne. Charles d'Anjou, frère de saint Louis et con-ronné roi de Sicile et de Jérusalem, passant à Florence, alla voir Cimabüe dont la réputation remplis-sait déjà l'Italie; l'artiste peignait alors une Vierge, que le peuple enleva et porta en triomphe à l'église Santa-Maria-Novella, à laquelle elle était destinée. Les défauts de ce grand homme appar-tiennent à l'enfance de l'art; ses qualités prouvent ce que pouvait son génie. — Saint Barthélemy assis dans une chaire, Florence. Madone, ib. La Vierge et l'enfant Jésus entourés d'une multitude d'anges, ib. La sainte Vierge, Munich. La Vierge et les anges, Paris. La Vierge et l'enfant, ib. Tableaux, Venise. Fresque, Assise. — Peu d'entente du clair-obscur, couleur sèche, plate et froide, contours durement accusés, ignorance complète de la perspective linéaire et aérienne. Style gran-diose, dessin sévère, naïf et vrai, expressions naturelles et parfaitement imitées de la nature, com-position noble, belles draperies. Peintre sur verre et à fresque; architecte distingué; savant et littérateur habile.
LORENZETTI (AM-BROISE), fils de Lorenzo, le vieux.	1257 1340	SIENNE.	Hist. et portr.	Élève de son père; on prétend que Giotto lui donna des leçons; les Florentins lui commandèrent plusieurs tableaux; cultiva également les lettres et écrivit en faveur de sa patrie qui lui confia plu-sieurs charges importantes. — Fresques, Sienne. Miracle de sainte Catherine (diptyque), Berlin. Saint Dominique, ib. — Idées morales; expressions peu variées; manière entièrement opposée à celle de Giotto.
CAVALLINI (PIERRE).	1258 ou 1259 1344	ROME.	Hist.	Élève de Giotto; travailla avec son maître aux mosaïques de l'église Saint-Pierre, à Rome; s'occupa à Florence et à Assise. — Crucifiement de Jésus-Christ (fresque et chef-d'œuvre), Assise. Mosaïques, Rome. — Bonne expression, coloris brillant. Sculpteur. Mêla la manière grecque à celle de son maître. Peignit à fresque et en mosaïque.
TESAURO (PHILIPPE)	1260? 1320		Hist. et portr.	Élève de Thomas de Stefani; peignit dans l'église de Santa-Restituta, la vie du bienheureux ermite Nicolas : c'est le seul tableau de ce maître qui ait résisté au temps.
BUONAMICO DI CRIS-TOFANO, dit : BUF-FALMACCO.	1262? 1340?	FLORENCE	Id.	Élève d'André Tafi; peu d'aptitude au travail; grandes dispositions littéraires; célèbre pour ses plaisanteries et ses bons mots; caractère généreux et obligeant; ami de Bruno di Giovanni et de Nello di Dino, compagnons de ses facéties. Visita Rome et plusieurs autres villes d'Italie et mourut pauvre à l'hôpital de Florence. — Tableaux, Arezzo. Tableaux, Pise. Vie de sainte Humilité de Faënza, Florence. Ses meilleures compositions ont péri. — Imita Giotto; pinceau facile, composition originale; figures de femmes remarquables par leur laideur et la grandeur de leur bouche.
BONDONE, dit GIOTTO.	1266 ou 1276 1336	VESPI-GNANO près de Florence.	Id.	Élève de Cimabüe; fils d'un laboureur et employé à garder les troupeaux, Cimabüe l'ayant trouvé dans la campagne, crayonnant un de ses moutons, l'emmena à Florence et devint son maître; orna le chœur et le maître-autel de la cathédrale de Florence; ce fut son premier ouvrage, suivi bientôt d'une multitude d'autres; appelé à Assise afin d'y terminer les ouvrages commencés par son maître; revint à Florence; fut demandé à Rome par le pape Boniface VIII; y exécuta un grand nombre de compositions; emmené à Avignon par Clément V, élu pape en 1305; travailla dans cette ville, dans les autres villes du Languedoc, puis à Padoue, à Vérone, à Ferrare, à Ravenne, à Urbin, à Arezzo, à Lucques, à Gaëte; à Naples, appelé par le roi Albert; à Rimini, appelé par le prince Pandolfo Mala-testa, à Milan et enfin à Florence, où il était revenu de France, en 1316, comblé de biens et d'hon-neurs. Ami du Dante, Giotto lui survécut et orna son tombeau : nommé architecte de sa ville natale, en 1334. Comparé à Raphaël, Corrége et autres grands génies qui lui succédèrent, Giotto laisse sans doute beaucoup à désirer, mais en égard à l'époque où il vivait, considérant qu'il avait presque tout à créer, on est forcé d'avouer qu'il fit faire à l'art un pas immense et qu'il exerça sur la peinture une énorme influence. — La navicella (mosaïque), Rome. Boniface VIII publiant le jubilé de 1300, ib. Le crucifix, ib. Calvaire gothique, Anvers. Jésus-Christ au jardin des Olives, Florence. La Vierge et l'enfant Jésus entourés d'anges et de saints, ib. Jésus-Christ recevant un apôtre dans le ciel, ib. Vie de Jésus-Christ (en douze petits tableaux), ib. Annonciation, ib. Crucifix, ib. Vie de saint Fran-çois, ib. — Le Calvaire, Bruxelles. Tableaux, Venise. Plusieurs Saints, Munich. Pendant du précé-dent, ib. La sainte Cène, ib. Le Christ en croix, ib. Quatre sujets saints en un seul cadre, ib. Portrait de François Braccio, ib. Saint François recevant les stigmates, Paris. Miracle de saint François, Berlin. Descente du Saint-Esprit, ib. Portrait de Louis le jeune, évêque de Toulouse, Aix. — Dessin noble et gracieux quoique peu correct; composition intelligente, pensées élevées, expression juste et digne; beaucoup d'esprit et de vérité dans le portrait; style naïf, animé, tons vrais et transparents, draperies larges et faciles; coloris vif; imagination féconde; perspective faible; contours souvent lourds et raccourcis tronqués.

NOMS.	ANNÉES DE NAISSANCE ET DE MORT.	LIEU DE NAISSANCE	GENRE.	NOTES HISTORIQUES. — TABLEAUX PRINCIPAUX ET LIEUX OU ILS SE TROUVENT. OBSERVATIONS.
MEMMI ou MARTINI (Simon), frère de Philippe et dit : MAITRE SIMONE.	1284? 1344? ou 1346?	Sienne.	Hist., portr. et miniat.	Travailla à Florence et dans d'autres villes d'Italie; s'occupa quelque temps avec Giotto. Fut appelé à Avignon et y mourut. Également sculpteur. — Saint Dominique disputant contre les hérétiques, Florence. Annonciation, *ib.* Sainte Giulitte, *ib.* Saint Ansano, *ib.* Vie de saint Ranieri (fresques), Pise. (Ces tableaux furent achevés par Antoine Veneziano (voir ce nom.) Miniatures du Virgile de Pétrarque, Milan. Un moine carmélite, Naples. Le Sauveur donnant la bénédiction, Munich. Couronnement de la Vierge, Paris. Vierge allaitant, Berlin. — Composition sage, beaucoup d'imagination; excellait dans le portrait; invention originali et pleine de génie; têtes et mouvements variés; bon goût de costumes.
UGOLINO de Sienne.	†1339	Id.	Hist. et portr.	Ami intime de Stefano; remplit de ses ouvrages un grand nombre d'églises d'Italie. Mort dans un âge avancé. — Imitateur de Guido da Siena.
DUCCIO-BONINSEGNA.	†1340?	Id.	Mosaïque.	Élève de Segna. Inventa les pavés en mosaïque et exécuta des ouvrages remarquables; représenta le premier avec vérité différentes espèces d'animaux. — Réussit à donner à ses figures des formes gracieuses et une fort belle expression. Architecte et sculpteur.
SIMONE, dit MAITRE SIMON.	†1346	Crémone ou Naples.	Hist. et portr.	Compagnon des travaux de Giotto, à Naples; fut chargé, après le départ de ce dernier, de différents ouvrages, par le roi Robert et la reine Sanche. — Son style participe de celui de Giotto et de Tesauro. Nommé par quelques auteurs : Simonin de Sienne.
SILVESTRO (Don).	†1350?		Miniat.	Religieux camaldule au couvent degli Angeli. — Enrichit de belles miniatures les manuscrits de son ami, Don Jacopo, célèbre calligraphe. — Beaucoup de fini.
FRANCESCO DI SIMONE, fils de maitre Simon.	†1360?		Hist.	Élève de son père.
BERNA (Le).	†1380?	Sienne.	Hist. et portr.	Laissa dans plusieurs villes d'Italie des preuves de son talent remarquable; mort par suite d'une chute à la fleur de son âge. — La Vierge et l'enfant entourés de Saints, Berlin. — Expression juste et énergique; bon dessin; imagination féconde. Coloris inégal.
DADDI (Bernard).	†1380		Id.	Élève de Spinello d'Arezzo; mérita d'être employé aux affaires publiques. Mort très-vieux. — Ses ouvrages étaient très-estimés. Un des fondateurs de la première société de Saint-Luc, établie en 1350.
STEFANONE.	†1390?		Hist.	Élève de maitre Simon; travailla avec Gennaro di Cola. — De l'imagination, pinceau hardi et ferme, figures spirituelles.
MENABUONI (Juste), dit : GIUSTO DE PADOUE.	†1397?	Florence	Hist. et portr.	Fut appelé *de Padoue* à cause de sa résidence dans cette ville et du droit de cité qu'il y obtint. Appartenait à la famille des Menbuoi.
ODERIGI de Gubbio.	1290	Gubbio.	Miniat.	Ami de Giotto; travailla beaucoup pour la bibliothèque du Vatican; rival de Franco, qui le surpassa. — Ses ouvrages n'existent plus. — Jouit d'une grande célébrité.
GUILIELMO de Bergame.	1296	Bergame.	Hist.	Détails inconnus.
GADDI (Thadée), fils de Gaddo-Gaddi.	1300 1352?	Florence	Id.	Élève de son père et de Giotto; exécuta un grand nombre d'ouvrages qui passaient, de son temps, pour des chefs-d'œuvre; il paraît être le premier peintre italien qui ait étudié l'effet des combinaisons de l'âme sur la physionomie. — Jésus-Christ entre les larrons, Paris. Décollation de saint Jean, *ib.* Hérode livré aux démons, *ib.* La tête de saint Jean apportée à Hérode, *ib.* Jésus-Christ mis au tombeau, Florence. Couronnement de la Vierge (neuf volets), Berlin. La Vierge et l'enfant entourés de Saints et des donateurs, *ib.* (Ce tableau est signé : *Anno domini MCCCXXXIIII, Mensis septembris Tadeus me fecit.*) Les volets du tableau précédent, *ib.* — Se distingua également comme architecte; ce fut sur ses dessins que l'on construisit le Ponte-Vecchio, à Florence.
LAPO (Étienne Di), dit : STEFANO, fils de Riccio di Lapo.	1301 1350	Id.	Id.	On le croit petit-fils de Giotto, par sa mère, et élève de ce grand artiste; peignit à Pise et dans sa ville natale des ouvrages que l'on trouva supérieurs à ceux de son aïeul; s'occupa à Pistoie, à Milan, à Rome, à Assise, à Pérouse et dans plusieurs autres villes d'Italie. — Perspective et architecture de bon goût; raccourcis pleins d'originalité; s'écarta le premier de la manière roide et sèche de ses prédécesseurs.
PONTE (Jean da Santo-Stefano-a-).	1306 1365	Id.	Hist. et portr.	Élève de Buonamico Buffalmacco; travailla beaucoup à Assise et dans sa ville natale. — Fresques, Assise. — Peu d'application au travail.
SPINELLO SPINELLI le vieux.	1308? 1400	Arezzo.	Id.	Élève de J. de Casentino; remplit sa patrie des beaux ouvrages de son pinceau; vers la fin de ses jours il eut l'esprit troublé par une vision qu'il s'imaginait avoir eue. Mort à l'âge de 92 ans. — Fresque, Arezzo. Vocation des Zébédée, Florence. Vierge entourée de saints, *ib.* La Cène, Berlin. Martyre de sainte Catherine, *ib.* Nativité et circoncision (diptyque), *ib.* Saint Augustin et saint Grégoire (diptyque), *ib.* Épiphanie, *ib.* — Il eut de son temps une grande réputation. On le cite aussi pour le rare courage qu'il eut pendant la peste de Florence en soignant les malades.
VENEZIANO (Ant.).	1319 1383	Venise.	Id.	Élève d'A. Gaddi; surpassa son maître; obtint des travaux dans les principales villes d'Italie; ses rivaux l'ayant empêché d'obtenir la récompense que méritait son talent, Antoine se rendit à Florence, y laissa des preuves de son génie, fut appelé à Pise, revint à Florence, abandonna son art pour la chimie et la médecine, eut longtemps une grande vogue dans cette dernière branche et mourut de la peste, victime de son zèle à secourir les malheureux atteints de ce fléau. — Vie de saint Ranieri (fresques), Pise. (Ces peintures avaient été commencées par Simon Memmi.) — Dessin exact, composition sage, têtes variées, draperies heureuses, coloris harmonieux; imitation exacte de la nature; il a dû avoir un procédé particulier pour peindre à fresque, car ses ouvrages se sont étonnamment bien conservés.

NOMS.	ANNÉES DE NAISSANCE ET DE MORT.	LIEU DE NAISSANCE	GENRE.	NOTES HISTORIQUES. TABLEAUX PRINCIPAUX ET LIEUX OU ILS SE TROUVENT. — OBSERVATIONS.
GENNARO DI COLA.	1320 1370		Hist.	Élève de maître Simon ; sa manière se rapprochant beaucoup de celle de Stefanone, on les employa souvent ensemble. — Peintre savant pour son époque, exact mais parfois un peu contraint.
GADDI (Angelo), fils de Thadée.	1324 1387	Florence	Id.	Élève de son père ; il paraît que le nombre de ses bons tableaux aurait été plus considérable si son père lui eût laissé moins de bien. Son frère, Jean, fut son élève ; il annonçait un bon peintre mais il mourut jeune. — Annonciation, Florence. Et autres, ib. Vierge glorieuse, Berlin. Saint Laurent et sainte Catherine, ib. — On confond souvent les tableaux des trois Gaddi.
LAPO (Thomas di), dit GIOTTINO, fils d'Étienne di Lapo et arrière-petit-fils de Giotto.	1324 1356	Id.	Hist. et portr.	Représenta dans un grand tableau Gauthier de Brienne dit le duc d'Athènes, que les Florentins révoltés avaient chassé de leur ville, en 1343, après s'être livrés aux plus cruels excès ; Giottino peignit Gauthier sous la forme la plus grotesque et entouré de tous les autres personnages sacrifiés par les Florentins, tous sous l'aspect de caricatures. Ce tableau eut un succès prodigieux parmi le peuple de Florence. — Vierge au milieu des anges, Naples. Saint Grégoire, architecte, ib. Tableaux, Florence. Vierge au milieu de Saints, Munich. — Son surnom lui vient de la facilité avec laquelle il imitait son bisaïeul. Draperies très-heureuses.
SCANNABECCHI (Dalmasio).	1325?	Bologne.	Portr.	Enseigna son art à Bologne. — Deux figures inconnues, Bologne. — Exerça la peinture avec succès.
ORCAGNA (André), frère de Bernard.	1329? 1389	Florence	Hist. et portr.	Élève de son frère et d'Angelo Gaddi ; peignit dans le Campo-Santo, et en société avec son frère, des fresques représentant le Paradis, en face du tableau de l'Enfer ; ils reproduisirent dans ces deux vastes compositions les inventions du Dante ; André les répéta plus tard dans l'église de Sainte-Croix et mit parmi les réprouvés les portraits de ses ennemis et parmi les élus ceux de ses bienfaiteurs. — Annonciation, Florence. Et autres, ib. Naissance de la Vierge, Paris. Mort d'un religieux, ib. — Imagination féconde, invention vive et spirituelle malgré l'irrégularité de l'ordonnance et la sécheresse de l'exécution ; bon sculpteur et un des plus célèbres architectes de son temps ; son neveu, Marcotto, fut son élève.
LIPPO.	1347? ou 1354?	Id.	Id.	Travailla dans les principales villes d'Italie. Mort assassiné. — Belle composition ; coloris admirable ; imita le Giottino.
STARNINA (Gérard).	1354 1403	Id.	Id.	Élève d'Antoine Veneziano ; se fit bientôt remarquer par des ouvrages pleins de talent ; se rendit en Espagne, y amassa de la richesse et revint dans sa patrie où il reçut des commandes considérables, entre autres celle de consacrer la prise de Pise, par les Florentins, en 1406, par un tableau représentant saint Denis, évêque, la ville s'étant rendue le jour de la fête de ce saint. — Mort de saint Jérôme, Florence. — Dessin savant ; invention originale, expression assez naturelle, coloris vrai, draperies heureuses.
GENTILE du Fabriano	1360? 1440	Fabriano.	Id.	Rival de Victor Pisanello ; un des principaux chefs de l'école romaine ; fut comblé d'honneurs pendant sa vie, devint paralytique et mourut très-vieux. — Adoration des mages, Florence. Vierge glorieuse (triptyque), Munich. Même sujet, Berlin. Présentation de Jésus-Christ au temple, Paris. — Beau dessin ; proclamé par plusieurs grands maîtres un des premiers artistes italiens de son temps.
SCANNABECCHI (Philippe), fils de Dalmasio, dit LIPPO DI DALMASIO.	1360?	Bologne.	Id.	Élève de Vital ; reçut dans l'école de ce dernier le même surnom que son maître : Lippo delle Madonne. Scannabecchi fit son testament en 1410, et il parait qu'il y survécut peu de temps. — Saint Benoît ressuscitant un enfant, Bologne. — Teintes un peu mieux fondues que la plupart de celles de ses contemporains et draperies plus heureuses ; têtes d'une beauté rare, surtout dans ses madones qui sont réellement divines.
BICCI (Laurent di).	1365 1450?	Florence	Id.	Élève du vieux Spinello ; joignit toutes les qualités du cœur et de l'esprit à ses talents comme peintre. — Exécution, expression et dessin remarquables. Vasari se trompe en le faisant naître en 1400 : il est constaté qu'il peignait en 1386, et d'ailleurs son maître Spinello étant mort en 1400, cette dernière date doit être évidemment fausse pour la naissance de Lorenzo di Bicci.
DELLO.	1372? 1421?	Id.	Orn., hist. et portr.	Excella à peindre des ameublements, d'après la coutume de son temps ; les plus célèbres peintres étaient employés à ce travail. Se rendit en Espagne, y fut comblé d'honneurs et nommé chevalier ; fut poursuivi par l'envie pendant un voyage qu'il fit à Florence ; retourna en Espagne et y mourut. — Un des premiers qui commencèrent à indiquer les muscles sur le nu avec assez de précision. Sculpteur.
BRUNELLESCHI (Philippe).	1377 1446		Persp. et arch.	Célèbre sculpteur et architecte.
PANICALE (Masolino Da).	1378 1415	Florence	Hist. et portr.	Élève de G. Starnina ; étudia à Rome. — Vocation de saint Pierre, Florence. La tempête, ib. La Prédication, ib. Annonciation, Munich. Sainte Hélène, Berlin. — Style large ; dessin plein de vigueur et de relief ; coloris suave et harmonieux.
PESELLI (François-Pesello).	1380 1457	Id.	Anim., hist. et portr.	Élève d'André del Castagno ; resta près de ce maître jusqu'à l'âge de 30 ans ; travailla pour plusieurs églises, et exécuta pour les Médicis des tableaux d'animaux de la plus grande beauté ; la perte de son fils François lui causa un tel chagrin qu'il le suivit au tombeau et mourut la même année. — La Vierge et l'enfant, Berlin. — Manière pleine de naturel et de vivacité dans ses représentations d'animaux ; également habile dans les autres genres.
VASARI (Lazare).	1380 1452	Arezzo.	Hist., portrait et orn.	Ami de Pietro della Francesca, dont il imita la manière. — Réussissait dans les sujets de petite dimension.

NOMS.	ANNÉES DE NAISSANCE ET DE MORT.	LIEU DE NAISSANCE	GENRE.	NOTES HISTORIQUES. TABLEAUX PRINCIPAUX ET LIEUX OU ILS SE TROUVENT. OBSERVATIONS.
SOLARIO (Antoine), dit le ZINGARO.	1382? 1455?	Civitta. (Abruzzes.)	Portr., hist et pays.	S'étant rendu à Naples pour y exercer l'état de chaudronnier, il y vit une jeune fille si belle qu'il en tomba amoureux : ayant appris que c'était la fille du peintre Colantonio, il la demanda à son père qui, pour se débarrasser de Solario, lui dit que sa fille n'épouserait qu'un peintre. Après sept ans d'un travail opiniâtre, il parvint à manier le pinceau avec succès et à épouser l'objet de son amour. Ce fait n'est pas sans exemple. (Voir Metzys.) — Vie de saint Bernard (fresque), Naples. La Vierge et l'enfant Jésus, ib. Vierge au milieu des apôtres, ib. Vierge glorieuse, ib. Descente de croix, ib. Saint Ambroise, Munich. Saint Louis, prince royal de Naples, ib. — Grande fraîcheur de coloris, belle expression, mouvements bien étudiés. (Vasari a oublié ce peintre.)
DONATELLO.	1383 1466	Florence.	Hist.	Plus connu comme sculpteur célèbre. — Peignit aussi sur verre.
FIESOLE (frère Jean De), dit IL BEATO ANGELICO ou FRA ANGELICO.	1387 1455	Fiesole.	Hist. et miniat.	On le croit élève de G. Starnina : étudia le Masaccio ; entra de bonne heure au couvent de Saint-Dominique de Fiesole ; protégé par Cosme de Médicis, tant pour la sainteté de sa vie que pour ses talents : appelé à Rome, par le pape Nicolas V ; travailla au Vatican ; simple, naïf, observant strictement la règle de son couvent. Le pape, le voyant exténué par le jeûne, lui ordonna de manger de la viande ; frère Jean répondit : « Je n'en ai pas la permission du prieur, » sans songer à l'autorité du souverain Pontife. Il refusa l'archevêché de Florence, en disant que cette dignité convenait bien mieux au père Antoine Pierozzi, autre religieux de son couvent, qui fut élevé à cette place. On rapporte plusieurs autres traits de la sainteté de sa vie, qu'il serait trop long d'énumérer. Son nom de laïque était : Santi Rosini. — Le Tabernacle, Florence. La Vierge et l'Enfant entourés de saints, ib. Naissance de saint Jean-Baptiste, ib. Couronnement de la Vierge, ib. Prédication d'un saint, ib. Noces de la Vierge, ib. Épiphanie, ib. Mort de la Vierge, ib. Descente de croix, ib. Plusieurs traits de la vie de saint Nicolas de Bari, Rome. La Vierge, ib. Fresques, ib. L'empereur s'humiliant devant le pape, Anvers. Gloire céleste, Munich. Martyre des saints Côme et Damien, ib. Jésus-Christ mort, ib. Couronnement de la Vierge, Paris. Épisodes de la vie de saint Dominique, ib. Vierge glorieuse, Berlin. Saint François, ib. Saint Dominique, ib. Jugement dernier, ib. — Style agréable ; grâce pure et naïve ; têtes d'anges et de saints d'une beauté surnaturelle, couleur suave et bien fondue quoiqu'à la détrempe.
UCCELLO (Paul).	1389 1472	Florence.	Fig., oroem., oiseaux, persp., etc.	Peignit sur verre. Son nom d'Uccello lui vient de ce qu'il avait chez lui beaucoup d'oiseaux qu'il se plaisait à dessiner. — Les triomphes de Pétrarque que l'on voit peints sur quelques armoires de la galerie de Florence sont attribués à cet artiste. Saint Jérôme au désert, Munich. — Porta très-loin l'art de la perspective.
SQUARCIONE (François).	1394 1474	Padoue.	Hist.	Le plus habile maître de l'école vénitienne de son temps. C'est de ce célèbre professeur que sont sorties l'école de Lombardie fondée par Mantegna, et l'école de Bologne fondée par Zoppo. Ce maître n'a pas eu de rival dans son siècle. — Jésus-Christ mort sur les genoux de sa mère, Dresde. — Presque toutes les villes d'Italie lui commandèrent des tableaux. La galerie du comte de Lazara possédait (1828) et possède peut-être encore un admirable tableau de lui. On observe dans cette œuvre une tendance à se rapprocher du style grec. Figures sveltes. Draperies un peu roides.
FRANCESCA (Pierre Della), dit PIERRE BORGHESE.	1398? 1484?	Borgo di San-Sepolcro (Toscane.)	Hist. et portr.	Ce fut par reconnaissance pour les soins et le dévouement de sa mère que ce peintre adopta le nom qu'il porte et qu'on lui donnait dans son enfance (Pierre fils de Françoise). Étudia les mathématiques avec beaucoup de succès et ne réussit pas moins bien dans la peinture ; décora le palais du duc d'Urbin, travailla à Pésaro, puis à Ancône, pour le duc de Ferrare ; fut appelé à Rome par le pape Nicolas V, peignit au Vatican des fresques que remplacèrent celles de Raphaël, et perdit la vue, par accident, à l'âge de 60 ans. — Le songe de Constantin, Arezzo. Portrait de Frédéric de Montefeltro, prince d'Urbin, Florence. Baptiste Sforza, femme du précédent, ib. — Bonne entente des effets de lumière et des raccourcis. Après être devenu aveugle, Francesca reprit l'étude des mathématiques et composa plusieurs traités de géométrie et de perspective. On croit qu'il mourut à l'âge de 86 ans.
ALBERTI (Léon-Baptiste).	1398 ou 1400	Florence.	Hist. et archit.	Célèbre architecte, écrivain distingué, sculpteur et peintre ; entra dans les ordres afin de se livrer à l'étude avec moins de distractions : chanoine de la métropole de Florence, en 1447, et abbé de San-Savino ou de Saint-Ermète de Pise. Mort à la fin du xve siècle. — Orna de ses ouvrages d'architecture les villes de Florence, Rome, Mantoue et Rimini.
NOVA (Pecino), frère de Pierre.	†1403	Bergame.	Hist.	Travailla à Bergame avec beaucoup de succès.
CYBO ou le moine des îles d'Or ou îles d'Hyères.	†1408	Gênes.	Pays., oiseaux, archit., animaux, persp., miniat., etc.	Peintre, poëte et historien ; moine de l'abbaye d'Oro, habile calligraphe ; protégé par le roi et la reine d'Aragon.
DIAMANTE (Fra).	†1440?	Prato. (Toscane.)	Hist. et portr.	Élève de frère Philippe Lippi, qui lui portait une très-grande affection ; religieux carmélite. — Imita avec succès la manière de son maître.
FIORE (Nicolas-Antoine Del), dit COLANTONIO.	†1444?	Naples.	Hist.	Perfectionna l'école napolitaine par des études assidues. — Saint Jérôme tirant une épine du pied d'un lion, Naples. Fresque, Rome. — Beaucoup de vérité.
FRANCO (Ange).	†1445?	Id.	Id.	Élève de N. A. Del Fiore dit Colantonio. — Imita avec bonheur le style de Giotto, en y ajoutant un clair-obscur plus vigoureux.
ALBERTO (Antoine) dit ANTONIO DE FERRARE ou le VECCHIO.	†1450?	Ferrare.	Hist. et portr.	Élève d'Angelo Gaddi ; exécuta à Urbin et à Città di Castello plusieurs beaux ouvrages. — Coloris vif et doux ; attitudes plus variées et têtes plus belles que celles de Galasso.

NOMS.	ANNÉES DE NAISSANCE ET DE MORT.	LIEU DE NAISSANCE	GENRE.	NOTES HISTORIQUES. — TABLEAUX PRINCIPAUX ET LIEUX OU ILS SE TROUVENT. — OBSERVATIONS.
GHIBERTI (Laurent)	†1455	Florence	Hist.	Célèbre sculpteur et architecte; peignit également sur verre.
GATTA (don Barthélemy della).	†1461 1481 ou 1491		Hist., portr., et miniat.	Abbé de San Clemente; appartenait au couvent Degli Angeli, de l'ordre des Camaldules; travailla à Rome en compagnie de Luc Signorelli, de Cortone, et de Pierre Pérugin; grand musicien. Il fabriqua plusieurs orgues estimées. Mort à l'âge de 38 ans. — Beaucoup de nature; beaux airs de tête; draperies heureuses; expression remarquable. Architecte.
CANOZIO (Laurent), dit LORENZO da LENDINARA.	†1477?	Lendinara.	Marqueterie.	Élève du Squarcione. Grande réputation; son frère, Christophe, et Pierre Antoine, son gendre, travaillèrent avec lui.
BUONI (Silvestre).	†1484?	Naples.	Hist.	Élève d'A. Solario et de Donzelli. On le confond quelquefois avec Buoni, son père, peintre médiocre. — Clair-obscur vigoureux, de la morbidesse dans les contours.
ZUCCATI (Sébastien)	†1490?	En Valteline.	Id.	Donna à Titien enfant les premières leçons de dessin. — On le fait naître, par erreur, à Trévise.
FOPPA (Vincent).	†1492?	Brescia.	Hist. et portr.	Un des meilleurs peintres de son époque; on pourrait presque le considérer comme le fondateur de l'école de Milan, où il séjourna. — Soin exquis, raccourcis savants, têtes, costumes et coloris vrais, bon dessin dans le nu, mouvements et expression faibles.
SORIANI (Nicolas).	†1499	Crémone?	Hist.	Oncle maternel du Garofalo à qui il donna des leçons.
ANTONIO.	*1300		Hist. et portr.	Élève d'André Tafi. — Ses ouvrages sont inconnus. — École florentine.
BOCCO da Fabriano.	*1306	Fabriano.		Détails inconnus.
FRANCO de Bologne.	*1313	Bologne.	Hist., portrait et min.	Élève d'Oderigi d'Agubbio. Sa renommée lui attira beaucoup de disciples. — Caractère mystique; ce qu'il reste de ses peintures le met au même rang que Cimabüe et Guido de Sienne.
TIO (François).	*1318	Fabriano	Hist.	Orna la tribune des conventuels à Mondaino.
GIORGIO de Florence	*1320	Florence	Id.	Travailla à Chambéry.
UGOLINO d'Orviéto.	*1321	Orviéto.	Id.	Appelé à peindre dans la cathédrale d'Orviéto.
LELLO de Pérouse.	*Id.	Pérouse.	Id.	Un des artistes qui travaillèrent dans la cathédrale d'Orviéto.
GIACOMO de Camerino (Fra).	*Id	Camerino	Id.	Travailla à la cathédrale d'Orviéto.
CECCO (ou François da Gubbio.)	*Id.	Gubbio.	Id.	Peintre de la cathédrale d'Orviéto.
CAPANNA (Puccio).	*Id.	Florence	Id.	Élève de Giotto; travailla avec lui à Assise, dans l'église de Saint-François; se maria dans cette ville où sa famille existait encore au xvie siècle. — Un de ses premiers ouvrages fut un tableau à fresque qui se trouvait chez les dominicains de Rimini et qui représentait : Vœu fait par des navigateurs, au milieu d'un violent orage dont ils sont assaillis. On cite de lui un autre tableau qui se trouvait dans l'église de Saint-Dominique, à Pistoie, et qui représentait : Le Christ, la Vierge et saint Jean, avec cette inscription : Puccio di Fiorenza mi fece. — Pinceau moelleux, manière de son maître.
BONINI (Jean).	*Id.	Assise.	Id.	Travailla dans la cathédrale d'Orviéto.
EDESIA (Andrino D').	*1330	Pavie.	Hist. et portr.	Détails inconnus.
LAODICÉE de Pavie.	*Id.	Id.	Id.	Contemporain d'Andrino d'Edesia.
MEMNI ou MARTINI (Philippe), frère de Simon.	*1332	Sienne.	Id.	Travailla avec son frère; vivait encore en 1351. — Portement de croix, Berlin. Jésus-Christ fait prisonnier, ib. Jésus-Christ crucifié, ib. Jésus-Christ mis au tombeau. ib. (Ces quatre sujets en un seul cadre.) — Dessin satisfaisant; bon coloris.
NICOLAS du Frioul.	*Id.	Dans le Frioul.	Hist.	Peignit la façade de la cathédrale à Gemona, en 1332. — On lui attribuait un ouvrage immense et remarquable qui existait à Venise et qui représentait la consécration de la cathédrale de cette ville.
ANDRÉ de Velletri.	*1334	Velletri.	Id.	Détails inconnus. — Manière Siennoise.
PUCCIO da Gubbio.	*Id.		Id.	On pense qu'il pourrait bien ne faire qu'un avec Ange Pucci dont on ne cite que le nom et Puccio Capanna; attaché comme peintre à la cathédrale d'Orviéto.
SOZZO (Nicolas di).	*Id.	Sienne?	Miniat.	Détails inconnus. — Miniatures des volumes de Kaleffi et de Leoni, Sienne. — Grande perfection.
MARCO et PAOLO.	*1335		Hist. et portr.	Ces deux frères furent peintres sur verre, et imitèrent le moine Théotonius.
LIPPO (André di).	*1336	Pise.	Id.	Fut appelé, en 1346, à décorer la cathédrale d'Orviéto.

NOMS.	ANNÉES DE NAISSANCE ET DE MORT.	LIEU DE NAISSANCE	GENRE.	NOTES HISTORIQUES. — TABLEAUX PRINCIPAUX ET LIEUX OU ILS SE TROUVENT. — OBSERVATIONS.
VANNI (Torino).	*1340	Pise.	Hist.	Son père était un peintre médiocre. — On a de lui au Musée du Louvre, à Paris, un tableau : la Vierge et l'enfant Jésus recevant les adorations des esprits célestes, peint sur bois, fonds dorés. Sur ce tableau se trouve écrit : TVRINVS VANNIVS A PISIS PINXIT.
PAOLO (Maître).	*Id.	Venise.	Id.	Travailla à Vicence ; ses deux fils, Jacques et Jean, l'aidèrent dans ses ouvrages.
PALMERUCCIO (Guido).	*1342	Gubbio.	Id.	Employé dans le palais public de sa ville natale. — Peintre de mérite.
CASELLA (Polidore).	*1345	Crémone.	Id.	Détails inconnus.
VITALE ou VITAL.	*Id.	Bologne.	Hist., portr. et mis.	Élève de Franco de Bologne : peignit beaucoup avec son condisciple Lorenzo. — La Vierge et l'enfant, adorés, Bologne. — Monotonie désagréable ; surnommé des Madones, parce que c'était là l'unique sujet que traitait son pinceau.
SEGNA d'Antignano.	*1350	Antignano.	Hist. et portr.	Un des premiers membres de la Société de Saint-Luc, en 1350.
LORENZETTI (Pierre), fils de Lorenzo, le vieux, et dit Pierre LAURATI ou LAURENTII.	*Id.	Sienne.	Id.	Élève de son père et de son frère ; on le met au-dessus de Cimabüe et de Giotto ; Vasari se trompe en le faisant l'élève de ce dernier ; il ne parle pas de sa parenté avec Ambroise ; travaillait encore en 1355. — Vie des Pères du désert, Pise. La Vierge et l'enfant entourés d'Anges, Florence. La thébaïde d'Égypte, ib. — Composition extrêmement riche et originale, pensées morales et profondes ; surpassa les meilleurs artistes toscans par son dessin et son exécution. Beaucoup de majesté, de simplicité et d'expression.
JACOPO da Casentino.	*Id.	Casentino.	Id.	Élève de Th. Gaddi ; laissa des œuvres de beaucoup de mérite. On assure qu'il mourut en 1380. — Également architecte. Conseiller de la première corporation de Saint-Luc, fondée en 1350.
BOLOGNINI (Barthélemy).	*Id.	Sienne.	Id.	Élève de P. Lorenzetti ; travailla dans presque toutes les villes d'Italie ; homme de qualité, il obtint même une magistrature. — Artiste de talent.
JACOPO (Don).	*Id.	Florence	Miniat.	Ami de don Silvestro et, comme lui, religieux camaldule au couvent Degli Angeli. — Talent remarquable.
GIOGGI (Bartolo).	*Id.		Orn.	Peintre en bâtiments.
BARTOLO DI FREDI (Manfred).	*1356	Sienne.	Hist.	Artiste de quelque mérite. — Son père, Manfred, cultivait le même art.
MUTINA (Thomas), dit TOMMASO DE MODÈNE.	*1357	Modène.	Hist. et portr.	Exerça une grande influence sur la peinture d'Allemagne, où il avait été appelé, en 1357, par l'empereur Charles IV. — Tableaux, Bohème. Tableaux, Trévise. La Vierge et l'enfant (avec volets), Vienne. — Beaucoup d'éclat et de vie.
SEMITECOLO (Nicol.).	*1365	Venise.	Id.	Détails inconnus. — Tableau, Venise. — Nu bien exprimé, proportions peut-être un peu trop sveltes ; bon coloris.
NOVA (Pierre), frère de Pecino.	*Id.	Nova.	Hist.	Exécuta de beaux ouvrages à Bergame.
GUARIENTO (Rodolphe).	*Id.	Padoue ou Vérone.	Hist. et portr.	Peintre de mérite ; orna de ses fresques, en 1365, la salle du grand conseil, à Venise.
NUCCI (Allegretto).	*1366	Fabriano.	Hist.	Détails inconnus. — Jésus-Christ crucifié, Berlin. La Vierge et l'Enfant sur un trône, entourés de saint Barthélemy et de sainte Catherine, ib. (Ce tableau est signé : Alegrictus de Fabriano me pimxit (sic).
TOMÉ (Luc di).	*1367	Sienne.	Hist. et portr.	Élève du Berna ; travailla dans toutes les villes de la Toscane. — Manque de moelleux.
LORENZO de Venise ou de Bologne.	*Id.	Venise.	Id.	Élève de Franco de Bologne. Travailla presque toute sa vie dans cette dernière ville. — Tableau, Venise. Daniel dans la fosse aux lions (1370), Bologne. — Ses figures s'éloignent du style de Giotto, rappellent l'école grecque de ce temps et dénotent l'enfance de l'art.
OBERTO (François De).	*1368	Gênes?	Hist.	Détails inconnus.
VANNI (Bernard-Nello).	*1570	Pise.	Hist. et portr.	Élève d'André Orcagna ; orna la cathédrale de sa patrie d'une foule de peintures. On pense qu'il ne fait qu'un avec Nello di Vanni. Seul peintre du XIVe siècle qui ait travaillé au Campo-Santo.
VANNI (André di).	*Id.	Sienne.	Id.	Un des principaux chefs de la corporation des peintres, à Sienne ; fut envoyé comme ambassadeur auprès du Pape et correspondit avec la fameuse sainte Catherine de Sienne. Visita Naples, vers 1375. — Un des maîtres les plus importants de l'école Siennoise.
PIETRO de Novare.	*Id.	Novare.	Hist.	Son père, qui portait le même nom, fut également peintre.
GIOVANNI de Milan.	*Id.	Milan.	Hist. et portr.	Élève de Th. Gaddi ; travailla pour plusieurs villes d'Italie. — Jésus-Christ mort entre les bras de saint Jean et des Maries, Florence. — Peintre d'un très-grand talent.
RONCHO (Michel De).	*1376	Id.	Hist.	Détails inconnus.

NOMS.	ANNÉES DE NAISSANCE ET DE MORT.	LIEU DE NAISSANCE	GENRE.	NOTES HISTORIQUES. TABLEAUX PRINCIPAUX ET LIEUX OU ILS SE TROUVENT. OBSERVATIONS.
AVANZI (Jacques), nommé quelquefois DAVANZO et dit JACQUES DE BOLOGNE.	*1577	Bologne.	Hist. et portr.	Fit faire à l'école de Bologne des progrès sensibles, en suivant avec succès les traces de Giotto. — Calvaire, Bologne. La Vierge et l'enfant Jésus, ib. — Formes étudiées avec soin : exécution très-heureuse ; meilleur dessin d'ensemble et fonds d'architecture plus savants que ceux de ses prédécesseurs.
SERAFINI (Barnabé), dit BARNABA DE MODÈNE.	*Id.	Modène.	Id.	Imitateur de Giotto ; travailla en Piémont. — Bon coloris, style heureux dans les têtes et les draperies.
SIMONE de' CROCIFISSI.	*Id.	Bologne.	Hist.	Élève de Franco de Bologne ; tire son nom du talent qu'il avait de peindre les crucifix. — Madone assise, Bologne. Les mystères, ib. Calvaire, ib. Saint Benoît, ib. Martyre de sainte Christine, ib. Vision de saint Romuald, ib. La Cène, ib. Mort de la Vierge, ib. Deux petits anges, ib. Le crucifix entouré de saints, ib. Et autres, ib. — Ses peintures sont remarquables par l'expression douloureuse de la tête du Christ, dont les pieds sont, comme dans les tableaux de Giotto, cloués l'un sur l'autre. Draperies exécutées avec grand soin.
RAMBALDO de Ferrare.	*1580	Ferrare.	Id.	Détails inconnus.
MEMNI ou MARTINI (François), fils de Simon, et dit : CECCO di MARTINO.	*Id.	Sienne.	Id.	Termina beaucoup de tableaux commencés par son père.
LAUDADIO de Ferrare.	*Id.	Ferrare.	Id.	Travailla avec Rambaldo.
PIEVANO (Étienne).	*1581	Ste-Agnès	Id.	Détails inconnus. — Dessin négligé, expression vive et animée, beau coloris.
ALDIGIERI ou ALTICHIERO ou ALTICHIERI de Zevio.	*1582	Zevio (Véronais).	Hist. et portr.	Très-lié avec les seigneurs Della Scala, pour lesquels il exécuta des ouvrages remarquables. — Esprit vaste ; jugement profond ; composition sage, riche et abondante ; bon coloris.
BONOMO (Jacques).	*1585	Venise.	Hist.	Détails inconnus.
SERAFINI (Sérafino de).	*Id.	Modène.	Hist. et portr.	Imita le Giotto.
SIMON de Cusighe.	*1590	Cusighe. (près de Belluno.)	Hist.	Détails inconnus.
CRISTOFORO de Bologne.	*Id.	Bologne ?	Hist., portrait et miniat.	Élève de Franco, de Bologne ; quelques auteurs le font naître à Modène, d'autres à Ferrare. — Dessin grossier, coloris pâle, goût original.
MARCO (Thomas di).	*1592	Florence	Hist. et portr.	Élève d'André Orcagna.
ALBERGNO (Jacques).	*XIVe siècle.		Hist.	Détails inconnus. — École vénitienne.
ANTONIO de Padoue.	*Id.	Padoue.	Id.	Détails inconnus.
ASCANIO (Jean D').	*Id.	Sienne.	Hist. et portr.	Élève du Berna ; termina les ouvrages que la mort de son maître avait laissés inachevés. — S'acquit une grande réputation ; meilleur coloris que son maître ; dessin moins pur.
BRUNO di GIOVANNI.	*Id.		Id.	Contemporain de Buffalmacco ; on raconte que, ne pouvant donner autant d'expression à ses têtes que ce dernier, il le consulta pour y parvenir. Buffalmacco lui dit de faire sortir de la bouche de ses personnages des paroles qui traduiraient leurs sentiments ; Bruno prit au sérieux cette plaisanterie et cette idée bizarre eut depuis un grand succès. — Peintre de très-peu de mérite.
CALANDRINO.	*Id.		Id.	Objet des plaisanteries et des tours comiques de Buffalmacco et de ses amis. — On ne parle guère de ses talents.
CENNI (Pasquino).	*Id.	Florence?	Id.	Fut au nombre des fondateurs de la corporation de Saint-Luc, en 1350.
CORSINO (Buonaiuti).	*Id.	Id ?	Id.	Inscrit sur les régistres de la corporation de Saint-Luc, comme ayant été un des fondateurs de cette société.
ESEGRENIO.	*Id.		Hist.	Détails inconnus. — École Vénitienne.
FRANCESCO di MAESTRO GIOTTO	*Id.		Id.	Élève de Giotto.
GALANTE (Messer).	*Id.	Bologne.	Hist. et portr.	Élève de Lippo di Dalmasio. — On assure qu'il surpassa son maître pour le dessin, mais ce fait a été vivement contesté.
GIOVANNI de Pistoie.	*Id.	Pistoie.	Id.	Élève de P. Cavallini.

NOMS.	ANNÉES DE NAISSANCE ET DE MORT.	LIEU DE NAISSANCE	GENRE.	NOTES HISTORIQUES. — TABLEAUX PRINCIPAUX ET LIEUX OU ILS SE TROUVENT. — OBSERVATIONS.
GIOVANNI de Padoue.	*XIVe siècle.	PADOUE.	Hist.	Détails inconnus.
GUILIELMO de Forli.	*Id.	FORLI.	Id.	Successeur de Giotto, l'Oretti assure qu'on l'appelait aussi : *Guilielmo degli Organi.*
CUSCI (LAPO).	*Id.	FLORENCE?	Hist. et portr.	Cité comme un des fondateurs de la première corporation de Saint-Luc, en 1350.
LAPO (RICCIO DI).	*Id.	FLORENCE	Hist.	Épousa une fille de Giotto.
MICHELE de Milan.	*Id.	MILAN.	Hist. et portr.	Élève d'Angelo Gaddi.
MICHELINO.	*Id.		Hist., portrait et anim.	Élève de Giottino. — Saisissait bien le caractère comique ; excellait à représenter les animaux.
NELLO di DINO.	*Id.		Hist. et portr.	Contemporain et ami de Buffalmacco.
OCTAVE de Faenza.	*Id.	FAENZA.	Id.	Élève de Giotto ; travailla beaucoup pour le couvent de Saint-Georges de Ferrare et ne quitta jamais sa patrie. — Peintre de talent.
ORCAGNA (BERNARD), frère d'ANDRÉ.	*Id.	FLORENCE	Hist.	Élève de Buffalmacco ; parvint à égaler la renommée de son maître. — On connaît de lui une fresque représentant l'*Enfer*, qu'il a peinte dans le Campo-Santo de Pise.
PACE de Faenza.	*Id.	FAENZA.	Id.	Élève de Giotto. — Excellait dans les figures de petite dimension.
PAXINO di VILLA.	*Id.	ITALIE.	Id.	Détails inconnus. — Histoire de sainte Catherine (en plusieurs tableaux), Bergame.
PIETRO de Bellune.	*Id.	BELLUNE.	Id.	Détails inconnus.
PONTE (JEAN DAL).	*Id.		Hist. et portr.	Élève de Giottino.
PUCCI (DOMINIQUE).	*Id.	FLORENCE?	Id.	Trésorier de la corporation de Saint-Luc, établie en 1350.
PUCCI (GÉRARD).	*Id.	Id.?	Id.	Trésorier de la corporation de Saint-Luc, fondée en 1350.
SIMON de Bellune.	*Id.	BELLUNE.	Hist.	On pense qu'il ne fait qu'un avec Simon de Cusighe.
SPINELLI (GASPARD), fils de Spinello l'ancien.	*Id.	AREZZO.	Hist. et portr.	Élève de son père et du sculpteur Laurent Ghiberti ; mort à 56 ans, après avoir beaucoup travaillé. — Peignit fort bien en détrempe et parfaitement à fresque. On prétend qu'il surpassa son père pour le dessin.
TESTORINO (BRANDOLIN).	*Id.?	BRESCIA.	Hist.	On pense que ce peintre travailla concurremment avec Adigiero de Zevio. — Comparé à Gentile de Fabriano.
TOSSICANI (JEAN).	*Id.	AREZZO.	Hist. et portr.	Élève de Tommaso, dit Giottino ; employé à Pise et dans toute la Toscane. — Imita le style de son maître.
TRAINI (FRANÇOIS).	*Id.	FLORENCE	Id.	Élève d'An. Orcagna ; surpassa son maître dans quelques parties de l'art. — Bon coloris, beaucoup d'invention et d'harmonie.
VANNI (CINUZZI).	*Id.	FLORENCE?	Id.	Un des fondateurs de la Société de Saint-Luc, en 1350.
MASACCIO dit: MASO ou THOMAS GUIDI di SAN GIOVANNI.	1401 1443	SAN GIOVANNI près de Florence.	Id.	Élève de Masolino da Panicale ; lié par ses talents avec les personnages les plus illustres de Florence et particulièrement avec Côme de Médicis, son protecteur et son ami ; se rendit à Rome pendant les troubles de sa patrie ; chargé de plusieurs travaux par le pape Boniface VIII ; retourna à Florence aussitôt qu'il apprit le retour dans cette ville, de Côme qui en avait été exilé ; travailla beaucoup pour ce prince ; sa supériorité lui fit un grand nombre d'ennemis et comme sa mort fut subite, on croit qu'il fut empoisonné. — Résurrection d'un enfant, Florence. Martyre de saint Pierre (toutes fresques), *ib.* La Vierge et sainte Anne, *ib.* Tête de vieillard (sur toile), *ib.* Portraits, *ib.* Tête d'un moine (fresque), Munich. Miracle de saint Antoine de Padoue, *ib.* Portrait du peintre, *ib.* La foi et la piété, Munich. — Le premier qui donna de la vie et du mouvement à ses figures ; facilité étonnante ; manière ferme, raccourcis pleins de science et de vérité ; exécution parfaite ; expressions et airs de têtes qui font pressentir Raphaël ; dessin savant et naturel dans le nu, sans montrer encore l'exactitude de L. de Vinci ; draperies larges et exactes mais d'une imitation un peu recherchée, coloris vrai, varié, doux et admirablement harmonieux ; ensemble du plus grand relief. Sculpteur.
DONZELLO (PIERRE)	1404 1470	NAPLES.	Hist.	Élève de Colantonio, travailla pour le roi Alphonse et la reine Jeanne, à Poggio Reale ; orna plusieurs églises de Naples de ses ouvrages. Lanzi nomme deux frères Donzelli, Pietro et Polito. — Tableaux, Naples. — Réussit également dans l'architecture.

NOMS.	ANNÉES DE NAISSANCE ET DE MORT.	LIEU DE NAISSANCE	GENRE.	NOTES HISTORIQUES. — TABLEAUX PRINCIPAUX ET LIEUX OU ILS SE TROUVENT. — OBSERVATIONS.
CASTAGNO (ANDRÉ DEL).	1406? 1480?	IL CASTAGNO (Toscane).	Hist. et portr.	On le croit élève de Masaccio, à Florence; pâtre, ainsi que Giotto, son talent avait été découvert de même; travailla avec Baldovinetti et Dominique de Venise; ce dernier, élève d'Antonello de Messine, avait introduit la peinture à l'huile à Florence; André, son ami, réussit à lui arracher son secret et l'assassina ensuite; ce crime aurait toujours été ignoré si André lui-même ne l'eût confessé, à l'article de la mort. — Saint Jérôme, Florence. Saint Jean-Baptiste, ib. Déposition de croix, Naples. Saint Jérôme se donnant la discipline, Berlin. Jésus-Christ mort sur les genoux de sa mère, ib. Deux tableaux où sont réunis plusieurs sujets saints, en un seul cadre, ib. La plupart de ses ouvrages ont été détruits. — L'effrayante vérité avec laquelle il exécuta un tableau représentant une exécution de conjurés, lui valut le surnom d'André degl' Impiccati (des pendus). Pinceau fier; expressions exagérées; couleur vigoureuse, quoique trop crue; bon dessin; meilleure perspective et meilleurs raccourcis que ses devanciers.
TURA (CÔME).	1406 1469	FERRARE.	Hist., portrait et miniat.	Élève de Galasso Galassi et du Squarcione; peintre de la cour; le père Jérôme Fiorini lui donna des leçons pour la miniature. — La crèche, Ferrare. Les actes de saint Eustache, ib. Vierge entourée de saints, ib. Sommeil de l'enfant Jésus, Berlin. Miniatures de livres de chœur, Ferrare. — Style sec et timide, muscles bien indiqués, architecture exacte, bas-reliefs et ornements du goût le plus exquis, composition riche, variée et poétique.
STROZZI (ZANOBIO).	1412		Hist.	Élève de Fra de Fiesole; né de parents nobles, il se distingua comme amateur. — Imita son maître.
LIPPI frère Philippe.	1412? 1469	FLORENCE	Hist. et portr.	Fut recueilli par charité chez les carmes de Florence; s'appropria la manière de Masaccio; quitta son couvent à 17 ans, n'étant encore que novice; fut pris par des corsaires barbaresques, un jour qu'il s'était trop avancé en mer avec quelques-uns de ses amis; eut la fantaisie de crayonner au charbon le portrait du maître auquel il était échu et qui le traitait avec quelque douceur, et dut sa liberté à cette idée; revint à Naples, retourna à Florence, y fut protégé par le duc Cosme de Médicis; de mœurs très-déréglées, il enleva une jeune fille qu'on amenait au couvent où il peignait, afin d'y faire profession; parcourut avec elle toute l'Italie; ayant obtenu enfin du pape des dispenses pour l'épouser, son inconstance le fit renoncer au mariage, et la belle Lucrèce fut heureuse de pouvoir retourner dans son couvent, après avoir donné un fils à Lippi; on prétend que celui-ci fut empoisonné par le père de la jeune fille ou par suite d'une nouvelle aventure. — Jésus-Christ parmi les docteurs, Rome. Vie de saint Thomas d'Aquin, ib. Fresques, ib. La Vierge, l'enfant Jésus et des anges, Florence. Saint Augustin écrivant, ib. La Vierge et l'enfant Jésus, entourés de saints (chef-d'œuvre), ib. Annonciation, Munich. La Vierge et l'Enfant, ib. Nativité, Paris. Deux saints abbés adorant Jésus, ib. La Vierge et l'Enfant, Berlin. Même sujet, ib. Adoration de l'enfant Jésus, ib. Marie mère du Sauveur, ib. Saint François entouré de nonnes, ib. — Figures belles, fines et gracieuses, coloris frais et plein d'éclat, draperies encore un peu roides, mais accusant pourtant le nu; manque des premières études; composition grandiose, riche et variée; se surpassa dans les sujets de petite proportion; touche vigoureuse et franche; peignit le premier des figures plus grandes que nature et agrandit ainsi le style de la peinture.
VIGRI (SAINTE CATHERINE), dite LA SAINTE DE BOLOGNE.	1413 1463	BOLOGNE.	Hist. et miniat.	Plusieurs écrivains lui ont donné pour maître Lippo di Dalmasio; c'est une erreur. — Sainte Ursule et ses compagnes, Bologne.
BICCI (NERI), fils de Laurent.	1415? 1451?		Hist. et portr.	Élève de son père; mort trop jeune pour pouvoir réaliser les belles espérances que donnait son talent. — La Vierge et l'Enfant, Berlin. — Neri eut encore un frère peintre, qui mourut vers 1452.
ROSELLI (CÔME).	1416? 1484?	FLORENCE	Id.	Un des derniers artistes de l'ancienne école florentine; appelé à Rome par le pape Sixte IV, il fut chargé d'orner la chapelle Sixtine; mais il resta constamment au-dessous de ses compétiteurs. Lanzi dit qu'il florissait en 1496. — Adoration du veau d'or (fresque), Rome. Tableaux, ib. Sainte Barbe, Florence. Saint Jean-Baptiste et saint Mathias, ib. Sainte famille avec saint François, Berlin. Vierge glorieuse, ib. Dernier jugement (avec fra Angelico de Fiesole), ib. Jésus-Christ mis au tombeau, ib. Les innocents massacrés reçoivent la bénédiction de l'enfant Jésus, ib. Couronnement de la Vierge, ib. — Beaucoup de vérité, d'expression, de variété et de relief; dessin incorrect; couleurs éclatantes et peu harmonieuses.
VENEZIANO (DOMINIQUE).	1420 1470 ou 1476	VENISE.	Id.	Élève d'Antonello de Messine qui, pour lui prouver son affection, lui apprit le secret de la peinture à l'huile, que lui-même tenait de J. Van Eyck. Travailla à Lorette, à Pérouse, en 1454, et se rendit enfin à Florence; l'admiration qu'il excita éveilla la jalousie d'André del Castagno (voir ce nom); celui-ci feignit pour Dominique la plus vive amitié et l'assassina après lui avoir arraché son secret. — Dessin correct; perspective et raccourcis savants; ses meilleurs ouvrages ont péri.
BUONFIGLIO (BENOIT).	1420	PÉROUSE.	Hist., portrait et grotesq.	Associé et ami de Bernard Pinturicchio; travailla à Rome, dans le palais du pape; vivait encore en 1496. — Fort estimé dans sa patrie. Bon architecte.
BELLINI (GENTILE), fils de Jacques.	1421 1501	VENISE.	Hist. et portr.	Élève de son père; conserva toujours pour son frère la plus tendre affection et travailla, conjointement avec lui, à décorer la salle du grand conseil, à Venise. Se rendit au lieu de son frère, auprès du Sultan, à Constantinople, et en fut reçu avec les plus grand honneurs; les mêmes marques de considération l'attendaient à son retour à Venise. — Cérémonie en Orient, Milan. Portrait de Laure, Venise. Miracles arrivés en 1496, ib. Portraits du peintre et de son frère Jean, Berlin. L'enfant Jésus bénissant le donateur du tableau, ib. Réception d'un ambassadeur Vénitien à Constantinople, Paris. (Le catalogue français attribue ce tableau à Jean, sans doute par erreur puisque ce dernier ne quitta jamais sa patrie et que Gentile seul séjourna à Constantinople.) — Admirable génie d'invention; dessin, coloris et exécution remarquables.
LORENZO DI PIERO, dit LE VECCHIETTO.	1424 1482	SIENNE.	Hist.	Sculpteur célèbre, orfèvre et fondeur; acquit moins de réputation comme peintre; employé par le pape Pie II. — Épisodes de la vie de sainte Catherine de Sienne, Berlin. Nativité, ib. Jésus-Christ crucifié, ib. La Vierge et l'Enfant entourés de saints, Florence. — Style trop dur.

NOMS.	ANNÉES DE NAISSANCE ET DE MORT.	LIEU DE NAISSANCE	GENRE.	NOTES HISTORIQUES. — TABLEAUX PRINCIPAUX ET LIEUX OU ILS SE TROUVENT. OBSERVATIONS.
ANTONELLO de Messine.	1425? 1478? d'après beaucoup de biographes. 1447 1496	MESSINE.	Hist.	Se rendit à Bruges où il apprit de J. Van Eyck le secret de la peinture à l'huile. Revint en Italie après la mort de ce maître flamand, et communiqua son secret à Dominique de Venise qui, à son tour, le communiqua à André del Castagno. On sait que ce dernier, poussé par une odieuse jalousie, assassina Dominique croyant être seul possesseur de son secret. La vie d'Antonello est pleine de lacunes et d'obscurité. — Deux de ses tableaux, à Venise, sont signés, le premier *Antonellus Messineus me fecit* 1474, le deuxième *Antonius Messinensis*. Portrait d'homme , Florence. Jésus-Christ mort pleuré par des anges, Vienne. Portrait d'homme, Anvers. Calvaire. *ib.* La Vierge et l'enfant, Berlin. Portrait d'homme, *ib.* Saint Sébastien, *ib.* — Les compositions de cet artiste ne se ressentent pas du goût italien et son coloris est peu vigoureux. *N. B.* Les dates de naissance et de mort, 1447 et 1496, que les historiens nous donnent sur Antonello, sont fausses, puisque Jean Van Eyck mourut en 1445(?). Il est plus permis de supposer que le peintre de Messine naquit vers 1425 , qu'il alla à Bruges à dix-huit ans, et qu'il mourut vers 1475.
BALDOVINETTI (ALEXIS).	1425 1499	FLORENCE	Hist. et portr.	Élève de P. Uccello ; se retira à l'hôpital de Saint-Paul et y finit paisiblement ses jours. — La Vierge et l'enfant Jésus, entourés de saints, Florence. La Vierge adorant Jésus, Munich. Annonciation, Berlin. — Manière dure et sèche; beaucoup de fini ; travailla en mosaïque.
BELLINI (JEAN), fils de Jacques.	1426 1516	VENISE.	Id.	Élève de son père ; uni à son frère par la plus étroite amitié; fut chargé de concert avec lui de décorer la salle du grand conseil , à Venise; appelé par le Sultan, à Constantinople, son grand âge ne lui permit pas d'entreprendre ce voyage; célébré par l'Arioste. — La Vierge et l'enfant, Rome. Création d'Ève (fresque). *ib.* La Vierge, l'enfant Jésus et saint Jean, *ib.* Portrait de vieillard, Florence. Jésus-Christ mort , *ib.* Portrait du peintre, Londres. Portrait du doge Léonard Lorédano , Dresde. La Vierge , l'enfant Jésus et autres saints, La Haye. Tableaux , Milan. Jésus-Christ enfant, Parme. Transfiguration , Naples. Vierge glorieuse, Venise. Madones, *ib.* Circoncision , *ib.* Madone entourée de quatre saints, *ib.* Jésus-Christ mort, *ib.* Jésus-Christ à Emmaüs , *ib.* Saint Pierre et saint Antoine, adorant l'enfant Jésus , Saint-Pétersbourg. Les saintes femmes et l'enfant Jésus , *ib.* Jeune femme à sa toilette, Vienne. Saint Joachim adorant l'enfant Jésus , *ib.* Le donateur adorant la Vierge et l'Enfant, Munich. La Vierge et l'Enfant adorés par deux saints, Madrid. Jésus-Christ donnant les clefs à saint Pierre, *ib.* Présentation de Jésus-Christ au temple, Berlin. Jésus-Christ mort, *ib.* La Vierge et l'Enfant, *ib.* Le Christ donnant la bénédiction, *ib.* Le Christ mort pleuré par sa mère et par saint Jean, *ib.* La Vierge et l'Enfant, Paris. Portraits de Jean et de Gentile, *ib.* — Dessin correct ; beau coloris; composition riche; exécution soignée et pleine de goût; peignit de magnifiques portraits.
POLLAIOLO (ANTOINE), frère de Pierre.	1426 1498	FLORENCE	Id.	Célèbre orfévre, il s'adonna d'abord entièrement à cet art et ne cultiva la peinture que quelques années après s'être déjà fait une réputation d'artiste de grand talent ; apprit de son frère l'emploi des couleurs et devint en peu de temps un peintre habile ; attiré à Rome par Innocent VIII , y fut chargé du mausolée en bronze de son prédécesseur , Sixte IV ; exécuta la plupart de ses ouvrages, comme peintre, en compagnie avec son frère. — Sainte famille, Rome. Saint Eustache, saint Jacques et saint Vincent (sur bois à la détrempe) , Florence. Hercule étouffant Anthée, *ib.* Le même assommant l'hydre de Lerne, *ib.* Saint George et saint Sébastien , Munich. La Vierge et l'Enfant, *ib.* Saint François, *ib.* Saint Sébastien, Berlin. — Science du nu , belle expression ; le coloris laisse à désirer , mais la composition se fait remarquer pour son époque, et le dessin montre ses connaissances anatomiques; cultiva et perfectionna la gravure au burin. Sculpteur.
PESELLI (FRANÇOIS), le jeune, dit PESELLINO, fils de François le vieux.	1426 1457?	Id.	Hist.	Élève de son père et de Fra Ph. Lippi ; serait devenu un peintre célèbre si une mort prématurée ne l'eût enlevé aux arts. — Naissance de Jésus-Christ, Florence. Deux sujets saints en un seul cadre, Paris. — Imita la manière de Fra Ph. Lippi.
PAPA (SIMON), le vieux.	1430? 1488?	Id.	Id.	Élève d'A. Solario. — Délicatesse exquise dans le coloris, bon agencement de figures.
MORONI (DOMINIQUE).	1430 1500?	VÉRONE.	Hist. et portr.	Se forma d'après les ouvrages de Jacques Bellini. Mort très-vieux. — Portrait du peintre, Florence. Portrait de femme, *ib.* — Grâce , dessin et coloris satisfaisants.
MANTEGNA (ANDRÉ).	1430 1506	PADOUE.	Id.	Élève du Squarcione, qui l'adopta et ne cessa de le protéger même après le mariage de Mantegna avec la fille de Jacques Bellini, compétiteur du Squarcione; demeura quelque temps à Venise, à Padoue et à Vérone ; protégé par le marquis de Gonzague, Jean-François II, seigneur de Mantoue, qui le nomma chevalier et le combla de biens; mandé à Rome par le pape Innocent VIII , y travailla au Vatican. Mantoue fut la dernière ville où Mantegna travailla ; quelques auteurs italiens lui attribuent l'invention de la gravure au burin ; ce qu'il y a de sûr, c'est qu'il y apporta de grands perfectionnements. — Sainte Euphémie (chef-d'œuvre) , Naples. Piété , Rome. Sainte famille , *ib.* Portrait du peintre, *ib.* Fresques, *ib.* Élisabeth, femme de Gui Gonzague, duc de Mantoue(sur bois), Florence. La Vierge et l'enfant , *ib.* La circoncision , *ib.* Épiphanie , *ib.* Résurrection, *ib.* Triomphes de Jules César, Londres. Tableaux , Milan. Lucrèce, Munich. Le Sauveur du monde, *ib.* Triomphes de Jules César (grisailles), Vienne. Saint Sébastien, *ib.* Jésus-Christ entre les larrons, Paris. La Vierge de la victoire, *ib.* Le Parnasse, *ib.* La sagesse victorieuse des vices , *ib.* Mort de la Vierge, Madrid. Jésus-Christ mort, Berlin. Présentation de Jésus-Christ au temple, *ib.* Judith, *ib.* Portrait d'un religieux, *ib.* — Grande pureté de contours, coloris suave , imitation savante de l'antique, exécution admirablement soignée et finie; figures élégantes, plis roides, teinte jaunâtre dans le paysage, grande science de dessin, pinceau fin , carnations délicates ; têtes d'un beau caractère.
VERROCHIO (ANDRÉ).	1432 1488	FLORENCE	Id.	Célèbre sculpteur et orfévre ; comme peintre son nom sera impérissable pour avoir été le maître de Pierre Pérugin, Lorenzo di Credi et Léonard de Vinci. Ce dernier ayant peint dans un tableau d'André une tête d'ange qui surpassait tout le reste en beauté, Verrochio , de dépit, abandonna la peinture. — Baptême de Jésus-Christ, Florence. Les trois archanges , Munich. Sainte famille, *ib.* Sainte famille (avec L. de Vinci), Berlin. — On reconnaît ses principes dans les têtes de Léonard.
POLLAIOLO (PIERRE), frère d'Antoine.	1433 1498	Id.	Id.	Élève d'A. del Castagno ; travailla toute sa vie avec son frère, dans la réputation duquel la sienne est renfermée. — Possédait un talent au-dessus du médiocre.

NOMS.	ANNÉES DE NAISSANCE ET DE MORT.	LIEU DE NAISSANCE	GENRE.	NOTES HISTORIQUES. — TABLEAUX PRINCIPAUX ET LIEUX OU ILS SE TROUVENT. — OBSERVATIONS.
MELOZZO (François)	1456 1492	Forli.	Hist. et portr.	Contemporain de Benoît Gozzoli ; habitait Rome ; protégé par le cardinal Ricario, neveu du pape Sixte IV. Nommé, par ses contemporains : *Un peintre incomparable et la gloire de toute l'Italie.* Le génie de Melozzo fut digne de cet éloge. — Le pape Sixte IV et beaucoup de personnages (tous portraits), Rome. — Imagina le premier, les figures en raccourci pour les plafonds ; connaissances profondes en perspective ; têtes bien formées, bien coloriées ; pinceau fin, soigné, détails gracieux. Vasari nomme, par erreur, un Francesco di Mirozzo, qui ne fait qu'un avec Melozzo.
FILIPI ou FILIPEPI (Alexandre), dit BOTTICELLO.	1437 1515	Florence	Id.	Élève de Fra Phil. Lippi ; travailla pour le pape, à Rome ; d'un caractère vif, enjoué et généreux, mais d'une imprévoyance extrême, il vécut pauvre, malgré les sommes énormes que ses travaux lui rapportaient. — La Vierge et plusieurs saints, Rome. Fresques et tableaux, *ib.* La Vierge et l'Enfant entourés d'anges, Florence. La Vierge et l'Enfant couronnés par des anges, *ib.* La calomnie (sujet imaginé par Apelle et décrit par Lucien), *ib.* Portrait de femme, *ib.* Vierge glorieuse, Paris. Sainte famille, *ib.* Jésus-Christ mort, sur les genoux de sa mère, Munich. Vierge, Berlin. Vierges glorieuses, *ib.* Portrait de Lucrèce Tornabuoni, *ib.* Annonciation, *ib.* — Belle expression ; composition remarquable ; coloris et dessin supérieurs ; grâce ravissante.
PARENTINO (Bernard).	1437 1531	Parenzo (Istrie).	Hist., portrait et ornem.	Se fit religieux augustin et prit le nom de frère Lorenzo. S'approcha du Mantegna ; composition savante.
SIGNORELLI (Luc).	1440? 1521	Toscane.	Hist.	Élève de Pierre della Francesca. Était allié à la famille des Vasari d'Arezzo. Il est un des premiers qui, en Toscane, dessinèrent le corps humain avec la véritable intelligence de l'anatomie. — Travailla à la chapelle Sixtine à Rome : Voyage de Moïse avec Séphora, Rome. Promulgation de l'ancienne loi, *ib.* Fresques, *ib.* Fresques, Orviéto. Communion des apôtres, Cortone. Sainte famille, Florence. La Vierge, l'enfant Jésus, des bergers et des prophètes, *ib.* L'Annonciation, la Crèche et l'Épiphanie, représentés sur un gradin d'autel, *ib.* La Crèche, Vienne. Plusieurs saints, Berlin. Naissance de la Vierge, Paris. — Beaucoup de grâce dans ses compositions, dessin sévère et exact, coloris souvent sans harmonie. Michel-Ange ne dédaigna pas d'imiter quelques parties de ses peintures.
ORÉFICE (Pierre), dit PIETRO di Cosimo.	1441? 1521	Florence	Id.	Élève de Cosimo Roscelli ; travailla aux fresques du Vatican et y acquit beaucoup de gloire ; revenu à Florence, sa réputation lui valut beaucoup de commandes importantes ; d'un caractère sombre, mélancolique et bizarre, il excellait dans la représentation des scènes les plus lugubres, ne voulait personne autour de lui, se refusait tous les soins quoique âgé de quatre-vingts ans, et fut trouvé mort dans sa maison. — Andromède délivrée, Florence. Sacrifice au temple de Jupiter, *ib.* Les noces de Persée troublées par Phinée, *ib.* La Vierge entourée de saints, *ib.* Couronnement de la Vierge, Paris. La Vierge, l'enfant Jésus, la Madeleine et saint Bernard, *ib.* Vénus, Berlin. Hercule entre le vice et la vertu, *ib.* — Grande science de dessin ; belle couleur, composition riche et abondante ; imita le Vinci ; approcha de ce maître pour le fini de ses figures ; imagination fougueuse. Se rendit célèbre par la mascarade *le Triomphe de la mort*, qu'il exécuta avec son élève, André del Sarto.
LAZZARI (Donato), dit le BRAMANTÉ ou BRAMANTE D'URBIN.	1444 1514	Castel-Fermi-gnani (Territoire d'Urbin).	Hist. et portr.	On ignore quel fut son maître ; vint à Milan, vers 1476, après avoir déjà construit des palais et des temples dans la Romagne ; resta au service de la cour Lombarde jusqu'en 1499. — Manière du Mantegna ; chairs trop lumineuses ; proportions un peu trop massives, visages pleins ; haut style dans les têtes de vieillards ; coloris vif, mais trop cru. Plusieurs auteurs lui ont refusé du talent comme peintre, mais tous l'ont célébré à l'envi comme architecte illustre.
BENEDETTO de MAJANO.	1444 1498	Majano (Florentin).	Mar-queter.	Se fit remarquer dans son genre.
VANUCCI (Pierre), dit Le PÉRUGIN.	1446 1524	Città della Pieva.	Hist. et portr.	Ne possédant absolument rien à son arrivée à Florence, un coffre lui servit longtemps de lit et c'est à peine s'il gagnait de quoi se nourrir ; son travail opiniâtre surmonta sa mauvaise fortune : aucun auteur ne dit avec certitude quel fut son maître : Pietro de Pérouse, selon les uns, Nicolas Alunno, selon les autres, un peintre presque inconnu d'après Vasari ; lors de l'édification de la chapelle Sixtine, par Sixte IV, ce pontife appela les plus habiles artistes pour la décorer ; parmi eux se trouvait Pierre Pérugin qui devint la tige de la célèbre école de Rome et eut l'honneur de devenir le maître de Raphaël. Avare et défiant, le Pérugin avait coutume d'emporter avec lui tout son argent dans ses fréquents voyages de Castello della Pieva à Pérouse : dévalisé un jour par des voleurs, son chagrin fut si violent, malgré l'indemnité presque totale que lui firent ses protecteurs, qu'il pensa en mourir. Ses travaux lui avaient acquis des biens considérables ; il se fit construire plusieurs maisons à Florence et possédait plusieurs terres. — Mariage de la Vierge, Caen. Vierge dans la gloire, Bologne. Assomption, Naples. Madone, *ib.* Père éternel, *ib.* Mariage de la Vierge, Pérouse. Madone, Florence. Assomption (chef-d'œuvre), *ib.* Jésus-Christ crucifié, *ib.* Jésus-Christ aux Oliviers, *ib.* La Vierge, l'enfant Jésus, saint Jean et saint Sébastien, *ib.* Portrait d'un abbé, *ib.* Portrait d'un général, *ib.* Jésus-Christ crucifié, *ib.* Madeleine, *ib.* Déposition, *ib.* Tableau (daté de 1500), Vallombreuse (près Florence), Saint Pierre recevant les clefs (fresque), Rome. Sainte famille, *ib.* Résurrection, *ib.* La sainte Vierge entourée de saints, *ib.* Épisodes de l'histoire romaine (fresques), *ib.* Et autres, *ib.* Sainte famille, Londres. Portrait de femme, *ib.* Madone, Bruxelles. Tableaux, Milan. Vierge glorieuse, Vienne. La Vierge, l'Enfant et deux saints, *ib.* La Vierge et l'Enfant, Munich. La Vierge apparaît à saint Bernard, *ib.* La Vierge adorant l'enfant Jésus, *ib.* La Vierge et l'Enfant, Paris. Sainte famille, *ib.* Jésus-Christ couronné d'épines, *ib.* Jésus-Christ apparaissant à Madeleine, *ib.* Combat de l'amour et de la chasteté, *ib.* Saint Jérôme et saint François de Sales adorant Jésus, Saint-Pétersbourg. Épiphanie, *ib.* La Vierge et l'Enfant, Berlin. La Vierge, l'Enfant et deux anges, *ib.* Le prophète Isaïe, Nantes. Le prophète Jérémie, *ib.* La Vierge et l'enfant Jésus entourés d'un évêque et d'un cardinal, Bordeaux. La famille de la Vierge, Marseille. — Style un peu sec et un peu cru, selon le défaut de son époque ; draperies quelquefois un peu pauvres ; têtes de jeunes gens et de femmes d'une grâce charmante, coloris aimable, mouvement souple et rond ; teintes parfaitement harmonieuses, perspective habile dans le paysage, architecture noble et riche ; manque de variété dans ses tableaux d'autel ; composition sage et bien distribuée ; montra, dans ses fresques, des idées plus fécondes, des formes plus accusées, et plus d'accord dans l'harmonie générale.
FRANCO (Alphonse).	1446 1524	Messine.	Hist.	Élève de Jacopello d'Antonio ; mort de la peste. — Dessin correct, expression pleine de vivacité, du naturel.
CURADI (Dominique), dit GHIRLANDAIO.	1449 1493 ou 1451 1495	Florence	Hist. et archit.	Élève d'Alexis Baldovinetti ; appelé à Rome, par Sixte IV, pour y exécuter les peintures de la chapelle pontificale. Le Ghirlandaio eut la gloire d'être le maître de Michel-Ange. — Jésus-Christ appelant saint Pierre et saint André (fresque), Rome. Madone, *ib.* Enlèvement des Sabines, *ib.* Paix entre les Romains et les Sabins, *ib.* Adoration des mages, Florence. Visitation de sainte Anne à la Vierge, Paris. Tableaux, Naples. Saint Antoine, Berlin. Résurrection (avec David et Benoît), *ib.* Vierge dans la gloire (avec Fr. Granacci), *ib.* La Vierge et l'enfant et autres saints, *ib.* Saint Vincent, *ib.* Portrait d'homme, *ib.* Portrait de femme, *ib.* Jésus-Christ mort, sur les genoux de sa mère, Munich. Sainte Catherine de Sienne, *ib.* Vierge glorieuse, *ib.* Saint Laurent, *ib.* — Peintre

NOMS.	ANNÉES DE NAISSANCE ET DE MORT.	LIEU DE NAISSANCE	GENRE.	NOTES HISTORIQUES. — TABLEAUX PRINCIPAUX ET LIEUX OU ILS SE TROUVENT. — OBSERVATIONS.
				sévère, noble et gracieux. Orfèvre habile, il surpassait tous ses confrères à faire des guirlandes : de là lui vient son surnom ; excellait à peindre l'architecture sans équerre et sans compas ; inventeur d'une nouvelle mosaïque.
LIBERALE de Vérone.	1451 1536	VÉRONE.	Hist. et portr.	Élève de Vincent di Stefano ; appelé à Sienne afin d'y peindre le dôme ; de retour dans sa patrie et déjà vieux et infirme, il réclama les soins d'une de ses filles, mariée à Vérone, et eut tant à souffrir de ses procédés, qu'il se réfugia chez Fr. Torbido, dit : il Moro, son élève, par lequel le vieillard fut traité avec les plus grand égards ; pour l'en récompenser, Liberale lui légua une maison et un jardin qui lui appartenaient, à San-Giovanni-in-Valle, et mourut peu de temps après. — Saint Sébastien, Berlin. La Vierge, l'enfant Jésus, saint Laurent et saint Christophe, ib. (Ce tableau est signé : Liberalis Veronensis me fecit, 1489.) — Choisit Jean Bellini pour modèle et se plaça bientôt au premier rang des artistes de son pays ; composition riche, belles draperies, poses heureuses.
CURADI (DAVID), dit GHIRLANDAIO, frère de Dominique.	1451 1525	FLORENCE	Id.	Élève de son frère avec lequel il travailla souvent. — Résurrection (avec Benoît et Dominique), Berlin. — Abandonna tous les autres genres pour la mosaïque.
VINCI (LÉONARD de).	1452 1519	CHATEAU DE VINCI (près de Florence.)	Id.	Élève d'A. Verrochio (voir ce nom), qui se voyant, malgré son talent, surpassé de bonne heure par son élève, abandonna la peinture. Se rendit, en 1489, à Milan, où son protecteur, le duc Ludovic Sforza, le nomma directeur de l'Académie de peinture et d'architecture. Ce fut dans cette ville qu'il exécuta le fameux tableau de la Cène, devenu si célèbre. Au commencement du xvie siècle,

Sforza fut battu, fait prisonnier par les Français, et mourut misérablement en Touraine. Le vainqueur, Louis XII, accorda à Léonard plusieurs faveurs signalées. Celui-ci partit pour Florence, et y fut chargé, par le sénat, de peindre, avec Michel-Ange, la salle du conseil. Les deux artistes produisirent des chefs-d'œuvre sans pouvoir se surpasser. Léonard, inquiet de la réputation toujours croissante de son rival, quitta Florence pour Rome, et suivit dans cette ville Julien de Médicis. Présenté au nouveau pape, Léon X, ce dernier, prévenu sans doute, par les partisans de Michel-Ange, l'accueillit froidement : Léonard, mécontent de cette réception, céda aux instances de François Ier, et partit pour la France, en 1515, après avoir fait encore plusieurs voyages à Florence, Parme et Milan. Reçu comme son génie le méritait, logé au château de Saint-Cloud, Léonard de Vinci y finit paisiblement ses jours. La tradition le fait mourir entre les bras de François Ier, mais ce fait est loin d'être prouvé. D'un esprit plein de ressources, d'une âme noble et généreuse, d'un caractère aimable et gracieux, d'une philosophie douce, ce grand homme paya son tribut à l'humanité, par une susceptibilité d'amour-propre qui ressemble quelquefois à la jalousie. — Sainte famille (achevée par B. Luini), Milan. La Cène (chef-d'œuvre), ib. Portrait du peintre, ib. Madone, Naples. Flore, ib. La Vanité et la modestie, Rome. Portrait de la reine Jeanne la jeune, ib. Jésus-Christ disputant avec les docteurs, ib. Vierge (fresque), ib. Portraits, Florence. La tête de Méduse, ib. Adoration des mages (ébauche et chef-d'œuvre), ib. Portrait du duc Sforza de Milan, Dresde. L'enfant Jésus et saint Jean, La Haye. Jésus-Christ disputant avec les docteurs, Londres. Portrait d'homme, ib. L'enfant Jésus et saint Jean, ib. Hérodiade, ib. Sainte famille, Saint-Pétersbourg. Vierge allaitant, ib. Saint Jean évangéliste, ib. La Joconde, ib. Sainte Cécile, Munich. La Vierge et l'enfant Jésus, ib. Saint Jean Baptiste, Paris. La Vierge et l'enfant Jésus, ib. La Vierge aux rochers, ib. Saint Michel et l'enfant Jésus, ib. Bacchus assis, ib. Portrait de Charles VIII, ib. Portrait de Monna Lisa, dit : La Joconde (chef-d'œuvre), ib. Portrait de femme, ib. Sainte famille, Madrid. Portrait de femme, ib. Jésus, sainte Anne et la Vierge, ib. — D'un goût sévère, épris de la perfection, il eut le mérite de réunir de grands exemples à de sublimes beautés, dans le petit nombre de ses productions. Doué au plus haut degré du génie de l'invention, inférieur à Raphaël pour l'art de la composition, il peut lui être comparé sous d'autres rapports, eut comme lui le privilège d'exécuter des têtes de Madones vraiment divines, et posséda à un plus haut degré que cet illustre artiste, la science du clair-obscur. Son expression dramatique est parfaite et la beauté qu'il représente est toujours remplie de noblesse et de majesté. Peintre éminemment classique, théoricien savant, dépourvu de tout espèce d'affectation, son désir de terminer les objets jusque dans leurs moindres détails et d'en arrêter les contours avec précision, le fait quelquefois tomber dans la sécheresse ; excellent coloriste, ses carnations des artistes de son temps, ses carnations sont trop violettes et ont trop souvent le poli du marbre ; enfin, son dessin, quoique savant, a parfois de la maigreur. Peintre, sculpteur, architecte, ingénieur, chimiste, mécanicien et poète, il fut également célèbre dans chacune de ces différentes branches.

CROCE (BALTHASAR).	1455 1528	BOLOGNE.	Hist.	Vécut à Rome et s'y perfectionna lors du séjour des Carrache dans cette ville. — Fresques et tableaux, Rome. — Style facile et naturel.
SCIARPELLONI (LAU-RENT), dit DI CREDI.	1453 ou 1454 1531?	FLORENCE	Hist. et portr.	Élève du Verrochio ; étudia d'abord l'orfévrerie dans l'atelier de Credi ; ami intime et grand admirateur de Léonard de Vinci, dont il s'appropria la manière, surtout dans ses saintes familles, au point que de leur vivant on confondait déjà leurs tableaux. — Nativité de Jésus-Christ, Florence. Annonciation, ib. La Vierge adorant son fils (double), ib. Annonciation (petites figures et chef-d'œuvre), ib. Madeleine aux pieds de Jésus-Christ, ib. Jésus-Christ apparaissant à Madeleine, ib. Sainte famille, Munich. Madeleine pénitente, Berlin. Épiphanie, ib. La Vierge et l'Enfant, ib. Saintes familles, ib. Saint Julien l'hospitalier adorant l'enfant Jésus, Paris. — Composition simple, têtes bien caractérisées ; pinceau délicat, gracieux, expression vive, touche moelleuse, beaucoup de fini.
BETTI (BERNARDIN), dit le PINTURIC-CHIO.	1454 1513	PÉROUSE.	Hist., vues de ville, etc.	Élève du Pérugin, qu'il suivit à Rome. Se lia d'amitié avec Raphaël. — Tableaux et fresques, Rome. Tableaux, Sienne. Vierge glorieuse, Naples. Madone, Venise. Épiphanie, Florence. La Vierge et l'Enfant, Paris. Jésus-Christ mis en croix, ib. Épiphanie, Berlin. Portrait d'homme, ib. Histoire de Tobie, ib. Annonciation, Berlin. — Expression vive et animée ; beaucoup de naturel. On prétend que Raphaël a travaillé dans ses tableaux.
MONSIGNORI ou BON-SIGNORI (FRANÇOIS), fils d'Albert.	1455 1519	VÉRONE.	Hist., animaux, portrait et persp.	Élève de son père et du Mantegna ; protégé par François II, marquis de Mantoue. — Excella dans le portrait.
LIPPI (PHILIPPE ou PHILIPPINO), fils de frère Philippe.	1460 1505	FLORENCE	Hist., pays. et portr.	Élève d'Alex. Botticelli ; se fit de bonne heure une grande réputation ; le roi de Hongrie, Mathias Corvin, voulut l'attirer près de lui ; le peintre ne put se résoudre à quitter sa patrie, mais exécuta pour ce prince deux beaux tableaux ; appelé à Rome, par Laurent le Magnifique ; fit encore plusieurs voyages et se fixa à Florence. Le jour de son enterrement toutes les boutiques furent fermées sur le passage du convoi, en guise de deuil public. — Adoration des mages, Florence. Sainte famille entourée d'anges, ib. Mort de Lucrèce, ib. Jésus-Christ apparaissant à la Vierge, Munich. Trois Vierges avec l'Enfant, Berlin. Portrait présumé du peintre, ib. Jésus-Christ crucifié, ib. — Imagination vive et féconde ; fut le premier des peintres modernes qui ramena dans ses tableaux l'exactitude des costumes, usages et ornements ; dessin très-exact et gracieux, expressions variées et naturelles, coloris éclatant, fidèle imitateur de la nature, excella dans les petits tableaux ; choix de formes souvent peu relevé ; inférieur à son père pour l'idéal et la grâce.

NOMS.	ANNÉES DE NAISSANCE ET DE MORT.	LIEU DE NAISSANCE	GENRE.	NOTES HISTORIQUES. TABLEAUX PRINCIPAUX ET LIEUX OU ILS SE TROUVENT. — OBSERVATIONS.
BUONCONSIGLIO ou BONCONSIGLI, ou BONICONSILII, (JEAN), dit il MARESCALCO.	1460?	VICENCE.	Hist.	On ignore l'époque de sa mort; il ne faut pas confondre cet artiste avec Pierre Marescalco. — Tableaux (1511), Montagnana. Sainte famille entourée de saints, Dresde. — Bonne perspective, proportions exactes. Grandes dispositions pour l'architecture. Imita le style de Bellini.
LUZZO (PIERRE), dit ZARATO, ou ZAROTTO, ou enfin MORTO DA FELTRO.	1460? 1505?	FELTRE (Marche Trévisane).	Hist. et portr.	Se rendit fort jeune à Rome et y eut du succès ainsi qu'à Florence et dans plusieurs autres villes d'Italie; séjourna à Venise et eut l'honneur d'y être associé au Giorgion; Luzzo ayant fait la connaissance d'une femme dont ce dernier était épris, l'enleva à son rival qui en mourut de chagrin; fit quelques tableaux dans sa ville natale, abandonna la peinture vers l'âge de 40 ans, embrassa l'état militaire et périt dans une émeute, à Zara. — Dessinateur habile; pendant son séjour à Rome il y peignit beaucoup de bambochades.
MACRINO d'Alba.	1460 1520?	ALBA (près de Turin).	Hist.	Quelques auteurs lui donnent, sans raison aucune, le nom de Jean-Jacques Fava. Travailla quelque temps à Rome. Surnommé l'Apelle de son siècle. — Résurrection, Pavie. Vierge dans une gloire, ib. Christ mort, Asti. Mère des douleurs, ib. Sainte Anne, Alba. Saint François stigmatisé, ib. La Vierge et l'enfant Jésus, ib. — Beaucoup d'expression dans ses têtes, exécution soignée, couleur un peu sèche. Bonne entente du clair-obscur.
PANETTI (DOMINIQUE).	1460 1530?	FERRARE.	Hist. et portr.	Élève du Garofalo, à qui il avait d'abord donné des leçons; Panetti, qui n'était qu'un artiste fort médiocre, fit des progrès si étonnants sous son nouveau maitre qu'il fut en état de le disputer aux meilleurs peintres de son époque. — Jésus-Christ mort, Berlin. — Figures grandes et majestueuses. Vasari le nomme Lanero, l'Orlandi lui donne le nom de Lanetti; son véritable nom est Panetti.
RAIBOLINI (FRANçois), dit FRANCIA.	1460? 1533 ou 1535	BOLOGNE.	Id.	D'abord bon orfèvre et graveur, son génie l'entraina bientôt vers la peinture; ami de Raphaël qui vantait son talent, et dont il tâcha d'imiter la manière dans sa vieillesse; peignit à cette époque le fameux Saint-Sébastien, longtemps le modèle de l'école Bolonaise, pour les proportions. — Jésus-Christ descendu de la croix, Parme. Jésus-Christ mort, Bologne. Vie de Jésus-Christ, ib. La Vierge et l'enfant entourés de saints, ib. La Vierge à Bethléem, ib. Annonciation, ib. Vierge dans la gloire, ib. La Vierge et l'enfant, Rome. Madone, ib. Vierge glorieuse, Londres. Jésus-Christ mort, sur les genoux de sa mère et entouré d'anges, ib. Baptême de Jésus-Christ, ib. Adoration des mages, Dresde. La Vierge, l'enfant Jésus tenant un oiseau, et saint Jean, ib. Jésus-Christ mort, ib. Portraits d'hommes, Florence. La Vierge et l'enfant entourés de saints, ib. La Vierge adorant l'enfant Jésus, Munich. La Vierge, l'Enfant et deux anges, ib. Sainte famille, Berlin. Jésus-Christ mort, ib. Vierge glorieuse, ib. La Vierge, l'Enfant et autres saints, Vienne. — Choix et ton de couleur du Pérugin, contours, plis et draperies de Jean Bellini; moins de douceur et de grâce que le premier; plus de dignité et de variété que le second. Excellait dans les Madones.
RAFAELLINO del GARBO.	1466 1524	FLORENCE	Hist.	Élève de Ph. Lippi; comme il eut à soigner une nombreuse famille, il négligea peu à peu le fini de ses ouvrages, son talent s'altéra presque entièrement et il mourut pauvre et avili. — Séparation d'Ésaü et Jacob, Rome. La Vierge et l'enfant Jésus dans un paysage, Florence. Déposition, ib. Résurrection, ib. Couronnement de la Vierge, Paris. Vierge glorieuse, Berlin. La Vierge et l'enfant entourés d'anges, ib. La Vierge et l'Enfant entourés de saints, ib. Jésus-Christ crucifié, ib. Jésus-Christ au tombeau, ib. — Figures pleines de grâce et bien groupées; excellent coloris.
BOLTRAFFO (JEAN-ANTOINE).	1467 1516	MILAN.	Hist. et portr.	Élève de L. de Vinci; travailla à Bologne, dans sa ville natale et dans plusieurs autres villes. — La Vierge et l'Enfant, Paris. Même sujet, Berlin. Sainte Barbe, ib. — Goût pur.
ALBERTINELLI (MARIOTTO).	1467? 1512?	FLORENCE	Hist. et portr.	Élève de C. Roscelli; ami de Fra Bartolommeo, avec lequel il travailla jusqu'à la retraite de ce dernier; abandonna la peinture pour se faire aubergiste, afin de se livrer à son goût pour les plaisirs et la bonne chère. Quitta bientôt son nouvel état, fit une excursion à Rome et mourut d'épuisement, à Florence. — La Madeleine, Rome. Jésus-Christ mort entouré de saint Jean et des Maries, Florence. Visitation (chef-d'œuvre), ib. Annonciation, ib. Sainte Trinité, ib. L'enfant Jésus dans les bras de sa mère saint Jérôme et saint Zénobe, Paris. Annonciation, Munich. Assomption (avec Fra Bartolommeo), Berlin. — Sa manière se rapproche étonnamment de celle de Fra Bartolommeo.
BARTHÉLEMY DE ST-MARC (frère), dit le FRATE, ou BACCIO DELLA PORTA.	1469 1517	VILLA-SAVIGNANO, (près de Prata à dix milles de Florence.)	Id.	Élève de Côme Roscelli; étudia d'après Léonard de Vinci; lié intimement avec Mariotto Albertinelli, il travailla beaucoup de concert avec ce dernier. Prit l'habit religieux dans l'ordre des Dominicains, en 1500? fut ami de Raphaël, lors du séjour de ce dernier à Florence; eut une vie très calme et tranquille et mourut avec la réputation d'un des plus grands maitres de son époque. — Assomption, Naples. Vierge portant l'Enfant, Florence. Apparition de la Vierge à saint Bernard, ib. Les prophètes Job et Isaïe, ib. La Vierge et l'Enfant entourés des saints protecteurs de Florence (chef-d'œuvre), ib. Jésus-Christ mort, ib. Saint Marc, ib. Saint Vincent, ib. Portraits, ib. Déposition, ib. Madone, Rome. Saint Pierre et saint Paul, ib. Sainte famille, ib. Sainte famille, La Haye. La Vierge et l'enfant, Saint-Pétersbourg. La Vierge écoutant un concert d'anges, ib. Sainte famille, ib. Annonciation, Paris. Mariage de sainte Catherine, ib. Assomption (avec Mariotto Albertinelli), Berlin. Sainte famille, Munich. La Vierge et l'Enfant, ib. La Vierge adorant l'enfant Jésus, ib. La Vierge et l'Enfant, Vienne. Présentation de Jésus-Christ au temple, ib. — Coloriste habile, excellent dessinateur; exécution soignée; beaucoup de noblesse et de précision; draperies souples et très-riches; expression bien sentie; ton vigoureux; vérité admirable; composition simple et pleine d'invention.
GIOVANNI de Vérone (frère.)	1469 1537	VÉRONE.	Marqueterie.	Laïque Olivétain; travailla dans plusieurs villes d'Italie et même à Rome, pour le pape Jules II. — Surpassa tous ses rivaux dans son genre.
VITE (TIMOTHÉE della) dit TIMOTHÉE D'URBIN.	1470 1524	URBIN.	Hist. et portr.	Élève et ami de Raphaël; petit-fils, par sa mère, d'Antoine Alberto, de Ferrare. D'abord orfèvre, il abandonna cet art pour la peinture; travailla à Bologne, puis à Rome, où Raphaël l'avait appelé, et enfin dans plusieurs villes secondaires de l'Italie. — Portrait de Raphaël, Rome. Fresques, ib. Madeleine au désert, Bologne. — Manière gracieuse et imitant celle de Raphaël; coloris suave; dessin satisfaisant.

NOMS.	ANNÉES DE NAISSANCE ET DE MORT.	LIEU DE NAISSANCE	GENRE.	NOTES HISTORIQUES. — TABLEAUX PRINCIPAUX ET LIEUX OU ILS SE TROUVENT. — OBSERVATIONS.
SCHIAVONE (Grégoire).	1470	DALMATIE.	Hist., fl.. fr., arch., etc.	Élève du Squarcione ; condisciple d'A. Montegna, il adopta une manière qui tient le milieu entre celle de ce dernier et celle de Bellini. — La Vierge et l'Enfant, Berlin. — Presque tous ses tableaux sont de petite dimension, et se font remarquer par des compositions pleines de grâce, et des anges d'une physionomie céleste.
LUIGI (André), dit L'INGEGNO et ANDRÉ D'ASSISE.	1470? 1556?	ASSISE.	Hist. et portr.	Élève de Pierre Pérugin ; aida son maître dans ses travaux les plus importants, à Assise et à Rome. Mort à 86 ans. — La Vierge et l'Enfant, Berlin. — Son talent serait parvenu à une fort grande hauteur s'il n'était devenu aveugle. Figures d'une expression remarquable.
CAROTTO (Jean-François), frère de Jean.	1470 1546	VÉRONE.	Hist., portr., et pays.	Élève de Liberale de Vérone et d'André Montegna, à Mantoue ; travailla à Milan et exécuta des ouvrages qui établirent promptement sa réputation. — Caractère de têtes plein de douceur et de beauté ; bon coloris, dessin satisfaisant.
ALIBRANDI (Jérôme)	1470 1524	MESSINE.	Hist.	Destiné d'abord à l'étude des lois, son penchant l'entraîna vers la peinture ; étudia dans la famille des Antoni ou Antonio, puis alla se perfectionner à Venise, y devint disciple d'Antonello, poursuivit ses études à Milan sous le Vinci et revint dans sa patrie avec un talent remarquable. Mort de la peste. — Beaucoup de grâce, bon coloris, perspective savante.
LIBRI (Jérôme Dai), fils de François, le vieux.	1472 1555	VÉRONE.	Hist. et min.	Élève de son père et de D. Morone ; peignit à l'âge de seize ans un tableau remarquable et devint un des peintres les plus habiles de son temps. — Beaucoup de grâce, de brillant et de fini ; grande perfection dans ses miniatures de livres.
DOSSO (Dossi), frère de Jean-Baptiste.	1474 1558 ou 1560	Près de FERRARE.	Hist. et portr.	Élève de L. Costa. Ami de l'Arioste, qui le célébra comme un des artistes les plus distingués de cette époque ; en reconnaissance, Dosso exécuta le portrait de l'Arioste avec une perfection telle qu'on ne pouvait juger qui du peintre ou du poête avait fait preuve du plus grand talent. — Saint Barthélemy et saint Jean, Rome. Jésus-Christ parmi les docteurs, ib. L'amiral André Doria, ib. L'amour et Psyché, ib. Massacre des innocents, Florence. Bambochade, ib. Repos en Égypte, ib. Vision d'une sainte, ib. Sainte famille, Londres. Judith, Dresde. Un Songe, ib. La Justice, ib. La Paix, ib. Diane et Endymion, ib. Les quatre docteurs de l'Église, ib. Tableaux, Milan. Saint Jérôme, Vienne. Portrait d'Alphonse II, duc de Ferrare, ib. Circoncision, Paris. Deux saintes familles, ib. Conférence sur l'immaculée Conception, Berlin. — Réussit merveilleusement dans les figures ; style original formé par l'étude de la nature jointe à celle des meilleurs maîtres romains et vénitiens.
BUONAROTI (Michel-Ange).	1474 1564	CHATEAU DE CAPRÈSE. (Territoire d'Arezzo).	Hist. et portr.	Reçut les premières notions du dessin de Fr. Granacci ; fut ensuite élève des Ghirlandaï ; d'une famille noble et riche, ses parents se refusèrent d'abord à lui laisser suivre sa vocation, mais les dispositions étonnantes du jeune Michel-Ange les forcèrent bientôt à consentir à son apprentissage ; dès l'âge de quinze ans ses maîtres n'avaient plus rien à lui apprendre, et même il corrigeait leurs dessins. Une telle supériorité lui valut la jalousie de ses condisciples : l'un d'eux, Torregiani, fit

éclater la sienne d'une manière odieuse : un coup de poing qu'il donna à Michel-Ange défigura celui-ci pour toute sa vie, en lui cassant le nez ; la protection spéciale de Laurent de Médicis n'avait pas peu contribué à cette animosité, mais elle l'en vengea bientôt, et Torregiani fut exilé de Florence. Ce fut à cette époque que le grand artiste s'adonna à la sculpture, dont il disait avoir sucé l'amour avec le lait, ayant eu pour nourrice la femme d'un sculpteur. Pierre de Médicis, fils de Laurent, n'hérita ni des talents de son père, ni de son amitié pour Michel-Ange ; il l'occupa pendant tout un hiver au travail ridicule de faire des statues de neige ; le grand homme se retira à Venise pendant la disgrâce des Médicis, se rendit de là à Bologne, et revint à Florence lorsque le calme y fut rétabli ; accepta la protection du cardinal de Saint-George, alla le rejoindre à Rome et n'eut guère à s'en louer. Peu de temps après, le pape Jules II conçut le projet de se faire élever un mausolée et chargea Michel-Ange de cet ouvrage : l'artiste apporta au pontife des dessins magnifiques. Le Bramante, architecte du pape, profita de l'ambition de ce dernier et appuya son projet d'être le fondateur de la grande basilique : dès lors les dessins du mausolée furent oubliés pour ne recevoir une exécution partielle que sous le pontificat de Clément VII. Grâce aux insinuations et à la rivalité du Bramante, la faveur de Michel-Ange diminua sensiblement ; celui-ci, s'en étant aperçu, se retira secrètement à Florence et ne fut qu'après trois mois de menaces et de prières qu'il alla rejoindre Jules II, auprès duquel il rentra promptement en grâce. La jalousie du Bramante fut de nouveau éveillée, et espérant perdre Michel-Ange on le faisant comparer à Raphaël, son protégé, il insinua au pape de confier à Raphaël les peintures de la chapelle Sixtine : ce vain Michel-Ange résista-t-il, il fallut obéir. Alors son génie parut dans tout son éclat ; Raphaël lui-même fut le premier à profiter de la belle manière de son rival : cet admirable ouvrage lui valut l'affection du pape et sa plus grande faveur. Après la mort de Jules II, Léon X l'envoya à Florence pour bâtir la façade de l'église de Saint-Laurent, dont la mort du pape empêcha l'édification. A quarante ans, Buonaroti s'adonna à l'architecture et étudia cet art pendant le court pontificat d'Adrien VI ; il travailla alternativement à Rome et à Florence, pour le pape Clément VII, devint ingénieur pendant le siège de Florence, qu'il soutint pendant un an ; la ville fut prise, les Médicis y rentrèrent, et Clément VII fit d'abord rechercher Michel-Ange en lui promettant l'oubli du passé, mais en lui ordonnant de terminer les monuments des Médicis. Ce fut sous les règnes de Paul III, de Jules III et de Pie V, que Michel-Ange exécuta encore quelques peintures dans la chapelle Sixtine et fit les plans et une grande partie des constructions de la basilique de Saint-Pierre. Tout le reste de sa vie fut employé à des travaux d'architecture ; il termina sa glorieuse carrière à l'âge de 90 ans, et dicta son testament à son neveu Léonard Buonaroti, en ce peu de mots : Je laisse mon âme à Dieu, mon corps à la terre et mon bien à mes parents les plus proches. D'un caractère sérieux et sévère, il réprouva les déportements de son siècle, méprisa toujours le luxe, méconnut même les commodités de la vie ; il fuyait les grands, quoique aimé et recherché par eux. Frugalité, désintéressement, austérité de mœurs, piété profonde, simple et sévère, inflexibilité, mépris de la fortune et même de la gloire ; tels sont les principaux traits de son caractère. Le seul reproche à lui faire, c'est qu'il ne sut pas être assez grand pour cacher en maintes occasions la jalousie que lui inspiraient ses rivaux. — La Vierge agenouillée, Florence. Parques, ib. Sainte famille aux baigneurs, ib. Crucifiement de saint Pierre (fresque), Rome. Conversion de saint Paul (fresque), ib. Jugement dernier (fresque et chef-d'œuvre), ib. Jésus-Christ crucifié, ib. Portrait du peintre, ib. Deux apôtres, ib. Annonciation, ib. Création du monde (fresque et chef-d'œuvre), ib. Le songe de Michel-Ange, Londres. Ganymède enlevé par l'aigle de Jupiter, Saint-Pétersbourg. Jésus-Christ aux Oliviers, Munich. Jésus-Christ à la colonne, Madrid. — Dessin d'une correction et d'une grandeur inimitables ; imitation des formes antiques, qu'il copia sans servilité et à qui il donna les mouvements que semblait son âme vigoureuse ; style terrible et sublime, simple et rempli de sentiment ; un coup d'œil lui passa une partie de sa vie à disséquer non-seulement des hommes, mais différentes espèces d'animaux et particulièrement des chevaux, ses connaissances anatomiques étaient immenses ; originalité parfaite ; pensées grandes et imposantes ; on dirait que le mot grandiose a été inventé pour caractériser sa manière ; draperies extraordinaires et d'une beauté singulière. La chapelle Sixtine renfermant son chef-d'œuvre en peinture, c'est là qu'on peut le mieux étudier le grand homme ; il y a représenté la création et d'autres épisodes du testament : sublime comme ses sujets, il a donné la trace de la plus grande force de l'esprit humain. Les images imposantes de l'austère religion des juifs, le cortège effrayant et sacré des ministres d'un Dieu en courroux, les sibylles, ces prophètes dont les bouches semblent annoncer les rigueurs de ses vengeances, y sont représentés avec cette vérité surnaturelle que le seul Michel-Ange pouvait atteindre. Son génie tout en excellant dans le terrible s'est montré doux et gracieux dans la représentation d'Ève, sortant du néant : ce sont bien les grâces de l'épouse du premier homme, modèle parfait de beauté et de force, grâce sans aucune altération de pose comme lorsqu'elle sortit des mains du créateur ; le plus bel éloge que l'on puisse faire de ces admirables peintures, c'est (il faut le répéter ici), que Raphaël, en les voyant agrandit sa manière. Plusieurs années après, Michel-Ange, peignit dans la même chapelle le jugement dernier, le plus célèbre de ses ouvrages : on entend le son des trompettes divines, annonçant la destruction des mondes orgueilleux, éveillant les morts dans la poussière des tombeaux et rassemblant tous les hommes aux pieds d'un juge terrible ; qu'il nous

NOMS.	ANNÉES DE NAISSANCE ET DE MORT.	LIEU DE NAISSANCE	GENRE.	NOTES HISTORIQUES. TABLEAUX PRINCIPAUX ET LIEUX OU ILS SE TROUVENT. OBSERVATIONS.

représente plaçant ses élus à sa droite et foudroyant les damnés. Les monstres infernaux, les ossements blanchis qui se raniment et se lèvent, les abîmes affreux, les tortures déjà commencées des victimes, tout y est représenté avec un génie qui a fait et qui fera toujours l'admiration de tous les siècles. Pour la couleur, les grâces et le clair-obscur, Michel-Ange doit céder la place à Raphaël. Regardant la fougue et l'élévation des pensées, le grandiose du style et la science du dessin comme la perfection de l'art, il sembla dédaigner les autres branches et ainsi son caractère austère et sérieux se traduisit jusque dans les chefs-d'œuvre que son ciseau et son pinceau léguèrent à la postérité.

MORONI (François), fils de Dominique.	1474 1529	Vérone.	Hist. et portr.	Élève de son père. — Deux Vierges glorieuses, Berlin. La Vierge et l'enfant dans un paysage, ib. — Beaucoup de dessin, de grâce et de charme; coloris vif.
ASPERTINO (Amico).	1474 1552	Bologne.	Id.	On le dit élève de Fr. Francia. Laissa de nombreux ouvrages dans sa patrie, à Rome, à Lucques et dans presque toutes les villes de l'Italie. — Nativité, Berlin. Annonciation, ib. — Talent fécond et aussi bizarre que son caractère. S'appliqua à la sculpture et peignit des deux mains à la fois, ce qui lui valut le surnom du maître aux deux mains.
PULIGO (Dominique)	1475 1527	Naples.	Id.	Élève de Rodolphe Ghirlandaio; refusa les demandes de plusieurs souverains étrangers, afin de rester dans sa patrie; ami d'André del Sarto; il est fâcheux que Dominique travailla moins pour la gloire que pour l'argent. Mort de la peste. — Sainte famille, Rome. Plusieurs saintes familles, Florence. Sainte famille, Madrid. — Dessin médiocre; coloris agréable; manière vaporeuse; beau caractère de têtes; beaucoup de facilité.
AMATO (Jean-Ant.), le vieux.	1475? 1555?	Florence	Hist.	Condisciple des Tesauro, et l'un des peintres les plus remarquables de son école. — La dispute du sacrement, Naples. Deux Vierges, Chiaja. — Graveur.
CAMPI (Galeazzo)	1475 1556	Crémone.	Hist. et portr.	Exécuta plusieurs tableaux d'église pour sa ville natale. — Peintre médiocre.
GENGA (Jérôme).	1476? 1551	Urbin.	Hist., portr. et décor.	Élève de Luc Signorelli; puis de P. Pérugin; ami et compatriote de Raphaël; travailla à Florence, à Sienne; de retour dans sa patrie, y fut employé par le duc Gui Baldo; visita Rome; rappelé par le nouveau duc d'Urbin, François Marie, le suivit à Mantoue; se retira à Césène, accompagna le nouveau duc à Urbin, y fut nommé son architecte, donna d'excellents conseils pour les fortifications de Pésaro et mourut épuisé de travail. — Tableau, Rome. Sainte famille, Florence. — Dessin correct, coloris frais; imagination active et vigoureuse; architecte, sculpteur et musicien; auteur de quelques petits traités sur les arts; excellait dans les décors de théâtre.
GRANACCI (François)	1477 1544	Florence	Hist. et portr.	Élève de Domi. Ghirlandaio; condisciple et ami de Michel-Ange; très-ingénieux et très-habile à diriger les fêtes du carnaval, à Florence. Ne travaillait pas par nécessité. — Vierge glorieuse, Florence. Martyre de sainte Apolline (en six petits tableaux), ib. Sainte famille, ib. Saint Jérôme, Munich. Sainte Apolline, ib. Saint Jean-Baptiste, ib. Madeleine, ib. Vierge glorieuse (avec D. Ghirlandaio), Berlin. Portrait, ib. Vierge entourée de saints, ib. Sainte famille, ib. — Bon coloris; fini précieux; manière large et vigoureuse. Quelques-uns de ses tableaux ont tant de mérite qu'on les prend parfois pour des Michel-Ange.
VECELLI (Tiziano), dit LE TITIEN.	1477 1576	Piève de Cadore.	Hist., portr., pays., etc.	Confié d'abord à la direction de Gentile Bellini, le Titien reconnut bientôt l'insuffisance de son maître, se rapprocha du Giorgion et profita de l'arrivée de quelques peintres flamands dont les tableaux pleins de force et de vérité le firent hésiter un instant entre leur style et celui de l'école italienne. Ayant travaillé en concurrence avec le Giorgion, le Titien triompha de son rival et dès lors commença sa réputation : sa première récompense fut d'être nommé par le sénat, premier peintre de la république. Alphonse d'Este l'employa à Ferrare : à son retour à Venise, Léon X le fit appeler à

Rome, mais le grand artiste refusa son hospitalité ainsi que celle de François I er. L'admiration de ses compatriotes ne connut bientôt plus de bornes : l'Arioste le consultait; l'Arétin, qui narguait les rois, devint le flatteur de l'artiste, et lui obtint l'insigne honneur de peindre Charles-Quint, à Bologne. Ce monarque le combla d'honneurs, lui accorda le titre de chevalier, le diplôme de comte Palatin, et lui montra son admiration et même sa déférence dans toutes les assemblées publiques. En 1545, il céda aux instances de Paul III, se rendit à Rome, y travailla pendant un an pour le pape et pour les Farnèse, connut Michel-Ange, l'admira sans orgueil et sans jalousie, ainsi que l'illustre Raphaël qui ne vivait plus que par ses ouvrages. S'étant arrêté à Florence, en revenant de Rome, le Titien n'y excita aucun enthousiasme, sollicita en vain l'honneur de faire le portrait de Côme de Médicis et se hâta de revenir à Venise. Quoique âgé de 70 ans, il avait conservé toute la vigueur de la jeunesse et ne cessait de produire des chefs-d'œuvre. Deux fois, Charles-Quint l'avait appelé à Augsbourg (1548-1550), puis il l'avait emmené à Inspruck. Vecelli travailla également pour le successeur de ce grand monarque, et c'est ainsi que ses plus belles œuvres se trouvent en Espagne. En 1557, il alla pleurer, loin de Venise, la mort de son ami l'Arétin, s'arrêta à Tercento et à Spilemberg, apprit la mort de son auguste bienfaiteur, Charles-Quint, eut en même temps à déplorer les désordres de son fils Pomponius, et trouva dans le travail la consolation de tous ses chagrins. Il s'occupait encore lorsqu'il succomba à la peste de 1576, âgé de près de cent ans. — Adoration des mages, Milan. Jésus-Christ traîné par le bourreau, Parme. Vierge, Rome. Portrait d'un doge, ib. Sainte famille, ib. Trois grâces, ib. L'amour sacré et l'amour profane, ib. Madeleine, ib. Léda, ib. Portrait : la belle du Titien, ib. Portraits, ib. Sacrifice d'Abraham, ib. Baptême de Jésus-Christ, ib. Femme adultère, ib. Vanité, ib. Madeleine, Naples. Danaé, ib. Paul III et le prince de Parme, ib. Portrait d'Erasme, ib. Portrait de Philippe II, ib. Martyre de saint Pierre de Vérone, Venise. Martyre de saint Laurent, ib. Annonciation, ib. Saint Nicolas, ib. Tobie et l'ange, ib. Descente du saint Esprit, ib. Mort d'Abel, ib. Sacrifice d'Abraham, ib. David et Goliath, ib. Saint Marc, ib. Quatre évangélistes, ib. Quatre docteurs, ib. Saint Christophe, ib. Le Doge Marino Grimani, ib. Visitation de sainte Élisabeth, ib. Déposition, ib. Présentation au temple, ib. Assomption (chef-d'œuvre), ib. Saint Jean Baptiste au désert, ib. Vieille femme, ib. Jésus-Christ traîné par le bourreau, ib. La Vierge et l'Enfant, La Haye. Portrait de Charles V, ib. La femme du Titien, Florence. Vénus au petit chien, ib. Portrait du cardinal Beccadelli, ib. François de la Rovere, duc d'Urbin, ib. La femme du précédent, ib. La Vierge, l'enfant Jésus et sainte Catherine, ib. Le capitaine Jean de Médicis, ib. Portrait : la Flore, ib. La Vénus, ib. Le prélat Beccadelli, ib. Et autres, ib. Madeleine, ib. Christ, ib. Mariage de sainte Catherine; ib. Bacchanale, ib. Portrait de Vésale, ib. Portrait de Philippe II, d'Espagne, jeune, ib. Portrait de l'Arétin, ib. Portrait de Louis Cornaro, ib. Portrait d'un jeune homme inconnu, ib. Concert, Londres. Enlèvement de Ganymède, ib. Madeleine, ib. Alexandre de Médicis, ib. Saint Ignace de Loyola, ib. Portraits, ib. Bacchus et Ariane, ib. Vénus et Adonis, ib. Et autres, ib. Le pape Alexandre VI présente à saint Pierre l'évêque de Paphos, Anvers. Deux portraits d'homme, Bruxelles. La monnaie du tribut, Dresde. Vénus endormie, ib. Portraits, ib. Et autres, ib. Portrait de sa maîtresse, Saint-Pétersbourg. Portrait d'homme, ib. La Madone et l'Enfant, ib. La Vierge et les deux enfants, ib. Une jeune femme devant une glace, ib. Jésus-Christ en contemplation, Madrid. Jésus-Christ aux Oliviers, ib. Saint Jérôme, ib. Ecce homo, ib. Mater dolorosa, ib. Portrait équestre de Charles-Quint, ib. Portrait du peintre, ib. Portrait d'un chevalier de Malte, ib. Diane et Actéon, ib. Diane et Calisto, ib. La gloire, ib. Sisyphe, ib. Portrait de Philippe II, ib. Salomé, ib. Sainte Marguerite, ib. Vénus et Adonis, ib. Prométhée, ib. La foi catholique en Espagne (allégorie), ib. Le péché originel, ib. Déposition, ib. Victoire de Lépante, ib. Bacchanale, ib. Sainte Catherine, ib. Sainte famille, ib. Isabelle de Portugal, ib. Épiphanie, ib. Alphonse duc de Ferrare, ib. Portraits, ib. Et autres, ib. Portrait du peintre, Berlin. Portrait de sa fille Lavinie, ib. La Vierge et l'Enfant, Paris. Deux anges adorant l'enfant Jésus, ib. Sainte famille, ib. Sainte Agnès, ib. Repos de la sainte famille, ib. Les pèlerins d'Emmaüs, ib. Couronnement d'épines, ib. Jésus-Christ porté au tombeau, ib.

NOMS.	ANNÉES DE NAISSANCE ET DE MORT.	LIEU DE NAISSANCE	GENRE.	NOTES HISTORIQUES. — TABLEAUX PRINCIPAUX ET LIEUX OU ILS SE TROUVENT. — OBSERVATIONS.
				Saint Jérôme, Rome. Le concile de Trente, ib. Jupiter et Antiope, ib. Portrait de François Ier, ib. Portrait d'un commandeur de Malte, ib. Portrait du marquis de Guast. ib. Portrait d'Hippolyte de Médicis, ib. Portraits présumés du Titien et de sa maîtresse, ib. Portraits, ib. Lucrèce, Vienne. Portrait d'Ulysse Aldrovandi, ib. Portrait de Jacques Strada, ib. Diane et Calisto, ib. Ecce homo (les personnages sont des portraits), ib. Le pape Paul III, ib. L'apôtre saint Jacques, ib. Portrait de Philippe Strozzi, ib. Portrait d'André Vésale, ib. Portrait d'Isabelle d'Este, ib. Le Sauveur du monde, ib. Jésus-Christ mis au tombeau, ib. Danaé, ib. Portrait de Benoît Varchi, ib. La Vierge et l'Enfant entourés de saints, ib. Portrait du peintre, ib. Portrait de l'électeur Jean-Frédéric, ib. Sainte famille, ib. Portrait de Charles-Quint, ib. La femme adultère, ib. Plusieurs allégories, ib. Épiphanie, ib. Lucrèce, ib. Sainte Catherine, ib. Paysage : le songe de Jacob, ib. Portraits, ib. Et autres, ib. Adoration de l'enfant Jésus, Munich. Portrait de l'Arétin, ib. Portrait de l'amiral Grimani, ib. Portrait de Charles-Quint, ib. Vénus et une bacchante, ib. La sainte famille et le donateur, ib. La Vierge et l'Enfant, ib. Jupiter et Antiope, ib. Portraits, ib. Galatée sur une conque marine, Bordeaux. Vénus endormie et deux Satyres, ib. La femme adultère (attribué), ib. — Choix sévère de figures et de détails ; peintre inimitable de la nature, excella à exprimer les nuances les plus délicates, les sentiments les plus opposés ; son talent varié brilla tour à tour dans les sujets sacrés, profanes, mythologiques et champêtres ; à toutes ses qualités, plus que suffisantes pour constituer le grand peintre, le Titien réunit celle d'être le premier coloriste de l'Italie ; en vain a-t-on examiné, sacrifié même quelques-uns de ses tableaux, personne n'a pu découvrir son secret, et l'œil le plus exercé se flatterait en vain de suivre les traces d'un pinceau dont on ne peut assez admirer les prodiges. Le Titien, par son exemple, détacha les Vénitiens de l'imitation servile des anciens, sans dédaigner toutefois leurs chefs-d'œuvre. Dans ses compositions rien n'est inutile, et tout paraît nécessaire ; on n'oserait supprimer les moindres accessoires sans craindre de nuire à l'harmonie de l'ensemble. L'expression de ses figures est inimitable : il ne se bornait pas à saisir le caractère d'une passion ; il la nuançait de plusieurs manières en marquant, pour ainsi dire, les degrés de souffrance ou de joie des différents acteurs. Non moins renommé dans ses portraits, l'histoire nous apprend qu'ils étaient d'une ressemblance admirable en ce qu'ils dépeignaient l'homme moral en même temps que l'homme physique : c'est beaucoup, sans doute, de retracer la physionomie, mais c'est bien un autre mérite de laisser sur les traits, l'empreinte ineffaçable des vertus et des vices. Préférant le bonheur domestique aux jouissances de la fortune et de la gloire, aussi modeste que plein de génie, sa belle âme ne se laissa point corrompre par les louanges de l'Arétin, ni par les honneurs dont il fut accablé. On peut lui reprocher d'avoir renvoyé de son école le Tintoret dont les progrès excitaient sa jalousie ; du reste, il répara cette erreur en se faisant remplacer par lui dans les travaux importants qu'il devait exécuter.
BARBARELLI (George), dit LE GIORGION.	1477 1511	CASTEL-FRANCO.	Hist. et port.	Élève de Jean Bellini, cultiva la musique avant de devenir peintre ; travailla beaucoup pour les façades des maisons ; ayant admis dans son école et comblé de bienfaits Pierre Luzzo de Feltre, celui-ci lui enleva sa maîtresse ; Barbarelli, qui en était éperdument amoureux, ne put oublier cette ingratitude et cette infidélité et mourut de chagrin à la fleur de son âge. — Descente de Jésus-Christ aux limbes, Venise. Les trois portraits, ib. Tempête apaisée par saint Marc, ib. Portrait d'un noble Vénitien, ib. Hérodiade recevant la tête de saint Jean, Rome, Plusieurs portraits, ib. David, ib. Le général Gattamelata, Florence. Moïse à l'épreuve des charbons ardents et de l'or, ib. Jugement de Salomon, ib. Société de saints, ib. Portrait d'un chevalier de Malte, ib. Nymphe et Satyre, ib. Moïse, ib. Concert, ib. Martyre de saint Pierre le Dominicain, Londres. Un homme revêtu d'une armure, ib. Portraits, ib. Diane et Actéon, ib. Sainte famille, ib. Un berger, ib. Et autres, ib. Portrait d'un jeune homme, Bruxelles. Adoration des bergers, Dresde. Jacob saluant Rachel, ib. Portrait du prince de Salerne, Naples. Portrait d'homme, Saint-Pétersbourg. Les géomètres orientaux (avec Sébastien del Piombo), Vienne. Un guerrier, ib. Madeleine chez le Pharisien, ib. L'apôtre saint Jean, ib. David vainqueur de Goliath, ib. Résurrection, ib. Portraits, ib. David vainqueur de Goliath, Madrid. Sujet mystique, ib. Portrait du peintre, Munich. La Vanité, ib. Portrait de deux hommes, Berlin. Salomé reçoit la tête de saint Jean, Paris. Ex voto, ib. Concert champêtre, ib. Portrait de Gaston de Foix, duc de Nemours, ib. — Pinceau libre et hardi ; manière grande et noble ; un des meilleurs peintres de portraits de son temps ; on le reconnaît à ses airs de têtes et à la bizarrerie des draperies, des armures, des chevelures et des panaches ; chercha à corriger la dureté de ses prédécesseurs ; couleur harmonieuse.
GIAN NICCOLA de Pérouse.	1478? 1544	PÉROUSE.	Id.	Élève de Pierre Pérugin ; souvent employé par son maître. — Saint Sébastien, Berlin. Saint George, ib. — Bon coloris.
SAN-GIORGIO (Eusèbe).	1478? 1550?	Id.	Id.	Élève de Pierre Pérugin. — Dessin de son maître ; teintes faibles.
RAZZI (Jean-Ant.), dit le chevalier SODOMA.	1479? 1554	VERCEIL (Viémont) ou VERCELLI (Sienne).	Id.	Étudia d'abord à Sienne et acquit dans cette ville le droit de Bourgeoisie ; travailla à Rome, sous le pontificat de Jules II ; Vasari, par une injuste prévention, traite ce grand peintre d'artiste médiocre ; aussi Razzi conçut-il une profonde aversion pour les écrits de Vasari, ce qui augmenta l'animosité de ce dernier contre l'émule de Michel-Ange, son maître. Le Sodoma a laissé de ses ouvrages à Pise, à Lucques et à Volterra. — Histoire de saint Benoît, Monte-Oliveto. Noces de Roxane, Rome. Mariage de sainte Catherine, ib. Épiphanie, Vienne. Flagellation, ib. Évanouissement de sainte Catherine de Sienne (fresque), ib. Jésus-Christ arrêté par des soldats, Florence. Saint Sébastien, ib. Ecce homo, ib. Épiphanie, Saint-Pétersbourg. Sainte famille, Vienne. Même sujet, Munich. Jésus-Christ couronné d'épines, Berlin. Jésus-Christ mort sur les genoux de sa mère, ib. — Clair-obscur savant, belle perspective, invention riante et douce ; ses groupes d'amours lançant des flèches donnent un grand charme à quelques-unes de ses compositions. Beaucoup de variété dans les airs de tête ; intelligence du nu et belle expression.
SABBATINI (André), dit ANDRÉ de SA-LERNE.	1480? 1545	SALERNE.	Id.	Élève de Raphaël, à Rome ; aida son maître dans quelques-uns de ses ouvrages ; travailla beaucoup à Naples, orna de ses tableaux la plupart des églises de sa patrie et fut ami du Caravage qu'il introduisit auprès des meilleures familles de Naples. — Assomption, Naples. Descente de croix, ib. Saint Martin faisant l'aumône au diable, ib. L'adoration des mages et la religion sur le trône (un seul tableau en deux parties), ib. — Habile imitateur de la manière de son maître ; bon dessin ; choix heureux dans l'expression et les attitudes ; ombres trop chargées et muscles trop marqués ; draperies bien disposées ; coloris frais.
MARCHESI (Jérôme) dit de COTIGNOLA.	1480? 1550?	COTIGNO-LA (État de l'É-glise).	Id.	Élève de Fr. Francia et de Raphaël ; s'occupa à Bologne, à Rome et à Naples. — Ginevra Sforza devant le trône de la Vierge, Pesaro. Saint Jérôme, Saint-Marin. Saint Bernard donnant les statuts de son ordre, Berlin. Mariage de la Vierge, Bologne. La Vierge, l'enfant, des anges et des saints, ib. — Dessin trop sec, coloris agréable, têtes majestueuses, draperies bien entendues ; style inégal. Quelques-uns de ses portraits sont estimés.
GIROLAMO de Padoue, dit GIRO-LAMO DEL SANTO.	1480? 1550?	PADOUE.	Miniat.	Détails inconnus. — Dessin faible, expression peu heureuse, accessoires soignés, grande exactitude dans l'observation des usages anciens.

NOMS.	ANNÉES DE NAISSANCE ET DE MORT.	LIEU DE NAISSANCE	GENRE.	NOTES HISTORIQUES. TABLEAUX PRINCIPAUX ET LIEUX OU ILS SE TROUVENT. OBSERVATIONS.
FRANCUCCI (Inno-cent), dit d'IMOLA.	1480? 1550?	Imola.	Hist. et portr.	Demeura plusieurs années à Florence avec Mariotto Albertinelli, retourna ensuite dans sa patrie et alla se fixer à Bologne. Mort d'une fièvre pestilentielle, à la suite d'un travail excessif. — Sainte famille, Rome. La Vierge, l'enfant Jésus et saint Jean, Dresde. Vierge glorieuse, Bologne. Ex voto, ib. Vierge glorieuse , Berlin. Même sujet, Munich. Mariage de sainte Catherine , Saint-Pétersbourg. — Beaucoup de soin et de netteté. Quelques auteurs le font mourir à 56 ans.
CIMA (Jean-Baptiste) dit IL CONEGLIA-NO.	1480? 1520?	Cone-gliano.	Id.	Élève de Jean Bellini; on ignore l'année de sa naissance; d'après les auteurs anciens il travaillait encore en 1517 et mourut jeune; c'est ce qui fait supposer qu'il est venu au monde vers 1480 ; son fils , Charles , cultiva la peinture avec succès. — Saint Jean-Baptiste, Venise. Saint Thomas tou-chant les plaies , ib. Vierge glorieuse, ib. Sainte conversation , Florence. Présentation de Marie au temple, Dresde. Tableau, Milan. La Vierge et l'enfant, Bologne. La Vierge, l'enfant Jésus et autres saints dans un paysage, Vienne. Portrait de Jean Bellini, Berlin. La Vierge et l'enfant, ib. La Vierge et l'enfant bénissant le donateur, ib. La Vierge et l'enfant entourés de saints, ib. La Vierge, l'enfant Jésus, saint Jérôme et la Madeleine , Munich. La Vierge, l'enfant Jésus, saint Jean et la Madeleine , Paris. — Bonne imitation de la nature, composition vive et gracieuse; bon coloris. Moins de délica-tesse que son maître.
BADILE (Antoine).	1480 1560	Vérone.	Id.	Élève de N. Golfino. Il eut la gloire de donner des leçons à Paul Véronèse, qui était son neveu. — Renommé pour avoir le premier exécuté des tableaux réguliers, où il s'affranchit de l'ancienne manière.
TISIO (Benvenuto), dit LE GAROFALO	1481 1559	Ferrare.	Id.	Élève de quelques mauvais peintres; se rendit à Rome, à vingt-cinq ans, y étudia avec ardeur et fruit l'illustre Raphaël; on dit que dans les vingt dernières années de sa vie, le Garofalo employait tous les dimanches et jours de fête à peindre gratuitement pour les églises et les monastères. — Sibylle devant Auguste, Rome. Descente de croix, ib. Conversion de saint Paul, ib. Vierge entourée de saints, ib. Annonciation, ib. Deux saintes familles, ib. Sainte Lucie, ib. Vierge dans la gloire, ib. Jésus-Christ mort, Naples. Épiphanie, ib. Annonciation, Florence. Saint Jacques, ib. Sibylle devant Auguste, ib. Sainte famille, ib. Vision de saint Augustin, Londres. Sainte famille entourée d'anges et de saints, ib. La Vierge et l'enfant, sainte Cécile , saint Bernard et saint Antoine, Dresde. Allégorie sur André Doria, ib. Et autres, ib. Sainte famille, Saint-Pétersbourg. Jésus-Christ au tombeau, ib. La Samaritaine , ib. La Madone et l'Enfant, ib. La femme adultère, ib. La Vierge et l'Enfant, saint Michel et saint Jean-Baptiste, Munich. La Vierge et l'Enfant, ib. Portrait d'homme, ib. Un homme jouant de la flûte, ib. Jésus-Christ mort, Berlin. Annonciation, ib. Saint Jérôme se donnant la disci-pline, ib. Épiphanie, ib. Ascension, ib. Deux saintes familles, Paris. Sujet mystique, ib. Sommeil de Jésus , ib. Portrait du peintre , ib. Le même plus âgé, ib. — Un des plus célèbres imitateurs de Raphaël; son surnom lui vient d'un œillet qu'il plaçait dans presque tous ses tableaux. Composition savante; étudiée, animée, douceur exquise, grâce peut-être un peu affectée; coloris moelleux, effet souvent vigoureux.
SANGALLO (Bastiano da), dit ARISTO-TILE.	1481 1551	Florence	Persp.	Élève de Pierre Pérugin et de Raphaël dont il fut aussi l'ami. Travailla beaucoup pour les Médicis. Fit de magnifiques peintures pour des arcs de triomphes, gradins, etc. Vers la fin de ses jours il eut la douleur de se voir préférer Salviati. — Génie peu inventif. Comme il aimait à causer avec gravité sur la perspective et l'anatomie, sciences qu'il connaissait à fond, on le surnomma Aristote.
PERUZZI (Baltasar).	1481 1536	Accajano. (Diocèse de Volterre).	Hist.	Étudia à Sienne ; puis à Rome , d'après Raphaël, quelques-uns disent sous ce grand maître; fut chargé par Léon X , de peindre les décorations de son théâtre; appelé à Bologne pour y refaire la façade de l'église de Saint-Pétrone ; fit les plans des fortifications de Sienne; commençait , par ses travaux, à jouir de l'aisance, lorsque pendant le sac de Rome, en 1527 , il fut fait prisonnier par les Espagnols, accablé de mauvais traitements et obligé par les soldats , pour reconquérir sa liberté, de faire le portrait de leur général , le Connétable de Bourbon , qui venait d'être tué ; surpris par un parti ennemi, à son retour à Sienne et dépouillé de tout ce qu'il avait, son talent le remit bientôt dans ses affaires et la ville même pourvut à sa subsistance. Retourna à Rome, s'y livra de nouveau à l'architecture et aux mathématiques; le pape Paul III lui avait confié l'exécution de la Basilique de Saint-Pierre, conjointement avec Antoine de Saint-Gallo, lorsqu'il mourut : la plupart des auteurs accusent ses ennemis de l'avoir empoisonné. Peruzzi laissa sa femme et ses jeunes enfants, pour ainsi dire dans la misère. — La Sibylle prédisant à Auguste l'enfantement de la Vierge (fresque), Sienne. Présentation de la Vierge au temple, Rome. Mosaïques, ib. Sainte famille, Florence. — Il serait regardé comme un des plus grands maîtres italiens s'il avait plus souvent composé qu'imité; dessin excellent; coloris médiocre; exécution inégale que l'on attribue à sa vie agitée; composition féconde et savante. Ses dessins sont très-recherchés. Célèbre architecte.
MAZZOLINI ou MA-LINI (Louis), dit MAZZOLINI DA FERRARA ou IL FERRARESE.	1481 1530?	Ferrare.	Hist. et portr.	Élève de Laurent Costa. — Jésus-Christ enfant, Rome. Nativité, ib. Épiphanie, ib. Jésus-Christ au tombeau , ib. La Nativité, Florence. Circoncision, ib. La Vierge et l'Enfant entourés de saints, ib. La femme adultère, ib. Adoration de l'enfant Jésus, Bologne. Le père éternel, ib. Jésus-Christ au milieu des docteurs, Berlin. Sainte famille, ib. Triptyque, ib. Circoncision, Vienne. Massacre des innocents, La Haye. Sainte famille, Londres. Saint François adorant l'enfant Jésus, ib. Soldat turc à cheval, ib. Sainte famille dans un paysage, Munich. Sainte famille , Paris. — Excella dans les petites figures , fini incroyable, soin parfait; têtes vives et naturelles, mais peu choisies, surtout celles des vieillards, coloris foncé et peu moelleux. Réussit moins dans les grandes compositions.
BUGIARDINI (Julien).	1481 1556	Florence	Id.	Élève de M. Albertinelli; travailla avec Michel-Ange, le Granacci et D. Ghirlandaio. — Vierge allaitant, Florence. Saint Jean-Baptiste au désert, Bologne. Mariage de sainte Catherine , ib. La Vierge et l'Enfant entourés de saints, Berlin. Sainte famille, ib. Lucrèce, ib. Les fils de Jacob vengent le rapt de leur sœur Dina, Vienne. — Esprit peu inventif; exécution soignée ; dessin parfois très-correct.
CAMPAGNUOLA (Do-minique).	1482 1550	Venise.	Id.	Élève et imitateur du Titien et de Jules Campagnuola, son parent. — Le Sauveur entre Aaron et Melchisédech, Padoue. Les saints protecteurs de Padoue, ib. Enfant ressuscité par saint Antoine, ib. Les Évangélistes, ib. La libéralité, Dresde. Buste, Florence. Adam et Ève, ib. — Touche libre et savante, coloris frais et animé, beaucoup de naturel et de verve poétique. Graveur sur bois et à l'eau-forte.

NOMS.	ANNÉES DE NAISSANCE ET DE MORT.	LIEU DE NAISSANCE	GENRE.	NOTES HISTORIQUES. TABLEAUX PRINCIPAUX ET LIEUX OU ILS SE TROUVENT. OBSERVATIONS.
BIGIO (Marc-Antoine) dit le FRANCIA-BIGIO.	1482 ou 1483 1524	FLORENCE	Hist. et portr.	Élève de M. Albertinelli ; ami d'André del Sarto, il fut longtemps associé avec ce grand artiste et ensuite devint son rival. Son frère, Agnolo, fut son élève. — Temple d'Hercule, Florence. La Vierge, l'enfant Jésus, saint Jean et saint Job, *ib.* Portrait d'homme, *ib.* La calomnie d'Apelle, *ib.* David observant Bethsabée, Dresde. Portrait d'homme, Berlin. Mariage de la Vierge, *ib.* — Belle expression : ornements d'architecture supérieurement traités ; composition bien entendue ; excella dans les fresques ; talent très-gracieux.
CESARIANO (César).	1483 1543	MILAN.	Hist. et minia.	Élève de L. de Vinci ; également architecte.
VECELLI (François), frère du Titien.	1483	CADORE.	Hist.	Élève de son frère ; passa sa jeunesse à l'armée ; le Titien le fit renoncer à la peinture pour le commerce ; mort avant son frère, dans un âge avancé. — Annonciation, Venise. Jésus-Christ montré au peuple, Dresde. La Vierge et l'enfant sur un trône et entourés de saints, Berlin. — S'il avait pu commencer à peindre plus tôt il aurait fait un bon maître.
BIANCUCCI (Paul).	1483 1553?	LUCQUES.	Id.	Élève de Guido Reni. — Imita la manière de son maître et surtout celle du Sasso Ferrato.
ALFANI (Dominique DI PARIS).	1483	PÉROUSE.	Hist. et portr.	Élève de Pierre Pérugin ; laissa de nombreuses productions à Pérouse et dans les environs. — La Vierge, l'enfant Jésus, sainte Élisabeth et saint Jean, Florence. Sainte Vierge avec deux anges, Rome. — Nommé quelquefois : Pâris de Pérouse.
RAPHAEL (Sanzio), dont le nom patronymique est DEL SANCTO ou DE' SANTI.	1483 1520	URBIN.	Id.	La famille des Sanzio était ancienne à Urbin et se recommandait par une succession de citoyens distingués dans plus d'une profession. Jean Sanzio, père de Raphaël, était lui-même un peintre assez médiocre, mais qui eut du moins le mérite de deviner la vocation de son fils et de ne la point contrarier ; s'apercevant des dispositions extraordinaires que manifestait Raphaël, Jean Sanzio

entreprit le voyage de Pérouse et confia son enfant aux soins éclairés de Vanuci, dit le *Perugin*, qui prévit dès son élève les plus hautes destinées comme peintre ; plusieurs années se passèrent, et Raphaël en était déjà arrivé à copier les tableaux de son maître avec une telle perfection que les meilleurs connaisseurs eux-mêmes ne pouvaient distinguer l'original de la copie. Le hasard lui offrit une occasion de se distinguer en travaillant sans le secours de son maître qu'un voyage appelait loin de Pérouse. Raphaël, pendant son absence, fit le tableau qui commença sa réputation et qui fut destiné à l'église du Città di Castello. Ce tableau est le Saint-Nicolas de Tolentin, qu'il peignit à l'âge de dix-sept ans. Il fit vers la même époque (1500) une sainte famille où l'on trouve cette inscription : R. S. V. Æ. XVII P. *Raphael Sanctius Urbinus anno ætatis* 17 *pinxit*. C'est la première pensée d'une composition qu'il a répétée dans la suite avec quelques changements. Dès 1505 , il fut chargé de reproduire en tableaux les principaux faits de la vie de Pie II, dans la cathédrale de Sienne ; il déploya tant de génie dans l'exécution de cette œuvre que le Bramante l'appela à Rome, près de Jules II pour décorer de fresques les salles du Vatican ; il mit plusieurs années à exécuter cette immense tâche pendant que Michel-Ange travaillait à la chapelle Sixtine. Cette concurrence fit naître entre les deux artistes une rivalité que quelques historiens, guidés par de faux renseignements, ont fait tourner au profit des mauvaises passions. Le Bramante mort (1514), Raphaël fut chargé de diriger les travaux d'art qui s'exécutaient à Rome. Aussi grand architecte que peintre, il fit construire la cour *des loges* et traça pour la basilique de Saint-Pierre un plan qui n'a jamais reçu son exécution. François 1er s'efforça d'attirer ce célèbre artiste en France et n'ayant pu réussir il obtint de lui quelques ouvrages que la France possède encore. On a prétendu à tort que Raphaël a profité des dessins de Michel-Ange, les historiens ont démontré l'absurdité de ce reproche. Le tableau *del Spasimo di Sicilia* de Raphaël a subi les plus extraordinaires vicissitudes : Le vaisseau qui devait le conduire à Palerme fut battu sur les côtes d'Italie d'une violente tempête, y échoua et s'ouvrit en donnant contre un écueil. Tout périt, hommes et marchandises. Une sorte de miracle sauva le tableau. La caisse qui le renfermait portée par les flots sur les côtes de Gênes, y fut repêchée. On l'ouvrit et on trouva la peinture intacte. Il fallut toute la protection de Léon X pour que le tableau fut restitué au couvent de Palerme. Depuis il passa en Espagne d'où il alla en France (1810) et d'où il retourna enfin en Espagne. Tout le monde connaît ses amours avec la belle Fornarina. Épuisé par une vie trop dissipée, Raphaël mourut à l'âge de trente-sept ans, léguant aux arts une nombreuse école formée par ses conseils. Une coïncidence assez bizarre a été remarquée dans la vie de Raphaël ; c'est qu'il naquit et mourut le vendredi Saint, jour pour jour à trente-sept ans de distance. — Cartons de l'école d'Athènes, de la bataille du pont Milvius, Milan. Mariage de la Vierge, *ib.* Jésus-Christ dans une gloire, Parme. Sainte Cécile en extase, Bologne. Portrait de Jules II , Florence. Portrait de la Fornarina, *ib.* Sainte Famille, *ib.* Vierge au Chardonneret, *ib.* Saint Jean au désert, *ib.* Portraits, *ib.* Vision d'Ézéchiel, *ib.* Sainte famille dell' Impannata, *ib.* Madone du Baldaquin, *ib.* Madone del Viaggio, *ib.* Vierge à la chaise, *ib.* Portrait de Léon X , *ib.* Les loges (en cinquante-deux tableaux), Rome. Les chambres, *ib.* Vierge au donataire, *ib.* Transfiguration (sur bois), *ib.* Déposition, *ib.* Portrait de César Borgia, *ib.* Portrait de Bartole et de Baldus , *ib.* Madone de Foligno (sur bois), *ib.* Couronnement de la Vierge (sur bois), *ib.* Les Mystères, *ib.* Le joueur de violon, *ib.* Les vertus théologales, *ib.* Saint Luc faisant le portrait de la Vierge, *ib.* Sacrifices, noces de Roxane (fresques), *ib.* Sainte famille, Naples. Madone, *ib.* Portrait d'un cardinal, *ib.* Portrait de Tibaldi, *ib.* La Madonna di Sisto , Dresde. Portrait du pape Jules II, Londres. Sainte Catherine d'Alexandrie, *ib.* Le massacre des Innocents, *ib.* Sainte famille dans un paysage, Munich. Portrait du peintre, *ib.* Sainte famille, *ib.* Baptême de Jésus-Christ , *ib.* Descente de croix, *ib.* L'archange Michel, *ib.* Résurrection , *ib.* Madone *del Tempio*, *ib.* Repos en Égypte, Vienne. Sainte Catherine, *ib.* Sainte famille dans un paysage , *ib.* Jésus-Christ et les protecteurs de Pérouse, Berlin. La Vierge lisant , *ib.* Saint Jérôme adorant l'enfant Jésus , *ib.* Sainte famille au tombeau, *ib.* La Vierge et l'enfant, *ib.* Naissance de Jésus-Christ, *ib.* Judith, Saint-Pétersbourg. Sainte famille, *ib.* Cène, *ib.* Visitation, *ib.* Sainte famille connue sous le nom de la *belle jardinière*, Paris. Sommeil de Jésus, *ib.* Saint Michel terrassant le démon, *ib.* La Vierge et l'enfant Jésus , *ib.* Sainte famille, *ib.* Saint Michel combat des monstres, *ib.* Saint George et le dragon , *ib.* Portrait de Raphaël et de son maître d'armes, *ib.* Portrait de Jeanne d'Aragon, *ib.* Portrait du comte Balthasar Castiglione, *ib.* Portrait d'un jeune homme, *ib.* Portrait d'homme, *ib.* Sainte Marguerite, *ib.* Sainte famille dite *de l'agnus Dei*, Madrid. Sainte famille dite *de la Perle*, *ib.* La Vierge au poisson, *ib.* Jésus-Christ succombant sous la croix (tableau célèbre connu sous le nom de : *Spasimo di Sicilia*), *ib.* Sainte famille dite *de la Rose*, *ib.* Visitation, *ib.* Portrait d'un cardinal, *ib.* Portrait d'homme, *ib.* Saint Jean écrivant l'Apocalypse, Marseille. — La carrière du plus grand des artistes présente une limite étroite de quatorze ans en partant de la maturité de son génie (1506) à sa mort, et cependant on croit que le nombre de ses œuvres se monte à plus de quatorze cents ! Dessin d'une correction et d'une pureté admirables, expression de figures que lui seul ait comprise et qu'il sut rendre avec tant de chasteté et de vérité. Étude savante de l'antique, imagination pleine de poésie, de force et de judicieux mouvements, exécution supérieure à tout. Il serait fort difficile de préciser d'une manière nette et caractéristique le genre de mérite de Raphaël ; ce serait vouloir définir la nature elle-même dont il a été constamment l'interprète. Les contemporains de ce grand homme, après lui avoir reconnu le mérite éminent du dessin, de l'expression et de la composition attaquèrent son coloris. Quels sont les ouvrages qui après avoir subi les attaques de trois siècles brilleront de cette force et de cette harmonie de couleurs que nous connaissons aux œuvres de Raphaël ? Dans ses portraits il se montre gracieux et puissant et n'a point de rival. On en possède une trentaine à l'huile, parmi lesquels on distingue le sien , si répandu en Europe, par toutes sortes de procédés de gravure et de typographie. On peut diviser en trois classes les différents aspects sous lesquels Raphaël a peint ses Vierges et pour lesquelles il a épuisé pour ainsi dire toutes les expressions de la grâce et de la tendresse religieuses. 1o *Simples madones*, tableaux faits, pour la plupart, pour des particuliers où la Vierge est seule avec l'enfant Jésus, et quelquefois avec le petit saint Jean. Telle est celle qu'on appelle, à Florence, *la Madona della Seggiola*. 2o *Saintes familles*, tableaux de famille qui comprennent souvent sept à huit personnes. La plus belle de toutes est celle qu'il fit pour François 1er et qu'on voit à Paris , et 3o *Vierges* avec l'enfant Jésus apparaissant à de saints personnages comme la Vierge au Poisson. Raphaël est le seul artiste qui se soit porté par la puissance de son génie à un si haut degré de célébrité. Sa position sociale était telle que l'homme le plus ambitieux pourrait la désirer. Ami des plus grands hommes de son époque, il menait l'existence d'un roi et ne dut sa royauté qu'à son immense génie. On peut consulter pour plus de détails, *l'Histoire de Raphaël*, par Quatremère de Quincy.

NOMS.	ANNÉES DE NAISSANCE ET DE MORT.	LIEU DE NAISSANCE	GENRE.	NOTES HISTORIQUES. TABLEAUX PRINCIPAUX ET LIEUX OU ILS SE TROUVENT. OBSERVATIONS.
LICINIO (LE CHEVA-LIER JEAN-ANTOINE), dit LE PORDENONE.	1483 1539 ou 1540	PORDE-NONE (Frioul).	Hist. et portr.	Étudia la peinture à Udine et se forma d'après les tableaux du Giorgion. Crémone, Plaisance et Venise s'embellirent de ses ouvrages : dans cette dernière ville, le Pordenone se surpassa ; la rivalité qui existait entre le Titien et lui l'aiguillonnait sans cesse ; il ne peignait jamais que l'épée au côté et une rondache près de lui. Comblé d'honneurs par Charles-Quint, qui lui accorda le titre de cheva-lier ; appelé à la cour d'Hercule II, duc de Ferrare, le Pordenone y mourut empoisonné peu après son arrivée. Le véritable nom de sa famille était Sacchiense Corticelli ; mais un de ses frères l'ayant blessé à la main, dans un mouvement de colère, le Pordenone abandonna tous les noms de sa famille et se fit appeler Regillo — Portrait du peintre, Rome. Portraits, ib. Portrait d'homme, Florence. Chute de saint Paul, ib. Judith, ib. Sainte Conversation, ib. Élection de saint Mathieu, Dresde. La famille du peintre, Londres. Sainte famille, ib. Judas trahissant le Christ, ib. Portraits, ib. Saint Martin, Venise. Saint Christophe, ib. Saint Sébastien (fresque), ib. Portrait du peintre au milieu de cinq de ses élèves, ib. Société de musiciens, Munich. Mort d'Abel, Madrid. La Vierge et l'Enfant entre saint Roch et saint Antoine, ib. Vierge glorieuse, Berlin. La femme adultère, ib. — Talent décidé, fier et élevé ; nus dessinés avec correction ; perspective savante. Dans ses peintures à fresque, il n'est pas toujours également correct et étudié et le choix de ses figures d'hommes est d'une plus belle nature que celui de ses femmes ; mais la conception est vigoureuse, pleine de variété, de hardiesse et de facilité ; il ne recule devant aucune difficulté, ne craint pas les raccourcis les plus neufs et les plus hardis, et détache ses figures de ses fonds par les contrastes les plus frappants. La nature, dans ses compositions, est quel-quefois sacrifiée à la manière ; effets magiques du clair-obscur.
RAMENGHI (BARTHÉ-LEMY), le vieux, dit le BAGNACAVALLO.	1484 1542	BAGNACA-VALLO.	Hist. et portr.	Se rendit à Rome , y eut peu de succès et revint à Bologne où il fut en rivalité avec Amico et Jérôme Cotignuola et Innocent d'Imola. Sa conduite et ses ouvrages le mettent au-dessus de ces divers concurrents ; le Bagnacavallo eut quatre peintres dans sa famille : son fils Jean-Baptiste, le vieux, aida Vasari, à Rome, le Primatice, en France et mourut en 1601 ; son neveu, Barthélemy, le jeune, peignit les ornements ; Jean-Baptiste, le jeune, fils de ce dernier, travailla en 1622, et Scipion , fils de Jean-Baptiste , le vieux, qui excella dans les ornements et la perspective. — La Vierge et l'Enfant Jésus, entourés de saints, Dresde. Sainte famille avec sainte Catherine , Naples. Sainte famille entourée de saints , Bologne. Sainte Agnès, saint Pétrone et saint Louis, Berlin. — Manière souple et ferme ; dessin pur ; composition sage.
BECCAFUMI (DOMINI-QUE), dit MECHE-RINO.	1484 1549	Près de SIENNE.	Hist., portr. et effets de lumière.	Fils d'un pauvre ouvrier nommé Paccio ou Mecherino à cause de sa petite taille ; berger adopté et protégé par un riche particulier nommé Beccafumi. Rival heureux du Sodoma ; estimé pour ses talents et sa conduite ; peignit à Gênes, pour le prince Doria ; s'appliqua à la sculpture et mourut d'un excès de travail. — Sainte famille , Rome. Même sujet, Florence. Continence de Scipion , ib. Sainte famille , Berlin. Même sujet , Munich. — Composition ingénieuse, dessin hardi, coloris agréable ; beaucoup de facilité ; effet trop maniéré, manque de grandeur et de noblesse ; peintre à l'huile , à la détrempe et à fresque. Grava sur bois et en clair-obscur les figures des douze apôtres.
FERRARI (GAUDENZIO) LE MILANAIS.	1484 1550	VALDUGIA (Milanais).	Hist. et portr.	Élève d'André Scotto, puis de Pierre Pérugin ; ami et compagnon de Raphaël ; travailla pour le Vatican. — Une vision, Rome. La femme adultère, ib. La sainte Vierge, ib. La crèche, ib. La sainte Vierge, Bruxelles. Tableaux, Milan. Saint Paul méditant, Paris. Portrait d'homme, Berlin. La crèche , ib. — Coloris vif et agréable, composition noble, attitudes gracieuses, carnations variées, excellait dans les draperies ; un des plus célèbres artistes de son époque.
SEMINI (ANTOINE).	1485? 1550	GÊNES.	Id.	Élève de Louis Bréa ; travailla beaucoup avec Teramo Piaggia (voir ce nom), auquel le liait une étroite amitié ; les deux artistes signèrent leurs ouvrages de leurs deux noms ; peignait encore en 1547 ; regardé comme le Pérugin de son école. — Martyre de saint André (avec Teramo), Gênes. Déposition de croix, ib. Nativité, Savone. Jésus-Christ crucifié on ne désigne pas à quel Semini appartient ce tableau, Florence. — Beaucoup de vivacité dans les têtes ; coloris agréable et harmo-nieux ; draperies faciles ; composition satisfaisante quoiqu'un peu diffuse.
PENSABEN (FRÈRE MARC).	1485? 1550		Hist.	Religieux dominicain ; appelé de Venise à Trévise, il s'éloigna secrètement de son couvent, vers 1521 ; on le retrouva et il resta dans son ordre jusque vers 1550, époque à laquelle on perd ses traces dans l'histoire. — École des Bellini et peintre d'un grand mérite.
LUCIANO (SÉBASTIEN) dit FRA SÉBASTIA-NO DEL PIOMBO.	1485 1547	VENISE.	Hist. et portr.	Élève de Jean Bellini, puis du Giorgion ; embrassa la vie religieuse et reçut son surnom lorsqu'il fut pourvu de la charge de scelleur des brefs à la chancellerie pontificale ; s'appliqua d'abord à la musique, abandonna cet art pour la peinture ; se rendit à Rome, y fut protégé par Michel-Ange et peignit en concurrence avec B. Péruzzi et Raphaël lui-même ; cette dernière rivalité avait été suscitée par Michel-Ange que son génie ne mettait pas à l'abri d'un peu de jalousie ; mais Sébastien ne pou-vait lutter avec le roi de la peinture et ce ne fut qu'auprès la mort de Raphaël qu'il obtint le premier rang. — Sainte famille, Naples. Portrait d'Alex. Farnèse, ib. Portrait d'Anne de Boulen, ib. Portraits, ib. Circoncision, Venise. Portrait de l'amiral André Doria, Rome. La flagellation (dessins de Michel-Ange), ib. Portrait d'un guerrier, Florence. Martyre de sainte Agathe, ib. Portrait d'homme, ib. Résurrection de Lazare. Londres. Portrait du cardinal Hippolyte de Médicis , ib. Portrait de Julie Gonzague, ib. Portrait du cardinal Polus, Saint-Pétersbourg. Les trois géomètres orientaux (avec le Giorgion), Vienne. Portrait d'homme, ib. Jésus-Christ portant la croix , Madrid. Jésus-Christ aux limbes , ib. Jésus-Christ aidé par Simon de Cirène, ib. Saint-Nicolas en habits pontificaux, Munich. Portrait de l'Arétin, Berlin. Jésus-Christ crucifié, ib. Portrait d'homme, ib. La Vierge visite sainte Élisabeth , Paris. Portrait de Baccio Bandinelli, ib. Jésus-Christ couronné d'épines, Nantes. — Imita parfai-tement le ton de couleur et le vaporeux du Giorgion. Ressemblance parfaite, coloris vigoureux, beaucoup de douceur et de grâce, relief, vérité et vie extraordinaires dans le portrait ; draperies heureuses et terminées avec le plus grand soin ; peu d'imagination ; carnations fraîches, accessoires variés et admirablement rendus ; un des premiers coloristes de son temps ; le dessin laisse quelquefois à désirer, excepté pour les têtes et les mains. Peignit quelques tableaux sur pierre et grava sur pierres fines.
CURADI (RODOLPHE) , dit GHIRLANDAIO , fils de Dominique.	1485 1560	FLO-RENCE?	Hist. et portr.	Élève de fra Barth. de Saint-Marc , de son oncle David et de Raphaël. Forma plusieurs élèves de beaucoup de mérite. — Miracle de saint Zénobe, Florence. Translation du corps de saint Zénobe, ib. La Vierge et l'Enfant, Saint-Pétersbourg. Couronnement de la Vierge, Paris. La Vierge enlevée au ciel , Berlin. — Beau caractère de têtes ; bon coloris.
CARPI (HUGUES DE).	1486	ROME.	Hist.	Passe, en Italie, pour être l'inventeur de la gravure en clair-obscur ; ce fait est au moins douteux. Plus cité comme graveur que comme peintre. — Parmi ses principaux ouvrages de gravure, on cite : David coupant la tête de Goliath. Le massacre des Innocents. Ananie puni de mort, etc. — Graveur sur bois ; un des premiers qui exécutèrent en Italie des gravures à trois planches.
BANDINELLI (BACCIO)	1487 1559	FLORENCE	Hist. et portr.	Élève de Fr. Rustici. — Portrait du peintre , Florence. Même sujet , Paris. — Plus connu comme sculpteur et dessinateur.

44

NOMS.	ANNÉES DE NAISSANCE ET DE MORT.	LIEU DE NAISSANCE	GENRE.	NOTES HISTORIQUES. TABLEAUX PRINCIPAUX ET LIEUX OU ILS SE TROUVENT. OBSERVATIONS.
LORENZO de Vinci.	1488		Hist.	Élève de Léonard de Vinci et probablement son domestique. — Quelques auteurs l'ont confondu avec Laurent Lotto.
VANNUCCHI, dit AN-DRÉ DEL SARTO.	1488 1530	Florence	Id.	Fils d'un tailleur. Placé d'abord chez un orfévre, quitta la ciselure pour la peinture sous la conduite de Jean Barile, peintre médiocre. Étudia sous Pierre de Cortone et finit enfin par travailler seul. François Ier l'appela à Paris, le combla de bienfaits et l'engagea à quitter Florence, mais André, dominé par sa femme, ne voulut point se rendre aux désirs du monarque et resta à Florence. On a prétendu que François Ier lui avait confié une somme importante pour l'achat de statues antiques et qu'il en fit un mauvais usage. Comprenant sa faute, André n'osa revoir son bienfaiteur et mena une vie tourmentée par le chagrin jusqu'à la peste de Florence qui l'enleva. Sa femme qui avait contribué à manquer à l'honneur en le poussant à abuser de l'argent de François Ier, l'abandonna avant sa mort. On lui éleva un beau monument en 1606. — Tableaux, Milan. La Madone del Sacco, Rome. Sainte famille, ib. Madeleine, ib. Portrait de Machiavel, ib. Jésus-Christ enseveli par sa mère, Parme. Sainte famille, Londres. Mariage de sainte Catherine, Dresde. Sacrifice d'Abraham, ib. Madone, Florence. Portraits, ib. La Piété entre deux enfants (fresque), ib. Plusieurs saints, ib. Portraits, ib. Saintes familles, ib. Déposition, ib. Annonciations, ib. Vierge glorieuse, ib. Discussion sur la Trinité, ib. Jésus-Christ au tombeau, ib. Assomptions, ib. Le Bramante donnant des leçons d'architecture au jeune duc d'Urbin, Naples. Visitation, Saint-Pétersbourg. Madone avec les deux enfants, ib. Sainte famille (double), ib. Même sujet, Paris. Charité, ib. Annonciation, ib. Portrait de la femme du peintre, Berlin. Vierge glorieuse, ib. Un concert, ib. Sainte famille (plusieurs fois répété), Munich. Saint Jean au désert, ib. Visitation, ib. Saint Zacharie, ib. Salomé tenant la tête de saint Jean, ib. Portrait de la femme du peintre, Madrid. Sainte famille entourée d'anges, ib. Sujet mystique, ib. Sainte famille, ib. Sacrifice d'Abraham, ib. La Vierge et l'Enfant Jésus, ib. Sainte famille, Vienne. Jésus-Christ mort, ib. — En 1529, lors du siège de Florence, le réfectoire du monastère de San Salvi où se trouvait une de ses fresques fut respecté par les soldats. Manière gracieuse, dessin froidement correct, coloris très-frais et très-harmonieux. Mouvement naturel, ses draperies sont bien jetées mais manquent de caractère. Les principaux ouvrages d'André del Sarto ont été gravés. Son école est fort nombreuse ; Vasari et Salviati s'y font remarquer.
PENNI (JEAN-FRAN-ÇOIS), dit LE FAT-TORE, frère de Luc.	1488? 1528	Florence	Hist.	Entra dès son enfance dans l'école de Raphaël ; comme garçon d'atelier (fattorino), d'où lui est resté le surnom de Fattore ; sa bonté et ses dispositions le firent chérir de son maître dont il fut l'héritier, conjointement avec Jules Romain ; acheva plusieurs tableaux que Raphaël n'avait pu finir ; alla retrouver J. Romain à Mantoue, en reçut un accueil glacé et se dirigea vers Naples, par Florence ; protégé à Naples par le Florentin Thomas Cambi et le marquis del Vasto ; reçut une foule de commandes et exécuta une belle copie de la transfiguration de Raphaël, envoyée depuis à Naples, par Florence ; la passion du jeu l'aurait appauvri si une mort prématurée ne l'eût enlevé à l'âge de quarante ans. — Le couronnement de la Vierge (avec J. Romain), Rome. Baptême de Constantin, ib. L'archange Michel vainqueur du démon, Dresde. Saint George et le dragon, ib. — Grand dessinateur ; imita dans ses dessins, qu'il terminait avec soin, ainsi que dans l'exécution de ses tableaux, la manière de son maître. Travailla avec Jules Romain, aida même Raphaël ; quelques auteurs disent qu'il s'associa aussi à Périn del Vaga.
LEONBRUNO (LAU-RENT).	1489 1537?	Mantoue.	Id.	Détails inconnus. — Saint Jérôme, Mantoue. Jésus-Christ mort, ib. Métamorphose de Midas, ib.
NANNI (JEAN), dit JEAN D'UDINE et RICAMATORE.	1489 ou 1494 1561 ou 1564	Udine.	Orn. grotes-ques, nature morte, etc.	Élève de Giorgion, puis de Raphaël. On découvrit de son temps les thermes de Titus ; il puisa dans ces peintures les heureuses inspirations qui le distinguent. Mort à Rome.— Fresques, Rome. Présentation au temple, Venise. Jésus-Christ parmi les docteurs, ib. Fleurs, Madrid. Animaux morts, ib. — Vérité effrayante. On raconte un grand nombre d'anecdotes résultant de l'illusion produite par ses peintures. Lanzi suppose, avec raison, que Nanni est une abréviation de Giovanni et que Ricamatore est le véritable nom de famille de Jean d'Udine.
RONDANI (FRANÇOIS-MARIE).	1490? 1548?	Parme.	Hist. et portr.	Élève du Corrége qui le chargea de l'aider dans plusieurs de ses ouvrages. — Madeleine, Berlin. Repos en Égypte, ib. — Peu de grandiose ; accessoires traités avec trop de recherche et de minutie ; imita pour le reste la manière de son maître et y réussit avec assez de bonheur.
PRIMATICO (FRAN-ÇOIS), dit le PRIMA-TICE.	1490 1570	Bologne.	Id.	Élève d'Innocent d'Imola, de Ramenghi, dit le Bagnacavallo, et de Jules Romain. Rival de maître Rosso, à la cour de François Ier où il avait été appelé par ce monarque ; le Primatice ne put voir les faveurs dont jouissait cet artiste qu'il considérait comme un obstacle à sa fortune. Le roi renvoya le Primatice dans sa patrie, avec mission de recueillir des statues antiques pour en orner la France. Il revint de son voyage avec les moules du Laocoon, de la Vénus de Médicis et de l'Ariadne. Le Rosso étant mort, Primatice fut nommé à sa place intendant des bâtiments. François Ier lui donna encore la riche Abbaye de Saint-Martin de Troyes. Exécuta de grands travaux au château de Fontainebleau, que le temps n'a pas respectés. Henri II, François II, Henri III et Charles IX, eurent pour ce peintre les plus grandes bontés et l'accablèrent de faveurs. On s'est trompé en affirmant que ce fut lui qui donna les dessins du tombeau de François Ier ; c'est Philbert de Lorme. — Moïse, Vienne. Scipion et Allucius, Paris. Sujet allégorique, ib. — Bonnes attitudes. Style léger et gracieux, se rapprochant parfois du Parmesan. Touche vive et franche, composition grandiose. Couleur vraie et sévère. La rapidité avec laquelle il travaillait, l'a souvent porté à négliger quelques parties de ses tableaux. Il a laissé de bons dessins. Les fresques dont il avait orné la salle des Cent-Suisses ont été détruites par le temps, et sans les gravures qui en ont été faites, on ne connaîtrait rien de ces compositions.
PAUL de Pistoia (FRÈRE).	1490 1547	Pistoie.	Hist. et portr.	Compagnon et disciple de Bartolommeo della Porta, dit le Frate. Sa patrie a fait frapper une médaille en son honneur. — La Sainte Vierge donnant la ceinture à saint Thomas, Florence. Vierge glorieuse, Vienne. — Heureux imitateur de son aîné.
PALMEGIANO (MARC), ou MARC de Forli.	1490? 1540?	Forli.	Hist.	Élève de Melozzo da Forli ; ce peintre, peu connu, aurait droit, par son beau talent, de l'être davantage. — Crucifiement, Florence. Vierge glorieuse, Munich. La Vierge et l'Enfant sur un trône, Berlin. Jésus-Christ portant sa croix, ib. Jésus-Christ ressuscité debout devant la croix, ib. — Son premier style fut conforme à ceux des peintres du quinzième siècle ; sa seconde manière offre plus d'art dans la composition, plus de hardiesse dans les contours, plus de grandeur dans les proportions, mais aussi moins de choix et de variété dans les têtes.
MORINELLO (ANDRÉ).	1490	Gênes.	Id.	Manière délicate et légère. Composition gracieuse.
COLLE (RAPHAEL DAL).	1490? 1530?	Colle (près de Bourg-St-Sépulcre).	Hist. et portr.	Élève de Raphaël et de Jules Romain et l'un des plus grands peintres de son époque ; travailla souvent de concert avec le second de ses deux maîtres et imita beaucoup la manière du premier, ce qui lui valut le surnom de Rafaellino. S'occupa au Vatican. — Saint Michel, Rome. — Imita Jules Romain ; style noble et sévère, dessin pur et correct, couleur chaude et éclatante, composition sage.

NOMS.	ANNÉES DE NAISSANCE ET DE MORT.	LIEU DE NAISSANCE	GENRE.	NOTES HISTORIQUES. TABLEAUX PRINCIPAUX ET LIEUX OU ILS SE TROUVENT. OBSERVATIONS.
LAPPOLI, (JEAN-ANTOINE), fils de Mathieu.	1490 ou 1492 1552	Arezzo.	Hist. et portr.	Élève de Dom. Pecori, et ensuite du Pontormo, à Florence; se rendit à Rome et perdit tout ce qu'il possédait pendant le sac de cette ville, en 1527; fait prisonnier par les Espagnols, il réussit à s'échapper et retourna à Arezzo. — Adorations des mages, Arezzo. — Il serait parvenu à une grande hauteur s'il avait fait des études plus approfondies.
GRANDI (Hercule), dit ERCOLE DE FERRARE.	1491 1531	Ferrare.	Id.	Élève de Laurent Costa; eut à souffrir de la jalousie des peintres bolonais, qui lui enlevèrent tous ses croquis et ses dessins; se fixa dans sa patrie et mourut à quarante ans des suites de son intempérance. — Melchisédech, Rome. Conversion de saint Paul, Londres. Jésus-Christ mené au Calvaire, Dresde. Jésus-Christ au jardin des Olives, ib. — Belle invention; bon dessin; coloris remarquable; grande science des raccourcis; mouvements naturels et vrais.
ANSELMI (Michel-Ange), dit MICHEL-ANGE DE LUCQUES ou MICHEL-ANGE DE SIENNE.	1494 1554	Sienne?	Id.	Élève du Corrége. Naturalisé à Parme, où il s'était établi. — Nativité, Florence. Vierge dans la gloire, Parme. Jésus-Christ adoré par les anges, Paris. — Habile imitateur de son maître.
BONIFAZIO, dit BONIFACE VÉNITIEN.	1491 1553	Vérone.	Hist.	Les uns le font élève du Palma, les autres du Titien. Confondu quelquefois avec Bonifazio Bembo, de Crémone, qui florissait en 1461 et qui ne possédait pas le même talent. — Triomphes, Rome. Sainte famille, ib. Sainte famille, Florence. La Cène, ib. Saint François d'Assise, Vienne. Saint Jérôme, ib. Annonciation, ib. Madeleine chez le Pharisien, Venise. Décollation, ib. Jésus-Christ chassant les vendeurs du temple, ib. Résurrection de Lazare, Paris. Nativité, Berlin. La femme adultère, ib. — Imita le Giorgion pour la force, le Palma pour la délicatesse et le Titien pour le coloris. Grand talent pour la perspective linéaire; costumes inexacts; génie libre et indépendant.
PIPPI (Jules), dit JULES ROMAIN.	1492 1546	Rome.	Hist. et portr.	Élève, ami et compagnon de travail de Raphaël, qu'il aida dans ses ouvrages du Vatican, du palais Borgia, etc. Travailla pour le cardinal Jules de Médicis, depuis Clément VII; ayant eu l'imprudence de composer vingt dessins licencieux, le pape Clément VII lui retira sa protection et l'artiste fut même forcé de quitter Rome; vers la même époque le marquis Frédéric Gonzague, de Mantoue, avait conçu le projet d'assainir et d'embellir cette ville; Jules Romain, aussi célèbre architecte que peintre renommé, fut invité à entreprendre ces travaux; le grand artiste se rendit à Mantoue et le nombre des ouvrages qu'il y exécuta, tant en architecture qu'en peinture, est innombrable; comblé de biens et d'honneurs par le marquis de Mantoue, appelé à Bologne afin d'y donner les plans de l'église de Saint-Pétrone, puis à Rome pour y remplacer l'architecte du pape, emploi qu'obtint Michel-Ange, Jules Romain, d'un caractère doux et aimable, fut un des plus grand peintres de l'Italie et se fit autant d'amis par ses qualités que d'admirateurs par ses talents. Son fils se son élève, Raphaël, mourut en 1560 à l'âge de trente ans. — Transfiguration (d'après Raphaël), Madrid. Sainte famille, ib. Sainte famille della Gatta, Naples. Le Déluge, Rome. Couronnement de la Vierge (avec le Fattore), ib. Judith, ib. Flagellation, ib. La Fornarina, ib. Vénus au bain, ib. Portrait; le cardinal Accolti, d'Arezzo, Florence. La Vierge et l'Enfant Jésus, ib. Vierge au lézard (d'après Raphaël), ib. Danse d'Apollon et les Muses, ib. Pan avec un satyre, Dresde. La Vierge au bassin (chef-d'œuvre), ib. Samson avec la mâchoire de l'âne, ib. La Charité, Londres. Victoire de Constantin sur Maxence, ib. Jupiter et Europe, ib. Enfance de Jupiter, ib. Incendie de Rome, ib. Et autres, ib. Création d'Ève, Saint-Pétersbourg. Sainte famille, ib. Léda et le Cygne, ib. La Madone et l'Enfant, ib. Nativité, Paris. Circoncision, ib. Sainte famille, ib. La victoire couronne Titus et Vespasien, ib. Vulcain et Vénus, ib. Portrait du peintre, ib. Tableau, Berlin. Saint Jean au désert, Munich. Thésée et Ariane, ib. Judith, ib. Pluton, Vienne. Attributs des quatre évangélistes, ib. Des cavaliers, Marseille. — Inférieur à Raphaël par la noblesse, le naturel et la simplicité; à Michel-Ange pour l'énergie, la grandeur et la science du dessin; au Corrége pour la grâce; au Titien pour le coloris, il supplée à tout ce qui lui manque par une composition pleine de feu et de savoir, une imagination inépuisable, une connaissance profonde de l'antique et surtout des médailles, une fougue d'exécution qui seule l'empêcha peut-être de se placer au premier rang des grands artistes; son coloris surtout prête à la critique et les ouvrages qu'il exécuta du vivant de Raphaël prouvent que la sagesse de ce dernier aurait toujours dû tempérer l'ardeur de Jules Romain; excellent architecte.
CARUCCI (Jacques), dit PONTORMO.	1493 1558	Pontormo.	Hist. et portr.	Se rendit jeune à Florence; y fut élève de L. de Vinci, d'Albertinelli, de P. de Cosimo et enfin d'A. del Sarto; ce dernier, devenu jaloux de son élève, le força, par ses mauvais procédés, à quitter son école, mais Carucci devint bientôt son rival et son compétiteur, réalisant ainsi les prédictions de Raphaël et de Michel-Ange qui avaient vu dans ses premiers essais la promesses d'un grand peintre; d'un caractère bizarre, cet artiste changea trois ou quatre fois de manière et ne fut pas heureux dans ses innovations. — Portrait de femme, Rome. Léda, Florence. Adam et Ève chassés du paradis, ib. Martyre de saint Maurice et de la légion thébaine (petites figures), ib. Joseph se préparant à présenter son père à Pharaon, ib. Portraits, ib. Transfiguration, ib. Vénus et Cupidon, Londres. La Vierge et l'Enfant, Munich. Portrait d'André del Sarto, Berlin. Sainte famille, Madrid. Portrait d'homme, Vienne. Sainte famille, Paris. Portrait du Corniole (graveur), ib. — Imita avec bonheur et sans servilité la manière d'A. del Sarto; ses airs de tête, ses figures conservent une originalité qui les fait toujours reconnaître. Dans sa première manière le dessin est correct et le coloris plein de force : c'est celle où il se rapproche le plus d'A. del Sarto; la deuxième se fait toujours remarquer le dessin, mais le coloris est plus faible. La troisième est une imitation servile d'Albert Dürer, dans la composition, les figures et les draperies.
RICCIO (Dominique), dit le BRUSASORCI, fils de Barthélemy.	1494 1567	Vérone.	Id.	Élève du Golfino; étudia à Venise les chefs-d'œuvre du Titien et du Giorgion et parvint à s'approprier beaucoup de leur manière. Son surnom lui vient d'un secret qu'avait découvert son père pour détruire les rats. — Clément VII et Charles-Quint à Bologne (fresque), Bologne. Un baptême (allégorie), Florence. — Très-renommé dans les fresques; belle composition, expression animée et juste; il pourrait être nommé le Titien de son école.
ALLEGRI (Antoine), dit LE CORRÉGE.	1494 1534	Correggio (Modène).	Id.	Quelques écrivains assurent qu'il se forma sans maître, d'autres le font élève de Fr. Bianchi, à Modène, et c'est là le plus vraisemblable; son premier ouvrage fut le saint Jérôme, peint en 1512, à Carpi; puis il exécuta quelques fresques pour la marquise Gambara, à Correggio; on prétend qu'Allegri ne vit ni Rome ni Venise : ses œuvres témoignent pourtant de ses connaissances de l'antique; ce peintre ne fut pas récompensé de son génie; on lui paya mal ses plus beaux chefs-d'œuvre; pour un travail de dix ans, il reçut 9,864 francs. En 1534, Allegri se rendit à Parme pour solliciter la fin d'un payement; on lui donna le compte 200 francs en monnaie de cuivre; impatient de porter cet argent à sa famille, il retourna à pied à Correggio, chargé de ce poids énorme; revenu chez lui; une fièvre aiguë le saisit et l'enleva aux arts, à peine âgé de 40 ans; on ne rapporte rien de son caractère, sinon qu'il était doux et modeste. — Ascension, Parme. Assomption (fresque et chef-d'œuvre), ib. Dieux et Déesses (fresque), ib. Jésus-Christ portant sa croix, ib. Déposition, ib. Martyre de saint Placide et de sainte Flavie, ib. Saint Jérôme, ib. Vierge à la tasse, ib. (Ces deux derniers sont des chefs-d'œuvre.) Rédempteur, Rome. Danaé, ib. Vertu entre les sciences (esquisse inachevée), ib. Vierge et Jésus, Naples. Madone del Consiglio, ib. Agar dans le désert, ib. Mariage de sainte Catherine (chef-d'œuvre), ib. La tête coupée de saint Jean dans un bassin, Florence. La Vierge adorant l'enfant Jésus, ib. La Vierge et l'enfant Jésus sur un trône et entourés de saints,

NOMS.	ANNÉES DE NAISSANCE ET DE MORT.	LIEU DE NAISSANCE	GENRE.	NOTES HISTORIQUES. — TABLEAUX PRINCIPAUX ET LIEUX OU ILS SE TROUVENT. — OBSERVATIONS.
				Dresde. Madeleine repentante, *ib.* Adoration des bergers (chef-d'œuvre connu sous le nom de la Nuit du Corrége), *ib.* Mercure instruisant Cupidon en présence de Vénus, Londres. Ecce homo, *ib.* Sainte famille, *ib.* Jésus-Christ au jardin des Olives, *ib.* Et autres, *ib.* Jésus-Christ chassant les vendeurs du temple, Vienne. Jupiter et Io, *ib.* Jupiter et Ganymède, *ib.* Jésus-Christ avec la croix et la couronne d'épines, *ib.* Léda et le cygne, Berlin. Jupiter et Io, *ib.* Jésus-Christ couronné d'épines, *ib.* Vierge et l'Enfant entourés de deux saints, Munich. Vierge glorieuse, *ib.* Tête d'ange (fresque), *ib.* L'amour lisant, *ib.* Buste de saint Pierre, *ib.* Ecce homo, *ib.* Tête de Faune, *ib.* Jésus-Christ et la Madeleine, Madrid. Descente de croix, *ib.* Martyre de saint Placide, *ib.* Sainte famille, *ib.* Mariage de sainte Catherine, Saint-Pétersbourg. Vierge allaitant, *ib.* Mariage de sainte Catherine, Paris. Jésus-Christ couronné d'épines, *ib.* Jupiter et Antiope, *ib.* — Créateur de la belle entente du clair-obscur, raccourcis admirables, style rempli de noblesse et de grandiose, grâce parfaite, composition souvent fière et énergique, touche pure et moelleuse, teintes harmonieuses et brillantes, imitation parfaite de la nature, couleur d'un beau idéal, perfection dans les études de femmes et d'enfants ; le dessin offre parfois de l'incorrection ; unité de temps et de lieux souvent négligée. Bon sculpteur.
CAMBIASO (Jean).	1495	Gênes.	Hist.	Né dans l'opulence ; condisciple de Semini. Bon modeleur ; mort très-vieux. — Peignit beaucoup à fresque ainsi que la plupart des peintres italiens.
CALDARA (Polidore), dit CARAVAGE.	1495 1540 ou 1543	Caravage (Milanais).	Hist. et pays.	Alla jeune à Rome, où sa vocation se révéla en voyant travailler Jean d'Udine et d'autres artistes aux loges du Vatican ; ami de Mathurin, de Florence, qui lui donna des conseils et qu'il surpassa promptement. Mort assassiné, par un de ses élèves, au moment de retourner à Rome, après avoir passé quelque temps à Messine et y avoir fait élever des arcs de triomphe pour le passage de Charles-Quint. — Un architecte (clair-obscur), Rome. Fresques, *ib.* La Vierge et l'Enfant avec saint François, Florence. Combat de cavalerie (grisaille), Dresde. Amours et Satyres, Londres. Amours et Chèvres, *ib.* Tableaux, Naples. Céphale et Procris, Vienne. Assemblée des Dieux, Paris. — Dessin correct ; suivit avec succès le style de l'antique ; de l'expression, du naturel ; composition noble, coloris vigoureux. S'appliqua au clair-obscur, dans le genre qu'on appelle *sgraffiato.* Étudia l'architecture.
ROSSO (Rosso del), dit MAITRE ROUX.	1496? 1541	Florence	Hist.	Étudia Michel-Ange et le Parmesan ; se fit bientôt une grande réputation ; fut fait prisonnier et dépouillé par les Allemands, lors du sac de Rome en 1527 ; parvint à s'échapper et se réfugia successivement à Borg San Sepolcro, Arezzo et Venise ; fut appelé en France et chargé par François Ier de tous les travaux d'embellissement à Fontainebleau ; y devint le rival du Primatice ; leur inimitié aurait pu avoir des suites funestes lorsqu'un accident cruel causa la mort du Rosso : celui-ci ayant accusé et fait mettre injustement à la question son ami Pellegrini, le remords qu'il eut de cette action le porta à s'empoisonner. — Fresques, Rome. La Vierge et l'Enfant entourés d'anges et de saint Jérôme, Florence. Un ange jouant de la guitare, *ib.* Moïse défendant les filles de Jethro (ébauche), *ib.* Vierge entourée de saints, *ib.* Visitation, Paris. Jésus-Christ au tombeau, *ib.* Les quatre saisons, Berlin. — Style entièrement neuf ; caractère spirituel dans ses têtes ; ajustements et ornements originaux ; couleur brillante ; pinceau hardi et franc ; contraste grandiose des ombres et de la lumière ; style parfois trop bizarre et touche trop fougueuse.
FRANCO (Baptiste), dit SEMOLEI	1498? 1561	Venise.	Id.	Étudia à Rome ; travailla à Urbin, à Osimo, en 1547, à Bologne et à Venise ; peignit quelques fresques à la Bibliothèque de cette dernière ville, en 1556. — Fresques, Venise. Bataille de Monte-murlo, Florence. Portrait de l'architecte et sculpteur Jacques Tatti, Berlin. — Imitateur enthousiaste de Michel-Ange ; exagéra d'abord le style de ce grand maître et devint ensuite plus sage dans sa manière. Excellent dessin ; coloris faible. Graveur à la pointe et au burin.
DANTE (Théodore).	1498 1573	Pérouse.	Hist. et genre.	Tante de Jérôme, d'Ignace et de Vincent Danti, elle suivit la manière du Pérugin dans les tableaux de cabinet.
CLOVIO (don Giulio).	1498? 1578	Grisone (Village de l'Esclavonie).	Miniat.	Vint en Italie, à dix-huit ans ; ami de Jules Romain ; fut appelé à la cour de France et revint en Italie, après la mort du roi Louis. Tombé entre les mains des Espagnols, pendant le sac de Rome, en 1527, il fit vœu d'entrer en religion, s'il parvenait à s'échapper ; ayant réussi à se sauver, il se fit chanoine, et fut, peu de temps après, attaché à la maison du cardinal Grimani et ensuite à celle d'Alexandre Farnèse. Il exécuta pour ces deux princes, ainsi que pour Côme de Médicis des travaux admirables. — Miniatures d'une Psalmodie romaine (attribué), Bibliothèque royale, Paris. Déposition de la croix (miniature), Florence. — Détails supérieurement rendus ; portraits parfaitement ressemblants ; expression profondément sentie et remplie de noblesse et de grandeur ; science remarquable du dessin ; belle entente de la composition, costumes riches, variés et très-gracieux ; perspective savante.
STEFANO de Ferrare.	†1500?	Ferrare.	Hist. et portr.	Élève du Squarcione. Ami d'André Mantegna ; on pense que son nom de famille était : *Falsagonelli.* — Beaucoup de mouvement et de correction.
LAPPOLI (Mathieu).	†1504	Arezzo.	Id.	Élève de don Barthél. della Gatta.—Saint Bernard, Arezzo. Saint Sébastien, *ib.* — Travail soigné ; idées morales ; génie d'invention.
CAPRIOLI (François).	†1505	Reggio.	Hist.	Détails inconnus.
MAZZUOLI (Philippe).	†1505	Parme.	Hist. et portr.	On le surnomma Dell' Erbetta ; célèbre pour avoir donné le jour à François Mazzuoli, dit le Parmesan ; ses deux frères, Michel et Pierre-Hilaire, furent des peintres de talent. — Vierge glorieuse, Berlin. Portrait d'homme, *ib.* — Réussit mieux à peindre les plantes que les figures.
BIANCHI (François-Ferrari), dit IL FRARI.	†1510?	Modène.	Hist.	Mérite surtout d'être cité, comme maître du Corrége. — Saint François, Modène. La Vierge et l'Enfant, Paris. — Touche assez délicate, trop de sécheresse.
VISINO (Il).	†1512	Florence	Hist. et portr.	Élève de M. Albertinelli ; fut conduit en Hongrie par des marchands florentins, et reçut beaucoup de commandes dans ce pays. Le roi le protégea en son talent y était en grand renom, lorsqu'il mourut, par suite du climat froid de la Hongrie. — Bon dessin ; coloris satisfaisant ; exécution très-soignée ; composition variée et souvent bizarre.
ZOPPO (Paul).	†1515?	Brescia.	Miniat.	Peignit le siège de Brescia sur un bassin de cristal qu'il brisa en le transportant à Vienne. Mort de douleur à la suite de ce fait. — Jésus-Christ au Calvaire, Brescia. — Touche excessivement fine.

NOMS.	ANNÉES DE NAISSANCE ET DE MORT.	LIEU DE NAISSANCE	GENRE.	NOTES HISTORIQUES. — TABLEAUX PRINCIPAUX ET LIEUX OU ILS SE TROUVENT. — OBSERVATIONS.
UGGIONI (Marc).	†1520	Oggione (Milanais).	Hist. et portr.	Élève de L. de Vinci ; un des meilleurs peintres milanais. — Tableaux et fresques, Milan. Copie en petit de la cène de L. de Vinci, ib. Sainte famille, Paris. La Vierge et l'Enfant entourés de saints, Berlin. — Beau dessin, coloris brillant, figures belles, variées, spirituelles.
CODA (Benoit).	†1520?	Ferrare.	Id.	Élève de Jean Bellini ; habita Rimini. — Goût recommandable.
BUTTINONE (Bernard).	†1520?	Treviglio (Milanais).	Hist.	Élève de Civerchio. Ami de Zenale.
BUSIO (Aurèle).	†1520?	Crème.	Hist. et pays.	Élève et compagnon de travail de Polidore Caravage ; mort dans la misère. — Imita la manière de son maître.
SESTO ou SELTO (César da), dit LE MILANESE, quelquefois CÉSAR MAGNUS.	†1524?	Sesto (près Milan)	Hist. et portr.	Élève de Léonard de Vinci. Ami de Raphaël. Quelques biographes supposent qu'il y a eu deux Sesto peintres, c'est une erreur. — Saint Roch et la Vierge, Milan. Tête de vieillard, ib. Saint Martin, Savone. Saint George, ib. Saint Roch, ib. Saint Sébastien, ib. La Vierge, dite de la ceinture, Rome. Portrait d'homme, Vienne. L'enfant Jésus et saint Jean, Madrid. Vierge glorieuse, Berlin. — Chairs vraies, dessin pur, exécution vaporeuse. Composition riche.
CONTI (Bernard De).	†1525	Pavie.	Portr. et hist.	Né vers le milieu du xve siècle ; se fit une bonne réputation ; ses tableaux sont estimés en Italie. — Portrait d'un cardinal, Berlin. (Ce tableau est signé : Bernardinus de Comitibus. Ætatis annorum XLVII. MCCCCLXXXXVIIII, die XV martis.) — Coloris brillant.
BENVENUTI (Jean-Baptiste), dit L'ORTOLANO.	†1525?	Ferrare ou Garofolo	Hist. et portr.	Étudia à Bologne, vers 1512, d'après les peintures de Raphaël et celles du Bagnacavallo ; fut obligé de quitter cette ville à cause d'un meurtre qu'il y avait commis. Il ne faut pas le confondre avec Benvenuto Tisio, également né à Garofolo et qui en prit le nom. — Mariage de sainte Catherine, Dresde. Saint Jérôme se donnant la discipline, Berlin. Saint Nicolas et saint Sébastien (diptyque), ib. — Coloris très-solide. Imita avec bonheur le goût de dessin et la perspective de Raphaël.
ZENALE (Bernard ou Bernardin).	†1526	Treviglio (Milanais).	Hist. et persp.	Peintre et architecte. Fut chargé des réparations à la cathédrale de Milan. — Léonard de Vinci le prenait quelquefois pour juge. Il a laissé un traité sur la perspective.
SACCHI (Pierre-François).	†1526?	Pavie.	Hist., pays. et archit.	Florissait à Milan ; peignit à Gênes, jusqu'en 1526. Lanzi pense qu'il y a eu deux peintres du même nom parce que les mémoires du temps citent déjà un P. F. Sacchi, dès l'année 1460. — Les docteurs de l'Église avec les symboles des évangélistes, Paris. Jésus-Christ crucifié, Berlin. —Très-versé dans la perspective ; manière très-agréable dans le paysage ; dessin soigné et délicat ; son style a beaucoup de rapports avec celui du Mantegna.
BONASIA (Barthél.).	†1527?	Modène.	Hist. et portr.	Détails inconnus. — Excella dans les ouvrages de marqueterie.
GANDINI (George), dit DEL GRANO.	†1528	Parme.	Hist.	Élève du Corrége. — Idées bizarres, pinceau doux, bon empâtement, du relief.
FERRAMOLA (Fioravante).	†1528	Brescia.	Id.	Honoré par Gaston de Foix, lorsque ce prince conquit Brescia. — Bonne composition ; goût de Muziano.
MATURINO de Florence.	†1528?	Florence	Hist., portr. et orn.	Élève de Raphaël ; conçut une vive amitié pour Polidore de Caravage, pendant son séjour à Rome ; l'éleva de simple garçon d'atelier au rang de son élève, lui fit faire des progrès surprenants et partagea avec lui tous ses travaux ; le sac de Rome put seul séparer les deux amis ; Polidore s'enfuit à Naples et Maturino mourut de la peste quelque temps après. — Crucifiement, Berlin. Fresques, Rome. — Grande science de dessin ; se voyant inférieur à ses condisciples, pour le coloris, il résolut de ne peindre qu'en clair-obscur ou monochrome et parvint dans ce genre à une grande perfection.
ARALDI (Alexandre).	†1528?	Parme.	Hist.	Élève de Jean Bellini. — Style antico-moderne.
PREVITALI (André).	†1528	Bergame.	Hist., portrait et persp.	Élève de Jean Bellini ; mort de la peste. — Tableaux, Bergame. Plusieurs saints, Berlin. Jésus-Christ mort, ib. — Excellait dans la perspective ; coloris savant ; beau caractère de têtes dans ses madones.
BORDONI (Benoit).	†1529 ou †1531	Padoue.	Miniat.	Habita Venise ; se livra d'abord à l'astrologie ; revint à des idées plus saines et s'occupa avec succès de la géographie et de la littérature. — Quelques auteurs prétendent qu'il a existé deux hommes de ce nom dont l'un fut peintre et l'autre père du célèbre Jules-César Scaliger ; d'autres font naître ce dernier du peintre et géographe Benoît Bordoni, et assurent qu'il prit le nom de Scaliger d'une échelle (scala) que son père avait prise pour enseigne.
ROSSI (Propertia).	†1530	Bologne.	Hist.	Cultiva tous les arts et fut douée de tous les talents et de toutes les grâces ; morte, par suite d'un chagrin d'amour, à la fleur de son âge. — Sculpteur célèbre ; graveur ; dessinateur ; cultiva l'architecture et la perspective.
PONTE (François Da), dit LE BASSAN.	†1530?	Vicence.	Hist. et portr.	Suivit les principes des deux Bellini, et travailla à Milan. — Fresques, Venise. Portraits, Florence. — Style tantôt sec, tantôt harmonieux, mais toujours exact. Composition étudiée , expressions assez vraies.
COSTA (Laurent), le vieux.	†1530?	Ferrare.	Id.	Étudia à Florence, d'après les meilleurs maîtres de cette époque ; fut au service du marquis François de Gonzague et doit être compté au nombre des meilleurs peintres de son temps. — Jésus-Christ mort soutenu par des anges, Bologne. Saint Pétrone, saint Thomas d'Aquin et saint François d'Assise, ib. Présentation de Jésus-Christ au temple, Berlin. Jésus-Christ mort, entouré de saints, ib. Couronnement d'Isabelle d'Este, Paris. — Têtes expressives, coloris énergique ; fonds d'architecture riches et variés ; perspective savante et bien entendue.

NOMS.	ANNÉES DE NAISSANCE ET DE MORT.	LIEU DE NAISSANCE	GENRE.	NOTES HISTORIQUES. TABLEAUX PRINCIPAUX ET LIEUX OU ILS SE TROUVENT. OBSERVATIONS.
CATENA (Vincent).	†1550	Venise.	Portr., genre et hist.	Citoyen riche et distingué, peignit en amateur et se fit une très-grande réputation. — Madone entre saint François et saint Jérôme, Venise. La Vierge et l'enfant Jésus entourés de saints, Dresde. Portrait, Vienne. Deux Vierges entourées de saints, Berlin. — Fresques dans le genre du Giorgion ; réussit dans le portrait et les tableaux de cabinet.
CAPO DI FERRO (Jean François).	†1533	Bergame.	Marqueter.	Travailla avec succès à Bergame, sur les dessins de Lotto. — Un peu de sécheresse. Son frère Pierre et son neveu Zinino, furent les compagnons de ses travaux.
RAIBOLINI DI FRANCIA (Jules).	†1540		Hist.	Élève et cousin de François Francia. — Descente du saint Esprit, Bologne. Vierge glorieuse (avec Jacques), Berlin. — Peintre médiocre.
PANNICIATI (Jacq.).	†1540?	Ferrare.	Id.	Élève de Dosso Dossi ; d'une origine noble ; mort jeune. — Savant imitateur de son maître.
CACCIANIMICI (François).	†1542	Bologne.	Hist. et portr.	Employé par le Rosso aux travaux de Fontainebleau. — Imitateur du Primatice.
DOSSO (Jean-Baptiste), frère de Dossi.	†1543?	Près de Ferrare.	Pays. et orn.	Travailla longtemps, conjointement avec son frère, pour Alphonse, duc de Ferrare ; son corps difforme était le miroir de son âme orgueilleuse et intraitable. — Excellait dans son genre ; pour la figure il resta au-dessous du médiocre, malgré ses prétentions au contraire.
MARTIN d'Udine, dit PELLEGRINO DI SAN DANIELO.	†1546?	Udine.	Hist. et portr.	Élève de Jean Bellini ; lorsque le duc de Ferrare, Alphonse d'Este, conçut le projet de réunir autour de lui les hommes les plus éminents de son siècle, Pellegrino ne parut pas indigne de leur être associé ; il fut appelé à Ferrare et y laissa plusieurs beaux ouvrages ; établit dans sa patrie une école d'où sortirent des artistes estimés. Annonciation, Venise. Sainte Ursule, Milan. — En avançant en âge, ses teintes devinrent plus moelleuses et il acquit plusieurs autres qualités recommandables ; ses portraits sont pleins de vie ; malheureusement beaucoup de ses ouvrages sont confondus avec ceux de Dosso Dossi, avec lequel sa manière avait beaucoup d'analogie.
BOCCACINO (Camille), fils de Boccacio.	†1546	Crémone.	Id.	Élève de son père ; serait parvenu à un haut degré de talent, si la mort n'était venue l'enlever à ses travaux. — S'attacha à éviter les défauts de son père ; allia la grâce à la force ; dessin énergique ; coloris clair et suave.
ADDA (le comte François D').	†1548	Milan.	Id.	Marcha sur les traces de L. de Vinci. — Peignit sur bois et sur ardoise des tableaux de cabinet.
AVERARA (Jean-Baptiste).	†1548	Bergame.	Hist.	Imitateur du Titien, mort jeune. — Teintes agréables, paysages naturels, figures d'enfants bien dessinées.
DAMIANO de Bergame (frère).	†1549	Id.	Marqueter.	Religieux dominicain ; travailla à Bologne avec beaucoup de succès. — Excella dans la distribution des couleurs, des ombres et de la lumière.
RUVIALE (François), dit POLIDORINO.	†1550?	Espagne.	Hist.	Élève du Salviati et de Polidore Caravage, employé par Vasari. Lanzi pense qu'il y eut deux Ruviale, tous deux Espagnols, l'un élève de Salviati et l'autre de Polidore.
SERLIO (Sébastien).	†1552		Archit. et orn.	Célèbre architecte. — Mort très-vieux.
JACOPO DI SANDRO (Pierre-François Di) dit JACONE.	†1553		Hist. et portr.	Élève d'André del Sarto, et son ami intime ; caractère très-paresseux. — Ses ouvrages sont peu nombreux. — Beaucoup de variété ; bon dessin, de l'originalité.
UBERTINO (François) dit LEBACCHIACCA, frère de Baccio.	†1557	Florence.	Hist., grotesq., portrait, animaux, plantes, etc.	Élève de Pierre Pérugin ; travailla pour Côme de Médicis. — Sujet inconnu, Dresde. Baptême de Jésus-Christ, Berlin. — Excellait dans les figures de petite dimension.
RAIBOLINI DI FRANCIA (Jacques), fils de François.	†1557	Bologne.	Hist. et portr.	Élève de son père ; son fils, Jean-Baptiste, mort en 1575, fut un artiste très-médiocre. — La Vierge et l'Enfant entourés d'anges, Bologne. Vierge glorieuse, ib. Plusieurs saints, ib. La chasteté, Berlin. Saint Jean-Baptiste et saint Étienne, ib. La Vierge et l'Enfant avec saint François, ib. Vierge glorieuse, ib. La Vierge et l'Enfant et autres saints, ib. Même sujet traité différemment, ib. — Imita la manière de son père avec lequel ses tableaux sont parfois confondus. Augus. Carrache a gravé quelques-unes de ses madones.
GIAROLA (Jean).	†1557	Reggio.	Hist.	Élève du Corrége. — Contours négligés ; pinceau fin.
ABBATE (Jean Dell').	†1557	Modène.	Hist. et portr.	Détails inconnus. — Excellait dans l'art de modeler.
FONTANA (Albert).	†1558	Id.	Hist.	Rival de Nic. dell' Abbate auquel il resta presque toujours inférieur.
LANINO (Bernardin).	†1558	Verceil?	Id.	Élève de G. Ferrari, d'André Scotto et de P. Pérugin ; on n'a consigné aucun détail sur la vie de cet artiste et pourtant ce qu'on a pu conserver de ses œuvres atteste un talent très-remarquable. Deux de ses frères cultivèrent la peinture et furent ses élèves : Gaudenzio et Jérôme. Leur style se fait remarquer par une grande vérité dans les têtes ; Gaudenzio eut en outre un coloris vigoureux. — Martyre de sainte Catherine, fresque (1546), Milan. Jésus-Christ souffrant entouré de deux anges, ib. Sainte famille et autres saints, Berlin. — Effet extraordinaire ; imita Gaudenzio avec beaucoup de bonheur ; dans le premier tableau cité, il a représenté ce maître disputant avec un autre de ses élèves ; la seule chose qui laisse à désirer dans cet ouvrage, c'est plus de soin dans les draperies ; ses œuvres enchantent par le génie de la composition et la pureté du dessin.

NOMS.	ANNÉES DE NAISSANCE ET DE MORT.	LIEU DE NAISSANCE	GENRE.	NOTES HISTORIQUES. TABLEAUX PRINCIPAUX ET LIEUX OU ILS SE TROUVENT. — OBSERVATIONS.
SIGNORELLI (François), neveu de Luc.	†1560?	Cortone.	Hist. et portr.	Travailla, en 1520, dans la salle du conseil, à Cortone. — Un des bons artistes qu'ait produits Cortone.
PRATO (François Del)	†1562		Genre; etc.	Bon orfévre et habile dans les ouvrages de marqueterie en détail; devint peintre à un âge déjà mûr et suivit les leçons de François Rossi de Salviati. — Dessin très-correct.
CAPORALI ou BITTI (Jean-Baptiste).	†1562?	Pérouse.	Hist. et portr.	Élève de Pierre Pérugin; plusieurs écrivains et Vasari lui-même lui donnent, par erreur, le prénom de Benoît. — Architecte et écrivain.
TOMMASO, fils du miniaturiste Stefano	†1564		Id.	Élève de Laurent Sciarpelloni di Credi; exécuta à Florence et dans d'autres villes un grand nombre de travaux. — Réussit à imiter le fini de son maître; draperies très-heureuses.
CALDERARI ou CAL-DELARI (Jean-Marie)	†1564?	Pordenone.	Id.	Élève du Pordenone; son mérite surpasse sa réputation. — Grand imitateur de son maître.
IMPARATO (Franç.).	†1565?	Naples?	Hist.	Élève de P. del Vaga et du Titien. — Saint Pierre Martyr, Naples. Martyre de saint André, ib. — Imita le Titien d'une manière fort remarquable.
POR (Daniel De), dit DANIELLO DE PARME.	†1566	Parme.	Hist. et portr.	Travailla avec le Corrége et avec le Mazzuoli. — Beaucoup de pratique.
IRÈNE de Spilemberg	†1567?		Id.	Élève du Titien; femme célèbre chantée par les poëtes du XVIe siècle. — Dessin peu correct, coloris très-remarquable; le Titien fit son portrait.
ANGUISCIOLA (Lucie), sœur de Sophonisbe.	†1568?	Crémone.	Portr., hist., etc.	Élève de Sophonisbe. Laissa, en mourant, une excellente réputation. — Portrait de Piermaria, célèbre médecin de Crémone, Madrid. — Trois autres sœurs de Sophonisbe furent encore ses élèves : Europe, Anne-Marie et Minerve. Cette dernière cultiva aussi les lettres.
MIRUOLI (Jérôme).	†1570?		Hist.	Élève de Pellegrini, dit Tibaldi; peintre de la cour de Parme.
CASTELLO (Jean-Baptiste), dit LE BERGAMASQUE.	†1570?	Bergame.	Hist. et portr.	Étudia à Rome d'après Michel-Ange et Raphaël; ami de Luc Cambiaso avec lequel il travailla souvent en commun. Visita l'Espagne, sous le règne de Charles-Quint; travailla au palais de Madrid. Mort dans cette dernière ville. — Savoir profond, beaucoup de soin, beau coloris, composition savante, expression remarquable, architecture magnifique, physionomies vives, clair-obscur vigoureux; architecte et sculpteur.
BEZZI (Jean-Franç.), dit NOSADELLA.	†1571	Bologne.	Hist.	Élève de Pellegrini, dit Tibaldi. — Exagéra la vigueur de son maître sans l'égaler pour son exactitude.
CRISCUOLO (Jean-Ange), fils de Jean-Philippe.	†1572?	Naples.	Hist. et min.	Élève de Marc Pino da Siena; exerçait la charge de notaire.
FILIPPI (Camille).	†1574	Ferrare.	Hist. et portr.	Paraît avoir suivi le style de Michel-Ange. — Beaucoup de franchise et de pureté.
NUCCI (Benoît).	†1575	Gubbio.	Hist.	Élève de Rafaellino dal Colle; son frère, Virgile, fut élève de Daniel Ricciarelli da Volterra.
GATTI (Bernardin), dit IL SOJARO.	†1575	Crémone?	Id.	Élève du Corrége; travailla avec Pordenone et termina les travaux commencés par ce maître à Plaisance; s'occupa à Parme, en 1566. — Adoration des mages, Crémone. Multiplication des pains, ib. Ascension, ib. (Toutes fresques.) Saint George à cheval, tuant le dragon (fresque), ib. — Quelque ressemblance avec la manière de son maître; Crémone, Verceil et Pavie se disputent l'honneur de lui avoir donné naissance. Grandes compositions, beaucoup de relief.
LICINIO (Jean-Antoine), dit LE SAC-CHIENSE, neveu du Pordenone et frère de Jules, dit LE ROMAIN.	†1576		Hist. et portr.	Élève de son oncle; résida longtemps à Côme et posséda un talent assez remarquable. Ses ouvrages sont presque inconnus.
DIANTI (Jean-François).	†1576		Hist.	Élève du Garofolo.
ROSA (Christophe), frère d'Étienne.	†1576	Brescia	Hist. et portr.	Travailla beaucoup avec son frère; les deux Rosa étaient intimement liés avec le Titien auquel ils prêtèrent leurs pinceaux. — Excellente perspective.
ROSA (Pierre), fils de Christophe.	†1576 ou †1577		Id.	Élève chéri du Titien; mort jeune, par le poison ou la peste, la même année que son père (?) — Coloris plein de vérité.
SABBATINI (Laurent) dit LORENZINO DE BOLOGNE.	†1577	Bologne.	Id.	Un des peintres les plus agréables de son époque; on ignore quel fut son maître; appelé à Rome sous le pontificat de Grégoire XIII, ses succès n'y furent pas moins grands que dans sa patrie; choisi pour présider aux travaux du Vatican. Mort jeune. — Fresques, Rome. Mariage de sainte Catherine, Dresde. Assomption, Bologne. Dispute de sainte Catherine de Sienne, ib. Jésus-Christ mort soutenu par des anges, ib. Jésus-Christ à Emmaüs, ib. La Vierge et l'Enfant entourés de saints, Berlin. La Vierge et l'enfant Jésus, Paris. — Sa manière se rapproche de celle du Parmesan; touche délicate; composition et dessin pleins de goût; pinceau gracieux et correct; imagination vive, exécution rapide; nu savant.

NOMS.	ANNÉES DE NAISSANCE ET DE MORT.	LIEU DE NAISSANCE	GENRE.	NOTES HISTORIQUES. — TABLEAUX PRINCIPAUX ET LIEUX OU ILS SE TROUVENT. — OBSERVATIONS.
FACCINI (Barthélemy), frère de Jérôme	†1577	Ferrare.	Arch., ornem. et portr.	Émule de J. Carpi ; tomba de son échafaudage et mourut de cette chute ; son frère, Jérôme, fut élève de J. Carpi et peignit également l'architecture et les ornements.
VECELLI (Fabrice), frère de César.	†1580?	Cadore.	Hist.	Peintre de mérite, mais fort peu connu. — Appartient à la famille du Titien.
AGRESTI (Livio).	†1580?	Forli.	Hist. et portr.	Élève de Périn del Vaga ; travailla à Rome et en Allemagne. — La Vierge, Rome. Et autres, ib. Fresques, ib. — Dessin hardi, invention riche, pinceau flexible.
MAZZUOLI (Joseph), dit IL BASTARUOLO (vendeur de blé).	†1580 ou †1589	Ferrare.	Id.	Exécuta plusieurs ouvrages remarquables ; déjà vieux et infirme, Mazzuoli en se baignant un jour dans le Pô, par ordre des médecins, eut le malheur de s'y noyer. — Circoncision, Ferrare. Sainte Barbe, ib. — Se forma d'après Dossi de Ferrare ; beau caractère de têtes, belle entente du clair-obscur ; carnations fermes et fraîches ; style tour à tour aimable et grandiose.
LIGORIO (Pirro ou Pyrrhus).	†1583?	Naples.	Hist.	Dirigea, sous les ordres de Michel-Ange, les travaux du Vatican et fut nommé architecte du duc de Ferrare. — Tableaux et fresques, Rome. — Coloris pâle, manque de correction ; belle perspective, costumes riches. Architecte et antiquaire.
CRISCUOLO (Jean-Philippe), frère d'Ange.	†1584	Gaëte.	Id.	Élève de Périn del Vaga, à Rome ; excellent professeur. Imitateur de Raphaël ; style un peu sec.
SOLERI (George).	†1587	Alexandrie.	Portr., hist., pays., etc.	On ignore le nom de son maître. Laissa un fils, Raphaël, qui fut peu heureux en peinture. — Vierge et saints personnages, Alexandrie. Saint Laurent en adoration, Casal : on lit sur ce dernier tableau l'inscription suivante : Opus Georgii Soleri Alexand. 1575. Coloris faible, figures spirituelles.
PINO (Marc), dit MARC DE SIENNE.	†1587?	Sienne.	Hist. et portr.	Élève de Daniel de Volterra ; choisit pour patrie la ville de Naples. Mort dans un âge peu avancé. — Tableau, Rome. Annonciation, Naples. Circoncision, ib. Présentation au temple, ib. — Son premier maître avait été le Beccafumi. Imita Michel-Ange sans l'exagérer ; style grandiose et plein de dignité.
MARCHETTI (Marco), ou MARC de Faenza.	†1588	Faenza.	Id.	Élève de Jacopone Bertucci. Remplit Rome et Florence de ses ouvrages. Employé par le duc Côme Ier. — Massacre des Innocents, Rome. Fresques, ib. — Touche hardie, pleine de feu et d'audace ; excellait dans les grotesques.
DOLCE (Luzio).	†1589?	Castel-Durante.	Hist.	Son aïeul Bernard, son père Octave et l'un de ses frères dont on ne cite pas le nom cultivèrent également la peinture. — Bernard et Octave furent, en outre, bons stuccateurs.
SURCHI (Jean-François), dit LE DIELAI.	†1590?		Hist., ornem. et portr.	Élève et aide des Dossi. — Figures élégantes, vives et gracieuses, draperies naturelles et faciles ; voulant surpasser son maître pour la hardiesse et la vigueur du coloris, il tomba souvent dans la crudité et l'exagération ; excella dans les ornements.
PITTORI (Paul), dit PAOLO DEL MASACCIO.	†1590		Hist.	Détails inconnus.
BAGLIONE (César).	†1590?	Bologne.	Hist., pays., et orn.	Compétiteur de J. B. Cremonini ; employé au palais ducal de Parme ; mort dans cette ville. — Fresques du palais ducal, Parme. — Composition originale et variée, pleine d'esprit et de vérité ; sévèrement blâmé pour avoir surchargé toutes ses compositions d'une foule d'ornements.
PASSAROTTI ou PASSEROTTI (Barth.).	†1592	Id.	Hist. et portr.	Élève de Vignola ; suivit son maître à Rome, y étudia avec ardeur les grands maîtres, et forma une école à son retour dans sa patrie ; composa un traité sur les proportions et l'anatomie du corps humain, et fut le premier à introduire des figures nues dans ses tableaux de saints, afin de faire preuve de sa science ; soutint quelquefois avec avantage la comparaison avec les Carrache, ses rivaux et ses ennemis ; fut surtout renommé pour ses portraits, genre dans lequel le plaçait immédiatement après le Titien. Peignait ordinairement un moineau dans ses compositions, afin de faire allusion à son nom. — Martyre de saint Paul, Bologne. Vierge entourée de saints, ib. — Portrait de Sixte V, ib. Portrait de Pie V, ib. Présentation de la Vierge au temple, ib. Le peintre et sa famille, Dresde. Marchands de viande et de poisson (plusieurs tableaux), Rome. — Manière franche et facile, se rapprochant de celle du Cesari, quoique bien plus correcte ; génie fécond ; excellent dessinateur à la plume et graveur distingué à l'eau-forte.
LOLMO ou LULMO (Jean-Paul).	†1593 ou †1595	Bergame.	Hist.	Détails inconnus. — Vierge glorieuse, Berlin. (Ce tableau est signé : Jo Paulus Vlmus.) — Réussit dans les peintures délicates et minutieuses ; de la souplesse dans les corps ; manière antique.
TREZZO (Jacques De)	†1595	Trezzo.	Mosaïque.	Étudia à Milan ; se rendit en Espagne et y exécuta le tabernacle de l'église de l'Escurial ; le plus magnifique, dit-on, de la chrétienté.
CALVI (Pantaléon), fils d'Augustin.	†1595		Hist. et portr.	Travailla beaucoup avec son frère Lazare. — Peignait à fresque ; ses fils, Marc-Antoine, Benoît et Félix, s'occupèrent de peinture.
CALVI (Jules), dit LE CORONARO.	†1596	Crémone.	Hist.	Élève de Trotti.
BRESCIA (Léonard).	†1598	Ferrare.	Id.	On le croit élève de N. Rossi ; plutôt marchand de tableaux que peintre.
ARDENTE (Alexand.)	†1599?	Faenza. ou Pise ou Lucques.	Hist. et portr.	Peintre de la cour de Savoie.

NOMS.	ANNÉES DE NAISSANCE ET DE MORT.	LIEU DE NAISSANCE	GENRE.	NOTES HISTORIQUES. — TABLEAUX PRINCIPAUX ET LIEUX OU ILS SE TROUVENT. — OBSERVATIONS.
POTENZANO (Franç.)	†1599	Palerme.	Hist.	Parcourut successivement Rome, Naples, Malte et une partie de l'Espagne et laissa partout des preuves incontestables de son talent. — Bon poëte, improvisateur et graveur au burin.
ANDRÉ DI GUIDO.	*1400	Sienne.	Hist. et portr.	Détails inconnus.
ANGELO de Venise.	*1400?	Venise.	Hist.	Détails inconnus. — Style original.
CATERINO de.Venise.	*1400?	Id.	Id	Détails inconnus.
BARTOLI (Thadée), fils de Bartolo di Fredi.	*1400	Sienne.	Hist. et portr.	Se livra à des études très-sérieuses sur son art. Mort à l'âge de 59 ans. — Annonciation, Berlin. Assomption, ib. La Vierge et l'Enfant et quatre saints (en un seul tableau), Paris. — Expression profonde de piété. Imitateur de Giotto.
GALGANO DI MAES-TRO MINUCCIO.	*Id.	Id.	Hist.	Détails inconnus.
GIULIANO de Fa-briano.	*Id.	Fabriano.	Id.	Détails inconnus.
JACOPO DI FRATE MINO.	*Id.	Sienne.	Id.	Détails inconnus.
NICOLAS de Norcia.	*Id.	Norcia.	Id.	Inscrit sur le registre des peintres établis à Sienne.
PIETRO DI JACOPO.	*Id.	Bologne.	Hist. et portr.	Élève de J. Avanzi.
STEFANO de Vérone ou STEFANO de Zevio.	*Id.	Vérone. ou Zevio.	Id.	Élève d'Ange Gaddi; laissa de nombreux et remarquables ouvrages à Mantoue et dans sa patrie; son frère, Giovan' Antonio, resta dans la médiocrité, ainsi que le fils de ce dernier, nommé Jacopo. — Habile fresquiste; poses hardies, expression gracieuse dans les têtes. On voit dans presque tous ses tableaux un paon qu'il avait adopté pour signature. Quelques auteurs, et Vasari entre autres, citent un peintre nommé Sebeto de Vérone qui n'est autre que Stefano : la ville de Zevio portait autrefois le nom de Zebetum : c'est ce qui les a induits en erreur.
TEDESCO (N.).	*Id.	Sienne.	Hist.	Inscrit sur le registre des peintres de Sienne.
VOLTRI (Nicolas de).	*1401	Gênes.	Hist. relig.	On ne cite pas son école.
VITE (Antoine), dit ANTONIO DE PIS-TOIA.	*1403	Pistoie.	Hist. et portr.	Élève de G. Starnina; envoyé à Pise par son maître, il y exécuta des tableaux qui lui valurent une réputation méritée.
PARADINI (Nicolas).	*1404	Venise.	Hist.	Détails inconnus.
MASO de Bologne.	*Id.	Bologne.	Id.	Contemporain de Ph. Scannabecchi, dit Lippo di Dalmasio.
ANDRÉ d'Orviéto.	*1405	Orviéto.	Id.	Détails inconnus.
BARTOLOMMEO DI MARTINO.	*Id.	Sienne?	Id.	Florissait à Sienne. — Peintre de mérite.
BARTOLOMMEO d'Orviéto.	*Id.	Orviéto.	Id.	Détails inconnus.
ANTONIO de Trévise.	*1407	Trévise.	Id.	Détails inconnus.
BITINO.	*Id.	Rimini.	Id.	Son fils Antoine peignait en 1446. — Invention, perspective, physionomies et coloris également agréables.
MARTIS (Octavien).	*1409	Gubbio.	Id.	Détails inconnus. — Expression uniforme, mais très-gracieuse.
LORENZO (Don).	*1413	Florence	Hist., portr. et min.	Élève de Thadée Gaddi. Religieux camaldule. Mort à l'âge de 59 ans. — Jésus-Christ crucifié entre les bras du Père Éternel (triptyque), Florence. Plusieurs saints, Berlin. Annonciation, ib. — Bon dessin; manière gracieuse et belle; imita son maître avec beaucoup de succès.
BONO (Grégoire).	*1414	Venise.	Hist. et portr.	Appelé à Chambéry pour faire le portrait d'Amédée VIII, peinture qu'il exécuta sur bois.
LIBERALE de Campo.	*1418	Campo.	Hist.	Détails inconnus.
BELLAVITA (Ange).	*1420	Crémone.	Id.	Détails inconnus.
PIERO de Pérouse.	*1430	Pérouse.	Hist., portrait, et min.	Enrichit de miniatures tous les livres de la bibliothèque du pape, dans la cathédrale de Sienne. — Imita les ouvrages de Stefano de Vérone; miniatures gracieuses et d'un fini parfait.
SCLAVO (Luc).	*Id.	Crémone.	Hist. et portr.	Détails inconnus. — Placé parmi les meilleurs peintres de son temps.

NOMS.	ANNÉES DE NAISSANCE ET DE MORT.	LIEU DE NAISSANCE	GENRE.	NOTES HISTORIQUES. TABLEAUX PRINCIPAUX ET LIEUX OU ILS SE TROUVENT. OBSERVATIONS.
NÉGREPONT (Antoine De).	*1430		Hist.	Il était moine. — Vierge adorant Jésus (1430), Venise.
MIRETI (Jérôme).	*Id.	PADOUE.	Hist. et portr.	Cité dans les statuts des peintres, aux dates de 1425 et 1441.
LIANORI (Pierre-Jean), ou PIETRO DI GIOVANNI.	*Id.	BOLOGNE.	Id.	Élève de Lippo di Dalmasio. — La Vierge et l'Enfant et deux autres saints, Bologne.
FLORE (Jacobello De) ou JACOMETTO DE FLOR.	*Id.		Id.	Florissait à Venise. Son père, Francesco, fut, d'après plusieurs biographes, un homme de beaucoup de talent. — Saint Michel vainqueur du démon, Berlin. — Composition très-riche, caractère digne et beau en même temps que souple et élégant; figures surchargées d'ornements selon la mode de cette époque.
ANDRÉ de Murano.	*Id.?	MURANO.	Hist.	Détails inconnus. — Style encore sec, mauvais choix de têtes, composition défectueuse, assez bon dessin même dans les pieds et les mains, figures bien posées sur leur plan. On pense qu'il doit y avoir eu deux peintres du même nom parce qu'il existait un de leurs tableaux avec la date de 1502.
ANSANO de Sienne, ou SANO DI PIETRO.	*Id.	SIENNE.	Hist. et portr.	Employé par le pape Pie II.
BARTOLI (Dominique) neveu de Thadée.	*Id.		Id.	Élève de son oncle. — Le Père Éternel, Berlin. — Perfectionna la manière de son maître; composition plus large et plus variée; habile dans les ornements et la perspective.
GORO.	*1434		Hist.	Peintre sur verre.
GALASSO GALASSI.	*Id.	FERRARE.	Hist. et portr.	On pense qu'il apporta son style de sa patrie lorsqu'il séjourna à Bologne ; resta dans cette ville pendant de longues années, y travaillait encore en 1450, et mourut à Ferrare. — Caractères de têtes bien étudiés, mains remarquablement petites, doigts écartés, ensemble neuf et singulier ; coloris moelleux.
BERNARDO DI FRANCESCO.	*Id.		Hist.	Peintre sur verre.
MARIOTTO de Viterbe.	*1435	VITERBE.	Id.	Détails inconnus.
GIORGIO de Trévise.	*1437	TRÉVISE.	Id.	On prétend qu'il peignit, en 1437, la célèbre tour de l'Horloge, à Padoue.
CENNINO (André).	*Id.	COLLE-DI-VALDELSA?	Hist. et portr.	Élève d'Agnolo Gaddi ; travailla avec son maître à Florence, et lui fit honneur. — Auteur d'un ouvrage sur la peinture.
MARASCA (Jacques).	*1440	CRÉMONE.	Hist.	Détails inconnus.
GIOVENALE.	*Id.		Id.	Travailla à Rome.
MORAZONE (Jacques)	*1441	VENISE.	Hist. et portr.	Travaillait à Venise, en concurrence avec Jacobello de Flore, dont il ne possédait pas le talent. — Manière des premiers maîtres de l'école italienne. On l'a nommé, par erreur, Jérôme Mazzoni ou Morzoni, ou bien encore Jacques Morzone ou Jérôme Marzone.
FABIO DI GENTILE DI ANDREA.	*1442	SAN-GINÉSIO.	Hist.	Détails inconnus.
ORAZIO DI JACOPO.	*1445	BOLOGNE.	Hist. et portr.	Élève de J. Avanzi.
FRANCESCO de Borgo.	*1446	BORGO.	Hist.	Détails inconnus. — Sa manière se rapproche tellement de celle de Pierre della Francesca qu'on doute si ces deux peintres ne sont pas les mêmes ou tout au moins si Francesco de Borgo n'est pas un élève ignoré de della Francesca.
BOCATIS (Jean).	*1447	CAMERINO	Id.	Peintre médiocre.
BONACOSSA (Hector)	*1448	FERRARE.	Id.	Peintre médiocre de l'école Ferraraise.
PARRASIO (Angelo).	*1449	SIENNE.	Hist. et portr.	Florissait à la cour du marquis Leonello d'Este. — Imita les premiers peintres flamands.
VITERBO (Laurent Da).	*1450	VITERBE?	Hist.	Détails inconnus. — Peintre à fresque.
VACCARINI (Barthélemy).	*Id.	FERRARE.	Hist. et portr.	Détails inconnus.
SAN GIOVANNI (Olivier De.	*Id.		Hist.	Peintre de fresques, à Ferrare.
ROBBIA (Luca-Della).	*Id.	FLORENCE	Miniat.	Inventeur de l'art de peindre sur la poterie dite Majolica et de la sculpture en faïence colorée, recouverte d'émail. — Sculpteur.
PONZONI (Jean).	*Id.		Hist.	École milanaise.

NOMS.	ANNÉES DE NAISSANCE ET DE MORT.	LIEU DE NAISSANCE	GENRE.	NOTES HISTORIQUES. TABLEAUX PRINCIPAUX ET LIEUX OU ILS SE TROUVENT. OBSERVATIONS.
PISANO ou PISANEL-LIO (Victor).	*1450	San-Vito (État de Vérone.)	Hist., portr. et anim.	Antiquaire, graveur et peintre célèbre. On pense qu'il fut élève du Castagno sans pouvoir l'affirmer avec certitude.—La Vierge et l'Enfant, Munich.—On le place au rang des meilleurs artistes. Figures un peu allongées, mais d'un fini précieux; belle perspective, coloris cru, génie poétique; excellait dans la représentation des chevaux et autres animaux.
GIOVAN DI PAOLO.	*Id.	Sienne.	Hist. et portr.	Employé par le pape Pie II, à Pienza. — Se distingua par une connaissance assez exacte du nu.
ERCOLE de Bologne, nommé aussi HER-CULIN BOLONAIS.	*Id.	Bologne.	Hist.	Détails inconnus. — Fresques, Rome. — Régularisa un peu les proportions dans ses figures.
CRIVELLI (François).	*Id.	Milan.	Portr. et hist.	On le cite comme le premier artiste qui peignit des portraits à Milan.
BOMBOLOGNO (Le).	*Id.	Bologne.	Hist. et portr.	Exécuta un grand nombre de crucifix. — Beaucoup de fini.
ALEMANA (Juste ou Jean De).	*1451	Allema-gne?	Id.	On pense que ce peintre était né en Allemagne; on ignore son nom de famille; établi à Murano où il travaillait avec Antoine Vivarini..—L'annonciation (fresque), Gènes. (Ce tableau porte l'inscription suivante : Justus de Alemania pinxit, 1451.) — Vierge glorieuse (avec Antoine Vivarini da Murano), Venise. Annonciation, Paris. Saint Benoît et un saint évêque, ib. Saint Étienne et saint Ange (en un seul cadre), ib. Plusieurs saints entourés d'anges (quatre tableaux avec Antoine Vivarini du Murano), Berlin. — Exécution fine et soignée; style assez élégant quoique se rapprochant du gothique.
ANTONIO de Creval-core.	*1455?	Creval-core.	Hist.	Détails inconnus. — Sainte famille, Berlin. (Ce tableau est signé : Opera de Antonio de Crevalcore 1453 (?).
ANTONIO de Fabria-no.	*1454	Fabriano.	Id.	Détails inconnus — Moins de talent que Gentile.
LAMBERTINI (Michele), ou MICHELE DI MATTEO LAMBER-TINI.	*1455	Bologne.	Hist. et portr.	Élève de Lippedi Dalmasio; un de ses tableaux porte la date de 1469; d'après plusieurs biographes, les œuvres que l'on connaît aujourd'hui de ce maître peuvent se comparer à celles des meilleurs artistes, ses contemporains. — La Vierge et l'Enfant, Bologne. Saint Dominique, ib. Saint François, ib. Jésus-Christ mort, ib. Sujet tiré du Dante, ib. — Beaucoup d'expression et de grâce; ses draperies commencent à accuser le nu; avec un reste de peinture gothique, on trouve un progrès remarquable dans les œuvres de ce peintre.
RUSSI (Jean De)	*Id.	Mantoue.	Miniat.	Coloria la Bible d'Este, pour Borso, duc de Modène.
BELLINI (Jacques).	*1456	Venise.	Hist. et portr.	Élève de Gentile du Fabriano; ne fut en grand renom à Venise qu'après le départ de Dominique Veneziano, son rival; travailla beaucoup avec ses deux fils. — Saint Nicolas de Bari, Rome. Portrait du peintre, ib. Portrait de Pétrarque, Venise.
DONATO.	*1459		Hist.	Élève de Jacobello de Flore. — Surpassa son maître pour le style.
VAPRIO (Constantin)	*Id.	Milan.	Id.	Détails inconnus.
VIVARINI (Antoine), dit ANTONIO DA MURANO, frère de Barthélemy.	*1460	Murano.	Hist. et portr.	Associé avec Juste ou Jean Alemana. — Vierge glorieuse (avec Jean d'Alemana), Venise. (M. Viardot, dans ses savantes recherches sur les œuvres d'art, en Italie, attribue ce tableau aux frères Antonio et Giovanni da Murano: c'est une erreur. Giovanni da Murano n'est autre que Jean ou Juste d'Alemana, associé d'Antonio.) Vierge glorieuse, Bologne. Plusieurs figures de saints (avec J. d'Alemana), Berlin. Plusieurs figures de saints (avec B. Vivarini), ib. — Bonne entente de la couleur, belles formes, beaucoup de soin.
SEVERO de Bologne.	*Id.	Bologne.	Id.	Élève de Lippo di Dalmasio. — Copia les peintres grecs.
PIETRO de Vercoil (fru).	*Id.	Verceil.	Hist.	Détails inconnus.
OLDONI (Hercule).	*Id.	Id.	Id.	Détails inconnus.
OLDONI (Boniforte).	*Id.	Id.	Id.	Détails inconnus.
MORETTI (Christophe).	*Id.	Crémone.	Id.	Peignit en même temps que B. Bembo, à la cathédrale de Crémone, puis à la cour de Milan; fut employé à Sant'Aquileo. Les écrivains crémonais le disent fils de Galeazzo Rivello et père et aïeul des Rivelli; mais cette assertion est fort douteuse.
DELIBERATORE ou DI LIBERATORE (Nicolas).	*Id.	Foligno.	Id.	On pense qu'il étudia à Florence. — Style des derniers élèves de Giotto.
CALORI (Raphael).	*Id.	Modène.	Hist. et portr.	Travailla pour le duc Borso. — Bon style.
BONINO (Gaspard).	*Id.	Crémone.	Id.	Travailla pour Fr. Sforza.
MAZZAFORTE (Pier-re De).	*1461		Hist.	Détails inconnus.

NOMS.	ANNÉES DE NAISSANCE ET DE MORT.	LIEU DE NAISSANCE.	GENRE.	NOTES HISTORIQUES. — TABLEAUX PRINCIPAUX ET LIEUX OU ILS SE TROUVENT. — OBSERVATIONS.
BEMBO (Boniface).	*1461	Valdarno (Crémonais)	Hist. et portr.	Élève de Palma, le vieux; le premier des peintres employés à la cathédrale de Crémone. — Le Sauveur du monde, Dresde. Résurrection de Lazare, ib. Sainte famille entourée de saints, ib. Moïse sauvé des eaux, ib. — Mouvements hardis, coloris brillant, costumes riches; peu de choix; pinceau souvent incorrect.
LOSCHI (Jacques).	*1462	Parme.	Hist.	Gendre et compagnon de travail de Bar. Grossi.
GROSSI (Barthélemy)	*Id.	Id.	Id.	Détails inconnus.
BALESTRIERI (Dominique).	*1465	San-Ginesio.	Id.	Détails inconnus.
VINCENZO DI STEFANO, fils de Stefano de Vérone (?)	*1465	Vérone.	Id.	Donna les premières leçons à Liberale de Vérone.
VALLE (Charles Della).	*1470	Milan?	Id.	Bon peintre de l'école milanaise; le même probablement que Carlo de Milan, cité par Lomazzo. — Son frère, Jean, fut également peintre.
TESAURO (Bernard).	*Id.		Hist. et portr.	Élève de S. Buoni; on le fait descendre de Philippe Tesauro. — Invention sage, draperies et figures plus naturelles que celles de ses prédécesseurs. Bon choix de formes, expression, accord, intelligence des teintes et reliefs très-satisfaisants.
POZZO (Mathieu).	*1470?	Padoue.	Hist.	Élève du Squarcione.
PIZZOLO (Nicolas).	*1470	Id.	Hist. et portr.	Élève du Squarcione; travailla avec André Mantegna; mort assassiné avant que son beau talent n'eût atteint sa maturité. — Beaucoup de majesté; ses productions, peu nombreuses, renferment d'éminentes qualités.
MARONE (Jacques).	*Id.	Alexandrie.	Hist.	Détails inconnus. — Soin exquis. Il ne faut pas le confondre avec Jean Massone d'Alexandrie, qui florissait vingt ans plus tard.
LORENZO da San Severino.	*Id.	San Severino.	Id.	Travailla à Urbin avec un de ses frères dont les biographes ne citent pas le nom.
GHERARDO.	*Id.	Florence	Min., mosaïq., histoire et portr.	Protégé par Laurent de Médicis; travailla avec Dominique Ghirlandaïo et fut employé par Mathias Corvin, roi de Hongrie. — Mariage de sainte Catherine, Bologne. Plusieurs saints, ib. — Grande fécondité de pinceau; talent très-renommé.
FRANCESCO DI GIORGIO.	*Id.	Sienne.	Hist. et portr.	Architecte célèbre, bon sculpteur et peintre médiocre.
CORRADINI (Barthélemy), dit FRA CARNEVALE.	*Id.	Urbin.	Id.	Moine dominicain. — Tableaux, Milan. — Peintre de beaucoup de mérite; perspective défectueuse; profusion d'ornements; portraits parlants et pleins de vie; belle architecture; coloris brillant; têtes gracieuses et nobles.
BEVILACQUA (Ambroise et Philippe).	*Id.		Id.	Travaillaient à Milan. — Bon style, mais un peu trop sec.
ALUNNO (Nicolas).	*Id.	Foligno.	Id.	Passait pour un des bons artistes de son temps. — Six sujets saints en un seul cadre, Paris. — Ne travaillait qu'à la détrempe; têtes d'une vérité extraordinaire.
PASTI (Mathieu).	*1472	Vérone.	Hist.	Détails inconnus.
JACOMETTO de Venise.	*Id.	Venise.	Hist., portrait et min.	Célèbre par ses petits tableaux de cabinet, ses portraits et ses miniatures. — Il ne faut pas le confondre avec Jacobello ou Jacometto de Flore, peintre du même siècle.
ESTENSE (Balthasar).	*Id.	Ferrare.	Hist.	Également graveur en médailles. Quelques-unes des médailles exécutées par cet artiste sont frappées avec une grande habileté.
TUNCOTTO (George)	*1473		Id.	Florissait en Piémont.
DARIO de Trévise.	*1474	Trévise.	Hist. et portr.	Élève du Squarcione; ami d'Ant. Mantegna avec lequel il travailla en concurrence.
COSSA (François).	*Id.	Ferrare.	Id.	On pense qu'il aida L. Costa lors de son séjour à Ferrare; vécut longtemps à Bologne. — Architecture de bon goût, physionomies communes, coloris médiocre.
ROSSI (Laurent-d'Ugolino De).	*1475		Hist.	Détails inconnus. — Jésus-Christ crucifié, Berlin. (Ce tableau porte l'inscription suivante que nous reproduisons textuellement : Questa tavola se fatta fare per Lorenzo d'Ugolino de Rossi la quale a fatlcta (sic) fare beltrame distoldo de Rossi 1475.)
BELLUNELLO (André)	*Id.	San-Vito.	Id.	Détails inconnus. — Manière gracieuse, bon agencement des figures, coloris terne, formes peu choisies; une de ses peintures, exécutée en 1490, est signée : André Bellone.
CESA (Mathieu).	*Id.		Id.	Détails inconnus. — Vierge glorieuse, Berlin. Plusieurs saints en un seul cadre, ib.
CRIVELLI (Carlo).	*1476	Venise.	Hist., portr., archit. et pays.	Élève de Jacobello de Flore. Voyagea beaucoup et s'établit à Ascoli. — Le Christ mort et sa mère, Rome. Ruines (figures d'Al. Magnasco), Dresde. Ruines avec ouvriers, ib. La Vierge et l'Enfant (portant la date suivante : MCCCCLXXXI), Berlin. Marie-Madeleine richement habillée, ib. Saint Pierre et saint Paul, ib. Jésus-Christ mort (avec volets), ib. — Coloris vigoureux, dessin médiocre; ses petits tableaux d'histoire, embellis par de riants paysages, sont gracieux et pleins de mouvement.

NOMS.	ANNÉES DE NAISSANCE ET DE MORT.	LIEU DE NAISSANCE	GENRE.	NOTES HISTORIQUES. — TABLEAUX PRINCIPAUX ET LIEUX OU ILS SE TROUVENT. — OBSERVATIONS.
FACIS (Ange De).	*1477	Italie.	Hist.	Détails inconnus. — Six sujets saints en un seul cadre, Paris.
CORNA (Antoine Della).	*1478	Crémone.	Id.	Élève du Mantegna.
TOLMEZZO (Dominique).	*1479	Udine.	Id.	Détails inconnus. — Bon coloris.
ZOPPO (Marc).	*1480	Bologne.	Hist. et portr.	Élève du Squarcione ; compétiteur et ami d'André Mantegna ; travailla à Padoue ; étudia quelque temps à Venise et fut un des artistes les plus remarquables de son époque. — La Vierge enfant, Bologne. Saint Jean-Baptiste et saint Augustin, ib. La Vierge et l'Enfant entourés de saints, Berlin. — Composition se rapprochant de l'école vénitienne ; style plus rude que celui du Mantegna, surtout dans le dessin des pieds ; plis moins roides, plus dégagés, et coloris plus harmonieux. Nu très-bien entendu, figures et détails très-soignés.
VIVARINI (Barthélemy), dit DE MURANO , frère d'Antoine.	*Id.	Murano.	Hist.	Élève d'Antoine ; dans plusieurs de ses tableaux on remarque un chardonneret (vivarino) par allusion à son nom ; peignit à Venise, en concurrence avec les Bellini ; mort d'excès de travail. — Plusieurs sujets saints en six parties, Berlin. Saint George et le dragon, ib. Un évêque, ib. Plusieurs figures de saints (avec Antoine Vivarini), ib. La Vierge et l'Enfant, ib. L'enfant Jésus dormant sur les genoux de la Vierge (chef-d'œuvre), Naples. Madeleine, Venise. Sainte Barbe, ib. Sainte Claire, ib. — Travaillait assez inégalement ; ses bons ouvrages peuvent être comparés à ceux des meilleurs peintres de son époque ; belle perspective ; imitation exacte et raisonnée de la nature.
TROZO de Monza.	*Id.	Monza.	Id.	Peignit beaucoup à Milan. — Invention confuse, attrait piquant par les costumes et les usages lombards , belle perspective.
RIPANDA (Jacques).	*Id.		Hist. et portr.	Étudia beaucoup à Rome.
PINO de Messine.	*Id.	Messine.	Hist.	Élève et compagnon de travaux d'Antonello de Messine, à Venise.
MATTEO DI GIOVANNI, dit MATTEO DA SIENA , fils de Giovan di Paolo.	*Id.	Sienne.	Hist., portr. et Mosaïque.	Employé, en même temps que son père, par le pape Pie II ; ami intime de Francesco di Giorgio. — Vierge glorieuse, Berlin. Même sujet traité différemment , ib. — Donna une grande impulsion à l'art en y apportant plusieurs perfectionnements ; draperies assez naturelles ; expressions variées , veines et muscles indiqués ; figures assez moelleuses ; architecture et ornements de bon goût.
LODOVICO de Parme.	*Id.	Parme.	Hist.	Élève du Francia, — Ses madones rappellent le style de son maître.
GIROLAMO de Trévise , le vieux.	*Id.	Trévise.	Id.	On le croit élève du Squarcione. — Teintes languissantes, dessin assez correct. Le père Federici le nomme Aviano.
GIOVANNI FRANCESCO de Rimini.	*Id.	Rimini.	Id.	On le croit élève de Pierre Pérugin.
FEDERIGHI (Ant.).	*1481		Mosaïque.	Détails inconnus.
NEROCCIO.	*1483	Sienne.	Hist. et portr.	Peu de réputation.
FORTI (Jacques).	*Id.	Bologne.	Id.	Ami de Marc Zoppo ; travailla beaucoup avec ce dernier. — Inférieur à Zoppo.
VANTE ou ATTAVANTE.	*1484	Florence	Miniat.	Ami du miniaturiste Gherardo ; employé par Mathias Corvin, roi de Hongrie. — Miniatures , bibliothèque du Vatican. Miniatures, bibliothèque de Venise. Miniatures du Missel de Mathias Corvin, bibliothèque de Bourgogne , Bruxelles. — Imita don Barthél. della Gatta. Fini admirable.
NEBEA (Galeotto).	*Id.	Castellaccio (près d'Alexandrie).	Hist.	Détails inconnus. — Costumes très-riches, composition et formes intelligentes, plis roides, exécution crue mais assez correcte.
MOCETTO ou MOZETTO (Jérôme).	*Id.	Vérone.	Hist. et portr.	Élève de Jean Bellini dont il était le domestique. — Graveur sur cuivre.
ANDRIA (Tuzio D').	*1487		Hist.	Travailla à Savone. — Jésus-Christ au milieu des apôtres , Paris.
SIMAZOTO (Martin).	*1488		Id.	Florissait en Piémont.
ALAMANNI (Pierre).	*1489	Ascoli.	Id.	Élève de Ch. Crivelli. — Un des artistes les plus recommandables du xvᵉ siècle.
ANGELO de Padoue (Maître).	*Id.	Padoue.	Id.	Détails inconnus. — Expression pleine de vivacité.
CRIVELLI (Victor).	*Id.	Venise.	Id.	On le croit de la même famille que Ch. Crivelli, et l'on suppose, ou qu'il mourut jeune ou qu'il s'expatria.
MASSONE (Jean).	*1490	Alexandrie.	Id.	Détails inconnus. — Trois sujets en un seul cadre , Paris.
FIORENZO DI LORENZO.	*Id.	Pérouse.	Id.	Détails inconnus.

NOMS.	ANNÉES DE NAISSANCE ET DE MORT.	LIEU DE NAISSANCE	GENRE.	NOTES HISTORIQUES. — TABLEAUX PRINCIPAUX ET LIEUX OU ILS SE TROUVENT. — *OBSERVATIONS.*
VIVARINI (Louis), dit DA MURANO.	*1490	VENISE?	Hist.	On le croit frère et élève d'Antoine ; travailla à Venise en concurrence avec Jean Bellini et Scarpaccio et ne resta point inférieur à ces deux maîtres. — Saint Jean-Baptiste, Venise. Saint Mathieu, *ib.* Saint Jean l'Évangéliste et saint Jérôme adorant la Vierge et l'Enfant, Berlin. Vierge glorieuse, *ib.* Saint Marc, *ib.* Jésus dormant sur les genoux de la Vierge, Vienne. — Belle composition, sentiments bien exprimés, coloris plein de morbidesse, architecture noble et bien imitée de l'antique. On croit qu'il y eut un autre Louis Vivarini, florissant vers 1440 et élève d'Andrea de Murano.
BEMBO (Jean-François), frère de Boniface.	*Id.	CRÉMONE.	Hist. et portr.	Élève de son frère ; travaillait encore en 1524. — Se rapprocha par le coloris de Fra Baccio della Porta ; agrandit le style de son école.
ASPERTINI (Guido), frère d'Amico et dit GUIDO DE BOLOGNE.	*1491	BOLOGNE.	Id.	Élève d'Ercole de Ferrare ; mort à 35 ans d'excès de travail. — Exécution correcte et gracieuse ; donnait les plus belles espérances.
OLIVA (Pierre).	*Id.	MESSINE.	Hist.	Florissait à Messine.
MUCCIOLI (Benoît).	*1492	FERRARE.	Id.	Son père Barthélemy était également peintre et mourut avant 1492.
GANDOLFINO (Maestro).	*1493		Id.	Travaillait en Piémont.
SANZIO (Jean De), ou Jean Santi.	*1494	URBIN.	Id.	Père de Raphaël, il sut deviner la vocation de cet illustre artiste et le plaça dans l'atelier du Pérugin. Galeazzo, Antoine, Vincent et Jules furent tous peintres, parents de Jean, et ancêtres du divin Raphaël. — Annonciation, Milan. La Vierge et l'Enfant entourés de saints, *ib.*
FOLCHETTI (Étien.).	*Id.	SAN-GINESIO.	Id.	Détails inconnus.
ALESSIIS (François).	*Id.	UDINE.	Id.	Détails inconnus.
SETTI (Cecchino).	*1495	MODÈNE.	Hist. et portr.	Contemporain de Fr. Magagnolo.
SCOTTO (Félix).	*Id.		Hist.	De la même famille qu'Étienne Scotto ; peignit beaucoup à Côme. — Pinceau expressif et varié, composition judicieuse.
MARMITTA (Franç.).	*Id.	PARME.	Id.	On croit qu'il donna les premières leçons au Parmesan.
MONTORFANO (Jean-Donato).	*Id.		Hist. et portr.	École de Vincent Foppa. — Physionomies et mouvements vrais ; architecture grandiose ; mêlait, selon l'habitude des Milanais à cette époque, du travail en plastique à ses tableaux. Bon coloris.
MAINARDI (Sébastien).	*Id.	SAN GEMINIANO.	Id.	Élève de Dom. Ghirlandaio, qui lui donna une de ses sœurs en mariage, afin de le récompenser des travaux qu'il avait exécutés de concert avec lui. — La Vierge et l'Enfant, Berlin. Portrait d'homme, *ib.* — Habile fresquiste.
LORENZO de Pavie.	*Id.	PAVIE.	Hist.	Florissait à Alexandrie et à Savone.
DONATO de Pavie.	*Id.	Id.	Id.	Florissait à Alexandrie.
ANDRÉ de Milan.	*Id.	MILAN.	Id.	On le croit élève de l'école vénitienne.
BALDINI (Jean).	*Id.	FLORENCE	Hist. et portr.	Florissait à Rome. — Peintre de mérite.
TESAURO (Raimo).	*1497		Hist.	Fils ou neveu de Philippe Tesauro. — Bonnes études.
BARTOLOMMEO DI GENTILE.	*Id.	URBIN.	Id.	D'après la signature de ses tableaux on suppose que Gentile fut peintre comme lui et lui donna des leçons.
VAPRIO (Augustin).	*1498		Id.	Détails inconnus.
BRÉA (Louis).	*1499	NICE.	Id.	S'établit à Gênes et y fonda une école. — Dessin très-sec, emploi fréquent des dorures, beau style dans les têtes, couleurs vives, plis gracieux, composition sage, mouvements assez hardis.
CASELLI (Christophe), dit CRISTOFORO DE PARME, ou LE TEMPERELLO.	*Id.	PARME.	Hist. et portr.	Peintre de mérite ; Ridolfo le fait élève de Jean Bellini.
ROBERTELLI (Aurèle).	*Id.	GÊNES?	Hist.	Détails inconnus.
AGNOLO DI LORENZO.	*xve siècle.		Hist. et portr.	Élève de Barth. della Gatta.
ANTONIO, dit ANTONIASSO.	*Id.		Id.	Florissait à Rome.
BALDINELLI (Baldino).	*Id.		Id.	Élève de Domin. Ghirlandaio.

NOMS.	ANNÉES DE NAISSANCE ET DE MORT.	LIEU DE NAISSANCE	GENRE.	NOTES HISTORIQUES. — TABLEAUX PRINCIPAUX ET LIEUX OU ILS SE TROUVENT. — OBSERVATIONS.
BAROCCIO (Ambroise)	XVe siècle.	Milan	Hist.	Détails inconnus.
BARTOLOMMEO de Forli.	Id.	Forli.	Id.	Élève de Fr. Francia. — Style trop aride.
BERNARDINO de Murano.	Id.	Murano.	Id.	Détails inconnus.
CURADI (Benoit), dit GHIRLANDAIO, frère de Dominique.	Id.	Florence	Hist. et portr.	Élève de son frère, travailla beaucoup avec lui: Mort à l'âge de 50 ans. — Jésus-Christ portant sa croix, Paris. Résurrection (avec Dominique et David), Berlin. — Passa presque toute sa vie à voyager.
BOCCARDINO.	Id.		Miniat.	Orna de miniatures la plupart des livres de l'abbaye de Florence.
BONO.	Id.	Bologne. ou Ferrare.	Hist.	Travailla avec André Mantegna et reçut les leçons du Squarcione.
BRANDINO (Octave).	Id.	Brescia.	Id.	On le met au même rang que Gentile de Fabriano.
CAMPAGNUOLA (Jérôme), dit GIROLAMO DE PADOUE.	Id.	Padoue.	Hist., portr. et min.	Élève du Squarcione; travailla à Florence; nommé quelquefois Girolamo del Santo; son frère, Juste, cultiva le même art. — Imitateur de don Barthél. della Gotta. Beau coloris, exécution supérieure, dessin et expression faibles.
CAMPANA (André).	Id.	Modène.	Hist.	Détails inconnus. — Style gracieux, bon coloris.
CANTACCI (André), dit DEL SANSOVINO	Id.	San-Savino.	Hist. et portr.	Élève d'Antoine Pollaiolo.
CASSINO (Barthél.).	Id.	Milan.	Hist.	Élève de V. Civerchio.
CHIODAROLO (Jean-Marie).	Id.	Bologne.	Id.	Compétiteur des Aspertini et d'Innocent d'Imola. — Sainte famille, Bologne. — Artiste de beaucoup de talent.
CIECO (Nicolas).	Id.		Hist. et portr.	Élève de Dominique Ghirlandaïo.
COMMENDUNO.	Id.	Bergame.	Hist.	Élève des Nova.
CORSO (Jacques Del)	Id.		Hist. et portr.	Élève d'An. del Castagno.
DONNINO (Ange).	Id.		Id.	Intime ami de Côme Roselli; aide de Michel-Ange. — Homme d'un grand talent.
FIORINI (Jérôme).	Commencement du XVe siècle.	Ferrare ?	Miniat.	Religieux au monastère de Saint-Barthélemy. — Miniatures de livres de chœur dans la cathédrale de Ferrare et dans la bibliothèque de cette ville. — Grande perfection.
FRANCESCO de Florence.	XVe siècle.	Florence	Hist. et portr.	Élève de don Lorenzo.
GALEAZZO.	Id	Urbin.	Hist.	Détails inconnus.
GIOVANNI de Pavie.	Id.	Pavie.	Id.	Élève de L. Costa, le vieux.
GOZZOLI (Benozzo).	Id.	Florence	Pays., arch., anim., genre et hist.	Élève du frère Fiesole; travailla à Rome et se fixa à Pise où l'on voit ses meilleurs ouvrages et où on lui éleva un tombeau dans le Campo-Santo qui renferme son chef-d'œuvre. — Dispute des docteurs, Pise. Prodiges de saint Hyacinthe, Rome. Saint Thomas d'Aquin, Paris. — Imita Masaccio; s'acquit une grande réputation; beaucoup de vérité et de fini; coloris nourri et brillant, belle expression; peignit à fresque.
GRAFFIONE (Le).	Id.	Id.	Hist. et portr.	Élève d'Al. Baldovinetti. Le caractère de ce peintre était d'une bizarrerie remarquable.
JACOPELLO D'ANTONIO.	Id.		Hist.	Détails inconnus.
LANCILOTTI (Franç.)	Fin du XVe siècle.	Florence	Pays.	Peu connu comme peintre, il l'est davantage par un petit poëme sur la peinture, composé au milieu d'une tempête qui surprit l'auteur, ouvrage très-estimé et intitulé : Impressum Romæ anno MDVIII et di XXV de zugno. — Imita François Mostaert (peintre flamand). Excella dans les effets de nuit.
LANZILAGO (Maestro)	XVe siècle.	Padoue.	Hist. et portr.	Florissait à Rome; contemporain de Girolamo de Padoue et imitateur, comme lui, de Barth. della Gatta.
LELLO de Velletri.	Id.	Velletri.	Hist.	Florissait à Pérouse.
LAZZARO.	Id.	Orvieto.	Hist. et portr.	Détails inconnus.
LIBRI François Dai), dit LE VIEUX.	Id.	Vérone.	Miniat.	Se rendit célèbre par son talent à peindre les livres de chœur et d'office, talent qui lui valut le surnom de Dai Libri qu'il garda depuis et qu'il transmit à sa famille.

NOMS.	ANNÉES DE NAISSANCE ET DE MORT.	LIEU DE NAISSANCE	GENRE.	NOTES HISTORIQUES. — TABLEAUX PRINCIPAUX ET LIEUX OU ILS SE TROUVENT. — OBSERVATIONS.
LINAJUOLO (Berto).	*xve siècle.	Florence	Hist.	Envoyé en Hongrie, ses ouvrages lui firent dans ce pays une grande réputation.
LORENTINO D'AN-GELO.	*Id.		Hist. et portr.	Élève de Pierre della Francesca. Vécut dans la pauvreté. — Imita la manière de son maître.
MAGNAGNOLO (Fran-çois).	*Id.	Modène.	Id.	Détails inconnus. — Le premier de son école qui peignit les figures de manière à ce qu'elles regardassent le spectateur.
MACHIAVELLI (Za-nobi).	*Id.		Id.	Élève de Benozzo Gozzoli.
MALMO (Louis).	*Id.	Ferrare.	Id.	Élève de Laurent Costa. Laissa de nombreux ouvrages dans sa patrie et ailleurs.
MARCHINO (Le).	*Id.		Id.	Élève d'André del Castagno.
MARCO AMBROGIO, nommé aussi ME-LOZZO de Ferrare.	*Id.	Ferrare.	Hist.	Confondu quelquefois avec Melozzo de Forli.
MARCO de Montepul-ciano.	*Id.	Monte-pulciano.	Hist. et portr.	Élève de Laurent Bicci. — Peintre fort médiocre.
MARIA (Jacques).	*Id.	Vérone?	Anim., fleurs et fr.	Détails inconnus. — Fit preuve de talent.
MATERA (Benoît De)	*Id.	Sienne?	Miniat.	Religieux du mont Cassin. — Miniatures des livres de chœur à la cathédrale de Sienne. — Effet agréable; expression remarquable; grande verve poétique.
MATTEI ou MATEO (Gabriel).	*Id.	Sienne.	Id.	Moine de l'ordre des Servites; collaborateur du frère Benoît de Matera. — Miniatures des livres de chœur, dans la cathédrale de Sienne. — Expression belle, noble, gracieuse et pleine de poésie.
MIRETTO (Jean).	*Id.	Padoue.	Hist.	Détails inconnus.
MONSIGNORI (Al-bert).	*Id.	Vérone.	Hist. et portr.	Ne cultiva la peinture qu'en amateur.
MONTEVARCHI (Le).	*Id.	Monte-varchi.	Id.	Élève de Pierre Pérugin.
MORETO (Nicolas).	*Id.	Padoue?	Id.	Vécut 80 ans et exerça son art jusqu'à sa mort.
NERITO (Jacques).	*Id.	Padoue.	Id.	Élève de Gentile de Fabriano.
NICOLAS de Vito.	*Id.	Vito.	Hist.	Élève d'A. Solario; plus célèbre par ses plaisanteries que par ses peintures.
PACCIOLI.	*Id.		Id.	Élève de P. della Francesca.
PECORI (Dominique).	*Id.	Arezzo.	Hist. et portr.	Élève de Barth. della Gatta; termina un grand nombre de tableaux, laissés inachevés par son maître. S'appliqua, avec succès, à la peinture sur verre. — Tableaux, Arezzo. — Dessin correct; composition sage; relief vigoureux.
PESENTI (Galeazzo), dit LE SABBIONET-TA.	*Id.	Crémone.	Hist.	Également sculpteur; il y eut à Crémone à la fin du siècle suivant un Martire Pesenti, également dit le Sabbionetta et appartenant à la même famille que Galeazzo.
PIETRO da Castel della Pieve.	*Id.	Castel della Pieve.	Hist. et portr.	Élève de Pietro della Francesca.
QUIRICO de Murano.	*Id.	Murano.	Hist.	Détails inconnus.
RAIMONDO.	*Id.	Naples.	Id.	Travailla en Piémont. — Figures vives, bon coloris, quoique trop chargé d'or.
ROCCADIRAME (An-ciolillo Di).	*Id.		Id.	Élève d'A. Solario.
ROSSI (Antoine), le vieux.	*Id.	Zoldo (duché de Padoue).	Id.	Eut l'honneur d'être le premier maître du Titien; de son temps la peinture à l'huile n'était pas encore répandue dans toute l'Italie; mais ses tableaux en détrempe lui méritent une place distinguée dans les arts. — Tableaux, Selva. Tableaux, Cadore. — Beaucoup de fini; bonne couleur; manière se rapprochant de celle de Jacques Bellini.
ROVEZZANO (Jean Da).	*Id.		Hist. et portr.	Élève d'André del Castagno.
SALLI de Celano.	*Id.		Hist.	Fut employé à Rome.
SANI ou SANO DE PIETRO.	*Id.		Genre. et hist.	Florissait à Sienne. — Un charlatan, Madrid. Distribution de la soupe, ib. La Vierge et l'Enfant, Berlin.

NOMS.	ANNÉES DE NAISSANCE ET DE MORT.	LIEU DE NAISSANCE	GENRE.	NOTES HISTORIQUES. — TABLEAUX PRINCIPAUX ET LIEUX OU ILS SE TROUVENT. — OBSERVATIONS.
SASSOLI (Fabien).	*XVe siècle.	Arezzo.	Hist. et portr.	Peintre sur verre. — Dessinateur médiocre ; possédait le talent de bien cuire et assembler les verres.
SCHIAVO (Paul).	*Id.		Id.	Élève de Masolino da Panicale. — S'efforça d'imiter la manière de son maître.
SEBASTIANI (Lazare)	*Id.		Id.	Élève de V. Carpaccio.
SELLAIO (Jacques Del).	*Id.	Florence	Id.	Élève de Fra Philippe Lippi.
SPINELLI, le jeune, neveu de Gaspard.	*Id.		Hist.	Fils de l'orfévre et ciseleur Forzore Spinelli ; travailla à la sacristie de San-Miniato, près de Florence.
TEDESCO (Jacques Del).	*Id.		Hist. et portr.	Élève de Dom. Ghirlandaio.
STEFANO.	*Id.	Florence	Miniat.	Élève de Gherardo. — Abandonna la peinture pour l'architecture.
TINTORELLO (Jacq.)	*Id.,	Vicence.	Hist.	Détails inconnus. — Se rapprocha de Victor Pisanello pour le coloris ; dessin moins pur.
VANNINO.	*Id.	Pérouse.	Hist. et portr.	Détails inconnus.
ZOCCOLI (Nicolas), nommé aussi CORTONI.	*Id.		Id.	Élève de Philippe Lippi, le fils. — Très-inférieur à son maître.
ZUPPELLI (Jean-Baptiste).	*Id.	Crémone.	Hist., portrait et pays.	Contemporain de Boccaccino. — Goût original, mais un peu sec, coloris agréable et moelleux, grâce naïve.
TORBIDO ou TURBIDO (François), dit LE MORE DE VÉRONE.	1500 1581	Vérone.	Hist. et portr.	Élève de Giorgion et ensuite de Liberale de Vérone, qui lui légua tous ses biens. — Portrait du peintre, Munich. Le nain de l'empereur Charles-Quint (attribué), Paris. — Belle imitation de la nature. Suivit la manière de ses deux maîtres. Portraits très-ressemblants. Graveur à l'eau-forte.
PONCHINO (Jean-Baptiste), dit BOZZATO.	1500? 1570	Castel-Franco.	Id.	Élève du Titien. Florissait à Venise ; habita Rome et Vicence ; gendre de Dario Varotari, il embrassa l'état ecclésiastique après la mort de sa femme et abandonna la peinture. Artiste d'un grand talent. — Quelques biographes le nomment à tort Bazzaceo ou Brazaceo.
PENNI (Luc), frère de François.	1500?	Florence	Id.	Élève de Raphaël et de Périn del Vaga ; orna de ses ouvrages les villes de Gênes et de Lucques, parcourut toute l'Italie, passa les Alpes, se rendit en Angleterre, et y travailla pour Henri VIII ; visita la France, s'y occupa à Fontainebleau avec le Primatice et maître Roux, et de là revint dans sa patrie. — Sainte famille, Florence. — Ce fut à son retour en Italie qu'il s'occupa de la gravure à l'eau-forte.
LICINIO (Jules), dit LE ROMAIN, neveu du Pordenone et frère de Jean-Antoine Licinio, dit LE SACCHIENSE.	1500? 1561	Dans le Frioul?	Id.	Élève de son oncle ; se rendit à Rome afin de s'y perfectionner ; revint à Venise et y exécuta plusieurs fresques qui furent jugées dignes de son maître. Appelé à Augsbourg par les magistrats de cette ville, il y peignit plusieurs fresques fort belles, y reçut le surnom du Romain pour le distinguer des autres artistes de sa famille, et y mourut. — En 1556, il peignit en concurrence du Schiavone, de Paul Véronèse et de plusieurs autres artistes habiles.
GHERARDI (Cristofano), dit DOLCENO.	1500 1556	Borgo San Sepolcro	Hist., portrait, grotesq., anim., orn., etc.	Élève de Raphaël dal Colle, du Rosso et de G. Vasari ; travailla beaucoup avec ce dernier à Florence, à Bologne, à Venise et à Rome. — Une sibylle, Rome. — Coloriste et dessinateur habile ; grande facilité ; grande variété ; excellait dans les grotesques et les ornements.
CAMPI (Jules), fils de Galeazzo.	1500 ou 1502 1572	Crémone.	Hist. et portr.	Élève de son père. Employé aux embellissements de la cathédrale de Mantoue. Son frère, Jules, mort en 1591, fut son élève. — Imita le Sojaro et étudia d'après Fr. Salviati ; dessin correct ; figures belles et variées.
CALCAR ou KALCKER (Jean).	1500? 1546	Calcar (duché de Clèves).	Id.	Élève du Titien ; passa sa vie en Italie et appartient à l'école de ce pays, quoique né en Allemagne. Mort à Naples dans un âge peu avancé, après avoir acquis beaucoup de célébrité. — Mère des douleurs, Munich. Portrait d'homme, Vienne. Illustra les vies des peintres et sculpteurs, publiées par Vasari. — Imita si parfaitement la manière de son maître que l'on confond parfois leurs tableaux.
BUONACCORSI (Pierre), dit PERINO DEL VAGA.	1500 ou 1501 1547	Florence	Id.	Son enfance fut très-malheureuse ; presque abandonné par ses parents, recueilli dans un village près de Florence, il eut le bonheur de plaire à André de Cerri, peintre médiocre qui le prit chez lui et le confia plus tard à son ami D. Ghirlandaio ; le Vaga ayant été frappé de ses dispositions l'emmena à Toscanello et le conduisit à Rome ; c'est par reconnaissance que le jeune homme prit le nom

de son maître : devint élève de Raphaël, à Rome, et fut employé par lui dans les travaux du Vatican ; visita successivement Lucques et Pise, puis s'établit à Gênes, où il ouvrit une école devenue célèbre ; reçut l'accueil le plus favorable du prince Doria qui lui confia des travaux importants ; fut rappelé à Rome pour restaurer plusieurs tableaux endommagés lors du sac de cette ville. On lui reproche d'avoir étouffé plusieurs réputations en faisant travailler ses meilleurs élèves sous son nom et les empêchant de se produire ; il nuisit d'ailleurs à sa gloire par sa grande avidité de richesses, qui lui faisait confier ses travaux à ceux qui les exécutaient au plus vil prix. Mort à Rome. — Naissance d'Ève, Rome. Sainte famille, ib. Saint Jean au désert, Tivoli. Mutius Scævola, Gênes. Sainte famille, Naples. Le bon larron, Londres. Le mauvais larron, ib. La Vierge et l'Enfant Jésus, Dresde. Le Parnasse, Munich. Prédication de saint Jean, Berlin. Saint Paul (tous deux attribués), ib. Le défi des Piérides, Paris. — Regardé comme le plus grand dessinateur de l'école de Florence, après Michel-Ange et comme le meilleur de tous les peintres qui aidèrent Raphaël dans ses travaux ; rappelle quelquefois la composition et l'imagination de ce dernier ; expression moins profonde, grâce moins surnaturelle, manière moins finie ; se rapprocha davantage du dessin de Michel-Ange dans le dessin du nu ; prenant sur lui tous les travaux et faisant souvent exécuter ses dessins par des artistes médiocres ; ses tableaux offrent beaucoup d'inégalités. On lui doit le plus bel ouvrage qui ait été fait à Rome de son temps : la Salle Royale, commencée sous Paul III et terminée en 1572, sous le pontificat de Grégoire XIII, vingt-cinq ans après la mort de Périn del Vaga.

46

NOMS.	ANNÉES DE NAISSANCE ET DE MORT.	LIEU DE NAISSANCE	GENRE.	NOTES HISTORIQUES. — TABLEAUX PRINCIPAUX ET LIEUX OU ILS SE TROUVENT. — OBSERVATIONS.
BORDONE (Paris).	1500? 1570	Trévise.	Hist. et portr.	Élève du Titien ; appelé en France par François Ier, en 1538 ; y fit le portrait du roi et ceux des principaux seigneurs et des plus belles dames de la cour ; comblé de faveurs par le roi de France. — Mars et Vénus, Rome. Un homme écrivant, Londres. Une sibylle, ib. Tête de Christ, La Haye. Apollon jouant de la lyre, Dresde. Diane, ib. La Vierge et l'Enfant Jésus, ib. Jésus-Christ mort, pleuré par deux personnages, Venise. Pêcheur présentant au doge l'anneau de saint Marc, ib. Portraits, Florence. Repos en Égypte, ib. Sibylle devant Auguste, ib. Le pape Paul III, ib. Saint Roch et la Madeleine devant la Vierge et l'Enfant, Munich. Portrait de femme, ib. Vierges glorieuses, Berlin. Vénus dans un paysage, ib. Portraits , ib. Portrait de femme , Madrid. Vénus et Adonis, Vienne. Portraits, ib. Allégories, ib. Ruines avec figures, ib. Gladiateurs romains, ib. Vertumne et Pomone, Paris. Portraits présumés de Philippe II et de son précepteur , ib. Portrait d'homme , ib. — Imita d'abord le Giorgion, puis se créa une manière particulière. Coloris peu vrai , dessin correct, composition savante.
ROMANINO (George ou Jérôme).	1501?	Rome.	Id.	Élève d'Et. Rizzi. Étudia à Venise ; s'établit à Brescia et se fit bientôt, par son talent, une excellente réputation ; appelé en France, il y travailla au Louvre, dans les appartements de la reine-mère. — Dessin correct, draperies aisées et gracieuses ; beau coloris ; composition savante ; imitation parfaite de la nature ; s'approcha beaucoup de la couleur et du style du Titien.
CARPI (Jérôme).	1501 1556	Ferrare.	Id.	Élève du Garofolo, à Ferrare. Étudia à Bologne, à Parme, puis à Rome ; travailla pour le roi de France , fut protégé par le cardinal Hippolyte d'Este ; refusa d'autres honneurs, afin de mettre en pratique sa maxime favorite : « Le pain et l'eau avec la tranquillité, valent mieux que les honneurs et les richesses. » Finit sa vie à Ferrare. — Adoration des mages, Bologne. La Vierge et l'Enfant Jésus, ib. Jésus-Christ chez Marthe et Marie, Florence. Portrait de l'archevêque Salimbeni, ib. Jésus-Christ mort, ib. Jésus-Christ aux Oliviers, ib. Vénus et l'Amour traînés par des cygnes, Dresde. — Style plein de charme , portraits vrais et remplis de vivacité , accessoires de bon goût, exécution très-soignée. Grand imitateur du Corrége. Architecte.
ALLORI (Ange), dit BRONZINO.	1501? 1570?	Florence	Id.	Élève du Pontormo ; employé par Guidobaldo, duc d'Urbin ; travailla à Pise. Cultiva avec succès la poésie. — Portrait de Machiavel, Rome. Portrait de Blanche Capello , Florence. Vénus et Cupidon, ib. Jésus-Christ aux limbes (chef-d'œuvre), ib. La déposition de croix, ib. Sainte famille, ib. Madone, ib. Portraits, ib. Moïse surprenant les Israélites adorant le veau d'or, Dresde. Portrait de Côme II, ib. Portrait d'Éléonore, femme de Côme Ier, ib. Portrait de femme , Londres. Sainte famille, Vienne. Portrait d'homme , ib. Portrait de Côme de Médicis (double), ib. Tête couronnée de lauriers, Munich. Bethsabée au bain, Saint-Pétersbourg. Jésus-Christ apparaissant à Madeleine, Paris. Portrait d'un jeune homme, Madrid. Portrait d'un joueur de violon , ib. Une dame entourée de trois enfants , ib. — Suivit entièrement les traces de Michel-Ange ; manière trop exagérée ; style trop exagéré ; dessin correct ; invention riche.
CONTE (Jacques de).	1502 ou 1510 1598	Id.	Id.	Élève d'André del Sarto ; appelé à Rome, il y fit les portraits de plusieurs papes, princes et autres grands personnages et y mourut. — Tableaux et fresques, Rome. — Dessin correct, coloris agréable, composition sage. Renommé pour le portrait.
CINCINNATO (Romulo).	1502 1593 ou 1600	Id.	Hist.	Élève de Salviati ; ses deux fils, Diego et François, jouirent de la faveur de Philippe IV, roi d'Espagne, et furent des artistes habiles. Le pape Urbain VIII les créa chevaliers. — Circoncision , Cuenca.
CALVI (Lazare), fils d'Augustin.	1502 1607	Gênes.	Hist. et portr.	Élève de son père et de Périn del Vaga qui l'affectionna beaucoup ; s'occupa à Rome, à Monaco et à Naples ; d'un caractère jaloux il empoisonna un jeune artiste nommé Jacques Bargone, auquel il portait envie ; ce même défaut lui fit abandonner la peinture pendant vingt ans , pour la reprendre ensuite jusqu'à quatre-vingt-cinq ans. — Fresques, Gênes. — Ses fresques lui méritèrent une belle réputation ; on lui reproche trop de sécheresse ; bon dessin.
MAZZUOLI (Franç.), dit LE PARMESAN, fils de Philippe.	1503 ou 1504 1540	Parme.	Id.	Élève de son père et de ses deux oncles ; à quatorze ans il exécuta un tableau remarquable ; fut emmené à Viadana, y peignit deux tableaux en détrempe , revint après la guerre , à Parme, terminer ses ouvrages commencés ; devint élève du Corrége ; parcourut toute l'Italie, étudia les chefs-d'œuvre de Jules Romain et de Raphaël ; présenté au pape Clément VI, il fut employé par ce pontife ; manqua de périr pendant le sac de Rome ; dans sa fuite, fut dépouillé par une troupe d'Allemands de tout ce qu'il possédait ; s'arrêta à Bologne et revint dans sa patrie qui l'accueillit avec le plus vif empressement ; fut saisi du goût de l'alchimie et, dans l'espoir de s'enrichir, se livra tout entier à cette vaine science ; fut arrêté et mis en prison ; parvint à s'échapper , se réfugia à Casal-Maggiore et parut avoir abandonné l'alchimie ; mais bientôt sa folie le reprit ; la perte de toutes ses ressources le conduisit à la mélancolie et il mourut bientôt, ayant atteint le même âge que Raphaël. — Baptême de Jésus-Christ (1517), Parme. Saint Bernardin, ib. Moïse, ib. Sainte famille, ib. La Vierge et l'Enfant Jésus, ib. Entrée de Jésus-Christ dans Jérusalem (esquisse à l'huile sur papier), ib. Annonciation, Naples. Sainte Claire , ib. Sainte famille, ib. Allégorie , ib. Lucrèce, ib. Portraits , ib. La Vierge, Rome. La Crèche, ib. Saint Jean-Baptiste, ib. Portrait d'une esclave turque, Florence. Vierge allaitant, ib. Sainte famille avec la Madeleine et Zacharie, ib. La Vierge au long col , ib. Vision de saint Jérôme, Londres. Mariage de la Vierge, ib. Sainte famille et anges, ib. Et autres, ib. La Vierge et l'Enfant entourés de saints, Dresde. Jupiter et Ganymède, ib. La Vierge et l'Enfant Jésus adorés par le donateur du tableau, ib. Et autres, ib. Tableaux, Milan. La Vierge, l'Enfant Jésus, sainte Marguerite et autres saints, Bologne. Sainte famille, Madrid. Sainte Barbe, ib. Portrait d'homme, ib. Sainte famille, Paris. Sainte Marguerite caressant l'Enfant Jésus, ib. Vierge allaitant, Munich. Mariage de sainte Catherine , Saint-Pétersbourg. Tête de la Vierge, ib. Jésus-Christ mis au tombeau , ib. L'Amour avec son arc, Vienne. Portrait de Malatesta Baglioni, ib. Sainte Catherine , ib. Portrait du peintre, ib. Portraits, ib. Baptême du Christ, Berlin. — Style grand, noble, simple et plein de majesté ; draperies légères, grâce parfaite et quelquefois un peu exagérée ; tailles, doigts et cous souvent trop longs ; coloris doux et harmonieux ; peu de profondeur dans l'expression ; composition lente , exécution rapide et facile ; touche ferme et décidée. Le Parmesan a passé pour l'inventeur de la gravure à l'eau-forte ; ce qu'on peut assurer, c'est qu'il est le premier peintre italien qui ait employé ce procédé pour graver quelques-unes de ses compositions.
AMALTEO (Pomponio).	1505 1588?	San-Vito (Frioul).	Hist. et portr.	Élève et gendre du Pordenone. Sa fille Quintilia Amaltea se fit une grande réputation comme peintre et comme sculpteur. — Beaux raccourcis, coloris riant, dessin assez correct ; ses ouvrages sont d'un mérite très-inégal parce qu'il travailla jusque dans sa plus grande vieillesse.
NEGRONE (Pierre).	1505? 1565	En Calabre.	Hist.	Élève de L. Costa. — Peintre studieux et recherché.

NOMS.	ANNÉES DE NAISSANCE ET DE MORT.	LIEU DE NAISSANCE	GENRE.	NOTES HISTORIQUES. — TABLEAUX PRINCIPAUX ET LIEUX OU ILS SE TROUVENT. — *OBSERVATIONS.*
PAZZI (L'ABBÉ ANTOINE).	1506	FLORENCE.	Hist.	Détails inconnus.
PAPA (SIMON), le jeune.	1506?	NAPLES.	Id.	Habile peintre de fresques.
BARBIERE (DOMINIQUE), dit DOMENICO FIORENTINO.	1506	FLORENCE.	Hist. et orn.	Élève du Rosso; accompagna son maître en France, où il fut employé au château de Fontainebleau. S'établit à Troyes, en Champagne. — Graveur. Excellait dans les ouvrages de stuc.
LONGHI (Luc).	1507 1580	RAVENNE.	Portr. et hist.	Vasari prétend lui avoir donné des conseils; dans tous ses ouvrages se trouvent la Vierge et l'Enfant Jésus accompagnés de saints et d'un ange d'une beauté céleste. Son fils François et sa fille Barbe furent ses élèves. — La Vierge et l'Enfant entourés de saints, Berlin. Même sujet, traité différemment, *ib.* — Excellait dans le portrait; composition se rapprochant un peu de l'antique.
LANCILOTTI (JACOPINO).	1507 1554	MODÈNE.	Hist.?	Exerçait la charge de notaire, conquit la faveur de Charles-Quint et de Clément VII et s'acquit un grand nombre d'amis par la douceur et l'amabilité de son caractère. — Poëte, orateur, musicien; fabriqua lui-même des instruments de musique, se fit remarquer par son adresse sur le tour et se livra à l'étude de l'astrologie.
BAROCCI (JACQUES), dit LE VIGNOLA.	1507 1573	VIGNOLA.	Hist. et persp.	Élève du Passarotti, à Bologne. — Célèbre architecte.
PITTONI (BAPTISTE).	1508	VICENCE.	Pays., ruines et archit.	Détails inconnus. — Graveur à l'eau-forte.
LAURATI (THOMAS), dit THOMAS LE SICILIEN.	1508? 1592	SICILE.	Hist. et portr.	Élève de Sébast. del Piombo; appelé à Rome par le pape Grégoire XIII, les travaux que lui commanda ce pape ne furent achevés que sous le pontificat de Sixte V et furent jugés inférieurs à ce qu'on attendait de lui; ayant rétabli sa réputation par d'autres ouvrages, il fut nommé prince de l'Académie de Saint-Luc. On le cite pour le profond attachement qu'il portait à ses élèves. — Fresques, Rome. Épisodes de l'histoire romaine, *ib.* — Excellente perspective; figures lourdes; coloris cru; formes vulgaires; sut rendre ses élèves très-habiles dans la perspective et l'architecture.
LAMA (JEAN-BERNARD)	1508? 1579	NAPLES.	Id.	Fils d'un peintre peu connu et élève de Polydore Caravage; travaillait le stuc avec talent, excellait dans le portrait et cultivait l'architecture. — Piété, Naples. Crucifix, *ib.* Descente de croix, *ib.* Transfiguration, *ib.* Martyre de saint Étienne, *ib.* Jésus-Christ au milieu des docteurs, *ib.* — Manière de son maître; dessin correct et vigoureux; attitudes variées; composition pleine de goût; la plus grande partie de ses tableaux sont d'un style plus doux que celui de Polydore.
GIROLAMO de Trévise, le jeune, dit PENNACHI.	1508 1544	TRÉVISE.	Id.	Imita Raphaël, travailla beaucoup dans sa ville natale, à Venise, à Bologne, à Trente. Se rendit en Angleterre et y fut attaché, comme ingénieur, au service d'Henri VIII. Tué par un boulet pendant le siège de Boulogne, en Picardie. — Coloris plein de charme; dessin peu correct; composition sage, savante, gracieuse et nette. On prétend qu'il est le fils de Pierre-Marie Pennachi.
RICCIARELLI (DANIEL), dit DANIEL DE VOLTERRE.	1509 1566	VOLTERRA	Id.	Appartenait à une des familles les plus distinguées de sa ville natale. Élève du Sodoma, de Péruzzi et de Beccafumi, dit le Mecherino; se rendit à Rome et y fut distingué par Périn del Vaga qui se l'associa dans quelques-uns de ses travaux; fut employé par le cardinal Alexandre Farnèse; orna le palais de Marguerite d'Autriche, fille de Charles-Quint, à Savone, et fut chargé, par Paul III, de travailler au Vatican, sur la recommandation de Michel-Ange, qui avait conçu pour Daniel la plus vive amitié; ayant été chargé d'exécuter le monument que Catherine de Médicis voulait élever à Henri II, l'ardeur qu'il mit à ce travail lui causa une fluxion de poitrine dont il mourut. — Descente de croix, Madrid. Le Calvaire, *ib.* Fresques, Rome. Saint Jean-Baptiste, *ib.* Sainte famille (d'après Michel-Ange), Dresde. Massacre des Innocents, Florence. David tuant Goliath, Paris. — Belles oppositions de lumière et d'ombre; s'approcha beaucoup de la manière de Michel-Ange; son chef-d'œuvre, la descente de croix, pourrait passer pour un des beaux tableaux de ce grand peintre; l'expression y est admirable, le coloris des chairs et la teinte générale sont plus vigoureux et vrais que gracieux. Le relief, l'accord et l'entente de l'art sont inimitables.
MUNARI, dit PELLEGRINO DA MODENA.	1509 1523	MODÈNE.	Hist.	Élève de son père Jean, bon peintre de l'école de Modène, qui l'envoya se perfectionner à Rome; y entra à l'école de Raphaël et étudia avec le plus grand succès sous cet illustre maître; quitta Rome à la mort de ce dernier et, revenu dans sa patrie, il y fonda une école; un de ses fils ayant tué un jeune homme de Modène, les parents du mort voulurent le venger et n'ayant pu trouver le coupable, ils tournèrent leur fureur contre le père auquel ils arrachèrent la vie. — Nativité de Jésus-Christ, Rome. Abraham et les trois anges, *ib.* Loth et ses filles, *ib.* Jacob et Raphaël, *ib.* Fresques, *ib.* — C'est peut-être, de tous les élèves de Raphaël, celui qui lui ressemble le plus pour ses airs de tête et par la grâce des poses et du mouvement des figures.
MAGANZA (JEAN-BAPTISTE), le vieux, dit IL MAGAGNÒ.	1509 1589	VICENCE.	Hist. et portr.	Élève du Titien. Tige d'une famille de peintres qui ont fait honneur à leur patrie. Également bon poëte. — Tableaux, Vienne. — Génie fécond.
ABBATE (NICOLAS DELL'), dit MESSER NICOLO, fils de Jean.	1509 ou 1512 1571	MODÈNE.	Id.	Élève de Ruggieri; exécuta ses meilleurs ouvrages à Bologne, avec Pellegrini di Tibaldi, vers 1550; accompagna le Primatice en France, y travailla à Fontainebleau et y mourut. — Fresques, Bologne. Saint Pierre et saint Paul, Dresde. — Beaucoup de vérité, de noblesse et de grâce; rappela, dans quelques-unes de ses compositions, la manière du Primatice; compté parmi les meilleurs maîtres de son temps.
TURCO (CÉSAR).	1510? 1560?	ISCHITELLA.	Hist.	Élève d'André Sabbatini de Salerne. — Imita le Pérugin; bon peintre à l'huile; ne réussit pas dans les fresques.

NOMS.	ANNÉES DE NAISSANCE ET DE MORT.	LIEU DE NAISSANCE	GENRE.	NOTES HISTORIQUES. — TABLEAUX PRINCIPAUX ET LIEUX OU ILS SE TROUVENT. — OBSERVATIONS.
SEMINI (André), fils d'Antoine.	1510 1578	Gènes.	Hist. et portr.	Se rendit à Rome, conjointement avec son frère Octave, y étudia assidûment d'après Raphaël ; revint à Gênes, puis se rendit à Milan, exécuta un grand nombre d'ouvrages tantôt avec son frère et tantôt séparément. Ses deux fils, Alexandre et André, furent également peintres.— Crèche, Gênes. — Talent moins profond que celui d'Octave ; sectateur constant de l'école romaine ; manque souvent de morbidesse et tombe quelquefois dans des erreurs de dessin.
ROSSI (François), dit CECCO DI SALVIATI ou LE SALVIATINO.	1510 1563	Florence.	Id.	Élève d'André del Sarto. Ami de Vasari qui l'a un peu trop célébré dans son ouvrage. Peignit beaucoup de grandes compositions dans les palais renommés de l'Italie. Vint en France où il eut peu de succès à cause de la causticité de son esprit et de son singulier caractère. Mort à Florence. — Adam et Ève, Rome. Artémise pleurant Mausole, Florence. Portrait d'homme, ib. La Charité, ib. Allégorie. ib. Le Sauveur du monde, Vienne. Sommeil de Jésus, Madrid. Incrédulité de saint Thomas, Paris. Psyché et l'Amour, Berlin. — Grande fécondité, richesse d'exécution peu commune, dessin correct sauf la longueur quelquefois démesurée de ses figures. Parfaite connaissance des lois de l'architecture et des mœurs des anciens.
RICCIO (Mariano).	1510.	Messine.	Hist.	Élève de Franco, puis de Polidore. — Imita son dernier maître avec le plus grand bonheur. Son fils, Antonello, qui vivait en 1576, suivit les mêmes traces que son père.
PONTE (Jacques Da), dit LE VIEUX BASSAN, fils de Franç.	1510 1592	Bassano.	Hist., portr. et pays.	Élève de son père, et de Bonifazio, à Venise. D'après quelques-uns, le Titien lui donna également des leçons. La mort de son père le força de revenir dans sa ville natale. Le plus grand honneur qu'eut ce peintre célèbre fut celui d'être prié par Paul Veronèse de servir de maître à son fils Carletto. — Naissance de Jésus-Christ (chef-d'œuvre), Bassano. Joseph d'Arimathie, Paris. Déposition au
tombeau, Rome. Massacre des Innocents, ib. Sacrifice de Noé, ib. Fuite de Jacob, ib. Moïse près du buisson ardent, Florence. Portraits de toute sa famille (chef-d'œuvre), ib. Paysage avec bergers et troupeaux, ib. Jésus-Christ mort auprès des Maries, ib. Un avare, ib. Martyre de sainte Catherine, ib. Jésus-Christ chez Marthe et Marie, ib. Pastorale, ib. Jésus-Christ aux Oliviers, ib. Scène rustique, ib. Et autres, ib. Portraits, Londres. Voyage de Jacob vers l'Égypte, ib. Apothéose d'un saint, ib. Le déluge, ib. Booz et Ruth, ib. Et autres, ib. Les Israélites au désert, Dresde. Conversion de saint Paul, ib. Assomption, ib. Et autres, ib. Tableaux, Milan. Tableaux, Naples. Jésus-Christ descendu de la croix, Munich. La Vierge et l'Enfant et deux autres saints, ib. Saint Jérôme, ib. Portrait d'homme, Berlin. Justification de Thamar, Vienne. Le bon Samaritain, ib. Paysage avec animaux et figures, ib. Épiphanie, ib. Portrait du peintre, ib. Jésus-Christ présenté au temple, ib. Lazare et le mauvais riche, ib. Dieu apparaît à Abraham, ib. La Crèche, ib. Retour de la chasse, ib. La Vendange, Madrid. Noé sauvé du déluge, ib. Lazare et le mauvais riche, ib. Jésus-Christ chassant les vendeurs du temple, ib. Crèche, ib. Adam et Ève après leur péché, ib. L'arche de Noé, ib. Moïse, ib. Le Paradis terrestre, ib. Jésus-Christ annoncé aux pasteurs, ib. Portrait du peintre, ib. L'hiver, ib. Entrée des animaux dans l'arche, Paris. L'eau du rocher, ib. La Crèche, ib. Les noces de Cana, ib. Jésus-Christ succombant sous la croix, ib. Jésus-Christ mort, ib. La Vendange, ib. Portrait du sculpteur Jean de Bologne, ib. — Grande magie de coloris, style original, attitudes variées, draperies savantes quoique naturelles en apparence. On loue beaucoup ses teintes vertes dont la couleur d'émeraude lui est propre. Figures parfois froides, accessoires d'une vérité surprenante. On lui reproche de n'avoir pas introduit dans ses ouvrages ces belles fabriques d'architecture dans lesquelles l'école vénitienne a tant excellé.

NOMS.	ANNÉES	LIEU	GENRE	NOTES
MINZOCHI (François) dit IL BERNARDO DI SAN BERNARDO.	1510? 1574	Forli.	Hist. et portr.	Élève de J. Genga, avec lequel il travailla constamment. Ses fils, Pierre-Paul et Sébastien, furent ses élèves mais n'eurent pas son talent. — Histoire de Psyché, Vienne. Fresques, Rome. Miracle de la Manne, ib. Sacrifice de Melchisédech, ib. La Manne au désert, ib. Dieu entouré d'anges, Forli. Crucifix, ib. — Style correct, gracieux, animé ; expression saisissante.
ALFANI (Horace Di Paris), fils de Dominique.	1510? 1583	Pérouse.	Hist.	Élève de son père ; premier chef de l'Académie de dessin, fondée à Pérouse, en 1573. — Mariage de sainte Catherine, Paris. — Approcha beaucoup de la suavité de Raphaël ; sa réputation nuisit à celle de son père, dont on attribue souvent les plus belles œuvres au pinceau d'Horace.
ORSI (Lelio), ou LELIO DA NOVELLARA	1511 1587	Reggio.	Hist. et port.	Étudia à Rome d'après les chefs-d'œuvre de Michel-Ange ; travailla dans sa ville natale et à Novellara ; se fixa dans cette dernière résidence après avoir été exilé de Reggio ; ce qui l'a fait appeler Lelio da Novellara. — Sainte famille, Florence. La Crèche, ib. Madeleine repentante, Munich. Portrait d'homme, ib. Portrait de femme, ib. Jésus-Christ crucifié, Berlin. La douceur, Vienne. — Dessin étudié et rempli de vigueur ; grande science de clair-obscur et d'empâtement de couleurs ; têtes jeunes, aimables et gracieuses.
VASARI (George), petit-fils de Lazare.	1512 1574	Arezzo.	Id.	Élève de Michel-Ange, d'André del Sarto et d'autres peintres fameux. Architecte habile. Grand peintre de fresques. Travailla dans presque toutes les villes de l'Italie ; fut appelé à la cour de Côme Ier, duc de Florence, s'y rendit en 1555 et fonda une Académie dans cette ville, en 1561.— Jésus-Christ chez Marthe et Marie, Bologne. Cène de saint Grégoire, Bologne. Trois anges, Florence. Naissance de la Vierge, ib. Vision du comte Ugo, ib. Portrait de Laurent de Médicis, ib. Le prophète Élisée, ib. La forge de Vulcain, ib. Tentation de saint Jérôme, ib. Sainte famille, ib. Récolte de la Manne, Naples. Jésus-Christ et les apôtres, ib. L'innocence couronnée par la justice, ib. Descente de croix, Rome. Dispute de sainte Catherine, ib. Conversion de saint Paul, ib. Jésus-Christ mort sur les genoux de sa mère, Dresde. Portrait de Côme de Médicis, Berlin. Le Saint-Esprit descendant sur des néophytes, ib. Annonciation, Paris. Passion de Jésus-Christ, ib. Sainte famille, Munich. Même sujet, Vienne. La Charité, Madrid. — Imita de préférence Michel-Ange ; sacrifia le plus souvent, le fini à la célébrité ; c'est ainsi, que tout en étant bon dessinateur, beaucoup de ses figures ne sont pas correctes, les couleurs souvent grossières et peu empâtées et l'effet général, languissant ; on l'accuse d'avoir introduit le style du qui régna dans l'école florentine à cette époque. Son plus beau titre à la célébrité est sa Vie des peintres, qu'il entreprit d'écrire d'après les conseils du cardinal Farnèse.
ROBUSTI (Jacques), dit LE TINTORET.	1512 1594	Venise.	Id.	Fils d'un teinturier, son surnom lui vient de la profession qu'exerçait son père. Élève du Titien ; renvoyé de l'école de ce grand maître, par une injuste jalousie, le Tintoret ne se découragea point, continua à copier sur les tableaux de Vecelli et à dessiner d'après les statues de Michel-Ange ; joignant à cela l'étude de l'antique et de l'anatomie, Robusti produisit ; pendant les dix pre-
mières années de sa carrière artistique, de véritables miracles ; mais malheureusement il ne fut pas toujours égal à lui-même et ne continua pas à travailler avec le même soin et la même conscience ; de là tant d'œuvres qui, tout en étant très-remarquables, sont loin de valoir ses premières productions. Les membres de la communauté de Saint-Roch, ayant demandé pour leur école, des dessins à P. Véronèse, à Salviati, à Frédéric Zucchero et au Tintoret, celui-ci eut terminé et mis en place son tableau avant que ses concurrents eussent fini leurs esquisses ; cette œuvre, représentant l'apothéose de saint Roch, lui mérita le surnom de Furioso. Il fut préféré à tous ses rivaux et même au Titien, pour peindre, dans une des grandes salles du palais, la mémorable victoire remportée, en 1571, par les Vénitiens, sur les Turcs, dans le golfe de Lépante, et il ne mit qu'une année à terminer cette vaste composition. Le Tintoret aimait son art avec une telle passion, son désintéressement était si grand, qu'il ne demandait pour l'exécution des plus vastes machines que le remboursement de ses frais. — Jésus-Christ chez le Pharisien, Rome. Madeleine, ib. Couronnement d'épines, ib. Baptême

NOMS.	ANNÉES DE NAISSANCE ET DE MORT.	LIEU DE NAISSANCE	GENRE.	NOTES HISTORIQUES. TABLEAUX PRINCIPAUX ET LIEUX OÙ ILS SE TROUVENT. OBSERVATIONS.

de Jésus-Christ, *ib*. La Vierge et l'Enfant, Naples. Jésus-Christ, *ib*. Portrait, *ib*. Mise en croix, Venise. Vierges, *ib*. Circoncision, *ib*. Assomption, *ib*. Cène, *ib*. Manne, *ib*. Résurrection, *ib*. Martyre de saint Étienne, *ib*. Couronnement de la Vierge, *ib*. Ascension, *ib*. Flagellation, *ib*. Noces de Cana, *ib*. Présentation au temple, *ib*. Saint Roch au désert, *ib*. Saint Roch devant le pape, *ib*. Annonciation, *ib*. Probatique, *ib*. Châtiment des serpents, *ib*. Saint Martial, *ib*. Naissance de saint Jean-Baptiste, *ib*. Adoration des mages, *ib*. Saint Joachim chassé du temple, *ib*. Saint Marc secourant un musulman, *ib*. Enlèvement du corps de saint Marc, *ib*. Gloire du paradis, *ib*. Mars chassé par Pallas, *ib*. Ariane, *ib*. Forge de Vulcain, *ib*. Mercure et les Grâces, *ib*. Saint Louis et saint Grégoire, *ib*. Saint Grégoire et saint André, *ib*. Charles-Quint à Pavie, *ib*. Bataille de Zara, *ib*. Victoire de Soranzo, *ib*. Victoire de Marcelli, *ib*. Venise au milieu des divinités, *ib*. Portrait d'Henri III, *ib*. Miracle de saint Marc (chef-d'œuvre), *ib*. Vierge dans la gloire, *ib*. Meurtre d'Abel, *ib*. Jésus-Christ sortant du tombeau, *ib*. La Vierge et l'Enfant, *ib*. Jésus-Christ crucifié, *ib*. Adam et Ève, *ib*. Portraits, *ib*. Portrait d'un magistrat, La Haye. Portrait du doge et amiral Veinerio, Florence. Les noces de Cana, *ib*. Portraits, *ib*. Baptême de Jésus-Christ, *ib*. Madone, *ib*. Amour, fils de Vénus et de Vulcain, *ib*. Plusieurs portraits, *ib*. Portraits, Londres. Expulsion de l'hérésie, *ib*. Esther devant Assuérus, *ib*. Les Muses, *ib*. Jésus-Christ devant Pilate, *ib*. La Vierge avec l'Enfant Jésus, *ib*. Et autres, *ib*. Martyre de saint Marc (esquisse), Bruxelles. La musique, Dresde. La femme adultère, *ib*. Chute des anges rebelles, *ib*. La Vierge et l'Enfant Jésus dans une gloire, *ib*. Visitation de la Vierge à sainte Élisabeth, Bologne. Jésus-Christ mort pleuré par les anges, Paris. Esquisse du Paradis, *ib*. Suzanne au bain, *ib*. Portrait du peintre, *ib*. Deux portraits d'homme, *ib*. Femme à sa toilette, Saint-Pétersbourg. Trois portraits d'homme, Berlin. Saint Jérôme au désert, Vienne. Beaucoup de portraits, *ib*. Apollon et les Muses au mont Parnasse, *ib*. Crucifiement, *ib*. Suzanne et les vieillards, *ib*. Jésus-Christ mort sur les genoux de sa mère, *ib*. Hercule et le Faune, *ib*. Baptême de Jésus-Christ dans un paysage (petites figures), *ib*. La Crèche, Munich. Madeleine chez Simon le Pharisien, *ib*. Portrait d'André Vésale, *ib*. Ecce homo, *ib*. Portraits, *ib*. Madeleine, Madrid. Sujet allégorique, *ib*. Portraits, *ib*. Judith et Holopherne, *ib*. Moïse sur le Nil, *ib*. Bataille, *ib*. Saint Jérôme au désert, *ib*. Mort d'Holopherne, *ib*. Esther devant Assuérus, *ib*. Violence de Tarquin le Superbe, *ib*. Dédicace du temple de Jérusalem, Nantes. — Il est presque nécessaire de séparer en deux parties le jugement à porter sur le talent de ce peintre, puisque les œuvres qu'il produisit ont un mérite inégal. Ses études assidues et conduites avec l'esprit le plus sage, jointes à un génie que ses détracteurs mêmes regardaient comme admirable et le *plus terrible* qu'on eût jamais vu en peinture, lui firent enfanter les beaux chefs-d'œuvre de ses meilleurs jours. Ces tableaux se font remarquer par une imagination inépuisable en idées neuves, un feu pittoresque qui lui faisait concevoir les caractères les plus forts des passions, une science profonde, un coloris admirable, une magnifique vigueur de clair-obscur, une composition sage, sobre et juste, des formes du plus beau choix, des draperies étudiées, variées, naturelles, exactes, une vie et une vérité qui étonnent, un dessin hardi et un pinceau léger. Un grand nombre de ses compositions sont conçues sans étude, exécutées de pratique et tout au plus ébauchées, renferment des erreurs de dessin et pèchent du côté du jugement ; les figures y sont ou superflues, ou mal groupées ou dans une action exagérée ; il s'y attache bien plus au brillant qu'à la noblesse et choisit ses types parmi les hommes du peuple. Il abandonna la manière du Titien, se servit de mauvaises toiles, négligea son coloris en abusant d'une teinte violâtre dans les chairs, surtout pour ses portraits et ne mit plus aucun soin dans ses draperies.

FONTANA (Prosper).	1512 1597	Bologne.	Hist. et portr.	Élève d'Inn. Francucci d'Imola ; seconda le Vaga et le Vasari dans leurs travaux ; admis par le pape Jules III, au nombre des peintres du palais. Donna des leçons à Louis et à Augustin Carrache. — Vierge allaitant, entourée de saints, Dresde. Jésus-Christ mis au tombeau, Bologne. Adoration des mages, Berlin. — Idées fécondes et hardies ; grande facilité dont il abusa ; regardé comme un des meilleurs peintres de portraits de son temps.
VENUSTI (Marcel), dit LE MANTUANO.	1515 1576	Mantoue.	Hist.	Élève de Périn del Vaga ; aida son maître à Rome et à Florence, obtint l'estime de Michel-Ange et travailla pour le cardinal Farnèse. — Les Limbes, Rome. Assomption, *ib*. Jésus-Christ au Calvaire (tous trois d'après des dessins de Michel-Ange), *ib*. Les Mystères (fresques), *ib*. Jugement dernier (d'après Michel-Ange), Naples. Nativité, Vienne. Jésus-Christ aux Oliviers, Berlin. — Dessin d'une élégance exquise, composition grandiose, coloris vigoureux, pinceau pur et fini ; imita, sans l'outrer, la manière de Michel-Ange, surtout dans ses petits sujets.
VECELLI (Horace), fils du Titien.	1515 1576	Venise.	Portr. et hist.	Élève de son père, qu'il accompagna à Rome et en Allemagne ; négligea la peinture pour l'alchimie, dissipa les biens de son père et mourut fort jeune de la peste. — Portrait d'homme, Vienne. — Excella dans le portrait.
LANZANI (Polynori).	1515? 1565	Id.	Hist.	Élève du Titien ; le nom de Lanzani, que lui donne Füssli, n'est appuyé sur aucune autorité reconnue. — Sainte famille entourée de saints, Dresde. Mariage de sainte Catherine, *ib*. Sainte famille, Vienne. — Travailla de pratique ; peintre médiocre.
SERMEI (LE CHEVALIER Césan).	1516 1600	Orviéto.	Hist. et genre.	Travailla à Assise, à Pérouse. — Idées fertiles, grande vigueur de teintes. Composition pleine de mérite.
CIRCIGNANO (Nicolas), dit POMÉRANCIO.	1516?	Pomerancia (Toscane).	Hist.	S'établit à Rome ; fit d'excellentes études qui le placèrent de bonne heure au rang des meilleurs peintres et le firent juger digne de travailler aux loges du Vatican ; Baglione le fait mourir en 1588 : c'est une erreur : Nicolas travaillait encore en 1591. — Baptême de Constantin, Rome. Fresques, *ib*. — Composition grande et hardie, dessin pur et correct.
BERNIERI (Antoine), dit ANTONIO DAL CORREGGIO.	1516 1565	Correggio.	Hist., portrait et minia.	Élève du Corrège ; appartenait à une famille noble ; vécut longtemps à Venise et visita Rome.
PALMA (Jacques), le vieux.	1518 1588?	Près de Bergame.	Hist. et portr.	On ne dit pas quel fut son maître ; sa fille Violante, que le Titien aimait avec passion, lui servait ordinairement de modèle ; on lui a attribué une foule d'ouvrages qui ne sont pas de lui : Palma n'excellait pas moins dans le portrait. Vasari parle avec enthousiasme de celui où il s'est peint lui-même regardant une sphère ; il le place au-dessus de tous les ouvrages connus en ce genre et assure que ce

portrait seul suffirait pour mettre Palma au rang des plus grands maîtres. Son neveu, Antoine, fut un peintre médiocre. — Vierge couronnée dans le ciel, Venise. Invention de la vraie croix, *ib*. Descente de croix, *ib*. Sainte famille, Florence. Portrait d'un géomètre, *ib*. La Vierge, l'Enfant Jésus et un franciscain, *ib*. La Cène, *ib*. Portraits, *ib*. Jésus-Christ au tombeau, Bruxelles. Les trois filles du peintre dans un paysage, Dresde. Vénus endormie, *ib*. Portraits, *ib*. Adoration des bergers, Saint-Pétersbourg. Réunion des deux saintes familles, *ib*. La Vierge et l'Enfant, *ib*. Adoration du Christ, *ib*. Portrait de Gaston de Foix, Vienne. Saint Jean-Baptiste, *ib*. Visitation, *ib*. La Vierge et l'Enfant dans un paysage entourés de saints, *ib*. Saint Jérôme, Munich. La sainte Parenté, *ib*. Portrait de sa fille Violante, *ib*. Portraits, *ib*. Flagellation, *ib*. Sommeil de Jésus, Berlin. Sainte famille, *ib*. La Vierge et l'Enfant, Paris. Ex-voto, *ib*. Portrait présumé du chevalier Bayard, *ib*. La Vierge et l'Enfant recevant les hommages de plusieurs saints, *ib*. La Crèche, Madrid. La Vierge, l'Enfant Jésus, sainte Catherine, saint Paul et saint Jean, Bordeaux. — Imita le Giorgion pour la vivacité du coloris et le vaporeux du pinceau, le Titien pour la douceur. Touche d'une suavité admirable ; belle imitation de la nature, draperies heureuses et goût relevé, fini soigné, union des teintes ; se rapprocha de Ch. Loth, dans l'empâtement des couleurs et dans plusieurs autres parties ; moins de feu et d'élévation ; expression d'une beauté plus soutenue, surtout dans ses figures de femmes et d'enfants. Les dates de naissance et de mort de ce peintre ont donné lieu à bien des controverses qui jusqu'ici n'ont encore eu aucun résultat satisfaisant.

NOMS.	ANNÉES DE NAISSANCE ET DE MORT.	LIEU DE NAISSANCE	GENRE.	NOTES HISTORIQUES. — TABLEAUX PRINCIPAUX ET LIEUX OU ILS SE TROUVENT. — OBSERVATIONS.
SEMINI (Octave), fils d'Antoine.	1520? 1604	Gênes.	Hist. et portr.	Étudia d'après Raphaël, à Rome, où il accompagna son frère André; travailla avec ce dernier à Gênes et à Milan; fut chargé d'exécuter plusieurs fresques pour les grands de la république. Mort à Milan avec la réputation d'un méchant homme. — Imita avec un grand succès la manière de son maître; beaucoup de variété; bonne architecture; adopta sur la fin de ses jours un style plus facile et moins travaillé; imagination féconde, touche spirituelle, coloris vigoureux et agréable; le dessin manque quelquefois de grandiose.
PROCACCINI (Hercule), dit LE VIEUX.	1520 1591?	Bologne.	Hist.	Élève des Carrache. S'établit à Milan avec ses fils qui y ouvrirent une école devenue célèbre. Chef d'une illustre famille. — Jésus-Christ mort, Bologne. — Imita le Corrège; dessin un peu minutieux, coloris faible. Beaucoup de soin et beaucoup de goût.
PORTA (Joseph), dit SALVIATI, le jeune.	1520 1570?	Castel-Novo di Garfagnano.	Hist. et portr.	Se rendit jeune à Rome, y entra à l'école de Fr. Salviati dont il prit le nom, par reconnaissance; suivit son maître à Venise et y fixa sa demeure; fut chargé par les nobles de plusieurs travaux importants dont il s'acquitta à la satisfaction générale; appelé à Rome par le pape Pie IV, pour concourir à l'embellissement du Vatican il s'attira, par cet ouvrage, l'admiration générale; ami du Titien, auquel il dût d'être un des décorateurs de la bibliothèque de Saint-Marc, à Venise. Mort dans cette ville. — Bethsabée au bain, Florence. Jésus-Christ mort, enlevé par des anges, Dresde. Tableaux, Venise. Adam et Ève chassés du paradis terrestre, Paris. — Dessin savant, attitudes naturelles, nus étudiés; abandonna le style romain pour le style vénitien; tons vrais, coloris vigoureux, et brillant surtout dans la représentation des costumes et des ornements vénitiens; connaissances approfondies en architecture; bon mathématicien et excellent graveur en taille de bois.
CONDIVI (Ascanio), dit RIPATRANSONE.	1520	Pistoie ou Ripa-Transone.	Hist.	Élève de Michel-Ange. — Publia une vie de son maître.
MEDULA (André), dit LE SCHIAVONE.	1522 1582	Sebenico (Dalmatie).	Hist. et portr.	Se forma sur les ouvrages du Giorgion et du Titien; dut à ce dernier maître de sortir de la pauvreté et de l'obscurité où il avait longtemps vécu; le Tintoret lui rendit également justice; Vasari le traita avec la plus injuste rigueur. Comme il arrive souvent du reste, on s'arracha ses tableaux aussitôt après sa mort, qui arriva à Vicence. — Dieu au milieu des anges, Venise. Naissance de Jésus-Christ, Rimini. Assomption, ib. Saint Hubert, Amsterdam. Sainte famille, Rome. Mercure assis, Florence. Adoration de l'Enfant Jésus, ib. Portrait d'homme, ib. Portraits, ib. Meurtre d'Abel, ib. Jésus-Christ mort, Dresde. La Vierge, l'Enfant Jésus et saint Jean, ib. Bergers et bergères, Londres. Tobie et l'Ange, ib. Mort de Briséis, ib. Bénédiction de Jacob, ib. Pilate livrant le Christ, ib. Jugement de Midas, ib. Tableaux, Naples. Portrait du peintre, Vienne. La Crèche, ib. Sainte famille dans un paysage, ib. Apollon et Daphné, ib. Allégories, ib. Jésus-Christ devant le grand prêtre, ib. Et autres, ib. Portrait du peintre, Berlin. Saint Jean-Baptiste, Paris. — Dessin médiocre; belle composition; mouvement plein d'esprit et heureusement imité des gravures du Parmesan; coloris agréable et suave; touche de maître; pinceau gracieux. Graveur à l'eau-forte et au clair-obscur.
FARINATO (Paul).	1522 ou 1525 1606	Vérone.	Hist. et pays.	Descendant de la famille florentine Farinata degli Uberti, qui avait joué un grand rôle dans la guerre des Guelfes et des Gibelins. On le croit élève de Giolfino; étudia, à Venise, le Titien et le Giorgion; d'un caractère aimable et gai, travaillait encore à 79 ans; son fils, Horace, peignit en 1615, Berlin. — Sa manière de dessiner le ferait croire élève de Jules Romain. Contours fins, grande exactitude, beaucoup de vérité; carnations d'une teinte un peu bronzée et d'un effet agréable. Ses dessins sont estimés. On remarque souvent dans un coin de ses tableaux un limaçon qu'il avait pris pour devise.
CAMPI (Bernardin).	1522	Crémone.	Hist.	Élève de Jules Campi. Assez estimé en Italie; vivait encore en 1590. Parent des autres artistes du nom de Campi. — Saint Jérôme et une sainte, Rome. (On ne désigne pas à quel Campi appartient ce tableau.) Saint Jérôme, Madrid. Jésus-Christ pleuré par sa mère, Paris. — Auteur d'un ouvrage intitulé : Parere sopra la pittura, Crémone, 1580, in-4°.
ALLEGRI (Pomponio), fils du Corrège.	1522?		Hist. et portr.	Élève de son père dont il ne reçut que les premiers principes puisqu'il le perdit à l'âge de 12 ans. — Détails heureux; coloris vrai et animé.
NELLI (Sœur Plautilla).	1525 1588	Florence.	Min., hist. et portr.	Elle étudia d'après les dessins du Frate qu'elle sut bien imiter. Prieure du couvent de Sainte-Catherine de Sienne. — Les Maries et d'autres saints, pleurant sur le corps de Jésus-Christ, Florence. Jésus-Christ chez Marthe et Marie, Berlin. — Son ordre étant fort sévère, elle ne pouvait avoir des hommes pour modèles et suppléa par des religieuses. De là la physionomie féminine de tous les saints représentés dans ses tableaux. Études consciencieuses et savantes.
COPPI (Jacques), ou DEL MEGLIO.	1525 1591	Peretola (Florentin).	Hist.	Travailla au catafalque de Michel-Ange. Ce peintre ne fait qu'un avec Jacques di Meglio. — Fresques, Rome. Le moine Schwartz dans son laboratoire; au fond un incendie, Florence. Alexandre, la femme de Darius et Roxane, ib. — Composition parfois riche et savante; son coloris rappelle celui du Vasari. Réussit fort peu dans les grands tableaux.
GHISI (George), dit LE MANTUAN, fils de Jean-Baptiste.	1524	Mantoue.	Id.	Élève de son père; travailla à Rome jusqu'à la fin du XVIe siècle. — Graveur au burin; dessinateur et sculpteur.
VERDEZZOTI (Jean-Marie).	1525 1600	Venise.	Pays.	Élève et ami du Titien et gentilhomme. — Bon dessinateur; peintre habile et littérateur.
PELLEGRINI (Pellegrino), le vieux, dit TIBALDO ou TIBALDI.	1527 1591	Valdelsa (Milanais).	Hist. et portr.	S'établit fort jeune à Bologne; reçut des conseils de Vasari, l'accompagna à Rome, en 1547; étudia avec assiduité les grands maîtres et surtout Michel-Ange; après trois ans de séjour, revint à Bologne et y exécuta plusieurs ouvrages remarquables et surtout les peintures de l'Institut, que les Carrache admiraient grandement et qu'ils proposaient pour modèle à leurs élèves; travailla à Lorette et dans

NOMS.	ANNÉES DE NAISSANCE ET DE MORT.	LIEU DE NAISSANCE	GENRE.	NOTES HISTORIQUES. — TABLEAUX PRINCIPAUX ET LIEUX OU ILS SE TROUVENT. — OBSERVATIONS.
				quelques villes voisines ; appelé à la cour d'Espagne par Philippe II, en qualité d'ingénieur, y reprit ses pinceaux abandonnés depuis vingt ans, et introduisit le goût du grand en Espagne. Peignit le cloître et la bibliothèque de l'Escurial ; fut comblé de dons par Philippe II, qui érigea pour lui en marquisat le bourg de Valdelsa où les parents de Pellegrini avaient été de misérables maçons ; cultiva avec succès l'architecture, fut nommé ingénieur en chef de l'État de Milan et architecte de la grande fabrique du Dôme de cette ville. Mort à Modène. — Prédication de saint Jean, Bologne. Choix des élus et des réprouvés, ib. Jésus-Christ et les Pharisiens, ib. Mariage de sainte Catherine, ib. Saint Jérôme visité par des anges, Dresde. Tableaux, Milan. Flagellation, Madrid. Sainte Cécile, Vienne. — Imitation sage de Michel-Ange ; style grandiose, étudié dans le nu ; plein de vigueur et de science dans les raccourcis, manière tempérée ; magnifique empâtement de couleurs ; goût parfois délicat et gracieux et souvent fougueux et plein de génie. Mécontent du peu de progrès qu'il croyait faire dans la peinture, il voulut se laisser mourir de faim ; Mascherino le détourna de ce funeste projet et lui conseilla d'étudier l'architecture dans laquelle il acquit un talent remarquable.
CAMBIASO (Luc), fils de Jean.	1527 1580 ou 1585	MONEGLIA. (État de Gênes).	Hist. et portr.	Élève de son père ; s'occupa à Madrid, où il avait été appelé par le roi Philippe II. Mort de chagrin de n'avoir pu obtenir les dispenses nécessaires pour épouser la sœur de sa première femme, dont il était devenu éperdument amoureux. Son caractère timide et défiant de son talent nuisit beaucoup à son avancement et à sa gloire. — Nativité, Bologne Christ, Naples. Sainte famille, Milan. Madeleine, Rome. Vénus et Adonis, ib. Vénus dans la mer, ib. La Vierge et l'Enfant Jésus, Florence. La sainte Vierge, La Haye. Naissance de la Vierge, ib. Sainte famille, Madrid. Amour dormant, ib. Fresques, ib. Portrait d'un vieillard, Munich. La Charité, Berlin. — Excellait dans les raccourcis ; dessin correct, composition sage, expression juste ; connaissances peu profondes ni étendues ; s'appliqua quelques temps à la sculpture. Peignait des deux mains. Son fils, Horace, fut son élève et imita sa manière.
MUZIANO (Jérôme), dit LE MUTIEN.	1528 1592?	ACQUA- FREDDA (Brescian).	Hist. et pays.	Élève de Romanino ; alla fort jeune à Rome, s'y fit bientôt remarquer par son talent classique et son assiduité au travail, fut estimé et protégé par Michel-Ange, se lia avec Th. Zucchero et peignit plusieurs ouvrages de concert avec lui ; fondateur de l'Académie de Saint-Luc à l'établissement de laquelle il employa une partie des richesses acquises par son talent. — Anachorètes, Rome. Circoncision, ib. Épisodes de la vie de saint Mathieu, ib. Jésus-Christ donnant les clefs à saint Pierre, ib. Saint François devant le crucifix (attribué), Dresde. Buste d'homme, Florence, Saint Jérôme devant le crucifix, Bologne. Incrédulité de saint Thomas, Paris. Résurrection de Lazare, ib. Le lavement des pieds, Reims. — Figures dessinées avec exactitude et imitant assez souvent l'anatomie de Michel-Ange ; réussissant spécialement à représenter les costumes militaires et étrangers, et les figures sévères des pénitents et des anachorètes ; son dessin tombe en général dans la sécheresse ; perfectionna la peinture en mosaïque, dans laquelle il atteignit une grande réputation ; ses paysages sont reconnaissables aux châtaigniers qu'il y plaçait de préférence.
INGONI ou JUGONI (Jean-Baptiste).	1528 1608	MODÈNE.	Hist.	Détails inconnus.
FIORI (Frédéric), dit BAROCCI.	1528 1612	URBIN.	Id.	Élève de Baptiste vénitien ; vint à Rome, en 1548, protégé par le cardinal dalle Rovere ; travailla successivement à Rome, dans sa ville natale, à Pérouse, à Florence ; les commandes ne lui manquèrent pas et les récompenses suivirent de près. — Repos en Égypte (ébauche), Rome. Sainte Micheline, ib. Saint Philippe, ib. Annonciation, ib. Déposition, ib. Présentation de la Vierge au temple, ib. Portraits, Florence. La madone du peuple, ib. Paysage : Hérodiade tenant la tête de saint Jean, ib. Saint François stigmatisé, ib. Jésus-Christ et la Madeleine, ib. Le Sauveur, ib. Sainte famille, Londres. Pénitent reçu à l'église, ib. Vocation de saint Pierre et de saint Simon, Bruxelles. Agar au désert (chef-d'œuvre), Dresde. Assomption, ib. Flagellation, ib. Saint François stigmatisé, ib. Et autres, ib. Tableaux, Milan. Repos en Égypte, Venise. La Crèche, Saint-Pétersbourg. La Vierge et l'Enfant, ib. Deux saintes familles, ib. Portrait d'un religieux, Vienne. Jésus-Christ au jardin, Madrid. Naissance de Jésus-Christ, ib. Jésus-Christ apparaissant à la Madeleine, Munich. Communion de sainte Marie égyptienne, ib. La Vierge et l'Enfant, Paris. Sainte Marguerite, ib. — Imita le Corrège pour la douceur, la grâce des airs de tête et l'harmonie des couleurs. Dessin correct, clair-obscur savant, composition très-judicieuse ; un peu plus de naturel, des muscles moins indiqués et le Barroche aurait pu être placé à côté des plus grands maîtres.
FASOLO (Jean-Antoine).	1528 1572	VICENCE.	Hist. et portr.	Élève de Zelotti et de P. Véronèse. — Piscine, Vérone. Portrait de Marie de Médicis, Dresde. Portrait de femme, ib. Entrée de Jésus-Christ à Jérusalem, ib. Épiphanie, ib. — Bon imitateur de Paul Véronèse.
FASSOLA DA PAVIA (Bernard).	1528 1572	Id.	Hist.	Élève de L. de Vinci. — La Vierge et l'Enfant, Paris. Adoration des bergers, ib. Sainte famille, Berlin. — Artiste de grand mérite.
CALIARI (Paul), dit PAUL VÉRONÈSE.	1528 ou 1530 1588	VÉRONE.	Hist. et portr.	Élève de son oncle Badile ; peu apprécié dans sa ville natale, habita Vicence, puis Venise ; s'occupa à Rome et se fit une immense réputation ; caractère doux, aimable et généreux. — Noces de Cana, Milan. Jésus avec Marthe et Marie, ib. Adoration des rois, ib. Sainte Hélène, Rome. Saint Jean dans eaux, Naples. Portrait du cardinal Bembo, ib. Nativité, Venise. Baptême de Jésus-Christ, ib. Saint Pierre et saint Paul, ib. Deux Madones, ib. Histoire d'Esther, ib. Et beaucoup d'autres, ib. Martyre de saint Côme et de saint Damien (esquisse sur papier), La Haye. La richesse répandant ses dons sur Venise, Bruxelles. Adoration des bergers, ib. Les noces de Cana (esquisse), ib. Sainte Catherine adorant l'enfant Jésus, ib. Consécration de saint Nicolas, Londres. Jupiter et Europe, ib. Annonciation, ib. Mariage de sainte Catherine, ib. Le tribut, ib. Sacrifice magique, ib. Et autres, ib. Les noces de Cana, Dresde. Moïse sauvé des eaux, ib. Jésus-Christ crucifié, ib. Suzanne au bain, ib. Et autres, ib. Résurrection de Lazare, Florence. Sainte Catherine enchaînée, ib. Annonciation, ib. Jésus-Christ crucifié, ib. Esther devant Assuérus, ib. Madone, ib. Adieux de Jésus-Christ à la Vierge avant la Passion, ib. Présentation au temple, ib. Saint Benoît, ib. Repos en Égypte, Saint-Pétersbourg. Pêche miraculeuse, ib. Sainte famille, ib. Moïse retiré du Nil, ib. Épiphanie, ib. Saint George, ib. La justice et la prudence, Munich. L'amour maternel, ib. La foi et la piété, ib. La force et la tempérance, ib. Sainte famille, ib. Mort de Cléopâtre, ib. Repos en Égypte, ib. La femme adultère, ib. Le Centenier, ib. L'Amour tenant deux chiens, ib. Épiphanie, ib. Portrait du peintre, ib. Portraits, ib. Madeleine chez le Pharisien, Vienne. La Samaritaine, ib. Annonciation, ib. Épiphanie, ib. Portrait de Catherine Cornaro, ib. Judith, ib. La Vierge et l'Enfant adorés par des saints, ib. La fille de Jaïre, ib. Curtius, ib. Enlèvement de Déjanire, ib. Vénus et Adonis, ib. Mariage de sainte Catherine, ib. Saint Sébastien, ib. Le Christ, ib. Saint Nicolas, ib. Saint Jean-Baptiste, ib. Lucrèce, ib. Loth et ses filles, Paris. Évanouissement d'Esther, ib. Les noces de Cana, ib. La sainte famille, ib. Les pèlerins d'Emmaüs, ib. Jésus-Christ dans la maison de Pierre, ib. Jésus-Christ succombant sous la croix, ib. Jésus-Christ entre les larrons, ib. Suzanne et les vieillards, ib. Une femme et un enfant, ib. Jésus-Christ mort pleuré par une mère, Berlin. Pie V adorant le Christ mort, Madrid. La femme adultère, ib. Les noces de Cana, ib. Le Calvaire, ib. Le Centenier, ib. Rébecca et Éliézer, ib. Moïse sauvé du Nil, ib. Madeleine, ib. Baptême de Jésus-Christ, ib. Vénus et Adonis, ib. Allégorie, ib. Sacrifice d'Abraham, ib. Caïn après son crime, ib. Martyre de saint Ginès, ib. Suzanne et les vieillards, ib. Jésus-Christ au milieu des docteurs, ib. Épiphanie, ib. Portrait de femme, Nantes. La femme adultère, Bordeaux. La Charité, Marseille. — Composition noble et élevée, imita le Titien et le Tintoret, et les surpassa par son élégance et ses ornements variés. Belle couleur, grande imagination, expression spirituelle. On lui reproche l'anachronisme de ses costumes ; son sujet favori était la Cène.

NOMS.	ANNÉES DE NAISSANCE ET DE MORT.	LIEU DE NAISSANCE	GENRE.	NOTES HISTORIQUES. TABLEAUX PRINCIPAUX ET LIEUX OU ILS SE TROUVENT. OBSERVATIONS.
ZUCCARO ou ZUC-CHERO (Thadée), frère de Frédéric.	1529 1566	Sant'-Angelo in Vado.	Portr. et hist.	Vint à Rome qu'il inonda de ses tableaux bons et mauvais, à tel point que les revendeurs s'en défaisaient à tout prix. Son père, nommé Ottaviano, est un artiste médiocre peu connu.—Il a embelli le monument de Vignole, près Viterbe. Conversion de saint Paul, Rome. Diane, Florence. Madeleine enlevée au ciel, ib. — Têtes soignées. Nu bien rendu. Il affectait parfois un laisser aller qui a nui à sa réputation. Il a souvent reproduit dans différents tableaux les mêmes figures et jusqu'aux mêmes draperies.
SCARSELLA (Sigis-mond), dit MONDINO.	1550 1614	Ferrare.	Hist. et portr.	Élève de P. Véronèse; séjourna treize ans à Venise; revint dans sa ville natale et y exécuta plusieurs tableaux estimés. — Imita la manière de son maître; beau mouvement de figures.
LUINI (Aurèle), fils de Bernard.	1530 1595	Milanais.	Hist., portrait, paysage et persp.	Élève de son père. — Sainte famille, Florence. Madeleine, ib. Portrait de femme, ib. Jésus-Christ couronné d'épines, Berlin. — Anatomie savante; excella dans le paysage et la perspective; style maniéré, idées communes; mouvements peu naturels.
DANTE (Vincent), frère de Jérôme.	1530 1576	Pérouse.	Hist.	S'appliqua d'abord à l'orfévrerie et surpassa tous ses condisciples, dans ce genre; coula en bronze, à l'âge de vingt ans, la statue du pape Jules II, que l'on voit encore sur la place de Pérouse, et qui passe pour son chef-d'œuvre. Architecte du grand-duc Cosme de Médicis; exécuta plusieurs dessins pour l'Escurial, qui furent envoyés à Philippe II, roi d'Espagne. — Travailla aux obsèques de Michel-Ange et recueillit avec beaucoup d'adresse les eaux perdues de la fontaine de Pérouse (1560). On parle moins de ses ouvrages comme peintre.
CORTI (Valère).	1530 1580	Venise.	Portr. et hist.	Élève du Titien, qui lui prodigua les plus grands soins ; Corti y répondit dignement et reçut beaucoup d'ouvrages dans sa ville natale. Mort à Gênes où il avait été appelé. — Ses portraits historiques sont encore estimés.
ANGUISCIOLA (So-phonisbe).	1530? 1620	Crémone.	Hist., portr. et genre.	Élève de Jules Campi; appelée à la cour de Philippe II, roi d'Espagne, qui la plaça auprès de la reine ; fit les portraits des principaux personnages de son époque; morte aveugle à Gênes et, d'après Lanzi, âgée de 90 ans; malgré sa vieillesse elle rendit de constants services à l'art, par la protection et les conseils dont elle entourait tous les peintres. Van Dyck entre autres, assurait qu'il devait beaucoup à ses leçons. — Ses ouvrages sont très-rares en Italie. Portrait du peintre, Vienne. — Beaucoup de vérité; portraits ressemblants et très-estimés ; une des femmes les plus célèbres de son temps.
PAGANI (François).	1531 1561		Hist.	Élève de Maturino ; son talent donnait les plus belles espérances. — Fit d'admirables imitations de Polidore Caravage et de Michel-Ange.
LÉONI (Louis), dit LE PADOUAN.	1531 1606	Padoue.	Hist. et pays.	Florissait à Rome ; sculpteur habile, peintre distingué, graveur au burin et en médailles ; exerça tous ces arts avec succès, mais mérita surtout une grande réputation, comme modeleur, ses portraits en cire sont remarquables par leur ressemblance. Mort à Rome. — Déposition de la croix, Rome. — Peignait à l'huile et à fresque.
ZELOTTI (Baptiste).	1532? 1592?	Vérone.	Hist.	Élève d'Ant. Badile ; travailla avec P. Véronèse, son condisciple ; s'occupa beaucoup dans les campagnes. Mort misérable. — Saint Victor et sainte Corona, Florence. Jésus-Christ mort sur les genoux de sa mère, Vienne. — Composition originale, coloris lumineux. On confond parfois ses œuvres avec celles de Paul Véronèse.
SAMMACHINI (Ho-race),	1532 1577	Bologne.	Hist. et portr.	Élève de Pellegrini, dit Tibaldi; fut employé à Rome, sous Pie IV; ami intime de L. Sabbatini. Vasari le nomme, par erreur, Fumaccini. — La Vierge, l'Enfant Jésus, saint Joseph, saint Jean et sainte Catherine, Dresde. Couronnement de la Vierge, Bologne. La Samaritaine, ib. — Caractère très-original; expression délicate, tendre et pieuse; peut-être trop de soin; style grandiose, vigoureux et terrible quand le sujet l'exige.
LOMBARDELLI DEL-LA MARCA (Jean-Baptiste), dit MON-TANO DE MONTE-NOVO.	1532 1587	Monte-novo.	Hist.	Élève de Raphaël de Reggio. — Fresques, Montenovo. Fresques, Rome. Fresques, Pérouse. — Abusa de sa grande facilité.
FILIPPI (Sébastien), dit BASTIANINO et GRATELLA, fils de Camille.	1532 ou 1540 1602	Ferrare.	Hist. et portr.	Élève de Michel-Ange ; rival du Scarsellino ; les uns le font naître en 1525, les autres en 1540. — Jugement dernier (chef-d'œuvre), Ferrare. Assomption, ib. Résurrection, ib. Crucifix, ib. — Dessin large et grandiose ; images variées et souvent terribles ; un des meilleurs imitateurs de son maître. Coloris remarquable ; peu de soin et de fini.
PROFONDAVALLE (Valère).	1535 1600	Louvain.	Hist.	S'établit à Milan vers le milieu du XVIe siècle. — Invention originale et féconde. Beau coloris dans la peinture à fresque ; excellait dans la peinture sur verre.
ARCIMBALDO (Jo-seph).	1533 1593	Milan.	Portr., pays. etc.	Travailla de 1562 à 1588 à la cour des empereurs Maximilien II et Rodolphe II. — Le Feu, Vienne. L'Eau, ib. L'Hiver, ib. L'Été, ib. — Réussit à représenter les figures de déesses ou des allégories qui vues de près étaient composées de fleurs, de fruits et même de légumes.
ALLORI (Alexandre), dit LE BRONZINO, neveu d'Ange.	1535 1607	Florence.	Hist. et portr.	Élève de son oncle ; se perfectionna à Rome ; composa, à 17 ans, un tableau digne d'être placé dans la chapelle d'Alexandre de Médicis. Revenu dans sa patrie, il y exécuta un grand nombre de peintures, à fresque et à l'huile. — La pêche des perles (sur ardoise), Florence. Portrait de Julien de Médicis, ib. Les noces de Cana, ib. La Samaritaine, ib. Sacrifice d'Isaac (chef-d'œuvre), ib. Saint Pierre marchant sur la mer, ib. Suzanne au bain, ib. Saint François en prière, ib. Prédication de saint Jean, ib. La Vierge et l'Enfant, ib. Jésus-Christ chez Marthe et Marie, Vienne. Portrait d'un jeune homme, Berlin. Tableau de famille, ib. Portrait de Blanche Capello, ib. Jésus-Christ rencontré par Véronique, Madrid. — Savant dans l'anatomie, grand imitateur de Michel-Ange, estimait plus le dessin que la couleur. Coloris en général peu vrai et peu délicat. Expression et invention heureuses.

NOMS.	ANNÉES DE NAISSANCE ET DE MORT.	LIEU DE NAISSANCE	GENRE.	NOTES HISTORIQUES. TABLEAUX PRINCIPAUX ET LIEUX OU ILS SE TROUVENT. OBSERVATIONS.
FACCHETTI (Pierre).	1555 1613	Mantoue.	Portr. et hist.	Travailla à Rome, sous le pontificat de Grégoire XIII. — Excella dans le portrait. Bon graveur.
VECCHI ou VECCHIS (Jean de).	1536 1614	Borgo San-Sepolcro.	Hist.	Habitait Rome; travailla en concurrence avec Thadée Zuccaro. — Saint Jérôme. Rome. Vie de sainte Catherine de Sienne (fresque), ib.
MANZUOLI (Thomas), dit MASO DI SAN FRIANO.	1536 1575	San-Friano.	Hist. et portr.	Élève de Ch. Portelli da Lori et de P. Fr. di Sandro; travailla au catafalque de Michel-Ange et jouit d'une grande réputation. — Esclaves ramassant des diamants (sur ardoise), Florence. La Trinité, ib. Chute d'Icare, ib. Portrait d'Hélène Gaddi, ib. — Dessin correct, invention riche, coloris harmonieux, beaucoup de grâce et d'élégance.
FOLER (Antoine).	1536 1616		Hist.	Détails inconnus. — Quelque mérite pour les petites figures.
BUONTALENTI (Bernard), dit DALLE GIRANDOLE.	1536 1608	Florence	Hist., portr. et min.	En 1547, toute sa famille fut engloutie par un débordement de l'Arno; lui seul fut sauvé et élevé par le duc Côme de Médicis. Élève de Fr. Salviati, du Bronzino, de Vasari et de Giulio Clovio, pour la peinture, et de Michel-Ange pour la sculpture et l'architecture; son surnom de Girandole (soleils d'artifice) lui vient de son habileté à arranger des feux d'artifice. Compagnon de François de Médicis; envoyé au service du duc d'Albe, à Naples, en 1556. Désintéressé, prodigue à force de générosité, aimé de tous, il mourut presque pauvre, après avoir rempli l'Italie de ses ouvrages comme architecte. — Sainte famille (miniature), Florence. — Considéré comme le plus grand architecte de son temps; bon mécanicien, inventeur de plusieurs armes de guerre.
PAPPANELLI ou PAGANELLI (Nicolas).	1537? 1620	Faenza.	Hist.	Gentilhomme et élève de l'école romaine. — Exécuta beaucoup de tableaux médiocres et quelques-uns d'une grande beauté.
NALDINI (Baptiste).	1537 1592?	Florence	Hist. et portr.	Élève du Pontormo et d'Ange Bronzino; séjourna à Rome; aida Vasari dans ses travaux pendant quatorze ans. — Tableaux et fresques, Rome. Épiphanie. Dresde. Adoration des bergers, ib. Les deux portes des songes, Florence. La Vierge et l'Enfant entourés de saints, Bologne. — Composition parfaitement entendue. Attitudes, couleur, perspective et dessin satisfaisants; promptitude et facilité remarquables: on lui reproche d'avoir fait les genoux de ses personnages trop gros et leurs yeux trop peu ouverts. Touche très-énergique.
TITI (Santi).	1538 1603	Borgo San-Sepolcro.	Id.	Élève d'Al. Allori; étudia à Rome; se fixa à Florence et se distingua dans les ouvrages qu'il exécuta, lors des funérailles de Michel-Ange. —Tableaux et fresques, Rome. Les sœurs de Phaéton métamorphosées en peupliers, Florence. Hercule et Iole, ib. Jésus-Christ crucifié, ib. Tête de jeune fille, ib. Jésus-Christ entrant à Jérusalem, ib. La Vierge et l'enfant Jésus, ib. Portrait d'homme, ib. — Soin extraordinaire; pinceau très-fin; manière savante et gracieuse; coloris vigoureux dans les têtes; dessin très-correct; manque d'idéal; expression remarquable; accessoires de bon goût.
LOMAZZO (Jean-Paul).	1538 1600	Milan.	Hist.	Élève de J. B. de la Cerva; parcourut toute l'Italie; appelé à Florence par le duc Côme de Médicis; nommé par ce prince gardien de la galerie de tableaux; perdit la vue à l'âge de 33 ans, suivant les uns, et peu d'années avant sa mort d'après les autres; reçut de ses contemporains les témoignages d'estime et d'admiration de tous genres; fut chanté par les poëtes les plus célèbres de son temps. — Composition bien conçue; idées neuves et bizarres; peintre célèbre, mais auteur bien plus célèbre encore; composa des ouvrages inestimables sur la peinture.
CURIA (François).	1538? 1610?	Naples.	Id.	Élève de Léonard Pistoia. — Composition gracieuse et noble, coloris naturel.
CALIARI (Benoît), frère de Paul Caliari, dit VÉRONÈSE.	1538 1598	Vérone?	Hist. et portr.	Élève de son frère, avec lequel il travailla souvent. — Fresques mythologiques, Vérone. Anges portant les instruments de la passion, Venise. Institution de la confrérie del Soccorso, ib. Jésus-Christ portant sa croix rencontré par Véronique, ib. — Peu d'imagination, du naturel et quelque élévation. Sculpteur médiocre.
ALBERTI (Durante).	1538 1613	Borgo San-Sepolcro.	Hist.	Peintre laborieux plutôt qu'homme de génie. — Dessin et coloris faibles.
VAROTARI (Dario), le vieux.	1539 1596	Vérone.	Id.	Fondateur d'une bonne école de peinture. Sa fille, Claire, fut son élève: les poëtes contemporains le célébrèrent. — Ses tableaux, peu nombreux, sont à Venise et à Padoue. — Dessin sévère. Couleur vraie, mais froide.
MICHELE (André), dit VICENTINO ou ANDRÉ de Vicence.	1539 1614	Vicence.	Id.	Élève de Palma, le vieux; son fils, Marc, fut son imitateur. — Le reine de Saba, Florence. Banquet de Salomon, ib. Visitation, ib. Une sainte reine à la cabane d'un ermite, ib. Réception de Henri III au Lido, Venise. Assemblée de têtes couronnées, Munich. — Peu de goût, coloris facile, bonne invention; pinceau moelleux, délicat et plein d'effet; beaucoup de ses tableaux ont noirci.
RICCIO (Félix), dit BRUSASORCI, le jeune, fils de Dominique.	1540 1605	Vérone.	Hist. et portr.	Élève de son père; sans l'égaler en génie, il ne s'exerça pas comme lui dans la peinture à fresque, mais il se fit une manière séduisante dans ses tableaux à l'huile, surtout dans ses Madones, ses Enfants Jésus et ses petits anges, qui sont de la plus rare beauté. Sa sœur, Cécile, obtint une réputation méritée dans le portrait. — Sainte famille, Paris. — Pinceau plein de délicatesse et de grâce et vigoureux quand le sujet l'exige; composition bien entendue; on connaît de lui plusieurs petits sujets historiques peints sur marbre avec le talent d'un grand peintre; on estime beaucoup ses portraits.

NOMS.	ANNÉES DE NAISSANCE ET DE MORT.	LIEU DE NAISSANCE	GENRE.	NOTES HISTORIQUES. — TABLEAUX PRINCIPAUX ET LIEUX OU ILS SE TROUVENT. — OBSERVATIONS.
VIANI (Antoine-Marie), dit LE VIANINO.	1540?	Crémone.	Hist. et portr.	Élève des Campi ; peintre de Vincent de Gonzague, duc de Mantoue, et de trois de ses successeurs. Mort à Mantoue dans un âge assez avancé. — Saint Michel, Mantoue. Le Paradis, ib. Fresques, ib. Vénus et l'Amour, Dresde. — Manière de ses maîtres ; style gracieux.
PELLEGRINI (Dominique de Tibaldi de'), frère de Pellegrino.	1540 1582		Portr.?	Élève de son frère : on ne connaît aucun ouvrage de son pinceau ; architecte, construisit plusieurs édifices remarquables. — Graveur renommé à l'eau-forte.
ANDREANI (André).	1540 1623	Mantoue.	Hist.	Quelques auteurs le désignent, à tort, sous le nom d'Andréossi ; d'autres le confondent avec Altdorfer, peintre allemand, à cause de la ressemblance de leurs monogrammes. S'établit fort jeune à Rome et y mourut. — Génie plein de verve et de chaleur ; dessin savant ; habile graveur sur bois.
ZUCCHI (Jacques), frère de François.	1541 1590?	Florence	Hist. et portr.	Élève de Vasari. Mort riche. — Son tableau de la Pêche du corail, qu'il fit pour Ferd. de Médicis, fut l'origine de sa fortune et de sa réputation. Tableaux et fresques, Rome. — Style plus achevé que celui de son maître ; grand fini dans les fresques.
MACCHIETTI (Jérôme)	1541?	Id.	Hist., bataill. et portr.	Élève de Michele del Ghirlandaio ; surnommé del Crocifissaio, à cause du grand nombre de crucifix qu'il exécuta ; se perfectionna à Rome, fut appelé en Espagne, revint dans sa patrie, s'arrêta à Naples et à Bénévent et laissa partout des preuves d'un talent supérieur. — Baptême de Jésus-Christ, Messine. Médée et les filles de Pélias, Florence. Épiphanie, ib. Martyre de saint Laurent, ib. Ésou et Médée, ib. Vue d'un bain avec figures, ib. — Beaucoup de délicatesse et d'expression ; excellait dans le portrait. Quelques biographes le font élève de Ridolphe Ghirlandaio.
GAMBARO (Lattanzio)	1541 ou 1542 1573 ou 1574	Brescia.	Hist. et portr.	Élève de Jules Campi et de J. Romanino, son beau-père. — Portraits remplis de mérite. Plus savant et plus correct que Romanino ; se rapproche beaucoup du Pordenone ; moins de vigueur ; formes belles et variés, grande intelligence de l'anatomie, attitudes spirituelles ; raccourcis difficiles, invention originale.
ZUCCARO ou ZUCCHERO (Frédéric), frère de Thadée.	1542 1609		Id.	Élève de son frère ; termina les fresques commencées par ce dernier. Ayant eu de graves désagréments à Rome avec ses rivaux, il quitta l'Italie et parcourut l'Europe. Revint plus tard dans sa patrie où il fut nommé prince de l'Académie de Saint-Luc. Cette nomination, qui lui fut octroyée par le pape, était une compensation aux chagrins que Zuccaro dut éprouver en voyant ses fresques effacées et recouvertes par d'autres. Mort à Ancône. — Barberouse devant Innocent, Venise. Le portier de la reine Élisabeth, Londres. La reine Élisabeth, ib. Allégorie, ib. La Calomnie, ib. Déposition, Rome. Fresques, ib. Portrait d'homme, Florence. L'âge d'or, ib. L'âge d'argent, ib. Allégorie, ib. Saint Pierre en prison, ib. Sainte famille, Vienne. — Il a peint dans la grande coupole de l'église métropolitaine des figures hautes de cinquantes pieds. Il raconte lui-même cette particularité dans ses Lettere pittoriche. Il a publié à Turin un traité intitulé : Idea de' pittori, scultori, e architetti.
BARBATELLI (Bernard), dit LE POCCETTI.	1542 ou 1548 1612	Florence	Hist., pays., mar., fleurs, et fruits.	Élève de Ghirlandaio ; se distingua sous ce maître par son talent remarquable pour les grotesques, ce qui lui valut le surnom de de' Groteschi ; bientôt après on lui donna celui de delle Facciate, à cause de sa manière distinguée de peindre ses façades. Se rendit à Rome, où l'étude des ouvrages de Raphaël et des autres grands maîtres de l'école romaine lui ouvrit une nouvelle voie ; revenu à Florence, il y exécuta des ouvrages dignes de la plus grande admiration, et pourtant, de son temps, on en faisait peu de cas ; peut-être ce manque de considération provenait-il de sa conduite. Barbatelli ne se plaisait que dans les dernières classes du peuple avec lesquelles il aimait à s'enivrer ; de là le surnom du Poccetti, sous lequel il est connu. — Le noyé ressuscité (fresque), Florence. Naissance de Jésus-Christ, ib. Annonciation, ib. Portrait d'une jeune femme, Vienne. — Figures aimables et gracieuses, compositions riches et ornées ; grande fécondité d'invention et de talent ; artiste hors de ligne pour là pompe des draperies et des étoffes. Travaillait souvent de pratique tout en conservant une touche fine et décidée quoique rapide ; finissait quelquefois ses contours et étudiait ses tableaux comme des miniatures.
LIGOZZI (Jacques).	1543 1627	Vérone.	Hist., min. et portr.	Élève de P. Véronèse ; étendit sa réputation dans toute l'Italie ; fut nommé, par le grand-duc Ferdinand II, peintre de la cour et surintendant de la galerie de Florence. Mort dans cette ville. — Vue d'un portique avec figures, Florence. Sacrifice d'Abraham, ib. Adoration des mages, ib. Apparition de la Vierge à saint François, ib. — Beaucoup d'effet ; belle expression ; miniatures d'un fini précieux.
FEI (Alexandre), ou DEL BARBIERE.	1543		Genre, hist., arch., et grotesq.	Élève et compagnon de Thomas Manzuoli di San Friano ; travailla au catafalque de Michel-Ange ; un peintre peu renommé, Pierre Francia, lui donna quelques leçons. — Un atelier d'orfévrerie, Florence. Daniel au festin de Balthazar, ib. — Génie fécond et naturel ; bon dessin et expression satisfaisante ; coloris faible.
MORANDINI (François), dit le POPPI.	1544 1584?	Poppi	Hist.	Élève de G. Vasari. — Fonderie de canons, Florence. Les trois Grâces, ib. Alexandre, Campaspe et Apelle, ib. Élévation de la croix, ib. Saint Pierre le Dominicain, Vienne. — Imita son maître ; plus de soin dans les détails ; composition plus gaie.
PALMA (Jacques), le jeune, fils d'Antoine et petit-neveu de Jacques le vieux.	1544 1628	Venise.	Hist., portr. etc.	Élève de son père ; protégé par le duc d'Urbin, dès l'âge de 15 ans ; emmené par ce prince à Urbin, puis envoyé à Rome où il resta pendant huit ans ; revint à Venise, se fit remarquer par quelques ouvrages importants ; réussit à obtenir l'amitié du Vittorio, architecte et sculpteur qui jouissait du plus grand crédit et qui le protégea de préférence au Tintoret et à Paul Véronèse ; lorsque les

commandes lui vinrent en foule, Palma abandonna sa manière soignée et souvent ses tableaux ne ressemblaient plus qu'à des ébauches. — Victoire navale remportée par F. Bembo, Venise. Jugement dernier, ib. Conquête de Constantinople, ib. Ligue de Cambrai, ib. Combat naval, ib. Venise personnifiée, ib. Cheval de la mort, ib. Transport de l'arche, Rome. Sainte Marguerite, Florence. Saint Jean au désert, ib. Madeleine, Londres. Henri III, roi de France, Dresde. Saint Sébastien, ib. Martyre de saint André, ib. Descente de croix, Vienne. Salomé avec la tête de saint Jean-Baptiste, ib. Jésus-Christ mort sur les genoux de sa mère, ib. Jésus-Christ mort pleuré par des anges, ib. Meurtre d'Abel, ib. Jésus-Christ mort sur les genoux de sa mère. Munich. Saint Sébastien, ib. Jésus-Christ mort dans les bras de saint Jean, ib. Madeleine pénitente, ib. David vainqueur de Goliath, Madrid. Conversion de Saül, ib. Mariage de sainte Catherine, ib. — Dessin vigoureux, style ferme, grande facilité, teintes fraîches, suaves et diaphanes, moins gaies que celles de Paul Véronèse, mais plus agréables que celles du Tintoret ; expression forte et juste, ou douce et gracieuse. Accusé avec justice d'avoir été un des corrupteurs du goût dans son siècle. Graveur à l'eau-forte.

NOMS.	ANNÉES DE NAISSANCE ET DE MORT.	LIEU DE NAISSANCE	GENRE.	NOTES HISTORIQUES. TABLEAUX PRINCIPAUX ET LIEUX OU ILS SE TROUVENT. — OBSERVATIONS.
PALADINI (Philippe).	1544? 1614	Florence	Hist. et portr	Élève du Poccetti : voyagea en Italie pour se perfectionner, s'arrêta à Milan, commit un délit dans cette ville que les historiens ne disent pas lequel et se réfugia à Rome où le prince Colonna l'accueillit ; se rendit de là en Sicile, pour plus de sûreté : visita Syracuse, Palerme et Catane, et laissa dans toutes ces villes des preuves de son habileté. Mort à Mazzarino, fief de la famille Colonna, en Sicile.—Beaucoup de grâce, bon coloris ; trop de manière.
GUERRA (Jean).	1544 1618	Modène.	Hist.	Se rendit jeune à Rome et y fut employé par Sixte-Quint, en même temps que son ami, César de Nebbia. — Génie d'invention, dessinateur, architecte et graveur.
VECELLI (Marc), neveu de Tiziano Vecelli, et dit MARCO DI TIZIANO.	1545 1611	Cadore.	Id.	Élève de son oncle et son compagnon fidèle dans ses voyages ; ce fut le membre de la famille Vecelli qui fit le plus d'honneur au Titien. — Congrès de Bologne, Venise. La Zecca, ib. Leonardo Doni adorant la Vierge, ib Madone de la Miséricorde, Florence. Composition simple, bon mécanisme, manque d'intérêt et d'animation.
RICCI (Jean-Bapt.).	1545 1620	Novare.	Id.	Élève de Lanini, son beau-frère ; obtint par son talent les bonnes grâces de Sixte-Quint, qui lui confia le reste des peintures du Quirinal ; jouit de la même faveur sous le pontificat de Clément VIII, qui l'employa à orner de ses ouvrages la basilique de Saint-Jean-de-Latran. Mort à Rome. — Effet gai et riant qui séduit l'œil ; facilité d'un talent véritable ; école de Raphaël, mais dégénérée et tirant sur la manière ; se signala surtout dans la fresque ; contribua à propager le goût énervé de cette époque, mais y brilla par le sentiment de la forme.
BETTI, le père Biagio.	1545 1615	Pistoie.	Hist. et min.	Moine théatin, établi à Pistoie ; également statuaire.
PROCACCINI (Camille), fils d'Hercule, le vieux.	1546 1626	Bologne.	Hist. et portr.	Élève de son père. On prétend qu'il reçut des leçons de Michel-Ange et de Raphaël. Il fut surnommé le Zuccaro de la Lombardie. Mort à Milan. Graveur.—Le jugement dernier (fresque), Reggio. Saint Roch, Dresde. La Vierge, Florence. L'Enfant Jésus et saint Jean, ib. La crèche, ib. Naissance de Jésus-Christ, Bologne. Sainte famille dans un paysage, Munich. — Genre du Parmesan. Grande finesse de pinceau ; fécondité d'invention surprenante, coloris éclatant. Le nombre de ses ouvrages est très-considérable.
DANTE (Jérôme), dit GIROLAMO DI TIZIANO , frère de Vincent.	1547 1580		Id.	Élève du Titien ; son frère Ignace, né en 1537, mort en 1586, se fit moine dominicain et cultiva aussi la peinture. — Fresques, Pérouse. — Parvint à un haut degré de talent.
PROCACCINI (Jules-César), fils d'Hercule, le vieux.	1548 1626?	Bologne.	Id.	Élève de son père. Il est le plus habile peintre de cette famille. Comme il travaillait dans l'atelier des Carrache, il fut un jour piqué d'une plaisanterie d'Annibal qu'il frappa et qu'il blessa. Ce fut à cause de cet événement qu'il alla se fixer avec toute sa famille à Milan. Graveur. — Tableaux : Milan : idem, Gênes ; idem, Parme. La Vierge avec plusieurs saints, Rome. Le Prophète Daniel, ib. Les Évangélistes (fresques), ib. Assomption, Florence. Saint Sébastien protégé par des anges, Bruxelles. Sainte Famille, Dresde. Un jeune homme armé portant une jeune femme, ib. La Vierge et l'Enfant Jésus, Paris. Songe de Saint Joseph, Berlin. Sainte famille entourée d'anges, Vienne. Jésus-Christ mort, ib. Sainte famille, Munich. Même sujet traité différemment, ib. Samson et les Philistins, Madrid. — Étudia spécialement le Corrège, avec lequel on l'a quelquefois confondu. Dessin correct, belles draperies, imagination heureuse ; on lui a reproché d'être avare de couleurs. La quantité de ses tableaux est innombrable.
PONTE (François da), le jeune, fils de Jacques et dit BASSANO.	1648 1591	Bassano.	Hist., genre et portr.	Élève de son père ; s'établit à Venise et y acquit tant de réputation qu'on le fit travailler concurremment avec le Tintoret et Paul Véronèse. Sa trop grande application altéra les facultés de son esprit ; se croyant toujours environné d'archers et s'imaginant un jour qu'on venait l'arrêter, il se jeta par la fenêtre et mourut sur le coup.—Assomption, Rome. Le Déluge, Florence. Jésus-Christ arrêté par des soldats, ib. Enlèvement d'Europe, Berlin. Le bon Samaritain, ib. Saint François, Vienne. Sainte Claire, ib. Jeune paysan, ib. La Cène, Madrid. Voyage de Jacob, ib. Les noces de Cana, ib. Sujet mystique, ib. Marché au poisson au bord de la mer, Paris. — Moins de vigueur que son maître.
PERUCCI (Horace).	1548 1624	Reggio.	Hist.	Élève de Lelio Orsi.
CONTARINI (Jean).	1549 1605	Venise.	Hist. et portr.	Élevé pour le droit, il préféra la peinture ; se rendit en Allemagne, travailla pour Rodolphe II, qui le créa chevalier. — Résurrection (fresque), Venise. Le doge Grimani à genoux devant la Vierge, ib. Jésus-Christ mort, Vienne. Saint Sébastien, Berlin. — Imita la manière du Titien ; excella à peindre les voûtes et les plafonds ; choisissait ordinairement des sujets mythologiques.
PULZONE (Scipion), dit LE GAETANO.	1550? 1588?	Gaeta.	Id.	Élève de Jacques del Conte. — Mariage de sainte Catherine, Rome. Portrait de femme, ib. Portrait de Martin V, ib. Sainte famille, ib. Assomption, ib. Sophonisba ou Rosemonde, Londres. L'ange présentant le calice à Jésus-Christ, Florence. Portrait de Marie de Médicis, ib. Portrait de Ferdinand Ier de Médicis, ib. Portrait du cardinal Ferdinand de Médicis, ib. Et autres, ib. Portrait de femme, Munich. — Touche légère ; excella dans le portrait , et fut nommé le Van Dyck italien ; fini extraordinaire, beau dessin, teintes douces, bel effet.
MONA (Dominique).	1550 1602	Ferrare.	Hist.	Élève de Mazzuoli le Bastaruolo, mena une vie très-agitée ; fut tour à tour prêtre, philosophe, médecin et peintre ; son esprit inquiet finit par s'égarer ; il fut atteint d'un accès de frénésie pendant lequel il tua un courtisan du cardinal Aldobrandini ; ce crime, que d'autres attribuent à la haine, le força à s'expatrier ; séjourna à Modène et à Parme.—Imagination riche , exécution prompte, beaucoup d'érudition, de hardiesse et d'ensemble ; quelques-uns de ses tableaux sont indignes même d'un peintre médiocre, d'autres renferment des beautés frappantes ; appelé Mona, Mani, Mora , Monio et enfin Monna.

NOMS.	ANNÉES DE NAISSANCE ET DE MORT.	LIEU DE NAISSANCE	GENRE.	NOTES HISTORIQUES. — TABLEAUX PRINCIPAUX ET LIEUX OÙ ILS SE TROUVENT. — OBSERVATIONS.
MOTTA (Raphaël), dit RAFAELLINO DA REGGIO.	1550 1578	REGGIO.	Hist. et portr.	Élève de Lelio Orsi. Son génie était digne de briller à Rome; enlevé aux arts à la fleur de son âge. Fresques, Rome. — Sa patrie s'enorgueillit de quelques ouvrages à fresque de sa main.
LAURO (Jacques), dit JACQUES DE TRÉVISE.	1550 1605	VENISE.	Hist.	Élève de P. Véronèse et de son fils Charles. — Saint Roch, Trévise. — Ensemble plein d'effet.
GRILLENZONE (Horace).	1550? 1617	CARPI.	Id.	Sculpteur; demeura longtemps à Ferrare; y connut le Tasse qui l'immortalisa par le dialogue intitulé : le Grillenzone ou l'Épitaphe.
CORTI (César), fils de Valère.	1550 1613?	GÊNES.	Hist. et portr.	Élève de L. Cambiaso; célèbre en Toscane, en France et en Angleterre; très-renommé à Gênes, comme ingénieur militaire, comme savant et comme peintre; mort en prison par suite d'erreurs religieuses. — Pinceau délicat, coloris vrai et agréable.
SCARSELLA (Hippolyte), dit SCARSELLINO, fils de Sigismond.	1551 1621	FERRARE.	Id.	Élève de son père; se rendit à Venise, y étudia pendant six ans les meilleurs maîtres, et surtout P. Véronèse; réussit si bien dans l'imitation de ce dernier maître, qu'il mérita le surnom de Paul de Ferrare; il tomba quelquefois dans la sécheresse, afin d'éviter le défaut de Sébastien Filippi, son rival, à qui l'on reprochait d'être lourd et grossier. — Assomption, Ferrare. Noces de Cana, ib. Décollation de saint Jean, ib. La Mère de Pitié, ib. Noli me tangere, ib. Flagellation, Rome. Sainte famille, ib. Didon abandonnée, ib. Départ d'Énée, ib. Un souper, ib. Épiphanie, ib. Chute de saint Paul, ib. La Vierge et l'Enfant entourés de saints, Dresde. Fuite en Égypte, ib. Sainte famille, ib. La Vierge et l'Enfant, sainte Catherine et saint Charles Borromée, ib. Sainte famille, Florence. Jugement de Pâris, ib. Naissance d'un enfant noble, ib. L'enfant Jésus et saint Jean, Munich. — Imita Paul Véronèse sans le suivre dans toutes les parties; théorie savante, imagination brillante et vive; pinceau rapide, spirituel et hardi; têtes de femmes très-gracieuses; teintes vaporeuses et remplies d'harmonie; dessin coulant.
BRUNELLESCHI (Jules).	1551	UDINE.	Hist.	De l'école vénitienne.
BENFATTO (Louis), del FRISO.	1551 1611	VÉRONE.	Id.	Élève et neveu de Paul Véronèse. — Manière facile.
RONCALLI (Christophe), dit le chevalier DELLA POMERANCE.	1552 1626	VOLTERRA	Hist. et portr.	Élève de N. Circignano dit Pomerancio; protégé par le cardinal Crescenzi, qui lui fit commander plusieurs ouvrages importants de préférence au Caravage et au Guide. Le premier s'en vengea en faisant taillarder la figure de Roncalli par un spadassin; le second, en prouvant par ses ouvrages l'injustice de cette préférence; appelé dans toutes les villes de la Marche d'Ancône; obtint du pape Paul V le titre de chevalier du Christ; accompagna le marquis Vincent Giustiniani en Allemagne, en Flandre, en Hollande, en Angleterre et dans une grande partie de l'Italie; amassa une fortune considérable; fut membre de l'Académie de peinture, à Rome, et mourut dans cette ville. — Le Châtiment d'Ananie et de Saphire, Rome. Fresques, ib. Martyre de saint Simon de Cana, Munich. La Vierge pleurant la mort de Jésus-Christ, Madrid. — Prit l'habitude, à l'instar de son maître, de se ressembler par de nombreux élèves, et se contenta ainsi d'ouvrages médiocres; lorsqu'il maniait seul le pinceau, il savait se montrer excellent artiste. On lui reproche de se ressembler à lui-même et de prodiguer les visages ronds et vermeils; dessin d'un style mélangé, romain et florentin; coloris vif et brillant dans les fresques; teintes simples et reposées dans ses tableaux à l'huile; ton harmonieux et égal; paysages agréables, mais étudiés; perspective souvent défectueuse; manière variée.
NUCCI (Avancino).	1552 1629	CASTELLO (Ombrie).	Hist.	Élève de N. Pomerancio, à Rome. Séjourna à Naples. — La Sainte Vierge (sur ardoise), Rome. — Style prompt et facile.
FONTANA (Lavinie), fille de Prosper.	1552? 1614	BOLOGNE.	Portr. et hist.	Élève de son père; appelée quelquefois Zappi, du nom de son mari; travailla à Rome. Protégée par le pape Grégoire XIII, dont elle fut nommée peintre. — Madeleine, Rome. — Portrait d'un religieux, Florence. Jésus-Christ apparaissant à Madeleine, ib. Portrait de femme, ib. Sainte famille, Dresde. Samaritaine, Naples. Saint François de Paule bénissant un enfant, Bologne. Vénus et l'Amour, Berlin. — Imita son père pour le coloris; moins heureuse quant au dessin et à la composition, elle surpassa dans le portrait par un fini et une vérité extraordinaires.
CESARI (Joseph), dit LE JOSÉPIN ou le chevalier d'ARPIN.	1552 ou 1560 1640	ARPINO (royaume de Naples).	Hist., portr. et genre.	Fut envoyé de bonne heure à Rome; employé auprès des peintres qui travaillaient au Vatican; son talent précoce y fut découvert par hasard, et Joseph devint l'élève et bientôt l'émule des Roncalli, de Palma le jeune et de Muziano; travailla sous Sixte-Quint, Clément VIII, qui le nomma chevalier de l'Éperon, Paul V et Urbain VIII; visita la France sous les règnes de Henri IV et de Louis XIII, y reçut l'ordre de Saint-Michel; travailla à Naples et dans toutes les principales villes d'Italie; eut des démêlés avec Annibal Carrache et Michel Caravage, et refusa de se battre avec ce dernier parce qu'il ne portait pas, comme lui, le titre de chevalier. — Saint Michel, Naples. Madeleine, ib. Samaritaine, ib. Jésus-Christ aux Oliviers, ib. Chœur d'anges, ib. Tritons portant une nymphe, Londres. Ecce homo, Rome. Bataille entre les Romains et les Véiens, ib. Épisodes de l'histoire romaine, etc., ib. Bataille, Dresde. Vierge glorieuse, Munich. Adam et Ève chassés du Paradis, Paris. Diane et Actéon, ib. Persée et Andromède, Vienne. — Coloris agréable; composition facile et pompeuse; figures gracieuses et animées; la seconde manière de ce peintre fait ressortir tous ses défauts; exécution négligée, pauvre de dessin, d'expression et d'effet; contribua beaucoup à la décadence de l'art en Italie.
ALBERTI (Chérubin), fils de Michel (?).	1552 1615	BORGO SAN-SEPOLCRO.	Hist. et portr.	Exécuta de belles fresques à Rome; nommé quelquefois Borghegiano. — Fresques, Rome. — Plus célèbre comme graveur sur cuivre. Quelques auteurs, et Lanzi entre autres, pensent qu'il dut le jour à Alberto Alberti, sculpteur en bois. Excella dans les gloires d'anges qu'il plaça dans ses tableaux; touche légère et facile.

NOMS.	ANNÉES DE NAISSANCE ET DE MORT.	LIEU DE NAISSANCE	GENRE.	NOTES HISTORIQUES. — TABLEAUX PRINCIPAUX ET LIEUX OU ILS SE TROUVENT. — OBSERVATIONS.
CASOLANO (ALEXANDRE).	1552 1606	SIENNE.	Hist.	Élève d'A. Salimbeni et de Christophe Roncalli. — Style varié, dessin correct, composition sage, teintes modérées et harmonieuses. Graveur.
PONTE (JEAN-BAPTISTE DA), dit BASSANO, fils de Jacq.	1553 1613		Id.	Élève de son père. — On ne connaît de lui qu'un seul tableau, que quelques-uns attribuent au chevalier Léandre.
DIANA (CHRISTOPHE).	1553	SAN VITO (Frioul).	Hist. et portr.	Élève de Pomponio Amalteo. — Jésus-Christ crucifié, entouré de la Vierge et de saint Jean, San-Vito. — Dessin pur, coloris vrai.
SERVI (CONSTANTIN DE').	1554 1622	FLORENCE	Portr. et hist.	Élève de Santi-Titi. Sa réputation comme architecte est plus durable; il ne s'est distingué que dans le portrait; dirigea, à Florence, la fabrique de mosaïques, qui devint très-florissante par son administration. — Imitateur assez heureux des Pourbus, peintres flamands.
PAGGI (JEAN-BAPT.).	1554 1627	GÊNES.	Hist. et portr.	Élève de Cambiaso pour le dessin; s'instruisit seul dans la peinture, la perspective et l'architecture; sa réputation commençait à s'établir lorsqu'un meurtre qu'il commit le força à fuir sa patrie; se réfugia à Florence, y resta vingt ans, protégé par la cour du grand-duc; appelé par les cours de France et de Madrid, il préféra retourner à Gênes, où on consentait à le recevoir; forma une foule d'excellents élèves, et concourut à la restauration de l'école génoise. — Repos en Égypte, Florence. — Composition riche, variée; grâce molle dans les airs de têtes, qui l'ont fait comparer au Corrége; acquit plus de vigueur en avançant en âge.
CHIMENTI (JACQUES), dit l'EMPOLI.	1554 1640	EMPOLI.	Id.	Élève de Thomas de San Friano; se perfectionna d'après les ouvrages d'André del Sarto. — Le Père éternel après la création d'Adam, Florence. Portrait de Jean-Baptiste Gambetti, ib. Noé dans son ivresse, ib. Sacrifice d'Abraham, ib. Saint Yves lisant les requêtes qui lui sont présentées par des veuves et des orphelins (chef-d'œuvre), ib. Vocation de saint Mathieu, ib. Saint Éloi, ib. Suzanne au bain, Vienne. La Vierge et l'Enfant, Paris. Jésus-Christ aux Oliviers, Madrid. — Dessin assez moelleux; coloris agréable.
TROTTI (le chevalier JEAN-BAPTISTE), dit LE VIEUX MALOSSO.	1555	CRÉMONE.	Id.	Élève de Bernard Campi, qui l'aima avec la plus grande tendresse, lui donna sa nièce en mariage et l'institua, en mourant, héritier de son école; appelé à Parme, afin d'y peindre en concurrence avec Augustin Carrache; malgré l'infériorité de son ouvrage, il réussit mieux à la cour que ce grand peintre; celui-ci ayant dit que c'était un mauvais os (mal osso) qu'on lui avait donné à ronger, Trotti adopta le surnom de Malosso, et prit ainsi pour un éloge ce qui n'était en réalité qu'un blâme. Ses talents lui méritèrent le titre de chevalier. — Abandonna la manière de son oncle; étudia le Corrége et imita le Sojaro; style riant, aimable, franc et brillant; raccourcis variés, mouvements pleins d'esprit; abusa un peu des couleurs éclatantes, ce qui mérita à quelques-unes de ses œuvres le reproche d'être un peu peintures sur porcelaine; manque de relief; têtes d'une beauté ravissante et pleines de grâce et d'amabilité; groupes souvent uniformes et quelquefois remplis de variété et d'imagination; le plus grand reproche qu'on lui fasse est d'avoir eu un pinceau trop dur.
TEMPESTA (ANTOINE).	1555 1630	FLORENCE	Hist., pays., bataill. et ornem.	Élève de Santi-Titi et de J. Stradanus, peintre flamand. — Scènes de martyres (fresques), Rome. Triomphe de l'Amour (fresque), ib. Pompe triomphale de la Vertu (fresque), ib. — Composition d'une fécondité extraordinaire; dessin plein d'énergie; imagination fougueuse et inépuisable; réussit peu dans les grands sujets; teintes parfois trop sombres, manque de correction. Graveur à l'eau-forte.
LILIO (ANDRÉ), dit ANDRÉ D'ANCONE.	1555 1610	ANCÔNE?	Hist.	Travailla à Rome sous le pontificat de Sixte-Quint, et souvent en compagnie du Sourd d'Urbin; séjourna longtemps dans cette dernière ville. — Vie de saint Jérôme (fresque), Rome. Fresques, ib. — Imitateur de F. Baroccio. Mérite inégal. Graveur.
GAGLIARDO (BARTHÉLEMY).	1555 1620	GÊNES.	Id.	Détails inconnus.
CARRACCI (LOUIS).	1555 1619	BOLOGNE.	Hist. et portr.	Élève de Fontana, à Bologne et du Tintoret, à Venise; montra d'abord peu de dispositions, à tel point qu'il reçut de ses camarades le surnom du bœuf; passa à Florence, y reçut peut-être les conseils du Pasignano, étudia le Corrége à Parme et revint à Bologne; entraîna ses cousins, Augustin et Annibal à suivre la même carrière que lui, rencontra d'abord beaucoup d'opposition à la nouvelle école qu'il avait fondée, eut ensuite plus de succès, et mourut presque pauvre après s'être préparé un nom glorieux dans la postérité. — Apôtres portant le corps de la Vierge, Parme. Apôtres découvrant le tombeau de la Vierge, ib. Vierge dans la gloire, Bologne. Transfiguration, ib. Flagellation, ib. Conversion de saint Paul, ib. Vocation de saint Mathieu, ib. Saint Jean au désert, ib. Jésus-Christ couronné d'épines, ib. Et autres, ib. Descente de croix, Naples. Chute de Simon le Magicien, ib. Suzanne entre les vieillards, Londres. Descente de croix, ib. Cléopâtre, ib. Sainte famille, Rome. Saint Sébastien, ib. Ecce Homo, ib. Saint François, ib. La Vierge, ib. L'enfant Jésus, ib. Saint Joseph et deux saintes (sur ardoise), ib. Jésus-Christ couronné d'épines, Florence. Saint François avec la croix, ib. Jésus-Christ couronné d'épines et entouré d'anges, Dresde. Repos en Égypte, ib. Saint François recevant les stigmates, Vienne. Vénus et l'Amour et un satyre, ib. Miracle de la multiplication des pains, Berlin. La Vierge et l'Enfant, ib. Vénus et l'Amour, ib. Saint Charles Borromée en prière, ib. Jésus-Christ couronné d'épines, Madrid. Vision de Saint François d'Assise, Munich. Jésus-Christ mis au tombeau, ib. Saint François méditant, ib. Portement de croix, Saint-Pétersbourg. Mariage de sainte Catherine, ib. Mise au tombeau, ib. Sainte famille, ib. L'Annonciation, Paris. La nativité, ib. La Vierge et l'Enfant, ib. Apparition de la Vierge avec l'Enfant à saint Hyacinthe, ib. Assomption, Marseille. — Imitation parfaite de la nature; dessin correct; excella dans les vues d'architecture; grandes connaissances dans la partie théorique et savante de l'art. Sa manière rappelle le Titien.
VASSILACCHI (ANTOINE), dit L'ALIENSE.	1556 1629	ILE DE MILOS (Grèce).	Hist.	Élève de P. Véronèse, qui le congédia par jalousie; apprécié par ses contemporains, il fut employé, à Venise, à des travaux importants. — Adoration des mages, Venise. Prise de Bergame, ib. — Imagination riche; génie formé pour les arts.
MALOMBRA (PIERRE).	1556 1618	VENISE.	Hist., portr., arch. et persp.	Élève de J. Palma, le jeune, dont il ne suivit pas la manière; reçut quelques leçons de Salviati; perdit sa fortune et trouva une ressource dans son talent, que jusqu'alors il n'avait cultivé que par amusement. — Le collège de Venise (tableau remarquable par tous les portraits qui s'y trouvent), Madrid. — Bon goût de dessin, fini précieux, contours exacts, poses gracieuses et originales, réussit beaucoup dans le portrait, dans les tableaux de demi-proportion et dans les représentations d'architecture et de perspective.

NOMS.	ANNÉES DE NAISSANCE ET DE MORT.	LIEU DE NAISSANCE	GENRE.	NOTES HISTORIQUES. TABLEAUX PRINCIPAUX ET LIEUX OU ILS SE TROUVENT. OBSERVATIONS.
TAVARONE (Lazare).	1556 1641	Gênes.	Hist.	Élève de L. Cambiasi ; fit beaucoup d'honneur à son maître qu'il suivit en Espagne ; revint à Gênes et y hérita de la gloire du Cambiasi. — Coloris gras, vigoureux, varié, harmonie parfaite, composition ingénieuse, soin inégal.
SORRI (Pierre).	1556 1622	Dans le pays de SIENNE.	Hist., portr. et pays.	Élève de Salimbeni. Voyagea longtemps dans les villes d'Italie et finit par s'établir à San Gusme, lieu de sa naissance, où il mourut d'apoplexie. — Tableaux, Sienne. Consécration de l'église du Dôme, Pise. Jésus-Christ et les docteurs, ib. — Atteignit un haut degré de perfection dans l'histoire, dans le paysage et dans le portrait. Composition ingénieuse, pinceau gracieux.
MAGANZA (Alexandre), fils de Jean-Baptiste.	1556 1630	Vicence.	Hist.	Élève de Fasolo. Chargé d'une nombreuse famille, il fut obligé de travailler avec trop de précipitation. Il eut la douleur de voir mourir dans ses bras ses fils et ses petits-fils. Architecte. L'école de Vicence s'éteignit en lui Ses trois fils, Jean-Baptiste, Jérôme et Marc-Antoine, cultivèrent la peinture ; le premier eut un pinceau très-fin. La peste les enleva tous en 1630. — Épiphanie, Vicence. Martyre de sainte Justine, ib. Portrait d'homme, Florence. — Composition heureuse. On lui reproche de donner à toutes ses figures les mêmes mouvements de tête, draperies roides et chairs un peu jaunes. Manque d'expression.
LOMI (Aurèle), neveu de Baccio et frère d'Horace.	1556 1622	Pise.	Id.	Élève de son oncle et du Bronzino, à Florence ; fut appelé à Gênes, y termina plusieurs travaux importants ; travailla à Rome, à Bologne, à Lucques, à Florence, et laissa partout des preuves de son talent. Mort dans sa ville natale. — Jésus-Christ mort dans les bras de Nicodème, Florence. — Imita la manière du Bronzino ; on le regarde comme un des chefs de l'école de Pise.
CANTA - GALLINA (Remi).	1556 1624		Pays.	Connu pour avoir donné à Jacques Callot les premières notions de son art. — Graveur et ingénieur ; ses dessins de paysages à la plume sont estimés.
BIZZELLI (Jean).	1556 1647	Florence	Hist.	Élève d'Al. Allori ; s'occupa à Rome. — Annonciation, Florence. — Peintre médiocre.
SALIMBENI (Ventura), dit BEVILAC-QUA , fils d'Archange.	1557 1613	Sienne.	Id.	Élève de son père ; séjourna à Rome sous le pontificat de Sixte-Quint ; travailla dans la plupart des villes d'Italie ; il serait devenu un grand peintre s'il n'avait pas négligé son art par amour des plaisirs. — Apparition de saint Michel à saint Galgano, ermite, Rome. Sainte famille, Florence. Sainte famille dans un paysage, Vienne. — Effet aimable et gracieux ; clair-obscur savant ; dessin très-correct. Graveur à l'eau-forte.
PIAZZA (Paul).	1557 1621	Castel-Franco.	Id	Élève de Jacques Palma, le jeune ; entra de bonne heure dans l'ordre des capucins sous le nom du P. Côme. — Jésus-Christ mort, Rome. — Composition originale, pinceau séduisant.
CRESPI (Jean-Bapt.), dit DA CERANO.	1557 1633	Cerano.	Hist., oiseaux et anim.	Son aïeul, Jean Pierre, et Raphaël, son père ou son oncle, étaient peintres comme lui ; architecte, modeleur, littérateur ; renommé pour l'équitation, ses talents le mirent en faveur à la cour de Milan, dont il était pensionné. — Jésus-Christ apparaît à saint Pierre et à saint Paul, Vienne. Société de franciscains, Berlin. — Pinceau spirituel et harmonieux, mais souvent maniéré, ombres trop chargées ; excella à représenter les animaux et surtout les oiseaux.
CESI (Barthélemy).	1557 1629	Bologne.	Hist.	Élève de Calvart ; un des modèles du Guide et le maître du Tiarini ; aimé de tous ses confrères pour la droiture de son caractère et son amour pour son art ; fonda une compagnie de peintres, séparée des autres métiers. — Sainte Anne adorant la Vierge, Bologne. Saint Pierre, ib. Saint Paul, ib. — Beau choix de formes, attitudes mesurées, teintes plus agréables que vigoureuses ; style très-gracieux.
CAVAZZONE (Franç.)	1557	Id.	Id.	Peintre de mérite.
CASTELLI (Bernard).	1557 1629	Gênes.	Id.	Élève d'André Sémini et de Cambiasi ; visita Rome, où le pape le reçut très-bien ; travailla pour le duc de Savoie, se fit des amis très-puissants, fut célébré par les poètes de son temps. —Tableaux, Gênes. Idem, Rome. Idem, Turin. Sainte famille, Nantes. Il a fait des dessins pour la Jérusalem délivrée du Tasse. — Bon dessin, belle couleur, beaucoup de facilité.
BANDIERA (Benoît).	1557 1634	Pérouse.	Id.	École du Barocci. — Peintre de mérite.
PONTE (Léandre da), dit LE CHEVALIER BASSANO , fils de Jacques.	1557 1623		Hist. et portr.	Élève de son père ; créé chevalier par le doge Grimani, mena à Venise la vie d'un prince ; travailla beaucoup pour l'empereur Rodolphe II, qui voulut l'attacher à la cour de Vienne, mais Léandre préféra rester à Venise. — La Sainte Trinité, Rome. Jésus-Christ sur des bergers, Florence. Portraits, ib. Jésus-Christ portant sa croix, ib. Jésus-Christ guérissant un aveugle, ib. Et autres, ib. Pastorales, ib. La Cène, ib. Ascension du Christ, Bruxelles. Construction de la tour de Babel, Londres. Le Christ, Marthe et Marie, ib. Portraits, ib. Résurrection de Lazare, Naples. La sainte Trinité, Venise. Retour de Jacob à Chanaan, ib. Retour du doge Sébastien Zani, ib. Résurrection de Lazare, ib. Portrait d'un procureur de Saint-Marc, Berlin. Portrait d'un ecclésiastique, Vienne. Tableau de genre, ib. Enlèvement d'Europe, Madrid. Orphée, ib. Épiphanie, ib. Fuite en Égypte, ib. Jésus-Christ couronné d'épines, ib. La forge de Vulcain, ib. Vue de Venise, ib. — Imitation servile de son maître. Il réussit dans le portrait.
CARRACCI (Augustin), cousine de Louis et frère d'Annibal.	1558 1601	Bologne.	Id.	Élève de Louis ; élevé pour l'orfévrerie, il la quitta pour suivre la carrière des peintres ; visita Parme et Venise, en 1580 ; eut beaucoup à souffrir de l'humeur inquiète et jalouse de son frère Annibal, aux tableaux duquel on préférait souvent les siens ; supporta ses persécutions avec la plus grande douceur et s'adonna principalement à la gravure, afin d'éloigner toute espèce de rivalité. Mort à Parme d'excès de travail. — Vierge allaitant , Parme. Assomption, Bologne. Communion de saint Jérôme, ib. Madeleine, Rome. Sainte famille, ib. Communion de saint Jérôme, ib. Saint Jérôme, Naples. Saint Pierre, ib. Amours dormant, ib. Armide et Renaud, ib. Fuite en Égypte, Venise. Ecce Homo, ib. Paysage avec figures, La Haye. Paysage avec musiciens, Florence. Saint François stigmatisé, Vienne. Saint François d'Assise, Madrid. Saint François recevant les stigmates, Munich. — Grande imagination, expression admirable, idées remplies de poésie ; excellent graveur au burin. Auteur d'un traité de perspective et d'architecture. Il se rapprocha le plus du Tintoret.

NOMS.	ANNÉES DE NAISSANCE ET DE MORT.	LIEU DE NAISSANCE	GENRE.	NOTES HISTORIQUES. TABLEAUX PRINCIPAUX ET LIEUX OU ILS SE TROUVENT. OBSERVATIONS.
PAGANI (Grégoire), fils de François.	1558 1605	Florence	Hist. et portr.	Élève du Cigoli; peintre très-estimé. — Tobie rendant la vue à son père, Florence. Portrait d'homme, ib.
GUIDOTTI (le chevalier Paul), dit IL BORGHESE.	1559? 1629	Lucques.	Hist.	Étudia à Rome sous les meilleurs maîtres; se passionna tellement pour l'anatomie qu'il alla déterrer les cadavres nouvellement enterrés, afin d'en faire la dissection; employé par Sixte-Quint au Vatican; ayant terminé un groupe de sculpture pour lequel on lui offrait un grand prix, Guidotti, doué d'une vanité ridicule, préféra, quoique pauvre, de l'offrir en cadeau au cardinal Borghèse, ne recevant en échange que le titre de chevalier du Christ et la permission de porter le surnom de *il Borghese*. Nommé conservateur du musée du Capitole; fit exécuter les règlements de l'Académie de Saint-Luc avec une excessive sévérité; s'attira par la haine de ses confrères; fut chargé, en 1622, de décorer la chapelle du Vatican, pour la cérémonie de la canonisation de saint Ignace, de saint François Xavier et de sainte Thérèse; mort à l'hôpital. — Fresques, Rome. — Sculpteur et peintre renommé; mauvais écrivain, il commença un poème à l'instar de *la Jérusalem délivrée* qu'il nomma *la Jérusalem détruite*; le poème ne fut jamais achevé; s'appliquant à la mécanique et croyant avoir trouvé le secret de se soutenir dans les airs, Guidotti s'élança d'une des plus hautes tours de Lucques et tomba si rapidement qu'il se cassa une jambe.
CIRCIGNANO (Antoine), fils de Nicolas, surnommé comme lui IL POMERANCIO.	1559 1619		Hist. et portr.	Élève de son père, qui l'associa à tous ses ouvrages et avec lequel il fit en commun les grandes compositions dont on le chargea. Mort à Rome. — Fresques, Rome. — Imita son maître. Dessin franc, manière grande et décidée, bonne composition. Auteur de quelques dessins qui furent gravés de son temps.
CARDI (le chevalier Louis), dit CIGOLI ou CIVOLI.	1559 1613	Château Cigoli (Toscane).	Id.	Élève d'Alex. Allori; parcourut toute la Lombardie, travailla pour le grand-duc de Toscane, s'occupa à Rome, revint à Florence, y travailla, comme architecte, aux décorations élevées à l'occasion du mariage de Marie de Médicis avec Henri IV. Malheureux, envié, persécuté, souvent mal récompensé, son génie fut à peine reconnu de son vivant; nommé à son lit de mort, par le pape Paul V, chevalier servant dans l'ordre de Malte. — Saint François pénitent, Rome. Des joueurs, ib. Fresques, ib. Martyre de saint Laurent, Florence. Madeleine, ib. Saint François en prière, ib. Le même stigmatisé, ib. Martyre de saint Étienne (chef-d'œuvre), ib. Saint Pierre, ib. Déposition, ib. Ecce Homo, ib. La Vierge et l'Enfant, ib. Portrait d'homme, ib. Sainte famille, Bruxelles. Circoncision, Saint-Pétersbourg. La Cène, ib. Retour du jeune Tobie, ib. Sainte famille en Égypte, Paris. Saint François en contemplation, ib. Portrait d'homme, ib. Jésus-Christ portant sa croix, Munich. Saint François d'Assise devant le crucifix, ib. La Madeleine, Madrid. Jésus-Christ mort sur les genoux de sa mère, Vienne. Jésus-Christ mort dans les bras du Père Éternel, ib. — Imita Michel-Ange, le Corrège, André del Sarto, le Pontormo et Barroccio. Pinceau facile, génie fécond; surnommé le Corrège florentin.
SANTA-FEDE (Fabrice de), fils de François.	1560? 1634	Naples.	Hist.	Élève de son père et de François Curia; travailla pour plusieurs églises de Naples. — La Vierge et l'enfant Jésus adorés par quelques saints, Naples. Sainte famille dans un paysage, La Haye. — Les œuvres du père et du fils sont très-souvent confondues.
ROBUSTI (Marie), dite MARIETTA TINTORELLA, fille du Tintoret.	1560 1590	Venise.	Portr. et hist.	Élève de son père; abandonna la musique, dans laquelle elle excellait, pour se livrer entièrement à la peinture. Quoique ayant réussi dans l'histoire, elle abandonna ce genre pour le portrait dans lequel elle obtint une grande réputation. Toute la noblesse de Venise se fit peindre par elle. L'empereur Maximilien, Philippe II, roi d'Espagne, et l'archiduc Ferdinand voulurent l'attirer à leur cour, mais sa tendresse pour son père la fit résister à leurs offres les plus brillantes. — Dessin fin et élégant; couleur forte et naturelle, style formé d'après l'antique, pinceau habile et libre, touche brillante et pleine d'esprit; ressemblance parfaite; exécution belle et exacte.
RIDOLFI (Claude), dit CLAUDIO VERONESE.	1560 1644	Vérone.	Hist. et portr.	Élève de Dario Pozzo, adopta le genre du Véronèse, et fut bientôt à même de lutter avec les grands maîtres de l'école vénitienne. Il ouvrit une école à Vérone, d'où sortirent des peintres habiles. — Déposition de la croix, Rimini. Annonciation, Dresde. — Style doux et agréable; on remarque dans l'exécution de ses tableaux une grande finesse de pinceau.
PONTE (Jérôme da), dit BASSANO, fils de Jacques.	1560 1622		Id.	Élève de son père. — Sainte Barbe entre deux jeunes femmes regardant la Vierge dans le ciel, Bassano. — Figures gracieuses et d'un bon coloris, composition simple; sa manière se rapproche de celle de son frère Léandre.
CARRACCI (Annibal), frère d'Augustin et cousin de Louis.	1560 1609	Bologne.	Hist., portr. et pays.	Élève de Louis; fils d'un tailleur, il avait embrassé le même état que son père, lorsque son cousin Louis lui inspira le goût des arts. Caractère violent et nature inculte, il se plaisait dans des sociétés peu choisies; mais rempli de fermeté, il s'opposa le plus fortement aux ennemis que l'école des Carrache avait suscités; d'ailleurs rempli de génie et d'une certaine grandeur d'âme, il mourut du chagrin

que lui causa l'ingratitude du prince Farnèse pour lequel il avait travaillé pendant huit ans et qui le paya à peine de ses ouvrages. — Sauveur, Rome. Enfance de Jésus (six petits tableaux), ib. Charité, ib. Vénus, Naples. Apollon, ib. Hercule, ib. Saint Eustache, ib. Un ange, ib. Madone, ib. Jésus-Christ mort, ib. Charité, Londres. Galatée, ib. Céphale et l'Aurore, ib. Jésus-Christ apparaissant à saint Pierre, ib. La Vierge, l'enfant Jésus et saint Jean, Florence. Pan, Bacchantes et Satyres, ib. Portrait d'un moine, ib. Un homme avec un singe, ib. Jésus-Christ dans la gloire entouré des saints, ib. Repos en Égypte, ib. Deux Vierges glorieuses, Bologne. Assomption, ib. Annonciation (en deux tableaux), ib. Saint Augustin, ib. Vénus et Adonis, Vienne. Saint François en extase, ib. Le prophète Isaïe, ib. La Samaritaine, ib. Jésus-Christ mis au tombeau, ib. Sainte famille, Berlin. Jésus-Christ crucifié, ib. Musiciens dans un paysage, ib. Pan et Syrinx, ib. Mercure et Argus, ib. Plusieurs apôtres, ib. La Renommée, Dresde. La Vierge et l'Enfant entourés de saints, ib. Saint Roch distribuant des aumônes, ib. Portraits, ib. Assomption (chef-d'œuvre), ib. Vierge allaitant, ib. Buste du Sauveur (chef-d'œuvre), ib. Un satyre offrant une coupe de vin à Vénus, Madrid. La Vierge et l'enfant Jésus, ib. Madeleine, ib. Ascension, ib. Jésus-Christ aux Oliviers, ib. Vénus et Adonis, ib. Suzanne et les vieillards, Munich. Massacre des innocents, ib. Eros et Anteros combattant devant Vénus, ib. Portrait du peintre, ib. Jésus-Christ mort, ib. Jacob et ses fils dans un paysage, Saint-Pétersbourg. Saintes familles, ib. Saint Jean-Baptiste, ib. La Samaritaine, ib. Jésus-Christ apparaissant aux saintes femmes, ib. Madone, ib. Sacrifice d'Abraham, Paris. Joab et Absalon, ib. Naissance de la Vierge, ib. Deux Nativités, ib. La Vierge aux cerises, ib. Le silence, ib. Apparition de la Vierge à saint Luc et à sainte Catherine, ib. Prédication de saint Jean, ib. Jésus-Christ mort, ib. Résurrection, ib. La Madeleine, ib. Martyre de saint Étienne, ib. Saint Sébastien, ib. Hercule enfant, ib. Diane et Calisto, ib. Concert sur l'eau, ib. Portrait d'homme, ib. Paysages, ib. David vainqueur de Goliath, Marseille. — Beaucoup de feu et d'énergie; belle imitation des grands maîtres qui l'avaient précédé; composition savante, manière éloquente, noble et grandiose. Imitateur du Corrège.

NOMS.	ANNÉES DE NAISSANCE et de mort.	LIEU DE NAISSANCE	GENRE.	NOTES HISTORIQUES. — TABLEAUX PRINCIPAUX ET LIEUX OU ILS SE TROUVENT. — OBSERVATIONS.
ORSI (Prosper).	1560? 1615?		Hist. et portr.	Fut employé fort jeune par Sixte-Quint, à Rome; lié d'amitié avec le Josépin, l'inconstance de son caractère le fit rompre avec ce dernier dont il devint un des adversaires les plus acharnés après s'être attaché au Caravage. — Composition riche; imita d'abord la manière du Josépin et l'abandonna ensuite.
CRESTI (le chevalier Dominique), dit LE PASSIGNANO.	1560? 1638	PASSIGNA- NO (Toscane).	Id.	Envoyé à Florence pour y exercer l'état de libraire; abandonna le commerce et devint élève de Macchietti puis de J. B. Naldini, et enfin de F. Zucchero; se rendit à Pise, à Venise; rappelé à Florence pour les décorations exécutées à l'occasion du mariage du grand-duc Ferdinand Ier avec Christine de Lorraine; partit pour Rome, y travailla pour Clément VIII qui le nomma chevalier du Christ, ne trouva pas la même faveur auprès d'Urbain VIII, retourna à Florence, y fut nommé premier maître de l'Académie de dessin et y mourut. — Une gloire, Passignano. Naissance de Jésus-Christ, Rome. Assomption, ib. Fresques, ib. Jésus-Christ succombant sous la croix, Florence. La Vierge et l'enfant Jésus sur les nuages, ib. Épiphanie, ib. Assomption, ib. Saint André, ib. Saint Pierre, ib. Festin d'Assuérus, Vienne. Invention de la croix, Paris. — La correction et le choix de la nature laissent à désirer; du talent dans les grandes machines, architecture riche; draperies traitées à la manière de Paul Véronèse; se servait, comme le Tintoret, d'huiles trop grasses, ce qui a perdu plusieurs de ses tableaux; facilité extraordinaire et rapidité incroyable, ce qui lui fit donner le surnom de Passa ognuno (qui passe tout le monde), jeu de mots composé sur son nom.
COMMODI (André).	1560. 1638	FLORENCE	Hist.	Copia avec un talent remarquable les tableaux des meilleurs maîtres. — Imitateur du Cigoli; ses ouvrages originaux se distinguent par le dessin, le fini et la force de l'empâtement.
CATALANO (Antoine) le vieux.	1560 1650	MESSINE.	Id.	Élève de D. Guinaccio; passa à Rome, étudia d'après le Barocci. — Couleur fleurie et transparente, goût raphaëlesque.
CARDUCCI (Barthé- lemy), frère de Vin- cent, peintre espa- gnol.	1560? 1608 ou 1610	FLORENCE	Hist. et portr.	Élève de Zucchero; accompagna son maître en Espagne; travailla à l'Escurial, obtint par ses qualités et ses talents l'estime et la faveur de Philippe II, puis de son successeur, Philippe III. Travailla quelque temps à Valladolid. Mort en Espagne. — Descente de croix, Madrid. Saint Sébas- tien, ib. La Cène, ib. — Bon dessin; exécution supérieure, pinceau de maître. Sculpteur et architecte.
BAGOLINO (Sébast.).	1560 1604	ALCAMO (Sicile).	Hist.?	Peintre, poète et musicien.
VALESIO (Jean- Louis).	1561	BOLOGNE.	Miniat.	Élève de L. Carrache. Mort jeune à Rome. On le cite plutôt comme graveur à l'eau-forte. — Un peu sec, peu de relief.
CORONA (Léonard), fils de Michel.	1561 1605	MURANO.	Hist. et pays.	Élève de son père Michel, peintre médiocre, et de Rocco dit San Silvestro, peintre de peu de mérite. Voulut rivaliser avec Palma et dans cette entreprise par le Vittoria, architecte et sculpteur, qui lui composait des modèles en terre cuite pour lui faire trouver de beaux effets de clair- obscur. — Imita le Titien et surtout le Tintoret. Artiste renommé.
ALBERTI (Jean), frère de Chérubin.	1561 1601	BORGO SAN- SEPOLCRO.	Hist. et persp.	S'établit à Rome et y travailla beaucoup avec son frère. — Goût facile; excella dans la fresque et la perspective.
ROBUSTI (Dominiq.), fils du Tintoret.	1562 1637	VENISE.	Hist. et portr.	Élève de son père, dont il suivit les traces avec bonheur, tout en restant bien loin derrière lui pour le génie; beaucoup de ses tableaux ont été attribués à Jacques à cause du grand prix qu'on retirait des œuvres de ce dernier. Cet artiste, qui aurait été célèbre s'il avait porté un autre nom, devint paralytique de la main droite et réussit très-bien à peindre de la gauche. — Ligue de Venise, Venise. Conquête de Constantinople, ib. Victoire navale, ib. Portraits, ib. Christ couronné d'épines, ib. Apparition de saint Augustin, Florence. Suzanne se préparant au bain, Dresde. — Se rapprocha beaucoup de son maître dans les airs de tête, le coloris et l'accord général; l'égala peut-être pour le portrait; figures disposées avec sagesse, finies avec patience et peintes avec une méthode solide et durable. Vers la fin de sa vie, il tomba dans le maniéré.
FENZONI (Ferau), dit FERAU DA FAENZA.	1562 1645	FAENZA.	Hist.	Élève de Fr. Vanni; étudia d'après les Carrache; un crime affreux ternit sa mémoire: il tua par envie le jeune peintre Manzoni de Faenza, qui donnait les plus belles espérances. — Dessin correct, teintes agréables, empâtement solide. Deux de ses filles, Thérèse et Claudia-Felice, furent ses élèves: la seconde mourut à Bologne, en 1703.
LOMI (Horace), dit GENTILESCHI, ne- veu de Baccio Lomi et frère d'Aurèle LOMI.	1563 1646	FLORENCE	Id.	Quitta fort jeune sa patrie; voyagea en Espagne, y fit plusieurs grands tableaux pour l'Escurial; passa en Angleterre et s'établit dans les Pays-Bas; acquit beaucoup de réputation, travailla pour Charles Ier, roi d'Angleterre, et pour plusieurs grands de la Hollande et du Brabant; se fit aimer et estimer; remplit plusieurs charges honorables; fut appelé en Angleterre, y séjourna longtemps, y mourut, d'après quelques-uns; selon d'autres, mourut à Rome. — Joseph et la femme de Putiphar, Londres. Madeleine pénitente, Vienne. Repos en Égypte, ib. Sainte famille, Paris. Vierge glorieuse, Madrid. Moïse sauvé du Nil, ib.
FRANCO (Laurent).	1563? 1630?	BOLOGNE.	Id.	Élève de Cam. Procaccini; vécut et mourut à Reggio. — Bon imitateur des Carrache; trop de minutie.
BONCONTI (Jean- Paul).	1563? 1605?	Id.	Id.	Élève d'Annibal Carrache; suivit son maître à Rome et mourut dans cette ville. — On ignore s'il a exécuté des tableaux; ses dessins sont estimés.
PIOLA (Pierre-Fran- çois).	1565 1600		Hist. et portr.	Élève de Soph. Anguiscola. — Un des meilleurs imitateurs du Cambiaso.
MARIANI (Camille).	1565 1611	VICENCE.	Hist.	Sculpteur; né d'un père Siennois.

NOMS.	ANNÉES DE NAISSANCE ET DE MORT.	LIEU DE NAISSANCE	GENRE.	NOTES HISTORIQUES. TABLEAUX PRINCIPAUX ET LIEUX OU ILS SE TROUVENT. OBSERVATIONS.
VANNI ou VANNIUS (le chevalier François).	1565 1609	Sienne.	Hist.	Les Italiens le nomment le restaurateur de la peinture au 16e siècle. Étudia particulièrement le Baroche, et avec tant de bonheur qu'on se trompe souvent entre ces deux artistes. Bon architecte, mécanicien et graveur à l'eau-forte. Vanni avait été le parrain de Fabio Chigi, plus tard élu pape sous le nom d'Alexandre VII. — Tableaux, Sienne. Idem, Pise. Sainte famille avec sainte Élisabeth et saint Jean, Dresde. Un ange présentant à la Vierge des aliments pour l'enfant Jésus, Paris. Et autres, ib. Sainte famille, ib. Martyre de sainte Irène, ib. Cinq dessins, ib. Un ange et la Vierge, ib. Naissance de la Vierge, Rome. Sainte famille, Londres. Les fils de Jacob en Égypte, Florence. Saint François, ib. Flagellation, Vienne. Vierge entourée de saints, ib. Les Maries, Madrid. — Il a laissé un nombre considérable de tableaux dont le catalogue complet n'existe pas. — Imitation exacte de la manière de Baroche.
PERANDA (Santo).	1566 1638	Venise.	Id.	Élève de J. Palma le vieux et de Corona ; ne suivant pas l'exemple de ses contemporains, il ne chercha pas à faire beaucoup mais à faire bien. — Tableaux, Venise. — Un des plus célèbres artistes de son temps.
MAGGI (Jean).	1566 1616	Rome.	Persp. et pays.	Grava et publia, en 1618, un recueil des plus belles fontaines d'Italie, plusieurs vues de Rome et quelques paysages. Mort dans un état voisin de la misère. — Coloris médiocre ; manière vraie, lignes bien entendues. Graveur à l'eau-forte.
FACINI (Pierre).	1566? 1602	Bologne.	Hist.	Élève d'Annibal Carrache ; paya d'ingratitude les leçons de son maître, en ouvrant à Bologne une école rivale et en y attirant les jeunes gens de la ville. Graveur à l'eau-forte. — Saint Jérôme, Rome. Mariage de sainte Catherine, Dresde. Sainte famille et autres saints, ib. Mariage de sainte Catherine, Bologne. — Têtes vigoureusement exécutées, grande vérité dans les carnations, dessin incorrect sourtout dans la manière d'attacher les têtes et les bras.
BUONAMICI (Augustin), dit TASSI.	1566 1642	Pérouse.	Pays., hist., mar., persp. et ornem.	Élève de Paul Bril (peintre flamand), à Rome ; condamné aux galères de Livourne, sa conduite fut aussi mauvaise que son talent était remarquable. Travailla beaucoup à Gênes avec le Salimbeni et le Gentileschi.—Paysage : Orphée (figures de M. A. Cerquozzi), Rome. Paysage avec figures, Florence. Jésus-Christ conduit au Calvaire, ib. Paysage : prédication de saint Jean, ib. — Excella à représenter les bourrasques et tout ce qui a rapport aux marines ; spirituel, fécond, original même dans les figures. Goût exquis d'ornements ; perspective très-savante.
PELLEGRINI (Félix), frère de Vincent.	1567	Id.	Hist.	Élève du Barroche. — Excellent dessinateur.
BORRO (Baptiste).	1567	Arezzo.	Hist. et portr.	Élève du frère Guillaume, de Marseille. — Peintre sur verre ; imita son maître avec bonheur.
GATTI (Olivier).	1568?	Parme.	Hist.	S'établit à Bologne ; y fut nommé membre de l'Académie de peinture, en 1626, après 50 ans de séjour. — Graveur au burin.
CALIARI (Gabriel), fils de Paul Véronèse.	1568 1631		Hist. et portr.	S'occupa avec son frère et son oncle, quitta presque entièrement les arts pour le commerce. Mort de la peste. — Exécuta quelques portraits au pastel, qui sont fort rares.
CACCIA (Guillaume), dit MONCALVO.	1568 1625?	Monta-bone ou Novare.	Id.	On le croit élève de Soleri ; séjourna à Milan, à Pavie, Novare, Verceil, Casal, Alexandrie. Saint Paul, Milan. Fresques, ib. Déposition, Novare. Saint Pierre, Turin. Sainte Thérèse, ib. La Vierge consacrée au Seigneur (fresque), Crea, près Moncalvo. Épousailles de la Vierge (fresque), ib. Le Paradis (fresque), ib. Multiplication des pains, Chiari. Résurrection de Lazare, ib. Saint George, Moncalvo. Conception, ib. Résurrection de Jésus-Christ, Asti.—Pinceau plein de grâce et de vigueur. Deux de ses filles, Françoise et Ursule, ont presque égalé son talent. La seconde mourut en 1678, la première atteignit l'âge de 57 ans.
MASSARI (Luc).	1569 1633	Bologne.	Hist.	Élève de L. Carrache ; il avait reçu d'abord les leçons du Passerotti ; visita Rome, et de retour à Bologne, il y tint école de concert avec l'Albane. — Saint Gaétan, Bologne. Déposition, ib. Mariage de sainte Catherine, ib. Venue du Christ, ib. L'Enfant prodigue, ib. Et autres, ib. Sainte famille dans un paysage, Florence. La Vierge et l'Enfant avec saint Jean, ib. — Imita les Carrache. Beaucoup de grâce et de fini, coloris gai.
AMERIGHI ou MORIGI (Michel-Ange), dit LE CARAVAGE.	1569 1609	Caravag-gio. (Milanais).	Hist. et portr.	D'abord ouvrier maçon, quitta cet état pour la peinture et devint bientôt célèbre ; méprisait les ouvrages des autres ; et à ce propos une querelle avec Joseph Césari, dit Josépin, chevalier d'Arpino, et voulut se battre avec lui ; son rival s'excusa en disant qu'il ne se mesurait pas avec un homme dépourvu du titre de chevalier : Caravage se rendit à Malte pour l'obtenir, y réussit et mourut pendant son retour, d'une fièvre violente, après plusieurs aventures fâcheuses. — Judith, Naples. Homère, Venise. Joueur d'échecs, ib. La Piété, Rome. Joseph expliquant les songes, ib. Crucifiement de saint Pierre, ib. Conversion de saint Paul, ib. Les joueurs, ib. Dispute de Jésus-Christ dans le temple, Florence. La monnaie du tribut, ib. La tête de Méduse, ib. Amour dormant, ib. Corps de garde, Dresde. Les joueurs de cartes, ib. Saint Sébastien, ib. Saint Pierre reniant Jésus-Christ, ib. Les disciples d'Emmaüs, Londres. Les apôtres Jean, Pierre et Jacques, ib. Diane et Endymion, Amsterdam. Tobie, Vienne. David vainqueur de Goliath, ib. La Vierge du rosaire, ib. Sainte famille, ib. Jésus-Christ au milieu des docteurs, ib. Saint Mathieu, Berlin. Mise au tombeau, ib. Portrait d'homme, ib. Portrait de femme, ib. L'Amour, ib. Sujet mythologique, ib. Jésus-Christ aux Oliviers, ib. Saint Sébastien, Munich. Pèlerins adorant l'enfant Jésus, ib. La crèche, ib. Jésus-Christ couronné d'épines, ib. La jardinière, Saint-Pétersbourg. Jésus-Christ à Emmaüs, ib. Martyre de saint Pierre, ib. Mort de la Vierge, Paris. La diseuse de bonne aventure, ib. Portrait d'un grand maître de Malte, ib. Un concert, ib. Jésus-Christ soutenu par des anges, Marseille. — Excellait à donner du relief à ses tableaux : belle entente du clair-obscur ; couleur vigoureuse et vraie ; composition peu sage ; pensées dépourvues de noblesse ; dessin souvent incorrect ; admirable carnation ; teinte en général trop sombre.

NOMS.	ANNÉES DE NAISSANCE ET DE MORT.	LIEU DE NAISSANCE	GENRE.	NOTES HISTORIQUES. — TABLEAUX PRINCIPAUX ET LIEUX OU ILS SE TROUVENT. — OBSERVATIONS.
BONONI (CHARLES).	1569 1632	FERRARE.	Hist.	Élève du Bastaruolo ; étudia à Bologne ; séjourna à Rome , s'arrêta à Venise, à Parme ; rival du Scarsellino auquel il ne le céda point; ce peintre mérita le surnom du *Carrache Ferrarais*, son neveu et son élève, Lionello, fut un peintre médiocre. — Délivrance de saint Pierre, Florence. Tableaux, Ferrare. — Dessin grandiose, draperies amples et pleines d'effet ; composition riche, perspective aérienne très-savante, attitudes variées, costumes originaux; grand imitateur des Carrache.
SCHEDONE (BARTHÉ-LEMY).	1570? 1615	MODÈNE.	Hist. et portr.	On le croit élève des Carrache, mais ce fait est fort douteux, car dans sa manière on retrouve plutôt l'école de Raphaël et surtout l'imitation du Corrége. Protégé par Ranuccio, duc de Parme, qui le nomma son premier peintre et pour lequel il exécuta un grand nombre de portraits de famille; toute la maison de Modène se fit également peindre par lui ; la funeste passion du jeu détourna souvent Schedone du travail ; la perte d'une somme considérable lui causa une si grande affliction qu'il en mourut. — Ange aux trois Maries, Parme. Portrait du cordonnier de Paul III, Naples. Repos de l'Amour, *ib.* Jésus-Christ couronné d'épines, *ib.* Groupe de femmes, *ib.* Saint Jérôme, *ib.* Saint Paul, *ib.* Saint Sébastien, *ib.* Sainte famille, *ib.* Boutique de Saint Joseph, *ib.* Deux charités, *ib.* Coriolan, Modène. L'Harmonie, *ib.* Saint Géminien, *ib.* Fresques, *ib.* Notre-Dame de Pitié, Pérouse. Nativité de Jésus-Christ, Rome. Nativité de la Vierge, *ib.* Parabole de l'ivraie, *ib.* L'Arcadie, *ib.* Saint Roch, *ib.* La Vierge, l'enfant Jésus et saint Jean, *ib.* Sainte famille, Florence. La Vierge et l'Enfant, *ib.* Saint Paul, *ib.* Tableaux, Milan. La Vierge et l'Enfant, Saint-Pétersbourg. Jésus-Christ sur les bras de sa mère, *ib.* Saint Jean, *ib.* Amour dormant, *ib.* Sainte famille, Paris. Jésus-Christ mis au tombeau, *ib.* Jésus-Christ au tombeau, *ib.* La Vierge et l'Enfant, Berlin. Loth et ses filles, Munich. Deux Madeleines repentantes, *ib.* Repos en Égypte pendant la nuit, *ib.* Jésus-Christ mis au tombeau, Vienne. Le Christ à Emmaüs, *ib.* — Dessin et perspective parfois incorrects; coloris riant et vif dans ses fresques, sérieux et harmonieux dans ses tableaux à l'huile, gracieux et délicat dans ses portraits, qui se font aussi remarquer par une aimable variété d'expression et d'attitudes et qui lui donnent un rang très-élevé dans ce genre. Génie noble et élevé, style de la plus grande élégance, touche légère, airs de tête d'une grâce attrayante; fini exquis.
SALVUCCI (MATHIEU).	1570? 1628	PÉROUSE.	Hist.	Vint à Rome ; fut bien accueilli par le pape, mais l'inconstance de son caractère nuisit à son avenir.
SALINI (le chevalier THOMAS).	1570? 1625	ROME.	Hist., fleurs et fruits.	Imitateur du Caravage. — Saint Laurent, Rome. — Se distingua dans le genre des fleurs.
OTTINI (PASCAL).	1570? 1630	VÉRONE.	Hist.	Élève de Félix Brusasorci ; travailla, de concert avec l'Orbetto, à achever plusieurs tableaux que la mort avait empêché son maître de terminer. Se rendit à Rome, afin d'y finir ses études ; revenu dans les États vénitiens, son talent lui fit une réputation méritée. — Formes nobles et belles ; expression relevée; bon coloris dans les ouvrages que l'on a pu conserver.
LANDRIANI (PAUL CAMILLE), dit IL DUCHINO.	1570? 1619	MILAN.	Id	Élève d'Oc. Sémini, dirigea toutes les peintures qui furent exécutées à cette époque dans la cour du grand-duc de Milan. Acquit une grande célébrité. — Nativité de Jésus-Christ, Milan. Passion (1602), *ib.* — Manière de son maître ; autant de grâce et de science dans le dessin , plus de fermeté et de vie; peignit à fresque dans un style grandiose et franc.
CURRADO (le chevalier FRANÇOIS).	1570 1661?	FLORENCE	Hist. et portr.	Élève de J. B. Naldini ; travailla beaucoup pour les églises de son pays ; s'occupa jusqu'à la fin de sa vie et mourut à Florence. Ses deux frères, Côme et Pierre, cultivèrent le même art. — Épisodes de la vie de sainte Marie Madeleine (trois tableaux), Florence Madeleine au désert , *ib.* Les trois Maries au sépulcre, *ib.* Martyre de sainte Thècle, *ib.* Saint Eustache, *ib.* Narcisse, *ib.* Sainte Catherine, *ib.* Abraham et les trois anges, Vienne. — Peignit son propre portrait à l'âge de 84 ans.
CALIARI (CHARLES), dit CARLETTO, fils de Paul Véronèse.	1570 ou 1572 1596		Hist.	Élève de son père et de Jacques Bassan ; tendrement aimé par son père et son oncle Benoît; mort à 24 ou à 26 ans, victime de sa trop grande ardeur au travail. — Saint Augustin, Venise. Cène, *ib.* Le doge Cicogna donnant audience, *ib.* Jésus-Christ mort, *ib.* La ville de Venise, *ib.* Visitation, Florence. Miracle de saint Frédien, évêque de Lucques, *ib.* Histoire de nos premiers pères (en 4 tableaux), *ib.* La Vierge et l'Enfant, *ib.* Saint Augustin, évêque d'Hippone, Vienne. Allégorie, Dresde. La Vierge, l'Enfant et saint Jean, *ib.* Jésus-Christ mort, *ib.* Léda et le cygne, *ib.* Adoration des mages, La Haye. Sacrifice du sage, Londres. Présentation de Jésus-Christ au temple, Berlin. Allégorie : Naissance d'un prince royal, Madrid. Sainte martyre, *ib.* — Manières de ses deux maîtres mêlées ; aurait peut-être surpassé son père s'il n'était mort trop tôt.
BOSCHI (FABRICE).	1570? 1642		Id.	Élève du Passiguano. — Élection de saint Mathias, Florence. — Composition originale et élégante.
BONZI (PIERRE-PAUL).	1570 1650	CORTONE.	Hist., fl.. fr.., pays.,etc.	Élevé par Annibal Carrache. Abandonna l'histoire pour peindre les fruits et le paysage; vivait à Rome et y mourut ; désigné alternativement sous les noms de Gobbo dei Carracci, Gobbo dei frutti, Pierre-Paul Cortonèse. — Latone métamorphosant des paysans en grenouilles, Paris. Portrait du peintre, Berlin. — Orna ses paysages de jolies figures. Graveur à l'eau-forte.
ANGELI (JULES-CÉSAR).	1570? 1630?	PÉROUSE.	Hist.	Élève de L. Carrache, à Bologne, où il se rendit secrètement à l'âge de 12 ans, attiré par la célébrité de l'école de peinture établie dans cette ville ; on raconte la même chose d'Antoine Marie Fabrizzi. — Bonne invention, coloris satisfaisant, dessin faible, draperies heureuses, un peu savant.
MAZZUCHELLI (le chevalier PIERRE-FRANÇOIS), dit IL MORAZZONE.	1571 1626	MORAZZONE.	Id.	Vécut à Rome pendant quelques années et revint s'établir à Milan ; appelé à Plaisance, en 1626, pour y peindre la grande coupole de la cathédrale, la mort l'empêcha de continuer cet ouvrage, qui fut achevé par le Guerchin. — Épiphanie, Milan. Saint Michel vainqueur, Côme. — Pinceau grandiose et vigoureux.
MANETTI (RUTILIO).	1571 1639	SIENNE.	Id.	Élève de Fr. Vanni. — Tableaux à Rome. — Épousailles de la Vierge, Florence. Miracle de sainte Marguerite, Madrid. — Mauvaise entente de l'effet des ombres ; dessin correct ; belle architecture.
GRAMMATICA (ANTI-VEDUTO).	1571? 1626	Près de ROME.	Hist. et portr.	Élève de Dominique Perugino ; fils d'un peintre siennois dont les historiens ne citent pas le nom ; s'établit à Rome, y occupa la première place à l'Académie de Saint-Luc et en fut chassé pour avoir voulu vendre à un seigneur le Saint-Luc de Raphaël et y substituer une copie de sa main. — Fresques, Rome. Tableaux, *ib.* — Excella dans les copies ; réussit dans le portrait ; coloris brillant.

NOMS.	ANNÉES DE NAISSANCE ET DE MORT.	LIEU DE NAISSANCE	GENRE.	NOTES HISTORIQUES. — TABLEAUX PRINCIPAUX ET LIEUX OU ILS SE TROUVENT. — OBSERVATIONS.
MANFREDI (Barthélemy).	1572? 1605	Mantoue.	Hist. et genre.	Élève de Pomarancio puis du Caravage. Son inconduite ayant ruiné sa santé, il ne travaillait qu'avec beaucoup de peine. Mort à la fleur de l'âge. — La bonne aventure, Florence. Jésus-Christ couronné d'épines, Munich. Tête de saint Jean-Baptiste, Madrid. Assemblée de buveurs, Paris. La diseuse de bonne aventure, ib. Les joueurs de cartes, Vienne. Saint Pierre reniant Jésus-Christ, ib. — Dessin très-faible, peinture vigoureuse. On confondait souvent ses tableaux avec ceux de son second maître. Ce qui a beaucoup nui à sa célébrité, c'est que la plupart de ses tableaux figurent dans les galeries sous le nom de son maître.
CROMER (Jules), dit LE CROMA.	1572? 1652	Ferrare.	Hist. et arch.	Élève de D. — Mona. Carnations recherchées et rosées ; teintes un peu chargées ; on cite un artiste du nom de Jean-Baptiste Cromer, de Padoue, qui mourut vers 1730.
FIALETTI (Odoard).	1573 1638	Bologne.	Hist. et portr.	Élève chéri du Tintoret ; son père se nommait d'abord Viallet, mais en venant à Padoue, il avait italianisé son nom . mort à Venise. — Sénateurs de Venise, assemblés au sénat, Londres. Quatre doges de Venise, ib. — Ses ouvrages sont estimés ; graveur à l'eau-forte ; ses dessins à la plume sont recherchés. Auteur de plusieurs ouvrages traitant des arts, entre autres : Habiti delle religioni con le armi, e brevi descrittioni loro.
BAGLIONE (le chevalier Jean).	1573?		Hist.	Élève de Fr. Morelli, avec lequel il resta peu de temps ; se forma d'après les meilleurs maîtres ; employé par Paul V, par le duc de Mantoue et autres grands personnages. — Fresques, Rome. Amour fouetté, ib. Constantin donnant les vases à l'Église, ib. Le génie de la peinture, ib. Un nègre et deux chiens, ib. — S'approcha du Cigoli dans ses teintes, mais lui resta inférieur pour le reste. Publia des notices sur les artistes de son époque.
ZUGNI (François).	1574 1636	Brescia.	Id.	Élève du jeune Palma. — Surpassa son maître pour la solidité du coloris sans l'égaler pour le reste ; Sandrini peignit les perspectives dans ses tableaux.
TANZI (Antoine).	1574? 1644	Alagna (Novarais).	Hist. et persp.	Concourut avec les Carloni à Milan et se distingua dans plusieurs autres villes d'Italie. — Manière spirituelle et pleine de mouvement. Son frère Jean-Melchior fut un peintre médiocre.
BRIZIO (François).	1574? 1623?	Bologne.	Hist. et portr.	Élève de Louis Carrache. Apprenti cordonnier, abandonna ce métier pour s'adonner entièrement à l'art, et réussit d'une manière très-remarquable. — Annonciation, Bologne. Saint Pierre ressuscitant un enfant, ib. Sainte Catherine de Sienne, ib. La Vierge et l'Enfant entourés de saints, ib. — Bonne perspective, dessin élégant, magnifiques fonds d'architecture ; beaucoup de fini. Graveur.
VASQUEZ (Alphonse).	1575? 1645	Rome.	Hist., fleurs, fruits, etc.	Élève d'Arfian, qui le fit, comme c'était quelque peu l'usage, travailler sur de la serge. Auteur de fresques dont on n'a plus que le souvenir. Travailla et mourut en Espagne. — Saint François d'Assise, au couvent de la Merci. — On cite de lui un beau tableau : le mauvais riche. — Possédant bien la science de l'anatomie. Peignant avec beaucoup de talent la nature morte.
MARCEL (Provenzale).	1575 1639	Cento.	Mosaïque.	Élève de Paul Rossetti. — Vierge douloureuse, Rome.
PELLEGRINI (Vincent), frère de Félix.	1575 1612	Pérouse.	Hist.	Élève du Barocci ; doué d'une figure extraordinairement distinguée, on le surnomma Pittor bello. — Style trop sec.
DONDUCCI (Jean-André), dit IL MASTELLETTA.	1575 1655	Bologne.	Hist. et portr.	Élève des Carrache. On croit que son surnom lui vient du genre de commerce de son père, qui était faiseur de cuvettes (mastello) ; rival du Guide, ses contemporains le préféraient à ce dernier, mais la postérité n'a pas confirmé ce jugement. — La charité, Florence. Jésus-Christ au désert entouré d'anges, Bologne. Jésus-Christ et la Vierge apparaissant à saint François d'Assise (attribué), Paris. — Imagination riche et brillante, composition pleine de feu, belle ordonnance, pinceau large et facile, dessin pur, coloris vigoureux. Imita avec bonheur Michel-Ange.
GUIDO RENI , dit LE GUIDE.	1575 1642	Id.	Id.	Élève de D. Calvart, puis des Carrache ; partit pour Rome avec l'Albane, son ami et son émule ; y fut opposé au Caravage par le Josépin ; fut en butte à la haine et aux menaces du premier ; les supporta avec la patience et la douceur qui le distinguaient ; aimé et protégé par le pape Paul V, le Guide eut à se plaindre du trésorier pontifical et partit secrètement pour Bologne ; le pape dut

entamer une véritable négociation pour le décider à revenir ; reçut les plus grands honneurs à son retour à Rome ; y termina un grand nombre d'ouvrages ; revint à Bologne, travailla à Mantoue , puis à Naples ; inquiété par ses rivaux dans cette dernière ville, le Guide revint une troisième fois à Rome, s'adonna malheureusement à la passion du jeu, perdit ses richesses, ses amis, sa considération et mourut oublié et misérable. — Saint Pierre et saint Paul, Milan. Jésus-Christ en croix, ib. Notre-Dame de la piété, Bologne. Vierge dans la gloire, ib. pallium, ib. Massacre des innocents, ib. Calvaire, ib. Samson, ib. André Corsini en extase, ib. Portrait du père Denis, ib. Christ (au pastel), ib. Martyre de saint Pierre, Rome. Sainte famille, ib. Saint Pierre, ib. Deux Madeleines, ib. Saint Sébastien, ib. Polyphème, ib. Le Saint-Esprit, ib. Fresques, ib. Atalante, Naples. Saint Jean l'Évangéliste, ib. Enfant Jésus, ib. Les saisons, ib. La modestie et la vanité, ib. Fuite en Égypte, ib. Saint François, ib. Saint Jean recouvrant le Christ, ib. Lucrèce, Venise. Madone, ib. Bramdamante et fleur d'épine, Florence. Une sibylle, ib. La Vierge, l'enfant Jésus et saint Jean, ib. Rébecca au puits, ib. La charité, ib. Cléopâtre, ib. Bacchus, ib. Saint Pierre pleurant son péché, ib. Persée et Andromède, Londres. Vénus parée par les grâces, ib. Madeleine, ib. Judith tenant la tête d'Holopherne, ib. Fuite en Égypte, Bruxelles. Sibylle inspirée par le ciel, ib. La mort d'Abel, La Haye. Cupidon, ib. Madeleine pénitente, Amsterdam. L'enfant Jésus endormi sur les genoux de sa mère, Dresde. Bacchus enfant buvant du vin, ib. Jésus-Christ couronné d'épines (répété, chef-d'œuvre), ib. Vénus couchée et l'Amour, ib. Ninus et Sémiramis, ib. David vainqueur de Goliath, Paris. Annonciation, ib. Purification, ib. Sommeil de Jésus, ib. La Vierge et l'Enfant, ib. Repos de la sainte famille, ib. La Samaritaine, ib. Jésus-Christ donnant les clefs à saint Pierre, ib. Jésus-Christ aux Oliviers, ib. Jésus-Christ couronné d'épines, ib. Deux Madeleines, ib. Saint Jean-Baptiste au désert, ib. Saint Sébastien, ib. Saint François, ib. Enlèvement d'Hélène, ib. Hercule, ib. Et autres, ib. Enlèvement d'Europe, Saint-Pétersbourg. L'Amour et Psyché, ib. Consultation sur l'immaculée conception, ib. Épiphanie, ib. La madone et les enfants, ib. La crèche, ib. Saint Jérôme adorant l'enfant Jésus, ib. La sainte Trinité, Berlin. Mater dolorosa, ib. La fortune, ib. Saint Paul et saint Antoine au désert, ib. Baptême de Jésus-Christ, Vienne. Jésus-Christ couronné d'épines, ib. Une sibylle, ib. Les quatre saisons, ib. Vierge allaitant, ib. Saint Pierre, ib. Saint Jean-Baptiste, ib. Madeleine, ib. Sommeil de Jésus, ib. Jésus-Christ présenté au temple, ib. Ecce Homo, ib. Saint Jérôme, Munich. Apollon et Marsyas, ib. Assomption, ib. Repentir de saint Pierre, ib. Saint Jean l'évangéliste, ib. Saint Pierre, Madrid. Saint Paul, ib. Saint Sébastien, ib. Cupidon, ib. Cléopâtre, ib. La Vierge et l'Enfant couronnés par des anges, ib. Saint Jacques, ib. La Madeleine, ib. Martyre de sainte Apolline, ib. Saint Jérôme, ib. Lucrèce, ib. Assomption, ib. Saint Jean-Baptiste caressant l'agneau, Nantes. Madeleine mourante , Angers. Charité romaine, Marseille. — Composition riche, noble et élégante, coloris vrai, tendre et délicat, distribution de lumière large et harmonieuse, touche remplie de grâce et d'expression, dessin correct, beaucoup de goût dans les draperies, airs de tête admirables, pinceau moelleux, vif et léger. Graveur à l'eau-forte.

NOMS.	ANNÉES DE NAISSANCE ET DE MORT.	LIEU DE NAISSANCE	GENRE.	NOTES HISTORIQUES. — TABLEAUX PRINCIPAUX ET LIEUX OU ILS SE TROUVENT. — OBSERVATIONS.
VIOLA (Jean-Baptiste).	1576 1622		Pays. et hist.	Élève d'Annibal Carrache. Mort à Rome. — Touche très-moelleuse.
SPADA (Lionello).	1576 1622	Bologne.	Hist.	Né de parents pauvres et placé chez les Carrache comme domestique, la vue de leurs œuvres détermina sa vocation. Après quelques essais satisfaisants, il se rendit à Rome auprès de M. A. de Caravage dont il devint l'élève et l'ami le plus dévoué et qu'il suivit dans tous ses voyages ; après la mort d'Amerighi, Spada s'établit dans sa ville natale. — Tableaux, Reggio. Martyre, Parme. Saint Jérôme, ib. Suzanne au bain, Modène. L'Enfant prodigue, ib. Meurtre d'Abel, Naples. Un concert, Rome. Jésus-Christ couronné d'épines, Dresde. David vainqueur de Goliath, ib. L'Amour avec un léopard, ib. Melchisédech, Bologne. Sainte Cécile, Madrid. L'Enfant prodigue, Paris. Un concert, ib. Martyre de saint Christophe, ib. Les quatre âges de la vie, Bordeaux. — Manière moins puissante et moins vraie que celle du Caravage ; coloris éclatant ; dessin manquant parfois de science, de correction et d'énergie ; dans ses bons ouvrages on ne trouve aucun de ces défauts et l'on y remarque les qualités contraires.
MAFFEO de Vérone.	1576 1618	Vérone.	Id.	Élève et gendre de Paul Véronèse. — Imita son maître avec esprit et franchise, coloris trop vermillon.
CURTI (Jérôme), dit IL DENTONE.	1576 1632	Bologne.	Hist. et archit.	Élève de L. Spada et de C. Raglioni ; ne commença à étudier qu'à l'âge de 25 ans. Son surnom lui vient de deux grandes dents qu'on apercevait lorsqu'il ouvrait la bouche. — Le meilleur peintre quadraturiste et en clair-obscur de son temps. Lionello Spada, Massari et Colonna lui servirent ordinairement de figuristes.
BOULANGER (Jean).	1576 1660	Troyes.	Hist.	Se rendit fort jeune en Italie et devint peintre de la cour de Modène.—Invention heureuse, coloris expressif et harmonieux, mouvements spirituels, sentiment souvent trop exagéré.
BISSONI (Jean-Baptiste).	1576 1656	Padoue.	Hist. et portr.	Élève de Dario Varotari, le vieux et d'Appollodore de Porcia.
BILIVERTI (Jean).	1576 1644	Florence	Hist.	Élève du Cigoli ; acheva plusieurs tableaux que la mort avait empêché son maître de terminer ; Lanzi assure qu'il ne fut qu'un seul tableau ; pourtant ce dernier, né à Maestricht où son nom était Bilevelt (voir à l'école hollandaise), vint s'établir en Italie et y travailla vers 1666.—Sainte famille dans un paysage, Florence. Joseph et la femme de Putiphar, ib. Suzanne et les vieillards, ib. Apollon et Marsyas, ib. Tobie et l'ange, ib. La Samaritaine, Vienne. — Peu de noblesse dans les têtes ; beaucoup de vivacité dans l'expression.
BEDUSCHI (Antoine).	1576	Crémone.	Id.	Élève ou imitateur des Campi.
MOLLINERI ou MULINARI (Jean-Antoine), dit LE CARRACINO.	1577 1640	Savigliano (Piémont).	Id.	Élève des Carrache ; il est à remarquer que ce peintre et le suivant naquirent et moururent la même année que Pierre-Paul Rubens. — Déposition de croix, Turin. Psyché et l'Amour, Dresde. — Pinceau correct, énergique, varié et animé, mais sans grâce et sans noblesse ; bon coloris. Également architecte.
MINUTI (Mario).	1577 1640	Syracuse.	Id.	Élève de M. A. de Caravage ; travailla à Rome avec son maître et passa une grande partie de sa vie à Messine. — Moins de vigueur que l'Amerighi, plus de morbidesse et de grâce dans les contours.
CAVEDONE (Jacques).	1577 1660	Sassuolo (duché de Modène.)	Hist. et portr.	Élève des Carrache, puis du Guide, qui l'emmena à Rome ; ayant perdu un fils qui était son élève et qui promettait le plus bel avenir, Cavedone tomba dans l'idiotisme, perdit son talent, fut réduit à la mendicité et mourut dans une écurie où on l'avait reçu par charité. L'Albane comparait les tableaux de ce maître à ceux du Titien. — Saint Étienne, Imola. Vierge dans l'étable, Bologne. Épiphanie, ib. Vierge dans la gloire, ib. Madeleine, Florence. Saint Sébastien, Vienne. Épiphanie, Madrid. Jésus-Christ mort pleuré par un ange. Munich. Même sujet (sur cuivre), ib. Sainte Cécile, Paris. — Dessin fini et correct ; s'attacha à éviter les difficultés de ses premiers maîtres ; expressions douces et tranquilles. Beaucoup de vigueur dans les fresques.
ALLORI (Christophe), dit BRONZINO, fils d'Alexandre.	1577 1619 ou 1621	Florence	Hist., portr. et pays.	Élève du Cigoli qu'il égala, s'il ne le surpassa point ; mort à la suite d'une blessure au pied. — Jésus-Christ aidé de Simon de Cyrène, Rome. Vierge douloureuse, ib. Vénus avec un satyre et un enfant, ib. Jésus-Christ aux limbes, ib. Portraits, ib. La Vierge et l'Enfant, Londres. Judith, Amsterdam. Madeleine pénitente, Florence. Portraits, ib. Jésus-Christ endormi sur la croix, ib. La Vierge et l'Enfant, ib. Judith, ib. Épiphanie, ib. Hospitalité de saint Julien, ib. Sacrifice d'Abraham, ib. La Cène, ib. Saint Jean au désert, ib. Portraits, ib. Judith, Vienne. Jupiter et Mercure chez Philémon et Baucis, Munich. Portrait de femme, Madrid. Portrait d'une grande-duchesse de Toscane, ib. Idem, d'un grand-duc de Toscane, ib. Isabelle d'Aragon aux pieds de Charles VIII, Paris. — N'étant jamais content de ses ouvrages, il effaçait sans cesse et les gâtait souvent à force de chercher la perfection ; de l'expression et du relief ; excellent coloriste.
TIARINI (Alexandre), dit THEARIN BOLONAIS.	1577 1668	Bologne.	Hist.	Élève de Fr. Fontana, de Cesi et du Passignano ; reçut les conseils et les instructions de Louis Carrache, passa presque toute sa vie à Reggio et reçut des commandes de tous les points de l'Italie. — Saint Pierre disputant avec Simon le magicien, Rome. Médor écrivant le nom d'Angélique, Dresde. Sainte famille avec des anges, Florence. Adam et Eve pleurant Abel, ib. Mariage de sainte Catherine, Bologne. Déposition, ib. La Vierge et l'Enfant entourés de saints, ib. Sainte Catherine de Sienne en extase, ib. Saint Jean-Baptiste exhortant Hérode, ib. La Vierge au scapulaire, ib. Sainte famille avec saint François d'Assise, ib. Saint Laurent, ib. Saint George et le dragon, ib. Ecce Homo, ib. Saint Bruno, ib. Assomption, ib. Saint Jean évangéliste, Berlin. Saint Joseph reconnaissant l'innocence de la Vierge, Paris. Tancrède dans la forêt enchantée, Munich. Portement de croix, Vienne. — Style facile, grave et mesuré, draperies larges, coloris peu éclatant mais harmonieux ; raccourcis admirables, invention très-originale, figures riches ; physionomies, mouvements et costumes variés ; son caractère mélancolique se reflète dans ses ouvrages.

NOMS.	ANNÉES DE NAISSANCE ET DE MORT.	LIEU DE NAISSANCE	GENRE.	NOTES HISTORIQUES. — TABLEAUX PRINCIPAUX ET LIEUX OU ILS SE TROUVENT. — OBSERVATIONS.
ROSCELLI (Mathieu).	1578 1650	Florence	Hist. et portr.	Élève de Pagani et du Passignano; étudia avec soin les tableaux des anciens maîtres; appelé à la cour du duc de Modène, puis à celle de Côme II, duc de Toscane; pour l'enseignement, peu de peintres l'égalèrent; son plus beau titre à la gloire est l'affection paternelle qu'il portait à ses nombreux et habiles élèves. — Baptême de Constantin, Florence. Tobie, ib. Vierge glorieuse, ib. Triomphe de David, ib. Même sujet, Paris. Sainte famille, ib. — Dessin correct; imitation exacte de la nature; choix souvent peu heureux; ensemble tranquille, harmonieux et mélancolique; beaucoup de grandiose.
RODERIGO ou RODRIGUEZ (Alphonse), frère de Louis.	1578 1648		Hist.	Étudia à Rome; puis afin travailler à Naples et de là s'établit en Sicile. — Plus de talent que son frère; peignit beaucoup et bien.
NOVELLI (Jean-Baptiste).	1578 1652	Castel-franco.	Id.	Élève du jeune Palma.
LEONI (le chevalier Octave), dit le PADUANINO, fils de Louis, dit le Padouan.	1578? 1630	Rome.	Portr. et hist.	Élève de son père; nommé peintre de l'Académie de Rome; protégé par Grégoire XV, nommé chevalier du Christ par ce pontife; fut en faveur auprès de plusieurs princes d'Italie. Un travail excessif détruisit sa santé et le conduisit au tombeau. — Fresques et tableaux, Rome. Cornélie, Londres. — Bon goût de coloris. Un des peintres de portraits les plus renommés de son époque; dessin correct et facile, fini précieux. Auteur d'une suite de gravures, représentant des portraits d'artistes ou d'hommes célèbres, d'après ses propres compositions.
CIARPI (Bacio).	1578 1642	Florence?	Hist.	Florissait à Rome, où il eut la gloire de donner des leçons à Pierre Berrettini dit de Cortone. — Beaucoup de soin et de correction.
CARRACCI (Antoine), fils d'Augustin.	1578 1615	Venise.	Hist. et portr.	Élève d'Annibal, chéri de son maître qui lui donna tous ses soins et pour lequel il eut la plus vive reconnaissance et les égards du fils le plus tendre. Travailla beaucoup à Rome et y mourut. — Fresques, Rome. Saint Thomas, ib. Le déluge, Paris. Portrait d'un jeune homme tenant des cerises, Dresde. Portrait d'homme, Vienne. — Magnifique expression; beaucoup d'effet; de la vigueur.
ALOISI (Balthasar), dit GALANINO.	1578 1638	Bologne.	Id.	Élève et parent des Carrache; la fortune ne récompensa pas son talent remarquable; il fut obligé de s'établir à Rome et de s'y adonner aux portraits. — Visitation, Bologne. La Vierge et l'Enfant et deux autres saints, ib. — Excellait dans la composition; réussit dans le portrait; beaucoup de force et de relief.
ALBANI (François), dit L'ALBANE.	1578 1660	Id.	Hist., portr., pays. et arch.	Élève de Denis Calvart (peintre flamand), ami du Dominiquin et rival du Guide; eut une nombreuse école à Rome et dans sa ville natale; la première partie de sa vie fut une longue suite de succès, mais ayant voulu, même dans sa vieillesse, rivaliser avec les artistes les plus jeunes et les plus fameux, il fut abreuvé de revers et de dégoûts. Nommé par quelques auteurs l'Anacréon de la peinture. — Fresques, Rome. Jésus-Christ entouré d'anges qui tiennent les emblèmes de sa passion, ib. La Vierge et l'enfant Jésus, ib. La Samaritaine, ib. La toilette de Vénus, ib. Sainte famille, ib. Europe, ib. Adam et Ève, Bruxelles. Vénus et un satyre, Londres. Jésus-Christ entouré d'anges qui lui présentent les emblèmes de sa passion, Florence. Le repos de Vénus, ib. Enlèvement d'Europe, ib. Danse des amours, ib. Saint Jean-Baptiste, enfant, avec un agneau, ib. Apparition de Jésus-Christ, ib. Sainte famille, ib. Vénus et Vulcain, Dresde. Adoration des bergers, ib. Repos en Égypte, ib. Adam et Ève chassés du Paradis, ib. Amours et Vénus dans les nuages, ib. Sainte famille, ib. Diane et ses nymphes, ib. Rébecca et la servante, Naples. Sainte Rose, ib. La salutation Angélique (répété trois fois), Paris. Le repos en Égypte (double), ib. La toilette de Vénus, ib. Les amours désarmés, ib. Vénus et Adonis, ib. Triomphe de Cybèle, ib. Et autres, ib. La Vierge et l'Enfant entourés de saints, Bologne. Baptême de Jésus-Christ, ib. Le Père éternel, ib. Annonciation, Saint-Pétersbourg. Baptême de Jésus-Christ, ib. Épiphanie, ib. Sainte famille (d'après Carrache), ib. Enlèvement d'Europe, ib. Toilette de Vénus, Madrid. Le jugement de Pâris, ib. Saint Pierre, Berlin. Saint André, ib. Saint Thadée, ib. Saint Barthélemy, ib. Saint Jean-Baptiste, ib. Le Christ, ib. La Vierge, ib. Saint Simon, ib. Sainte Ursule, Munich. Vénus endormie, ib. Vénus et l'Amour dans un paysage, ib. Vénus sur la mer et entourée de génies, Vienne. — Inventions très-originales mais répétées trop souvent; se rapprocha quelquefois du style du Dominiquin; harmonie incomparable, évitant tout ce qui demandait du feu et de l'enthousiasme, il choisissait les sujets les plus séduisants de la fable, peignit peu de sujets sacrés. Excellait à représenter des femmes et des petits amours.
TATTA (Jacques), dit DEL SANSOVINO.	1579 1670		Hist.	Élève d'André Cantacci; plus célèbre comme sculpteur.
MASCAGNI (Donato).	1579 1636	Florence	Id.	Élève de Ligozzi; devint religieux dans l'ordre des servites et prit le nom de frère Arsène. — Histoire d'Ugolin, Florence. Donation de la comtesse Mathilde, Vallombreuse. — Style correct; peu de délicatesse et de moelleux.
CASTELLI (Castellino).	1579 1649		Hist. et portr.	Élève de J. B. Paggi; parent de Ber. et Val. Castelli. — Style correct et élégant; excella dans le portrait; on assure que Van Dyck désira que le sien fût fait par lui.
VITALI (Alexandre).	1580 1630	Urbin.	Hist.	Élève du Barocci qui l'affectionna beaucoup. — Copia avec talent les ouvrages de son maître.
TURCHI (Alexandre), dit L'ORBETTO et ALEXANDRE VÉRONÈSE.	1580? 1650?	Vérone.	Hist. et portr.	Fils d'un pauvre aveugle que dans son enfance il conduisait dans les rues en mendiant. Élève de Félix Riccio, dit Brusasorci, entra plus tard dans l'école de Charles Caliari, rivalisa avec les Carrache. Préparait ses couleurs lui-même. Mort à Rome. — Le supplice des martyrs, Vérone. La Mère des douleurs, ib. L'Amour et Psyché, Londres. Des anges, Rome. Présentation au temple, ib. Et autres, ib. Jésus-Christ couronné d'épines, Dresde. Martyre de saint Étienne, ib. David avec la tête de Goliath (chef-d'œuvre), ib. Jugement de Pâris, ib. Et autres, ib. Le déluge, Paris. Samson et Dalila, ib. La femme adultère, ib. Mariage de sainte Catherine, ib. Antoine et Cléopâtre, ib. Descente de croix, Saint-Pétersbourg. La fille d'Hérodiade recevant la tête de saint Jean, Munich. Fuite en Égypte, Madrid. Salomé et Hérodias, ib. Sainte Trinité, Vienne. Mise au tombeau, ib. — Bien inférieur à Annibal Carrache auquel ses contemporains l'ont souvent comparé. Couleur attrayante, bon dessin, un peu d'empâtement.
SCIAMINOSSI (Raphaël).	1580	Borgo San-Sepolcro.	Hist.	Élève de Raphaël dal Colle; vivait encore en 1620. — Goût simple et gracieux. Graveur à l'eau-forte.

NOMS.	ANNÉES DE NAISSANCE ET DE MORT.	LIEU DE NAISSANCE	GENRE.	NOTES HISTORIQUES. TABLEAUX PRINCIPAUX ET LIEUX OU ILS SE TROUVENT. OBSERVATIONS.
SEMENTA (JEAN-JAC-QUES).	1580	BOLOGNE.	Hist.	Élève de D. Calvart (peintre flamand) et de Guido Reni. Travailla à Rome dans la même église que Pellegrini, di Tibaldi et mourut jeune dans cette ville. — La Vierge, saint Grégoire et saint François, Rome. Jésus-Christ rédempteur, Bologne. Sainte Catherine, ib. Martyre, ib. Saint Eugène, ib. Mariage de sainte Catherine, Vienne. — Manière du Guide; beaucoup de correction, de force et de vigueur.
SCARAMUCCIA (JEAN-ANTOINE).	1580 1630	PÉROUSE.	Hist. et portr.	Élève de Ch. Roncalli, dit le chevalier dalle Pomeraneio; acquit un nom dans sa patrie par les tableaux dont il enrichit les couvents et les église de Pérouse. — Imita son maître et les Carrache; composition spirituelle, pinceau franc; coloris trop sombre.
SAVONANZZI (ÉMILE).	1580 1660?	BOLOGNE.	Hist.	Élève de Calvart et de Cremoni, de Louis Carrache, du Guide, du Guerchin et enfin du célèbre sculpteur l'Algarde; appartenait à la noblesse; vécut à Ancône et à Camerino; mort octogénaire. — Jésus-Christ mort, Rome. Sainte famille, Florence. Jésus-Christ mis au tombeau, Bologne. — Théorie savante; style inégal; manière du Guide.
RICCI (CAMILLE).	1580 1618	FERRARE.	Hist. et portr.	Élève de Scarsella; son histoire se résume dans le jugement suivant que son maître portait de lui : « Si Ricci n'était pas mort prématurément, il m'aurait surpassé en talent; et s'il était né plus tôt je me serais fait son élève. » — Imita tellement la manière de son maître qu'on finit par confondre leurs tableaux; même douceur et même agrément; empâtement de couleurs plus tranquille et plus égal; moins de franchise dans le pinceau et moins de naturel dans les plis. Cultiva tous les arts avec succès.
LOCATELLI (JACQUES).	1580 1628	VÉRONE.	Hist.	École du Guide et de l'Albane.
LAMANNA (JÉRÔME).	1580? 1640	CATANE (Sicile).	Hist.	Peintre et poëte. — Laissa d'excellents tableaux.
CARACCIOLI (JEAN-BAPTISTE), dit BATISTIELLO.	1580 1645	NAPLES.	Hist.	Élève du Caravage; reçut d'abord quelques leçons de l'Imparato; parvenu à l'âge mûr, et n'ayant encore produit que des œuvres médiocres, l'émulation que lui causèrent les chefs-d'œuvre d'Annibal Carrache l'engagea à se rendre à Rome; revenu dans son pays, il y occupa un rang honorable parmi ses confrères. — Bon dessin, manières du Carrache et du Caravage mêlées.
CAPPELLINO (JEAN-DOMINIQUE).	1580 1651	GÊNES.	Id.	Élève de J. B. Paggi. — Coloris agréable, bon choix de nature; style original; sa seconde manière est beaucoup inférieure à la première.
STROZZI (BERNARD), dit LE PRÊTRE GÉNOIS ou IL CAPUCINO.	1581 1644	Id.	Hist. et portr.	Né de parents pauvres. Élève de Pierre Sorri; entra fort jeune dans l'ordre des capucins; se fit connaître par des œuvres hardies et savantes, et put, par là, nourrir sa mère et sa sœur. Exécuta une belle fresque à la lueur d'une torche parce que le lieu n'avait pas d'ouverture d'où pût venir la lumière. N'ayant pas obéi à la cour de Rome qui le forçait de retourner au couvent, dont il était sorti, il fut pris et mis en prison dans son cloître; ses amis vinrent pour le délivrer la nuit, mais ils ne purent achever de mettre leurs desseins à exécution. Bernard demeura trois ans sous les verroux, puis ayant un jour obtenu la permission d'aller voir sa sœur, il se vêtit d'habits séculiers et s'embarqua secrètement pour Venise où il fut protégé. — Plusieurs demi-figures, Rome. Rébecca à la fontaine, Dresde. Esther et Assuérus, ib. Femme devant une table couverte d'instruments de musique, ib. David vainqueur de Goliath, ib. La monnaie du tribut (sur une porte), Florence. Tobie recouvrant la vue, Saint-Pétersbourg. Euclide, Berlin. Archimède, ib. La monnaie du tribut, Munich. Saint Antoine, Venise. Saint Laurent Giustiniani, ib. Saint Antoine, Paris. La Vierge et l'Enfant, ib. Saint Jean-Baptiste, Vienne. Élie et la veuve de Sarepta, ib. Portrait du doge François Érizzo, ib. Le joueur de luth, ib. — Beaucoup de feu, de l'énergie, de la fécondité; mais beaucoup de désordre dans sa manière de composer. Dessin incorrect et souvent manquant de noblesse. On mit sur sa tombe : Bernardus Strotius, pictorum splendor, Liguriæ decus, hic jacet.
ROSSI (CHARLES-ANTOINE).	1581? 1648	MILAN.	Hist.	Travailla à Pavie.
ZAMPIERI (DOMINIQUE), dit LE DOMINIQUIN.	1581 1641	BOLOGNE.	Hist., portr. et pays.	Fils d'un cordonnier. Élève de Denis Calvart, qui le renvoya en le frappant à la tête, parce qu'il le surprit un jour copiant des estampes d'Augustin Carrache; entra à l'école de ce dernier; ami de l'Albane; traitait ses propres productions avec la plus grande sévérité; s'occupa quelque temps à Bologne, puis à Parme et ensuite à Rome; son seul protecteur fut monseigneur d'Aguccia; pour-

suivi par la plus noire envie, il dût s'enfuir de Naples où il travaillait, grâce aux persécutions du méchant Corenzio et y revint pourtant achever ses travaux, afin de rendre la liberté à sa femme et à ses enfants qu'on avait emprisonnés; d'un caractère doux, modeste et craintif, sa bonté et sa faiblesse furent souvent funestes à son art, en lui faisant exécuter les compositions bizarres qu'on lui commandait; on assure avec vraisemblance; qu'il mourut empoisonné, à Naples, finissant ainsi misérablement une vie qui n'avait été qu'un tissu de persécutions et de malheurs. — Vierge, Milan. Saint Jean, ib. Archevêque, ib. Martyre de sainte Agnès, Bologne. Notre-Dame du Rosaire, ib. Martyre de saint Pierre, ib. Communion de saint Jérôme (chef-d'œuvre), Rome. Flagellation de saint Grégoire, ib. Chasse de Diane (chef-d'œuvre), ib. Sibylle de Cumes, ib. Paysages historiques, ib. Vie de sainte Cécile, ib. L'âme tentée, Naples. Miracles de saint Janvier, ib. Sainte famille devant le Père éternel, Naples, Florence. Baptême de Jésus-Christ, ib. Portrait du cardinal Aguccia, ib. Madeleine, ib. Paysage : Diane au bain, ib. Paysage : amours et satyres, ib. Paysage : Tobie et l'ange, Londres. Paysage : saint George et le dragon, ib. Martyre de saint Étienne, ib. Saint Jérôme et l'ange, ib. Le denier de César, Dresde. Quatre enfants avec les attributs des beaux-arts, ib. Portraits, ib. Saint Jérôme au désert, Madrid. Sacrifice d'Abraham, ib. Hercule aux pieds d'Omphale, Munich. Hercule exterminant sa famille, ib. Suzanne et les vieillards, ib. Saint Jérôme, ib. Paysage : enlèvement d'Europe, ib. Dieu reproche à Adam sa désobéissance, Paris. David jouant de la harpe, ib. Sainte famille, ib. Paysage : la fuite en Égypte, ib. Ravissement de saint Paul, ib. La Vierge et l'Enfant, ib. Sainte Cécile, ib. Énée et Anchise, ib. Hercule et Acheloüs, ib. Hercule et Cacus, ib. Thimoclée devant Alexandre, ib. Triomphe de l'amour, ib. Renaud et Armide, ib. Paysage : Herminie chez le berger, ib. Sainte famille devant le Père éternel, ib. Madeleine enlevée par les Anges, ib. La Vierge apparaissant à sainte Thérèse, ib. Jésus-Christ portant sa croix, ib. Saint Jérôme, ib. David vainqueur de Goliath, ib. Délivrance de saint Pierre, ib. Thimoclée devant Alexandre, ib. Le charpentier, ib. Portrait de l'architecte Scamozzi, Berlin. Saint Jérôme, ib. Saint Jacques le mineur, ib. Le Déluge, ib. Saint Thomas, ib. Saint Jean l'Évangéliste, ib. — Dessin correct et expressif, coloris vrai; pensées justes; touche parfois un peu lourde et un peu sèche, draperies quelquefois négligées, lumières trop éparses; ces défauts ne se rencontrent que dans ses tableaux à l'huile; dans ses fresques, au contraire la touche est franche et légère, les carnations fraîches et vraies. Sculpteur.

NOMS.	ANNÉES DE NAISSANCE ET DE MORT.	LIEU DE NAISSANCE	GENRE.	NOTES HISTORIQUES. — TABLEAUX PRINCIPAUX ET LIEUX OU ILS SE TROUVENT. — OBSERVATIONS.
LANFRANC (Jean).	1581 1647	Parme.	Hist. et portr.	Élève des Carrache ; était fort jeune au service des comtes Scotti, de Plaisance ; suivit Annibal Carrache à Rome, y travailla pour les ducs Farnèse, pour la maison Borghèse, et à Saint-Calixte ; exécuta plusieurs ouvrages à Naples ; caractère malheureux et jaloux, un des plus grands persécuteurs du Dominiquin. — Saint Pierre, Rome. Cléopâtre, ib. Galatée, ib. Sainte Dorothée, ib. Le souper d'Emmaüs, ib. Herminie et le berger, ib. Fresques, ib. Madeleine, Florence. Saint Pierre pleurant, ib. Saint Pierre auprès de la croix, ib. Sainte Marguerite, ib. Tête de saint, Londres. Saint Pierre et saint Jude, ib. Saint Jean-Baptiste, Amsterdam. Saint Pierre pleurant son péché, Dresde. Quatre vieillards, ib. Herminie, Naples. Cène de Jésus-Christ dans le désert, ib. L'âme de sainte Marie l'Égyptienne transportée au ciel, ib. La Vierge délivrant une âme du purgatoire (chef-d'œuvre), ib. L'ange indique la source à Agar, Munich. Jésus-Christ aux Oliviers, ib. Mater dolorosa, ib. Saint André devant la croix, Berlin. Entrée de Constantin à Rome, Madrid. Funérailles de Jules-César, ib. Soldats romains après une victoire, ib. Combat de gladiateurs, ib. Simulacre d'un combat naval, ib. Empereur romain consultant les aruspices, ib. Agar au désert, Paris. Saint Pierre, ib. Saint Pierre et saint Paul, ib. Couronnement de la Vierge, ib. Apparition de la Vierge aux saints ermites Paul et Antoine, Vienne. — Manière facile et grande ; figures et poses nobles ; masses amples et bien divisées d'ombre et de lumière ; draperies souvent très-heureuses ; pinceau hardi, manque d'exactitude ; harmonie délicieuse dans les couleurs, beaux raccourcis, et contrastes savants. Forma son style d'après ses maîtres et étudia le Corrége avec ardeur.
GARBIERI (Laurent).	1581 1654	Bologne.	Hist.	Élève de L. Carrache ; il devint aveugle sur la fin de ses jours ; son fils Charles, cultiva également la peinture. — Saint Pierre, martyr, en prière, Bologne. Circé, ib.— Peignit de préférence les sujets tristes ; style fier et gracieux en même temps.
BADALOCCHIO ou ROSA SISTO.	1581 1647	Parme.	Hist. et portr.	Élève et ami d'Annibal Carrache ; vécut avec ce dernier à Rome et fut lié également avec Lanfranc ; travailla à Reggio. — Galatée, Rome. — Dessin correct. Imita la manière de ses deux amis ; peu d'invention ; exécution très-satisfaisante. Graveur à l'eau-forte.
STEFANISCHI (Jean-Baptiste).	1582 1659	Ronta (Florentin).	Portr. et min.	Élève d'A. Commodi. Ermite au Monte Senario. — Excella dans la miniature.
PIOLA (Jean-Grégoire).	1583 1625	Gênes.	Miniat.	Mort à Marseille. — Célèbre dans son genre.
MARUSELLI DEL OMBRA (Jean-Étienne).	1584 ou 1586 1656 ou 1646		Orn. et persp.	Élève d'André Boscoli ; travailla beaucoup à Pise. — Bonne invention, teintes brillantes. Également architecte.
APOLLONIO (Jacques).	1584 ou 1586 1654	Bassano.	Hist. et pays.	Élève de J. B. et de Jérôme Bassano et fils d'une fille de Jacques Bassano. — Paysages touchés de main de maître.
ANSALDO (Jean-André).	1584 1638	Voltri.	Hist. et persp.	Se forma lui-même en étudiant les bons modèles. Rival de Jules Benso qui le blessa grièvement dans une querelle qu'ils eurent ensemble. — Belle ordonnance, architecture noble, dessin hardi, goût suave et harmonieux.
ZANIMBERTI (Philippe).	1585 1636	Brescia.	Hist. et sujets mythol.	Élève de Santa Peranda ; séjourna à Venise. — Caractère noble, belle touche, coloris naturel ; excella dans les petites figures.
VANNINI (Octave).	1585 1643	Florence	Hist.	Élève du Passignano. — Herminie et Tancrède, Florence. Ecce Homo, ib. — Bon coloris, exécution très-soignée, ensemble froid et contraint.
STANZIONI (le chevalier Maxime).	1585 1656	Naples.	Hist. et portr.	Élève du Caracciolo et de Lanfranc ; se rendit à Rome et y étudia les ouvrages d'Annibal Carrache ; fut appelé avec Ribera, pour terminer les ouvrages que la mort du Dominiquin avait laissés inachevés ; ouvrit une école à Naples, d'où sortirent plusieurs artistes distingués. Mort de la peste. — Possédée guérie par saint Janvier, Naples. Vie de saint Jacques (fresques), ib. Une sibylle, Rome. Saint Antoine de Padoue, ib. L'astronomie, Dresde. Prédication de saint Jean, Madrid. Sacrifice à Bacchus, ib. Sujet mystique, ib. Décollation de saint Jean, ib. Saint Sébastien, Paris. — Se rapprocha beaucoup du Guide et imita le style et le coloris du Dominiquin dans les tableaux de ce maître qu'il dût terminer ; les ouvrages de la seconde période de sa vie sont beaucoup moins soignés.
SARACINO (Charles), nommé quelquefois VENEZIANO ou CHARLES VÉNITIEN.	1585 1625?	Venise.	Hist.	Se rendit fort jeune à Rome où il s'étudia à imiter Caravage. On le chargea de peindre un grand nombre de sujets à fresque et à l'huile. Mort dans toute la force de l'âge. — Saint Pierre guérissant l'estropié, Rome. L'adultère, ib. Un saint évêque faisant l'aumône, ib. Sainte Françoise, ib. Saint Bonose, ib. Martyre d'un évêque, ib. Fresques, ib. Tableaux, Venise. Vision de saint François d'Assise, Munich. Assemblée de saints, ib. La Vierge entourée des apôtres, ib. Judith, Vienne. — Draperies riches, goût très-prononcé pour les costumes du Levant. On remarque qu'une des particularités du talent de ce maître est de rendre ses personnages gros et pleins de santé.
COCCAPANI (Sigismond).	1585 1642	Florence	Id.	Élève de Louis Cardi, dit Cigoli ; étudia d'abord les belles-lettres et les mathématiques ; les abandonna pour la peinture ; se rendit à Rome, en 1610 ; revint dans sa patrie et s'y acquit une belle réputation comme peintre et comme architecte. — Excellent architecte ; auteur d'un traité savant, sur les moyens d'encaisser le fleuve Arno dans un canal. Cet ouvrage fut approuvé par Galilée.
CATALANO (Antoine), le jeune.	1585 1666	Messine.	Id.	Élève de J. S. Comandé. — Manière spirituelle, mais incorrecte et expéditive jusqu'à la négligence.
CAROSELLI (Ange).	1585 1653	Rome.	Hist. et portr.	Élève de M. A. de Caravage. — Samson, Rome. Portrait d'homme, Vienne. Saint Venceslas, ib. — Imita la manière de son maître en le rendant plus gracieuse ; coloris plein de goût, mouvements vifs ; fini parfait. Excella dans l'art d'imiter les plus grands maîtres.

NOMS.	ANNÉES DE NAISSANCE ET DE MORT.	LIEU DE NAISSANCE	GENRE.	NOTES HISTORIQUES. TABLEAUX PRINCIPAUX ET LIEUX OU ILS SE TROUVENT. OBSERVATIONS.
TINELLI (Tibère).	1586 1638	Venise.	Hist. et portr.	Élève du chevalier Contarini et ensuite du Bassan ; s'appliqua à étudier la nature, l'histoire et tout ce qui y a rapport. Un de ses portraits ayant été présenté, en 1633, au roi Louis XIII, ce prince fit décorer l'auteur de l'ordre de Saint-Michel, en lui faisant promettre de venir à sa cour. Tinelli ne tint pas ses engagements et céda aux prières de sa mère, qui voulait le retenir auprès d'elle. — Portrait du poëte Strozzi, Florence. Buste, ib. Portraits d'homme, ib. — Touche facile, dessin correct, belle couleur ; ses portraits n'ont pas moins de mérite que ses tableaux d'histoire.
CIAMBERLANO (Luc).	1586 1641	Urbin.	Hist.	Docteur en droit dans sa ville natale ; travailla presque toujours à Rome. — Graveur.
CALANDRA (Jean-Baptiste).	1586 ou 1589 1644 ou 1648	Verceil.	Mo-saïque.	Élève de Marcel Provenzale. — Saint Michel et les quatre docteurs de l'Église, Rome.
INGOLI (Mathieu).	1587 1631	Ravenne.	Hist.	Élève de L. Benfatti ; vécut à Venise et mourut jeune. — Pinceau précis ; bon architecte.
ALLEGRINI (François).	1587 1663	Gubbio.	Hist. et bat.	Élève du chevalier Joseph Cesari d'Arpino ; vécut longtemps à Rome ; son fils, Flaminio, peignit au Vatican. — Tableaux, Rome. Fresques, ib. — Style de dessin conforme à celui de son maître, perspective savante, couleur fraîche.
SPINEDA (Ascanio).	1588	Trévise.	Hist.	Élève de Palma, le jeune ; appartenait à une famille noble. — Dessin très-exact ; pinceau doux, teintes extrêmement gracieuses.
SANTAGOSTINI (Jacques-Antoine).	1588? 1648		Id.	Élève de Ch. Procaccini.
GHELLI (François).	1588 1649	Bolonais.	Hist. et pays.	Élève de l'Albane.
GESSI (François).	1588 1648 ou 1649	Bologne.	Hist. et portr.	D'un naturel frivole et léger, Gessi ne sut même pas apprendre à lire ; envoyé à l'école de Calvart, puis du Crémonini, aucun de ces deux maîtres ne parvint à le fixer ; le Guide seul eut ce pouvoir et changea entièrement le caractère de son élève ; il accompagna son maître à Rome et y travailla avec lui ; de là se rendit à Naples, y fut poursuivi par l'envie, eut à soutenir un procès, fut ruiné, se livra à l'intempérance et mourut des suites de sa vie peu réglée. — Lutte entre des amours et des génies de Bacchus, Rome. Mort de saint Joseph, ib. Madeleine, Dresde. Miracle de saint Bonaventure, Bologne. Saint François stigmatisé, ib. Sainte Famille, ib. La Vierge et l'Enfant et autres saints, ib. Jésus-Christ aux Oliviers, ib. Morphée apparaît à Alcyone sous les traits de Ceyx, Vienne. — Imita son maître avec talent, ce qui lui valut le surnom de Guido secundo; ne l'atteignit jamais pour le dessin, le choix des figures et l'expression ; l'égala dans la franchise et la fermeté du pinceau et dans le moelleux des couleurs. Les tableaux qu'il peignit dans sa détresse n'ont presque aucun mérite.
COMANDÉ (Jean-Simon), frère de Franç.	1588	Naples.	Hist.	Élève de l'école vénitienne. — Supérieur à son frère.
BASSETTI (Marc-Antoine).	1588 1630	Vérone.	Id.	Élève de Félix Ricci, dit Brusasorci. — Circoncision, Rome. Martyre de saint Vit, Munich. — Imitateur du Tintoret.
BADAROCCO (Joseph).	1588? 1657		Id.	Étudia à Florence d'après André del Sarto.
SCORZA (Sinibaldo).	1589 1631	Voltaggio (Pays de Gênes).	Pays., hist. et min.	Un peintre nommé Carosio lui enseigna les principes du dessin ; fut envoyé à Gênes, y entra à l'école de Paggi et montra bientôt un talent remarquable ; ami du Marini, qui le célébra dans ses vers et l'introduisit à la cour de Savoie ; forcé de revenir à Gênes par suite de la guerre survenue entre les deux pays, et accusé d'être resté attaché à la cour de Savoie, Scorza subit un exil de dix années qu'il passa à Rome et à Massa : revenu à Gênes, il trouva ses biens ravagés et son beau musée dispersé et brûlé. — Annonciation, Voltaggio. — Belle disposition de sites ; étoffage dans le genre de N. Berchem ; imita entièrement la manière flamande ; fini précieux ; exécuta un grand nombre de dessins à la plume, où il introduisit des animaux dessinés avec une rare perfection. Graveur à l'eau-forte.
FIASELLA (Dominique), dit IL SARZANA.	1589 1669	Sarzana.	Hist.	Étudia d'après André del Sarto ; reçut les leçons de J. B. Paggi ; se perfectionna à Rome d'après Raphaël ; revint s'établir à Gênes. — Composition facile, dessin correct, têtes vives, bon coloris, imitations heureuses ; peu de soin et de fini.
FETI (Dominique).	1589 1624	Rome.	Hist., genre et portr.	Élève de Cigoli ; accompagna à Mantoue le cardinal Ferdinand de Gonzague, son protecteur ; habita Venise vers la fin de sa vie ; travailla peu pour les églises ; mourut des suites de sa vie libertine et ne jouit pas de son vivant de toute la réputation qu'il méritait. Il eut une sœur qui se fit religieuse après la mort de Dominique et qui orna de ses tableaux plusieurs couvents de Mantoue. — Madeleine, Rome. Les ouvriers de la vigne, ib. Artémise, Florence. Les ouvriers de la vigne, ib. Parabole de la perle perdue, ib. David tenant la tête de Goliath, Londres. Douze saints, ib. L'enfant prodigue, Dresde. Martyre de sainte Agnès, ib. David vainqueur de Goliath, ib. Paraboles, ib. Saint Sébastien, ib. Et autres, ib. Crèche, Saint-Pétersbourg. Judith, ib. Néron, Paris. L'ange gardien, ib. La mélancolie, ib. La vie champêtre, ib. Saint Paul, Munich. Moïse dans le buisson ardent, ib. Mariage de sainte Catherine, ib. Mort de Léandre, ib. Triomphe de Galathée, ib. Sainte Marguerite, ib. — Imita Jules Romain et se rapprocha de ce grand maître ; touche plus grasse, plus large et plus moelleuse que son modèle, dessin moins correct, moins savant, pinceau moins vigoureux ; ses dernières productions ont plus de force et de vérité, ce qu'on attribue à son séjour à Venise ; tomba quelquefois dans le noir à force de tendre à un coloris vigoureux. Ses dessins sont recherchés.

NOMS.	ANNÉES DE NAISSANCE ET DE MORT.	LIEU DE NAISSANCE	GENRE.	NOTES HISTORIQUES. TABLEAUX PRINCIPAUX ET LIEUX OU ILS SE TROUVENT. OBSERVATIONS.
AMADEI (Étienne).	1589 1644	Pérouse.	Hist.	Élève de J. C. Angeli. — Imita plutôt l'école florentine que l'école bolonaise. Ouvrit une école où il enseigna la peinture et les belles-lettres.
VAROTARI (Alexandre), dit PADOVANINO, frère de Claire.	1590 1650	Padoue.	Hist., pays., etc.	Partagea son temps entre Padoue et Venise; fit de nombreux élèves et eut un fils, Dario, le jeune, graveur, médecin, poète et peintre de portraits assez estimé. — Saint Dominique calmant une tempête, Venise. Saint Libéral, ib. Martyre de saint Jean, ib. Sacrifice d'Iphigénie, ib. Vierge glorieuse, ib. Saint Diacre priant, ib. Descente du Saint-Esprit, ib. Noces de Cana, ib. Déposition, Rome. Vénus se couvrant, ib. Lucrèce un poignard à la main, Florence. Jésus-Christ mort, ib. Cornélie et ses enfants, Londres. Cléopâtre, Dresde. Judith, ib. Lucrèce, ib. Judith, Vienne. La femme adultère, ib. Sainte famille, ib. Orphée, Madrid. Vénus et l'Amour, Paris. Imitateur très-heureux de Titien; possédant à un haut degré la science du raccourci. Composition sage et grande facilité de pinceau. Ses tableaux ont poussé au noir.
ROBERTUS (César), ou ROBERTO DA CIVITELLA.	1590?	Biturgia (Toscane).		Détails inconnus. — Graveur.
NATALI (Charles), dit LE GUARDOLINO.	1590?	Crémone.	Hist. et portr.	Élève d'A. Mainardi, puis du Guide; séjourna à Rome et à Gênes. Vivait encore en 1683. —Adopta le style des Carrache. Architecte et sculpteur.
MANOZZI (Jean), dit GIOVAN DA SAN GIOVANNI, ou JEAN DE SAINT-JEAN.	1590 1636	San-Giovanni (Près de Florence).	Hist.	Élève de Roselli; s'échappa de la maison paternelle afin de pouvoir suivre en liberté sa vocation artistique; exécuta de beaux ouvrages pour Côme II, pendant lesquels, à ce qu'on dit, un accident dérangea les facultés de son esprit, ce qui explique la bizarrerie de quelques-unes de ses productions; se rendit en 1621 à Rome, où son beau talent triompha des manœuvres indignes de ses rivaux envieux; malgré ses succès, il retourna à Florence, l'embellit de ses œuvres, dont le nombre est immense, et y mourut de la goutte. — Fuite en Égypte, Florence. Protection accordée aux arts et aux sciences par Laurent le Magnifique (chef-d'œuvre), ib. La Vierge et l'Enfant, ib. Vénus peignant Cupidon, ib. Le coucher de la nouvelle mariée, ib. Mariage de sainte Catherine, ib. La Nuit dans son char (fresque), Rome. — Un des peintres à fresque les plus remarquables qu'ait produits l'Italie. Génie brûlant et hardi, imagination vive et féconde, pinceau plein de franchise et de facilité; on lui reproche des idées dont l'originalité est poussée jusqu'à la bizarrerie. Dans ses tableaux à l'huile, d'ailleurs peu nombreux, son coloris n'est jamais exempt de crudité.
LOMI (Artémise), dite GENTILESCHI, fille d'Horace.	1590 1642	Pise.	Hist., portr., fleurs et fruits.	Élève de son père, puis du Guide; surpassa Horace, dans le portrait; excella à peindre des fleurs et des fruits, épousa P. Ant. Schiattesi, mais conserva son nom de famille et ne fut pas moins distinguée par ses talents que par les charmes de sa figure. Morte à Londres.—Judith, Naples. Portrait du peintre, Londres. Une sibylle, ib. Judith et Holopherne, Florence. Madeleine, ib. Naissance de saint Jean-Baptiste, Madrid. Portrait de femme, ib.—Étudia le Dominiquin; imita avec bonheur les grands maîtres; composition naturelle, expression forte, belles draperies.
GINNASI (Catherine).	1590 1660		Hist.	Élève de Lanfranc; ne travailla que sur des dessins de son maître; elle était de naissance noble.
DISCEPOLI (Jean-Baptiste), dit LE ZOPPO DE LUGANO.	1590 1660	Milan?	Id.	Imitateur et élève de C. Procaccini. — Sainte Thérèse, Côme. — Coloris vigoureux et vrai; chercha à imiter la nature plutôt que le beau idéal.
CRESPI (Daniel).	1590? 1630	Burto-Asizio (Milanais).	Id.	Élève de J. B. Crespi de Cerano et des Procaccini. Ce peintre faisait tous ses efforts pour se surpasser lui-même à chaque nouvelle œuvre qu'il entreprenait; aussi dans ses dernières compositions s'est-il montré l'égal des plus grands maîtres. Travailla beaucoup à Milan et y mourut de la peste. — Jésus-Christ portant sa croix, Milan. Martyre de saint Étienne, ib. Saint Charles, Rome. Vieux mendiant, Florence. Songe de saint Joseph, Vienne. Jésus-Christ aux Oliviers, Berlin. Jésus-Christ défunt, Madrid. — Figures bien groupées, expressions et attitudes justes, coloris vigoureux; composition et manière d'Annibal Carrache.
BARBIERI (Gianfrancesco), dit LE GUERCHIN ou GUERCINO.	1590 1666	Cento (près de Bologne).	Hist. et portr.	Un accident, qui dans son enfance le priva d'un œil, lui valut le surnom du Guercino; reçut quelques leçons de peintres médiocres, reconnut leur infériorité et résolut de se perfectionner lui-même; y parvint en étudiant les Carrache, puis le Caravage; nommé chevalier par le duc de Mantoue, honoré des offres des rois de France et d'Angleterre, les

refusa afin de ne pas devoir quitter l'Italie; employa ses richesses à aider les artistes pauvres, à doter ses parents, à fonder des chapelles et des messes; universellement aimé pour ses talents, sa piété douce et bienfaisante et ses vertus.—Saint Jérôme écrivant, Parme. Saint Pierre de Vérone, Bologne. Saint Guillaume, ib. Saint Bruno, ib. Anges recueillant les instruments de la passion, Rome. Saint Thomas, ib. Martyre de sainte Agnès, ib. L'enfant prodigue, ib. Endymion, ib. Tancrède et Herminie, ib. Saint Paul, ib. Samson, ib. Sainte Pétronille (chef-d'œuvre), ib. Ecce Homo (chef-d'œuvre), ib. La sibylle persique, ib. Et autres, ib. Madeleine (chef-d'œuvre), Naples. Et autres, ib. Jésus-Christ mort entouré d'anges, Londres. Portrait du peintre, ib. Un militaire, ib. La foi, ib. Ex voto, Bruxelles. Saint Sébastien, La Haye. Sainte famille, Dresde. Vénus pleurant Adonis, ib. Naissance d'Adonis, ib. Céphale et Procris, ib. Les quatre évangélistes, ib. Scène du Pastor fido, ib. Loth et ses filles, ib. Diane, ib. Sainte Véronique, ib. Tableaux, Milan. Mars Armé, Florence. Les chanteurs, ib. Miracle de saint Pierre, ib. Saint Sébastien, ib. Saint Joseph, ib. Apollon et Marsyas, ib. Saint Pierre en prison, Madrid. La Peinture, ib. Diane, ib. Madeleine au désert, ib. Suzanne au bain, ib. Saint Augustin en méditation, ib. La Vierge et l'Enfant, Berlin. Vierge allaitant, ib. Jésus-Christ couronné d'épines, Munich. La Vierge et l'Enfant, ib. Jésus-Christ sauveur du monde, ib. La Vierge et l'Enfant, Saint-Pétersbourg. La crèche, ib. La Vierge et l'Enfant apparaissant à saint Laurent, ib. Sainte famille avec sainte Catherine, ib. Moïse écrivant la loi, ib. Jésus-Christ remettant les clefs à saint Pierre, ib. Sainte famille, ib. Loth et ses filles, Paris. La Vierge et l'Enfant. ib. Résurrection de Lazare, ib. Repentir de Saint Pierre, ib. Saint Paul, ib. Saint Pierre en pleurs, ib. Saint Jérôme, ib. Saint Jérôme, ib. Saint François en extase, ib. Saint Géminien, ib. Les Sabines médiatrices, ib. Portrait du peintre, ib. Circé, ib. Saint Jean-Baptiste, Vienne. L'enfant prodigue, ib. Tableau de genre, sujet inconnu, ib. Le temps conduisant la vérité, Angers. Adieux de Priam et d'Hector, Marseille. Vierge (attribué), Orléans. — Coloris parfois un peu sombre; beaucoup de relief; tirait ses lumières du très-haut, particularité à laquelle on reconnaît ses ouvrages; dessin correct et hardi; formes peu nobles, pensées dépourvues de sublime; imitation rigoureuse et parfaite de la nature; facilité extraordinaire; manière grande et large. Sur la fin de ses jours son coloris devint plus clair et plus fleuri. Graveur.

NOMS.	ANNÉES DE NAISSANCE ET DE MORT.	LIEU DE NAISSANCE	GENRE.	NOTES HISTORIQUES. — TABLEAUX PRINCIPAUX ET LIEUX OU ILS SE TROUVENT. — OBSERVATIONS.
BORZONE (Lucien).	1590 1645	Gênes.	Hist. et portr.	Élève de Pierre Bertolotto, son oncle, et de César Corte ; se rendit à Milan, s'y lia d'amitié avec Cérano et Procaccini : s'acquit beaucoup de célébrité ; fit les portraits de plusieurs personnages célèbres, fut honoré de l'estime du Guide, reçut des commandes de l'Espagne, de la France et mourut d'une chute, au milieu de sa gloire : — Grande réputation ; littérateur peu célèbre. Graveur.
ZACCOLINI (le père MATHIEU).	1590? 1630	Césène.	Persp.	Moine théatin ; eut la gloire d'enseigner dans son art le Dominiquin et le Poussin. — Imitation parfaite. Auteur de plusieurs traités sur la perspective.
LELLI (JEAN-ANTOINE).	1591 1640	Rome.	Hist. et pays.	Élève de Cigoli. Se perfectionna par l'étude de l'antique. Chargé de divers travaux de peinture dans les églises de Rome. Son amour-propre excessif lui suscita beaucoup d'ennemis et nuisit à sa réputation. — Cet artiste peignit des fresques et des tableaux pour plusieurs églises de sa ville natale. — Beaucoup de soin dans l'exécution de ses tableaux et une bonne entente de la perspective firent la réputation de Lelli.
CARLONI ou CARLON (JEAN) fils de Thadée.	1591? 1630	Gênes.	Hist. et portr.	Élève de Sorri, puis de Passignano. Mort à Milan. — Bon coloris, composition facile, dessin gracieux ; excellait dans les peintures à fresque.
DAMIANO (PIERRE).	1592 1631	Castel-Franco (État de Venise).	Hist.	Sans maître, cet artiste se forma seul après avoir lu et étudié les ouvrages de Lomazzo et d'Albert Durer. J. B. Novello lui enseigna l'emploi et le mélange des couleurs ; travailla avec succès à Padoue, à l'âge de vingt ans et fut appelé successivement à Créma, Chiozza et Venise. — Tableaux, Padoue. — Compté au nombre des bons peintres d'Italie.
ABBATE (PIERRE-PAUL DELL') le jeune, fils d'Hercule.	1592 1630	Modène.	Hist. et portr.	Détails inconnus.
SARTI (HERCULE), dit LE MUET DE FICA-ROLO.	1593	Ficarolo (Ferrarais).	Id.	Élève du Scarsellino ; sourd-muet de naissance, son maître l'instruisit par signes. — Un des plus habiles imitateurs de son maître ; moins de beauté dans les têtes ; contours plus ressentis.
NEGRI (JEAN-FRAN-çois).	1595 1659		Portr.	Élève de Fialetti, à Venise. — Dessinateur et graveur sur cuivre.
CIALDIERI (JÉRÔME).	1593	Urbin.	Hist., paysage et persp.	Élève de Cl. Ridolfi. — Talent vif et gracieux ; réussit dans le paysage et excella dans la perspective.
VIGNALI (JACQUES).	1594 1664	Dans le Casentin.	Persp. et hist.	Élève du Rosselli. — Jésus-Christ, sainte Catherine et deux autres saints, Florence. — Quelque ressemblance avec le style du Guerchin pour la touche et les fonds.
RIDOLFI (le cheva-lier CHARLES).	1594 1658	Lonico (près Vicence).	Hist. et portr.	Peintre et historien. On lui doit un excellent ouvrage sur les peintres vénitiens, intitulé : Le Maraviglie dell' arte, ovvero delle vite de' pittori veneti, etc. — Tableaux, Venise. — Dans la plupart de ses tableaux, on remarque que toutes les figures sont en plein relief. Couleurs harmonisées.
GILIOLI (HYACINTHE).	1594 1665	Bologne.	Hist.	Élève des Carrache.
FABRIZZI (ANTOINE-MARIE).	1594 1649	Pérouse.	Id.	On le dit élève d'Annibal Carrache. — Peu de soin.
BONIFORTI (JÉRÔME ou FRANÇOIS).	1594	Macerata.	Id.	Assez bon imitateur du Titien.
SPISANO (VINCENT), dit SPISANELLO.	1595 1662	Orta.	Hist. et pays.	Élève de Calvart. — Christ à la colonne, Bologne. — Dessin moins solide que celui de son maître, moins de vérité, style maniéré.
GIAROLA ou GEROLA (ANTOINE), dit LE CHEVALIER COPPA.	1595? 1665	Bologne.	Hist. et portr.	Élève de l'Albane et du Guide ; séjourna à Vérone. — Composition un peu confuse ; coloris parfois trop faible ; beaucoup d'expression.
DESANI (PIERRE).	1595 1657	Id.	Hist.	Élève de L. Spada, qu'il suivit à Reggio. — Pinceau prompt et facile.
DANDINI (CÉSAR), frère de Vincent.	1595? 1658	Florence.	Hist. et portr.	Élève de Curadi et de Passignano. Peignit plusieurs tableaux d'autel pour les églises de Volterre et de Florence. — Saint Charles, Ancône ? — Manière étudiée ; imita le Passignano.
CRESCENZI (le mar-quis JEAN-BAPTISTE).	1595 1660?	Rome.	Hist., portrait et pays.	Élève de Ch. Roncalli, dit le Pomerance ; Philippe IV, roi d'Espagne, lui fit exécuter le panthéon de l'Escurial. Mort à Madrid. — Paysages, Rome. — Architecte.
CORIOLAN (JEAN-BAPTISTE).	1595	Bologne.	Hist.	Élève de J. L. Valesio ; sa sœur, Thérèse-Marie, partagea ses travaux, comme peintre et comme graveur. — Plus connu comme graveur sur bois et au burin.
CARACCI (FRAN-çois), frère d'Anni-bal et d'Augustin.	1595 1622	Id.	Hist. et portr.	Élève de ses frères ; après leur mort il voulut lutter contre son cousin Louis, et fit mettre sur sa porte : Ici est la véritable école des Carrache. Caractère présomptueux et méprisable. Mort à l'hôpital, des suites de son libertinage, à Rome où il s'était rendu. — Peu de talent ; bon dessinateur.
CARLONI (JEAN-BAP-TISTE), fils de Tha-dée.	1595? 1680	Gênes.	Id.	Élève du Passignano ; le surpassa ainsi que son frère, tout en empruntant leur manière ; travailla jusqu'à la fin de sa vie. — Beaucoup de soin et de facilité, composition riche et originale ; expression vivante et animée, couleur extraordinairement brillante ; porta la peinture à fresque à sa perfection. Meilleure entente du clair-obscur et dessin plus grandiose que son frère.

NOMS.	ANNÉES DE NAISSANCE ET DE MORT.	LIEU DE NAISSANCE	GENRE.	NOTES HISTORIQUES. TABLEAUX PRINCIPAUX ET LIEUX OU ILS SE TROUVENT. OBSERVATIONS.
VANNI (le chevalier RAPHAEL 1, fils de François..	1596 1657?	SIENNE..	Hist.	Élève d'Antoine Carrache; reçu à l'Académie de Saint-Luc en 1655. — Sainte Catherine, Pise. Jésus-Christ portant sa croix, Sienne. Enlèvement d'Hélène, Florence. Mariage de sainte Catherine, ib. — Dessin grandiose; coloris heureux. Imitateur du style de Pierre Cortone.
PROCACCINI (HERCULE), dit Le Jeune, fils de Charles Antoine.	1596 1676	MILAN.	Id.	Élève de son père et de son oncle. Héritier d'une fortune considérable, il l'employa à encourager l'école milanaise. — Tableaux, Milan. — Né dans la décadence de l'art, ce peintre ne s'est rendu recommandable que par une assez heureuse imitation du style des Carrache.
LIONE (ANDRÉ DI)..	1596 1675?		Hist. et bat.	Élève d'A. Falcone. — Manière de Coppola; effet forcé.
BERRETTINI (PIERRE), dit DE COR- TONE.	1596 ou 1609 1669	CORTONE.	Hist. et portr.	Son enfance ne laissa pas augurer son avenir; sa maladresse était si grande que ses compagnons d'étude le nommaient tête d'âne; vint de bonne heure à Rome; étudia sous un peintre florentin; peignit, pour le pape Urbain VIII, une chapelle de l'église de Sainte-Bibienne; fut chargé ensuite d'un grand ouvrage au palais Barberini; cet ouvrage passe pour son chef-d'œuvre; voyagea en Lombardie, dans l'État de Venise, et revint à Florence; l'envie le força à quitter cette ville; retourna à Rome, y fit quelques tableaux de chevalet lorsque la goutte l'empêchait de monter sur les échafaudages; Cortone était d'un naturel doux et d'une société aimable. Plusieurs édifices ont été bâtis à Rome sur ses dessins. — Un ange gardien, Rome. Défaite de Darius à Arbelles (chef-d'œuvre), ib. Le triomphe de la gloire (fresque et chef- d'œuvre), ib. L'empereur Auguste consultant la sibylle, Londres. La Vierge et l'Enfant et deux religieux, La Haye. Un capitaine romain devant un conseil, Dresde. Portrait d'un vieillard, ib. Mercure et Énée, ib. Repos de la Vierge, Naples. Un saint en prière, Florence. Mort de sainte Marie l'Égyptienne, ib. Fresques, ib. La Vierge et l'Enfant avec sainte Catherine, Saint-Pétersbourg. Agar ramenée vers Sara, ib. Jésus-Christ apparaissant à Madeleine, ib. La Vierge apparaissant à saint François, ib. Gladiateurs romains, Madrid. Fête en l'honneur de Lucine, ib. Naissance de Jésus- Christ, ib. Jacob et Esaü, Paris. Naissance de la Vierge, ib. Romulus et Rémus, ib. Sainte Martine, ib. La Vierge et l'enfant Jésus, ib. Hercule entouré d'amours, Berlin. La femme adultère, Munich. Saül recouvrant la vue, Vienne. Agar revient chez Abraham, ib. Mariage de sainte Catherine, ib. La Vierge et l'enfant Jésus, Bordeaux. — Composition riche, belle entente du clair-obscur, couleur harmonieuse; dessin peu savant; beaucoup de grâce et de souplesse; draperies affectées, têtes de femmes trop uniformes, figures bien groupées; acquit le plus de célébrité dans les fresques.
BERLINGHIERI (CA- MILLE).	1596 1635	FERRARE.	Hist. et pays.	Élève de Charles Bononi; s'établit à Venise, y fut surnommé le Ferrarcsino et y mourut après avoir donné des preuves de beaucoup de génie. Graveur à l'eau-forte.
GENNARI (HERCULE), fils de Benoît, le vieux.	1597 1658	CENTO.	Hist.	Élève et beau-frère du Guerchin; s'était d'abord destiné à l'état de chirurgie. Mort à Bologne. Son frère Barthélemy, né en 1591, mort en 1658, peignit avec naturel et vivacité. — Bon copiste des tableaux du Guerchin.
LANA (LOUIS).	1597 1646	MODÈNE.	Hist. et portr.	On ne cite pas le nom de son maître; rival heureux du Pesari, celui-ci lui céda et alla s'établir à Venise; directeur de l'Académie de peinture de Modène et peintre très-célèbre. Mort à Rome. — Modène délivrée de la peste, Modène. — Dessin exact, coloris vigoureux. grande poésie dans les idées; imitateur fidèle du Guerchin; ses attitudes se rapprochent parfois de celles du Tintoret et du Scarsellino; on estime beaucoup ses têtes de vieillard. Graveur à l'eau-forte.
VACCARO (ANDRÉ).	1598 1670	NAPLES.	Hist.	Élève de Girolamo Imparato; ami de Massimo Stanzioni; appartenait à la société des compagnons de la mort. — Tableaux, Naples. Jésus-Christ après sa résurrection et entouré de saints person- nages, Dresde. Flagellation, Munich. Vénus pleurant Adonis, Paris. Mort de saint Gaëtan, Madrid. Sujet mystique, ib. Combat de femmes, ib. Cléopâtre, ib. Isaac et Rébecca, ib. Loth et ses filles, ib. Sainte Rosalie, ib. Et autres, ib. — Né pour l'imitation.
SACCHI (ANDRÉ).	1598 1661	ROME.	Hist. et portr.	Élève de l'Albane; acquit une si grande réputation qu'à peine il pouvait suffire à ses commandes; rival de P. de Cortone et du Bernin; visita Venise et la Lombardie; profond théoricien, lent dans l'exécution et difficile à contenter, il disait que le mérite d'un peintre ne consistait pas à produire beaucoup de tableaux médiocres, mais à en faire peu et d'excellents; aussi a-t-il laissé un petit nombre d'ouvrages.—Saint Romuald racontant sa vision, Rome. Miracle de saint Grégoire le Grand, ib. Mort de sainte Anne, ib. —Saint Isidore, ib. Saint Antoine ressuscitant un mort, ib. Madeleine pénitente, Florence. La Vierge visite sainte Elisabeth, Paris. Portrait d'un religieux, Munich. Ivresse de Noé, Berlin. Junon, Vienne. Ivresse de Noé, ib. La Sagesse, ib. Portrait de l'Albane, Madrid. Portrait du peintre, ib. Saint Paul et saint Antoine, ermites, ib. Portrait de saint Bernard, Paris. — Savant des- sinateur, bon coloriste; composition sage et naturelle; style grandiose, caractères graves, costumes majestueux, draperies aisées et larges; ensemble sérieux et harmonieux.
RIMINALDI (HORACE), frère de Jérôme.	1598 1651	PISE.	Hist.	Élève d'H. Lomi, à Pise, et d'Aurèle Lomi, à Rome. Mort de la peste avant d'avoir pu atteindre la maturité de son remarquable talent. — Martyre de sainte Cécile, Florence. L'Amour artisan, ib. Manière grande; carnations riantes et gracieuses, touche pleine, facile et délicate; ses contours et ses draperies se rapprochent du style des Carrache.
FERRARI (JEAN-AN- DRÉ).	1598 ou 1599 1669	GÊNES.	Hist., paysages, fleurs, animaux, portraits en grand et en min.	Élève de B. Castelli, puis de B. Strozzi; prit l'habit ecclésiastique. —Facilité extraordinaire.
CAIRO (le chevalier FRANÇOIS).	1598 1674	VARÈSE (Milanais).	Hist. et portr.	Élève de P. F. Mazzuchelli. — Le festin d'Épulon, Rome. Vénus tenant une flèche, Dresde. Por- trait d'homme, Vienne. — Peintre grandiose, coloriste habile, pinceau délicat, formes élégantes, expression gracieuse.
BERNINI (JEAN-LAU- RENT), dit LE CHE- VALIER BERNIN, fils de Pierre.	1598 1680	NAPLES.	Id.	Élève de son père; étudia à Rome; protégé par plusieurs papes et surtout par Urbain VIII; appelé à la cour de France par Louis XIV, comblé d'honneurs par tous les souverains de l'Europe, cet artiste laissa une fortune de plusieurs millions, eut une carrière laborieuse et infatigable, remplit l'Italie de ses ouvrages d'architecture et de sculpture et travaillait encore à 80 ans. — Célèbre architecte et bon sculpteur; ses ouvrages, comme peintre, sont beaucoup moins nombreux et moins renommés.

NOMS.	ANNÉES DE NAISSANCE ET DE MORT.	LIEU DE NAISSANCE	GENRE.	NOTES HISTORIQUES. — TABLEAUX PRINCIPAUX ET LIEUX OU ILS SE TROUVENT. OBSERVATIONS.
VANNI (Jean-Baptiste).	1599 1660	Florence ou Pise.	Hist.	Élève de Ch. Allori. S'il avait eu une meilleure conduite et des principes plus solidement établis, il aurait pu, avec le génie que la nature lui avait donné, s'élever à une grande hauteur. S'établit à Florence et grava à l'eau-forte. On lui doit quelques belles gravures. — Saint Laurent, Sienne. — Imita le coloris de son maître à s'y tromper. Dessin excellent. Trop de facilité.
PALADINI (Arcangela), fille de Philippe.	1599 1622	Pise.	Portr.	Élève de son père; appelée par la princesse Madeleine d'Autriche, femme du grand-duc Côme; gagna la bienveillance de cette princesse qui la combla de faveurs; cultiva la poésie, la musique et la peinture avec un égal succès; ornée de toutes les grâces et de tous les talents, elle faisait le charme de tous ceux qui l'entouraient; se maria en 1616, et mourut à la fleur de son âge. — Joignit à tous ses talents celui de la broderie, qu'elle porta au plus haut point de sa perfection.
MASSIMO (le père).	1599? 1679	Vérone.	Hist.	Élève de M. A. Bassetti; religieux capucin et artiste de beaucoup de talent.
VECELLI (César), frère de Fabrice.	†1600?	Cadore.	Id.	Plus connu comme graveur à la pointe. — Membre de la famille du Titien.
TERZI (François).	†1600?	Bergame.	Id.	Séjourna longtemps en Allemagne. Mort vieux. — Dessin sec, coloris vigoureux.
ROCCA (Daniel-Jacques).	†1600	Rome.	Id.	Élève de Daniel de Volterra. Mort très-vieux. — Peu d'invention; ses études d'après de bons maîtres lui firent faire quelques tableaux de mérite.
MONTEMEZZANO (François).	†1600?	Vérone.	Id.	Élève de Véronèse; employé dans le palais ducal, à Venise. — Quelque ressemblance avec son maître dans les têtes, les draperies et la beauté des figures, pinceau languissant, coloris faible.
ALESIO (Mathieu-Pierre).	†1600	Rome.	Id.	Élève de Michel-Ange; se rendit jeune en Espagne; s'établit à Séville; d'une modestie égale à son talent, il retourna en Italie, disant qu'un pays qui possédait Louis de Vargas n'avait pas besoin de lui. — Saint Christophe (fresque colossale), Séville.—Imita avec bonheur la manière de son maître; dessin correct, grand caractère; beaucoup de soin. Graveur à l'eau-forte.
MORI ou MORELLI (Barthélemy), dit LE PIANORI.	†1603	Pianori.	Id.	Élève de l'Albane. — Goût très-pur; excella dans les fresques.
FILIPPI (César), fils de Camille.	†1603?	Ferrare.	Ornem. grot.	Fut souvent employé par son frère Sébastien. — Excellait dans son genre.
BASILI (Pierre-Ange).	†1604?	Gubbio.	Hist.	Élève de Damiani et de Roncalli. — Style aimable et recherché.
BUTTERI (Jean-Marie).	†1606		Hist. et portr.	Élève d'Ange Bronzino; travailla au catafalque de Michel-Ange.— Fournaise ou fabrique de verre, Florence. Débarquement d'Énée en Italie, ib. — Composition riche; de l'effet; coloris trop dur.
BOSCOLI (André).	†1606?	Florence	Genre, hist., etc.	Élève de Bacio Ciarpi; laissa de ses ouvrages dans la plupart des villes de l'Italie. — Tableaux, Florence.
CREMONINI (Jean-Baptiste).	†1610	Cento.	Hist., persp. et anim.	Remplit Bologne de ses ouvrages; employé également dans toutes les villes environnantes. — Jésus-Christ allant au Calvaire, Bologne. — Excella dans les ornements et les perspectives.
MUNARI (César), dit PELLEGRINO et surnommé ARETUSI, fils de Pellegrino di Modana.	†1612	Modène?	Hist. et portr.	Passa presque toute sa vie à Bologne et y acquit le droit de bourgeoisie; se rendit célèbre par une belle copie des peintures du Corrége dans l'église de Saint-Jean, à Parme; associa à tous ses travaux J. B. Fiorini (voir ce nom), et ce sont leurs talents réunis qui ont produit des ouvrages distingués. — Portrait d'homme, Florence. — Habile coloriste, peu d'imagination; réussit à se faire un nom par lui-même dans le portrait, et fut employé par plusieurs princes; montra également un talent remarquable dans l'art de copier les grands maîtres.
PASSAROTTI (Tiburzio), fils de Barthélemy.	†1612		Hist.	Élève de son père; se distingua par un véritable talent. Son fils, Gaspard, devint célèbre dans la miniature. Plusieurs de ses frères furent peintres. Passerotto, l'un d'eux, mourut très-vieux; Aurèle, renommé dans la miniature, mourut à Rome sous le pontificat de Clément VIII. Ventura et Aurélie, leur sœur, méritent à peine d'être cités. — La Vierge et l'Enfant, saint François, saint Dominique et saint Augustin, Bologne. — Manière de son maître.
ABBATE (Hercule dell'), fils de Jules-Camille.	†1613	Modène.	Hist. et portr.	Vie oisive et malheureuse. — Imita le style de son père et de son grand-père.
CARLONI (Thadée).	†1613	Reno près du lac de Lugano.	Id.	Élève de son père, Jean le vieux, peintre médiocre; se perfectionna à Rome; s'établit à Gênes, y exécuta beaucoup de tableaux et y mourut. — Également sculpteur.
BERTUCCI (Jean-Baptiste), fils ou neveu de Jacques.	†1614	Faenza.	Hist.	Détails inconnus. — Dessin exact, teintes agréables; les draperies rappellent celles d'Albert Durer.
ANDRÉ (d'Arezzo).	†1615?	Arezzo.	Id.	Élève de Daniel de Volterra.
CONTI (César), frère de Vincent.	†1615?	Ancône.	Hist. et orn.	Orna de ses tableaux plusieurs églises de Rome; fut souvent employé par les papes Grégoire XIII et Sixte-Quint; mort à Macerata.—Possédait un talent particulier pour les arabesques et les grotesques.
FRANCHI (César).	†1615	Pérouse.	Hist.	Élève de J. C. Angeli. — Ses tableaux à petites figures étaient pleins de mérite.
VERNICI (Jean-Baptiste).	†1617		Id.	Élève des Carrache; fut au service du duc d'Urbin.

NOMS.	ANNÉES DE NAISSANCE ET DE MORT.	LIEU DE NAISSANCE	GENRE.	NOTES HISTORIQUES. TABLEAUX PRINCIPAUX ET LIEUX OU ILS SE TROUVENT. OBSERVATIONS.
ZUCCHI (François), frère de Jacques.	†1620?		Fleurs et fr.	Élève de son frère ; après la mort de ce dernier, il s'adonna à la mosaïque, genre dans lequel il est devenu célèbre. — On lui doit les mosaïques de la coupole de Saint-Pierre, à Rome.
VECELLI (Thomas).	†1620		Hist.	Parent du Titien et peintre de mérite.
STRESI (Pierre-Martire).	†1620		Id.	Élève de J. P. Lomazzo. — Copia habilement les tableaux de Raphaël.
MAZZAROPPI (Marc).	†1620	San-Germano.	Id.	Vécut peu de temps. — Style naturel et animé.
IMPARATO (Jérôme), fils de François.	†1620?		Hist. et portr.	Parcourut l'Italie afin de se perfectionner par l'étude des grands maîtres. Sa vanité lui fit un grand nombre d'ennemis qui tâchèrent de rabaisser son talent. — Immaculée conception, Naples. Rosaire, ib. Assomption, ib. — Se forma d'après les artistes vénitiens et lombards et imita leur style et leur coloris.
ROSSETTI (Paul).	†1621	Cento.	Mosaïque.	Élève de J. Muziano. Mort vieux.
CASOLI (Hippolyte).	†1622	Ferrare.	Orn. et archit.	Élève de J. Carpi.
RUSTICI (Jean-François), fils de Christophe, et dit RUSTICHINO.	†1625		Hist.	Visita Rome ; étudia le Guide, les Carrache et ne produisit aucun ouvrage médiocre. Mort jeune. — La Peinture et la Poésie, Florence. Mort de la Madeleine, ib. — Style du Caravage ; excella dans les effets de lumière.
MORONI ou MARONI (Pierre).	†1625		Id.	Élève de Paul Véronèse, descendant de Jean-Baptiste Moroni. — Dessin très-grandiose ; beau coloris.
CAVAROZZI (Barthéleny), dit BARTOLOMMEO DEL CRESCENZIO.	†1625	Viterbe.	Id.	Élève de J. B. Crescenzi ; étudia d'après Ch. Roncalli, puis se forma un style original. — Belle manière, goût remarquable, touche pleine de vigueur.
SALMEGGIA (Énée), dit LE TALPINO.	†1626	Bergame.	Id.	Élève des Campi, à Crémone, et des Procaccini, à Milan ; étudia quatorze ans à Rome, d'après Raphaël, et réussit à imiter avec beaucoup de bonheur son illustre modèle. François, son fils et Chiara, sa fille, furent ses élèves. — Apparition de la Vierge, Milan. — Style élevé ; beaucoup d'effet ; draperies heureuses ; bon choix de têtes ; manière pleine de noblesse, contours purs, beaucoup de morbidesse, expression et mouvements gracieux.
ZUCCO (François).	†1627	Id.	Hist. et portr.	Élève des Campi, à Crémone, et de J. B. Moroni, à Bergame ; concurrent de Cavagna et de Salmeggia.
GAVASSETTI (Camille).	†1628	Modène.	Hist.	Sa réputation n'égala pas son mérite ; mort jeune. — Manière grandiose, spirituelle, gracieuse ; choix heureux, union parfaite des teintes, mouvements parfois forcés.
GAMBERATI (Jérôme).	†1628		Id.	Élève de J. Porta et de Palma, le jeune ; mort vieux.
MAGGIERI (César).	†1629	Urbin.	Id.	École de Cl. Ridolfi. — Peintre soigneux et correct.
GRASSALEONI (Jérôme).	†1629	Ferrare.	Arch. et orn.	Élève de J. Carpi.
BAMBINI (Jacques).	†1629	Id.	Hist.	Élève de D. Mona ; ouvrit une Académie dans sa ville natale, en compagnie de Jules Cromer ; étudia à Parme ; mort jeune. — Style vigoureux et correct.
VERNIGO (Jérôme), dit DA PAESI.	†1630	Vérone.	Pays.	Mort de la peste.
SALVESTRINI (Barthélemy).	†1630		Hist.	Le meilleur imitateur de Jean Biliverti.
NASELLI (François).	†1630?	Ferrare.	Id.	On le dit élève du Bastaruolo ; ouvrit une Académie dans sa ville natale ; alla à Bologne et ne cessa de travailler pour son art quoiqu'il appartînt à une famille noble. Caractère grandiose, animé, moelleux ; touche large, empâtement vigoureux, mais trop bronzé dans les chairs. Imita les Carrache et le Guerchin. Son fils Alexandre fut peintre comme lui.
MARESCOTTI (Barthélemy).	†1630	Bologne.	Id.	Élève du Guide.
GANDINI (Antoine).	†1630	Brescia.	Hist. et portr.	Élève de Paul Véronèse ; son fils, Bernard, mort en 1651, fut un faible imitateur de son père. — Conceptions grandioses ; variété infinie, détails pleins de richesse.
CERVI (Bernard).	†1630	Modène.	Hist.	Élève du Guide. Mort fort jeune de la peste. — Beau dessin ; graveur à l'eau-forte.
CAVAGNA (François), dit LE CAVAGNUOLO, fils de Jean-Paul.	†1630?		Id.	Élève de son père qu'il imita.

NOMS.	ANNÉES DE NAISSANCE ET DE MORT.	LIEU DE NAISSANCE	GENRE.	NOTES HISTORIQUES. — TABLEAUX PRINCIPAUX ET LIEUX OU ILS SE TROUVENT. — OBSERVATIONS.
ALBINI (ALEXANDRE).	†1650	BOLOGNE.	Hist.	Élève de L. Carrache. — Saint Pierre martyr, sainte Agnès, sainte Catherine et sainte Cécile, Bologne. — Pinceau spirituel.
TORRE (JEAN-BAPTISTE DELLA).	†1651	ROVIGO.	Id.	Élève de Ch. Bononi; s'établit à Venise et y mourut assassiné à la fleur de son âge. — Beaucoup de génie.
SECCHIARI (JULES).	†1651	MODÈNE.	Id.	Visita Rome et Mantoue. — École des Carrache.
DAMIANO (GEORGE), frère de Pierre.	†1651		Hist. et portr.	Mourut peu de temps après son frère. — Réussit dans le portrait et les tableaux à petites figures.
GRAZZINI (JEAN-PAUL).	†1652	FERRARE.	Hist.	D'abord orfévre, l'amitié de Ch. Bononi l'engagea à se livrer à la peinture; à cinquante ans il acheva son premier tableau, qui fut jugé digne d'un grand maître. — Style du Pordenone.
GUADAGNINI (JACQUES).	†1653	BASSANO.	Hist. et portr.	Élève des Bassano et né d'une fille de François, le jeune.
PELLEGRINI (PELLEGRINO), le jeune, frère ou cousin d'André.	†1654		Hist.	Fut employé aux travaux de l'Escurial, à Madrid, et obtint le titre d'architecte et de peintre de la cour d'Espagne.
PARONI (FRANÇOIS).	†1654	MILAN.	Id.	Vécut peu de temps. — Imitateur du Caravage.
GOTTI (VINCENT).	†1656	BOLOGNE.	Id.	Élève des Carrache; vécut à Reggio et dans le royaume de Naples.
SCAJARIO (ANTOINE).	†1640?	BASSANO.	Id.	Élève, gendre et héritier de J. B. da Ponte; signa quelquefois ses tableaux du nom de : Antonio da Ponte ou Antonio Bassano.
ROVERRE (JEAN-MAURICE), dit FIAMINGHINI.	†1640	MILAN.	Bat., pays., animaux, histoire, et persp.	Élève des Procaccini. Son surnom lui fut donné à cause de son origine flamande; ses deux frères, Marc et Jean-Baptiste, peintres spirituels, mais peu corrects, aidèrent Jean-Maurice dans ses travaux. — Artiste de mérite; graveur.
LEGI (JACQUES).	†1640?	BELGIQUE.	Anim., fleurs, fr., et hist.	Élève de Jean Rosa; mort jeune.
MENAROLA (CRESTANO).	†1640		Hist. et portr.	On le croit élève d'Alex. Maganza; travailla et mourut à Bassano. — Imita Michel-Ange pour le gigantesque de la composition et Paul Véronèse pour la richesse.
CELIO (le chevalier GASPARD).	†1640	ROME.	Id.	Élève de Christophe Roncalli, dit le Pomerance, d'autres disent de Nicolas Circignani da Pomerancio. Mort vieux. — Imita son maître avec bonheur.
SPERANZA (JEAN-BAPTISTE).	†1640		Hist.	Élève de l'Albane, à Rome. — Excellent peintre à fresque.
ANGELI (PHILIPPE), dit PHILIPPE NAPOLITAIN.	†1645	ROME.	Pays.	Appelé à la cour de Toscane, en 1612, il y fut reçu fort honorablement. — Le satyre et le paysan, (qu'on attribue avec plus de raison à Sébastien Ricci), Paris. Tableaux, Rome. Fresques : la fable de Galatée, ib. — Perspective sévère, et excellent style. Ses tableaux sont recherchés.
CORENZIO (BÉLISAIRE).	†1643?	GRÈCE.	Hist.	Quelques auteurs le font naître en 1588, d'autres le font élève du Tintoret et disent qu'il se fixa à Naples vers 1590; cause de tous les mauvais traitements que les artistes étrangers eurent à souffrir, à Naples, où il s'était créé une espèce de royauté; craint comme un homme méchant, vindicatif, il poursuivit de sa jalousie Annibal Carrache, le Josépin, le Guide, le Gessi, J. B. Ruggieri et Laurent Menini; mais l'action la plus noire de sa vie fut l'affreuse persécution dont il poursuivit le Dominiquin. Mort des suites d'une chute. — Multiplication des pains, Naples. Fresques, ib. — Imagination riche, grande facilité; imita Josépin, chevalier d'Arpino; varié, énergique, assez soigneux dans les fresques; les perspectives et les figurines de ses ouvrages étaient peintes par un artiste célèbre de son époque.
PINELLI (ANTOINETTE).	†1644	BOLOGNE.	Hist. et portr.	Élève des Carrache; estimée par sa modestie autant que par son talent; appelée aussi Bertusi du nom de son mari. — L'ange gardien, Bologne.
BERTUCCI (JEAN-BAPTISTE), le jeune, fils de Jean-Baptiste, le vieux.	†1644		Hist.	Copiste et faible imitateur du Barocci; il était petit-fils de Giovanni Battista de Faenza et neveu de Jacopone Bertucci de Faenza.
BRUNETTI (SÉBASTIEN).	1649		Id.	Élève du Guide. — Madeleine pénitente, Bologne.
BARBIERI (PAUL-ANTOINE), frère du Guerchin.	†1649		Fleurs, fruits et anim.	Quoique possédant un talent réel pour la peinture, cet artiste s'occupa principalement à tenir le régistre des commandes faites à son frère. — Beaucoup de naturel.
ARMANNO (VINCENT).	†1649	FLANDRE.	Pays. et hist.	Détails inconnus. — Coloris tranquille, sites vrais et naturels, invention très-riche.
GHEZZI (le chevalier SÉBASTIEN).	†1650?	LA CoMUNANZA (territoire d'Ascoli).	Hist.	Élève du Guerchin; inspecteur des fortifications de l'État pontifical sous le pape Urbain VIII, qui l'honora de sa confiance. — Saint François, Mon sammartino. — Bon architecte.

NOMS.	ANNÉES DE NAISSANCE ET DE MORT.	LIEU DE NAISSANCE	GENRE.	NOTES HISTORIQUES. — TABLEAUX PRINCIPAUX ET LIEUX OU ILS SE TROUVENT. — OBSERVATIONS.
FERRUCCI (Nico- DÈME).	†1650		Hist.	Élève du Passignano ; travailla à Rome avec son maître qui le chérissait beaucoup. — Manière hardie.
ROSA (François de), dit PACICCIO.	†1654		Hist. et portr.	Élève du Stanzioni ; ses trois nièces, toutes d'une beauté achevée, lui servaient ordinairement de modèles ; cette circonstance, jointe à son imagination riche et poétique, lui fit produire des œuvres remarquables pendant sa longue vie. — Dessin correct ; extrémités remarquablement belles ; traits pleins de noblesse et de grâce ; coloris d'une exquise douceur, quoique d'un empâtement solide et plein de vigueur.
SIMPLICE (frère).	†1654	Vérone.	Hist.	Élève de F. Brusasorci ; travailla à Rome, mort très-vieux. — Jésus-Christ mort entouré de sa mère, de saint Jean et de la Madeleine, Florence.
MODONINO (Jean- Baptiste).	†1656?	État de Modène.	Persp.	Obtint de grands succès à Rome et mourut à Naples de la peste. Nommé, par erreur Madon- nino.
FINOGLIA (Paul- Dominique).	†1656	Orta.	Hist.	Élève de M. Stanzioni. — Le charme, l'expression, la fécondité, la correction et l'harmonie dis- tinguent ses ouvrages.
DO (Jean).	†1656	Naples.	Hist. et portr.	Élève de l'Espagnolet ; approcha beaucoup de son maître avec les tableaux duquel on confondait parfois les siens, surtout dans ses portraits à mi-corps. — Nativité, Naples. — Excellent coloriste.
BARBELLO (Jacques).	†1656	Crème.	Hist.	Détails inconnus.
BELLIS (Antoine de).	†1656		Id.	Élève de M. Stanzioni ; mort très-jeune. — Manières du Guide et du Guerchin.
PRIMI (Jean-Bap- tiste).	†1657	Rome.	Marin. et pays.	Élève d'A. Tassi ; séjourna longtemps à Gênes et y mourut. — Bon peintre de marine.
MONTI (Jean-Bap- tiste).	†1657		Portr.	Élève de L. Borzone ; mort de la peste.
MAINERO (Jean-Bap- tiste).	†1657	Gênes.	Id.	Élève de L. Borzone ; mort de la peste.
FRACANZANO (Cé- sar).	†1657		Hist. et pays.	Fut au nombre des compagnons de la mort. — Des lutteurs, Madrid.
FRACANZANO (Fran- çois).	†1637?	Naples.	Hist.	Élève de Ribera ; épousa la sœur de Salvator Rosa et eut l'honneur de donner des leçons à ce grand peintre ; appartint à la société des compagnons de la mort ; la pauvreté lui fit commettre des crimes pour lesquels il fut condamné à mort. — Beau coloris, faire assez grandiose.
CORTI (David), fils de César.	†1657		Id.	Mort de la peste. — Excellent copiste.
BIANCO (Jean-Bap- tiste).	†1657		Hist.?	Également sculpteur.
BORZONE (Jean-Bap- tiste), fils de Lu- cien.	†1657	Gênes?	Hist. et portr.	Élève de son père ; termina quelques tableaux que son père n'avait pu achever. Mort de la peste.
BORZONE (Charles), fils de Lucien.	†1657		Portr. et hist.	Élève de son père. Mort de la peste. — Ses portraits étaient d'une dimension plus petite que ceux de son père ; il réussit dans ce genre.
BAJARDO (Jean-Bap- tiste).	†1657	Gênes.	Hist.	On ignore quel fut son maître. Mort très-jeune de la peste.
BIANCHI-BUONAVI- TA (François).	†1658		Id.	Élève de J. Biliverti. — Peignit sur le jaspe, l'agate, le lapis-lazuli et autres pierres dures, des petits sujets d'histoire fort recherchés. Son père, Jean, travaillait en mosaïque et mourut en 1616.
PEDRALI (Jacques).	†1660?	Brescia.	Persp. et arch.	Travailla à Venise.
MAFFEI (François).	†1660?	Vicence.	Hist. et portr.	Élève de Peranda, dont il termina des ouvrages restés inachevés ; rival du Carprone et de Cita- della auxquels il était supérieur ; mort à Padoue. — Son style, très-grandiose mais parfois exagéré, lui fit donner le surnom de peintre des géants ; grâce originale ; beaucoup de poésie ; abusa de sa grande facilité.
MONTELATICI (Fran- çois), dit CECCO BRAVO.	†1661	Pise ou Florence	Hist.	Termina quelques ouvrages de Jean Manozzi dit Jean de Saint-Jean. — Manières de J. Biliverti et du Passignano, mêlées.
MONDINI (Fulgence).	†1664		Hist. et orn.	Élève du Guerchin ; mort jeune à Florence.
GALLINARI (Pierre), dit PIERINO DEL GUIDO.	†1664		Hist.	Élève du Guide ; mort jeune ; on croit qu'il fut empoisonné.
PETRAZZI (Astol- phe).	†1665	Sienne.	Hist. pays., etc.	Élève de F. Vanni, de V. Salimbeni et de P. Sorri. — Expression douce et céleste ; effet extrême- ment agréable.

NOMS.	ANNÉES DE NAISSANCE ET DE MORT.	LIEU DE NAISSANCE	GENRE.	NOTES HISTORIQUES. — TABLEAUX PRINCIPAUX ET LIEUX OU ILS SE TROUVENT. OBSERVATIONS.
BELTRANO (Auguste).	†1665?		Hist.	Élève de M. Stanzioni ; condisciple d'Angélique di Rosa, qu'il épousa et qu'il tua par jalousie (voir ce nom). — Bon peintre à fresque ; coloris satisfaisant.
RODERIGO ou RODRIGUEZ (Jean-Bernard), neveu de Louis et d'Alphonse, dit LE PEINTRE SAINT.	†1667		Id.	Élève de son oncle Louis. — Style du chevalier d'Arpin.
RUSSO (Jean-Pierre)	†1667		Id.	Florissait à Capoue, où ses ouvrages étaient recherchés.
PIAZZA (André), neveu de Paul.	†1670?	Castel-Franco.	Id.	Élève de son oncle ; le duc de Lorraine lui donna le titre de chevalier.
CAVAGNA (Jean-Paul).	†1671	Bergame.	Id.	Élève de J. B. Moroni ; rival d'Énée Salmeggia qu'il égala presque toujours et qu'il surpassa parfois. — Génie vaste et hardi ; imita Paul Véronèse et le surpassa pour l'étude du nu ; style grandiose.
ROSI (Alexandre).	†1671	Florence	Id.	Détails inconnus.
TORREGIANI (Barthélemy).	†1674?		Pays. et portr.	Élève de Salvator Rosa. Mort très-jeune. — Paysages, Rome. Médaillon : Henri VIII, Londres. Narcisse, Munich. Agar et Ismaël, ib. Paysage, Madrid. (Les auteurs espagnols lui donnent le prénom d'André.)
GERARDINI, GIRALDINI ou GILARDINO (Melchior).	†1675	Milan.	Hist.	Élève de J. B. Crespi, qui le choisit pour gendre et lui légua son atelier. Graveur à l'eau-forte. Un de ses fils eut du succès comme graveur et peintre de batailles. — Facile, riant et harmonieux, il ne fut inférieur à son maître que sous le rapport de la science de la touche.
MEI (Bernard).	†1676	Sienne.	Id.	Mort à Rome où il avait été le rival de R. Vanni. — Imagination gracieuse. Graveur.
BEGNI (Jules-César).	†1679?	Pesaro.	Id.	Élève d'A. Cimatori, à Pésaro ; étudia et travailla à Venise. — Pinceau hardi, plein de feu ; perspective savante, peu de fini, effet satisfaisant ; imitateur du style vénitien.
PORPORA (Paul).	†1680?		Anim., bataill. et n. morte.	Élève d'A. Falcone ; membre de l'Académie de Saint-Luc ; fit partie des compagnons de la mort. — Excella dans la nature morte.
RONDINOSI (Zacharie).	†1680	Pise.	Orn.	Excella dans son genre.
PAOLINI (Pierre).	†1682?	Lucques ou Udine.	Hist.	Élève d'Ange Caroselli, à Rome ; reçu à l'Académie de Saint-Luc en 1678 ; mort vieux. — On cite comme son chef-d'œuvre : Saint Grégoire rassemblant des pèlerins dans un festin. — Bon dessin, touche ferme ; coloris vénitien ; perspective admirable ; ensemble plein de grandeur, de variété, de beauté et d'harmonie.
POPOLI (le chevalier Hyacinthe de).	†1682	Orta.	Id.	Élève de M. Stanzioni. — Détails peu soignés, bel ensemble.
BACCARINI (Jacques).	†1682	Reggio.	Id.	Imita le Talami. — Manière sage.
GARZONI (Jeanne).	†1685	Ascoli.	Portr. en min., fl. et fr.	Légua tous ses biens, qui étaient considérables, à l'Académie de Saint-Luc ; ce bienfait lui valut un monument en marbre dans l'église de cette société ; habita très-longtemps Florence et mourut à Rome.
RUOPPOLI (Jean-Baptiste).	†1685?		Anim., fleurs, fr. et nature morte.	Élève de P. Porpora. — Supérieur à son maître pour le genre des fruits.
MAZZONI (Sébastien).	†1685?	Florence	Hist.	Travailla à Venise ; bon architecte. — Manière assez délicate, pinceau habile.
MARULLO (Joseph).	†1685	Orta.	Id.	Élève de M. Stanzioni. — Ses premiers ouvrages se rapprochent extrêmement de la manière de son maître ; puis il acquit un coloris trop dur et les contours devinrent crus et tranchants.
DANEDI (Joseph), frère de Jean Étienne, et dit, comme lui, MONTALTE.	†1689		Id.	Élève du Guide ; travailla conjointement avec son frère et se montra digne de son maître. — Saint Antoine avec l'enfant Jésus, Dresde.
DOLCI (Agnès), fille de Charles).	†1690?		Id.	Élève de son père ; elle reproduisit la plupart des tableaux de son maître. — Le Sauveur du monde, Paris.
MONTI (Jean Jacques).	†1692		Bataill. ornem. et persp.	Élève d'A. Metelli et maître de Spolverini.
SACCHI (Antoine).	†1694	Côme.	Hist.	Se perfectionna à Rome ; mort de douleur d'avoir peint une fresque dans de mauvaises proportions.
OTTINI (Félix), dit FELICETTO.	†1695?	Rome?	Hist. et portr.	Élève d'H. Brandi. Mort jeune. — Graveur à l'eau-forte.

NOMS.	ANNÉES DE NAISSANCE ET DE MORT.	LIEU DE NAISSANCE.	GENRE.	NOTES HISTORIQUES. TABLEAUX PRINCIPAUX ET LIEUX OU ILS SE TROUVENT. OBSERVATIONS.
VIOLA (Dominique).	†1696?		Hist.	Élève de M. Preti, dit le Calabrese.
SPERANZA (Jean).	*1500	Vicence.	Id.	Détails inconnus ; Vasari nomme un Veruzio, compagnon de Speranza ; on élève des doutes sur l'existence de ce peintre. — Coloris faible.
SCOTTO (Étienne).	*Id.		Hist. et orn.	Maître de Gaudenzio Ferrari. — Excella dans les arabesques.
VACCHE (frère Vincent delle).	*Id.	Vérone.	Marqueter.	Laïque olivétain, se fit remarquer à Padoue.
ZOPPO (Rocco).	*Id.	Florence	Hist. et portr.	Imita Pierre Pérugin ; travailla beaucoup à Rome. — Adoration des bergers, Berlin.
ROSITI (Jean-Baptiste).	*Id.	Forli.	Hist.	Détails inconnus. — Bon dessin et bon coloris.
RONDINELLO (Nicolas).	*Id.	Ravenne.	Hist. et portr.	Élève de Jean Bellini ; aida son maître dans beaucoup de ses travaux. Vécut 60 ans, et jouit d'une grande réputation. — Dessin correct mais un peu sec ; costumes peints avec soin.
RAFAELLO de Brescia (frère).	*Id.	Brescia.	Marqueter.	Laïque olivétain. Artiste de talent. — Son épitaphe lui donne le nom de Roberti.
PICINNINO (Nicolas).	*Id.		Hist.	École Milanaise.
MONZA (Nolfo).	*Id.		Id.	Élève du Bramante.
MONTAGNA (Benoît), frère de Barthélemy.	*Id.	Vicence.	Hist. et portr.	Travailla beaucoup dans sa ville natale. — Graveur.
MONTAGNA (Barthélemy), frère de Benoît.	*Id.	Id.	Id.	Élève de Mantegna. Travailla à Venise et à Padoue. — Couronnement de la Vierge, Berlin. Vierge glorieuse, ib. Madeleine enlevée par des anges, ib. — Dessin assez correct, coloris riant, beaux nus, figures d'anges très-gracieuses, architecture savante. Graveur.
MONSIGNORI ou FRA GIROLAMO, fils d'Albert Monsignori.	*Id.	Vérone.	Id.	Religieux Dominicain ; mort victime de son dévouement à servir les malades atteints de la peste. — Peintre de talent.
PALMERINI.	*Id.	Urbin.	Hist.	École de P. Pérugin. — Manière moderne, effet remarquable.
MONSIGNORI (Jérôme), ou FRACHERUBINO, fils d'Albert Monsignori.	*Id.	Id.	Miniat.	Religieux franciscain. — Calligraphe habile.
MOJETTA (Vincent).	*Id.	Caravaggio.	Hist.	Florissait à Milan.
MERLI (Jean-Ant.).	*Id.	Novare.	Portr.	Détails inconnus.
MELONE (Altobello).	*Id.	Crémone?	Hist. et portr.	Travailla en concurrence avec le vieux Boccaccino, à la cathédrale de Crémone. — Ses ouvrages sont dignes d'éloges, bon dessin ; beaucoup de grâce ; peu d'ensemble.
LAURO de Padoue.	*Id.	Padoue.	Hist.	Élève du Squarcione.
MARZIALE (Marc).	*Id.	Venise.	Id.	Élève ou imitateur des Bellini.
MARCONI (Marc).	*Id.	Côme.	Id.	Sa manière offre une analogie frappante avec celle du Giorgion. — Jésus-Christ à Emmaüs, Berlin.
MANSUETI (Jean).	*Id.		Hist. et portr.	Élève de V. Scarpaccio ou Carpaccio ; choisit Gentile Bellini pour son modèle. — Jésus-Christ donnant la bénédiction, Berlin. — Belle imitation de la nature ; variété extraordinaire.
INGESUATI (les).	*Id.		Id.	Peintres sur verre très-habiles.
GIOVENONE (Jérôme).	*Id.	Verceil.	Id.	Beaucoup d'auteurs le regardent comme le premier maître de Gaudenzio Ferrari. — Beau caractère ; grande intelligence du nu et de la perspective.
FERRANTI (Dèce et Auguste).	*Id.		Miniat.	Auguste fut élève de son père Dèce. — Fini parfait.
DIANA (Benoît).	*Id.	Venise.	Hist. et portr.	On ignore quel fut son maître ; un de ses tableaux le fit mettre sur la même ligne que Jean Bellini. — Sainte Lucie, Venise. — Un des artistes qui contribuèrent le plus aux progrès de l'art en Italie. Son style se rapproche de celui du Giorgion.
CIGOGNINI (Antoine).	*Id.	Crémone.	Hist.	Détails inconnus.
CHIOCCA (Jérôme).	*Id.	Milan.	Id.	Cité avec éloge.
CAPANNA de Sienne.	*Id.	Sienne.	Id.	On prétend qu'il fut le maître de D. Beccafumi.

NOMS.	ANNÉES DE NAISSANCE ET DE MORT.	LIEU DE NAISSANCE	GENRE.	NOTES HISTORIQUES. TABLEAUX PRINCIPAUX ET LIEUX OU ILS SE TROUVENT. OBSERVATIONS.
CAMPAGNUOLA (Jules), fils de Jérôme.	1500	Padoue	Hist., portrait et miniat.	Savant distingué et bon peintre. — Graveur.
BORGOGNONE (Ambroise).	Id.	Milan.	Hist.	On le croit descendu de l'école de Vincent Foppa. — La Vierge et l'Enfant, Berlin. Vierge glorieuse, ib. — École Lombarde; exécution naturelle et soignée; têtes jeunes et belles; physionomies très-variées, costumes simples et exacts, expression gracieuse; jambes trop grêles.
BORGHESI (Jérôme).	Id.	Hizza de la Paille.	Id.	Détails inconnus.
BELLINI (Bellin).	Id.		Id.	Élève et parent des Bellini. — Imita avec succès le style de son école.
BASAÏTI (Marc).	Id.	Frioul.	Hist., portr. et pays.	Né de parents Grecs; rival de Jean Bellini; florissait à Venise. — Jésus-Christ aux Oliviers, Venise. Vocation des fils de Zébédée, Vienne. — Figures gracieuses; beaux paysages; coloris frais et éclatant; dessin élégant. Grande intelligence de la composition; belle entente de l'unité et de l'harmonie.
BARTOLOMMEO de Pola.	Id.	Pola.	Marqueter.	Détails inconnus.
AMBROGIO de Grèce.	Id.	Grèce.	Hist.	Moine grec qui séjourna en Italie. — Beaucoup de fini.
ORSI (Bernard).	1501	Reggio.	Id.	Peintre de mérite.
AMBROGIO de Fossano.	1501	Fossano.	Id.	Également architecte; auteur de la magnifique façade de l'église de la Chartreuse, à Pavie. — Pinceau moins fin que le Mantegna, même goût.
STELLA (Fermo).	1502	Caravaggio.	Id.	Élève de Gaudenzio Ferrari.
VALENTINA (Jacques de).	1502	Serravalle (Marche Trévisane).	Id.	Imitateur du Squarcione. — La Vierge et l'enfant Jésus, Berlin. Nativité, ib.
CORSO (Nicolas).	1503	Gênes.	Id.	Détails inconnus. — Idées fécondes, sentiments expressifs, coloris vif et solide.
ZAMBONI (Michel).	1503		Mosaïque.	Travailla à Venise. — Délicatesse exquise.
ROSALIBA (Antonello).	Id.	Messine.	Hist.	Détails inconnus. — Peintre très-gracieux.
QUIRICO (Jean).	Id.	Tortone.	Id.	Détails inconnus.
PASSERI (André).	Id.	Côme.	Id.	Détails inconnus. — Style et têtes modernes; de la sécheresse dans les mains, abus de dorure.
MARCONI (Roch).	Id.	Trévise.	Hist. et portr.	On le croit élève du Giorgion et de Jean Bellini.—Jésus-Christ au milieu des apôtres, Trévise. La femme adultère, ib. Jésus-Christ succombant sous la croix, Dresde. La femme adultère, ib. Jésus-Christ au milieu des apôtres, Venise. — Dessin exact, coloris doux, pinceau habile; manque de morbidesse dans les contours, physionomies rudes, beaucoup de transparence. Graveur.
CARPACCIO ou SCARPACCIA (Victor).	1506	Venise ou Capo d'Istria.	Id.	Contemporain de Marc Basaïti, avec lequel son talent a quelque analogie; peintre renommé; son frère et son élève, Lazare Sébastien, imita sa manière. — Vie de sainte Ursule en neuf tableaux, Venise. Supplice des dix mille martyrs, ib. Présentation de Jésus-Christ au temple, ib. Les rois mages, Florence. Prédication de saint Étienne, Paris. Saint Pierre bénissant plusieurs saints, Berlin. — Sentiment du vrai; exécution heureuse; imagination féconde; belle entente de la composition, manière naturelle et pleine de charme; manque de vigueur dans les chairs et de douceur dans les contours.
GIOVANMARIA de Brescia.	1507	Brescia.	Hist., perspect. et genre.	Orfévre, peintre, graveur et frère carme dans sa ville natale. — Excella dans la perspective.
CASELLA (François).	Id.	Crémone.	Hist.	Détails inconnus.
BONONI (Barthélemy).	Id.	Pavie.	Id.	Détails inconnus.
MONTAGNANA (Jacques).	1508	Padoue.	Hist. et portr.	Élève de Jean Bellini. — Teintes douces, dessin correct, bon agencement de figures, composition riche; manière de l'école padouane.
LOSCHI (Bernard).	Id.	Carpi.	Hist.	Détails inconnus.
VEGLIA (Marc).	1509		Hist. et portr.	Élève de V. Carpaccio.
VEGLIA (Pierre).	Id.		Id.	Élève de V. Carpaccio.
SCIPIONI (Jacques degli).	1510	Averara.	Hist.	Détails inconnus.
SALAI, SALAINO ou SALARIO (André).	Id.	Milan.	Hist. et portr.	Élève de L. de Vinci, qui l'affectionnait beaucoup. — Sainte famille, Florence. — Imita si bien son maître qu'on l'a quelquefois confondu avec lui. Formes suaves. Assez bon dessin.

NOMS.	ANNÉES DE NAISSANCE ET DE MORT.	LIEU DE NAISSANCE	GENRE.	NOTES HISTORIQUES. — TABLEAUX PRINCIPAUX ET LIEUX OU ILS SE TROUVENT. OBSERVATIONS.
VAGNUCCI (Franç.).	*1510	Assise.	Hist.	Détails inconnus. — Ancien style.
NICOLETTO de Modène.	*Id.	Modène.	Id.	Détails inconnus. — Un des plus anciens graveurs sur cuivre.
MARTINI (Jean).	*Id.	Udine.	Hist. et portr.	Élève de Jean Bellini, condisciple et rival de Pellegrino di San Daniele, qui le surpassa. — Manière de son maître; trop de crudité et de sécheresse; fini précieux.
DONATI (Louis).	*Id.	Côme.	Hist.	Élève de Civerchio.
CECCHINO DEL FRATE.	*Id.		Hist. et portr.	Élève de Frère Barthé : de Saint Marc, dit le Frate.
CARIANI (Jean).	*Id.	Bergame.	Id.	Élève ou imitateur du Giorgion; d'autres lui donnent le Titien pour maître. — Triomphe de l'amour, Vienne. Triomphe sur l'amour, ib. Portraits, Berlin. — Grâce achevée, teintes douces, bel empâtement, excella dans le portrait.
BERTO DI GIOVANNI.	*Id.	Pérouse.	Id.	Élève de P. Pérugin; employé comme aide, par Raphaël; mort jeune. — Son talent donnait les plus belles espérances.
AZZOLINI ou MAZZOLINI (Jean-Bernard).	*Id.	Naples.	Hist.	Séjourna à Gênes et y exécuta des ouvrages remarquables. — Beaucoup d'expression; modela en cire avec un rare talent.
SALVO DI ANTONIO.	*1511	En Sicile.	Id.	Neveu d'Antonello de Messine et heureux imitateur de Raphaël.
RUSTICI (Gabriel).	*Id.		Hist. et portr.	Élève du Frate.
PAMPURINI (Alexandre).	*Id.	Crémone.	Hist.	Travailla dans la cathédrale de sa patrie.
LUZZO (Laurent).	*Id.		Id.	Contemporain, et compagnon, d'autres disent domestique de Pierre Luzzo da Feltro; se distingua dans ses travaux à Venise. — La Vierge et l'Enfant et autres saints, Berlin. — Excellait dans les fresques; possédait un beau talent pour les tableaux à l'huile; dessin correct, belles formes, coloris vigoureux.
CARRARI (Balthasar).	*Id.	Ravenne.	Hist. et portr.	Travailla en commun avec son fils Mathieu. — Beaucoup de grâce et d'élégance.
RICCA ou RICCO (Bernard).	*1512	Crémone.	Hist.	Peignit dans la cathédrale de Crémone.
GAVASII (Jean-Jacques).	*Id.	Vallée de Bremdana	Id.	Détails inconnus. — Imita Previtali.
FUNGAI (Bernard).	*Id.	Sienne?	Hist. et portr.	Détails inconnus. — Peintre correct, mais aride.
CIANFANINI (Benoît).	*Id.		Id.	Élève de frère Barthél. de Saint-Marc, dit Il Frate.
BOSELLI (Antoine).	*Id.	Vallée de Bremdana	Hist.	Élève de P. Amalteo ou plutôt son compagnon de travail; peignit à Padoue. — Tableaux, Bergame. — Plusieurs saintes, Paris. — Peintre de talent.
MANTEGNA (Charles Del).	*1514		Hist. et portr.	Ami et parent d'André Mantegna; florissait à Gênes; on croit qu'il peignit de concert avec les fils d'André à Padoue. — Imita la manière d'André Mantegna.
VINCI (Gaudenzio).	*1515	Novare.	Id.	Élève de L. de Vinci. — Peintre excellent.
COLOMBANO (Bernardin).	*Id.	Pavie?	Hist.	Détails inconnus.
ALENI (Thomas).	*Id.	Crémone.	Hist. et portr.	Contemporain de Boccaccino. — Son style ressemble tellement à celui de Galeazzo Campi que l'on confond souvent leurs tableaux.
MORELLINO (André).	*1516	Gênes.	Id.	Détails inconnus. — Figures gracieuses, contours suaves et vaporeux, réussit très-bien dans le portrait.
BOCCACCINO (Boccaccio).	*Id.	Crémone.	Id.	Se rendit à Rome et ne put y réussir; revint à Crémone et y travailla à la cathédrale; mort à l'âge de 58 ans. — Jouit dans sa patrie d'une réputation méritée.
PEROXINO (Jean).	*1517		Hist.	Florissait en Piémont.
CORDEGLIAGHI (Giannetto ou Giovanetto), dit LE CORDELLA.	*Id.	Venise.	Hist. et portr.	Talent supérieur à celui de la plupart de ses contemporains; on pense que Vasari a mal écrit le nom de ce peintre et qu'il aurait dû mettre : Cordella Agi, parce qu'on rencontre des tableaux signés de ce dernier nom et peints dans la même manière que ceux de Cordegliaghi. — Mariage de sainte Catherine, Berlin. — Manière douce et délicate; draperies très-heureuses. Il est quelquefois nommé Andrea Cordeliaghi et Zanin del Comandadur.

NOMS.	ANNÉES DE NAISSANCE ET DE MORT.	LIEU DE NAISSANCE	GENRE.	NOTES HISTORIQUES. — TABLEAUX PRINCIPAUX ET LIEUX OU ILS SE TROUVENT. OBSERVATIONS.
COLTELLINI (MICHEL).	*1517	FERRARE.	Hist.	On le croit élève de L. Costa; vivait encore en 1517. — Style de son maître mais plus avancé dans les têtes.
MARCHESI ou ZAGA-NELLI (FRANÇOIS), dit DE COTIGNOLA.	*1518	COTIGNO-LA.	Hist. et portr.	Élève de Rondinello; son frère, Bernardino, l'aida dans ses travaux; très-estimé à Ravenne. — Résurrection de Lazare, Faenza. Baptême de Jésus-Christ, ib. Vierge, Parme. La salutation Angé-lique, Berlin. — Dessin moins correct que celui de son maître; bon coloris; figures habillées avec goût, belles, originales et dans des proportions plus petites que nature.
CALVI (AUGUSTIN).	*Id.	GÈNES.	Id.	Détails inconnus. — L'un des premiers qui substituèrent les fonds peints aux fonds d'or.
SACCHI (GASPARD).	*1519	IMOLA.	Hist.	Détails inconnus.
JÉROME de Brescia (frère).	*Id.	BRESCIA.	Id.	Compagnon ou élève de Giovanmaria de Brescia et, comme lui, religieux carmélite dans cette ville. — Perspective savante.
CARNULI (frère SIMON DA).	*Id.	ÉTAT DE GÈNES.	Id.	Religieux franciscain. — Perspective très-savante.
VERCHIO ou CIVER-CHIO (VINCENT).	*1520	CRÈME.	Hist. et portr.	Résida longtemps à Milan et y forma d'excellents élèves; on parle déjà de lui, comme peintre, en 1460; on lui suppose donc une très-longue carrière. — Habile fresquiste; figures bien étudiées, perspective admirable.
SASSOLI (STAGIO), fils de Fabien.	*Id.	AREZZO.	Id.	Travailla d'abord avec Dominique Pecori, se sépara ensuite de ce dernier et accueillit dans sa maison le célèbre peintre sur verre Guillaume de Marseille. — Peintre sur verre.
PENNACHI (PIERRE-MARIE).	*Id.	TRÉVISE.	Id.	Élève de Jean Bellini. — Jésus-Christ mort pleuré par des anges, Berlin. — Pinceau gracieux, touche délicate; bonne couleur.
NICOLAS de Crémone.	*Id.	CRÉMONE.	Hist.	D'après l'Orlandi, ce peintre était établi à Bologne. — Déposition de la croix, Bologne.
MERAVEJA (le père MARC).	*Id.		Id.	Accompagna le père Pensaben à Trévise, et fut comme lui religieux dominicain; le tableau que ces deux peintres exécutèrent à Venise fut achevé par un Jean Jérôme sur lequel on n'a pas de ren-seignements. — École des Bellini.
LAVIZZARIO (VIN-CENT).	*Id.	MILAN.	Portr. et hist.	Détails inconnus. — Pour le portrait il est presque le Titien de l'école milanaise.
LACTANCE de Cré-mone.	*Id.	CRÉMONE.	Hist.	Étudia dans l'école des Milanais à Venise.
GRIFFI (BAPTISTE).	*Id.	AREZZO.	Id.	Élève du Garofolo.
FLORI (BERNARD).	*Id.		Id.	Élève du Garofolo.
CAPPELLINI (GA-BRIEL), dit LE CA-LIGARINO.	*Id.	FERRARE.	Id.	Sa première profession était celle de cordonnier; de là lui vient son surnom; recevant un jour les éloges de Dosso Dossi à propos d'une paire de souliers qui, lui disait ce dernier, était faite comme une peinture, il regarda ces mots comme un encouragement, devint élève de sa pratique et réussit parfaitement. — Dessin plein de franchise, coloris solide.
BRESCIANINO (ANDRÉ DEL).	*Id.	SIENNE.	Hist. et portr.	Travailla avec un de ses frères dont on ne cite pas le nom. — Enfance de la Vierge, Berlin. — Talent mou; manque total de vigueur.
BISSOLO (PIERRE-FRANÇOIS).	*Id.	VENISE.	Id.	Élève des Bellini. — Le sauveur du monde, Berlin. — Beaucoup de grâce et de délicatesse.
ASSISI (TIBÈRE D').	*Id.	ASSISE.	Hist.	École de P. Pérugin; signait ordinairement: Tiberius Diatelevi. — La Vierge et l'Enfant et deux autres saints, Berlin. — Imita son maître mais sans génie.
TOMMASO de Flo-rence.	*1521	FLORENCE	Portr. et hist.	Vivait en Espagne.
GIACOMO DI GUI-LIELMO.	*Id.	CASTEL DELLA PIEVE.	Hist.	Élève de P. Pérugin.
GASPERO d'Imola.	*Id.	IMOLA.	Id.	Détails inconnus.
MONVERDO (Luc).	*1522	UDINE.	Hist. et portr.	Élève de Pellegrino di San Daniele; mort à 21 ans. — Annonçait un talent supérieur.
ZACCHETTI (BER-NARD).	*1523	REGGIO EN MODÈNE.	Hist.	On le croit élève de Raphaël.
GRAMMORSEO (PIER-RE).	*Id.		Id.	Florissait en Piémont.
SPAGNUOLO (JEAN), dit LE SPAGNA.	*1524		Hist. et portr.	Élève de P. Pérugin; s'établit à Spolète et y laissa ainsi qu'à Assise ses meilleurs ouvrages. — Saint Jérôme, Rome. — Portraits pleins de vérité: imita avec bonheur le coloris de son maître.
AGABITI (PIERRE-PAUL).	*Id.	SASSO-FERRATO.	Hist.	Peintre de quelque mérite.

NOMS.	ANNÉES DE NAISSANCE ET DE MORT.	LIEU DE NAISSANCE	GENRE.	NOTES HISTORIQUES. — TABLEAUX PRINCIPAUX ET LIEUX OU ILS SE TROUVENT. — OBSERVATIONS.
VINCENT de San-Gimignano.	*1525	San Gi-mignano.	Hist. et portr.	Élève et ami de Raphaël; travailla dans la loge vaticane; le sac de Rome en 1527, le força de quitter cette ville. Mort peu de temps après. — La Vierge, l'enfant Jésus et saint Jean, Dresde. — Manière très-soignée; coloris harmonieux; caractère de figures agréable.
TONDUZZI (Jules).	*Id.	Faenza.	Hist.	Élève de J. Romain. — Peintre de mérite.
SINIBALDO de Pérouse.	*Id.	Pérouse.	Id.	Élève de P. Pérugin. — Un des bons artistes de l'ancienne école.
PORFIRIO (Bernard).	*Id.	Leccio.	Mo-saïque.	Travailla pour François Ier d'après des dessins du Vasari.
LUINI (Bernard), nommé quelquefois LUVINO ou LUVINI.	*Id.	Bourg de Luino (près du Lac majeur).	Hist. et portr.	Élève de Scotto; en 1500, Luini était déjà un maître distingué; quelques auteurs le font élève de L. de Vinci, mais cette assertion est fort douteuse; se rendit à Rome, y étudia Raphaël avec ardeur et succès; passionné pour son art, de mœurs douces et faciles; renommé comme bon poète aussi bien que comme grand peintre. — La Vierge et l'enfant Jésus adorés, Milan. Saint Jean, Naples. La Vierge adorée, ib. Jésus-Christ à la colonne, Rome. La Vierge, l'enfant Jésus et saint Jean, Florence. Hérodiade recevant la tête de saint Jean, ib. Sainte Catherine, Londres. Même sujet, Munich. Vierge allaitant, ib. Sainte famille, ib. Même sujet, Paris. Salomé avec la tête de saint Jean, Madrid. La Vierge et l'Enfant, Berlin. Tableaux et fresques, Brescia. Têtes pleines de vie, d'expression et de mouvement; idées naturelles, draperies vraies, style de la plus admirable simplicité; soigneuse observance des mœurs et costumes de l'antiquité; dessin, coloris et carnations de L. de Vinci et grâce de Raphaël.
ANTONIO de Faenza.	*Id.	Faenza.	Hist.	Détails inconnus. — Beau relief.
AGOSTINO de Milan, dit AGOSTINO DELLE PROSPETTIVE.	*Id.	Milan.	Persp. et hist.	Élève de B. Suardi; on croit qu'il ne fait qu'un avec Agostino des perspectives, qui travailla à Bologne. — Très-habile dans les effets d'optique de bas en haut.
BELLINIANO (Victor), appelé BELLINI par Vasari.	*1526		Hist. et portr.	Élève de J. B. Cima, dit : il Conegliano. — Perspective habile.
ZACCHIA (Paul), dit LE VIEUX.	*1527	Lucques.	Hist.	Un des principaux citoyens de sa ville natale. — Tableaux, Lucques. Sainte famille, Berlin. — Dessin correct; contours anguleux. Perspective et raccourcis heureux.
SCHIZZONE.	*Id.		Hist. et portr.	Compagnon de Vincent de San-Gimignano; mourut pendant les troubles de 1527. — Les malheurs de la guerre le forcèrent d'abandonner son art dans lequel il avait donné des preuves de talent.
RIZZO (Marc-Lucien).	*Id.		Mo-saïque.	Travailla avec les frères Bianchini.
GAVASH (Auguste).	*Id.	Vallée de Bremdana	Hist.	Imitateur d'A. Previtali.
EGOGNI (Ambroise).	*Id.	Milan.	Hist. et portr.	Reçut les leçons de L. de Vinci.
ALLEGRI (Laurent).	*Id.	Correg-gio.	Hist.	On pense qu'il donna les premières leçons à Antoine Allegri, fils de son frère.
SUARDI (Barthélemy), dit BRAMAN-TINO.	*1529	Milan.	Hist. et portr.	Élève de Bramante; travailla à Rome, puis à Milan. — Fresques, Rome. Tableaux, Milan. Vierge glorieuse, Berlin. Allégorie, ib. — Excellait dans la perspective linéaire; excellent architecte.
PAGANI (Vincent).	*Id.	Monte-Rubbiano (Marche-d'Ancône).	Id.	On le croit élève de Raphaël, laissa de magnifiques ouvrages dans le Picenum et l'Ombrie. — Talent supérieur.
NASOCCHIO (François).	*Id.	Bassano.	Hist.	Élève ou imitateur de Gentile de Fabriano.
GHIBERTI (Victor di Buonaccorso).	*Id.		Id.	Détails inconnus.
GERINO de Pistoie.	*Id.	Pistoie.	Id.	Élève du Pérugin, résida quelque temps à Rome. — La Vierge et l'enfant Jésus entourés d'anges et de saints, Florence. Sainte famille, Madrid. — Beaucoup de soin; manque de vie.
TOZZO (Jean Del).	*1550			Contemporain du Bigio; établi à Sienne.
GOBBO (André), dit DEL SOLARI.	*Id.	Milan.	Id.	Élève de Gaudenzio Ferrari. Contemporain du Corrége. — Jésus-Christ portant sa croix, Berlin. Salomé recevant la tête de saint Jean, Paris. Vierge allaitant, ib. — Bon coloris.
SOGLIANI (Jean-Antoine).	*Id.	Florence.	Hist. et portr.	Vécut et travailla pendant vingt-quatre ans chez Laurent di Credi, exécuta plusieurs ouvrages remarquables. Mort de la pierre. — La Vierge et l'enfant Jésus, Florence. La Vierge donnant l'habit à saint Thomas, ib. La crèche, Berlin. — Imita son maître et le frère Barthél. de saint Marc; travail très-lent mais très-soigné; talent séduisant; expressions remplies de bonté et de douceur.
RIZZO (François), dit RIZZO SANTA-CROCE.	*Id.	Santa Croce.	Id.	Élève de V. Carpaccio. — Mariage de la Vierge, Paris. Adoration des mages, Berlin. (Ce tableau attribué par les Allemands à Fr. Rizzo et signé : Franciscus de Santa F., n'appartiendrait-il pas à François de Santa Fede?)

NOMS.	ANNÉES DE NAISSANCE ET DE MORT.	LIEU DE NAISSANCE	GENRE.	NOTES HISTORIQUES. — TABLEAUX PRINCIPAUX ET LIEUX OU ILS SE TROUVENT. — OBSERVATIONS.
ROVIGO.	*1530	Urbin.	Sur porcel.	Peignit des vases vernissés.
PUPINI (Blaise), ou MASTRO BIAGIO, dit DALLE LAME ou LAMME.	*Id.	Bologne.	Hist. et portr.	Élève de Fr. Francia, à Rome, ami associé du Bagnacavallo qu'il suivit à Bologne ; travailla également avec Jérôme de Trevigi. — Nativité de Jésus-Christ, Bologne. Miracle des pains et des poissons, ib. Dispute de saint Augustin, ib. — Belle perspective, manière de son maître, mais agrandie par une étude consciencieuse de Raphaël, ses figures ont du relief.
NICOLAS DI STEFANO.	*Id.	Bellune.	Hist.	Florissait à Cadore où il travailla en concurrence avec la famille du Titien et souvent avec succès.
MELONI (Marc).	*Id.	Carpi.	Id.	Détails inconnus. — Pinceau très-soigné.
MARIANO DI SER EUSTERIO, ou MARIANO DE PERUGIA.	*Id.	Pérouse.	Id.	École de Pierre Pérugin.
LUZIO.	*Id.	Rome.	Hist. et portr.	Élève de P. del Vaga ; travailla au Vatican, d'après les cartons de son maître. — Exécution habile.
GIROLAMO de Santa Croce.	*Id.	Santa Croce.	Hist., portr. et pays.	Élève des Bellini. — Adoration des mages, Venise. Le Père Éternel et le Christ, ib. Jésus-Christ au berceau adoré par les anges, Dresde. Saint Sébastien, Berlin. Nativité, ib. — Manière délicate et gracieuse ; célèbre paysagiste ; raccourcis savants, nus étudiés et beaux, coloris harmonieux.
GIORGIO de Gubbio.	*Id.	Gubbio.	Sur porcel.	Modelait en terre.
FIGOLINO ou FOGALINO (Marcel).	*Id.	Vicence.	Hist., pays. et ornem.	Peignait vers le temps des Montagna. — Vierge glorieuse, Berlin. (Ce tableau est signé : Marcellus Fogolinus.) — Caractère très-original, costumes et physionomies parfaitement variés, grande intelligence des effets de lumière et de la perspective, lini précieux de détails. Ridolfi nomme ce peintre Jean-Baptiste.
DO IINICI (François).	*Id.	Trévise ?	Hist. et portr.	Élève du Titien et rival de Louis Fiumicelli. Mort à 55 ans. — Réussit surtout dans le portrait.
CAVAZZUOLA (Paul), dit MORANDO.	*Id.	Vérone.	Id.	Élève de Liberale de Vérone et de François Moroni. Mort à 37 ans, d'excès de travail. — Jésus-Christ mort (attribué), Vienne. — Belle composition, expression noble et remarquable.
CAROTTO (Jean), frère de Jean-François.	*Id.	Id.	Id.	Élève de son frère ; il eut la gloire de donner des leçons à Paul Véronèse ; célèbre architecte. — Imita la manière de son maître.
CACCIANIMICI (Vincent).	*Id.	Bologne.	Id.	Élève de Fr. Mazzuoli, dit le Parmesan , son intime ami ; cet artiste ne peignait qu'en amateur et était né gentilhomme. — Imita le style de son maître ; habile coloriste. Graveur à l'eau-forte.
BIGIO (Marc).	*Id.	Sienne.	Hist.	Détails inconnus. — Talent dans les petites figures.
BELLI (Marc).	*Id.	Argenta.	Id.	Élève de Jean Bellini.
SILVIO (Jean).	*1532		Id.	École du Titien. — Manière gracieuse et naturelle.
BERTUCCI (Jacques), dit JACOPONE DE FAENZA.	*Id.	Faenza.	Hist. et portr.	Élève de Raphaël. — Coloris plutôt vigoureux qu'agréable ; figures de femmes remplies de grâce de vivacité et de charme. Quelques auteurs font deux artistes séparés de ce peintre, mais l'opinion de Lanzi est contraire.
BECCARUZZI (François).	*Id.	Coneglia-no.	Id.	Élève du Pordenone. — Grande puissance de modelé.
PITTORI (Laurent).	*1533	Macerata	Hist.	Détails inconnus.
FLORIGERIO ou FLORIGORIO (Bastianello).	*Id.	Udine.	Hist. et portr.	Élève de Pellegrino di San Daniele ; vécut environ 40 ans. — Composition riche et abondante ; couleur crue et tranchante ; portraits très-ressemblants.
AMATRICE (Nicolas Dell').	*Id.		Id.	Florissait en Calabre ; habita longtemps Ascoli et y fit de remarquables ouvrages. — Assomption, Rome. Mort de la Vierge, ib. — Habile architecte et peintre de talent.
INDACO (Jacques Dell'), frère de François.	*1534		Id.	Élève de Dom. Ghirlandaïo ; travailla à Rome avec le Pinturicchio ; lié avec Michel-Ange. Grand ami du plaisir, ce peintre détestait le travail. Mort à Rome, à 68 ans. — Beaucoup de soin et de vérité.
FANO (Barthélemy de).	*Id.		Hist.	Vécut à Fano. — Style sec. Son fils Pompée, suivit la même manière.
PACCHIAROTTO (Jacques).	*1535	Sienne.	Id.	Un des chefs de la révolte qui éclata dans sa patrie, en 1535 ; sauvé du gibet par les PP. de l'Observance ; se réfugia en France, y fut accueilli par le Rosso et y travailla avec lui. — La Vierge et l'enfant Jésus, saint Joseph et saint Blaise, Florence. Saint François d'Assise, Munich. La Vierge et l'Enfant, ib. — Manière du Pérugin qui fut peut être son maître, de l'imagination et une belle composition, ensemble riche ; imita avec beaucoup de bonheur la beauté, la grâce des figures et les airs de tête de Raphaël.

NOMS.	ANNÉES DE NAISSANCE ET DE MORT.	LIEU DE NAISSANCE.	GENRE.	NOTES HISTORIQUES. TABLEAUX PRINCIPAUX ET LIEUX OU ILS SE TROUVENT. OBSERVATIONS.
CARDISCO (Marc), dit MARCO CALABRESO	*1535	En Calabre.	Hist. et portr.	Se fixa à Naples, y resta toute sa vie, eut une existence paisible et de grands succès. — Descente de croix, Naples. Piété, ib. — Coloris brillant ; style soutenu.
PIAZZA (Calixte), dit DA LODI.	*1536	Lodi.	Hist.	Un des meilleurs élèves du Titien, parcourut l'Italie en laissant partout des traces de son passage. — Peignit beaucoup de fresques dans la plupart des églises de son pays. — Hérodias recevant la tête de saint Jean, Vienne. — Pinceau large, vaste composition, imita la manière du Titien et celle du Giorgion.
INDACO (François Dell'), frère de Jacques.	*Id.		Hist. et portr.	Travailla à Arezzo et à Rome ; s'il n'avait pas suivi l'exemple de son frère en se laissant aller à une condamnable paresse, il serait parvenu à une très-grande hauteur. — Bon dessinateur ; peintre d'un talent éminent. Modeleur en stuc.
FUMICELLI ou FIUMICELLI (Louis).	*Id.	Trévise.	Hist.	Élève ou imitateur habile du Titien ; abandonna la peinture pour étudier les fortifications.
BERNAZZANO.	*Id.	Milan.	Pays., genre, oiseaux, fleurs et plantes.	Ami de César da Sesto avec lequel il fit la plupart de ses ouvrages. — Belle couleur, beaucoup de vérité.
ZACCAGNA (Turpino).	*1537	Cortone.	Hist. et portr.	Élève de Luc Signorelli. — Adopta un autre style que celui de son maître.
DOMENICO BOLOGNESE.	*Id.	Bologne.	Hist.	Digne de le disputer en talent aux plus habiles de ses contemporains, ce peintre fut longtemps dans l'oubli parce qu'il vécut loin de sa patrie.
COSTA (Hippolyte).	*1538	Mantoue.	Hist. et portr.	Travailla à l'embellissement de la cathédrale de Mantoue. Ses fils Louis et Jérôme, furent des peintres médiocres. — On le croit de la famille des deux Laurent Costa.
SCARPACCIA (Benoît), fils ou neveu de Victor.	*1540	Venise.	Id.	Détails inconnus. — Teintes douces, physionomies vraies, clair-obscur savant, un peu de sécheresse dans les pieds et dans les mains.
SAVOLDO (Jérôme), dit GIROLAMO BRESCIANO.	*Id.	Brescia.	Hist.	Étudia le Titien. Comme cet artiste jouissait d'une fortune personnelle, il ne peignait que pour se distraire et ne fit pas payer les tableaux dont il ornait les églises. Mort à Venise. — Jésus-Christ dans une gloire, Florence. Transfiguration, Florence. Sujet inconnu, Berlin. — Bonne couleur et exécution d'un grand fini. Les amateurs recherchent beaucoup les œuvres de Savoldo.
MELDOLLA (André).	*Id.		Id.	On le confond souvent avec André Medula, dit le Schiavone et ce pourrait bien être le même artiste. — Graveur à la pointe.
LOTTO (Laurent).	*Id.	Venise.	Hist. et portr.	Étudia à Venise sous Bellini et le Giorgion ; condisciple et ami constant de Palma le vieux ; on croit qu'il reçut des leçons de L. de Vinci ; peignit la plupart de ses tableaux à Bergame où il était revenu en 1513 ; dans sa vieillesse, en 1560, Lotto peignit dans la célèbre chapelle de Lorette et mourut dans cette ville. — Saint Nicolas, Venise. Sainte famille, Florence. Trois figures inconnues, ib. Mariage de sainte Catherine, Munich. Vierge glorieuse, Vienne. La femme adultère, Paris. Mariage présumé celui de Ferdinand et d'Isabelle, Madrid. Saint Sébastien et saint Christophe (diptique), Berlin. Jésus-Christ quittant sa mère avant sa Passion, ib. Portrait du peintre, ib. Saint Maurice et saint Étienne, ib. — Gracieuse distribution de la lumière, vêtements riches, formes sveltes, expressions paisibles, beauté idéale.
LICINIO (Bernard), également dit LE PORDENONE, neveu de Jean-Antoine.	*Id.		Id.	Élève du chevalier Pordenone, son parent ; le mérite de quelques-uns de ses portraits les a fait attribuer à son maître. — Portrait d'Octave Grimani, Vienne. Le joueur de paume, Berlin. Portrait d'homme, ib. — Imita la manière de son maître.
GIROLAMO d'Udine.	*Id.	Udine.	Hist.	École de Pellegrini di San Daniele. — Bon empâtement de couleurs, invention originale mais un peu bizarre.
FRANCESCO de Milan.	*Id.	Milan.	Id.	École du Titien.
FONTANA (Horace), frère de Flaminio.	*Id.	Urbin.	Miniat.	Excellent peintre sur porcelaine. — Vernis parfait, figures et formes de la plus grande beauté ; finesse extraordinaire.
FANTUZZI (Antoine), dit ANTOINE DE TRENTE.	*Id.	Trente.	Grotesques.	Élève du Parmesan ; se rendit en France et y travailla à l'embellissement de la galerie de Fontainebleau probablement sous la direction de Primatice. — Plus renommé comme graveur sur bois et à l'eau-forte que comme peintre.
COMI (Jérôme).	*Id.	Modène.	Persp.	Détails inconnus.
COLLEONI (Jérôme).	*Id.	Bergame.	Hist.	École du Titien ; peu apprécié dans sa patrie, il alla s'établir à Madrid, et ne laissa en Italie qu'un cheval peint sur une façade, avec cette inscription : Nemo propheta in patria.
CAVERSEGNO (Auguste).	*Id.	Id.	Id.	Détails inconnus.
CAVALLO (Albert).	*Id.	Savone.	Id.	Élève de J. Romain (?), on croit qu'il mourut en pays étranger. — Grand mérite.
CAMILLO.	*Id.	Mantoue.	Pays., fleurs, fruits, etc.	Travailla sous la direction du Genzo. — Très-habile dans son genre.

NOMS.	ANNÉES DE NAISSANCE ET DE MORT.	LIEU DE NAISSANCE	GENRE.	NOTES HISTORIQUES. — TABLEAUX PRINCIPAUX ET LIEUX OU ILS SE TROUVENT. — OBSERVATIONS.
BONVICINI (ALEXANDRE), dit LE MORETTO.	*1540	BRESCIA.	Hist. portr.	Suivit d'abord les traces du Titien et ensuite celles de Raphaël ; finit par se créer un style nouveau. Vivait encore en 1547. — Vénus pleurant Adonis, Florence. Jésus-Christ descendant aux limbes, ib. Un homme jouant de la guitare, ib. Fresques : Hermaphrodite et Salmacis, Rome. Sainte Justine (attribué), Vienne. Saint Bernardin de Sienne et saint Louis, évêques, Paris. Saint Bonaventure et saint Antoine de Padoue, ib. Saint Augustin, Berlin. — Excella dans le portrait ; coloris plein de charme ; exécution soignée ; têtes gracieuses, naïves, mais un peu mesquines, expressions pieuses et douces. Draperies variées mais peu choisies, perspectives et ornements magnifiques.
BLACEO (BERNARD).	*Id.	EN FRIOUL.	Hist.	Détails inconnus. — Composition un peu ancienne.
BERNABEI (THOMAS).	*Id.	CORTONE.	Hist. et portr.	Élève de Luc Signorelli. — Tableaux à Santa-Maria-del-Cacinajo. — Imita son maître avec exactitude.
GIORDANO (ÉTIENNE).	*1541	MESSINE.	Hist.	Élève de Pol. Caldara de Caravaggio. — Peintre de beaucoup de mérite.
BOZZATO ou BOZZA (BARTHÉLEMY).	*1542	BOLOGNE.	Mosaïque.	Contemporain et rival des Mosaïstes Zuccati.
PAGANI (GASPARD).	*1543	MODÈNE.	Portr. et hist.	Détails inconnus.
CODA (BARTHÉLEMY), fils de Benoît.	*1543		Hist. et portr.	Habita Rimini en même temps que son père. — Vierge glorieuse, Berlin. — Anges d'une grâce parfaite ; goût excellent.
MORENO (frère Lorenzo).	*1544	GÊNES.	Hist.	Religieux de l'ordre des Carmes. — Peintre de fresques, très-habile.
SACCO (SCIPION).	*1545	CÉSÈNE.	Id.	Élève de Raphaël. — Pinceau large, coloris vigoureux.
CORSO (JEAN-VINCENT).	*Id.	NAPLES.	Id.	Élève de l'Amato, puis de Périn del Vaga, à Rome.
BORGO (JEAN-PAUL DEL).	*Id.	BORGO SAN SEPOLCRO.	Id.	Aida le Vasari en 1545.
TARASCHI (JULES).	*1546	MODÈNE.	Hist. et portr.	Élève de Pellegrino, le jeune ; ses deux frères, dont on ne cite pas les noms, furent également peintres.
PIAGGIA (TÉRAMO ou ÉRASME).	*1547	ZOAGLI (Gênes).	Id.	Élève de Louis Brea : condisciple d'A. Semini, il peignit avec cet artiste la plupart de ses compositions ; travailla à Chiavari et à Gênes. — Lorsqu'il travailla seul sa manière se rapprocha davantage de l'antique, surtout dans la composition ; têtes remplies de vivacité ; style étudié et plein de grâce.
PASTORINO.	*Id.	SIENNE.	Id.	Élève de Guillaume de Marseille, qui lui légua ses vitraux, ses dessins et ses ustensiles de travail. — S'exerça dans plusieurs parties de son art.
BIANCHINI (les frères DOMINIQUE et VINCENT).	*Id.		Mosaïque.	Travaillèrent d'abord avec les Zuccati et devinrent ensuite leurs ennemis déclarés. Dominique fut surnommé il Rosso. Jean-Antoine, fils de Vincent, participa aux travaux de son père et de son oncle. — Principes moins solides que ceux des Zuccati ; Vincent eut le plus de talent.
BOTTAGLIA (DENIS).	*Id.	VÉRONE.	Hist.	Détails inconnus.
RINALDO (DOMINIQUE) ; dit RINALDO MANTUANO.	*1550	MANTOUE.	Hist. et portr.	Élève de Jules Romain ; annonçait un talent remarquable. Mort prématurément. — Triomphe de Jules César, Vienne. — Excellent coloris.
PORRO (THOMAS).	*Id.	CORTONE.	Id.	Peintre sur verre. — Plus habile à réunir et à cuire les verres qu'à les peindre.
PIETRO DE BAGNAJA (don).	*Id.		Hist.	Étudia d'après Raphaël ; Chanoine de Latran ; vivait à Ravenne. — Beaucoup de grâce, coloris faible.
PARENTANI (ANTOINE)	*Id.		Id.	Florissait en Piémont.
GUALTIERI.	*Id.	PADOUE.	Id.	Parent et compagnon de travail de Dominique Compagnuola.
CERVA (JEAN-BAPTISTE DELLA).	*Id.		Id.	Imitateur de Gaud. Ferrari ; demeura toujours à Milan. — Têtes animées et bien choisies, coloris brillant, ensemble harmonieux.
BILIA (JEAN-BAPTISTE DELLA).	*Id.	BORGO SAN SEPOLCRO ou CITTA DI CASTELLA.	Hist. et portr.	Peintre et soldat ; travailla avec le Doceno.
BERNABEI (PIERRE-ANTOINE), dit DELLA CASA.	*Id.	PARME.	Hist.	École du Corrège. — Du relief ; coloris vigoureux.

NOMS.	ANNÉES DE NAISSANCE ET DE MORT.	LIEU DE NAISSANCE	GENRE.	NOTES HISTORIQUES. — TABLEAUX PRINCIPAUX ET LIEUX OU ILS SE TROUVENT. — OBSERVATIONS.
BELLUNÈSE (George).	*1550		Orn. et min.	Florissait à San Vito. — Excella dans les ornements et fut très-habile dans la miniature.
ALEXANDRE de Carpi.	*Id.	Carpi.	Hist.	On le croit élève de L. Costa ; César Testa, son contemporain, n'est pas plus connu que lui.
PAPARELLO, PAPACELLO ou PARERÉLLO (Thomas).	*1551	Cortone.	Hist. et portr.	Fut employé par Jules Romain dans plusieurs de ses travaux. — Ses ouvrages sont inconnus.
VIGNERIO (Jacques).	*1552	Messine.	Hist.	Élève de Polidore Caravage.
PAGANI (Lattanzio), fils de Vincent et dit LACTANCE DELLA MARCA.	*1553	Monte-Rubbiano.	Id.	Élève de son père ; séjourna à Venise et y peignit en concurrence avec le Conegliano ; hérita des principaux travaux du Pérugin à Pérouse ; devint chef de la police dans cette dernière ville, en 1555, et abandonna la peinture cette même année. — Peignit plusieurs salles du château de Rimini. — Belle ordonnance, expression remarquable ; paysage très-soigné ; teintes vigoureuses et bien distribuées ; ensemble plein de goût. D'après quelques auteurs il est né à Rimini, ce qui l'a fait surnommer *Lactance de Rimini.*
MOMBELLI (Luc).	*Id.	Brescia.	Id.	Élève d'A. Bonvicini.
FALCONETTI (Jean-Marie), frère de Jean-Antoine.	*Id.	Vérone.	Id.	Élève de son père, Jacopo de Vérone, peintre médiocre, qui lui-même était neveu de Stefano de Vérone ou de Zevio (voir ce nom). Quelques auteurs le font naître en 1458 et mourir en 1534. Son frère Jean-Antoine peignit les fruits et les animaux, excella dans ce genre et mourut à Rovereto, où il s'était établi. — Architecte célèbre et bon peintre de fresques.
CESAREI (Séraphin).	*1554	Pérouse.	Id.	Détails inconnus.
CASA (Jean-Martin).	*Id.	Verceil.	Id.	Élève et gendre de B. Lanino ; vécut à Milan.
ZANCHI (Philippe et François).	*1555	Bergame.	Id.	Ces deux frères travaillèrent avec J. Colleoni.
MIO (Jean de), surnommé FRATINA (?).	*1556	Vicence.	Id.	On ignore quel fut son maître ; travailla à Venise en concurrence avec le Schiavone, Porta, Franco, etc.
FONTANA (Flaminio), frère d'Horace.	*Id.	Urbin.	Miniat. sur porcelaine.	Travailla avec son frère ; fut appelé à Florence et y introduisit la bonne méthode de peindre les vases.
NADALINO ou NATALINO de Murano.	*1558	Murano.	Hist. et portr.	Élève du Titien. Mort jeune. — Excella dans le portrait, bon compositeur de tableaux de cabinet.
PICCHI (George).	*1559	Castel-Durante.	Hist.	Séjourna à Rome ; travailla dans la bibliothèque Vaticane. — Manière du Barocci.
FONTANA (Jean-Baptiste).	*Id.	Vérone.	Id.	Il paraît s'être occupé longtemps à la cour de Vienne. — Graveur.
ZACCHIA (Laurent), dit ZACCHIA LE JEUNE.	*1560	Lucques.	Id.	Détails inconnus. — Contours assez moelleux ; coloris satisfaisant. Dessin faible. Graveur et dessinateur.
SICIOLANTE (Jérôme), dit GIROLAMO de sermoneta.	*Id.	Sermoneta.	Hist. et portr.	Élève de L. Pistoia et de Périn del Vaga ; travailla avec ce dernier à Rome. — Transfiguration, Rome. Fresques, *ib.* — Beaucoup de fini ; invention riche ; bonne entente de la composition ; nommé quelquefois *Scrio.*
ROSELLI (Nicolas).	*Id.	Ferrare.	Hist.	On le croit élève de Dosso-Dossi. — Faire trop recherché, lâche et minutieux ; coloris rosé.
MELZI (François).	*Id.	Milan.	Id.	Élève de L. de Vinci ; ce peintre eut pour son maître la tendresse et les soins d'un fils ; en reconnaissance, Léonard le nomma son exécuteur testamentaire et lui légua particulièrement ses livres et quelques instruments de son art. — Vertumne et Pomone, Berlin. — Il était gentilhomme et fort riche.
LANCONELLO (Christophe).	*Id.	Faenza.	Id.	Détails inconnus. — Pinceau facile, coloris plein de charme, airs de tête très-gracieux.
FIACCO (Orlando).	*Id.	Vérone.	Hist. et portr.	Élève de Fr. Torbido dit le Moro ; vécut peu de temps et eut plus de mérite que de fortune. — Portraits très-beaux et très-ressemblants ; sa manière rappelle celle du Caravage.
DONI (Adone).	*Id.	Ascoli ou Assise.	Id.	Travailla à décorer les salles de la citadelle de Pérouse. — Sainte famille, Berlin. — Admirable vérité dans le portrait, peu d'invention, beaucoup d'exactitude.
CUNGI (Léonard).	*Id.	Borgo San-Sepolcro.	Hist.	Détails inconnus ; un de ses contemporains et son compatriote, Durante del Nero, peignit au palais pontifical. — Dessinateur de mérite.
COSTA (Laurent), le jeune.	*Id.	Mantoue.	Id.	On le croit fils d'Hippolyte.
BONASONI (Jules), dit JULES BOLOGNÈSE.	*Id.	Bologne.	Id.	Élève de L. Sabbattini. Mort à Rome. Ses estampes sont datées depuis 1521 jusqu'en 1574. — Bon graveur à l'eau-forte et au burin.

NOMS.	ANNÉES DE NAISSANCE ET DE MORT.	LIEU DE NAISSANCE	GENRE.	NOTES HISTORIQUES. — TABLEAUX PRINCIPAUX ET LIEUX OU ILS SE TROUVENT. — OBSERVATIONS.
ARZERE (Étienne Dell').	*1560	Padoue.	Hist.	Imitateur du Titien ; travailla avec D. Campagnuola et Gualtieri. — Trop de rudesse.
ALBERTI (François).	*Id.	Venise.	Id.	On ne cite de lui qu'un seul ouvrage, et encore lui est-il contesté.
LOMELLINO (Valentin).	*1561	Raconigi.	Hist. et min.	Peintre ducal, en Piémont.
LÉONARDO de Pistoie.	*Id.	Pistoie.	Hist.	Élève de François Penni ; nommé par quelques-uns Guelfo del Celano, par d'autres Malatesta et enfin Gratia. Lanzi croit pouvoir assurer qu'il doit y avoir eu deux peintres du même nom, à Pistoie. — Sous un tableau qui se trouve dans la cathédrale de Volterra, on lit : Opus Leonardi Pistoriensis. La Vierge et l'Enfant, Berlin. — Bonne couleur ; dessin faible.
ARGENTA (Jacques).	*Id.	Ferrare.	Id.	Peintre ducal, en Piémont.
ZUCCATI (François), fils de Sébastien.	*1565	En Valteline.	Mosaïque et portr.	Auteur de plusieurs tableaux pleins de talent. — Mosaïques, Venise. — C'est à lui et à son frère que sont dus les perfectionnements apportés dans leur siècle à la mosaïque. Grande intelligence du dessin.
ZUCCATI (Valère), fils de Sébastien.	*Id.	Id.	Id.	Produisit des ouvrages remarquables. — Deux archanges (avec François), Venise. Et autres, ib. — Les tableaux des Zuccati étaient exécutés d'après les cartons des plus grands maîtres de leur époque.
URBANI (Michel-Ange).	*1564	Cortone.	Hist. et mosat.	Peintre sur verre, sorti de l'école de Guillaume de Marseille.
CARNEVALE (Dominique).	*Id.	Modène.	Hist.	Employé à Rome à restaurer les peintures de Michel-Ange.
SECCANTE (Sébastien).	*1565	Udine.	Hist. et portr.	Élève et gendre de P. Amalteo. — Anges d'une beauté céleste ; bons principes ; réussit dans le portrait. Son frère Jacques commença à peindre à l'âge de 50 ans ; ce dernier eut un fils, Sébastien le jeune, artiste médiocre. Un autre Seccante de la même famille florissait dans le même siècle, mais avec très-peu de réputation.
PINO (Paul).	*Id.	Venise.	Portr. et hist.	Détails inconnus. — Portrait du médecin Coignati, Florence. — Style des Bellini, mais s'approchant plus du moderne.
PAPI (Christophe), dit CRISTOFANO DELL'ALTISSIMO.	*Id.	Florence	Id.	Élève du Pontormo, puis d'Ange Bronzino. — Portrait de femme, Florence. Portrait de Clarisse Ridolfi, ib. Portrait de Pierre de Médicis, ib. Un poète, ib. — Se fit une bonne réputation dans le portrait et en exécuta un grand nombre.
MORONI (Jean-Baptiste).	*Id.	Albino.	Id.	Élève d'Alexandre Bonvicini dit Moretto. — Portrait d'un vieillard, Florence. Portraits, ib. Portrait d'homme, Dresde. Portraits, Venise. Tableaux Naples. Portrait d'un ecclésiastique, Munich. Portrait de femme, Berlin. Portrait d'un jeune homme, Berlin. — Grande vérité, têtes pleines de vie et d'âme ; dessin faible dans les mains, poses défectueuses.
CAVALORI ou CAVALLERI (Mirabella), dite SALINCORNO ou SOLINCORNO.	*Id.		Portr., genre et hist.	Élève de D. Curadi del Ghirlandaio ; travailla à la pompe funèbre de Michel-Ange. — Une chambre où l'on nettoie les laines, Florence. Lavinie à l'autel, ib. La tête de saint Jean-Baptiste apportée à Hérode, ib. — Exécuta un grand nombre de portraits ; ne réussit que dans les tableaux de cabinet.
ANGELO (Marc d'), fils de Baptiste.	*Id.	Vérone.	Hist. et portr.	Élève de son père ; travailla conjointement avec lui dans sa ville natale et mourut fort jeune à Rome. — On assure que quelques-uns de ses tableaux ont été pris pour des œuvres de Raphaël. Graveur à l'eau-forte.
VIGRI (Jacques).	*1567	Medicina (Bolonais).	Hist.	Protégé par les souverains du Piémont.
ARAGONÈSE (Sébastiano ou Luc-Sébastiani).	*Id.	Brescia.	Id.	Détails inconnus. — Composition commune, plis malheureux ; formes, coloris et mouvement dignes de grands éloges ; bon dessinateur.
BENCI (Dominique).	*Id.		Id.	Aida le Vasari dans ses travaux.
VELTRONI (Étienne).	*1568	Monte Sansovino.	Hist., portr. et genre.	Parent de G. Vasari avec lequel il travailla et qu'il suivit à Naples, à Bologne et à Florence. — Exécution difficile ; beaucoup de soin et de patience.
SCIORINI ou DELLA SCIORINA (Laurent).	*Id.	Florence	Hist. et portr.	Élève du Bronzino ; travailla au catafalque de Michel-Ange. — Hercule et le Dragon, Florence. La ville de Florence, ib. — Dessin correct.
ROSSETTI (Jean-Paul).	*Id.	Volterra	Id.	Fut employé par Daniel de Volterra, dont il était l'élève et le neveu. — Ses ouvrages sont dignes de louange.
RICCHINO (François).	*Id.	Brescia.	Id.	Imitateur du Moretto. — Étudia avec fruit les ouvrages du Titien.
PORTA (Horace).	*Id.	Sansovino.	Hist.	On pense qu'il ne peignit que dans sa patrie.
PORLETTI ou PORTELLI (Charles).	*Id.	Lono (Val d'Arno).	Hist. et portr.	École d'André del Sarto ; travailla beaucoup pour la ville de Florence ; quelques-uns lui donnent Rodolphe Ghirlandaio pour maître. — Manque d'harmonie.

NOMS.	ANNÉES DE NAISSANCE ET DE MORT.	LIEU DE NAISSANCE	GENRE.	NOTES HISTORIQUES. — TABLEAUX PRINCIPAUX ET LIEUX OU ILS SE TROUVENT. — OBSERVATIONS.
MINGA (André Del).	*1568	Florence	Hist. et portr.	Élève de Rodolphe Ghirlandaio et de Michele. — Deucalion et Pyrrha, Florence. Création d'Ève (dessins de Bacio Bandinelli), ib. Adam et Ève chassés du Paradis (dessins de Bacio Bandinelli), ib.
METTIDORO (Mariotto).	*Id.		Orn.	S'associa avec André di Cosimo Feltrini et Rafaello Mettidoro.
METTIDORO (Raphael).	*Id.		Id.	Travailla avec André di Cosimo Feltrini et Mariotto Mettidoro.
MAZZONI (Jules).	*Id.	Plaisance	Hist. et portr.	Élève de Daniel de Volterra; apprit les principes de son art chez George Vasari. — Acquit beaucoup de talent à travailler le stuc et devint un artiste remarquable.
LUCIANO (Guillaume), dit GUILIELMO MILANESE ou GUILLAUME DE LA PORTA, frère de Sébastien Luciano del Piombo.	*Id.		Hist.	Élève de Perin del Vaga pour le dessin, acheva les travaux commencés par son frère à la cour pontificale. — Célèbre sculpteur.
LIBERALE (Gensio ou George ou Genezio).	*Id.	Udine.	Poiss., hist., etc.	Élève de Pellegrino di San Daniele; attaché au service de Ferdinand, archiduc d'Autriche. — Excellait à peindre des poissons. Sa manière se rapproche de celle des Bassan.
GRASSI (Jean-Baptiste).	*Id.	Id.	Hist. et portr.	Élève du Pordenone. — Également architecte.
GHISONI (Fermo).	*Id.	Mantoue.	Id.	Élève de Jules Romain; aida son maître dans plusieurs de ses ouvrages. — Peintre de mérite; belle expression de têtes.
GHISI (Jean-Baptiste), dit BERTANO.	*Id.	Id.	Hist. et arch.	Élève de Jules Romain; l'accompagna à Rome; protégé par Guillaume III de Gonzague, duc de Mantoue, qui le créa chevalier et le nomma surintendant de toutes les fabriques de l'État. Excellent écrivain sur différentes parties de l'art. Son frère Dominique travailla en commun avec lui. — Laissa très-peu de tableaux. — Dessin hardi et élégant; bonne perspective; architecte de beaucoup de mérite, sculpteur et graveur au burin.
FORTORI (Alexandre)	*Id.	Arezzo.	Hist.	Ne quitta pas la Toscane.
FORBICINI (Éliodore).	*Id.	Vérone.	Grotesques, histoire, port., etc.	Travailla avec B. India. — Très-habile dans les grotesques.
FLORIANI (François).	*Id.	Udine.	Hist. et portr.	Élève de Pellegrino di San Daniele; travaillait à la cour de l'empereur Maximilien II, en 1565; son frère et condisciple, Antoine, le suivit en Allemagne. Tableaux, Udine. Vierge glorieuse, Vienne. — Beaucoup de soin; excella dans le portrait; architecte.
DOMENICO de Rome.	*Id.	Rome.	Hist.	Élève de Fr. Salviati.
CRESCIONE (Jean-Philippe ou Jean-Baptiste).	*Id.	Naples.	Hist. et portr.	Élève de Marc Cardisco.
CASTELLANI (Léonard).	*Id.		Id.	Beau-frère de J. P. Crescione, avec lequel il travailla.
CAPPELLI (François).	*Id.	Sassuolo.	Hist.	Élève du Corrège: s'établit à Bologne.
BIGORDI (Michel), dit MICHELE DEL GHIRLANDAIO.	*Id.	Florence	Hist. et portr.	Élève de J. A. Sogliani; passa ensuite à l'école de Rodolphe Ghirlandaio, dont il prit le nom. — La Vierge et l'Enfant entourés de saints, Florence. Supplice de mille martyrs, ib.
ANGELO (Baptiste d').	*Id.	Vérone.	Hist., portr., batail. et min.	Élève et gendre de Torbido, et surnommé, comme son beau-père: del Moro. — Imita la manière de son maître; plus de moelleux dans le dessin et plus de grâce.
ROSA (Étienne), frère de Christophe.	*1570	Brescia.	Hist., portrait et persp.	Tous les travaux d'embellissement dont on le chargea furent exécutés avec son frère. — Excellait dans la perspective.
CASTAGNOLI (César), frère de Barthélemy.	*Id.	Castelfranco.	Hist.	Imitateur de Paul Véronèse. — Idées abondantes et assez spirituelles; grande facilité.
BERTOLI.	*Id.	Venise.	Id.	Imitateur du Tintoret.
AQUILANO (Pierre).	*Id.	Aquila.	Id.	Détails inconnus.
NOBILI (Durante de).	*1571	Caldarola.	Id.	Imitateur de Michel-Ange.
NERONI (Barthélemy), dit MAESTRO RICCIO.	*1573	Sienne.	Hist. et décor.	Élève de B. Péruzzi et du Sodoma dont il épousa la fille; il sut, après ce dernier, soutenir la réputation de l'école dont il demeura le chef; exécuta pour le théâtre de Sienne plusieurs belles décorations, et fut de plus architecte de la république de Lucques. — La Vierge, l'enfant Jésus, saint Louis et sainte Claire, Berlin. — Très-habile dans la perspective.

NOMS.	ANNÉES DE NAISSANCE ET DE MORT.	LIEU DE NAISSANCE	GENRE.	NOTES HISTORIQUES. — TABLEAUX PRINCIPAUX ET LIEUX OU ILS SE TROUVENT. — OBSERVATIONS.
SALVI (Tarquin).	*1575	Sassoferrato.	Hist.	Détails inconnus. — Le Rosaire, Rome. — Composition riche.
URBANIS (Jules).	*1574	San-Daniello.	Id.	Élève de P. Amalteo.
TARILLIO (Jean-Baptiste).	*1575	Milan.	Id.	Détails inconnus.
SETTI (Hercule d').	*Id.	Modène.	Id.	Habile graveur. — Style élevé, grande intelligence du nu, coloris vigoureux, mouvements spirituels.
ORNIERO (Gérard).	*Id.		Id.	Peintre sur verre.
NERI (Jean), dit DEGLI UCCELLI.	*Id.		Ois., poiss., etc.	Talent remarquable dans son genre.
GIOVANNI d'Urbin.	*Id.	Urbin.	Hist.	École du Barocci ; fut peintre de la cour d'Espagne et travailla à l'Escurial.
FRANCESCO d'Urbin.	*Id.	Id.	Id.	École du Barocci ; alla fort jeune en Espagne, y fut nommé peintre de la cour et y travailla à l'Escurial. Mort à la fleur de l'âge. — Artiste d'un grand génie et d'un talent supérieur.
CANNERI (Anselme).	*Id.	Vérone.	Hist. et portr.	Élève de J. Caroto ; travailla beaucoup à Vicence, et fut un auxiliaire de Paul Véronèse.
MATTIOLI (Jérôme)	*1577	Bologne.	Hist.	Mort jeune. — Imitateur des Carrache.
ORAZIO de Castelfranco, dit DEL PARADISO.	*1578	Castel-franco.	Id.	Détails inconnus. — Exécution remarquable.
INDIA (Bernard L'), fils de Tullio.	*Id.	Vérone.	Hist., portr. et décor.	Détails inconnus. — Composition riche ; manière vigoureuse quoique gracieuse.
SALIMBENI (Archange).	*1579		Hist.	Élève du Sodoma, dont il termina un des tableaux ; d'autres lui donnent pour maître Frédéric Zuccaro, et une troisième version lui fait recevoir les leçons du Tozzo ou du Bigio, à Sienne ; séjourna à Rome. — Dessin correct, mais peu moelleux.
TANDINI de Bevagna.	*1580	Bevagna (près d'Assise).	Id.	Détails inconnus.
SCUTELLARI (André).	*Id.	Viadana (Crémone).	Id.	Détails inconnus.
SCOLARI (Joseph).	*Id.	Vérone ou Vicence.	Id.	Élève de J. B. Maganza. — Teintes jaunâtres, bon dessin.
POZZI (Jean-Baptiste).	*Id.	Milan.	Hist. et portr.	Élève de Rafaellino de Reggio ; mort à vingt-huit ans. Un autre Jean-Baptiste Pozzi, de Milan, travailla en 1700 et réussit à produire de l'effet dans l'ensemble de ses compositions. — Chœur d'anges, Rome. Fresques, ib. — S'approcha beaucoup de la manière de son maître.
PINAREZZI (Félix).	*Id.	Bologne.	Hist.	Membre de l'Académie dans sa ville natale, en 1577.
MONTE (Jean de).	*Id.	Crème.	Hist. et pays.	Élève du Titien ; florissait à Milan. — Se rapprocha de Polidore Caravage ; représenta avec art des figures qui, vues de près, se composaient d'objets se rapportant à leur sens allégorique.
MAZZUOLI ou MAZZOLA (Jérôme), fils du Michel.	*Id.	Parme.	Hist.	Élève du Parmesan, son parent ; fut lié intimement avec ce dernier jusqu'au départ de François pour Rome ; au retour de ce dernier leur amitié continua d'abord, puis s'éteignit peu à peu, et à sa mort le Parmesan nomma deux étrangers pour ses héritiers, sans rien léguer à son cousin ; resta toute sa vie à Parme et y vivait encore en 1580. Son fils Alexandre mourut en 1608 et fut un faible imitateur de son père. — Mariage de sainte Catherine, Parme. Fresques, ib. Multiplication des pains, Mantoue. Fresques, ib. Saint George adorant la Vierge et l'enfant Jésus, allégorie, Dresde. Mariage de sainte Catherine. Berlin. La crèche, Paris. — Imita le Corrège avec beaucoup d'habileté ; excellait dans la perspective, l'harmonie, la science et la beauté du clair-obscur ; beaucoup de facilité ; fécond, varié, plein de chaleur et de vivacité dans ses grandes compositions ; quelques-uns de ses ouvrages soutiennent difficilement un examen approfondi ; dessin peu correct dans le nu ; grâce parfois très-affectée ; mouvements tombant souvent dans l'exagération ; la plupart des tableaux où ces défauts se font le plus sentir ont été peints en partie par ses élèves.
MASSI (Antoine).	*Id.	Jesi.	Id.	Prêtre ; exposa quelques tableaux à Bologne.
MAGNANI (Christophe).	*Id.	Pizzighitone (royaume Lomb.-Vén.)	Hist. et portr.	Élève de Bernard Campi ; travailla à Crémone en société avec Horace d'Azola. Mort à la fleur de son âge. Saint Jacques et saint Jean, Plaisance. Nativité, Crémone. — Composition sage. Ses portraits sont pleins de force et de naturel.
LEONI (Jérôme da).	*Id.	Plaisance.	Hist.	Peignit avec Cunio, de Milan.
CARRADORI (Jacques-Philippe).	*Id.	Faenza.	Id.	Détails inconnus.

NOMS.	ANNÉES DE NAISSANCE ET DE MORT.	LIEU DE NAISSANCE	GENRE.	NOTES HISTORIQUES. TABLEAUX PRINCIPAUX ET LIEUX OU ILS SE TROUVENT. OBSERVATIONS.
CAPOLONGO ou CAMPOLONGO (ANTOINE).	*1580	NAPLES.	Hist.	Élève de J. Bernard Lama.
BONA (THOMAS).	*Id.	BRESCIA.	Hist. et persp.	Travaillait encore en 1591.
ARMENINI (JEAN-BAPTISTE).	*Id.	FAENZA.	Hist.	Publia des ouvrages sur la peinture. — Plus de théorie que de pratique.
CAPORALI ou BITTI (JULES), fils de Jean-Baptiste.	*1582	PÉROUSE.	Hist. et portr.	Marcha sur les traces de son père. — Eut du succès comme peintre et comme architecte.
BONGI (DOMINIQUE).	*Id.	PIETRA-SANTA.	Hist.	Détails inconnus. — Style de Périn del Vaga.
CÉSAR de Naples.	*1583	NAPLES.	Id.	Élève de D. Guinaccio.
LUINI (ÉVANGÉLISTE), fils de Bernard.	*1584		Hist., portr. et orn.	Vécut jusqu'à la fin du XVIe siècle. — Excella dans les ornements.
ZUCCATI (ARMINIO), fils de Valère.	*1585		Mosaïque.	Aida son père et son oncle dans leurs célèbres travaux. — Mosaïques, Venise.
URBINI (CHARLES).	*Id.	CRÈME.	Hist. et persp.	Ayant été victime d'une injustice de la part de ses concitoyens, il alla s'établir à Milan. — Peu de variété, beaucoup de grâce, perspective savante, composition habile.
MALGAVAZZO (CORIOLAN).	*Id.	CRÉMONE.	Hist.	Élève de B. Campi; nommé par erreur Jérôme Malaguazzo.
MAGISTRIS (SIMON DE).	*Id.	CALDARO-LA.	Id.	Laissa beaucoup d'ouvrages à Ascoli. — Composition simple; coloris et dessin satisfaisants. Sculpteur.
LOMI (BACIO).	*Id.	PISE.	Id.	Élève de T. Zuccheri, à Rome; chef d'une école dont les membres de sa famille furent les maîtres les plus distingués. — Manière de son maître et de Santi-di-Tito; un peu de sécheresse.
GASPARINI (GASPARD).	*Id.	MACERATA	Id.	Élève de Girolamo de Sermoneta. — Imita Raphaël; belle composition.
BRUNO (SILVESTRE).	*Id.		Id.	Élève de J. Bernard Lama.
BRUNI (LUC).	*Id.	VICENCE.	Id.	Détails inconnus.
PETREOLO (ANDRÉ).	*1586	VENZONE.	Id.	Exécuta de beaux ouvrages dans sa ville natale.
CAMPI ou CAMPO (le chevalier ANTOINE), fils de Galeazzo.	*Id.	CRÉMONE.	Id.	Architecte et historien; on a de lui l'ouvrage suivant dont les gravures au burin sont d'Augustin Carrache : Cremona fedelissima città e nobilissima colonia de' Romani, rappresentata in disegno col suo contado, e illustrata d'una breve istoria delle cose più notabili appartenenti ad essa; e di ritratti naturali de' duchi e duchesse di Milano, e compendio delle lore vite; Cremona, 1582, in-fol. — Vivait encore en 1591.
CUNGI (FRANÇOIS), fils de Léonard.	*1587	BORGO SAN SEPOLCRO	Id.	Travailla pour la cathédrale de Volterra, en 1587. — Tableaux, Borgo San Sepolcro. — Composition simple; coloris assez satisfaisant; bonne imitation de la nature.
RAMAZZINI (HERCULE).	*1588	ROCCA-CONTRADA.	Id.	Élève du Pérugin, puis de Raphaël. — Coloris brillant mais peu vrai; invention facile; manière se rapprochant de celle du Barocci.
MORETTO (JOSEPH).	*Id.	EN FRIOUL.	Id.	Élève de P. Amalteo dont il épousa une des filles, Quintilia.
FERRANTINI (GABRIEL), dit DEGLI OCCHIALI.	*Id.	BOLOGNE.	Hist. et orn.	Élève de Denis Calvart. — Bon peintre de fresques.
BARILI (AURÈLE).	*Id.	PARME.	Hist.	Détails inconnus.
TINTI (JEAN-BAPTISTE).	*1590	Id.	Hist. et portr.	Élève du Sammachini, à Bologne. — Mystère de la passion, Paris. — Se perfectionna d'après les ouvrages de Tibaldi, du Corrége et du Parmesan.
PILOTTO (JÉRÔME).	*Id.		Hist.	Élève de Palma. — Style doux et gracieux.
PANCOTTO (PIERRE).	*Id.?	BOLOGNE.	Id.	École des Carrache.
NEBBIA (CÉSAR).	*Id.	ORVIETO.	Hist. et portr.	Élève de J. Muziano : travailla aux embellissements ordonnés par Sixte-Quint; fut aidé dans la plupart de ses travaux par J. Guerra de Modène. — Annonciation, Rome. Apparition de saint Pierre à Constantin, ib. Fresques, ib. — Mort à l'âge de soixante et dix-huit ans. Grande facilité.
FRANGIPANI (NICOLAS).	*Id.	PADOUE ou UDINE.	Hist.	Détails inconnus. — Jésus-Christ portant sa croix et rencontré par Véronique, Rome. — Expression remarquable; effet simple et digne; excella dans les compositions facétieuses.

NOMS.	ANNÉES DE NAISSANCE ET DE MORT.	LIEU DE NAISSANCE	GENRE.	NOTES HISTORIQUES. — TABLEAUX PRINCIPAUX ET LIEUX OU ILS SE TROUVENT. OBSERVATIONS.
GAETANO (Louis).	*1590		Mo-saïque.	Détails inconnus.
FIORINI (Jean-Bap-tiste).	*Id.	Bologne.	Hist.	Travailla toute sa vie avec César Pellegrino, dit l'Arétusi; l'amitié qui les unit rendit leurs travaux communs : ces deux peintres, qui, séparés n'auraient pas dépassé le médiocre, sont parvenus ensemble à produire des ouvrages supérieurs. — On associe Fiorini à tous les ouvrages où pourtant l'Arétusi seul a mis son nom ; de la vigueur et de l'imagination.
FIGINO (Ambroise).	*Id.	Milan.	Hist. et portr.	Élève de J. P. Lomazzo ; plusieurs souverains posèrent devant lui. — La Vierge et l'Enfant et autres saints, Berlin. — Pinceau soigné, caractère élevé : excella dans le portrait. Ses dessins sont très-estimés.
EPISCOPIO (Juste), dit DE SALVOLINI.	*Id.	Castel-Durante.	Hist.	Étudia à Rome et y demeura longtemps ; travailla avec Luzio Dolce. — Cité honorablement dans l'histoire de la peinture.
CECCATO (Laurent).	*Id.	Venise.	Mo-saïque.	Artiste estimé.
CATTAPANE (Luc).	*Id.	Crémone.	Hist.	Élève de Vincent Campi. — Pinceau plein de franchise.
BUTI (Louis).	*Id.	Florence.	Id.	Élève de Santi Titi. Fut employé lors de la pompe funèbre de Michel-Ange ; ne quitta point son pays. — Fresques, Rome. Idem, Florence. — Pensées heureuses; dessin correct; coloris satisfai-sant; abus de la couleur rouge; trop de crudité.
AUGUSTA (Christo-phe).	*Id.	Casal-Maggiore.	Hist. et portr.	Élève du chevalier Trotti ; vécut peu de temps.
ALABARDI (Joseph), dit SCHIOPPI.	*Id.		Arch. et persp.	Détails inconnus.
SANTA-CROCE (Pier-re-Paul de).	*1591		Hist.	Détails inconnus.
PETERZANO ou PRE-TERAZZANO (Si-mon).	*Id.		Id.	Élève du Titien; travailla à Milan. — Coloris vénitien, perspective des Milanais.
CRISPI (Scipion).	*1592	Tortone.	Id.	Peintre de mérite.
BRANDIMARTE (Be-noît).	*Id.	Lucques.	Id.	Détails inconnus.
VENTURINI (Gas-pard).	*1594	Ferrare.	Id.	Élève de B. Castelli, à Gênes. — Goût idéal dans le coloris.
BELLINI (Philippe).	*Id.	Urbin.	Id.	Élève du Barocci ; travailla beaucoup dans la marche d'Ancône ; ce peintre remarquable a été pour ainsi dire oublié par la plupart des biographes : Lanzi s'étonne de cette injustice. — Style hardi et animé, coloris plein de vigueur, composition grandiose.
BASTIANI (Joseph).	*Id.	Macerata	Id.	Élève du Gasparini.
BAGNATORE (Pierre-Marie).	*Id.	Brescia.	Id.	Imitateur du Moretto. — Composition sage, précise, judicieuse; manque de vigueur.
STRADA (Vespasien).	*1595	Rome.	Id.	Mort à l'âge de trente-six ans sous le pontificat de Paul V. — Miracles de saints, Rome. — Graveur à l'eau-forte.
PELLINI (André).	*Id.	Crémone.	Id.	Séjourna à Milan.
PELLEGRINI (André), frère de Pellegrino le jeune.	*Id.		Id.	Orna de quelques tableaux l'église de Saint-Jérôme, à Milan.
MONTANARI (Au-gustin), et son frère.	*Id.	Gênes.	Id.	Augustin mourut jeune.
MEDA (Joseph).	*Id.		Id.	Élève des Campi , à Milan; architecte. — Style soigné et précis.
MALPIEDI (François).	*Id.	San Ginesio.	Id.	Imitateur du Barocci. — Style très-simple , peu de relief.
LOMBARDI (Jules-César).	*Id.		Archit. et persp.	Détails inconnus.
GNOCCHI (Pierre).	*Id.	Milan.	Hist. et portr.	Élève d'Aur. Luini. Nommé quelquefois par erreur Pierre Luini. — Beaucoup de grâce et de fini ; plus de goût et de discernement que son maître.
FIGINO (Jérôme).	*Id.		Min. et hist.	Peintre habile.
DANDOLO (César).	*Id.	Venise.	Id.	Renonça à son rang de sénateur, dans sa patrie , pour venir s'établir à Milan.

NOMS.	ANNÉES DE NAISSANCE ET DE MORT.	LIEU DE NAISSANCE.	GENRE.	NOTES HISTORIQUES. — TABLEAUX PRINCIPAUX ET LIEUX OU ILS SE TROUVENT. — OBSERVATIONS.
DAMIANI (Félix).	*1595	Gubbio.	Hist.	On le dit élève de l'école vénitienne. — S'approcha le plus souvent de l'école romaine et produisit des œuvres remarquables.
CESAREI (Pierre), dit PERINO DE PÉROUSE.	*Id.	Pérouse.	Id.	Bonne réputation.
CASOLANO (Hilaire ou Christophe), fils d'Alexandre.	*Id.?	Sienne.	Id.	Élève de son père, puis de Christophe Roncalli, à Rome; vécut peu de temps; nommé par quelques auteurs Christophe Consolano.
CARACCA (Isidore).	*Id.		Portr. et hist.	Peintre de la cour de Savoie.
AMIDANO (Pomponio).	*Id.	Parme.	Hist.	Imitateur habile du Parmesan.
MALPIEDI (Dominique).	*1596	San Ginesio.	Id.	Élève du Barocci. — Peintre de mérite.
GHIDONE (Galeazzo).	*1598	Crémone.	Id.	Un des derniers élèves d'Ant. Campi.
CODIBUE (Jean-Baptiste).	*Id.	Modène.	Id.	Également sculpteur.
ABBATE (Pierre-Paul Dell'), le vieux, fils de Jean et frère de Nicolas.	*xvie siècle.	Id.	Hist., portr. et bataill.	Continua à Modène l'école de son frère. — Excella à peindre les chevaux indomptés et les soldats dans la mêlée.
ABBATE (Jules-Camille Dell'), fils de Nicolas.	*Id.	Id.	Hist. et portr.	Accompagna son père en France.
ABONDIO (Alexandre).	*Id.	Florence	Id.	École de Michel-Ange; mort à Prague. — S'acquit une grande réputation par ses portraits en cire.
ALBARELLI (Jacques).	*Id.	Venise.	Hist.	Élève de J. Palma, le jeune.
ALBERTI (Michel).	*Id.	Florence	Hist. et portr.	Élève de Daniel de Volterra et un des exécuteurs testamentaires de ce grand peintre. — Également sculpteur.
ALBERTI (François), fils de Durante.	*Id.	Borgo-San-Sepolcro	Hist.	Mort à Rome. On cite des peintures d'un Pierre-François Alberti qui, probablement ne fait qu'un avec le fils de Durante. — Peintre médiocre.
ALBERTI (Donato, Jérôme, Cosimo et Alexandre).	*Id.	Id.	Id.	Tous peintres du xvie siècle, sur lesquels on n'a pas de renseignements.
ALESSIO (Pierre-Antoine).	*Id.	San Vito.	Id.	Élève de P. Amalteo.
ALIPRANDO (Michel-Ange).	*Id.	Vérone.	Id.	Élève et imitateur de Paul Véronèse.
AMALTEO (Jérôme), frère de Pomponio.	*Id.		Id.	Élève de son frère; eut une vie assez courte. — Bonne invention, touche spirituelle.
AMATO (Jean-Antoine), le jeune, neveu de Jean-Antoine, le vieux.	*Id.	Naples.	Id.	Élève de J. B. Lama. —Artiste renommé.
ANDREASSI (Hippolyte).	*Id.	Mantoue.	Id.	Élève et imitateur de J. Romain.
ANGELO (Jules d'), frère de Baptiste.	*Id.		Id.	Se distingua dans les trois arts du dessin et peignit en compagnie de son frère et de son neveu, à Venise. — Style gracieux, précis et bien ordonné.
ANNA (Balthazar d').	*Id.	Belgique.	Id.	Élève de L. Corona; s'établit en Italie. — Imita son maître; formes moins savantes; plus de force et de vérité dans le clair-obscur.
ANSOVINI de Forli.	*Id.	Forli.	Id.	Travailla avec A. Mantegna et reçut les leçons du Squarcione.
APOLLONIO (Auguste).	*Id.	Sant' Angelo in Vado.	Id.	Élève et neveu de Luzio Dolce; s'établit à Castel Durante.
APPIANO (Nicolas).	*Id.		Hist. et portr.	Élève de Vinci, à Milan.

NOMS.	ANNÉES DE NAISSANCE ET DE MORT.	LIEU DE NAISSANCE	GENRE.	NOTES HISTORIQUES. TABLEAUX PRINCIPAUX ET LIEUX OU ILS SE TROUVENT. OBSERVATIONS.
AQUILA (Pompée Dell').	XVIe siècle.	Aquila.	Hist.	Détails inconnus.— Fresques, Rome. — Descente de croix, ib.—Teintes douces et harmonieuses; du fini.
AREGIO (Pierre de).	Id.		Id.	École de Venise.
ARNULPHI.	Id.	Aix.	Hist. et portr.	Élève de Benoît Lutti.
ARRIGO (Nicolas).	Id.	Belgique.	Id.	Établi en Italie; peintre sur verre.— Composition un peu confuse; couleurs trop criardes; talent distingué.
BAGAZOTTI (Camille)	Id.	Camerino	Hist.	Imitateur de Sébastien del Piombo.
BALDELLI (François), dit BAROCCI.	Id.		Id.	Élève et neveu de Fr. Barocci.
BALDUCCI (Jean), dit COSCI.	Id.		Id.	Élève de B. Naldini; son surnom lui vient du nom d'un oncle maternel; s'établit et mourut à Naples. — Tableaux et fresques, Rome. — Génie flexible; style parfois affecté.
BANDINELLI (François), dit FRANCESCO D'IMOLA.	Id.	Imola.	Id.	Élève du Francia.
BARGONE (Jacques).	Id.	Gênes.		Élève de Semini et de L. Calvi, qui le tua par jalousie.
BARILE (Jean).	Id.	Florence	Hist. et portr.	Il eut la gloire de deviner la vocation d'André del Sarto et de lui donner les premières leçons. — Habile sculpteur en bois. — Peintre sans aucune réputation.
BARTOLOMMEO de Castiglione.	Id.	Castiglione.	Id.	Aida Jules Romain dans plusieurs de ses travaux.
BECERI (Dominique).	Id.	Florence	Id.	Élève de Dominique Puligo. — Coloris agréable; bonne manière.
BELLIBONI (Jean-Baptiste).	Id.	Crémone.	Hist.	Élève d'Antoine Campi.
BENEDETTO.	Id.		Hist. et portr.	Élève de J. A. Sogliani; se rendit en France avec Antoine Mini, et y exécuta de beaux et nombreux ouvrages.
BERNINI (Pierre).	Id.	Florence	Hist.	Quitta de bonne heure la Toscane, sa patrie, pour étudier à Rome la peinture et la sculpture; s'établit à Naples.
BERTUZZI (Dorino).	Id.		Id.	Copia les tableaux du Barocci.
BETTI (Nicolas).	Id.		Id.	Travailla à Florence.
BIAGIO de Cutigliano.	Id.	Cutigliano.	Hist. et portr.	Élève de Daniel de Volterra; florissait à Pistoie. — Plusieurs auteurs le nomment par erreur Biagio de Carigliano.
BORGHESI (Jean de).	Id.	Messine.	Hist.	Élève de L. Costa.
BOTTICELLI (Pierre-François).	Id.		Hist. et portr.	Élève d'André del Sarto et ami de Jean-Antoine Lappoli.
BRUNO (Antoine).	Id.	Modène.	Hist.	Bon imitateur du Corrége.
BRUNORI ou BRUNOINI (Frédéric).	Id.	Gubbio.	Id.	Suivit les préceptes de l'école vénitienne et se distingua par un coloris très-vigoureux.
CALISTO.	Id.		Id.	Élève de Camille Procaccini.
CALZOLAIO (Alexandre Del).	Id.		Hist. et portr.	Élève de J. A. Sogliani; mort prématurément.
CAPITANI (Jules).	Id.	Lodi.	Hist.	Élève de B. Campi, à Milan.
CARIA (François).	Id.		Hist. et portr.	Élève de L. Pistoia.
CARACCI (Paul), frère de Louis.	Id.	Bologne.	Id.	Travailla beaucoup avec ses cousins et son frère; ne possédait tout au plus que le génie de l'imitation et encore à un degré fort médiocre.
CARACCI (Clovis).	Id.		Hist.	Détails inconnus. — Éliézer et Rébecca, Florence. — Le plus médiocre de la célèbre famille à laquelle il appartenait.
CARUCCI (Barthélemy).	Id.		Hist. et portr.	Élève du Ghirlandaio; vint s'établir à Pontormo. — Peintre médiocre.
CASINI (Victor).	Id.		Id.	Contemporain de Vasari; l'aida dans ses travaux. — Les forges de Vulcain, Florence.
CASTAGNOLI (Barthél..), frère de César.	Id.	Castel-Franco.	Hist.	Imitateur de Véronèse. — Moins d'agrément et d'originalité que son frère; qualités plus solides.

NOMS.	ANNÉES DE NAISSANCE ET DE MORT.	LIEU DE NAISSANCE	GENRE.	NOTES HISTORIQUES. — TABLEAUX PRINCIPAUX ET LIEUX OU ILS SE TROUVENT. — OBSERVATIONS.
CASTELLO (Fabrice), fils de Jean-Baptiste.	XVIᵉ siècle.		Hist., sujets grotesq., etc.	Élève de son père, qu'il accompagna en Espagne. — Composition agréable et variée, belle ordonnance.
CATALANO (frère Bernard).	Id.	Urbin.	Hist. et portr.	On pense qu'il fut élève de Vincent Pagani; moine Capucin. — Peintre très-estimé.
CERAJUOLO (Antoine del).	Id.	Florence	Id.	Élève de Rodolphe Ghirlandaio; il avait également travaillé dans l'atelier de Laurent di Credi. — Dessin incorrect; portraits ressemblants, beaucoup de naturel.
CERI (André de').	Id.	Florence?	Id.	Il ne mérite d'être cité que pour avoir donné les premières leçons à Périn del Vaga.
CÉSAR de Conegliano.	Id.	Conegliano.	Hist.	Le seul tableau que l'on connaisse de lui suffit pour le placer au rang des bons peintres de son époque.
CÉSAR de Piémont.	Id.	En Piémont.	Pays.	Florissait à Rome.
CIAMPELLI (Auguste).	Id.	Florence	Hist.	Élève de Santi Titi; peignit à Rome, sous le pontificat de Clément VIII. — Histoire de sainte Bibiane (fresques), Rome. — Mêmes qualités et mêmes défauts que Louis Buti, son condisciple, avec les tableaux duquel on peut confondre les siens.
CIARLA (Raphaël).	Id.	Urbin.	Sur porcel.	Se rendit à la cour d'Espagne avec un nombreux assortiment de faïences peintes et d'après les ordres du grand-duc de Toscane. — Un des plus habiles peintres dans son genre.
CIMATORI (Antoine), dit LE VISACCI.	Id.	Id.	Hist.	Employé aux décorations exécutées à Urbin à l'occasion du mariage de Julie de Médicis avec le prince Frédéric. Séjourna à Pesaro. — Excella dans le clair-obscur et les dessins à la plume; style grandiose.
CIOCCA (Christophe).	Id.	Milan.	Hist. et portr.	Élève de J. P. Lomazzo.
CIRO de Conegliano.	Id.	Conegliano.	Hist.	Imitateur de Paul Véronèse; mort jeune.
COLONNA (Melchior).	Id.		Id.	Imitateur du Tintoret.
COMANDE (François), frère de Jean-Simon.	Id.	Messine.	Id.	Élève de D. Guinaccio. — Suivit le style de Polidore Caravage.
CONTI (Dominique).	Id.	Florence	Hist. et portr.	Élève d'André del Sarto, auquel il fit élever un monument en marbre dans l'église des Pères Servites de Florence dont la partie statuaire fut confiée à Raphaël de Montelupo. — Moins connu par ses ouvrages que par le témoignage de sa reconnaissance envers son maître.
COSCI (François).	Id.	Florence?	Hist.	Travailla à la pompe funèbre de Michel-Ange. — Vénus, Junon, femmes et amours, Florence.
COSTA-SAN-GIORGIO (Nannocio dalla).	Id.		Hist. et portr.	Élève d'André del Sarto; se rendit en France, et fut en grand crédit auprès du cardinal de Tournon.
CROCCHIA d'Urbin.	Id.	Urbin.	Hist.	On le place parmi les élèves de Raphaël.
CUNGI (Baptiste).	Id.	Borgo San-Sepolcro.	Hist. et portr.	Travailla longtemps avec Vasari, le Doceno et Baptiste Bilia. — Sa manière ressemble à celle des autres peintres du même nom et à la famille desquels il appartient.
CUNIO (Daniel).	Id.	Milan.	Hist. et pays.	Compagnon de travail des Campi, à Milan. — Paysagiste distingué.
CUNIO (Rodolphe).	Id.	Id.	Hist.	Frère ou parent de Daniel Cunio. — Dessin très-estimé.
PERUGINO (Domenico).	Id.	Pérouse.	Hist. en petit.	Élève d'Antiveduto Grammatica. — Exécutait de petits tableaux sur cuivre.
DOSSI (Évangéliste).	Id.		Hist.	Élève des Dossi; artiste fort médiocre.
FABRIZIO de Parme.	Id.	Parme.	Pays.	S'établit à Rome.
FALLARO (Jacques).	Id.		Hist.	Florissait à Venise.
FANFOJA.	Id.		Id.	Élève de L. de Vinci.
FELTRINI (André).	Id.	Florence	Grotesques, hist. et portr.	Élève de Côme Roselli; travailla avec ce dernier; reçut ensuite des leçons du Morto da Feltro, et prit les noms de ses deux maîtres. — Excella dans les grotesques.
FLORI (Sébastien).	Id.		Hist.	Travailla à Rome, sous Vasari.
FLORIANO (Flaminio).	Id.		Id.	Élève du Tintoret. — Pinceau exact, tempéré et précis.

NOMS.	ANNÉES DE NAISSANCE ET DE MORT.	LIEU DE NAISSANCE	GENRE.	NOTES HISTORIQUES. TABLEAUX PRINCIPAUX ET LIEUX OU ILS SE TROUVENT. OBSERVATIONS.
FONDULO (JEAN-PAUL).	*XVIe siècle.	CRÉMONE.	Hist.	Élève d'André Campi ; passa en Sicile.
FORNARI ou MORE-SINI (SIMON).	*Id.	REGGIO.	Id.	Détails inconnus.
FOSCHI (FRA SALVA-TOR).	*Id.	AREZZO.	Id.	Employé à Rome par Vasari.
FRANCESCO de Sienne.	*Id.	SIENNE.	Hist., portrait et orn.	Élève de Balthazar Peruzzi.
FRANCESCO de Città di Castello.	*Id.	CITTÀ DI CASTELLO.	Hist.	On le croit élève de P. Perugin. — Belle perspective.
FRANCHI (LAURENT).	*Id.		Id.	Élève de Camille Procaccini.
GALEAZZO.	*Id.		–	Élève de L. de Vinci ; on ignore son nom de famille.
GAUTIER et GEORGE.	*Id.	BELGIQUE.	Id.	Peintres sur verre, établis en Italie et employés par Vasari.
GENNARI ou GENARI (BENOÎT), dit le vieux.	*Id.	CENTO.	Id.	Un des meilleurs maîtres du Guerchin, qui lui doit quelques-unes de ses plus belles qualités ; on confond parfois les tableaux de ces deux artistes ; Gennari, en voyant les progrès de son élève, l'associa à ses travaux, et, exempt de toute jalousie, alla jusqu'à lui demander des conseils. — Le peintre de l'Amour, Dresde. (On ne désigne pas si ce tableau appartient à Benoît le vieux ou à Benoît le jeune.) David, Florence. Vierge allaitant, Paris. — Composition simple et noble ; beau caractère de têtes, touche facile, belle entente du coloris et du clair-obscur.
GHISI (THÉODORE), fils de Jean-Baptiste.	*Id.	MANTOUE.	Id.	Élève de J. Romain. — Son frère George a gravé plusieurs de ses tableaux.
GIACAROLO (JEAN-BAPTISTE).	*Id.	Id.	Hist. et portr.	Détails inconnus.
GIANNELLA (LE), dit GIOVANNI DE SIENNE.	*Id.	SIENNE.	Hist.	Élève du Mecherino. — Abandonna la peinture pour l'architecture.
GIANMARIA de Milan.	*Id.	MILAN.	Id.	Travailla pour le cardinal Trivulzi.
GIOVENONE (PAUL, BAPTISTE et JOSEPH).	*Id.		Hist. et portr.	Joseph était beau-frère de B. Lanino et devint très-habile dans le portrait.
GIOVITA BRESCIANO, dit LE BRESCIA-NINO.	*Id.	BRESCIA.	Id.	Élève de L. Gambara.
GIROLAMO de Sienne, dit GIOMO DEL SO-DOMA.	*Id.	SIENNE.	Hist.	Élève du Sodoma ; mort prématurément.
GIROLAMO de Vi-gnola.	*Id.	VIGNOLA.	Hist. et portr.	Un des plus heureux imitateurs de Raphaël.
GIULANELLO (PIERRE)	*Id.		Hist.	Détails inconnus. — Madeleine, Rome.
GIUNTALOCCHI (Do-MINIQUE).	*Id.	PRATO.	Hist. et portr.	Élève de Nicolas Soggi ; originaire du Prato ; se rendit en Sicile et abandonna la peinture pour devenir ingénieur. Sa vie fut déshonorée par la conduite ingrate qu'il tint envers le Soggi dont il avait été l'élève chéri et presque le fils d'adoption. — Imita le style dur et lourd de son maître.
GOLFINO ou GIOL-FINO (Nicolas), dit NICOLO VERONEN-SIS.	*Id.	VÉRONE.	Id.	Vasari le nomme Ursino ; il réussit mieux dans les petits tableaux que dans les grands, ce qui fait croire qu'il fut élève d'un ancien miniaturiste. — Vierge glorieuse, Berlin. — Sécheresse des peintres du XVe siècle : moins d'expression et de choix que la plupart de ses contemporains ; couleurs peu vives, mais agréables et harmonieuses.
GOTTI (BARTHÉLEMY).	*Id.		Id.	Élève de Rodolphe Ghirlandaio. Quitta son pays et se rendit à la cour de France où le roi François Ier l'avait appelé.
GRANELLO (NICO-LAS).	*Id.	PRÈS DE GÊNES.	Id.	Élève d'Oc. Semini ; sa femme, devenue veuve, épousa en secondes noces Jean-Baptiste Castello, dit le Bergamasque. — Habile peintre de fresques.
GRANELLO (CAS-TELLO) fils de Nicolas.	*Id.		Hist., grotesq. etc.	Sa mère épousa en secondes noces le peintre J. B. Castello dit le Bergamasque, qui enseigna le jeune Granello et l'emmena avec lui en Espagne. — Du goût, de la fécondité, belle ordonnance.
GRATIADEI (MA-RIANO), dit MARIANO DA PESCIA.	*Id.	PESCIA.	Hist. et portr.	Élève de Rodolphe Ghirlandaio ; mort à la fleur de l'âge. — Style plein de grâce et de vigueur.

NOMS.	ANNÉES DE NAISSANCE ET DE MORT.	LIEU DE NAISSANCE	GENRE.	NOTES HISTORIQUES. — TABLEAUX PRINCIPAUX ET LIEUX OU ILS SE TROUVENT. OBSERVATIONS.
GUINACCIO (DIEU-DONNÉ).	*XVIe siècle.	NAPLES.	Hist.	Élève de Polidore-Caravage dont il acheva les tableaux et soutint l'école. — Imita habilement le style de son maître.
INDIA (TULLIO).	*Id.		Hist. et portr.	Ce peintre dépassa la médiocrité et fit d'excellentes copies. — Bon peintre de fresques ; du talent pour le portrait.
INGANNATI (PIERRE DEGLI).	*Id.		Hist.	Détails inconnus. — La Vierge et l'Enfant entourés de saints, Berlin. (Ce tableau est signé : Petrus de Ingannatis.) — Imitateur de Jean Bellini.
JACOPO.	*Id.		Id.	Élève de L. de Vinci.
JÉRÔME, dit MOMO DE SIENNE.	*Id.	SIENNE ?	Id.	Élève de B. Peruzzi. — Se distingua dans la peinture.
LANDOLFO (Le che-valier).	*Id.		Id.	Élève de J. Bernard Lama , qui lui donna une de ses filles en mariage.
LANETTI (ANTOINE).	*Id.	BAGNATO.	Id.	Élève de G. Ferrari.
LATTANZIO.	*Id.	MARCHE D'ANCÔNE.	Hist. et portr.	Travailla avec Adone Doni aux salles de la citadelle de Pérouse. — Abandonna la peinture pour exercer l'emploi de bargello (chef des archers) de Pérouse.
LECCE (MATHIEU DA).	*Id.	LECCIO.	Hist.	Son maître est inconnu ; travailla le plus souvent à Rome ; visita Naples, passa ensuite en Espagne, puis en Hollande, abandonna la peinture, se rendit aux Indes, s'y livra au commerce , y amassa des trésors, et mourut au moment où il se préparait à en jouir et à revenir dans son pays. — Chute des anges rebelles, Rome. Saint Michel et Lucifer, ib. La Vierge et plusieurs saints, ib. — Imita avec assez de bonheur la manière de Michel-Ange et surtout celle de Salviati.
LIBRI (FRANÇOIS DAI) le jeune, fils de Jé-rôme.	*Id.		Miniat.	Hérita du talent de son père pour la peinture des livres d'Église ; un de ses oncles, riche et sans enfants , lui confia la direction d'une fabrique de verrerie où François perdit les plus belles années de sa jeunesse ; son oncle devint veuf, se remaria, eut des enfants , et ôta à son neveu tout espoir d'héritage ; Libri reprit le pinceau , étudia également l'architecture et mourut jeune. — Il entreprit sous la direction de Fracastor et de Beraldi, médecins et géographes, un globe terrestre dont Navagero voulait faire hommage à François Ier ; ce poète étant mort à son arrivée en France, le globe de Libri resta imparfait.
LIGOZZI (JEAN HÉR-MAN).	*Id.		Hist.	On ignore s'il est parent de Jacques Ligozzi, auquel il est inférieur.
LIONE (JEAN DAL).	*Id.		Hist. et portr.	Élève de Jules Romain.
LIPPI (JACQUES), dit GIACOMO DE BU-DRIO.	*Id.	CHÂTEAU DE BUDRIO (près de Bologne).	Hist., perspe, etc.	Élève de L. Carrache. — Fresques, Bologne. — Plus de pratique et d'habitude que de génie.
LORENZINO de Ve-nise.	*Id.	VENISE.	Hist.	Élève du Titien. Mort très-jeune. — Figures régulières, bon coloris.
LUINI (JULES-CÉSAR).	*Id.		Id.	Élève de G. Ferrari.
MADONNINA (FRAN-çois).	*Id.	MODÈNE.	Id.	Détails inconnus.
MAINARDI (LAC-TANCE), dit LE BO-LOGNÈSE.	*Id.	BOLOGNE.	Id.	Étudia sous les Carrache à Bologne ; vint se perfectionner à Rome sous le pontificat de Sixte-Quint ; plusieurs ouvrages remarquables qu'il y exécuta lui promettaient le plus bel avenir, mais des excès de tous genres le conduisirent au tombeau à l'âge de vingt-sept ans. Mort à Viterbe. — Les vertus se tenant par la main, Rome. — Fresques, ib. — Les fresques que l'on conserve de lui à Rome sont considérées parmi les plus belles de cette ville.
MANTEGNA (FRAN-çois), fils d'André.	*Id.	MANTOUE.	Hist. et portr.	Élève de son père ; il acheva avec son frère, dont les historiens ne citent pas le nom, les peintures qu'André avait commencées à Mantoue. — Peintre distingué.
MARESCALCO (PIERRE), dit LO SPADA.	*Id.	FELTRI.	Id.	Détails inconnus. — Madone entre deux anges , Feltri. (Ce tableau est signé : Petrus, Mares-calcus, P.) La tête de saint Jean-Baptiste apportée à Hérode, Dresde. — Figures grandioses, bon dessin.
MARINI (JEAN AN-TOINE).	*Id.		Mo-saïque.	Élève de B. Bozza.
MARLIANO (ANDRÉ).	*Id.	PAVIE.	Hist.	Élève de B. Campi, à Milan.
MARTINI (INNOCENT).	*Id.	PARME.	Id.	Fort en crédit de son temps ; employé à Saint-Jean et à la Steccata.
MARUCELLI (VA-LÈRE).	*Id.		Id.	Élève de B. Naldini.
MARZI (VENTURA).	*Id.	URBIN.	Id.	École du Barocci.
MARZIO DE COLAN-TONIO.	*Id.	ROME.	Batail., pays. et grotesq.	Fut employé à Rome et plus encore à Turin où il fut au service du cardinal prince de Savoie.

NOMS.	ANNÉES DE NAISSANCE ET DE MORT.	LIEU DE NAISSANCE	GENRE.	NOTES HISTORIQUES. — TABLEAUX PRINCIPAUX ET LIEUX OU ILS SE TROUVENT. — OBSERVATIONS.
MASCHERINO (Octave).	*XVIᵉ siècle.	Bologne.	Hist.	Également architecte ; mort à 82 ans. — Fresques, Rome.
MASSEI (Jérôme).	*Id.	Lucques.	Id.	Travailla à Rome au Vatican. — Bon dessin, coloris satisfaisant, beaucoup de soin.
MATTEO de Sienne, dit MATTEINO.	*Id.	Sienne.	Pays.	Vivait à Rome et y mourut âgé de 55 ans. — Peignit les paysages dans les tableaux de N. Cireignano et d'autres peintres ; manière ancienne ; talent remarquable. — Il ne faut pas le confondre avec Matteo di Giovanni, également nommé Matteo de Sienne et qui florissait longtemps avant lui.
MAZZA (Damiano).	*Id.	Padoue.	Hist. et portr.	Élève du Titien à Venise ; mort jeune. — Beaucoup de force et de relief.
MAZZIERI (Antoine).	*Id.		Hist., portr., pays. et chev.	Élève du Franciabigio. — Dessin hardi, belle invention.
MEDEA (Hyacinthe de).	*Id.		Hist.	Élève de Camille Procaccini.
MICHELE (Parrasio).	*Id.	Venise.	Id.	Élève de Paul Véronèse.
MINI (Antoine).	*Id.	Florence	Hist. et portr.	Élève de Michel-Ange ; se rendit en France et y mourut. — Talent médiocre.
MINIATI (Barthélemy).	*Id.	Id.	Id.	Aida le Rosso dans les travaux que ce dernier exécuta à Fontainebleau.
MODIGLIANO (François), dit FRANCESCO DE FORLI.	*Id.	Forli.	Hist.	Élève du Pontormo. — Style aimable et gracieux.
MONTI (Antoine de).	*Id.	Rome.	Portr.	Détails inconnus. — Beaucoup d'exactitude.
MORINA (Jules).	*Id.		Hist.	Élève de Sabbatini ; travailla pour le duc de Parme. — Sainte Catherine devant l'enfant Jésus, Bologne. Rédempteur, ib. — Appelé par erreur Jules Maina.
MOSCA (Le).	*Id.		Id.	Imitateur de Raphaël. — On ignore quelle fut sa patrie.
MOSSETTI (Jean-Paul).	*Id.		Hist. et portr.	Élève de Daniel de Volterra.
NANNI (Annibal).	*Id.		Hist.	Élève de Fr. Salviati.
NAUDI (Ange).	*Id.	Italie.	Id.	Imitateur de Paul Véronèse ; peintre à la cour de Philippe d'Espagne.
NERVESA (Gaspard).	*Id.	Dans le Frioul.	Hist. et genre.	Élève du Titien ; travailla à Spilemberg. — Un peintre faisant un portrait d'après nature (caricature), Dresde. — Dans le catalogue de Dresde ce peintre est désigné sous le nom de Gaspard Titien.
NICOLUCCIO.	*Id.	En Calabre.	Hist.	Élève de L. Costa ; tenta d'assassiner son maître.
NINFE (César dalle).	*Id.		Id.	Élève du Tintoret. — Idées originales, pinceau léger.
NUNZIATA (Toto della).	*Id.		Hist. et portr.	Élève de Rodolphe Ghirlandaio ; fut appelé à la cour du roi d'Angleterre où son beau talent lui valut un légitime succès ; rival de Périn del Vaga et fils d'un peintre obscur. — Également architecte.
OTTAVIANA, fils de Giovanmaria, dit LE FALCONETTO.	*Id.	Vérone.	Id.	Élève de son père. — Exécuta beaucoup de stucs.
PAGANI ou PAGNI (Benoît).	*Id.	Pescia.	Hist.	Élève de Jules Romain ; séjourna à Mantoue.
PAOLILLO.	*Id.		Hist.	Le meilleur élève d'A. Sabbatini, auquel on attribuait tous les ouvrages de Paolillo ; malheureusement pour l'art, ce dernier mourut très-jeune.
PAPPINO (dalla Pieve).	*Id.		Hist. et portr.	Élève de Nicolas Soggi. Mort à la fleur de l'âge.
PEDRINI (Jean).	*Id.	Milan.	Id.	Élève ou imitateur de L. de Vinci.
PERLA (François).	*Id.	Mantoue.	Hist.	Détails inconnus.
PICHI (Giovanmaria).	*Id.	Borgo San Sepolcro.	Hist. et portr.	Élève du Pontormo ; se fit religieux de l'ordre des Servites.

NOMS.	ANNÉES DE NAISSANCE ET DE MORT.	LIEU DE NAISSANCE	GENRE.	NOTES HISTORIQUES. — TABLEAUX PRINCIPAUX ET LIEUX OU ILS SE TROUVENT. — OBSERVATIONS.
PIERI (Étienne).	XVIe siècle.		Hist. et portr.	Élève d'Ange Bronzino; travailla au catafalque de Michel-Ange; mort à 37 ans. — Jésus-Christ mort, entouré de sa mère, des Maries et des disciples, Florence. — Trop de sécheresse et de dureté.
PISBOLICA (Jacques).	Id.		Hist.	Travaillait à Venise.
POGGINO (Zanobi di).	Id.		Hist. et portr.	Élève de J. A. Sogliani; exécuta à Florence une multitude de tableaux.
POMPEO (Bernard).	Id.		Hist.	Élève de J. Bernard Lama.
PORIDEO (Grégoire).	Id.		Id.	École du Titien.
PROSPERA.	Id.		Grotesques.	Michel-Ange de Caravage travailla quelque temps à sa solde.
QUISTELLI DELLA MIRANDOLA (Lucrèce).	Id.		Hist. et portr.	Élève d'Alexandre Allori; elle épousa le comte Clemente Pietra.
RICCI (Pierre).	Id.	Milan.	Id.	Élève de L. de Vinci.
RICCIO ou BRUSAC-CORSI (Jean-Bapt.), fils de Dominique.	Id.		Id.	Élève de P. Véronèse; appelé en Allemagne par Charles-Quint il resta attaché à sa cour, comme peintre, jusqu'à sa mort.
RIZZI (Étienne).	Id.		Hist.	Peintre médiocre.
ROSIGNOLI (Jacques).	Id.	Livourne	Id.	S'établit en Piémont et y laissa la plupart de ses ouvrages.
ROSSO (Louis).	Id.	Venise?	Mosaïque.	Détails inconnus. — Style gracieux, travail délicat, relief vigoureux.
RUGGIERO (Ruggiero).	Id.		Hist. et portr.	Accompagna le Primatice en France et aida cet artiste à peindre la galerie de Fontainebleau. — Saint Jérôme (avec volets), Berlin. — On croit qu'il a gravé.
RUSTICI (Le).	Id.	Sienne.	Hist. et grot.	Élève du Sodoma. — Excella dans les grotesques. — Son fils Christophe hérita de son talent.
SANTA-FEDE (François).	Id.	Naples?	Hist.	Élève d'André Sabbatini. — Coloris plus vigoureux que celui de son fils; ombres plus harmonieuses.
SCALABRINO (Le).	Id.	Sienne.	Id.	Élève du Sodoma. — Génie poétique.
SCUTELLARI (François).	Id.	Crémone.	Id.	Détails inconnus.
SGUAZZELLA (André).	Id.		Hist. et portr.	Élève d'André del Sarto; accompagna son maître à la cour de François Ier. — La Vierge et l'Enfant avec saint Jean et sainte Anne, Florence. Jésus-Christ descendu de la croix, Paris. — Imita la manière de son maître.
SOGGI (Nicolas).	Id.	Florence	Id.	Élève de Pierre Pérugin; se rendit à Rome et s'établit ensuite à Arezzo; devenu vieux et pauvre, il alla implorer le secours de son élève Giuntalocchi, devenu riche: ce dernier le renvoya durement, oubliant tous ses bienfaits. — Sainte famille, Florence. — Manière sèche; perspective habile; fini précieux; effet lourd et désagréable.
SOLOSMEO (Le).	Id.		Id.	Élève d'André del Sarto.
SPADARI (Benoît).	Id.		Id.	Élève de Guillaume de Marseille. — Peintre sur verre.
STORTO (Hippolyte).	Id.	Crémone.	Hist.	Élève d'Antoine Campi.
TACCONI (Innocent).	Id.		Id.	Élève d'Annibal Carrache; paya d'ingratitude la confiance de son maître qui l'abandonna à sa médiocrité. — Fresques, Rome.
TARQUIN de Viterbe.	Id.	Viterbe.	Persp.	Ami intime de Jean Zanna, qui étoffait ses tableaux.
TERENZI (Terenzio), dit LE RONDOLINO ou TÉRENCE D'URBIN.	Id.	Pesaro.	Portr. et min.	Employé à Rome par le cardinal de la Rovère; vendit de ses tableaux pour des ouvrages des anciens peintres et fut chassé de la cour pour cette fraude insigne; on dit que la honte que lui causa cet événement le fit mourir de chagrin.
TITI (Tibère), fils de Santi.	Id.	Florence?	Hist.	Élève de son père auquel il survécut assez longtemps. — Portrait du prince Léopold de Médicis enfant, Florence. — Ne réussit que dans les portraits en miniature et obtint dans ce genre une réputation méritée.
TOCCAGNI.	Id.		Id.	Élève de Camille Procaccini.
TOLENTINO (Marc-Antoine).	Id.		Id.	Élève de P. della Francesca.

NOMS.	ANNÉES DE NAISSANCE ET DE MORT.	LIEU DE NAISSANCE	GENRE.	NOTES HISTORIQUES. TABLEAUX PRINCIPAUX ET LIEUX OÙ ILS SE TROUVENT. OBSERVATIONS.
TOMMASO DEL VERROCHIO.	*XVIe siècle.		Hist.	Aida Vasari dans ses travaux.
TONNO.	*Id.	NAPLES.	Id.	Élève de Polidore Caravage, qu'il assassina pour s'emparer de son argent ; il expia ce crime affreux par la potence. — Talent au-dessus du médiocre.
TORELLI (Maître).	*Id.		Id.	Élève du Corrége ; travailla à Milan.
TRABALLESI (Barthélemy), frère de François.	*Id.		Id.	Élève de Vasari ; son frère François fut élève de Michele del Ghirlandaio ; travailla à Rome sous le pontificat de Grégoire XIII et mourut jeune. — La tour de Danaé, Florence. Fresques, Rome.
UBERTINO (Baccio), frère de François.	*Id.	FLORENCE	Hist. et portr.	Élève de Pierre Pérugin ; aida beaucoup son maître. — Bon coloris ; dessin correct.
URBANO (Pierre).	*Id.	PISTOIE.	Hist.	Élève de Michel-Ange. — Artiste médiocre.
VAGA (Il).	*Id.		Hist. et portr.	Travaillait à Toscanello ; eut la gloire de contribuer aux succès de Périn del Vaga, qu'il emmena à Rome et qui, par reconnaissance, prit son nom. — Peintre médiocre.
VALERIANI (Joseph), le vieux.	*Id.	AQUILA.	Hist.	Entra dans l'ordre des jésuites. — Imita François Sebastiano ; dessin lourd, coloris trop sombre.
VÉRONÈSE (Boniface).	*Id.	VÉRONE.	Hist. et portr.	Élève du Titien. — Marcha sur les traces de son maître.
VIADANA (André de).	*Id.		Hist.	Élève de B. Campi, à Milan.
VINCENTINO (François).	*Id.	MILAN.	Pays. et hist.	On le croit élève de Bernazzano. — Parvint à représenter dans ses paysages jusqu'au sable soulevé par le vent.
VINI (Sébastien).	*Id.	VÉRONE.	Hist.	Reçut le droit de bourgeoisie à Pistoie. — Invention et composition très-riches.
VIRGILIO.	*Id.	ROME.	Hist., grotesq. et portr.	Élève de Balthasar Peruzzi.
VITE (Pierre della), frère de Timothée).	*Id.	URBIN.	Hist.	École de Raphaël. — Très-inférieur à son frère ; on croit qu'il ne fait qu'un avec ce prêtre d'Urbin, parent et héritier de Raphaël et dont parlent plusieurs historiens.
VITO (Félicien de Saint).	*Id.		Hist. et portr.	Élève de Daniel de Volterra ; nommé par son maître un de ses exécuteurs testamentaires. — Cultiva aussi la sculpture.
VITRULIO.	*Id.		Hist.	Détails inconnus.
VIVIANI (Antoine), dit IL SORDO D'URBINO (le sourd d'Urbin).	*Id.	URBIN.	Id.	Élève de Frédéric Barocci ; séjourna à Rome. — Vie de saint Jérôme (fresques), Rome. — Manière de son maître.
ZAGO (Santo).	*Id.		Hist.	École vénitienne. — La Vierge et l'enfant Jésus, Florence. — Belle exécution.
ZANNA (Jean), dit LE PIZZICA.	*Id.	ROME.	Id.	Lié d'une étroite amitié avec Tarquin de Viterbe.
ZENO (Donato).	*Id.	VÉRONE.	Id.	Vécut à Rimini. — Du soin, composition simple, dessin très-pur, excellent coloris.
ZUSTRIS (Frédéric), dit FEDERIGO DI LAMBERTO.	*Id.	AMSTERDAM.	Hist. et portr.	Choisit Florence pour patrie et employa son talent à orner le catafalque de Michel-Ange. Gendre du Padouan Cartaro. — Style élevé ; dessin correct ; composition savante. — Il est le fils du peintre hollandais Lambert Suster ou Zustris.
SETTALA (Manfred).	1600 1680	MILAN.	Hist.?	Directeur de l'Académie à Milan. — Bon mécanicien.
RICCI (Antoine), dit BARBALUNGA.	1600 1649	MESSINE.	Hist. et portr.	Élève du Dominiquin, dont il imita la manière avec bonheur ; travailla longtemps sous la direction de ce maître et revint ensuite à Messine ; embellit sa ville natale de plusieurs ouvrages remarquables, forma d'habiles élèves et mourut pauvre avec la réputation d'un des meilleurs artistes de la Sicile. — Santa Agueda, Madrid. — Quelques-uns de ses tableaux paraissent être du Dominiquin lui-même : même choix des belles formes, même élégance dans les attitudes et les mouvements.
PERICCOIVOLI (Julien).	1600?	SIENNE.		Détails inconnus. — Graveur.
PASQUALINI (Jean-Baptiste).	*Id.?	CENTO (près Bologne).	Hist.	Graveur à l'eau-forte. On nomme un autre Pasqualini avec le prénom de Félix, élève de Sabbatini et qui florissait au XVIe siècle.
FURINI (François), fils de Philippe, dit LE SCIAMERONI.	1600 ou 1604 1649 ou 1646	FLORENCE	Hist. et portr.	Élève de son père, du Passignano et de Roscelli ; étudia à Rome, mérita d'y être associé aux travaux de Jean de Saint-Jean ; fut appelé à Venise, se fit prêtre à quarante ans, devint curé de Sant-Ansano dans le Mugello. — Une femme (sans désigner de quel Furini est ce tableau), Rome. Adam et Ève au paradis terrestre, Florence. Deux madeleines pénitentes, Vienne. Loth et ses filles, Madrid. — Imita le Guide et l'Albane ; grande science de dessin ; admirable variété d'expression et de caractères ; pinceau gracieux et délicat ; aimait à représenter le nu et y excellait.

NOMS.	ANNÉES DE NAISSANCE ET DE MORT.	LIEU DE NAISSANCE	GENRE.	NOTES HISTORIQUES. — TABLEAUX PRINCIPAUX ET LIEUX OU ILS SE TROUVENT. OBSERVATIONS.
MANENTI (Vincent).	1600 1674	Sabina.	Hist.	Élève de Cesari, puis du Dominiquin. — Génie médiocre ; coloris intelligent et agréable.
FALCONE (Angelo ou Aniello).	1600 1665	Naples.	Hist. et bat.	Élève de J. Ribera ; s'acquit une excellente réputation et une brillante fortune ; vint en France et y fut accueilli par le ministre Colbert. — Bataille, Madrid. Escarmouche de cavalerie, ib. — Manière large, couleur éclatante. Surnommé l' Oracolo delle Bataglie.
CORNIA (Fabio della).	1600 1643	Pérouse.	Hist.	Élève d'Édouard Amadei ; frère du duc de la Cornia, sa naissance noble ne l'empêcha pas de devenir un bon peintre.
COLONNA (Ange-Michel).	1600 1681 ou 1687	Terre de Revel (Côme).	Hist., anim., persp. et orn.	Élève de Gabriel Ferrantino et de Dentone, à Vérone ; s'occupa avec Augustin Mételli pour plusieurs princes d'Italie ; fut appelé en Espagne par Philippe IV, qui le combla de ses bienfaits ; revint mourir à Bologne. — Fresques, Madrid. Pandore, ib. Le Temps, Florence. La Fortune, ib. Prométhée, ib. — Pinceau spirituel, habile fresquiste, facilité et harmonie remarquables.
CERQUOZZI (Michel-Ange) DES BATAILLES ou DES BAMBOCHADES.	1600 1602 1660	Rome.	Bat., marines, histoire, bamb., etc.	Élève d'un peintre flamand établi à Rome ; se lia avec Hyacinthe Brandi et établit conjointement avec lui une espèce d'Académie où ils étudiaient d'après le modèle vivant. La grande ardeur de Michel-Ange pour le travail faillit lui devenir funeste ; il fut atteint d'une maladie qui le rendit perclus des deux bras, et sans les secours, les recherches et les soins dévoués du peintre Dominique Viola , le talent et le nom de Cerquozzi auraient été perdus pour les arts ; mais grâce à lui, Michel-Ange se rétablit et put reprendre ses travaux ; aussi conserva-t-il toute sa vie pour Viola la reconnaissance et l'amitié la plus vive. Sa réputation grandit rapidement ; la plupart des souverains de l'Europe l'engagèrent à venir à leur cour, mais il ne voulut jamais quitter Rome. Exempt de jalousie, Cerquozzi fut le premier à signaler le talent du Bourguignon. — Vie de saint François de Paule, Rome. Joseph expliquant les songes, ib. Le même vendu par ses frères, ib. Bambochade, ib. Le marché de Naples, ib. Révolte de Masaniello, ib. Tableaux ronds, ib. Fileuse, Florence. Une femme intercédant pour son mari, Dresde. Halte de chasseurs, Munich. Bélisaire, ib. Le savetier, ib. Paysage avec animaux, Madrid. Entrée d'un pape à Rome, Berlin. Voleurs de bestiaux, Nantes ; Paysans italiens , Londres. — Meilleur coloris que Pierre Molyn, qu'il imita ; moins de correction que ce peintre hollandais dans le dessin des chevaux ; choisit plus tard pour modèle Pierre Van Laar dit Bamboche , autre peintre hollandais ; pinceau spirituel ; coloris plein de douceur.
CALETTI (Joseph), dit LE CREMONESE.	1600? 1660?	Ferrare.	Hist.	On le croit élève du Guerchin ; il disparut un jour de la ville sans que l'on eût jamais de ses nouvelles. — Chairs un peu bronzées, ombres trop chargées , accessoires négligés , composition souvent extravagante ; style quelquefois grandiose , expressif et pittoresque. Graveur à l'eau-forte.
ASSERTO ou ASSERETO (Jean).	1600 1649	Gênes.	Hist. et persp.	Élève du Borzone et d'Ansaldo.
ABATINI (Guido Ubaldo).	1600 1656	Citta di Castello.	Hist.	Élève du Chevalier d'Arpin.
QUAINI (François).	1601 1680		Hist., archit., ornem., et pays.	Élève d'A. Metelli ; oncle de Ch. Cignani ; travailla à Ravenne pour le cardinal Capponi. — Peintre médiocre pour la figure, mais recommandable pour la perspective et les ornements.
CANLASSI (Guido), dit CAGNACCI.	1601 1681	Castel-Sant-Arcange-lo.	Hist.	Élève du Guide ; son surnom lui vient de sa difformité. Mort à Vienne, en Autriche. — Narcisse, Rome. — Une sibylle, ib. Ganymède, Florence. Une tête, ib. Madeleine enlevée au ciel , ib. Jacob , Rachel et Lia, Londres. Madeleine, Dresde. Suzanne et les vieillards, Saint-Pétersbourg. David vainqueur de Goliath, ib. Marie portée au ciel par les anges, ib. Madeleine enlevée au ciel , Munich. La femme adultère , ib. Vierge douloureuse , ib. Madeleine pénitente, Madrid. Madeleine pénitente, Vienne. Cléopâtre, ib. Saint Jérôme, ib. Saint Jean, Paris. — Imita la manière de son maître ; le coloris de ses derniers tableaux est très-inférieur à celui des autres ; peignait dans presque toutes ses compositions des anges très-vieux.
CAMASSEI (André).	1601 ou 1602 1648	Bevagne.	Id.	Élève du Dominiquin et d'A. Sacchi ; mort à Rome. — Jésus-Christ mort, Rome. Saint Gaétan, ib. — Du naturel et de la grâce ; teintes de bon goût.
BENSO (Jules).	1601? 1668	Pieve del Recco. (Gênes).	Id.	Élève de J. B. Paggi, travailla à Gênes et fut également architecte. — Ornements trop prodigués ; excella dans la perspective et l'architecture. Graveur à l'eau-forte.
GAGLIARDI (le chevalier Bernard).	1602 1660	Citta di Castello.	Id.	Élève d'Avanzino Nucci ; parcourut toute l'Italie et s'établit à Pérouse. — Tableau, Rome. — Suivit ordinairement la manière des Carrache.
CATTANIO (Constant).	1602 1665	Ferrare.	Id.	Élève du Guide ; d'un caractère batailleur, brave sans raison, il vécut souvent exilé, toujours en état d'hostilité avec une partie de ses compatriotes. — Manière correcte et savante ; son caractère se dévoile dans le choix de ses sujets.
QUAGLIATA (Jean).	1603 1675	Messine.	Id.	Élève de P. de Cortone. — Imagination hardie. Son frère André, né en 1600, mort en 1660, est regardé à Messine, sa patrie , comme un bon peintre d'histoire.
NUZZI (Mario), dit MARIO DI FIORI.	1603 1673	Perma (royaume de Naples).	Fleurs et fruits.	Élève de Thomas Salini, son oncle ; la vue des belles fleurs que cultivait son père lui donna le goût de les imiter en peinture ; se rendit à Rome où ses tableaux avaient beaucoup de succès, appela son père auprès de lui afin de lui faire cultiver les fleurs qu'il peignait ; fut admis à l'Académie de Saint-Luc en 1657. Mérita par ses talents le surnom de Mario de' fiori (Mario des fleurs). — Fleurs, Londres. Idem, Madrid. — Exactitude remarquable ; pinceau d'une grande légèreté, la plupart de ses compositions perdirent en peu de temps toute leur fraîcheur et sont devenues noires et obscures.
LANCISI (Thomas).	1603 1682	Citta San Sepolcro.	Hist.	Élève du Sciaminossi. Deux de ses frères cultivèrent également la peinture.
FERRARI (Luc).	1603 ou 1605 1652 ou 1654	Reggio.	Id.	Élève du Guide , vécut très-longtemps à Padoue, y enseigna et y mourut. — Grand caractère , coloris admirable.

NOMS.	ANNÉES DE NAISSANCE ET DE MORT.	LIEU DE NAISSANCE	GENRE.	NOTES HISTORIQUES. TABLEAUX PRINCIPAUX ET LIEUX OU ILS SE TROUVENT. OBSERVATIONS.
CURTI (François).	1605 1693?	Bologne.	Hist.	On connaît peu ses ouvrages comme peintre. — Graveur au burin et quelquefois à la pointe.
BRIZIO (Philippe), fils de François.	1603 1675		Hist. et portr.	Élève de son père. — Style du Guide.
ARMANI (Piermar-tire).	1603 1669	Reggio.	Hist.	Élève de L. Spada et de Desani.
BIANCO (Baccio del).	1604 1656		Persp. et cari-catures	Architecte de Philippe IV, roi d'Espagne; visita l'Allemagne; réussit parfaitement dans les compositions burlesques et les portraits chargés. — Dessina à la plume.
BALASSI (Mario).	1604 1667	Florence	Hist., fleurs et fruits.	Élève de J. Ligozzi, de M. Roscelli et de D. Cresti da Passignano. — Sainte Famille, Vienne. — Bon copiste; peu d'invention; bon coloris, du relief; en vieillissant il voulut retoucher ses peintures et il les gâta.
VECCHIA (Pierre della).	1605 1678	Venise.	Hist. et portr.	Élève d'A. Varotari; excella dans la restauration des anciens tableaux, ce qui, assure-t-on, lui valut son surnom; car il paraît que son nom de famille était *Muttoni*. — Saül et David, Dresde. Scène de sorcières, *ib.* Portraits, *ib.* Buste d'un homme armé, Florence. Portrait d'un militaire, Vienne. Portrait de femme, *ib.* — David vainqueur de Goliath, *ib.* — S'étudia à imiter les grands maîtres du siècle précédent; idées bornées; réussit le mieux dans les sujets facétieux; style peu gracieux; très-vigoureux et chargé d'ombres; pinceau facile, goût exempt d'affectation.
SALVI (Jean - Bap-tiste), dit LE SAS-SOFERRATO, fils de Tarquin.	1605 1685	Sasso-ferrato.	Hist., portr. et pays.	Élève de son père. Se rendit à Naples et à Rome où il étudia plus spécialement les tableaux du Dominiquin. On ne cite aucune particularité sur son compte. Mort à Rome. Vierge et Jésus, Milan. Sainte famille, Rome. Madone, *ib.* La Vierge du Rosaire, saint Dominique et sainte Catherine de Sienne, *ib.* Vierge dans la douleur, Florence. La Vierge et l'Enfant entourés de chérubins, Dresde. Vierge allaitant, *ib.* La Vierge en prière, *ib.* Madone, Bruxelles. Sainte Vierge, La Haye. La madone avec les deux enfants, Saint-Pétersbourg. La Vierge et l'Enfant, *ib.* Sommeil de l'enfant Jésus, *ib.* Sommeil de l'enfant Jésus, Vienne. La Vierge en prière, Munich. Portrait de Jeanne d'Aragon (d'après Raphaël), Berlin. Saint Joseph et l'enfant Jésus, *ib.* Sainte famille, *ib.* Jésus-Christ mort pleuré par sa mère, *ib.* La Vierge et l'enfant Jésus, Madrid. La Vierge en contemplation, *ib.* Assomption, Paris. Sommeil de Jésus. *ib.* Tête de Vierge, *ib.* — Il rendait parfaitement l'expression modeste. Ses petits paysages sont très-goûtés, il doit sa célébrité à la perfection de ses Vierges.
LIBERI (Le chevalier Pierre).	1605 1687	Padoue.	Hist.	Élève d'A. Varotari; succéda à son maître pour soutenir la gloire de l'école vénitienne; parcourut l'Italie; s'arrêta à Rome, à Parme, à Venise, etc.; son style fut peu apprécié en Italie, mais eut beaucoup de succès en Allemagne; appelé dans ce pays, en revint avec les titres de comte et de chevalier et une fortune considérable qui lui permit de vivre richement à Venise. — Prédication de saint François, Venise. Bataille des Dardanelles, *ib.* Allégorie, *ib.* Madone. Rome. Psyché et l'Amour, Dresde. Loth et sa famille, *ib.* Jugement de Pâris, *ib.* Diane au bain, Saint-Pétersbourg. Tableau d'histoire, *ib.* Diane et Actéon, Berlin. Médor et Angélique, Munich. Vénus et l'Amour, Vienne. Sujet allégorique, *ib.* — Style varié; les tableaux qu'il finissait le plus n'ont pas le mérite de ceux qu'il exécutait d'une manière plus libre et plus franche; tantôt grandiose, tantôt gracieux, abusa un peu de la manière des Carrache; ses *Vénus nues* lui valurent une grande réputation et le surnom de *libertin*. Coloris suave et bien empâté, ombres délicates, dans le goût du Corrége, profils imités en général de l'antique.
FICHARELLI ou FI-CHERELLI (Félix), dit RIPOSO.	1605? 1660		Id.	Élève de l'Empoli; ami intime de Christophe Allori. — Lucrèce et Tarquin, Dresde. — Talent simple, naturel, profondément étudié sans le paraître; dessin gracieux, coloris moelleux; effet délicat et gracieux.
COZZA ou COSSA (François).	1605 1682	Istilo (Calabre).	Id.	Élève du Dominiquin à Rome, excellent connaisseur. — La Vierge et l'Enfant et deux autres saints.
CORNARA (Charles).	1605 1673		Id.	Florissait à Milan; une de ses filles cultiva également la peinture. — Goût très-délicat.
AMIGONI (Octave).	1605 1661	Brescia.	Id.	Élève d'A. Gandini.
SOLE (Antoine-Marie del).	1606 1684	Bologne.	Pays.	Élève de l'Albane; on le surnomma *il Mancino de' paesi* (le gaucher des paysages), parce qu'il réussissait également à peindre de la main gauche.
RICCHI (Pierre), dit LE LUCCHESE.	1606 1675	Lucques.	Hist.	Élève d'H. Sani, du Guide et de D. Cresti da Passignano. Séjourna longtemps à Venise et y laissa la plupart de ses productions. Mort à Udine. — Mariage de sainte Catherine, Dresde. Madeleine repentante, Vienne. — L'habitude qu'il avait de graisser ses toiles avec de l'huile lorsqu'il y mettait le pinceau a gâté ou détruit la plupart de ses tableaux.
LIPPI (Laurent).	1606 1664	Florence.	Hist. et portr.	Élève de M. Roselli; épousa la fille de Jean-François Susisi, sculpteur et fondeur habile; fut appelé à la cour de la princesse Claude, archiduchesse de Bavière, qui l'admit dans son intimité; revint à Florence après la mort de cette princesse et exécuta encore un grand nombre d'ouvrages qui ne firent qu'ajouter à sa célébrité. Poëte célèbre. — Jésus-Christ crucifié, Florence. Sophronie et Olinde, *ib.* La Samaritaine, Vienne. — Imitation un peu minutieuse de la nature; recherche trop peu l'idéal; choisit Santi di Titi pour modèle; expression habile, dessin pur, coloris vigoureux, draperies trop roides, pinceau fin, ton vaporeux, beaucoup d'harmonie et de bon goût; style simple.
GRIMALDI (Jean-François), dit LE BOLOGNESE.	1606? 1680?	Bologne.	Pays.	Étudia d'après les Carrache et travailla avec l'Albane; appelé à Paris par le cardinal Mazarin, y exécuta quelques fresques; employé par Innocent X. Son fils Alexandre fut son élève. — Paysages, Rome. Paysages, Paris. Paysage; Mercure et Argus, Berlin. — Bon dessin, touche légère, coloris vrai; profondeur et relief réunis. Graveur et architecte.

NOMS.	ANNÉES DE NAISSANCE ET DE MORT.	LIEU DE NAISSANCE	GENRE.	NOTES HISTORIQUES. TABLEAUX PRINCIPAUX ET LIEUX OU ILS SE TROUVENT. OBSERVATIONS.
FERRARI (Horace).	1606 1657	Voltri.	Arch. et hist.	Élève d'Ansaldo.
RIVAROLA (Alphonse), dit LE CHENDA.	1607 1640	Ferrare.	Hist. et décor.	Le meilleur élève de Ch. Bononi, dont il acheva le dernier tableau ; s'occupa beaucoup pour les décorations des fêtes populaires et mourut par suite d'un de ces travaux.
MÉTELLI ou MITELLI (Augustin).	1607 ou 1609 1660	Bologne.	Arch. et orn.	Élève du Dentone. Philippe IV l'appela en Espagne et lui fit décorer ses appartements. Sa fille épousa le peintre Balth. Bianchini. Mort à Madrid. — Beaucoup de goût ; effet plein de charme et de douceur, composition variée, style harmonieux.
DANDINI (Vincent), frère de César.	1607 1675	Florence.	Hist.	Élève de son père et de Pierre de Cortone.—Supérieur à son frère pour le dessin et le moelleux des couleurs.
NUVOLONE (Charles), fils de Pamphile.	1608 1651	Milan.	Hist. et portr.	Élève de son père ; choisi pour faire le portrait de la reine d'Espagne ; lorsque cette princesse vint à Milan. Livré à la dévotion la plus scrupuleuse, ce n'était qu'après de rigoureuses pratiques de piété qu'il osait entreprendre un tableau de la Vierge ; ses études assidues et couronnées de succès, d'après le Guide, lui valurent le surnom de Guide de la Lombardie. — Tableaux, Milan. — Imita avec bonheur J. C. Procaccini ; composition peu abondante en figures, mais remplie de grâce et de délicatesse, formes élégantes, airs de tête pleins d'agrément et de variété ; coloris harmonieux et suave.
DANEDI (Jean-Étienne), dit MONTALTE, frère de Joseph.	1608 1689	Trévise.	Hist.	Élève de Morazzoni, à Milan ; surpassa promptement son maître, remplit Milan de ses ouvrages et s'acquit une grande réputation.—Tableaux, Milan.—Manière grande et sage, imagination riche, ordonnance grandiose.
CASTELLUCCI (Salvi).	1608 1672	Arezzo.	Id.	Élève de P. de Cortone ; exécuta plusieurs ouvrages remarquables ; son fils Pierre, lui fut très-inférieur. — Pinceau facile ; grand imitateur de son maître ; teintes pleines de douceur.
CERRINI (Jean-Dominique), dit LE CHEVALIER PERUGINO.	1609 1681	Pérouse.	Id.	Élève du Guide ; émule et compagnon de Louis Scaramuccia avec lequel il exécuta plusieurs travaux à Rome ; les ouvrages remarquables qu'il y exécuta lui valurent la distinction du pape et le titre de chevalier. — Les tableaux qu'il peignit sous la direction de son maître s'approchent fort près de ceux de ce dernier.
CERESO (Charles).	1609 1679	Bergame.	Id.	Détails inconnus. — Pinceau élégant et étudié ; coloris agréable, belles expressions de têtes.
SIRANI (Jean-André).	1610 1670	Bologne.	Id.	Élève du Guide dont il acheva le Saint Bruno, à la Chartreuse; fut également graveur à l'eau-forte. Mort à Bologne.— Les douze crucifix, Plaisance. Mariage de la Vierge, Bologne. Repas chez le Pharisien, ib. Présentation de la Vierge au temple, ib. Conception, ib. Saint Antoine de Padoue, ib. — Style très-vigoureux. Sa fille, Élisabeth a jeté un grand éclat sur son nom. Anne et Barbe, ses deux autres filles, cultivèrent la peinture.
SALTARELLO (Luc).	1610	Gênes.	Id.	Élève de D. Fiasella ; se rendit à Rome pour s'y perfectionner et y mourut d'excès de travail. — Teintes modérées et harmonieuses, composition sage et expressive.
PO (Pierre del).	1610 1692	Palerme.	Id.	Travailla à Rome et s'y établit. — Style élégant ; plus connu comme graveur.
PASSERI (Jean-Baptiste).	1610? 1679	Rome.	Hist. et portr.	Cultiva d'abord les belles-lettres ; connut le Dominiquin à l'âge de 25 ans, et d'après ses conseils s'adonna à la peinture, sans pouvoir s'élever au-dessus de la médiocrité : prince de l'Académie de Saint-Luc ; fit célébrer les funérailles du Dominiquin, son fidèle ami, avec la plus grande pompe.— Poète et biographe : Le Vite de' pittori, scultori et architetti che hanno lavorato in Roma, morti dal 1641 fino al 1673. Ouvrage excellent, imprimé seulement à Rome en 1772.
PALLADINO (Adrien).	1610 1680	Cortone.	Hist.	Élève de P. de Cortone.
LAURI (François), fils de Balthasar (peintre flamand).	1610 1635	Rome.	Hist. et portr.	Élève d'A. Sacchi ; talent plein de feu et d'originalité, sa mort prématurée l'empêcha de parvenir à la maturité de son talent. — Trois figures de déesses (plafond), Rome. Jacob et Laban, Londres. Sainte Famille, ib.
GUERRI (Denis).	1610 1640	Vérone.	Hist.	Élève distingué de D. Feti. — Manière pleine de vérité.
GUARGENA (Dominique), dit LE PÈRE FELICIANO.	1610	Messine.	Hist., persp., etc.	Élève d'Abraham Casembroodt (peintre hollandais) ; étudia d'après le Guide, dans son couvent de Bologne. — Religieux de l'ordre des Capucins. Suivit le style du Guide avec beaucoup de succès.
GHERARDINI (Jean).	1610 1685	Bologne.	Pays.	Élève d'A. M. Colonna.
BISI (Bonaventure), dit PADRE PITTORINI.	1610 1662	Id.	Miniat.	Cordelier conventuel de Bologne. Mort à Modène. — Graveur à l'eau-forte.
GIMIGNANI (Hyacinthe).	1611 1681	Pistoie.	Hist. et portr.	Élève de Nicolas Poussin, à Rome, puis de P. de Cortone ; orna de ses ouvrages plusieurs églises de Rome ; épousa la fille d'Alexandre Véronèse. — Rébecca à la fontaine, Florence. — Peintre correct et graveur à l'eau-forte.

NOMS.	ANNÉES DE NAISSANCE ET DE MORT	LIEU DE NAISSANCE	GENRE.	NOTES HISTORIQUES. — TABLEAUX PRINCIPAUX ET LIEUX OU ILS SE TROUVENT. — OBSERVATIONS.
FRANCESCHINI (BALTHASAR), dit LE VOLTERRANO.	1611 1689	VOLTERRE	Hist. et portr.	Élève de Côme Daddi et de M. Rosselli; travailla beaucoup à Florence, s'occupa à Rome. — Sainte Catherine devant le crucifix, Florence. Portrait d'homme, ib. Amour dormant (fresque), ib. Amour vénal (fresque), ib. — Composition parfaitement entendue; dessin grandiose et correct; invention sage, perspective savante, coloris éclatant et harmonieux.
CASSANA (JEAN-FRANÇOIS).	1611 ou 1620 1691 ou 1700	CASSANA (État de Gênes).	Hist.	Élève de Bernard Strozzi dit il Capucino...Habita Venise, y fut malheureux, méconnu et poursuivi par l'envie; trouva enfin un protecteur dans Alexandre II, prince de la Mirandole; appelé dans cette ville, il y exécuta plusieurs ouvrages et y mourut. — Coloris moelleux et délicat.
CARPIONI (JULES).	1611 1674	VENISE.	Hist. et portr.	Élève d'A. Varotari; mort à Vérone; son fils Charles suivit ses traces. — Coronis poursuivie par Neptune, Florence. Latone métamorphose le pêcheur en grenouille, Dresde. Neptune, ib. Bacchus et Ariane, ib. Faunes et Bacchantes, ib. Allégories, Vienne. Bacchanale, ib. Narcisse auprès de Tirésias, ib. Portrait d'homme, ib. Bacchanale, Bordeaux. — Peintre de beaucoup de mérite. Graveur à l'eau-forte.
BRUNI (DOMINIQUE).	1611 1686	BRESCIA.	Persp. et archit.	Peignit à Venise.
SOPRANI (RAPHAËL).	1612 1672	GÊNES.	Pays.	Noble génois et biographe des peintres liguriens.
MOLA (PIERRE-FRANÇOIS).	1612 ou 1621 1668 ou 1666	COLDRE (Milanais).	Hist. et portr.	Élève de J. Césari à Rome, de l'Albane à Bologne et du Guerchin à Venise; reçu favorablement à Rome par Innocent X, protégé par son successeur Alexandre VII et par la reine Christine de Suède; il s'apprêtait à se rendre à l'appel de Louis XIV lorsqu'il mourut presque subitement. — Saint Bruno, Rome. Abraham chassant Agar et Ismaël, ib. Endymion dormant, ib. Sainte Vierge, ib. Nathan et Saül, ib. Prédication de saint Jean, Londres. Léda, ib. Le repos, ib. Lucrèce mourante, Dresde. Héro et Léandre, ib. Deux anges portant des livres de musique, Naples. L'ange apparaît à Agar. Paris. Repos de la sainte famille, ib. Prédication de saint Jean, ib. Vision de saint Bruno, ib. Herminie, ib. Herminie et Tancrède, ib. Agar chassée, Munich. Madeleine repentante, ib. Portrait d'homme, ib. Naissance de la Vierge, Vienne. — Composition savante, figures nobles et grandioses, excellente touche, draperies simples et heureuses, ton rembruni. Graveur à l'eau-forte.
MAROLI (DOMINIQUE).	1612 1676	MESSINE.	Hist., portrait, paysages et anim.	Élève d'Antoine Ricci, dit Barbalunga; étudia à Venise; perdit la vie dans la révolution de 1676. Martyre de sainte Placide, Messine. Nativité de Jésus-Christ, ib. — Carnations vives, beaux airs de têtes, figures de femmes remarquablement belles par leurs formes.
LOLI (LAURENT).	1612 1691	BOLOGNE.	Hist.	Élève de J. A. Sirani et du Guide; ce dernier le chérissait, ce qui le fit surnommer Lorenzino del signor Guido Reni. — Imita avec bonheur ses deux maîtres; excellent graveur à l'eau-forte.
GARGIOLO (DOMINIQUE), dit MICCOSPADARA.	1612 1679	NAPLES.	Pays. et hist.	Élève d'An. Falcone; fit partie des compagnons de la mort. — Peste de Naples (1656), Naples. Moines chartreux en prière, ib. Révolution de Mazaniello, ib. — Exécuta les figures dans les perspectives de Vivinno Cadagora, son ami intime; excella dans les figures de petite dimension et fut le Cerquozzi de son école.
CANTARINI (SIMON), dit LE PESARESE.	1612 ou 1618 1648	PESARO.	Hist. et portr.	Élève de Ridolfi; afin de mieux ressembler au Guide qu'il avait choisi pour modèle, il se rendit à Bologne, entra dans son école, lui cacha son habileté, ne la découvrit que peu à peu et acquit ainsi l'estime du maître; sa vanité l'obligea à quitter Bologne et lui attira la colère du Guide; se rendit à Rome, revint à Bologne et passa au service du duc de Mantoue; son insuccès n'avait pas changé son caractère; il alla jusqu'à traiter d'artistes vulgaires Jules Romain et Raphaël; son mauvais caractère lui valut la disgrâce du duc, et n'ayant pas réussi dans un portrait qu'il faisait de celui-ci, ce prince le mortifia tellement qu'il tomba malade de douleur; se retira à Vérone et y mourut empoisonné, d'après quelques historiens.— Repos en Égypte, Rome. Et autres, ib. Saint Isidore, Florence. Saint André, ib. Assomption, Bologne. Portrait du Guide, ib. Saint Jérôme, ib. Lucrèce et Sextus, Vienne. Saint Charles Borromée adorant l'enfant Jésus, ib. Sainte famille, Madrid. Jésus-Christ apparaissant à Madeleine, Munich. Incrédulité de saint Thomas, ib. Sainte Cécile, ib. Sainte famille, Saint-Pétersbourg. Deux saintes familles, Paris. — Cité comme un second Guide; moins de noblesse et plus d'amabilité dans les idées; moins savant et plus soigné; excellait dans l'exécution des extrémités dont il avait fait une étude profonde chez Louis Carrache; mettait un soin particulier à modeler ses figures d'étude; ne copiait les plis de ses draperies que d'après le modèle et ne parvint pas cependant à leur donner autant de noblesse et de majesté que le Guide et le Tiarini; coloris vrai et varié; chairs pleines de vivacité, beau relief; têtes de saints d'une beauté et d'une expression admirables. Bon graveur à l'eau-forte.
BOLOGNINI (JEAN-BAPTISTE).	1612 1689	BOLOGNE.	Hist.	Élève du Guide; son neveu Jacques fut son élève, naquit en 1651 et mourut en 1734. — Saint Ubald, Bologne. Madeleine au désert, ib. — Imita la manière de son maître.
TROGLI (JULES).	1613 1685		Hist. et persp.	Élève de Fr. Gessi; publia un ouvrage intitulé : des Paradoxes de la perspective; ce traité lui valut le surnom du Paradoxe.
TRAVI (ANTOINE), dit ANTOINE DE SESTRI.	1613 1668	SESTRI (État de Gênes).	Pays.	Élève de B. Strozzi; ses fils cultivèrent le même genre que lui, mais sans atteindre à son talent. — Détails gracieux, manque de fini, pinceau hardi. On croit qu'il grava à l'eau-forte.
DUGHET (GASPARD), dit POUSSIN.	1613 1675	ROME.	Id.	Élève et beau-frère de N. Poussin; pour mieux observer les beautés de la nature, il avait loué quatre maisons, deux dans les endroits les plus élevés de Rome, une autre à Rivoli et la quatrième à Frascati. Paysages, Venise. Paysages, Saint-Pétersbourg. Paysages, Rome. Paysages (figures de N. Poussin), ib. Paysages avec figures, Florence. Paysages : le sacrifice d'Abraham, Londres. Vue près d'Albano. ib. Un ouragan, ib. Vue de Larici, ib. Et autres, ib. Saint Jérôme dans un paysage, Madrid. Animaux écoutant un anachorète, ib. Paysage : effet de tempête, ib. Madeleine dans un paysage, ib. Paysages, ib. Paysages avec figures, Paris. Paysage, Munich. Paysage : le temple de Vesta, ib. Paysage : le tombeau de Cécile Métella, Vienne. Paysage : un orage, ib. Paysage avec baigneurs, ib. Paysage avec forêt, ib. Paysages, Dresde. — Manière vague et agréable; beaux sites, pinceau harmonieux; facilité extraordinaire. Son maître a peint quelquefois les figures de ses tableaux.

NOMS.	ANNÉES DE NAISSANCE ET DE MORT.	LIEU DE NAISSANCE	GENRE.	NOTES HISTORIQUES. TABLEAUX PRINCIPAUX ET LIEUX OU ILS SE TROUVENT. OBSERVATIONS.
ODERICO (Jean-Paul.)	1615 1657	Gênes.	Hist. et portr.	Élève de D. Fiasella; noble de naissance. — Beau choix de formes, coloris vigoureux et solide; du soin; excella dans le portrait.
CITTADINI (Pierre-François), dit IL MILANESE.	1615 ou 1616 1681	Milan.	Fleurs, fruits, oiseaux morts, petites figures, histoire et portr.	Élève du Guide. Mort à Bologne. L'Albane nommait ses trois fils : il Frattajuoli et i Fioranti. — Gibier mort sur une table, Dresde. Agar et l'ange, ib. L'ange conduisant la famille de Loth, ib. Portrait de femme, Bologne. Saint Thomas de Villeneuve, ib. — Annonçait de bonnes dispositions pour de grands ouvrages; abandonna ce genre et réussit très-bien dans celui qu'il adopta.
BOTTALLA (Jean-Marie), dit IL RAFAELLINO.	1615 1644	Savone.	Hist. et portr.	Élève de P. de Cortone; d'abord très-pauvre ; fut protégé par le cardinal Jules Sacchetti; habita Naples, puis Gênes et ensuite Milan où il mourut. — Réconciliation de Jacob et d'Esaü, Rome. Saint Sébastien, Gênes. Deucalion et Pyrrha, ib. — Imita parfaitement la manière de son maître; dessin vrai, beaux effets de clair-obscur, composition originale et noble, belle couleur ; s'approcha parfois des Carrache; peignit à fresque; il a laissé des dessins à la plume fort estimés.
BOSCHINI (Marc).	1615 1678	Venise.	Hist.	Élève de Palma le jeune. Travailla pour l'empereur Léopold Ier, pour l'archiduc d'Autriche et pour Alphonse IV duc de Modène. — Graveur sur cuivre et auteur de plusieurs bons ouvrages.
ROSA (Angélique di), nièce de François.	1614? 1649		Id.	Élève de Stanzioni; elle avait épousé le peintre Augustin Beltrano, qui l'immola à son aveugle jalousie. — Talent remarquable.
PIGNONE (Simon).	1614 1698	Florence	Id.	Élève de Fr. Furini. On lui attribue, quoiqu'à tort, quelques tableaux de son maître. — Tableaux, Rome. La justice, Dresde. — Grande délicatesse, chairs vraies.
MOLA (Jean-Baptiste).	1614 1661	Lugano?	Hist. et pays.	Élève de l'Albane; il avait auparavant reçu quelques leçons de S. Vouet, en France; accompagna Albani à Rome; enflé d'orgueil par les louanges qu'il reçut de son maître, il se crut supérieur à lui et refusa avec colère de recevoir ses observations. — Jacob devant Rachel, Saint-Pétersbourg. Le pêcheur, ib. Paysages, Rome. — Excellait dans le paysage; coloris clair, figures dures et sèches.
CARBONE (Jean-Bernard).	1614 1683	Albano (État de Gênes).	Hist. et portr.	Élève d'André Ferrari; visita Venise; fut appelé à Gênes pour y terminer une fresque que la mort avait empêché Valerio Castello d'achever. Mort d'un accès de goutte. — Tableaux, Celle. Idem, Lérici. — Pinceau fin, touche franche; imita avec bonheur la manière de Van Dyck pour le portrait. qu'il exécuta dans toutes les dimensions jusqu'à la plus petite miniature.
BIANCHI (Balthasar).	1614 1679		Orn., et persp.	Élève et gendre de Mitelli; travailla avec Jean Paderna et se réunit ensuite à Jean J. Monti; mort à Modène.
ROSA (Salvator.)	1615 1675	Renella ou Arenella près Naples.	Pays., batailles, histoire, portraits et mar.	Né de parents misérables, sa facilité pour l'étude le fit destiner à la magistrature ou à l'état ecclésiastique ; mais son génie l'entraîna de bonne heure vers les arts : sa mère était d'une famille de peintres, et ce fut son oncle Greco qui lui donna les premières leçons de dessin; l'étude de la philosophie l'ayant tout à fait dégoûté, on fut obligé de le reprendre dans la maison paternelle: la misère

la plus triste l'entourait : à 17 ans, il se trouva, par la mort de son père, à la tête d'une nombreuse famille que la pauvreté força aux plus dures nécessités : une de ses sœurs avait épousé le peintre Fracanzano, qui donna également des leçons à Rosa. Toutes ces douleurs ne purent abattre la grande âme de l'artiste ; il continua de travailler et connut le Falcone avec lequel il se lia d'une étroite amitié; pourtant ses tableaux seraient peut-être restés éternellement dans l'oubli si Lanfranc ne les eût découverts, exposés dans une échoppe; l'admiration de ce grand peintre commença la réputation de Salvator ; d'après ses conseils celui-ci trouva le moyen d'aller se perfectionner à Rome; mais l'excès de ses travaux et les privations qu'il endurait lui occasionnèrent une fièvre maligne et il dut revenir dans son pays natal. Après son rétablissement, le courage le ramena au travail et il obtint une place suivant les coutumes du temps, dans la maison du cardinal Brancaccio, qu'il suivit à Rome, à Viterbe, à Bologne et pour lequel il exécuta plusieurs travaux. Le goût de l'indépendance lui fit abandonner son protecteur et il voyagea plusieurs fois de Naples à Rome; en 1639, Salvator profita du carnaval et des usages de son époque, se déguisa en marchand d'orviétan et donna essor à sa verve poétique et satirique en déclamant ses épigrammes plus spirituelles les unes que les autres contre les puissants et contre ses rivaux. Cette audace ne pouvait manquer de lui attirer un grand nombre d'ennemis; mais avec les ennemis, arriva la gloire , et on rendit enfin justice à son génie ; Salvator fut partisan de Masaniello, se réunit aux artistes napolitains, assemblés sous le titre de compagnons de la mort , et se sauva à Rome à la fin de l'insurrection ; ce fut à Florence qu'il trouva une existence riche et brillante, sans être pourtant dépourvue des tracasseries de l'envie qu'amènent avec eux la faveur et le talent; dix ans après, il reprit le chemin de Rome et se dédommagea des nouveaux chagrins qu'il eut à y supporter par une opinion exagérée de ses propres talents. Son fils Auguste fut son élève, mais n'acquit aucune réputation. — L'ange et Tobie, Paris. La Pythonisse d'Endor, ib. Bataille, ib. Paysage, ib. Marine, ib. Paysages, Avignon. La mort d'Abel, Rome. Batailles, ib. Bélisaire, ib. Une sorcière, ib. Saint Jérôme, ib. Les deux saint Jean, ib. Le géant Titius, ib. Jésus-Christ et les docteurs, Naples. Parabole de la poutre, ib. Prométhée, la Haye. Sisyphe, ib. Moines dans leurs grottes, ib. Paysages, ib. Mercure et le bûcheron, Londres. Moïse frappant le rocher, ib. Marines, Florence. Paysage avec rocher et rivière, etc., ib. Portrait du peintre, ib. Grande bataille, ib. Conjuration de Catilina (chef-d'œuvre), ib. Tempête sur mer, Dresde. Tableaux, Milan. L'enfant prodigue, Saint-Pétersbourg. Les joueurs, ib. Ulysse et Nausicaa, ib. Démocrite et Protagore, ib. Portraits, parmi lesquels celui du peintre, ib. Paysages, ib. Sacrifice d'Abraham, Madrid. Isaac et Rébecca, ib. Vue de la ville et du port de Salerne, ib. Les soldats de Gédéon , Munich. Scène de brigands, ib. Paysages, ib. Marine, ib. Paysage avec ruines, Vienne. Saint Guillaume, ib. Épisode de la bataille entre Constantin et Maxence, ib. Autre épisode de la même bataille, ib. Portrait d'un soldat, ib. Paysage avec une représentation allégorique, ib. Combat de cavalerie, ib. Repas de guerriers autour d'un donjon, Bordeaux. Ermite contemplant une tête de mort, Marseille. — Manière tout originale et qu'aucun artiste n'a réussi à bien imiter; sans briller par le dessin des figures, elles sont toujours bien conçues et bien posées dans ses paysages dont elles augmentent l'effet; touche large, heurtée et fière; couleur toujours sévère et parfois monotone, sans être jamais désagréable à l'œil; sites grands, sauvages et empreints du caractère sombre de l'auteur ; ses premiers tableaux mêmes se ressentent déjà de cette vigueur qu'il déploya par la suite à un aussi haut degré; il se fit une manière expéditive, d'accord avec la fougue de son imagination et l'impétuosité de son caractère; composition pleine de verve et d'énergie. De tous les genres , c'était celui des batailles qu'il préférait; il pouvait y déployer à son aise l'originalité âpre et mélancolique de son esprit; la chaleur de ses inventions, la fermeté de son pinceau, la disposition savante de ses groupes lui assignent un rang supérieur parmi ses rivaux; génie neuf et indépendant, il sut imprimer à ses œuvres un cachet particulier qu'il est difficile de méconnaître, et dédaigna toujours de suivre les traces des autres ; il dépouilla la nature de tous ses ornements, écarta de ses tableaux ces beaux arbres , ces riches péristyles, ces brillants épisodes de la mythologie, ces détails de la vie champêtre qui font le charme des ouvrages de Claude Lorrain et du Poussin: Quelques vieux troncs sillonnés par la foudre, combattant contre la fureur des autans, se brisant sous les coups redoublés de la tempête, d'arides déserts, de tristes rochers, des sites d'un aspect sauvage et lugubre qui jettent l'âme dans la plus profonde rêverie, voilà ce qu'il choisissait de préférence. Personne mieux que lui n'a réussi à troubler l'air, à agiter et à éclairer les eaux, à représenter le désordre majestueux qui rend la nature plus imposante et plus animée. Graveur à l'eau-forte. D'un caractère fougueux, ami de la liberté, aigri par la misère, la jalousie et l'injustice, Salvator fut aussi bon poète que grand peintre et cultiva avec succès tous les arts.

NOMS.	ANNÉES DE NAISSANCE ET DE MORT.	LIEU DE NAISSANCE	GENRE.	NOTES HISTORIQUES. — TABLEAUX PRINCIPAUX ET LIEUX OU ILS SE TROUVENT. — OBSERVATIONS.
PRETI (MATHIEU) ou LE CALABRÈSE.	1615 1699	RAVENNE ou TAVERNA (Calabre).	Hist.	A dix-sept ans il alla à Rome travailler avec un de ses frères nommé Gregorio, qui fut assez bon peintre pour être nommé prince de l'Académie de Saint-Luc. Élève du Guerchin, ce ne fut qu'à vingt-six ans, après de grandes études, qu'il prit le pinceau pour la première fois ; il lui arriva plusieurs aventures dans lesquelles il tira l'épée et qui lui suscitèrent souvent des tracasseries. Ses voyages furent

nombreux, et après une absence de six ans il revint à Rome ; là ayant tué un de ses rivaux d'un coup d'épée, il s'enfuit à Naples où il tua un soldat qui s'opposait à son passage. Le vice-roi, pour toute punition, lui fit peindre sur les portes de la ville les patrons de Naples ; à Malte, il mit treize ans à terminer les travaux qui lui furent confiés. Son barbier l'ayant blessé en le rasant, la gangrène se déclara et il mourut après deux mois de grandes souffrances. Sa sœur Marie, cultiva également la peinture. — Job visité par ses amis, Bruxelles. Des philosophes, Rome. Madeleine, *ib.* La monnaie du tribut, *ib.* Fresques, *ib.* Martyre de saint Barthélémy, Dresde. Incrédulité de saint Thomas, *ib.* Délivrance de saint Pierre, *ib.* Saint Nicolas de Bari en extase, Naples. Retour de l'enfant prodigue, *ib.* La monnaie du tribut, *ib.* Jésus-Christ précipitant le démon du haut de la montagne, *ib.* Martyre de saint Barthélemy, Venise. Saint Jean l'Évangéliste, Florence. Madeleine repentante, Munich. Incrédulité de saint Thomas , Vienne. L'eau du rocher, Madrid. Elisabeth, Zacharie et saint Jean, *ib.* Saint Paul et saint Antoine, ermites, Paris. — Plus de vigueur que de délicatesse ; grand dessinateur ; souvent un peu lourd ; couleur empâtée ; sa méthode était de peindre au premier coup. La longueur de sa vie et sa rapidité d'exécution expliquent le nombre incroyable de fresques et de compositions à l'huile qu'il a créées. Dans les dernières années de sa vie il ne travaillait plus que pour les pauvres, et quand on lui représentait qu'un travail si obstiné altérait sa santé, il répondait : *Que deviendraient les pauvres si je ne travaillais point ?*

NOMS.				
GAVIGNANI (JEAN).	1615 1676	CARPI.	Tabl. en pierre spéculaire.	Guido del Conte de Carpi fut l'inventeur de cette composition avec laquelle on n'exécuta d'abord que des corniches ; puis des tombeaux ornés ainsi que le firent Annibal et Gaspard Griffoni et Gavignani, leur élève, qu'il surpassa et alla jusqu'à en créer des tableaux très-élégants. Les Griffoni eurent encore pour élèves Jean Leoni , qui vécut à Crémone , Jean Fr. Paltronieri, mort en 1737, Jean-Marc Marzelli et d'autres.
FULIO (JEAN).	1615 1680?	MESSINE.	Hist.	Élève de M. Stanzioni. — Dessin vigoureux ; très-gracieux et très-vif dans les figures d'enfant, formes trop matérielles et trop maniérées.
STROIFI (D. HERMAN).	1616 1693	PADOUE.	Id.	Élève de B. Strozzi, fondateur de la congrégation de saint Philippe Néri, à Venise ; mort dans cette ville. — Tomba dans l'excès du clair-obscur , mais imita habilement le Strozzi.
SCARAMUCCIA (Louis-PELLEGRINI) , dit LOUIS PERUGINO , fils de Jean-Antoine.	1616 1680	PÉROUSE.	Hist. et portr.	Élève du Guide ; parcourut l'Italie, travailla beaucoup à Milan, laissa partout des ouvrages remarquables et mourut dans cette dernière ville. Auteur d'un livre sur l'art, intitulé : *Le Finezze de' pennelli italiani ammirate e studiate da Girupeno.* (Ce dernier nom sous lequel il se cacha n'est qu'un anagramme de Perugino.) Sainte Barbe entourée de saints, Milan. — Présentation au temple, Pérouse. —Joignit la manière de son maître à celle du Guerchin ; style très-original ; grâce remarquable ; ne s'éleva jamais au sublime, mais resta toujours à une hauteur convenable. Graveur à l'eau-forte.
SACCHI (CHARLES).	1616 1706	PAVIE.	Hist.	Élève de Ch. Antoine Rossi ; se perfectionna à Rome et à Venise. — Bon coloris , ornements riches ; attitudes spirituelles, mais quelquefois un peu affectées. Graveur à l'eau-forte.
GABRIELLO (ONOFRIO), dit ONOFRIO DE MESSINE.	1616 1706	MESSINE.	Hist. et portr.	Élève d'A. Ricci dit Barbalunga, du Poussin , du Cortona , à Rome , et du Maroli , à Venise. — Beaucoup de suavité et de grâce , accessoires neufs et très-soignés.
DOLCI ou DOLCE (CHARLES).	1616 16 86	FLORENCE	Id.	Élève de Jacques Vignali ; appelé à la cour de l'empereur, qui le combla d'honneurs et de bienfaits ; un des plus célèbres artistes de son pays ; ses tableaux, très-recherchés de son vivant, le sont encore plus depuis sa mort. — Sauveur , Rome. Madone , *ib.* Madeleine repentante (chef-d'œuvre), Florence. Descente du Saint-Esprit, *ib.* Saint Clovis des Cordeliers en prière, *ib.* Sainte Lucie, *ib.* Sainte Galla Placida (portrait de Félicie, seconde femme de l'empereur Léopold), *ib.* Ecce Homo , *ib.* Le Père éternel, *ib.* Portrait d'Ang. de Fiesole, *ib.* Jésus-Christ aux Oliviers, *ib.* Saintes familles, *ib.* Portraits, *ib.* Et autres, *ib.* La fille d'Hérodias, Dresde. Sainte Cécile , *ib.* Jésus-Christ bénissant le pain et le vin, *ib.* Tableaux, Milan. Sainte Cécile, Saint-Pétersbourg. La Vierge et l'Enfant, Vienne. La bonne foi (allégorie) , *ib.* Jésus-Christ avec la croix, *ib.* La Mère des douleurs, *ib.* La Vierge et l'Enfant , Munich. L'Innocence, *ib.* Deux Madeleines repentantes , *ib.* Ecce Homo, *ib.* Ste Agnès , *ib.* Jésus enfant tenant un bouquet de fleurs , *ib.* Saint Jean l'Évangéliste, Berlin. — Fini extraordinaire, coloris suave et harmonieux , touche pleine de douceur , pinceau libre et facile, excellait dans le portrait.
COLORETTI (MATHIEU).	1616	REGGIO.	Portr.	Détails inconnus. — Excella dans le portrait.
CASTIGLIONE (JEAN-BENOIT), dit LE BENEDETTO et LE GRECHETTO.	1616 1670	GÊNES.	Hist., portr., pays., anim., etc.	Élève de Paggi , de J. A. de Ferrari et de Van Dyck, qui voyageait en Italie ; parcourut toutes les principales villes de sa patrie et y laissa des preuves de ses talents. Alla à Mantoue , sur la fin de sa vie , y fut protégé par le duc Charles Ier, qui lui assigna une forte pension, et mourut de la goutte. — Une femme turque à cheval, Rome. Du gibier, *ib.* Circé, Florence. Noé introduisant les animaux dans l'arche, *ib.* Eson et Médée, *ib.* Noé faisant entrer les animaux dans l'arche, Dresde. Jacob et sa famille se rendant à Chanaan , *ib.* Jacob et Rachel , *ib.* Portrait de vieillard , Bruxelles. Enfant avec des petits chiens, Londres. Un jeune More , Munich. Repos d'une caravane, *ib.* Une caravane , Paris. Oiseaux et animaux, *ib.* Nativité, *ib.* Vendeurs chassés du temple, *ib.* Noé faisant entrer les animaux dans l'arche , Vienne. Même sujet traité différemment, *ib.* Voyage de Jacob, Madrid. Un concert , *ib.* Diogène cherchant un homme, *ib.* Lutte de Jacob avec un ange, *ib.* Animaux , nature morte, *ib.* Embarquement de troupes, *ib.* Éléphants et lutteurs indiens, *ib.* Gladiateurs romains, *ib.* — Du goût pour le portrait ; style noble et élégant , couleur vive et brillante ; manière se rapprochant de celle de Jacques Bassan. Graveur à l'eau-forte dans le style de Rembrandt.
TESTA (PIERRE) , dit LE LUCCHESINO.	1617 1650	LUCQUES.	Hist.	Élève de P. de Cortone, puis du Dominiquin ; ami du Poussin ; mort à Rome, noyé dans le Tibre ; on croit qu'il se tua par désespoir du peu de commandes qu'il avait, ce dont son caractère plein de vanité était cause. — Mort de Didon, Florence. — Imita le Cortone et le Poussin ; pinceau énergique ; grand admirateur de l'antique. — Graveur à l'eau-forte.
PIOLA (PELLEGRIN ou PELLEGRINO), frère de Dominique, le vieux.	1617 1640		Hist.	Élève de J. D. Cappellino ; mort assassiné , à cause de la jalousie qu'excitait déjà son génie naissant. — Pinceau doux , agréable , gracieux.

NOMS.	ANNÉES DE NAISSANCE ET DE MORT.	LIEU DE NAISSANCE	GENRE.	NOTES HISTORIQUES. TABLEAUX PRINCIPAUX ET LIEUX OU ILS SE TROUVENT. OBSERVATIONS.
ROMANELLI (Jean-François).	1617 1662	Viterbe.	Hist. et portr.	Élève du Dominiquin puis de P. de Cortone; trouva un zélé protecteur dans le cardinal Barberini, qui l'envoya rétablir à Naples sa santé délabrée par excès de travail; se lia avec le chevalier Bernin et changea sa manière d'après les conseils de cet artiste; recommandé par son protecteur au cardinal Mazarin, celui-ci l'appela en France, le présenta au roi et à la reine et le chargea de travaux considérables; décoré par Louis XIV de l'ordre de Saint-Michel. Étant tombé deux fois de son échafaud, il alla se rétablir dans son pays natal et mourut au moment où il pensait venir se fixer définitivement en France. — Sacrifice à Bacchus, Rome. L'Automne, ib. La Cène, ib. L'innocence, ib. Le printemps, ib. Sainte Françoise, ib. Hérodiade avec la tête de saint Jean, Munich. Vénus versant le dictame sur la blessure d'Énée, Paris. Triomphe d'Alexandre, Vienne. David vainqueur de Goliath, ib. La reine Zénobie devant l'empereur Aurélien, Berlin. — Plus de grâce que de force; dessin, coloris et expression manquant de vigueur; style parfois un peu affecté; composition sage, ensemble harmonieux; en général ses figures sont un peu longues et ses têtes manquent de proportion.
BASCHENIS (Évariste).	1617 1677	Bergame.	Instruments de mus., fruits et n. morte.	Il avait embrassé l'état ecclésiastique; contemporain et peut-être élève d'un des célèbres peintres Cavagna, Salmeggia et Zucchi. — Vérité extraordinaire, relief magnifique; ses petits tableaux furent nommés des trompe-l'œil.
CHIAVISTELLI (Jacques).	1618 1698	Florence	Persp.	Élève de Colonna; fondateur d'une bonne école. — Fresques, Rome. — Goût solide.
NUVOLONE (Joseph), fils de Pamphile.	1619 1703	Milan.	Hist. et portr.	Élève de son père; presque toutes les villes de la Lombardie possèdent de ses tableaux; quelques-uns se ressentent de l'âge avancé dans lequel il les exécuta. Travailla jusqu'à quatre-vingts ans. — Imagination brûlante et riche, trop de fougue; choix de figures quelquefois trop peu sévère.
BOSCHI (François), neveu de Fabrice.	1619 1675	Id.	Id.	Élève et neveu de M. Rosselli; embrassa la vie ecclésiastique lorsqu'il était déjà avancé en âge, vécut encore vingt-quatre ans et mena une vie exemplaire. — Saint Pierre conduit au martyre, Florence. — Excella à donner à ses figures une expression de sainteté et de probité.
MERANO (François).	1619 ou 1620 1657	Gènes.	Hist.	Élève de D. Fiasella; il avait d'abord été page, il en garda le nom. — Martyre de sainte Aimée, Gênes. — Imita avec succès le style de son maître.
ZAMPEZZO (Jean-Baptiste).	1620? 1700	Citadella (près de Bassano).	Id.	Élève de J. Apollonio; étudia à Venise; travailla à Bassano.
CAVAZZA (Jean-Baptiste).	1620?	Bologne.	Id.	Élève du Guide et du Cavedone. — Composition noble, dessin correct, coloris agréable. Imita avec assez de bonheur la manière de ses deux maîtres. Graveur.
CANUTI (Dominique-Marie).	1620 ou 1623 1677 ou 1684	Id.	Id.	Élève du Guide. — Tableaux, Rome. Mort de saint Benoît, Bologne. La Vierge, l'enfant Jésus et sainte Françoise, ib. — Perspective savante, composition riche et pleine de feu. Coloris faible. Graveur à l'eau-forte.
BOCCIARDO (Clément).	1620 1658	Gènes.	Hist. et portr.	Élève de Bernard Strozzi; nommé le Clementone à cause de sa grosseur énorme. Mort à Pise. — Style correct et idéal.
TORRE (Flaminio), dit DEGLI ANCINELLI.	1621 1661	Bologne.	Id.	Élève du Pésarèse et du Guide; mort à Modène où il était peintre de la cour. — Sainte famille, Dresde. Sainte Apolline, ib. — Imita avec le plus grand bonheur la manière des anciens maîtres. Graveur à l'eau-forte.
SANTI (Dominique), dit LE MENGAZZINO.	1621 1694		Hist., persp. et orn.	Élève d'A. Metelli. — Ses tableaux sont parfois confondus avec ceux de son maître.
MILANI (Jules-César).	1621 1678	Bologne.	Hist.	Imitateur de Flaminio Torre. — Fresques, Rome.
CHIABI ou CLARUS (Fabrice).	1621 1695	Rome.	Id.	Détails inconnus. — Sainte Anne, Rome. — Graveur à l'eau-forte.
CANINI (Jean-Ange).	1621 1666	Id.	Id.	Élève du Dominiquin; accompagna le cardinal légat Chigi en France où il présenta au ministre Colbert le projet d'un recueil des portraits de tous les grands hommes de l'antiquité; Colbert l'approuva; Canini retourna dans sa patrie et mourut avant d'avoir pu mener à fin son entreprise commencée avec succès. — Peintre très-médiocre. S'acquit de la célébrité dans le genre des pierres gravées; dessin très-délicat.
MORANDI (Jean-Marie).	1622 1717	Florence	Hist. et portr.	Reçut quelques leçons de J. Biliverti, se rendit à Rome et s'y perfectionna; fut appelé à la cour de Vienne pour y faire les portraits de l'empereur, de la famille royale et d'un grand nombre de personnages distingués. — Martyre de saint Laurent, Rome. Mort de la Vierge (chef-d'œuvre), ib. Visitation, Florence. — Style varié, savant; dessin de l'école romaine, coloris vénitien. Excella dans le portrait.
CAVALLINO (Bernard).	1622 1656	Naples.	Hist. en petit.	Élève de M. Stanzioni; son talent excita d'abord quelque jalousie chez son maître; mais comme on s'aperçut qu'il réussissait surtout dans les petites figures, on lui pardonna sa supériorité; ses désordres abrégèrent sa vie. — Sainte Cécile, Naples. — Ses petites figures sont remplies d'expression, d'esprit, et ont une grâce simple et naïve qui lui est particulière; imita pour le coloris son maître, Artémise Gentileschi et Rubens.
ALBORESI (Jacques).	1622 1677	Bologne.	Hist., archit. et ornem.	Élève et gendre d'A. Metelli; travailla beaucoup pour la cour de Parme et pour Florence.

NOMS.	ANNÉES DE NAISSANCE ET DE MORT.	LIEU DE NAISSANCE	GENRE.	NOTES HISTORIQUES. — TABLEAUX PRINCIPAUX ET LIEUX OU ILS SE TROUVENT. — OBSERVATIONS.
MARIA (François di).	1625 1690	Naples.	Hist. et portr.	Élève du Dominiquin. — Martyre de saint Laurent, Naples. — Figures belles et vraies, mais peu gracieuses.
LAURI (Philippe), fils de Balthasar (peintre flamand).	1625 1694	Rome.	Hist., sujets, myth. et pays.	Élève d'Ange Caroselli; cultiva la poésie et fut recherché par l'originalité de son esprit. Excellait à peindre les petits sujets tirés de la fable. — Adam et Ève, Rome. Vénus au milieu des Saisons, ib. Paysages avec figures, La Haye. Fuite en Égypte, Vienne. Saint François en extase, Paris. Les compagnons d'Ulysse changés en pourceaux, ib. — Touche légère, composition gracieuse, dessin assez coulant, mauvais coloris; on vante la fraîcheur de quelques-uns de ses paysages.
CHIESA (Silvestre).	1625? 1657	Gênes.	Hist. et portr.	Élève de L. Borzoni: à dix-huit ans sa réputation était déjà excellente surtout pour les portraits; il en faisait souvent de mémoire et même parfois, à ce qu'il paraît, d'après de simples renseignements. Ses grandes compositions promettaient un artiste supérieur. Mort de la peste. — Ressemblance parfaite; physionomies admirablement bien saisies.
BRANDI (Hyacinthe), fils de Brandi, le vieux.	1625 1691	Poli ou Gaete.	Hist.	Élève de son père, du Sermenta à Bologne, puis de Lanfranc; honoré du titre de chevalier, nommé prince de l'Académie de Saint-Luc; ami de Michel-Ange des Batailles, le seul artiste qu'il voulût recevoir. — Saint Antoine, Rome. Martyre de saint Blaise, ib. Assomption, saint Jean-Baptiste, saint Sylvestre, etc. (fresques), ib. Moïse tenant les tables de la loi, Dresde. Dédale et Icare, ib. Saint Paul et saint Antoine, ermites, Vienne. — Couleur sage, composition variée, beaucoup de facilité; dessin peu correct.
BARBIERI (François), dit LE LEGNANO.	1625 1698	Legnano.	Hist. et pays.	Étudia d'après S. Ricci et Carpioni. Mort à Vérone. — Beaucoup d'âme et de chaleur; dessin faible.
BALDI (Lazare).	1625 ou1624 1703	Pistoie.	Hist.	Élève de P. de Cortone, employé par le pape Alexandre VII. Mort à Rome. — Martyre de saint Lazare, Rome. Saint André, ib. Miracle de saint Martin, Vienne. — Dessin correct; beaucoup d'harmonie, coloris plein de vigueur et de charme. Célèbre peintre à l'huile et à fresque.
BADIALE (Alexandre).	1625? 1668?	Bologne.	Hist. et portr.	Élève de Flaminio Torre. — Graveur à l'eau-forte.
RAGGI (Antoine).	1624 1686	Vicomoro		Détails inconnus.
MINORELLO (François).	1624 1657	Este.	Hist.	Élève de Luc Ferrari, qu'il imita heureusement.
GIUSTI (Antoine).	1624 1705		Pays., genre, hist., etc.	Élève de C. Dandini. — Se distingua dans tous les genres. — Il y eut encore un peintre du même nom, élève du Crespi, qui ne passa pas la médiocrité.
FARELLI (le chevalier Jacques).	1624 1706		Hist. et portr.	Élève d'André Vaccaro. — Le meilleur imitateur de son maître; dans sa vieillesse, il voulut changer sa manière et ne produisit plus rien de remarquable.
COMPAGNO (Scipion).	1624?	Naples.	Hist., paysage et mar.	Élève d'A. Falcone et de S. Rosa. Vivait encore en 1680. — Tableaux, Vienne. — Coloris peu agréable, composition peu savante. Ses dessins sont estimés.
BESENZI (Paul-Émile).	1624 1666	Reggio.	Hist.	Élève de L. Spada; architecte et sculpteur. — Grand imitateur de l'Albane.
AQUILA (Pierre).	1624? 1695?	Palerme ou Rome.	Id.	Peintre et graveur à l'eau-forte, il avait embrassé l'état ecclésiastique qu'il quitta pour s'adonner aux arts.
ULIVELLI (Côme).	1625 1704	Florence	Id.	Élève du Volterrano. — Fresques, Rome. — Manière de son maître; moins d'élégance; coloris moins brillant, touche plus maniérée et moins facile.
TALAMI (Horace).	1625 1705	Reggio.	Hist. et persp.	Élève de L. Spada et de Desani; se perfectionna dans ses voyages en Italie, en étudiant d'après les Carrache. — Style plus solide que gracieux.
BORZONE (Marie-François), fils de Lucien.	1625 1679		Pays. et mar.	Appelé en France, par Louis XIV, qui le distingua et le protégea; peignit au Louvre et au château de Vincennes; retourna dans sa patrie et mourut à Gênes. — Manières du Poussin, de Salvator Rosa et de Claude Lorrain, mêlées; couleur tendre, touche délicate et légère. Peignait à fresque.
MARATTI (Charles).	1625 1713	Camerino (marche d'Ancône).	Hist. et portr.	Élève d'A. Sacchi à Rome; revint dans sa patrie, y acquit l'amitié du cardinal Albrizio, gouverneur d'Ancône qui l'emmena de nouveau à Rome en 1650; son talent, se faisant connaître, lui attira une foule de commandes; protégé par le pape Alexandre VII dont il acquit toute la faveur: les différents successeurs de ce pontife lui continuèrent leurs bienfaits; nommé chevalier de l'ordre du

Christ par Clément XI en. 1704; fut honoré du titre de peintre ordinaire de Louis XIV; on l'accuse de quelque jalousie envers un de ses élèves, Nicolas Berettoni, qu'il réduisit au simple métier de broyeur de couleurs; sa fille Marie fut son élève et se distingua comme poète. Charles avait reçu quelques leçons de son frère Barnabé, établi à Rome. — Sainte famille, Naples. Sainte Cécile, ib. Conception, Rome. Saint Charles présenté à Jésus-Christ par la Vierge (chef-d'œuvre), ib. Fresques, ib. Et autres, ib. Portrait d'un cardinal, Londres. Saint François, ib. L'enfant Jésus et saint Jean, ib. Apollon et Daphné, Bruxelles. Saint François adorant l'enfant Jésus, ib. La Vierge et l'enfant Jésus dans la crèche entourés d'anges (chef-d'œuvre), Dresde. Sainte famille, ib. Et autres, ib. Buste du Sauveur en profil, Florence. Saint Philippe de Néri, ib. Portrait de Clément IX, Saint-Pétersbourg. Ste famille, ib. Madeleine, ib. La crèche, ib. Assomption, ib. La Vierge avec les deux enfants, ib. La Nativité, Paris. Sommeil de Jésus, ib. Prédication de St Jean, ib. Mariage de sainte Catherine, ib. St Antoine de Padoue, Berlin. La Vierge élevée au ciel, ib. Enfant endormi, Munich. La Vanité, ib. Saint Jean à Patmos, ib. Jésus-Christ mort, Vienne. Mort de saint Jean, ib. La Vierge et l'Enfant, ib. Sommeil de Jésus, ib. Fuite en Égypte, ib. Vierge glorieuse, ib. Jésus-Christ portant sa croix, ib. Sainte famille, ib. Sainte famille, Angers. Vierge allaitant, Marseille. — Expression aimable et noble dans ses madones; anges gracieux; figures de saints d'un beau caractère, fini parfois un peu minutieux; draperies peu heureuses; manque de transparence dans l'harmonie générale; effet vaporeux. Se distingua comme architecte et comme graveur à l'eau-forte.

NOMS.	ANNÉES DE NAISSANCE ET DE MORT.	LIEU DE NAISSANCE	GENRE.	NOTES HISTORIQUES. TABLEAUX PRINCIPAUX ET LIEUX OU ILS SE TROUVENT. OBSERVATIONS.
GALLI (Jean-Marie), le vieux.	1625 1665	Biabiena (Toscane).		Élève de l'Albane; peintre médiocre et peu fortuné. — Également architecte.
CASTELLI (Valère), fils de Bernard.	1625 1659		Batail. et hist.	Élève de Dominique Fiasella; visita Milan et Parme, travailla beaucoup pour la France et l'Angleterre, mort à Gênes; son frère Jean-Baptiste, élève de Bernard et de L. Cambiaso, excella dans la miniature et mourut en 1637; Bernardin, son autre frère, fut également peintre et entra dans l'ordre des Cordeliers. — Enlèvement des Sabines, Florence. — Génie fécond et facile, bon dessin, coloris suave et transparent; chevaux savamment dessinés; connaissances anatomiques; ses compositions d'histoire sont dans la manière de Paul Véronèse.
BUSCA (Antoine).	1625 1686	Milan.	Hist.	Élève d'Hercule Procaccini, le jeune, qu'il aida dans ses travaux; la goutte paralysa de bonne heure ses forces et son talent. — Expression parfois très-pathétique.
BELLOTTI (Pierre).	1625 1700	Volzano.	Hist. et portr.	Élève de J. Ferrobosco. — Fini délicat; teintes d'une douceur exquise; on estime beaucoup ses portraits et ses caricatures.
TRIVA (Antoine), dit quelquefois DE TRIVIS.	1626 1699	Reggio.	Hist. et genre.	Élève du Guerchin. Mort à Munich. Sa sœur Flaminia, qu'il avait emmenée à Venise, réussit également dans la peinture. — Vénus sortant du bain, Dresde. — Manière pleine de vérité. Graveur à l'eau-forte.
ROSSI (Muzio).	1626 1651	Naples.	Hist.	Élève du Stanzioni et du Guide; sa mort prématurée l'empêcha de perfectionner son talent.
PRONTI (le père César).	1626 1708	La Cattolica	Id.	Élève du Guerchin; son nom de famille était Bacciocchi; il le quitta pour prendre celui de sa mère; séjourna à Ravenne, à Pesaro, et se fit moine augustin à Bologne. — Clair-obscur bien entendu, manière vive et gracieuse, belle architecture, goût original.
MONTANINI (Pierre).	1626 ou 1635 1689	Pérouse.	Pays. et hist.	Vivait à Pérouse. — Ne réussit que dans le paysage.
LAZZARONI (Jean-Baptiste).	1626 1698	Crémone.	Hist. et portr.	Élève de J. B. Tortiroli; vécut à Milan et à Plaisance; fréquemment employé par les princes de Parme. — Excella dans le portrait.
CÉSIO (Charles).	1626 1686	Antradoco (près de Rome).	Hist. etc.	Élève de P. de Cortone, dont il imita la manière avec ses défauts et souvent avec toutes ses beautés. Mort à Rieti. — Jugement de Salomon, Rome. Visitation, ib. Le Temps détruisant la Beauté, Madrid. — Ordonnance riche, bonne composition; bon graveur à l'eau-forte; grava à la pointe.
CARLONI (André ou Jean-André), fils de Jean-Baptiste.	1626 ou 1639 1697		Hist. et portr.	On le croit élève de son père; travailla beaucoup à Pérouse; se perfectionna dans un voyage qu'il fit à Rome. Son frère Nicolas fut son élève. — Madeleine pénitente, Florence. — Fut loin d'égaler son maître; composition facile et spirituelle.
VENANZI (Jean ou François).	1627 1705		Id.	Élève du Pésarèse ou de C. Gennari.
ROSSI (Jean-Baptiste).	1627?	Rovigo.	Hist.	Élève d'A. Varotari; s'établit à Venise.
MARINARI (Honoré).	1627?	Florence	Id.	Élève de Ch. Dolci et son cousin; mort trop jeune. — Saint Jérôme, Florence. Saint Maur guérissant les infirmes, ib. Jésus-Christ apparaissant à sainte Marie do' Pazzi, ib. Les Heures, le Crépuscule et l'Aurore (fresques), ib. David vainqueur de Goliath, ib. — Imita d'abord son maître, se forma ensuite un style plus grandiose, plus idéal et acquit une touche plus ferme.
SUPPA (André).	1628 1671	Messine.	Hist. et portr.	Élève de B. Triconi. — Style plein d'imagination dans les têtes; grande délicatesse dans les détails.
PIOLA (Dominique), frère de Pellegrino.	1628 1703	Gênes.	Hist.	Élève de son frère et de J. D. Cappellini; compagnon de travail de Val. Castelli; son fils Antoine, né en 1654; mort en 1715, abandonna la peinture. Un autre de ses fils, nommé Jean-Baptiste, fut élève de son père et devint un copiste assez intelligent. — Imitateur du Cortone; formes variées, idéales et assez belles, dessin arrondi, pinceau prompt et facile; excella à représenter des enfants.
FALCIERI (Blaise).	1628 1703	Vérone.	Id.	Élève de J. Locatelli et du chevalier Liberi, à Venise. — Style fécond et animé.
CIGNANI (Charles).	1628 1719	Bologne.	Hist. et portr.	Élève de l'Albane; s'occupa à Parme; protégé par le pape Clément XI, qui l'honora de plusieurs titres, entre autres de ceux de comte du palais et de prince de l'Académie de Bologne; d'un caractère doux et modeste. Mort à Forli. — Vierge, Forli. Assomption, ib. Saint-Michel, Bologne. François Ier guérissant les écrouelles, ib. Entrée de Paul III (fresques), ib. La sainte Vierge, Rome. La Vierge et l'Enfant, Florence. Adoration des bergers, Saint-Pétersbourg. La fille de Cimon allaitant son père, Vienne. La Vierge et l'Enfant, ib. Joseph et la femme de Putiphar, Dresde. Adam et Ève dans le paradis terrestre, La Haye. La Charité, Londres. Une sibylle, ib. Portraits, ib. La Vierge et l'Enfant, ib. Enfance de Jupiter, Munich. Assomption, ib. Sommeil de Jésus, ib. Madeleine pénitente, ib. Anchise et Vénus, Berlin. La Charité, ib. — Composition savante, imita son maître tout en agrandissant sa manière, et le surpassa parfois; contours finis, belles draperies, dessin correct, coloris vif et suave.
CACCIOLO (Jean-Baptiste).	1628 1675	Budrio.	Hist.	Élève de Canuti; peignit les figures dans les tableaux de J. Paderno, Balthasar Bianchi, J. J. Monti, etc. — Bon imitateur du Cignani; ses têtes de vieillards sont estimées.

NOMS.	ANNÉES DE NAISSANCE ET DE MORT.	LIEU DE NAISSANCE	GENRE.	NOTES HISTORIQUES. — TABLEAUX PRINCIPAUX ET LIEUX OU ILS SE TROUVENT. OBSERVATIONS.
SCILLA (Augustin).	1629 1700	Messine.	Hist., portr., anim., pays. et fr.	Élève d'A. Ricci Barbalunga ; envoyé à Rome par le sénat , afin d'y suivre les leçons d'A. Sacchi ; revint à Messine, y ouvrit une école, où sa réputation attira un grand nombre d'élèves ; forcé par la révolution de Sicile de se réfugier à Rome, finit par s'établir dans cette ville, fut reçu à l'Académie en 1679, et en fut nommé président. Naturaliste, numismate et antiquaire. — Saint Hilarion mourant , Messine. — Goût gracieux ; caractère de grandeur dans les têtes de vieillards ; habile peintre de paysages, d'animaux et de fruits. Son frère Hyacinthe, plus jeune que lui, cultiva également la peinture et avec succès. Xavier, son fils, fut meilleur numismate que peintre.
PERUZZINI (Dominique ou Jean).	1629 1694	Pesaro.	Hist. et persp.	Parcourut toute l'Italie ; créé chevalier à Turin ; mort à Milan. Quelques auteurs citent deux frères Peruzzini : Dominique et Jean ; il paraît que ces deux artistes n'en font qu'un : Paul, fils de Dominique et son élève, est cité comme un peintre hardi et habile.—La sainte Maison de Lorette, Rome.— Perspective savante , dessin assez correct, beaucoup de charme et d'esprit. — Graveur à l'eau-forte.
PASINELLI (Laurent).	1629 1700	Bologne.	Hist.	Élève de Cantarini et du Torre ; résolut de ramener l'école de Bologne vers les bons modèles abandonnés depuis quelque temps ; la même pensée animait C. Cignani, et ces deux artistes furent rivaux sans jamais devenir jaloux l'un de l'autre.—Entrée de Jésus-Christ à Jérusalem , Bologne. Descente de Jésus-Christ aux Limbes, ib. — Dessin quelquefois incorrect ; composition vaste, nombreuse, riche et spirituelle , manière pleine de feu , idées neuves , talent pour les grandes machines ; mouvements souvent forcés ; imita le grand style et le brillant de Paul Véronèse , mais avec trop d'affectation ; copia le gracieux de Raphaël ; coloris varié , pinceau frais et éclatant. — Graveur à l'eau-forte.
DINARELLI (Jules).	1629 1671	Id.	Id.	Élève du Guide.
GHITI (Pompée).	1631 1705	Brescia.	Id.	Élève d'O. Amigoni et de Zoppo de Lugano. — Invention facile , dessin correct.
GHISOLFI (Jean).	1632 ou 1633 1683	Milan.	Arch., persp. et hist.	Élève de Jérôme Chignolo , d'A. Volpini et de S. Rosa ; appartenait à une famille noble ; se rendit à Rome en 1650. — Bâtiments et figures, Londres. Ruines de Carthage , Dresde. Port de mer avec vaisseaux et figures, ib. — Imita S. Rosa pour les figures, qu'il peignit plus agréablement ; composition de bon goût.
GIORDANO (le chevalier Luc).	1632 1705	Naples.	Hist., genre et portr.	Élève de Ribera puis de P. de Cortone , à Rome, où il s'était rendu secrètement ; visita Florence, Bologne, Parme et Venise, afin d'achever ses études dans ces différentes villes ; excité continuellement au travail par son père Antoine, peintre médiocre, Luc acquit, en copiant les anciens tableaux, cette facilité si extraordinaire qui chez lui dégénera parfois en défaut. Il s'établit à Naples ; appelé en Espagne par Charles II, il arriva à Madrid en 1692 ; exécuta dans ce pays d'immenses ouvrages, revint à Naples en 1702 et ne discontinua pas ses innombrables travaux jusqu'à sa mort. — Les servantes du peintre faisant de la musique, La Haye. Hérodiade, Naples. Pilate, ib. Sémiramis défendant Babylone, ib. Consécration du monastère du mont Cassin, ib. Jésus-Christ chassant les vendeurs du temple (fresque), ib. Jésus-Christ triomphant, ib. Père Éternel , ib. Saint Thomas d'Aquin, ib. Naissance de Jésus-Christ, Venise. Présentation, ib. Assomption, ib. Vierge et les âmes du purgatoire, ib. Descente de croix, ib. Songe de saint Joseph, Rome. Adoration du veau d'or, ib. Repos en Égypte, ib. Une femme de cuisine : au fond Lazare au souper d'Épulon, ib. Et autres, ib. Sacrifice magique, Londres. Histoire de Cupidon et de Psyché (en douze tableaux), ib. Mort de Sénèque, Dresde. Bacchus et Ariane, ib. Enlèvement des Sabines (chef-d'œuvre), ib. Hercule et Omphale, ib. Et autres, ib. Martyre de saint Laurent, Rennes. Tableaux, Milan. Flore, Marseille. Une sibylle, ib. Thétis, Florence. Enlèvement de Déjanire, ib. Conception (chef-d'œuvre), ib. Les Cyclopes, Saint-Pétersbourg. Descente de croix, ib. Adam et Ève chassés du Paradis, ib. Enlèvement d'Europe, ib. Bacchus dormant, ib. Madeleine, ib. Présentation de Jésus-Christ au temple, Paris. Jésus-Christ se soumettant à la Mort, ib. Mars et Vénus, ib. Jugement de Pâris, Berlin. Massacre des Innocents, Munich. Jésus-Christ crucifié, ib. Portrait du père du peintre, ib. Portrait du peintre, ib. Mort de Lucrèce, ib. Miracle de la multiplication des pains, ib. Un philosophe, ib. La Samaritaine, ib. Jésus-Christ tenté par le démon, ib. Abigaïl, Madrid. Sacrifice d'Abraham, ib. Songe de Salomon, ib. Jugement de Salomon, ib. Esaü vend son droit d'aînesse, ib. Songe de saint Joseph, ib. Sainte famille, ib. Massacre des Innocents, ib. Saint Antoine, ib. Pilate, ib. Jésus-Christ portant la croix, ib. Allégorie sur la paix, ib. Bataille de Pavie, ib. Bataille de Saint-Quentin, ib. Bethsabée au bain, ib. Hercule, ib. Persée, ib. Suzanne et les vieillards, ib. Sujet héroïque, ib. Portrait équestre de Charles II, ib. Marie-Anne, seconde femme de Charles II, ib. Lutte de Jacob contre un ange, ib. Samson, ib. Turnus et Euée, ib. Saint Jérôme , ib. Loth et ses filles, ib. Ascension, ib. Descente du Saint-Esprit, ib. Abraham et le Père Éternel, ib. Tantale, ib. Ixion , ib. Fresques, ib. Et beaucoup d'autres, ib. Saint Michel, Vienne. Massacre des Innocents, ib. Naissance de Jésus-Christ, ib. Songe de saint Joachim, ib. Visitation, ib. Naissance de la Vierge, ib. Mariage de la Vierge, ib. Présentation de la Vierge au temple, ib. Mort de la Vierge, ib. Martyre de saint Barthélemy, ib. Et autres, ib. — Luc Giordano jouit d'une immense réputation dans le temps où il travailla ; il contribua pourtant à pervertir le goût en sacrifiant la correction et les règles sévères de l'art à une exécution rapide et à un effet factice et maniéré. Le surnom qu'on lui donna le peint en deux mots : on le désignait sous le nom de Fa presto.
MERANO (Jean-Baptiste).	1632 1700?	Gênes.	Hist.	Élève de Val. Castelli ; étudia aussi à Parme. — Composition savante , harmonieuse et variée.
BISCAINO (Barthélemy), fils d'André.	1632 1657	Id.	Id.	Élève de Valère Castelli ; mort de la peste, avant d'avoir pu remplir les belles promesses que donnait son talent. — La femme adultère, Dresde. Adoration des mages, ib. Circoncision, ib. — Dessin gracieux ; beaucoup de vigueur. Graveur de talent.
BALESTRIERO (Joseph).	1632 1709	Messine.	Id.	Élève d'A. Scilla ; se fit prêtre et abandonna son art. — Copiste intelligent.
VOLPATO (Jean-Baptiste).	1633 1706	Bassano.	Id.	Abandonna l'état ecclésiastique pour se livrer à la peinture, habita Vienne, Padoue et Venise. — Auteur, mathématicien , anatomiste , philosophe et métoposcope.
TARUFFI (Émile).	1633 1696	Bologne.	Hist., portr. et pays.	Élève de l'Albane et compagnon de travaux de Ch. Cignani , à Bologne et à Rome. Mort assassiné. — Excellait dans l'art de copier les peintres anciens ; effet pittoresque dans les portraits ; bon paysagiste.
PANZA (le chevalier Frédéric).	1633 1705		Hist.	Élève de Ch. Nuvolone , puis des Vénitiens ; employé à la cour de Turin.
FUMIANI (Jean-Antoine).	1633 1710		Id.	Élève de l'école Bolonaise. — Bon goût de dessin et de composition ; style froid.

NOMS.	ANNÉES DE NAISSANCE ET DE MORT.	LIEU DE NAISSANCE	GENRE.	NOTES HISTORIQUES. TABLEAUX PRINCIPAUX ET LIEUX OU ILS SE TROUVENT. OBSERVATIONS.
GENNARI (Benoît), le jeune, fils d'Hercule.	1633? 1715	Bologne.	Hist.	Élève du Guerchin ; se rendit en Angleterre, y fut peintre de Charles II et de Jacques II ; travailla pour Louis XIV et pour le duc d'Orléans ; revint à Bologne et y mourut.—Vénus et Adonis, Londres. Saint Jérôme, Vienne. Tobie, Madrid. — Imitateur du Guerchin.
BONISOLI (Augustin).	1633 1700	Crémone.	Hist. et portr.	Élève du Tortiroli, puis de Miradoro ; demeura pendant vingt-huit ans auprès de D. Jean-François de Gonzague. — Beaucoup de grâce et d'éclat, bon coloris.
BITTONTE (Jean), dit LE BALLERINO.	1633 1678	Vicence.	Hist.	S'établit à Castelfranco et y fonda une école de peinture et de danse, ce qui lui valut son surnom.
TRASI (Louis).	1634 1694	Ascoli.	Id.	Élève du Sacchi, puis de C. Maratti. — Artiste de talent.
RECCO (le chevalier Joseph).	1634 1695	Naples.	Nature morte.	École de Porpora ; étudia dans la Lombardie ; demeura plusieurs années à la cour d'Espagne, pendant le séjour de Giordano dans ce pays. — Nature morte (plusieurs tableaux), Madrid. — Beau coloris.
METELLI (Joseph-Marie), fils d'Augustin.	1634 1718	Bologne.	Hist.	Élève de l'Albane, du Guerchin, de Fl. Torre et de S. Cantarini. — On cite très-peu de ses tableaux. — Plus connu comme graveur à l'eau-forte.
MARTINOTTI (Jean-Évangéliste).	1634 1694	Montferrat.	Pays.	Élève de S. Rosa. — Style soigné.
GHEZZI (le chevalier Joseph), fils de Sébastien.	1634 1721	La Communanza.	Hist.	Élève de son père et de Lorenzino, à Fermo ; établi à Rome et admis à l'Académie de Saint-Luc, il en devint le secrétaire perpétuel. — Sainte Anne, Rome. Sainte Famille, ib. Le prophète Michée, ib. — Manière de P. de Cortone.
FRANCHI (Antoine).	1634 1709	Lucques.	Id.	Élève du Volterrano ; résida à Florence et travailla beaucoup pour la cour. Auteur d'un bon ouvrage intitulé : Théorie de la peinture. Son fils, Joseph, fut un peintre d'assez de mérite ; un autre de ses fils, Margherita, peignit également.—Moins estimé qu'Ulivelli, il est pourtant plus soigneux et plus correct.
FERRI (Ciro).	1634 1689	Rome.	Hist. et portr.	Élève de P. de Cortone ; termina les peintures du palais Pitti, à Florence ; nommé chef de l'école florentine, par le grand-duc de Toscane ; s'occupa à faire des dessins pour le Vatican ; exécuta beaucoup de miniatures pour les bréviaires, les thèses, etc. De grands honneurs lui furent rendus après sa mort.—Sainte famille, Venise. Rachel, Lia et Laban, Rome. Le Christ, ib. Fresques, ib. Annonciation, Florence. Jésus-Christ crucifié, ib. Alexandre lisant Homère, ib. Énée et Didon, Dresde. Mort de Didon, ib. Triomphe de Bacchus, Londres. Deux repos en Égypte, Munich. Jésus-Christ apparaissant à Madeleine, Vienne. — Imita à s'y méprendre la manière de son maître ; pinceau élégant et léger ; touche large et facile ; composition remarquable ; caractères un peu uniformes, expression un peu froide.
FERRARI (François).	1634 1708	Près de Rovigo.	Persp., ornem. et hist.	Élève de G. Rossi ; travailla pour les théâtres d'Italie et à Vienne au service de Léopold Ier. — Coloris fort et durable, beaucoup de relief. On cite parmi ses élèves peu célèbres Mornassi, Paggi, Raffanelli, Jacques Filippi.
COSTA (Thomas).	1634? 1690	Sassuolo.	Hist., persp. et pays.	Élève de J. Boulanger ; vécut à Reggio. — Coloris plein de vigueur.
COLI (Jean).	1634 1681	Lucques.	Hist.	Lié avec Ph. Gherardi de la plus étroite amitié, il composa presque tous ses tableaux en compagnie avec lui.
STRINGA (François).	1635 ou 1658 1709		Id.	Les uns le font élève de L. Lana, les autres du Guerchin ; surintendant de la grande galerie d'Este. — Grande fécondité, pinceau spirituel, hardi et prompt ; ombres très-chargées ; figures trop longues.
LANGETTI (Jean-Baptiste).	1635 1676	Gênes.	Id.	Élève de P. de Cortone, puis du vieux Cassana ; s'établit à Venise et y mourut. — Crucifiement, Venise. Supplice de Marsyas, Dresde. — Praticien habile ; grande facilité, tons vigoureux et pinceau brillant ; son coloris rappelle celui de Cassana ; manque d'idéal ; ne peignait que d'après nature.
GAFÀ (Melchior).	1635 1680	Malte.	Id.	Détails inconnus.
EMMANUEL de Côme (frère).	1635 1704	Côme.	Id.	Mineur réformé ; élève de Scilla, à Messine ; embellit de ses ouvrages plusieurs couvents de son ordre en Sicile et à Rome.
BOMBELLI (Sébastien).	1635. 1716?	Udine.	Hist. et portr.	Élève du Guerchin ; appelé à Inspruck par l'archiduc Joseph ; fut protégé par tous les électeurs, par l'empereur Léopold et par le roi de Danemark. Son frère, Raphaël, fut un peintre médiocre.— Conception, Rome. Portrait de François de Médicis jeune, Vienne. — Imita avec bonheur Paul Véronèse, dont on confond souvent les tableaux avec les siens ; renommé pour le portrait ; poses vraies, coloris vif et frais ; style vénitien et style bolonais mêlés ; employait un vernis qui gâtait ses tableaux.
BARTOLI (Pietro Santi).	1635? 1700	Pérouse.	Hist.	Élève du Poussin. Mort à Rome. — Plutôt cité comme graveur à l'eau-forte.
VACCARO (François).	1656? 167	Bologne.	Vues, etc.	Élève de l'Albane ; peintre, graveur et littérateur. Composa un traité de perspective ; se trouvait parmi les compagnons de la mort. En 1670, il quitta sa patrie sans que l'on sût jamais ce qu'il devint.

NOMS.	ANNÉES DE NAISSANCE ET DE MORT.	LIEU DE NAISSANCE	GENRE.	NOTES HISTORIQUES. — TABLEAUX PRINCIPAUX ET LIEUX OU ILS SE TROUVENT. — OBSERVATIONS.
VIANI (Jean).	1636 1700	Bologne.	Hist. et portr.	Élève de H. Torre et condisciple du Pasinelli avec lequel on croit qu'il travailla ; rempli de science, Viani ne négligea rien pour perfectionner son talent , en dessinant sans relâche et étudiant l'anatomie jusqu'à la fin de ses jours. Dirigea une école, rivale de celle du Cignani et d'où sortirent une foule d'artistes distingués. — La Vierge et l'enfant Jésus, Florence. Saint Bruno au désert, Bologne. Sainte Rosalie devant le crucifix, *ib.* — Théorie savante, dessin satisfaisant, belles formes, coloris bien empâté, mouvements gracieux, draperies légères; étudia immensément d'après nature; ne parvint à égaler les plus habiles artistes que dans les tableaux où il apporta tous ses soins.
PAGLIA (François).	1636	Brescia.	Id.	Élève du Guerchin ; suivit avec succès les traces de son maître ; mort dans les premières années du xviiie siècle. — Bon empâtement de couleur; habile dans le clair-obscur; peu d'imagination, formes trop longues et trop maigres.
MOLINARI (Jean-Baptiste).	1636		Hist.	Élève du Vecchia : son fils Jean-Baptiste, élève d'Ant. Zanchi, travaillait encore en 1727 ; son style était inégal et son pinceau froid. — Noé dans l'ivresse, Dresde.
MISCIROLI (Thomas).	1636 1699	Faenza.	Id.	Étudia sans maître et fut surnommé : *le Peintre villageois.* — Dessin , expression et accessoires faibles. — Composition spirituelle, bonne couleur.
LAMMA (Augustin).	1636?	Venise.	Bataill.	Élève d'Ant. Calzo , qui lui-même avait reçu les leçons du Bourguignon ; vivait encore en 1696. — Un des meilleurs peintres de batailles que l'Italie ait produits.
FIORI (César).	1636 1702	Milan.	Hist. et portr.	Élève de Ch. Cane. — Graveur et architecte.
CALZO (Antoine).	1636 ou 1653 1714 ou 1738	Vérone.	bataill. et pays.	Élève de Ch. Cignani, puis du Bourguignon, à Rome ; résida en Toscane , à Milan et surtout à Bologne.
BONATTI (Jean).	1636 1681	Ferrare.	Hist.	Élève de P. Fr. Mola à Rome, du Guerchin à Bologne , et de C. Cattanio; séjourna à Venise et dans plusieurs villes de la Lombardie; Bonatti dut toutes ces études à la protection du cardinal Pio, qui le retint à sa cour comme surintendant de sa collection de tableaux et le combla de bienfaits, ce qui le fit surnommer Giovanni del Pio. — Saint Charles Borromée secourant les pestiférés, Florence. — Beaucoup d'exactitude, choix heureux; grandes connaissances théoriques.
BENASCHI (le chevalier Jean-Baptiste).	1636 1688 ou 1690	Turin.	Id.	Élève de J. Lanfranc. — Fresques , Rome. — Variété extraordinaire, formes gracieuses, coloris agréable, style parfois pesant et froid. Perspective et raccourcis savants. — Bon graveur à l'eau-forte.
RICCIOLINI (Nicolas).	1637	Rome.	Id.	Élève de P. de Cortone, rivalisa avec le chevalier Franceschini dans les cartons pour les mosaïques du Vatican. — Crucifiement de saint Pierre (Mosaïque), Rome. Déposition de la croix, *ib.* — Dessin correct.
MONERI (Jean).	1657 1714	Visone (près d'Acqui).	Id.	Élève du Romanelli, à Rome.
MARRACCI (Jean), frère d'Hippolyte.	1637 1704	Lucques.	Id.	Élève de P. Berrettini da Cortona. — Peintre de mérite.
CELESTI (André).	1637 1700	Venise.	Id.	Élève de Ponzone. — Vue d'un camp pendant la nuit, Dresde. Cérès et Bacchus, *ib.* Massacre des innocents, *ib.* Samson pris par les Philistins, *ib.* Adoration du veau d'or, *ib.* Madeleine chez le Pharisien, Munich. — Images agréables et fécondes; contours grandioses, fonds riants, coloris assez vrai, gai , brillant et doux; têtes et costumes gracieux ; ses tableaux ne se sont pas conservés.
CAULA (Sigismond).	1637	Modène.	Id.	Élève de J. Boulanger; se perfectionna à Venise. — Style élevé.
BONIFAZIO (François).	1637	Viterbe.	Id.	Élève de P. de Cortone.
BERRETTONI (Nicolas).	1637 1682	Montefeltro.	Id.	Élève de C. Maratti qui fut jaloux de son talent, protégea ses autres élèves à son détriment et le fit, dit-on, mourir de chagrin. — Sainte famille, Rome. Visitation, Saint-Pétersbourg. — Style doux, facile, dégagé et étudié sans le paraître.
SIRANI (Élisabeth), fille de Jean-André.	1638 1665	Bologne.	Hist. et portr.	Une des femmes les plus célèbres de son temps. Morte à l'âge de vingt-six ans, après avoir terminé un grand nombre de tableaux. On croit qu'elle fut empoisonnée par des rivaux. Elle forma beaucoup d'élèves du même sexe : Véronique Franchi , Vincenzia Fabri , Lucrezia Scarfaglia , Geneviève Cantofoli , etc. Son corps fut déposé dans le tombeau du Guide. — Une femme jetant un homme dans un puits, Naples. La Piété, Rome. Circé présentant le breuvage à Ulysse, *ib.* La Charité, *ib.* Judith, *ib.* Baptême de Jésus-Christ, Bologne. Saint Antoine de Padoue, *ib.* Jésus-Christ enfant, tenant le globe du monde, *ib.* La Vierge douloureuse, *ib.* Sainte famille, *ib.* Et autres, *ib.* Le génie de l'instabilité, Munich. Marthe et Marie, Vienne.—Manière hardie , touche ferme. Un de ses tableaux, le Baptême du Christ a trente pieds de hauteur. C'est à tort qu'on la croit élève du Guide, puisqu'elle n'avait que quatre ans lorsque ce dernier mourut. On a d'elle des gravures à l'eau-forte exécutées à dix-neuf ans.
ROMANELLI (Urbain), fils de François.	1638 1682	Viterbe.	Hist.	Élève de son père et de Ciro Ferri. — Peintre de mérite.
GABOLI (Pierre-François).	1638 1716	Turin.	Persp.	Le Garzi étoffa ses tableaux.

NOMS.	ANNÉES DE NAISSANCE ET DE MORT.	LIEU DE NAISSANCE	GENRE.	NOTES HISTORIQUES. — TABLEAUX PRINCIPAUX ET LIEUX OU ILS SE TROUVENT. — OBSERVATIONS.
GARZI (Louis).	1638 ou 1640 1721	PISTOIE (Toscane).	Hist., portr., pays., etc.	Élève de Salomon Boccali, puis d'André Sacchi ; rival de Carlo Maratti ; appelé à Naples, y peignit la voûte de l'église de Sainte-Catherine ; revint à Rome, y fut protégé par le pape Clément XI, malgré les basses poursuites de ses envieux, et y travailla jusqu'à sa mort. Son fils Mario fut son élève et mourut avant lui.—Le prophète Joël, Rome. Et autres, ib. Fresques, ib. Vierge allaitant, Munich. — Beaucoup de ressemblance avec les œuvres de C. Maratti ; de l'imagination et de l'esprit ; dessin pur, touche moelleuse et facile, coloris léger et gracieux ; excellait à peindre les groupes d'enfants et les figures de Vierges ; bonne perspective et architecture savante.
CAROLI (François-Pierre).	1658 1716	TURIN.	Intér. d'égl. et arch.	Détails inconnus.
ZANCHI (Antoine).	1639 1722	ESTE.	Hist.	Élève de Ruschi. — Assomption, Florence. Épiphanie, ib. Rébecca recevant les présents, Dresde. — Formes vulgaires, coloris triste, pinceau large et hardi, effet pittoresque, clair-obscur magique ; ensemble imposant ; dessin incorrect.
RACCHETTI (Bernard).	1639 1702		Persp.	Élève et neveu de J. Ghisolfi.
ODDI (Mauro).	1639 1702	PARME.	Hist.	Élève de P. de Cortone, à Rome ; cité plutôt comme architecte. — Graveur à l'eau-forte.
LAZZARI (Jean-Antoine).	1639 1713	VENISE.	Hist. et portr.	Appartenait à une famille noble. — Excellait à copier les tableaux de Jacques Bassano.
GAULI (Jean-Baptiste), dit LE BA-CICCIO.	1639 1709	GÊNES.	Portr. et hist.	Travailla à l'aide des conseils du Bernin ; peignit beaucoup à Rome. Il avait un caractère ardent et violent ; ayant un jour donné un soufflet à son fils devant une nombreuse compagnie, le jeune homme alla se noyer dans le Tibre.—La Vierge et l'enfant Jésus, Rome. Saint François Xavier (fresque), ib. Fresques, ib. La Vierge, saint Roch et saint Antoine, ib. Triomphe de l'ordre de Saint-François (fresque), ib. — Il a réussi dans le portrait ; on lui doit ceux des sept pontifes sous lesquels il a vécu ; dessin peu correct, beaucoup d'expression et de vérité.
HAFFNER (Henri), frère d'Antoine.	1640 1702	BOLOGNE.	Persp.	Fils d'un soldat de la garde suisse du sénat ; étudia à Bologne ; s'occupa à Savone avec Guidobono ; fut appelé à Gênes et revenu à Bologne, y travailla jusqu'à sa mort.
BOTTI (François).	1640?	FLORENCE.	Hist.	Détails inconnus.
BERTOLOTTO (Jean-Laurent).	1640 1721	GÊNES.	Hist. et ani.	Élève de J. B. Castiglione.
ABBIATI (Philippe).	1640 1715	MILAN.	Hist.	Élève de Ch. Nuvolone ; concourut avec Frédéric Bianchi. — Génie vaste, idées fécondes, pinceau hardi, peu de profondeur.
ROSSI (Pascal), dit le PASQUALINO.	1641 1718?	VICENCE.	Genre et hist.	Travailla beaucoup à Turin. — Adoration des bergers, Dresde. Denis de Syracuse maître d'école à Corinthe, Madrid. — Style gracieux.
MONTANI (Joseph).	1641	PESARO.	Pays.	Vécut quelque temps à Venise. — Habile dans son genre.
MELCHIORI (Melchior).	1641 1686	CASTEL-FRANCO.	Hist.	Élève de J. Bittento ; travailla à Venise et à Castelfranco.
GENNARI (César), fils d'Hercule.	1641 1688		Hist. et pays.	S'établit à Bologne auprès du Guerchin, son oncle, et continua son école. — La Vierge et l'enfant Jésus, Florence. — Imitateur du Guerchin.
CORALLI (Jules).	1641	BOLOGNE.	Hist. et portr.	Élève du Guerchin à Bologne, et de Cairo à Milan ; travailla à Parme, à Plaisance et à Mantoue. Mort très-vieux. — Réussit dans le portrait.
BOVA (Antoine).	1641 1711	MESSINE.	Hist.	Élève d'A. Suppa. — Imita avec bonheur la manière de son maître.
SCACCIATI (André).	1642		Fleurs et fr.	Élève de Laurent Lippi, qui lui conseilla de quitter l'histoire pour le genre des fleurs dans lequel il réussit parfaitement. — Fit un grand nombre de tableaux pour les pays étrangers.
POZZO (le père André.)	1642 1709.	TRENTE.	Hist. et portr.	Étudia d'abord les lettres, et ensuite la peinture, à Milan ; entra chez les jésuites comme frère lai à l'âge de vingt-trois ans ; se perfectionna à Rome et y resta de nombreuses années ; demeura également Gênes et à Turin : travailla à Mondovi, à Modène, à Arezzo, à Montepulciano et enfin à Vienne où l'empereur Léopold l'avait appelé et où il mourut.—Sainte Ignace, Rome. Fresques, ib. Jésus-Christ enfant dormant sur une croix, Dresde. Portrait d'un jésuite, Florence. — Excellent coloris, dessin satisfaisant ; il paraît avoir pris Rubens pour modèle : invention judicieuse, formes aimables, touche franche et aisée, promptitude d'exécution étonnante ; bon peintre d'ornements ; un peu trop de profusion d'accessoires en ce genre. Imagination neuve, teintes vives, verve pittoresque ; perspective parfaite ; architecte médiocre.
PINACCI (Joseph).	1642	SIENNE.	Hist., batail. et portr.	Élève du Bourguignon ; séjourna à Naples à la cour du vice-roi Carpio, puis auprès du prince Ferdinand, à Florence.
LITTERINI (Auguste).	1642		Hist.	Élève de P. della Vecchia.
GATTI (Thomas).	1642	PAVIE.	Id.	Élève de Ch. Bersotti.
BASSI (François), le vieux.	1642 1700	CRÉMONE.	Pays.	Établi à Venise où on le surnomma le Crémonais des paysages. — Goût varié, gracieux et fini, touche ferme, ciels pleins de chaleur.

NOMS.	ANNÉES DE NAISSANCE ET DE MORT.	LIEU DE NAISSANCE	GENRE.	NOTES HISTORIQUES. — TABLEAUX PRINCIPAUX ET LIEUX OU ILS SE TROUVENT. — OBSERVATIONS.
VOLTOLINO (André).	1645		Portr. et hist.	Élève de J. Locatelli. — Style étudié mais froid ; réussit dans le portrait.
SEGALA (Jean).	1645 1700		Hist.	Détails inconnus. — Lumières éclatantes opposées à les fonds obscurs.
ROLI (Antoine), frère de Joseph-Marie.	1645 1696		Hist. et arch.	Élève d'A. Metelli et de Colonna.
RESCHI (Pandolphe).	1645 1699	Dantzick.	Bat., persp., etc.	Établi à Florence ; élève de J. Courtois dit le Bourguignon. Imita son maître et S. Rosa. Étoffage spirituel et animé. Distribution peu heureuse des ombres et de la lumière.
QUAINI (Louis), fils de François.	1645 1717	Bologne.	Hist., pays., arch. et orn.	Élève de Ch. Cignani dont il était le cousin ; visita la France et l'Angleterre ; grand ami de son condisciple M. A. Franceschini, avec lequel il travaillait presque toujours en commun. Mort de la goutte à Bologne. — La charité romaine (figures de M. A. Franceschini , Vienne. — Airs de tête gracieux.
BUONCORI (Jean-Baptiste).	1645 1699	Campli (dans les Abruzzes).	Hist.	Élève de P. Fr. Mola. — Visitation, Rome. — Beaucoup d'effet ; style un peu lourd.
GIMIGNANI (Louis), fils d'Hyacinthe.	1644 1697	Rome.	Id.	Élève de son père ; vécut à Rome. — Histoire de sainte Marie-Madeleine de'Pazzi, Rome. Massacre des Innocents, ib. Fresques, ib. Douleur d'Ariane (à fresque sur une toile), Florence. Mort de Léandre, ib. — Plus spirituel et meilleur coloriste que son père ; moins de correction.
GHERARDI (Antoine).	1644 ou 1664 1702	Rieti (Ombrie).	Id.	Élève de Fr. Mola et de P. de Cortone. Établi à Rome, il dut son bonheur à la protection de Monseigneur Bulgarini. Christine de Suède voulut le créer chevalier, mais il refusa cet honneur. — Tableaux et fresques, Rome. — Beaucoup de facilité ; un des bons artistes de son époque. Graveur à l'eau-forte.
FERRARI (Grégoire).	1644 1726	Port-Maurice.	Id.	Élève de D. Fiasella ; séjourna à Parme et mourut à Gênes. — Étudia la manière du Corrége ; style neuf et original ; teintes vraies et vigoureuses , manière incorrecte.
BETTINI (Dominique).	1644 1705	Florence	Fleurs, fr., ois., poiss.etc.	Élève de Jacques Vignali ; florissait à Florence et mourut à Bologne. — Réussit dans son genre.
TARICCO (Sébastien).	1645 1710	Cherasco (Piémont).	Hist.	On croit qu'il étudia à Bologne.
ROSSI (Nicolas-Marie)	1645 1700		Id.	Élève de Solimène.
LANZANI (André).	1645? 1712	Milan.	Id.	Élève de Scaramuccia, puis de C. Maratti, à Rome , et enfin de Lanfranc ; appelé à Vienne par l'empereur , nommé chevalier et chargé de travaux importants. — Saint Charles dans une gloire, Milan. Action du cardinal Frédéric, ib. — Pinceau franc ; beaucoup de facilité ; dans quelques-uns de ses tableaux, il a été fort au-dessus de lui-même.
BERSOTTI (Charles-Jérôme).	1645	Pavie.	Genre.	Élève de Ch. Sacchi.
AVANZI (Joseph).	1645 1718	Ferrare.	Hist.	Élève de C. Cattanio.
RAGGI (Pierre-Paul).	1646? 1724	Gênes.	Id.	Travailla à Bergame, à Savone, à Turin, à Gênes, etc. ; esprit inquiet et irritable ; mort à Bergame. — Invention et coloris recommandables.
MONTI (Franç.), dit LE BRESCIANINO DES BATAILLES.	1646 1712	Brescia.	Batail.	Élève de Ricchi , puis du Bourguignon ; peignit pour plusieurs villes d'Italie, s'établit à Parme et y ouvrit une école ; son fils, qui fut son élève, lui resta inférieur.
MANINI (Jacques-Antoine).	1646 1732	Bologne.	Persp., ornem. et arch.	Élève d'A. Monticelli et de D. Santi. — Acquit la réputation d'un artiste très-habile. Graveur à l'eau-forte.
DANDINI (Pierre), fils de Vincent.	1646 ou 1647 1712	Florence	Hist. et portr.	Élève de son père ; étudia ensuite à Venise, à Bologne, à Modène et à Rome ; sa réputation s'étendit au loin et particulièrement en Pologne où il dut envoyer plusieurs de ses tableaux. Son fils Octave fut son élève. — Tableaux, Florence. — Composition riche, coloris brillant et vif ; beaucoup de relief.
CALANDRUCCI (Hyacinthe).	1646 1707	Palerme.	Id.	Élève préféré de C. Maratti ; s'occupa à Rome, puis à Palerme, et mourut dans cette dernière ville. Son frère Dominique, élève du même maître, acquit peu de réputation. Son fils ou son neveu Jean-Baptiste , fut enseigné par lui et s'occupa quelque temps à Rome. — Sainte Anne, Rome. Saint Jean-Baptiste, ib. Vierge entourée de saints, Palerme. — Ses tableaux sont estimés.
BELVÉDÈRE (André).	1646 1732	Naples.	Fleurs, fruits et pays.	Élève de Ruoppoli ; séjourna en Espagne ; suivit le grand-duc de Toscane ; demeura longtemps à Venise ; d'après les uns il mourut à Florence, d'après les autres à Venise. Cultiva la littérature et se distingua dans cette branche.
VAN VITELLI ou VAN VITEL (Gaspard), dit GASPARD DEGLI OCCHIALI.	1647 1736	Utrecht.	Pays. et archit.	Alla jeune en Italie et y demeura. Ayant perdu un œil , il continua néanmoins à peindre de grands sujets. Sa vie fut laborieuse remplie comme artiste, comme érudit et comme homme de bien.— Vue du village de Nettuno, Rome. Vue de Grotta-Ferrata, ib. Vues de Monte-Cavallo et Ponte-Sixto, ib. Et autres , ib. Vue de Castel-Sant-Angelo, Florence. Vue de la villa Medici, ib. Vue de Saint-Pierre à Rome, Vienne. — Grande exactitude dans ses vues, belle perspective, coloris brillant, ciels négligés.

NOMS.	ANNÉES DE NAISSANCE ET DE MORT.	LIEU DE NAISSANCE	GENRE.	NOTES HISTORIQUES. TABLEAUX PRINCIPAUX ET LIEUX OU ILS SE TROUVENT. OBSERVATIONS.
EVERARDI (ANGE), dit LE FIAMMIN-GHINO.	1647 1677 ou1678	BRESCIA.	Hist.	Élève d'un peintre flamand , puis de Fr. Monti dit *le Bressan;* visita Rome, y étudia assidûment les ouvrages des grands maîtres ; revint dans sa patrie après deux ans d'absence et de travail, et commençait à y jouir d'un succès légitime lorsque la mort l'enleva. — Manière et coloris du second de ses deux maîtres ; étudia beaucoup les batailles du Bourguignon ; fut surnommé le *Flamand,* à cause du pays de naissance de son père.
BENZI (JULES).	1647 1681	BOLOGNE.	Id.	Élève de J. M. Crespi ; il ne faut pas le confondre avec Jules Benzo de Gênes.
NEGRI (JÉRÔME).	1648		Id.	Élève de L. Pasinelli.
FRANCESCHINI (MARC-ANTOINE).	1648 1729	BOLOGNE.	Hist. et portr.	Élève de J. B. Galli, puis de C. Cignani , son ami, son parent,et son compagnon fidèle ; s'occupa à Bologne, à Gênes en 1702, puis en 1714; appelé à Madrid et dans plusieurs autres cours, Franceschini ne voulut jamais quitter son pays. — Rébecca recevant les présents d'Abraham (peint à l'âge de quatre-vingt ans), Gênes. Naissance d'Adonis, Dresde. Madeleine repentante (chef-d'œuvre), *ib.* Cupidon, Florence. Annonciation, Bologne. Saint Antoine de Padoue, *ib.* Fresques, *ib.* Madeleine pénitente, Vienne. La charité romaine (paysage de Louis Quaini), *ib.* Saint Charles Borromée communiant les pestiférés, *ib.* — Touche recherchée et précise , pinceau facile et plein de goût , coloris frais.
BRUNO (FRANÇOIS).	1648 1726	PORT-MAURICE.	Hist.	Élève de P. de Cortone.
BRIZZI (SÉRAPHIN).	1648 1757	BOLOGNE.	Persp.	Détails inconnus. — Du mérite.
BIMBI (BARTHÉLEMY).	1648 1725	FLORENCE.	Genre, fl., fr. et hist.	Élève d'Ange Gori pour les fleurs et de L.Lippi pour la figure. — Considéré comme le Mario de son école.
BESOZZI (AMBROISE).	1648 1706	MILAN.	Hist. et orn.	Élève de Ciro Ferri , à Rome. — Architecte et graveur.
BADAROCCO (JEAN-RAPHAEL), fils de Joseph.	1648 1726		Hist.	Élève de son père et de C. Maratti.—Imita le Cortone ; pinceau suave ; le bleu d'outremer domine dans ses tableaux.
SIMONELLI (JOSEPH).	1649 1713		Id.	Élève de L. Giordano dont il avait d'abord été le laquais. — Imita le coloris de son maître , dessin médiocre.
ROBATTO (JEAN-ÉTIENNE).	1649 1733	SAVONE.	Id.	Élève de C. Maratti ; visita l'Allemagne. S'adonna au jeu et perdit tout son talent par suite de cette passion. — Beau coloris, contours heureux.
PADERNA (PAUL-ANTOINE).	1649 1708		Pays. et hist.	Élève du Guerchin , puis du Cignani.
PADERNA (PATRICE).	1649 1708	BOLOGNE.	Id.	Détails inconnus.
ALDOVRANDINI ou ALDOVANDINI (MAURICE).	1649 1680	Id.	Arch., pays. et décor.	Exécuta des perspectives dans les tableaux que C. Cignani peignit à Forli.
MICONE (NICOLAS), dit LE ZOPPO.	1650? 1750	GÈNES.	Pays.	Élève de Ch. A. Tavella.
MARI (ALEXANDRE).	1650 1707	TURIN.	Hist.	S'étudia à copier les anciens maîtres ; poète. Mort en Espagne. On cite un Antoine Mari de la même époque , également né à Turin et l'on croit qu'il ne fait qu'un avec Alexandre.
MADIONA (ANTOINE).	1650 1719	SYRACUSE.	Id.	Élève d'A. Scilla ; alla à Rome et s'y attacha à M. Preti qu'il suivit à Malte. — Style énergique et hardi.
LAURI ou de LAURIER (PIERRE).	1650?	FRANCE.	Id.	Élève du Guide. — Tableaux, Bologne. — Manière gracieuse; peignait au pastel.
CICERI (BERNARD).	1650	PAVIE.	Id.	Élève de Ch. Bersotti ; étudia à Venise.
BOSELI (FÉLIX).	1650 1731	PLAISANCE.	Anim., oiseaux et poiss.	Élève des Nuvolone.
PIZZOLI (GIOVAC-CHINO).	1651 1733	BOLOGNE.	Arch.	Élève d'A. M. Colonna.
BAMBINI (le chevalier NICOLAS).	1651 1736	VENISE.	Hist.	Élève de Mazzoni , à Venise, et de Maratti , à Rome. — Dessin exact et élégant ; pensées élevées ; têtes de femme d'un beau caractère ; il faisait souvent retoucher ses tableaux par Cassana, parce qu'il connaissait sa propre faiblesse dans le coloris. Ses deux fils Jean et Étienne , eurent peu de réputation.
TEMPESTI (DOMINIQUE).	1652 1718?	FLORENCE.	Pays. et portr.	Élève du Volterrano ; ce peintre ne fait qu'un avec Dominique de Marchis ; séjourna longtemps à Rome et voyagea en Europe. — Exerça son art avec succès. Graveur.

NOMS.	ANNÉES DE NAISSANCE ET DE MORT.	LIEU DE NAISSANCE	GENRE.	NOTES HISTORIQUES. TABLEAUX PRINCIPAUX ET LIEUX OU ILS SE TROUVENT. OBSERVATIONS.
NATALI (Joseph).	1652 1722	Casal-Maggiore. (Crémonais)	Persp. et arch.	Étudia à Rome et à Bologne. — Style heureux pour les vues d'architecture et assez agréable pour les ornements; se conforma à l'antique pour les grotesques ; talent doux et harmonieux; son fils, Jean-Baptiste, fut son élève et devint peintre de l'électeur de Cologne.
LAMBERTI (Bona-venture).	1652? 1721	Carpi.	Hist.	Élève de C. Cignani; travailla quelque temps à Modène en concurrence avec Lana, puis se rendit à Rome ; y exécuta plusieurs ouvrages remarquables, y ouvrit une école d'où sortirent des élèves distingués et y mourut; il eut un frère qui fut également élève de Cignani. — Martyre de Saint-Pierre, Rome. Miracle de saint François de Paule, ib. — Suivit avec succès la manière de son maître ; excellent coloris, beaucoup de force ; dessin très-correct, composition sage.
GABBIANI (Antoine-Dominique).	1652 1722 ou 1726	Florence	Hist., portr. et genre.	Élève de Ciro Ferri ; il avait reçu les premières leçons de Juste Sustermans (peintre flamand) et de V. Dandini. Étudia à Venise, et de retour dans sa ville natale, ouvrit une école qui fut très-suivie ; travailla jusqu'à sa mort, qui fut causée par une chute. Son neveu Gaëtan fut son élève : on lui accorde du mérite.—Jésus-Christ chez Simon le Pharisien, Dresde. Saint Philippe de Néri, Florence. Enlèvement de Ganymède, ib. Notre-Dame, ib. Saint François d'Assise recevant les stigmates, Munich. Jésus-Christ tenté par le démon, ib. — Pinceau élégant et facile, coloris languissant, draperies peu heureuses ; réussissait surtout dans les compositions de genre. Graveur.
CHIARINI (Marc-Antoine).	1652 1730	Bologne.	Archit.	Élève de Fr. Quaini et de Dominique Santi ; séjourna en Allemagne. — Fresques, Vienne.—Goût solide et vrai.
CANETI (François-Antoine).	1652 1721	Crémone.	Hist. et min.	Élève de J. B. Natali ; se fit capucin. — Miniaturiste recommandable.
RASSI (François).	1652 1732	Bologne.	Hist.	Élève de Gennari et du Guerchin. — Quelques auteurs le font élève de Pasinelli et prétendent qu'il mourut à l'âge de vingt-neuf ans.
VANDI (Santo), dit LE SANTINO DES PORTRAITS.	1653 1716	Id.	Portr.	Élève de C. Cignani, protégé par Ferdinand, grand-duc de Toscane, et par Ferdinand, duc de Mantoue, qui le retint à sa cour; parcourut plusieurs parties de l'Italie et mourut à l'étranger. — Manière gracieuse, touche moelleuse, ferme et naturelle.
TASSONI (Joseph).	1653 1737	Rome.	Anim.	Rival de Dominique Brandi.
MATTEI (Silvestre).	1653 1759	Ascoli.	Hist.	Élève de C. Maratti.
BONESI (Jean-Jérôme).	1653 1725	Bologne.	Id.	Élève de J. Viani. — Imitateur de C. Cignani ; pinceau agréable, délicat et recherché.
ALDOVRANDINI (Thomas), neveu de Maurice.	1653 1736		Orn. et persp.	Élève de C. Cignani avec lequel il travailla à Bologne et à Parme. — Vérité et harmonie surprenantes.
SOLE (Jean-Joseph del), fils d'Antoine-Marie.	1654 1719	Bologne.	Hist., portr., pays., etc.	Élève de L. Pasinelli; fit partie de l'Académie de Bologne; travailla à Lucques; se rendit à Rome en passant par Florence; reçut partout des marques d'admiration et revint mourir dans sa ville natale. Sainte Catherine de Bologne, Rome. Hercule aux pieds d'Omphale, Dresde. — Imita d'abord son maître et ensuite le Guide et L. Carrache; style gracieux et correct. Graveur à l'eau-forte.
ROLI (Joseph-Marie).	1654 1727	Id.	Hist. et arch.	Élève d'A. Metelli. — Graveur à l'eau-forte.
RICCIOLINI (Michel-Ange), dit MICHEL-ANGE DE TODI.	1654 1715	Rome.	Hist.	Élève de P. de Cortone.
PO (Jacques del), fils de Pierre).	1654 1726	Id.	Hist. et orn.	Élève de son père et de Nicolas Poussin, fit partie des compagnons de la mort et mourut à Naples. — Plusieurs sujets allégoriques, Vienne.
PASSERI (Joseph), neveu de Jean-Baptiste.	1654 1714 ou 1715	Id.	Hist.	Élève de C. Maratti; exécuta un grand nombre de beaux ouvrages pour les palais et les églises de Rome; travailla au Vatican et à Pésaro.— Épisodes de la vie de Saint François, Rome. Et autres, ib. Fresques, ib. — Parvint à égaler son maître dans quelques parties de son art ; bon coloris.
LEONARDI ou LEO-NARDONI (François).	1654 1711	Venise.	Portr. et hist.	Parcourut une partie de l'Europe; passa en Espagne et s'établit à Madrid en 1680; exécuta en petit et avec le plus grand succès les portraits du roi et de la reine : ses essais dans le genre historique furent moins heureux. — Translation et inhumation de saint Joseph, Madrid. Incarnation, ib. — Manière grande et franche, beaucoup de relief, clair-obscur savant ; beaucoup de finesse et de grâce dans l'exécution ; manière de Lucas de Leyde, mais moins de sécheresse.
HAFFNER (Antoine), frère d'Henri.	1654 1732	Bologne.	Persp.	Demeura longtemps à Gênes et y exécuta un grand nombre d'ouvrages; ayant travaillé longtemps dans le couvent de Saint-Philippe de Néri, le goût de la vie monastique lui vint et il prit l'habit religieux; fut appelé à Florence par le grand-duc Jean-Gaston, qui le combla de bienfaits et d'honneurs. — Dessin vrai et élégant, teintes harmonieuses et suaves, compositions fraîches.
GUIDOBONO ou GUI-DOBONI (Barthé-lemy), dit LE PRÊTRE DE SAVONE.	1654 1709	Savone.	Hist.	Entra dans les ordres, se passionna pour la peinture, alla étudier le Corrége à Parme, se perfectionna à Venise ; exécuta plusieurs ouvrages à Savone, fut appelé à Turin en 1680, y laissa de nombreuses compositions; d'un tempérament très-faible, Guidobono tomba de son escalier, un soir, pendant le mémorable hiver de 1709; n'ayant pas la force d'appeler du secours, il mourut de froid. — Pâte forte et vigoureuse ; accessoires gracieux et vrais, figures mal dessinées, pinceau suave, effet juste de clair-obscur; étudia le Castiglione et fit d'après les tableaux de ce peintre des copies que l'on distingue difficilement des originaux.

NOMS.	ANNÉES DE NAISSANCE ET DE MORT.	LIEU DE NAISSANCE	GENRE.	NOTES HISTORIQUES. — TABLEAUX PRINCIPAUX ET LIEUX OU ILS SE TROUVENT. — OBSERVATIONS.
BONAGRAZIA (Jean).	1654	Trévise.	Hist.	Élève d'Antoine Zanchi.
BELLUCCI (Antoine).	1654 1726	Soligo. (Trévisan).	Hist. et portr.	Protégé et appelé à Vienne par Joseph Ier et Charles VI ; peintre de plusieurs princes d'Allemagne ; son fils Jean-Baptiste montrait de grandes dispositions, mais sa richesse le détourna de l'étude. — Vénus et l'Amour dans un paysage, Dresde. La Vierge et l'Enfant, ib. Vénus naviguant, Munich. Psyché et l'Amour, ib. — Belle entente du clair-obscur ; on le croit l'auteur des figures dans les plus beaux tableaux de P. Molyn dit Tempesta, peintre hollandais.
TANCREDI (Philippe).	1655 1725	Messine.	Hist.	Élève de C. Maratti à Rome et à Naples, vécut longtemps à Palerme. — Grande facilité, bon coloris, composition habile.
SCANNAVINI (Maurelio).	1655 1698	Ferrare.	Hist. et portr.	Élève de C. Cignani, sa lenteur le laissa dans la misère. — Fini peut-être trop minutieux ; réussit surtout dans le portrait et y déploya un pinceau gracieux, des teintes vigoureuses et un empâtement plein de douceur.
PAVIA (Jacques ou Hyacinthe).	1655 1750?	Bologne.	Hist.	Élève de J. M. Crespi ; séjourna en Espagne.
MOSCATIELLO (Charles).	1655 1759		Persp.	Contemporain de Luc Giordano. — Jésus-Christ chassant les vendeurs du temple (figures de L. Giordano), Naples.
MASSAROTTI (Ange).	1655 1723	Crémone.	Hist. et portr.	Élève de Bonisoli ; demeura plusieurs années à Rome. — Composition assez régulière, draperies lourdes, du relief.
LAZZARINI (Grégoire).	1655 1730?	Venise.	Hist.	Élève de Salvator Rosa ; le style sombre et sévère de ce maître ne convenant aucunement à Lazzarini, celui-ci abandonna cette manière, la bannit de l'école vénitienne et mérita par la pureté de son dessin d'être nommé le Raphaël vénitien. Sa sœur Élisabeth, née en 1662, fut son élève. — La Manne, Venise. Aumônes de saint Laurent Giustiniani, ib. Allégories, ib. Cupidon et Psyché, Londres. — Dessin très-correct, composition pleine de goût, formes élégantes, têtes et accessoires d'une beauté, d'une variété et d'une originalité remarquables ; belle couleur.
GIONIMA (Simon).	1655	Padoue ou Venise.	Id.	Élève de C. Gennari ; séjourna à Vienne. — Imitateur du Guerchin. Son père cultivait également la peinture.
GHISLANDI (Victor), fils de Dominique, dit FRA VICTOR ou FRA PAOLETTO.	1655 1743		Portr. et genre.	Élève de S. Bombelli. — Copie du portrait de Rembrandt, Dresde. — Têtes animées, carnations vraies, imitation fidèle des étoffes et des accessoires.
GHERARDINI ou GHILARDINI (Alexandre).	1655 1723	Florence	Hist.	Rival de Gabbiani sur lequel il l'emporte quelquefois. — Pinceau ferme ; réussit à imiter le faire des autres peintres ; talent très-inégal.
TREVISANI (François), dit LE ROMAIN, frère d'Angiolo.	1656 1746	Capo d'Istria.	Hist. et portr.	Élève du Zanchi, à Venise ; il avait d'abord été confié à un peintre flamand et avait exécuté sous sa direction, à l'âge de onze ans, un tableau qui fut regardé comme un prodige. Ses talents variés et sa beauté séduisirent une jeune fille de Venise, et les deux amants se réfugièrent à Rome où le cardinal Flavio Chigi, neveu du pape Alexandre VII, devint le protecteur de Trevisani ; des travaux importants lui furent confiés par le cardinal et par le duc de Modène ; le premier lui obtint la dignité de chevalier. Travailla à Bologne, à Camerino, à Pérouse, à Forli, etc. Sa réputation parvint jusqu'à Pierre le Grand, qui lui demanda plusieurs tableaux. Mort à Rome. — Le prophète Baruc, Rome. Tableaux et fresques, ib. La Vierge et l'enfant Jésus, Florence. Songe de saint Joseph, ib. Marie-Madeleine, Saint-Pétersbourg. Même sujet, Madrid. Massacre des innocents, Dresde. Repos en Égypte, ib. Saint Antoine de Padoue, ib. Mort de saint François, ib. Jésus-Christ aux Oliviers, ib. Sommeil de Jésus, Paris. La Vierge et l'Enfant, ib. Jésus-Christ mort pleuré par des anges, Vienne. Chute des anges rebelles, Munich. — La vue des chefs-d'œuvre que renferme Rome lui fit changer totalement sa manière primitive ; il s'en forma une analogue au goût de son époque ; possédait un talent admirable pour contrefaire toutes les manières ; beau choix, pinceau fin, ton plein de feu, touche spirituelle ; du fini.
PRUNATI (Santo).	1656	Vérone.	Hist.	Élève de Voltolino et de Falcieri, à Vérone, et de Loth, à Venise ; visita Bologne. — Coloris vrai et moelleux. Son fils Michel-Ange, né en 1690, fut son élève.
PORTA (André).	1656		Id.	Élève de César Fiori.
GALLI, dit BIBBIENA (François), fils de Jean-Marie.	1656 1729	Bologne.	Archit. et décor.	Partagea tous les travaux de son frère Ferdinand auquel le liait la conformité de leurs goûts jointe à une étroite amitié. Premier architecte de l'empereur Léopold, à Vienne, et ensuite de l'empereur Joseph ; travailla en Lorraine ; se maria à Nancy ; revint en Italie, y exécuta encore différents beaux ouvrages ; professeur à l'institut de Bologne. — Mêmes qualités et mêmes défauts que son frère dont il suivit entièrement le style.
BURRINI (Jean-Antoine).	1656 1727	Id.	Hist.	Élève de L. Pasinelli ; un des premiers maîtres de J. M. Crespi dit l'Espagnol. — Génie fécond ; ardeur incroyable pour le travail ; sa facilité l'égara.
BRENTANA (Simon).	1656	Venise.	Id.	S'établit à Vérone ; vivait encore en 1718. — Peu de soin, beaucoup de feu.
SPOLVERINI (Hilarion).	1657 1734	Parme.	Bat., etc.	Élève de Fr. Monti ; il ne travailla que pour le duc de Parme ; forma de bons élèves ; mort à Plaisance. — Beaucoup d'énergie, composition pleine d'effet. On disait que les soldats de Monti menaçaient et que ceux de Spolverini donnaient la mort.

NOMS.	ANNÉES DE NAISSANCE ET DE MORT.	LIEU DE NAISSANCE	GENRE.	NOTES HISTORIQUES. — TABLEAUX PRINCIPAUX ET LIEUX OU ILS SE TROUVENT. — OBSERVATIONS.
ZIFRONDI ou CI-FRONDI (ANTOINE).	1657 1730	BERGAME.	Hist.	Élève de Franceschini ; séjourna en France. — Génie pittoresque, pinceau facile.
SOLIMENA (le chevalier FRANÇOIS), dit parfois L'ABBÉ CICCIO.	1657 1747	NOCERA DE' PAGANI. (Napolitain)	Hist., bat., etc.	Devint peintre malgré ses parents ; fut protégé par le cardinal Orsini et reçut d'importantes commandes de Philippe V. Mort dans sa villa, près du Vésuve, après avoir amassé une fortune considérable. — Tableaux de genre, Saint-Pétersbourg. Apothéose de saint Philippe , Naples. Vision de saint Benoît, ib. Fresques, ib. Tableaux , Gênes. La salutation Angélique, La Haye. Les quatre parties du monde, Rome. Le bain de Diane, Florence. Un prêtre grec donnant une couronne d'or à un ange, Munich. Sophonisbe recevant le poison, Dresde. Déesses sur les nuages, ib. Les Lapithes et les Centaures, ib. Et autres, ib. Céphale et l'Aurore, Vienne. Résurrection, ib. Descente de croix, ib. Borée et Eurythie, ib. L'empereur Charles VI entouré de sa cour, ib. Le serpent d'airain , Madrid. Prométhée, ib. Sisyphe, ib. Saint Jean ib. Héliodore chassé du temple, Paris. Tentation d'Adam et d'Ève, ib. — Composition désordonnée, suite de son imagination poétique.
HOHENBERG (MARTIN), dit ALTO-MONTE.	1657 1745	NAPLES.	Hist.	Élève de J. B. Gauli ; né de parents allemands et mort au couvent de Sainte-Croix en Autriche. — La chaste Suzanne, Vienne.
GALLI (FERDINAND), dit BIBBIENA, fils de Jean-Marie.	1657 1743	BOLOGNE.	Archit. et décor.	Élève de C. Cignani ; appelé à Vienne par l'empereur Charles III , il y exécuta de grands ouvrages d'architecture ; protégé par plusieurs souverains ; laissa une excellente réputation. — Imagination vive ; ensemble grandiose, style un peu exagéré, connaissance approfondie en perspective, composition ingénieuse, exécution ferme, coloris naturel ; célèbre architecte.
DRAGHI (le chevalier JEAN-BAPTISTE).	1657 1712	GÊNES.	Hist.	Élève de D. Piola le vieux ; séjourna à Parme et à Plaisance ; mort dans cette dernière ville. — Pinceau soigné quoique rapide, brillant et original.
CITTADINI (JEAN-BAPTISTE), fils de Pierre-François.	1657 1693		Fleurs, fr., ois., et hist.	Élève et compagnon de travail de son père. — Réussit aussi dans la figure.
BARTOLINI (JOSEPH-MARIE).	1657 1725	IMOLA.	Hist.	Élève de Pasinelli ; ouvrit une école de peinture dans sa ville natale.
SOLDANI (MAXIMILIEN).	1658 1740	FLORENCE.	Id.	Plus connu par ses travaux en sculpture.
RUSCONI (CAMILLE).	1658 1728	MILAN.		Détails inconnus.
NARDINI (THOMAS).	1658? 1718	ASCOLI.	Hist.	Élève de L. Trasi ; étoffa les perspectives d'Auguste Collaceroni. — Ensemble spirituel, harmonieux ; teintes de bon goût ; de la facilité.
CIOCCHI (JEAN-MARIE).	1658 1725	FLORENCE.	Id.	Élève de Pierre Dandini.
CASSANA (JEAN-AUGUSTIN), dit L'ABBÉ, fils de Jean-François.	1658 1720		Portr. et anim.	Abandonna le portrait, dans lequel il avait pourtant parfaitement réussi, pour ne pas devenir le rival de son frère Nicolas. Porta l'habit d'abbé dans sa jeunesse, le quitta et le reprit ensuite. Mort à Gênes. — Chasseurs (deux tableaux), Florence. Buste d'homme, ib. — Réussit également bien dans le portrait et dans les animaux : pour ce dernier genre , on confond souvent ses tableaux avec ceux du Benedetti.
RICCI (SÉBASTIEN).	1659 ou 1660 1734	CIVIDALE-DI-BELLUNO.	Hist. et portr.	Élève du Cervelli ; accompagna son maître à Milan, vint ensuite à Bologne et à Venise ; résida pendant quelques années à Florence et à Rome, et finit par visiter l'Italie entière, laissant partout de ses ouvrages. Voyagea en Allemagne, en Angleterre et en Flandre ; revint de Vienne à Florence et fut chargé d'orner quelques-uns des appartements du grand-duc ; appelé à Londres par la reine d'Angleterre , il passa par la France et fut nommé académicien à Paris ; résida longtemps à Dresde, et à son retour à Venise il y reçut de nombreuses commandes. — Massacre des innocents, Venise. Assomption, Vienne. Sujet allégorique, Paris. Consécration de saint Jean de Latran, Rome. Fresques, ib. Sacrifice, Dresde. Ascension, ib. Madeleine oignant les pieds du Christ, Londres. Jésus-Christ guérissant les malades. ib. La femme adultère , ib. Triomphe de Flore, ib. Continence de Scipion, ib. Dieux et déesses, ib. Naissance de saint Jean-Baptiste, Bologne. — Formes nobles, belles et attitudes pleines de naturel, de vivacité et de vérité ; compositions vraies et sages ; pinceau très-facile ; figures dessinées avec précision , quoique ses premières études dans le dessin aient été fort négligées. Possédait un talent remarquable pour imiter la manière des plus grands artistes de l'école italienne.
PELLINI (MARC-ANTOINE).	1659 1760	PAVIE.	Hist.	Élève de Th. Gatti ; étudia à Venise et à Bologne.
PARODI (OCTAVE).	1659	Id.	Id.	Élève d'A. Lanzani ; séjourna longtemps à Rome.
CASSANA (NICOLAS), fils de Jean-François, et dit LE NICOLETTO.	1659 ou 1714	VENISE.	Portr. et hist.	Élève de son père ; appelé à Florence par le grand-duc Ferdinand ; puis en Angleterre par la reine Anne dont il fit le portrait et qui le nomma son premier peintre. On raconte qu'il dut parfois ses plus belles inspirations aux accès de fureur auxquels son caractère bouillant et impétueux était sujet. Mort de s'être livré avec excès à la passion du vin. — Du feu , de la vigueur, composition originale.
BOCCHI ou BOCCHIN (FAUSTINO).	1659 1742?	BRESCIA.	Hist. et sujets bizarr.	Élève d'Ange Everard, dit il Fiamminghino. — Fête populaire, Bergame. — S'adonnait principalement à faire des portraits de nains et en plaçait dans tous ses tableaux.
VIMERCATI (CHARLES).	1660 1715		Hist.	Élève distingué d'Her. Procaccini le jeune ; peignit beaucoup à Codogno.

NOMS.	ANNÉES DE NAISSANCE ET DE MORT.	LIEU DE NAISSANCE	GENRE.	NOTES HISTORIQUES. — TABLEAUX PRINCIPAUX ET LIEUX OU ILS SE TROUVENT. — OBSERVATIONS.
SAGRESTANI (Jean-Camille).	1660 1731	Florence	Hist.	Élève de Giusti, étudia dans les principales villes d'Italie. — Coloris agréable ; style maniéré.
ROSSI (Ange).	1660? 1719	Naples.	Hist., persp. et orn.	Élève de Luc Giordano ; étudia à Bologne ; s'établit à Venise après avoir visité l'Espagne en compagnie de son maître et de M. Pacelli.
PIANE (Jean-Marie della), dit LE MOLINARETTO.	1660 1745	Gênes.	Hist. et portr.	Élève du Baciccio ; visita Parme et Plaisance ; mort peintre du roi Charles de Bourbon, à Naples.
ORLANDI (Odoard).	1660 1756		Hist.	Élève médiocre de L. Pasinelli.
LEGNANI (Étienne), dit IL LEGNANINO.	1660 1715	Milan.	Id.	Élève de C. Cignani et de C. Maratti; son père, Christophe ou Ambroise, était peintre de portraits. — Couronnement de la Vierge, Milan. Victoire de Ramire Ier, Bologne. Fresques, Novare. — Composition judicieuse, bon choix, coloris assez éclatant.
LAMA (Jean-Baptiste).	1660?	Naples.	Hist., sujets myth.	Élève de L. Giordano ; condisciple et beau-frère de Paul de Matteis. — Suivit la manière de Paul de Matteis pour la suavité du coloris et le clair-obscur ; ses petits tableaux lui valurent le plus de réputation.
FERRAIUOLO (Nunzio), dit DEGLI AFFITI.	1660 1735	Nocera.	Hist. et pays.	Élève de L. Giordano et de J. dal Sole, à Bologne, où il s'établit.
DIAMANTINI (le chevalier Jean-Joseph).	1660? 1708 ou 1722	Fossombrone (Romagne).	Hist.	S'établit à Venise ; y fit un grand nombre d'ouvrages pour des édifices publics et particuliers, en compagnie des artistes les plus célèbres de cette époque. Comme il ne signait jamais ses tableaux, on les confondit parfois avec ceux du Titien. — Adoration des Mages, Venise. David vainqueur de Goliath, Dresde. — Pinceau ferme, bonne couleur ; manière de l'école vénitienne.
CONTRI (Antoine).	1660? 1721 ou 1732	Ferrare.	Pays., fleurs, persp. et anim.	Visita Rome et Paris et étudia l'art de la broderie dans cette dernière ville ; s'établit à Crémone et y commença à peindre sous la direction du Bassi. François, son fils et son élève, fut son imitateur. — La célébrité de ce peintre vient de l'invention qu'on lui attribue de transporter les tableaux à fresque sur la toile.
CIVALLI (François).	1660 1703	Pérouse.	Hist.	Élève du Baciccio et d'Ant. Carlone.
CIGNANI (le comte Félix), fils de Charles.	1660	Forli.	Id.	Élève de son père ; peintre amateur ; son fils et son élève, le comte Paul Cignani, se distingua dans la peinture par un style fini, recherché et plein d'effet. — Très-inférieur à son maître.
CECCHINI (Antoine).	1660?	Pesaro.	Id.	Détails inconnus.
PAGANI (Paul).	1661 1716	Valsolda (Milanais).	Id.	Étudia et enseigna à Venise. — Madeleine dans la grotte, Dresde.
LAPI (Nicolas).	1661 1732	Florence	Id.	Imitateur de L. Giordano. — Transfiguration, Florence.
ANGELINI (Scipion).	1661 1729	Pérouse.	Fleurs et fr.	Détails inconnus. — Beaucoup de vérité.
TORTELLI (Joseph).	1662	Brescia.	Hist.	Détails inconnus. — Touche spirituelle.
RUGGIERI (Jérôme).	1662 1717	Vicence.	Hist., pays. et bat.	Florissait à Vérone.
MURATORI (Dominique-Marie).	1662 1749	Bologne.	Hist.	Élève de L. Pasinelli. — Le prophète Nahum, Rome. Martyre des apôtres Philippe et Jacques, ib. Couronnement d'épines, ib. — Grande intelligence des effets de lumière, bon dessin.
MURATORI SCANNABECCHI (Thérèse).	1662 1708	Id.	Id.	Élève d'Él. Sirani pour le dessin ; se perfectionna sous différents autres maîtres, entre autres J. del Sole. — Saint Benoît ressuscitant un enfant, Bologne. — Beaucoup de grâce et d'effet.
MATTIOLI (Louis).	1662 1741	Crevalcore. (Piémont.)	Id.	Élève de Ch. Cignani. — Bon graveur à l'eau-forte.
MATTEIS (Paul de).	1662 1728	Naples.	Id.	Élève de Luc Giordano et de Morandi ; appelé en France, y passa trois ans ; invité à venir peindre à Rome sous Benoît XIII ; travailla à Gênes et s'établit à Naples, qu'il remplit des productions de son pinceau. — Saint François Xavier, Gênes. Conception, ib. Sujet tiré de la Jérusalem délivrée, Vienne. — Coloris suave ; science du clair-obscur ; imita la promptitude du Giordano sans l'égaler en talent ; lorsqu'il travailla sans négligence, ses ouvrages ne laissent rien à désirer.
GATTI (Jérôme).	1662 1726	Bologne.	Id.	Élève de Marc-Antoine Franceschini ; s'était fait de la réputation par son talent sur le violon ; déjà âgé lorsqu'il s'adonna à la peinture. — De l'imagination ; s'occupa pourtant la plus grande partie de sa vie à copier les tableaux de son maître.
PAROLINI (Jacques).	1663 1733	Ferrare.	Id.	Élève du Peruzzini, à Turin, et de C. Cignani, à Bologne ; ami de Maurelio Scannavini. — Dessin élégant, composition riche et bien ordonnée, coloris plein de charme surtout dans les chairs, nus savants.

NOMS.	ANNÉES DE NAISSANCE ET DE MORT.	LIEU DE NAISSANCE	GENRE.	NOTES HISTORIQUES. — TABLEAUX PRINCIPAUX ET LIEUX OU ILS SE TROUVENT. — OBSERVATIONS.
ODAZZI (Jean).	1665 1751	Rome.	Hist.	Élève de Ciro Ferri et du Baciccio. — Le prophète Osée, Rome. Fresque, ib. Tableaux, ib. — Graveur.
CABASSI (Margue- rite).	1665 1754	Carpi.	Scènes comiq.	Détails inconnus. — Réussit dans son genre.
BARBIERI (Pierre- Antoine).	1665	Pavie.	Hist.	Élève de S. Ricci.
NASINI (Joseph-Ni- colas).	1664 1736	Sienne.	Id.	Élève de Ciro Ferri ; le chevalier Apollonio, son fils, né à Florence en 1697, mort en 1754 , embrassa l'état ecclésiastique et aida son père dans ses travaux, sans toutefois l'égaler. — Talent plein de chaleur ; imagination riche ; coloris vulgaire : dessin peu châtié ; faire grandiose, pinceau hardi, ensemble imposant.
MELCHIORI (Jean- Paul), fils de Mel- chior.	1664	Rome.	Id.	Élève de C. Maratti. — Le prophète Ézéchiel , Rome. — Eut la réputation d'un bon maître.
MARCHESINI (Alexan- dre).	1664 1733 ou 1738	Vérone.	Hist. en petit, etc.	Élève de C. Cignani ; travailla à Vérone.
MARCHELLI (Roland).	1664 1731	Gênes.	Hist.	Élève de Maratti. — Abandonna la peinture pour le commerce.
LEONI (Gustave da).	1664	Palme.	Hist.?	Dessinateur et graveur.
CRASTONA ou CRIS- TONA (Joseph).	1664	Pavie.	Hist. et pays.	Élève de B. Ciceri ; étudia à Rome.
VAYMAR (Jean- Henri).	1665 1758		Hist. et portr.	Élève du Baciccio ; fut appelé trois fois à Turin pour y peindre la famille royale.
REDI (Thomas).	1665 1726	Florence.	Id.	Élève de Gabbiani ; se perfectionna à l'Académie Florentine , établie à Rome sous la direction de Ciro Ferri et de C. Maratti ; parcourut une partie de l'Italie et laissa partout des preuves de son talent. Le czar Pierre ayant vu quelques ouvrages de Redi , envoya quatre jeunes gentilshommes à Florence, afin qu'ils y entrassent dans son école et qu'à leur retour ils pussent introduire le goût des arts en Russie ; ils revinrent à Moscou et Pierre le Grand fut si satisfait de leurs progrès qu'il résolut d'établir une académie dans cette ville et d'en confier la direction à Redi ; mais celui-ci ne voulut point consentir à quitter sa patrie et mourut dans sa ville natale. — Génie fécond et poétique dans les allé- gories ; excellent style dans le portrait ; dessin élégant et correct, coloris assez suave et offrant un heureux mélange de ceux de ses maîtres de Rome. Poses bien choisies, caractères saisis avec justesse ; pinceau très-franc, et entente particulière de la composition.
MAGNASCO (Etienne).	1665? 1693 ou 1695	Gênes.	Id.	Élève de V. Castello ; se perfectionna à Rome. — Exécuta des œuvres remarquables.
LORENZINI (An- toine), dit LE FRÈRE ANTOINE.	1665 1740	Bologne.	Hist.	Élève de Pasinelli ; dessinant un jour un tableau représentant saint Antoine délivrant du purga- toire l'âme de son père , Lorenzini se sentit une vocation extraordinaire pour la vie religieuse et entra dans l'ordre des Franciscains ; se rendit à Florence en 1699 ; fut admis membre de l'académie Clémen- tine, à Bologne. — Graveur à l'eau-forte.
CRESPI (Joseph-Ma- rie), dit L'ESPA- GNOL.	1665 1747	Id.	Hist., portr. et genre.	Élève de Canuti, puis de C. Cignani ; étudia les ouvrages des Carrache à Bologne, ceux du Corrège à Parme et ceux du Barroche à Urbin et à Pesaro. Protégé par le pape Benoît XIV, qui le créa cheva- lier de l'Éperon. Mort aveugle. Son surnom lui vient de sa manière élégante de s'habiller. — Portrait du général Palfi, Dresde. La Vierge, l'enfant Jésus et saint Jean, ib. Figure de saint tenant des lis , ib. Adoration des bergers, ib. Jésus-Christ couronné d'épines , ib. Les sept sacrements, ib. Sainte famille, Florence. Tête de vieillard, ib. Saint Jérôme, ib. Saint Jean-Népomucène, Bologne. Éducation d'Achille, Vienne. La sibylle de Cumes, ib. Une sainte religieuse , Munich. La maîtresse d'école, Paris. Un religieux porté sur des nuages, ib. — Composition bizarre ; s'appliquait à renfermer beaucoup de figures dans un petit cadre, aimait les raccourcis, et, à force de vouloir être original et neuf, tomba souvent dans le maniéré et traita les sujets historiques ou religieux comme il aurait traité la carica- ture ; grande imagination , beaucoup de facilité. Graveur.
CARLEVARIS (Luc).	1665 1729 ou 1731	Udine.	Hist., vues de ville, paysages et mer.	Protégé par la famille Zenobio, ce qui lui valut le surnom de Luca di Cà Zenobio. — Vue du palais du czar à Venise, Dresde. — Graveur à l'eau-forte.
PIOLA (Paul-Jérôme), fils de Dominique , le vieux.	1666 1724		Hist.	Élève de son père et imitateur de C. Maratti et des Carrache. — Choix sévère de formes, pinceau vrai , grandiose et moelleux.
LUTI ou LUTTI (le chevalier Benoit).	1666 1724	Florence	Hist. et portr.	Élève du Gabbiani ; se rendit jeune à Rome, y étudia l'antique avec ardeur ; protégé par le pape Clément XI, qui le nomma chevalier et lui fit beaucoup de commandes ; ce fut alors que Luti exécuta un grand nombre d'ouvrages au pastel qu'il terminait avec une extrême facilité. — Le prophète Isaïe, Rome. Moïse sur le Nil, Florence. Tête de jeune fille, ib. Le Christ, Dresde. Mater dolorosa, ib. Portrait de Jacques Stuart, Londres. Madeleine au désert, Saint-Pétersbourg. Saint Charles Borromée communiant les pestiférés , Munich. Deux Madeleines, Paris. — Formes délicates et choisies, couleur claire , bonne entente du clair-obscur, beaucoup d'harmonie. On connaît deux estampes gravées par Luti.

NOMS.	ANNÉES DE NAISSANCE ET DE MORT.	LIEU DE NAISSANCE	GENRE.	NOTES HISTORIQUES. — TABLEAUX PRINCIPAUX ET LIEUX OU ILS SE TROUVENT. — OBSERVATIONS.
GAROFALINI (HYA-CINTHE).	1666 1723	BOLOGNE.	Hist.	Élève de M. A. Franceschini, son parent.
FRATELLINI (JEANNE) née MARMOCHINI.	1666 1731	FLORENCE.	Portr. et hist.	Élève d'A. Gabbiani ; travailla pour la famille de Côme III ; fut envoyée dans diverses villes d'Italie. Laurent Fratellini, son fils et son élève, mourut en 1729, à l'âge de 40 ans. — Quelque talent pour l'histoire ; très-habile dans le portrait, qu'elle exécuta à l'huile, à l'aquarelle, en miniature et sur émail.
BENASCHI (ANGÉLI-QUE), fille de Jean-Baptiste.	1666		Portr.	Élève de son père : vivait à Rome. — Portraits pleins de vérité.
BALESTRA (AN-TOINE).	1666 1734. ou 1740	VÉRONE.	Genre.	D'abord marchand de tableaux ; peintre à 21 ans, élève de C. Maratti. Il forma de bons élèves. — Annonciation, Crémone. Cène, Venise. Tableaux, Rome. Vulcain et Thétis, Londres. Achille et le centaure, ib. Martyre de saint Sébastien, Saint-Pétersbourg. La Vierge et l'Enfant, Munich. — Dessin pur, pinceau facile, composition pleine de charme. Il a malheureusement employé une mauvaise huile pour peindre. Graveur à l'eau-forte.
TUCCARI (JEAN).	1667 1743	MESSINE.	Bataill. en petit.	Fils d'un peintre nommé Antoine, qui fut un très-médiocre élève de Barbalunga. Mort de la peste. Exécution rapide, imagination féconde et brillante, dessin peu correct.
TORELLI (FÉLIX).	1667 ou 1670 1748.	VÉRONE.	Hist.	Élève de J. dal Sole ; il avait d'abord reçu les leçons de Santo Prunato, dont il resta l'imitateur. — Saint Jean Évangéliste, Bologne. Saint Barnabé, apôtre, ib. — Pinceau énergique, clair-obscur savant.
GIOVANNINI (JAC-QUES-MARIE).	1667 1717	BOLOGNE.	Id.	Graveur. Mort à Parme. — Il latinisa quelquefois son nom en Jovanninus et Joanninus.
CINGAROLI (MARTIN).	1667 1729	VÉRONE.	Hist. en petit et genre.	Élève de son père, peintre médiocre ; reçut les conseils de Jules Carpioni ; appelé à Milan par le baron Martino, y exécuta un très-grand nombre de tableaux qui établirent promptement sa réputation ; accablé d'ouvrages, il trouvait à peine le temps de les exécuter. Mort à Milan, où son frère Pierre, peintre comme lui, l'avait accompagné. Scipion son fils, devint bon paysagiste à Rome et habita Turin et Milan. — Sa manière se rapproche davantage de l'école hollandaise et de l'école flamande que de celle d'Italie ; ses ouvrages sont encore recherchés.
CINQUI (JEAN).	1667 1744	FLORENCE	Hist.	Élève de P. Dandini. — Suite de tableaux représentant la vie de Jésus-Christ et celle de la Vierge, Florence et Viterbe.
VIANI (DOMINIQUE), fils de Jean.	1668 1711	BOLOGNE.	Hist. et portr.	Élève de son père, dont il continua l'école. Parcourut une partie de l'Italie, laissant partout des preuves de son talent. Mort à Pistoie. — Moins d'exactitude que son père ; il lui est également inférieur pour la noblesse du dessin, la variété et le brillant du coloris : contours plus grandioses, touche plus fière et s'approchant de celle du Guerchin ; goût d'ornements plus somptueux.
TAVELLA (CHARLES-ANTOINE), dit LE SOLFAROLO.	1668 1738	MILAN.	Pays.	Élève de Tempesta, à Milan. Alexandre Magnasco a peint parfois les figures de ses paysages. Sa fille Angélique, née en 1698, morte en 1746, fut son élève. — Ciels chauds, belles dégradations, heureux effets de lumière, touche pleine de charme et grande vérité.
RUTA (CLÉMENT).	1668 1767	PARME.	Hist. et portr.	Élève de Spolverini et de C. Cignani ; suivit l'infant Charles de Bourbon à Naples ; devint aveugle sur la fin de sa vie.
PARODI (DOMINIQUE).	1668 1740	GÊNES.	Id.	Élève de S. Bombelli, à Venise ; fils du sculpteur Ph. Parodi et sculpteur lui-même ainsi qu'architecte. — Dessin correct, teintes agréables et vigoureuses, invention poétique, figures et groupes bien distribués, grande variété, costumes riches.
MANZINI (RAIMOND).	1668 1744		Min., animaux, fleurs, fruits etc.	Détails inconnus. — Vérité extraordinaire.
FERRARI (ANTOINE-FÉLIX), fils de Franç.	1668 1719	FERRARE.	Arch., ornem. et décor.	Élève de son père ; employé à Ferrare, à Ravenne, à Venise, etc. — Joignit à la délicatesse de son père une noblesse remarquable.
SIMONINI (FRAN-ÇOIS).	1669		Hist., portrait et bat.	Élève de Spolverini ; vécut longtemps à Venise. — Composition riche.
LITTERINI (BARTHÉ-LEMY), fils d'Auguste.	1669		Hist.	Élève de son père. — Style hardi et brillant ; sa fille Marguerite ou Catherine, née en 1675, réussit dans la peinture.
FAVA (le comte PIERRE).	1669 ? 1744 ?	BOLOGNE.	Id.	Élève de L. Pasinelli ; grand amateur de peinture, les tableaux qu'il exécutait parfois ne manquaient pas de talent ; ce fut chez lui qu'habitèrent longtemps Donato Creti et son élève Hercule Graziani. — Imitateur des Carrache.
CITTADINI (CHARLES), fils de Pierre-François.	1669 1744		Fleurs, fruits, oiseaux et hist.	Élève de son père, qu'il aida dans ses travaux. Ange-Michel, son frère, partagea les travaux de sa famille. — Posséda également du talent pour la figure.
CAPPELLI.	1669 1741	BRESCIA.	Hist. et portr.	Élève de Pasinelli, à Bologne, et du Baciccio, à Rome.
ROSETTI (DOMINI-QUE).	1670 ?	VENISE.	Hist.	Détails inconnus. — Graveur au burin et à l'eau-forte.

NOMS.	ANNÉES DE NAISSANCE ET DE MORT.	LIEU DE NAISSANCE	GENRE.	NOTES HISTORIQUES. — TABLEAUX PRINCIPAUX ET LIEUX OU ILS SE TROUVENT. — OBSERVATIONS.
RESANI (Archange).	1670	Rome.	Anim., fig. et n. morte.	Élève de Buoncore. — Réussit surtout dans la nature morte.
GUIDOBONO (Dominique), frère de Barthélemy.	1670 1746	Savone.	Hist.	Élève de son frère. — Pinceau gracieux et délicat, style très-inégal.
CASTELLACCI (Auguste).	1670	Pesaro.	Id.	Élève de C. Cignani.
CARTISSANI (Nicolas).	1670 1742	Messine.	Pays.	Mort à Rome.
PROCACCINI (André).	1671 1734	Rome.	Hist.	On n'est pas sûr qu'il soit de la famille des Procaccini. Élève de C. Maratti ; peintre de Clément XI et du roi d'Espagne. Graveur. — Il a laissé une excellente réputation.
PIETRO DE' PIETRI.	1671 1716	Novare.	Id.	Élève de C. Maratti. Ne jouit pas de son vivant de la réputation qu'il méritait.
CRETI (Donato).	1671 1749	Crémone.	Hist., etc.	Élève du Pasinelli ; travailla peu dans sa jeunesse et s'en ressentit toute sa vie ; ne croyant jamais ses tableaux assez finis et les retenant parfois plus d'un an, on se trouva un jour dans la nécessité de le forcer à en livrer un par la voie de la justice. Nommé par le pape chevalier de l'Éperon ; habita longtemps à Bologne chez le chevalier Fava et mourut dans cette ville. — Enfant endormi, Paris. — Étudia le Cantarini ; imita la manière de ce dernier et celle de son maître en essayant de les perfectionner ; coloris cru et dur ; composition agréable.
CAMERATA (Joseph).	1671? 1761	Venise.	Miniat.	Élève de Jean Cattini, pour le dessin ; se rendit à Vienne, en 1742 ; à Dresde, en 1751 ; premier graveur d'Auguste, roi de Pologne ; revint quelque temps en Italie, pour se rendre ensuite à Munich, et y resta jusqu'en 1765 ; revenu à Dresde, il y fut nommé professeur de gravure à l'académie de cette ville et y mourut. — Sa réputation est au-dessus de ses talents. On ne s'accorde pas sur la date de sa naissance. Les uns le font naître en 1724, d'autres en 1728 ; enfin quelques autres le font mourir en 1764 à l'âge de 95 ans, ce qui mettrait l'époque de sa naissance en 1671.
REVELLO (Jean-Baptiste), dit LE MUSTACCHI.	1672 1752		Persp., ornem. et fleurs.	Élève d'Antoine Haffner ; lié intimement avec François Costa ; travailla avec ce peintre pendant vingt ans.
PERRACINI (Joseph), dit LE MIRANDOLESE.	1672 1754		Hist.	Peintre médiocre qu'il faut se garder de confondre avec Pierre Paltronieri, son contemporain, dit également le Mirandolese.
MAJA (Jean-Étienne).	1672 1747	Gênes.	Hist. et portr.	Élève de Solimène. — Excella dans le portrait.
FRANCESCHINI (Jacques), fils de Marc-Antoine.	1672 1745		Id.	Accompagna son père à Gênes ; quitta de bonne heure la peinture pour l'étude de la théologie et devint chanoine. — Style de son père.
COSTA (François).	1672 1740	Gênes.	Ornem. et persp.	Élève de Gr. Ferrari et d'Ant. Haffner.
CARRIERA (Rosalba).	1672 ou 1675 1757	Venise ou Vienne.	Min.. pastel, portr. et Hist.	Élève de J. A. Lazzari ; ses tableaux furent bientôt recherchés dans toute l'Europe. Elle eut pour rival et pour compétiteur Nicolas Grassi et l'emporta souvent sur lui ; voyagea en France ; fut appelée dans plusieurs cours d'Allemagne et à Vienne : fut partout comblée d'honneurs et de présents, et devint aveugle deux ans avant sa mort. — Portrait d'une femme au pastel, Florence. Portraits, Londres. Cent cinquante-sept portraits, Dresde. Portrait de Frédéric, Vienne. Auguste III, ib. — Coloris doux et pur ; dessin noble et correct ; beaucoup de grâce et de majesté dans ses madones et ses sujets sacrés ; ressemblance parfaite dans le portrait, nuances délicates et vraies ; ses pastels avaient parfois la force des tableaux à l'huile. Sa sœur Jeanne Carriera, morte en 1757, peignait également au pastel et en miniature.
BECCHERELLI ou BACHERELLI (Vincent).	1672 1745	Florence	Hist.	Détails inconnus.
PALTRONIERI (Pierre), dit LE MIRANDOLESE DES PERSPECTIVES.	1673 1741	Bologne.	Persp., archit., etc.	Imita le Chiarini ; séjourna à Rome et fut le Viviani de son époque. — Ruines (deux tableaux), Dresde. — Manière antique ; coloris rosé, grande vérité ; étoffage du Graziani et d'autres artistes habiles.
MARTORIELLO (Gaëtan).	1673 1723		Pays.	Élève de N. Massaro. — Pinceau hardi et original, manière très-peu finie ; coloris faux.
ZANOTTI (Jean-Pierre).	1674 1765	Paris.	Hist.	Fils d'un auteur italien qui fut l'ami de Corneille. Élève de Pasinelli, à Rome. Voyagea beaucoup et mourut secrétaire de l'Académie Clémentine. — Saint Thomas, Bologne. — Composition sage, figures vraies. Il a publié des ouvrages relatifs à la peinture et à la littérature.
PARODI (Baptiste), frère de Dominique.	1674 1750	Gênes.	Id.	Étudia d'après l'école vénitienne ; vécut beaucoup à Milan et à Bergame. — Fresques, Rome. — Invention riche, pinceau franc et prompt, coloris brillant.

NOMS.	ANNÉES DE NAISSANCE ET DE MORT.	LIEU DE NAISSANCE	GENRE.	NOTES HISTORIQUES. — TABLEAUX PRINCIPAUX ET LIEUX OU ILS SE TROUVENT. — OBSERVATIONS.
PALMIERI (Joseph).	1674 1740	Gênes.	Hist. et anim.	On ne nomme pas son maître. — Excellait à peindre les animaux.
GHEZZI (le chevalier Pierre-Léon), fils de Joseph.	1674 1755	Rome.	Hist., genre et orn.	Élève de son père; protégé par le pape Clément XI et par tous les membres de la famille Albani; créé chevalier par le duc de Parme. — Réussit dans tous les genres, même dans la caricature; graveur à l'eau-forte, dessinateur, bon musicien et littérateur de talent.
AVELLINO (Onofrio).	1674 1741		Hist.	Élève de L. Giordano.
ZOLO (Joseph).	1675 1443	Brescia.	Pays.	Étudia d'après tous les maîtres et n'en imita aucun. — Invention féconde, détails variés, coloris très-soigné.
SANDRINO (Thomas).	1674 ou 1675 1630 ou 1631	Id.	Persp. et arch.	Artiste de grand mérite. — Goût sûr.
PELLEGRINI (Antoine).	1675 1733 ou 1741	Venise.	Hist.	Originaire de Padoue; parcourut une partie de l'Europe; acheva plusieurs grands ouvrages en Angleterre; appelé à Paris pour y peindre des plafonds à la Banque royale, aujourd'hui Bibliothèque du roi; fut reçu membre de l'Académie de peinture, en France, en 1733; revint en Italie, s'établit à Venise et y mourut. — Le serpent d'airain, Venise. Sujet allégorique, Paris. — Pinceau ingénieux et facile; idées enjouées et agréables, principes peu solides; touche parfois très-indécise; coloris superficiel; dessin souvent peu correct.
NANNETTI (Nicolas).	1675 1749	Florence	Id.	Détails inconnus.
MILANI (Aurèle).	1675 1749	Bologne.	Id.	Élève de C. Gennari et de Pasinelli. S'établit à Rome et y fut accablé de commandes. — Grand imitateur des Carrache, dessin correct, coloris faible.
MANZONI (Rodolphe).	1675 1743	Castel-Franco.	Fleurs, fruits et min.	Détails inconnus. — Goût exquis.
FORTINI (Benoît).	1675 1752		Fleurs, fruits et persp.	Élève de B. Bimbi et de J. Chiavistelli.
CHIARI (Joseph).	1675 1733	Rome.	Hist.	Un des bons élèves de C. Maratti. Mort d'apoplexie. — Fresques, Rome. Le prophète Abdia, ib. Vénus et Adonis, Londres. Nymphes, ib. Adoration des mages, Dresde. Jésus-Christ guérissant le paralytique, Saint-Pétersbourg. Le Sauveur appelant à lui les petits enfants, ib. Daphné changée en laurier, ib. — Doué de peu de génie, son travail constant et judicieux le rendit pourtant un artiste de mérite.
CAVAZZA (Pierre-François).	1675 1733 ou 1738	Bologne.	Id.	Élève de Jean Viani; réussit très-médiocrement dans la peinture; s'occupa à former une collection d'estampes des plus riches qui aient existé.
ANGE (François L').	1675 1756	Annecy.	Id.	Élève de J. M. Crespi; se fit religieux Philippin, à Bologne. — Ses tableaux d'histoire en petit sont estimés pour le dessin et pour le coloris.
AMIGONI ou AMICONI (Jacques).	1675 1752	Venise.	Hist. et portr.	Voyagea en Flandre où il s'attacha à imiter les maîtres de l'école flamande; alla en Allemagne, en Angleterre et en Espagne où il est mort avec le titre de peintre de la cour. — Tableaux et portraits, Bologne. Enfants avec une chèvre, Londres. La coupe trouvée dans le sac de Benjamin, Madrid. Joseph chez Pharaon, ib. Saint Ferdinand, ib. — Coloris peu sage et manque de relief; génie fécond, facile; effet très-riant.
MELONI (François-Antoine).	1676 1745	Bologne	Hist.	Élève de M. A. Franceschini. Abandonna la peinture pour la gravure.
GALEOTTI (Sébastien).	1676? 1746	Florence	Id.	Élève d'A. Gherardini; sortit jeune de son pays; voyagea beaucoup; séjourna à Gênes et s'établit à Turin, où il fut nommé directeur de l'Académie et où il mourut. Ses deux fils, Joseph et Jean-Baptiste, s'établirent à Gênes et y cultivèrent la peinture avec succès. — Génie facile et original, coloris hardi.
COZZA (Jean-Baptiste).	1676 1742	Milan.	Id.	Florissait à Ferrare. — Style fécond, harmonieux et facile, mais parfois incorrect.
CONCA (Sébastien).	1676 ou 1679 1764 ou 1774	Gaëte.	Hist. et portr.	Élève de Fr. Solimène, à Naples: étudia les chefs-d'œuvre des anciens à Rome: établit une académie dans sa maison; fut protégé par Clément XI et reçut des commandes de toute l'Italie. Quoique possédant un talent supérieur, il contribua à accélérer la ruine du bon goût en peinture, en introduisant une manière plus facile que facile que la coupe d'éloges. — Assomption, Rome. Le prophète Jérémie, ib. Portrait, ib. Fresques: Sacrifice à Silène, ib. Hérode et les mages, Dresde. Jésus-Christ servi par les anges, Madrid. Abraham renvoyant Agar, Berlin. — Fidèle imitateur de son maître. Composition sage, dessin correct, beau pinceau, assez bonne entente du clair-obscur et de l'art de draper; formes souvent mesquines et maniérées à force de vouloir être agréables. Son frère Jean l'aida dans ses travaux, mais lui resta très-inférieur.
RUBBIANI (Félix).	1677 1752		Fleurs et fr.	Élève de D. Bettini, qu'il accompagna dans ses voyages.
RONCELLI (Joseph).	1677 1729	Bergame.	Pays. et hist.	Détails inconnus. — Excella à représenter des incendies nocturnes qu'A. Celesti étoffa.

NOMS.	ANNÉES DE NAISSANCE ET DE MORT.	LIEU DE NAISSANCE	GENRE.	NOTES HISTORIQUES. —— TABLEAUX PRINCIPAUX ET LIEUX OU ILS SE TROUVENT. —— OBSERVATIONS.
LOPEZ (Gaspard), dit DAI FIORI.	1677 1732?	Naples.	Fleurs et fr.	Élève d'A. Belvédère ; mort à Venise ou à Florence. — Tableaux de fleurs, Vienne.
DARDANI (Antoine).	1677 1735	Bologne.	Hist.	Élève de M. A. Toni et de J. Viani.
CASALINA (Lucie).	1677 1762	Id.	Hist. et portr.	Elle épousa F. Torelli et fut, comme lui, élève de J. J. dal Sole.—Tableaux, Bologne. — Excella dans le portrait.
ALDOVRANDINI (Pompée-Auguste), fils de Maurice.	1677 1759	Id.	Arch. et décor.	Élève de son oncle Thomas ; séjourna à Turin, à Vienne, à Dresde, etc., et mourut à Rome. — Pinceau élégant.
MONTICELLI (Ange).	1678 1749		Pays.	Élève de M. A. Franceschini et de D. Viani ; devint aveugle au moment où il allait devenir célèbre. — Beaucoup d'art dans les teintes.
MAZZONI (César-Joseph).	1678 1763		Hist.	Élève de J. dal Sole ; membre de l'académie Clémentine, à Bologne.
BRUGIERI (Jean-Baptiste).	1678 1744	Lucques.	Id.	Élève de L. Baldi et de C. Maratti. — Style de Pierre de Cortone.
BAGNOLI (Jean-François).	1678 1713	Florence.	Id.	Détails inconnus.
RICCI (Marc), neveu de Sébastien.	1679 1729	Bellune.	Hist., pays. et persp.	Élève de son oncle: accompagna ce dernier en Angleterre en 1710 et y obtint des commandes considérables des gentilshommes de la cour ; abandonna l'histoire pour le paysage ; devint en ce genre un des plus habiles artistes de l'école vénitienne ; forma d'excellents élèves et mourut à Venise. — Madeleine, Dresde. Paysages, ib. Hiver, ib. Paysage : Baptême de Jésus-Christ, Vienne. — Vérité remarquable ; beaucoup de soin dans ses tableaux à l'huile ; aida son oncle dans plusieurs de ses grands ouvrages ; ne fut pas moins habile comme peintre de perspective. Graveur à l'eau-forte.
OLIVIERI ou OLIVERO (Dominique).	1679 1755	Turin.	Genre, bamb. et hist.	Étudia d'après les peintres flamands et choisit pour modèle P. Van Laar, dit Bamboche ; l'enjouement de son caractère prêtait singulièrement au genre facétieux qu'il avait adopté. — Coloris vigoureux, touche franche et spirituelle, grande perfection de détails, imitation exacte et vraie, réussissait également dans les petits sujets historiques.
GIRALDI ou GILARDI (Pierre).	1679	Milan.	Hist.	Élève de M. A. Franceschini et de J. J. dal Sole. — Pinceau facile et transparent.
DALLAMANO (Joseph).	1679 1758	Modène.	Persp. et arch.	On assure qu'il connaissait à peine ses lettres et qu'il n'étudia point les principes de l'art ; vécut longtemps à Turin. — Talent naturel très-supérieur, surtout pour le coloris.
VITALI (Candide).	1680 1753		Fleurs, fruits, oiseaux, orn., etc.	Élève de C. Cignani. — Grande fraîcheur, composition charmante, pinceau plein de délicatesse.
SPOLETI (Pierre-Laurent).	1680 1726	Finale (État de Gênes).	Hist. et portr.	Élève de D. Piola, le vieux ; séjourna à Madrid. — Réussit surtout dans le portrait.
SALIS (Charles).	1680 1763	Vérone.	Id.	Élève de Balestra ; il avait d'abord étudié à Bologne sous J. dal Sole. — Bon empâtement.
RAMBALDI (Charles).	1680 1717	Bologne.	Hist.	Élève de J. Viani.
PAGLIA (Antoine), fils de François.	1680 1747	Brescia.	Id.	Élève de son père ; le sculpteur Sante Caligari lui avait appris l'art de modeler ; il exécutait ainsi les figures qu'il voulait peindre, les habillait, les groupait et les éclairait par le haut. Mort assassiné à coups de marteau dans la tempe, par un de ses domestiques qui voulait le voler. — Se perfectionna par l'étude des grands maîtres de l'école vénitienne ; étudia particulièrement la manière du Bassano ; piquants effets de clair-obscur.
GAMBARINI (Joseph).	1680 1725	Bologne.	Hist. et genre.	Élève de L. Pasinelli et de C. Gennari. — Copia fidèlement la nature.
FERRARI (Laurent), fils de Grégoire.	1680 1744		Hist.	Élève de son père. — Surnommé l'abbé Ferrari, à cause de l'état ecclésiastique qu'il avait embrassé. Plus de mérite que de célébrité. — Pinceau très-riant ; dessin correct, mais souvent langoureux.
ALIBERTI (Jean-Charles).	1680 1740?	Asti.	Id.	On ne cite pas le nom de son maître. — Style grandiose, bonne expression. — L'abbé Aliberti, son fils, réussit dans la peinture.
PAGLIA (Ange), fils de François.	1681 1763	Brescia.	Id.	Détails inconnus. — Pinceau correct et soigneux.
ORLANDI (Étienne).	1681 1760		Orn., décorat. et persp.	Élève de P. Aldovrandini ; compagnon de travail de J. Orsoni.
ODAM (Jérôme).	1681	Rome.	Pays.	Élève de Dominique de Marchis ou Tempesti et de C. Maratti ; originaire de la Lorraine.—Effleura une foule de sciences et d'arts sans en approfondir aucun.
GRATI (Jean-Baptiste).	1681 1758	Bologne.	Hist.	Élève de J. dal Sole ; membre de l'académie Clémentine, à Bologne. — Travail soigné.

NOMS.	ANNÉES DE NAISSANCE ET DE MORT.	LIEU DE NAISSANCE	GENRE.	NOTES HISTORIQUES. — TABLEAUX PRINCIPAUX ET LIEUX OU ILS SE TROUVENT. — OBSERVATIONS.
MAGNASCO (Alexandre), dit LISSANDRINO, fils d'Étienne.	1681 1747		Genre, scènes familièr., comiq., etc.	Élève d'Abbiati, à Milan ; demeura plusieurs années à Florence et y jouit de la faveur du grand-duc et de la cour. — Réfectoire d'un cloître de capucins, Dresde. Nonnes dans le chœur, ib. — Pinceau fier, touche hardie et un peu heurtée ; composition très-spirituelle, beaucoup de sentiment.
DONINI (Jérôme).	1681 1743	Correggio.	Hist. et portr.	Élève de J. J. dal Sole, à Bologne, et de C. Cignani, à Forli ; s'établit à Bologne, y exécuta un grand nombre d'ouvrages et y acquit une excellente réputation. — Saint Antoine, Bologne. — Dessin ferme, coloris agréable, beaucoup de fini, ensemble harmonieux.
CONTI (François).	1681 1760	Florence	Hist.	Élève de C. Maratti. — Imita quelquefois le Trevisani.
PARCELLO (Jean).	1682 1734	Messine.	Id.	Élève de Solimène ; ouvrit une école dans sa patrie.
LOMBARDI (Jean-Dominique), dit L'OMINO.	1682 1752	Lucques.	Id.	Se forma d'après le Paolino ; se perfectionna à Venise d'après les meilleurs coloristes ; il fut le maître de Pompée Batoni. — Génie élevé ; beaucoup de verve ; quelques-unes de ses productions peuvent se comparer à celles du Guerchin pour la force et la magie ; mais il fit un grand nombre de tableaux de pacotille.
COMI (François), dit LE FORNARETTO ou LE MUET DE VÉRONE.	1682 1757	Bologne.	Id.	Élève de J. dal Sole ; ce peintre sourd et muet vécut à Vérone.
BARONI CAVALCABO (Gaspard-Antoine).	1682 1759	Roveredo ou Sacco.	Id.	Élève d'A. Balestra, puis de C. Maratti. — Fresques, Roveredo. Cène, Lorette.
POLAZZO (François).	1683 1755		Hist. et portr.	Élève de Piazzetta ; renommé pour son talent dans la restauration des tableaux.
PIAZZETTA (Jean-Baptiste).	1683 1754	Venise.	Hist., etc.	Fils d'un sculpteur ; élevé d'abord sous la direction de Molineri, peintre médiocre. S'attacha à imiter l'école bolonaise. La plupart de ses tableaux ont été gravés. — Sacrifice d'Isaac, Dresde. David vainqueur de Goliath, ib. Un porte-étendard, ib. — Admirable entente du clair-obscur. Le temps a gâté beaucoup de ses toiles. Cet artiste travaillait avec lenteur ; il réussissait dans les tableaux d'église. Bonne expression ; on cite son talent pour la caricature.
DURANTE (le comte George).	1683 1755	Brescia.	Fleurs, fruits et ois.	Détails inconnus. — Grande vérité, composition pleine de goût, effet gracieux et pittoresque.
BRANDI (Dominique).	1683 1755 ou 1736	Naples.	Anim. et pays.	Peintre du vice-roi de Naples. — Paysage avec figures et animaux, Madrid.
VICINELLI (Odoard).	1684 1755		Hist.	Élève de J. M. Morandi. — Fit honneur à son maître.
PEDRETTI (Joseph).	1684 ou 1694 1778		Id.	Élève de M. A. Franceschini ; habita longtemps la Pologne.
BORRONI (Jean-Ange).	1684 1772	Crémone.	Id.	Élève de R. la Longe et d'Ange Massarotti ; habita Crémone, Bologne et Milan ; mort dans cette dernière ville. — Talent énergique ; draperies heureuses.
BENEFIAL (le chevalier Marc).	1684 1764	Rome.	Id.	Élève de B. Lamberti ; ce peintre, l'un des plus célèbres, sinon le plus célèbre de son époque, fut professeur à l'Académie, d'où sa médiocrité haineuse l'exila. — Martyre de saint Saturnin (chef-d'œuvre), Rome. Le prophète Jonas, ib. La flagellation, ib. Fresques, ib. — Dessin très-correct ; coloris approchant de celui des Carrache ; expression remarquable ; style savant, simple. Grand antagoniste du maniérisme.
PAVONA (François).	1685 ou 1692 1773 ou 1777	Udine.	Portr., hist., etc.	Élève de J. dal Sole ; étudia à Milan, passa à Gênes, puis en Espagne, en Portugal, en Allemagne, s'arrêta à Dresde, s'y maria, revint à Bologne et mourut à Venise. — Réussit dans le portrait et peignit au pastel.
MONTI (François).	1685 1768	Bologne.	Hist.	Élève de J. dal Sole. Sa fille Éléonore, née en 1727, réussit dans le portrait. — Composition riche, génie fécond, coloris agréable.
PITTONI (Jean-Baptiste).	1686 ou 1687 1766 ou 1767	Venise.	Id.	Élève et neveu de Fr. Pittoni, artiste médiocre qui n'est connu que par son élève ; fut un des meilleurs peintres de son temps ; vécut dans le travail et dans la solitude. — Martyre de saint Barthélemy, Padoue. Martyre de saint Thomas, Venise. Mort de Sénèque, Dresde. Le corps d'Agrippine ouvert en présence de Néron, ib. Sacrifice d'Iphigénie, Saint-Pétersbourg. — Style remarquable, coloris hardi et vigoureux ; très-correct.
LIGARIO (Pierre).	1686 1752	Sondrio en Valteline	Id.	Élève de L. Baldi, à Rome, où on l'envoya fort jeune ; de là se rendit à Venise, afin d'y étudier le coloris ; se fit connaître à Milan, revint dans la Valteline et fut protégé par le comte de Salis ; envoyé de la Grande-Bretagne vers le canton des Grisons. — Étant presque toujours pauvre, la nécessité l'empêcha souvent de bien finir ses tableaux ; dessin exact.
CONSETTI (Antoine).	1686 1766	Modène.	Id.	Élève de Stringa. — Dessin très-correct ; coloris trop cru.

NOMS.	ANNÉES DE NAISSANCE ET DE MORT.	LIEU DE NAISSANCE	GENRE.	NOTES HISTORIQUES. — TABLEAUX PRINCIPAUX ET LIEUX OU ILS SE TROUVENT. — OBSERVATIONS.
CARLONE (Charles).	1686 1776	Scaria (près de Côme).	Hist.	Élève de J. Quaglio. — Allégories, Vienne. Dieu le Père et Dieu le Saint-Esprit dans une gloire (toutes fresques), ib.
BOCCIARDO (Domini- que).	1686? 1746	Finale (État de Gênes).	Id.	Élève de J. M. Morandi. — Peu d'imagination, style correct, belles teintes.
FANTI (Hercule- Gaëtan).	1687 1759	Bologne.	Arch. et orn.	Élève de son beau-père, M. A. Chiarini. Mort à Vienne. — Fresques, Vienne.
VELLANI (François).	1688 1768	Modène.	Hist.	Élève de Stringa.
PANZACHIA ou PAN- ZUCCHI (Marie-Hé- lène).	1688 1757	Bologne.	Pays. et figur.	Élève de Taruffi.
MENGOZZI COLON- NA (Jérôme).	1688?	Ferrare.	Arch. et orn.	Élève d'A. F. Ferrari; originaire de Rivoli; s'établit et vécut longtemps à Venise; regardé comme un des meilleurs peintres de perspective de son temps; membre de l'Académie à Venise.
GRAZIANI (Hercule).	1688 1765	Bologne.	Hist. et portr.	Élève de Donato Creti, avec lequel il habita longtemps à Bologne chez le chevalier Fava et qu'il surpassa. — Tableaux, Rome. — Touche hardie, grand caractère, pinceau franc, coloris quelquefois peu harmonieux, composition riche.
CONSTANZI (Pla- cide).	1688 1759		Id.	Élève de B. Luti; reçu à l'Académie de Saint-Luc, en 1741. — Portrait de saint Camille de Lellis, Rome. Tableaux, ib. Fresques, ib. — Figures gracieuses; expression délicate et belle.
BONI (Jacques).	1688 1766	Bologne.	Hist.	Élève de M. A. Franceschini; accompagna son maître à Gênes. — Réussit surtout dans les fresques; coloris peu solide, contours précis, style riant et ouvert; abusa de sa facilité.
VISENTINI (Antoine).	1689 1782		Persp. et pays.	Détails inconnus. — J. B. Tiepolo et Zuccherelli peignirent les personnages de ses vues.
PORTA (Ferdinand).	1689 1760 ou 1767		Hist.	Détails inconnus.
CASINI (Jean), dit VARLUNGA.	1689 1748	Varlunga (Toscane).	Portr.	Peintre et sculpteur. — Sainte Luce, Saint-Jacques de l'Arno.
FALDONI (Jean-An- toine).	1690?	Ascoli.	Hist.?	Élève d'Antoine Luciano; abandonna la peinture pour la gravure.
PANNINI (Jean-Paul).	1691 1764	Plaisance	Pays., arch. et persp.	Élève de B. Luti, à Rome; on le désigne quelquefois sous le simple nom de Jean-Paul; personne ne peignit la perspective d'une manière plus séduisante, moins pour l'exactitude des lignes que pour le charme et la grâce avec lesquels ses paysages sont touchés et l'esprit de ses figures. Mort à Rome. — Figures sous une arche, Florence. Architecture (plusieurs tableaux), Dresde. Ruines avec figures, Londres. Ruines de Rome et statue de Marc-Aurèle, Gand. Ruines et monuments de Rome, Bruxelles. Ruines d'architecture avec figures, Madrid. Paysages avec ruines, ib. Et autres, ib. Festin donné sous un portique, Paris. Même sujet, ib. Concert, ib. Ruines d'architecture, ib. Intérieur de l'église Saint-Pierre à Rome, ib. — Proportions peu justes entre l'architecture et les personnages qu'il y introduisait; ombres souvent maniérées, ordonnance riche, composition spirituelle et variée; peintre fort recherché.
PALADINO (Litte- rio).	1691 1743	Messine.	Hist.	Florissait à Messine. Mort de la peste. — Artiste de mérite.
ORSONI (Joseph).	1691 1755		Orn., perspect. et décor.	Élève de Pompée Aldovrandini; s'associa avec son condisciple Étienne Orlandi.
MASUCCI (Augustin).	1691 1758	Rome.	Hist. portr. et orn.	Élève de C. Maratti; travailla pour Benoît XIV; académicien de Saint-Luc. — Ornements, Rome. Sainte Anne, ib. Fresques, ib. Saint François, Macerata. Conception, Gubbio. — Manque d'esprit; traita presque toujours des sujets pieux et fit une grande quantité de madones; figures d'anges et d'enfants remplies de grâce; soin parfait; excella dans le portrait.
TIEPOLO (Jean-Bap- tiste, dit LE TIE- POLETTO.	1692 1769 ou 1770	Venise.	Id.	Élève de G. Lazzarini; se distingua dès l'âge de seize ans; travailla à Milan et dans plusieurs autres villes d'Italie dont il remplit les églises et les palais d'ouvrages magnifiques. Visita l'Espagne et mourut à Madrid. — Têtes d'étude (esquisse), Londres. Festin d'Antoine et de Cléopâtre, Saint-Pétersbourg. Sainte Catherine de Sienne, Vienne. Un seigneur et sa suite, Berlin. Jeune femme sortant du bain, ib, Vénus et l'Amour, Madrid. Conception, ib. — Pinceau agréable et sûr, exécution prompte; imita la manière de P. Véronèse; touche spirituelle et facile. Graveur à l'eau-forte.
FERRETI (Jean-Do- minique), dit D'I- MOLA.	1692	Florence	Hist.	Élève de Jos. del Sole; travailla à Bologne et dans tout l'État florentin. — Belle imagination; réussit mieux dans la fresque que dans la peinture à l'huile.
CAMPIGLIA (Jean- Dominique).	1692 1770	Lucques.	Id.	Dessinateur; eut du succès comme peintre.
BIGARI (Victor).	1692 1776	Bologne.	Persp., ornem. et hist.	Employé par plusieurs souverains de l'Europe. — Ses trois fils marchèrent sur ses traces.

NOMS.	ANNÉES DE NAISSANCE ET DE MORT.	LIEU DE NAISSANCE	GENRE.	NOTES HISTORIQUES. TABLEAUX PRINCIPAUX ET LIEUX OÙ ILS SE TROUVENT. OBSERVATIONS.
CORRADO (Hyacin-the).	1695 ou 1700 1765 ou 1768	Molfeta (royaume de Naples).	Hist., portr., etc.	Étudia dans sa ville natale, puis à Rome dans l'Académie de Saint-Luc; fut nommé membre de cette société en 1755; appelé à Madrid en 1753 par le roi Ferdinand VI, afin de remplacer Amiconi, premier peintre de S. M., mort l'année précédente; peignit les voûtes du palais royal; resta en Espagne jusqu'en 1761, époque de l'arrivée de Mengs dans ce pays. Mort à Naples. — Tableaux et fresques, Rome. Flagellation, Madrid. Couronnement d'épines, ib. Jésus-Christ devant Pilate, ib. Paysage, ib. Mort d'Iphigénie, ib. Venue de l'Esprit-Saint, ib. Épiphanie, ib. Allégories, ib. Et autres, ib. — Imagination riche; beau coloris; excellait dans les fresques; ensemble plein d'effet; composition gracieuse et correcte. Ce peintre est parfois désigné sous le nom de Corrado Giacinto.
CAMPOLO (Placide).	1695 1745	Messine.	Hist.	Élève de Coma à Rome; établi à Messine; mort de la peste. — Bon dessin; goût solide.
ROSSI (Don Angelo de).	1694 1755	État de Gênes.	Id.	Élève de D. Parodi; il était prêtre. — Imita C. Maratti.
MEUCCI (Vincent).	1694 1766	Florence.	Id.	Élève de Jos. dal Sole; exécuta de grandes compositions dans plusieurs villes de la Toscane.
FORI (Lucien).	1694 1779	Messine.	Id.	Excellent restaurateur de tableaux; copiste intelligent et bon imitateur de Polidore Caravage.
BIANCHI (Pierre).	1694 1739 ou 1740	Rome.	Hist., pays., anim., fleurs, fr., etc.	Élève de J. Triga, puis de J. B. Gauli dit le Baciccio et enfin de B. Luti; reçu à l'Académie de Saint-Luc; très-difficile pour ses propres productions, il effaçait souvent son ouvrage jusqu'à trois fois. Mort d'une pleurésie. — Conception, Rome. Vénus couchée, Berlin. — Coloris vigoureux, bon dessin, goût satisfaisant, caractère gracieux.
SERVANDONI (Jean-Jérôme).	1695 1756	Florence.	Pays., persp. et décor.	Plus grand architecte que peintre. Il fut l'ordonnateur des fêtes qui eurent lieu en France dans le siècle dernier, et ces fêtes dépassèrent tout ce qui avait été vu en ce genre. C'est lui qui érigea la façade de l'église Saint-Sulpice, à Paris. Mort dans cette dernière ville. — Ruines, Paris. — Coloris un peu blafard, dessin de figures peu correct. Le bleu domine trop dans ses ciels.
GALLI dit BIBBIENA (Joseph), fils de Fer-dinand.	1696 1756		Décor. et archit.	Élève de son père; architecte et peintre de décorations des cours de Vienne, de Dresde et de Berlin; mort dans cette dernière ville. — Beaucoup de fini.
BEAUMONT (Claude-François).	1696 1766	Turin.	Hist.	Étudia à Rome, y fut nommé membre de l'Académie de Saint-Luc, peintre du cabinet de Charles-Emmanuel III, roi de Sardaigne; créé en 1737 chevalier de l'ordre de Saint-Maurice. Directeur et pour ainsi dire fondateur de l'Académie de peinture à Turin; dirigea également la manufacture des tapis-series royales. — Coloris plein de fraîcheur, forma un grand nombre d'élèves.
MINIERA (Biagio).	1697 1755	Ascoli.	Id.	École de C. Maratti.
GIONIMA (Antoine), fils de Simon.	1697 1732		Id.	Élève d'A. Milani, de son père et de Crespi. — Invention spirituelle, coloris frais et éclatant.
CANAL (Antoine), dit LE CANALETTO.	1697 1768	Venise.	Vues de ville.	Élève de son père, Renard, peintre médiocre. Suivit d'abord le même genre; puis étudia à Rome et peignit un grand nombre de vues de cette ville, après être revenu dans sa ville natale. — Vue du château de Naples, Rome. Le grand canal à Venise, Florence. Même sujet, Dresde. Place de l'église Saint-Jérôme à Venise, ib. Petite place Saint-Marc à Venise, ib. Grande place Saint-Marc, ib. Vue de Venise, Londres. Ruines avec figures, ib. Le grand canal à Venise, ib. Le Colisée à Rome, ib. Vue de la Brenta, Bruxelles. Douze vues de Venise, Naples. Deux vues de Venise, Saint-Pétersbourg. Vue de Munich du côté de l'est, Munich. Le palais du doge à Venise, Berlin. L'église de la Madone du Salut à Venise, ib. Le palais Grimani, etc., ib. Vues de Venise, Paris. Scène du carnaval de Venise, Nantes. — Le premier qui appliqua l'usage de la chambre obscure à la peinture; pinceau savant, grande finesse, imitation belle, exacte et harmonieuse; négligea un peu l'étude de la figure; ordinairement c'est Tiepolo qui peignait l'étoffage de ses tableaux.
BRACCIOLI (Jean-François).	1697 1762	Ferrare.	Hist.	Élève de Crespi; mort fou.
ZANICHELLI (Pros-per).	1698 1772	Reggio.	Décor.	Détails inconnus.
CASTIGLIONE (le frère).	1698 1768		Hist.	Appelé par ses talents à une grande célébrité, il préféra la simple qualité de frère convers chez les jésuites; envoyé en Chine, résida presque toute sa vie à Pékin; particulièrement protégé par les empereurs Yong-Tching et Kien-Long; s'occupa avec le frère Attiret, jésuite-peintre, comme lui établi à Pékin. Intercéda plusieurs fois pour les catholiques persécutés, mais pas toujours avec le même succès. Mort en Chine. — Également architecte; éleva des palais européens qui embellirent la résidence de l'empereur Kien-Long.
RATTI (Jean-Augus-tin).	1699 1775	Savone.	Hist., scènes comiq., etc.	Élève de B. Luti à Rome; un des meilleurs peintres de son époque dans le genre grotesque et gai. Mort à Gênes. — Décollation de saint Jean, Savone. — Imagination vaste, féconde et inépuisable dans ses tableaux de genre; peintre d'histoire distingué. Graveur à l'eau-forte.
NAZZARI ou NANAZI (Barthélemy).	1699 1758	Bergame.	Portr., genre et hist.	Élève d'A. Trevisani à Venise, de B. Luti, puis de Fr. Trevisani à Rome; s'établit à Venise, parcourut l'Italie et l'Allemagne. Mort à Milan. — Tête de vieillard, Dresde. Tête de vieille femme, ib. — Talent original. Graveur à l'eau-forte.

NOMS.	ANNÉES DE NAISSANCE ET DE MORT.	LIEU DE NAISSANCE	GENRE.	NOTES HISTORIQUES. — TABLEAUX PRINCIPAUX ET LIEUX OU ILS SE TROUVENT. — OBSERVATIONS.
MARCHESI (Joseph), dit IL SANSONE.	1699 1771	Bologne.	Hist.	Élève de Franceschini et d'A. Milani; regardé comme un des meilleurs peintres de l'école bolonaise moderne. — Martyre de sainte Prisca, Rimini. — Nus un peu chargés, teintes parfaites, perspective savante.
VERZELLI ou VERGELLI (Joseph-Tiburce).	†1700?	Recanati.	Pays.	Dessinateur, peintre et architecte.
SANTI (Antoine).	†1700	Rimini.	Hist.	École de Cignani; mort jeune.
PITOCCHI (Mathieu de').	Id.	Florence.	Hist. et genre.	Vécut à Venise; on croit qu'il mourut à Padoue. — Excella à représenter des figures de mendiants.
NATALI (Jean-Baptiste), fils de Charles.	†1700?	Crémone.	Hist.	Élève de son père et de P. de Cortone; ouvrit une école à Crémone. — Également architecte.
LEONI (Charles).	†1700	Rimini.	Id.	Élève d'A. Varotari.
AVELLINO (Jules).	Id.	Messine.	Pays. et arch.	Élève de S. Rosa; s'établit à Ferrare. — Adopta le style de son maître; pinceau plus gracieux; figures touchées avec esprit.
CASSANA (Jean-Baptiste), fils de Jean-François.	†1701?		Fleurs, fruits et anim.	Mort à la Mirandole.
ROSSI (Laurent).	†1702		Hist.	Élève de P. Dandini; imita le style du Cortone et réussit à produire des tableaux agréables.
GIANNETTI (Philippe).	Id.	Messine.	Pays.	Élève d'Abraham Casembroodt (peintre hollandais); protégé par le vice-roi de Naples, le comte de San Stefano; résida à Palerme et épousa Flavie Durand (voir ce nom). Surpassa son maître pour le grandiose de ses compositions, sans l'égaler pour le dessin et le fini; sa manière prompte et facile le fit surnommer le *Giordano des paysages*.
MASSARO (Nicolas).	†1704		Id.	Élève de Salvator Rosa. — Coloris pâle et languissant; imita le dessin de son maître.
GALANTINI (F. Hippolyte).	†1706		Hist., etc.	Détails inconnus.
BORGHESI (Jean-Ventura).	†1708	Citta di Castello.	Hist.	Élève de Pierre de Cortone dont il termina le dernier tableau; laissa beaucoup de ses ouvrages en Allemagne.
LONGE (Robert La).	†1709	Bruxelles.	Hist. et pays.	Élève de Bonisoli; s'établit à Plaisance et y mourut. — Délicatesse, harmonie, grâce et teintes remarquables.
CELI (Placide).	†1710	Messine.	Hist.	Élève d'A. Scilla; suivit son maître à Rome. — Peintre médiocre.
CASSANA (Marie-Victoire), fille de Jean-François.	†1711		Hist. relig.	Élève de son frère, Jean-Augustin. Morte à Venise. — Peignait en demi-figures.
FALCE (Antoine La).	†1712	Messine.	Orn.	Élève d'A. Scilla.
PROVENZALE (Étienne).	†1715	Cento.	Hist. et bat.	Élève du Guerchin.
PO (Thérèse del), fille de Pierre.	†1716		Hist.	Élève de son père; nommée membre de l'Académie de Saint-Luc en 1678.
NASINI (Antoine), frère de Joseph.	†1716	Sienne.	Portr.	Élève de son frère; embrassa l'état ecclésiastique. — Réussit dans son genre.
CASTIGLIONE (François), fils de Benoît.	Id.		Hist., pays. etc.	Élève de son père, mort vieux. Son frère Salvator cultiva la peinture et grava à l'eau-forte. — Deux nègres et un enfant jouant avec des chiens, Dresde. — Imita le style de son maître.
LOTH (Onuphre).	†1717		Fleurs, fruits, anim. etc.	Élève de P. Porpora. — Excella dans les fruits.
CANTI (Jean).	†1719	Parme.	Hist., portrait, paysages et bat.	S'établit jeune à Mantoue.
ASTA (André dell').	†1721		Hist.	Élève de Solimène; acheva ses études à Rome.
MORO (Laurent del).	†1725	Florence	Anim., fl., fruits et persp.	Élève de J. Chiavistelli. — Fresques, Rome.
SPAGIASI (Jean).	†1730	Reggio.	Hist.	On ignore quel fut son maître; mort au service du roi de Pologne. Son fils Pellegrino fut élève de François Bibbiena, peignit les ornements, les perspectives et les décors, et mourut en France en 1746.
PAGANO (Michel).	†1750?	Naples.	Pays.	Détails inconnus. — Paysage avec ruines et figures, Madrid. Paysage avec rivière, *ib.*

NOMS.	ANNÉES DE NAISSANCE ET DE MORT	LIEU DE NAISSANCE	GENRE.	NOTES HISTORIQUES. — TABLEAUX PRINCIPAUX ET LIEUX OU ILS SE TROUVENT. — OBSERVATIONS.
GABRIELLI (Camille).	†1750	Pise.	Hist.	Élève de Ciro Ferri. — Manière du Cortone.
CRIVELLI (Ange-Marie), dit CRIVELLONE.	†1750?		Butaill.	Florissait à Milan.
BRUGHI (Jean-Baptiste).	†1750?		Hist. et mosaïq.	Élève du Baciccio.
ALBONI (Paul).	†1750	Bologne.	Pays.	Séjourna plusieurs années en Allemagne ; mort vieux. — Manières flamande et hollandaise mêlées. Quelques auteurs le font mourir en 1734 à l'âge de 57 ans.
PACELLI (Mathieu).	†1731?	Basilicate.	Hist.	Élève de L. Giordano ; emmené en Espagne par son maître, il en revint avec une bonne pension.
AVANZATI ou AVANZINI (Pierre – Antoine).	†1733	Plaisance	Id.	Élève de M. A. Franceschini , à Bologne.
PAOLETTI (Pierre ou Paul).	†1735	Padoue.	Fleurs, fr., poiss. et h. m.	S'établit à Udine. — Effet gracieux.
TAGLIASACCHI (Jean-Baptiste).	†1737	Borgo San Donnino.	Hist.	Élève de J. dal Sole ; vécut à Plaisance. — Mérite au-dessus de sa réputation.
VENIER (Pierre).	Id.	Udine.	Id.	Suivit les principes de l'école vénitienne ; mort vieux.
RIVOLA (Joseph).	†1740		Id.	Élève de Ph. Abbiati.
AMOROSI (Antoine).	Id.	La Comunanza (Ascoli).	Bamb., histoire, archit., paysages et anim.	Élève de J. Ghezzi. — Beaucoup de verve, d'esprit et de variété.
MASSA (Jean) et POZZUOLI (Jean).	†1741	Carpi.	Tabl. en pierre spécul.	Élèves des Griffoni (voir à l'article de J. Gavignani). Ces deux artistes travaillèrent en commun et réussirent à composer des lointains, des jardins, des vues d'architecture avec la plus grande perfection.
LUCATELLI (André).	†1741	États Romains.	Pays., arch., bamb. et genre.	Contemporain de Paul Anesi, qui lui donna des conseils. Mort à Rome. — Paysages, Rome. Paysage, Londres. Paysage avec animaux et figures, Paris. — Masses disposées avec vigueur ; figures gracieuses : dans ses tableaux de genre et de bambochades il eut deux manières : la première bonne et la seconde excellente par des teintes délicates et une imagination piquante.
MELANI (François), frère de Joseph.	†1742		Persp.	S'associa à son frère avec lequel il exécuta tous ses ouvrages ; talent renommé.
TERZI (Christophe).	†1743		Hist.	Élève de J. M. Crespi, séjourna à Rome ; mort jeune. — Pinceau sûr.
FILOCAMI (Antoine, Paul et Gaëtan).	Id.	Messine.	Hist. et orn.	Élèves de C. Maratti à Rome ; ces trois frères ouvrirent dans leur patrie une académie qui eut beaucoup de succès. Morts tous trois de la peste. — Antoine l'emporta sur Paul ; Gaëtan peignit les ornements.
MAZZUOLI (Annibal).	Id.	Sienne.	Hist.	Séjourna à Rome ; mort très-vieux. — Plus de hardiesse que de talent.
MELANI (Joseph) , frère de François.	†1747	Pise.	Id.	Élève de C. Gabrielli ; chevalier de l'Éperon d'or. — Étoffa les tableaux de son frère et imita le Berettini dans ses défauts et dans ses qualités.
MESSINI (Ferdinand).	†1750	Florence	Hist.?	Détails inconnus.
BOCCACCINO (François).	†1750?	Crémone.	Hist.	Élève de J. B. Natali, de Brandi et de Maratti à Rome. Le dernier des peintres de sa famille ; mort très-vieux.
GHERARDINI (Étienne)	†1755	Bologne.	Id.	Élève de J. Gambarini.
CROSATO (Jean-Baptiste).	†1756	Venise.	Arch.	Vécut en Piémont. — Goût pur.
LUNGHI (Antoine).	†1757	Bologne.	Hist.	Élève de J. dal Sole ; séjourna à Venise, à Rome et dans le royaume de Naples.
LAMO (Pierre).	†1758	Id.	Id.	Élève de In. Francucci d'Imola ; auteur d'un manuscrit sur les peintres de sa ville natale.
RAINIERI (François), dit LE SCHIVENOGLIA.	Id.	Mantoue.	Bat., pays., etc.	Élève de J. Canti ; mort vieux. — Surpassa son maître pour le dessin sans l'égaler pour le coloris.
PECCHIO (Dominique).	†1760?	Vérone.	Pays.	Élève de Balestra.
GUALLA (Pierre).	Id.	Casal-Monferrato.	Hist. et portr.	Se fit religieux.

NOMS.	ANNÉES DE NAISSANCE ET DE MORT.	LIEU DE NAISSANCE	GENRE.	NOTES HISTORIQUES. TABLEAUX PRINCIPAUX ET LIEUX OU ILS SE TROUVENT. OBSERVATIONS.
GALLI (ALEXANDRE), dit BIBBIENA fils de Ferdinand.	†1760?		Arch., persp. et décor.	Élève de son père. Mort au service de l'électeur palatin, à Vienne.
CRIVELLI (JACQUES), fils d'Ange-Marie.	†1760		Ois. et poiss.	Travailla beaucoup pour la cour de Parme.
CAMPORA (François).	†1765	POLCE-VERA (Gênes).	Hist.	Élève de Solimène à Naples.
VERACINI (AUGUSTIN).	†1762	FLORENCE	Id.	Élève de S. Ricci ; son frère Benoît , né à Florence en 1710, cultiva également la peinture. — Mort d'Abel , Florence.
MARIOTTI (JEAN-BAP-TISTE).	†1765?		Hist. et portr.	Élève d'Antoine Balestra.
POZZI (JOSEPH), frère d'Étienne.	†1765		Hist.	Se distingua dans son art sans atteindre la réputation de son frère. Mort très-jeune à Rome.
ZOBOLI (JACQUES).	†1767	MODÈNE.	Id.	Élève de Fr. Stringa ; séjourna à Bologne ; s'établit et mourut à Rome. — Saint Jérôme, Rome. Et autres, ib. — Pinceau fin et soigné, coloris harmonieux.
DIZIANI ,GASPARD).	†1767	BELLUNE.	Hist. et déc.	Élève de S. Ricci.
BAZZANI (JOSEPH).	†1769	MANTOUE	Pays.	Élève de J. Canti ; directeur de l'académie royale de peinture dans sa ville natale.
GRISONI (JOSEPH).	Id.	FLORENCE	Hist., paysages et portr.	Élève de Redi ; rival de Meucci ; voyagea en Angleterre et dans toute l'Italie. — Formes, relief et coloris satisfaisants.
GREGORI (JÉRÔME).	†1773	FERRARE.	Pays. et hist.	Élève de J. Zolo , de Parolini et de J. dal Sole ; mort presque octogénaire.
COLOMBINI (JEAN).	†1774	TRÉVISE.	Persp., hist. et portr.	Élève de S. Ricci.
RIVERDETTI (MARC-ANTOINE).	Id.	ALEXAN-DRIE.	Portr.	S'établit à Bologne. — Style simple et modéré.
CABLINI (LE P. AL-BERICO).	†1775	PESCIA.	Hist.	Élève d'O. Dandini , puis du Conca à Rome ; frère mineur observantin.
PERONI (l'abbé Jo-seph).	†1776	PARME.	Hist. et portr.	Élève de Torelli , de Creti et d'H. Lelli à Bologne , puis de Masucci à Rome. Mort très-vieux. — Coloris faux et verdâtre ; style gracieux, bon dessin.
BARTOLI (François).	†1779	REGGIO.	Décor.	Détails inconnus.
CRESPI (Louis), fils de Joseph-Marie.	Id.		Hist. et portr.	Élève de son père ; chanoine et camérier secret du pape. Les églises lui firent beaucoup de commandes ; son frère Ferdinand , religieux franciscain , mort en 1754, peignit en miniature. — Auteur d'une vie des peintres de Bologne (1769) et de notices sur ceux de Ferrare.
CRESPI (ANTOINE), fils de Joseph-Marie.	†1781		Id.	Élève de son père. S'occupa beaucoup pour les églises. — Saint François de Paule, Bologne. — Imita la manière de son maître.
BALDACCI (MARIE-MADELEINE).	†1782	FLO-RENCE.		Détails inconnus.
SIRIES (VIOLANTE).	†1783	FLORENCE	Portr., etc.	Détails inconnus.
ZAÏS (JOSEPH).	†1784	VENISE.	Pays. et bat.	Élève de Fr. Zuccarelli et de Simonini ; mort pauvre à l'hôpital de Trévise.
FERRARI (PIERRE).	†1787	PARME.	Hist.	Élève de J. Baldrighi.
PIATTOLI (ANNE), femme de Cajetan.	†1788	FLORENCE	Portr.?	Détails inconnus.
MAGIOTTO (DOMINI-QUE)	†1794	VENISE.	Hist. et portr.	Élève de Piazzetta. Mort vieux.
HAMILTON (GAVIN).	†1797	LANARK (Écosse).	Hist.	Élève d'A. Masucci à Rome ; passa presque toute sa vie dans cette ville et y mourut. Rendit de grands services à l'art par ses recherches des monuments de l'antiquité. — Choix heureux des sujets. Schola italica picturæ, Rome , 1773, in-fol.
TROTTI (EUCLIDE), neveu du chevalier Jean-Baptiste.	*1600		Hist. et portr.	Élève de son oncle ; s'étant rendu coupable du crime de haute trahison et ayant été mis en prison, on croit qu'il mourut du poison que lui donnèrent ses parents , afin de le faire échapper à l'infamie du supplice. Mort jeune. — Imita avec le plus grand bonheur la manière de son maître ; style plus grave.

NOMS.	ANNÉES DE NAISSANCE ET DE MORT.	LIEU DE NAISSANCE	GENRE.	NOTES HISTORIQUES. — TABLEAUX PRINCIPAUX ET LIEUX OU ILS SE TROUVENT. *OBSERVATIONS.*
VAJANI ou VAIANI (HORACE), dit IL FIORENTINO.	1600		Hist.	Travailla à Milan ; nommé quelquefois Alexandre. — Graveur à l'eau-forte.
TORRE (THÉOPHILE).	Id.	AREZZO.	Id.	Peintre à fresque.
TORRE (BARTHÉLEMY).	Id.	Id.	Hist. et portr.	Élève de J. A. Lappoli ; il était gentilhomme ; se rendit à Rome et y travailla sous don Giulio Clovio. Sa manière de vivre toute cynique le conduisit au tombeau à 25 ans. — Excellent dessinateur.
SGAZZINO (LE).	Id.	CITTA DI CASTELLO.	Hist.	Détails inconnus. — Manque de correction ; touche, opposition des couleurs et ensemble satisfaisants.
SARTI (ANTOINE).	Id.	JESI.	Id.	Détails inconnus.
RONZELLI (PIERRE).	Id.	BERGAME.	Portr. et hist.	Réussit dans le portrait.
ROCCHETTI (MARC-ANTOINE), dit FIGURINO DE FAENZA.	Id.	FAENZA.	Hist. et portr.	Élève de Jules Romain ; le nom de famille que l'on donne à Figurino n'est fondé que sur des conjectures à la vérité fort probables. — Exécuta beaucoup de tableaux de petite dimension ; composition simple, teintes suaves.
MEDA (CHARLES).	Id.	MILAN.	Hist.	Aida les Campi dans leurs travaux à Milan. — On le croit de la même famille que Joseph Meda.
NEGRI (PIERRE-MARTIRE).	Id.	CRÉMONE	Hist. et portr.	Élève de vieux Malosso. — Agrippine mourante, Dresde. — Réussit dans le portrait ; bonne composition.
PICENARDI (CHARLES), le vieux.	Id.	Id.	Hist., portr. et sc. com.	Élève de L. Carrache ; appartenait à une famille patricienne. Mort jeune.
MAINARDI (ANDRÉ), dit IL CHIAVEGHINO.	Id.	Id.	Hist.	Élève de Bernard Campi ; son neveu Marc-Antoine étudia à la même école ; un de ses ouvrages porte la date de 1629. — Manière grandiose et pleine de majesté ; s'il avait été plus soigneux et moins pressé de produire, ce peintre aurait pu être placé parmi les meilleurs de son époque.
LAURENTINI (JEAN), dit L'ARRIGONI.	Id.		Id.	Acheva quelques ouvrages laissés imparfaits par Fr. Modigliano. — Pinceau franc, ensemble imposant.
LODI (MANFRED DE).	Id.	CRÉMONE.	Hist. et portr.	Élève du chevalier Trotti ; sa sœur Erménégilde fut élève du même maître.
LUGARO (VINCENT).	Id.	UDINE.	Hist.	Détails inconnus.
GIACOMO de Castello.	Id.	CASTELLO.	Anim. et ois.	Détails inconnus. — Grande vérité ; coloris vigoureux.
GIORGIO du Siena.	Id.	SIENNE.	Grot. et hist.	Élève du Mecherino, puis de Jean d'Udine. — S'adonna spécialement aux grotesques.
GATTI (GERVAIS).	Id.		Hist. et portr.	Neveu et élève de B. Gatti. — Beaucoup de fini, de délicatesse ; excellent peintre de portraits.
FURINI (PHILIPPE), dit LE SCIAMERONI.	Id.	FLORENCE	Portr. et hist.	Élève du Passignano. — Acquit une grande réputation comme peintre de portraits.
FRANCESCO (le père).	Id.		Hist.	Religieux du mont Cassin et peintre sur verre, à Pérouse.
FELLINI JULES-CÉSAR).	Id.		Id.	Élève de Gabriel Ferrantini et d'Annibal Carrache.
CONTI (VINCENT), frère de César.	Id.	ANCONE.	Hist. et orn.	Élève de son frère ; s'occupa de concert avec lui ; reçut plusieurs commandes importantes du pape Sixte-Quint et quitta l'Italie pour passer au service du duc de Savoie. — Meilleure réputation que César.
CINGANELLI (MICHEL).	Id.		Hist.	Employé à Pise où il exécuta des ouvrages remarquables.
CANE (CHARLES).	Id.	TRINO.	Id.	Élève de Melchior Giraldini ; l'Orlandi le fait naître, par erreur, en 1618.
CAMPIDOGLIO (MICHEL-ANGE DEL).	Id.	ROME.	Fleurs et fr.	Détails inconnus. — Fleurs, Londres. — Excella dans la représentation des fruits.
ARBASIA (CÉSAR).	Id.	SALUCES.	Hist. et portr.	Imita L. de Vinci ; vécut quelque temps à Rome et y fut professeur à l'Académie de Saint-Luc ; visita l'Espagne. — Incarnation, Malaga. Fresques, Saluces. — Peintre de beaucoup de mérite.
ANSALONI (VINCENT).	Id.		Hist.	Élève des Carrache. — Vierge glorieuse, Bologne. — Talent remarquable.
GATTI (URIEL).	1601	CRÉMONE.	Id.	On le croit frère de G. Gatti. — Clair-obscur faible, manière mesquine, bon empâtement de couleurs.
CREARA (SANTO).	1602	VÉRONE.	Id.	Élève de Félix Brusasorci.
PROCACCINI (CHARLES-ANT.), fils cadet d'Hercule l'ancien.	1605	BOLOGNE.	Pays., fleurs et fr.	D'abord musicien, il se livra à la peinture avec ses frères. Travailla beaucoup pour la cour d'Espagne. — Tableaux en Espagne. Idem, Milan.

NOMS.	ANNÉES DE NAISSANCE ET DE MORT.	LIEU DE NAISSANCE	GENRE.	NOTES HISTORIQUES. — TABLEAUX PRINCIPAUX ET LIEUX OU ILS SE TROUVENT. *OBSERVATIONS.*
POZZOBONELLI (Jules).	*1605		Hist.	Détails inconnus.
COSSALE ou COZZALE (Grazio).	*Id.	Brescia.	Id.	Mort assassiné par un de ses fils. — Grande imagination.
TANTERI (Valère).	†1606		Hist. et portr.	Élève de Chr. Allori.
GOBBI (Marcel).	*Id.	Macerata	Hist.	Détails inconnus.
GENNARI (Jean-Baptiste).	*Id.		Id.	Appartient à la famille des Gennari ; on le place au nombre des maîtres du Guerchin.
APOLLODORE (François), dit PORCIA.	*Id.	En Frioul.	Hist. et portr.	Bon peintre de portraits.
GRIFFONI (Fulvio).	*1608	Udine.	Hist.	Chargé de quelques travaux à Venise.
FOLLI (Sébastien).	*Id.	Sienne.	Hist. et orn.	Élève d'A. Casolano. — Figures maniérées ; ornements de bon goût, architecture bien ordonnée ; belle distribution ; excellait dans la perspective et dans la représentation des stucs artificiels.
ALLEGRETTI (Charles).	*Id.	Monte-Prandone (Ascoli).	Hist.	Travailla à Ascoli. — Figures tronquées.
VANNI (le chevalier Michel-Ange), fils de François.	*1609	Sienne.	Id.	Inventeur d'un procédé pour colorer le marbre. Cette particularité se lit sur le tombeau de son père. Fut créé chevalier. — Graveur à l'eau-forte.
TURESSIO (François).	*1610		Mosaïque.	Détails inconnus.
PIETRO de Ferrare.	*Id.	Ferrare.	Hist.	Élève de L. Carrache.
MONALDI (Bernardin)	*Id.	Florence	Id.	Élève de Santi Titi.
GAMBERUCCI (Côme).	*Id.		Id.	Élève de B. Naldini. — Saint Paul guérissant l'estropié, Florence. — Peu de grâce dans la plupart de ses compositions ; dessin correct et vigoureux.
FORTUNA (Alexandre).	*Id.		Id.	Élève du Dominiquin ; mort très-jeune.
BRUGNO (Innocent).	*Id.	Udine.	Id.	École de Venise.
BALDINO (Tiburce).	*1611	Bologne.	Id.	Habitait Brescia. — Architecture magnifique, composition riche, effet brillant, carnations et teintes froides.
TASSINARI (Jean-Baptiste).	*1612	Pavie.	Id.	On le croit élève de Ch.-An. Rossi.
PIERO DI RIDOLFO.	*Id.		Id.	On pense qu'il fut élève de Rodolphe del Ghirlandaio.
RANDA (Antoine).	*1614	Bologne.	Id.	Élève du Guide et de L. Massari ; peintre du duc de Modène ; séjourna à Ferrare et se fit religieux, sans doute pour expier un crime qu'il avait commis dans sa jeunesse. — Peintre de beaucoup de mérite.
FRANCESCO-ANTONIO de Sienne.	*Id.	Sienne.	Id.	On le croit élève du Vanni ou du Salimbeni. — Expression bien sentie.
DADDI (Côme).	*Id.		Id.	Élève de B. Naldini ; il eut la gloire de former le Volterrano dans la patrie duquel il s'était établi. — Tableaux, Volterre.
BORBONE (Jacques).	*Id.	Novare.	Id.	Élève de Lelio Orsi.
ROCCA (Antoine).	*1615		Id.	Florissait en Piémont.
PASTERINI (Jacques).	*Id.	Venise.	Mosaïque.	Détails inconnus.
MAYNO (Jules).	*Id.	Asti.	Hist.	Florissait en Piémont.
GUILIANI (Jean ou George).	*Id.	Civita Castellana.	Id.	Copia des tableaux du Guide, qui, croit-on, fut son maître.
CASTELLI (Annibal).	*Id	Bologne.	Id.	Détails inconnus.
BORGIANI (Horace).	*Id.	Rome.	Hist. et portr.	Élève de son frère Jules, dit *Scalzo*, sur lequel on n'a pas de détails. Les uns le font naître en 1577 les autres en 1650. 1615 est la date que portent ses estampes. — Tableaux, Rome. — Du naturel dans le portrait. Graveur à l'eau-forte.

NOMS.	ANNÉES DE NAISSANCE ET DE MORT.	LIEU DE NAISSANCE	GENRE.	NOTES HISTORIQUES. — TABLEAUX PRINCIPAUX ET LIEUX OU ILS SE TROUVENT. — OBSERVATIONS.
CACCIA (Pompée).	*1615		Hist.	Travailla à Pistoie.
ORIOLI (Barthélemy).	*1616	Trévise.	Hist. et portr.	Également poëte. — Du talent pour le portrait.
FEDE (Galizia).	*Id.	Trente.	Hist. et pays.	Élève de son père, Annunzio, miniaturiste célèbre, né à Trente, mais établi à Milan. — La Samaritaine, Milan. — Talent distingué; beaucoup de fermeté pour une femme; pinceau fin et soigné.
FERRABOSCO (Pierre).	*Id.	Lucques?	Hist.	Appartenait à l'Académie de Rome; s'établit en Portugal et y passa une grande partie de sa vie. — Style et coloris vénitiens.
ORLANDO (Bernard).	*1617		Id.	Peintre de la cour du Piémont et conservateur de la collection royale.
GUARINI (Bernard).	*Id.	Ravenne.	Id.	Détails inconnus. — Style solide.
MUSSO (Nicolas).	*1618	Mont-Ferrat.	Hist. et portr.	Élève du Caravage à Rome; mort jeune. — Choix exquis de formes, expression frappante.
SECCHI (Jean-Baptiste), dit LE CARAVAGGIO et le CARAVAGGINO.	*1619	Caravaggio.	Hist.	Détails inconnus.
VECELLI (Tiziano), dit TIZIANELLO, fils de Marc.	*1620		Hist. et portr.	Élève de son père. — Manque de noblesse dans les formes, pinceau franc et solide mais peu agréable; ses portraits sont estimés ainsi que ses têtes d'expression, surtout celles où se peint un sentiment de colère.
ROVERIO (Barthélemy), dit GENOVESINI.	*Id.		Hist.	Détails inconnus. — Style grandiose; quelques auteurs lui donnent le prénom de Marc. Un autre peintre également surnommé Genovesini, vécut dans le même siècle; son nom était Joseph Calcia; il se fit remarquer par un style frais et gracieux. Un troisième artiste porte le même surnom. (Voir Louis Miradoro.)
ROSI (Jean).	*Id.		Pays.	Imita Gaspard Falgani.
LAMBRI (Étienne).	*Id.		Hist. et portr.	Élève du chevalier Trotti.
GHIRARDINI (Jean-André).	*Id.	Ferrare.	Hist.	Contemporain du Croma. — Coloris pâle.
BORGHESE (Hippolyte).	*Id.		Id.	Élève de Fr. Curia; séjourna à Péronse. — Imitateur habile de son maitre.
ROSI (Zanobio).	*1621		Hist. et portr.	Élève de Chr. Allori.
RAMA (Camille).	*1622	Brescia.	Hist.	Imitateur du jeune Palma.
ROCCA (Michel), dit PARMIGIANO LE JEUNE ou MICHEL DE PARME.	*1625	Parme.	Id.	Florissait à Rome. — La Crèche, Munich. — Artiste de talent.
RIMINALDI (Jérôme), frère d'Horace.	*Id.	Pise.	Id.	Appelé à Naples et à la cour de France; termina le dernier ouvrage de son frère, mais avec bien moins de talent que ce dernier. — Survécut à son frère.
POZZO (Dario).	*Id.	Vérone.	Id.	Auteur d'un petit nombre de tableaux qui ont un grand mérite.
MARINI (Benoit).	*Id.	Urbin.	Hist. et portr.	Élève de Ridolfi (Claude) et de Ferrari de Faënza; s'établit à Plaisance. — Multiplication des pains, Plaisance. — Composition pleine d'art et de variété, exécution remarquable; génie vif et étendu.
MACCHI (Florio et Jean-Baptiste).	*Id.	Bologne.	Hist.	Élève des Carrache. Jean-Baptiste mourut en 1628.
LOPICINO ou LUPICINO (Jean-Bapt.).	*Id.		Id.	Élève de L. Cardi dit le Cigoli; établi à Florence. — Marthe et Marie, Vienne.
BRANDI, le vieux.	*Id.		Décor. et arabesq.	Détails inconnus. — Excellait dans son genre. Pinceau léger et spirituel.
ROVERRE (Jean-Baptiste della).	*1626	Turin.	Hist.	Détails inconnus.
BIANCHI (le chevalier Isidore), dit ISIDORE DE CAMPIONE.	*Id.	Campione (Milanais).	Id.	Élève de Mazzuchelli; nommé peintre de la cour de Savoie en 1631. — Pinceau hardi.
RONZELLI (Fabio), fils de Pierre?	*1629	Bergame.	Id.	Détails inconnus. — Style franc et vigoureux.

NOMS.	ANNÉES DE NAISSANCE ET DE MORT.	LIEU DE NAISSANCE	GENRE.	NOTES HISTORIQUES. TABLEAUX PRINCIPAUX ET LIEUX OU ILS SE TROUVENT. OBSERVATIONS.
VIVIANI (Louis).	*1650	Urbin.	Hist.	Élève de Fr. Barocci ; parent d'Alexandre Viviani. — Sa manière tient de celle de son maître et du style vénitien.
PANDOLFI (Jean-Jacques).	*Id.	Pesaro.	Id.	Élève de Fr. Zuccaro. — Imita son maître avec bonheur.
MARINELLI (Jérôme).	*Id.	Assise.	Id.	Contemporain de J. Giorgetti avec lequel il travailla.
GIUSEPPINO de Macerata.	*Id.	Macerata.	Id.	On le croit élève d'Aug. Carrache, mais ce fait est au moins douteux. — Fresques, Fabriano. Annonciation, ib. La Vierge dans une gloire apparaissant à saint Nicolas et à saint Jérôme, Macerata. Saint Pierre recevant les clefs de Jésus-Christ, ib.—Belles têtes ; compositions parfois remarquables ; trop peu de soin en général.
CAPITELLI (Bernard).	*Id.	Sienne.	Id.	Élève d'Alexandre Casolano et de R. Manetti ; travailla à Rome. — Graveur à l'eau-forte.
AVIANI.	*Id.	Vicence.	Persp., mar. et pays.	On croit qu'il vécut peu de temps et beaucoup hors de sa patrie et que c'est ainsi qu'il ne jouit pas de toute la réputation qu'il mérite. — Architecture admirable ; excella dans les marines et les paysages ; étoffage de Carpioni, parfaitement gracieux.
TORTIROLI (Jean-Baptiste).	*1652	Crémone.	Hist.	Élève d'An. Mainardi ; visita Rome et Venise. — Composition sage ; coloris agréable ; mort à trente ans.
GRECCHI (Marc-Antoine).	*1654	Sienne.	Id.	Détails inconnus. — Manière du Tiarini de Bologne ; style ferme, expressif et correct.
CAMILLO.	*Id.	Id.	Élève du Guide ; d'après quelques-uns il appartient à la noble maison Incontri de Volterra.
CAROCCI (Pierre).	*1657	Id.	Quelques auteurs le nomment Philippe. — Graveur à l'eau-forte.
BRAVO (Jacques).	*1658	Trévise.	Hist. et ornem.	Travailla avec B. Orioli.
TORNIOLI (Nicolas).	*1640	Sienne.	Mosaïque, hist. et portr.	On le croit élève de M. A. Vanni ; travailla à Bologne et dans plusieurs villes d'Italie.
SANTO (frère).	*Id.	Venise.	Hist.	Moine capucin. Travailla beaucoup pour les couvents de son ordre.
RUSCHI (François).	*Id.	Rome.	Hist. et genre.	Travailla à Vicence, Trévise et Venise.—Manière expressive se rapprochant de celle du Caravage.
PODESTA (Jean-André).	*Id.	Gènes.	Hist.	Détails inconnus. — Graveur à l'eau-forte.
NANNI (Jérôme).	*Id.	Rome.	Id.	Travailla beaucoup dans sa ville natale ; il répondait à ceux qui voulaient presser son ouvrage : « Peu et bon, » maxime qui lui resta pour surnom. — Tableaux, Rome. —Ne se distingua que par sa bonne volonté.
MALTESE (François).	*Id.	Île de Malte.	Armures et sujets inanimés.	Florissait à Rome. On ne connaît pas son nom de famille.
CERÙ (Bartolo).	*Id.	Venise.	Arch. et persp.	Détails inconnus.
BONELLI (Aurèle).	*Id.	Bologne.	Hist.	Élève fort médiocre des Carrache.
BEZZICALUVA (Hercule).	*Id.	Pise.	Id.	Également graveur.
LORENZETTI (Jean-Baptiste).	*1641	Vérone.	Id.	Élève de P. de Cortone. — Bon coloris, manière grande et hardie.
LIVIZZANI ou LEVIZZANI (Jean-Baptiste).	*Id.	Hist.?	Florissait à Modène ; plus connu comme poëte. — Cultiva la peinture avec assez de succès.
NICERON (Jean-François).	*1645	En France.	Persp. et pays.	Appartenait à l'ordre des minimes. — Peignit sur les murs de son couvent des paysages qui , vus d'un autre côté, paraissaient être des figures.
FONTANA (Dominique-Marie).	*1644	Parme.	Hist.	On confond souvent cet artiste avec Dominique Fontana, l'architecte et J. B. Fontana le peintre.— Graveur à l'eau-forte.
PALLONI (Michel-Ange).	*1647	Campi.	Id.	Élève du Volterrano ; vécut et travailla beaucoup en Pologne.
MIRADORO (Louis', dit LE GENOVESINI.	*Id.	Gènes.	Hist. et portr.	S'établit à Crémone.—Appartient aux imitateurs des Carrache. Style moins choisi et moins étudié ; manière franche, grandiose, coloris vrai, effet harmonieux , excella dans les peintures tragiques.
LOMBARDO (Blaise).	*1648	Venise.	Pays.	Bonne réputation.

NOMS.	ANNÉES DE NAISSANCE ET DE MORT.	LIEU DE NAISSANCE	GENRE.	NOTES HISTORIQUES. — TABLEAUX PRINCIPAUX ET LIEUX OU ILS SE TROUVENT. — OBSERVATIONS.
AUTELLI (Jacques).	*1649		Mo-saïque.	Travailla à Florence d'après les dessins de J. Ligozzi et du Poccetti.
VERCELLESI (Sébas-tien).	*1650	Reggio.	Hist.	Élève de L. Spada et de Desani.
RUBINI.	*Id.	En Piémont.	Id.	Travailla à Trévise.
RUGGIERI (Antoine).	*Id.		Persp. ornem. et hist.	Élève d'O. Vannini.
TAMBURINI (Jean-Marie).	*Id.	Bologne.	Hist.	Mort à Rome très-âgé. — Occupe un rang honorable dans l'école de Bologne. Graveur à l'eau-forte.
PINI (Eugène).	*Id.	Udine.	Id.	Employé à Udine et dans son territoire.
GENNARI (Laurent).	*Id.	Rimini.	Id.	Élève et parent du Guerchin.
GORI (Ange).	*Id.	Florence	Hist., fl., fr. et persp.	Élève de J. Chiavistelli. Réussit dans les tableaux dé genre. — Fresques, Rome.
MARTINELLI (Jean).	*Id.		Hist.	Détails inconnus. — Le festin de Balthazar, Florence. On cite comme son chef-d'œuvre le miracle de saint Antoine qui se trouvait au couvent des conventuels à Pescia. — Talent fort au-dessus de sa réputation.
MASINI (Joseph).	*Id.		Hist., perspect. et orn.	Élève de J. Chiavistelli. — Le prophète Amos, Rome. Fresques, ib.
MICHELINI (Jean-Baptiste), dit LE FOLIGNATE.	*Id.	Foligno.	Hist.	Élève du Guide. — Fit honneur à son maître.
MUCCI (Jean-François).	*Id.		Id.	Neveu et élève du Guerchin. — Graveur à l'eau-forte.
PESARI (Jean-Bap-tiste).	*Id.	Modène.	Id.	Demeura quelque temps à Venise et y mourut prématurément. — Imita le Guide.
GATTI (Fortunato).	*Id.	Parme.	Id.	Détails inconnus.
CERVA (Pierre-An-toine), dit GIOVAN-NI MARIA DE BO-LOGNE).	*Id.	Bologne.	Id.	Élève de D. Ambrogi.
BARCA (le chevalier Jean-Baptiste).	*Id.	Mantoue.	Id.	S'établit à Vérone.
BORGANI (François).	*Id.	Id.	Id.	Détails inconnus. — Imita le Parmesan.
CADAGORA, dit LE VIVIANO.	*Id.		Persp.	Inscrit sur la liste des compagnons de la mort; florissait à l'Académie de Rome. Il ne faut pas le confondre avec Octave Viviani qui cultiva le même genre. — Excella dans son genre; observateur du goût antique, exact dans la perspective linéaire; effet harmonieux; l'abus qu'il fit du noir rendit ses tableaux durs et les détériora avec le temps.
BARBIANI (Jean-Bap-tiste).	*Id.	Ravenne.	Hist.	Imitateur de B. Cesi. — Style inégal.
ANGARANO (le comte Octavien).	*Id.		Id.	Peignait en amateur. Graveur. — Se fit un nom dans la peinture, et, sans pouvoir éviter le style de la décadence, il sut du moins en éviter les excès.
CIAFFERI (Pierre), dit LE SMARGIASSO.	*1651	Pise.	Mar.	Vécut longtemps à Livourne. Habile architecte. — Beaucoup de fini, figures bien dessinées, costumes variés, effet piquant.
FIDANI (Horace).	*1654	Florence	Hist.	Élève de J. Biliverti; mort jeune. — Études consciencieuses du style de son maître.
PRATA (Ranuzio).	*1655	Milan.	Id.	Détails inconnus.
PICCIONI (Mathieu).	*Id.	Ancône.	Id.	Membre de l'Académie de Saint-Luc, à Rome; compagnon de travaux de J. A. Galli, dit le Spadarino. — Fresques, Rome. — Travailla en mosaïque; manière originale. Graveur.
VASCONIO (Joseph).	*1657		Id.	L'Orlandi a fait son éloge. Académicien de Saint-Luc en 1657.
CRISTOFORO (Fabio).	*1658		Mo-saïque.	Apporta de grands perfectionnements à son art; académicien de Saint-Luc; son fils, Pierre-Paul, suivit ses traces avec succès.
CASELLA (Jean-André).	*Id.	Lugano.	Hist.	Élève de P. de Cortone; son neveu, Jacques, l'aida dans ses travaux.

NOMS.	ANNÉES DE NAISSANCE ET DE MORT.	LIEU DE NAISSANCE	GENRE.	NOTES HISTORIQUES. — TABLEAUX PRINCIPAUX ET LIEUX OU ILS SE TROUVENT. OBSERVATIONS.
ZANI (Jean-Baptiste).	*1660		Hist.	Élève de J. A. Sirani ; mort très-jeune. — Fresques, Rome. — Graveur à l'eau-forte.
TARABOTI (Catherine).	*Id.		Hist. et portr.	Élève de Claire Varotari.
SCARSELLO (Jérôme).	*Id.	Bologne.	Hist.	Élève de Gessi ; travailla quelque temps à Milan et ensuite, vers 1670, à Turin. — Graveur à l'eau-forte.
RECCHI (Jean-Paul), frère de Jean-Baptiste.	*Id.	Côme.	Id.	Élève du Mazzuchelli ; travailla en Piémont et y fut aidé par son neveu, nommé Jean-André.
RECCHI (Jean-Baptiste), frère de Jean-Paul.	*Id.	Id.	Id.	Élève du Mazzuchelli ; se distingua à Turin ; travailla quelquefois avec un de ses neveux, nommé Jean-Antoine. — Style solide et énergique, coloris vigoureux, perspective savante.
PICENARDI (Charles), le jeune.	*Id.	Crémone.	Id.	Étudia à Rome et à Venise.
PAULUZZI (Étienne).	*Id.	Venise.	Id.	Détails inconnus.
NOVELLI (le chevalier Pierre), dit LE MONREALESE.	*Id.	Montréal	Id.	Habita longtemps Palerme. — Dessin savant, formes exactes, coloris agréable. Bon architecte. Appelé Morelli par erreur.
MENZANI (Philippe).	*Id.		Id.	Élève de l'Albane.
MENGUCCI (Dominique).	*Id.	Pesaro.	Hist. et pays.	Élève du Mastelletta, à Bologne.
GALLESTRUZZI (Jean-Baptiste).	*Id.	Florence	Hist.	Détails inconnus. — Graveur à l'eau-forte.
FOCO (Paul).	*Id.?	En Piémont.	Pays.	Vécut à Casal et se distingua dans son genre.
EMMANUEL (frère).	*1660	Grèce.	Hist.	Séjourna à Venise.
COMPAGNONI (le chevalier Sforza).	*Id.	Macerata	Id.	Élève du Guide. — Un des meilleurs maîtres de son école.
CASSIANI (le père Étienne), dit LE CERTOSINO.	*Id.	Lucques.	Id.	Religieux de l'ordre des chartreux. Travailla dans presque tous les couvents de son ordre. — Style de Pierre de Cortone.
CARNIO (Antoine).	*Id.	En Frioul.	Id.	Élève de son père, qui peignait avec talent en 1625. S'établit à Udine.
BONINI (Jérôme), dit ANCONITANO.	*Id.	Ancône.	Id.	Élève de l'Albane et son ami intime ; résida à Rome, à Venise et à Bologne. — Flagellation, Paris.
BOETTO (Juvénal).	*Id.	Fossano.	Hist. et portr.	Florissait à Turin ; bon graveur sur cuivre. — Bonne invention, clair-obscur vigoureux.
BIANCHI (Philippe).	*Id.	Venise.	Hist.	Imitateur de Palma le jeune ; Bartolo Donati et Jean Dimo, ses compatriotes et ses contemporains, suivirent la même route que lui.
BARRI (Jacques).	*Id.		Id.	Imitateur du Titien. — Graveur à l'eau-forte.
FERRABOSCO (Jérôme).	*1661	Venise?	Hist. et portr.	Les villes de Padoue et de Venise se disputent l'honneur d'avoir donné naissance à ce grand peintre. — Une jeune femme et la Mort, Dresde. Madeleine, ib. — Génie élevé et pénétrant ; pinceau doux, fini, gracieux et vigoureux ; têtes parlantes ; talent plein de profondeur ; excella dans le portrait.
GHISLANDI (Dominique).	*1662	Bergame.	Hist. et arch.	Concurrent de Ch. Cereso et de F. Ronzelli.
MAFFEI (Jacques).	*1663	Venise.	Pays. et mar.	Bon musicien, il rivalisait avec les plus célèbres chanteurs de son temps. — Réussit surtout dans les marines.
LECCHI (Antoine).	*Id.		Fleurs et fr.	Détails inconnus.
FRANCESCO de Mantoue.	*Id.		Id.	Détails inconnus.
BACCI (Antoine).	*Id.	Padoue.	Id.	Détails inconnus.
COPPOLA (Charles).	*1665		Hist. et bat.	Élève d'A. Falcone, fit partie des *compagnons de la mort.* — Manière de son maître, mais plus de vigueur dans les chevaux de bataille.

NOMS.	ANNÉES DE NAISSANCE ET DE MORT.	LIEU DE NAISSANCE	GENRE.	NOTES HISTORIQUES. — TABLEAUX PRINCIPAUX ET LIEUX OU ILS SE TROUVENT. — OBSERVATIONS.
BASSOTTI (JEAN-FRANÇOIS).	*1665	PÉROUSE.	Hist.	Soutint la peinture dans sa ville natale.
POZZO (ISABELLE DAL).	*1666		Id.	Elle florissait à Turin.
CONTI (JEAN-MARIE).	*Id.	PARME.	Id.	Détails inconnus.
CARBONE (JEAN).	*Id.	SAN-SEVERINO	Id.	Élève d'A. Camassei ; membre de l'Académie de Saint-Luc.
TONELLI (JOSEPH).	*1668		Hist., persp. et orn.	Élève de J. Chiavistelli ; étudia également à Bologne. — Fresques, Rome.
GISMONDI (PAUL), dit PAUL PERUGINO.	*Id.		Hist.	Obtint du succès comme peintre à fresque ; membre de l'Académie de Saint-Luc.
CASTELLI (NICOLAS), fils de Castellino.	*Id.		Portr.	Élève de son père. — Réussit dans son genre.
CASONE (JEAN-BAPTISTE).	*Id.	SARZANE.	Hist.	Élève de D. Finsella. — Teintes vigoureuses.
ROSSI (JÉRÔME).	*1670	ROME.	Id.	Élève de S. Cantarini, dit le Pesarese, et de Flaminio Torre. Un autre peintre du même nom et du même siècle , né à Brescia , fut élève de Rama (?). — Graveur à l'eau-forte.
MIOZZI (NICOLAS).	*Id.		Id.	École du Carpioni ; on cite un Marc-Antoine Miozzi, contemporain de Nicolas.
FICATELLI (ÉTIENNE).	*Id.	CENTO.	Id.	Élève du Guerchin. — Beaucoup d'imagination.
SANTAGOSTINI (AUGUSTE), fils de Jacques-Antoine).	*1671		Id.	Élève de son père ; écrivit sur les peintures milanaises ; son frère, Hyacinthe , fut peintre comme lui. — Style gracieux , expressif , harmonieux , trop de minutie. On cite comme des imitateurs très-médiocres des Procaccini , Ossona , Biffi , Ciocca et Ciniselli , tous contemporains des Santagostini.
SCAGLIA (JÉRÔME).	*1672	LUCQUES.	Hist. et persp.	Élève du Paolino et de J. Marracci. — Touche du Paolino , architecture du Cortona. Quelque ressemblance avec P. Ricchi ; plus d'effet que de correction. Nommé parfois le Parmesan.
COSATTINI (JOSEPH).	*1672	UDINE.	Hist.	Chanoine d'Aquilée ; nommé peintre de la cour impériale.
CARAVOGLIA (BARTHÉLEMY).	*1673	EN PIÉMONT.	Id.	Élève du Guerchin.
PELLEGRINI (JÉRÔME).	*1674	ROME.	Id.	Exécuta plusieurs ouvrages de mérite dans sa ville natale ; se rendit de là à Venise et y peignit plusieurs fresques remarquables. — Le choix , la variété et l'esprit laissent à désirer ; beau caractère de grandeur et de pompe.
BERTOJA (JACQUES).	*Id.	PARME.	Hist. et portr.	Détails inconnus.
VERMIGLIO (JOSEPH).	*1675	TURIN.	Hist.	Étudia d'après le Guide et les Carrache. — Belle architecture, bonne composition, dessin correct, formes bien choisies, expression profonde, coloris chaud, éclatant et varié.
SPIRITO.	*Id.		Portr.	Employé à la cour de Turin.
MOMBASILIO (le chevalier).	*Id.		Id.	Employé à la cour de Turin.
MELISSI (AUGUSTIN).	*Id.		Hist.	Exécuta beaucoup de dessins pour tentures et eut du talent comme peintre.
GHERARDI (PHILIPPE).	*Id.	LUCQUES.	Id.	Travailla beaucoup à Rome avec son intime ami Jean Coli ; vécut plus longtemps que ce dernier.
CERVELLI (FRÉDÉRIC).	*Id.	MILAN.	Id.	Florissait à Cividale-di-Belluno ; passa quelque temps à Milan et à Venise et ouvrit une école dans cette dernière ville. — Peintre médiocre.
CARBONCINO (le chevalier JEAN).	*Id.	VENISE.	Id.	Élève de M. Ponzone; étudia à Rome. — Imitateur du Titien.
VERALLI (PHILIPPE).	*1678		Pays. et hist.	Élève de l'Albane.
TORRI ou TORRIGLI (PIERRE-ANTOINE).	*Id.		Hist. et orn.	Élève de l'Albane.
SIGHIZZI (ANDRÉ).	*Id.	BOLOGNE.	Arch., ornem. et hist.	Compagnon de travail d'Augustin Mételli ; travailla à Turin , à Mantoue et à Parme, où il resta au service de la cour. Ses trois fils furent ses élèves.
SERRA (CHRISTOPHE).	*Id.	CENTO.	Hist.	Fidèle et habile imitateur du Guerchin.
SAVOLINI (CHRISTOPHE).	*Id.	Id.	Id.	Élève de Chr. Serra.

NOMS.	ANNÉES DE NAISSANCE ET DE MORT.	LIEU DE NAISSANCE	GENRE.	NOTES HISTORIQUES. — TABLEAUX PRINCIPAUX ET LIEUX OU ILS SE TROUVENT. — OBSERVATIONS.
COREGGIO (Franç.).	*1678	Bologne.	Hist.	Élève de Fr. Gessi.
CASTELLINI (Jacq.).	*Id.	Id.	Id.	Élève de Fr. Gessi.
BANIER (Louis).	*Id.	France.	Id.	Peintre de la cour de Piémont.
AMBROGI (Dominique), dit MENECHINO DEL BRIZIO.	*Id.	Bologne.	Portr., hist., pays. et persp.	Élève de Fr. Brizio ; travailla avec le Dentone et A. M. Colonna. — Style élégant, bon dessin.
NEGRI (Pierre).	*1679	Venise.	Hist.	Élève ou compétiteur d'Antoine Zanchi.
TEMPESTINO (Le).	*1680		Mar.	Élève de Pierre Molyn dit *Tempesta* (peintre hollandais), qui épousa sa sœur pour la faire assassiner ensuite (voir à l'école hollandaise). On ne cite pas le nom de famille de ce peintre, qui séjourna à Rome et prit le surnom de son maître.
SAMMARTINO ou SAN MARTINO ou enfin SANMARCHI (Marc).	*Id.	Naples.	Pays. et hist.	S'établit dans la Romagne et s'y distingua ; séjourna longtemps à Venise. — Peignit le paysage avec grand succès.
MONTI (Innocent).	*Id.	Imola.	Hist.	Élève de Cignani ; réussit mieux en Allemagne et en Pologne qu'en Italie. — Talent correct.
LAFFOLI ou LUFFOLI (Joseph-Marie).	*Id.	Pesaro.	Hist. et portr.	Élève du Pésarese.
GALLINARI (Jacques).	*Id.	Bologne.	Hist.	Travailla à Padoue en 1685. — Graveur à l'eau-forte.
BIGI (Félix).	*Id.	Parme.	Fleurs et fr.	Tint une école de peinture, à Vérone.
BADERNA (Barthélemy).	*Id.	Plaisance.	Hist.	Élève du chevalier Ferrante.
LIBERI (Marc), fils de Pierre.	*1681		Hist. et portr.	Élève de son père. — Vénus et l'Amour, Dresde. Même sujet, traité différemment, ib. — Ne peut être comparé à son maître, dans ses ouvrages d'invention, ni pour le grandiose ni pour la beauté ; mais montra du talent dans les copies des tableaux de son père, qui ont quelquefois trompé l'œil des connaisseurs.
ERCOLANETTI (Hercule).	*1685	Pérouse.	Pays.	Détails inconnus.
LUCATELLI ou LOCATELLI (Pierre).	*1685	États Romains.	Hist.	Les uns le croient élève de Ciro Ferri, les autres de P. de Cortone ; reçu à l'Académie de Saint-Luc en 1690. — Ton de couleur franc et décidé.
MEZZADRI (Antoine).	*1688	Bologne.	Fleurs et fr.	Remplit sa ville natale de ses productions.
ZAGNANI (Antoine-Marie).	*1689	Id.	Id.	Rival d'Ant. Mezzadri.
BOTTINI (Imperiale).	*1690		Hist. et portr.	Élève de Grégoire de Ferrare.
BUFFAGNOTTI (Charles-Antoine).	*Id.		Persp. et décor.	Travailla à Bologne et à Gênes. — Graveur à l'eau-forte.
CARNIO (Jacques).	*Id.		Hist.	Peintre très-médiocre.
CITADELLA (Barthélemy).	*Id.		Id.	Élève ou compagnon de travail de Jules Carpioni.
SAVORELLI (Sébastien)	*Id.	Forli.	Id.	Élève de Ch. Cignani ; se fit prêtre.
TASSONE (Charles).	*Id.	Crémone.	Id.	Élève de J. B. Natali ; séjourna à Turin.
TINTORE (Simon del),	*Id.	Lucques.	Fleurs, fruits, genre et oiseaux.	Excella dans le genre qu'il avait adopté. Son frère Cassiano fut élève du Paolino et devint un peintre d'histoire assez médiocre ; François, le second de ses frères, ne fut pas sans mérite.
QUAGLIA (Jules).	*1693	Côme.	Hist.	Vint fort jeune dans le Frioul. — Excella dans les fresques ; idées fécondes, pinceau habile.
TRIVELLINI.	*1694		Id.	Élève de J. B. Volpato.
TRIGA (Jérôme).	*1695		Id.	Florissait à Rome et donna des leçons à P. Bianchi.
CIRELLO (Jules).	*1697	Padoue.	Id.	Élève de Luc Ferrari.
AGELLIO (Joseph).	*XVIIe siècle.	Sorrente.	Id.	Élève de Chr. Roncalli, dit *le Pomerance*. — Peintre médiocre.

NOMS.	ANNÉES DE NAISSANCE ET DE MORT.	LIEU DE NAISSANCE	GENRE.	NOTES HISTORIQUES. TABLEAUX PRINCIPAUX ET LIEUX OU ILS SE TROUVENT. OBSERVATIONS.
NUVOLONE (PAM-PHILE).	XVIIe siècle.	CRÉMONE.	Hist.	Élève du chevalier Trotti, dit le Malosso ; abandonna la manière séduisante de ce maître pour adopter un style plus vigoureux ; fonda une école à Milan et forma d'excellents élèves. Mort très-vieux. — Fini précieux, peu d'imagination.
AIROLA (ANGÉLIQUE).	Id.	GÊNES.	Id.	Dame chanoinesse.
ALBERELLI (JACQUES).	Id.		Id.	Élève de Palma le jeune. — Également sculpteur.
ALBERINO (GEORGE).	Id.	CASAL.	Id.	Élève de G. Caccia.
AMIGAZZI (JEAN-BAP-TISTE).	Id.	VÉRONE.	Hist. et portr.	Élève de Cl. Ridolfi.
ANGIOLO.	Id.		Pays.	Élève de Cl. Lorrain ; mort très-jeune. — Peintre de mérite.
ARRIGHI (L').	Id.	VOLTERRE	Hist.	Élève chéri du Volterrano.
ASCANI (PELLEGRINO).	Id.	CARPI.	Fleurs et fr.	Habile dans son genre.
ASÉ (JACQUES D').	Id.	BELGIQUE.	Hist.	Établi à Rome ; il y acquit de la réputation.
AVERSA (MERCURE D').	Id.		Id.	Élève de J. B Caraccioli.
BALDASSARI (VA-LÈRE).	Id.	PESCIA.	Id.	Élève de P. Dandini.
BALDINI (PIERRE-PAUL).	Id.		Id.	Élève de Pierre de Cortone. — Tableaux, Rome. Fresques, ib. — Beaucoup de précision.
BALDINI (THADÉE).	Id.		Pays.	Imitateur de Salvator Rosa.
BALLINI (CAMILLE).	Id.		Hist.	Élève de Palma le jeune. — Style agréable, mais peu vigoureux.
BALLI (SIMON).	Id.	FLORENCE	Id.	Élève d'Aug. Lomi. — Son style se rapproche de celui d'André del Sarto.
BARABBINO (SIMON).	Id.	VALLÉE DE POL-CEVERA. (Gênes.)	Id.	Élève de B. Castelli, qui devint jaloux de son talent et le congédia de son atelier ; peu apprécié par ses concitoyens, il s'établit à Milan ; il aurait atteint un haut degré de talent s'il n'avait pas quitté la peinture pour le commerce, ce qui fut cause de sa ruine complète ; mort misérable en prison. — Coloris vrai, nu bien entendu, contours précis.
BARDELLI (ALEXAN-DRE).	Id.	UZZANO (près de Pescia).	Id.	On le croit élève du Curradi. — Manière du Guerchin.
BARUCCO (JACQUES).	Id.	BRESCIA.	Id.	Imita Palma le jeune.
BERNARDI (FRAN-ÇOIS), dit LE BIGO-LARO.	Id.	VÉRONE.	Id.	Élève de D. Feti.
BERNARDONI.	Id.		Id.	Élève de J. B. Volpato.
BERNASCONI (LAURE).	Id.		Fleurs.	Élève de Mario Nuzzi ; hérita d'une partie de ses talents. — Ses tableaux n'ont pas changé comme ceux de son maître.
BERTUCCI (LOUIS).	Id.	MODÈNE.	Genre grotesq.	Détails inconnus.
BIANCHINI (BALTHA-ZAR).	Id.		Hist.	Élève et gendre d'A. Métclli.
BISCAINO (ANDRÉ).	Id.	GÊNES.	Pays.	Peintre médiocre. — Grande facilité, peu de mérite.
BISTEGA (LUC).	Id.		Hist.	Élève de M. A. Franceschini.
BOCCALI (SALOMON).	Id.		Id.	Il fut le premier maître de Louis Garzi.
BONO (AMBROISE).	Id.		Id.	Élève de Ch. Loth (peintre allemand).
BORSATI (CHARLES).	Id.	FERRARE.	Id.	Élève de C. Cattanio ; il eut pour condisciples François Fantozzi, dit le Parma, et Camille Setti, tous deux de Ferrare.
BOSCHI (ALPHONSE), neveu de Fabrice.	Id.		Id.	Élève de M. Rosselli ; acquit un talent remarquable. — Mort jeune.
BOSCHI (BENOIT), ne-veu de Fabrice.	Id.		Pays.	Élève de M. Rosselli. — Imita Gaspard Falgani.
BRAZZE (JEAN-BAP-TISTE), dit LE BIGIO (le gris).	Id.		Genre	Élève de J. Chimenti da Empoli.—Peignit des figures humaines qui, vues de près, sont composées de fleurs, de fruits et même d'instruments de musique ; réussit parfaitement dans ce genre.

NOMS.	ANNÉES DE NAISSANCE ET DE MORT.	LIEU DE NAISSANCE	GENRE.	NOTES HISTORIQUES. TABLEAUX PRINCIPAUX ET LIEUX OU ILS SE TROUVENT. OBSERVATIONS.
BRINI ou BRINA (François).	XVIIe siècle.	Voltkrre	Hist.	On ignore quel fut son maître. — Sainte Famille, Florence. Épiphanie, *ib.*. Jésus-Christ mort (attribué), Berlin.
BRUNI (Jérôme).	*Id.		Bataill.	Élève de J. Conrlois dit *le Bourguignon.*
BUONFANTI (Antoine), dit LE TOR-RICELLA).	*Id.	Ferrare.	Hist.	On le dit élève du Guide.
BURATTI (Jérôme).	*Id.		Id.	Élève de L. Cardi dit *le Cigoli.* — Peintre de mérite.
CALOMATO (Barthélemy).	*Id.		Pays. avec fig.	Détails inconnus. — Peu de vigueur et de fini; de la grâce et de la vivacité.
CALORITI (Jean-Baptiste).	*Id.	Malte.	Hist.	Élève du Calabrese.
CAMPANA (Thomas).	*Id.	Bologne.	Id.	Élève des Carrache. — Imita le Guide.
CAMPINO (Jean).	*Id.	Camerino	Id.	Étudia d'abord en Flandre; résida à Rome, où il devint imitateur du Caravage, et mourut en Espagne avec le titre de peintre de la cour.
CAPURO (François).	*Id.	État de Gênes.	Id.	Élève de D. Fiasella; séjourna à Modène; reçut les leçons de Ribera, à Naples. — Dessin et composition du Fiasella, coloris de l'Espagnolet.
CAREGA.	*Id.	En Sicile.	Id.	Détails inconnus.
CASINI. (Valore et Domenico).	*Id.		Portr.	Élèves du Passignano; se firent une grande réputation; Valore, doué du talent de retenir toutes les physionomies. faisait les figures de souvenir, Domenico se chargeait des mains et du costume. — Touche franche et vraie, grande facilité.
CASTELLANI (Antoine).	*Id.	Bologne.	Hist.	Élève des Carrache.
CATI (Pascal).	*Id.	Jesi.	Id.	Détails inconnus. — Beaucoup d'aptitude.
CATALANI (Antoine).	*Id.	Rome.	Id.	Élève de l'Albane; résida à Bologne. — Vieillard lisant, Londres.
CERRINI (Laurent).	*Id.		Hist. et portr.	Élève de Chr. Allori. Ce peintre, ainsi que la plupart des élèves du Bronzino, copia avec plus ou moins de perfection les tableaux de son maître.
CERUTI (Fabio).	*Id.	Milan.	Pays.	Élève d'Agricola (peintre allemand).
CERVETTO (Jean-Paul).	*Id.		Hist.	Élève de Val. Castelli.
CESARI (Bernard), frère de Joseph.	*Id.		Id.	Élève de son frère; mort jeune. — Triomphe de Constantin, Rome. — Copia avec intelligence les dessins de Buonarotti et aida son frère dans ses travaux.
CHESCHINI (Jean).	*Id.	Vérone.	Id.	Élève d'A. Turchi.
CORADI (Octave).	*Id.		Id.	Élève du Cavedone.
CORBELLINI (Le).	*Id.		Id.	Élève de Ciro Ferri; termina avec assez peu de talent la coupole de l'église de Sainte-Agnès, ouvrage commencé par son maître. — Fresques, Rome.
COSTA (André).	*Id.	Bologne.	Id.	Élève distingué des Carrache.
CRESPI (Benoît).	*Id.	Côme.	Persp.	Son fils Antoine-Marie fut son élève; il enseigna également Pierre Bianchi, à qui il légua ses dessins. Ces trois peintres reçurent le surnom *de Bustini.* — La Charité romaine, Madrid. — Style vigoureux et élégant.
DESIDERIO.	*Id.		Id.	Travailla avec B. Corenzio. — Célèbre dans son genre.
DOLOBELLA (Thomas)	*Id.	Belluxe.	Hist.	Aida l'Aliense dans ses ouvrages; fut longtemps au service de Sigismond III, roi de Pologne.
DOMENICI (Raimond de).	*Id.		Id.	Élève de M. Preti le Calabrese.
DONATO di Formello.	*Id.	Formello	Id.	Élève de Vasari; mort très-jeune. — Perfectionna la manière de son maître.
DOTTI (Jean-Baptiste).	*Id.	Bologne.	Id.	Élève de L. Pasinelli.
DUCCI (Virgile).	*Id.	Città di Castello	Id.	Élève de l'Albane. — Beaucoup de grâce et de finesse.

NOMS.	ANNÉES DE NAISSANCE ET DE MORT.	LIEU DE NAISSANCE	GENRE.	NOTES HISTORIQUES. TABLEAUX PRINCIPAUX ET LIEUX OU ILS SE TROUVENT. OBSERVATIONS.
DURAND (Jean-Baptiste).	*xviii° siècle.	En Bourgogne.	Hist. et portr.	Élève du Dominiquin. — Manière de son maître. Réussit surtout dans le portrait.
DURAND (Flavie), fille de Jean-Baptiste.	*Id.		Id.	Élève de son père; épousa Ph. Gianetti; habile dans le portrait.
EREMITI (Jacques).	*Id.		Pays.	Détails inconnus. — Paysage : naissance d'Adonis (figure de N. Poussin), Rome. Paysage : Rapt d'Adonis, ib.
ERMANNO (Jean).	*Id.		Hist.	Détails inconnus.
FALGANI (Gaspard).	*Id.		Pays.	Élève de V. Marucelli; exécuta un très-grand nombre de tableaux.
FERRACUTI (Jean-Dominique).	*Id.	Macerata	Id.	Élève de Cl. Lorrain dont il paya les bienfaits par la plus noire ingratitude (voir à l'école française); désigné ordinairement sous le nom de Jean Domenico. — Se distingua dans les hivers.
FERRANTINI (Hippolyte).	*Id.		Hist.	Élève des Carrache.
FONTANA (Salvator).	*Id.	Venise.	Id.	Travailla à Rome.
FONTEBUONI (Anastase).	*Id.		Id.	Élève du Passignano; travailla à Rome; mort très-jeune. — Fresques, Rome. Le petit saint Jean, Florence.
FRANCO (Joseph), dit DALLE LODOLE ou DE' MONTI.	*Id.	Rome.	Id.	Travailla au Vatican, sous le règne de Sixte-Quint. — Il plaçait presque toujours une alouette dans ses tableaux : de là lui vient son surnom. Séjourna à Milan.
FRIANI (Jacques).	*Id.		Id.	Élève d'A. Metelli.
GALIANO.	*Id.		Intér. d'égl.	Détails inconnus. — Intérieur de l'église de Jésus (figures d'André Sacchi), Rome.
GALLI (Marie-Oriana), fille de Jean-Marie.	*Id.		Portr. et hist.	Demeura longtemps auprès de son frère Ferdinand.
GALLI (Jean-Antoine), dit LE SPADARINO.	*Id.		Anim., ornem. et hist.	Les historiens ne citent aucune particularité sur ce peintre, qui posséda pourtant un talent remarquable. — Gibier, Rome. Fresques, ib.
GAROFOLO (Charles).	*Id.		Orn., genre, etc.	Élève de L. Giordano; peintre sur cristaux.
GENORI (André), dit LE SABINAIS.	*Id.		Hist.	École de Pierre Berrettini de Cortone; nommé quelquefois Generoli et Generelli.
GHISSONI (Octave).	*Id.	Sienne.	Id.	Élève de Ch. Alberti, à Rome; séjourna à Gênes. — Talent agréable mais peu correct.
GIANNIZZERO (Le).	*Id.		Bataill.	Élève de J. Courtois dit le Bourguignon; il eut pour condisciple le Graziani, qu'il ne faut pas confondre avec Hercule Graziani de Bologne.
GIMIGNANI (Alexis).	*Id.	Pistoie.	Hist.	Détails inconnus. — Style de J. Ligozzi.
GIORGETTI (Jacques).	*Id.	Assise.	Id.	Élève de J. Lanfranc. — Bonne couleur; assez de fini; mauvaises proportions.
GRAPPELLI (Le).	*Id.		Id.	Détails inconnus.
GRECO (Paul).	*Id.		Hist.	Oncle de Salvator Rosa auquel il donna quelques leçons.
GUERRIERI (Jean-François).	*Id.	Fossombrone.	Id.	Ce peintre, trop peu connu, se forma d'après le Caravage et le Guerchin.
JOCINO (Antoine).	*Id.	Messine.	Mar., paysages et persp.	Florissait à Messine. — Beaucoup d'imagination, exécution prompte.
LENARDI (Jean-Baptiste).	*Id.		Hist.	Élève des Baldi; remplit les églises de ses ouvrages.
LAMPARELLI (Charles).	*Id.	Spello.	Hist. et portr.	Élève d'H. Brandi.
LIGLI ou LIRIOS (Ventura).	*Id.		Hist.	École de Luc Giordano; vint en Espagne à la suite du duc de Béjar. — Bataille d'Almansa, Madrid.
LOMI (Alexandre).	*Id.		Id.	Élève de Ch. Dolce.
LORENZINO di Fermo	*Id.	Fermo.	Id.	On ignore à quelle école il appartient. — Artiste très-habile.
LORIO (Camille).	*Id.	Udine.	Id.	École vénitienne.

NOMS.	ANNÉES DE NAISSANCE ET DE MORT.	LIEU DE NAISSANCE	GENRE.	NOTES HISTORIQUES, — TABLEAUX PRINCIPAUX ET LIEUX OU ILS SE TROUVENT. — OBSERVATIONS.
LOTTO ou LOTTI (BARTHÉLEMY).	*XVIIe siècle.	BOLOGNE.	Pays.	Élève puis compétiteur de J. B. Viola.
LOTTI (COSME).	*Id.	FLORENCE	Hist. et portr.	Élève de B. Poccetti; s'adonna particulièrement à la mécanique hydraulique; inventa plusieurs fontaines et automates bizarres; fut appelé en Espagne en 1628, comme architecte, par Philippe IV; s'y rendit célèbre par la construction du théâtre de Buen Retiro; captiva la faveur du roi, dont il fut pendant plusieurs années ingénieur et architecte et mourut à Madrid. — Ses tableaux sont extrêmement rares; on ne cite que son propre portrait et une Vierge au Rosaire. — Touche franche, manière facile.
LOVES (MATHIEU).	*Id.		Hist.	Élève du Guerchin.
LUINI (THOMAS), dit LE CARAVAGGINO.	*Id.	ROME.	Id.	Élève du Sacchi; travailla à Rome; hérita du caractère sombre du Caravage, son modèle.—Dessin sec, coloris forcé.
MABUSEO (NICOLAS-RANIERI).	*Id.		Id.	Élève de Manfredi, à Rome. — Talent gracieux quoique vigoureux. Quatre de ses filles cultivèrent le même art et eurent beaucoup de succès à Venise. Angélique et Anne restèrent auprès de leur père; Clorinde épousa le Vecchia, et Lucrèce un peintre français.
MAJOLA (CLÉMENT).	*Id.	FERRARE OU ROME.	Id.	Élève de Pierre de Cortone selon les uns, du Romanelli d'après les autres.
MALINCONINO (le chevalier NICOLAS).	*Id.		Id.	Élève de L. Giordano.
MALINCÓNICO (ANDRÉ).	*Id.	NAPLES.	Id.	Élève de M. Stanzioni. — Poses nobles, idées parfois originales, pinceau plein de verve, grande fraîcheur de coloris. Quelques-unes de ses peintures sont très-faibles et manquent totalement d'esprit.
MANCINI (BARTHÉLEMY).	*Id.		Id.	Élève de Ch. Dolci.
MANETTI (DOMINIQUE).	*Id.		Id.	On le croit de la même famille que Rutilio Manetti.
MANGINI (PROSPER).	*Id.		Id.	Élève d'A. Mételli.
MANOZZI (JEAN-GARZIA), fils de Jean.	*Id.		Id.	Ses fresques ne sont pas sans mérite. — Fresques, Pistoie.
MANZONI.	*Id.	FAENZA.	Id.	Il aurait pris place un jour parmi les grands maîtres si le peintre Ferau de Faenza ne l'avait assassiné par envie à la fleur de son âge.
MARCUCCI (AUGUSTE).	*Id.	SIENNE.	Id.	Élève des Carrache, puis du Facini; vécut et mourut à Bologne.
MARENI (JEAN-ANTOINE).	*Id.		Id.	Élève du Baciccio.
MARIA (le chevalier HERCULE DE ou HERCULE MARIE DE SAN-GIOVANNI).	*Id.	BOLOGNE.	Id.	Élève du Guide; protégé par le pape Urbain VIII, qui le créa chevalier; mort à la fleur de l'âge. Nommé quelquefois Ercolino de Castel ou Ercolino del Guido. — Beaucoup de fermeté et d'aisance; très-heureux imitateur de son maître.
MARIANI (DOMINIQUE).	*Id.		Id.	Demeura à Milan; son fils, Joseph, fut son élève; il vivait en 1718 et s'établit à Bologne.
MARIANI (JEAN-MARIE)	*Id.	ASCOLI.	Id.	Employé par Valère Castelli, à Gênes; il séjourna à Rome.
MARINO (DOMINIQUE DI).	*Id.		Id.	Élève de L. Giordano.
MARRACCI (HIPPOLYTE), frère de Jean.	*Id.	LUCQUES.	Persp.	Élève du Mételli, travailla presque toujours avec son frère et obtint une réputation méritée.
MARTELLI (LAURENT).	*Id.		Pays.	Imita Salvator Rosa.
MARTINELLI (JULES et LUC).	*Id.		Hist.	Ces deux frères furent élèves de Jacques Bassan.
MASTURZO (MARZIO).	*Id.		Pays., hist. et bat.	Élève de Salvator Rosa, qu'il accompagna à Rome; fut au nombre des compagnons de la mort. — Petites figures un peu crues, carnations animées, perspective aérienne moins éclatante que celle de son maître.
MENGUCCI (JEAN-FRANÇOIS).	*Id.	PESARO.	Hist.	Élève de Lanfranc, à Rome.
MENINI (LAURENT).	*Id.		Id.	Élève de Fr. Gessi, qu'il accompagna à Naples; subit le même sort que J. B. Ruggieri (voir ce nom).
MERCATI (JEAN-BAPTISTE).	*Id.	BORGO SAN-SEPULCRO.	H.	Vivait à Rome. — Draperies très-heureuses. Graveur à l'eau-forte.

NOMS.	ANNÉES DE NAISSANCE ET DE MORT.	LIEU DE NAISSANCE	GENRE.	NOTES HISTORIQUES. TABLEAUX PRINCIPAUX ET LIEUX OU ILS SE TROUVENT. OBSERVATIONS.
MGLIONICO (André)	XVIIe siècle.		Hist.	Élève de L. Giordano. — Moins de grâce que J. Simonelli, plus de facilité dans l'invention et plus de goût dans le coloris.
MONDOVI.	*Id.		Id.	Élève d'A. Metelli.
MONTAGNA (Tullio).	*Id.		Id.	Élève de François Zuccaro, qui l'emmena à Turin. — Talent estimable.
MORELLI (François).	*Id.	Florence	Id.	Il n'est connu que pour avoir donné des leçons au chevalier Jean Baglione.
MOROSINI (François), dit LE MON-TEPULCIANO.	*Id.		Id.	Élève d'H. Fidani. — Imita son maître.
MUTII ou MUCCI (Jean-François).	*Id.	Cento.	Id.	Élève et neveu du Guerchin. — Copiste distingué de son maître. Graveur.
NAGLI (François), dit LE CENTINO.	*Id.	Id.	Id.	Élève du Guerchin ; travailla beaucoup à Rimini. — Dessin sec, attitudes froides, inventions communes ; imita le coloris et le clair-obscur de son maître.
NAPPI (François).	*Id.	Milan.	Id.	Détails inconnus. — Assomption, Rome. — De la variété, style assez naturel.
NOFERI (Michel).	*Id.		Id.	Élève de V. Dandini.
NOGARI (Paris).	*Id.	Rome.	Hist.	Élève et imitateur de Raphaël Motta da Reggio. — Apparition du Sauveur, Rome. Saint Silvestre cherché sur le mont Soracte, ib. Construction de Saint-Jean de Latran, ib. Fresques, ib.
ORLANDINI (Jules).	*Id.	Parme.	Id.	Détails inconnus.
ORSI (Benoît).	*Id.	Pescia.	Hist. et portr.	Élève de B. Franceschini ; se fit remarquer par un beau tableau de saint Jean l'évangéliste ; avait exécuté pour la Société des nobles, des ouvrages représentant : les œuvres de miséricorde, que l'on montrait aux étrangers comme une des choses les plus remarquables de la ville de Pescia : ces tableaux furent dispersés lors de la dissolution de la Société des nobles. — Belles carnations.
PACE (Jean-Baptiste).	*Id.		Hist.	Élève de P. Fr. Mola.
PADERNA (Jean).	*Id.		Ornem. et arch.	Élève du Dentone ; s'associa avec Balt. Bianchi. — Le meilleur imitateur d'A. Metelli.
PALADINI (le chevalier Joseph).	*Id.	En Sicile.	Hist.	Détails inconnus.
PALOMBO (Barthélemy).	*Id.		Id.	Élève de P. de Cortone. — Empâtement parfait ; figures choisies et délicates.
PANICO (Antoine-Marie).	*Id.	Bologne.	Id.	Élève d'Annibal Carrache.
PARASOLE (Bernard).	*Id.		Id.	Élève du chevalier d'Arpin. — Mort à la fleur de l'âge.
PARIGI (Jules).	*Id.		Archit. et persp.	Bon architecte.
PARMIGIANO (Fabrice).	*Id.	Parme.	Pays.	Travaillait avec sa femme, Hippolyte, et mourut à Rome.
PASSANTE (Barthélemy).	*Id.		Hist.	Élève de Ribera. Ne serait-ce pas le même que le suivant ?
PASSANTE (Jean D.).	*Id.		Id.	Élève de Ribera.
PATANAZZI.	*Id.	Urbin.	Id.	On ignore quel fut son maître. — Bon coloris, formes remarquables belles.
PIERMARIA de Crevalcore.	*Id.	Creval-core.	Id.	Élève de D. Calvart. Imitateur des Carrache.
PINI (Paul).	*Id.	Lucques.	Persp. et hist.	Détails inconnus. — Belle architecture, figures élégantes, touche brillante.
POLI (Les).	*Id.	Pise.	Pays.	Ces deux frères se firent remarquer par la gaieté de leurs compositions et la fécondité de leur pinceau.
PONZONE (le chevalier Mathieu).	*Id.	En Dalmatie.	Hist.	Élève de Santa-Peranda. — Aida son maître et le surpassa pour la morbidesse de son style, sans l'égaler pour l'élégance ; s'appliqua à imiter la nature sans chercher à l'ennoblir.
PORETTANO (Pierre-Marie).	*Id.		Id.	Élève des Carrache.

NOMS.	ANNÉES DE NAISSANCE ET DE MORT.	LIEU DE NAISSANCE	GENRE.	NOTES HISTORIQUES. — TABLEAUX PRINCIPAUX ET LIEUX OU ILS SE TROUVENT. — OBSERVATIONS.
POSSENTI (Benoît).	XVIIe siècle.	Bologne.	Pays., histoire, marines et genre.	Élève de L. Carrache. — Pinceau spirituel.
PUGLIA (Joseph), dit DEL BASTARO.	Id.		Hist.	Mort jeune, sous le pontificat d'Urbain VIII. — Jésus-Christ descendu de la croix, Rome.
PUGLIESCHI (Antoine).	Id.	Florence	Id.	Élève de P. Dandini et de Ciro Ferri.
RAINALDI (Dominique), dit DAL TITI.	Id.		Id.	Détails inconnus.
RAZALI (Sébastien).	Id.		Id.	Élève des Carrache.
RENZI (César).	Id.	San-Ginesio.	Id.	Élève du Guide.
RICCIANTI (Antoine).	Id.		Id.	Élève de V. Dandini.
RICHIERI (Antoine).	Id.	Ferrare.	Id.	Élève de J. Lanfranc, qu'il suivit à Naples et à Rome. — Graveur.
RINALDI (Santi), dit LE TROMBA.	Id.		Bat., persp. et pays.	Élève de Fr. Furini; contemporain de Pandolphe Reschi; établi à Florence.
RODERIGO ou RODRIGUEZ (Louis), frère d'Alphonse.	Id.	Messine.	Hist.	Élève de B. Corenzio, puis du chevalier d'Arpin, à Naples. — Effet maniéré, de la grâce et un assez bon choix.
ROOSTER (Antoine De).	Id.	Malines.	Pays., etc.	Élève de Gaspard Dughet, dit Poussin; établi en Italie.
ROSETTI (César).	Id.	Rome.	Hist.	Élève de J. Cesari d'Arpino.
ROSSI (Énée).	Id.		Id.	Élève des Carrache.
ROSSI (Jean-Bapt.), dit IL GOBBINO.	Id.	Vérone.	Hist. et portr.	Élève d'Alexandre Turchi.
ROSSI (Nicolas).	Id.		Hist. et anim.	Élève de L. Giordano. — Teintes rougeâtres; bonne composition.
ROVIGLIANO (Le).	Id.	Casal.	Hist.	Florissait à Turin.
RUGGIERI (Jean-Baptiste).	Id.		Id.	Élève de Fr. Gessi; accompagna son maître à Naples où la trahison le conduisit sur une galère sous prétexte de voir cette ville; il fut enlevé sans que l'on sût jamais ce qu'il devint, et fut ainsi une nouvelle victime des persécutions que Caraccioli, Corenzio et Ribera faisaient souffrir à tous les peintres étrangers qui visitaient Naples. Une autre tradition assure qu'après son séjour à Naples il visita Bologne, puis alla s'établir à Rome où il mourut à trente-deux ans, dans les bras de Pierre de Cortone.
RUGGIERI (Hercule), frère de Jean-Baptiste, dit ERCOLINO DE BOLOGNE.	Id.	Bologne.	Id.	Élève et imitateur fidèle de Fr. Gessi.
RUSTICI (Vincent).	Id.		Id.	Élève d'A. Casolano; le moins célèbre de la famille des Rustici. On le croit fils du vieux Rustico.
SACCHI (Joseph), fils d'André.	Id.		Hist. et portr.	Élève de son père; se fit mineur conventuel.
SAMENGO (Ambroise).	Id.	Gênes.	Fleurs et fr.	Élève de A. Ferrari; mort jeune.
SANTARELLI (Gaëtan).	Id.	Pescia.	Hist.	Élève des Dandini; né d'une famille noble. Mort à Rome.
SANTELLI (Félix).	Id.	Rome.	Id.	Rival du chevalier Baglione. — Grande vérité.
SANTINI l'ancien.	Id.	Arezzo.	Id.	Goût florentin; un autre peintre du même nom, compatriote et contemporain de Santini l'ancien, fut nommé Santini le jeune.
SCALIGERO (Barthélemy).	Id.	Padoue.	Id.	Élève d'A. Varotari. Sa nièce, Lucie, fut élève de Claire Varotari.
SCALVATI (Antoine).	Id.	Bologne.	Hist. et portr.	Élève de Th. Laurati; aida son maître aux travaux du Vatican. — Abandonna l'histoire pour le portrait et obtint du succès dans ce dernier genre.
SELLITO (Charles).	Id.		Hist.	Élève d'Annibal Carrache, à Naples. — Peintre distingué de l'école napolitaine.
SERODINE (Jean).	Id.	Ascona (Lombardie).	Id.	Imitateur de M. A. Caravage.

NOMS.	ANNÉES DE NAISSANCE ET DE MORT.	LIEU DE NAISSANCE.	GENRE.	NOTES HISTORIQUES. TABLEAUX PRINCIPAUX ET LIEUX OU ILS SE TROUVENT. OBSERVATIONS.
SIMONE (Antoine de).	XVIIIe siècle.		Hist.	Élève de L. Giordano.
SOBLEO ou DESU-BLEO.	Id.	En Flandre.	Id.	Élève du Guide; s'établit à Bologne.
SORDO (Jean del), dit MONE DE PISE.	Id.	Pise.	Id.	Élève de Frédéric Barocci. Ne serait-ce pas le même qu'Alexandre Viviani, dit le Sourd d'Urbin? — Bon coloris; peu d'invention.
SORIANE (Charles).	Id.		Id.	Peignait à Pavie. — Manière agréable.
SPERA (Clément).	Id.		Arch.	Florissait à Milan. — Alexandre Magnasco, étoffa souvent ses tableaux.
TOGNONE (Antoine).	Id.		Hist.	Élève de B. Zelotti, à Vicence, où il broyait les couleurs.
TONI (Ange-Michel).	Id.		Id.	Donna les premières leçons à J. M. Crespi. — Peintre médiocre.
TORELLI (César).	Id.	Rome.	Hist. et portr.	Détails inconnus.
TORRE (Jean-Paul).	Id.	Id.	Hist.	Né gentilhomme; élève du Mutien.
TRICOMI (Barthél.).	Id.	Messine.	Portr.	Élève d'A. Ricci, dit Barbalunga.
TROMBATORE (Joseph).	Id.		Hist.	Élève d'A. Falcone et du Calabrese.
TROMETTA (Nicolas), ou NICOLAS de Pesaro.	Id.	Pesaro.	Id.	Élève de Fr. Zuccaro. D'abord artiste d'un talent supérieur, il se négligea par la suite et devint médiocre. — La crèche, Rome. Fresques, ib.
URBINELLI (L').	Id.	Urbin.	Id.	Élève de Cl. Ridolfi. — Dessin hardi, excellent coloris; style un peu vénitien.
VANNI (Jean-François del).	Id.		Id.	Élève à Rome de Fr. Vanni, dont le nom lui resta.
VANNI (Jean-Antoine del).	Id.		Id.	Élève de Fr. Vanni, à Rome; désigné seulement par le nom de son maître.
VASALLO (Antoine-Marie),	Id.		Pays., fleurs et anim.	Mort jeune. — Bon coloris.
VASELLI (Alexandre).	Id.		Hist. et portr.	Élève d'H. Brandi.
VELI (Benoît).	Id.		Hist.	Travailla dans la cathédrale de Pistoie.
VICOLUNGO.	Id.	Verceil.	Id.	Élève de B. Lanino. — Coloris satisfaisant; idées vulgaires, costumes bizarres.
VINCENTIO.	Id.	États du Pape.	Pays. et hist.	Élève de G. Dughet, dit Poussin.
VIVIANI (Octave).	Id.	Brescia.	Arch., vues et pays.	Élève de Th. Sandrino. — Bâtiments (figures de N. Poussin), Dresde. Ruines, ib. Perspective avec figures, Madrid. Perspective, ib. — Goût moins sûr que celui de son maître; style plus confus.
VOLPI (Étienne).	Id.	Sienne.	Hist.	Élève d'A. Casolano (?).
ZAMBONI (Mathieu).	Id.		Id.	Élève de J. M. Crespi; travailla à Rimini; vécut peu de temps. — Imita le Cignani.
ZAPPONY (Jean-Dominique).	Id.	Vérone.	Pays.	On ignore s'il fut peintre ou dessinateur. — Manière de R. Savery (peintre flamand).
ZEFFI (Gio.).	Id.		Hist.	Donna des leçons à Antoine Balestra.
SACCHI (Le).	Id.	Casal.	Hist. et portr.	Élève et compatriote du Moncalvo; exécuta différents portraits des princes de Gonzague. — Pinceau exercé et savant.
CACCIANIGA (François).	1700 1781	Milan.	Hist.	Élève du Franceschini, à Bologne; se perfectionna à Rome et s'établit dans cette ville; fut assailli de graves chagrins dans sa vieillesse et trouva un soutien et un protecteur constant dans le prince Borghèse. — Fresque: la chute de Phaéton, Rome. — Manque de hardiesse et d'esprit; coloris frais, riant et harmonieux. Graveur à l'eau-forte.
GALLI (Antoine), dit BIBBIENA, fils de Ferdinand.	1700 1760 ou 1784	Parme.	Arch. et décor.	Se rendit en Allemagne, et occupa la place de son père auprès de l'empereur Charles VI. Mort à Milan. — Composition riche, manque de goût; plus de facilité que de correction. Architecte.
LELLI (Hercule).	1700? 1766 ou 1767	Bologne.	Hist. et portr.	Peintre, architecte, sculpteur et anatomiste célèbre. Inventeur d'une machine au moyen de laquelle on pouvait réduire et arrêter avec précision les contours du portrait que l'on veut graver. — Gravures d'après ses propres compositions (sujets historiques). Plusieurs portraits parmi lesquels on distingue celui de son maître J. P. Zanotti. — Lelli ne doit sa plus grande gloire à la peinture. Ses dessins, ses gravures, ses nombreux ouvrages en plastique lui ont fait un nom.

NOMS.	ANNÉES DE NAISSANCE ET DE MORT.	LIEU DE NAISSANCE	GENRE.	NOTES HISTORIQUES. — TABLEAUX PRINCIPAUX ET LIEUX OU ILS SE TROUVENT. — OBSERVATIONS.
MARCHIS (Alexis de).	1700? 1740?	Naples.	Pays., mar. et archit.	On assure que pour représenter des incendies avec plus de vérité il mit le feu à un fenil et que, puni de ce crime par les galères, il ne fut mis en liberté que sous le pontificat de Clément XI. Il laissa un fils, paysagiste comme lui, dont les biographes ne citent pas le nom et qui paraît n'en pas être digne. — Paysages, Naples. Idem, Weimar. — Pinceau plein de verve, coloris vrai, détails négligés. Lanzi met sa floraison en 1710.
PETRINI (le chevalier Joseph).	1700? 1780?	Canono. (États de Lugano.)	Hist.	Élève de J. B. Strozzi.
PEIGNE ou PEIGNA (Hyacinthe de la).	1700	Bruxelles.	Vues de ville.	Établi en Italie; vivait encore à Rome en 1764. — Vue du Pont-Neuf à Paris, Vienne. Même sujet, vu d'un autre côté, ib.
ROSSI (Antoine), le jeune.	1700 1755	Bologne.	Hist.	Élève de M. A. Franceschini. — Étoffa avec talent les tableaux de l'Orlandi et de Brizzi; supérieur à J. Boni pour le fini, il dut lui céder le pas pour la composition.
ZAÏST (Jean-Baptiste).	1700 1757	Crémone.	Orn.	Élève de J. Nutali. — Historien des peintres de son pays.
VANVITELLI (Louis), fils de Gaspard.	1700 1773	Naples.	Hist.	Tenu sur les fonts par le vice-roi don Louis de la Cerda. Fut un des plus célèbres architectes de l'Italie; il est plutôt cité comme tel que comme peintre. — Fresques, Naples.
SALVETTI (François-Marie).	1701 1768	Florence	Id.	Élève de D. A. Gabbiani. — Graveur à l'eau-forte.
LODI (Charles).	1701 1765	Bologne.	Pays.	Élève de N. Ferrajuolo. — Imitateur intelligent de son maitre.
CECCARINI (Sébastien).	1701? 1780?	Urbin.	Hist.	Élève de Fr. Mancini; peignit à Rome; vécut longtemps à Fano. — Teintes bien variées, clair-obscur vigoureux, style inégal.
CAMBRUZZI (Jacques).	1701	Feltre.	Hist., etc.	Détails inconnus.
CAIRO (Ferdinand).	1701 1778	Casalmonferrato.	Hist.	Élève de M. A. Franceschini, à Bologne. — Style facile et gracieux.
BAZZANI (Gaspard).	1701 1780	Reggio.	Décor.	Détails inconnus.
APPIANI (François).	1701 1791	Ancône.	Hist.	Élève de D. Simonetti; ami du Conca, du Benefiali, du Trevisani et du Mancini, à Rome; alla à Pérouse, y reçut le droit de bourgeoisie et y resta jusqu'à la fin de sa vie. Il ne cessa de travailler jusqu'au dernier moment. — Style doux, harmonieux et parfois hardi.
FRANCIA (Dominique).	1702 1758	Bologne.	Archit. et décor.	Élève de Ferdinand Galli di Bibiena, qu'il seconda à Vienne; architecte et peintre du roi de Suède; visita le Portugal et l'Allemagne et revint mourir dans sa patrie.
LONGHI (Pierre).	1702	Venise.	Hist., paysage et genre.	Élève de Balestra et de Crespi. — Excella dans les mascarades, les conversations et le paysage.
ZUCCARELLI ou ZUCCHERELLI (François).	1702? 1788	Pitigliano (Sienne.)	Hist. et pays.	Élève de M. Ricci; fit sa fortune à Londres; y fut l'un des fondateurs de l'Académie de peinture. Bon graveur. — Paysages, Vienne. — Facilité et correction. Accessoires traités avec beaucoup de minutie.
ZOMPINI (Gaëtan).	1702 1778			Élève de N. Bambini; travailla pour la cour d'Espagne. — Invention féconde. Graveur.
PIATTOLI (Gaëtan), mari d'Anne.	1703 1770?	Florence?	Portr.	Élève de Fr. Rivière (peintre français). — Ses portraits ont du mérite.
HUGFORD (Ignace).	1703 1778	Florence	Hist.	Né d'un père Anglais; habile connaisseur. — Réussit dans les tableaux de petite dimension.
CANALE (Fabio).	1703 1767	Venise.	Id.	Élève de J. B. Tiepolo.
LAPIS (Gaëtan).	1704 1776	Cagli (Ombrie.)	Id.	Élève de S. Conca. — Grisaille, Cagli. Cène, ib. Nativité, ib. Naissance de Vénus, Rome. — Goût original, peu de grâce, beaucoup de correction.
BONITO (le chevalier Joseph).	1705 1789	Castellamare.	Portr. et hist.	Élève de Solimène; peintre de la cour. — Portrait d'un ambassadeur turc, Madrid. — Quelques auteurs le font naitre à Naples; bonne invention; réussit dans le portrait.
CIGNAROLI (Jean).	1706 1772	Vérone.	Hist.	Élève d'Antoine Calza et de Santo-Prunato; reçut des offres de plusieurs cours étrangères, mais ne voulut pas quitter son pays; deux de ses frères cultivèrent le même art, Jean-Dominique et Félix; ce dernier se fit mineur observantin. — La Vierge et l'Enfant, Vienne. Sujet mystique, Madrid. — Du naturel et du goût; beautés sévères et majestueuses, compositions sages; se rapprocha beaucoup de C. Maratti, excepté pour la justesse du ton de ses couleurs.
GALLIARI (Bernard).	1707 1794	Cacciorna (Piémont).	Décor. et arch.	Élève de J. Crosato.

NOMS.	ANNÉES DE NAISSANCE ET DE MORT.	LIEU DE NAISSANCE	GENRE.	NOTES HISTORIQUES. TABLEAUX PRINCIPAUX ET LIEUX OU ILS SE TROUVENT. OBSERVATIONS.
ROTARI (le comte Pierre).	1707 1762	Vérone.	Hist., orn. et portr.	Élève d'A. Balestra et de Trevisani; parcourut toute l'Europe et acquit une fortune considérable; travailla surtout à Vienne et à Dresde; fut appelé en Russie, nommé premier peintre de la cour par l'impératrice. Mort à Saint-Pétersbourg. — Annonciation, Guastalla. Saint-Louis, Padoue. Nativité de la Vierge, ib. Fresques: arabesques, Rome. Repos en Égypte, Dresde. Le Voile, ib. Le prince Albert de Saxe, ib. Charles, duc de Courlande, ib. Saint Jacques, ib. Un moine, ib. Madeleine, ib. Portraits, ib. Jeune fille pleurant, Munich. Le sommeil interrompu, ib. — Beaucoup de grâce, d'expression; d'élégance, de vie, de naturel et de facilité; coloris obscur et terne; effet calme et harmonieux. Graveur à l'eau-forte.
BETTINI (Antoine-Sébastien).	1707	Florence	Hist.	Détails inconnus. — Saint François de Paule, Florence. Vie du prophète Élie, ib. L'aurore (fresque), ib.
BATTONI (Pompée).	1708 1787	Lucques.	Hist. et portr.	Étudia les antiques à Rome, après avoir reçu des leçons de quelques peintres de son pays. S'établit à Rome et peut être considéré comme le restaurateur de l'école romaine moderne, par son talent et par les bons élèves qu'il forma. — Martyre de saint Barthélemy, Lucques. Sainte Catherine, Sienne. Saint Celse, Rome, Chute de Simon le Magicien, ib. La Vierge et plusieurs saints camaldules, ib. Éducation d'Achille, Florence. Achille découvert par Ulysse, ib. Hercule, ib. Bénédict XIV, Londres. Prédication de saint Jean, Dresde. Madeleine au désert, ib. La peinture, l'architecture et la sculpture, ib. Visitation, Saint-Pétersbourg. La Sainte-Vierge, Paris. Noces de l'Amour et de Psyché, Berlin. Portrait du peintre, Munich. Deux portraits d'homme, Madrid. Retour de l'enfant prodigue, Vienne. Portraits de Joseph II et de Léopold II, Vienne. — Grande variété dans le caractère des têtes, des physionomies, des beautés et des expressions. Coloris clair, brillant et suave. Bonne imitation de la nature, composition poétique, style agréable et gracieux. Réussit dans le portrait et peignit aussi en miniature.
FOSSATO (David-Antoine).	1708	Monco..	Pays.? et hist.	Peintre à fresque, très-estimé. — Graveur.
POZZI (Étienne), frère de Joseph.	1708 1768	Rome.	Hist.	Élève de C. Maratti et de Masucci; orna les palais et les églises de sa ville natale de plusieurs productions remarquables et acquit la réputation d'un des meilleurs peintres de son époque. — Fresques, Rome. — Dessin grandiose, coloris fort et vrai.
FONTEBASSO (François-Salvator).	1709 1769		Hist. et portr.	Élève de S. Ricci.
LAZZARINI (Jean-André).	1710 1786 ou 1801	Pesaro.	Hist.	Élève de Fr. Mancini; renommé pour son bon goût comme poëte et comme prosateur et par son érudition dans les sciences sacrées et profanes; laissa plusieurs ouvrages inédits, composés pour l'Académie de Pesaro, où, depuis 1755, il remplissait gratuitement les fonctions de professeur. Il était chanoine. — La Vierge et l'enfant Jésus entourés d'anges et de saints, Gualda (diocèse de Rimini). — Connaissance profonde de l'antiquité; eut d'abord une manière vigoureuse, choisit ensuite un style plus suave, mais un peu faible.
ZOCCHI (Joseph).	1711 1767	En Toscane.	Hist. et pays.	Étudia d'abord à Florence puis à Rome, à Bologne, etc. Mort à Florence d'une maladie épidémique qu'il avait contractée à Sienne. — Invention féconde; génie flexible; choix heureux; dessin pur; beau coloris; réussit surtout dans les petites proportions.
MARIESCHI (Jacques).	1711 1794	Venise.	Hist. et persp.	Graveur et architecte.
GUARDI (François).	1712 1793	Vues de ville.		Élève du Canaletto. — On trouve dans ses tableaux les belles lignes droites des fabriques de son maître: moins d'exactitude et d'harmonie.
GUILIELMI (Grégoire).	1714 1773	Rome.	Hist.	Élève de S. Conca; travailla à Rome, sous le pontificat de Benoît XIV; se rendit de là à Turin puis à Dresde, à Vienne, à Saint-Pétersbourg. Mort dans cette ville. — Composition facile, coloris harmonieux.
GHERARDINI (Thomas).	1715 1797	Florence	Hist. et bas-reliefs.	Élève de V. Meucci; étudia à Venise et à Bologne. — Triomphe d'Ariane, Vienne. Offrande à Pan, ib. La Victoire, ib.
BOTTANI (Joseph).	1717 1784	Crémone.	Hist. et pays.	Élève d'A. Masucci, à Rome; s'établit à Mantoue. — Sainte Paule, Milan. Fresques, Rome. — Imita le Poussin pour le paysage et C. Maratti pour la figure; peu de soin et de fini.
LORENZI (François).	1719 1783	Vérone.	Hist.	Élève de J. B. Tiepolo.
GUARNANA ou VARANA (Jacques).	1720 1807	Id.	Id.	Élève de S. Ricci et de J. B. Tiepolo; l'Académie de Copenhague lui offrit la place de son premier peintre et l'impératrice de Russie l'appela à sa cour, mais il ne put accepter ces différentes offres et resta dans son pays jusqu'à sa mort, arrivée subitement à Venise. — Sacrifice d'Iphigénie, Saint-Pétersbourg. — Belle couleur, composition remarquable. Vincent Guarnana, son fils et son élève, mort en 1815, fut loin d'égaler son père.
MOLINARI (Jean).	1721 1793	Savigliano.	Hist. et portr.	Élève de Cl. Beaumont; plus de mérite que de réputation.
ANSELMI (George).	1725 1797	Vérone.	Hist.	Élève de Balestra.
BALDRIGHI (Joseph).	1725 1802	Pavie.	Hist. et portr.	Élève de Meucci, à Florence; se rendit à Paris, y eut du succès et y devint membre de l'Académie; nommé, à son retour, peintre de la cour de Parme; mort dans cette ville. — Peintre de mérite.
CORVI (Dominique).	1725? 1803	Viterbe.	Hist. et persp.	Élève de Fr. Mancini. — Peintre savant; grandes connaissances pour le dessin, l'anatomie et la perspective. Manque de couleur et d'amabilité. Réussit dans les effets de nuit.

NOMS.	ANNÉES DE NAISSANCE ET DE MORT.	LIEU DE NAISSANCE	GENRE.	NOTES HISTORIQUES. TABLEAUX PRINCIPAUX ET LIEUX OU ILS SE TROUVENT. OBSERVATIONS.
CHIAPPE (Jean-Baptiste).	1723 1765	Novi.	Hist.	Étudia à Rome et à Milan. — Le Saint, Alexandrie. — Belle expression, bonne composition.
LONDONIO (François).	1723 1783	Milan.	Pays. et anim.	Détails inconnus. — Paysages avec animaux, Milan. — Excella à représenter les moutons. Graveur à l'eau-forte.
BELLOTTO (Bernard), neveu du Canaletto.	1724? 1780?		Vues de ville et pays.	Élève de son oncle; travailla à Dresde et à Varsovie; mort dans cette dernière ville. — Vue près de Venise, Dresde. Vue de Vérone et du château Saint-Pierre, ib. Vue du pont des Vaisseaux, à Vérone, ib. Deux vues de Vienne, Vienne. — Imita la manière de son maître sans atteindre la hauteur de son talent. — Graveur à l'eau-forte.
MANCINI (François).	1723 1758	Sant'-Angelo-in-Vado.	Hist.	Élève de Ch. Cignani, à Bologne; vint à Rome et s'y distingua; reçu à l'Académie de Saint-Luc. — Saint-Damien, Rome. Conception, ib. Saint Pierre et saint Paul guérissant un boiteux, ib. (Copié en mosaïque à Saint-Pierre de Rome.) Apparition de Jésus-Christ à saint Pierre, Città di Castello. Fresques, Forli. Idem, Macerata. — Quelque ressemblance avec la manière du Franceschini; bonne invention, dessin exact, coloris agréable.
CASANOVA (Jean-François).	1727 ou 1730 ou 1732 1805	Venise ou Londres.	Pays., bataill. et scènes militaires	Élève de Fr. Simonini et de R. Mengs (peintre allemand), à Rome; s'établit à Dresde et y devint professeur et directeur de l'Académie des beaux-arts; séjourna en France. — Convoi attaqué, Angers. Bataille, ib. Combat de cavalerie, Vienne.
TIEPOLO (Jean-Dominique), fils de Jean-Baptiste.	1727	Venise.	Hist. et portr.	Élève de son père, qu'il suivit en Espagne et avec les ouvrages duquel les siens ont beaucoup de ressemblance. — Réussit également dans la gravure à l'eau-forte.
TORESANI (André).	1727? 1760	Brescia.	Anim., mar., hist., etc.	Travailla beaucoup à Venise et à Milan.
FERRI (Jésuald).	1728	San-Miniato.	Hist.?	Détails inconnus.
GANDOLFI (Ubald), frère de Gaëtan.	1728 1781		Hist.	Élève de F. Torelli et du Graziani. — Les prophètes, Bologne. Saint François de Paule, ib. Résurrection, ib. — Caractère grandiose, nu intelligent; idées vulgaires, coloris peu naturel. Dessinateur et sculpteur.
MARCOLA (Marc).	1728 1790	Vérone.	Id.	On ignore quel fut son maître.
TESI (Mauro).	1730 1766	Modène.	Ornem. et arch.	Élève d'un maître obscur, il se forma d'après les œuvres de Metelli et de Colonna. Mort à Bologne, par suite de son dévouement pour le comte Algarotti, son Mécène. — Style solide, ornements judicieux; grand relief, fini parfait. Quelques auteurs le font naître à Montalbano. Graveur.
LAPICCOLA (Nicolas).	1730 1790	Crotone (Calabre).	Hist.	On le croit élève de Fr. Mancini. — Bacchanale (fresque), Rome. Tableaux, ib. Fresques, ib. Clairs-obscurs, ib. — Peintre de mérite.
RATTI (le chevalier Charles-Joseph), fils de Jean-Augustin.	1750? 1795	Gênes.	Id.	Élève de son père; nommé, par la protection de Mengs, directeur de l'Académie de Milan; peignit avec ce grand artiste au palais royal de Gênes; séjourna quatre ans à Rome et n'eut pas d'autre demeure que celle de son protecteur; nommé par le pape Pie VI directeur de l'Académie Ligustica; reçut du même pontife la croix de chevalier. — Posséda moins de talent que son père et se distingua surtout comme copiste; auteur de quelques ouvrages traitant de l'art et des artistes.
BACIARELLI (Marcel).	1731 1818	Rome.	Hist. et portr.	Élève de Benefiali; appelé à Dresde, en 1753, par Auguste III, roi de Pologne et électeur de Saxe, accompagna ce prince à Varsovie et s'y fit connaître de Stanislas Poniatowski, futur roi de Pologne, à la cour duquel il se fixa après la mort d'Auguste; reçut de la diète extraordinaire de 1767 l'indigénat et des lettres de noblesse; nommé par le roi Stanislas directeur général des bâtiments de la couronne; fit un voyage en Italie et en France, en 1787, et fut comblé partout d'honneurs et de marques de distinction; la plupart des académies de l'Europe l'admirent dans leur sein. — Portraits de tous les rois de Pologne depuis Boleslas Chrobry jusqu'à Stanislas-Auguste, Varsovie. Fondation de l'Académie de Cracovie, ib. L'union de la Pologne avec la Lithuanie, ib. Traité de Choczim, ib. Et autres, ib. Jésus-Christ bénissant des enfants, Szezorce (Lithuanie). La Famille laborieuse bénie par Jésus-Christ, ib. — Ses ouvrages, fort nombreux, sont d'une rare perfection; connaissance parfaite du siècle et des événements; ses personnages ont toujours une pose et un costume de la plus sévère exactitude historique. Un de ses tableaux, qui se trouve à Varsovie et qui représente l'élévation de la Vierge, est une copie de Palma le jeune, et l'emporte, ce qu'on dit, sur l'original.
CIPRIANI (Jean-Baptiste).	1732 1785 ou 1790	Florence	Hist.	Se rendit en Angleterre et mourut à Londres. — Graveur à l'eau-forte.
BIANCONI (Charles).	1732	Bologne.	Id.	Élève d'H. Graziani. — Sculpteur, architecte et graveur.
LONGHI (Alexandre), fils de Pierre.	1733		Portr.	Élève de J. Nogari; fut employé par la plupart des nobles de Venise et fit leurs portraits. — Graveur à l'eau-forte.
ZOFFANI ou ZAUFFELLY (Jean).	1733 1788?	Regensburg.	Id.	Établi longtemps en Italie. Mort aux Indes orientales d'après les uns et en Angleterre, en 1795, d'après les autres. — Portrait de Marie-Christine d'Autriche, Vienne.
SCIACCA (Thomas).	1734 1795	Mazzara.	Hist.	Travailla à Rome avec le Cavalucci; séjourna à Rovigo et à Palerme.

NOMS.	ANNÉES DE NAISSANCE ET DE MORT.	LIEU DE NAISSANCE.	GENRE.	NOTES HISTORIQUES. — TABLEAUX PRINCIPAUX ET LIEUX OU ILS SE TROUVENT. — OBSERVATIONS.
ANSALDI (Innocent).	1754 1816	Pescia (Toscane).	Hist.	Passa plusieurs années à Rome et s'occupa beaucoup pour les églises et les galeries de cette ville. — Pinceau facile et gracieux. Littérateur estimable.
GANDOLFI (Gaétan), frère d'Ubald.	1754 1802	San-Matteo-dal-Decima.	Hist. et portr.	Élève d'H. Lelli ; regardé comme le dernier imitateur des Carrache. Mort à Bologne. — Assomption, Bologne. Noces de Cana, ib. Martyre de saint Pantaléon, Naples. Portrait, Vienne. — Coloris faible ; beaucoup de verve, imagination féconde, grande facilité. Graveur à l'eau-forte et dessinateur.
CHIARI (Thomas).	1755 1773		Hist.	Élève médiocre de C. Maratti.
BLANSERI (Victor).	1755? 1775	Turin.	Id.	Élève de Cl. Beaumont. — Bonne distribution des ombres et de la lumière.
BRIGLIA (Jean-Bonaventure).	1757	Rome.	Hist.?	Détails inconnus.
PORPORATI (Charles).	1741	Turin.	Id.?	Détails inconnus.
MASTROLEO (Joseph).	1744		Hist.	Élève de P. de Matteis.
SOLI (Joseph-Marie).	1745 1822	Vignola (Modène).	Persp. etc.	Cité plutôt comme architecte célèbre. — Il exécuta quelques tableaux pour la duchesse d'Orléans, fille du roi de Naples.
CANOVA.	1747 1822	Possagno.	Hist.?	Illustre sculpteur. — Tableau, Nantes.
MAZZOLA (Joseph).	1748 1838	Valduggia (Piémont).	Hist.	Directeur de la galerie impériale de Milan.
PIOLA (Dominique), le jeune, fils de J. B.	1748 1774		Id.	Le dernier de la famille des Piola.
CAVALUCCI (Antoine).	1752? 1795	Sermonette.	Hist. et min.	Étudia à Rome ; protégé par le duc Gaëtani di Sermoneta. Mort à Rome avec la réputation d'un des meilleurs artistes de son époque. — Tableaux, Rome. La Charité, Vienne. — Coloris clair, vif, gai et harmonieux ; dessin peu savant ; s'approcha le plus de Pompée Battoni, son contemporain.
DIONIGI (Marianne).	1756 1826	Rome.	Pays.?	Femme auteur et archéologue.
LANDI (le chevalier Gaspard).	1756 1830	Plaisance	Hist. et portr.	Élève de P. Battoni et de Cervi ; directeur de l'Académie de Saint-Luc. — Jésus-Christ montant au Calvaire (chef-d'œuvre), Plaisance. Fresques, Rome. — Coloris brillant mais sans force. Draperies sans mouvement ; excellent peintre de portraits.
PACETTI (Camille).	1758 1826	Rome.	Hist.	Mort à Milan, professeur de sculpture à l'Académie royale de cette ville. — Mort de sainte Anne, Rome.
ERRANTE (Joseph).	1760 1821	Trapani (Sicile).	Hist. et portr.	Se perfectionna à Rome ; passa la plus grande partie de sa vie à Milan et s'y fit remarquer. — Se distingua par une imitation habile des maîtres anciens et surtout du Corrège.
APPIANI (le chevalier André).	1761 1817	Bosizio.	Id.	Élevé pour le barreau, il préféra s'adonner aux arts ; contrarié par sa famille, André entra chez les jésuites, mais il n'y resta pas longtemps et obtint enfin de se rendre à Florence et à Rome pour y étudier la peinture ; protégé par le pape Pie VI, employé par l'archiduc d'Autriche, nommé membre de la consulta cisalpine pour offrir la couronne d'Italie à Napoléon, député à Paris pour assister au couronnement de ce prince, qui le décora de la Légion d'honneur ; membre de l'Institut du royaume d'Italie, correspondant de celui de France et de presque toutes les académies de l'Europe et commissaire général des beaux-arts ; nommé premier peintre de l'Empereur et chargé de décorer le palais de Milan ; arrêté dans ses travaux, en 1813, par une attaque d'apoplexie, il mourut après avoir langui quatre ans. — Napoléon ordonne de jeter un pont sur le Danube, Versailles. Fresques (chefs-d'œuvre), Milan. Booz et Ruth, Vienne. L'Olympe. Toilette de Junon. Entrevue de Jacob et de Rachel. Renaud dans les jardins d'Armide. Vénus et l'Amour. — Célèbre peintre de fresques ; excellait dans le portrait dont il faisait souvent des sujets historiques ; grande pureté de dessin ; ton gracieux et en même temps plein de vigueur, coloris chaud et transparent ; associa à la peinture la culture de la poésie et de la musique, qui lui réussirent également. Aussi distingué par les qualités du cœur et de l'esprit que par son génie comme peintre ; bon et généreux, il employait en bienfaits de tous genres une fortune qui serait devenue considérable sans les pertes qu'il éprouva par suite du changement de gouvernement.
PATICCHI (Antoine).	1762 1788	Rome.	Hist., pays. et portr.	Élève de son père, théoricien habile, mais praticien médiocre ; bon peintre dès l'âge de vingt ans ; fut chargé par le comte de Torruzzi, gentilhomme distingué de Velletri, de peindre la galerie de son palais ; esquissa tous les tableaux, en finit deux, et voyant ce qui lui manquait sous le rapport du coloris, interrompit son ouvrage pour étudier les meilleurs coloristes vénitiens et flamands, lorsqu'une maladie de poitrine augmentée par son assiduité au travail le conduisit au tombeau quelques jours après son père. — Grande facilité dans la composition ; excellent dessinateur ; imitait avec le plus grand succès les dessins des anciens maîtres et en particulier ceux de Polidore Caravage ; peignit des portraits au pastel.
BAGETTI (le chevalier Joseph-Pierre).	1764 1831	Turin.	Pays. aquar.	Élève de Palmieri ; nommé dessinateur du roi Victor-Amédée III, professeur topographe de l'école du génie ; se rendit à Paris en 1807, y fut attaché au dépôt de la guerre avec le grade de capitaine-ingénieur géographe, chargé d'exécuter à l'aquarelle, les victoires de l'armée française ; décoré de la Légion d'honneur et de la croix de Savoie lors de son retour dans sa patrie. Membre de l'Académie de Turin. — Tableaux, Fontainebleau. Vue générale de l'Italie, partant des Alpes jusqu'à Naples,

NOMS.	ANNÉES DE NAISSANCE ET DE MORT.	LIEU DE NAISSANCE	GENRE.	NOTES HISTORIQUES. TABLEAUX PRINCIPAUX ET LIEUX OU ILS SE TROUVENT. OBSERVATIONS.
				Paris (aquarelle de la plus grande dimension.) Savant théoricien, le plus célèbre des peintres à l'aquarelle. Il a publié en italien un ouvrage remarquable, intitulé : *Analyse de l'unité de l'effet dans la peinture, et de l'Imitation dans les beaux-arts.* Turin, 1827, in-8°.
BENVENUTI (le chevalier PIERRE).	1769	AREZZO.	Hist.	Directeur de l'Académie de Florence. — Saint Donat, Arezzo. Judith, *ib.* Mort de Priam, le Samaritain, Serment des Saxons, fresques au palais Pitti. — Peintre de mérite.
BORSATO (JOSEPH).	1771	VENISE.	Intér. d'égl. et décor.	Détails inconnus. — L'église Saint-Marc à Venise, Vienne. — Peignit aussi dans le genre de Canaletto.
CAMUCCINI (VINCENT).	1775 1844	ROME.	Hist. et portr.	Élève de Corvi: Débuta à 24 ans par un magnifique tableau représentant *la mort de César.* La vie de Camucini fut une suite de succès mérités. Bon et savant littérateur. Habile et modeste. Sa perte fut vivement sentie en Italie. — Mort de César, Vienne. Portrait de Pie VII, *ib.* Continence de Scipion, *ib.* Saint Thomas, Présentation au temple (ce tableau se trouve à Plaisance). Lentulus-Horatius Coclès, Cornélie, Régulus, Mort de Madeleine, Psyché. — Un des plus grands peintres de l'école italienne moderne. Imitateur de Raphaël, du Dominiquin et d'André del Sarto. Son coloris est inférieur à son dessin.
DIOTTI (JOSEPH).	1775	BERGAME.	Hist.	Détails inconnus. — Le baiser de Judas, Vienne.
PEDRONI (PIERRE).	†1803	PONTRE-MOLI.	Id.	Étudia à Parme et à Rome; s'établit à Florence et y devint directeur de l'Académie. — Grandes connaissances théoriques.
CUNIBERTI (François-Antoine).	†1743	SAVIGLIA-NO.	Id.	Florissait en Piémont.
NOGARI (JOSEPH).	†1763		Hist. et portr.	Élève de Balestra; employé à la cour de Savoie. — Vieillard avec des pièces d'or, Dresde. Saint Pierre, *ib.* Vieille femme, *ib.* Un vieillard tenant ses lunettes et un papier, *ib.* Et autres, *ib.*
TROPPA (le chevalier JÉRÔME).	*1700		Hist.	Rivalisa avec le Romanelli; vécut peu de temps. — Imitateur de C. Maratti.
SARZETTI (ANGE).	*Id.	RIMINI.	Id.	Élève de C. Cignani.
PAOLI (MICHEL).	*Id.	PISTOIE.	Id.	Élève du Crespi.
PASQUALI (PHILIPPE).	*Id.	FORLI.	Hist. et orn.	Ami du Franceschini, qu'il aida avec succès dans ses travaux.
PUCCINI (BLAISE).	*Id.	ROME.	Hist.	Travailla vers l'époque de Benoît XIV. — Graveur à l'eau-forte.
PIASTRINI (Jean-Dominique).	*Id.	PISTOIE.	Id.	Élève de B. Luti.
PASQUALOTTO (Constantin).	*Id.	VICENCE.	Id.	Détails inconnus. — Meilleur coloriste que dessinateur.
MARCHIONI (LA).	*Id.	ROVIGO.	Fleurs et fr.	Femme célèbre comme peintre.
MARINI (ANTOINE).	*Id.	PADOUE.	Pays.	Détails inconnus. — Brusaferro étoffa ses tableaux.
MARINI (PASCAL).	*Id.	SAN-SEVERINO.	Hist.	Élève de Cipriano Divini, qu'il surpassa. — Fresques, Rome.
MICHELANGELI (François), dit L'AQUILANO.	*Id.	AQUILA.	Id.	Élève de B. Luti; fit de belles copies des tableaux de son maître. Mort jeune.
MALDUCCI (MAURICE).	*Id.	FORLI.	Id.	Élève du Cignani; il était prêtre.
MADERNO.	*Id.	CÔME.	Ustensiles de cuisin. fleurs, fruits etc.	Excella dans son genre.
FIORENTINI (François).	*Id.	FORLI.	Hist.	Élève de C. Cignani; se fit prêtre.
DIVINI (CIPRIANO).	*Id.		Id.	Détails inconnus.
DONZELLI (PIERRE).	*Id.	MANTOUE.	Id.	Élève de C. Cignani; travailla à Pescia.
COLLI (ANTOINE).	*Id.		Hist. et portr.	Élève du père André Pozzo. — Célèbre par la peinture du grand autel de Saint-Pantaléon.
COLLACERONI (Augustin).	*Id.	BOLOGNE.	Hist., portr. et persp.	Élève du père André Pozzo.
CARLARI ou CARLIERI (ALBERT).	*Id.	ROME.	Id.	Élève du père Pozzo.
COMENDICH (LAUR.).	*Id.	VÉRONE.	Batail.	Élève de Fr. Monti de Brescia; s'établit à Milan.

NOMS.	ANNÉES DE NAISSANCE ET DE MORT.	LIEU DE NAISSANCE	GENRE.	NOTES HISTORIQUES. TABLEAUX PRINCIPAUX ET LIEUX OU ILS SE TROUVENT. OBSERVATIONS.
BONDI (ANDRÉ ou FRANÇOIS).	*1700	FORLI.	Hist.	Élève de Cignani. — Belle touche; expression et formes communes.
GRACOLINI ou GRE-COLINI (ANTOINE).	*1702		Id.	Peintre de mérite.
ANASTASI (L').	*1710	SINIGA-GLIA.	Id.	Détails inconnus. — Peu de choix et de fini; pinceau spirituel et facile.
NELLI (PIERRE).	*Id.		Hist., etc.	Établi à Rome; donna des leçons à François Zuccherelli.
ZANELLA (FRANÇOIS).	*Id.		Hist.	Élève de Luc Ferrari.
UMILE (le frère).	*Id.	FOLIGNO.	Id.	Moine franciscain; employé à Rome par le cardinal Castaldi. — Bon peintre à fresque.
CRESCENZIO d'Ono-frio.	*1712	ONOFRIO.	Pays. histor.	Élève de Gaspard Dughet dit Poussin; florissait à Rome. — Vénus et Adonis, Berlin. — Beaucoup de mérite.
CANZIANI (JEAN-BAP-TISTE).	*Id.	VÉRONE.	Portr.	Banni de sa patrie pour un homicide, il alla s'établir à Bologne et y obtint du succès.
COCCORANTE (LÉO-NARD).	*1714		Marin. et pays.	Élève de J. F. Van Bloemen (peintre hollandais).
ANESI (PAUL).	*1715		Pays.	Maître de Fr. Zuccherelli. — Paysages, Rome.
SCACCIANI (CAMILLE), dit CARBONE.	*Id.	PESARO.	Hist.	Détails inconnus. — École des Carrache.
GRASSI (TARQUIN).	*Id.		Id.	Florissait à Turin.
DONDOLI (l'abbé).	*Id.	SPELLO.	Id.	Détails inconnus. — Bon coloris, dessin médiocre.
FERGIONI (BERNARD).	*Id.		Marin.	Détails inconnus.
PUCCI (JEAN-ANTOINE).	*1716		Hist.	Élève d'A. D. Gabbiani. — Également poëte.
MONARI (CHRISTOPHE).	*1717	REGGIO.	Hist.?	Détails inconnus.
CATTAMARA (PAO-LUCCIO).	*1718		Anim., fl., fr.	Détails inconnus.
CASTELLI (JOSEPH-ANTOINE), dit CAS-TELLINI de Monza.	*Id.	MONZA.	Hist. et arch.	Élève de D. Mariani.
BIANCHI (le chevalier FRÉDÉRIC).	*Id.	MILAN.	Hist.	Élève et gendre de J. C. Procaccini. — Style original, gracieux et élégant. Lanzi le fait travailler en 1718 et pourtant son beau-père mourut en 1626 à l'âge de 78 ans.
BOTTI (RINALDO).	*Id.		Persp. et orn.	Élève de J. Chiavistelli; parent de Laurent del Moro.
CIMAROLI (JEAN-BAPTISTE).	*Id.	SALÒ (sur le Lac de Garde).	Pays.	Élève d'A. Calza.
ZANATA (JOSEPH).	*Id.		Hist.	Élève de Ch. Nuvolone.
SASSI (JEAN-BAPT.)	*Id.		Id.	Élève de Solimène, à Naples; travailla à Milan et y acheva des tableaux de Pierre Giraldi.
PRIMA (PIERRE-FRAN-ÇOIS).	*Id.	NOVARE.	Arch. et hist.	Détails inconnus.
METRANA (ANNE).	*Id.	TURIN.	Portr.	Sa mère avait cultivé le même art, mais les biographes ne citent pas son nom.
LEVO (DOMINIQUE).	*Id.	VÉRONE.	Fleurs et fr.	Élève de F. Bigi.
LAUDATI (JOSEPH).	*Id.	PÉROUSE.	Hist.	Rendit des services à l'art dans sa ville natale.
DAVID (LOUIS-AN-TOINE).	*Id.	LUCANO.	Hist. et portr.	Élève d'Her. Procaccini le jeune, de Cairo et du Cignani; vécut longtemps à Rome et voyagea par toute l'Italie. — Écrivit sur la peinture.
PACE (RANIERI DEL).	*1719	PISE.	Hist.	Élève d'A. Gabbiani. — Style très-maniéré.
BENEDETTI (MATHIEU et LOUIS).	*1720	REGGIO.	Persp. et hist.	Mathieu était prêtre et élève de H. Talami.
MARIO de Crespini.	*Id.	CRESPINI.	Nature morte.	Élève de Maderno, qu'il surpassa.

NOMS.	ANNÉES DE NAISSANCE ET DE MORT.	LIEU DE NAISSANCE	GENRE.	NOTES HISTORIQUES. TABLEAUX PRINCIPAUX ET LIEUX OU ILS SE TROUVENT. OBSERVATIONS.
GIALDISI.	*1720	PARME.	Fleurs et nature morte.	S'établit à Crémone. — Belles teintes, vérité frappante.
BONECCHI (MATHIEU).	*1726		Hist.	Élève de J. C. Sagrestani. — Ne travailla presque que de pratique ; dessin faible, coloris satisfaisant ; de l'imagination.
MENAROLA (CHRIS-TOPHE).	*1727	VICENCE.	Id.	Élève du Volpato. — Imitateur du Carpioni.
TREVISANI (ANGIOLO), frère de François.	*1730	CAPO D'ISTRIA.	Portr. et hist.	Élève du Zanchi ; ne quitta jamais Venise et acquit une bonne réputation, surtout comme peintre de portraits. — La Vierge et l'Enfant , Madrid. — Style naturel et de bon goût, pinceau soigneux et recherché, surtout dans l'art du clair-obscur.
AVOGRADO (PIERRE).	*Id.	BRESCIA.	Hist.	Élève de Ghiti ; étudia à Bologne. — Raccourcis gracieux, composition judicieuse ; effet agréable.
BICCHIERARI (AN-TOINE).	*Id.		Id.	Travailla à Rome. — Fresques, Rome. — Peintre de mérite.
FRATACCI (ANTOINE).	*Id.	PARME.	Hist. et portr.	Élève de Spolverini et de C. Cignani.
FERDINANDI (Fran-çois), dit DEGL' IM-PERIALI.	*Id.		Hist.	Détails inconnus. — Saint Romuald mourant, Rome. Martyre de saint Eustache, ib. — Assez bon coloris.
MURA (François DE), dit FRANCESCHIEL-LO ou FRANCES-CHETTO.	*Id.	NAPLES.	Id.	Élève de Fr. Solimène. — Annonciation, Mantoue. Tableaux , Turin. Idem, au palais du roi de Sardaigne. — Le peintre le plus distingué de l'école de Solimène.
SODERINI (MAURO).	*Id.		Id.	Élève de Jos. dal Sole. — Dessin correct; effet agréable.
UBERTI (PIERRE).	*1755		Portr.	Peintre renommé. Son père, Dominique, fut un artiste médiocre.
PIERI (ANTOINE), dit LE ZOPPO (le boi-teux).	*1738	VICENCE.	Hist.	Détails inconnus. — Pinceau facile, mais faible.
CARO (BALTHASAR DI).	*1740		Fleurs, gibier et chasses.	Élève d'André Belvédère ; florissait à Naples et fut employé à la cour du roi Charles de Bourbon. — Peignit d'abord les fleurs avec succès et ensuite choisit le genre des chasses dans lequel il montra une belle manière.
DOMINICI (BERNARD).	*Id.		Pays. et bamb.	Historien de l'école napolitaine. — Du soin ; quelque ressemblance avec la manière flamande.
EVANGELISTI (PHI-LIPPE).	*Id.		Hist.	Valet de chambre du cardinal Corradini , la protection de son maître lui fit obtenir beaucoup de commandes ; n'ayant pas assez de talent pour y satisfaire il s'associa avec le Bénéfial et les ouvrages parurent sous le nom d'Evangelisti ; lorsque Bénéfial abandonna ce dernier, on reconnut enfin la médiocrité du valet de chambre. — Conversion de sainte Marguerite , Rome. Mort de sainte Margue-rite , ib.
MICHELA.	*Id.		Arch.	D. Olivieri étoffa ses tableaux.
RICCIARDELLI (GA-BRIEL).	*1745		Pays. et mar.	Élève de J. F. Van Bloemen dit l'Orizzonte (peintre hollandais). Employé à la cour de Charles de Bourbon.
CAPPELLA (SCIPION).	*Id.		Hist.	Élève de Solimène qu'il copia assez habilement.
FRANCESCHINI (MA-THIEU).	*1745	TURIN.	Id.	Florissait dans sa ville natale.
CUCCHI ou CACCHI (ANTOINE), dit GIO-VAN ANTONIO de Milan.	*1750	MILAN.	Id.	Imita les peintres de l'école romaine. — Pinceau fini.
DURAMANO (FRAN-çois).	*Id.	VENISE.	Fleurs et fr.	Florissait à Brescia. — Imitateur maniéré de G. Lopez.
GUARIENTI (PIERRE).	*Id.	VÉRONE.	Hist.	Élève de J. M. Crespi ; vécut à Venise ; se rendit en Allemagne , fut nommé directeur de la galerie de Dresde et fit des additions à l'abécédaire de l'Orlandi.
MARO (JOSEPH).	*Id.	TURIN.	Hist. ?	Détails inconnus.
BRUSAFERRO (JÉ-RÔME).	*1753		Hist.	Élève de N. Bambini.
BENCOVICH (FRÉDÉ-RIC), dit FEDERI-GHETTO.	*Id.	EN DALMATIE.	Hist. et pays.	Élève de C. Cignani ; résida en Allemagne. — Dessin correct, touche vigoureuse, excellentes théories ; manière quelquefois trop chargée d'ombres.

NOMS.	ANNÉES DE NAISSANCE ET DE MORT.	LIEU DE NAISSANCE	GENRE.	NOTES HISTORIQUES. — TABLEAUX PRINCIPAUX ET LIEUX OU ILS SE TROUVENT. — OBSERVATIONS.
BARBIANI (André), petit-fils de Jean-Baptiste.	*1754	Rimini?	Hist.	Son père était un artiste médiocre dont les historiens ne citent pas le nom. — Imitateur du père Pronti.
BIANCHI (Charles-Antoine).	*Id.	Pavie.	Id.	Imitateur du style romain.
ZINANI (François).	*1755	Reggio.	Décor. et persp.	Élève des Bibbiena.
NOLLI (Charles).	*1757		Hist.	Élève d'A. Masucci et d'Hyacinthe Corradi. Mort à Naples. — Graveur.
GRÉYS (P. Benoît de).	*1758	Livourne	Hist.?	Détails inconnus.
CARLONI (Marc).	*1760	Rome.	Hist.	Détails inconnus. — Les chambres de Titus, en soixante pièces. Anciennes peintures des bains de Constantin, en douze pièces, etc., toutes eaux-fortes. — Graveur à l'eau-forte.
FRANCHINI (Nicolas).	*Id.	Sienne.	Id.	Excellent restaurateur de tableaux et bon connaisseur.
GIBERTONI (Paul).	*Id.	Modène.	Grot., paysages et anim.	S'établit à Lucques. — Touche spirituelle.
VASI (Joseph).	*Id.		Pays. et arch.	Peintre, architecte et graveur ; florissait à Rome.
ANGELI (Joseph).	*1763	Venise.	Hist. et portr.	Élève de J. B. Piazzetta. — Portrait d'homme, Paris.
CERVETTI (Félix).	*1764		Hist.	Florissait à Turin.
MAZZANTI (le chevalier Louis).	*1768	Orviéto.	Id.	Élève de Baciccio. — Tableaux, Rome.
PARODI (Pellegrini), fils de Dominique).	*1769		Portr.	S'établit à Lisbonne. — Un des meilleurs peintres de portraits de son temps; laissa un fils peintre comme lui.
MORINI (Jean).	*Id.	Imola.	Hist.	Élève de J. M. Crespi.
GALLI (Charles), dit BIBBIENA, fils de Joseph.	*Id.		Arch., persp. et décor.	Élève de son père; attaché d'abord au Margrave de Bayreuth; succéda à son frère auprès du roi de Prusse; quitta ce pays à cause de la guerre et voyagea en France, en Flandre, en Hollande et en Angleterre. — Imita la manière de son père.
BRAMBILLA (Jean-Baptiste).	*1770		Hist.	Florissait en Piémont. — Style solide, coloris de bon goût.
GRANERI.	*Id.	Turin.	Genre.	Élève et bon imitateur de D. Olivieri.
MAGATTI (Pierre).	*Id.	Varèse.	Hist.	École milanaise.
MASRELIEZ (Louis).	*Id.		Pays.	Suédois d'origine; nommé, en 1771, membre honoraire de l'Académie de Bologne. — Graveur à l'eau-forte.
REGOLIRON (Bernard).	*1772		Portr.	Élève de P. P. Cristofani. — Portraits de Joseph II et de son frère Léopold, Vienne.
MARIOTTI (Charles-Spiridione).	*1775	Pérouse.	Hist.	On croit qu'il fut élève de Subleyras. — Dessinateur.
PESCI (Gaspard).	*1776	Bologne.	Arch. et persp.	Détails inconnus.
ALBERTONI (Paul).	*1785	Rome.	Hist.	Élève de C. Maratti; mort peu après 1796.
ORTOLANI DAMON (Jean-Baptiste).	*1789	Id.	Hist.?	Détails inconnus.
CALVETTI (Albert).	*XVIIIe siècle.		Hist.	Élève d'A. Celesti.
LAMA (Julie).	*Id.	Venise.	Id.	Ne s'éloigna jamais de sa ville natale, qu'elle enrichit de ses productions. — Tableaux, Venise. — Jouit d'une bonne réputation.
FORMENTINI (Le).	*Id.		Pays.	École de Venise. — Marchesini étoffa ses tableaux.
LINOZZI (Bernard).	*Id.		Pays., histoire et aquar.	Élève de N. Ferrajuolo. — Manière originale; exécuta des gravures enluminées d'après ses tableaux à l'aquarelle.
GRASSI (Nicolas).	*Id.	Venise.	Hist. et portr. au pastel.	Élève des Cassana; rival de Rosalba Carriera, il dut souvent céder le pas à cette artiste. Nommé Gnassi par Guariento. — Il eut un fils, Jean-Baptiste, qui suivit la même carrière que lui.
FASETTI (Jean-Baptiste).	*Id.	Reggio.	Arch. et décor.	Élève de Fr. Galli di Bibbiena et de J. Dallamanno, dont il broyait les couleurs; commença à peindre à vingt-huit ans et devint un des meilleurs décorateurs de son époque.

NOMS.	ANNÉES DE NAISSANCE ET DE MORT.	LIEU DE NAISSANCE	GENRE.	NOTES HISTORIQUES. TABLEAUX PRINCIPAUX ET LIEUX OU ILS SE TROUVENT. OBSERVATIONS.
FIDANZA (François).	xviiie siècle.	Rome ou Milan.	Pays. et mar.	Ses tableaux sont en très-grand nombre. — Talent très-distingué.
FASANO (Thomas).	Id.		Hist.	Élève de L. Giordano.
GUERRA (Joseph).	Id.		Id.	Élève de Fr. Solimène.
REALFONSO (Thomas)	Id.		Fleurs, fruits, pays. et n. morte.	Le meilleur élève d'A. Belvédère.
SANTI (Barthélemy).	Id.	Lucques.	Décor. et orn.	Étudia à Bologne ; célèbre décorateur.
ROSA (Sigismond).	Id.		Hist.	Élève de J. Chiari.
GUIGLIELMELLI (Archange).	Id.		Pays.	Détails inconnus.
GIACCIUOLI (Le).	Id.		Id.	Élève de J. F. Van Bloemen dit l'Orizzonte (peintre hollandais).
GALLI (Jean-Marie), le jeune, fils de Ferdinand.	Id.		Persp. et arch.	S'établit en Bohême.
GAMBARELLI (Crescenzio).	Id.	Sienne.	Hist.	École de Nasini. — Peintre médiocre.
SOTTINO (Gaëtan).	Id.	En Sicile	Id.	Détails inconnus.
SEMINI (Michel).	Id.	/	Id.	École de C. Maratti.
SCORZINI (Pierre).	Id.	Lucques.	Orn.	Étudia à Bologne.
ZOPPO de Gangi.	Id.	Gangi.	Hist.	Détails inconnus.
COPPA (Le).	Id.		Pays. et bamb.	Élève d'A. Magnasco, à Milan.
CLERICI (Robert).	Id.	Parme.		Élève de Ferdinand Galli di Bibbiena.
CIVOLI (Joseph).	Id.			Élève de Ferdinand Galli di Bibbiena ; académicien de Bologne.
CITTADINI (Gaëtan), fils de Charles.	Id.		Pays. et figur.	Il eut un frère, nommé Jean-Jérôme, qui peignit avec succès dans le même genre que toute sa famille. — Habile distribution des ombres et de la lumière ; épisodes d'un effet heureux.
SIMONE (Antoine).	Id.	Naples.	Batail. et pays.	Étoffait les tableaux de Nicolas Massaro. — Peu de fini.
SERENARI (l'abbé Gaspard).	Id.	Palerme.	Hist.	Élève de S. Conca, à Rome.
SIGNORINI (Guide).	Id.	Bologne.	Id.	Élève de J. M. Crespi. — Il ne faut pas le confondre avec Guido Signorini, héritier du Guide, qui mourut vers 1650.
SABATELLI (Louis).	Id.	Florence	Id.	Professeur à l'Académie de Milan. — Fresques, Milan. — Lourd et exagéré, bon dessinateur.
ROMANI (Le).	Id.	Reggio.	Id.	On croit qu'il étudia à Venise. — Bon imitateur du Tintoret.
CERRUTI (Michel-Ange).	Id.	Rome.	Id.	Travailla vers le temps de Clément XI et de Benoît XIII. — Tableau, Rome.
SCHIANTESCHI (le Comte Dominique).	Id.	Borgo San-Sepolcro	Persp.	Élève des Bibbiena ; mérita une bonne réputation.
FACCHINETTI (Joseph).	Id.	Ferrare.	Arch. et orn.	Élève d'A. J. Ferrari. — Style solide et délicat.
FRATTINI (Gaëtan).	Id.	Ravenne.	Hist.	Élève de M. A. Franceschini.
RANDAZZO (Philippe).	Id.		Id.	Détails inconnus.
BIANCHI (François).	Id.	Milan.	Id.	Ami intime d'Antoine-Marie Ruggieri.
RICCI (Noel).	Id.	Fermo.	Id.	Élève de C. Maratti.
RUGGIERI (Antoine-Marie).	Id.	Milan.	Id.	Compagnon de travail et ami inséparable de François Bianchi.

NOMS.	ANNÉES DE NAISSANCE ET DE MORT.	LIEU DE NAISSANCE	GENRE.	NOTES HISTORIQUES. — TABLEAUX PRINCIPAUX ET LIEUX OU ILS SE TROUVENT. — OBSERVATIONS.
RICCI (Ubald).	*xviiie siècle.	Fermo.	Hist.	Élève de C. Marátti. — Peintre assez habile.
NANI (Jacques).	*Id.		Pays., fleurs, fruits etc.	Employé à la cour du roi Charles de Bourbon. — Habile imitateur d'A. Belvédère.
ROSA (François).	*Id.	Gènes.	Hist.	On ignore quel fut son maître; étudia à Rome. — Belle architecture, nus étudiés, têtes vives, clair-obscur savant.
LANDI (Joseph - Antoine).	*Id.		Arch. et orn.	Élève de Ferdinand Galli di Bibbiena; reçu académicien à Bologne.
BONFRENI ou PONFREDI (Jean-Baptiste).	*Id.		Hist.	Élève de M. Benefiali. — Le bienheureux Michel, Rome.
PANNI.	*Id.		Orn.	Élève de J. B. Zaïst, son parent.
PAVESI (François).	*Id.		Hist.	École de C. Maratti.
PERUGINI.	*Id.		Pays.	Élève d'Al. Magnasco. On trouve à Milan un autre peintre du même nom qui florissait en 1560.
PISTOCCHI (Louis).	*Id.		Hist.	Détails inconnus.
DISCANI.			Hist. et portr.	Élève de S. Ricci.
CADÈS (Joseph).	*Id.	Rome.	Hist.	Élève de D. Corvi, qu'il surpassa; né d'un père Français; il mourut à l'âge de quarante-neuf ans. — Saint Joseph de Cupertino, Rome. — Posséda une incroyable facilité à contrefaire les œuvres de tous les anciens maîtres.
BIGATTI (Balthasar).	*Id.		Id.	Élève de J. M. Crespi; Dominique Galeazzi et Pierre Minelli furent condisciples de Bigatti et se firent connaître par quelques tableaux d'autel.
BALDINI (Joseph).	*Id.	Florence	Id.	Élève d'A. Gabbiani; annonçait un beau talent; mort à la fleur de son âge.
ZEI.	*Id.	Borgo-San-Sepolcro	Id.	Peignit dans la cathédrale de sa patrie. — Bon coloris; types communs et sans expression.
BASSI (François), le jeune.	*Id.	Cremone.	Pays.	Élève de Fr. Bassi, le vieux. — Inférieur à son maître.
BELLAVIA (Marc-Antoine).	*Id.	En Sicile.	Hist.	On le croit élève du Cortona. — Manière d'Annibal Carrache. Graveur à l'eau-forte.
BENINI (Sigismond).	*Id.	Crémone.	Pays.	Élève du Massarotti. — Beaux détails, plans bien dégradés, heureux effets de lumière, manière nette, coloris vigoureux; lorsque ses tableaux sont étoffés, ils perdent beaucoup de leur valeur.
CADIOLI (Jean).	*Id.	Mantoue.	Id.	Auteur d'une histoire des peintures de Mantoue où il fonda une académie dont il fut le premier directeur.
CALDANA (Antoine).	*Id.	Ancône.	Hist.	Travailla à Rome.
ODDI (Joseph).	*Id.	Pesaro.	Id.	Élève de C. Maratti.
SIGISMONDI (Pierre).	*Id		Id.	Peintre d'assez de mérite.
SAN FELICE (Ferdinand).	*Id.	Naples.	Hist, fruits, paysages et persp.	Élève de Fr. Solimène, qui l'aima beaucoup; il était de naissance noble. —Excella dans les fruits, les paysages et les perspectives.
SARDI (Gaëtan).			Hist.	Élève de P. Bianchi et de B. Luti.
SIMONETTI (Dominique), dit LE MAGATTA.	*Id.	Ancône.	Id.	Peintre de talent.
BOSI (François), dit LE GOBBINO.	*Id.	Faenza.	Id.	Élève de J. Donini.
BRUNI (Jules).	*Id.		Id.	Élève du Tavarone, à Gènes, puis de J. B. Paggi. — Bon dessin et bonne composition. Son frère, Jean-Baptiste, fut son élève.
ZANETTI (Dominique).	*Id.		Id.	Détails inconnus. — Jésus-Christ mort, Munich. Saint Jérôme, ib.
VENTURINI (Ange).	*Id.	Venise.	Id.	Élève du Balestra.
VALERIANI (Dominique).	*Id.		Persp.	Élève de M. Ricci. Son frère Joseph, le jeune, fut élève du même maître et peignit l'histoire.

NOMS.	ANNÉES DE NAISSANCE ET DE MORT.	LIEU DE NAISSANCE	GENRE.	NOTES HISTORIQUES. TABLEAUX PRINCIPAUX ET LIEUX OU ILS SE TROUVENT. OBSERVATIONS.
VANETTI (MARC).	*XVIIIe siècle.	LORETTE.	Hist.	Élève de Ch. Cignani.
TOMMASO TOMMASI di PIETRO SANTI.	*Id.		Orn. et persp.	Élève des frères Melani. — Génie remarquable.
TESIO (LE).	*Id.	TURIN.	Hist.	Élève de Mengs, à Rome.
SUBISSATI (SEM-PRONIO).	*Id.	URBIN.	Id.	Élève de C. Maratti. Mort à Madrid.
SOZZI (OLIVIO).	*Id.	CATANE.	Id.	Travailla beaucoup à Palerme; un autre Sozzi avec le prénom de François travaillait à Girgenti dans le même siècle.
SCANDELLARI (PIERRE).	*Id.			Élève de Ferd. Galli di Bibbiena; fit partie de l'Académie de Bologne.
NATALI (FRANÇOIS, LAURENT et PIERRE), frères de Joseph.	*Id.	CRÉMONE.	Orn., persp., etc.	Élèves de leur frère. François surpassa Joseph en distinction, fut employé dans plusieurs villes lombardes à de vastes travaux, et mourut à Parme en 1725. Laurent ne fut qu'un auxiliaire pratique, et Pierre, mort fort jeune, est resté ignoré.
NATALI (JEAN-BAPT.), fils de François.	*Id.	Id.	Orn. et persp.	Élève de son père; peintre de Charles, roi des Deux-Siciles, et de son fils. — Il ne faut pas le confondre avec son cousin qui porte le même nom.
MASUCCI (LAURENT), fils d'Augustin.	*Id.		Hist.	Élève de son père, qu'il ne put jamais égaler. — Sainte famille, Rome.
BENUCCI (BONAVEN-TURE).	*Id.	ROME.	Hist. et.pays.	Élève de Wallis.(peintre anglais). — Étudia à Madrid.
MILOCCO (ANTOINE).	*Id.	TURIN.	Hist.	Travailla avec Cl. Beaumont, à Turin.
MARTORANA (GIOVAC-CHINI).	*Id.	PALERME.	Id.	Détails inconnus. — Du mérite dans les compositions vastes.
MAFFIOTO (DOMINI-QUE).	*Id.	VENISE.	Id.	Élève de Piazzetta.
ANGELIS (DOMINIQUE).	*Id.	ROME.	Hist.?	Détails inconnus.
MAGGI (PIERRE).	*Id.		Hist.	Élève de Ph. Abbiati.
ANGELINI (JOSEPH).	*Id.	ASCOLI.	Id.	Élève de L. Trasi. — Ne serait-ce pas le même que Joseph Angeli?
ALBERONI (JEAN-BAP-TISTE).	*Id.		Arch.	Élève de Ferdinand Galli di Bibbiena; reçu à l'Académie de Bologne.
MANAIGO (SILVESTRE).	*Id.		Hist.	Élève de G. Lazzarini. — De l'affectation; manque de soin.
MARINETTI (AN-TOINE), dit LE CHIOZZOTTO.	*Id.	CHIOZZO.	Hist. et portr.	Élève de Piazzetta.
MONALDI (LE).	*Id.		Bamb. et pays.	Élève d'A. Lucatelli.
CAFFI (LA).	*Id.	FLORENCE	Fleurs et fr.	Détails inconnus.
CASTELLAMARE (Jo-SEPH DE).	*Id.		Portr. et hist.	Élève de Fr. Solimène.
MORETTO (FAUS-TINO).	*Id.	VALCAMO-NICA.	Arch. et persp.	Travailla à Venise.
MONOSILIO (SALVA-TOR).	*Id.	MESSINE.	Hist.	Élève de S. Conca, à Rome, où il demeura longtemps. — Fresques, Rome.
JOLI (ANTOINE).	*Id.	MODÈNE.	Arch., perspect. et orn.	Élève de P. Pannini, à Rome, travailla pour les théâtres d'Espagne, d'Allemagne et d'Angleterre; nommé peintre de Charles III, roi de Naples, et de son fils. — Artiste célèbre.
LIPARI (ONUPHRE).	*Id.	PALERME.	Hist.	Détails inconnus.
CAPELLA (FRANÇOIS).	*Id.	VENISE.	Id.	Élève de Piazzetta.
CACCIANIGA (PAUL).	*Id.	MILAN.	Id.	École des Recchi; Thomas Formenti et Jean-Baptiste Pozzi, le jeune, furent ses condisciples et ses compatriotes.
AGNELLI (L').	*Id.	ROME.	Id.	Employé à Turin.
GOTI (MAURELIO).	*Id.	FERRARE.	Arch. et orn.	Élève d'A. F. Ferrari. — Sa manière se rapproche de celle de J. Facebinetti.

NOMS.	ANNÉES DE NAISSANCE ET DE MORT.	LIEU DE NAISSANCE	GENRE.	NOTES HISTORIQUES. TABLEAUX PRINCIPAUX ET LIEUX OU ILS SE TROUVENT. OBSERVATIONS.
ANGELETTI.	Dates inconnues.		Hist.	Détails inconnus. — Tableaux, Rome.
ASCALDAS.	Id.		Id.	— Saint Jérôme, Rome.
ASCENZI (Charles).	Id.		Id.	— Saint Charles, Rome.
AVANCINO.	Id.		Id.	— Fresques, Rome.
BARBERI (Pierre).	Id.		Id.	— Tableaux, Rome.
BIANCHI (André), dit LE VESPINO.	Id.		Id.	— Copie de la Cène de Léonard, Milan.
BOLGIERI (Jean).	Id.	Turin.	Id.	—
BOSSOLI (Jean-Baptiste).	Id.		Portr.	—
BRACCI (Pierre).	Id.		Hist.	— Fresques, Rome.
CAMULLO (François).	Id.		Id.	— Vision de saint Jérôme, Bologne.
CAPRINOZZI (Marc).	Id.		Id.	— Tableaux et fresques, Rome.
CARDONA.	Id.		Id.	— Jésus-Christ rencontré par Sainte Véronique, Rome.
CHIALLI (Vincent).	Id.	Citta di Castello.	Genre.	— Chœur de capucins, Florence. Funérailles d'un capucin, ib.
COLONNA (Lucrèce Tomacelli).	Id.		Portr.	— Portrait flamand, Rome.
CONCIOLI (Antoine).	Id.		Hist.	— Fresques et tableaux, Rome.
CRESSENTI (François).	Id.	Rome.	Hist. et genre.	— Travailla pour le livre Documenti d'Amore, etc.
EISENMANN (Charles) dit BRISEGHELLA.	Id.		Batail.	Champ de bataille, Dresde. Combat sous les remparts, ib. Combat de cavalerie près d'une ville, ib.
FENOLLO (Paul).	Id.		Hist.	Détails inconnus. — Voyage de Bacchus, Madrid.
FERUCCI (Pompée).	Id.		Hist. et portr.	— Portrait du cardinal Vedoni, Rome. Fresques, ib.
FRIGIOTTI (Philippe).	Id.		Hist.	— Tableau, Rome.
GANASSINI (Martin).	Id.		Id.	— Tableau, Rome.
GALGANO (Perpignano).	Id.	Sienne.	Id.	—
GRIFFONI (Jérôme).	Id.	Bergame.	Id.	École du Cavagna.
IMOLA (Vincent d').	Id.		Id.	Détails inconnus. — La Vierge, Rome.
LOLLI (Marcel).	Id.	Sienne.	Id.	—
MAGNI (Nicolas).	Id.		Id.	— Saint Raimond, Rome.
MANNO (François).	Id.	Palerme.	Id.	— Descente de croix, Rome.
MARAS (Pertus).	Id.		Id.	— La Vierge et l'Enfant et autres saints, Berlin.
MARSILI (Sébastien).	Id.		Id.	— Hippomène et Atalante, Florence. — Touche fine.
MARTELLI (Aurèle), dit LE MUET.	Id.		Id.	École Siennoise.
MARTORELLI (Jean).	Id.		Id.	Détails inconnus. — La Vierge et l'Enfant entourés de saints, Bologne. Saint Antoine, abbé, ib.
MATTEI (Michel).	Id.	Bologne.	Id.	— Tableaux, Venise.
MAZZETTI (Jean).	Id.		Id.	— Fresques, Rome.
MIGLIORI (François).	Id.		Id.	Joseph expliquant les songes dans la prison, Dresde. La fille de Cimon nourrissant son père, ib. Bacchus et Ariane, ib. Caïn et Abel, ib. Europe, ib. Loth et ses filles, ib.

NOMS.	ANNÉES DE NAISSANCE ET DE MORT.	LIEU DE NAISSANCE	GENRE.	NOTES HISTORIQUES. TABLEAUX PRINCIPAUX ET LIEUX OU ILS SE TROUVENT. OBSERVATIONS.
MIZZI.	Dates inconnues.		Hist.	Détails inconnus. — Tableaux, Rome.
MONANNO-MONANNI.	Id.		Id.	— Tableaux et fresques, Rome.
NOCCHI (Bernardin).	Id.		Id.	— Sainte Prudentienne, Rome.
PELOSI (François).	Id.		Id.	— Sainte Julienne, Bologne. Saint Jacques, ib. Jésus-Christ mort, ib. La Vierge et l'Enfant, ib.
PERDRICI.	Id.		Id.	— Fit une copie de la Cène de Michel-Ange.
PEROTTI (Pierre).	Id.		Id.	— Fresques, Rome.
PESCI (Jérôme).	Id.		Id.	— Sainte Famille, Rome.
PROFÉTA (Simon).	Id.		Id.	— Allégorie, Rome.
RAMACCIOTTI (Jean-Baptiste).	Id.	Sienne.	Id.	Prêtre et amateur de peinture. — Nativité de la Vierge, Florence.
SACCHI (Les).	Id.	Pavie.	Mosaïque.	Ces peintres, dont la génération exista plusieurs siècles, demeuraient à la Chartreuse de Pavie et remplirent cette cathédrale de mosaïques en pierre dure.
SAGORO.	Id.		Hist.	Détails inconnus. — Jésus-Christ mort près de sa mère et de saints personnages, Bruxelles.
STURRINI (Marc).	Id.		Id.	— Madeleine, Florence.
TERRINI.	Id.		Id.	— Fresques, Rome.
TROPPA (François).	Id.		Id.	— La Madeleine, Rome. Saint Augustin, ib. Un crucifix, ib. Annonciation, ib.
VECCHI (François de).	Id.		Id.	— Tableau, Rome.

Résumé. ÉCOLE ITALIENNE : depuis les peintres primitifs jusqu'en 1775 : 3007 peintres.

(Pour l'école italienne moderne, jusqu'en 1845, voir à la fin du volume.)

TABLE ALPHABÉTIQUE DE L'ÉCOLE ITALIENNE.

FIN DE LA TABLE ALPHABÉTIQUE DE L'ÉCOLE ITALIENNE.

ÉCOLE ANGLAISE.

NOMS.	ANNÉES DE NAISSANCE ET DE MORT.	LIEU DE NAISSANCE.	GENRE.	NOTES HISTORIQUES. TABLEAUX PRINCIPAUX ET LIEUX OU ILS SE TROUVENT. OBSERVATIONS.
QUESNEL (François).	1542 1619	Edimbourg.	Portr.	Se rendit en France, y fut peintre à la cour de Henri III, et y mourut. — Beaucoup de fini.
OLIVER (Jean), le vieux.	1556 1617	Angleterre.	Portr., hist. et miniat.	Élève de Hilliart et de Frédéric Zucchero, peintre italien; il préférait le genre du portrait, y obtint un grand succès et peignit les personnages les plus remarquables de sa patrie; ses compositions d'histoire lui valurent également de la réputation; c'est d'après une de ses miniatures que Rubens et Van Dyck ont peint le portrait du roi Jacques. — Dessin facile et correct; touche franche et délicate, manière large quoique la plupart de ses tableaux soient en miniature.
JAMESONE (George).	1586 1644	Écosse.	Portr. hist. et pays.	On croit qu'il visita fort jeune le continent et qu'il y fut élève de Rubens; revint en Écosse, en 1628; fut chargé de peindre tous les portraits des rois d'Écosse, pour être offerts à Charles Ier; s'acquitta avec talent de cet ouvrage et mérita la distinction du monarque. Mort à Édimbourg.
STONE (Henri), dit OLD STONE.	†1653		Portr.	Fils d'un statuaire, sa vocation l'entraîna vers la peinture. Visita l'Italie et y étudia d'après les grands maîtres. — La famille Cornaro (d'après le Titien), Londres. — Imitateur habile de Van Dyck.
FULLER (Isaac).	†1672	Angleterre.		Élève de Perrier; mort à Londres.
AGGAS ou AUGUS (Robert).	†1679	Id.	Pays.	Détails inconnus.
OLIVER (Pierre), fils de Jean le vieux.	1601 1651?	Id.	Min., hist. et portr.	Élève de son père, l'égala bientôt et finit par le surpasser; sa réputation s'étendit dans les trois royaumes et les commandes lui arrivèrent en foule. Mort à Londres où il avait passé toute sa vie. — Bon graveur à l'eau-forte.
COOPER (Samuel), fils d'Alexandre.	1609 1670	Londres.	Portr. et hist.	On le croit élève de son père; visita la France, y fit les portraits de plusieurs hommes célèbres et mérita par ses talents le surnom du petit Van Dyck. — Bonne ressemblance, pinceau gracieux.
DOBSON (Guillaume).	1610 1647	Id.	Portr.	Placé chez un marchand de tableaux, ses dispositions lui valurent la connaissance et les conseils de Van Dyck, alors à Londres; premier peintre du roi Charles Ier; exécuta le portrait de ce monarque, ceux des princes ses fils et de plusieurs grands personnages. Mort de consommation par suite du déréglement de sa vie. — Portrait d'homme, Londres. Portrait du peintre et de sa femme. ib. Le comte de Sandwich, ib. — Pinceau vigoureux et suave; imita Van Dyck avec assez de bonheur.
GIBSON (Richard), dit LE NAIN.	1615? 1690		Id.	Domestique à Mortlake; sa maîtresse voyant ses dispositions pour le dessin, le plaça chez le Clein, directeur de la fabrique de tapisseries à Mortlake. Gibson, qui n'avait que trois pieds dix pouces anglais de hauteur, épousa une femme de sa taille et fut honoré de la faveur de Charles Ier qui assista à son mariage; exécuta plusieurs fois le portrait de Cromwell et fut maître de dessin des princesses Marie et Anne, depuis reines d'Angleterre. Mort à Londres. — La reine Henriette-Marie, Londres. — Ses aquarelles lui donnèrent de la célébrité; mais ce qui lui en valut plus furent ses portraits copiés d'après P. Lely.
OLIVER (Jean), le jeune.	1616	Id.	Hist. et portr.	On le croit cousin de Pierre Oliver; se fit dans la peinture sur verre une réputation méritée; exécuta à l'âge de 84 ans de fort beaux vitraux dans l'église d'Oxford; l'inscription qu'il a mise au bas de cet ouvrage prouve qu'il s'appelait Jean et non Isaac, comme quelques auteurs l'ont avancé, en le confondant avec Jean Oliver le vieux. Mort dans les premières années du XVIIIe siècle. — Vitraux de l'église du Christ, Oxford. — Beaucoup d'imagination; peignit le portrait avec succès; graveur à la pointe et en manière noire.
FAES (Pierre Van der), dit le chevalier LELY.	1618 1680	Soest (Westphalie).	Portr. etc.	Son père étant né dans une maison dont la façade était ornée d'un lis, on l'appela Lely. Élève de Grebber; à vingt-cinq ans, étant allé en Angleterre avec le prince d'Orange, Charles Ier lui fit faire son portrait ainsi que ceux des personnes de la famille royale. Riche et entouré de l'estime de tous, il mena une vie heureuse jusqu'à l'arrivée de Kneller, dont le succès le firent mourir de chagrin. Il fut nommé peintre de Charles Ier; après la mort de ce dernier, Cromwell le prit à son service. Charles II le créa gentilhomme de la chambre avec une pension de 4,000 florins. — Portrait d'homme, Paris. Beaucoup de portraits, Londres. Enfant avec un agneau, ib. Madeleine, ib. Portrait de Cromwell, Florence. Portrait du peintre, ib. Et autres, ib. Portraits de femme, Vienne. — Imita l'élégance, la noblesse, la pureté de dessin, les poses aisées et gracieuses de Van Dyck.
STREATER (Robert).	1624 1680	Londres.	Tous les genres.	Fils d'un peintre obscur. Élève de Dumoulin, il est un des meilleurs artistes que l'Angleterre ait produits. Peintre du roi Charles II. — Le théâtre d'Oxford avait un plafond peint par lui dont on faisait un grand et pompeux éloge. — On a fait ce peintre, surtout de son temps, une réputation trop grande. Robert Whitchal dit que la postérité sera plus redevable à Streater qu'à Michel-Ange lui-même. — Graveur à l'eau-forte.
LOGGAN (David).	1630? 1695	Dantzick.	Pays. et portr.	Élève d'Abraham Hondius, en Hollande, où il séjourna quelque temps; s'établit en Angleterre, habita Oxford et mourut à Londres. — Graveur.
BÉALE (Marie).	1632 1697	Suffolk.	Portr. et hist.	Élève de Pierre Lely. — Peignit les portraits de plusieurs hommes illustres de son temps et dut probablement sa réputation à cette particularité. — Quoique ayant imité les grands peintres, elle n'avait pas assez de génie pour éviter l'affectation.

NOMS.	ANNÉES DE NAISSANCE ET DE MORT.	LIEU DE NAISSANCE.	GENRE.	NOTES HISTORIQUES. — TABLEAUX PRINCIPAUX ET LIEUX OU ILS SE TROUVENT. — OBSERVATIONS.
DAVIS (ÉDOUARD).	1640?		Portr.	Étudia la gravure ; contraint par la nécessité, il devint domestique, suivit son maître en France, et apprit dans ce pays à manier le pinceau ; revint en Angleterre et se fit par son talent une position indépendante. — Graveur estimé ; ses tableaux sont peu connus.
GIBSON (GUILLAUME), neveu de Richard.	1644 1702		Id.	Forma une des plus belles collections de gravures et de dessins qui existât de son temps.
BARLOW (FRANÇOIS).	1646 1702	DANS LE LINCOLN.	Anim. et pays.	Élève d'un peintre de portraits médiocre, nommé Sheppard. — Excellent dessin ; coloris faible.
BECKETT (ISAAC).	1653	KENT.	Genre, histoire et pays.	Mort à Londres au commencement du XVIIIe siècle. — Graveur en manière noire.
HOUSMAN (JACQUES).	1656 1696		Portr.	Détails inconnus. — Portrait d'Isaac Walton, Londres.
KILLIGREW (ANNE).	1660? 1685	ANGLE- TERRE.		Également poëte.
RICHARDSON (JONA- THAN).	1665 1745	LONDRES.	Portr.	D'abord clerc de notaire, ce ne fut qu'à l'âge de 30 ans qu'il put se livrer à son goût pour la peinture. Élève de Riley ; épousa la nièce de son maître et fut un des meilleurs peintres des trois royaumes ; acquit une belle fortune ; parcourut l'Italie et rapporta de ce pays une collection remarquable de tableaux et de dessins des grands maîtres ainsi que de fragments d'antiques ; il en fit un commerce lucratif ; mort subitement. — Coloris remarquable par sa vigueur, sa hardiesse et son relief ; ses figures d'hommes manquent de noblesse et ses figures de femmes sont dépourvues de grâce ; il borna ses efforts à bien peindre une tête et ne montra jamais la moindre imagination ; draperies, attitudes et fonds également communs, connaissances théoriques profondes en peinture, sculpture et architecture ; auteur de plusieurs ouvrages traitant de l'art, et de quelques essais littéraires.
THORNILL (JACQUES).	1676 1734	WEY- MOUTH.	Hist. et portr.	Premier peintre d'histoire de la reine Anne.— Fresques (chefs-d'œuvre), Greenwich. — Ce fut lui qui peignit le dôme de Saint-Paul.
LENS (BERNARD), le jeune.	1680	LONDRES.	Portr., etc.	Fils du graveur du même nom et petit-fils du peintre sur émail également nommé Bernard Lens. Cultiva la peinture à la gouache ou à l'aquarelle et exécuta dans ce genre d'excellentes copies. Aussi recommandable par son caractère et ses mœurs que par son talent remarquable. — Graveur à l'eau-forte.
AIKMAN (GUILLAUME).	1682 1731	ÉCOSSE.	Portr. et hist.	Étudia d'après les grands maîtres, en Italie ; séjourna en Turquie, revint en Écosse, passa en Angleterre et y trouva un généreux protecteur dans le duc d'Argyle. Célèbre par plusieurs poëtes de son temps, entre autres par Thompson, dont il fit le premier apprécier le talent.— Compositions gracieuses et élégantes.
KENT (GUILLAUME).	1685 1748	YORK- SHIRE.	Hist. et portr.	Étudia à Rome, sous B. Luti ; se distingua surtout dans l'architecture : on le regarde comme le créateur des jardins modernes. — Entrevue de Henri V avec la princesse Catherine de France, Londres. Mariage de Henri V avec la princesse Catherine, ib. — Peintre, dessinateur et architecte.
TAYLOR (BROOK).	1685 1731	MID- DLESEX.		Un des hommes les plus remarquables qu'ait produits l'Angleterre ; musicien, peintre, légiste, philosophe, physicien, géomètre, ses connaissances étaient universelles. — Son principal ouvrage est intitulé : Methodus incrementorum, Londres, 1715-1717.
EDWARDS (GEORGE).	1693 1773	STRAT- FORD (comté d'Essex).	Ois., fleurs, plantes etc.	Destiné au commerce ; quitta cette carrière pour l'étude et les arts ; parcourut la Hollande, la Norwège ; se trouvait en France en 1720 ; fut au point d'être transporté au Mississipi, comme vagabond ; revint en Angleterre, s'y livra à l'étude de l'histoire naturelle et s'occupa à exécuter des dessins coloriés. Reçu membre de plusieurs sociétés savantes. Mort de la pierre et d'un chancre qui lui avait enlevé un œil. — Célèbre naturaliste.
HOGARTH (GUIL- LAUME).	1697 ou 1698 1764	LONDRES.	Portr., scènes comiques, genre, etc.	Lutta d'abord contre le besoin, peignit des enseignes pour les marchands de Londres et grava des cartes d'adresses, des armes parlantes, des frontispices, etc. ; en 1726 sa réputation commença à percer par les figures qu'il peignit et grava pour l'édition d'Hudibras de Butler avec le portrait de cet auteur ; se rendit en France, après la paix d'Aix-la-Chapelle ; fut arrêté à Calais comme espion et reconduit à trois lieues de la côte ; nommé peintre du roi en 1757. Quelques disputes qu'il eut avec d'anciens amis, aigrirent son caractère et détruisirent sa santé. Mort d'un anévrisme. — Portrait du peintre, Londres. Le mariage à la mode, en six tableaux, ib. Vie du libertin, huit planches. Une élection parlementaire, quatre planches. Les buveurs de punch, douze planches. — Gaieté piquante, spirituelle, mais quelquefois burlesque ; idées morales ou satiriques ; génie extraordinaire pour saisir les traits caractéristiques des physionomies, leurs défauts, leurs ridicules ou leurs vices. Célèbre graveur.
SMITH (GUILLAUME).	†1764	CHICHES- TER.	Pays., fleurs, fr. et portr.	Eut beaucoup de succès.
SMITH (JEAN), frère de Guillaume.	†1764	Id.	Pays.	Graveur à l'eau-forte.
RICHARDSON, fils de Jonathan.	†1771		Portr.	Élève de son père ; fut loin d'atteindre le talent de ce dernier.
SCOTT (SAMUEL).	†1772	ANGLE- TERRE.	Mar., vues de ville.	S'attacha à imiter le célèbre Guillaume Van de Velde ; devint un des peintres les plus renommés de l'Angleterre et exécuta la plupart de ses tableaux pour sir Édouard Walpole. Mort d'une attaque de goutte.— Étoffage judicieusement choisi et peint avec une rare perfection. Ses dessins au lavis sont très-estimés.

NOMS.	ANNÉES DE NAISSANCE ET DE MORT.	LIEU DE NAISSANCE.	GENRE.	NOTES HISTORIQUES. — TABLEAUX PRINCIPAUX ET LIEUX OU ILS SE TROUVENT. — OBSERVATIONS.
SHERWIN (Jean-Keyse).	†1790	Sussex ?	Genre et hist.	Peintre et graveur. Élève de Bartolozzi. Pauvre, il arriva à une brillante fortune qu'il dépensa follement. Mort misérable et abandonné dans une auberge. — Son *Bijou de Marlborough* et son *Village abandonné*, dans lequel se trouve le portrait de son père, lui ont fait une belle réputation. Plus grand graveur que peintre.
PINE (Robert-Edge).	†1790		Portr. et hist.	Fils d'un graveur. Couronné en 1760 et en 1762 par la société pour l'encouragement des arts. Mort en Amérique. — Regardé comme un des meilleurs coloristes de l'école anglaise. Bon peintre de portraits.
HODGES (Guillaume)	†1797		Pays.	Un des compagnons du célèbre Cook. — Vues de l'Inde, quarante-huit planches. Voyage dans l'Inde, in-4°.
FERGUSON (Guillaume).	*1610		Nature morte.	Détails inconnus. — Gibier et instruments de chasse, Berlin. (Ce tableau est signé : William Ferguson f., 1610.)
PEACKE (Robert).	*1640	Angleterre.	Portr.	Détails inconnus. — Graveur.
WEESOP.	*1645		Id.	On le croit d'origine flamande ; s'établit en Angleterre vers 1642 ; revint sur le continent après la mort de Charles Ier. — Imita Van Dyck avec talent.
COOPER (Alexandre).	*XVIIe siècle.		Id.	Se forma sous les grands maîtres de l'école hollandaise ; fut appelé en Suède par la reine Christine.
FORCESTER (Les).	*Id.	En Angleterre.	Hist.	Peintres sur verre.
GIBSON (Édouard).	*Id.		Portr.	Élève et parent de Guillaume. Donnait beaucoup d'espérance. Mort jeune.
LUCY (Charles).	*Id.	Londres.	Id.	Élève de Ch. Cignani, en Italie.
JONES (Ignace ou Inigo).	*Id.		Pays.	Protégé par Charles Ier.
DALH.	*Id.	Angleterre.	Portr.	Détails inconnus. — George, prince de Danemark, Londres.
JARVIS (Les).	*Id.	Id.	Hist. et portr.	Peintres sur verre.
LENS (Bernard), le vieux.	*Id.		Émail.	Père du dessinateur et graveur anglais Bernard Lens. — Peignait avec talent sur émail.
REMEE.	*Id.		Portr.	Travailla pour Charles II. — Henri VII et sa femme Élisabeth, Londres. Henri VIII et Jane Seymour, ib. (Ces tableaux sont des copies d'après Holbein, exécutées pour Charles II.)
TILLET.	*Id.			Maître du graveur John Smith.
WRIGHT (Michel).	*Id.		Portr.	Détails inconnus. — Jean Lacy, comédien sous Charles II, Londres.
WORDLIGE (Thomas).	1700 1766	Peterborough (comté de Northampton).	Genre et hist. au pastel.	Élève de Grimaldi et de Louis Boitard ; visita avec ce dernier maître la Hollande et la Flandre, et mérita le surnom de Rembrandt anglais, par ses belles gravures à l'eau-forte. — *Collection choisie de dessins tirés des pierres précieuses antiques, pour la plupart dans la possession de la grande et petite noblesse du royaume, gravées à la manière de P. Rembrandt*, Londres, 1768, 2 vol. petit in-folio. — Ne put réussir à peindre à l'huile. On estime beaucoup la plupart de ses copies et de ses têtes à la mine de plomb.
PEMBROKE (Thomas).	1700 1728?	En Angleterre.		On le dit élève de Marcel Laroon , peintre hollandais établi en Angleterre, mais cette assertion doit être erronée puisque Laroon mourut en 1705.
COOPER (Richard).	1708?	Écosse.	Portr.	Florissait à Édimbourg en 1730. — Ne pas le confondre avec un autre Richard Cooper, très-célèbre graveur, né en Angleterre en 1736. — Graveur.
LAMBERT (George).	1710 1765	Comté de Kent.	Pays. et vues de ville.	Élève d'un peintre flamand ; s'acquit un talent assez remarquable ; fondateur de la société joyeuse connue sous le nom de *Club du Bifsteck*, à Covent-Garden. Mort à Londres. — Imita Gaspard Dughet. Graveur à l'eau-forte.
RAMSAY (Allen).	1713 1784		Portr.	Détails inconnus. — La reine Charlotte, femme de George III , et ses enfants, Londres.
MORTIMER (Jean-Hamilton).	1714 1779	Londres.	Hist.	Posséda un talent remarquable, une vive imagination et beaucoup d'originalité. — Manière outrée, quoique spirituelle et correcte.
WILSON (Richard).	1714 1782	Dans le comté de Montgoomery.	Hist., portr. et pays.	Son génie pour la peinture se développa en Italie sous la conduite de Zuccarelli ; arrivé à Londres, il y reçut les éloges de Mengs. Joseph Vernet, qui vint le voir dans son atelier, alors qu'il était à Rome, le recommanda vivement aux connaisseurs. En Angleterre, ayant obtenu l'emploi de bibliothécaire, il fut obligé de se démettre de ses fonctions à cause de son peu d'ordre. La rudesse de son caractère éloigna ses amis, et il alla mourir dans le comté de Galles. — La villa de Mécène à Tivoli, Londres. Paysage : Niobé, ib. — Talent souple et varié ; coloris vif, touche spirituelle, composition élégante, belles lumières, ombres bien calculées ; figures peu heureuses. On le surnomma, de son temps, le *Claude Lorrain anglais*.

NOMS.	ANNÉES DE NAISSANCE ET DE MORT.	LIEU DE NAISSANCE	GENRE.	NOTES HISTORIQUES. — TABLEAUX PRINCIPAUX ET LIEUX OU ILS SE TROUVENT. — *OBSERVATIONS.*
BROOKING.	1719 1759	ANGLE-TERRE.	Mar.	Étudia d'après les tableaux de Van de Velde. — Imita parfois avec un grand bonheur le style, la manière et les beaux effets de lumière de son modèle.
PATON (RICHARD).	1720	Id.	Mar. et comb. navals	On ne cite aucune particularité sur sa vie. — Marine, Londres. Bassin de Portsmouth, *ib.* Port de Sheerness, *ib.* Port de Chatham, *ib.* Port de Woolwich, *ib.* — Coloris, perspective, chaleur d'action, vérité et vivacité de la scène également recommandables. — Bon graveur à l'eau-forte.
REYNOLDS (SIR Jo-SUÉ).	1723 1792	PLYMTON (près de Plymouth).	Portr., genre et hist.	Élève de Hudson : se brouilla avec son maître et revint dans le Devonshire trois ans après son départ ; visita l'Italie, en 1749 ; consacra tous les instants de sa vie à se perfectionner dans son art ; réunit à sa table, pendant trente années, tout ce que l'Angleterre renfermait de plus illustre dans les arts et la littérature ; la chaire et le barreau, le parlement et l'armée ; nommé président de l'Académie royale des arts, aussitôt après son institution à laquelle il avait puissamment contribué ; honoré quelque temps après du titre de chevalier baronnet, que lui décerna le roi ; visita la Hollande et la Flandre en 1783 ; nommé peintre ordinaire du roi en 1784, en remplacement de Ramsay, qui venait de mourir. Reynolds a composé des notes excellentes sur les œuvres de Rembrandt, Van Dyck et Rubens : comme peintre d'histoire, son talent n'a rien de bien remarquable, mais pour le portrait, s'il n'est pas un des plus grands peintres de l'Europe, il est sans doute le premier de l'Angleterre. — Sainte Famille, Londres. Les Grâces, *ib.* Tête d'homme, *ib.* Le banni, *ib.* Portraits, *ib.* Études d'anges, *ib.* Samuel. *ib.* — Il paraît avoir imité Rembrandt ; exprimait admirablement la ressemblance et la physionomie du modèle ; variété inépuisable d'attitudes, naturel plein de grâce, fonds riches et pittoresques, effets neufs et frappants, tirés du contraste de la lumière et des ombres ; couleur brillante et harmonieuse, douceur remplie de charme ; ses progrès ne s'arrêtèrent qu'avec sa vie : aussi travaillait-il avec une ardeur infatigable ; peu de science dans le nu ; ses ouvrages ont un éclat qui éblouit ; le coloris en est la qualité la plus éminente : à celle-là, il a sacrifié toutes les autres ; son talent comme peintre d'histoire consiste dans une imitation scrupuleuse de la nature ; le dessin laisse beaucoup à désirer : composition découpée et lumière distribuée d'une manière tranchée, afin de mieux faire saillir ses figures.
THOMPSON (GUILLAUME).	1726 1798	DUBLIN.		Également écrivain. — Les principes du beau, 1798, in-4°.
GAINSBOROUGH (THOMAS).	1727 1788	SUDBURY.	Pays. et portr.	Élève de Gravelot ; peignit d'abord des portraits et abandonna ce genre pour le paysage, dans lequel il acquit une grande réputation. Mort à Londres. — Paysage : la charrette du marché, Londres. L'abreuvoir, *ib.* Portrait d'homme, *ib.* Un rabbin, *ib.* L'évêque de Winchester, *ib.* — Il est le Reynolds du paysage ; portraits estimés ; ton moelleux, suave ; grâce naïve, nature vraie et pure ; excellait à peindre les enfants.
SMITH (GEORGE), frère de Guillaume.	1750 1776	CRICHESTER.	Pays.	Graveur et poète. Excellent peintre.
BOYDELL (JEAN).	1750 1804	ANGLE-TERRE.		Fonda la Galerie de Shakspeare, célèbre école de peinture, en Angleterre ; cette entreprise le ruina : il finit par la mettre en loterie.
THORNILL (le chevalier JACQUES).	1752	PROVINCE DE DORSET.	Tous les genres.	Détails inconnus.
WRIGHT (JOSEPH), dit WRIGHT DE DERBY.	1754 1797	DERBY.	Hist., portr., genre, pays., etc.	Élève d'Hudson, à Londres, en 1751 ; se perfectionna en Italie, en revint en 1775, s'établit d'abord à Bath, puis dans sa ville natale ; fit une nouvelle excursion en Italie ; assista à une éruption du Vésuve et en fit plusieurs tableaux qui furent considérés comme des chefs-d'œuvre. Reçu à l'Académie de peinture, dans sa patrie, en 1782 ; jouit de son vivant des dons de la fortune et des honneurs qu'amène la gloire. — On admire dans ses paysages l'élégance du dessin, la science du clair-obscur, la vérité et la délicatesse du coloris ; le style varié, tantôt calme et tantôt sublime. Excellait dans les clairs de lune, les incendies et les effets de lumière.
ROMNEY (GEORGE).	1754 1802	DALTON (Lanca-shire).	Portr. et hist.	Dut son talent à lui-même ; se rendit à Londres en 1762 et s'y acquit une réputation méritée ; arriva à Paris en 1764, y résida quelques années et fit le voyage d'Italie avec le peintre Ozias Humphrey. Revenu à Londres, il y partagea la vogue avec Gainsborough et Reynolds, s'acquit une belle fortune et fut en contact avec tout ce que l'Angleterre possédait d'hommes distingués. Mort à Kendal. — Pinceau facile ; coup d'œil juste ; couleur peu naturelle ; ses portraits de femmes sont naïfs, élégants et parfois éclatants et frais ; ses portraits d'hommes sont plus spirituels que dignes, et ont plus d'apparence que de caractère réel ; peu d'entente du clair-obscur.
RUNCIMAN (GEORGE).	1756 1785		Hist.	Détails inconnus.
STUBBS (GEORGE).	1756 1806	LIVER-POOL.	Anim.	Anatomiste. — Excella à peindre les chevaux.
WEST (BENJAMIN).	1758 1820	SPRING-FIELD (Pensyl-vanie).	Hist. et portr.	Dès l'âge le plus tendre il manifesta des dispositions étonnantes pour la peinture. Comme ses parents demeuraient en Amérique, il résolut de venir en Europe ou de grands succès l'attendaient. Nommé peintre du roi (1772) ; surintendant des peintures royales (1790) ; il fut depuis membre d'un grand nombre des sociétés savantes. Ami de R. Mengs, de Reynolds et de Wilson, il fut un des artistes dont l'Angleterre s'honore le plus. Mort d'hydropisie. — Cléombrote banni par Léonidas, Londres. Oreste et Pylade, *ib.* Christ guérissant les malades, *ib.* La cène, *ib.* Saint Pierre reniant Jésus-Christ, *ib.* Beaucoup de portraits, *ib.* Et plusieurs autres, *ib.* — Touche vigoureuse et dessin très-correct. Grande sévérité dans le choix de ses sujets et dans l'exécution de ses costumes. Il fit à l'âge de quatre-vingts ans un de ses meilleurs tableaux, *Jésus-Christ guérissant les malades dans le temple*. Benjamin West mena une vie heureuse au milieu des honneurs que lui valut son talent. Il prit une part active à la fondation de l'Académie de Londres, en 1768.

NOMS.	ANNÉES DE NAISSANCE ET DE MORT.	LIEU DE NAISSANCE	GENRE.	NOTES HISTORIQUES. — TABLEAUX PRINCIPAUX ET LIEUX OU ILS SE TROUVENT. — OBSERVATIONS.
COPLEY (JEAN-SINGLETON).	1738 1815	BOSTON (Amérique).	Hist.	Visita l'Italie en 1774 et l'Angleterre en 1776 ; s'établit dans ce dernier pays, y devint membre de l'Académie et y mourut. — Mort du major Pearson, Londres. Charles Ier dans la chambre des communes. ib. L'amiral de Winter se rendant à lord Duncan, ib. Samuel et Élie, ib. Mort de lord Chatham, ib. — Considéré comme un artiste distingué.
COSWAY (RICHARD).	1740 1821		Miniat.	Détails inconnus.
BARRY (JACQUES).	1741 1806	CORK.	Hist. et portr.	Se rendit à Londres ; visita le continent en 1765 ; séjourna en France et en Italie ; nommé membre de l'Académie et professeur en 1786 ; son caractère bizarre et ses mauvais procédés lui firent perdre cette place en 1799. — L'Élysée (en six grands tableaux). Vénus sortant de l'onde. Philoctète. — Composition grandiose, exécution médiocre, coloris détestable, savant et bon théoricien. Graveur à l'eau-forte.
CUNINGHAM (EDMOND-FRANÇOIS), dit KELSO et CALSA, en Italie.	1742 ? 1793	KELSO (Écosse).	Id.	Fils d'un frère du duc de Cuningham ; élevé en Italie ; étudia à l'Académie de Parme ; vint à Rome en 1757 ; travailla sous Francesillo, à Naples ; revint en Lombardie, visita Venise, retourna à Parme, où il s'associa avec Bromston, premier peintre de Catherine II, et à la mort de ce dernier, avec Trombara, premier architecte de la cour ; parcourut l'Allemagne, se rendit à Berlin, y remporta deux fois le grand prix de l'Académie de peinture et revint enfin mourir à Londres. Cuningham mena la vie la plus dépravée ; plusieurs fois possesseur d'une immense fortune, produit de son talent autant que de ses héritages, il dut abandonner Londres deux fois, afin d'échapper aux poursuites de ses créanciers, et mourut dans un état voisin de la misère. — Le grand Frédéric à une revue. — Ses tableaux ne se ressentent aucunement du désordre de sa vie ; se forma sur les grands ouvrages du Corrége et du Parmesan , étudia ceux de Solimène et de Corrado. Ressemblance parfaite, grande facilité, beaucoup de fini.
FUESSLI (HENRI), fils de Jean - Gaspard, peintre allemand.	1742 1825	ZURICH.	Hist. et genre.	Se rendit jeune en Angleterre et reçut les leçons de Reynolds ; visita l'Italie et étudia les chefs-d'œuvre de ce pays avec la plus grande ardeur et le meilleur succès ; revint en Angleterre en 1779, après avoir passé six mois à Zurich ; reçu à l'Académie de Londres en 1790 ; à celle de Rome, en 1817. En 1802 il avait fait une excursion en France. Lavater fut son ami intime. — Se choisit Michel-Ange pour modèle ; manière ferme, naturelle et pleine de grandeur ; exécution facile ; style romantique ; son coloris laisse parfois à désirer ; dessin quelquefois incorrect, mais varié et plein de hardiesse, de verve et de vérité, composition tour à tour terrible, douce, tendre ; imagination vive, ardente, inépuisable. A force d'être hardi et original, il touche souvent de près à l'extravagance.
CUIT (GEORGE).	1743 1808 ou 1818	MOULTON (York).	Pays.	Étudia six ans à Rome, par la protection de lord Laurent-Dundas ; s'établit et mourut à Richmond. — Vue des forts de York. — Excellait dans la représentation des vieux murs en ruine ; sentiment vrai, naïf, vigoureux et gracieux. On lui reproche un effet trop semblable à celui que produit la chambre noire sur le papier.
ALLAN (DAVID).	1744 1796	ÉDIMBOURG.	Genre et hist.	Étudia à Glascow, à l'école fondée par les frères Foulis. Se perfectionna en Italie et y remporta la médaille de l'Académie de Saint-Luc, à son retour directeur de l'Académie d'Édimbourg. — Composition habile ; nature exacte, beaucoup de gaieté et d'esprit.
NORTHCOTE (JACQUES).	1746 1831		Hist.	Détails inconnus.
WHEATLEY (FRANÇOIS).	1747 1801	LONDRES.	Id.	Détails inconnus. — Assemblée des communes d'Irlande (chef-d'œuvre).
FOX (CHARLES).	1749 1809	FALMOUTH.	Pays. et portr.	Étudia la littérature et le dessin dans sa jeunesse ; se fit libraire : perdit presque toute sa fortune dans un incendie ; se mit à peindre afin de gagner sa vie ; parcourut toute la Suède, la Norwège et une partie de la Russie, en pied, en dessinant tous les sites sauvages ou pittoresques de ces différents pays ; revenu dans sa patrie, ses paysages et ses portraits eurent du succès ; mort à Bath. — Connaissances étendues dans la langue et la littérature persane : *Série de poèmes, contenant les plaintes, les consolations et les plaisirs d'Achmet Ardebelli, exilé persan, avec des notes historiques et explicatives, in-8o, publié en 1797.*
WEBBER (JEAN).	1751 1793		Mar., pays., etc.	Fils d'un statuaire suisse ; fit avec le capitaine Cook son troisième voyage et rendit à ce dernier de grands services. — Dessin net mais léché. Coloris brillant. Graveur à l'eau-forte.
BROWN (JEAN).	1752 1787	ÉDIMBOURG.	Portr.	Passa plusieurs années en Sicile et en Italie ; séjourna à Londres, y réussit et y fut recherché par les personnages les plus distingués de la ville. — Dessinateur correct et de bon goût. Littérateur.
BEAUMONT (SIR George Howard).	1753 1827		Pays.	Détails inconnus. — Paysage, Londres. Paysage : Scène de chasse, ib.
FLAXMAN (JEAN).	1755 1826		Hist., etc.	Peintre, graveur et très-célèbre dessinateur et sculpteur.
HOARE (PRINCE).	1755 1834	BATH.		Élève de son père, Guillaume Hoare, dont les biographes ne citent que le nom ; étudia ensuite à l'Académie de Londres, où on l'envoya ; se rendit à Rome, en 1776, et y reçut les leçons de R. Mengs ; revenu en Angleterre, sa santé le força d'abandonner la peinture ; il alla se rétablir à Lisbonne, et de retour dans sa patrie il se mit à travailler pour le théâtre.
TRUMBULL (JEAN).	1756	LEBANON (Connecticut).	Hist., batt., portr. et min.	Élève de West, à Londres ; fils du premier gouverneur de l'État de Connecticut ; visita deux fois l'Europe. — Sortie de la garnison de Gibraltar. Bataille de Bunkers-Hill. Portrait de Washington, New-York. Même sujet, Charlestown. Même sujet, collége de New-Haven. — Le meilleur artiste Américain de son époque.

NOMS.	ANNÉES DE NAISSANCE ET DE MORT.	LIEU DE NAISSANCE	GENRE.	NOTES HISTORIQUES. — TABLEAUX PRINCIPAUX ET LIEUX OU ILS SE TROUVENT. — OBSERVATIONS.
BLAKE (Guillaume).	1757 1828		Hist.	Détails inconnus.
REABURN (Sir Henri).	1756 1823		Portr.	Détails inconnus.
WILLIAMS (Hélène-Marie).	1759 1827			Également littérateur.
HOPPNER (Jean).	1759 1810		Portr.	Esprit d'élite; il s'imposait le portrait par nécessité, quoiqu'il eût pu aspirer aux branches les plus élevées de l'art ; rival peu heureux de Lawrence; il ne put, malgre la protection du prince de Galles, captiver, autant que le peintre du roi, la faveur de la cour et du public. — Portrait de l'acteur Smith, Londres. Portrait du comte Moira, ib. Muse comique, ib. François, duc de Bedford, ib. — Imagination vigoureuse, style délicat, noble et sévère, expression chaleureuse, coloris intéressant.
BROWN (Mathieu).	1760? 1831	Amé- RIQUE.	Hist. et portr.	Se rendit en Angleterre et y fut élève de B. West. Plusieurs grands personnages, et entre autres le roi George III et la princesse Charlotte, se firent peindre par lui ; mais la fortune ne lui fut pas fidèle, et sur la fin de ses jours son nom était presque oublié. — Lord Cornwallis recevant en otage les fils de Tippo-Saïb. Résurrection. — Admirateur enthousiaste de son maître, il imita ses défauts sans posséder ses qualités ; grandes connaissances théoriques ; rarement il s'éleva au-dessus de la médiocrité; dans son tableau de la Résurrection, on admire avec surprise un dessin très-pur et un coloris vrai et vigoureux.
OPIE (Jean).	1761 1807	Comté de Con- NOUAILLES	Portr., genre et hist.	Fils d'un simple charpentier, reçut de l'instruction par les soins du docteur Walcott ; gagna sa vie en faisant des tableaux ; se rendit à Londres en 1780, y eut d'abord beaucoup de vogue ; mais son goût plus solide qu'élégant et ses manières dénuées de politesse extérieure lui otèrent sa faveur passagère, surtout auprès des femmes. Regardé comme un des meilleurs peintres modernes de l'Angleterre. — Bonne ressemblance, du fini, touche vraie, principes solides ; pinceau chaleureux simple et ferme; expression souvent maniérée et monotone; dessin peu choisi, absence totale du beau idéal, bon coloriste.
MORLAND (George).	1763 ou 1764 1803 ou 1804	Angle- TERRE.	Genre, anim., pays., bamb. et mar.	Élève de son père, peintre fort médiocre qui, se voyant surpasser par son fils, négligea de faire cultiver ses dispositions naturelles, auxquelles seules le jeune Morland dut son talent, car il passa sa vie dans l'abrutissement et la débauche; vers la fin de ses jours, il fut presque constamment ivre ; ayant été arrêté pour une petite dette, il but une si grande quantité d'eau-de-vie qu'il en mourut quelques jours après, presqu'en même temps que sa femme, qui avait partagé son dérèglement. — Distribution habile des ombres et de la lumière, dessin correct, beaucoup de fini, naturel admirable; choisissait ordinairement ses sujets dans les plus basses conditions au milieu desquelles il vivait; peignit d'abord le paysage qu'il abandonna pour les animaux.
COSWAY (Marie).	1765	Londres.	Hist.	Élève et femme de R. Cosway; visita la France en 1802, et se trouvait à Lyon en 1803. — Galerie du Louvre représentée par des gravures à l'eau-forte, exécutées par Mme Marie Cosway, avec une description historique et critique de chaque tableau , etc., par J. Griffiths, écuyer, etc. — Graveur à l'eau-forte.
LAWRENCE (Sir Thomas).	1768 ou 1769 1830	Bristol.	Portr. et hist.	Lawrence fut un véritable enfant-prodige ; à neuf ans, sans études préalables, il faisait des portraits où à côté de mille défauts, se faisaient remarquer des qualités réelles ; travailla chez Hoare, le père; se rendit à Londres et s'y fit inscrire comme élève de l'Académie, en 1787 ; il y reçut les conseils de Josué Reynolds, qui le prit en affection ; protégé par George III, reçu à l'Académie en 1795 , il en avait été nommé président à 24 ans, après la mort de Reynolds; fit une courte excursion à Paris en 1814. Membre d'un grand nombre d'académies, honoré de plusieurs titres ; se rendit en Allemagne , s'arrêta à Aix-la-Chapelle pour y peindre, par ordre du régent et pendant le congrès, les principaux personnages de l'Europe ; partit pour Rome et y arriva en 1819; revint à Londres en 1820, fit un nouveau voyage à Paris en 1825, et mourut cinq ans après son retour dans sa patrie. — Portrait d'homme, Londres. Portrait de l'acteur Kemble, dans le rôle d'Hamlet, ib. Portrait de Benjamin West, ib. Portraits, ib. — Rappelant Van-Dyck ; coloris harmonieux et brillant ; dessin fini, exact quoique inégal. Effet pittoresque, poses merveilleusement belles ; presque inimitable pour le rendu du regard; effet éblouissant mais trop coquet et dégénérant souvent en manière ; ses portraits de femme ont trop de désinvolture et manquent de modestie. Médiocre dans les ouvrages d'histoire et d'imagination.
BIRD (Édouard).	1772 1819		Genre et hist.	Protégé d'abord par le marquis de Strafford, puis par la princesse Charlotte, qui le nomma son peintre ; membre du club royal de l'Hospitalité de Sussex et membre élu de l'Académie ; estimé et aimé par la protection qu'il accordait à tous les jeunes artistes et par toutes les qualités qui font le bon citoyen. — Chantres de village, Londres. Peintures de la salle des francs-maçons, ib. — Connaissait à fond les parties mécaniques de l'art. Beaucoup de goût; exécution habile, facilité extraordinaire ; ce peintre serait parvenu à un talent remarquable si la faiblesse de sa santé n'avait interrompu ses travaux.
DAWE (George).	1775? 1829		Portr. et hist.	Après avoir établi brillamment sa réputation, il alla se fixer en Russie où l'empereur Alexandre lui donna le titre de son premier peintre ; il parcourut ensuite les différentes cours de l'Europe et la plupart des têtes couronnées posèrent devant lui ; revenu en Angleterre en 1829, présenté au roi George IV, il mourut subitement quelques jours après. Membre de l'Académie de Londres depuis 1814 et de celles de Florence, de Saint-Pétersbourg, etc., etc. — Portrait du roi Léopold (alors prince de Saxe-Cobourg). Portrait de la princesse Charlotte. Démoniaque. Geneviève. Andromaque aux pieds d'Ulysse. — Pinceau brillant et facile, exécution remarquable ; ses portraits lui valurent une réputation européenne et une immense fortune.
EGLNTON (François).	†1805	Angle- TERRE.	Hist. et portr. sur verre.	Un des artistes qui ont le plus contribué au perfectionnement de la peinture sur verre, au XVIIIe siècle ; ses ouvrages se rencontrent dans les principales cathédrales d'Angleterre. — Résurrection, Salisbury. Même sujet, Lichfield. Saint Paul converti et recouvrant la vue, Birmingham. — Talent distingué.

NOMS.	ANNÉES DE NAISSANCE ET DE MORT.	LIEU DE NAISSANCE	GENRE.	NOTES HISTORIQUES. TABLEAUX PRINCIPAUX ET LIEUX OU ILS SE TROUVENT. OBSERVATIONS.
TRESHAM (Henri).	†1844	Irlande.		Peintre et poète.
BOOKMAN (G.).	*1745	Angle-terre?	Pays. et portr.	Portraits de plusieurs amiraux. — Graveur en manière noire.
HONE (Nathaniel).	*1750		Portr.	Florissait à Londres. — Graveur en manière noire.
PETHER (Guillaume).	*1770		Pays.	Également graveur. — Paysage (attribué), Londres.
LEE (Anne).	*1780	Angle-terre.	Fleurs, insectes, coquilles.	Élève de Parkinson ; réputation méritée. — Beaucoup de vérité.
BEECHEY (Guillaume).	*1790	Id.	Portr.	Membre de l'Académie royale de Londres.—Portrait du sculpteur Hollekens, Londres. George III passant une revue, ib.
BENWEL (Marie).	*xviiie siècle.	Id.		Détails inconnus.
SMIRKE (Robert).	*Id.		Genre.	Ami de Lawrence ; s'occupa presque exclusivement à illustrer les publications littéraires.—Coloris suave, effets pleins de charme ; manque de nature et d'énergie ; effet trop efféminé et trop mou.
STOTHARD (Thomas).	*Id.		Hist.	Nommé par Lawrence un des chapiteaux de l'école anglaise ; génie malheureux, il fut forcé pour vivre de faire des dessins de librairie. — Sentiment doux et délicat ; imagination riche.
SERRES (J. T.).	*Id.		Bat., etc.	Détails inconnus. — La fin de la bataille de Camperdown, Londres.
SERRES (D.).	*Id.		Pays. et mar.	Détails inconnus. — George III inspectant la marine à Portsmouth, Londres. Commencement de la bataille de Camperdown, ib. Marines, ib. Blackwall, ib. —Ce peintre et le précédent n'en font peut-être qu'un.
PLACE (François).	*Id.	Angle-terre.	Hist. natur.	Détails inconnus. — Graveur à l'eau-forte et en manière noire.
MAINGAUD.	*Id.		Portr.	Détails inconnus. — Les filles de George II (double), Londres.
WALLIS.	*Id.		Pays.	Détails inconnus.
KNAPTON.	*Id.		Id.	Détails inconnus. — La famille de Frédéric, prince de Galles, Londres.
HUMPRHEY (Ozias).	*Id.		Miniat.	Accompagna George Romney en Italie.
HUDSON.	*Id.			Élève et beau-fils de Richardson.
DELANY (Mme).	*Id.	Angle-terre.	Ois., fleurs, ins., etc.	Rivale d'Anne Lee.
COOPER (Guillaume).	*Id.		Portr.	Détails inconnus. — Vander Gucht a gravé d'après lui. Deux artistes portant le même nom de famille que Guillaume florissaient en Angleterre vers 1730 et jouissaient d'une certaine réputation.
COOPER (Édouard).	*Id.		Id.	Dessinateur, peintre et graveur ; marchand d'estampes à Londres. On trouve dans son œuvre de gravure une pièce remarquable par le phénomène qu'elle représente : c'est le portrait d'une certaine Marguerite Patten, âgée de 156 ans, et fait d'après nature en 1779. — Réussit dans le genre qu'il avait adopté. Grava d'après l'Albane, C. Lebrun, G. Kneller et d'autres.
BLAKEY.	*Id.			Détails inconnus.

Résumé. ÉCOLE ANGLAISE : depuis 1542 jusqu'en 1775 : 121 peintres.

PEINTRES RUSSES.

NOMS.	ANNÉES DE NAISSANCE ET DE MORT.	LIEU DE NAISSANCE	GENRE.	NOTES HISTORIQUES — OBSERVATIONS.
MEGERDITSCH.	†1470	Arménie.	Hist.	Décora les églises de son pays et celles de la Crimée ; célèbre peintre et poète.
KLINGSTET (Claude-Gustave).	1657 1734	Riga.	Miniat.	Servit d'abord en Suède, puis en France dans un régiment allemand ; mort à Paris. Surnommé le Raphaël des Tabatières. — S'adonna malheureusement à la peinture des sujets obscènes.
LOSSENKO (Antoine-Pavlovitch).	†1773		Hist.	Élève à l'Académie fondée par l'impératrice Élisabeth en 1758, se perfectionna en Italie, et à son retour fut nommé professeur, puis directeur de l'Académie —Le sacrifice d'Isaac, Saint-Pétersbourg. Saint-André, ib. Le grand-duc Wladimir annonçant à Rognéda, princesse de Polotzk, la victoire qu'il vient de remporter sur son père, ib. Pêche miraculeuse, ib. — Dessin correct.
SOKOLOFF.	†1791		Id.	Détails inconnus. — Mercure endormant Argus.
VOLKOFF (Théodore).	1729 1763	Kos-troma.		Poète et comédien : fondateur du théâtre Russe.

NOMS.	ANNÉES DE NAISSANCE ET DE MORT.	LIEU DE NAISSANCE	GENRE.	NOTES HISTORIQUES. — TABLEAUX PRINCIPAUX ET LIEUX OU ILS SE TROUVENT. — OBSERVATIONS.
GLOVATCHEVSKI (CYRILLE).	Hist. et portr.	Korope (gouvernement de Tachernigow).	1755 1825	Attaché d'abord comme musicien à la chapelle de l'impératrice Élisabeth, il quitta cette carrière pour s'adonner à son penchant pour la peinture ; ses études furent couronnées de succès ; nommé, en 1759, par l'impératrice, professeur de l'Académie des beaux-arts à Saint-Pétersbourg, puis bibliothécaire, trésorier et enfin inspecteur de cette société. — On estime beaucoup ses portraits et ses compositions historiques ; littérateur et musicien de mérite.
VENETSIANOFF (ALEXIS-GAVRILOVITCH).	Pays. et genre.	Moscou.	1775	Détails inconnus. — Intérieur d'une grange russe, Saint-Pétersbourg.
AKEMOFF ou AKIMOFF.	†1814		Hist.	Élève de Lossenko ; voyagea en Allemagne, en France et en Italie ; donna des leçons de dessin aux enfants de la famille impériale ; directeur de l'Académie de Saint-Pétersbourg, conseiller d'État et décoré de l'ordre de Saint-Vladimir. Mort à Saint-Pétersbourg. — Iconostase du couvent d'Alexandre-Newsky. — Ses tableaux ne manquent ni de goût, ni d'esprit.
BOROVIKOFFSKY.	†1825		Hist., portrait et min.	Élève de Levitzki, abandonna l'état militaire pour se livrer aux arts. Travailla beaucoup pour les églises, entre autres pour celle de Kasan, à Saint-Pétersbourg. — Tableaux à Saint-Pétersbourg. — Bonne ressemblance, il excellait à peindre les étoffes. Miniatures d'un fini admirable.
NIKITIN.	*1700		Hist.	Sous Pierre le Grand. — Christ (chapelle du palais *Anitschkoff*).
MERKOURIEFF.	*Id.		Id.	Sous Pierre le Grand.
WASSILEFFSKI.	*Id.		Id.	Sous Pierre le Grand.
MATVEEFF.	*Id.		Portr.	Sous Pierre le Grand.
LEVITZKI.	*XVIIIe siècle.		Id.	Sous le règne de Catherine II et de Paul Ier. — Genre de Greuze. Pinceau gracieux. Coloris délicat.
BROMSTON.	*Id.			Premier peintre de Catherine II.
OUGRUMOFF.	*Id.		Hist.	Succéda au peintre Lossenko comme professeur de l'Académie.

PEINTRES SUÉDOIS.

NOMS.	ANNÉES	LIEU	GENRE.	OBSERVATIONS.
PASCH (JEAN).	1706 1769	STOCKHOLM.	Décor., paysages, marines, fleurs et anim.	Ne pouvant se former en Suède il voyagea en Hollande, en France et en Italie ; rendit beaucoup de services à l'Académie de peinture fondée à Stockholm en 1734. — Plafond de la chapelle du roi, Stockholm. — Laissa une précieuse collection de tableaux et de dessins recueillis dans ses voyages.
PASCH (ULRIQUE-FRÉDÉRIQUE), fille de Laurent.	1735 1796			Reçue en 1773 membre de l'Académie de peinture et de sculpture. — Posséda un talent distingué.
HOERBERG (PIERRE).	1746 1816	EN SMAELAND.	Hist.	Cultivait un champ dans la seigneurie du baron de Geer. Il a fait un grand nombre de tableaux. — Le château de Firispang contient beaucoup de ses œuvres. — Son ascension de Notre-Seigneur dans l'église d'Oestrahusby a 50 pieds de longueur sur 20 de hauteur.
FAHLCRANTZ.	1774			Cet artiste jouit d'une bonne réputation.
GRAFT (DAVID VON).	*1718	SUÈDE?	Portr. et hist.	Peintre de Charles XII, roi de Suède. — Portrait de Charles XII, Versailles.
COGEL.	Id.	SUÈDE.	Pays.?	Établi en France et professeur à l'école publique de Lyon.
PASCH (LAURENT).	Id.		Portr.	Dirigea longtemps l'Académie des beaux-arts de Stockholm. — Se distingua dans son genre.
WERTMYLLER.			Id.	Détails inconnus.
ROSSLIN.			Id.	Détails inconnus.
KRAFFT.			Id.	Grand-père du professeur Krafft, connu en Suède.
BREDA.			Id.	Détails inconnus.

PEINTRES DANOIS.

NOMS.	ANNÉES	LIEU	GENRE.	OBSERVATIONS.
JUEL (JENS).	1745 1801	FIONIE.	Portr. et pays.	Détails inconnus.
GIELSTRUP (ApamGotlob).	1755 1825?	MOEN.	Pays.	Acteur distingué du théâtre de Copenhague.
FRITZSCH (CLAUDEDITLEF).	1765		Fleurs et fr.	Détails inconnus.

(Pour l'école anglaise moderne et les peintres russes, suédois et danois modernes, jusqu'en 1845, voir b la fin du volume.)

TABLE ALPHABÉTIQUE DE L'ÉCOLE ANGLAISE.

TABLE ALPHABÉTIQUE DES PEINTRES RUSSES, SUÉDOIS ET DANOIS.

FIN DE LA TABLE ALPHABÉTIQUE DE L'ÉCOLE ANGLAISE ET DES PEINTRES RUSSES, SUÉDOIS ET DANOIS.

NOTE POUR LES ÉCOLES MODERNES.

Nous croyons devoir rappeler au lecteur la valeur des signes conventionnels dont nous nous sommes servi dans le cours de cet ouvrage et dont nous nous servons encore pour les écoles modernes :

L' * précédant une date indique le temps où l'artiste florissait ;

La †, l'année de sa mort ;

Une date seule, l'année de sa naissance ;

Le ? est dans tous les cas l'indication du doute.

Nous aurions vivement désiré combler, quant aux dates exactes de naissance, la lacune que le lecteur remarquera dans les pages qui suivent ; mais, nous devons le dire, malgré toute la publicité que nous avons donnée à notre demande de renseignements, peu d'artistes ont cru devoir répondre à notre appel. Nous le regrettons pour l'utilité de ce livre et pour les artistes dont les époques de mort et de naissance deviennent, par la suite, de graves sujets de contestation qu'un moment de prévoyance aurait pu éviter.

La nomenclature qui suit est, nous le savons, dépourvue de cet intérêt anecdotique et scientifique qui fait le charme des biographies contemporaines ; nous n'avons voulu que poser les premiers jalons de l'histoire de l'art moderne pour l'avenir, c'est-à-dire dresser d'une manière claire et succincte le bilan des arts dans la première moitié du xixe siècle.

Nous avons adopté un classement uniforme qui facilitera les recherches et permettra d'apprécier d'un coup d'œil l'étendue et l'importance d'une école. Les deux tableaux principaux seulement accompagneront le nom de l'artiste ; il en sera indiqué plusieurs, du moment où les arts auront à déplorer sa perte.

ÉCOLE FLAMANDE MODERNE.

A

ACAR (Charles), *1842. Genre.

ACKER (J. B. Van), 1794, Bruges. Miniature, et aquarelle. Élève de Ducq.

AMY (Mme), *1842. Portrait.

ABEELE (Josse-Séb. Van den), 1797-1843. Gand. Histoire, etc. École de David. — Couvent d'Ara-Cœli, à Rome.

ANDRY (F. J. E.), 1814. Mons. Paysage. Élève de Delvaux. — Vue des ruines de Laroche.

ANGUS (Jean), *1843. Genre et paysage. Élève de De Braekeleer. — Un orage.

ASSCHE (Henri Van), 1775-1841. Bruxelles. Paysage. Élève de J. B. de Roy. — Cascade formée par la Toccia (Suisse), Bruxelles. Vue d'un moulin à eau, ib. Vue du Rhin, Harlem. Cascade près de Rochefort, ib.

ASSCHE (Amélie Van) *1842. Bruxelles. Miniature.

B

BACKER (F. J. T. de), *1843. Genre. — Savoyards surpris par l'orage.

BACKOFF (Charles), *1845. Portrait et genre.

BAERLEM (Hortense Van), *1842. Miniature.

BAERT (H.). *1842. Paysage.

BAETS (Ange de), 1793, Everghem. Intérieurs d'église. — Intérieur de l'église du petit Béguinage à Gand. L'église de Saint-Bavon à Gand, Bruxelles.

BARTER (Joseph), *1836. Paysage et vues de ville. —Vue de la Grande Place de Bruxelles.

BAST (Dominique de), *1855, Gand. Marine. Vue sur la côte avec navires, Harlem.

BAST (Liévin-Amand-Marie de), 1787-1832, Gand. Histoire.

BATTAILLE (Jean), 1808, Bruxelles. Histoire et genre. Élève de N. de Keyser.—Rembrandt enseignant à ses élèves l'art d'éclairer le modèle. Sneyders, peignant du gibier sur un tableau de Rubens.

BECQUET (H. J.), *1842. Genre. Élève de De Keyser.

BEDAFF (Antoine-Aloïs-Emm. Van), 1787-1829, Anvers. Histoire, portrait, etc. — La première réunion des états à Dordrecht, en 1572, Harlem. Dernière entrevue du prince d'Orange et du comte d'Egmont, ib. Confédération de la noblesse, ib.

BEERLEERE (Ferdinand Van), Gand. Genre et paysage. — Jeune paysanne donnant à boire à un mendiant.

BEKKERS (J. J.), *1842. Genre et histoire. — Jean Ier délivrant sa sœur.

BELLE (F. J. Van), *1842. Intérieurs d'église.

BELLEMANS (J.), *1845. Genre. Élève de de Keyser. — Moine en méditation.

BENNERT (Charles), *1842. Portrait.

BERGHE (Caroline Van den), *1843. Fleurs et fruits.

BERNAERTS (Jos.), *1843. Genre.

BERNAERTS (Henri), Malines. Histoire, etc. — Charité romaine. Christ en croix.

BERNARD (Adolphe), Gand. Genre. — Le bandit italien.

BERRÉ (J. B.). 1777-1828, Anvers. Paysage et gibier. — Romulus et Rémus. Lionne et lionceaux.

BERRÉ (Florent), *1842. Marine.

BERT (Émile), *1845. Paysage. — Environs de Grammont.

BEVEREN (Charles Van), 1809, Malines. Portrait et genre. — La religieuse. Joueur de guitare.

BEVERNAGE (D.), *1842. Genre. — La diseuse de bonne aventure.

BIEFVE (Édouard de), 1808, Bruxelles. Histoire et portrait. Élève de Paelinck. — Le comte Ugolin. Le compromis des nobles, Bruxelles.

BIESEBROECK (J. Van), *1842, Bruges. Paysages. Élève de Kuhnen.

BILLOIN (Ch.), *1842. Portrait et aquarelle.

BISCOM (Jean-Guillaume Van), 1800, Alost. Vues de ville et paysage.

BLEES (Joseph). *1845. Paysage.

BLOMMAERTS (H.), Anvers. Paysage et portrait.

BODUMONT (Antoine), *1830. Histoire.

BOENS (L.), Tournay. Histoire.

BOHM (Auguste), *1842, Ypres. Paysage. Élève de J. Coigniet. — Vue de Dampierre (vallée de Chevreux).

BOIGELOT (Eugène), *1842, Genre.

BOMBERGHEN (G. Van), *1843. Portrait et paysage.

BONET (Louis), *1842. Histoire. Élève de Navez. — Présentation au temple. Mariage de sainte Catherine.

BOON (C.), *1845. Fleurs et fruits.

BORGHT (Charles-Jean Van der), *1845, Anvers. Paysage. — Vues prises dans la province de Liège.

BORREMANS. Histoire. — Martyre de saint André, Gand.

BOSSUET (F. A. J.),1800, Ypres. Architecture, vues de ville, paysage, etc. — Intérieur de l'Alhambra à Grenade. Procession à Séville, Bruxelles.

BOUILLOT (Émile), *1845. Histoire. Élève de Navez.

BOULANGER (F. J.), *1845. Paysage.

BOULANGER (Jules), *1845. Genre.

BOUSSARD (A.), *1842. Paysage.

BOUVY (Firmin), *1842, Genre. Élève de H. Dillens. — Scène du roman de Don Quichotte.

BOUWENS (J. F.), *1843. Paysage.

BOVIE (Félix), 1812, Bruxelles. Paysage. Élève de E. Verboeckhoven et de B. C. Koekkoek.

BOYER (Ernest), *1843. Paysage.

BRAEKELEER (Ferdinand de), 1792, Anvers. Genre. Élève de M. Van Brée. — Vue intérieure de la ville d'Anvers, Bruxelles. Le comte de Mi-Carême.

BRAEKELEER (Adrien F. de), neveu de Ferdinand, 1818, Anvers. Histoire. Élève de son oncle.

BRAUN (Isidore), *1845. Histoire. Élève de Navez. Le Christ et la Samaritaine.

BRÉE (J. Van), *1842. Genre.

BRÉE (Philippe-Jacques Van), 1786, Anvers. Histoire et genre. Élève de Girodet. — Débutade. Procession à Saint-Pierre, à Rome, le jour de la Fête-Dieu, Bruxelles. Sixte-Quint pâtre, ib.

BRIAS (Charles), *1839, Malines. Histoire, genre et paysage. — Le retour du marché. Le général Chassé à Waterloo.

BRICE (J.), *1840. Portrait et genre. — La cuisinière et le poulailler, Harlem.

BRON (Philippe), *1830, Bruxelles. Paysage et figures.—Le Grec vainqueur du Musulman.

BROU (Charles de). Genre, etc. — La Saint-Valentin. La sainte famille.

BRUCK (Amand de), *1843, Ypres. Intérieurs d'église. — Ruines d'un clottre.

BRULS (L.), *1842. Genre.

BRUYCKER (François-Antoine de), 1816, Gand. Genre. Élève de F. de Braekeleer. — L'amoureux suranné. Une espièglerie.

BUSCHMANN (Gustave), 1818, Anvers. Histoire. Élève de F. de Braekeleer. — Translation d'une relique de sainte Catherine de la Palestine en Flandre.

C

CALAMATTA (Mme), *1842. Histoire et portrait. — Femme à sa toilette. La sainte famille.

CANNEEL (Théodore-Joseph), 1817, Gand. Histoire et genre. Élève de P. Van Hanselaere. — Adrien Brouwer à l'hôpital d'Anvers. Jean Steen et Marguerite Van Gooyen.

CANTINEAU (Clovis), *1845. Intérieurs d'église.

CAPRONNIER (J. B.), *1845. Peintre sur verre.

CAROLUS (Louis-Antoine), 1814, Anvers. Histoire, etc. Élève d'Eeckhout et de F. de Braekeleer. — Intérieur de corps de garde.

CARPENTERO (Jean-Ch.), 1784-1823, Anvers. Paysage et animaux. Élève de Van den Bosch et de M. Van Brée.

CARPENTERO (Henri), fils de Jean-Ch., *1842, Beveren. Genre. Élève de F. de Braekeleer et de N. de Keyser. — Halte de chasseurs. Blessés de Waterloo, Bruxelles.

CAUTAERTS (François), *1842, Bruxelles. Histoire et genre. — Élève de Jeanne Gray.

CAUWER (Émile de), *1845. Intérieurs d'église.

CAUWER-BEVERSLUYS (Pierre-R. de), 1785, Beveren. Paysage.

CAUWER-RONSE (Joseph de), *1845, Beveren. Histoire, etc. Baptême de Jésus-Christ, Gand. Hugo Grotius lisant un de ses ouvrages.

CELS (Corneille), 1778, Lierre. Histoire et portrait. Élève de A. Lens. — Descente de croix, Anvers. La Visitation, ib. Paysanne suisse, Harlem.

CELS (Jean-Michel), fils de Corneille, 1819, Bruxelles. Paysage. Élève de son père et de Hellemans.

CHAMPEIN (Amélie), *1842. Genre et portrait. Sainte Cécile. Un ange de plus au ciel.

CHARETTE-DUVAL (François), *1842. Fleurs. Bouquet d'auricules.

CHATILLON (Lucie). Fleurs et fruits.

CHAUVIN (A.), *1845. Histoire.

CIERCKENS (J.), *1843. Genre.

CLAES (Florent), 1818, Anvers. Intérieurs et genre. Élève de N. de Keyser. — La visite du parrain.

CLAYS (P. J.), 1819, Bruges. Marine. Élève de Gudin. — Entrée de la reine Victoria à Ostende. La Catarina, chebec portugais désemparé en vue d'une escadre française.

CLEVENBERGH (A.), *1843. Nature morte.

CLIPPELE (Mme), née Élisa Mercier, *1843. Fleurs et fruits.

CLOET (Bernard), *1845, Bruges. Genre. Enfance de Sixte-Quint.

COCK (C. de), *1845. *Paysage.*

COCK (Xavier de), 1818, Gand. *Paysage et animaux.* Élève de F. de Braekeleer. — Bœufs au repos. Environs de Dinant.

COENE (Constantin-F.), 1780-1841, Vilvorde. *Genre, paysage et histoire.* Élève de Henri Van Assche. — Soldat de la bataille de Waterloo rentrant dans la maison paternelle, Bruxelles. Famille de paysans devant leur demeure. Harlem.

COENE (Jean), fils de Const., 1805. *Paysage.* Élève de son père et de H. Van Assche.

COENE (Jean-Baptiste), fils de C. F., *1842. *Animaux.*

COENE (Jean-Henri de), 1798, Nederbrakel. *Genre.* Élève de David et de Paelinck. — La tournée pastorale. Le vendredi.

COGELS (Joseph-Charles), 1786, Bruxelles. *Paysage.*

COL (David), *1846. *Genre.*

CONINCKX (J. D.), *1842. *Genre.*

COOMANS (Mlle Célestine), *1845. *Paysage.*

COOMANS (Auguste), *1845. *Paysage.*

COOMANS (Pierre-Olivier-Joseph), 1816, Bruxelles. *Histoire*, etc. Élève de Van Hanselaere et de De Keyser. — Déluge. Repos de la sainte famille. Scène de mœurs arabes.

COPPÉE (Théodore), *1842. *Marine.*

CORBUSIER (F.), *1845. *Paysage.*

CORNET (Alphonse), *1842, Anvers. *Genre.* Élève de P. Kremer. — Le régal de la grand'-mère.

CORRENS (Joseph), 1814, Anvers. *Histoire et portrait.* Élève de M. Van Brée. — Le serpent d'airain. Saint Willebrord, Berchem.

CREHAY (Gérard), *1845. *Paysage.*

COUCKE (Jean), 1785, Gand. *Paysage et vues de ville.* Vues aux environs de Gand.

COULON (Louis), *1842. *Genre.* J. J. Rousseau et Mme de Larnage.

COUMONT (Charles), *1842. *Animaux.*

CUYCK (Michel Van), *1842. *Paysage.*

D

DAELE (C. Van den), *1842. *Genre et intérieurs.* Intérieur de famille.

DAEMS (Ferdinand), *1842, Bruxelles. *Histoire et genre.* Élève de Navez. — La comtesse d'Egmont implorant la grâce de son époux. Mise au tombeau.

DAVELOOSE (Jean-B.), *1842, Courtray. *Paysage.* Vue prise à Peck.

DEBLOCK (Eugène), 1812, Grammont. *Genre.* Élève de P. Van Huffel et de F. de Braekeleer. — Ce qu'une mère peut souffrir. Kermesse flamande.

DE CAISNE (Henri), 1799, Bruxelles. *Histoire.* Élève de C. François et de D. Girodet. — Les Belges illustres, Bruxelles. Jeune mère priant pour son enfant.

DECKERS (Louis), *1846. *Genre.* Élève de Verschaeren. — Jeune Espagnole jouant de la mandoline.

DE FIENNES (Jean-Baptiste), *1842, Anderlecht-lez-Bruxelles. *Histoire.* Une bacchante. Guérison de Tobie.

DEHOY (J. J.), *1845. *Histoire.*

DE KONINCK (J.), *1845. *Paysage.*

DELACROIX (Victor), *1842, Bruxelles. *Genre.* Le bon pasteur. Mort de Laruelle.

DELATOUR (Charles), *1842. *Paysage.*

DELATOUR (Mme E. M.), née Simons, *1850. *Genre et portrait.*

DELATOUR (Alexandre), fils de Mme Delatour-Simons, *1855. *Miniature.* Sainte Cécile. Jeune Romain.

DELATOUR (E. M.), fils d'Alexandre, *1842. *Miniature.*

DELE (J. B.), *1845. *Fleurs et fruits.*

DELEHAYE (J.), *1845. *Genre.* Élève d'E. de Block. — L'amour filial. Épisode de la révolution française.

DELFOSSE (Auguste), *1845. *Paysage.*

DELFT (Eugène Van), *1845. *Paysage.*

DELIGNE (Aline), *1845. *Genre.*

DELIN (Jean-Joseph), 1776-1811, Anvers. *Histoire et portrait.* Siméon au temple, Anvers. Purification.

DELOOSE (Basile), 1809, Zeele (Flandre orientale). *Genre et intérieurs.* Élève de son père. — Saint Corneille guérissant de jeunes enfants, Gand. Leçon de musique.

DE LOOSK (Eugène), *1842 *Genre.*

DELVAUX (Léon), *1845. *Histoire.*

DELVAUX (Ferdinand-Marie), 1782-1815, Bruxelles. *Histoire et genre.* Élève de B. Lens, mort à Bologne. — Intérieur du cloître des Chartreux à Rome, Bruxelles. Intérieur d'un couvent de femmes à Rome, ib. Martyre de saint Étienne, ib.

DELVAUX (Édouard), 1806, Bruxelles. *Paysage.* Élève d'H. Van Assche. — Pays montagneux : coup de vent, Bruxelles. Site près de la Sambre, Harlem.

DELVAUX (Marie), *1842. *Paysage.* Environs de Spa. Environs de Bruxelles.

DEMANET (A.), *1842. *Paysage.*

DENIES (François), Bruxelles. *Histoire, portrait et genre.* L'astronome. Judith et Holopherne.

DENIS (Louis), *1845. *Histoire et genre.*

DENS (J.), *1845. *Genre.* Élève du F. de Braekeleer. — Le retour des pêcheurs. Le réfractaire.

DESAN (Charles), Malines. *Paysage.* Vue près de Louvain. Les dunes.

DESCHAMPHELEER (E.), *1843. *Paysage et genre.* Élève d'E. de Block.

DESMEDT (Th.), *1842. *Genre.* L'aumône. Rubens dans son atelier.

DE SMIT (Alex.), 1812, Dunkerque. *Genre.* Élève de M. Van Brée. — Henri VIII signant l'arrestation d'Anne de Boleyn. Louis XIII guérissant un paralytique.

DESPRETS (J. B.), †1821. *Fleurs et fruits.*

DESPREZ (H. M.), *1845. *Paysage.* Élève de l'école de peinture de Spa.

DESUN (Charles), *1845, *Paysage.*

DETERRE (Eugène), *1842. Bruges. *Paysage.*

DEVRIENDT (Jean-Bernard), 1809, Gand, *Paysage.* Élève d'Engel.

DEWEIRDT (F. Ch.), *1842. *Genre.*

DIDDAERT (Henri) *1845. *Genre.* Élève d'E. de Block.

DIELMAN (Pierre-Emm.), 1800, Gand. *Histoire*, etc. Pêcheurs de Scheveningue. L'attente.

DIERCKX (Mathieu-J.), 1807, Anvers. *Histoire.* Élève de M. Van Brée. — Jésus-Christ aux Oliviers.

DIETZ. *Histoire.* Hébé versant à boire à l'aigle de Jupiter, Harlem.

DILLENS (Henri), 1812, Gand. *Genre.* Élève de Maes-Canini. — Charles-Quint et le porcher. Charles-Quint à Anvers.

DILLENS (Adolphe-A.), 1821, Gand. *Genre.* Balthazar Peruzzi, forcé par les soldats du connétable de Bourbon à faire le portrait du leur général, mort au siége de Rome, en 1527. Scène tirée du Barbier de Séville.

DIONISY (Jean-Michel), 1794, Ruremonde. *Miniature.*

DOBBELAERE (Henri), *1845, Bruges. *Histoire et genre.* Le Calvaire.

DODD (G. J.), *1842, *Genre.* Cabaret de village.

DONCKT (Auguste Van der), *1845. *Paysage.*

DONCKT (François Van der), Bruges. *Genre.* Van Dyck faisant le portrait d'une dame, Harlem.

DONNY (Désiré), 1798, Bruges. *Vues, clairs de lune.* Élève d'Odevaere.

DONSELAER (Henri), Gand. *Paysage.*

DONSELAER (Raphaël), fils de Henri, Gand. *Genre et histoire.* Tableaux, Gand. La partie de musique.

DORNE (A. Van), *1845. *Genre.*

DUBAR (Ed.), *1842. *Genre et marine.* Côtes de Flandre.

DUBOIS (Domin.-Franc.), 1800-1840, Bruges. *Histoire*, etc.

DUBURCK (J.), *1845. *Genre.*

DUCAJU (Domin.), *1845, Melsele. *Miniature.* Élève d'Autissier. — Portrait de Marie-Thérèse.

DUCAJU (Joseph), *1843. *Histoire.*

DUCORRON fils, *1846. *Paysage.* Environs de Laroche. Environs d'Ath.

DUMORTIER (Prosper), *1842. *Portrait et genre.*

DUMORTIER (Félix), *1842. *Histoire.* Marie Stuart la veille de son supplice.

DUNCAN (André-G.), *1854, Amsterdam. *Vues de ville et paysage.* Entrée de la ville de Montfort. Incendie de l'entrepôt d'Anvers.

DUWÉE (Henri-Joseph), *1842. *Histoire.* Jeanne d'Arc. Jésus-Christ au tombeau.

DYCK (Pauline Van), *1845. *Genre.*

DYCK (Joséphine Van), *1845. *Genre.*

DYCKMANS (J. L.), 1811, Lierre. *Genre.* Élève de Tielemans et de G. Wappers. — Le marché. La femme à la mode.

E

EECHAULT (C.), *1845. *Paysage.* Un canal.

EECKHOUT (Jacques-Joseph), 1793, Anvers. *Histoire, portrait et genre.* Élève visitée par le médecin, Harlem. Les enfants d'Édouard.

ENGEL (Adolphe C. M.), 1801-1853, Courtrai. *Paysage.* Élève de J. B. de Noter.

ERTREYCK (Van), *1840. *Histoire et genre.* Jésus-Christ guérissant le paralytique. Le chasseur amoureux.

ESPEN (C. F. Van), *1845, Herend, près Louvain. *Paysage et animaux.* Vallée de Florenberg.

EVERAERTS (D.),*1843. *Paysage et animaux.*

EVRARD (Adèle), 1792, Ath. *Fleurs et fruits.* Fleurs et fruits, Harlem.

EYCKEN (Alphonse Van der) *1843, Grammont. *Genre.*

EYCKEN (Jean-Baptiste Van), 1809, Bruxelles. *Histoire.* Élève de Navez. — Les enfants d'Édouard. La visite au peintre, Harlem.

EYCKEN (Mme J. Van), née Julie-Anne-Marie Noël, 1812, Bruxelles. *Genre et histoire.* La Vierge et l'enfant Jésus. Jeune mère près du berceau de son enfant.

EYCKEN (Charles Van der), 1809, Aerschot. *Paysage.* Une cascade à Fribourg dans la forêt Noire.

EYKEN (Jean Van), *1842. *Histoire.* Jésus-Christ descendu de la croix.

F

FABER (Frédéric-Théodore), 1782, Bruxelles. *Paysage, genre et portrait.* Élève d'Ommeganck. — Repos d'un ouvrier. Bruxelles.

FANTON-LEKEU (Ferdinand), 1791, Liége. *Paysage.* Élève de Ph. Hennequin. — Environs de Chaudfontaine.

FAUCONNIER (Ed.), *1842. *Histoire et portrait.* Judith.

FAVROT (Louis-Sébastien). *Genre.* Épisode des journées de septembre.

FÉRON (Caroline), *1845, Bruxelles. *Portrait et genre.* Élève de Navez. — L'orpheline en prière.

FISSETTE (Léopold), 1814, Ixson. *Genre.* Élève de F. de Braekeleer. — Scène d'intérieur. L'hospitalité.

FOURCAUD (Adolphe), *1842. *Fleurs, fruits, aquarelle et sur porcelaine.*

FOURMOIS (Théodore), *1842. Presles. *Paysage.* Le marais (figures de T'Shaggeny). Les bords de l'Emblève.

FRANÇOIS (Alexandre), *1845. *Genre.* Élève de Célestin François.

FRANÇOIS (Ange), fils de Célestin, 1800, Bruxelles. *Genre et histoire.* Louis XIV et Mme de Maintenon. La Fontaine chez Mme de la Sablière.

FRANQUINET (Guillaume-Henri), 1785, Maestricht. *Histoire*, etc. Élève d'Herreyns. — Saint Jean au désert. Bacchanale.

FRIS (Jacques), *1850, Malines. *Genre et histoire.* Vénus et Adonis. Mort de Jacob.

FRYER (Edw.), *1845. *Paysage.*

G

GALLAIT (Louis), 1810, Tournay. *Histoire et portrait.* Élève de l'académie de Tournay. — Abdication de Charles-Quint, Bruxelles. Le Tasse dans sa prison.

GAMOND (Mlle), *1829. *Genre.*

GASTEL (J. F. Van), *1843. *Fleurs, fruits, et aquarelle.*

GEEFS (Aloyse), 1817-1841, Anvers. *Histoire.* Flagellation. — Également sculpteur.

GEEFS (Isabelle-Marie-Françoise), née Corr, 1814, Bruxelles. *Genre et histoire.* Élève de Navez. — Vie d'une femme : piété, amour, douleur. La consolatrice des affligés.

GEENS (Van), Gand. *Histoire.* Mort d'Abel, Harlem.

GEEDTS (J. G.), *1824, Louvain. *Histoire.* L'archevêque de Cologne donnant une partie de l'hostie miraculeuse à un religieux augustin, Louvain. Jésus-Christ entre les larrons.

GEEDTS (C. P.), fils de G. J., *1840, Liége. *Histoire et portrait.*

GEIRNAERT (Joseph), 1791, Eecloo. *Histoire, intérieurs, genre et portrait.* Élève de Paelinck. — La liquidation d'une mortuaire. La visite du médecin, Harlem.

GEIT (F. Van), *1842. *Fleurs et fruits.*

GELISSEN (Maximilien), *1842. *Paysage.* Vue de la Loire. Vue prise dans le Westmoreland.

GÉNISSON (Victor-Jules), 1805, Saint-Omer. *Intérieurs d'église.* Élève des frères Van Brée. — Albert et Isabelle visitant la cathédrale de Tournay. Confessionnal dans l'église de Saint-Paul à Anvers.

GHEERS (J.), *1842. Gand. *Animaux, batailles et chevaux.* Un voiturier.

GHESQUIÈRE (Napoléon-François), 1812, Gand. *Genre.* Élève de F. de Brackeleer. — L'atelier de Jean Steen. Adrien Brauwer chez Craesbeck.

GILBERT (Auguste), *1842. *Histoire.*

GILLO (P.), *1845. *Fleurs et fruits.*

GINGELEN (Jacques Van), 1810, Borgerhout. *Marine.* Élève de Moerenhout et de Lepoittevin. — Côtes de France. Vue d'Anvers.

GISLER (Édouard), 1818, Peruwelz. *Histoire.* Élève de Navez. — Jésus-Christ couronné d'épines, Fleurus. Le couronnement d'Arioste.

GISLER (Lucien), *1842. *Histoire et genre.*

GODDYN (Paul), *1845. *Paysage.*

GODINAU (Louis-Jacques), 1811, Eecloo. *Portrait et genre.* Élève de Geirnaert et de P. de la Roche. — L'aimable vieillard. Intérieur d'atelier avec plusieurs portraits de peintres contemporains, Courtrai.

GOEMANS (J.), *1845. *Genre.*

GOETGEBUER (A. L.), 1805, Rupelmonde. *Intérieurs et histoire.* Élève de G. Wappers.

GOSSELIN (Célestine), *1845. *Fleurs et fruits.*

GOVAERTS (A. C.), *Genre*, etc. Vivandière dans un camp, Harlem. Vue du port d'Anvers.

GRANDMAISON (H.), *1845. *Portrait.* Élève de M. Chauvin.

GRÉGOIR (Henri), 1818, Anvers. *Histoire.* Élève de G. Wappers. — Déclaration de Faust. Quentin Metzys.

GRÉGOIRE (J.), *1842. *Paysage.* Vue du Rivage à Malines.

GRÉGORIUS (Albert-Jacques-François), 1775, Bruges. *Portrait et histoire.*

GROENENDAEL (Corneille), 1785-1834, Lierre. *Histoire et portrait.* Éducation de la Vierge, Lierre.

GRONCKEL (Vitalis de), *1842. *Histoire, genre et portrait.* La veuve du pauvre. Le hou numéro.

GROVER (Mlle Jeannotte-E.), *1842. *Genre.* Élève de H. Dillens. — L'absence. La maîtresse d'école.

GUÉRIN (Simon), *1842. *Histoire et genre.*

GUFFENS (Godefroid), *1824, Hasselt. *Histoire et genre.* Élève de de Keyser. — Affranchissement de la commune de Hasselt. Épisode de la destruction de Pompéi.

GURNET (F.), *1842. *Paysage.* Élève de Kuhnen.

GYSELINCKX (Joseph), *1845. *Genre.* Élève de F. de Brackeleer.

H

HAEGHEN (Joseph Van der), 1822-1846, Bruges. *Histoire.* Bataille d'Oosterweel. Bataille de Nieuport (esquisse).

HAERDE (Jos. Van), Gand. *Vues de ville.* Vue de l'église Saint-Pierre, à Gand.

HAES (Oscar de), *1845. *Histoire.*

HAERT (Henri Van der), 1794-1846, Louvain. *Portrait.* Élève de David.

HAESAERT (Paul), 1813, Louvain. *Genre et portrait.* Élève de L. Mathieu et de F. de Brackeleer. — Colin-Maillard. Devine qui c'est.

HAINE (Émile), *1845. *Paysage.*

HALLAUX (Hubert), *1842. *Paysage.*

HALLEZ (Jules), *1842. *Portrait et genre.* Élève de N. de Keyser.

Le Dante à Ravenne. Entrée d'Albert et Isabelle à Ostende.

HAMMAN (Édouard), 1819. *Histoire et genre.* Élève de N. de Keyser.

HAMME (Alexis Van), 1818, Bruxelles. *Histoire.* Élève de Leys. — Entrée d'Albert et d'Isabelle à Bruxelles.

HANSELAERE (Pierre Van), 1786, Gand. *Histoire et genre.* Élève de P. Van Huffel. — Descente de croix, Gand. La chaste Suzanne, Harlem.

HASELEER (Joseph), Bruxelles. *Décor*, *ornement et paysage.* Environs de Bruxelles. Rupture d'un pont.

HASELEER (François), fils de Joseph, 1804, Bruxelles. *Genre, intérieurs et histoire.* Élève de Navez. — Femme jouant de l'orgue, Harlem. Esther devant Assuérus, *ib.*

HAUZEUR (Hyacinthe), *1842, Bruxelles. *Paysage.*

HAVERBEKE (Eugénio Van), *1845. *Intérieurs d'église.*

HAVET (Charles), *1845. *Miniature.*

HEINDRICKX (Félix-Jean-Ferd.), 1799, Gand. *Histoire.* Élève de David et de Gros. — Hector et Páris. Bataille d'Hillegemen, en 1572.

HELLEMANS (Pierre-Jean), 1787-1845. Bruxelles. *Paysage.* Élève de J. B. de Roy. — Le bois de Soignies, Bruxelles. Vue d'un moulin à eau, *ib.*

HELLEMANS (Marie-Joséphine), femme de P. J. Hellemans, 1796-1857, Bruxelles. *Fleurs et fruits.* Élève de son mari.

HENDRICKX (H.), *1842. *Portrait.*

HENRARD (George), *1845. *Paysage.* Élève de l'école de peinture de Spa.

HENRARD (J.), *1845. *Paysage.* Élève de l'école de peinture de Spa.

HENRY (Joseph), *1845. *Fleurs et fruits.*

HERMANN-LÉON, *1842. *Histoire.*

HEUVEL (Th. de), *1841, Eecloo. *Genre.* Le séducteur. Vente judiciaire.

HEYMANS, *1842. *Histoire.*

HILLEN (Édouard), *1842. *Paysage.*

HOEG (Joseph Van), Malines. *Vues*, etc. Vue de Saint-Rombaut. Repos près d'une madone.

HOLLEBEEKE (B. Van), *1845. *Portrait.*

HON (Henri le), 1809, Lez-Pommeroul. *Marine.* Détresse sur l'Océan (figures de Louis Huard). Soleil couchant.

HORGNIÈS (N. J.), *1836. *Genre.* Le curé de campagne.

HORSIGH (Émile Van), *1845. *Genre.*

HOUZÉ (Florent), Tournay. *Genre et histoire.* Élève de N. de Keyser. — Derniers moments de lord Percy. Entrée au couvent.

HOY (de), *1845. *Genre.* Guillaume Van de Velde à l'étude.

HUARD (Louis), *1842, Aix (en Provence). *Paysage, genre et histoire.* Tommato-Campanella. Convoi de blessés sous Louis XV.

HULL (Éd.), *1845. *Aquarelle.*

HULST (Jean-Baptiste Van der), 1790, Louvain. *Histoire et portrait.* Miracle du Saint Sacrement, Louvain.

HUNIN (Pierre-Paul-Aloïs), 1808, Malines. *Genre et intérieurs.* Élève de F. de Brackeleer. — La bénédiction d'un père. Lecture d'un testament.

HUYGENS (F.), *1842. *Fleurs, fruits et nature morte.*

I

IMSCHOOT (Mme A. J. Van), *1845. *Genre.*

J

JACOBS (Jacques-Albert-Michel), dit Jacob-Jacobs, 1812, Anvers. *Marine et vues de ville.* Élève de F. de Brackeleer. — Vue de Constantinople. Halle d'Arabes.

JACOPS (Joseph), 1808, Anvers. *Batailles, chasses, histoire et marine.* Élève de Carpentero et de Herreyns. — Mazeppa délivré. Halte de chasseurs.

JAMBERS (Théodore), *1842. *Genre et histoire.* Le convalescent. Fuite d'Henriette-Marie de France, reine d'Angleterre.

JAMME (Édouard), *1845. *Histoire.*

JANSSENS (Jean), 1809, Anvers. *Genre* Élève de F. de Brackeleer. — Fête burlesque. Le billet doux.

JARDIN (Édouard du), 1817, Anvers. *Histoire.* Élève de G. Wappers. — La mort d'Abel (triptyque). Albert et Isabelle visitant Rubens.

JOHNS *1842. *Portrait à l'aquarelle.*

JOLLY (Henri-Jean-Baptiste), 1812, Anvers. *Portrait et genre.* Une dentellière au XVIIe siècle. Le militaire blessé, Harlem.

JOLLY (A. E.), *1835, Bruxelles. *Histoire et genre.* Zampiero et Vannina, Bruxelles.

JONES (Daniel-Adolphe-Robert), 1806, Bruxelles. *Paysage et animaux.* Élève d'E. Verboeckhoven. — Intérieur d'étable. Vues de la Campine avec bestiaux.

JONGHE (Jean-Baptiste de), 1785-1844, Courtrai. *Paysage.* Élève d'Ommeganck. — Environs de Tournay, Bruxelles. Intérieur d'une ferme, Harlem. Voyageurs se reposant, *ib.* Ferme en Flandre (figures de Verboeckhoven), dernier ouvrage de l'artiste.

JONGHE (Gustave de), fils de J. B. *Genre.*

JOOS (Julien), *1842, Bruges. *Intérieurs.* Une marchande. La prière.

JOOSTENS (A. L.), *1845. *Genre.*

JOUENNE (Mme), née Bossey. *Fleurs.*

JUNGBLUT (J.), *1842. *Portrait*, *genre et histoire.*

K

KEELHOFF (François), *1842. *Paysage.* Vue dans la Campine.

KETHULLE (Eugène de la), *1846. *Paysage.*

KEY (Henri), *Genre.* Quasimodo prenant Claudius Frollo sous sa protection. Mort de Léonard de Vinci.

KEYSER (Nicaise de), 1813, Santvliet (Anvers). *Histoire.* Élève de J. Jacops et de M. Van Brée. — Bataille des éperons. Bataille de Woeringen, Bruxelles.

KINDERMANS (Jean-B.), *1842. *Paysage.* Ermitage de la Tête-du-Pré, sur la Meuse. Environs de Bruxelles.

KINDT (Isabelle), née Van Assche. *Paysage.* Site dans la forêt de Boitsfort, Harlem.

KINDT (Marie-Adelaïde), 1804, Bruxelles. *Histoire, genre et portrait.* Tu n'auras pas ma rose. Enfants jouant des instruments de musique, Harlem.

KNUDDEN (Édouard), *1842, Anvers. *Intérieurs, vues de ville et paysage.* Élève de F. de Brackeleer. — Une dentellière. Repos du braconnier.

KOPS (Jean-Baptiste-Ch.), *1842. *Paysage.* Élève de P. J. Hellemans. — Vue prise dans les Ardennes. Bords de l'Emblève.

KORNER (A. R.), *1849, Anvers. *Paysage.*

KREINS (Hilaire-Antoine), 1806, Luxembourg. *Paysage.*

KREMER (Pierre), 1801, Anvers. *Histoire et genre.* Élève de Herreyns et de M. Van Brée. —La Peinture, la Poésie et la Musique réunies dans la famille de Roemer Visscher, Harlem. Interrogatoire de don Carlos.

KREYBICH (Edmond), *1842. *Paysage.*

KROLIKOWSKI (Joseph), *1845. *Paysage.*

KUHNEN (Pierre-Louis), 1812, Aix-la-Chapelle. *Paysage et effets de lumière.* Effet de soleil couchant. Incendie d'un château féodal.

KUHNEN (Mme), *1845. *Paysage.*

KUYK (Louis Van), *1845. *Genre.* Henri IV chez le meunier Michaud.

L

LACHENWITZ (F. S.), *1845. *Animaux et genre.*
LACOMBLÉ (Adolphe) *1842. *Paysage.*
LAET (Pierre de), *1845. *Portrait.*
LAETHEM (Jean Van), *1845. *Genre.* Servante dans sa cuisine. La garde-malade.
LAGACHE (Math.), née Corr, 1814, Bruxelles. *Genre.* Une Gipsy. Loin du pays.
LALLEMAND (Henri), *1842. *Vues de ville.* Vue prise à Anvers. Environs de Rouen.
LAMBERTI (Alphonse), *1845. *Paysage.*
LAMMENS (Jean-Baptiste), 1818, Gand. *Genre.* Élève de P. Van Hanselaere et de F. de Brackeleer. — Brocanteurs en tournée. L'heureux ménage, Cologne.
LAMPE (Jean-Baptiste). *Genre.* Une escarmouche.
LANDTSHEER (J. B. de), 1797, Bruxelles. *Genre.* Grétry enfant de chœur. Tancrède et Herminie, Bruxelles.
LANGHE (A. J. de), *1841, Bruxelles. *Portrait.*
LARIVIÈRE (A.), *1845. *Pastel.*
LAUTERS (Paul), 1806, Bruxelles. *Paysage.* Vue prise près de Spa.
LECLERCQ (Modeste), *1842, Warneton. *Histoire.*
LECLERCQ (E.), *1845. *Histoire.* Élève de Navez.
LECOCQ, *1856. *Genre.* Famille de mendiants.
LEFÈBRE (L. A. F.), 1786-1815, Visé. *Portrait.*
LEGRAND (N.), *1842. *Portrait et histoire.* Élève de Navez.
LEJEUNE (Victor), *1842. *Portrait.*
LEMEUNIER (Alphonse), *1842. *Paysage.*
LEMEUNIER (Gustave), *1842. *Paysage.*
LEICKERT (Charles), 1817, Bruxelles. *Paysage, hivers,* etc. Élève de B. J. Van Hove, G. Nuyen et Schelfaut.
LENZEN (Jean-François), 1790-1840, Anvers. *Paysage.*
LÉONARD (Jules), *1845. *Genre.* Élève de Célestin François.
LEROY (G.), *1845. *Intérieurs et genre.*
LEROY (J.), *1842. *Genre.* Cavaliers dans la cour d'une auberge.
LESBROUSSART (Jenny), Bruxelles. *Genre.* Petit Savoyard avec sa marmotte, Harlem. Jeanne et Effie.
LESY (Désiré), 1806, Bruges. *Paysage.* Élève de P. de Noter. — Vue du château de Laroche.
LÉVI (Élisa), *1842, Angleterre. *Genre.*
LEYS (Henri), 1815, Anvers. *Histoire et genre.* Élève de F. de Braekeleer. — Rétablissement du culte catholique dans l'église de Notre-Dame à Anvers. L'armurier.
LHERIE, *1845. *Paysage.*
LIEBAERT *1842. *Paysage.*
LIEBERGEN (G. Vau), *1843. *Miniature.* Charles Ier d'Angleterre. Marie Stuart.
LIES (Joseph), 1821, Anvers. *Genre et histoire.* Élève de N. de Keyser. — Convoi militaire revenant d'une expédition.
LIGNY (Alexandre), 1845. *Paysage.*
LINNIG (Égide), 1821, Anvers. *Marine.* Élève de Van Brée et de Van Gingelen. Fin d'orage dans la mer du Nord.
LINNIG (Guillaume), *1842, Anvers. *Marine et genre.* Le retour du soldat. Pêcheurs devant un cabaret.
LINSSEN (H.).
LION (Alexandre-Louis), 1842, Anvers. *Genre.* Élève d'E. de Block.
LORENT (Jean-François), Bruxelles. *Clairs de lune.* Élève de Van Dinter.
LORENT (A.), fils de J. F.
LORENT (G.), fils de J. F.
LYON (Henri de), *1845. *Genre.*

M

MADOU (Jean-Baptiste), 1796, Bruxelles. *Genre.* Élève de C. François. — Les musiciens ambulants. Le marchand de bijoux.
MAES (Jean-Baptiste), 1794, Gand. *Histoire et*

portrait. Sainte famille, Gand. Le bon Samaritain, Harlem.
MAES (G. J.), *1842. *Marine.* Hiver. Vue prise près d'Anvers. Clair de lune.
MALDEGHEM (Eugène Van), 1815, Denterghem. *Histoire, paysage et portrait.* Élève de G. Wappers. — Charles-Quint au monastère, Gand. L'évêque saint Alphonse, Bruxelles.
MALHERBE (Adolphe), *1845. *Animaux.*
MAMMÉS (Charles), *1842. *Paysage.* Souvenir des Ardennes.
MANCHE (Édouard), 1819, Bruxelles. *Histoire et genre.* Descente de croix.
MANDUAU (Antoine-J.),*1842.*Portrait et genre.*
MARCK (J. Van), *1797, Bruxelles. *Paysage.* Élève de Watelet, à Paris. — Rochers des bords de l'Emblève. Vue prise à Remouchamps.
MARCK (E. Van), cadet, *1845. *Paysage.*
MARCKÉ (Mme Van), née Robert, *1842. *Fleurs et fruits.*
MARCKELBACH (Alex.), *1845. *Histoire.* Élève de l'académie d'Anvers. — Le berceau du poète.
MARIN (J.), *1845. *Paysage.* Élève de l'école de peinture de Spa.
MARINUS (Ferdinand), 1808, Anvers. *Paysage et animaux.* Élève de H. Van der Poorten. — Passage du Moerdyk. La route noire.
MARNEFFE (François de), *1850. *Paysage.* Charles-Quint et Muley-Hassem à la chasse. La forêt Noire.
MARSCHOUW (C.), *1845, Malines. *Genre.*
MATHIEU (Lambert-Joseph), 1804, Bure (Namur). *Histoire, genre et portrait.* Élève de M. Van Brée. — Mort de Marie de Bourgogne, Bruxelles. Jeune fille vénitienne à son balcon.
MATHOT (Alexandre), *1856. *Paysage.* Élève d'E. Delvaux.
MATHYSEN (J.), *1845. *Genre.*
MEER (Charles Van), *1845. *Intérieurs et nature morte.* Intérieur de cuisine. Le marchand de gibier.
MEGANCK (Joseph), *1842. *Genre, paysage et intérieurs.* Le retour du frère mendiant au monastère. Une journée à la villa.
MELZER (François), 1808, Anvers. *Genre.* Élève d'E. de Block. — Le retour du fils coupable. Le bal hier féminin.
MERSSEMAN (Auguste de), *1845. *Genre.* Une dentellière.
MERTENS (Louise), *1845. *Architecture et ruines.*
MEULENBERGH (D.), *1842. *Portrait.*
MEYNNE (Joseph), 1815, Nieuport. *Histoire et genre.* Élève de G. Wappers. — Famille de pêcheurs pendant un gros temps. Le meunier, son fils et l'âne.
MIGEON (Charles), *1842. *Paysage et animaux.*
MINGUET (André), *1845. *Genre.* Élève de G. Wappers. — Le musicien aveugle.
MIOEN (Constant), *1842. *Histoire.*
MIOEN (B.), Cortemarck (Flandre orientale). *Histoire.* Saint François-Xavier, Roulers. Le sacré cœur, Lichtervelde.
MOER (Henri Van), *1842. *Paysage.*
MOER (M. Van), *1858. *Paysage.* Élève de Delvaux.
MOER (Jean-Baptiste Van), *1842. *Paysage et intérieurs.*
MOERENHOUT (Joseph-Josse), 1801, Eeckeren (Anvers). *Paysage, hivers et chevaux.* Élève d'Horace Vernet. — Avant-poste de Cosaques, Harlem. Course de chevaux, ib.
MOERMAN (Albert), *1842. *Paysage.* Élève de P. F. de Noter. — Approche d'un orage.
MOLS (Florent), *1842, Anvers. *Paysage, vues de ville,* etc. Élève de F. de Brackeleer. — Vue d'Athènes.
MORREN (Auguste), *1842. *Paysage.*
MORREN (Mme), née Delvaux, *1842. *Nature morte.*
MULL (E.), *1845. *Aquarelle.*
MUSIN (François), *1842. *Marine.*

N

NAVEZ (François-Joseph), 1787, Charleroi. *Histoire, portrait et genre.* Élève de C. Fran-

çois et de David. — Les fileuses de Fundi. Notre-Dame des affligés.
NEYT (B.), *1845. *Intérieurs d'église.*
NICOLIÉ (J. C.), *1845. *Intérieurs d'église.* Église de Saint-Jacques, à Anvers, Harlem. Même sujet, ib.
NOBELE (Henri de), *1842. *Portrait et genre.* La Concurrence.
NOEL(Paul-J.),1789-1822,Waulsort-sur-Meuse, près de Dinant, *Genre et paysage.* Élève de Herreyns et de J. J. Van Regemorter. — Moustache. Marché d'Amsterdam. Le chat emmailloté. La fille aux raisins, Amsterdam. Repos des bergers. Station de cavalerie, Bruxelles.
NOTER (Pierre-François de), 1779-1842, Waelhem (Flandre orientale). *Paysage, hivers,* etc. Vue prise à Remouchamps. Hiver : vue prise du Pont-Neuf, à Gand, ib. Tableaux, Harlem.
NOTER (Joséphine de), 1805, Bruxelles. *Fleurs et fruits.*
NOTER (Annette de), fille de Pierre-François, 1806, Gand. *Fleurs et fruits.*
NOTER (Jean-Baptiste de), frère de P. F., *1840. *Vues de ville.* Vue de l'hôtel de ville de Louvain. La porte d'Anvers à Malines.
NOTER (David de), *1842. *Genre.* Daniel Seghers chez J. P. Van Thielen. La paye du gibier.
NOTERMAN (Emmanuel), 1808, Audenarde, *Genre.* Élève de Maes-Canini. — Un épagneul. Un vieux braconnier pleurant son chien mort.

O

O'CONNELL (Mme), née Frédérique Miethe, *1845, Berlin, *Histoire, portrait et aquarelle.* Élève de Gallait. — Le meurtre du fils de Marguerite d'Anjou devant Édouard IV, roi d'Angleterre.
ODEVAERE (Joseph-Denis), 1778-1830, Bruges. *Histoire et marine.* Élève de David. — Victoire navale de Canaris sur les Ottomans, Bruxelles. Les Athéniens s'embarquant pour Salamine, ib.
OLDFIELD (J. Edwin), *1842, Angleterre. *Aquarelle.* Château de Windsor. L'eau de Caniston.
OLDFIED (J. E.), fils de J. Edwin, *1845. *Paysage.*
OORLOFT (J. P.), *1842. *Miniature.*
OPDENBOSCH (Henriette), *1856. *Genre.* Halte de voyageurs. Une femme comptant de l'argent.
ORTMANS (Auguste), *1846. *Paysage.*
OTTEVAERE (Aug.), *1845, Everghem. *Paysage et animaux.* Élève d'E. Verboeckhoven.
OUDENHOVEN (Joseph Van), *1845. *Paysage.* Famille d'ouvriers dans la détresse.
OVERSTRAETEN (Louis Van), *1842. *Paysage et animaux.*

P

PAELINCK (Joseph), 1781-1839, Oostacker (Flandre orientale). *Histoire.* Élève de David. Sainte Colette, Gand. L'invention de la croix, ib. (chef-d'œuvre). La toilette de Psyché, Harlem.
PAELINCK (Mme), née Horgnies, *1850. *Histoire et genre.* Sujet tiré de Lamartine, Bruxelles. Épisode grec.
PANNEEL (Joseph), *1845. *Fleurs et fruits.*
PAPE (Ferdinand de) *1842. *Aquarelle.*
PAPELEN (Victor), *1845: *Paysage.*
PAUW (Pierre-François de), *1855. *Genre.* Départ du jeune Tobie. Paysanne suisse.
PAUWELS (J.), *1845. *Genre.*
PAYEN (Antoine-A. J.), *Paysage.* Sites à Java, Harlem.
PEELAERT (A. de), *1845. *Paysage et intérieurs.*
PEEMANS (Victorine), *1845. *Aquarelle.*
PEETERS (Jean), 1808, Wondelghem. *Animaux.* Élève d'H. Van der Poorten.
PERLAU (Joseph), *1840. *Paysage.*

PERREMANS (Corneille-S.), *1831. *Genre.*
Atala mourante. Une verdurière. .

PEZ (Aimé). 1808, Tournay. *Histoire et genre.*
Élève de M. Van Brée et de F. de Brackeleer.
— Rentrée de la moisson. Les laveuses.

PHILIPKIN (E.), *1842. *Genre.*

PICQUÉ (Charles). *1840. Deynze. *Portrait.*
genre et histoire. Geneviève de Brabant. Le
chien du mont Saint-Bernard. Harlem.

PINNOY (J.). *Genre.* Le marchand de volaille.

PIPLART-HUART (Augustin), *1842. *Miniature.* Élève de Van Ysendyck.

PIRON (Auguste), *1843. *Genre.*

PLAETSEN (Jean-Egide Van der), 1808, Gand.
Histoire et genre. Élève de Maes-Canini. —
Une noce occasionnant une fausse alerte dans
l'armée du duc d'Albe. Louis XI auprès de
saint François de Paul, Gand.

PLATTEEL (Jean-P.), *1842. *Genre.* Élève de
P. Kremer. — Devine qui c'est. La soupe des
pauvres à la porte d'un couvent.

PLUCKS (Jean-Ant.-A.), 1788, Courtrai. *Miniature.*

POELMAN (P. J.), 1801, Gand. *Monuments et
genre.* Un paysan et une paysanne, Harlem.
Maison de ville d'Audenarde, *ib.*

POORTEN (Henri-J. F. Van der), 1789. Anvers.
Paysage. Élève de Herreyns. — Paysage
avec figures et animaux, Bruxelles. Paysage
avec animaux, Harlem.

PORTAELS (Jean), 1820. Vilvorde. *Histoire
et portrait.* Élève de Navez. — Rébecca.
Ruth.

PRINS (M. J. de), *1842. *Intérieurs.* Les joueurs
de cartes.

Q

QUINAUX (Joseph), *1842. *Paysage.* Château
de Namur. Forêt de Fontainebleau.

R

REDIG (J. J.), *1845. *Genre.*

REDIG (Laurent), *1845. *Genre et paysage.*
Fête au village.

REGNIER, *1843. *Intérieurs et genre.*

REGEMORTER (Ignace-Jos. Van), fils de P. J.,
1785. Anvers. *Genre et histoire.* Élève de son
père. — L'ancien marché aux Poissons à
Anvers, Harlem. Kermesse flamande.

REIGLER (Paul). *1845. *Paysage.* Élève de
l'école de peinture de Spa.

REMES (Charles), *1845. Wetteren. *Genre et
histoire.* Notre-Dame au rosaire. Le mendiant
aveugle.

RENOZ (P.), *1845. *Paysage.*

REYKERS (J. B.), *1845. *Histoire et portrait.*

REYNWIT (P. J.), *1843. *Histoire.* Élève de
Ch. Herreyns.

RICQUIER (Louis), 1795, Anvers. *Histoire et
genre.* Élève de M. Van Brée. — Une famille
de brigands, Bruxelles. Rubens présentant
Adrien Brauwer à sa femme, Harlem.

RIFFLAERT (Alexandre-Victor), *1829, Bruxelles. *Histoire et genre.*

ROBBE (Louis-M. D.), 1807, Courtrai. *Animaux.* Animaux au pâturage, Bruxelles. Une
bergerie.

ROBBE (H.), *1845. *Fleurs et fruits.*

ROBERT (Alexandre), *1842. *Histoire.* Élève de
Navez.

ROBERTI (Albert), 1811, Bruxelles. *Histoire et
portrait.* Élève de Navez. — Revue d'un
chapitre de l'ordre de la Toison d'or par
Charles-Quint. Baptême de Jésus-Christ.

RORIE (J. B.), 1821. *Fleurs et fruits.*

RODENBACH (Mme), née Mioen, *1842. *Animaux et gibier.*

ROELANT (Ed.), *1842. *Portrait.*

ROFFIAEN (Jean-Franç.-X.), Ypres. *Paysage.*
Élève de P. L. Kuhnen. — Vue prise dans
les Ardennes. La roche à Bayard.

ROOY (Jean-Baptiste Van), 1808, Anvers. *Histoire et genre.* Élève de M. Van Brée. —
Dernière entrevue du comte d'Egmont et du
duc d'Albe. Judith.

ROUSSEAU (Louis), *1839, Anvers. *Genre.*

Élève de F. de Brackeleer. — La prière.

ROUSSEAUX (J. J.), *1839 , Namur. *Histoire.*
Séparation de Junius Brutus et de Portia.

ROY (Pierre le), 1784, Namur. *Histoire et
intérieurs.* Élève de J. B. de Roy. — Le salon
d'exposition.

ROY (Pierre le), 1804-1855, Bruxelles. *Genre.*
Berger italien (avec E. Verboeckhoven).

RUYTEN (Jean-Michel). 1815. Anvers. *Genre
et histoire.* Élève d'I. Van Regemorter et de
G. Nuyen. — Promenade sur l'eau. La sortie
de l'école.

S

SACRÉ (F.), *1843. *Genre.*

SACRÉ (Joseph), *1838 , Gand. *Genre.* Noce
villageoise.

SALPINI (Dominique), *1842. *Histoire.*

SANO (E. B.), *1845. *Marine.*

SCHAEFELS (G. F.), *1846. *Marine.*

SCHAEP (Aimé-P. H.), *1842. *Marine.* Marine : soleil couchant.

SCHAEPKENS (Th.), 1810, Maestricht. *Histoire.* Élève de M. Van Brée. — Prise de
Maestricht en 1579, Bruxelles. Mort du comte
de Tilly.

SCHAEPKENS (Alexandre), frère de Théodore,
1815, Maestricht. *Paysage.* Une nacelle sur
la Meuse. Cour de la prévôté de Saint-Ser-
vais, à Maestricht.

SCHAEPKENS (Arnaut), 1816. *Paysage ,
architecture et archéologie.* Élève de l'académie d'Anvers.

SCHAFFERS (N.), *1845. *Paysage.*

SCHEPENS (Louis), *1843. *Paysage.* Élève
d'A. Ottevaere.

SCHIETERE (Th. de), *1845. *Paysage.*

SCHIFF (A. H. B.), *1845. *Genre.*

SCHIPPERS (Charles), 1815, Anvers. *Histoire.*
Élève de M. Van Brée. — Héloïse et Abeilard.

SCHOOFS (H. J.), *1842. *Paysage.* Environs
de Mons.

SCHRIECK (Daniel Van der), *1843 *Paysage.*

SEGHERS (Corneille), *1843. *Genre et portrait.*

SEGHERS (F. G.), *1842. *Paysage.* Environs
de Spa.

SERRUYS (Louis), *1845. *Marine.* Élève de
P. J. Clays.

SEVERDONCK (François Van), *1842. *Genre ,
portrait et paysage.*

SÉVRIN (Jean-Baptiste), 1817, Anvers. *Histoire.*
Élève de N. de Keyser.

SHERGOLD, *1842. *Portrait.*

SIRE-JACOB (Paul), *1842. *Paysage.* Élève de
Kuhnen.

SLINGENEYER (Ernest), 1820, Loochristy
(Flandre orientale). *Histoire.* Élève de
G. Wappers. — Le vengeur. Mort de Jacob-
sen.

SMAELEN (François), *1842. *Genre.*

SMEKENS (Gérard-Jos.-Ch.), 1812, Anvers.
Marine.

SMITS (Palmyre), *1843. *Genre et portrait.*

SNEP (D.), *1842. *Paysage.*

SNYERS (Isabelle), *1842, Anvers. *Genre et
portrait.* Élève de Kinsoen. — La bonne
nouvelle. Enfants escaladant un balcon.

SOENENS (le chevalier), *1843. *Paysage.*

SOETE (Adolphe), *1845. *Paysage.*

SOMERS (Guillaume), 1819, Anvers. *Genre ,
intérieurs et effets de lumière.* Élève de
G. Wappers. — Les enfants sans asile (effet
de lumière).

SOMERS (Louis-J.), 1815, Anvers. *Genre.* Élève
de F. de Brackeleer. — Le plain-chant des
moines, Liège. École de village.

SOMME (Félicité), *1842. *Histoire et genre.*
Marguerite et Faust.

SOUBRE (Charles), *1842. *Paysage.* Le retour
de la Palestine.

SPEECKAERT (J.), †1858. *Fleurs.*

STALLAERT (J. J. F.), *1842. *Genre , histoire
et portrait.* Élève de Navez. — La muse
Erato.

STAPLEAUX (Louise), née Sebayc-Rutty ,
*1842 *Aquarelle.*

STAPLEAUX (Michel-Ghislain).1799, Bruxelles.

Histoire et portraits. Élève de David. — Retour de l'enfant prodigue. Prague. Rébecca
et Isaac.

STARCK (J.), *1842. *Histoire.* Élève de Navez.
— Départ de Rébecca. Jésus-Christ au tombeau.

STEENE (Auguste Van de), 1805, Bruges. *Paysage et vues de ville.* Élève de Ducq.

STEENHAULT (Augustine de). *1843, *Fleurs et
fruits.*

STEVENS (Joseph), *1845. *Animaux et genre.*
La lice et sa compagne.

STEVENS (C. F. J.), *1842. *Histoire et genre.*

STOBBAERTS (B. L.), *1842. *Paysage.*

STORBELEERE (L.), *1843. *Paysage.*

STOCQUART (Ildephonse), 1819, Grammont.
Paysage et genre. Élève de Ducorron et
d'E. de Block. — Environs de Grammont. La
chapelle au bois.

STOOP (C. de), *1842. *Paysage.*

STORMS (Frédéric), *1845. *Histoire.*

STORMS (Jules), *1845. *Histoire;*

STROOBANT (F.), 1819, Bruxelles. *Paysage
et aquarelle.* Élève de Lauters.

STURM (Jacques), 1808-1844, Luxembourg.
Genre. La sortie de l'église. Françoise de
Rimini. Faust et Marguerite. Fridolin.

SUDOT (Ernest), *1845. *Histoire et portrait.*
Élève de Navez.

SURGELOOSE (Constant de), *1843. *Genre.*

SURMONT (Paul-Jos.-G.). 1802, Gand. *Paysage.* Élève de P. F. de Noter.

SWARTENBROEK (G.), *1842. *Histoire.* Élève
de Navez. — Les mendiants. Éducation de la
Vierge.

SWERTS (Jean), *1842. *Histoire.* Élève de
N. de Keyser. — Les trois Maries au tombeau
de Jésus. Les Marguerites.

T

TAEYE (L. de), *1842. *Genre.* Élève de H. Dillens.

TAHAM, Spa. *Histoire.* Martyre de saint Lambert, Liège.

TASSON (F.), *1856. *Histoire.* Vénus pleurant
Adonis. Assomption.

TAVERNIER, 1842. *Vues de ville et paysage.*
Environs de Namur. Ruines d'une abbaye.

TAYMANS (Louis), *1845. *Portrait.*

THEMER (Guillaume), *1845. *Paysage.*

THEUDE (Gronland), *1842, Altona. *Fleurs et
fruits.*

THOMASSIN (Pauline), *1845. *Genre.* Élève de
Ch. Venneman.

THYS (Jean-François), fils de P. J. 1785,
Bruxelles. *Genre.* Élève de son père. — Le
Jésuite Zeghers recevant les présents du
prince d'Orange.

THIRION (G. G.), *1850. *Paysage , intérieurs , etc.* Paysage arcadien. Intérieur d'un
temple ancien, avec figures.

TIBERGHIEN (L.), *1845. *Histoire.* La Vierge
et l'enfant Jésus.

TIELEMANS (Martin-François), 1784 , Lierre.
Histoire et portrait. Élève de David. — Les
disciples d'Emmaüs, Lierre.

TILMONT *1856, Bruxelles, *Histoire.* Charles V
à son baptême nommé chevalier de la Toison
d'or.

TOUSSAINT (P. J.), *1845. *Intérieurs.*

TRENSAERT (J. P.), *1854. *Vues de ville et
genre.* Enfants fêtant Bacchus. Intérieur de
ferme.

TROOST (Adolphe), *1843. *Genre.*

TRULIN (Edouard-A.), *1842. *Genre.*

TRULIN (J. E.), *1842. *Genre.* Le fumeur au
repos.

TSCHAGGENY (Charles), 1815 , Bruxelles.
Chevaux, paysage et genre. Élève d'E. Verboeckhoven. — Le laboureur au repos. Convoi
de chevaux, Hollande.

TSCHAGGENY (Edmond), 1818 , Bruxelles.
Animaux et paysage. Élève d'E. Verboeckhoven. — L'empirique, Londres. Contribution
forcée , épisode des troubles des Pays-Bas ,
en 1568.

TSCHARNER (Théodore), *1845. *Paysage.*

TUERLINCKX (Louis), *1843, *Portrait.*

V

VEERSSEN (Théodore Van), *1842. *Paysage.*

VELDE (J. Van de), *1842. *Histoire et genre.* Élève de N. de Keyser. — Vision de Godefroid de Bouillon.

VELTEN (M. J.), junior, *1845. *Portrait.*

VENABLES (Mlle), *1842. *Genre.*

VENNEMAN (Charles-Ferd.), 1803, Gand. *Genre et intérieurs.* Élève de F. de Braekeleer. — Concert burlesque. Fête de paysans.

VERBEECK (Henri), 1817, Anvers. *Paysage.* Élève de H. Van der Poorten. — Environs de Dinant. Ruisseau dans les Ardennes

VERBOECKHOVEN (Eugène), frère de Charles-Louis, 1799, Warneton (Flandre orientale). *Animaux.* Moutons surpris par l'orage, Bruxelles. Campagne de Rome.

VERBOECKHOVEN (Charles-Louis), frère d'Eugène, 1802, Warneton (Flandre orientale). *Marine.* Mer houleuse. Mer calme avec bateaux pêcheurs, Harlem.

VERELLEN, Anvers. *Histoire.*

VERHEYDEN (François), 1806, Louvain. *Histoire et genre.* Élève de J. Langlois, à Paris. — Les jeunes filles au bois. Les danseuses de corde.

VERHEYDEN (J. B.), *1845. *Portrait.*

VERHULST (Charles-Pierre), 1775, Anvers. *Histoire, intérieurs et portrait.* Portrait du roi des Pays-Bas.

VERLAT (Charles), 1824, Anvers. *Genre et histoire.* Élève de N. de Keyser.—Le Tintoret instruisant sa fille. Les deux amis.

VERLINDE (Pierre-Antoine), 1801, Bergues-Saint-Vinoc (France). *Histoire et genre.* Élève de Ducq, de M. Van Brée et de Guérin. — Un peintre faisant le portrait d'une dame, Harlem. Mort de saint Louis.

VERMOTE (Séraphin), 1833. *Genre et paysage.* Le roi boit. Ruines d'une église.

VERMEESCH (J.), Maldeghem, *Vues de ville*, Élève de P. F. de Noter. — Vue d'une ville, Harlem. Ruines de l'ancienne abbaye de Saint-Bavon à Gand.

VERMEYLEN (Michel). *1842. *Paysage.*

VERREYDT (Pierre-Victor), 1814, Diest. *Histoire.* Élève de Van Brée et de de Keyser. — Exécution de J. Molay. Le père Gérard.

VERREYT (Jacques), *1842, Anvers. *Paysage.* Vue de ville au clair de lune.

VERSCHAEREN (Jean-Antoine), 1803, Anvers. *Histoire, portrait et paysage.* Élève de Herreyns. — Descente de croix, Louvain. Annonciation, Bois-le-Duc.

VERSTAPPEN (Martin), 1773, Anvers. *Paysage.* Élève de P. Van Regemorter. — Galerie d'Albano. Paysage italien. Harlem.

VERTAMMEN (Guillaume Joseph), 1815. Acrschot, *Intérieurs et genre.* Marguerite et Faust. Anniversaire de la grand'mère.

VERVLOET (Jean-Joseph-Auguste), Malines, *Histoire et portrait.* Madeleine repentante. Reeth. Saint Vincent de Paule.

VERVLOET (François), frère de J. J. A., *1840, Malines. *Monuments et intérieurs.* Le cloître de Sainte-Marie la neuve, à Naples, Bruxelles. L'église de Saint-Pierre, à Rome, Harlem.

VERVLOET (Augustine), femme de Fr., *1845, Bruxelles. *Fleurs et fruits, gibier et histoire.* La Vierge et l'enfant Jésus.

VERVOU (P.), *1843. *Paysage.*

VERWÉE (Louis-Pierre), 1807, Courtrai, *Animaux et hivers.* Élève d'E. Verboeckhoven. — Animaux au pâturage. Paysage : carrière (figures d'E. Verboeckhoven).

VIEILLEVOYE (Pierre-Joseph-Célestin), 1798, Verviers. *Histoire et genre.* Tête d'étude de vieillard, Bruxelles.

VIELLEVOYE (J. B. de), *1842, Verviers. *Histoire et portrait.* Pierre de Bex. La Cananéenne aux pieds de Jésus-Christ.

VIETTE (P. A.), *1845. *Genre.*

VIGNE (Félix de), fils d'Ignace, 1806, Gand. *Histoire et portrait.* Élève de son père et de Paelinck. — Les amours d'Abrocome et de la belle Anthia, Bruxelles. Espièglerie d'enfants, Harlem.

VIGNE (Édouard de), fils d'Ignace, 1808, Gand. *Paysage.* Élève de Surmont. — Vue prise dans les Abruzzes. Environs de Naples.

VINCK (Fr.), *1845, Genre.

VOORDECKER (Louise), *1842. *Fruits et oiseaux.*

VOORDECKER (François), *1842. *Histoire.*

VOORDECKER (Henri), père, 1779, Bruxelles. *Paysage, animaux, portrait et intérieurs.* Élève de J. B. de Roy. Le village et la chapelle de Waterloo. Bruxelles. Enfants s'amusant avec des poules et des pigeons, Harlem.

VRECKOM (Auguste Van), *1845. *Portrait.*

VRIENDT (J. de), 1843, *Paysage.* Environs d'Anvers.

W

WADIN (Édouard), *1845. *Paysage.*

WALLAYS (Édouard), 1813, Bruges. *Genre, histoire et intérieurs.* Élève de J. Geirnaert.

— Maximilien d'Autriche relève l'ordre de la Toison d'or. L'église de Sainte-Anne, à Bruxelles.

WALSCHE (P. G. de). *1840. *Paysage.*

WAPPERS (Gustave), 1803, Anvers. *Histoire et portrait.* Élève de M. Van Brée et de Herreyns. — Épisode des journées de septembre, Bruxelles. Dernier adieu de Charles Ier à ses enfants.

WARLENCOURT (Joseph), 1784, Bruges. *Intérieurs d'église*, etc. Élève de David. Église du Saint-Sauveur, à Bruges.

WAUQUIER (Joseph), *1842. Cambrai. *Histoire, portrait et genre.* La chiromancie.

WAUTERS (Charles-Augustin), 1811, Boom. *Histoire.* Giotto. L'Albane et sa famille.

WEGHE (P. Van de), *1843. *Genre.*

WEISER (B.), *1845. *Histoire.*

WIERTZ (Antoine-Joseph), 1806, Dinant. *Histoire.* Le corps de Patrocle disputé par les Grecs et les Troyens. Les anges rebelles.

WILDE (Auguste de), *1843. *Genre et effets de lumière.* La déclaration d'amour.

WILLEMS (Florent). *1842, Liège. *Genre.* Les arbalétriers.

WINTER (Louis de), 1819, Anvers. *Paysage.* Élève de Jacob-Jacobs. — Le passage du gué. Vue prise dans les Ardennes.

WITDOECK (Pierre-Joseph), 1803, Anvers. *Genre et intérieurs.* Élève de F. de Braekeleer et de M. Van Brée. — Action généreuse des femmes d'Amsterdam. Intérieur de l'église de la Trappe à Amsterdam, avec figures.

WITTEVRONGHEL (Alexandre), *1845. *Paysage.* Élève de J. Ruyten.

WITTKAMP (J. B.), *1842. *Histoire et genre.* Élève de de Keyser. — Mort du Tasse. Hivernage des Hollandais à la Nouvelle-Zélande, en 1596-1597.

WOULBERT (H.), *1842. *Paysage et aquarelle.*

WOUTERMAERTENS (E.), *1845. *Animaux.* Élève de Robbe.

WULFAERT (Adrien), 1804, Goes (Zélande). *Histoire, genre*, etc. Élève de Ducq, à Bruges. — La signature du contrat. Mars consolant Vénus. Gand.

WULMULLER, *1845. *Genre.*

Y

YSENDYCK (Antoine Van), 1801, Anvers. *Histoire et portrait.* Élève de M. Van Brée. — Laissez venir à moi les petits enfants. La charité.

ÉCOLE HOLLANDAISE MODERNE.

A

ABELS (Jacques-Theod.), 1803, Amsterdam. *Clairs de lune et paysage.* Élève de J. Van Ravensway. — Un bois de sapins et deux vaches, Harlem. Paysage, ib.

ALBERTI (J. E.), 1806, Maestricht. *Histoire.*

ALEWYN (J. E.), 1806, Amsterdam. *Genre.*

AMEROM (H. J. Van), 1777-1833, la Haye. *Intérieurs et miniature.* Élève de Moritz, Rosters et J. H. Prins.

AMEROM (Cornel.-Henri Van), fils du précédent, 1804, Arnhem. *Portrait*, etc. Élève de Math. Van Brée.

ANDRINGA (T.), 1806-1837, Leuwarden. Élève de G. Van der Kooi et de C. Kruseman.

APOSTOOL (C.), *1820. Graveur, dessimteur et directeur du musée d'Amsterdam.

B

BAAR-VAN SLANGENBURGH (Charles-Jacques), 1785, Leuwarden. *Portraits*, etc.

BAKHUYSEN-VAN DE SANDE (Henri), 1795, la Haye. *Paysage.* Tableaux, Harlem.

BAKKER (Job-Auguste), fils de Corneille, 1796, Rotterdam. *Paysage.* Élève de son père.

BAKKER (Arend), fils de Corneille, 1806, Rotterdam. *Intérieurs.* Élève de G. Wappers.

BARBIERS (Pierre), fils de Pierre, né en 1772, 1798, Harlem. *Paysage, fleurs et fruits.* Élève de son père. — Une ferme, Harlem.

BARBIERS (Barth.), fils de Pierre, le jeune, 1784-1816, Amsterdam. *Paysage.*

BARNOUW (Nicolas), 1809, Schiedam. *Paysage.*

BEHR (Charles-Jacq.), *Vues de ville.* Élève de

B. Van Hove. — Ruines d'un vieux château, Harlem.

BEKKING (A.), 1782, Delft. *Miniature.*

BERG (Jacques-Evrard-Joseph Van den), fils de Gysbert, 1802, Rotterdam. *Histoire.* Élève de Herreyns. — Sujet tiré de la Jolie fille de Perth. Jacques de Bavière.

BERG (Simon Van den), 1812, Overschie, près de Rotterdam. *Paysage et bestiaux.* Élève de P. G. Van Os. — Paysage le soir. Prairie avec animaux.

BERNARD (Thierry), Amsterdam. *Histoire et portrait.*

BERNHARD (Pierre-Gérard), 1815, la Haye. *Vues de ville, intérieurs*, etc. Élève de B. J. Van Hove.

BERTICHEN (P. G.), Amsterdam. *Paysage*, portrait, etc.

BEYLARD (Corneille), 1813, Hilversum. *Pays.*

BICHELBERGER (Mlle), la Haye. *Miniature, fleurs et fruits.* Sainte Thérèse.

BILDERS (Jean-Warnard), 1811, Utrecht. *Paysage.* Élève de J. L. Jonxis. — Vues de Gueldre.

BING (Valentin), 1812, Amsterdam. *Histoire et intérieurs.* Élève de J. A. Kruseman. — Saint Marc. Isaac et Rébecca.

BLES (David). *Genre et intérieurs.* Scène de ménage.

BLIEK (Pierre), 1812, Rotterdam. *Intérieurs.* Élève de G. de Meyer.

BLOEME (Herman-Antoine de), 1802, la Haye. *Histoire et genre.* Élève de Pieneman. — David et Nathan. Jeune fille en prière.

BLOEMERS (Arnold), 1792, Amsterdam. *Fruits et gibier.*

BLOKHUYZEN (Dirk Vis), 1799, Rotterdam.

BLYK (François-Jacques Van den), 1806, Dordrecht. *Marines.* Élève de J. C. Schotel. — Mer calme.

BODEMAN (Guillaume), 1806, Amsterdam. *Paysage.* Élève de B. C. Koekkoek. — Intérieur de forêt, Harlem.

BOELAART VAN WYNGAARDEN (A.), *1842, la Haye. *Paysage.* Intérieur de forêt. Paysage : hiver.

BOELLAARD (Marguerite-Corn.),1795, Utrecht. *Portrait et genre.* Jeune fille faisant un bouquet.

BOER (Otto de), 1797, dans la Frise. *Histoire religieuse et portrait.* Élève de G. Van der Kooi. — Résurrection de Lazare, Woudsend. Transfiguration. Dronryp.

BOMMEL (Élie-Pierre Van), 1819, Amsterdam. *Paysage.*

BOSBOOM (J.), 1817, la Haye. *Vues de ville,* etc. La tombe d'Engelbert II, comte de Nassau, dans l'église de Breda. La grande église protestante, à Amsterdam.

BOSHAMER (Jean), fils de Jean-Henri, 1800, Dordrecht. *Vues de rivières; effets de lumière et portrait.* Femme près d'une lampe. Paysan endormi (effet de lumière).

BOSHAMER (Jean-Guillaume), fils de Jean-Henri, 1802, Dordrecht. *Paysage et portrait.*

BRAAKMAN (Antoine), 1811, Rotterdam. *Hivers et paysage.* Élève de Schelfout.

BRADE (G. C.). *Paysage.* Vue en Gueldre, Harlem.

BRAENDT (Albert-Jonas), 1788-1821. Amsterdam. *Fleurs et fruits.* Fleurs et fruits, la Haye.

BREUHAUS DE GROOT (François), 1796, Leyde. *Paysage et vues de ville.* Élève de Besters et de Schelfout.

BREUKELAER (Henri), 1809-1839, Amsterdam. *Genre.* Élève de J. A. Kruseman. — Van Speyk au tombeau de de Ruyter. Réunion de paysans sur la glace.

BREYER (Jean-Henri), 1818, Arnheim. *Paysage.* Élève de B. C. Koekkoek.

BROEK (Michel Van den), 1778, Dordrecht. *Paysage et genre.* Élève de A. Lamme et de J. B. Scheffer. — Une poissonnière, Harlem.

BRONDGEEST (Albert), 1786, Amsterdam. *Paysage.* Élève de P. G. Van Os.

BROUWER (Pierre), 1779, Amsterdam. *Batailles,* etc. Élève de P. Barbiers. — Vue de forêt, Bataille de Waterloo.

BRUGGHEN (Guillaume-Anne Van den), 1811, Nimègue. *Paysage.* Élève de P. G. Van Os.

BRUGGINK (Jacques), 1801, Amsterdam. *Paysage.* Élève de J. Pieneman.

BRUYNE (Adrien-Henri de), 1808, Amsterdam. *Paysage.*

BUDDE (Jeanne-Alida), 1800, Deventer. *Genre.* Élève de J. Pieneman.

BURGH (H. Van der). *Genre et intérieurs.*

BURGH (H. A. Van der), fils de H., la Haye. *Animaux, paysage et intérieurs.* Intérieur d'une maison rustique, Harlem. Des bestiaux, ib.

BURGH (P. Van der), fils de H., la Haye. *Monuments.* Vue du Plaats, à la Haye, Harlem.

BUYS (Corneille-B.), 1808, Frise. *Fruits, fleurs et portrait.* Élève d'Eelkema, d'O. de Boer et de G. Van der Kooi.

C

CALISCH (Maurice), 1819, Amsterdam. *Histoire et genre.* Élève de J. A. Kruseman. — La poissonnière. Mort de Démosthènes.

CANTA (Jean-Antoine), 1816, Rotterdam. *Figures et genre.*

CASTRO (Gabriel-Henri de), 1808, Amsterdam. *Fruits et fleurs.* Élève de A. Bloemers.

CATE (Henri-G. ten), 1803, Amsterdam. *Vues de ville, hivers,* etc. Vue d'une ville, Harlem. Un hiver, ib.

CHRIST (Jean-François), 1790, Nimègue. *Paysage et intérieurs.* Élève de J. Van Eynden. — Vue d'une ville, Harlem. Intérieur rustique, ib.

CHRIST (Pierre-Gaspard), fils de J. F., 1822, Nimègue. *Vues de ville et paysage.* Élève de son père.

COCQ (Corneille de), 1815, Munster. *Portrait, nature morte et intérieurs.* Élève de B. J. Van Hove.

COOKE (Guillaume), 1803, Rotterdam. *Paysage.* Élève de C. Bakker, d'A. J. Offermans et de M. Van Brée.

CORNET (Jacques-Louis), 1815, Leyde. *Genre et intérieurs.* Le roi du tir. Rembrandt et ses parents au moulin de Koudekerk.

COUWENBERG (Abraham-Jean), 1806, Delft. *Paysage.* Vue d'une ville en ruine, Harlem.

CRAEYVANGER (Gisbert),1810, Utrecht. *Paysage, chevaux,* etc. Élève de J. Pieneman.

CRAEYVANGER (Renier), frère de Gisbert, 1812, Utrecht. *Genre.* Élève de J. Pieneman. — Deux hussards et une vivandière, Harlem.

CRAMER (Henri-Guillaume), 1809, Amsterdam. *Genre.* Élève de M. Van Brée. — Déclaration d'un paysan, Harlem.

CUYLENBURGH (J. Van), fils de C. *Paysage et animaux.*

D

DAIWAILLE (Jean-Auguste), 1786, Cologne. *Paysage,* etc. Élève d'A. de Lelie.

DANEKES (André), 1788, Amsterdam. *Paysage.* Élève de P. G. Van Os et de G. Van Ravenswaay.

DAVIDSON (Ézéchiel), 1792. *Genre, histoire,* etc. Élève de Besters. — La comtesse d'Egmont devant le duc d'Albe, Harlem.

DEVENTER (Jean-Frédéric Van), 1822, Bruxelles. *Paysage.* Élève de K. Bakhuyzen.

DONCKERS (F. J. R.). *Intérieurs d'église.* L'église de Bois-le-Duc.

DREIBHOLTZ (Chrétien-Louis), 1799, Utrecht. *Marines.* Côtes de Boulogne, Harlem. Vue de Dordrecht, ib.

DRIFT (Jean-Adrien Van der), 1803, la Haye. *Paysage et hivers.* Élève de Schelfout. — L'ancienne prison à la Haye, Harlem.

DYKHOFF (J.). *Paysage.* Élève de Hulswit. — Vues de Gueldre.

DUBOURCQ (Pierre-Louis), 1815, Amsterdam. — *Paysage et genre.* Élève de J. Van Ravenswaay et de A. Schelfout. — Environs d'Olevano. L'inondation.

DYXHOORN (Pierre-A.), 1810-1839, Rotterdam. *Marines.* Élève de Schouman et de J. C. Schotel. — Voyageurs sauvés d'un naufrage.

E

EELKEMA (Belke, Gilles). (Sourd et muet.) 1788, Leuwaarden. *Paysage, fleurs et fruits.* Le pont du Gard, Harlem. Fleurs et fruits, ib.

EERNSTMAN (T.), 1801, Leuwaarden. *Portrait et intérieurs.* Élève de G. Van der Kooi.

EHNLE (Adrien-Jean), 1819, la Haye. *Genre et portrait.* Élève de C. Kruseman. — Corneille de Witt à Dordrecht.

ELZER (Henri-Jacques), 1808, Amsterdam. *Marines.* Élève de Schotel.

ENGELBERTS (J. G. M.). *Nature morte et oiseaux.* Un poulailler, Harlem.

ESMAN (Jean), 1795, Hilversum. *Fleurs, fruits,* gibier mort. Fruits et nature morte, Harlem.

EYMER (Arnold-Jean), 1803, Amsterdam. *Paysage.* Élève de C. Steffelaar.

EYSDEN (Hubert Van), 1810, Rotterdam. *Portrait.*

F

FELS (Jean-Jacques), 1816, Campen. *Paysage.*

FLEMING (Guillaume), 1804, comté de Devon. *Intérieurs.* Élève de C. H. Hodges.

FLORIMONT (C. S. B. de), 1802, Demerary (Indes). *Marines.* Élève de J. C. Schotel.

FONTENAY (Louis-Henri de), 1800, Amsterdam. *Genre, portrait et miniature.* Reconnaissance de François Van Mieris, Harlem.

FREDRIKS (J. H.),†1822, Breda. *Fleurs et fruits.*

G

GEUZENDAM (G. J.), *1810, Hollande. *Miniature et portrait.*

GHEELEN (Chrétien Van), fils de Ch., 1794-1825 ou 1826. *Portrait,* etc.

GOBELL (G. H.), †1832. *Paysage.* Hiver, Amsterdam. La province de Drenthe, hiver, Harlem.

GOBIUS (Henri-Antoine-F. A.), Utrecht (?), *Paysage.* Élève de A. H. Winter.

GOEJE (Pierre de), 1789, Enkhuyzen. *Paysage.* Élève de P. G. Van Os.

GRAAFF (B. W. Van der). *Marines.* Élève d'Offermans. — Côtes de Hollande.

GREEF (Jean de), 1784-1835, Dordrecht. *Architecture,* etc.

GREGOOR (Pierre-Martin), 1786, Dordrecht. *Paysage.* Élève de Schouman.

GREIVE (Pierre-François), 1811, Amsterdam. *Genre.* Élève de C. J. L. Portman. — Militaires devant une maison de campagne.

GRIENT (Corneille-O. Van der), 1797, Rotterdam. *Paysage.* Élève de G. J. Van den Berg et de Groenendael.

GROOTVELT (Jean-Henri Van), 1808, Varik (Hollande). *Intérieurs.* Élève de Van Bedaff, Turken, etc. — Scène d'intérieur, effet de lumière.

GRUYTER (Guillaume). *Marines.* Mer agitée.

GUISE (Pierre-Jean), 1814, Utrecht. *Paysage et animaux.* Élève de J. Van Ravenswaay.

H

HAAN (Wytze de). 1804, Leuwaarden. *Portrait et intérieurs.* Élève de O. de Boer et de G. Van der Kooi.

HAAN (F. de). *Paysage.* Vue en Flandre.

HAANEN (Gaspard), 1778, Maestricht. *Intérieurs d'église,* etc.

HAANEN (Adrienne-Jeanne), fille de Gaspard, *1842. *Nature morte.*

HAANEN (George-Gilles), fils de Gaspard,1807, Utrecht. *Effets de lumière, genre et intérieurs.* Élève de son père. — École du soir. Auberge de village, effet de lumière.

HAANEN (Elisabeth-Alida), fille de Gaspard, 1809, Utrecht. *Intérieurs.* Élève de son frère George.

HAANEN (Remi-André), 1812, Oosterhoudt. *Clairs de lune et paysage.*

HAAXMAN (Pierre-A.), 1814, Delft. *Portrait.* Élève de C. Kruseman.

HACCOU (Jean-Corneille), 1798-1839, en Zélande. *Paysage.* Élève de J. H. Koekkoek.

HAEN (Joseph-Charles de), 1777-1836, Amsterdam. *Portrait et miniature.*

HALL (J. Van), Amsterdam. *Paysage.* Élève de Ruytenschildt.

HAMBURGER (Jean-Conrad), 1809, Francfort-sur-le-Mein. *Portrait.*

HANSEN (Lambert-Jean), fils de Charles-Louis, 1803, Staphorst (Overyssel). *Intérieurs et genre.* Élève de Pieneman et de Daiwaille. — Intérieur, Harlem. Une dentellière.

HANSMA (Douwe), 1812, Dockum. *Intérieurs*

et *portrait*. Élève de G. Van der Kooi. — Consolations à une femme malade.

HARDENBERG (Lambert), 1822, la Haye. *Vues de ville*. Élève de B. J. Van Hove.

HARDERWYK (Jean Van). *Aquarelle*.

HAY (Charlotte), née Militz, 1798, Go'tenburg (Suède). *Genre et histoire*. Élève de G. Wappers. — Charles le Simple offrant son gobelet à la nourrice du Dauphin. Samuel.

HEECKEREN (François-Jean Van), 1785, la Haye. *Intérieurs*.

HEKKING (G.), 1796, Amsterdam. *Fleurs et fruits*.

HELMICH (Elz.) (sourd et muet), 1776, Goor. *Paysage et portrait*.

HEIN (Chrétien-Henri), frère de Henri-Jean. 1815, Bellingwolda (Groningue). *Paysage*.

HEIN (Henri-Jean), frère de Chrétien-Henri, 1822, Kampen. *Gibier*, etc.

HENDRIKS (Frédéric-Henri). 1808, Arnhem. *Paysage*. Élève de H. J. Van Amerom. — Vues de Gueldre.

HENSEPETER (T.). *Genre*, etc. Une chasse au XVIe siècle.

HEYMANS (Guillaume-G. F.), 1799, la Haye. *Portrait*. Élève de J. Pieneman.

HEYMANS (Jean-Henri), 1806. Leuwaarden. *Portrait*. Élève de B. Van der Kooi.

HILVERDINK (Jean), 1813, Groningue. *Paysage*, etc.

HOEN (Corneille-Pierre T'), 1814, Amsterdam. *Vues, marines*, etc. Élève de A. Waldorp.— Eau calme, soleil couchant. Porte d'une ville.

HOGENHUYZEN (Élisa-Georgina), 1776-1794, la Haye. *Fleurs et fruits*.

HOOP (Douwe de), 1799 1830, en Frise. *Histoire, genre*, etc. La femme d'Albert Beyling avec son enfant.

HOPPENBROUWERS (J. F.), 1819, la Haye. *Paysage*. Élève de A. Schelfout. — Hiver (figures de Rochussen).

HOVE (Barthélemy-Jean Van), 1790, la Haye. *Intérieurs d'église, décors et vues de ville*. Le musée royal à la Haye, Harlem. Deux vues de ville, *ib*.

HOVE (Hubert Van), fils de B. J., 1814, la Haye. *Intérieurs d'église*. Élève de son père. — Intérieur, le repas. Intérieur, Harlem.

HOVENAER (W. P.), 1808, Utrecht. *Intérieurs et genre*.

HOYER-VAN BRAKEL (Louisa), 1805, Rotterdam. *Fleurs et fruits*.

HULK (Abraham). 1813, Londres. *Portrait et marines*. Élève de A. Daiwaille.

HULSEBOOM (G.), 1784, Amsterdam. *Paysage et nature morte*. Vues de Gueldre.

HULSTYN (Corneille-Jean Van), 1813, Zutphaas (près d'Utrecht). *Fleurs et fruits*.

HUYGENS (Frédéric-Louis), 1802, la Haye. *Paysage et animaux*. Élève de Van Cuylenburgh et de P. G. Van Os. — Intérieur d'étable.

HUYSMANS (Constantin-Corneille), 1810, Breda. *Paysage et intérieurs*. Élève de Math. Van Brée. — Intérieur de ferme.

HUYS (Jean-Nicolas), 1819, la Haye. *Chevaux*, etc. Élève de J. Moerenhout.

I

IDSINGA (Wilhelmine-Gertrude Van), 1788-1819, Leuwaarden. *Portrait*. Élève de G. Van der Kooi.

IMMERZEEL (Chrétien). 1808, la Haye. *Paysage*. Élève de C. Bakker et de H. Bakhuyzen.

IMMERZEEL (Anne-Marie), sœur de Chrétien, *Paysage*. Élève de son frère.

J

JELINCK (H. J. J.). *Animaux et paysage*. Vaches au pâturage, Harlem.

JOLLY (Paul), 1805, Amsterdam. *Portrait*, etc. Élève de F. Van Swyndregt.

JONG (J. de), 1807, Harlingen. *Portrait et genre*. Élève de O. de Boer. — Jeune Fri-

sonne revenant du marché. Le musicien avengle.

JONG (S. de), 1808, Leuwaarden. *Histoire et portrait*. Élève de G. Van der Kooi.

JONGE (G. K. de), 1801, Finsterwolde (Groningue). *Paysage, chevaux*, etc.

JONXIS (Jean-Louis), 1789, Utrecht. *Portrait et intérieurs*. Atelier de forgeron. Une poissonnière près d'une fontaine, Harlem.

JONXIS (Pierre-Henri-L.), fils de J. L. *Vues de ville*.

K

KAA (Jean Van der), 1813, Dordrecht. *Vues de ville, portrait et intérieurs*.

KALDENBAGH (A.), 1820 ou 1821. *Portrait*.

KANNEMANS' (C. C.). *Marines*. Naufrage sur les côtes de France.

KARSSEN (Gaspard), 1810, Amsterdam. *Vues de ville*. Élève de H. G. ten Kate.

KASTEELE (Abraham A. Van de). 1814, la Haye. *Genre*. Élève de C. Kruseman.

KATÉ (Herman-Frédéric-C. ten), 1822, la Haye, *Genre et intérieurs*. Élève de C. Kruseman. — Prisonniers calvinistes sous Louis XIV. La bénédiction paternelle.

KEPPEL-HESSELINK (Herman-G.), 1811, Zutphen. *Vues de ville*. Élève de B. J. Van Hove.

KIEFT (Jean), 1798, Ryp (Hollande), *Portrait*.

KIERS (Pierre), 1807, Groeneveld, près de Meppel (Drenthe). *Genre, effets de lumière*, etc. Élève de D. de Hoop. — Une dame sortant de chez elle le soir (effet de lumière).

KIMMEL (Corneille), 1804, Middelbourg. *Paysage, portrait et genre*. Élève de J. H. Koekkoek et de P. Van Hanselaere, à Gand. — Paysage, effet du soleil couchant. École de village en Zélande, vers 1750.

KLERK (Guillaume de), 1800, Dordrecht. *Paysage*.

KLEYN (Jean-Pierre-V.), 1813, la Haye. *Portrait et intérieurs*. Élève de G. Heymans et de C. Kruseman.

KLEYN (Louis-Jean), 1817, la Haye. *Paysage*. Élève de A. Schelfout.

KLEYN (Pierre-Rodolphe), 1785-1816, Hooghez Waluwe. *Histoire et paysage*. Élève des frères Van Stry et de David. — Le parc de Saint-Cloud, Amsterdam. Vue sur la Seine dans les environs de Paris (figures de J. Hulswit), *ib*.

KLINKHAMER (Henri-A.), 1810, Amsterdam. *Paysage*.

KNIP (Joseph-Auguste), fils de Nicolas, 1777, Tilbourg. *Paysage*. Élève de son père. — Paysages d'Italie, Harlem.

KNIP (Henriette-Gertrude), fille de Nicolas, 1783-1842, Tilbourg. *Fleurs, fruits et animaux*. Élève de G. Van Spaendonck. — Intérieur d'étable.

KNIP (M. D.), fils de Nicolas, 1785, Tilbourg. *Paysage*.

KNIP (Auguste), fils de Joseph, 1819, Amsterdam. *Paysage*. Élève de son père.

KNIP (Henriette), fille de Joseph, 1821, Amsterdam. *Paysage et animaux*. Élève de son père.

KOBELL (Jean), fils de Henri, 1782-1814, Rotterdam. *Paysage et animaux*. Élève de G. Van de Walt. — Paysage, troupeau de bœufs, Amsterdam. Deux bœufs dans une prairie, la Haye.

KOBELL (Jean), le jeune, 1800, Rotterdam. *Paysage et animaux*. Intérieur d'étable, Harlem.

KOEKKOEK (Jean-Herman), 1778, Vere. *Marines*.

KOEKKOEK (Bernard-Corneille), fils de Jean-Herman, 1803, Middelbourg. *Paysage*. Élève de son père. — Paysage, temps orageux. Forêt avec animaux.

KOEKKOEK (Marin-A.), 1807, Middelbourg. *Paysage*.

KOEKKOEK (Jean), fils de Jean-Herman, 1811-1831, Middelbourg. *Marines*. Élève de son père.

KOEKKOEK (Herman), fils de J. H., 1815,

Middelbourg. *Marines*. Élève de son père. — Une tempête.

KOELMAN (Jean-Henri), 1820, la Haye. *Genre et histoire*. Élève de C. Kruseman. — Pierre et Jean guérissant le boiteux.

KONING (Élisabeth-J.), 1816, Harlem. *Fleurs et fruits*.

KONINGH (Leendert de), 1777, Dordrecht. *Marine et paysage*. Élève de M. Versteeg.

KONINGH (A. H. de), fils de L., 1815, Dordrecht. *Paysage*. Élève de son père.

KONINGH (Sophie de), fille de L., 1807. Angleterre. *Fleurs et fruits*.

KOOGH (Adrien Van der), 1796-1831, Île Flakkee. *Paysage*.

KOSTER (Evrard), 1817, la Haye. *Vues de ville*. Élève de B. J. Van Hove.

KOUWENHOVEN (Jacques), 1777-1825, Rotterdam. *Paysage*. Élève de B. Ommeganck. — Vue en Suisse, soleil couchant. Vue dans le pays de Clèves.

KRAMM (Chrétien), 1797, Utrecht. *Portrait, genre et architecture*. Élève de P. C. Wonder.

KRAY (J.), †1806, Hooren. *Fleurs, fruits, insectes*, etc.

KUYTENBROUWER (Martin-Antoine), 1777, Venloo, *Chevaux et paysage*. Environs de Nimègue, hiver.

KRUSEMAN (Corneille) frère de Jean Adam, 1797, Amsterdam. *Genre, histoire, portrait*, etc. Élève de C. H. Hodges et de J. A. Daiwaille. Mise au tombeau, Harlem. Le prince d'Orange à Bautersem, *ib*.

KRUSEMAN (Jean-Adam) frère de Corneille, 1804, Harlem. *Histoire, portrait et genre*. Élève de C. Kruseman. — Élisée et la Sunamite, Harlem. Jeune fille au repos, *ib*.

KRUSEMAN (Frédéric-M.), neveu de Corneille et de Jean-Adam, 1817, Harlem. *Paysage*. Élève de J. Reekers, Koekkoek, etc.

KUYK (Gisbert-B.), 1805, Hardinxveld, *Portrait et histoire*. Élève de H. J. Van Amerom et de M. Van Brée.

L

LAAR (Bernard Van de), 1804, Rotterdam. *Intérieurs d'église*. Élève de C. Bakker.

LAAR (Jean-Henri Van de), frère de Bernard, 1807, Rotterdam. *Histoire*, etc. Élève de G. Wappers. — Retour de la terre sainte. Un baptême en 1600.

LAMBERTS (Gerrit), 1776, Amsterdam. *Paysage et architecture*.

LAMERS (Jean-Herman-J.), 1814, Emmerik. *Genre*. Élève de J. A. Kruseman. — L'ermite en prière.

LAMME (Arie-Jean), fils d'Arnold, 1812, Dordrecht. *Histoire et genre*. Élève de Schéffer, à Paris. — Intérieur flamand au XVIe siècle. Le bourgmestre Van der Werf.

LEENT (Thomas Van), 1807, Princen-Hage. *Fleurs, fruits et effets de lumière*. Élève de Turken, Van Bedaff, etc.

LELIE (Jean-A. de), fils d'Adrien, 1788, Amsterdam. *Portrait, fleurs, fruits*, etc. Élève de son père. — Le fumeur, Harlem.

LENNEP (Catherine-J. R. Van), 1813, Almelo. *Fleurs et fruits*.

LEVELT, Amsterdam. *Vues de ville*.

LEYERDORP (André), 1789, Delfshaven. *Vues de ville, paysage, portrait et miniature*. Élève de P. G. Van Os. — L'écluse de Purmerstein.

LIEFLAND (Jean), 1809, Utrecht. *Vues de ville*. Élève de Jonxis et de B. Van Straten.

LIERNUR (Marie-E.), fille d'Alexandre, Paris. *Miniature, portrait, fleurs*, etc.

LIESTE (Corneille), 1817, Harlem. *Paysage*. Élève de J. Reekers et de N. J. Roosenboom.

LIST (Gerrit), 1795, Île du Texel. *Portrait et nature morte*.

M

MARTENS VAN SEVENHOVEN, (Jacques-Constantin), 1793, Utrecht. *Paysage*. Élève de J. Apeldoorn.

MEERMOHR (J. B. Van den). *Genre.* Un homme endormi.

MEYER (Gilles de), 1790, Rotterdam. *Miniature.* Élève de C. Bakker.

MEYER (A. A. de), 1806, la Haye. *Paysage et hivers.*

MEYER (Jean-Henri-L.), 1810, Amsterdam. *Paysage et marines.* Élève de J. Pieneman. —Naufrage du *Guillaume I*er sur le Lucipara, Harlem. Incendie du navire l'*India.*

MOCK (D.). *Chasses, paysage et marines.* Élève de H. Bakhuyzen. — Mer houleuse en vue de la côte de Hollande.

MOENS. *Histoire.* Marius sur les ruines de Carthage, Harlem.

MOL (Wautherus), 1786, Harlem. *Histoire et genre.* Élève de H. Van Brussel. — Mort du prince Guillaume I er. Jeune homme endormi, Harlem.

MOLYN (Pierre-Marius), 1819, Rotterdam. *Genre.* Élève de F. de Braekeleer. — Cabaret de village.

MONGERS (Corneille-M. W.), 1806, Doesborgh (sur l'Yssel). *Portrait et paysage.* Élève de Schoemaker-Doyer.

MOREL (Jean-E.), 1777-1808, Amsterdam. *Fleurs, fruits et nature morte.* Élève de J. Linthorst et de Th. Van der Aa. — Vase plein de fleurs, Amsterdam. Faisan mort, Harlem.

MOREL (Jean-Vaarzon), 1803, Amsterdam. *Figures, portrait et nature morte.* Élève de J. Andriessen et de J. Pieneman. — Un faisan mort, Harlem.

MORRIEN (J. H.), 1819. Rotterdam. *Paysage.* Élève de A. J. Offermans.

MOUROT (Jean-François-M.), 1803, Metz, *Histoire et portrait.* Élève de Portman.

MULLER (Henri-Léonard), 1806, Amsterdam. *Portrait.* Élève de Pieneman.

N

NAHUYS (la comtesse Cécile-Dorothée), *Paysage.* Élève de J. Apeldoorn.

NETSCHER (Juste-A. H.). 1818, la Haye. *Intérieurs.* Élève de C. Kruseman.

NEURDENBURG (Christophe), 1817, Rotterdam. *Intérieurs et genre.* Élève de G. Schmidt.

NIEUWENHUYSEN (Adrien-Guillaume), 1814, Utrecht. *Intérieurs d'église.* Élève de B. Van Straten.

NOOTEBOOM (Jacques-Henri-J.), 1811, Groningue. *Paysage.* Élève de J. Coucke, à Gand.

NUIJEN (Wynand-Jean-J.), 1813-1839, la Haye. *Marines et paysage.* Élève de A. Schelfout. — Paysage boisé, Harlem.

O

OBERMAN (Antoine), 1781, Amsterdam. *Portrait, paysage, fleurs et fruits.* Vase de fleurs, Harlem.

OEVER (Albertine ten), Groningue. *Paysage.*

OFFERMANS (Antoine-Jacques), 1796, Rotterdam. *Paysage, animaux,* etc. Élève de D. Van Donge. — Marché de bétail. Environs de Dordrecht, Harlem.

OLTMANS (Alexandre), 1814, Amsterdam. *Vues de ville et architecture.* Élève de Karssen.

OORT (H. Van), 1776, Utrecht ou Amsterdam. *Paysage, animaux et vues de ville.* Vue d'Utrecht.

OORT (Pierre Van), fils de H. , 1804, Utrecht. *Paysage, animaux et vues de ville.*

OOSTENGA (Thomas-T.), 1812, Zoutkamp (Groningue). *Décorations et intérieurs.* Élève de J. Bruggink.

OPDENHOFF (George-Guillaume), 1807, Fulda (Hesse électorale). *Marines.* Élève de A. Schelfout.

OPZOOMER (Simon), 1819, Rotterdam. *Histoire, portrait et intérieurs.* Élève de G. de Meyer et de M. Van Brée.

OS (George-J. J. Van), fils de Jean, 1782, la Haye. *Paysage, fleurs et fruits.* Élève de son père.

OS (Pierre-Gérard Van), fils de Jean, 1776, la Haye. *Paysage et miniature.* Élève de son père. — Les casemates à Naerden, Harlem. Paysage, *ib.* Et beaucoup d'autres, *ib.*

OS (Pierre-Frédéric Van), fils de P. G., 1808, Amsterdam. *Figures, chevaux, paysage et animaux.* Élève de son père.

OS (George-J. Van), le jeune, fils de P. G., 1805-1841, Amsterdam. *Portrait.* Élève de Navez.

OS (Marie-M. Van), fille de Jean. *Fleurs, fruits et gibier mort.* Table avec des fruits, Harlem.

OSTI (Henriette-E.), 1801, Utrecht.

P

PEDUZZI (Dominique-Antoine), 1817, Amsterdam. *Effets de lumière et intérieurs.* Élève de J. Pieneman.

PELGROM (Jacques), 1811, Amsterdam. *Paysage.* Élève de Daiwaille.

PELT (Abraham Van), 1815, Schiedam. *Histoire et genre.* Élève de J. Pieneman et de G. Wappers. — Hivernage dans la Nouvelle-Zemble. Enfants au tombeau de leur mère.

PENNING (Pierre-A.), fils de Nicolas, 1791, la Haye.

PETERS (Pierre-François), 1787, Nimègue. *Armoiries et peinture sur verre.* Élève de P. Lamers.

PETERS (Pierre-François), le fils. *Paysage.*

PEURSE (Adam Van), 1814, Dordrecht. *Paysage.* Élève de L. de Koningh. — Environs d'Oporto.

PIENEMAN (Jean-Guillaume), 1779, Abcoude (près d'Amsterdam). *Histoire, portrait et paysage.* Bataille de Waterloo, Harlem. J. S. de Ryk en présence du gouverneur espagnol Requesens, *ib.*

PIENEMAN (Nicolas), fils de J. G., 1810, Amersfoort. *Histoire.* Élève de son père. — Mort de l'amiral de Ruyter. Mort d'Archimède.

PIETERSZEN (Abraham), 1817. Middelbourg. *Genre et paysage.* Élève de E. de Block et de Van Regemorter. — Vallée de la Vesdre.

PITLOO (Antoine-S.), 1791-1857, Arnhem. *Paysage.* Élève de H. J. Van Amerom. — Vue d'Italie avec une procession. Vue du Campo-Vaccino.

PLAATZER-VAN DEN HULL (Hubert-Guill.), 1810, Harlem. *Portrait et genre.* Élève de J. A. Kruseman.

PLAS (Pierre), 1810, Alkmaar. *Paysage et animaux.* Élève de J. Van Ravenswaay et de G. Bodeman.

PLEYSIER (A.). *Marines.* La plage de Scheveningue.

PLUGGER (Jacques), 1795, Enkhuyzen. *Marines.* Élève de C. Kruseman.

PLUYM (Guillaume), 1808, Amsterdam. *Paysage, vues de ville,* etc.

PLUYMS (Félix-Louis), 1814, Amsterdam. *Genre.* Élève de J. J. Van Regemorter. — Un homme à cheval demandant le chemin à une paysanne. Une distribution de prix.

PORTMAN (Chrétien-J.-L.), 1799, Amsterdam. *Histoire, portrait et genre.* Élève de C. Kruseman. — Portrait d'un vieillard, Harlem. Épisode de l'inondation, *ib.*

POST (Sébastien), 1777, Tiel. *Portrait.*

POST-BRANS (Jean-Robert), 1811, la Haye. *Portrait.* Élève de C. Kruseman.

POSTHUMUS (Gosling), †1832. Élève d'O. de Boer.

POSTMA. *Paysage.*

POUWELSEN (Guillaume), Middelbourg. *Histoire,* etc. Élève de J. J. Van Regemorter. — Arrestation d'A. Brauwer à Anvers, Harlem. Sa mise en liberté, *ib.*

POUWELSEN (Martin), frère de Guill., Middelbourg. *Animaux.* Élève de J. J. Van Regemorter.

PRAETORIUS (Pierre-E.H.), 1791, Amsterdam. *Paysage et perspective.* Élève de J. Hulswit.

PYNACKER (Jean-C.-L.), 1815, Amsterdam. *Portrait et intérieurs.* Élève de J. A. Kruseman.

Q

QUISPEL (Mathieu), 1805, Numansdorp. *Paysage et animaux.* Élève de M. Schouman et de Smak Gregoor.

R

RADEN SALEK BEN JAGYA (le prince), Java. *Paysage, histoire et animaux.* Élève d'A. Schelfout et de C. Kruseman. — Chasse au cerf dans l'île de Java.

RAVELLI (Pierre-Antoine), 1788, Amsterdam. *Portrait et miniature.* Élève de P. Barbiers et de C. Hodges.

RAVENSWAAY (Jean Van), 1790, Hilversum. *Paysage, animaux,* etc. Élève de P. G. Van Os. — *Paysage avec animaux,* Harlem. Intérieur d'étable, *ib.*

RAVENSWAAY (J. Van), neveu de Jean, 1815, Hilversum. *Paysage.* Élève de son oncle.

REEDER (Martin-Fr.). 1802, la Haye. *Intérieurs, nature morte et fleurs.* Élève du C. Van Cuylenburgh et de J. Pieneman.

REEKERS (Jean), 1790, Harlem. *Paysage, portrait et intérieurs.* Élève de Horstok.

REEKERS (Henri), fils de Jean, 1815, Harlem. *Fleurs et fruits.* Élève de son père et de G. J. J. Van Os.

RENTINCK (Jean), 1789, Nieuwerbrug. *Intérieurs, genre et nature morte.* Élève de P. C. Wonder et de J. Van Ravenswaay.

REULTJES (Gerrit-Laurent), 1786, Utrecht. *Marines.*

REYNTJENS (Henri-E.), 1817, Amsterdam. *Intérieurs.* Élève de J. A. Kruseman.

RIETSTAP (Antoine-R.), 1814-1857, la Haye. *Paysage.* Élève d'A. Schelfout.

RIKKERS (Guillaume), 1812, Amsterdam. *Intérieurs et portrait.* Élève de F. de Braekeleer.

RINGELING (Henri), 1812, Leyden. *Genre et portrait.* Élève de B. Van den Broek. — Jeune femme écoutant son père.

RITTER (Louisa-Charlotte), fille de G. N. *Genre, portrait et miniature.*

ROCHUSSEN (Henri), 1812, Rotterdam. *Histoire,* etc. Élève de G. Wappers et de J. J. Eeckhout.

ROCHUSSEN (Charles), frère de Henri, 1815, Rotterdam. *Paysage, animaux et genre.* Élève de G. Nuijen et d'A. Waldorp.

ROELOFS (Guillaume), 1822, Amsterdam. *Paysage et animaux.* Élève d'A. H. Winter et de H. Bakhuyzen. — Vue en Gueldre.

ROG'AAR-SNELLEBRAND (Corneille), 1816, Amsterdam. *Portrait et genre.* Élève de J. A. Kruseman.

ROODE (Nicolas-J. W. de), 1814, la Haye. *Portrait et genre.* Élève de G. Schmidt et de Van der Hulst.

ROOS (Corneille-Fr.), 1802, Amsterdam. *Paysage,* etc. Élève de C. Steffelaar.

ROOSENBOOM (Nicolas-Jean), 1805, Schellingwouw. *Vues de ville et hivers.* Élève et gendre d'A. Schelfout. — Le château de Swanenbourg, hiver. Vue en Allemagne.

ROSSUM (Jean-Corneille Van), 1820, Amsterdam. *Portrait et intérieurs.* Élève de J. A. Kruseman.

ROTH (George-André), 1809, Amsterdam. *Paysage.* Élève de P. G. Westenberg. — Vue en Gueldre.

RUTTEN (Jean), 1809, Dordrecht. *Intérieurs de ville et d'église.* Élève d'A. Van Stry et de G. A. Schmidt.

RUYTENSCHILDT (Abraham-Jean), 1778-1841, Amsterdam. *Genre et paysage.* Élève de J. Andriessen et de P. Barbiers. — La petite fileuse. Vue près d'Amsterdam.

RYCKEVORSEL (Jean Van), *1859, Rotterdam. *Peinture sur verre et histoire religieuse.* Jésus-Christ donnant les clefs à saint Pierre. Adoration des mages.

RYK (James de), 1806, Hilversum. *Paysage et animaux.* Élève de J. Van Ravenswaay. — Paysage avec animaux. Harlem.

S

SAFFT (J. C. G.), 1778 , Amsterdam. *Paysage et intérieurs.* Élève de P. Barbiers.

SALM (Isaac) , 1812 , Amsterdam. *Paysage.* Élève de J. Verschuur.

SALM (A.). *Paysage et animaux.*

SCHELFHOUT (André), 1787, la Haye. *Paysage et hivers.* Hivers, environs de Rotterdam, de Delft et de Harlem.

SCHENDEL (Pierre Van), 1806, ter Heyden (Hollande). *Histoire , portrait et genre.* Élève de M. Van Brée. — Plusieurs marchés hollandais (effets de lumière).

SCHMETTERLING (Christiana-J.), fille de Joseph-Arnold, 1796-1840, Amsterdam. *Dessin, fleurs et fruits.*

SCHMETTERLING (Élisabeth-B.) , sœur de Christiana, 1804, Amsterdam. *Miniature et portrait.*

SCHMIDT (Isaac), le jeune, fils d'Isaac le vieux, †1826. *Portrait.* Élève de A. de Lelie.

SCHMIDT (George), 1791 , Dordrecht. *Genre.* Élève de P. Hofman. — Un vieillard et une jeune fille qui lit. Harlem. Le prêche interrompu.

SCHMIDT (Guillaume-Henri), 1809, Rotterdam. *Genre et portrait.* Élève de G. de Meyer. — Pauvreté et richesse. Le contrat de mariage.

SCHNEIDERS-VAN GREYFFENSWERT (Boniface-C.), 1804. Zierikzée. *Paysage.* Élève d'A. J. Couwenberg.

SCHOEMACKER-DOYER (Jacques), 1792 , Creveld. *Genre , histoire et portrait.* Vieillard recevant de l'argent et des fruits d'un paysan, Harlem. Une famille en prière, *ib.*

SCHOLTEN (Pierre-H.), 1805 , la Haye. *Fleurs et fruits.*

SCHOONBEEK (Jean-Nicolas), 1778, Groningue, *Paysage et portrait.* Élève des frères Wieringa et de David.

SCHOTEL (Jean-Chrétien), 1787-1838 , Dordrecht. *Marines.* Élève de M. Schouman. — Marine avec vaisseaux, Amsterdam. Grande marine, Harlem. Mer agitée, la Haye.

SCHOTEL (Pierre-Jean), fils de J. C., 1808, Dordrecht. *Marines.* Élève de son père. — Barques portant du secours à un vaisseau en danger. Vue marine de la Zélande, Harlem.

SCHOUMAN (Isaac), fils de Martin, 1801, Dordrecht. *Histoire, genre et marines.* Élève de son père. — Combat naval près de Palembang, Harlem.

SCHOUTEN (Gerrit-Jean), 1815, Amsterdam. *Paysage.* Élève de L. Meyer.

SIEBURG, Harlem.

SLOTHOUWER (H. J.), 1809, Tiel. *Portrait.*

SMITS (J. G.). *Vues de ville.*

SOETERIK (Théodore), 1810 , Utrecht. *Paysage.* Élève de C. Van Geelen et de Van Straten.

SOLLEWYN (Hendrina), 1784, Harlem. *Fleurs et fruits.* Élève de G. Hendriks.

SPEETS (Corneille) , 1794 , Ouddorp (près d'Alkmaar). *Équipages , intérieurs et genre.*

SPOHLER (Jean-Jacques), 1811 , Nederhorstden Berg (Hollande septentrionale). *Hivers et paysage.* Élève de J. Pieneman.

SPRINGER (Corneille); 1817, Amsterdam. *Vues de ville.* Élève de Karssen.

STAVEREN (Gisbert Van), 1790, Alphen (Rhin). *Fleurs et fruits.*

STEENBERGEN (Albert) , 1814 , Hoogeveen. *Fleurs, fruits et oiseaux.* Élève de J. Van Ravenswaay.

STEFFELAAR (Corneille) , 1797, Amsterdam. *Paysage.*

STEYN (J.), 1805-1840. *Miniature.*

STOK (Jacques Van der), 1795, Leyde. *Paysage.* Élève d'A. J. Besters.

STOOF (Guillaume-B.), 1816, Utrecht. *Histoire et genre.* Élève de C. Kruseman. — Recours à la clémence du prince Maurice. Retour d'un voyageur.

STRATEN (Bruno Van), 1786, Utrecht. *Paysage et vues de ville.*

SWAGERS (François), 1815.

SWAGERS (Élisa), femme de François, 1815. *Miniat.* Élève de plusieurs maîtres français.

SWART (C. H. de), 1818, Arnhem. *Paysage.*

SWYNDREGT (François-Montauban Van), 1784,

Rotterdam. *Portrait et intérieurs.* Élève de C. Bakker.

SWYNDREGT (Nic. Van), 1810 , Rotterdam. *Histoire et genre.* La bénédiction du mourant.

SYPKENS (Ferdinand-H.), 1813, Amsterdam. *Paysage.* Élève de Steffelaar et de J. de Ryk. — Environs de Harlem.

T

TACK (J. F.), *1840. Paysage.* Élève de N. Pieneman.

TAVENRAAT (Jean), 1809, Rotterdam. *Paysage.* Élève de C. Bakker et de G. Schmidt. — Digue en Hollande.

TEERLING (Abraham), 1777, Dordrecht. *Paysage.* Élève de M. Versteeg et d'Adrien Lamme. — Paysage italien, Harlem. La cascade de Tivoli, *ib.*

TEMMINCK (Mlle H. C.), *1841. Intérieurs et genre.* Élève de L. H. de Fontenay. — La visite au prisonnier.

THANS (Guillaume), 1816 , Rotterdam. *Histoire, portrait et genre.* Intérieur d'auberge (effet de lumière). Albert Beiling près de son tombeau (effet de lumière).

TOULON, (Mme Martine-A. M. Van). *Fleurs , fruits et gibier.* Élève de G. Hekking.

TROOST (Guillaume), 1812, Arnhem. *Paysage, portrait et marines.* Élève de B. J. Van Hove et de Schelfhout.

TROOSTWYK (Wautier-J. Van), 1782-1810, Amsterdam. *Portrait , paysage et animaux.* Élève des frères Andriessen.

TURKEN (Henri), 1791, Eyndhoven. *Genre, miniature, etc.* Marie Stuart et son secré-

U

UBERFELDT (Jean-B. Van), 1807, Zeventer (Hollande méridionale). *Histoire, portrait et genre.* Élève de J. A. Kruseman. — Épisode du siège de Harlem.

UYTENBOGAART (Abraham), 1805, Hoorn. *Portrait.* Élève de J. Pieneman.

V

VALOIS (Jean-François), 1781, Surinam. *Paysage et vues de ville.* Vue d'une ville, Harlem.

VALUIS (Jean-Chrétien), fils de J. F., 1809, la Haye. *Miniature.* Élève de son père.

VEEREN (Anne-Marie Van), Loenen. *Fleurs et fruits.* Élève de G. Hekking et de H.G. ten Cate.

VELZEN (Jean-Pierre Van), 1816, Harlem. *Paysage.* Élève de N. J. Roosenboom. — Environs d'Anvers.

VEN (Gérard Van der), 1818, Delft. *Intérieurs.* Élève de G. Schmidt.

VERBEET (Guillaume), 1801 , Bois-le-Duc. *Fleurs et fruits.* Élève de H. Turken et de A. Van Beduff.

VERBURGH (Corneille-Gerrit), fils de Gérard. *Paysage.* Élève de H. Bakhuyzen.

VERHEYEN (Jean-Henri), 1778, Utrecht. *Paysage et vues de ville.*

VERHOESEN (M), *Paysage et animaux.* Paysage avec animaux, Harlem.

VERHOOGH (Jean), 1798, Rotterdam. *Clairs de lune.*

VERPOEKEN. *Paysage.* Paysage avec figures, Harlem.

VERSCHUUR (Wauterus), 1812 , Amsterdam. *Paysage et animaux.* Écurie avec un cheval.

VERTIN (Pierre-G.), 1819 , la Haye. *Vues de port et de ville.* Élève de B. J. Van Hove. — La vieille église de Delft. Vue de ville (figures de H. Rochussen.

VERVEER (Salomon-L.), 1813, la Haye. *Vues de ville et marines.* — Élève de B. J. Van Hove. — Vue d'Amsterdam. Départ pour le marché.

VETTEWINKEL (Henri), 1809 , Amsterdam. *Marines,* etc. Jean Steen et sa femme.

VINTCENT (Louis-A.), 1819-1842, la Haye. *Histoire et genre.* Élève de B. J. Van Hove et de Kruseman. — Savoyard au repos. Vieille femme lisant la Bible.

VISSER (Guillaume de) , 1802 , Schoondyke. *Portrait et intérieurs.* Élève de J. de Cauwer, à Gand.

VLETTER (Samuel de), 1816, Amsterdam. *Genre et histoire.* Élève de J. A. Daiwaille et de J. A. Kruseman. — Départ d'une famille bourgeoise.

VOS (H. G.), fils de H. J. *Intérieurs et genre.* Intérieur avec des dames, Harlem.

VOSKUIL (Pierre). 1797, Zwolle. *Paysage.* Élève de Schoemaker-Doyer.

VOSKUIL(Nicolas-G.), fils de P. Élève de son père

VREUMINGEN (Thierry-J. Van), 1818, Gouda. *Paysage et vues de ville.* Élève d'A. J. Van Wyngaerdt.

VRIES (Jean-E. de) , 1808 , Amsterdam. *Décoration.*

W

WAARDENBURG (Evrard), 1792-1859, Harlem. *Portrait.*

WAGNER (Guillaume-G.), 1814, la Haye. *Vues de ville.* Porte de ville antique. Environs de Dinant.

WALDORP (Antoine), 1803, t' Bosch (près de la Haye). *Vues de ville et marines.* Ville en hiver,' Harlem. Mer agitée du côté du Zuiderzee.

WATRIN (J. J. M.), 1785, Amsterdam. *Miniat.*

WEERTS (Conrad-A.), 1782, Deventer. *Paysage.* Élève de G. Van Leen et de Kaldenbagh.

WEIDNER (Guillaume-Fr.), 1818 , Harlem. *Fleurs, fruits et gibier.*

WEISS (Antoine), 1801, Falkenau (Bohême). *Fleurs et fruits.* Élève de Daiwaille. — Fruits sur une table, Harlem.

WEISSENBRUCH (Jean), 1822, la Haye. *Vues de ville et paysage.* Élève de Verveer.

WEST (Jean-H. Van), 1803. la Haye. *Genre.* Élève de C. Kruseman. — La famille de Cats.

WESTENBERG (George-Pierre), 1791, Amsterdam. *Paysage et marines.* Élève de Hulswit. — Douane de mer à Amsterdam, Harlem. Jetée à Amsterdam, *ib.*

WESTER (Corneille), 1809 , Bergum (Frise). *Portrait.* Élève de G. Van der Kooi.

WICHEREN (Jean-J. G. Van), 1808, Leuwaarden. *Portrait.* Élève de G. Van der Kooi.

WIERTZ (Henri-François), 1784, Amsterdam. *Paysage, genre,* etc. Élève de P. Barbiers.— Jeune fille en prière.

WINTER (Abraham-H.) , 1800 , Amsterdam. *Paysage et animaux.* Élève de Wonder et de C. Van Hardenberg. — Intérieur d'étable, Harlem.

WINTER (Adrien Van), 1794?-1820. *Paysage.*

WOENSEL (Pétronille Van), 1785-1839 , la Haye ? *Fleurs , fruits, insectes,* etc. Élève de J. Van Os.

WONDER (Pierre-Christophe), 1780, Utrecht. *Effets de lumière, genre,* etc. Société de musiciens.

WORP (Guillaume Van der), 1803, Zutphen. *Histoire, portrait et intérieurs.* Élève de Herreyns et de Van Brée.

WUST (Christophe), 1801, Bois-le-Duc. *Portrait et intérieurs.*

WYNGAERDT (Antoine-J. Van), 1808, Rotterdam. *Paysage et vues de ville.* Élève de J. de Meyer.

WYNGAERDT (Pierre-T. Van), frère d'A. J. 1816, Rotterdam. *Histoire, portrait et genre,* Élève de J. H. Van de Laar. — Le militaire blessé. La leçon de lecture.

Z

ZANT (Arnold Van 't), 1815 , Deventer. *Paysage.* Élève de J. H. Meyer.

ZEEMAN (Abraham-J.), 1811, Amsterdam. *Portrait et genre.* Élève de Paelinck, de Kruseman et de N. de Keyser. — Jean Steen et sa future.

ZIMMERMAN (Jean-W. G.), 1816 , Monnikendam. *Genre et portrait.* Élève de J. A. Kruseman. — Jeune fille malade.

ZWIGTMAN (Corneille), 1782, s'Heerenhoek. *Portrait.*

ZWIGTMAN (Marinus), fils de C. *Portrait.*

ÉCOLE ALLEMANDE MODERNE.

A

ABREMA (Guillaume de), Crefeld. *Paysage.*

ACHENBACH (André), 1815? Cassel ou Dusseldorf. *Paysage et marine.* Paysage de Norwége, temps pluvieux. Cascade de Hardangerfjord en Norwége.

ADAM (Albert), 1782, Nordlingen (Bavière). *Chevaux, portrait et paysage.* Graveur à l'eau-forte. Bataille de la Moskowa. Napoléon entouré de son état-major.

ADAM (Henri), frère d'Albert, 1797, Nordlingen, *Paysage.*

ADAM (Benno), fils d'Albert, *1837, Munich. *Animaux.*

ADLER, *1837. *Peintre sur porcelaine.*

ADOLF (Pierre), Dusseldorf.

AERTTINGER (Auguste), *1840. *Histoire et portrait.* L'archiduc Charles entouré de ses principaux officiers, tous à cheval, Vienne.

AGRICOLA (Edouard), 1800, Berlin. *Paysage.* Le temple de Pestum. Portici.

AGRICOLA (Charles-Joseph), 1779, Seckingen. *Histoire, portrait et miniature.* Graveur. L'Amour et Psyché, Vienne.

AHLBORN (Guillaume), 1796. *Paysage.* Elève de Wach. — Vues d'Allemagne et d'Italie.

AINMÜLLER ou AINMILLER (Maximilien-E.), 1807, Munich. *Architecture, paysage et peinture sur verre.* Elève de Gartner.

ALERS *1837. *Paysage.* Le lac de Gohsa.

ALT (Jacques),1789,Francfort-sur-le-Mein. *Paysage.* Vue du jardin public à Vienne, Vienne.

ALT (Rodolphe), fils de Jacques, 1812, Vienne. *Paysage et vues de ville.* Elève de son père. — L'église de Saint-Etienne à Vienne, Vienne.

ALTMANN, 1810, Munich. *Genre, paysage, chasses, etc.* Chamois.

AMERLING (Frédéric), 1803, Vienne. *Portrait et genre.* Le petit pêcheur, Vienne. L'apôtre saint Paul, ib.

AMPICH. *Paysage.*

ANSCHÜTZ (Hermann),1802 ou 1805,Coblentz. *Histoire.* Elève de Cornelius.

ASHER (Louis), 1804, Hambourg. *Histoire.*

AUER, *1837. *Peintre sur porcelaine.*

B

BAERMANN, 1811? Munich. *Genre.* Marchande de souricières.

BAHR (J. C.), *1839. *Histoire.* Le Dante et Virgile devant la porte des enfers.

BALLENBERGER (Charles), 1801, Anspach (Bavière). *Histoire et genre.* Conrad Ier. Pèlerin revenant de la terre sainte.

BARANOFF (Nicolas de), sourd et muet, 1810, en Estonie. *Histoire et genre.* Elève de Wach. — Héraut d'armes. Chasseur écoutant deux jeunes filles.

BARBARINI (François), 1804, Znaïm. *Paysage et aquarelle.* Paysage tyrolien, Vienne.

BAUMANN (Jules), *1839, Berlin. *Genre.* Jeunes filles nettoyant du lin.

BAUMBACH, *1857. *Portrait.* Elève de Schadow.

BAUSCH, *1839. *Histoire.*

BAYER (Auguste de), 1804, Roschach (Suisse). *Intérieurs d'église, genre, perspective et architecture.* La cathédrale de Strasbourg. Le moine de Saint-Gall.

BAYER (Joseph), 1804-1830, Vienne. *Histoire et portrait.* Portrait d'enfant, Vienne. Fuite en Egypte, ib.

BECK. *Histoire.* Peintre de la cour de Dessau.

BECKER (Jacques), 1815, Worms. *Genre.* Berger frappé par la foudre. Le retour des champs.

BECKER (Guillaume), Ballenstadt. *Paysage.*

BECKMANN (Charles),1799, Berlin. *Paysage et architecture.* Elève de Wach.

BEGAS (Charles), 1794, Heinsberg (près d'Aix-la-Chapelle). *Histoire et portrait.* La famille du peintre. La Lurley.

BELGADER, *1837. *Peintre sur porcelaine.*

BELLERMANN, *1838. *Paysage.* Elève de Schirmer.

BELMONT (Mlle Sarazin de), *1840. *Paysage.* Sites montueux des Pyrénées françaises.

BENDEMANN (Edouard), 1810 ou 1811, Berlin. *Histoire.* Prisonniers juifs à Babylone. Jérémie.

BENDIX, *1858, Berlin. Elève de Hildebrandt.

BENERT (Charles), Dortmond.

BERENDT (Maurice), 1805, Berlin. *Histoire, portrait et genre.* Elève de Wach. — Elie. La fileuse.

BERNARDT (Joseph), 1805, Theuern (Bavière). *Portrait.* Elève de Langer.

BERNATZ, *1835. *Intérieurs.* Corridor voûté attenant à l'ancienne église de Maulbronn.

BERNHARDT (François), *1837. *Genre.*

BERNHAW. *Intérieurs.*

BEYER (Charles-Ferd.),*1850. *Histoire et genre.* Elève de Wach.

BIERMANN (Edouard), 1803, Berlin. *Paysage et décorations.* Panoramas. Vues de Suisse.

BINDER, *1805? Vienne. *Histoire.* L'apôtre Jacob. Vie de Noé (fresques).

BISENIUS (François), *1837. *Portrait.*

BLAAS (Charles). *Histoire.* Séparation de Jacob et de Laban, Vienne.

BLANC (Louis), 1815, Berlin. *Genre.* Jeune fille se rendant à l'église.

BLASCHEK (François), *1837. *Fleurs et fruits.*

BLECHEN (Charles), 1798, Cobus. *Paysage.* Vue des collines de Müggelsberg. Le couvent d'Assise.

BOCKHORNI. *Paysage.*

BOKING (Adolphe), Trarbach, *Paysage.*

BOLTE (George-Frédéric), 1814, Hanovre. *Histoire, portrait et genre.* Elève de Wach. Sainte Catherine. Deux enfants dans une forêt.

BÖNISCH (Gustave), 1805, Silésie. *Paysage.* Elève de Wach. — Vue des Carpathes.

BORNEMENT, *1839. *Genre.* Elève de Begas.

BOTTEMLEY (J. Guillaume), Hambourg. *Histoire.*

BOUREL. *Portrait et miniature.*

BOUTERWECK (F.), *1839, Silésie. *Histoire et genre.* Elève de Kolbe. — Soirée au cap de Sorrente.

BRACHT (Guillaume), 1807, Goch (près Clèves). *Histoire.* Elève de Schnorr.

BRANDES (George-Henri), 1803, Bordfeld. *Paysage.*

BRANDMÜLLER (Michel), 1797, Vienne. *Miniature et portrait.*

BRAUER, *1837. *Intérieurs d'église.* Un baptême dans une église.

BRAUN (Gaspard), 1807, Aschaffenbourg. *Histoire et genre.* Elève de Schneider.

BRAUN (Jacques-Augustin), *1837. *Histoire.*

BRAUN (Adam-Jean), *1832. *Genre.*

BRENNER (Adam), 1801, Vienne. *Histoire, genre et nature morte.* Intérieur de cuisine, Vienne. Martyre de saint Etienne, ib.

BRENTANO (F.), *1839. *Histoire.* Maximilien Ier.

BRESLAUER (Charles), *1852, Varsovie. *Paysage.*

BLANCK (Charles-Valentin de), 1794, Ratisbonne. *Paysage, chevaux, etc.* Elève d'A. Adam.

BROCKY (Charles), *1837. *Histoire et portrait.*

BROMEIS, *1859. *Paysage.*

BROWN, *1858. *Histoire.* Mort du jeune Talbot.

BRUCKMANN, 1806, Heilbronn. *Histoire et portrait.* Galatée (fresques), Munich. Mort de Barberousse.

BRUNNER (Jean), 1811? Munich. *Genre.* Diseuse de bonne aventure. Scène de cabaret.

BUCHER (Léopold), 1797, Schwechad (près de Vienne). *Histoire et genre.* Tableau allégorique, Vienne.

BUCKER, *1837. *Sur porcelaine.*

BURGGRAF (Charles), 1805, Halberstadt. *Genre et portrait.* Elève de Herbig et de Hensel. — Un jeune homme et une jeune fille admirant un tableau. Une Allemande en Italie.

BÜRKEL (Henri), 1800, Pirmasens (près de Deux-Ponts). *Batailles, genre, paysage et chevaux.* Elève de Guill. Kobell. — Vue de Benedicter-Wand. Scène de village.

BURRI, *1837. *Paysage.*

BUSCH (Frédéric), *1856, Dusseldorf. *Genre.* Pèlerin au repos. Enfants à une fenêtre.

C

CABAN, *1837. *Paysage, genre et animaux.* Scène villageoise.

CALAME, *1845, Genève. *Paysage.* Ruines de Pestum. Vue en Tyrol.

CAMPHAUSEN, 1818? *Batailles.*

CANTON. *Animaux.*

CANZI, *1840, Vienne. *Portrait et histoire.* Oreste et Pylade en Tauride.

CARL (Adolphe), *1837. *Paysage.* Une baie.

CATEL, *1820, Berlin. *Genre, paysage, etc.* Le navigateur heureux. Le navigateur malheureux.

CLANOT (A.), *1831. *Portrait, miniature et aquarelle.*

CLASEN (Charles), Dusseldorf. *Portrait.*

CLASEN (Laurent), Dusseldorf. *Histoire.*

COLBERG (Antoine de), *1840, Varsovie. *Histoire.* Elève de Wach.

CONSTANTIN (Abraham), 1785, Genève. *Histoire et animaux, sur émail et porcelaine.*

CORNELIUS (Pierre de), 1786, Dusseldorf. *Histoire.* Les Niebelungen et autres fresques, Munich. Joseph reconnu par ses frères, Rome.

CORRODI, *1839. *Paysage et aquarelle.* Site de l'Italie méridionale.

COUNIS, Genève. *Email.*

CRETIUS (Constantin), 1814, Silésie. *Histoire, genre et paysage.* Elève de Wach. Repas des Grecs. Jacob pleurant la perte de son fils.

CROLA, 1804, Dresde. *Paysage.*

CRONHELM (de), *1858. *Paysage.* Elève de Schirmer.

D

DAEGE (Edouard), 1805, Berlin. *Histoire et genre.* Elève de Wach. — Le refuge des parents. Capucin portant le viatique.

DAFFNIGER (Maurice), *1837. *Portrait, miniature et aquarelle.*

DAHL (Charles), *1835, Berlin. *Paysage.* Torrent dans un bois après l'orage.

DAHL (Jean-Chrétien), 1789, Bergue (Norwége). *Paysage.* Falaise de la Méditerranée. Vues de la Suisse saxonne.

DALLINGER (Ignace), 1803, Münzkirchen. *Histoire et genre.* Le denier de la veuve.

DALLINGER DE DALLING (Jean-Alexandre), 1788-1844, Vienne. *Paysage et animaux.* Graveur. Troupeau de vaches traversant un gué, Vienne.

DALLINGER DE DALLING (Jean-Baptiste), frère de Jean-Alexandre, 1782. *Animaux et paysage.* Chevaux de labour dans la prairie, Vienne.

DANHAUSER (François-Joseph), 1805, Vienne. *Histoire et genre.* Atelier d'un peintre, Vienne. Abraham chassant Agar et Ismaël, ib.

DEGER (Édouard), 1809. Bockenem (près de
Hildesheim). *Histoire.* La Vierge et l'Enfant.
Résurrection.

DEICHS (F. Adolphe). Brunswick. *Paysage.*

DENNING, *1857. *Peintre sur porcelaine.*

DEURER *1857, Manheim. *Genre et histoire.*

DIDAY, Genève. *Paysage.*

DIEDRICH, 1791? Biebrach. *Histoire.* Les Juifs
se rendant à la terre promise, Stuttgard. Le
triomphe de Bacchus (fresque).

DIELMANN, *1840. *Genre.*

DIETZ, 1815? Carlsruhe. *Histoire.* Mort de
Picolomini. Mort de Pappenheim.

DITTENBERGER (Jean-Gustave), 1799, Neuen-
weg (grand-duché de Bade). *Histoire, genre
et miniature.* Graveur à l'eau-forte. Élève de
Rottman, Roux et Gros.

DOLLINER (Étienne), 1784, Bischoflack (Illyrie).
Architecture et histoire. Joseph expliquant les
songes des deux prisonniers. Vienne.

DOMSCHKE, *1835. *Histoire.* Élève de Hensel.

DORING (Adolphe), Bernbourg. *Paysage.*

DORNER (Jean-Conrad), 1810, Egg (près de
Bregenz, Suisse). *Genre et portrait.*

DROEGE, 1801, Hanovre. *Miniature et portrait.*

DROEGER (Antoine), †1855, Trèves. *Histoire.*
Une joueuse de luth. Deux Romaines (dernier
ouvrage de l'artiste).

DUNCKER (Charles), sourd et muet, 1808,
Konigsberg. *Histoire.* Élève de Wach. —
Rébecca. Herminie chez les bergers.

DURAND, Hanovre. *Genre.*

DURK, 1809, Leipzig. *Portrait.* Portrait d'un
jeune Courlandais. Portrait du peintre Heinlein.

DUSOLT. *Genre.*

DYCK (Herman), *1842, Munich. *Paysage et
intérieurs.* Effet de neige. Entrée d'une maison de ville.

E

EBERLE (Adam), 1804 ou 1806-1832. Dusseldorf. *Histoire.* Élève de Cornelius. — Jésus-
Christ au tombeau (plafond), Munich. Maximilien investi de l'électorat, *ib.*

EBERS (Herman), 1808, Breslau. *Genre.* Les
contrebandiers. Saint Goar au milieu des
pêcheurs.

ECKERT (Henri), 1807, Wurtzbourg. *Marine,
batailles et chasses.* Cabanes de pêcheurs aux
environs du Havre.

EGGERS, *1835, Neu-Strelitz. *Histoire.* Sainte
Catherine. Sainte Dorothée.

EGLOFSTEIN (la comtesse Julie d'). *Portrait et
genre.*

EHMANT (Frédéric-Joseph), *1835, Francfort-
sur-le-Mein. *Paysage.* Château d'Elz sur la
Moselle.

EHNHUBER (d'), 1810? Munich. *Genre.* Retour
du soldat.

EHOINSKY (Eustache), *1857. *Portrait.*

EHRHARDT (Adolphe), *1839, Berlin. *Histoire.*
Élève de Herbig. — Salomon et Salamith.

EIGNER. *Genre.*

ELLENRIEDER (Marie), 1791, Constance. *Histoire.* Graveur à l'eau-forte. Martyre de
saint Étienne, Carlsruhe. Madone avec l'Enfant et deux enfants de chœur.

ELSASSER (Auguste), *1856, Berlin. *Paysage.*
Les marais Pontins. Une forêt vierge.

ELSHOLZ (Louis), 1805. Berlin. *Batailles et
genre.* La bataille de Ligny. La moisson.

EMBDE (A. Van), *1842, Wiesbade. *Genre.*
L'attente.

ENDER (Jean), 1793, Vienne. *Portrait.*

ENDER (Thomas), frère jumeau de Jean, 1793,
Paysage et perspective. Vue du Johannisberg, Vienne.

ENGEL (Charles), Londorf. *Histoire.*

ENGELHART (André), *1850, Nuremberg. *Portrait.*

ENGELMANN, 1795? Berlin. *Histoire.*

ENGERT (Érasme). *Histoire* (Restaurateur de
tableaux et crépiste distingué).

ERCHELLES, *1857, Prague? *Portrait et dessinateur.*

ESPERSTEDT (A. W.), 1813, Berlin. *Histoire*

et genre. Élève de Wach. — La confession de
la jeune fille. Conradin en prison.

ETTINGER (Joseph-Charles), 1805, Munich.
Paysage. Élève de Kobell et de Wagenbauer.

ETZDORF (Chrétien). *1857. *Paysage.* Rochers.

ETZDORF, le jeune, frère de Chrétien. *Paysage.*

EVERS (Antoine), 1804, Moritzburg (près d'Hildesheim). *Genre et portrait.* Patineurs. Luther
traduisant la Bible.

EYBEL (A.), *1839. *Histoire.* Élève de Kolbe.

EYBL (François), *1857. *Genre et portrait.*

F

FABER, *1857. *Miniature.*

FAHNENSCHMIDT, *1859. *Genre.* Élève de
Daege. — Trois enfants nus.

FAUSTNER, *1857. *Peintre sur porcelaine.*

FECHNER (E.), Dresde. *Aquarelle.*

FEID (Joseph), 1807, Vienne. *Paysage.* Nymphes se baignant, Vienne. Les montagnes de
neige, *ib.*

FENDI (Pierre), 1796-1842, Vienne. *Genre.*
Dessinateur et graveur. Jeune fille regardant
une loterie, Vienne.

FÉODOR, †1827, Kalmouckie. *Bacchanales.*

FERNLAY, 1805? Frédérickshald (Norvége).
Paysage.

FERTBAUER (Léopold), *1857. *Portrait.*

FEY (Joseph), Cologne. *Portrait.*

FIELGRAF (Charles), 1813 (alias 1804), Berlin.
Histoire. Élève de Wach. — La femme malade. Élisabeth, comtesse de Thuringe.

FINKENNAGEL, *1859. *Marine.*

FISCHBACH (Jean), 1797, Grafenegg (basse
Autriche). *Genre et paysage.* L'oiseau disputé,
Vienne.

FISCHER (Joseph), Obersdorf (Bavière). *Histoire.*

FISCHER (Léopold), *1857. *Aquarelle.*

FLECK (Joseph), Dusseldorf. *Portrait.*

FLOHR, *1859. *Genre.* Scène populaire de
l'Italie.

FLUCK (Jean), 1820, Dusseldorf. *Genre et portrait.*

FLUGGEN (G.), *1842, Munich. *Genre.* Scène
de joueurs.

FLUGGEN, 1814? Cologne. *Genre.* Intérieur de
cabane. Les dénicheurs.

FOHR (Charles), 1796-1818, Heidelberg. *Paysage et histoire.*

FOHR (Daniel), 1801 ou 1802, Heidelberg. *Paysage.* Mazeppa. Site montagneux.

FOLTZ ou FOLZ, 1797? Bingen. *Histoire et
genre.* Élève de Cornelius. — Sujets tirés de
Bürger. Malédiction du chanteur.

FÖRSTER (Ernest), 1800, München-Gosserstatt
(Saxe-Altenbourg). *Histoire.* Élève de Cornelius. — Othon le Grand.

FOUQUET. *Animaux.*

FRANKFURTER (Max.), Dusseldorf?

FRAUTSCHOLD (V.), Berlin. *Histoire.*

FREYBERG (Électrine Stuntz, baronne de),
1797, Strasbourg. *Histoire religieuse , paysage et genre.* Élève de son père Jean Stuntz.

FREIHOFF, *1858, Potsdam. *Paysage et vues
de ville.* Vues de Potsdam.

FREUDENBERG, *1842, Munich. *Genre.* Éducation maternelle.

FREUDWEILER (Daniel), 1793-1827, Suisse.
Portrait et histoire. Élève de Pfenninger.

FRIEDRICH (Caroline F.), *1800? *Nature
morte.* Pâtés, verre, etc., Dresde.

FRIEDRICH (Gaspard-David), 1776 *Paysage ,
genre et animaux.* Voyageurs dans un paysage,
Dresde. Le repos pendant la récolte, *ib.*

FRIES (Ernest), 1801-1855, Heidelberg. *Paysage et portrait.* Élève de Kuntz. — Le Pater.
Paroles de l'âme.

FRISCH, *1857, Darmstadt. *Genre, etc.* Soldats
entourant un chariot de foin.

FRISCHER, *1857. *Peintre sur verre.*

FROMMEL, *1842, Carlsruhe. *Paysage.* Vue
d'Amalfi.

FUCHS. *Décorations.*

FUHRICH (Joseph), 1800, Kratzau (Bohême).
Histoire. Les tables de la loi, Vienne. Sainte
Catherine au milieu des docteurs. Graveur à
l'eau-forte.

FUNKE (Henri), *1845, Herfort. *Paysage.*
Chaîne de montagnes du Tyrol bavarois. Château en ruine.

FURSTENBERG (Solly), Berlin. *Portrait.*

FUS. *Histoire.*

FUSCH (Jean), †1815. *Portrait.*

G

GABRIEL, *1838, Neuss. Élève de Hildebrandt.

GAIL, 1804, Munich. *Intérieurs.* Sanctuaire de
la mosquée de Cordoue.

GAREIS (Pie), 1804, Sulzbach (Bavière). *Histoire et portrait.* Élève de Cornelius.

GÄRTNER (Édouard), 1802, Berlin. *Architecture
et vues de ville.* Vues de Moscou.

GASSEN (Théophile), 1805? Coblentz. *Histoire.*
Élève de Cornelius. — Escalade du château
de Godesberg. Fresques, Munich. .

GATKE (H.), *1838, Berlin. *Marines.* Mer ora-
geuse. Rivage d'Héligoland.

GATTERER, *1857. *Miniature.*

GAUERMANN (Frédéric), fils de Jacques, 1807,
Miesenbach (basse Autriche). *Paysage, genre
et animaux.* Paysan et paysanne au repos,
Vienne. Le laboureur, *ib.*

GEGENBAUER (Antoine), 1800, Wangen (Wurtemberg). *Histoire et portrait.* L'eau du rocher. Fresques, au château de Rosenstein.

GEIGER. *Paysage.*

GEIST. *Intérieurs.*

GENELLI, le vieux, *1820. *Paysage.*

GENELLI (Bonaventure). fils du précédent,
1795, Berlin. *Histoire.* Triomphe de Bacchus,
Hercule musicien (fresques), Munich.

GENSLER (les frères), *1838. *Intérieurs et
genre.*

GERST, *1840. *Décorations.*

GERSTMAIER (Joseph), *1857. *Paysage et
aquarelle.*

GESELSCHAPP (Édouard), *1838, Wesel.
Genre. La toilette pour le bal.

GEYER. *1857. *Animaux et genre.* Intérieur
d'une ménagerie.

GEYLING (Charles), *1857. *Paysage.*

GIESSMANN. Leipzig. *Histoire.*

GINOFSKY (Joseph), *1857. *Genre.*

GLEIM, *1842, Munich. *Paysage.* Plaine de la
Lombardie.

GLINCK (Xavier), 1795, Burgau (Bavière).
Histoire.

GMELIN, *1859. *Paysage.* Côte de Castella-
mare.

GÖBEL (Charles-Pierre), 1791-1821, Wurtzbourg. *Histoire.* Mort de Jacob, Vienne.

GÖBLE. *Paysage.*

GOLTSCHMIDT (Herman), *1830 , Francfort-
sur-le-Mein. *Histoire.*

GOTTHARDT (Joseph), 1801, Trèves. *Histoire,
genre et perspective.* Élève de Wach. —
L'atelier de Wach. L'apôtre saint Pierre,
Potsdam.

GOTTING (J. Pierre), Aix-la-Chapelle. *Histoire.*
Saint Pierre marchant sur les flots.

GOTZENBERGER, 1802? Heidelberg. *Histoire
et genre.* Élève de Cornelius. — Les quatre
facultés (fresques), Manheim. La magicienne.

GRABAU (Charles), Brême. *Animaux.*

GRADE (Mlle Frédéric), *1859, Dantzig. *Portrait.* Élève de Begas.

GRÄFLE (Albert), 1809 , Freiburg. *Histoire.*
Saint Étienne distribuant les aumônes. Mort
du Tasse.

GRAS (Nicolas), Jerlich (près de Neuwied).
Portrait.

GRASHOF (Othon), *1845, Cologne. *Genre et
histoire.* Élève de Wach.

GRASS (Jean-Joseph), Luftelberg.

GRASS (Charles), 1781?-1822? *Paysage.*

GRAUERT, *1838. *Paysage.* Élève de Schirmer.

GREFLÉ (Albert), 1809? Freiburg. *Genre.*
Mort du Tasse. Sujet tiré de la guerre de
trente ans.

GREIN. *Fleurs et paysage.*

GREVEN (Antoine), Cologne. *Portrait et genre.*

GRIMM (Louis-Émile), 1792? Hanau (Hesse).
Genre et portrait. Graveur à l'eau-forte.

GRISBERD (Édouard), Berlin. *Paysage.*

GROPIUS (Charles), 179*, Berlin. *Décors et panorama.*

GROSPIETCH (Florent),1789, Protzan (Silésie). *Paysage.* Graveur à l'eau-forte.

GROSS (Léopold), *1837. *Portrait.*

GROTHAUS (Auguste), Barmen. *Portrait.*

GROTHE (C.), *1839. *Genre.* Élève de Kolbe.

GRUBER (Charles), *1837. *Fleurs et fruits.*

GRUBER (François), frère de Charles, 1801, Vienne *Fleurs et fruits.* Fleurs dans un vase. Vienne.

GRUND, *1842, Carlsruhe. *Histoire, genre et portrait.* Enlèvement d'Esmeralda.

GRUNER (Louis), 1801, Dresde. *Portrait et genre.*

GSELHOFER (Charles), 1779, Vienne. *Histoire, portrait et paysage.* Graveur à l'eau-forte. Saint Martin.

GUIGON, Genève.

GURLIT, *1837. *Paysage.*

H

HAACH, 1815? Dresde. *Histoire.* Jésus-Christ apaisant la tempête.

HABERBUSCH. *Paysage.*

HABENSCHADEN, *1837. *Paysage et animaux.*

HAGENS (Édouard de), Dusseldorf. *Portrait.*

HAHN (Adolphe), *1832, Berlin. *Portrait et genre.*

HAHNISCH (Antoine), *1837. *Aquarelle.*

HÄMERL, *1855. *Peintre sur verre.*

HÄNSEN. *Histoire.*

HANSON, 1788? Hambourg. *Histoire et genre.* Pêcheur d'après Gœthe. Résurrection de l'enfant de la veuve.

HANSTEIN, *1839. *Portrait et genre.* Élève de Herbig.

HAPPEL, *1839. *Paysage.*

HARTINGER (Antoine), *1837. *Fleurs et fruits.*

HARTMANN (Mathieu-Christophe), 1791, Nuremberg. *Histoire, genre et miniature.*

HARTZ (Sophie), 1805, Berlin. *Genre.* Le retour du pêcheur. L'aumône.

HÄSELICH (George). *Paysage.*

HÄSELICH (Jean). *Paysage.*

HASENKLEVER (Pierre), *1840, Remscheid. *Genre.* Le retour de Job l'étudiant.

HASENPFLUG (Charles), 1802, Berlin. *Intérieurs d'église.* Entrée d'un couvent. La cathédrale de Cologne représentée achevée.

HAUGH, *1839. *Paysage.* Paysage napolitain.

HAUSCHILD, *1839. *Intérieurs et vues de ville.*

HAUSER, *1840, Bâle. *Histoire.* Jésus-Christ et ses disciples, Paris.

HAUSHOFER, 1811? Munich. *Paysage.* Le lac de Chiem, près de Rosenheim. Le lac d'Averno.

HAUSSER. *Paysage.*

HAUSTEIN, *1839. *Genre.*

HEESCHE (Henri), *1837. *Portrait et miniature.* Portrait d'un vieux fendeur de bois.

HEICKE ou HECKE (Joseph), *1837, Mulheim (sur le Rhin). *Paysage.* Élève de Schirmer.

HEIDECK (le général), *1837, Suisse. *Batailles, genre, etc.* Scènes de la guerre d'Espagne. Un fourgon près de verser.

HEIDECKER (Guillaume), Paderborn. *Portrait.*

HEIDELOFF (Charles), *1820, Stuttgard. *Décor.*

HEILMAIER (Émile), 1802, Kloster-Roit (Bavière). *Paysage.*

HEIM (Mathias), 1782. *Paysage et architecture.* Élève de Wagenbauer et de D. Quaglio.

HEINDL (François), *1837. *Intérieurs.*

HEINE (Guillaume), Dusseldorf. *Portrait et genre.*

HEINEFETTER. *Paysage.*

HEINEL (Jean-Philippe), 1800, Bayreuth. *Genre et paysage.*

HEINERT (Frédéric), Soest. *Paysage.*

HEINLEIN (Henri), 1805, Nassau-Weilbourg. *Paysage.*

HEINRICH (Thugut), *1837. *Portrait à l'aquarelle.*

HEINZMANN (Charles), 1792, Stuttgard. *Paysage.* Graveur à l'eau-forte et peintre sur porcelaine. Élève de Seele.

HELDOBLER, *1837. *Peintre sur porcelaine.*

HELFT, *1838. *Paysage.* Élève de Schirmer,

HELMSDORF, *1830, Magdebourg. *Paysage.* La campagne de Rome. Vue du Colisée.

HELWEGER, *1840. *Histoire.*

HEMMERLE, *1855. *Peintre sur verre.*

HENNING (Adolphe), 1809, Berlin. *Portrait, genre, histoire*, etc. Élève de Wach. — Personnages contemplant le modèle d'un groupe de statues (tableau de famille). Vue du lac d'Agnano.

HENNING (Jules), cousin d'Adolphe, *1838. *Paysage.*

HENGSBACH (François). Werl. *Paysage.*

HENSEL (Guillaume), 1794, Trebbin. *Histoire et portrait.* Graveur à l'eau-forte. Jésus-Christ devant Pilate, Potsdam. Jésus-Christ au désert.

HERBIG (Guillaume), 179*, Potsdam. *Histoire, batailles et genre.* Bataille de Culm. La fileuse.

HERDT (Frédéric-Guillaume), 1791, Berlin. *Histoire, batailles et portrait.* Sainte Edwige, Berlin. Énée emportant Anchise, ib.

HERENZ (Guillaume), Berlin. *Genre.* Sujets tirés d'Uhland. Le retour.

HERING, *1840. *Fleurs et fruits.* Élève de Völcker le vieux.

HERMANN (Charles), 1797? Dresde. *Histoire.* Élève de Cornelius. — La Théologie (fresque), Bonn. Sujets tirés d'Eschenbach.

HERMANN,1816?Coblentz. *Histoire et marines.* Élève de Krause. — Vierge glorieuse.

HERMES (Gustave), *1830, Silésie. *Histoire.* Élève de Wach.

HERZ (Gustave), *1839, Berlin. *Histoire et portrait.* Élève de Begas.

HERZINGER (Antoine), *1802, Prague? *Animaux.* Graveur à l'eau-forte.

HESS (Henri), 1798, Dusseldorf. *Histoire et portrait.* Le Parnasse. Sujets tirés du Nouveau Testament (fresques).

HESS (Pierre), frère de Henri, 1792, Dusseldorf. *Genre, batailles et paysage.* Bataille d'Arcis-sur-Aube. Entrée d'Othon à Nauplia.

HESS (Charles), frère de Henri, 1804, Dusseldorf. *Animaux, paysage et genre.* Tyroliens menant paître un troupeau.

HESS (Jérôme), 1799, Bâle. *Genre.*

HEUREL (Alexandre), Riga. *Portrait.*

HEUSS, *1830. *Histoire et portrait.* Portrait de Thornwaldsen. Une muse.

HILDEBRANDT (Théodore), 1804 ou 1806, Stettin. *Genre, portrait et histoire.* Élève de G. Schadow. — Clorinde recevant le baptême. Judith.

HILLEBRAND, *1838. *Paysage et marines.* Élève de Krause.

HILTENSBERGER (George), 1806, Haldenwang (près de Kempten, Bavière). *Histoire.* Scènes d'Aristophane (fresques). Albert de Bavière refusant la couronne de Bohême.

HINTZE (Jean-Henri), 1800, Berlin. *Architecture, paysage et vues de ville.* Élève de Völcker, le vieux. — Vue de Prague, Konigsberg. Cathédrale de Magdebourg.

HIRSCH (Herman), 1805, Sulzbach. *Paysage.*

HIRNSCHROT, *Peintre sur porcelaine.*

HITZ, 1801, Suisse. *Portrait.*

HOCHENEICHER,*1837.*Peintre sur porcelaine.*

HÖCHLE (Jean-Népomucène), fils de J. B., 1790-1835, Munich. *Genre et histoire.* Tableau d'histoire, Vienne.

HOFEL (Jean).

HOFFMANN (Théodore), *1835, Berlin. *Histoire.* Élève de Wach.

HOFSTETTEN. *Paysage.*

HÖGER (Joseph), *1837. *Paysage et aquarelle.*

HOGG (François), Coblentz. *Portrait.*

HOGOLL (Pierre), Breslau. *Portrait.*

HOHENECK, *1840, Dresde. Élève de Hildebrandt.

HOHLWEG. *Paysage.*

HÖHN, *1840. *Paysage.* Élève de Blechen.

HOLBEIN, 1807, Berlin. *Histoire.* Élève de Begas. — Le pèlerin mourant.

HOLDERMAN (Charles), *1825. *Décors et paysage.*

HOLDHAUSEN (Louis), *1832, Urdingen (près de Dusseldorf). *Fleurs et animaux.*

HOLLPEIN (Henri), *1837. *Portrait.*

HOLM (Chrétien), 1805? Danemark. *Animaux,*

chasses, etc. Deux ours près d'un chevreuil mort. Chien de chasse anglais.

HOLSTEIN (Charles de), *1835, Estonie. *Histoire.* Élève de Wach.

HONNINGHAUSEN (Ad.), Crefeld. *Paysage.*

HOPFGARTEN (Bodo de), *1838, Breslau. *Histoire.* Élève de Wach.

HOPFGARTEN (Auguste), 1807, Berlin. *Histoire, portrait et genre.* Élève de Wach. — Éducation de Jupiter. Toilette de la mariée.

HORNER, 1840, Suisse. *Aquarelle.*

HORNUNG. Genève.

HORNY (François), †1819, Weimar. *Paysage et ornements.*

HOSEMANN (Théodore), 1807, Brandebourg. *Genre.* Enfants de pêcheurs. Convoi de malfaiteurs.

HOTTENROTH, *1839. *Vues, paysage et nature morte.* Vue de Pestum, prise de la mer.

HÜBNER (Jules), 1806, Œls (Silésie). *Histoire et portrait.* Élève de Schadow. — Roland délivrant Isabelle. L'âge d'or.

HÜBNER, *1842, Dusseldorf. *Genre.* Le pot cassé. L'enfant malade.

HUMMEL (Eugène), *1837. *Genre.*

HUXOL,*1839. *Genre.* Trait de la vie d'OEdipe.

I

IHLE, *1839. *Histoire.* Sara arrivant chez Tobie.

ISENBURG (Robert), *1832. *Genre et portrait.*

ISTENBACH (Frédéric), Konigswinter. *Portrait.*

ISTENBACH (François), *1840. *Histoire et portrait.* Portrait d'un jeune comte de Metternich.

J

JACOB (Isaac), 1812, Berlin. *Histoire, genre, fleurs et fruits.* Élève de Wach. Sujet tiré du conte de Frithiof. Adam et Ève après leur péché.

JACOBI (Othon-Henri), *1840, Kœnigsberg. *Paysage.*

JÄGER, Leipzig *Histoire.*

JASPER (Théodore), Altendorf.

JEBENS, *1839. *Genre.*

JUDL (F.), *1837. *Paysage et intérieurs.* Le château du Hohenschwangau.

JOHN (Guillaume), Berlin. *Paysage.*

JORDAN (Édouard), *1850, Berlin. *Histoire.* Élève de Wach.

JORDAN (Rodolphe), 1812, Berlin. *Genre.* Élève d'E. Pistorius. — Proposition de mariage. Pêcheurs secourant un vaisseau en détresse.

K

KAISER (Ernest), 1805, Stein (Bavière). *Paysage.* Le lac de Konigsee.

KALTENMOSER (Gaspard), 1806, Horb, sur le Nekar. *Genre.* La tricoteuse.

KANNENGIESSER, *1840, *Histoire.* Thisbé.

KARING (G. R.), 1807, Riga. *Genre et histoire.* Élève de Hensel. — L'enfant d'un chevalier Pierre le Grand à Saardam.

KARST (A.), *1839. *Histoire et paysage.* Élève de Kolbe.

KASELOWSKI, 1810, Potsdam. *Histoire et genre.* Élève de Hensel. — Un chevalier et sa belle.

KAUFMANN, 1809? Hambourg. *Genre.*

KAUFMANN. *Paysage.*

KAUFMANN (Édouard). *Portrait.*

KAULBACH (Guillaume), 1805, Aralsen (principauté de Waldeck). *Histoire et portrait.* Élève de Cornelius. — La maison de fous. Sujets tirés de Klopstock (fresques).

KECK (Jean), Saarbruck. *Portrait.*

KEERDT, *1842, Francfort. *Paysage.* Chute de rochers.

KEIL (F. F.), 1801, Silésie. *Genre.* Élève de Wach. — Soldat suédois au cabaret.

KELLNER. *Peintre sur verre.*

KIEDERICK (Paul-Joseph), 1811, Cologne. *Portrait et histoire.* Adieux du grand maître Lavallette.

KIESSLING (Ferdinand), *1840, Potsdam. *Paysage.* Élève de Schirmer. — Paysage montagneux (figures de Scheuern).
KIRCHHOF (Jean), 1796, Berlin. *Histoire et genre.*
KIRCHMAIR (Michel), *1837. *Paysage.* Paysage d'automne.
KIRCHMAYER, 1799? Munich. *Genre et peintre sur porcelaine.* Le renard pris au piége.
KIRNER (J.), *1833, grand-duché de Bade. *Genre.* Raphaël et Michel-Ange dans une guinguette. Un suisse racontant la révolution de juillet.
KJELLBERG. *Paysage.*
KLAASEN, 1812? *Histoire.*
KLEIN (Jean-Adam). *1822, Nüremberg. *Batailles, animaux et paysage.* Graveur à l'eau-forte.
KLEIN (Guillaume). Dusseldorf.
KLEINE (Isidore), 1811, Lauchstädt. *Histoire et genre.* Élève de Begas. — La veille de l'an.
KLEINMANN, *1837. *Peintre sur porcelaine.*
KLENZE (Léon de), 1784, principauté de Hildesheim. *Paysage.*
KLETZINSKY (François), *1837. *Paysage.*
KLIEBER (André) . *1837. *Portrait.*
KLÖBER (Auguste de), 1793. Breslau. *Histoire et genre.* Bacchus abreuvant ses panthères. La moisson.
KLOTZ (Simon), 1777-1819, Manheim. *Histoire.* Élève de J. Dorner.
KLOTZ (Gaspard), *1810. *Miniature et portrait.*
KLOTZ (Auguste), fils de Gaspard, 1808, Augsbourg. *Histoire.* Élève de Cornelius. — Jésus-Christ avec Marthe et Marie. Annonciation.
KLOZE (F. W.), 1804, Berlin. *Architecture et vues de ville.* Une rue en hiver.
KNAPP (Jean), 1778-1833, Vienne. *Fleurs, fruits, oiseaux et poissons.* Fleurs, fruits, poissons rouges et un perroquet, Vienne.
KNAUTH (Henri), 1804, Dresde. *Histoire et genre.* Un moine rentrant au couvent.
KNEBEL. *Portrait et histoire.* Élève de Ternite.
KNORR (Jules), 1806 alias 1812? Königsberg. *Genre.* Élève de Wach. — Les jeux populaires. Présentation au temple.
KOBES (Francisca), 1803. Berlin. *Genre.* Élève de Kretschmar. — Jeunes filles chantant.
KOCH (Henri), Crefeld. *Paysage.*
KOCH (Henri), 1804? Hambourg. *Histoire.* Histoire d'Abraham.
KOCK, *1842, Munich. *Animaux.* Les vaches sur la montagne.
KOEBEL, *1842, Munich. *Paysage.* Vue aux environs de Nice.
KÖGL, 1800? Bavière. *Histoire.* La nativité.
KÖHLER (André), 1811, grand-duché de Bade. *Portrait et genre.* Une dame à sa toilette.
KÖHLER (Albert), *1835. *Histoire.* Élève de Herbig. — Mort d'Adolphe de Nassau.
KOHLER (Chrétien), 1813, Werben. *Histoire.* Moïse sauvé des eaux.
KOLBE (Charles-Guill.),* 1781 ou 1785, Berlin. *Batailles et genre.* Charlemagne chez le charbonnier. Bataille d'Othon le Grand, Cappenberg.
KONEMANN (C. W.), Barmen, *Portrait.*
KÖNIG, *1835, Cobourg. *Histoire.* Scènes de la réformation.
KONIG. *Genre.*
KOOPMANN (J. H. C.), *1837, Altona (près de Hambourg). *Histoire et portrait.* Conception, Forbach, Saint Wendelin, *ib.*
KOPISCH. *Paysage.*
KORNECK, *1859. *Histoire.* La rêveuse.
KOHNER (Fr.-Max.), Brunswick. *Portrait.*
KORIDELKA (Pauline, Mme Schmerling), 1806-1840. *Fleurs et fruits.* Fleurs entourant un bas-relief, Vienne.
KRAFFT (Pierre), 1780, Hanau. *Histoire, portrait, genre et paysage.* Le départ, Vienne. Le retour, *ib.*
KRAFFT (Auguste), *1832, Altona ou Hambourg. *Genre.* Le tir à l'oiseau. Le carnaval de Rome.
KRAFT (Guillaume), Berlin. *Histoire.*
KRAMER (François), 1797-1834, Vienne. *Histoire, genre et paysage.* Chasseur des Alpes, Vienne. Agar et Ismaël.
KRAMER (Hermann), 1808, Berlin. *Genre.* Élève de le Poittevin.

KRAMER (Charles), Cologne. *Paysage et genre.* Village de pêcheurs poméraniens.
KRAMSTA (Henri) †1830, Freyburg (Silésie). *Histoire.* Élève de Wach. — Saint Jean l'évangéliste.
KRANSPERGER, Ratisbonne. *Genre et paysage.*
KRAUS (Étienne), Bensberg. *Portrait.*
KRAUS (Gustave), 1804, Rothenbourg. *Paysage et architecture.* Élève de Kobell.
KRAUS (Philippe-Joseph), 1789, Bamberg. *Paysage.*
KRAUSE (Guillaume), 1803, Dessau. *Marines et paysage.* Élève de Kolbe et de Wach. — Retour du pêcheur.
KRETSCHMER (Herman), 1814, Anklam (Poméranie). *Genre.* Élève de Wach. — Le chaperon rouge. Le frère quêteur.
KREUL. *Genre.*
KREUZER (G.), *1842, Marbourg. *Histoire.* Vision de sainte Elisabeth.
KREVEL (Louis). *Portrait.* Élève de l'école française.
KRIEHUBER (Joseph), *1837. *Aquarelle.*
KRIENEN (Henri), Xanten. *Histoire.*
KRIGAR (Henri), 1806. Berlin. *Genre* Élève de Wach. — Les arquebusiers. Cendrillon.
KRONES (Louis), 1785, Prague. *Genre.*
KRUG, *1837. *Paysage.*
KRÜGER (Charles). *Paysage.*
KRÜGER (Théodore). *Paysage.*
KRÜGER (François), 1797? Dessau. *Portrait, chevaux, batailles,* etc. La grande parade de Berlin (tous portraits). Portrait du peintre Begas.
KRUMPPIGL (Charles), 1805, Prague. *Paysage.*
KÜHNE (G. L.), *1840, Eisleben. *Paysage.* Forêt après l'orage.
KUNTZ (Charles), †1830, Carlsruhe. *Animaux et paysage.*
KUNTZ (Rodolphe), fils de Charles, *1824. *Chevaux et paysage.*
KUPELWIESER (Léopold) , 1796, Piesting (basse Autriche). *Histoire, portrait et genre.* Gloire du saint Joseph, Pesth. Institution du rosaire, Vienne.
KYSS (Ferdinand), *1837. *Fleurs et fruits.*

L

LANGBEIN,*1859. *Paysage.* Élève de Kolbe.
LANGE, *1842. Munich. *Architecture.* Le Parthénon.
LANGER (Robert), fils de Pierre, 1785. Dusseldorf. *Histoire,* Descente de croix. Saint Gordien et Saint Épimaque, Blevio.
LASINSKY (Adolphe), Coblentz. *Paysage.* Château de Pirna. Bourg d'Oberstein sur la Nahe.
LASINSKY (Gustave), 1812, Coblentz. *Paysage.* Mort de Tell. Le prince Eugène surprenant les Turcs.
LAUSKA (Caroline), 1794, Berlin. *Histoire et genre.* Un ange, Hanovre. Sainte Catherine.
LAVOS (Joseph), 1807, Vienne. *Genre et portrait.* Portrait d'enfant, Vienne.
LEBSCHÉ (Charles-Auguste), 1800, Schmygel (Pologne). *Paysage.* Graveur à l'eau-forte. Élève de Guill. Kobell.
LECKE. *Histoire.*
LEFEBURE, *1857. *Peintre sur porcelaine.*
LEHNEN (Jacques), *1840, Hinterweiler. *Nature morte.*
LEISTMANN (Guillaume), *1830, Glogau. *Histoire.* Élève de Wach.
LENKE. *Paysage.*
LENGRICH (Henri), 1790, Stettin. *Histoire.* Élève de Wach. — Descente de croix, Stettin.
LESSING (Charles), 1808, Wartemberg (Silésie). *Histoire et genre.* Élève de Schadow. — Sujets tirés d'Uhland. Cour de couvent couverte de neige.
LEUTZE (E.), *1842. *Genre.* Troisième retour de Colomb du nouveau monde.
LEYBOLD (Frédéric), *1837. *Aquarelle, paysage et vues de ville.* Vieux château avec une église gothique.
LIEDER (Frédéric), *1837. *Miniature et aquarelle.*
LINDAU (Dietrich), *1831, Dresde. *Genre.* Thorwaldsen et ses élèves. L'Albanaise.

LINDENSCHMIDT (Guillaume), 1806 ou 1809, Mayence. *Histoire.* Combat à Sendlingen. Sujets tirés de Schiller.
LODER (Mathieu), 1781-1828. *Intérieurs et paysage.*
LOOS (Frédéric), 1797, Gratz. *Paysage.* Vue en Allemagne, Vienne.
LORY, *1840, Suisse. *Aquarelle.*
LOTZ (Édouard), Dusseldorf.
LOTZE (Maurice), 1809, Freybergsdorf ou Meissen. (Saxe) *Paysage, animaux et genre.* Taureau, vache et veau dans un bois.
LÖWENSTEIN (Henri). 1808, Dantzig. *Histoire et genre.* Élève de Hensel. — La leçon du grand-père. Henri IV fuyant au delà des Alpes.
LUCAS (A.). Graveur à l'eau-forte.
LUEGER (Michel), 1804, Munich. *Paysage.*
LUGARDON. *1840, Genève. *Histoire.* Arnold de Melchtal.
LÜTGENDORFF (Ferdinand baron de), 1785, Wurtzbourg. *Histoire et portrait.* Graveur à l'eau-forte.
LÜTKE (Édouard), 1801, Berlin. *Marine.*

M

MAASSEN (Théodore), *1810, Aix-la-Chapelle. *Genre.* Moine et pèlerin dans un paysage.
MAGG (Antoine), 1800, Landshut. *Paysage.*
MAGNUS (Édouard), 1799, Berlin. *Portrait, genre,* etc. Le retour du pirate. Deux enfants.
MAHN (Guillaume), (sourd et muet), *1840, Suède. *Histoire.* Élève de Wach.
MANNSFELD (Auguste), *1837. *Genre.*
MANTEL (Charles). *Paysage.* Élève de Blechen.
MAREE (de). *Paysage.*
MARKO, *1837, Hongrie. *Paysage.* La Samaritaine. La cérémonie du baptême.
MARR (Henri), 1808 , Hambourg. *Paysage, genre et marines.* Tyroliens sur le Wanfenberg. Dispute entre des Tyroliens.
MARTENS, *1842, Munich. *Marine.* Vue de la Meuse.
MARTIN (Martin), 1798, Munich. *Paysage.*
MASSOT, Genève.
MATHILDE, princesse de Bavière, 1813, Munich. *Paysage.* Élève de D. Quaglio.
MATTENHEIMER, *1835, Bamberg. *Portrait, fruits et fleurs.*
MATTHAI, *1830. *Histoire.* Mort de Codrus. Mort du duc de Brunswick.
MAYER (Henri de), 1886, Nuremberg. *Genre, batailles et chevaux.* Un officier polonais fait prisonnier par un hussard autrichien.
MAYER (Charles), 1818 ? ou 1810? Vienne. *Histoire.* Prométhée, Vienne. Tryptique, *ib.*
MAYER (Antoine), *1837. *Portrait.*
MAYR (François de Paule), 1778, Dillingue, *Perspective, architecture, vues de ville, panoramas et à l'aquarelle.*
MEICHELT (H.), *1842, Lorrach. *Paysage.* Vue du golfe de la Spezia.
MEIER (Ernest), *1838. *Genre.* Le commencement et la fin d'une histoire d'amour (en deux tableaux).
MEISTER (Simon), *1835, Cologne. *Batailles et portrait.* Élève d'H. Vernet. — Napoléon et ses maréchaux. Mort d'Adolphe de Nassau.
MELCHIOR. *Paysage.*
MENDE, 1809? Leipzig. *Genre.* Jeune fille lisant. Jeune pâtre assis sur un tertre près d'un feu.
MENGELBERG (Othon), *1840, Cologne. *Histoire, genre,* etc. Mort de Moïse.
MENSCHEL (Aloys), 1782, Reimbourg (Bohême). *Histoire, portrait,* etc.
MENZEL (Adolphe), 1816, Breslau. *Genre.* Les joueurs d'échecs. Le conseil de famille.
MERCK, *1837. *Genre.* La confession du mourant. Scène de chasse.
MERZ (Jacques), 1783-1807, Besch (canton de Zurich). *Portrait.*
METZGER, *1835, Papenheim. *Architecture, intérieurs et paysage.* Un corricor avec arcades.
METZINGER (Kilian), 1806, Aschaffenbourg. *Paysage.* Château en ruine.
MEURON (Maximilien de), *1830, Neufchâtel (Suisse) *Paysage.*

MEYER (François), *1838. *Genre*. La sœur de charité.

MEYER (Jean-George). *1842, Brême. *Portrait et genre*. Jubilé de cinquante ans d'un prêtre protestant. Une mère avec ses enfants.

MEYER-ATTENHOFER, *1859, Suisse. *Paysage et aquarelle*. Paysage suisse. Études romaines.

MEYER (Othon), *1859, Berlin. *Histoire*. Élève de Begas. — Le croisé.

MEYERHEIM (Édouard), 1808, Dantzig. *Genre*. Mendiant aveugle. Tir à l'oiseau.

MEYERHEIM (Guillaume), frère d'Édouard, 1814. *Genre*. Élève de son frère.

MICHELIS, *1838. *Genre et histoire*. Élève de Hildebrandt.

MICHELSON-MEYER, Dantzig. *Genre*.

MILIA (Paul), 1798, Berlin. *Portrait*. Le prince Guillaume, frère du roi de Prusse. Le prince Auguste.

MILDE (Charles-Jules), 1803, Hambourg. *Ornements, histoire, paysage et marines*.

MINJON (Joseph), Dusseldorf.

MOENING (Antoine), Essen.

MOHR , *1842 , Munich. *Paysage*. Paysage tyrolien.

MONTEN (Théodore), 1799, Dusseldorf. *Genre, histoire et batailles*. Prise d'assaut d'une batterie turque en 1717. Bataille d'Arcis-sur-Aube.

MOOSBRUGGER (Frédéric), 1804-1850 ‚ Constance. *Genre*.

MORALD, *1840. *Histoire*.

NORCRETTE, *Paysage*.

MOREAU (Nicolas), 1805-1834 , Vienne. *Genre*. Un vieil invalide racontant ses batailles, Vienne.

MORGENSTERN (Chrétien), 1805, Hambourg. *Paysage*. Torrent entre deux rochers. Un moulin et une cascade.

MORGENSTERN (Charles), 1812? Francfort. *Paysage*.

MORITZ (Ferdinand), Remscheid. *Portrait*.

MOSER (Jules), 1808, Konigsberg. *Histoire*. Élève de Hensel.

MOSSMER (Joseph), 1780 , Vienne. *Paysage*. Paysage montagneux avec ruines, Vienne.

MOSSMER (Édouard), fils de Joseph, *1837. *Paysage*. Élève de son père.

MOST (Auguste-Louis), 1807, Stettin. *Genre*. Élève de Langerich.

MUCKE, *1839. *Histoire*. Sainte Geneviève en prison. Soumission de Henri le Lion (fresque).

MÜLLER , *1842 , Budisheim. *Paysage*. La Rochusberg près de Bruges.

MULLER (Maurice), *1838 , Munich? *Effets de lumière*.

MÜLLER, 1809? Zirlau (Suisse). *Genre et aquarelle*. La cuisson de la bouillie. L'Acropolis, Salomon.

MÜLLER, *1808? Bavière. *Histoire*. Saint Luc. Salomon.

MULLER (André), Darmstadt. *Histoire*.

MULLER (Henri), 1788 , Leipzig. *Peintre sur verre*.

MUNDT. *Paysage*.

MUNIER-ROMILLY (Mme), Genève.

MURLERSTEIG (Frédéric-Guillaume), Weimar. *Portrait*.

MUXEL (Jean-Népomucène), 1790 , Munich. *Portrait et histoire*.

NACHTMANN (Xavier), 1799 , Bodenmais (Bavière). *Fleurs et fruits*.

NADORP, *1850, pays de Berg. *Histoire, genre et paysage*. Élève de Bergler. — La villa d'Este. L'écrivain public.

NÄKE, 1784-1834. *Histoire et portrait*. Sainte Elisabeth distribuant des aumônes. Marguerite et Faust.

NAVRATIL , *1857 , Prague ?. *Peintre à la gouache*.

NEEFE (Herman), *1837. *Paysage et décors*.

NEHER (Bernard), 1806 , Biberack (Wurtemberg). *Histoire*. Triomphe de Louis de Bavière. Abraham et les anges.

NEHER (Michel), 1798, Munich. *Genre*. Élève des Quaglio.

NEJEBSE (Henri), *1837. *Portrait*.

NERENZ (Guillaume), *1852 , Berlin. *Genre et histoire*. Élève de Schadow.

NERLY (Frédéric), 1807, Erlang. *Paysage et animaux*.

NEUGEBAUER (Joseph), *1837. *Portrait*.

NEURENTHER (Eugène-Napoléon), 1806 ou 1807, Munich. *Histoire , genre et paysage*. Élève de son père, Louis, et de Cornelius. — Arabesques.

NIELMEYER, *1837. *Paysage*. Paysage tyrolien.

NIEMANN, 1799? *Genre*. Scène de famille.

NIGG (Joseph), 1782 , Vienne. *Fleurs et fruits*. Fleurs et fruits, Vienne.

NILSON (Auguste), Augsbourg. *Histoire*.

NORDHEIM (Adolphe), Henri.

NORMANN (H. de), *1840, Stettin. *Paysage*.

O

OBRIEN (François). Dusseldorf. *Portrait*.

OEHME (Ernest), 1797, Dresde. *Paysage*. Élève de Friderich.

OER (Théobald Von), Munster. *Histoire et portrait*. Élève de Schadow. — Jean Sax.

OESTERLEY (Charles), 1805 ou 1806, Gœttingue. *Histoire*. La fille de Jephté. Moïse.

OFTERDINGEN (Henri d'). *Histoire*.

OLDACH (Jules), 1804, Hambourg. *Histoire et animaux*.

OLIVIER (Frédéric d'), 1791. Dessau. *Histoire*.

OLIVIER (Ferdinand d'), frère de Frédéric, 1785, Dessau. *Paysage et histoire*. Site d'Allemagne. Contrée d'Italie.

OLIVIER (Henri d'), frère de Frédéric, 1785 , Dessau. *Histoire*.

OOTTERHOUDT (Van), *1842 , Dresde. *Animaux*.

OPPENHEIM (Maurice), 1800, Hanau. *Histoire et portrait*. Suzanne au bain. Jeune Juif revenant dans sa famille.

ORSCHWILLER (d). *Animaux*.

ORTLIEB. *Portrait*.

OSTERWALD (G.), *1842. *Miniature*.

OTT (Jean-Népomucène), 1804, Munich. *Marines et paysage*. Élève de Guill. Köbell. — La mer se brisant contre un mur. Mer agitée.

OTTO (J. S.), 1798, grand-duché de Posen. *Portrait*. Graveur. Portrait de Mlle Lehman.

OVERBECK (Frédéric), 1789, Lubeck. *Histoire*. Entrée de Jésus-Christ à Jérusalem, Lubeck. Vision de saint François d'Assise (fresque), près de Rome.

P

PALME.

PAPE, *1838. *Paysage*. Élève de Schirmer.

PAPPERITZ, *1838. *Paysage*. Le lac de Staremberg près d'Ambach.

PELLISSIER (Théodore), 1791 , Hanau (Hesse). *Genre*. Élève de Wach.

PELZ (Herman), Altweifritz (Silésie).

PERDISCH, *1840. *Batailles, genre et portrait*. Élève de F. Krüger.

PERGER (Sigismond de), 1778-1841 , Vienne. *Animaux, paysage et peintre sur porcelaine*. Tableau, Vienne.

PERGER (Antoine de), fils de Sigismond , 1800, Vienne. *Histoire et paysage*. Élève de son père. — Le miracle de la multiplication des pains, Vienne.

PERLEBERG (J. G.), *1835. *Genre*. Le chef grec entouré de ses palicars.

PERO (Frédéric-Guillaume), Lubeck.

PESCHEL (Charles), 1799, Dresde. *Histoire et genre*. Élève de Vogel. — Joseph vendu par ses frères. Le roi de Thulé.

PETTER (Antoine), 1785 , Vienne. *Histoire*. Entrée de Maximilien Ier à Gand, Vienne. Adieux de Rodolphe Ier à sa famille.

PETTER (George), *1837. *Miniature et aquarelle*.

PETTER (François-Xavier), 1791,Vienne. *Fleurs et fruits*. Fleurs et fruits, Vienne.

PETZL (Joseph), 1803, Munich. *Histoire et genre*. Les Grecs lisant la proclamation du roi Othon. Noce grecque.

PFORR (François), fils de Jean, 1788-1812, Francfort-sur-le-Mein. *Histoire*. Élève de Tischbein et de Füger.

PIAN (Jean-Baptiste de), 1815 , Vienne. *Architecture. Intérieur du baptistère dans l'église de Saint-Marc à Venise, Vienne.

PIEPENHAGEN, *1837. *Paysage*.

PIETROWSKI (Maximilien-Antoine), 1814, Bromberg. *Portrait et genre*. Élève de Hensel.

PISTORIUS (Édouard), 1796 , Berlin. *Genre*. Le jeu de quilles. Jeune fille lisant une lettre.

PLÄSCHKE, *1840. *Genre*, etc. Élève de Hildebrandt.

PLUDDEMANN (Herman), 1815 , Kolberg. *Histoire*. Mort de Roland. Conradin sur l'échafaud.

POHLKE (Charles), 1810 , Berlin. *Paysage et genre*. Élève de Hensel. La cabane du charbonnier.

POLAK (Léopold), *1840 , Prague. *Genre*. Le joueur de tambourin. Pâtre de la campagne de Rome.

POSE (Guillaume), *1842, Dusseldorf. *Paysage*. Kœnigsée, dans la haute Bavière. Moulin au milieu des rochers.

POSSELT, *1840. *Fleurs et fruits*. Élève de Völcker, le vieux.

POURTALÈS, *1840, Suisse. *Paysage*.

PRÄMEL (Jules), *1838 , Hambourg. *Vues de ville*. Le môle de Naples.

PRELLER , *1838. *Paysage*. Paysage d'après l'Odyssée. Sites du pays de Weimar.

PRESTEL , *1838. *Genre*, etc. Cerfs chassés d'un champ.

PRESTELE (Joseph), 1796, Jettingen (Bavière), *Fleurs*.

PREYER (Gustave), Eschweiler. *Paysage*.

PREYER (Jean-Guillaume), *1832, Eschweiler. *Fleurs et nature morte*.

PRIBILL (Philippe), *1857. *Histoire et paysage*.

PRIEM (Joseph), 1776-1822 , Illestissen (Bavière). *Paysage et histoire*. Élève de Kellerhoven.

PROCINSKI, *1837. *Portrait*.

PUDOR (Guillaume), 1819 , Berlin. *Histoire*. Élève de Hensel. — Moïse tuant l'Égyptien.

Q

QUAGLIO (Dominique), fils de Joseph , 1787 ou 1788-1837 , Munich. *Architecture et monuments*. La cathédrale de Fribourg.

QUAGLIO (Ange), l'aîné, frère de Dominique , *1820. *Décorations*.

QUAGLIO (Simon), frère de Dominique, 1795, Munich. *Décors, intérieurs et architecture*. Élève de son frère Ange. — L'église des Minorites à Rothenbourg.

QUAGLIO (Laurent), frère de Dominique,1794, Munich. *Paysage et genre*. Scènes villageoises de la Bavière.

R

RABE (Edmond), 1816 , Berlin. *Portrait, batailles et genre*. Élève de F. Krüger. — Convoi de prisonniers et de blessés. L'appel aux armes en 1813 devant la maison de ville.

RABUSKE (Frédéric), 1803 , Magdebourg. *Histoire*. Élève de Wach. — Saint Adalbert réconciliant et convertissant deux païens.

RAHL (Charles), 1812, Vienne. *Histoire*. Scène tirée des Nibelungen, Vienne. David dans la caverne Odollam.

RAMBOUCX (Jean-Antoine), 1790, Trève. *Histoire et portrait*. Élève de David.

RANDEL, 1801. *Portrait et genre*. Élève de Krüger.—Portrait équestre du général Tumpling. Des chevaux.

RANFTL (Jean-Mathieu), 1805, Vienne. *Histoire et animaux*. Épisode de l'inondation de Pesth, Vienne. Kuntz von Rosen dans la prison.

RANSPACH, *1838. *Genre*.

RATTI (E. L.), 1816, Berlin. *Histoire*. Élève de Hensel. — Scènes de la destruction d'Herculanum.

RAUCH (Jean-Népomucène), 1804, Vienne. *Paysage et animaux*. Un taureau poursuivant une vache, Vienne.

RAUCH (Ferdinand), frère de J. N. *Paysage et animaux*.

SCHROTZBERG (François). 1811, Vienne. *Histoire*. Léda et le cygne, Vienne.

SCHROTZBERG (Jacques). *Portrait et sujets mythologiques*.

SCHUBERT. *1859, Dessau. Histoire*. Parabole de l'homme riche.

SCHUCKMANN (Fr. V.). Berlin. *Histoire*.

SCHULD (Ehrhardt),*1838, Cologne. *Genre*, etc. Élève de Hildebrandt.

SCHULTZ (Jean-Charles), 1801, Dantzig. *Architecture, paysage*, etc.

SCHULTZ (Hermann), 1816, Marche de Priegnitz. *Histoire, genre, portrait et paysage*. Élève de Wach. — Jeune Italienne avec un enfant aveugle. Un chevalier et une nymphe.

SCHULTZ (Erdmann), 1810, Berlin. *Fleurs et fruits*. Élève de Völker le vieux.

SCHULZ (Léopold), 1804, Vienne. *Histoire*. Élève de Cornelius. — Sujets tirés de Théocrite. Mort de saint Florian.

SCHULZ (Charles), 1797, Selchow (Brandebourg). *Genre, chasses et portrait*. L'enfant du prince Radziwill. Enfants avec un chien.

SCHULZ (Jules), frère de Charles, *1838. *Chasses et scènes militaires*.

SCHULTEN (Arnold), Dusseldorf. *Paysage*.

SCHUHMACHER (Charles), 1801, Schwerin. *Histoire*. L'ange annonçant la résurrection aux saintes femmes.

SCHÜTZE (Guillaume), *1838. *Genre*. La marchande de fleurs.

SCHWANTHALER. *Histoire*. Plutôt sculpteur.

SCHWARZ, *1840. *Batailles*. Élève de F. Krüger.

SCHWEMMINGER (Henri), 1803, Vienne. *Histoire*. Scène tirée des poëmes de Schiller, Vienne. Samson brisant les liens des Philistins.

SCHWEMMINGER (Joseph), frère de Henri, 1804, Vienne. *Paysage*. Vue en Tyrol, Vienne.

SCHWENGEN (Pierre), Muffendorf, *Portrait*.

SCHWINDT (de), 1802? Vienne. *Histoire*. Gnomes délivrant un prisonnier. Sujets tirés de Tieck.

SCHWINGER, *1838, Godesberg. *Genre*, etc. Élève de Hildebrandt.

SEDLMAYR (Jean-Antoine), 1797, Munich. *Paysage*. Élève de Kobell et de George de Dillis.

SEEFISCH (Hermann), 1816, Potsdam. *Paysage et genre*. Élève de Wach. Jeune fille priant sur le tombeau de sa mère.

SEEGER (Charles-Louis), 1800? Alzey (Hesse). *Paysage*. Une cabane ombragée.

SEEGER (G.). *1842, Darmstadt. *Paysage*. Vue prise à Wurmflust.

SEIDEL, *1842 Munich. *Paysage*. Vue de la bruyère de Sendling.

SEINSHEIM (comte Auguste de),*1820. *Histoire et paysage*. Graveur à l'eau-forte. Élève de Langer, le vieux. — Saint Othon, saint Louis et sainte Thérèse, Kiederfelden.

SEITZ, 1813? Munich. *Histoire*. Réconciliation de Jacob et d'Esaü. L'extrême-onction.

SELB (Joseph), 1786-1832, Unterstockach (Tyrol). *Histoire*.

SELB (Charles), frère de Joseph, *1820. *Histoire*.

SENFF, *1850, Halle. *Fleurs et portrait*.

SETBERG, *1842, Nuremberg. *Genre*.

SETEGAST. *Histoire*. Élève de Veit.

SHOEN, *1842, Munich. *Genre*. La mère avec les enfants.

SIEBERT (Adolphe) (sourd et muet), *1832, Brandebourg (sur la Havel) *Histoire*. Élève de Wach. — Les adieux de Tobie. Jupiter et Mercure chez Philémon et Baucis.

SIMLER *1837. *Animaux*. Élève de Wagenbauer.

SIMONSON, 1805? Copenhague. *Genre*. Le pont d'un vaisseau marchand grec. Intérieur d'une cabane de pêcheurs.

SITTMANN. *Histoire*.

SMIRSCH (Charles). *1837. *Fleurs et fruits*.

SÖDERMARK, *1839. *Genre*. La jeune Italienne.

SOHN (Charles), *1840, Berlin. *Histoire, genre et portrait*. Renaud et Armide. Hylas enlevé par des nymphes.

SOLTAU, 1811? Hambourg. *Genre*. Intérieur de couvent. Réunion de moines.

SOMMER. *Portrait*.

SONDERLAND (Antoine), *1836, Dusseldorf. *Genre*. Troupe de bohémiens.

SPARTMANN, *1842, Dresde, *Paysage*.

SPECKTER (Erwin), 1806-1836? Hambourg. *Histoire et paysage*. Dalila et Samson.

SPECKTER (Othon), frère d'Erwin, *1835. *Histoire*.

SPOHR, Riga. *Genre*.

STADLER (Aloys), 1791, Jegt (Tyrol). *Histoire*. Élève de J. J. Schöpf, à Inspruck.

STAEL DE HOLSTEIN (Charles), 1811, Livonie. *Portrait et genre*. Élève de Wach. — Pierre de Provence et la belle Maguelonne.

STANGE (Bernard), 1806, Dresde. *Paysage*.

STAUB (André), *1857. *Miniature et aquarelle*.

STEENBACK (Graf-Magnus), Reval. *Genre*.

STEFFECK, *1838, Berlin. *Genre et paysage*. Chevaux dans un paysage.

STEFFENS (Charles-Henri), 1801, Posen. *Portrait et histoire*. Élève de Wach. — Adam et Ève chassés du Paradis.

STEINBRÜCK (Édouard), *1832, Magdebourg. *Histoire*. Élève de Wach. — Chute d'Adam et d'Ève. Agar.

STEINFELD (François), 1787, Vienne. *Paysage*. Paysage, Vienne.

STEINFELD (Guillaume), fils de François,*1837. *Paysage*.

STEINGRÜBEL, *1837. *Paysage*. Vue d'Italie.

STEINKOPF (Frédéric-Théophile), 1779, Stuttgard. *Paysage*.

STEINLE (Édouard), *1854, Vienne. *Histoire*. Histoire de sainte Marie l'Égyptienne. Saint Luc peignant la Vierge, Vienne.

STENBOCK (le comte), *1836, Reval. *Genre*. Famille de brigands.

STEURWALD (Guillaume), Quedlinbourg. *Paysage*.

STIELER (Joseph), 1781, Mayence. *Portrait*. Élève de Fäsel et de Füger. — Portraits des plus belles femmes de la Bavière. Portraits de la cour de Bavière.

STILKE (Hermann), *1840, Berlin. *Histoire et portrait*. Élève de P. Cornelius. — Pèlerins au désert. Croisés en vedette.

STOBWASSER (Gustave), *1855, Berlin. *Histoire*. Élève de Wach.

STOOSE (Jean-Henri), Kœnigsberg. *Portrait*.

STOPPEL, *1857. *Portrait en miniature*.

STRAEHUBER, 1814, Mondsée (Bavière). *Histoire*. Jésus-Christ annoncé aux bergers.

STREIDEL. *Histoire*.

STÖRMER (Charles), 1803, Berlin. *Histoire et batailles*. Élève de Cornelius. — Combat sur le pont de l'Inn en 1258. Assaut de Belgrade.

SWOWODA (Édouard), *1857. *Genre*.

T

TANCK, *1857. *Marines*. Barque poussée à la mer.

TEICHS (Adolphe), *1839 *Histoire*. Othon II.

TERNITE (Guillaume), 1786, Neu-Strelitz. *Portrait et histoire*. Graveur. Portraits du roi de Prusse et de la reine. Saint Jean-Baptiste.

THEER (Robert), *1842. *Miniature*.

THEER (Adolphe), frère de Robert, *1840. *Miniature et aquarelle*.

THELOTT (Charles), 1792-1829, Dusseldorf. *Portrait*.

THEMANN, *1840. *Batailles*. Élève de F. Krüger.

THEODORI (Charles), 1788. *Paysage et genre*.

THÖNING, *1839. *Paysage*.

THÖRMER, *1858, Dresde. *Genre*, etc. La côte de Vico, près de Naples.

THOURON, Genève. *Émail*.

TIDEMAND, *1838, Norwége, *Genre*, etc. Élève de Hildebrandt.

TISCHBEIN (Charles), fils de Jean-Fr.-A.,*1797, Dessau. *Portrait, histoire et genre*. Élève de son père et de Nortman.

TKADLICK ou KADLICK (François), 1786, Prague. *Histoire*. Saint Luc peignant la Vierge, Vienne. Saint Paul bénissant les chrétiennes de Tyr.

TÖCHE, *1838. *Paysage*. Élève de Blechen.

TOMA (Rodolphe-Mathieu), 1792, Vienne. *Genre et paysage*. Villageois dans un paysage, Vienne. Partie de forêt, *ib.*

TONNELIER. *Paysage*.

TÖPFFER, *1820, Genève. *Paysage et genre*. Scènes populaires.

TRAUTSCHOLD, *1839. *Genre et portrait*. Élève de Herbig.

TROST (Charles), *1859. *Histoire*. Saint Hubert.

TSCHIRRINER (Charles), 1800, Boizenbourg. *Portrait, genre et histoire*. Élève de Wach. — Saint Marc et saint Mathieu, Francfort-sur-l'Oder. Le joueur de flûte.

TUNNER (Joseph), *1839, Vienne? *Histoire*. Élève d'Overbeck. — Annonciation et Visitation (fresques), Rome (avec Steinle).

U

UHLENHAUT (Henri), *1842. *Portrait*.

V

VAN DEN BERG, *1842, Hainstadt, *Animaux*.

VEIT (Philippe), 1793, Berlin. *Histoire*. Élève de Mathieu, à Dresde. — Les sept années d'abondance (fresques), Rome. Présentation au temple.

VEIT (Jean), frère de Philippe, *1819, Berlin. *Histoire*. Adoration des mages, Berlin, Madones.

VEITH (François-Michel), 1799, Augsbourg. *Portrait et genre*.

VERFLASSEN. *Intérieurs*.

VIEGELMAN (Siegfried), †1827, Hambourg. *Paysage et genre*.

VOELKER, *1857. *Genre*. Jeune fille et petit garçon sur un rivage.

VOGEL VON VOGELSTEIN (Charles), 1788, Dresde. *Histoire et portrait*. Vie de la sainte Vierge (fresques). Portrait de Frédéric-Auguste, roi de Saxe, Dresde. Portrait du poëte Tieck.

VOGEL (Pierre), *1835, Francfort-sur-le-Mein. *Genre*. Goëtz Von Berlichingen.

VOIGT (Mlle), *1837. *Portrait*.

VÖLCKER (Guillaume), fils de G., le vieux, Berlin. *Fleurs et fruits*. Élève de son père.

VÖLCKER (Othon), fils de G., 1810, Berlin. *Paysage*. Élève de son père. — Un moulin. Environs de Dessau.

VOLKHART (W.), *1842, Bochum. *Histoire et genre*. Abdication de Marie Stuart. Herminie et Tancrède.

VOLLMER (Adolphe-Frédéric), 1806, Hambourg. *Marines, histoire et paysage*. Vue de l'Elbe près de Hambourg. Un port au lever du soleil.

VOLTZ (Philippe), Bingen. *Histoire*.

VÖRTEL, *1835, Peintre sur verre.

VOSS (Jacques), Wassenberg. *Portrait*.

W

WAAGEN, *1857. *Histoire et portrait en miniature*. Portrait de sa femme, née Schechner.

WACH (Guillaume), 1787, Berlin. *Histoire et portrait*. Élève de Kretschmar. — La Vierge et l'Enfant entourés d'anges. Les neuf Muses (fresques), Berlin.

WAGNER-DEINES (Jean), 1803, Hanau (Hesse). *Animaux et paysage*.

WAGNER (Simon), *1824, Stralsund? *Genre*.

WAGNER (Marie Dorothée). *Paysage*.

WAGNER (Jean-Martin), 1778, Wurtzbourg. *Histoire*. Sculpteur. Élève du Füger. — Les héros devant Troie. Conseil des dieux.

WAGNER (François), 1810, Berlin, *Histoire et genre*. Élève de Hensel. — Adam et Ève. Une fileuse.

WALDMÜLLER (Ferdinand-George), 1793, Vienne. *Genre, portrait et paysage*. Portrait d'une vieille femme, Vienne. Chasseurs tyroliens, *ib*. Les mendiants, *ib*.

WALDMÜLLER, fils de Ferdinand, *1857. *Portrait*.

WALTMANN (Jacques), *1857. *Paysage.*
WASMANN , *1837. *Genre.* Piferari entrant dans une cabane.
WEBER, *1837, Manheim. *Portrait.*
WEDDIGE (Charles), *1859 , Rheine. *Histoire.* Femme aveugle auprès d'un bénitier.
WEGELIN (Adolphe), *1832 , Clèves, *Paysage et intérieurs d'église.* Élève de Schadow. — Église de Saint-Géréon, à Cologne.
WEGERT (Augustin) , *1824. *Histoire et portrait.* Élève de Rauch.
WEGMAYR (Sébastien), 1776, Vienne. *Fleurs et fruits.* Fleurs , fruits et un nid d'oiseau , Vienne.
WEHRSDORFER, *1835. *Peintre sur verre.*
WEIDNER (Joseph), *1837. *Genre.*
WEIS (Ferdinand), Magdebourg. *Portrait.*
WELKER (Ernest) , *1837. *Paysage et aquarelle.*
WELLER (Théodore), 1802 , Manheim. *Genre.* Scènes populaires de l'Italie.
WELTER (Michel) , Cologne. *Décors et aquarelle.*
WENDELSTÄDT (C. R.), 1790, Wetzlar. *Histoire.* Graveur à l'eau-forte.
WENDLIN. *Histoire.*
WENNG (Charles), 1787, Nordlingen. *Paysage et figures.*

WENTZEL (Michel), *1832. *Fleurs et nature morte.*
WERBERGER. *1837. *Peintre sur porcelaine.*
WERNER (Charles), 1808 , Weimar. *Vues de ville et aquarelle.* Élève de Schnorr. — Le marché de Piperno (aquarelle).
WESTPHAL (J.), *1832. *Genre.*
WIESSNER (C.), Nuremberg. *Paysage.*
WILLERS , *1859. *Paysage.* La campagne de Rome.
WILMS (Joseph) (sourd et muet), *1840 , Oberkassel. *Portrait.*
WINGENDER (Charles), Dusseldorf. *Portrait.*
WINKELIRER (Joseph), 1800, Dusseldorf. *Portrait et paysage.*
WINTERHALTER (Xavier). 1840 , Todtnau (Forêt-Noire). *Paysage et genre.* Le Décaméron. Le *dolce far niente.*
WINTERHALTER (W.), frère de Xavier, 1840. *Histoire et genre.* Deux jeunes paysannes.
WIPPLINGER (François), *1857. *Paysage.*
WITTICH (L. Henri), 1816 , Berlin. *Genre.* Le page.
WOLF (Joseph), *1838. *Paysage.* Ruine de Stroliberg.
WOLFF (Louise), 1798, Munich, *Portrait.*
WOLFF (Jean), *1839. *Histoire.* Homère et son guide.

WULFF (W. F.), *1832. *Paysage et marines.*
WYTTENBACH, *1845. *Genre et animaux.* Une renarde ayant pris un lièvre. Moines dans l'intérieur d'un couvent.

Z

ZELLER, *1839. *Genre.* Jeune femme à sa fenêtre.
ZICK (Gustave), 1809 , Coblentz. *Chasses et genre.* Élève de Schadow.
ZIEGLER . †1837. *Paysage.*
ZIMMERMANN (Clément), 1788 ou 1790, Dusseldorf. *Histoire et portrait.* Élève de Langer, le vieux. — Fresques, Munich. Retour de Tobie.
ZIMMERMANN (Albert), 1810? Dresde. *Paysage.* Pays plat éclairé par le soleil. Effet de neige. Dresde.
ZIMMERMANN (Henri), *1837. *Genre.*
ZINGMEISTER, *1833. *Genre et histoire.*
ZOLL, †1833. Donauschingen. *Histoire mythologique.* Hercule et Hébé.
ZWECKER (Jean-Pierre), *1839, Francfort-sur-le-Mein. *Histoire.* Henri Ier.
ZWENGAUER, *1857. *Paysage.* Coucher de soleil. Paysage suisse.

ÉCOLE FRANÇAISE MODERNE.

A

ACHARD (Jean), *1844. *Paysage.* Vue de la vallée de l'Isère.
ALCOCQUE DE SAINT-ANDRÉ (André), *1844. *Genre.* Mendiants à Rome.
ADAM (Victor-Jean), *1830 *Genre et paysage.* Élève de Regnault. — Vue des falaises de Dieppe. Entrée de l'armée française à Mayence, Versailles.
ADAM (J.-Louis), 1789. Paris. *Décorations et ornements.* Prise du Trocadéro (fresque) , Paris.
ADELUS , *1842, *Paysage.* Vue du Mont-Saint-Michel.
ADOEUR, 1842. *Décorations.*
AIFFRE (Raimond-René) , *1840. *Portrait et histoire.* Martyre de saint Procule.
ALAUX (Jean-Paul), *1827. *Panoramas.*
ALAUX (Jean), le jeune, *1830. *Histoire.* Élève de Vincent. — Les Centaures et les Lapithes , Paris. Affranchissement des communes, Versailles.
ALAUX (Aline), fille de J. P., *1844. *Genre.*
ALBERTI (Jean-Eugène-Charles), 1781, Amsterdam. *Histoire et portrait.* Élève de David. — Caïus Marius sur les ruines de Carthage. Popilius près d'Antiochus.
ALBRIER (Joseph), 1791, Paris. *Histoire et portrait.* Élève de Regnault. — Narcisse. Cyparisse métamorphosé en cyprès.
ALIGNY (Claude-Félix-Théodore Caruelle), 1798, Chaumes (Nièvre). *Paysage et histoire.* Élève de Watelet et de Regnault. — Daphnis et Chloé. Saül consultant la Pythonisse.
ALLAUX, *1828. *Histoire.* Baptême de Clovis, Reims.
ALOLPHE, *1840. *Genre.* Retour de la moisson.
AMAURY DUVAL, *1840. *Histoire et portrait.* Élève d'Ingres.
ANDERT (Nestor d'), *1840. *Portrait, genre et paysage.* Les amours de Phœbé.
ANDIRAN (d'), *1842. *Paysage.* Vue des bords de la Seine.
ANDRÉ (Jules), *1844. *Pastel.*
ANNÉE (Charles), *1842, *Genre.* Jeune fille caressant une colombe.

ANSELIN, *1844. *Genre et paysage.* Vue du Tréport.
ANTIGNA, *1842. *Histoire.* Vision de Jacob.
APPERT (Mme), née Pauline Lair, *1825, Paris. *Portrait en miniature et à l'aquarelle.* Élève d'Aubry.
APPERT , *1840. *Genre et histoire.* Les braconniers. Néron et Agrippine.
ARACHEQUESNE (J. L. P.), *1827. *Genre.* Élève de Guérin et de Picot. — Le billet de logement.
ARAGO, *1840. *Genre.*
ARBOUSSE (Jean-Alphonse), 1791, Paris. *Aquarelle.* Vue de Paris prise au cimetière du Père Lachaise.
ARMAND (Charles) , 1785 , Chaumont (Haute-Marne). *Histoire et genre.* Élève de Regnault. — L'amour chassant les mauvais songes. Prédication de saint Denys.
ARMITAGE, *1840. *Histoire.* Prométhée.
ARNOUT (Jean-Baptiste), 1787, Dijon. *Paysage à l'aquarelle.* Vue intérieure de l'église des Dominicains à Lyon. Vue de Saint-Étienne-du-Mont.
ARROWSMITH (Charles), *1798, Paris. *Intérieurs.* Élève de Daguerre. — Intérieur d'une église de village.
ARSENNE (Louis-Charles), *1822. *Histoire et portrait.* Jésus-Christ au Jardin des Olives. Les Muses et les Parques.
ARSON (Melle Olympe), *1840. *Fleurs et fruits.* Élève de Redouté. — Branche d'acacia blanc et rose.
ASSELINEAU (Léon-Auguste), 1808, Hambourg. *Paysage.* Élève de Bœhm.
ASSY (d'), *1844. *Histoire.* Assomption.
ATOCH (Louis-Jean-Marie), 1785, Saint-Cyr. *Paysage à l'aquarelle.*
AUBERT (Augustin), 1781, Marseille. *Histoire, portrait et paysage.* Élève de Peyron. — Sacrifice de Noé, Marseille. La salutation angélique. — Saint Sébastien, Paris. Martyre de saint Gervais, ib.
AUBUISSON (Marquis d'), *1820. *Histoire.* Hector forçant Pâris à quitter Hélène. Bucéphale dompté par Alexandre.

AUGER, *1820, *Histoire et genre.* Prédication de saint Jean. Fête de Saint-Louis.
AUGUSTE, *1810 , *Histoire naturelle.* Deux coqs se battant pour une poule.
AULNETTE DE VAUTENET, *1820. *Histoire.* Le départ du croisé. Le retour du pèlerin.
AUMONT (Louis) , 1805 , Copenhague. *Genre et portrait.* Élève de Gros.
AUTRIQUE (Édouard), 1810, *Histoire.* Mort de Dieus, général achéen. La Vierge et l'enfant Jésus.
AUVRAY (Félix-Henri), 1800-1853, Cambrai. *Histoire.* Élève de Momal, Gros et Léonce de Ficuzal. — Saint Louis prisonnier. Saint Paul à Athènes.
AUVRAY (Hippolyte), *1830. *Décorations.*

B

BACCUET (Prosper), 1798 , Paris. *Paysage.* Élève de Watelet. — Vue du lac Majeur.
BACOT (Émile). *1834, Caën. *Miniature et portrait.* Élève de Lepoittevin.
BAFCOP (Alexis), *1840. *Genre.* La dernière communion. La toilette.
BAGATTI-VALSECCHI, *1857, *Miniature.*
BAGUET (J.). *1837, *fleurs.*
BAILLE, *1840. *Genre.* Léon X visitant les Loges de Raphaël au Vatican.
BAILLIF, *Histoire.* La colonne de Rosbach renversée par les Français, Versailles.
BAISIER (Pierre-François-Joseph), 1800, Valenciennes. *Portrait et miniature.* Élève d'Aubry et de Momal.
BALTARD (Louis), *1815, Paris. *Paysage et histoire.* Également architecte. — Mort d'Adonis. Philoctète.
BALTARD (Victor), *1842. *Ornement et peintre sur verre.*
BALTHASAR (de), *1840. *Histoire.* Mort de Lara.
BALZAC, .*1812. *Paysage.* Vue du palais de Karnac, à Thèbes. Vue intérieure de la grande mosquée, Hassan.
BAPTISTE (Sylvestre), 1791, Paris. *Genre.* Élève de Guérin. — Des Ramoneurs. Famille française vendue par un marchand turc.

BARBIER (Victoire), *1842. *Paysage.* Vue prise en Normandie.

BARBIER (Alexandre), *1834. *Genre et paysage.* Vue de l'ancien château de la Muette (fig. de Xavier le Prince). Cabaret à l'entrée d'un village.

BARBIN, *1820. *Décorations.*

BARBOT (Prosper), 1798, Nantes. *Paysage et ruines.* Élève de Watelet et de J. Coignet. — Vue du théâtre de Taormin (Sicile). Vue d'Agrigente.

BARD (J. A.) *1842. *Histoire et vues.* Les auteurs grecs.

BARDER-LASALLE, *1840. *Histoire.* Descente de croix.

BARIL (François), *1844. *Paysage.*

BARKER, *1840. *Genre.* Retour du braconnier.

BARMONT (Marmont de), *1820. *Paysage.* Vue des environs de Bagnères.

BARON, *1840. *Genre.* La sieste.

BARRIAS le vieux, 1794, Paris. *Miniature et peintre sur porcelaine.*

BARRIAS Félix, *1845. Fils de Barrias le vieux, 1822, Paris. *Histoire.* Élève de Cogniet. — Cincinnatus recevant les députés.

BARRÉ, 1843, Rennes. *Histoire.* Madeleine au désert.

BARRIGUE (Prosper-Fontainieu), *1808, Marseille. *Paysage.* Élève de Denis. — François Ier et la reine Claude de France, visitant la Sainte-Baume, en 1516. Vue de la ville de la Cava.

BARROIS (Jean-Pierre Frédéric), 1786, Paris. *Genre, portrait en miniature.* Élève de Fontallard et de Hersent. — Un tableau de saint, Clermont. Mort d'un Savoyard.

BARRY (François), *1840. *Paysage et marines.* Arrivée de la reine au Tréport.

BARSAC (Laure), sœur de Zulime, 1808, Paris. *Genre et portrait.* Élève de Regnault. — Jeune fille recevant des caresses de sa mère.

BARSAC (Zulime), sœur de Laure, 1809, Paris. *Paysage et marines.*

BASSAGET, *1824. *Histoire.* Abraham et Isaac.

BATTAGLINI (Jean-Baptiste-François), 1787, Nice. *Histoire.* Élève de David. — Louis XVI écrivant son testament. Sainte Thérèse en extase.

BATAILLE (Eugène), *1844. *Histoire.* Élève de Cogniet. — Sainte famille. Gringoire.

BAUDELOCQUE (Mme), *1824. *Paysage.* Élève de Watelet. — Vue des environs de Château-neuf. Vue de la grille de Ville-d'Avray.

BAUDERON, *1840. *Portrait.*

BAUDRY DE BALZAC (Caroline), 1799, Metz. *Fleurs et fruits.* Élève de G. Van Spaendonck. — Dessins de botanique pour les annales du Muséum d'histoire naturelle.

BAUGEAN, *1812. *Marines.* Port de Civita-Vecchia. Entrée du vieux port de Toulon.

BAUP (Henri), 1777, Suisse. *Émail et porcelaine.* Portrait de Louis-XVIII (grandeur naturelle), d'après Gérard. Valentine de Milan, d'après Richard. — Exposa sous le nom de Dihl, en 1812 et 1819.

BAY (Auguste-Hyacinthe de), fils du sculpteur J. B. J., 1804, Paris ou Nantes. *Histoire.* Élève de Gros. — Le Christ en croix, Paris. Militaire mourant dans les fers.

BAYER, *1840. *Genre et intérieurs.* La fleur oubliée. Le moine Tutilo.

BAYLE, *1844. *Fleurs et fruits.*

BAZIN (Pierre-Joseph), *1818. *Portrait en miniature.*

BAZIN, *1840. *Genre.* Pierre le Grand.

BEAU (Léopold), *1836. *Histoire.* Élève de P. Delaroche.

BAUDIN (Mme), née Félicité Bourges, *1825, Marseille. *Portrait et genre.*

BEAUFILS (Joseph), *1815, Guise. *Portrait.* Élève de Lefèvre.

BEAUFORT (Éléonore-Gustave Grout de), 1800, Les Andelys. *Histoire et portrait.* Élève de Gros. — Présentation de la Vierge au temple, Villeneuve-le-Roy.

BEAUGARD, dit THIL, †1828. *Histoire et portrait.* Départ de Tobie. Sujet tiré des Incas.

BEAULIEU (Anatole de), *1844. *Genre.*

BEAUME (Joseph), *1830. *Histoire et genre.* Le roi boit. Batailles de Lutzen et de Bautzen, Versailles.

BEAUNIER, *1815. *Histoire.* Élève de Regnault. — Accusation de Duguesclin. Retour de l'enfant prodigue.

BEAUPLAN (Amédée de), *1842. *Paysage.* Un moulin, effet du soir.

BEC (Augustin-Marius-Paul, dit Polydore de). 1797, Aix. *Paysage.* Élève de Constantin, de Révoil et de Granet. — Château de la Barben en Provence. Église de Saint-Trophime, à Arles.

BÉCŒUR (Charles), 1807, Paris. *Histoire, portrait,* etc. Élève de Lethière. — La fiancée de Lammermoor. Oiseaux étrangers.

BEHAEGHEL (Théophile), 1795, près d'Ypres (Belgique). *Intérieurs et panoramas.* Élève de David, Guérin, Hemasne, Duvivier et Prévost. — Portrait de Charles X, Lectoure. Intérieur de l'église de Luz, Hautes-Pyrénées.

BEFORT (Melle), *1810. *Histoire.* Élève de Sérangéli. — Une jeune Thébaine pansant son père blessé. Thésée et Ariane.

BELL (Rodolphe), *1825, Payerne (canton de Vaud, en Suisse). *Miniature et aquarelle.* Élève d'Isabey.

BELLANGE (Joseph-Louis-Hippolyte), 1800, Paris. *Batailles et genre.* Élève de Gros. — Batailles de Wagram et de Fleurus, Versailles. Les maris en goguette.

BELLAY, *1820. *Genre.* Une hôtellerie et un maréchal ferrant.

BELLE (Édouard), 1806, Malines (Belgique). *Histoire.* Élève de Couder. — Saint-Louis. Saint François-Xavier.

BELLEBAUX (Jacques), 1803, Asti (Piémont). *Paysage et peintre sur porcelaine.* Élève de Watelet.

BELLIARD (Jean F. M. Z.), 1798, Marseille. *Portrait en miniature.* Élève d'Aubry, Guérin et Auber.

BELLOC (J. H.), *1815. *Histoire et portrait.* Élève de Regnault. — Mort du Gaul, ami d'Ossian. Saint Jean précurseur.

BÉMY (M. de), *1856. *Histoire naturelle.*

BENOIST (Philippe), *1842. *Paysage.* Vue prise à Bayeux.

BENOUVILLE (Léon), *1845. *Histoire.* Esther, Judith.

BENOUVILLE (Achille), 1842. *Histoire et paysage.* Adam et Ève chassés du paradis terrestre. Effet du soir.

BÉRA, *1816. *Histoire et miniature.* Élève de Lafond et de Regnault. — Les petits naufragés. Démocrite et les Abdéritains.

BÉRANGER (Antoine), 1785, Paris. *Histoire, genre, nature morte et peintre sur porcelaine.* L'aumône. La séduction.

BÉRANGER (Charles). *Nature morte.*

BÉRARD, *1840. *Histoire.* Saint Jean-Baptiste, enfant.

BERCHÈRE, *1844. *Paysage historique.*

BERJON (Antoine), *1844. *Fleurs et miniature.* Groupe de roses diverses.Un lièvre.

BERGE (Charles de la), 1807-1842. *Genre et paysage.* Élève de Bertin et de Picot. — Le médecin de campagne. Un Bacchus.

BERGER (Joseph), 1798, Langres. *Histoire et portrait.* Élève de Prudhon et de Gros. — Un marchand de tisane. Un Bacchus.

BERGER (Mme), née Désoras, *1820. *Portrait et genre.* Deux jours de mariage. Deux ans de mariage.

BERGERET (Pierre-Nolasque), *1818, Bordeaux. *Histoire, paysage, genre et portrait.* Élève de David. — Honneurs rendus à Raphaël après sa mort, Malmaison. Alexandre présentant les Cosaques, les Baskirs et les Kalmouks à Napoléon, Versailles.

BERGHE (Charles-Auguste Van den), 1798, Beauvais. *Histoire et portrait.* Élève de Girodet, Gros et Guérin. — Noé maudissant son fils. Chef de brigands italiens.

BERNARD, *1842. *Genre.* Une odalisque.

BERNY D'OUVILLE (Ch. Ant. Cl.), *1812, Clermont. *Portrait en miniature et genre.* Les regrets de l'absence. Jeune fille à sa toilette.

BERTHAULT, *1816, *Paysage.* Élève de Bertin. — Vues prises à Chantilly. Intérieur d'une forêt.

BERTHON (René-Théodore), 1777, Tours. *Histoire.* Élève de David. — Phèdre et Hippolyte.

Louis XVI abandonne les droits du domaine sur les laisses de mer aux riverains de la Guienne. Versailles.

BERTHON, fils de René. 1809, Paris. *Histoire.*

BERTIER (Eugène), *1835. *Genre.* Le vicaire de Wakefield.

BERTIN (J. V.), *1830. *Paysage.* Roland furieux.

BERTIN (Édouard), *1827. *Paysage et genre.* Vue d'un ermitage près de Rome. Napoléon reçu par l'électeur de Bade, Versailles.

BERTIN (Élise), *1845. *Fleurs et fruits.*

BERTRAND (Vincent), *1812. *Miniature.* Élève de Regnault. — Portraits des peintres Lemaire, Redouté et Lafitte.

BERTRAND (Jean-François), 1798, Saint-Maximin (Var). *Histoire.* Élève d'Abel de Pujol. — L'ange Raphaël quittant la famille de Tobie.

BESNARD (Adolphe), *1840. *Portrait et histoire.* Élève d'Ingres.

BESSELIÈVRE (Claude-Jean), *1815, Paris. *Portrait à l'huile et en miniature.* Élève d'Augustin et de David. — Charles V, roi de France et son fils.

BESSON, *1840. *Portrait.*

BÉTANCOURT (César Ed.). *Paysage.*

BEVALET (Antoine-Germain), 1779, Paris, *Histoire naturelle.* Dessins de l'*Histoire naturelle des oiseaux-mouches*, par M. Lesson.

BEZ (Jean-Joseph Bastier de), 1780, le Vigan (Gard), *Paysage.* Élève de Watelet. — Vues d'Italie et du département du Gard.

BEZARD (Jean-Louis), 1800, Toulon. *Histoire et intérieurs.* Élève de Guérin et de Picot. — Jacob refusant de livrer son fils Benjamin. La Madeleine au désert.

BÉZU (Octave) (sourd-muet), Bourbonne-les-Bains. *Portrait.* Élève de Drolling.

BIARD (François), 1800, Lyon. *Genre.* — Pothin apportant l'image de la Vierge dans les Gaules, Lyon. Le roi au milieu de la garde nationale, Versailles.

BICHEBOIS, *1835. *Paysage.*

BIENNOURY (Victor-François), *1844. Bar-sur-Aube. *Histoire.* Élève de Drolling.

BIGAND (Auguste), *1842. *Genre et histoire.* Mort de saint Jérôme. Martyre de saint Théodore et de saint Didyme.

BIGARNE (Mme), née la Broue, Mayence. *Miniature.*

BIGET, *1820, *Portrait.* Portrait du marquis d'Ecqueville, pair de France.

BILFELDT (Jean-Joseph), 1793, Avignon. *Miniature.* Élève de Mansion.

BILLARDET (Léon-M.), *1845. *Histoire.* La famille de Bellini.

BILLOTTE, *1842. *Portrait.*

BINET (Victor-Dominique-François), 1799, Sèvres. *Histoire, paysage, animaux et peintre sur porcelaine.* Élève de Lair et de Niquevert.

BIROTHEAU, *1840. *Histoire.* La Samaritaine.

BISHOP, *1840. *Portrait.*

BITTER, *1818. *Histoire.* Clémence de François Ier, le Mans. Charles VII et Agnès Sorel.

BLAIZE (Candide), 1795, Nanci. *Portrait et miniature.*

BLANCHARD, *1835, *Histoire.* Élève de L. Cogniet. — Tobie rendant la vue à son père.

BLANCHARD (Octave), *1830. *Histoire et genre.* Conducteurs de buffles. Don Juan.

BLANCHARD (Émile), *1815, Saint-Omer. *Histoire-naturelle et fleurs.* Élève des frères Van Spaendonck.

BLANCHARD, †1819? *Histoire, genre et portrait.* Mariage d'Hercule et d'Hébé. Prédication de saint Jean.

BLANCHARD (Melle), *1822, *Portrait et histoire.* Le Christ. La Vierge.

BLANCHARD (Théophile), *1840. *Paysage.* Intérieur de forêt.

BLONDEL, *1842. *Histoire.* Élève de P. Delaroche. — Saint Michel.

BLONDEL (Merry-Joseph), 1781, Paris. *Histoire.* Élève de Regnault. — Histoire de Diane (fresques), Fontainebleau. Mort de Louis XII, Toulouse.

BLONDEL (Élisa), *1842. *Genre et portrait.* Les petits Piémontais.

BODEM (André-Joseph), 1791, Paris. *Histoire et portrait.* Élève de Regnault. — Herminie et Tancrède. Ascension, Ascension (Amérique).

BODINIER, *1827 *Histoire et portrait.* Le bon Samaritain. Mort d'un brigand.

BOGUET, *1810. *Paysage.* Passage du Pô, Versailles. Prise d'Ancône, *ib.*

BOICHARD (Henri-Joseph), 1785, Versailles. *Paysage , portrait et genre.* Élève de Regnault. — Bayard quittant la maison où il a été soigné. Vue de la cascade de l'Écureuil.

BOICHOT, *1812. *Histoire.* Dessinateur.

BOILLY (Léopold), *1844. *Histoire et genre.* Le dernier banquet des Girondins.

BOILLY (Jules), *1827. *Histoire et genre.* Les voleurs surpris. Une procession sous l'arc de Titus.

BOIS CHEVALIER, *1842. *Histoire.* Sainte famille.

BOISFREMONT (Charles de), *1838. *Histoire et portrait.* Napoléon accorde à la princesse de Hatzfeld la grâce de son mari, Versailles. La Samaritaine, Rouen.

BOISSELAT, *1837.

BOISSELIER aîné, †1812? *Histoire.* Mort d'Adonis.

BOISSELIER (Antoine-Félix), *1855. *Paysage historique.* Élève de Bertin. — Mort de Bayard, Fontainebleau. Tobie et l'ange.

BOISSIER (Mme Julienne-Marie), née Boussuge, 1777, Paris. *Histoire.* Élève de son mari.—La Vierge et la Madeleine , Châteaugontier. Le Christ en croix.

BOISSOT (Alfred), *1844. *Genre.* Visite au garde-chasse.

BONIROTTE. *1840. *Genre.*

BONNARD, *1825. *Paysage, etc.* Vue de Nice. Prise d'Utrecht, Versailles.

BONNEFOND, *1822, Lyon, *Genre.* Bergers et bergères des environs de Rome.

BONNEGRACE, *1842. *Portrait.*

BONNEMAISON (Jules de), †1828? *Portrait.*

BONNETTY (Antoine-Louis), 1788 , Entrevaux (Basses-Alpes). *Histoire.* Élève de David.

BONTEMPS, *1843, Choisy-le-Roi. *Peintre sur verre.*

BOQUET (Melle Virginie), *1855. *Peintre sur porcelaine.*

BOQUET (Félix-Hilaire-Joseph) , 1813 , Maubeuge. *Portrait , genre et histoire.* Élève d'Abel de Pujol et de Blondel. — La vérité.

BOQUET (Pierre-Jean), *1811, Paris. *Paysage et peintre sur porcelaine.* Élève de Leprince. — Vues de la Franche-Comté. Sainte famille (sur porcelaine).

BORDIER (Jacques-Charles) , Paris. *Histoire.* Élève de Regnault. — Consécration de la Vierge , Le Mans. Combat d'Hippolyte contre le monstre.

BORELLI, *1840. *Histoire.* Numa-Pompilius.

BORGET, *1842. *Genre et paysage.*

BORN. *1844.

BOSIO (Jean), frère du sculpteur, *1827. *Histoire et portrait.* Élève de David. — Portrait de Charles X. Mort de la Vierge.

BOSSELMAN, *1811. *Histoire et genre.* Amours de Télémaque et d'Eucharis, Femme effrayée de la foudre.

BOUCHARDY, le père , 1819, Lyon. *Portrait.*

BOUCHARDY (Étienne), le fils, *1825. *Portrait et miniature.* Élève de Gros et de Sicardy.

BOUCHE (Louis-André-Gabriel), *1815. *Histoire.* Élève de David. — Hazaël rendant Mentor à Télémaque. Clémence d'Auguste.

BOUCHER (Charles-Adolphe-Léon), 1804? Paris. *Paysage.* Élève de Guérin et d'Ingres. — Scène de pêcheurs. Côtes de Normandie.

BOUCHOT (François), 1800-1842. *Histoire et portrait.* Élève de Lethière et de Regnault.— Silène surpris par des bergers. Bataille de Zurich, Versailles.

BOUKT, *1842. *Intérieurs.* Intérieur de l'église de Dives.

BOUFFRET (Ch.), *1815. *Paysage.* Vue de Sèvres. Ruines du château de Monbazon.

BOUG d'ORSCHEVILLER (Henri), 1785, Colmar. *Paysage à la sépia et à l'aquarelle.* Intérieur de la forêt de Compiègne. Vue d'Alsace.

BOUGENIER (Henri-Marcellin-Auguste), 1799,

Valenciennes. *Histoire.* Élève de Momal et de Gros. — Tableaux, Valenciennes.

BOUHOT (Étienne), 1780 , Bard-lez-Époisses (Côte-d'Or). *Architecture et vues.* Place du Châtelet. Le jour de la Fête-Dieu.

BOULANGER (Louis), *1836. *Histoire.* Trois amours poétiques. Procession des états généraux , Versailles.

BOULANGER (Elise), *1842. *Genre.* Les Étrennes.

BOULANGER (Clément), *1842. *Histoire.* Mazeppa. Entrée de l'armée française à Moutiers, Versailles.

BOULIAR (Marie-Geneviève). *1809. *Histoire et portrait.* Élève de Duplessis. — Herminie.

BOUQUET (Michel), *1845. *Paysage.*

BOURDET (Joseph-Guillaume), 1799 , Paris. *Histoire.* Élève de Gros. — Saint-Sébastien. Adorations des bergers.

BOURDIER, *1842. *Nature morte.*

BOURDON (Louis), *1844. *Histoire et portrait.* Épisode de la vie de saint Hilaire.

BOURDON (Pierre-Michel), 1778, Paris. *Histoire et portrait.* Élève de Regnault. — Héloïse et Abeillard au Paraclet. Sommeil d'Antigone.

BOURGEOIS (Charles) *1812 , Amiens. *Miniature.* Élève de Mme.

BOURGEOIS (Amédée), fils de Fl. F. Constant, 1798-1837, Paris. *Paysage historique.* Élève de son père. — Enlèvement de Proserpine. Jacob et Laban.

BOURGEOIS DE CASTELET (Jean-Isidore) , *1825. *Paysage.* Vue prise à Montmorency. Cascade du Souchot (Vosges).

BOURGEOIS (Paul). *Histoire.* Mort du maréchal Lannes, Versailles.

BOURRIÈRE, *1842. *Histoire.*

BOUTEILLIER (Melle), *1819. *Histoire et portrait.* Élève de Bouillon. Portrait du général Frotté. Portrait de Charles X. Nantes.

BOUTERWEK, *1840. *Genre.* Noces de Gamache.

BOUTON (Charles-Marie), 1781, Paris. *Intérieurs d'église, etc.* Souterrains de Saint-Denis. Saint-Louis au tombeau de sa mère.

BOUVIER, *1840. *Paysage.* Les rochers rouges.

BOYENVAL (Alexis-François), 1781, Paris. *Paysage historique.* Élève de David et de Bertin. — Saint Louis rendant la justice. Philippe-Auguste et Marie d'Isembourg.

BOYER, *1840. *Histoire.* Mater dolorosa.

BRALLE (Jean-Marie-Nicolas), 1785 , Paris. *Histoire et portrait.* Élève de Prudhon. — Mort de Procris. Adoration des bergers.

BRASCASSAT , *1827. *Paysage historique.* Mercure et Argus. Vue prise à Subiaco. Effet du matin.

BREMOND (Jean-François), 1807, Paris. *Histoire.* Élève de Couder et d'Ingres. Une caravane, le Christ.

BRENET (Louis), 1798, Paris. *Histoire.* Élève de Bridan. — Annonciation, Luzarches.

BRISSET, *1845. *Histoire.* Saint-Sébastien.

BRISSOT, *1842. *Paysage.* Vue prise à Arques.

BROC (Jean), 1780? Montignac (Périgord). *Histoire.* Élève de David. — Mort de Desaix. La magicienne.

BROSSARD, *1840. *Portrait.*

BRUN (Nicolas-Antoine), *1810 , Beauvais. *Genre et portrait.* Élève de Vincent. — L'accordée d'un mariage. Les fileuses normandes.

BRUNE PAGÈS (Mme), *1840. *Genre.* La fille de Jaïre.

BRUNE (A.), *Histoire et portrait.* Louis XII , Versailles. Charles IX , *ib.*

BRUNE (Christian), 1793 , Paris. *Paysage et aquarelle.* Élève de Bertin. — Vue prise en Alsace. Vue du château de Coucy.

BRUNET, *Histoire.* Combat de Renty, Versailles.

BRUYERE (Mme), née Élisa le Barbier, *1820, *Portrait, miniature et fleurs.* Élève de le Barbier et de Van Dael.

BRUYÈRES (Hippolyte) , *1825. *Histoire et portrait.* Combat de Fontaine-Française, Versailles.

BUCQUET, *1842 , *Paysage.* Vue prise sur les bords de la Vienne.

BUDELOT (Philippe), *1810 , *Paysage.* Élève

de Bruandet. — Vue de l'Élysée du Musée des monuments français.

BUFFET (François). 1789 , Cormatin. *Histoire et portrait.* Élève de Vincent. —Sainte Marthe près de son frère mourant, Cluny. Trait de vertu conjugale.

BURCH (Jacques-Hippolyte Van der), fils d'André, *1837. *Paysage.* Élève de son père , de Guérin, David et Mullard. — Vue de la Cara. Vue de Normandie.

BURETTE, *1842. *Paysage.*

BURGKLY-GLIMMER (Mme), *1842. *Fleurs et fruits.*

BUTTURA, *1845. *Paysage.*

C

CABAT, *1840. *Paysage.*

CACHEUX (J. P.), l'aîné , *1822. Épinay. *Intérieurs.* Intérieur du couvent de l'Ara-Cœli, à Rome. Maison de Michel-Ange.

CADEAU (René), 1782, Angers. *Portrait et genre.* Élève de Guérin.

CAILLEUX (Alphonse de), 1788, Rouen.

CALS, *1840. *Genre.* Deux buveurs. Le bon ménage.

CALLET (Apollodore), *1825. *Histoire.* Condamnation de Séjan. Bataille de Marengo , Versailles.

CAMBON (Armand), *1845. *Genre.* La poésie héroïque et la poésie d'amour.

CAMBON (Charles-Antoine),1802, Paris. *Décors.* Élève de Cicéri.

CAMINADE (Alexandre-François), 1785 , Paris, *Histoire et portrait.* Élève de David et de Mérimée. — Mariage de la Vierge. Prise d'Anvers, Versailles.

CANELLA, *1827. *Paysage et vues de ville.* Vues prises à Montmartre. Un boléro.

CANON (L.), *1840. *Genre.* La toilette. Giotto.

CANON (Pierre-Laurent), 1787, Caen. *Portrait et miniature.* Ruines d'une abbaye dans les Ardennes. Ruines du château d'Heidelberg.

CAPDEBOS (Pierre-François), 1795, Perpignan. *Histoire, genre et portrait.* Élève de Berthon.

CAPET (Marie-Gabrielle), *1814, Lyon. *Portrait, miniature , genre et pastel.* Élève de Mme Vincent. — Portrait de Melle Mars. Hygie, déesse de la santé.

CAPIOMONT (Melle), *1842. *Portrait en miniat.*

CARBILLET, *1840. *Histoire.* Madeleine repentante.

CARRE, *1825. *Paysage.* Offrande à Pan. Vue prise au petit Trianon.

CARETTE (Antoine-Auguste) , 1788 , Paris. *Genre et intérieurs d'église.* Fonts baptismaux de Saint-Étienne-du-Mont.

CARNAVALI (Jules-César),*1825, Milan. *Décors.* Ruines (aquarelle).

CARON (Rosalie), *1818, Senlis (Oise). *Genre et portrait.* Élève de Regnault. — Mathilde et Malek-Adhel. Marguerite de Valois et le connétable de Bourbon.

CARON (Auguste), *1827. *Aquarelle et sépia.* Élève de Cicéri.

CARON , *1811. *Histoire naturelle.* Élève de Baraband. — Le faisan doré de la Chine. Une perruche de la Nouvelle-Hollande.

CARPENTIER (Germain-Primidi), 1794-1817, Valenciennes. *Histoire.* Élève de Momal et de Gros. — Tableaux, Valenciennes.

CARPENTIER (Paul-Claude-Michel , 1787 , Rouen. *Histoire , genre et portrait.* Élève de David.— Incendie de l'Odéon. Stratagème de Vénus.

CARRIER (Joseph-Auguste), 1800, Paris. *Portrait en miniature.* Élève de Gros et de Saint.

CASSEL, *1840. *Genre.* Réveil d'une mère.

CATHELINEAU (Gaëtan), *1820. *Paysage et portrait.* Ermite en prière. Vue de la rivière des Gobelins, près Gentilly.

CAUDRON, *1840. *Histoire.* Martyre de saint Firmin.

CAUSSE, *1842. *Marines.* Combat de Trafalgar.

CAUVIN , jeune , *1842. *Marines.* La rade de Toulon.

CAZABON (Michel), 1815 , la Trinité (Antilles). *Marines.* Élève de Drolling , de Gudin et de

Morel-Fatio. — Vues prises à Corbeil. Vue prise près de Gênes.

CAZES (Romain), *1840. Paysage et genre. Les baigneuses.

CAZIN (Jean-Baptiste-Louis), *1815, Paris. Paysage. Élève de Jollain. — La pêche interrompue. Vue de la fontaine de la place du Châtelet.

CHABAL, *1842. Fleurs et fruits à la gouache.

CHABANNE (Flavier), *1825. Miniature et aquarelle.

CHABORD (Joseph), 1786, Chambéry. Histoire. Élève de Regnault. — Mort de Turenne, Versailles. Le bon Samaritain, Lyon.

CHACATON, *1840. Histoire et paysage. Jésus-Christ au Jardin des Olives, Chartres. Les trois âges.

CHAMBELLAN, *1840. Histoire. Destruction de Sodome.

CHAMBERT (Germain), 1781-1821, Grisolles. Histoire. Dessinateur.

CHAMOUIN (Claude-Hilaire-Alphonse), 1808, Paris. Paysage.

CHAMPEL (A.), *1842. Marines et paysage. Rade de Marseille.

CHAMPIN (Jean-Jacques), 1796, Sceaux (Seine). Paysage historique à l'aquarelle. Élève de Storelli. — Site agreste dans le Mont-d'Or. La rade et la ville d'Antibes.

CHAMPMARTIN, *1825. Histoire. Prédication de saint Jean. Bataille de Mons-en-Puelle, Versailles.

CHANDEPIE DE BOIVIERS, *1815, Jersey. Portrait en miniature. Élève de David.

CHAPONNIER (J. E.), *1822. Aquarelle. Papillons. Pêcheur de l'île de Procida.

CHAPSAL, *1842. Genre. Le poète mort à l'hôpital.

CHAPUY, *1840. Paysage.

CHARLET (Nicolas-Toussaint), 1792-1845, Paris. Genre et scènes militaires. Campagne de Russie. Scènes populaires. Passage du Rhin à Kehl, Versailles.

CHARMEIL (Mme), *1842. Fleurs et fruits.

CHARPENTIER, *1822. Histoire. Crucifiement de saint Pierre. Jésus-Christ mort sur les genoux de sa mère.

CHARPENTIER (Auguste), *1819. Histoire et portrait. Sainte Marie l'Égyptienne. L'enfant Jésus dormant sur la croix.

CHARRIN (Fanny), *1818, Lyon. Miniature et peintres sur porcelaine.

CHARRIN (Sophie), *1812. Portrait et miniature. Élève de Legay.

CHARTON (Camille), 1800, Paris.

CHASSELAT (Charles), *1820, Paris. Histoire. Élève de son père et de Vincent. — Repos de Bélisaire. L'Assomption.

CHASSÉRIAU (Théodore), *1842. Portrait et histoire. Portrait du père Lacordaire. Jésus-Christ au jardin des Olives.

CHATILLON (Henri-Guillaume), 1780. Histoire et portrait. Élève de Girodet et de Girardet. — Hygie.

CHAUFFER (Pierre-Charles), 1779, Rouen. Histoire. Élève de David. — Scène de naufrage. Baigneuse.

CHAUVIN, *1815. Paysage. Élève de Valenciennes. — Vue des environs de Salerne. Vue du lac de Varèse.

CHAVASSIEU D'AUDEBERT (Adèle), 1788, Niort. Miniature sur émail, etc.

CHAZAL (Antoine), 1793, Paris. Histoire et fleurs. Graveur. Élève de Van Spaendonck, de Bidault, etc. — Saint Joseph, Riom. Notre-Dame de bonne mort.

CHENAVARD, †1805. Peintre sur porcelaine.

CHERADAME (Mme), née Bertrand, †1824? Histoire et genre. Une jardinière. Les filles de Minée.

CHERELLE, *1840. Histoire. Pomone. Érigone.

CHERIER (Bruno-Joseph), 1819, Valenciennes. Histoire. Élève de Picot. — Esquisse d'un plafond, Valenciennes.

CHÉRY (Louis), 1791, Thionville. Genre et portrait. Élève de David et de Bouillon. — Des chevaux.

CHÉRY (Philippe), 1795-1838, Paris. Histoire. Élève de Vien.

CHOCARNE, *1840. Portrait.

CHOLET, *1840. Portrait.

CHOLET (Léonie), *1842. Paysage. Vue du village de Chêne.

CHOPIN ou SCHOPIN (Frédéric-Henri), 1804 ou 1805, Lubeck. Histoire et genre. Élève de Gros. Virginie au bain. Bataille de Hohenlinden, Versailles.

CHOQUET, †1825? Miniature. Élève d'Aubry.

CIBOT (Edouard), 1799, Paris. Histoire, genre et portrait. Élève de Guérin et de Picot. — La paresseuse. Défense de Beauvais, Versailles.

CICERI (Pierre-Luc-Charles), 1782, Saint-Cloud. Décors. Décorations de la Vestale, d'Armide, de la Muette de Portici, etc., etc.

CIVETON (Christophe), 1796, Paris. Paysage. Graveur et dessinateur. Élève de Bertin. — Vues des environs de Paris.

CLAVEAUX (Claude-Auguste), 1789, Valence (Drôme). Miniature et paysage. Élève de Bertin et de Fontainieu.

CLERGET (Mme), née Adèle Melling, *1827. Paysage. Vue des tombeaux à Pompéia. Vue des coteaux de Sèvres.

CLÉRIAN (Thomas-Joseph), fils de Louis, 1796, Aix. Genre et paysage. Élève de son père. — Apparition de la Vierge à saint Luc.

COBLITZ, *1842. Genre.

COCHEREAU (Mathieu), 1793-1817, Montigny. Genre. Élève de David. — Intérieur d'atelier.

COCHET DE SAINT-OMER (Augustine), *1819, Saint-Omer. Genre et portrait. Élève de Chéry. — Prédication de saint Jean. Retour du soldat.

COGNET (Amélie), *1840. Genre. La confession.

COGNIET (Léon), 1794, Paris. Histoire, genre et portrait. Élève de Guérin. — Le Tintoret et sa fille morte. Combat du Limbourg, Versailles.

COIGNARD, *1845. Histoire et genre. Jésus-Christ à Emmaüs.

COIGNET (Jules-Louis-Philippe), *1798, Paris. Paysage. Élève de Bertin. — Vues d'Italie. — Vues de Sicile.

COLIN (Alexandre), 1798, Paris. Histoire et genre. Élève de Girodet. — Une famille tartienne. Un poste d'Arabes à Mascate.

COLLET (Jacques-Claude), fils de Jean-Baptiste, 1792, Paris. Paysage et portrait. Élève de son père. — Vue de la vallée de Royat, près Clermont en Auvergne. Léo et Camille.

COLLIÈRE (Mme), née Lucienne Frestier, 1785, Saint-Quentin (Aisne). Miniature. Élève d'Aubry.

COLLIGNON (Charles), *1845. Marines. Vue prise en Zélande, effet d'orage. Marine, effet du matin.

COLLIGNON (J.), *1840. Paysage et aquarelle. Vue prise aux environs de Paris. Fête de village (aquarelle).

COLSON (Guillaume-François), 1785, Paris. Histoire. Élève de David. — Saint Charles-Borromée communiant les pestiférés. Agamemnon méprisant les prédictions de Cassandre.

COLVILLE (Antoine), 1793, Ruffey (Jura). Chasses et animaux. Élève de Mortelèque.

COMMÉIRAS, *1844. Histoire.

COMPÈRE (Charles-Constant-Florentin), 1796, Happencourt (Aisne). Paysage. Élève de Watelet. — Vue de Verbrier, près Compiègne.

CONSTANT (Eugène), *1843. Intérieurs d'église. Intérieur de l'église Saint-Marc à Venise.

CONSTANTIN (Sébastien), fils de Jean-Antoine, *1817. Paysage et genre. Élève de son père. — Vue des bains de Sextus, à Aix. Vue intérieure du château du Gréons, en Provence.

CORBIN (Mlle), *1840. Fleurs et fruits.

CORMIER, *1842. Paysage à l'aquarelle.

CORNU (Sébastien-Melchior), 1804, Lyon. Portrait, genre et histoire. Élève de Richard, de Bonnefond et d'Ingres. — Bacchanale, Grenoble. Vision d'un Turc, Valenciennes.

COROT (Jean-Baptiste-Camille), 1796, Paris. Paysage. Élève de Bertin. — Vue prise à Narni. Campagne de Rome.

CORPLET (Étienne-Charles), 1781, Paris. Portrait, miniature, genre, paysage, etc. Élève de Servandoni et de Machy. — Paysage historique.

CORRÉARD, *1845. Genre. L'étude.

COTTRAU (Félix), *1828. Genre, paysage et histoire. La grotte de Pausilippe. Pêche aux flambeaux (scène napolitaine).

COUDER (Louis-Charles-Auguste), *1820. Histoire et portrait. Élève de David. — Portrait équestre de François Ier. Prise de Lérida, Versailles.

COULON, *1840. Genre.

COUNIS (Salomon-Guillaume), 1785, Genève. Émail. Élève de Girodet. — Portrait du comte de Forbin. Jeune paysanne en prière. (Se trouve aussi à l'école allemande.)

COUPAN, *1842. Paysage. Vue prise dans la forêt de Fontainebleau.

COURDOUAN, *1842. Paysage et marines. Naufrage de la corvette de charge la Marne.

COURT, *1821. Histoire et portrait. Scène du déluge. Mariage du roi des Belges avec la princesse Louise, Versailles.

COURTIN (Louis), *1818. Intérieurs et paysage. Vue du palais de Laziensky, à Varsovie. Fontaine d'ordre toscan.

COUSIN (Pierre-Léonard), 1788, Limoges. Miniature. Élève de Bertin.

COUTAN (Amable Paul), *1824. Histoire. Élève de Gros. — Achille donnant le prix de la sagesse à Nestor. Philémon et Baucis.

COUTEL, *1842. Histoire. Saint Sébastien.

COUTET, *1840. Histoire.

COUTURE (T.), *1844. Histoire, portrait et genre. L'amour de l'or. Orgie romaine.

CRAUK (Charles-Alexandre), 1819, Valenciennes. Histoire. Élève de Picot.

CRIGNIER (Louis), *1825, Sarcus (Oise). Histoire et portrait. Élève de David et de Gros. — Raphaël présenté au Pérugin, Douai. Milon de Crotone.

CROY (Raoul de), 1797, Amiens. Paysage. Élève de Valenciennes. — Vues d'Auvergne. Mort du pêcheur.

CUNY (Léon), 1802, Paris. Histoire. Élève de Lethière. — L'enfant prodigue. Lecture d'une sentence de mort.

CUTBERT, *1840. Aquarelle.

CYPIERRE (Casimir de), 1785, Paris. Paysage. Environs de Lucerne. Vue prise au pied du grand Schedec (Suisse).

D

DABOS (Mme Jeanne-Bernard), *1814, Lunéville. Portrait et genre. Élève de Mme Guiard. — La paresseuse. J. J. Rousseau et Thérèse.

DAHÜRE, *1840. Histoire. Pèlerinage de sainte Hélène, reine de Suède.

DAGNAN (Isidore), *1825, Marseille. Paysage. Le lac de Genève. Vue de Lausanne.

DAGUERRE (Louis-Jacques-Mandé), 1788, Cormeilles. Décors. Élève de Degotti. Inventeur du diorama et du daguerréotype.

DALLEIZETTE (Ami), 1799, Genève. Genre et portrait. Élève de Hersent.

DALTON (Mme E.), *1827. Portrait et paysage.

DAMAME DÉMARTRAIS, *1816. Histoire, genre et paysage. Graveur. Élève de David. — Le grand Sanhédrin. Couronnement de Marie de Médicis.

DAMERY, *1845. Histoire.

DANGREAUX (Antoine), 1803-1851, Valenciennes. Histoire. Élève de Momal et de Lethière. — La marche des Incas, Valenciennes. Sisyphe aux enfers. ib.

DANVIN (Marie-Victor-Félix), 1802-1842, Paris. Paysage et genre. Élève de Lethière, de Guérin, de Watelet et de Rémond. — Vallée de Chamouny. Ferme normande.

DARBOIS (Pierre), 1785, Dijon. Genre, histoire, portrait et miniature. Élève de Desvoge et d'Augustin. — Dédale et Icare (sur vélin peint). Corinne en Écosse.

DARJOU, *1842. Portrait.

DARONDEAU (Stanislas), *1842. Paysage et genre.

DASSY, *1821. Histoire et portrait. Saint Jérôme au désert, Arras. Bataille de Saucourt, Versailles.

DAUBIGNY (Edme), l'aîné, *1821, Paris. Pay-
sage. Élève de Bertin. — Vue prise à Ménil-
montant. Vue de Beaurepaire.
DAUBIGNY (Pierre), cadet, frère d'Edme,*1823,
Paris. Miniature.
DAUMIER (H.), *1842. Genre.
DAUPHIN (G.), *1842. Histoire. Mater dolorosa.
DAUTEL (Amélie), *1825, Paris. Miniature et
aquarelle. Élève de Granger et d'Aubry.
DAUVERGNE (Anatole), *1840. Genre, histoire
et portrait. Raphaël et la Fornarina. Portrait
de Milton.
DAUZATS,*1838. Paysage et intérieurs d'église.
Église de Belem en Portugal. Vue du châ-
teau de Murol.
DAVERDOING,*1840. Histoire. Jésus-Christ au
Jardin des Olives.
DAVID (Jules), *1843. Aquarelle. Les moisson-
neurs.
DAVID (Maxime), *1842. Miniature et portrait.
La jeune mère. Portrait de la reine des
Français.
DAVIN (Mme), née Mirvault, *1814, Paris. Mi-
niature. Élève de Suvée, David et Augustin.
— Mort de Malek-Adhel. Le faucheur.
DEBACQ (Alexandre), 1804, Paris. Histoire,
genre et portrait. Élève de Gros. — Martyre
de saint Symphorien, Éclimont. Saint Domi-
nique recevant le rosaire.
DEBACQ (Mlle), *1827. Miniature et peintre sur
porcelaine. La Vierge et l'enfant Jésus (d'après
Raphaël). Femme endormie (d'après G. Dou).
DEBIA, *1825. Paysage. Céphale et Procris.
Inachus reconnaissant Io.
DEBON (Mme), *1825. Histoire, portrait et
peintre sur porcelaine. Mlle de Fontanges
(d'après Mignard). La vierge de Foligno
(d'après Raphaël).
DEBON, *1840. Histoire.
DEBRAY (Achille-Hector-Camille), 1799. Paris.
Paysage. Élève de Watelet.—Vue d'Olevano.
Vue du moulin d'Ières.
DEBRAY, fils. Histoire. Entrevue du camp du
drap d'or, Versailles.
DEBRET, *1810. Histoire. Élève de David. —
Andromède et Persée. Napoléon distribuant
des croix d'honneur aux Invalides, Versailles.
DECAMPS (Alexandre-Gabriel), 1803, Paris.
Histoire et genre. Élève d'A. de Pujol. —
Les experts. Épisode de la guerre des Cimbres.
DECAUX (la vicomtesse), née Milet de Mureau,
*1812. Fleurs et fruits. Élève de Van Dael.
DECOURCELLES, *1825, Paris. Portrait et
miniature. Élève de Picot.—Portrait de Talma.
DEDREUX-DORCY (Pierre-Joseph), 1789, Paris.
Histoire, genre et portrait. Élève de Guérin.
— Une baigneuse (avec Géricault). Bajazet et
le berger, Bordeaux.
DEFER (Jules), 1803, Paris. Paysage historique.
Élève de Bertin et de Hersent. — Vues
d'Écosse.
DEFLUBÉ (Louis-Désiré), 1797, Paris. Paysage
et marines. Vue prise à Nicolosi, en Sicile.
Vue du Puy-de-Dôme.
DEGAULT, *1825. Camées.
DEGEORGE, *1817. Histoire. Élève de David.
—Jésus-Christ au tombeau. La petite glaneuse
auvergnate.
DEHÉRAIN (Mme), *1827. Histoire. Lecture de
la Bible. Une fileuse.
DEHODENCQ, *1845. Histoire.
DELABORDE (Henri), *1840. Histoire. Offrande
à Hygie.
DELACAZETTE (Sophie-Clémence), *1816.
Miniature. Élève de Regnault et d'Augustin.
DELACLUZE (Jean-Edme-Pascal-Martin). 1778,
Paris. Portrait en miniature. Élève de David,
d'Aubry et de Regnault. — Prédication de
saint Jean.
DELACOUR (Mme), née Clémentine Buct, *1824.
Genre, miniature et aquarelle. Élève de
H. Lefèvre et de Mme Chardon. — Daphnis et
Chloé. Portrait de Louis XVI.
DELACROIX (Eugène), *1835. Histoire. Le
prisonnier de Chillon. Scène des massacres de
Scio.
DELACROIX (Auguste), *1840. Genre. L'embar-
quement.
DELANOE, *1825. Histoire. Sainte famille.
Saint Jean écrivant l'Apocalypse.

DELANOUE, *1843. Paysage.
DELAPERCHE (Jean-Marie), 1780, Orléans.
Histoire. Élève de David.
DELAPERCHE (Constant), frère de Jean-Marie.
1790, Paris. Histoire et portrait. Sculpteur,
Élève de David.
DELAPLANCHE (Amélie-Euphrosine), 1808,
Paris. Camées, miniature, peintre sur porce-
laine et sur ivoire, etc. Élève de L. Bertin, de
Parent et d'Aubry.
DELAROCHE, *1842. Paysage et animaux.
DELAROCHE, aîné, *1819. Histoire. Songe de
saint Joseph. L'abondance.
DELAROCHE (Paul), le jeune, 1797, Paris.
Histoire, genre et portrait. Élève de Gros.—
Exécution de Jeanne Gray. Les enfants
d'Édouard.
DELAVAL (Pierre-Louis), 1790. Histoire et
portrait. Élève de Girodet. — Orphée et
Eurydice. Saint Louis reçu croisé.
DELAVAL (Alexandrine), *1820. Histoire et
portrait. Madeleine au désert. Malvina.
DELAYE (Charles-Claude), 1795, Paris. Pay-
sage et histoire. Vue du Dauphiné. Bataille
grecque.
DELÉCLUZE (Étienne-Jean), *1811. Histoire.
Élève de David. — Mort d'Astianax. Herminie
et Tancrède.
DELESTRE (Jean-Baptiste), *1840. Histoire.
Élève de Gros. — Repentir de saint Pierre.
DELORME (Mme Émilie), née Baige, *1827.
Genre. Les feuilles de saule.
DELORME (Pierre-Claude-François), 1783,
Paris. Histoire. Élève de Girodet. — Héro et
Léandre. Jésus-Christ apparaissant dans les
limbes, Paris.
DELORME (Julien-Paul), *1812. Miniature.
Élève de Saint.
DELSOL, *1840. Paysage. Environs de Buc.
DÉMAHIS (Étienne-Achille), 1801. Histoire et
portrait. Élève d'Abel de Pujol. — Bataille
de Lutzelberg. Versailles.
DEMAILLY (Henri-Aimé-Charles), 1776, Lille.
Histoire. Tableaux d'église, Lille.
DEMANNE (Mme), *1817. Histoire et intérieurs.
Jeanne fille de Raymond, 8e comte de Tou-
louse. Intérieur d'une église de Paris.
DEMAY, 1798, Mirecourt. Paysage et genre.
Procession de campagne. Fête du village.
DENNE (Rosa), *1850. Portrait en miniature.
Élève d'Aubry.
DEROY (Isidore-Laurent), 1797, Paris. Aqua-
relle. Élève de Cassas. Solennité du sacre
(plusieurs sujets). Vue de Senlis.
DESAINS (Charles-Porphyre-Alexandre), 1789,
Lille. Histoire, genre, paysage et portrait.
Élève de David et de Watelet. — Une négresse.
Guerrier mourant pour la croix.
DESBORDES (Constant), 1828. Portrait, pay-
sage et genre. Élève de Bronet. — Le pauvre
Pierre. Le chariot brisé.
DESCAMPS (Guillaume-Désiré-Joseph), 1781,
Lille. Histoire, etc. Graveur. Élève de Vin-
cent.— Baptême de Jésus-Christ, Lille. Départ
de l'armée Napolitaine pour Caprée, Naples.
DESENNE (Al. J.), 1785-1827, Paris. Histoire
et genre. Trait de la vie de François Ier.
DESGOFFE, *1842, Paysage.
DESHAYES (Jean-Éléazar), *1812, Paris. Pay-
sage. Élève de Schmidt.
DESMOULINS (Alexandre), *1824. Histoire. Siège
de Rhodes. L'anneau d'Élisabeth.
DESMOULINS (Emmanuel), *1825. Histoire et
portrait. Oreste au tombeau d'Agamemnon.
Herminie et Tancrède.
DESNOS (Mme), *1840. Histoire et portrait.
DESNOYERS (Jean-François, Langin), 1776,
Versailles. Histoire, portrait, paysage en
miniature et à l'aquarelle. Élève de son père.
—Tableaux d'église en Vendée, en Bretagne,
en Allemagne et en Italie.
DÉSORIA (Jean-Baptiste-François), *1816. Histoire. Élève de Restout, fils. — Sacrifice
d'Iphigénie. Arrivée de l'armée française au
port de Tentoura.
DESPINASSE. Histoire. Combat d'Arlon, Versailles.
DESPERRIÈRES (Mme), *1815. Portrait. Portrait de Charles X. Portrait de la duchesse
de Berry.

DESPOIS (André-Jean-Antoine), 1788, Foissy.
Histoire, portrait et paysage. Élève de David
et de Gros. — Napoléon à Wittenberg. Homère
abandonné.
DESPOIS (Mme), femme d'André, 1795, Paris.
Portrait en miniature et à l'aquarelle.
DESSAIN (Émile-François), 1808, Valenciennes.
Histoire. Élève de David, de Guérin et de Gros.
et de Boisselier.— Paysage : Zénobie, Valen-
ciennes. Animaux dans une prairie, Douai.
DESTOUCHES (Paul-Émile), 1794, Dampierre
(Seine-Inférieure). Histoire. genre et portrait.
Élève de David, de Guérin et de Gros. —
Bélisaire. Résurrection de Lazare.
DEVERIA (Eugène), *1850. Histoire et genre.
Mort de Jeanne d'Arc, Angers. Naissance de
Henri IV, au Luxembourg.
DEVERIA (Achille), *1840. Genre. Dessinateur.
L'après-dînée chez Bartholo. Philippe le Bon
et sa maîtresse.
DEVELLY, *1850. Genre.
DEVILLERS (George), *1815. Histoire et por-
trait. Élève de David. — Énée sauvant son
père de l'incendie de Troie. Mort de Pa-
trocle.
DEVILLIERS (Hyacinthe-Rose), 1794, Paris.
Histoire et portrait. Élève de Guérin et de
Gros. — Sapho et Phaon.
DEUSTCH (J.), *1825. Genre. Élève de Girodet.
— Scène d'hôpital militaire. Les Oies du frère
Philippe.
DIDAY, *1842. Paysage. Vue du lac de Brientz.
DIDIER (Mme Élisabeth), née Bignet, 1803,
Paris. Peintre sur porcelaine. Élève d'Abel
de Pujol. — Mariage de sainte Catherine,
d'après le Corrège).
DIDIER, *1850. Décorations.
DIEBOLT (Jean-Michel), le fils, 1779. Paysage
et animaux. Élève de Suvée et de Demasue.
DIGNAT (Élie), *1825, Limoges. Miniature,
ornements sur or et argent, etc. Baptême du
duc de Bordeaux.
DIGOUT, *1840. Genre. La mansarde.
DOMMEY (Ferdinand), 1801, Saxe. Chevaux.
DOUSSAULT, *1840. Histoire. Rosa mystica.
DOUSSIN *1850, Restaure les tableaux.
DROLLING (Michel-Martin), fils de Martin,
1786. Histoire et portrait. Élève de son père
et de David. — Orphée perdant Eurydice. Le
bon Samaritain, Lyon.
DROLLING (Mme Louise), née Joubert, fille de
Martin, 1797, Paris. Portrait et genre. Élève
de son père. — L'invalide. Regrets d'une
jeune religieuse.
DROLLING (Adéone), fille de Martin, 1800-1854.
DROUET, *1830. Fleurs et fruits.
DROUIN (Jean-Pierre), 1782, Besançon. Por-
trait, miniature et aquarelle. Élève de
Dejoux.
DRULIN (Antoine), 1802, Compiègne. Paysage.
Élève de Renoux. Dessinateur.
DUBOIS (François), *1822. Histoire. Élève de
Regnault. — Annonciation, Paris. Sacre de
Pepin le Bref, Versailles.
DUBOIS DRAHONNET (Alexandre-Jean), *1819.
Genre et architecture. Costumes de Dieppe.
DUBOIS (T). Marines. Combat de la Concorde
contre la Minerve, Versailles.
DUBOIS (Étienne), frère de François, Paris.
Histoire. Élève de Regnault.—Marius sur les
ruines de Carthage. Louis-Philippe distribue
les drapeaux à la garde nationale (avec Fran-
çois), Versailles.
DUBOST, *1810, Histoire, genre et portrait.
L'épée de Damoclès. Pastorale.
DUBOULAZ (Jean-Auguste), 1800, Paris. Genre
et histoire. Dessinateur. Élève de Gros. —
Sacre de Charles X. Visite en prison.
DUBOURJAL (Savinien-Edme), 1797, Paris.
Histoire et miniature. Élève de Girodet.
DUBUFFE, père, *1830. Histoire et portrait.
Élève de David. — L'Égypte, la Grèce, l'Italie
et la France (fresques), Paris. Jésus-Christ,
apaisant la tempête.
DUBUFFE (Édouard), fils, *1840. Histoire et
portrait. Bethsabée.
DUBUISSON (Louis-Antoine), 1795, Dunkerque.
Portrait.
DUCHESNE (Charles), *1824. Portrait.
DUCHESNE (Adolphe), 1797, Paris. Paysage.

DUCHESNE-DES-ARGILLÈRES (Jean-Baptiste-Joseph). Gisors (Eure). *Miniature, et peintre sur émail.* Le duc de Bordeaux.

DUCLAIN . Lyon. *Paysage et genre.* Intérieur de manége. Attaque d'une chaise de poste.

DUCORNET (César), 1806, Lille. *Portrait et histoire.* Élève de Lethière. — Adieux d'Hector à Andromaque. Repos de la sainte famille.

DUFRESNE (Abel-Jean-Henri), 1788, Etampes. *Paysage.* Élève de Bertin et de Watelet.

DUFOUR (Jules), *1842. *Genre.* Scène de buveurs.

DUFOUR (Sélima et Mélanie), *1827, Cherbourg. *Miniature.*

DUFOUR (Augustine),1797, Paris. *Fleurs, fruits, aquarelle et animaux.* Élève de Redouté.

DUHME (Charles), 1779 , Paris. *Portrait.* Élève de Pauquet et de Greuze.

DULAC (Sébastien) , 1802, Paris *Histoire et portrait.* Élève de Perron, de Vinchon ,et de Langlois. — Martyre de saint Julien , Plancy (Aube). Un prisonnier limant ses fers.

DULONG , *1840. *Histoire.* Adoration des bergers. Jésus-Christ enseveli par les anges.

DUMÉNIL (Paul-Chrétien-R. C.), 1779, Paris. *Histoire naturelle.* Élève de Lair et de Niquevert.

DUMERAY (Mme), née Brinau , *1815. *Miniature et aquarelle.* Élève d'Augustin et de Laurent. — Portrait du duc de Penthièvre. La princesse Paul de Wurtemberg.

DUMET (Jean-Philibert), *1811. *Histoire et portrait.* Élève de Regnault. — Circé. Générosité de Bayard.

DUMONT (Mme), née Corbion , *1824. *Peintre sur porcelaine.*

DUNANT (Jean-François), *1818, Lyon. *Histoire, genre et paysage.* Élève de Regnault. Bienfaisance de Napoléon. Le repas des moissonneurs.

DUPASQUIER (Mme). *1844. *Genre.*

DUPEUR (Pierre), *1825 , Paris. *Intérieurs d'église, etc.* Élève de Prévost. — Vue de la porte Saint-Denis. Saint-Pierre de Rome.

DUPLAT (Pierre-Louis), 1795. *Paysage.* Élève de Bertin et de Bourgeois. — Henri IV et Gabrielle. Un moulin à eau près de Caudebec.

DUPONT-PINGENET (Jean-Marie) ; *1830 , Versailles. *Portrait, miniature sur porcelaine et sur ivoire.* Élève de David.

DUPONT (Alphonse), *1824. *Paysage.* Élève de Gros et de Bertin. — Vue de la campagne de Naples. Environs du mont Socrate.

DUPRAT (Sophie), *1830. *Portrait en miniature, fleurs à l'aquarelle.* Élève de Prudhon.

DUPRÉ (Louis) , 1789 , Versailles. *Histoire.* Élève de David. — Camille chassant les Gaulois, Versailles. Homère au tombeau d'Achille.

DUPRÉ (François-Xavier) , *1830. *Histoire.* Rémus et Romulus recueillis par le berger Faustule.

DUPRÉ (George). *1844. *Genre.*

DUPRÉ (Jules), *1840. *Paysage.*

DUPRESSOIR (Joseph François), 1800 , Paris. *Paysage.* Vue prise près de Châteaudun. Bataille de Rhetel, Versailles.

DURUPT (Charles), 1804-1839, Paris, *Histoire.* Élève de Gros. — Assomption , Miramont (Gironde). Défaite d'Othon III, Versailles.

DUSAULCHOY (Charles), *1820. *Histoire.* Fin de la bataille d'Iéna. Napoléon rend la liberté aux prisonniers Saxons.

DUSOMMERARD (E.),*1842. *Paysage et vues de ville.* Vue d'une place à Bergame.

DUSSAUCE (Auguste),1802, Beaune (Côte-d'Or). *Décors, fleurs et fruits.* Élève de Matis et de Deroche. — Le génie de l'abondance, Valenciennes.

DUTAC jeune, *1825, Epinal. *Paysage.* Cascade de Tendon (Vosges). L'ermite de Saint-Michel.

DUTERTRE *1812. *Portrait et genre.* Élève de Vien et de Callet. — Vue de l'île de Patmos. Portraits de Kléber, Desaix , etc.

DUVAL (Charles), 1799, Dombale (Meurthe). *Portrait, miniature et aquarelle.* Élève de Heim et d'Aubry.

DUVAL (Eustache-François) , *1811 , Paris.

Genre et paysage. Élève de Hue et de Brunet. — Fête flamande. Les Vendangeurs.

DUVAL. LE CAMUS (Pierre) , 1790, Lisieux. *Genre.* Élève de David. — Les frères de la doctrine chrétienne. La partie de piquet des invalides.

DUVAL LE CAMUS (Jules), fils de Pierre, *1844. *Genre et histoire.* Tobie et l'ange.

DUVAU (Louis-Jean), 1818 , Saint-Malo. *Histoire.* Élève de L. Cogniet.

DUVIDAL DE MONTFERRIER (Louise-Rose-Julie), comtesse Hugo, 1797, Paris. *Histoire.* Élève de Gérard et de Melle Godefroid.

DUVIVIER (Melle Aimée), *1815. *Portrait.*

DUVIVIER, *1820. *Histoire et portrait.* Élève de Suvée. Vœu de sainte Clotilde, Paris. Petit saint Jean.

E

ELIAERTS, *1818. *Fleurs et fruits.*

ELIE (Mme, veuve), *1822, Paris, *Portrait.* Élève de Greuze.

ELMERICH, *1840. *Genre et paysage.* Hermann et Dorothée. Combat entre des brigands et des soldats.

ELOUIS, *1820. *Histoire.*

EMERIC, *1842. *Marines.* Pêche dans le golfe de Nice.

ESBRAT (Raymond), 1809, Paris. *Paysage.* Élève de Watelet.

ESMENARD (Inès d') , *1817, Paris. *Histoire et portrait.* Élève de Colson et de Franque. — Portrait de Melle Duchesnois. Sujet tiré de Kénilworth.

ESMENARD (Natalie d'), *1825, Paris. *Fleurs.* Élève de Redouté.

ETEX (Tony), 1808, Paris. *Histoire et portrait.* Sculpteur. Élève d'Ingres. Femme au bain (étude).

EVRARD (Jean-Marie), 1780? Chauny (Aisne). *Histoire et miniature.* Élève de Regnault. — Conception , Chauny. Adoration du Sacré Cœur, Compiègne.

F

FABRE, *1840, Amérique. *Portrait.*

FAGET (Jean-François-Scipion du), 1776. La Vans (Ardèche). *Peintre sur porcelaine, sur verre et à l'aquarelle.* Saint-Michel (d'après le Guide). Sainte famille.

FAJON (Rose-Jeanne), 1798. Marseille. *Portrait.* Élève de M. et de Mme Hersent.

FALCOZ (Alphonse), *1840. *Histoire.* Saintes femmes au tombeau.

FANELLI-SEMAH, *1840. *Portrait.*

FANTIN-LATOUR, *1840. *Histoire.*

FAUCHERY (Augustine), 1803, Paris. *Histoire.* Élève de Regnault. — Mort d'Hippolyte. Sapho.

FAURE (Amédée). *Histoire.* Bataille du Johannisberg, Versailles.

FAURE (Louis), *1817, Berlin. *Paysage.* Élève de M. J. V. Bertin. — Vues des bords du Rhin et de l'Elbe.

FAVAS , *1840. *Portrait.*

FELON , *1840. *Genre.*

FERDINAND (Eugène), *1830, Bordeaux. *Histoire, genre et paysage.* Élève de Vincent. — Conception. Saint Vincent de Paul.

FÉREAUD (Vincent), *1840. *Portrait.*

FÉRÉOL (Louis, dit Second), *1825, Amiens. *Genre et paysage.* Élève de X. Leprince. — Vue d'une partie du pont d'Orléans. Écossais sur le bord d'un torrent.

FÉRON, *1843. *Histoire.* Bataille de Fornoue , Versailles.

FERRAND-MARCEL (Mme), 1807, Massieu (Ain). *Peintre sur porcelaine et miniature.* Élève de Dejuinne et de Mme Jaquotot. — Jeanne d'Albret. Marie-Antoinette.

FERRET, *1840. *Histoire.* Sainte Cécile.

FEUCHOT (Pierre), 1787, Dijon. *Paysage.* Élève de François et d'A. Devosge.

FEUGÈRE DES FORTS, *1824. *Paysage et histoire.* Vignettes pour l'Encyclopédie portative.

FEULARD (Jean-Pierre) , 1790 , Châteaudun (Eure-et-Loir). *Portrait en miniature.* Élève d'Aubry.

FICHET, *1814. *Paysage.*

FILHOL (Mlle), *1842 *Portrait en miniature.*

FINART (Dieudonné), 1797, Condé. *Paysage et scènes militaires.* Un vieux baskir. Hourra de Cosaques sur les Turcs.

FLANDRIN (Paul), *1842. *Paysage.*

FLANDRIN (Hippolyte), *1840. *Histoire.* Saint Louis.

FLANDRIN (Auguste), 1804-1842, Lyon. *Histoire et portrait.* Savonarole prêchant à Florence.

FLAXLAND, *1842. Strasbourg. *Histoire.* La Vierge distribuant des couronnes à des saintes.

FLERS, *1840. *Paysage.* Vue de Charenton.

FLEURIAU DE BELLEMARE (Cécile), 1794, Nantes. *Aquarelle et sépia.* Élève de M. de Bellemare.

FLEURY (Richard-François) , *1815 , Lyon. *Intérieurs et genre.* Élève de David. — La duchesse de Montmorency au monastère de Moulins. Tannequi Duchatel.

FLEURY (Robert), *1840. *Histoire.* Michel-Ange soignant son domestique malade. Entrée de Clovis à Tours, Versailles.

FLEURY (Claude-Antoine), *1820. *Histoire et portrait.* Élève de Regnault. — Songe d'Oreste. Vénus et Adonis.

FOLLEVILLE (Léonce de). *1842. *Paysage.* Vue à Domfront.

FONTALLARD (Jean-François-Gérard), *1814 , Mézières. *Miniature et aquarelle.* Élève d'Augustin. — Un capitaine invalide et sa fille.

FONTAINE (Victor), *1844. *Genre.* Callot au milieu des Bohémiens.

FONTANES (Mme de), *1842. *Fleurs, fruits, et peintre sur porcelaine.*

FONTENAY (Daligé de). *1845. *Paysage.* Vue de la Guadeloupe. Vue de San-Pellegrino.

FONVILLE. *1844. *Paysage.*

FORBIN (Louis-Nicolas-Ph.-A. comte de), 1779-1841, la Roque (Bouches-du-Rhône). *Histoire et paysage.* Élève de Boisson et de David. — La Religion au tribunal de l'inquisition, Paris. Vue du Campo-Santo.

FORD-MADOX BROWN , *1840 , Angleterre. *Histoire.* Mort de Marie Stuart.

FORESTIER (Adolphe), *1830 , Paris, *Histoire, genre, portrait, intérieurs, etc.* Élève de Valenciennes et de Thibault.

FORESTIER (Marie-Anne-Julie), 1789 , Paris. *Histoire, genre et portrait.* Élève de David et de Debret. — Armide et Renaud. Assomption.

FORT (Jean-Antoine-Siméon), 1793 , Valence (Drôme). *Paysage et aquarelle.* Élève de Bruno. — Étude prise à Marly (aquarelle). Chute du Doubs.

FORTIN (Augustin-Félix) , *1815. *Paysage, genre et histoire.* Statuaire. Élève de Lecomte. — Invocation à la nature. Un satyre.

FOUCAUD (Auguste), 1786, Périgueux. *Aquarelle.* Élève de Lacour. — Portrait de Napoléon.

FOULLON-VACHOT (Lucile), *1817. *Portrait.* Élève de R. Lefèvre.—Portrait de Charles X. Portrait de Picard.

FOUQUET (Louis-Socrate), 1795, Paris. *Miniature, peintre sur porcelaine et émail.* Sainte famille (d'après Murillo). Sainte Cécile (d'après C. Dolci).

FOUQUEUR (Jean-Louis), 1786, Tierceville (Calvados). *Histoire et portrait.* Saint Vincent de Paul, Vannes. Portrait de Louis XVIII.

FOURAU (Hugues), 1803, Paris. *Histoire, portrait et paysage.* Élève de Guérin et de Gros. —Mort de Grégoire, patriarche grec. Mariage de Tobie.

FOURNIER (Mlle), *1842. *Genre.* La réprimande.

FOURNIER DES ARMES , *1820. *Paysage.* Effet d'orage. Vue de Chartres.

FOURNIER (Jean-Auguste), 1790, Vincennes. *Portrait et miniature.*

FOYATIER, *1840. *Histoire.*

FRAGONARD (Alexandre-Évariste) , 1783 , Grasse (Var). *Histoire.* Statuaire. Élève de David. — François 1er armé chevalier , Versailles. Henri IV chez Gabrielle.

FRANÇAIS, *1840. *Paysage.*

FRANCIA (A. F.), *1845. *Marines.* Naufrage de l'*Amphitrite.* Promenade sur la plage.

FRANÇOIS. *Histoire.* Louis-Philippe donnant le drapeau à la garde nationale (avec Ét. Dubois), Versailles.

FRANCK (Philippe), *1820, Vieux-Stettin (Prusse). *Histoire et portrait.* Élève de David. — Hylas et les nymphes du fleuve Ascanius, Versailles. Inhumation de Polynice.

FRANQUE (Jean-Pierre). *1818, Buis (Drôme). *Histoire et portrait.* Élève de David. — Josabeth sauvant Joas, Nîmes. Siège de Lille. Versailles.

FRANQUE (Joseph), frère de Jean-Pierre, *1815. *Histoire.* Élève de David. — Bataille de Zurich (avec son frère). Hercule et Alceste.

FRANQUELIN (Jean-Auguste), 1798. Paris. *Histoire, portrait et genre.* Élève de Regnault. — Mort de Malvina, Fontainebleau, Prise de Brissac, Versailles.

FREMY (Jacques-Noël-Marie), 1784, Paris. *Histoire et portrait.* Élève de David et de Regnault. — Turenne endormi sur l'affût d'un canon. La nymphe Écho.

FRENET, *1840. *Histoire.* Transfiguration.

FRÈRE (Th.), *1840. *Vues de ville et paysage.* Caravansérai à Alger. Vue de Constantine.

FROMONT (Louis-Pierre), *1850, Paris. *Histoire et portrait.* Élève de Regnault. — Assomption. Amphitrite.

FROSTÉ (Sébastien), 1794, Paris. *Histoire, genre et portrait.* Élève de Regnault. — Le bon Samaritain, Orléans. Jésus-Christ guérissant un possédé.

G

GABET (Charles), 1793, Courbevoie (Seine). *Portrait en miniature et aquarelle.*

GADBOIS, *1810. *Paysage.* Soirée d'Young. Procession de village.

GAGEY, *1842. *Paysage.* Vue du pont de l'Ile-Adam.

GAGNERY, *1823. *Histoire et portrait.* Bethsabée. Entrée du duc d'Angoulême à Madrid, en 1823.

GAILLARD (Mme), née de Beaurepaire, *1850. *Portrait en miniature.*

GAILLOT (Bernard), 1780, Versailles. *Histoire.* Élève de David. — Cornélie, mère des Gracques. Saint Martin.

GALIMARD (Auguste), *1845. *Histoire et genre.*

GALLE, *1840. *Histoire.* Le bon Samaritain.

GAMAIN (Louis), 1805, Crotay (Somme). *Marines.* Élève de Gudin.

GAMBARD. *1845. *Histoire.*

GAMEN DU PASQUIER, *1840. *Genre.* Entretien de saint François de Sales avec le duc de Lesdiguières.

GARNIER (Clément), 1801, Paris. *Portrait.* Élève de Lethière et de Regnault.

GARNIER (Hippolyte-Louis), 1802, Paris. *Portrait, marines et paysage.* Graveur. Vue d'un château gothique (Calvados).

GARNIER (Louis-Joseph), 1822, Valenciennes. *Histoire.* Élève de Picot.

GARREAU, *1825. *Histoire.* Saint Sébastien. Une jeune nymphe.

GARSON (Victor-René), 1796, Ploërmel (Morbihan). *Portrait et genre.* Élie ressuscitant l'enfant de la veuve de Sarepta. Portrait de Xavier Leprince.

GARNEREY (Ambroise-Louis), fils de Jean-François), *1825. *Marines.* Vaisseau à trois ponts jeté sur des rochers. Vue de la tour de Londres.

GARNEREY (Auguste), fils de Jean-François, *1824. *Genre et aquarelle.* Élève d'Isabey. — Tombeau du marquis de Brézé. La belle au bois dormant.

GARNEREY (Hippolyte-J. B.). fils de Jean-François, †1787, Paris. *Genre.* Graveur à l'aquatinta. Élève de son père. — Vues des environs de la Havane.

GASSIES (Jean), 1786-1832, Bordeaux. *Histoire et genre.* Élève de Vincent et de Lacour. — Clémence de Louis XII, Versailles. Intérieur de l'église Saint-Prix, Paris.

GASTON (Pierre-Marie Bassompierre), 1786, Paris. *Histoire et portrait.* Élève de David. — Abjuration de Henri IV. Sully écrivant ses mémoires.

GAUDAR, *1820. *Histoire.* Élève de Vincent.

GAUDEFROY (Pierre-Julien), 1801, Paris. *Histoire, genre et portrait.* Élève de Gros. — Apollon et les Muses (fresques), Versailles. Acis et Galatée.

GAUTHIER (Charles-Gabriel), 1802, Tonnerre. *Genre.* Élève de Demarne. — Femme donnant à manger à une chèvre. Un braconnier.

GAYE (Joseph), *1842. *Portrait en miniature.*

GAZARD (F. V.), *1810. *Marines.* Élève de Despaux. — Fin d'une tempête. Naufrage de Virginie.

GÉLIBERT, *1843. *Animaux et paysage.*

GENDRON, *1844. *Genre.* Le Dante commenté en place publique.

GÉNILLON (Jean-Baptiste-François), †1829? *Marines et paysage.* Élève de Vernet. — Combat du *Redoutable.* Vue de Castel-Nuevo.

GÉNIOLE, *1840. *Genre et histoire.* Saint Vincent de Paul.

GÉNOD (Michel-Philibert), 1795, Lyon. *Histoire et genre.* Élève de Réveil. — L'enfant malade. Un vestibule avec des antiques.

GENRET, *1826. *Genre.* Entrée de l'église de Boulogne. Invocation d'un moine à saint Léonard.

GEOFFROI père, *1820. *Portrait.*

GEOFFROI fils, *1842. *Portrait.*

GÉRARD (Louis-Auguste), *1825, Versailles. *Paysage.* Élève de Bertin. — Vue du pont de Neuilly. Vue prise à Senlis.

GÉRICAULT (Jean-Louis-Théodore-André), 1790-1824, Rouen. *Histoire.* Élève de Carle Vernet et de Guérin. — Le naufrage de la *Méduse.* Le cuirassier. Le chasseur.

GERMAIN (Jean-B.), 1785-1842, Reims. *Portrait et histoire.* Marius, Reims.

GERONO (Hubertine), 1797, Ramioulle (Belgique). *Portrait, fleurs, peintre sur porcelaine et aquarelle.* Élève de Mme Jaquotot, de Robert et de Redonté. — Une ruine (d'après Robert). La mélancolie (d'après D. Féti).

GIBERT (Jean-Baptiste-Adolphe), 1802, la Guadeloupe. *Paysage historique.* Élève de Guillon et de Lethière. — Chasse au sanglier de Calydon. Bataille d'Eckmuhl (avec Alain), Versailles.

GIGOUX (Jean), *1839. *Histoire, genre et portrait.* Antoine et Cléopâtre. Prise de Gand, Versailles.

GILBERT (Pierre-Julien), 1783, Brest. *Marines.* Élève d'Ozanne. — Prise de l'île Verte, Versailles. Combat de la frégate française le *Niémen.*

GINAIN (Eugène), *1840. *Genre et histoire.* Le duc d'Aumale pendant la campagne du Teniah.

GIRARD (Ernest), *1842. *Portrait en miniature.*

GIRARD (Pierre), 1806, Paris. *Paysage.* Élève de Gros. — Vue de la chute de l'Aar.

GIRARDET (Édouard), *1840. *Genre.* Lecture de la Bible. La prière avant le repas.

GIRARDET (Karl), *1845. *Histoire, paysage, genre, etc.* Dessinateur. Assemblée de protestants. Combat de Dierdaff (avec Cogniet), Versailles.

GIRAUD (C.), *1835. *Genre.* Scène de racoleurs.

GIRODON, *1844. *Histoire et genre.*

GIROUST (Jean-Antoine-Théodore), *1822. *Histoire.* Sainte Godolive. Éponine et Sabinus.

GIROUST (A. L. C.), *1812, Versailles. *Histoire et portrait.* Élève de David. — La piété filiale. Sabinus découvert dans sa retraite.

GIROUX (André), fils, *1850. *Genre et paysage.* Orphée et Eurydice. Parc de Mousseaux (figures de Xavier Leprince).

GLAISE, *1840, Montpellier. *Histoire.* Psyché. Fuite en Égypte.

GLEYRE, *1843. *Histoire.* Départ des apôtres.

GOBERT (Martial), *1825, Paris. *Portrait en miniature et paysage.* Élève de Granger, d'Aubry et de Champin. — Vue du cours de la Seine près Sèvres et Saint-Cloud.

GOBLAIN (Antoine-Louis), 1779, Paris. *Paysage*

et aquarelle. Dessinateur. Élève de Moreau, de Nicolle et de Thibault. — Dessins pour le *Voyage pittoresque de la France.*

GODEFROY (Marie-Éléonore), *1820, Paris. *Portrait.* Élève de Gérard et d'Isabey. — Portraits des enfants du duc de Rovigo et de la reine Hortense.

GOMIEN (Charles), *1840. *Portrait en miniature.*

GOMIEN (Paul), 1799. Nancy. *Miniature et aquarelle.* Élève de Mansion.

GORBITZ (Jean), 1782, Bergen (Norwége). *Genre et portrait.* Élève de Gros. — Vue du musée du Luxembourg.

GOSSE (Nicolas-Louis-François), 1787, Paris. *Histoire et décorations.* Élève de Vincent. — Saint Vincent de Paul convertissant son maître. Entrevue de Napoléon et d'Alexandre à Erfurt, Versailles.

GÖTZEL (Mme), *1843.

GOUBAUD. *Histoire.* Napoléon proclamé roi d'Italie, Versailles.

GOUBERT (*1854, Valognes. *Histoire, portrait et nature morte.*

GOUIN (Alexis-Louis-Charles-Arthur), *1825, New-York (États-Unis). *Portrait.* Élève de Girodet et de Regnault.

GOURDET, *1842. *Intérieurs.*

GOURLIER, *1844.

GOUREAU (Charles), 1797, Paris. *Paysage et intérieurs.* Élève de Couder et de Desmoulins. — Vue de l'église abbatiale de Jumiège. Le monastère de Vézelay en Bourgogne.

GOYET (Jean-Baptiste), *1820, Châlons-sur-Seine. *Genre.* Une école chrétienne. Femme endormie.

GOYET (Eugène), fils de J. B., *1850. *Histoire et portrait.* Élève de Gros. — Un incendie. Un Christ, Châlons.

GRANDIN (Jacques-Louis-Michel), *1808, Elbeuf. *Histoire.* Élève de David. — Sapho et deux de ses compagnes. Nymphes au bain.

GRANDPIERRE-DEVÉRZY (Adrienne-M. L.), 1798, Tonnerre. *Portrait et genre.* Élève d'Abel de Pujol. — Intérieur d'un atelier de peinture. Scène du roman de Gil Blas.

GRANET (François-Marius), *1840, Aix (Provence). *Intérieurs, genre, histoire, etc.* Élève de Constantin et de David. — Cloître de Jésus et Marie, à Rome. Intérieur de Saint-François d'Assise.

GRANGER (Jean-Perrin), 1779. *Histoire et portrait.* Élève d'Allais, de Regnault et de David. — Ganimède, Bordeaux. Apollon et Cyparisse.

GRAS (Amédée), 1803, Amiens. *Histoire et portrait.* Élève de Couder.

GRÉGOIRE (Paul) (sourd et muet), *1816. *Paysage et portrait.* Tentation de saint Antoine. Clair de lune.

GREGORIUS, *1820. *Portrait.* Portrait du général Foy. Portrait du général Bernard.

GRENIER-SAINT-MARTIN (François), *1818. *Histoire, genre et portrait.* Élève de David. — Atala mourante. Bataille de la Muga, Versailles.

GRÉSY, *1844. *Paysage.*

GRÉVEDON (Pierre-Louis dit Henri), 1782, Paris. *Histoire et portrait.* Élève de Regnault. — Achille abordant au rivage de Troie. Mort d'Hector.

GROSCLAUDE (Louis), *1840. *Genre.* Marino Faliero. Les sœurs de lait.

GRÜN (Mme), *1844. *Portrait.*

GUDIN (Théodore), *1824. *Marines.* Prise à l'abordage de la goëlette anglaise le *Hasard* par le *Courrier*, en 1804. Le roi sur la rade à Cherbourg, Versailles.

GUDIN (Louis), *1823. *Histoire.* Dubois pansant Kléber. Engagement entre les troupes françaises et l'armée autrichienne.

GUÉ (Oscar), *1842. *Histoire.* Louis de Bourbon, Lisieux.

GUÉ (Jean-Michel), 1789-1844, Bordeaux, le Cap français. *Histoire, genre et décorations.* Élève de David. — Sacrifice de Jephté. Prise de Crémone (avec Alaux), Versailles.

GUÉRARD (Charles-Jean), 1790. Paris. *Paysage.* Élève de Langlacé.

GUÉRARD (Louis), 1793, Lorient. *Genre.* Élève de Raffet.

GUÉRIN (Simon), *1842, Strasbourg. *Histoire.* Épisode de Corinne.

GUÉRIN (T.), *1844. *Histoire.* Conversion de saint Paul.

GUÉRIN (Jean), *1815, Strasbourg. *Miniature et aquarelle.* Femme mourante. Portrait de Napoléon.

GUÉRIN (Gabriel-Christophe), 1790, Kehl. *Histoire et portrait.* Élève de Regnault. — Mort de Polynice, Strasbourg. Servius·Tullius.

GUÉRIN (Jean-Baptiste), 1798, Strasbourg. *Histoire et miniature.* Élève de Regnault.

GUÉRIN (J. B. Paulin), 1783, Toulon. *Histoire et portrait.* Jésus-Christ mort sur les genoux de sa mère. Anchise et Vénus, Paris.

GUERMAN-BOHN, *1844. *Histoire.*

GUET (N.), *1838. *Genre et portrait.* Corps de garde de cuirassiers. Le domino noir.

GUIARD. *Histoire.* Bataille de Montenotte (avec Alaux), Versailles. Prise de l'Ile de Malte (avec Alaux). *ib.*

GUIAUD, *1842. *Paysage et monuments.* Vue d'une rue d'Anvers.

GUICHARD (J.), *1843. *Histoire.* La Vierge protégeant la Belgique.

GUIGNET (Adrien), *1842. *Paysage historique.* Prédication de saint Jean.

GUIGNET (Jean-Baptiste), frère d'Adrien, *1840. *Portrait.* Portrait du sculpteur Pradier.

GUILLARD (Alfred), *1842, Caen. *Portrait.* Élève de Gros.

GUILLEMARD (Sophie), 1780, Paris, *Histoire, genre et portrait.* Élève de Regnault. — Alcibiade et Glycérion. Une vestale.

GUILLEMIN, *1840. *Genre.* Lecture pieuse. Souvenir de gloire.

GUILLEMOT (Charles-N.), 1786-1831. *Histoire.* Élève d'Allais et de David. — Mort d'Hippolyte, Paris.

GUILLEMOT (N.), *1825. *Histoire et portrait.* Jésus-Christ ressuscitant le fils de la veuve. Mars et Rhéa-Sylvia.

GUYON. *Histoire.* Passage de l'Isonzo (avec Cogniet), Versailles. Attaque de Saint-Michel (avec Alaux), *ib.*

GUYOT (Antoine-Patrice), 1787, Paris. *Paysage.* Élève de Regnault et de Bertin. — Environs de Grenoble. Vues de Suisse.

H

HADIN (Félicie-Anne-Élisabeth), 1799, Paris. *Histoire et portrait.* Élève de Delorme. — Saint Antoine de Padoue.

HAILLECOURT (Caroline), *1842. *Portrait en miniature.*

HAMELIN (Gustave), Honfleur. *Genre et portrait.* Élève d'Ingres. — Une magicienne.

HARDIVILLER (Charles-Achille d'), 1795, Beauvais. *Histoire et portrait.* Élève de David. — Martyre de saint Étienne. Jeanne Hachette, Beauvais.

HARRIET, *1815. *Histoire.* Élève de David.

HAUDEBOURT (Mme). *Histoire.* Prise de Thionville, Versailles.

HAUSSY (Jules de), *1843. *Portrait et genre.* La Vierge et l'enfant Jésus. La pêche merveilleuse.

HAUTIER (Henri), 1802, Paris. *Histoire et portrait.* Élève d'Ingres. — La Parisienne.

HÉBERT, *1845. *Genre et histoire.*

HÉDOUIN (Edmond), *1840. *Genre et paysage.* Berger picard. Intérieur·de forêt.

HEIM (François-Joseph), 1787, Béfort (Haut-Rhin). *Histoire.* Élève de Vincent. — Arrivée de Jacob en Mésopotamie, Bordeaux. Bataille de Rocroy, Versailles.

HENNET (Alphonse), *1844. *Genre.*

HENRARD (Henri-Joseph), *1827, Liége. *Portrait et paysage.* Vue prise aux environs de Liége. Vue d'Italie au soleil couchant.

HENRY (Élisa-Victorine), *1825, Moscou. *Genre et portrait.* Clémence Isaure et Lautrec. Vœu de saint Louis.

HÉROULT, *1840. *Paysage à l'aquarelle.*

HERSENT (Louis), 1777, Paris. *Histoire et portrait.* Élève de Regnault. — Atala s'empoisonnant. Louis XVI distribuant des aumônes. Versailles.

HERSENT (Mme), née Louise-Marie-J. Mauduit, femme de Louis, 1784, Paris. *Histoire et portrait.* Élève de Meynier. — Saint Vincent de Paul et les dames de charité. Henriette de France.

HERVIEU (Jean-Louis-Nicolas), *1830. *Peintre sur porcelaine.* Élève de Moreau.

HERVILLY (Mélanie-Marie d'), *1824, Bruxelles. *Genre et portrait.* Élève de Guillon Lethière. — Aventures de Gusman d'Alfarache. Berger pleurant son chien.

HESSE (Jean-Baptiste Al.), fils de Henri, 1806, Paris. *Histoire et portrait.* Élève de son père et de Gros.

HESSE (Nicolas-Auguste), 1795, Paris. *Histoire.* Élève de Gros. — Saint Louis visitant la Sorbonne. La Théologie et l'Histoire.

HEYDER (Pierre-Jean de), *1843. *Fleurs, fruits et nature morte.*

HILLEMACHER (Ernest), *1845. *Histoire et portrait.*

HILLMACKER, *1840. *Histoire.* Saint Sébastien.

HIMELY (Sigismond), 1801, Suisse. *Paysage.* Élève de Fielding.

HIMELY (Henri), frère cadet de Sigismond, *1850. *Fleurs et fruits.*

HIRN (George), *1815, Colmar. *Fleurs et fruits.*

HOGUER (Lucie), *1821. *Portrait et peintre sur porcelaine.* Élève de Regnault. — Sully considérant l'image de Henri IV. La bénédiction maternelle.

HOHLWEG, *1842. *Paysage.* Vue prise au Geissberg.

HOLFELD (Hippolyte-Dominique), 1804, Paris. *Histoire et genre.* Élève d'Abel de Pujol et de L. Hersent. — Jésus-Christ adoré par les anges. Rembrandt enfant.

HOLLIER (Jean-François), *1820, Chantilly (Oise). *Portrait en miniature et aquarelle.* Élève de David et d'Isabey. — Portrait du maréchal Ney. Portrait de Talma.

HOSTEIN (Édouard), *1840. *Histoire et paysage.* Environs de Lyon. Le lac de Genève, Paris.

HUARD (François), *1830, Salon (Bouches-du-Rhône). *Intérieurs.* Élève de Granet. — Intérieur du cloitre de Saint-Trophime. Sacré cœur de Jésus et de Marie.

HUARD, *1850. *Décorations.*

HUBER (R.). *Histoire.* Congrès de Rastadt, Versailles.

HUBERT (Victor), 1788, Bourth (Eure). *Histoire.* Élève de David et de Guérin. — Madeleine pénitente, Paris. Mort de saint Bruno, le Havre.

HUBERT, *1840. *Aquarelle.*

HUE DE BRÉVAL (Mlle), *1817. *Miniature.*

HUE (Alexandre), fils de J. F., *1817. *Paysage.* Paysage : Jésus-Christ prêchant l'Évangile.

HUMBERT, *1840. *Paysage et animaux.* Repos des laboureurs.

HUMBERT (Adèle), *1842. *Portrait et genre.* Élève de Hussenot.

HUSSENOT (Auguste), *1840, Metz. *Histoire et genre.* Enfance de Giotto.

I

IASER (Marie-Marguerite-Françoise), 1782, Nancy. *Miniature.* Élève de Claudot, d'Aubry et d'Isabey.

INEMER (Félix), 1801? Paris. *Paysage.* Élève de Perron, de Lethière et de Bertin. — Portrait du duc de Bordeaux et de Mlle de Berry.

INGRES (Jean-Auguste-Dominique), 1781, Paris. *Histoire.* Élève de David. — Jésus-Christ remettant les clefs du paradis à saint Pierre, Rome. Le vœu de Louis XIII, Montauban.

ISABEY (Eugène), fils de Jean-Baptiste, *1840. *Marines.* Vue de la plage d'Honfleur. Combat du Texel, Versailles.

IUNG, *1840. *Paysage et aquarelle.* Passage du Toniah. Vue de la ville de Médéah (aquarelle).

J

JACQUAND (Claude), *1840, Lyon. *Histoire et genre.* Mort de Gaston de Foix, Le café Procope.

JACQUES (Nicolas), 1780-1844, Jarville (près Nancy). *Miniature.* Élève de David et d'Isabey. — Portrait de Cherubini. Portrait du duc d'Orléans.

JACQUET (Mme), née Constance de Valmont, 1805, Liége. *Genre et portrait.* Élève de Girodet.

JACQUET (Marie-Zélie), 1807, Paris. *Peintre sur porcelaine.* Élève de L. Bertin et de Parant. — Vierge au berceau (d'après Raphaël). Portrait de femme (d'après A. Cuyp).

JACOB (Nicolas-Henri), *1815, Paris, *Histoire et portrait.* Élève de David. — Parade du prince Eugène.

JACOBBER, *1825, Metz. *Fleurs et fruits.* Élève de G. Van Spaendonck.

JACOTTET (Louis-Julien), 1806, Paris. *Genre et paysage.*

JADIN (Godefroid), 1805, Paris. *Paysage et figures.* Élève de Hersent. — Trophée de gibier. Christ en croix.

JALABERT, *1842. *Genre.* Une odalisque.

JAQUOTOT (Marie-Victoire), 1778, Paris. *Genre et peintre sur porcelaine.* La Vierge de Foligno. Anne de Boleyn (d'après Holbein).

JARDIN, *1844. *Paysage.* Campagne de Rome.

JARRY DE MANCY (Mme), née Adèle le Breton, 1794. Élève de son père.

JEANRON, *1840.

JOANNIS (Pauline), *1840. *Genre.* Le volubilis.

JOBERT (Mme), *1842. *Genre.* La tentation.

JOHANNOT (Charles-Henri-Alfred), 1800-1837, Offenbach-sur-le-Mein (grand-duché de Hesse). *Histoire.* François de Lorraine, duc de Guise, après la bataille de Dreux, château d'Eu. Bataille de Rosebecque, Versailles.

JOHANNOT (Tony), frère de C. H. A. *Histoire et genre.* Bataille de Fontenay en Auxerrois, Versailles.

JOINVILLE (Edmond), 1801, Paris. *Paysage.* Élève de Hersent. — Vue du Campo-Vaccino.

JOLIMONT (de), *1825. *Paysage.* Vue de Normandie. Vue prise à Dijon (aquarelle).

JOLIVARD (André), 1788, le Mans. *Paysage.* Élève de Bertin. — Vue d'un torrent dans l'ouest de la France.

JOLLIVET (Pierre-Jules), 1803, Paris. *Histoire et genre.* Élève de Gros et de Dejuinne. — Combat de taureaux. Louis le Gros prend l'oriflamme à Saint-Denis, Versailles.

JOLY (N.), *1822. *Paysage.* Vue de Pierre-Taillée en Piémont. Vues d'Écosse.

JONCHERIE (G.), *1842. *Fleurs, fruits et intérieurs.* Intérieur de salle à manger.

JORAND (Jean-Baptiste-Joseph), 1788, Paris. *Genre et paysage.* Élève de Pillement, de Fragonard, de Gros et de Manch. — Vue prise à Moret. Vue de l'église de Béiem.

JOURDY, *1840. *Histoire.* Prométhée.

JOURNAULT (Adolphe), *1842. *Paysage.* Effet du soir.

JOURNET (Élise), *1840. *Genre, nature morte et portrait.* Derniers moments de Lesueur.

JOUY (Joseph-Nicolas), 1809, Paris. *Histoire.* Élève d'Ingres. — Bataille de Rocroy, Versailles. Prise de Furnes, *ib.*

JUBERT, *1842. *Marines.*

JUGELET. *Marines.* Combat de la Belle-Poule contre l'Aréthuse, Versailles.

JUILLERAT (Mme), *1840. *Portrait au pastel.* Portrait d'E. Deschamps. La famille de Luther.

JUINNE (François-Louis de), 1786, Paris. *Histoire.* Élève de Girodet. — Saint Fiacre refusant la couronne, Paris. Baptême de Clovis, Versailles.

JULIEN (Bernard-Romain), 1802, Bayonne (Basses-Pyrénées). *Histoire.* Élève de Gros.

JULIEN (Émile), *1834. *Genre et portrait.*

K

KEPFER (Maximilien-Pierre), 1798. *Gouache.* Dessinateur. Élève d'Abel de Pujol.

KELLER, *1840, Histoire. Annonciation.

KELLIN, *1842. Aquarelle. La chapelle de Dreux.

KIORBOE. *1842. Animaux. Des renards.

KIRSTEIN, *1842. Strasbourg. Paysage. Les hautes Alpes de Saltzbourg.

KNIP. *1820. Paysage. Débordements du Rhin et rupture des digues, en 1819.

KNIP (Mme Pauline), née de Courcelles, *1811. Paris. Histoire naturelle. Élève de Barabant. — Dessins de la Monographie des pigeons et des tangaras.

KRUMHOLZ, *1840. Portrait.

L

LABARCHÈDE (Ialila), *1825. Peintre sur porcelaine et portrait en miniature. Élève d'Aubry. — Daphnis et Chloé (d'après Gérard).

LABOUÈRE, 1801, département de Maine-et-Loire. Paysage. Élève de Brune et de Picot. — Vue de Pierrefitte (Pyrénées). Études du Dauphiné.

LABROUE. *1842. Portrait.

LABY (Auguste-François), 1786, Paris. Histoire et portrait. Élève de David. — Miracle de saint Léon. Jésus-Christ crucifié.

LACAZE (Théophile). *1840. Histoire, genre et aquarelle. Retour de la chasse. Jésus-Christ ressuscitant la fille de Jaïre.

LACHASSAIGNE (Louis-Ferdinand), 1790, Aire. Peintre sur porcelaine. Sainte famille (d'après Raphaël). Marie Stuart et Van Dyck (d'après Ducis).

LACOMA (François-Joseph-Paul). 1780, Barcelone (Espagne). Genre, fleurs et fruits. Élève de Molet (de Barcelone) et de Van Spaendonck. — Tableaux de fleurs et de fruits, à Paris, Madrid, Barcelone, Saint-Pétersbourg, Naples, Florence, etc.

LACROIX (Gaspard), *1842. Paysage. Vue prise en Auvergne. Vue prise à Bonneles.

LACROIX (Pierre), 1783, Nîmes. Histoire. Élève de David et de Gros. — La duchesse de Berry et ses enfants. Saint François-Xavier, à Valence.

LADURNER,*1826. Histoire et scènes militaires. Affaire de Mataro. État-major des lanciers de la garde royale.

LAEMLEIN, *1840. Portrait. Élève de Picot. — Un grand maître des templiers.

LAFAYE, *1844. Histoire et genre. Prise de Dourlach, Versailles. Intérieur de magasin à Paris.

LAFOND DE FÉNION (Aurore-Étiennette), *1825, Fénion (Deux-Sèvres). Histoire et genre. Élève de Regnault. — La duchesse de Berry au berceau de sa fille. La veuve du Vendéen.

LAFONT (Mlle Meloé), *1840. Histoire et genre. La Foi, l'Espérance et la Charité.

LAFONTAINE (M. D. D.), *1820. Architecture, paysage, etc. Le cloître des Célestins près de l'arsenal. Cathédrale de Palerme.

LAFONTAINE (Rosalie de), *1815. Histoire et portrait. Élève de Regnault. — Jeune fille tenant une couronne de bluets.

LAINÉ, *1840. Paysage. Souvenirs de Hollande.

LAIR (Jean-Louis-César), 1781-1828, Janville (Eure-et-Loir). Histoire et portrait. Élève de Regnault et de David. — Vocation de sainte Clossinde, Metz. Mise au tombeau.

LAUVERGNE. *1842. Marines. Naufrage de la Pérouse près de l'Ile de Vanikero.

LALLEMENT (Alexandrine), *1842. Genre et portrait. Élève d'A. Hussenot.

LAMI (Eugène), *1855, Paris. Batailles et portrait. Élève d'Horace Vernet. — Combat de Puerto de Miravete, Versailles. Combat de Tramaced.

LAMOTTE, *1822. Histoire naturelle. Un coq combattant un dindon. Un geai bleu de Cayenne.

LANCRENON (Joseph-Ferdinand), 1791, Lods (Doubs). Histoire. Élève de Girodet. — Tobie rendant la vue à son père. La Paix, la Justice et l'Abondance.

LANEELLE, *1840. Genre. Fra Angelico de Fiesole.

LANGLACÉ, *1820. Paysage, et peintre sur porcelaine. Vue dans l'Ile de Séguin. Vue du château de Saint-Cloud.

LANGLOIS (Charles), 1789, Beaumont (Calvados). Batailles. Élève de Girodet et de H. Vernet. — Combat de Navarin. Bataille de la Moskowa, Versailles.

LANGLOIS DE CHÈVREVILLE (Lucien-Théophile-A. S.), 1803, Martin (Manche). Histoire et portrait. Élève de Gros. — Assomption, Mortin. Apparition de la Vierge, Rouen.

LANGLOIS (Jérôme-Martin), 1779, Paris. Histoire. Élève de David. — Alexandre cédant Campaspe à Apelle, Toulouse. Saint Hilaire, Bordeaux.

LANGRAND (Mme), *1840. Paysage et vues. Vue prise dans la Haute-Marne.

LANEUVILLE (J. L.), *1814. Portrait.

LANOUE. *1845. Histoire. Les saintes femmes au tombeau.

LANSAC (Émile de), 1805, Pau. Histoire, genre et portrait. Épisode du siége de Missolonghi.

LANTÉ (Louis-Marie), 1789. Aquarelle. Galerie française des femmes célèbres. Costumes des femmes de Normandie, etc.

LAPITO (Louis-Auguste), 1805, Saint-Maur (près Paris). Paysage. Élève de Watelet. — Vue prise dans le Simplon. Vue prise dans la forêt de Fontainebleau.

LAUDIER (Mme), née Thérèse Garnier, 1776, Paris. Genre et portrait. Élève de Vestier. — La Vierge et l'enfant Jésus, en Piémont. Le Christ, Laon.

LAURASSE, *1840. Portrait.

LAURE (Jules), *1840. Genre et histoire. Assomption.

LAURENCEL (le chevalier de), *1825. Paysage. Vues d'Italie. La forêt de Fontainebleau.

LAURENT (Paul), *1823. Genre, paysage, etc. Le prêtre d'Argos. Caverne de brigands.

LAURENT (François-Nicolas), *1815. Fleurs et fruits. Élève de Gérard.

LAURENT (Emma), *1826. Genre, portrait et miniature. Paysanne des Vosges. Le retour au village.

LAURENT (Pauline), *1845. Portrait en miniature.

LASSUS (Alexandre-Victor de), 1781, Toulouse. Histoire. Élève de David. — Saint François de Paule prêchant la foi aux prisonniers algériens. Enterrement d'une jeune fille d'Ischia.

LARIVIÈRE (Charles-Philippe de), 1798, Paris. Histoire. Élève de Gros et de Girodet. — La peste de Rome. Prise de Brescia par Gaston de Foix, Versailles.

LAROZERIE (Victor-Adenis de), *1830. Genre. Élève de David. — Anacréon à Téos.

LARPENTEUR (Jacques), *1825. Portrait. Élève de Pernot. — Jeune fille en prière.

LATIL, *1827. Histoire. Lavement des pieds. Jésus-Christ guérissant un possédé.

LATTRE (Henri de), 1802, Saint-Omer. Animaux.

LATTRE (Adolphe de), 1805, Tours. Miniature. Élève d'Isabey.

LAVAUDEN, *1825. Histoire et genre. Apparition de Jésus-Christ à saint Augustin. Bataille de Beaugé, Versailles.

LAVIRON, *1845. Histoire.

LAZERGES, *1845. Histoire. Jésus-Christ descendu de la croix.

LEBE-GIGUN (Antoine-Marie), *1850. Décorations. Élève de Protaris et de Degotti. — Vue du château d'Écouen.

LEBEL (Charles-Jacques), *1817. Histoire et portrait. Élève de David. — Le départ des petits Savoyards. Le premier consul visite l'hospice du mont Saint-Bernard, Versailles.

LEBLANC (T.), *1822. Histoire, intérieurs et paysage. Intérieur de l'église de Saint-Séverin à Bordeaux. Combat de l'Habrah.

LEBOIS DE GLATIGNY (Marie), *1844. Genre et portrait. Élève de Lecurieux.

LEBORNE (Louis), *1827, Versailles. Paysage, genre et portrait. Élève de Regnault. — Méléagre tuant le sanglier. Vue de Savoie.

LEBOUCHER (Achille), 1795, Paris. Genre. Élève de Gros.

LEBOUY, *1845. Genre.

LEBRETON. *1840. Marines.

LEBRUN (Eugénie), nièce de Mme Lebrun-Vigée et née Mme Tripier-Lofranc,*1825, Paris. Portrait et genre. Élève de Regnault.—Louis XIV et la belle jardinière. Retour du soldat.

LEBRUN (Hippolyte), *1819. Paysage. Paysage; Hercule et Omphale. Paysage : Repos de Diane.

LECARPENTIER (Mme), *1812. Paysage. Élève de Collet — Baigneuses, effet de soleil. Vue prise aux environs de Lagnes.

LECERF (Louis-Alexis), 1794, Monicamp (Aisne). Portrait et genre. Élève de David. — Portrait de l'abbé Sicard. La cathédrale de Chartres.

LECLER (Auguste-Toussaint), 1788, Paris. Portrait et genre. Un trait de la vie du duc de Berry.

LECOEUR (Jean-Baptiste), *1825. Histoire et genre. François Ier et la reine de Navarre. L'innocence calomniée.

LECOMTE (Louise-Coralie), *1840. Portrait et pastel. Élève de Dejuinne.

LECOMTE (Hippolyte),*1781, Puiseaux (Loiret). Histoire et genre. Élève de Regnault et de Mongin. — Jeanne d'Arc. Chute d'avalanche au mont Saint-Bernard.

LECOMTE (Pierre),*1824, Paris. Portrait, histoire et genre. Élève de Debret. — Christine de Suède visitant le Guerchin. La lecture de Boccace.

LECOQ DE BOISBAUDRAN (Horace), *1827, Paris. Histoire. Élève de Lethière. — Sainte Geneviève rendant la vue à sa mère.

LECOQ DE BOISBAUDRAN (Cyane), sœur d'Horace, *1827, Paris. Miniature. Élève de Regnault.

LECOURT, *1850. Miniature.

LECURIEUX (Jacques-Joseph), 1801, Dijon. Histoire et portrait. Élève de Lethière et de Devosge.—Saint Louis à Damiette. Résurrection de la fille de Jaïre.

LÉCUYER (Pierre), 1795, Tarbes. Décorations, paysage, etc.

LEDIEU (Alexis), *1842. Paysage, genre, etc.

LEDOUX (Philiberte), *1815. Genre et portrait. Élève de Greuze. — La boudeuse. Petite fille tenant une colombe.

LEDUC (Amélie), *1827. Miniature, aquarelle et peintre sur porcelaine. Élève de Leguay. — Trait de bonté de Henri IV. Portrait de Delphine Gay.

LEFORESTIER (Henri-Joseph), *1820, Saint-Domingue. Histoire. Élève de Vincent et de David. — Jésus-Christ guérissant un possédé. Vocation de saint Front, Périgueux.

LEFORT (Louis-Aristide), 1797, Paris. Genre. Intérieur de l'abbaye de Saint-Léonard, près Perpignan.

LEFEBVRE (Charles), *1837. Histoire et portrait. Élève de Gros. — Le prisonnier de Chillon. Madeleine repentante.

LEFÈVRE (Louis-Joseph), 1784, Paris. Portrait.

LEGENDRE (Hérald), 1840. Histoire.

LEGENDRE (Louis-Félix), 1794, Paris. Histoire et paysage historique. Élève de David. — Saint Félix, berger (effet de feu et clair de lune). Ermite endormi.

LEGENTILE, *1840. Paysage et intérieurs. Souvenir de Normandie. Intérieurs bretons.

LEGRAND (Jenny), *1819, Paris. Intérieurs et nature morte. Élève de François Leroy. — Petite fille donnant à manger à des lapins. Une marchande de poisson.

LEGRAND DE SAINT-AUBIN (Amélie), 1798, Paris. Histoire et portrait. Élève de Meynier. — Eudore et Cymodocée. L'adroite princesse.

LEGRAND (Atalante), *1825, Paris. Miniature et peintre sur porcelaine. Élève de Besselièvre. — L'accordée de village (d'après Greuze). Portrait du pape Pie VII (d'après David).

LEGRIS (Amélie), *1830, Paris. Portrait, paysage, et peintre sur porcelaine. Élève de Leguay.

LEGROS (Jacques-Marie), *1825, Port-de-Paix (république d'Haïti). Miniature et aquarelle. Élève d'Isabey et d'Aubry. — Portrait du comte de Montalivet. Portrait d'Andrieux.

LEHMANN (Henri), *1840. Histoire. Élève d'Ingres. — La fille de Jephté. Combat du

Brissarthe et mort de Robert le Fort, Versailles.

LEHMANN (Rodolphe), *1842. *Genre*. La Chinruccia.

LEJEUNE (le baron), *1838. *Paysage*.

LELEUX (Adolphe), *1840. *Genre*. Danse bretonne. Intérieur d'étable.

LELEUX (Armand), frère d'Adolphe, *1842. *Genre et animaux*. Élève d'Ingres. — Intérieur d'atelier.

LELIÈVRE, *1840. *Portrait*.

LELOIR, *1840. *Portrait*.

LEMAIRE DE QUERSONNIER (Hyacinthe), 1795, Dunkerque. *Miniature*. Élève d'Aubry. Portrait de M. Ch. Dupin.

LEMASLE, *1825. *Histoire et genre*. Naissance de Henri IV. Le peintre au cabaret.

LEMERCIER (Charles-Nicolas), 1793, Paris. *Paysage et genre*. Élève de son père, de Regnault et de Lethière. — Mort de Bayard. Le pont de Batigny dans la forêt de Compiègne.

LEMIRE (Mme), née Sophie Briuisholtz, 1785, Versailles. *Genre*. Élève d'A. Sauvage, dit Lemire. — Mme de la Vallière aux Carmélites, instruisant sa fille. Un enfant malade.

LEMOINE (Mme), née Xainte-Edmée Bost, *1819, département de la Seine. *Miniature*. Élève de Mme Augustin.

LEMOR (Elmire), *1842. *Fleurs et fruits*.

LEMUD (A. de), *1844. *Genre*. Les hirondelles.

LENOURRICHEL (Constant), *1834, Bayeux. *Portrait et paysage*. Élève de Lethière.

LÉOMENIL. *Histoire et portrait*. Henri IV, Versailles.

LÉONARD (Jean-Pierre), 1790. Montpellier. *Histoire et genre*. Élève de P. Guérin. — Baptême de Jésus-Christ, Montpellier. Mort de saint Joseph, Nîmes.

LEPAGE (François), 1796, Lyon. *Fleurs et fruits*. Bouquet sur un tombeau au pied d'une croix.

LEPAULLE (François-Gabriel), 1804, Versailles. *Portrait, paysage, histoire*, etc. Élève de Regnault, de H. Vernet et de Bertin. — Invention de la lyre. Bataille de Rivoli, Versailles.

LEPOITTEVIN (Eugène-Modeste-Edmond), 1806, Paris. *Genre, marines*, etc. Élève de Hersent. — Le fossoyeur. Combat de Wertingen, Versailles.

LEPRINCE (Charles-Édouard, baron de Crespy), 1788, Paris. *Genre*. Élève de David et de Mme Lebrun. — Une réunion d'invalides. La représentation de la prise du Trocadéro.

LEPRINCE (A. Xavier), 1799-1826, Paris. *Genre et paysage*. Les patineurs. Embarquement de bestiaux à Honfleur, Paris. Passage du Susten, ib.

LEPRINCE (Gustave), 1810. *Paysage et portrait*. Élève de Xavier et de Léopold Leprince. — Un moulin de Bournay, près Rochefort.

LEPRINCE (Robert-Léopold), frère du Xavier, 1800, Paris. *Paysage historique et portrait*. Élève de son frère. — Moulin à eau à Honfleur. Vaches à l'abreuvoir.

LEQUEUTRE (Joseph-Hippolyte), 1793. Dunkerque. *Portrait en miniature, aquarelle*, etc. Élève de Granger et d'Aubry. — Portrait de la princesse de Nassau. Portrait du duc de Bordeaux.

LERAY, *1844. *Histoire*. Jésus-Christ et les disciples d'Emmaüs.

LEROUX (Charles), *1842. *Paysage*. Allée d'ormes. Un marais.

LEROY (Céline), *1825, Paris. *Fleurs et fruits*. Élève de Redouté.

LEROY (François), *1813, Liancourt. *Genre et portrait*. Élève de Vien. — Napoléon visitant les environs du château de Brienne. L'Innocence au bain.

LEROY (Louis), 1812, Paris. *Paysage*. Graveur à l'eau-forte. Cimetière de Normandie. Pont dans la Champagne.

LEROY (Alphonse), *1823, Paris. *Paysage*. Élève de Bertin. — Vue de la vallée de Royat-Wallace dans les mines d'Ellerslie.

LEROY (Sébastien), *1820, Paris. *Histoire*. Élève de Peyron. — Adieux d'Ariane et de Thésée, le Mans. Triomphe de Mardochée.

LERY DE LIANCOURT. *Histoire*. Napoléon visite les environs du château de Brienne, Versailles.

LESAGE, *1820. *Histoire et portrait*. Élève de Girodet. — Daphnis et Chloé. Henri IV et Gabrielle.

LESAINT (Charles), 1795, Paris. *Intérieurs*. Élève de Bouton. — Chanoines retrouvant d'anciennes reliques. Souterrain de l'ancienne abbaye des Bénédictines de Maubuisson, près Pontoise.

LESCOT (Mme), née Hortense-Victoire Haudebourt, *1825, Paris. *Genre et paysage*. Élève de Lethière. — Naufrage de Virginie. François Ier et Diane de Poitiers.

LESECQ, *1840. *Histoire*. Désespoir de Judas.

LESOURD DE BEAUREGARD, *1840. *Fleurs et fruits*.

LESSORE, *1840. *Genre*.

LESTANG-PARADE (Alexandre, chevalier de), *1815, Aix. *Miniature et histoire*. Élève d'Augustin. — Jeune initiée aux mystères d'Isis. Pierre le Grand et le régent à la revue, Versailles.

LEULLIER, *1840. *Histoire*. Daniel dans la fosse aux lions. Le magicien attelant.

LEYGUE, *1840. *Histoire*. Aglaé de Phalère.

LEYMARIE (Hippolyte), 1811-1845.

LEYNAUD, *1840. *Histoire et portrait*. Miracle des pains et des poissons.

LIBOUR (Esprit-Aimé), 1785, Laval. *Histoire et portrait*. Élève de David, de Gros et de Regnault. — Mort d'Abel. Céphale et Procris.

LIENARD, *1819. *Histoire*. Serment de fidélité des Rémois, Reims.

LIGNY (Théodore de), *1845. *Histoire*. Sainte famille.

LIOGIER (Célestin-Zacharie), *1840. *Genre*. Mélanchthon.

LOCOGE (Auguste-Joseph), 1803-1826, Marly-lez-Valenciennes. *Paysage*. Élève de Boisselier. — Paysage. Phèdre et Hippolyte, Valenciennes.

LOISEL (Alexandre-François), 1783, Neuilly-sur-Seine. *Paysage*. Élève de Watelet et de Rémond. — Vue de Thiers. Vue de Cantal.

LOMBARD (Césarine), 1792, en Dauphiné. *Portrait*. Élève de Regnault.

LONGUET, *1840. *Genre*. Marché d'esclaves.

LOO (César Van), *1813. *Paysage*. Ruines d'une église gothique. Grotte de Neptune à Tivoli.

LORDON (Jean-Abel), *1828. *Histoire, genre et portrait*. Élève de P. J. Lordon, de Gros et de Lethière. — Charles VIII à Toscanelle. L'attente.

LORDON (Pierre-Jérôme), *1818, la Guadeloupe. *Histoire*. Élève de Prudhon. — Communion d'Atala. Saint Sébastien.

LORIMIER (Henriette), *1810, Paris. *Genre et portrait*. Élève de Regnault. — Jeanne de Navarre. La chère nourrice.

LOTHON (Elisa), 1806, Paris. *Portraits en miniature, aquarelle, peinture sur porcelaine*, etc. Élève de madame Jaquotot. — Portrait de madame de Lavallière (d'après Petitot). Portrait de madame de Sévigné (d'après Petitot).

LOTTIER, *1842. *Marines*.

LOUBON (Émile), 1840. *Paysage, histoire et genre*. Jésus-Christ et la Samaritaine. Les Génoises à la fontaine.

LOUIS, *1840. *Histoire*. Gabrielle de Vergy.

LOUSTEAU, *1842. *Histoire*. Jésus-Christ parmi les docteurs.

LUCAS, *1822. *Paysage*. Vue du Campo-Vaccino. La visite du petit frère.

LUCOTTE DE CHAMPMONT (Anne-Alex.), *1850, Paris. *Histoire et portrait*. Élève de Delorme. — Assomption.

LUCY, *1840, Metz. *Paysage à l'aquarelle*. Vues des Alpes.

LUTTRINGSHAUZEN (Z. Henri), *1825, Mulhouse (Haut-Rhin). *Aquarelle*. Vue de Ringenberg (Suisse). Vue de Fluelen (Suisse).

M

MACHERA (Ferdinand). 1776, Dôle. *Portrait en miniature et aquarelle*. Élève d'A. Devosge.

MAGAUD, *1840. *Histoire*. Épisode du massacre des innocents.

MAHY (Jacques M. H.), baron de Cormeré, 1805, Paris. *Genre et portrait*. Élève de Girodet.

MAIGNEN DE SAINTE - MARIE (Désiré A. Charles), 1794, Paris. *Histoire et portrait*. Élève de Gros. — Entrée de Louis XVIII à Paris, en 1815. Portrait de Bisson.

MAILLE (Louis Saint-Prix), *1829. *Paysage*. Élève de Bidault, de Hersent et de Picot. — Vue du pont du Breuil. Ruines de l'abbaye de Saint-Jean de l'Ile.

MAILLOT (Nicolas-Sébastien), 1781, Nancy. *Genre*. Élève de S. Carlier. — Repos de la sainte famille. La Chartreuse, près Burgos.

MALAPEAU (Charles-Louis), 1795, Paris. *Portrait*. Inventeur de la lithochromie. Élève de Regnault. — Portrait de Charles X. Portrait de la duchesse de Berry.

MALARDOT, *1845. *Histoire*. Élève de Migette.

MALBRANCHE, *1827. *Histoire, genre et paysage*. Route des environs de Paris. Marguerite d'Anjou.

MALENFANT (Jean-Éloi-Ferdinand), 1802, Paris. *Portrait*. Élève de Dubufe et de Jourdan.

MALHERBE (Pauline), *1840. *Genre*. La petite glaneuse.

MANARA, *1840. *Histoire*. Vierge évanouie.

MANNIER, *1842. *Wasserling*. *Fleurs et fruits*.

MARÉCHAL, *1840. *Pastel*. Le petit bohémien. Les adeptes.

MARICOT (J. Alexandre), 1789, Paris. *Portrait et miniature*. Portrait de Paul de Kock. Portrait de Casimir Delavigne.

MARIGNY (Michel), 1797-1829, Paris. *Histoire, genre et portrait*. Élève de Lafont et de Gros. — Flagellation, Rouen. Saint Jean Népomucène, Paris.

MARILHAT, *1844. *Paysage*.

MARIN-LAVIGNE (Louis-Stanislas), 1797, Paris. *Histoire et genre*. Dessinateur. Élève du Girodet. — L'extrême-onction.

MARQUET, *1842. *Histoire*. Élie au désert.

MARQUIS, *1844. *Genre et histoire*.

MARSOCHI DE BELLUCCI. *1840. *Portrait*.

MARS (Louis-Philippe), *1816, Versailles. *Histoire*. La Vierge et l'enfant Jésus. Allégorie à la mémoire de Louis XIV.

MARTEISTEG, *1844. *Histoire*. Entrée du duc de Saxe-Weimar à Vieux-Brissac, en 1638.

MARTIN (Pierre-Edmond), 1783, la Rochelle. *Portrait*, etc. Restaure les tableaux. Élève de Vincent.

MARTIN (Paul), 1799, Marseille. *Genre et intérieurs*. Intérieur de l'église de Poissy. Intérieur d'une église de village en Champagne.

MARTIN-BUCHERE (Mme Clémentine), *1842. *Fleurs et fruits à l'aquarelle*.

MARTIN (Charles), *1842. *Portrait au pastel*. Élève d'A. Moine.

MARTINET, *1810. *Batailles et chasses*. Élève de Swebach, dit Fontaine. — Bataille de Wagram. Chasse au sanglier.

MASSÉ (Auguste), *1824, Aix. *Histoire et portrait*. Élève de Gros. — Intérieur de l'atelier des élèves de Gros. Saint Jean Chrysostome.

MATHIEU (Auguste), *1840. *Intérieurs*. Intérieur de l'église de Brou.

MAURIN (Antoine), 1793. Perpignan. *Histoire*.

MAURIN (Nicolas-Eustache), 1798, Perpignan. *Histoire*. Élève de Regnault.

MAUZAISSE (Jean-Baptiste), *1784, Corbeil (Seine-et-Oise). *Histoire et portrait*. Élève de Vincent. — L'Arabe pleurant son coursier, Angers. Baptême et mort de Clorinde, Bordeaux.

MAYER (Louis), *1840. *Marines et portrait*. Prise du rocher le Diamant, Versailles. Bâteaux pêcheurs.

MÉCHIN (Clarisse), *1842. *Fleurs, fruits, aquarelle et peinture sur porcelaine*.

MEISSONNIER, *1840. *Genre*. Un artiste dans son atelier. Intérieur d'un corps de garde.

MENESSIER (Auguste), *1842. *Paysage et architecture*.

MERCKY (Frédéric), *1840. *Paysage*.

MERIMÉE (Jean), †1836, Paris.

MEUNIER (J. B.), *1820. *Histoire naturelle.* Un perroquet. Dessins d'histoire naturelle peints sur vélin.

MEUNIER (Pierre-Louis), *1808. Alençon. *Paysage.* Site pittoresque avec fabrique et moulin à eau. Clair de lune.

MEURET (François), 1800, Nantes. *Miniature.* Élève d'Aubry.

MEURICE (Auguste-Jean-Baptiste), 1819, Valenciennes. *Décors.* Élève de Cambon, de Philastre et de Roqueplan.

MEYNIER-SAINT-FAL (Louis-Auguste), 1782, Bruxelles. *Genre.* Dessinateur.

MICHALLON (Achille-Etna), fils du célèbre sculpteur Claude Michallon, 1796-1822, Paris. *Paysage.* Élève de David, de Valenciennes, de Berlin et de Denouy. — Bergers contemplant les ruines d'un tombeau. Mort de Roland à Roncevaux. Vue de Frascati.

MICHEL (Jean-Marie), 1785. *Miniature.*

MIGETTE, *1840, Metz. *Histoire.*

MILLET (Frédéric), 1786, Charlieu (Loire). *Portrait en miniature et aquarelle.* Élève d'Aubry et d'Isabey. — Portrait de Xavier Leprince, Portraits de la famille de Montebello.

MILON (Alexis-Pierre), 1784, Rouen. *Paysage, intérieurs,* etc. Élève de David et de Bertin. — Vue du clocher et des halles de Lillebonne. Dôme du Val-de-Grâce.

MIRAULT (Claude-François), 1784, Paris. *Peintre et modeleur en émail.* Yeux d'émail. Élève de Hazard, son oncle.

MIRBEL (Mme), née Lizinska Rue, 1799, Cherbourg. *Miniature.*

MOENCH (Charles), 1784, Paris. *Histoire et décors.* Élève de Girodet. — Borée enlevant Orinthie. Diane et Actéon.

MOINE (Antonin), *1842. *Portrait au pastel.* Aussi sculpteur.

MONANTEUIL, *1825. *Histoire, genre,* etc. Ariane abandonnée. Les marins de Dieppe.

MONGEZ (Mme), née Angélique Levol, 1776, Paris. *Histoire.* Élève de Regnault et de David. — Alexandre pleurant la mort de la femme de Darius. Mort d'Adonis.

MONJIN (P. A.), *1815, Paris. *Genre et paysage.* Passage du Danube par les François. L'armée française traverse le défilé d'Albaredo, Versailles.

MONNIER (Henri), *1830. *Genre.* Dessinateur. Élève de Girodet et de Gros.

MONROSE. Élève de David.

MONTAGNY (Élie-Honoré), *1815, Paris. *Histoire.* Élève de David. — Philémon et Baucis. Galatée.

MONTEIL (Jacques), 1800, Saint-Ambroise (Gard). *Histoire, portrait et genre.* Élève de Girodet. — Saint Louis de Gonzague, Lyon. Souvenirs du peuple (sujet tiré de Béranger).

MONTFORT, *1840. *Paysage.* Vue de Nazareth.

MONTPEZAT (Henri de), *1844. *Genre.*

MONTHELIER (Alexandre-Jules), *1824, Paris. *Genre et intérieurs.* Élève de Bouton. — Entrée d'une abbaye près Rouen. Intérieur de l'église de la Chapelle, près Crécy.

MONTIZON (Flore Frère de), 1794, Paris. *Paysage et genre.* Dessinateur.

MONTVIGNIER, *1842. *Paysage.* Vue prise à Lillebonne.

MONVOISIN (Raymond), 1793, Bordeaux. *Histoire, genre et portrait.* Élève de Guérin. — Bataille de Denain, Versailles. Assomption.

MOREAU (Clément), 1801, Paris. *Miniature.* Élève d'Ingres et de Baron.

MOREAU (Léon), *1840. *Histoire et genre.* Épisode des Natchez.

MOREL-FATIO, *1840. *Marines.* Combat naval dans la baie d'Algésiras, Versailles. Vue du port d'Amsterdam.

MORIOT (Nicolas-Marie), 1788, Versailles. *Miniature.* Élève de Soiron père.

MORLOT (Fanny), 1798. *Portrait à l'huile et sur porcelaine.* Élève de Regnault et de Mme Jaquotot. — La Joconde (d'après L. de Vinci). La maîtresse du Titien.

MOTTEZ, *1840. *Histoire.* Léda Jésus Christ chez Marthe et Marie.

MOUCHY (Édouard-Émile), *1825. *Histoire.* Élève de Guérin. — Le Christ. Descente de croix.

MOURLAN (Alexandre-Hippolyte), 1795, Paris. *Miniature.* Élève de Saint.

MOZIN (Charles), 1806, Paris. *Marines, genre et paysage.* Élève de X. Leprince. — Fabrique sur le bord d'un canal. Combat de Moncron, Versailles.

MULARD (François-Henri), *1812, Paris. *Histoire.* Élève de David. — François Ier la veille de la bataille de Marignan, Versailles. Reproches d'Hector à Pâris.

MULLER (Charles-François), 1789, Paris. *Histoire, portrait et miniature.* Élève de David. — L'innocence sous la conduite de la Fidélité. Le chien de Xantippe.

MULLER (C. L.), *1842. *Histoire.* Fête d'Héliogabale.

MUNIE (André-Jacques), *1810. *Paysage.* Élève de Demasue. — Offrande au tombeau d'Eschyle. Vue sur les bords du lac de Genève.

MURAT (Jean), 1807. Falloten (Creuse). *Histoire et portrait.* Élève de Hersent. — Agar.

MUTEL (Mlle Herminie), *1842. *Portrait en miniature.*

N

NAIGEON, *1842. *Genre.* La berceuse napolitaine.

NANTEUIL (Célestin), *1840. *Paysage.* La nymphe des eaux.

NIQUEVERT (Alphonse-Alexandre), 1776, Paris. *Histoire et paysage historique.* Élève de David et de Regnault. — Jésus-Christ devant Pilate. Paysage. L'ange ramenant Tobie.

NOEL (Alexis-Nicolas), 1792, Clichy-la-Garenne. *Paysage historique.* Élève de son père et de David. — Vue du château d'Ussé (bords de l'Indre). Tombeau de Roland, à Roncevaux.

NOEL (Alexandre), 1794, Paris. *Genre.* Élève de Guérin et de Picot.

NOEL, *1815. *Marines.* Élève de Silvestre et de Vernet. — Vue du port et de la ville de Malaga. Port de Lisbonne.

NOISOT (Claude-Charles), 1787, Auxonne. *Portrait en miniature et aquarelle.*

NORBLIN, *1830. *Histoire.* Mort de Phalaris. Cyparisse mourant sur son cerf.

NOTRE (Paul-Joseph), 1803, Paris. *Batailles.* Élève de Lethière et d'H. Vernet.

NOUSVEAUX, *1842. *Paysage.*

NOUVIAIRE (François), 1805, Stenay (Creuse). *Histoire et portrait.* Élève d'Ingres.

NOVION (de), *1822. *Genre et intérieurs.* Toilette d'un invalide. Entrée du défilé de Pancorbo.

O

OCH (George). 1798, Paris. *Paysage.* Élève de Cicéri. — Le panorama voyageur. Vue de Paris, prise des tours Notre-Dame.

ODIER (E.), *Histoire.* Prise du fort de Montmélian, Versailles.

OLAGNON (Pierre-Victor), 1786, Paris. *Genre et portrait.* Élève de Regnault. Scène maçonnaise pendant les vendanges. Toilette dans la mansarde.

OLIVIER, *1840. *Portrait à l'aquarelle.*

OLRY, *1825. *Genre et intérieurs.* Intérieur de l'église de Saint-Prix, vallée de Montmorency. Un petit mendiant.

OMER-CHARLET, *1840. *Histoire.*

ORSEL (Victor), *1827, Lyon. *Histoire.* La Charité. Moïse sauvé des eaux.

OTHON, *1845. *Pastel.* Une femme qui fume.

OTTIN, *1842. *Histoire.* Hercule.

OUDART (Paul-Louis), 1796, Paris. *Fleurs, histoire naturelle aquarelle,* etc. Élève de G. Van Spaendonck. — Le coucou-piaye du Brésil. La perruche de Pennant de la Nouvelle-Hollande.

OUVRIÉ (Justin), 1806, Paris. *Histoire et paysage.* Élève d'Abel de Pujol. — Vue prise à Taverny. Vue de Venise (aquarelle).

P

PAGÈS (Aimée), 1803, Paris. *Genre et portrait.* Élève de Meynier. — Psyché enlevée par Zéphire. La pauvre fille (sujet tiré de Soumet.

PAIGNÉ (Octavie), *1842. *Pastel et genre.* La distraction.

PAIGNÉ (Mlle), aînée, *1842. *Genre.*

PAJOU (Auguste-Désiré), fils de Jacques-A., 1800, Paris. *Histoire, genre et portrait.* Élève de son père et de Gros. — Trinité. Las-Casas et ses guides attaqués par un tigre.

PALLENC (Constant), *1843. *Portrait,* etc.

PALLIERE (Étienne), *1810. *Histoire et genre.* Élève de Vincent. — Le rosier défendu. Pan et Syrinx.

PALLIÈRE (Amand-Julien). *1811. *Histoire.* Honneurs rendus à Rubens. Mort d'Épaminondas.

PALLIÈRE (Louis-Vincent-Léon), 1787-1820, Bordeaux. *Histoire.* Élève de Vincent. — Flagellation, Un berger, Bordeaux.

PALMERINI, *1815, *Histoire.* Bataille d'Aboukir. La tempérance.

PANCHET, dit Bellerose, 1812? Bayeux. *Portrait et paysage.* Élève de Goubert. — L'enfant mort. Vue prise à Castillon.

PAPETY, *1842. *Histoire et genre.* Rêve de bonheur.

PAPIN, *1843. *Histoire.* Songe de saint Joseph.

PARADIS (Louis), 1797, Paris. *Genre.* Élève de David et de Gros. — Henri IV rédigeant l'édit de Nantes. Gil Blas au lit de son père.

PARANT (Louis-Bertin), *1825, Mer (Indre). *Histoire, genre, portrait, camées,* etc. Élève de J. Leroy. — L'impératrice protectrice. L'amour à la porte d'Anacréon.

PARIS, *1837. *Paysage, portrait et peintre sur porcelaine.* Vues du château de Rosny (d'après Ricois). Pâturage à l'approche de l'automne.

PARIZEAU (Edme-Gratien), 1783, Paris. *Portrait.* Élève de David. — Vue du château de Meudon. La forêt de Compiègne.

PASCAL (Antoine), 1803, Macon. *Fleurs et fruits.* Élève de Redouté.

PASCAL (Mme), *1845. *Fleurs et fruits.*

PASSOT (Gabriel-Aristide), 1797, Nevers. *Portrait en miniature et aquarelle.* Élève de Millet. — Portrait de Rossini. Portrait de Jouy.

PASTIER (J. B. Emmanuel), 1827, Limoges. *Figures sur porcelaine et à l'aquarelle.* Psyché recevant le premier baiser de l'Amour (d'après Gérard). Daphnis et Chloé (d'après Hersent).

PATÉ-DESORMES (Pierre), 1777, Mouzon. *Portrait.* Élève de David et de Vincent.

PATÉ-DESORMES (Mme), née Robert, 1788, Paris. *Portrait.* Élève de son mari.

PAU DE SAINT-MARTIN (Pierre-Alexandre), fils d'Alexandre, *1825, Paris. *Paysage.* Élève de son père. — Vue de la cascade de Tendon (Vosges). Vue d'une entrée de l'Élysée-Bourbon.

PAUL (J.), *1825, *Marines.* La duchesse d'Angoulême à Dieppe. Jésus-Christ apparaissant au milieu d'une tempête.

PAULUS, *1844. *Genre.* Les maîtres mosaïstes.

PÉCHEUR (Benoît), 1779, Rome. *Fresques.* Élève de L. Pécheur. — Coupole de l'église Saint-Romain (fresque), Rome. Assomption.

PELLETIER (Laurent), *1842. *Paysage à l'aquarelle.*

PELLETIER, *1811. *Genre et intérieurs d'église.* Élève de David. — Intérieur d'une galerie gothique. Scène des brigands.

PELLICOT (Louis-Alexis de), 1787, Digne. *Histoire, paysage et genre.* Élève de Guérin. — Cromwell au château de Windsor. Vues des monuments antiques de la France.

PELLIER (Pierre-Edme-Louis), *1815. *Histoire et portrait.* Élève de Regnault. — Télémaque, Caen. Œdipe maudissant son fils.

PÉNAVÈRE (Anne-Antoinette-Ch.-Eug.), 1797, Niort. *Genre et portrait.* Élève de Vafflard. — Le mémoire de la marchande de modes. Lecture du roman nouveau.

PERAGALLO (Mme), *1840. *Portrait.*

PERDOUX, *1840. *Histoire.* Adoration des rois.

PEREZ MUQUET, *1840. *Genre.* Pan et Syrinx.

PERIGNON (Félix), fils d'Alexis, 1808, Paris. *Portrait et genre.* Élève de son père, de Gros et d'H. Vernet.

PÉRIGNON (Alexis-Nicolas), 1785 , Paris. *Histoire et paysage,* etc. Élève de Girodet. — Michel-Ange et le bras du Cupidon. Annibal Carrache et le Josépin.

PÉRIN (Alphonse), 1798, Paris. *Histoire et paysage.* Élève de Guérin. — Sainte famille, Fréjus. Paysage : la Samaritaine.

PERLET (Aimée), *1825. *Portrait et peintre sur porcelaine.* Élève de Mme Jaquotot.— Portrait du régent Philippe d'Orléans (d'après Largillière). Portrait de Talma (d'après Picot).

PERLET (Pierre), *1843. *Histoire.*

PÉRON (Louis-Alexandre), 1776, Paris. *Histoire.* Élève de David. — Le massacre des Innocents. Reprise de la ville et du port de Toulon , Versailles.

PERONARD, *1840. *Histoire.* Vierge.

PERNOT (François-Alexandre), 1793 , Vassy (Haute-Marne). *Paysage.* Élève de Bertin. — Les fossés de Vincennes en 1815, Versailles. Vue prise dans les montagnes d'Ecosse.

PERROT (Antoine-Marie), 1787, Paris, *Paysage et architecture.* Élève de Watelet et de Michallon. — Vue de Clisson. Vue de la ville de Messine.

PERROT (Victor), 1793, Toulouse. *Miniature.*

PETIT (Jean-Louis), 1793, Paris. *Paysage historique et marines.* Élève de Mondevare et de Regnault. — Combat de Roland le furieux et de Rodomont. La barque échouée.

PETIT (Louis-Marie), 1784 , Fontainebleau. *Aquarelle , genre et miniature.* Élève de David et de Moitte. — L'écolier suivant les arts. Le moulin des prés à la glacière, près Gentilly.

PETIT (Pierre-Joseph), *1815. *Paysage.* Élève de Hue. — Vue des Cascatelles de Tivoli. Ruines de la porte Saint-Jean, à Rome.

PETIT (Savinien), *1844. *Histoire.*

PETIT-JEAN, née Marie-Antoinette Trimolet, 1796, Lyon. *Genre.* Les premiers exploits d'un chasseur, Lyon. La belle au bois Vermont.

PEYRANNE (Philippe), 1780, Toulouse. *Histoire, genre et portrait.* Élève de Suau père, et de David. — Jeunes filles s'occupant de l'étude des arts. Martyre de saint Étienne, Mouchy.

PEYTAVIN (Jean-Baptiste), *1810, Chambéry. *Histoire.* Élève de David. — Polyxène. Épisode du massacre des Innocents.

PEYTAVIN (Victor), le cadet, *1818. *Histoire et paysage.* Les Grecs et les Troyens se disputant le corps de Patrocle. Scène de voleurs.

PEZEY (A.), *Histoire.* Louis XIV reçoit le serment de Dangeau, Versailles.

PFENNINGER (Élisabeth) , *1830, Zurich. *Miniature.* Élève de Regnault et d'Augustin.

PHELIPPES, *1840. *Portrait.*

PHILASTRE (Humanité), 1794, Bordeaux. *Décors, paysage, aquarelle,* etc.

PHILIPPE, *1840. *Histoire.* Le bon Samaritain.

PHILIPPE (Auguste), 1797, Paris. *Paysage.* Élève de Watelet et Hersent. — Eudore et Velléda. Vue prise dans l'Ile de Capri.

PHILIPPOTEAUX (Félix), *1840, Paris. *Histoire.* Élève de L. Cogniet. — La garnison hollandaise se rendant aux Français à la citadelle d'Anvers, Versailles. Retour des Sédanais.

PHILPAULT (Julie), *1818. *Portrait et genre.* Racine lisant Athalie devant Louis XIV et Mme de Maintenon. Portrait de la duchesse d'Angoulême.

PICOT (François-Édouard), 1786 , Paris. *Histoire.* Élève de Vincent. — Mort de Saphire, Paris. Prise de Calais, Versailles.

PICOU, *1845. *Histoire.*

PIERRON (Antoine), 1783, Paris. *Paysage.* Architecte. Vue du monument élevé au général Masséna, au Père-Lachaise.

PIGAL (Edme-Jean), 1794, Paris. *Genre.* Élève de Gros. Ménage du vieux garçon. Consultation de médecins.

PILLIARD, *1840. *Histoire.* Mort de Rachel et naissance de Benjamin.

PILON (Melle), *1840. *Fleurs et fruits.*

PILS, *1845. *Histoire.* Aveugle guéri.

PINCHON (Jean-Antoine), *1815 , Paris. *Genre et portrait.* Élève de Vincent et d'Augustin. — Le petit décrotteur. Les petits joueurs de cartes.

PINGRET (Édouard-Henri-Théophile) , 1785, Saint-Quentin. *Genre et portrait.* Élève de David et de Regnault. — Louis XIV et Molière. Siège de Courtrai, Versailles.

PLANAT, *1840. *Histoire.*

POIROT, *1840. *Intérieurs.* Église de San Miniato, à Florence,

POISSON (Pierre), 1786, Rouen. *Histoire et portrait.* Élève de David. — Jésus-Christ guérissant les malades. Les vendeurs chassés du temple.

POLLET, *1843. *Aquarelle.*

POMMAYRAC (Paul de), *1843. *Portrait en miniature.*

PONCE-CAMUS (Marie-Nicolas), 1796, Paris. *Histoire et portrait.* Élève de David. — Éginar et Imma. Entrevue de Napoléon et du prince Charles, Versailles.

PONTHUS-CINIER, *1842. *Paysage.* Vue prise en Provence.

PORTBLETTE, *1842. *Histoire et genre.* Mater dolorosa. Les deux savants.

POTEL (Mme), née Denise L. C. Bertier, 1803, Paris. *Portrait.* Élève de son père.

POTERLET, *1827. *Histoire.* Sujet tiré de Péveril du Pic.

POTIER (Julien-Antoine), 1796, Villeneuve-sous-Verberie. *Histoire et genre.* Élève de Guérin et de Pallière. — Saint Landry, évêque de Paris. Oreste défendu par Pylade , Valenciennes.

POUPART (Antoine-Achille), *1820, Paris. *Paysage, architecture, à l'huile et sur porcelaine.* Élève de Bertin et de Langlacé. — Vue du pavillon de Breteuil. Vue du vieux pont de Sèvres.

POYET (Léonard), 1798, Paris. *Histoire.* Élève de Girodet. — Énée et Didon. Sainte famille.

PRÉAULT, *1840. *Histoire.* Sainte Marthe.

PRÊTRE (Jean-Gabriel), *1825 , Genève. *Histoire naturelle.*

PRÉVOST (Constantin), *1827. *Genre.* Scène d'hôtellerie. Les joueurs ambulants.

PRIEUR, *1840. *Histoire.* Jacob découvrant le puits.

PROT (Louis), *1812. *Histoire et portrait.* Élève de David. — Délivrance de Saint-Pierre. Napoléon refuse un million que lui fait offrir le duc de Parme pour le saint Jérôme du Corrège.

PROVOST DUMARCHAIS (N.), *1840. *Genre et paysage.* Le Tasse et Éléonore. Souvenir du midi de la France.

PUJOL (Abel-Alexandre-Denis du) , 1785 , Valenciennes. *Histoire.* Élève du David. — Mort de Britannicus, Dijon. États généraux de Paris sous Philippe de Valois, Versailles.

Q

QUECQ (Jacques-Édouard) , 1796, Cambrai. *Histoire.* Premiers combats de Romulus et Rémus.

QUESNEL, *1840. *Portrait.*

QUINART (Charles-Louis-François), *1822 , Valenciennes. *Paysage.* Élève d'Abel de Pujol, de Momal et de Watelet. — Paysage : Tancrède égaré. Vue de la Cava (royaume de Naples).

QUAGLIA (Ferdinand), 1786, Plaisance. *Miniature.* Portrait du duc d'Abrantès. Portrait de l'impératrice Joséphine.

QUANTIN, *1843. *Histoire.* Madeleine.

R

RAFFET. *Histoire.* Prise de Coblentz , Versailles.

RAFFORT, *1843. *Histoire.* Entrée de Henri III, à Venise.

RAMELET, *1840. *Genre.* Fête de la maîtresse d'école.

RANG (Mme), née Louise Vaucorbel, 1806, Saint-Malo. *Portrait.* Élève de Belloc. — Portrait de Bisson.

RASCALON (Jérôme), 1786 , Paris. *Paysage , genre et décors.* Élève de Cicéri et de Bouton.

RAUCH (Charles), 1791, Strasbourg, *Genre et paysage.* Élève de Laurent. — Environs de Toulon. François II , Versailles.

RAVEAU (Mme), née Émilie Bounieu , 1785? *Histoire.* Élève de M. H. Bounieu (son père). — Hélène et Laodice. Une bacchante.

RAVERAT (Mme), *1842. *Histoire.* Prise de Furnes, Versailles. Jésus-Christ dépouillé de ses vêtements.

RÉGNIER (Jacques-Augustin), 1787 , Paris. *Paysage,* etc. Élève de Bertin. — Tombeau du roi Arthur. Dévouement de Jeanne d'Arc.

REIGNIER, *1842. *Fleurs et fruits.*

REINHART (Émilie), 1809, Amsterdam. *Fleurs.* Élève de Redouté.

REINNARD (Jean-Baptiste), 1778, Allemagne. *Portrait et figures sur porcelaines.*

RÉMILLIEUX, *1844. *Fleurs.*

RÉMOND (Jean-Charles), 1795, Paris. *Paysage.* Élève de Bertin et de Regnault. — Tobie sur les bords du Tigre. Siège de Lérida, Versailles.

REMY (Louis-Jean-M.), 1792, Paris. *Paysage.* Élève de Coignet. — Vue de l'ancien château de Sept-Monts.

RENAUD (M. L.), 1797, Paris. *Miniature et peintre sur porcelaine.* Sainte famille (d'après Raphaël). Van Dyck peignant son premier tableau (d'après Ducis).

RENAUDIN (Rosalie), *1822, Portrait, fleurs, miniature et aquarelle.* Élève de Girodet. — Sommeil d'Endymion (d'après Girodet). Zéphire sur les eaux (d'après Prudhon).

RENAUX. *Histoire.* Prise de Rottembourg , Versailles.

RENIE , *1842. *Paysage.* Vue prise dans les parages de Saint-Dizier.

RENOUX, *1825. *Paysage et intérieurs.* Église souterraine de Bâle : moines transportant un cercueil. Vue des bords de la Durance.

REVEL, *1840. *Histoire.* Groupe d'Arabes se reposant sous un palmier. Samaritaine.

REVEST (Cornélie-Louise), 1793, Amsterdam. *Genre et portrait.* Élève de Sérangély et de Vafflard. — Toilette de Psyché. Madeleine aux pieds du Christ. Marseille.

RÉVOIL (Pierre), 1776-1842, Lyon. *Histoire et genre.* Élève de David. — Convalescence de Bayard. L'anneau de Charles-Quint.

REY (Étienne), 1789, Lyon. *Paysage.* Élève de Pillement et de Cogel (Suédois). — Ruines d'un portique d'architecture romaine.

REYS (Mme), née Jenny-Augustine Allais, 1798, Paris. *Fleurs et fruits.* Élève de sa mère et de Van Spaendonck.

RIBAULT (Julie), 1789, Frosnay (Sarthe). *Genre et portrait.* Élève de Lafitte. Mignard peignant madame de Maintenon. Piron, à la porte d'Auteuil.

RIBAULT (Adélaïde), 1784 , Paris. *Portrait.* Élève de Lafitte.

RIBON (François-Michel), 1790 , Paris. *Portrait,* etc., *et peintre sur porcelaine.* Élève de Baltz.

RIBET (Jean-Constantin), *1812 , Néhou (Manche). *Marine.* Élève de Forestier. — Prise des deux frégates anglaises, *le Fox* et *la Piémontaise* par les deux frégates Françaises, la *Vénus* et la *Bellone.*

RICHARD (Charlotte-Joséphine-Sohier) , 1791, Paris. *Genre et portrait.* Dessinateur. Élève de Chaudet et de Ducq (Flamand).

RICHARD, *1842. *Fleurs et fruits sur porcelaine.*

RICHE (Adèle), 1791, Paris. *Fleurs et aquarelle.* Élève de G. Van Spaendonck et de Van Dael.

RICHOMME, *1840. *Histoire.* Sara présentant Agar à Abraham.

RICOIS (François-Edme), 1795 , Courtilain. *Paysage.* Élève de Bertin. — Vue prise dans l'Oberland bernois. Vue de la ville de Montreil, Belay.

RIESENER. *1855. *Portrait et histoire.* Élève de David. — Portrait d'Eug. Beauharnais. Portrait de l'Evêque d'Autun, Lydy.

RIGO (Jules), *1845. *Genre.* Souvenir du camp de Saint-Omer, en 1833.

RIMBAUT-BOREL (Mme Anna), 1842. *Histoire et genre.* Ondine et Huldebrand.

RIOULT (Louis-Edouard), 1780, Montdidier. *Histoire et genre.* Élève de David et de Regnault. — Un écolier donnant son déjeuner à un pauvre. Siége d'Ostende, Versailles.

RISS (François), 1804, Moscou. *Histoire et portrait.* Élève de Gros. — Jésus-Christ rédempteur.

RIVIÈRE (Melle), *1815, Paris. *Portrait et genre.* Élève de Griail. — Danse savoyarde. Henri IV quittant Gabrielle.

ROBELOT (Pierre), 1802, Lorraine. *Miniature.* Élève de Mansion.

ROBERT (Fanny), *1825, Paris. *Histoire et portrait.* Élève de Girodet.

ROBERT (Léopold), 1794-1835, Chault-de-Fonds (Suisse). *Paysage historique.* Élève de David. — Les pêcheurs. Les vendangeurs. L'improvisateur napolitain. Les moissonneurs, Paris. Retour de la fête de la Madone de l'Arc, ib.

ROBERT (Jean-François), 1778, Chantilly. *Paysage sur porcelaine.* Vue de la côte de Bellevue. Charrette du cheval blanc (sur porcelaine), d'après C. Dujardin).

ROBERT (Victor), *1840. *Histoire.* Saint Sébastien. Conversion de saint Paul.

ROBINEAU (Claire), *1825. *Paysage.* Élève de Regnault. — Vue du torrent de Grégi (Savoie). Hilaire et Brigitte.

ROBIQUET. *1840. *Portrait.*

ROEHN (Adolphe-Eugène-Gabriel), 1780, Paris. *Genre et portrait.*

ROEHN (Jean-Alphonse), fils d'Adolphe, 1799, Paris. *Histoire, genre et portrait.* Élève de Gros et de Regnault. — L'absence. Joseph expliquant les songes.

ROGER (A.), *1840. *Histoire.* Les Normands en Italie. Bataille de Civitella.

ROGER (Eugène), 1807, Sens. *Histoire et portrait.* Élève d'Hersent. — Le corps de Charles le Téméraire retrouvé après la bataille de Nancy. Charlemagne traverse les Alpes, Versailles.

ROLLAND (Auguste), *1844. *Pastel.* La pâture dans les bois.

ROLLER, *1840. *Portrait.*

ROMANY (Mme), née Adèle de Romance, *1815, Paris. *Genre et portrait.* Élève de Regnault. — Sapho et Phaon. L'amitié fraternelle.

RONJON (Louis), 1806, Paris. *Histoire.* Élève de Langlois. — Assassinat de Guise. Sujet de la vie de Richelieu.

RONNY (G. F.), *1820, Rouen. *Paysage.* Élève de Vincent et de Taunay. — Vue du lac de Némi. Abraham arrivant à Chanaan.

ROQUEPLAN (Camille-Joseph-Etienne), 1803, Mallemort (Bouches-du-Rhône). *Paysage et marines.* Élève de Gros. — Un roulier dans un écurie. Bataille de Rocoux, Versailles.

ROSSIGNON (Louis-Joseph-Toussaint), 1780, Avesnes. *Histoire.* Élève de Vincent. — Siége de Missolonghi. Zénobie recueillie par des bergers.

ROUBAUD (Benjamin), *1842. *Portrait, genre et histoire.* Salvator Rosa parmi les brigands.

ROUGET (George), *1820, Paris. *Histoire et portrait.* Élève de David. — Saint Louis médiateur entre les rois d'Angleterre et les barons. Henri IV devant Paris, Versailles.

ROUILLARD (Mme), née Françoise J. A. Lenoir, 1801, Paris. *Miniature.* Élève de Saint et de Rouillard de Lacluze.

ROUILLARD (Jean-Sébastien), 1789, Paris. *Portrait et histoire.* Élève de David. — Alexandre et son professeur Lysimachus. Portraits de Louis XVIII, Charles X, etc.

ROUSSEAU (Mme), née Virginie Heu, *1827. *Miniature.*

ROUSSIN (Victor-Marie), *1840. *Histoire et paysage.* Agar. Vue du château de Pau.

ROUST, (Jean-Henri), 1795, Troyes (Aube). *Histoire naturelle sur porcelaine.*

ROUX (Louis), *1845. *Histoire.* Les disciples d'Emmaüs.

RUBIO, *Histoire.* Siège de Bruxelles, Versailles.

RUDE (Mme Sophie), née Frémiet, *1827. *Portrait et genre.* La duchesse de Bourgogne arrêtée aux portes de Bruges, en 1456.

RUNDER (de), *1840, *Histoire et portrait.* Saint George

RUMEAU (Jean-Claude), *1815, Paris, *Genre, portrait, aquarelle et miniature.* Élève de David et d'Isabey. — Charlemagne reçoit l'ambassade d'Haaroun-al-Raschid. La Barbe-Bleue.

RUMILLY (Mme), née Victorine-Angélique-E. Genève, 1799, Grenoble. *Genre et portrait.* Élève de Regnault. — Vénus et l'Amour. Sainte famille.

S

SAGLIO, *1843. *Paysage.* Vue prise près de Civita-Castellana.

SAINT. *1825. *Miniature.* Élève de Regnault et d'Aubry. — Portraits du comte d'Artois, du duc de Guiche, de Zimmerman, etc., etc.

SAINT-AULAIRE (Félix-Achille Beaupoil), 1801. Verceil (Piémont). *Marines.* Élève de Garnerey, père et fils. — Cours du Nil, en vue du Caire, Combat du *Palinure* contre la *Carnation.*

SAINT-BEAUSSANT (Alphonse de), *1843, Nanci. *Genre.* Élève du Maréchal.

SAINT-EVRE (Gillot), *1825. *Histoire, genre et portrait.* Charles IX et Marie Touchet. Prise du château de Paix, Versailles.

SAINTIES, *1840. *Histoire.*

SAINT-JEAN, *1840. *Fleurs et fruits.* *Genre et portrait.* Élève de Sénave. — La leçon d'amour. La leçon de flute.

SAINT-JEAN (Louis-Honoré), 1795, Dunkerque. *Histoire et paysage.* Élève de Bardin et Regnault. — Baptême de Jésus-Christ, Orléans. Vue du Loiret, ib.

SALMON (Adrien-Alphonse), *1830. *Paysage,* etc. Restaure les tableaux. Élève de Lecourt. — Vue de la porte du bois de Fleury, sous Meudon.

SALZARD, *1842. *Pastel.*

SARAZIN DE BELMONT (Louise-Joséphine), *1827, Versailles. *Paysage historique.* Élève de Valenciennes. Vue de Villeneuve-l'Étang. Servilion rappelé dans sa patrie.

SAUNIER, *1840. *Genre.*

SAUVAGEOT (Mme), née Désirée-Charles Galliot, 1800, Paris. *Histoire, genre et portrait.* Élève de Bouchot. — Jeune anachorète en prière. École de village.

SAUVAGEOT (Denis-François), 1793, Paris. *Intérieurs et paysage.* Élève de C. Bourgeois. — Intérieur d'un cloître. Vue prise dans un souterrain.

SAVARY (Auguste), 1799, Nantes. *Paysage.* Élève de Boissier. — Vue de Laval. Environs de Château-Gontier.

SAVIGNAC, *1840. *Genre et intérieurs.* Une cuisine à Honfleur.

SCHAAL (Jacques-Louis), 1799, Paris. *Paysage historique.* Élève de Lethière et de Daguerre. — Forêt de Compiègne. Château de Royat.

SCHAEFFER; *1844. *Paysage.*

SCHEFFER (Ary), 1795-†18..., Rotterdam. *Histoire, genre et portrait.* Les femmes souliotes. Charlemagne présentant les capitulaires à l'assemblée des Francs.

SCHEFFER (Henri), *1830. *Histoire et genre.* Charlotte Corday après la mort de Marat. Levée du siége d'Orléans, Versailles.

SCHEFFER (Jean-Gabriel), 1797, Genève. *Histoire, genre et portrait.* Élève de Regnault. — Le bon Samaritain.

SCHILT, *1830. *Fleurs et fruits.*

SCHLESINGER, *1840. *Portrait.*

SCHMIDT (Augusta), *1827, Berlin. *Genre et portrait.* Élève de Mauzaisse.

SCHNEIT, *1840 *Histoire.* Le paralytique.

SCHNETZ (Jean Victor), 1787, Versailles. *Histoire.* Élève de David. — Jérémie pleurant sur les ruines de Jérusalem. Bataille de Cérisolles, Versailles.

SCHWIND, *1840. *Histoire.* Jésus-Christ chez Marthe et Marie.

SEBRON (Hippolyte), 1801, Caudebec (Seine-Inférieure). *Paysage et intérieurs d'église.* Élève de Daguerre. — Vue d'Amsterdam, effet de nuit. Stalles de l'église de Vilvorde.

SEGUIN (Gérard), 1805, Paris. *Genre, portrait et pastel.* Élève de Langlois. — Mazeppa. Sujets tirés de Walter Scott.

SÉGUR (Gaston de), *1840. *Portrait.*

SENNEVAS (Mme de), *1840. *Genre et paysage.* Pèlerinage. Souvenir des Pyrénées.

SENTIES (Pierre-Asthasie-Théodore), 1801, Résurrection, Valence.

SERDA. *1843. *Paysage.* Vue d'Avignon. Vue près d'Agen.

SERRUR (Henri-Auguste-César), 1795, Lambersart (Nord). *Histoire, genre et portrait.* Élève de Regnault. — Tobie ensevelissant un Hébreu, Rennes. Bataille de Coni, Versailles.

SERVIÈRES (Mme), née Eugénie-Honorée-Marie Charen, 1786, *Histoire et portrait.* Élève de Lethière. — Louis XIII et Mlle de Lafayette. Marguerite d'Écosse et Alain Chartier.

SEWRIN, *1840. *Aquarelle et pastel.* Les premières boucles d'oreilles.

SIEURAC (F. Joseph-Juste), 1781, Cadix. *Miniature.* Élève d'Augustin. — Portrait de Lord Byron. Portrait de Walter Scott.

SIGALON (Xavier), 1790-1837, Uzès. *Histoire.* Élève de Pierre Guérin. — Locuste. Athalie. Saint Jérôme. La courtisane, Paris. Baptême de Saint Jean.

SIGNOL (Émile), 1803, Paris. *Histoire et portrait.* Élève de Gros. — Méléagre prenant les armes. Joseph racontant ses songes.

SMITH (Constant-Louis-Félix), *1817, Paris. *Histoire.* Élève de David et de Girodet. — Sainte famille. Songe d'Athalie, Versailles.

SOIRON (Philippe), fils de François, *1825. *Peintre sur porcelaine.*

SOUCHON (François), 1787, Alais (Gard). *Histoire, genre et portrait.* Élève de David. — Martyre de saint Sébastien, Bordeaux. Résurrection de Lazare, Paris.

SOULÈS (Eugène), *1843. *Paysage.* La ville et le château de Lourdes. (Pyrénées.)

SOYER (Mme), *1840. *Portrait.*

SPINDLER (Louis), *1828, Huningue (Haut-Rhin). *Genre et portrait.* Dessinateur. La mélancolie. Ninon de l'Enclos.

STATTLER, *1844. *Histoire.* Les Machabées.

STEUBEN (Charles), Manheim. *Histoire, portrait.* Élève de P. Lefèvre et de Gérard. — Saint Germain recevant les aumônes de Childéric. Bataille de Tours, Versailles.

STEUBEN (Éléonore), femme de Charles, *1827, Paris. *Portrait.* Élève de R. Lefèvre.

STEUBEN fils, *1840. *Genre.* Épisode de la vie de Milton.

STORELLI (Félix-Ferdinand-M.), 1778, Turin. *Paysage.* Élève du Palmérius (Italien). — Vue prise à Neuilly. Vue du lac de Côme.

STURLER, *1840. *Histoire et genre.* Les lutteurs.

STURM (Pierre-Henri), 1785, Genève. *Sur émail.* Élève de Henri (Genevois).

SUAU (Pierre-Théodore), fils de Jean, *1820, Toulouse. *Histoire.* Élève de son père et de David. — Mort de Philopémen. La Vierge au Rosaire.

SUTAT, *1840. *Histoire.* Saint Jean.

SWAGERS (Caroline), fille de François (peintre hollandais), *1831. *Genre et portrait.* Élève de sa mère (voir aux peintres hollandais). — Le chapeau de paille.

SWEBACH (Edouard), fils de Jacques, *1827. *Genre.* Élève de son père. — Chasse au cerf. Voyage d'été en Russie.

SWEBACH (Jacques), dit Fontaine, *1818. *Batailles et genre.* Passage du Danube par l'empereur. Bataille de Marengo.

T

TABARIÈS DE GRANDSAIGNE (Adolphe), Petit-Andely (Eure). *Paysage*, etc. Dessinateur. Trait de clémence de Louis XII. La Samaritaine.

TANNEUR, *1829. *Histoire et marines*. Combat du *Vengeur*. Vue de Marseille.

TAUNAY (Félix), fils de Nicolas-Antoine *1840. *Paysage*. Directeur de l'Académie à Rio-Janeiro. Grande cascade de Tijuca.

TAUPIN (Maurice-Hippolyte-Edouard). 1795. *Paysage*, *fleurs et fruits*. Élève de Van Spaendonck et de Bodelot.

TAUREL (Jacques), *1812, Toulon. *Histoire, marines et paysage*. Élève de Doyen. — Combat de Boulogne. Prise de Naples, Versailles.

TAURIN (Léonie), *1842. *Aquarelle*. Le poëte mourant.

TASSAERT. *Histoire*. Funérailles de Dagobert à Saint-Denis, Versailles.

TELLIER, *1840. *Portrait*.

TESTARD, *1842. *Paysage*. Repos de la sainte famille. Hivers.

TEYTAUD (Alphonse), *1843, Lubersac. *Histoire et paysage*. Diane surprise par Actéon.

THÉNOT (Jean-Pierre), 1805, Paris. *Paysage et architecture*. Dessinateur. — Le pont de la Chèvre.

THEVENIN (Claude-Noël), 1801, Crémieu (Isère). *Genre, portrait, miniature et histoire*. Élève d'Abel de Pujol et de Maricot. — Le joueur de vielle. Étude de vieillard. Assomption.

THEVENOT. *Histoire*. Prise et combat de Ratisbonne, Versailles.

THIÉNON, *1817. *Paysage à l'aquarelle*. Vues de Clisson. Cascade de Tivoli.

THIERRÉE (Eugène), *1845. *Paysage*.

THIERRIAT (Augustin-Alexandre), 1789, Lyon. *Histoire et genre*. Élève de Revoil et de Gro-gniard. — Intérieur du vieux cloître de Saint-André-le-Bas. Enterrement d'un chartreux.

THOMAS (Antoine J. B.), 1791-1833, Paris. *Histoire*. Jésus-Christ chassant les vendeurs du temp e, Paris. Les seize au parlement.

THUILLIER, *1845. *Paysage*. Le retour du marché (environs du Puy).

THURIN (Simon-Abraham), 1797, Fécamp. *Marines*. Élève de Storelli. — Vue prise en Hollande.

THUROT (Mme), née Blanche-Lucie HOGEUR, *1825, Versailles. *Genre et portrait*. Élève de Regnault. — Sully regardant l'image d'Henri IV. Jeanne d'Arc.

TIERCEVILLE (Eugène de), *1845. *Histoire et portrait*. Élève d'Ingres et de Blondel. — Saint Louis, Fontainebleau. Loth et ses filles.

TIERSONNIER (A.), 1797. *Histoire et genre*. Élève de Guérin et de Lethière. — Le lavement des pieds au couvent de la Trinité à Rome. Jeune Napolitaine.

TISSIER, *1840. *Portrait*.

TOULZA (Joséphine), *1825, Marseille. *Miniature*. Élève d'Aubry.

TONNELIER, *1842. *Paysage*. Vue prise au Fay.

TOURNANT (Aimée), *1842. *Portrait en miniature*.

TOURNEUX, *1842. *Pastel*. Jésus-Christ à Emmaüs.

TRAVIÈS (Charles-Joseph), 1804, Winterthur (Suisse). *Portrait et aquarelle*. Élève de Heim.

TREVERRET (Victorine), *1824, Quimper. *Peintre sur porcelaine*. Élève de Mme Jaquotot. — La Vierge au voile (d'après Raphaël). Sommeil de l'enfant Jésus (d'après Raphaël).

TRÉZEL (Pierre-Félix), 1782, Paris, *Histoire et portrait*. Élève de Lemire, jeune. — Phèdre jugée aux enfers, Angers. Le premier-né.

TRIMOLET (Anthelme), 1798, Lyon. *Histoire, genre et portrait*. La famille de Costa. Intérieur d'un atelier de mécanicien.

TRIQUETI (Henri de), *1831. *Histoire*. Jugement de Galilée. Mort de Charles le Téméraire.

TROIVAUX, *1829. *Miniature et aquarelle*.

TRONCOSSI (Jos.-François), dit Paris, 1784, Naples. *Paysage et peintre sur porcelaine*. Élève de Gosse, de Bertin et de Morteleque. — Vues du château de Rosny. Chasses du duc de Berry.

TROYON. *1840. *Paysage*. Paysage biblique.

TRUCHOT,†1825? *Paysage et intérieurs*. Convoi d'Isabeau de Bavière. Le grand escalier du palais du duc d'Orléans (figures de Xavier Leprince).

TURPIN DE CRISSÉ (Lancelot-Théodore comte), 1781, Paris. *Paysage et architecture*. Les adieux de René à sa sœur. Ruines de l'abbaye de Croyland.

V

VAFFLARD (Pierre-Antoine-Auguste), 1777. Paris. *Histoire, genre et portrait*. Élève de Regnault. — Mort de Saint Louis. La colonne de Roshach renversée par les Français, Versailles.

VAINE (de), *1840. *Histoire*. Saint Gilles.

VALDAHON (de), *1842. *Paysage*. Les moulins de Vichy.

VALERIO, *1840. *Portrait*, etc. La famille de Charlet.

VALERNES (Évariste de), *1845, Avignon. *Portrait et histoire*. Fuite d'Agar.

VALLIN, *1815. *Histoire, paysage et portrait*. Triomphe d'Amphitrite. Thésée et Hippolyte.

VALLOU DE VILLENEUVE (Julien), 1795. *Genre*. Élève de Garnerey et de Millet. — La veuve du marin. Les deux amies.

VARENNE (Dorothée de), fille de Charles, *1815. *Miniature, aquarelle, fleurs et fruits*. Élève de Redouté.

VARNIER (Jules), *1842. *Portrait et histoire*. Saint Sébastien.

VASTINE, *1840. *Portrait*.

VAUCHELET (Théophile), *1829. *Histoire et portrait*. Élève d'Abel de Pujol et de Hersent. — La première naissance. Capitulation de Magdebourg, Versailles.

VAUDECHAMP (Joseph), 1790, Rambervilliers. *Portrait*. Élève de Girodet. — Saint Charles-Borromée.

VAULOT (Claude), 1818-1842. *Histoire, genre et portrait*. Élève de L. Cogniet. — Intérieur de café. Mort de saint Joseph.

VAUTHIER (Antoine-Charles), frère de Jules, 1790, Paris. *Histoire naturelle*.

VAUZELLE (Jean-Lubin), 1776, Engerville (Seine-et-Oise). *Aquarelle*. Élève d'H. Robert. — Vue d'Aranjuez, en Espagne. Vue prise de l'ancien café Paris au Pont-Neuf.

VEILLAT, *1842. *Paysage*. Allée d'ormeaux.

VERDÉ-DELISLE, née Marie-Eve-A. PÉRIGNON, 1805, Paris. *Genre*. Élève de Pérignon. — Lecture de la Bible. Charles VII et Agnès Sorel.

VERDIER (Marcel), *1840. *Histoire*. Saint Philippe baptisant l'eunuque.

VERGNAUX (Nicolas-Joseph), *1812, Concy (Aisne). *Paysage*. Élève de Hue. — Inauguration de la statue d'Henri IV. Entrée de Louis XVIII à Paris.

VERNET (Joseph), dit Lauzet, 1797, Paris. *Paysage et animaux*. Élève de Michallon. — Repos de chasse. Passage du gué.

VERNET (Horace), fils de Carle, 1789, Paris. *Batailles et marines*. Prise de la smala d'Abd-el-Kader. Batailles de Fontenoy et de Bouvines, Versailles.

VERNET (Jules), *1825. *Portrait en miniature*. Le petit écolier.

VÉRON-BELLECOURT. *Histoire*. Napoléon visite les invalides infirmes, Versailles.

VETTER, *1840. *Portrait*.

VIARDOT, *1840. *Histoire*.

VIDAL (Jules-Joseph-Génie), 1795, Marseille. *Histoire et marines*. Élève de P. Guérin et d'Aubry. — Côtes de Bretagne.

VIGNAUD (Jean), *1815, Beaucaire. *Histoire et portrait*. Mort de Lesueur. Le Christ apparaissant à Madeleine.

VIGNÉ (Joseph), 1795, Paris. *Peintre sur verre*. Vitraux à Rosny.

VIGNERON (Pierre-Roch), 1789, Vosnon (Aube). *Histoire*. Élève de Gros et de Gautherot.

VIGNON. *Histoire*. Bataille de Sedinam (avec Cogniet), Versailles.

VIGUIER (Constant), 1799, Paris. *Miniature*, etc. Dessinateur. Élève de Saint-Martin et de Boehn, père.

VILLAINE. *1845. *Histoire*.

VILLENEUVE (Jules). 1796, Paris. *Paysage*. Vue du lac de Brientz. Vue près du lac de Thun.

VILLENEUVE (Pau), 1803, Brest. *Paysage*. Élève de Watelet. — Vue de la vallée de l'Élorne.

VILLEMSENS. *1842. *Histoire et genre*. Les inondés de Tounis.

VILLERET (François), 1800? *Intérieurs et aquarelle*. Élève de Gué — Intérieur de l'église des Carmes déchaussés à Gand.

VILLERS (de), *1842. *Paysage*. Vues prises près de Versailles.

VINCENT (Mme), née Henriette-A. RIDEAU DU SAL, 1786, Brest. *Fleurs et fruits*. Élève de Redouté et de Van Spaendonck.

VINCHON (Auguste-J. B.), 1789, Paris. *Histoire*. Élève de Serangeli. — Mort de Diagoras (fresque), Paris. Sacre de Charles VII, Versailles.

VINIT (Léon). *1840. *Genre et intérieurs*. Bazar ture au Caire.

VIOLLET-LEDUC (Adolphe). *1840. *Aquarelle et paysage*. Baptême du Comte de Paris.

VOLPELIÈRE (Julie), *1815, Marseille. *Histoire et portrait*. Élève de Serangeli. — Saint Martin, Perpignan. Amour endormi.

VOULLEMIER (Annette), 1796, Châtillon-sur-Seine. *Genre et miniature*. Élève d'Aubry et de Regnault. — La sœur de charité.

W

WACHSMUT (Ferdinand), 1802, Mulhouse. *Histoire, portrait et paysage*. Élève de Gros. — Prise du Fort Saint-Philippe (Port-Mahon), Versailles.

WAILLY (Léon de), *1819. *Histoire naturelle et portrait*. Le tigre royal. Le faisan doré.

WARLENCOURT (Joseph), *1820, Bruges. *Intérieurs*. Élève de David. — Intérieur d'une salle du musée royal des antiques.

WARTEL (Mme), née Genev.-A. PAGÈS, 1796, Nantes. *Portrait, miniature, histoire*, etc. Élève de Vincent. — L'Amour et Psyché (d'après Picot).

WATELET (Louis-Étienne), 1780, Paris. *Paysage*. Henri IV et le capitaine Michaud (figures de M. Comte). Vallée des Alpes.

WATTIER (Émile), *1829, Paris. *Genre*. Dessinateur. Élève de Gros. — Sortie de l'église. Ninon de l'Enclos et le marquis de la Châtre.

WATTIER (Édouard), *1827, Lille. *Genre*. Dessinateur. Élève de Gros.

WEBER (Antoine-Jean), *1817. *Portrait*, etc. Dessinateur. Élève de Gros et de Vafflard.

WICAR (Jean-Bapt.), *1834, Lille, Él. de David.

WICKENBERG, *1840. *Genre*. Enfants sur la glace.

WILD (William). *1840. *Vues de ville*. Vue d'une rue de Calais. Vue prise à Alger.

WILD (Gaspard), 1804, Zurich. *Paysage et aquarelle*.

WINTERHALTER (Hermann), frère de Franz, *1840. *Histoire et portrait*.

WINTERHALTER (Franz), frère d'Hermann, *1842. *Histoire*?

WOLLMAR, *1842, Strasbourg. *Paysage*, etc. La tempête.

Y

YVON, *1840. *Portrait*. Portrait de Mme Ancelot.

Z

ZIEGLER, *1841. *Histoire*. Notre-Dame des neiges.

ÉCOLE ITALIENNE MODERNE.

A

ADEMOLLO. *Histoire.* [9]
AGRICOLA, 1798. *Portrait et histoire.* Judith.
  Sainte famille.
AJEZ. Venise, *Histoire.* Athlète vainqueur. Mort
  de Laocoon.
ALBERTOLI, *Ornements.*
ALGERI (N.). *Histoire.* Angélique et Médor.
ARIENTI (Charles). *Histoire.* Épisode du mas-
  sacre des Innocents, Vienne.
AZEGLIO (le marquis), Piémont. *Paysage.*

B

BARBARINI (François), 1804. *Paysage.* Paysage
  tyrolien, Vienne.
BARBIANI (Jean). *Histoire.*
BARONI (Dominique). *Histoire.*
BASSI, Bologne. *Paysage.*
BEATI. École de Florence.
BELLOSIO, *Histoire.*
BENUCCI (Philippe), 1779, Rome. *Histoire et
  pays.* Él. de George Wallis (peintre anglais).
BENVENUTI (Titus), *Histoire.* Léon X visitant
  l'atelier de Raphaël.
BENVENUTI (Nicolas). *Histoire.*
BERGIER, Turin. *Histoire.* Mort d'Épami-
  nondas.
BERTI (George), *Histoire.* Herminie chez les
  bergers.
BEZZUOLI (Joseph), *Histoire.* Ajax défendant
  le corps de Patrocle.
BIAGGIO. *Histoire.*
BIANCHINI. *Histoire.*
BISCARA, Turin. *Histoire.* Sainte Élisabeth et
  la Vierge.
BISI (Louis), 1814, Milan. *Intérieurs d'église.*
  Intérieur du Dôme de Milan, avec beaucoup
  de figures, Vienne.
BISI (Joseph). *Paysage.*
BOLDRINI, Vienne. *Histoire,* etc.
BORGHESI. *Histoire.*
BOSSI (le chevalier Joseph). 1776-1814, Mi-
  lan. *Histoire.* Copie de la Cène de L. de Vinci.
BUONGIOVANNI (Salvator). *Histoire.* Dédale
  et Icare.

C

CALAMAI (Balthasar). *Histoire.* Galilée visité
  par Milton.
CALVI (Pompée), 1806. Milan. *Vues de ville.*
  Vue prise de Rome, Vienne.
CAMERANO. *Histoire et portrait.*
CANNICI (Cajetan). *Histoire.* Le déluge.
CANZIO. *Ornements.*
CARELLI, *1845,* Naples. *Histoire.*
CATTEL, Prusse. *Paysage.*
CELESTINI, Naples. *Histoire.*
CERANO (le), en Novarrais, *Histoire.* Déposition
  de croix, Novarre.
CHELONE. *Vues de ville.*
CIANFANELLI (Nicolas). *Histoire.* La colombe
  revenant dans l'arche.
CESARI (Antoine). *Histoire.*
COCHETTI, Rome. *Histoire.*
COGHETTI, Bergame. *Histoire.*
COLZI (Joseph). *Histoire.*
CONCA (Jacques). *Histoire.* Immaculée concep-
  tion, Novarre.

CONSONI, États du pape. *Histoire.* Élève de
  Sanguinetti.
COSTOLI (Aristodème), *1828,* Florence. *Port.*
  Sculpteur. Portrait du peintre, Florence.

D

DEMIN (Jean), Venise. *Histoire.*
DUSI. *Histoire et portrait.*

F

FANZELLI, Bologne. *Histoire.* Alexandre dans
  Babylone (Fresque).
FINELLI (Charles). *Histoire.* Samuel sacrant
  Saül.
FINI (Joseph). *Histoire.*
FIORONI. *Histoire.*
FOLCHI (Ferdinand). *Histoire.*
FONTANA. *Histoire.*
FRANCHI (Romuald). *Histoire.*
FRASCHETTI (Joseph). *Histoire.*

G

GAZOTTO. *Histoire.* Élève de J. Demin.
GAZZARINI (Thomas). *Histoire.* Jésus-Christ
  aux Oliviers.
GIORDANO (Sophie), 1779-1829, Turin. *Minia-
  ture et pastel.* Élève de M. et Mme de Maron
  (Allem.).
GIRGENTI. *Portrait et histoire.*
GOZZI (Gaspard). Milan. *Paysage.*
GRIGOLETTI (Michel-Ange), 1801, Pordenone.
  Portrait et histoire. Le doge François Foscari
  condamnant son fils Jacques à l'exil, Vienne.
GUALDI (Antoine). *Histoire.*

H

HAYEZ (François), 1791, Venise. *Histoire.* Le
  doge Foscari laissant conduire son fils en exil,
  Vienne.

I

INDUNO (Dominique), 1815, Milan. *Histoire.*
  Samuel et David, Vienne.
INGANNI (Ange), 1807, Brescia. *Vues de ville.*
  La place du Dôme à Milan, Vienne.

L

LAMI (Vincent). *Histoire.* Sabinus surpris par
  les soldats. Achille pleurant Briséis.
LATANZIO-QUARENO, Bergame. *Histoire.*
  Élève de Signaroli.
LIPARINI. *Histoire et portrait.*
LONDONIO (le chevalier).

M

MAINARDI. *Histoire.* Dessinateur.
MALATESTI. *Histoire.*
MALENCHINI (Mathilde), *1828,* Livourne.
  Intérieurs. Intérieur d'une cuisine de cou-
  vent, Florence.

MARIANINI (Annibal). *Histoire.*
MARTELLINI (Gaspard). *Histoire.* Isaac ren-
  contrant Sarah au retour du sacrifice. Étéocle
  et Polynice.
MARTINI (Antoine). *Histoire.*
MARUBINI (Joseph). *Histoire.*
MATTEY (Frédéric). *Histoire.* Oreste recon-
  naissant Électre.
MATTIA , Naples. *Histoire.* Périclès visitant
  l'atelier de Phidias.
MATTIOLO, Naples. *Histoire.*
MENSI (François). *Histoire.*
MIGLIARA (Théodelinde), 1814, Milan. *Vues
  de ville.* La place du Dôme à Côme , Vienne.
MIGLIARA (Jean), 1785-1837, Milan. *Architec-
  ture et intérieurs.*
MIGLIARINI (Michel). *Histoire.* Élève de Ben-
  venuti.
MINGHETTI (Prosper). *Histoire.*
MIROIR (Laurent), Florence. *Vues de ville et
  monuments.* Vue du temple de Vesta à
  Rome.
MOLTENI (Joseph), 1800, Milan. *Portrait et
  genre.* La confession, Vienne.
MONTI (Nicolas). *Histoire.*
MORELLI. *Histoire.*
MUSSINI (Louis). *Histoire.* La musique sacrée.
MUSSINI (César). *Histoire.* Léonard de Vinci
  mourant dans les bras de François Ier. Mort
  d'Atala.

N

NARDUCCI. *Histoire.*
NEOFRESCHI (Léopold). *Histoire.* Alexandre et
  son médecin.
NENCI (François). *Histoire.* Achille pleurant
  Patrocle. La Vierge en prière.
NOCESI. *Sujets mythologiques et histoire.*

P

PALAGGI (Pelagio), Bologne. *Histoire.* Fres-
  ques, Rome.
PAOLETTI. *Histoire.*
PASINI (Antoine). *Portrait et histoire.*
PENUTI (Joseph). *Portrait.* Élève de Saba-
  telli.
PESCI (Aldobrand). *Histoire.*
PIAN (Antoine de), 1784, Venise. *Genre et
  architecture.* Procession de capucins, Vienne.
PIERINI (André). *Histoire.* La peste de Florence
  en 1348.
PINELLI, 1781-1835, Rome. *Genre.* Graveur à
  l'eau-forte.
PODESTI. *Histoire.*
PORTA (Charles de la). *Histoire.*
POZZI. *Histoire.* Mort de saint Étienne.
PREPIANI. *Histoire.* Élève de Signaroli.
PULITI (Odorico). *Histoire.*

R

RICCI (Étienne). *Histoire.* Joseph expliquant les
  songes des prisonniers.
RIDOLFI (Michel), 1799? *Portrait et histoire.*
ROBERTI , Bassano. *Vues de ville.* Vues de
  Rome.
RONDONI (Ferdinand). *Histoire.*
RONZONI, Brescia. *Paysage.*
ROTI (Crescence). *Histoire.*

S

SABATELLI (Aloys), *1820. *Histoire.*
SABATELLI (François), fils d'Aloys, 1803-1830, Florence.
SABATELLI (Joseph). *Histoire.*
SAJA, Naples. *Histoire.* Le corps d'Hector rendu à sa famille.
SALA (Vitale), 1803-1835. *Histoire.* Élève de Mezzola.
SAN CLERICO.
SANGUINETTI. *Histoire.*
SANTI. *Histoire.*
SCARAMUSSE. *Histoire.*

SCHIAVONI (Natale), 1777, Chioggia. *Histoire.* Madeleine repentante, Vienne. Le repentir.
SCHIAVONI (Joseph). *Histoire et portrait.*
SCHIAVONI (Félix). *Histoire.*
SCOTTI (Louis). *Histoire.* L'ombre de Samuel apparaissant à Saül.
SCURI (Henri), 1806, Bergame. *Genre et histoire.* Scène tirée d'Ossian, Vienne.
SENTI. *Histoire.*
SERANGELI, Italie. *Histoire.* Napoléon reçoit les députés au Louvre, Versailles.
SERVOLINI (Benoît). *Histoire.* Herminie chez les bergers.
SESSA (Nicolas). *Histoire.*
SOGNI. *Histoire.*

SPEDULA (Joseph). *Histoire.* Adam et Ève pleurant la mort d'Abel.
STRAGELI, Italie. *Histoire.* Adieux de Napoléon et d'Alexandre, Versailles.

T

TAGLIANI (Louis). *Histoire.* Courage d'Alexandre le Grand après sa blessure.

U

UDINE (Dominique). *Histoire.* Thésée ramenant les filles de Créon.

ÉCOLE ANGLAISE MODERNE.

A

ALLSTON (Washington), 1779, État de la Caroline du Sud (Amérique). *Portrait, histoire et paysage.* Étudia en Angleterre.
ARMITAGE (C.), *1845. *Histoire.* Élève de P. Delaroche. — Bataille de Meccané. (Placé aussi à l'école française.)

B

BALLANTYNE. *Portrait.*
BARKER (R.) *Paysage.*
BARRET (George). *Aquarelle.*
BARTHOLOMEW (V.). *Fleurs et fruits.*
BENTLEY (Charles). *Aquarelle.*
BONE (H. P.). *Émail.*
BONINGTON (Richard-Parkes), 1801-1828, Londres. *Paysage, marines, genre,* etc. Élève de Gros. — Vue du grand canal de Venise. Vue d'Abbeville.
BOSTON (R.). *Fleurs et fruits.*
BRIGGS (Henri-Perronet). *Portrait.*
BROOKBANK (Mme). *Aquarelle.*
BURNET (James), 1788-1816. *Paysage.*
BYRNE (Jean). *Aquarelle.*

C

CALLIOTT (sir Auguste Wall). *Paysage.*
CALLOW (G.). *Aquarelle.*
CARPENTER (Mme). *Portrait.*
CATTERMOLE (G.). *Aquarelle.*
CHALON (Alfred-Édouard). *Portrait à l'aquarelle.*
CHALON (J. J.), *1845. *Genre.* Arrivée du paquebot de Boulogne.
CHAMBERS (G.). *Aquarelle.*
CHISHOLM (A.). *Aquarelle.*
CLATER (T.). *Genre.*
COLE (Thomas). *Portrait.*
COLLINS (G.). *Genre.*
COLLS (R.). *Fleurs et fruits.*
CONSTABLE (Jean), 1776-1837. *Paysage.* Le champ de blé. Londres.
COOKE (E. G.), *1840. *Genre.*
COOPER (Abraham), le jeune, *1845. *Genre, chasses et paysage.* Graveur. Cupidon avec des nymphes.
COOPER (F. S.), *1810. *Paysage.* Vue dans les montagnes de Cumberland.
COPE (C. G.). *Genre.*
COTMAN (J. S.). *Aquarelle.*
COX (David). *Aquarelle.*
CRESWICK (F.), *1845. *Paysage.* Le matin dans une vallée galloise.
CRISTALL (Josua). *Aquarelle.*

CROSS (J.), *1845. *Histoire.* Richard Cœur de Lion pardonnant à son meurtrier.
CROWLEY (N. J.). *Genre.*
CRUICKSHANK (F.). *Portrait,* etc.
CURY (Thomas). *Marines et genre.* Barque ramenant un pilote à terre.

D

DANBY. *Paysage, genre et histoire.*
DAWE (George), 1781-1829, Londres. *Portraits,* Saint-Pétersbourg.
DECKER. *Paysage.*
DENNING (S. P.). *Portrait.*
DYCE (Guillaume). *Histoire.*

E

EASTLAKE (Charles-Lock). *Histoire.*
EDMONSTONE. 1795-1834, Kelso (Écosse). *Histoire, genre et portrait.* Élève de Harlowe.
ELLERBY (T.). *Genre.*
ESSEX (Guillaume). *Émail.*
ETTY (Guillaume), *1840. *Histoire.*
EVANS (Guillaume). *Aquarelle.*

F

FIELDING (Copley). *Aquarelle.*
FINCH (F. O.). *Aquarelle.*
FROST (W. E.), *1845. *Genre.* Una (sujet tiré de Spencer).

G

GASTINEAU (Henri). *Aquarelle.*
GEDDES (A.), *1822. *Genre.* Graveur à l'eau-forte.
GILL (G.). *Genre.*
GLENNIE (Arthur). *Aquarelle.*
GLOWER. *Paysage.*
GRIEVES. *Décors.*

H

HARDING (A.), *1845. *Portrait.*
HARDING (J. D.). *Aquarelle.*
HAYTER. *Portrait.*
HAZLITT (Guillaume), 1778-1830, Maidstone (Kent). *Portrait et histoire.*
HEALY (G. P. A.). *Genre.*
HILDER (R.). *Paysage.*
HILLS (Robert). *Aquarelle.*
HILTON (Guillaume). 1786-1839. *Histoire et*

genre. Épisode tiré des œuvres de Spencer, Londres.
HOLLAND (James). *Aquarelle.*
HORSLEY (J. C.), *1845. *Histoire.* Henri V, prince de Galles, enlevant la couronne sur l'oreiller de son père.
HOWARD (Henri). *Histoire.*
HUGGINS (*1810. *Batailles.* Bataille de Trafalgar (trois tableaux), Londres.
HUNT (G.). *Aquarelle.*
HUSKISSON, *1845. *Genre et paysage.* Nuit de la mi-août.

I

INMAN (Henri), 1801, Utica (Amérique). *Miniature, portrait, paysage et genre.*

J

JACKSON (S.). *Aquarelle.*
JACKSON (Jean), 1778-1831, Lasting (Yorkshire). *Portrait.* Portraits, Londres.
JOHNSON (H.), *1845. *Genre et paysage.* Voyageurs anglais à Thèbes.
JONES.

K

KNIGHT (Jean-P.), *1840. *Genre et portrait.* Scène de la réforme en Écosse.

L

LANDSEER (Charles). *Genre.*
LANDSEER (Edwin), *1845. *Animaux.* Chasse au cerf en Écosse.
LANE (Richard-James). *Portrait.*
LAUDER (J. E.), *1845. *Histoire.* Parabole du pardon. La Sagesse.
LEE (F. R.), *1845. *Paysage.* Une matinée (effet de brouillard). L'abreuvoir.
LEE. *Histoire.*
LEETS (J.). *Fleurs et fruits.*
LESLIE (C. R.), 1794, Angleterre. *Genre.* Marthe et Marie. Pharisien et Publicain.
LEWIS (Jean-F.). *Aquarelle.*
LIEVERSEEGE (Henri), 1803-1832. *Genre.*
LINNELL (J.), *1845. *Paysage et portrait.* Le moulin.
LINTON (W.), *1845. *Genre.* La Grèce.
LUCAS (J.). *Portrait.*
LUCY (Ch.), *1845. *Histoire.* Départ des premiers puritains pour l'Amérique.
LYN (Jean Van der), 1776, État de New-York. *Paysage et portrait.* Étudia en France.

M

MACKENSIE (F.). *Aquarelle.*
MACLISE (Daniel). *Histoire.*
MARSHALL. *Décors et marines.* Marines et vaisseaux. Londres.
MARTIN, *Paysage et histoire.*
MAULE (J.). *Paysage.*
MOGFORD (Henri). *Aquarelle.* L'église de St-Symphorien à Tours. Port de Saint-Malo.
MORTON (A.). *Portrait.*
MULREADY (Guillaume). *Genre.*

N

NASH (Frédéric). *Aquarelle.*
NASH (Joseph). *Aquarelle.*
NESFIELD (G. A.). *Aquarelle.*
NEWTON (sir W. J.). 1795-1835, Halifax (Nouvelle-Écosse). *Miniature et portrait.*

O

O'CONNOR (J. A.). *Paysage.*
OWEN (Guillaume) , 1787 - 1819. *Portrait.* George IV (d'après Hoppner), Londres.

P

PARTRIDGE (J.). *Genre.*
PATON (Noël), *1845. *Histoire.* Jésus-Christ portant sa croix. Réconciliation d'Obérac et de Titania.
PEARSON (Mme). *Portrait.*
PHILIPPS (Thomas),*1845. *Portrait et histoire.* Portrait de lord Hutchinson, Londres. Jésus-Christ aux Oliviers.
PICKERSGILL (Henri-Guillaume) , *1845. *Histoire et portrait.* Enterrement de Harold à l'abbaye de Waltham.
PIDDING. *Genre.*
PLUMMER. *Genre.*
POCOCK, *1810. *Batailles.* Combats en 1805, Londres.

POOLE (P. H.). *1845. *Histoire.* Édouard au siège de Calais.
PRICE (Lake). *Aquarelle.*
PROUT (Samuel). *Aquarelle.*
PYNE (George). *Aquarelle.*

R

REDGRAVE , *1845. *Aquarelle et genre.* Les esclaves de la mode. L'ange gardien.
REINAGLE (Ramsay-Richard). *Portrait.*
RICHMOND (G.). *Portrait.*
RICHTER (H.). *Aquarelle.*
RIDER (Guillaume). *Paysage.*
ROBERTS. *Paysage , histoire et genre.*
ROBERTSON (Mme J.). *Portrait.*
ROBERTSON (A.). *Portrait en miniature.*
ROCHARD, *1840. en France. *Portrait.*
ROEBURN (Henri). *Histoire et portrait.*
ROODS (T.). *Genre.*
ROSS. *Miniature.*
ROTHWELL (R.). *Genre.*

S

SCOTT (G.). *Aquarelle.*
SEVERN (J.). *Histoire.*
SEYFFARTH (Mme). *Aquarelle.*
SHARPE (Mlle Élisa). *Aquarelle.*
SHEE (sir Martin-Arthur). *Portrait.*
SIMSON. *Genre.*
SIMPSON (J.). *Portrait.*
SPINDLER. *Genre.*
STANFIELD (G. Clarkson), *1845. *Paysage et décors.* Les champs d'Hampstead. Vue de Dordrecht.
STARK (J.). *Genre.*
STEPHANOFF (James). *Genre et aquarelle.*
STONE (François). *Aquarelle.*
STOTHARD, 1778-1821, Angleterre. *Histoire et monuments.*
SULLY, Amérique. *Portrait.*

T

TAYLER (J. Frédéric). *Aquarelle.*

TAYLOR (S.). *Genre.*
TENNANT (J.). *Paysage et genre.*
THOMPSON. *Genre.*
TURNER (Guillaume). *Histoire, paysage et aquarelle.*

U

UWINS (T.). *Histoire.*
UWINS (R. A.). *Genre.*

V

VARLEY (Jean). *Aquarelle.*

W

WALKER (G.). *Aquarelle.*
WATT (H.). *Genre.*
WATTS (C. F.), *1845. *Histoire.* Alfred haranguant les Saxons.
WATTS (Mme), 1792-1815. Angleterre.
WEBSTER (J.), *1845. *Genre.* Le lutrin du village.
WEIR (Robert), 1803, New-Rochelle (Amérique). *Histoire et paysage.* Étudia en Italie.
WESTMACOTT (R.), *1835.
WHICKELO (Jean). *Aquarelle.*
WRIGHT (R.), *1820. *Marines.* Yacht royal pendant une tempête et ayant à bord la princesse Charlotte, Londres.
WRIGHT (Jean-Guillaume). *Aquarelle.*
WRIGHT (J. M.). *Aquarelle.*
WILKIE (sir David), 1785-1841, Cuts (Fifeshire). *Genre, histoire et portrait.* Élève de Graham.
— L'aveugle, Londres. La fête du village, ib. La lecture du testament.
WILLIAMS (P.). *Genre.*
WILSON (J.), le vieux. *Marines et paysage.*
WILSON (J.), le jeune. *Paysage.*
WINT (P. de). *Aquarelle.*
WOOD (J.). *Genre.*
WOODWARD (T.). *Genre.*
WYATT (M.). *Portrait.*

ÉCOLE ESPAGNOLE MODERNE.

ANDRADE (Caetano-Ayres de), *1843. Professeur à l'académie de Lisbonne.
ANUNCIAÇÃO (Thomas-Joseph d'), *1844.
BEQUER.
CAMPENY. *Histoire.* Directeur de l'académie de Barcelone.
CORRO (Cecilio). *1845, Espagne. *Portrait*, etc. Portrait de dona Louise, infante d'Espagne, duchesse de Montpensier.
ESQUIVEL. *Tableaux à Madrid.*
FONSECA (Antonio-Manoel da), *1830. *Histoire et portraits.* Professeur de peinture historique à l'académie de Lisbonne. — Énée sauvant Anchise. Mort d'Albuquerque.
FONSECA (ila), fils d'Antonio-Manoel, *1842.
FRANCO (José-Maria), 1815? *Histoire.* Transfiguration d'après Raphaël (avec Ratto).

FREYTAS (Francisco-Pereira),*1845. *Paysage.*
GATTA (José d'Almeida), † 1852, Vizeu. *Portr.*
JOSEPH (Francisco), *1843. *Paysage.* Lever du soleil.
LOUREIRO (François de Sousa) , 1764, † 1844. Directeur de l'académie des beaux-arts de Lisbonne.
MARIE-CHRISTINE , reine d'Espagne , Naples , 1806. *Histoire, genre,* etc.
MADRAZZO, le vieux. *Histoire.* Élève de David.
MADRAZZO (Frédéric), fils du précédent, *1840. *Histoire.* Élève de son père. — Vision de Godefroid de Bouillon.
MARQUES.
MENEZES (Luiz-Pereira de),*1842.*Histoire*, etc. Élève d'A. M. Fonseca. — La mort d'Abel. L'atelier de Raphaël.

METRAS (F. A.).
MONTEIRO (Jean-Pierre), *1844.
MONTEIRO (André), *1845. *Paysage.* Professeur à l'académie de Lisbonne.
MONTEIRO DA CRUZ, *1842. *Paysage.*
PEREIRA (Antoine-José), 1845, Vizeu. *Histoire.*
RAPHAEL (Joachim), 1785?
RATTO (Gregorio-Luiz), 1815? *Histoire.*
REZENDE (Louis-José-Pereida), *1830. *Miniature.*
ROLDAN. *Histoire.* Directeur de l'académie de Cadix.
ROQUEMONT, *1842, Suisse. *Portrait.*
SOUZA (J P.).
VILLA-AMIL (Genaro-Perez de) , *1842. *Paysage.*

ÉCOLE RUSSE MODERNE.

ALEXÉIEFF (Féodor-Yakovlévitch).†1826. *Paysage et vues.* Vue du Kremlin à Moscou, Saint-Pétersbourg. Vue de la nouvelle bourse à Saint-Pétersbourg, *ib.*

ALEXÉIEFF , *1855 , Arzamas. *Genre.* Chef d'école dans sa ville natale.

BASSINE. *Histoire et portrait.*

BAROVIKOFFSKY, †1825. *Histoire, portrait et miniature.*

BRULOFF (Charles), 1800? Saint-Pétersbourg. *Histoire et portr.* Le dernier jour de Pompéi.

BRUNI (Féodor), *1825. *Genre.* Bacchante enivrant un enfant. Saint-Pétersbourg.

CHÉBOUIEFF (Wassily-Cozmitch) , 1778. *Histoire.* Assomption, Saint-Pétersbourg. Saint Jean dans les forêts, *ib.*

CHORIS (Louis), 1795 , Iekaterisnoslaw. *Costumes, paysage,* etc.

CHRACTSKY. *Fruits et nature morte.*

CHTCHEDRINE (Silvestre) , 1790-1830. *Paysage.* Le Circus-Maximus à Rome , Saint-Pétersbourg.

EGGINCK. *Histoire.* Le grand prince Vladimir

choisissant une religion, Saint-Pétersbourg.

GAGARIN (le prince Grégoire). *Histoire et genre.*

GAJVASOFFSKY. *Marines.*

IGNATIUS , 1794-1824, en Esthonie. *Histoire et genre.* Éléonore d'Este récompensant le Tasse du poème qu'il vient de lui offrir, Saint-Pétersbourg.

IWANOFF (André-Ivanovitch), 1777. *Genre et histoire.* Le guerrier vaincu , Saint-Pétersbourg.

IWANOFF (Alexandre), fils d'André , *1840. *Histoire.* Portement de croix, St-Pétersbourg.

KIPRENNSKY (Oreste - Adamovitch) , 1782. *Portrait et genre.* Le jeune moissonneur. Saint-Pétersbourg.

KOUKEWITSCH. *Genre et scènes militaires.* Élève de Sauerweid.

LEBEDEFF, † 1837. *Paysage.*

MARKOFF. *Histoire.*

MARTINOF. *Paysage.*

MATVÉIEFF (Féodor) , †1824. *Paysage.* Vue d'une cascade , Saint Pétersbourg.

MOLLER (de). *Histoire.* Élève de Bruloff.

NEFF. *Portrait et genre.*

ORLOFFSKY(Alexandre).1785, Pologne.*Genre.* Tableaux, Saint-Pétersbourg.

PLAHOFF.

SAPOJNIKOFF.

SAUERWEID. *Batailles, genre,* etc.

SOUDOKOLSKI, *1829. *Histoire.* Prise d'Erzeroum, Saint-Pétersbourg.

STERNBERG. *Paysage et genre.*

TIRANOFF. *Intérieurs.* Élève de Wenezianoff.

TSCHERNETZOFF (les frères). *Paysage.*

WARNYK. *Portrait et genre.*

WILLEBALD, *1828. *Histoire.* Prise de Kars.

WOROBIEFF (Mathieu-Nikiphorovitch), 1788. *Paysage et vues.* Le couvent du Nouveau-Jérusalem à Vosskressensk , Saint-Pétersbourg.

YERGOROFF (Alexis-Yegorovitch), 1777. *Histoire.* Sainte famille, Saint-Pétersbourg.

ZAVIALOFF. *Histoire.*

ZELERHOFF.

ÉCOLE DANOISE MODERNE.

ABILGAARD (Nicolas), 1777-1809, Copenhague. *Histoire et ornements.*

AUMONT (Louis), 1805, Copenhague. *Portrait.*

BENDTZ (Guillaume) , 1810?-1853 , Fionie. *Genre.*

BLUNCK (Ditlef), 1800? Holstein. *Histoire.*

BUNTZEN. *Paysage.*

CHRISTENSEN (Chrétien-Frédéric). *Décors.*

ECKERSBERG (Christophe-Guillaume), 1783 , duché de Sleswig. *Histoire et portrait.*

EDDELIEN (Henri), 1800? *Histoire et genre.*

GEBAUER (Chrétien-David), 1777-1831, Neusalz (Silésie). *Animaux, chasses et chevaux.* Élève de Lorentzer.

HANSEN (Constantin), 1806? *Genre et architecture.*

HELLESEN (Mlle Jeanne). *Fleurs et fruits.* Élève de Jensen.

JENSEN (Jean-Laurent) . 1800 , Copenhague. *Fleurs et fruits.* Élève de Fritzsch.

JENSEN (Chrétien-Albert) , 1792 , Holstein. *Portrait.*

KLOSS, Brunswick. *Marines.*

KRAFFT, 1800-1856, Holstein. *Genre.*

KRAZENSTEIN-STUB, 1783-1816, Copenhague. *Histoire.*

LUND (Jean-Louis), 1777, Kiel. *Histoire.*

LUND (Troels). *Décors.*

MARSTRAND (Guillaume), 1810? *Genre.*

MÖLLER (Jean-Pierre), 1783 , Fionie. *Paysage.*

MÜLLER (Adam), 1808? *Histoire.*

PETZOLD (Frédéric), 1803, Copenhague. *Paysage.*

RÖRBYE, 1803. *Genre.* Élève d'Eckersberg.

RÜCHLER (Adolphe), 1800? Copenhague. *Histoire et genre.*

SÖDRING. *Paysage.*

SONNE (J.). 1800? *Genre.*

TENGNAGEL (Fabrice de), 1803, Copenhague. *Paysage.*

WALLICH (Arnold). *Décors.*

ÉCOLE BRÉSILIENNE MODERNE.

AMARAS (François-Pierre d'), *1842, Brésil. *Histoire.* Architecte. Élève de l'académie de Rio-Janeiro.

ARAUJO PORTO ALEGRE, *1842, Brésil. *Histoire.* Élève de l'académie de Rio-Janeiro.

ARRUDE (Joseph dos Reis), *1842, Brésil. Élève de l'académie de Rio-Janeiro.

CARVALHO (Joseph dos Reis), *1842, Brésil. *Paysage.* Élève de l'académie de Rio-Janeiro.

MOREIRA (Christ), *1842, Brésil. *Marines.* Élève de l'académie de Rio-Janeiro.

SILVA (Henri-Joseph de), *1800, Portugal. *Histoire.* Directeur de l'académie de peinture établie à Rio-Janeiro. Le peintre français Félix Taunay lui a succédé.

SIMPLICIO , *1842, Brésil. *Portrait.* Élève de l'académie de Rio-Janeiro.

Au xviiie siècle , un nègre , nommé Sébastien ,

décora de fresques dignes d'éloges le dôme de l'église de Saint-François à Rio-Janeiro.

Nota. — La France envoya des artistes au Brésil en 1816. MM. N. A. Taunay et Debret consacrèrent leurs soins à l'établissement d'une académie; la direction en appartint pendant quelque temps à Henri-Joseph de Silva, peintre portugais; mais enfin, justice fut faite, et M. Félix Taunay obtint la place que l'intrigue avait ravie à son père.

ÉCOLE SUÉDOISE MODERNE.

ECKMANN-ALESSON (Laurent), 1792. *Paysage et animaux.* Élève de Fahlcrantz.

FEARNLEY (Thomas) , 1802 , Friedrichsbald (Norwège). *Paysage et perspective.*

KRAFFT. *Histoire.* Professeur.

LAUREUS, 1786-1823. *Genre, paysage,* etc.

MÖRNER (le Comte). *Genre.*

SENDBERG. *Histoire.*

SOEDERMARK. *Portrait.*

WESTIN , *1840. Directeur de l'académie de Stockholm.

WIKEBERG.

ÉCOLE POLONAISE MODERNE.

BRODOWSKI , Pologne. *Portrait.*

BRZOZOWSKI , Pologne. *Histoire.* Élève d'Overbeck.

GLOWACKI , Pologne. *Paysage.*

MICHALOWSKI, Pologne. *Aquarelle.*

MORACZYNSKI , 180*, Lemberg. *Histoire.*

MUSZOWSKI , 1800 , Pologne.

ORLOWSKI , Pologne. *Peintre à la gouache.*

Établi à Saint-Pétersbourg (voir à l'école russe).

STATTLER, Cracovie. *Histoire.*

SUCHODOLSKI , Pologne. *Histoire, genre ,* etc.

ADDITIONS ET CORRECTIONS.

PAGE 4. (Biographie de Q. Metsys). Au lieu de : *né à Anvers,* lisez : *né à Louvain.* Un remarquable travail de M. Frédéric Van Achter a fixé désormais les doutes des biographes à cet égard. Quant à la date de naissance du grand peintre, plusieurs auteurs donnent 1450, d'autres 1470, sans que rien vienne apporter quelque authenticité à l'une ou à l'autre de ces dates.

Pe 5. (Biographie de Guillaume Goesteline). Dans les notes historiques, au lieu de : *demeurait Grammont,* lisez : *demeurait à Grammont.*

Pe 7. (Biographie de Lamb. Susterman.) Ajoutez à la fin des notes historiques : *Passa plusieurs années à Rome et à Florence.*

Pe 8. (Biographie de Joseph Van Lierre.) Ajoutez dans la colonne d'observations : *Talent remarquable dans les tableaux à la détrempe.*

Pe 8. (Biographie de Joachim Beuckelaer.) Ajoutez dans la colonne des tableaux : *Marchand de poisson, Munich ; Foire dans une ville allemande, ib.*

Pe 10. (Biographie de Paul Franceschi.) Ajoutez à ses tableaux : *Jésus-Christ mort sur les genoux de sa mère.*

Pe 13. (Biographie de Balthazar Lauri.) Date de mort : 1641. Remplacez ce qui est dit dans les notes historiques par ces détails : *Elève de Paul Bril ; parcourut l'Europe, se fixa à Rome, y reçut un grand nombre de commandes et y mourut. Nommé aussi* des Lauriers. *La* Biographie universelle *le fait naître en* 1587. Dans la colonne d'observations, lisez : *S'appropria à s'y méprendre la manière de son maître.*

Pe 16. Le tombeau d'Adrien Stalbent, qui se trouve à Putte (Belgique), porte pour date de sa mort, 1662.

Pe 21. (Biographie de J. Miel.) Au lieu de : *mort en 1644,* lisez : 1664.

Pe 21. (Biographie de Van Dyck.) Ajoutez à ses tableaux principaux : *Saint Martin donnant la moitié de son manteau à un pauvre, Saventhem (Belgique).*

Pe 24. (Biographie de Pierre Stevens.) Dans la colonne des tableaux, lisez : *Paysage, Chasse au cerf, Vienne. Désigné à Vienne sous le nom de* Stephani.

Pe 32. (Biographie de Pierre Meert.) Quelques auteurs le font naître en 1621.

Pe 33. (Biographie de Henri Rokes.) Supprimez cette biographie : ce peintre est le même que Henri Martin Zorg, cité à la page 119, école hollandaise.

Pe 39. (Biographie de Valentin Lefebvre.) Dans les notes historiques, ajoutez : *Se perfectionna en Italie et s'établit à Venise.*

Pe 44. (Biographie de Jean-Antoine Van der Leepe.) Dans la colonne d'observations, ajoutez : *Manière facile, touche libre, feuillé léger et piquant, coloris un peu gris. Ses marines sont plus estimées que ses paysages.*

Pe 46. (Biographie de J. B. Juppin.) Colonne d'observations, ajoutez : *Pinceau ferme et large, feuillé soigné, coloris vif, perspective bien entendue, ensemble harmonieux.*

Pe 47. (Biographie de Jacques-François Deslyens.) Remplacez ce qui est dit dans les notes historiques par : *S'établit à Paris, y devint membre de l'Académie et y mourut. Il exposa plusieurs portraits en* 1746.

Pe 49. (Biographie de Alonsius Finsonius.) A l'époque où nous traitions cette biographie, aucun détail n'était encore parvenu jusqu'à nous sur cet artiste ; aujourd'hui, grâce à un ouvrage curieux que vient de publier M. E. de Pointel (*Recherches sur la vie et les ouvrages de quelques peintres provinciaux*, Paris, 1 vol. in-8o, 1847), nous savons que Finsonius, après avoir été élève du Caravage et de Michel-Ange en Italie, revint à Aix en Provence, où il mourut, après y avoir peint beaucoup de tableaux. Consultez, pour plus amples renseignements, le livre préindiqué.

Pe 53. (Biographie d'Abraham Teniers.) Nous avons trouvé pour dates de naissance et de mort de cet artiste 1619-1692 ; rien, du reste, ne garantit l'authenticité de ces chiffres. Abraham ne peignit que des kermesses et n'eut qu'un talent très-médiocre.

Pe 56. (Biographie de De Hont.) Colonne d'observations, ajoutez : *On a de ses ouvrages qui se rapprochent infiniment de ceux de son maître.*

Pe 61. (Biographie du chevalier Nicolas-Joseph-Henri de Fassin.) Colonne d'observations : *Composait avec feu, imitait avec bonheur. Sa couleur manque souvent de vie.*

Pe 63. (Biographie de Jean-Louis de Masne.) Il est nommé de Marne par les biographes français. Ajoutez dans la colonne des tableaux : *Diligence sur la grande route, Paris ; Foire devant une auberge, ib. ; Départ pour une noce.* Ajoutez à son genre : *Genre.*

Pe 63. (Biographie de Gérard Van Spaendonck.) Colonne des tableaux, ajoutez : *Fleurs et fruits, Paris.*

Pe 64. Entre les biographies de Jean Trochez et de de Quartemont, ajoutez celle-ci :

Landtsheer (Jean de), 1750 ?-1828, Baesrode (Belgique). Histoire et genre. Vénus coupant les ailes à l'Amour, Bruxelles ; Deux enfants assis, Harlem.

Pe 64. Entre les biographies de Goesin et de Schaeken, ajoutez celle-ci :

Bailly (Ernest), 1753-1823, Lille. Paysage et genre. Etudia à Gand, à Anvers et à Paris. Annonciation, Everghem (Belgique).

Pe 64. (Biographie d'Ommeganck.) Ajoutez à ses tableaux : *Paysage avec moutons, Paris.*

Pe 66. (Biographie de Hennequin). Ajoutez à ses tableaux : *Remords d'Oreste, Paris.*

Pe 68. (Biographie de Mathieu-Ignace Van Brée.) Ajoutez à ses tableaux : *Mort du comte d'Egmont, Harlem ; le prince d'Orange visitant, dans la Maison des Orphelins, à Amsterdam, les victimes de l'inondation de* 1825.

Ajoutez dans l'école flamande, et à leur ordre chronologique, les peintres suivants :

Vandergoughte (Jean), reçu dans la corporation des peintres à Gand en 1463.

François de Coutre, né à Ypres dans le xvie siècle, peignit le Jugement de Salomon, qui se trouvait dans l'ancienne chambre échevinale.

Pierre Godyn, né en 1752, mort dans le xviiie siècle.

Egide Claeyssonne, peintre domestique d'Alexandre Farnèse, eut deux frères qui furent célèbres.

Jean Douelle, maître de P. J. Lafontaine, peintre d'intérieurs d'église.

Jacques Van Buren, enlumineur, reçu à Gand dans la corporation des peintres, le 12 juillet 1436.

Pe 73. Dans la note, au lieu de : *Van Van Harfelt,* lisez : *Van Hasselt.*

Pe 87. A la table de l'école flamande, P. Breughel, *page* 60, lisez : 70.

Pe 93. (Biographie d'Antoine Moro.) Les auteurs allemands le font naître, les uns en 1512, les autres en 1519, et mourir en 1575 ou 1588. D'autres biographes donnent pour dates 1525-1581.

Pe 99. (Biographie d'Adrien Van Linschoten.) Colonne d'observations : *Talent supérieur, bon dessin, pinceau savant.*

Pe 105. (Biographie de Jean Van der Lys.) Supprimez, dans la colonne des tableaux, *l'Enfant prodigue, Florence,* et placez-le aux tableaux de Jean Lys.

Pe 106. (Biographie de Jean Wynands.) On le croit mort en 1677. Il existe de lui un tableau qui porte la date de 1673.

Pe 111. (Biographies des Both.) Notes historiques, ajoutez : *Leur père était bon peintre sur verre à Utrecht.*

Pe 123. (Biographie de Vandermeer le jeune). Au lieu de : *le jeune,* lisez : *le vieux.* Au lieu de : *paysage,* lisez : *portraits, grandes figures.* Au lieu de ce qui se trouve rapporté aux notes historiques, lisez : *Etabli à Utrecht, accompagna Liévin Verschuur en Italie.* Supprimez ses tableaux.

Pe 128. (Biographie de Ruysdael.) Des journaux artistiques ont avancé, sans le prouver, qu'il existait des tableaux de ce peintre portant la date de 1645, ce qui reculerait la date de naissance de Ruysdael jusques vers 1630. Néanmoins, nous avons adopté la date qui, selon des biographes consciencieux, paraissait la plus certaine.

Pe 130. (Biographie de Mytens.) Cette biographie, extraite de Descamps, est inexacte ; nous la remplaçons par celle-ci : Né en 1603 ? Mort en 1658, la Haye. Portraits. Se rendit en Angleterre vers la fin du règne de Jacques Ier ; y fut nommé, en 1625, peintre et dessinateur ordinaire du roi. L'arrivée de Van Dyck mit fin à ses succès. Revint à la Haye en 1635, et y mourut. Sa manière a beaucoup d'analogie avec celle de Van Dyck : moins d'élégance, d'expression et de dessin, fini plus laborieux.

Pe 131. (Biographie de Guillaume de Heusch.) Mort, croit-on, en 1702.

Pe 145. (Biographie de Christophe le Blon.) Mort en 1741. Ajoutez aux notes historiques : *Aborda plusieurs entreprises relatives aux arts pendant son séjour à Londres, et échoua complétement ; vint à Paris en* 1738, *n'y réussit pas mieux qu'ailleurs, malgré son talent incontestable : y fut accablé de misère et y mourut à l'hôpital. On le croit parent de Marie-Sibylle Mérian.*

Pe 149. (Biographie de Jacques Van Leinder.) Lisez : *Van Liender.*

Pe 157. (Biographie de Pierre Van der Leeuw.) Notes historiques, ajoutez : *Son père, nommé Sébastien, cultiva également la peinture et donna des leçons à son fils.*

Pe 158. (Biographie de Henri Van Lint.) Supprimez ce peintre, qui se trouve à l'école flamande.

Pe 161. (Biographie de J. Rontbout.) Dans les notes historiques, au lieu de : *Théodore Rombauts,* lisez : *Théodore Rombouts.*

Pe 164. (Biographie de Gérard Van Battem.) Supprimez cette biographie, qui se trouve déjà plus haut, page 149.

Pe 191. (Biographie de Martin Schoen.) Au lieu de : *mort en* 1498, lisez : 1499.

Pe 192. (Biographie de Jean Burckmayr.) Ajoutez à son article : *Au revers du portrait de Martin Schoen se lit, en allemand, l'inscription suivante :* Maître Martin Schoengauer, peintre, appelé Hipsch Martin, à cause de son art, né à Colmar ; mais, par ses parents, il est devenu bourgeois à Augsbourg, mort à Colmar en 1499, le 2 février. Dieu lui fasse grâce. Et je fus son élève, Jean Largkmair, 1488.

Pe 216. (Biographie de Joseph Roos.) Mort en 1805.

Pe 217. Entre les biographies de Frank et de Maurer, ajoutez celle-ci :

Tusch (Jean), 1738-1817, Tyrol. Portrait. Détails inconnus. Portrait, la Mère du peintre, Vienne.

Pe 217. (Biographie de Michel Wutki.) Au lieu de : *Né en* 1730, lisez : 1738. Lieu de naissance, lisez : *Krems.*

Pe 218. (Biographie de Lutherburg.) Mort en 1814, lisez : 1812.

Pe 219. Entre les biographies de Schmidt et de Jean-Frédéric-Auguste Tischbein, ajoutez celle-ci :

Hickel (Antoine), 1749-1798, Bohême. Histoire. Détails inconnus. Assemblée du parlement anglais sous la présidence de Pitt, Vienne.

Pe 219. (Biographie de Tischbein.) Au lieu de *J. F. A. Tischbeir,* lisez : *Tischbein.*

Pe 219. Entre les biographies de Frey et de Jean-Henri-Guillaume Tischbein, ajoutez celle-ci :

Braun (Adam-Jean), 1750-1827, Vienne. Genre. Détails inconnus. Une jeune femme au travail, près d'elle un homme, Vienne.

Pe 220. Placez à leur ordre chronologique les peintres suivants :

Platzer (Joseph), 1752-1806, Prague. Histoire, architecture. Détails inconnus. Eponine et Sabinus, Vienne ; César et Cléopâtre, *ib.*

Höchle (Jean-Baptiste), 1754-1832. Klingenau Genre, portraits. Détails inconnus. Un vieux fumeur, Vienne ; portrait de vieille dame, *ib.*

Dies (Albert-Christophe), 1755-1822, Hanovre. Paysage. Détails inconnus. Vues près de Saltzbourg, Vienne.

Pe 220. (Biographie de Lampi.) Ajoutez : *Jean-Bapt.*

Pe 221. Placez à leur ordre chronologique :

Stober (François), 1760-1834, Vienne. Vues. Détails inconnus. Vue à Spire, Vienne.

Scheyerer (François), 1762, Prague. Paysage. Détails inconnus. Les montagnes de neige, Vienne.

Pe 222. (Biogr. de Fischer). Né en 1767, lisez : 1769.

Pe 223. (Biographie de Louis Schonberger.) Lisez : *Laurent.* Date de naissance, lisez : 1770, né à Vöslau.

Pe 225. (Biographie de Dillis.) Né en 1785 à Giebing (Bavière). Elève de son père.

Pe 231. Entre les biographies de Fouquet et d'Otelin, mettez :

Prégéal (Jean), * 1409, France. Miniature. Imagier sous le règne de Louis XII, chef de l'école de peinture et un des dignitaires de la communauté des peintres établie sous Charles VI.

Pe 241. (Biographie de Pierre Puget.) Une erreur de copiste nous fait dire qu'*il était né d'une famille illustre dans les fastes de la Provence.* C'est une erreur ; son père était sculpteur d'ornements pour vaisseaux.

Pe 253. Placez dans cette page :

Holart, né à Reims, ami de la Fontaine. Tableaux dans les églises de Reims.

Pe 255. Entre les biographies de Tramullos et de Vouquer, mettez :

Tisserand, Reims. Histoire. Ce peintre avait composé un sixième ordre d'architecture, qu'il présenta au roi. *Nunc dimittis,* Reims.

Pe 256. (Biographie de Van Loo.) Au lieu de : *neuveu,* lisez : *neveu.*

Pe 262. Entre les biographies de Bouillard et de Lantara, mettez :

Perseval, 1745-1837, Chamery. Portraits, etc. Professeur de dessin au collége royal de Pont-le-Voy. Touche large. Portrait de vieille femme, Reims.

Pe 262. (Biographie de Vincent.) Ajoutez à ses tableaux : *Martin Molé arrêté par des factieux, Paris.*

Pe 263. A la fin de la page, placez :

Bonvoisin (Jean), 1752-1837. Histoire. Grand prix de peinture. Hercule et Apollon se disputant un trépied, Paris. Mort à Paris.

Pe 264. (Biographie de Nicolas-Antoine Taunay.) Ajoutez à son article : *Envoyé à Rio-Janeiro en compagnie de Debret et de quelques autres artistes pour y fonder une académie. Il éprouva de grands obstacles, causés par l'envie, et eut la douleur de voir nommer à sa place un peintre portugais qui était loin d'égaler son talent.*

Pe 265. Entre les biographies de Langlois de Sézanne et de Watteau, mettez :

Duvivier (Ignace), 1758-1832, Reims. Paysage. Mort à Paris. Paysage avec cascade, Vienne.

Pe 267. Placez à leur ordre chronologique les peintres suivants :

Perin-Salbreux (Lié-Louis), 1753-1817, Reims. Portraits. Il excella dans les portraits au pastel et en miniature.

Milbert (Jacques-Gérard), 1766-1840, Paris. Naturaliste et voyageur.

Pe 267. (Biographie de Boilly.) Mort en 1845.

Pe 269. (Biographie de Marlet.) Mort en 1846.

Pe 271. En haut de la page, placez :

Mérimée (Jean-François-L.), 1775-1836, Paris. Membre de l'académie des Beaux-Arts et chimiste distingué.

Pe 271. (Biographie de Pauline Auzou.) Morte en 1835.

Pe 275. (Biographie de Joseph-Xavier Bidaud.) Ajoutez 1758-1846. Né à Carpentras.

FIN.

TABLE.

NOMS DES SOUSCRIPTEURS.

LE DÉPARTEMENT DE L'INTÉRIEUR . . . . 60 EXEMPLAIRES.
LA RÉGENCE DE LA VILLE DE GAND . . . . . . 10 »
S. A. SÉRÉNISSIME MONSEIGNEUR LE DUC D'ARENBERG. 2 »

	Exemp.		Exemp.		Exemp.
ANCELLE, éditeur, à Anvers.	2	ESSCHE (van), à Louvain.	2	MEYNNE (L.), à Bruxelles.	1
DAEHE (de), à Gand.	1	EVANS (Mlle), à Bruxelles.	1	MICHEL, éditeur, à Bruxelles.	6
DALAT, à Bruxelles.	1	EVERAERTS, à Anvers.	1	MOL (van), éditeur, à Anvers.	3
BEAUFFORT (Cte Amédée de), à Bruxelles.	1	EXAERDE (Cte d'), à Exaerde.	1	MOLS (Flor.), à Anvers.	1
BEMMEL (Bon Eug. van), à Bruxelles.	4	FAIDER, à Gand.	1	MOLYN, à Anvers.	1
BERTHOT, éditeur, à Bruxelles.	1	FERNANDEZ, à Liège.	1	MUQUARDT, éditeur, à Bruxelles.	50
BEYENS (Eug.), à Bruxelles.	1	FRAIKIN, à Bruxelles.	1	NAUTEL, éditeur, à Verviers.	1
DIEFVE (Ed. de), à Bruxelles.	1	FRANCKEN, à Bruxelles.	1	NEST (Cons. van den), à Anvers.	1
BIVORT-CROWIE, éditeur, à Gand.	4	FROMENT, éditeur, à Anvers.	6	NYPELS (Eug.), à Bruxelles.	1
BLOCK (Eug. de), à Anvers.	1	GALLAIT (L.), à Bruxelles.	1	PARTOES, à Bruxelles.	1
BOGAERTS, éditeur, à Bruges.	6	GASTEL (van), à Anvers.	1	PAYEN (Aug.), à Bruxelles.	1
BORCHT (C. J. van der), à Anvers.	1	GAUCHEZ (Léon), à Bruxelles.	3	PAYEN, à Tournai.	1
BOVIE (Félix), à Bruxelles.	1	GERLHAND, à Anvers.	1	PEETERS, à Gand.	1
BOYÉ, à Anvers.	1	GÉRARD, éditeur, à Namur.	4	PERICHON, éditeur, à Bruxelles.	50
BOVYN, à Gand.	1	GHEMAR, à Bruxelles.	1	PEZ, à Anvers.	1
BRAEKELEER (Ferd. de), à Anvers.	1	GISSLER (Ed.), à Bruxelles.	1	POYART, à Bruxelles.	1
BRÉE (Phil. van), à Bruxelles.	1	GODECHARLE, à Bruxelles.	1	PRET (Baron Jos. de), à Anvers.	1
BRUZETTO DE DECKER, à Bruxelles.	1	GOUSSAERT (Mme), à Bruxelles.	1	PREVOST, à Gand.	1
BUCQ, éditeur, à Luxembourg.	1	GROOTE (de), à Bruxelles	1	PRODHOMME, éditeur, à Bruxelles.	6
DURBURE (G. de), à Gand.	1	GRUYTER (de), à Anvers.	1	PUYENBROEK, à Bruxelles.	1
BUSSCHER (Fr. de), à Gand.	1	GUFFENS (God.), à Anvers.	1	RATINCKX, éditeur, à Anvers.	6
BUSSCHER (Guil.), à Gand.	1	GURNET, à Bruxelles.	1	RITTER (de), éditeur, à Bruges.	6
DUYSE (Ferd.), à Audenaerde.	1	HAEN (Em.), à Anvers.	1	ROBBE (Louis), à Bruxelles.	1
BUYSSCHER (Mme de), à Bruxelles.	1	HARDEN, à Liège.	1	ROBYNS (M. J.), à Bruxelles.	1
CAHEN, à Anvers.	1	HART, à Bruxelles.	1	ROELANDT, à Anvers.	3
CAMBRY DE SIRACOURT (de), à Bruxelles.	1	HAVRE (Jul. van), à Anvers.	1	ROFFIAEN-DUJARDIN, éditeur, à Namur.	5
CANNEEL (Th.), à Gand.	1	HEILMANN, à Bruxelles.	1	ROOY (J. van), à Anvers.	3
CAPIAUMONT (général), à Liège.	1	HERMANN, à Liège.	3	SANO (E.), à Anvers.	1
CAPIAUMONT (Henri), à Mons.	1	HERRY, à Anvers.	1	SCHAEPKENS (Alex.), à Bruxelles.	1
CAROLUS (Louis), à Anvers.	1	HOLLEBEKE (van), à Anvers.	1	SCHAEPKENS (Théod.), à Bruxelles.	1
CELS (Corneille), à Bruxelles.	1	HOORICK (M. van), à Bruxelles.	1	SCHAEPKENS (Aloïs), à Bruxelles.	1
CHAUVIN, à Liège.	1	HOSTE, éditeur, à Gand.	24	SCHAMPHELEER (J. de), à Bruxelles.	1
CLAES (Ferd.), à Anvers.	1	HUARD (L.), à Bruxelles.	1	SCHIPPERS (Ch.), à Anvers.	1
CLUYSENAER, à Bruxelles.	1	JACOBS, à Gand.	1	SCHOTT, à Liège.	1
CORNE (J.), à Bruxelles.	1	JAMART, à Bruxelles.	1	SIRET, à Gand.	1
COL (David), à Anvers.	1	JONES, à Bruxelles.	1	SLINGENEYER (Ern.), à Anvers.	1
COLLARDIN, éditeur, à Liège.	6	JOOS, à Gand.	1	SMEDT (de), à Bruxelles.	1
COLMANT, à Bruxelles.	1	JOURET (Th.), à Bruxelles.	1	SMEDT (de), à Anvers.	1
COOMANS (C. J.), à Bruxelles.	1	JOUVENEL (Ad.), à Bruxelles.	1	SMET (de), à Anvers.	1
CORNET, à Anvers.	1	KEYSER (N. de), à Anvers.	1	SNOECK (Jules), à Bruxelles.	1
COUR DES COMPTES, à Bruxelles.	1	KEYSER (de), à Bruxelles.	1	SOUDAIN DE NIEDERWERTH, à Bruxelles.	1
CUYLITS (Emm.), à Bruxelles.	1	KIESSLING, éditeur, à Bruxelles.	5	STASSART (Baron de) à Bruxelles.	1
CUYPERS (Franç.), à Anvers.	1	KUEMPEL, à Anvers.	1	SWERTS (Jean), à Anvers.	1
DAELE (van den), à Anvers.	1	KUYK (L. van), à Anvers.	1	THIENNES (Cte d·), à Gand.	1
DECKER (Pierre de), à Termonde.	1	LAMMENS, éditeur, à Mons.	2	THYS (Jean), à Bruxelles.	1
DECQ, éditeur, à Bruxelles.	24	LANGHANS, à Gand.	1	TIELEMANS (Louis), à Anvers.	1
DEFFEREZ, à Gand.	1	LAUTERS, à Bruxelles.	1	TOUSSAINT, à Bruxelles.	1
DELFORGE, éditeur, à Malines.	1	LEBRUN-DEVIGNE, éditeur, à Gand.	4	VALTON (Victor), à Bruxelles.	1
DELFT (van), à Anvers.	1	LEHARDY DE BEAULIEU, à Bruxelles.	1	VERBOECKHOVEN (Eug.), à Bruxelles.	1
DELISE, à Bruxelles.	1	LEHON (Cmte), à Bruxelles.	1	VERDUSSEN (Mlle), à Bruxelles.	1
DELLAFAILLE (Alph.), à Anvers.	1	LEIRENS, à Gand.	1	VERHEYDEN (Fr.), à Anvers.	1
DELVAUX, à Spa.	1	LELIÈVRE, à Gand.	1	VERHULST (Louis), à Bruxelles.	1
DEMAT, éditeur, à Malines.	4	LENORMAND (Cmte), à Bruxelles.	1	VERLAT (Charles), à Anvers.	1
DERONGÉ (J.), à Malines.	1	LEROUX, éditeur, à Namur.	2	VINCK (Baron Jules), à Anvers.	1
DESOER, éditeur, à Liège.	1	LEROY (Cmte), à Bruxelles.	1	VINNE (van der), à Gand.	1
DILLENS (Ad.), à Anvers.	1	LEYS (Henri), à Anvers.	1	WADIN, à Bruxelles.	1
DOCHEZ (Mme), à Louvain.	1	LIMELETTE père, à Bruxelles.	1	WAPPERS (Gust.), à Anvers.	1
DONNEAUX, à Bruxelles.	1	LISBET, à Bruxelles.	1	WEBER, à Anvers.	1
DUBOIS (Pierre), à Bruxelles.	1	LOOS (Fr.), à Anvers.	1	WILGE (de), à Gand.	1
DUCHATEL (Comte Ferd.).	1	LOPPENS, éditeur, à Nieuport.	1	WINT (van), à Bruxelles.	1
DUJARDIN (Mlle), éditeur, à Gand.	24	LOUMYER, à Bruxelles.	1	WINTER (L. de), à Anvers.	1
DUMORTIER, à Tournai.	1	MADOU, à Bruxelles.	1	WITTCAMP, à Anvers.	1
DUPONT, à Gand.	1	MALDEGHEM (Eug. van), à Bruxelles.	1	WOLFERS, à Bruxelles.	1
DUSSEN (Baron Ferd. van der), à Bruxelles.	1	MARCKE (van), à Bruxelles.	1	WUYTS (Henri), à Anvers.	1
DUWÉE (H.), à Bruxelles.	1	MAYER, éditeur, à Aix-la-Chapelle.	1	WUYTS (Jos.), à Anvers.	1
DYCKMANS (J.), à Anvers.	1	MELOT, à Bruxelles.	1		
ELLERMAN, à Anvers.	1	MERSSEMAN (A. de), à Anvers.	1		

MONOGRAMMES

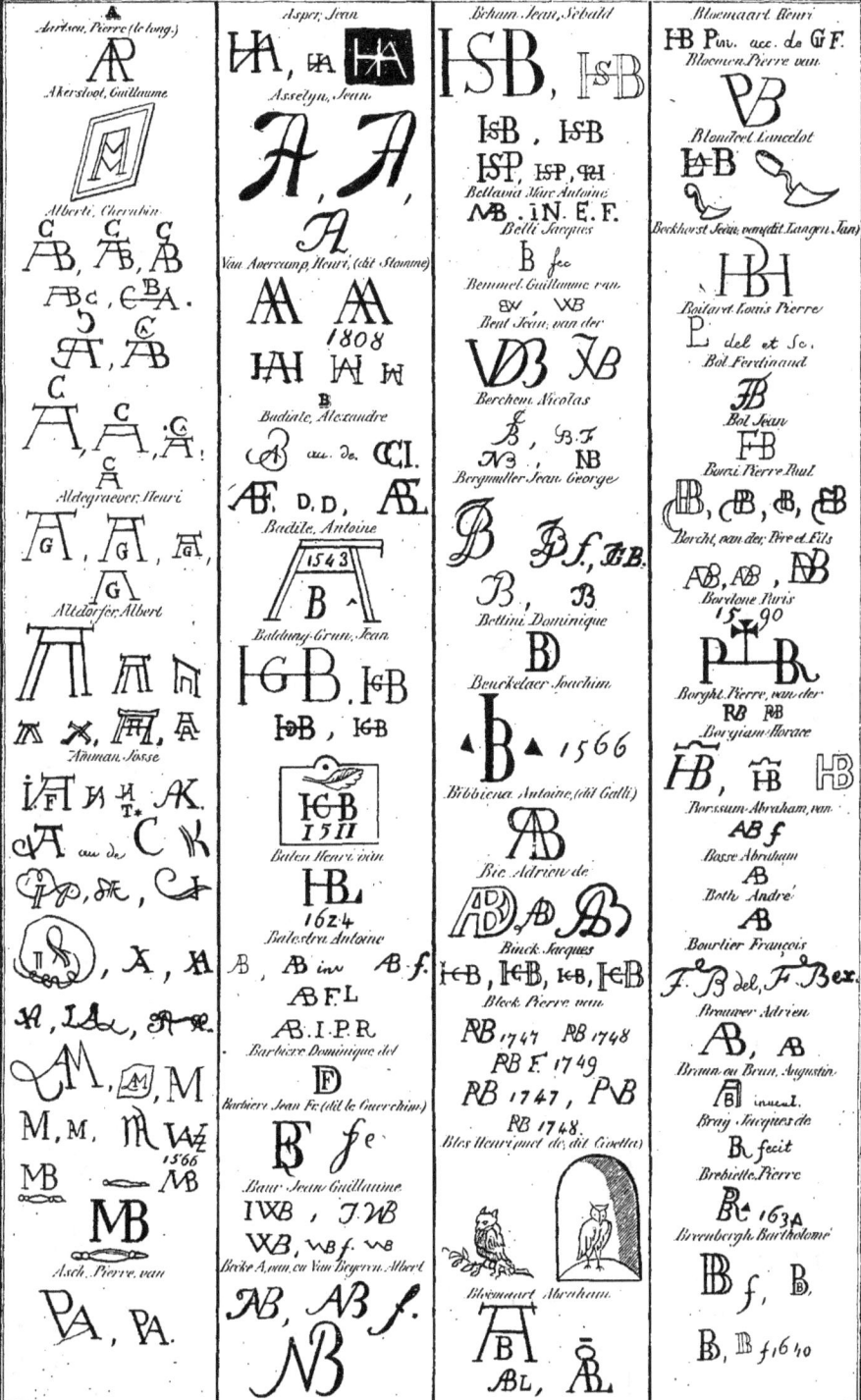

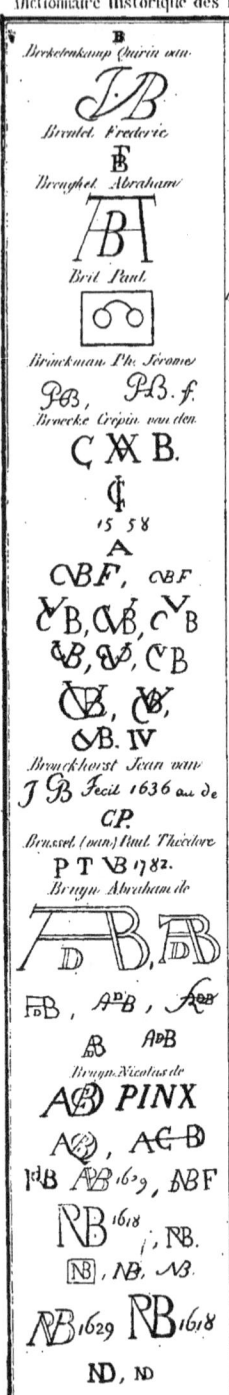

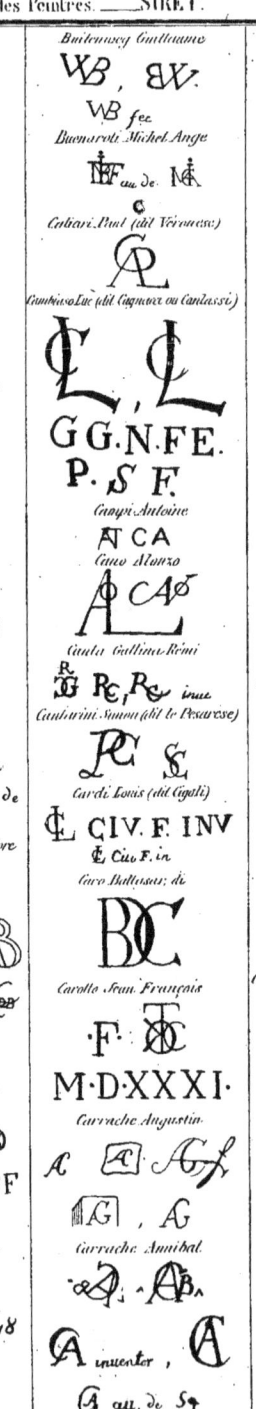

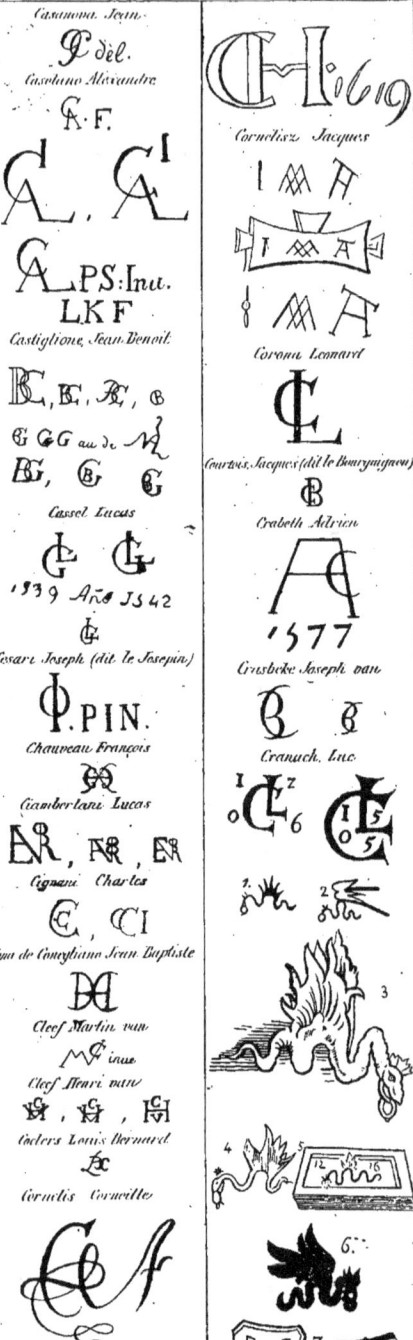

Cranach Luc

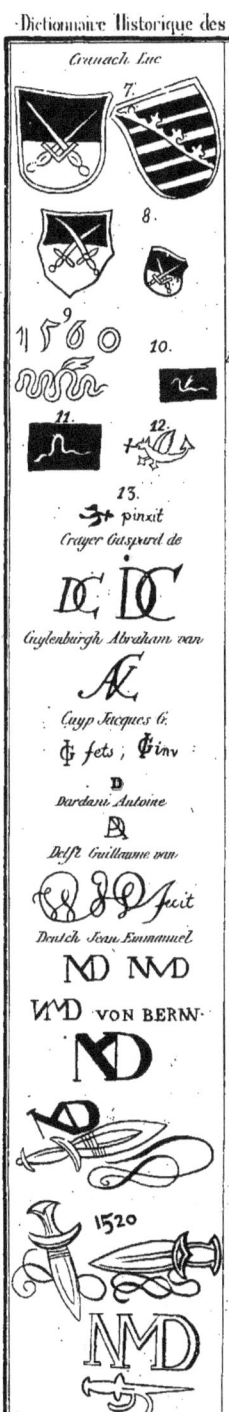

Deutch Jean

Diepenbeke Abraham van

Diepraam Abraham

Dietrich Chrétien Guillaume Ernest.

Dillis Georges de

Dosso Dosso

Don Gérard.

Dreyer Adrien van

Droogsloot Josse Corneille

Dujardin Charles

Dunouy Alexandre H.

Dürer Albert

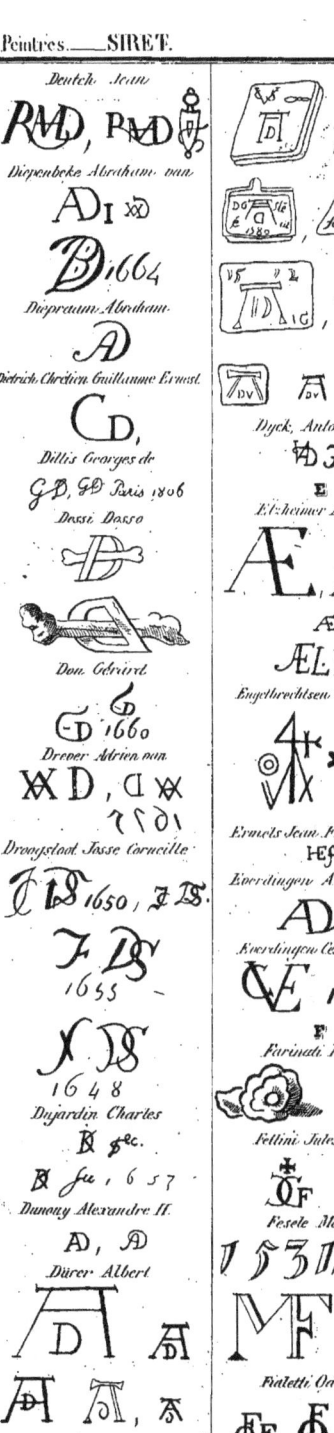

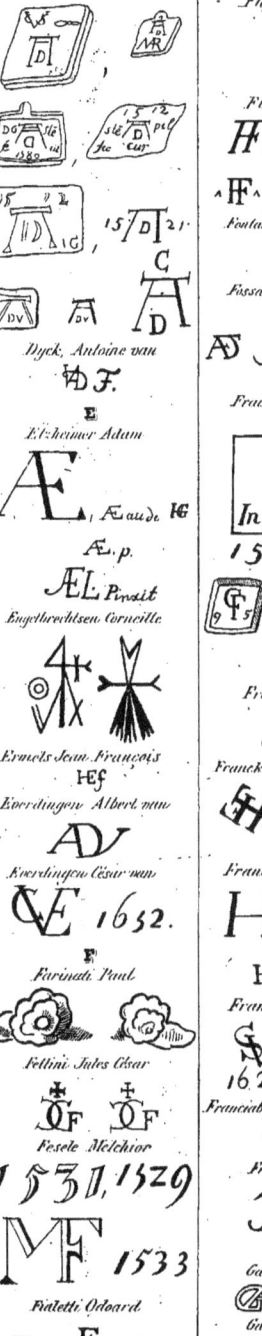

Dyck Antoine van

Elzheimer Adam

Engelbrechtsen Corneille

Ern_els Jean-François

Everdingen Albert van

Everdingen César van

Farinati Paul

Fellini Jules César

Fesele Melchior

Fialetti Odoard

Flegel Georges

Floris François

Fontana Jean Baptiste

Fossato David Antoine

Fraisinger Gaspard

Franck Ambroise.

Franck François Frédéric

Franck Jean Ulric

Franck Sébastien

Franciabigio Marc Antoine

Fratrel Joseph

Gabbiani Antoine

Gassner Simon

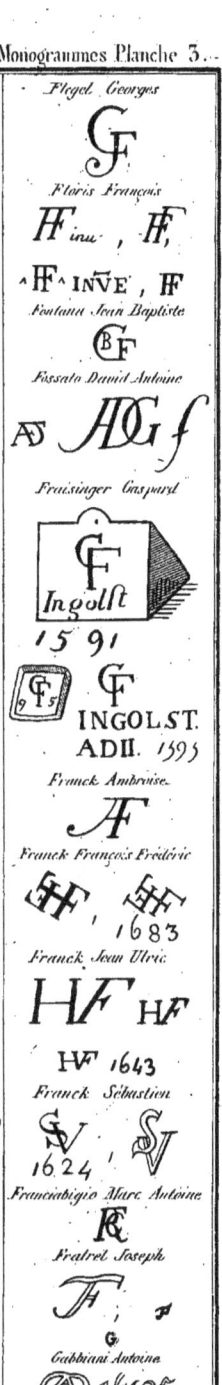

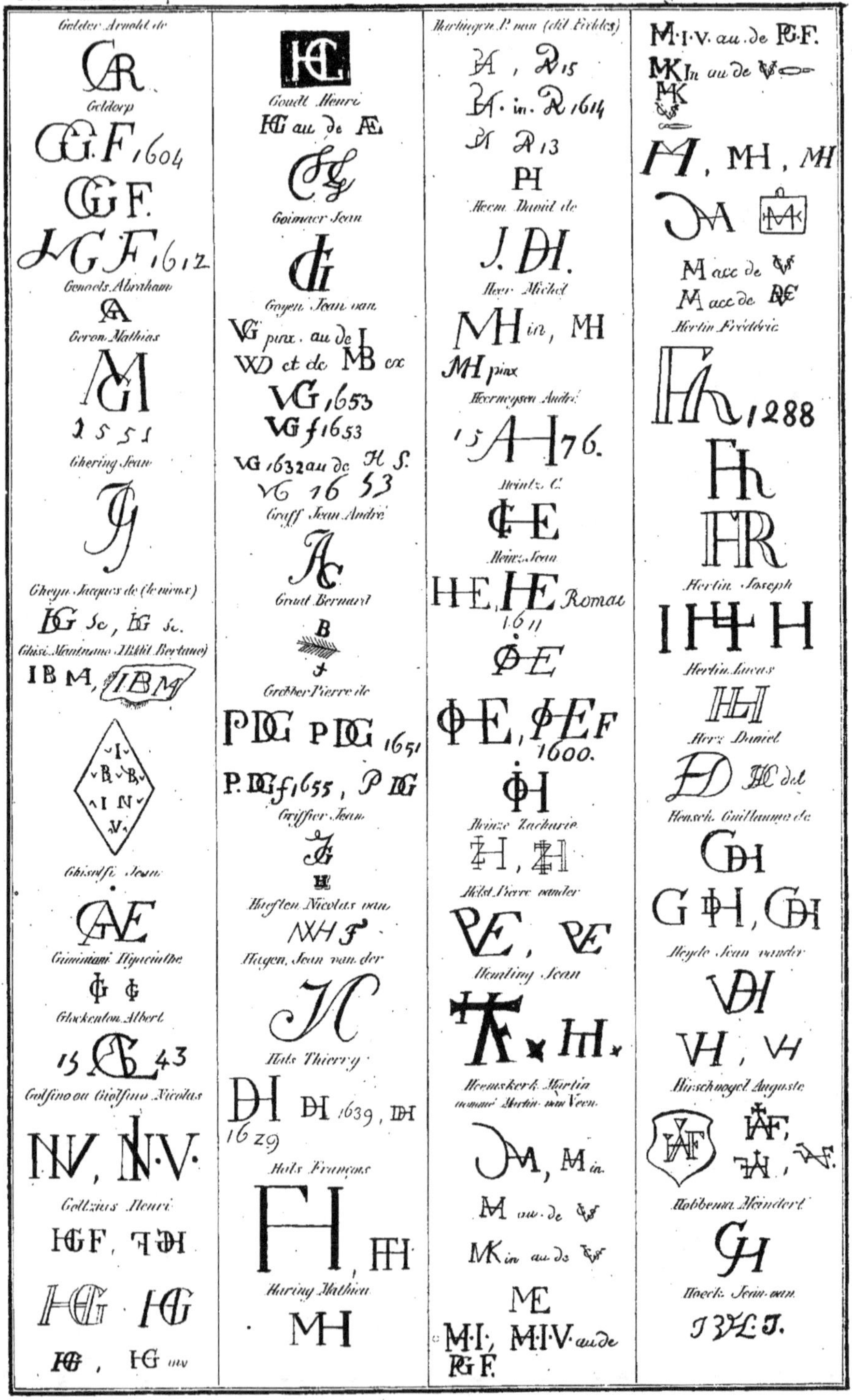

Column 1

Gelder, Arnold de

CAR

Geldorp

GGF 1604

GGF

JGF 1612

Genoels Abraham

CA

Geron Mathias

MG — 1551

Ghering Jean

JG

Gheyn Jacques de (le vieux)

IG Sc, IG Sc.

Ghisi Mantuano (Babli Bertano)

IBM, IBM

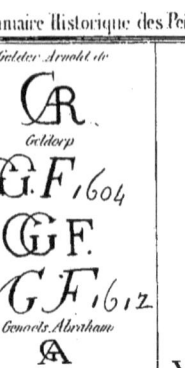

(diamond monogram: I · R · V · N · V)

Ghisolfi Jean

CAE

Giminiani Hyacinthe

G G

Gluckenten Albert

15 GE 43

Golfino ou Giolfino Nicolas

NV, N·V·

Goltzius Henri

HGF, HGH

HG · HG

HG · HG inv

Column 2

Goudt Henri

HG au de AE

Goimaer Jean

Goyen Jean van

VG pinx au de
WD et de MB ex

VG 1653

VG f 1653

VG 1632 au de H S.

VG 16 53

Graff Jean André

AG

Graat Bernard

B
F

Grobber Pierre de

PDG PDG 1651

P.DGf 1655, P DG

Griffier Jean

F
H

Haeften Nicolas van

NXHF

Hagen, Jean van der

Hals Thierry

DH 1629, DH 1639, DH

Hals François

FH, FH

Haring Mathieu

MH

Column 3

Northagen P. van (dit Eeckele)

PA, PR 15

PA in R 1614

PK PR 13

PH

Heem David de

J·DH·

Heer Michel

MH in, MH

MH pinx

Heemvegsen André

15 AH 76.

Heintz C.

CE

Henri Jean

HE, HE Roma
1611

ØE

ØE, ØEF
1600.

ØH

Henze Zacharie

ZH, ZH

Helst Pierre vander

PE, PE

Henling Jean

TK, HH

Heemskerk Martin nommé Martin van Veen.

M, M in

M au de

MK in au de

ME

M·I·, M·I·V· au de
RGF

Column 4

M·I·V· au de RGF

MK In au de V

MK

H, MH, MH

MA

M acc de

M acc de RE

Hertin Frédéric

HR 1288

FH

HR

Hertin Joseph

IHHH

Hertin Lucas

HH

Herz Daniel

ED HC del

Hensch Guillaume de

GH

G H, GH

Heyle Jean vander

VH

VH, VH

Hirschvogel Auguste

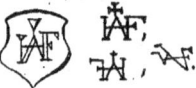

Hobbema Meindert

GH

Hoeck Jean van

JHLJ

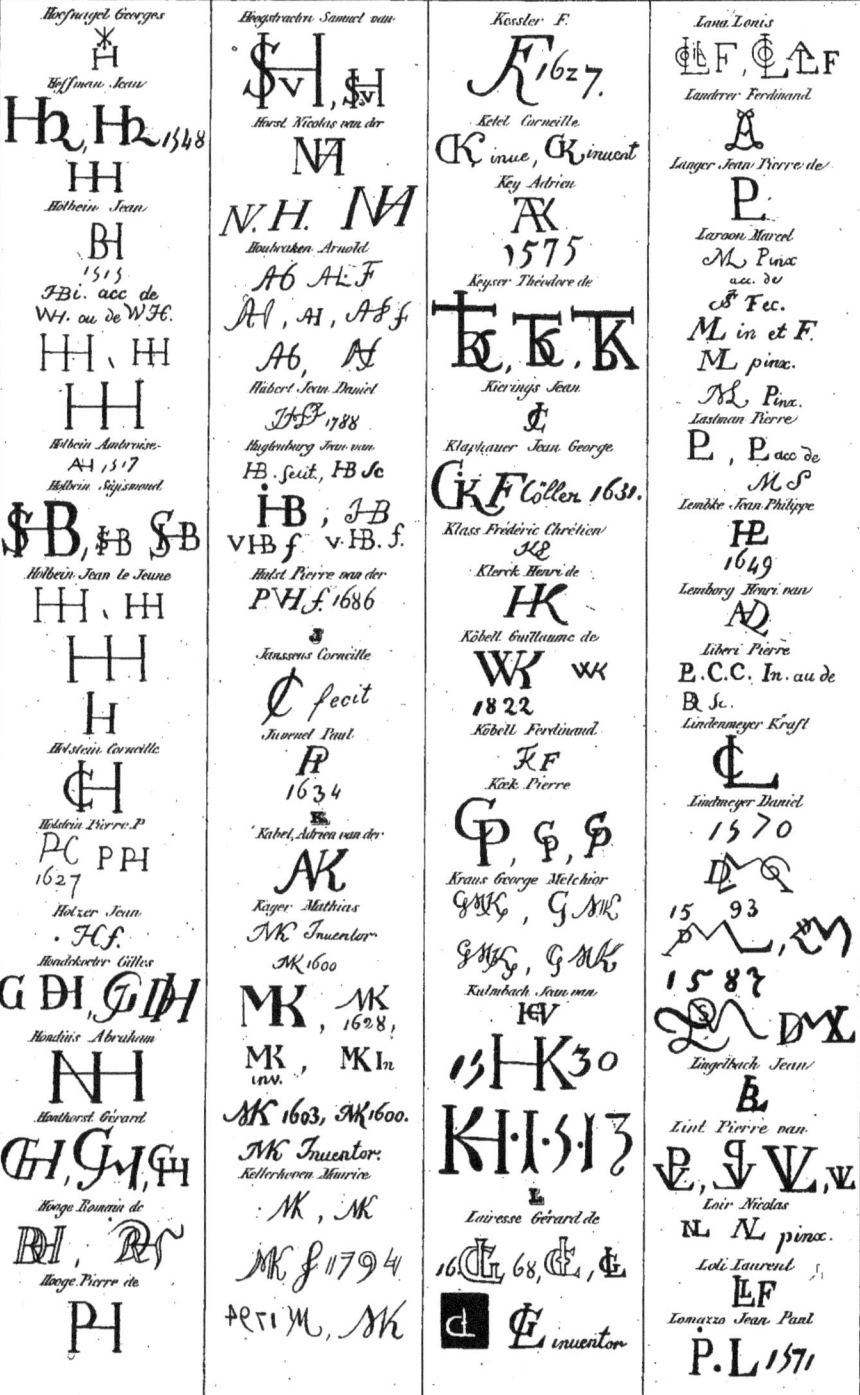

Hoefnagel Georges

Hoffman Jean 1548

Holbein Jean 1515

FBi. acc de WH. ou de WH.

Holbein Ambroise AH 1517

Holbein Sigismond

Holbein Jean le Jeune

Holstein Corneille

Holstein Pierre P 1627 PPH

Holzer Jean HF.

Hondekoeter Gilles

Hondius Abraham

Honthorst Gérard

Hooge Romain de

Hooge Pierre de

Hoogstraeten Samuel van

Horst Nicolas van der

Houbraken Arnold

Hubert Jean Daniel 1788

Huglenburg Frw. van

Hulst Pierre van der PVHf 1686

Janssens Corneille fecit

Juvenel Paul 1634

Kabel, Adrien van der

Kager Mathias Inventor MK 1600

MK 1628, MK inv.

MK 1603, MK 1600.

MK Inventor. Kellerhoven Maurice

MK, MK

MK f 1794

Kessler F. 1627

Ketel Corneille inue, inuent

Key Adrien 1575

Keyser Théodore de

Kierings Jean

Klapheuer Jean George

Klass Frédéric Chrétien

Klerck Henri de

Köbell Guillaume de 1822

Köbell Ferdinand

Keek Pierre

Kraus George Melchior

Kulmbach Jean van

Lairesse Gérard de 1668, inuentor

Lana Louis

Landerer Ferdinand

Langer Jean Pierre de

Laroon Marcel Pinx acc. de Fec. in et F. pinx. Pinx.

Lastman Pierre acc de MS

Lembke Jean Philippe 1649

Lemborg Henri van

Liberi Pierre P.C.C. In. au de Sc.

Lindenmeyer Kraft

Lindmeyer Daniel 1570 15 93 1587

Lingelbach Jean

Lint Pierre van

Loir Nicolas pinx.

Loli Laurent

Lomazzo Jean Paul P.L 1571

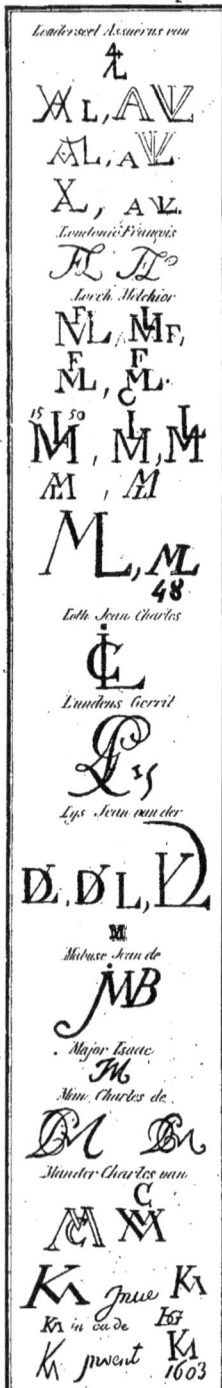

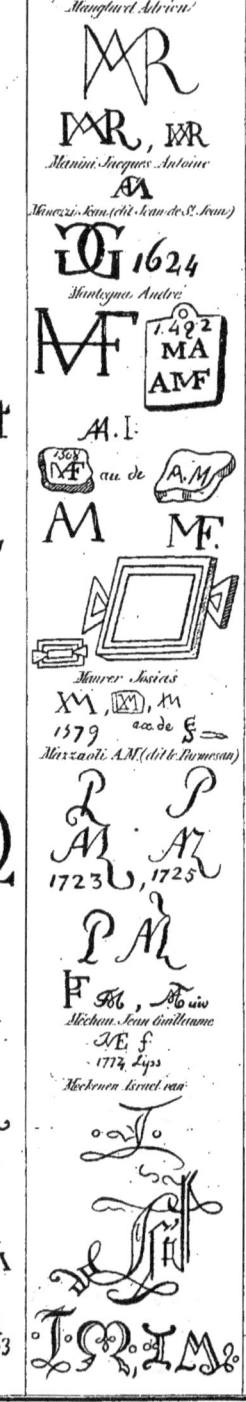

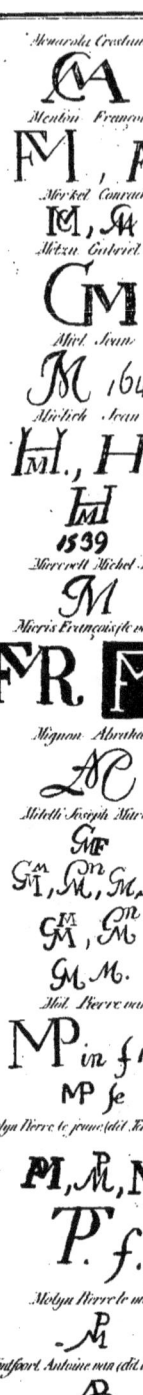

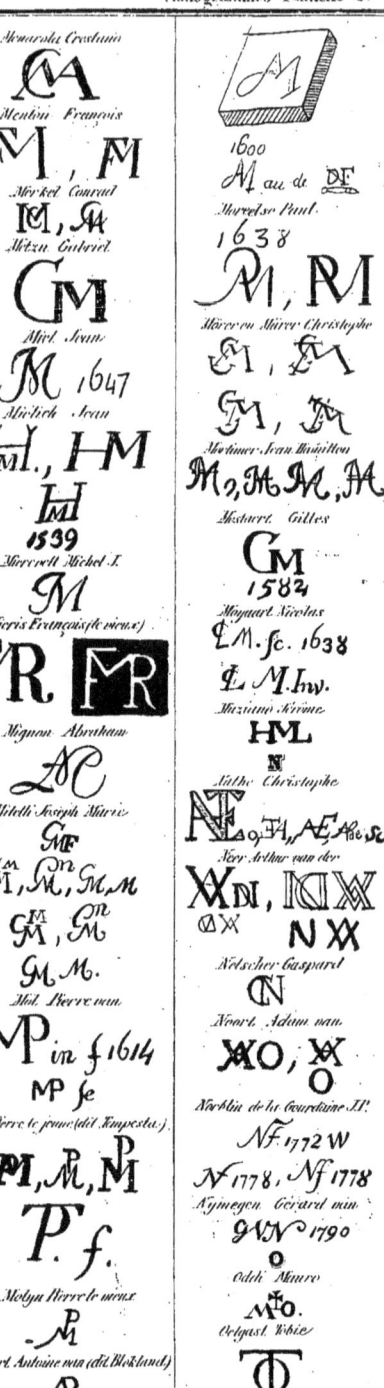

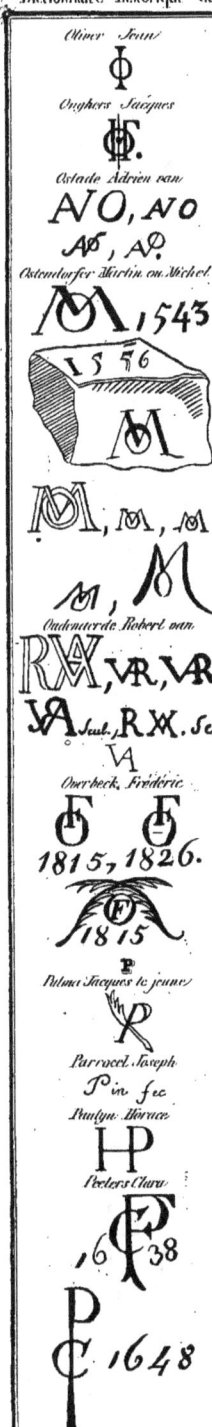

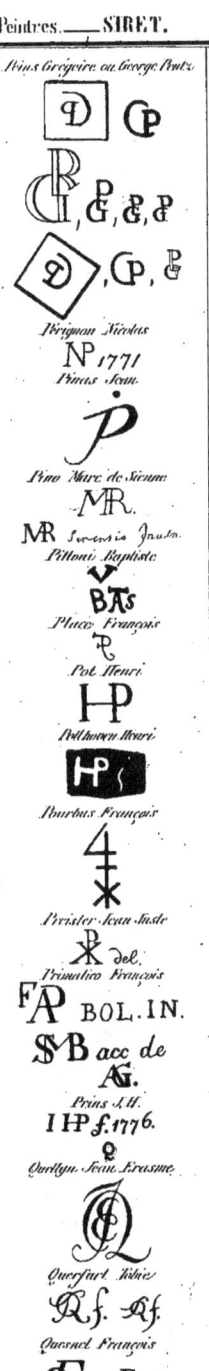

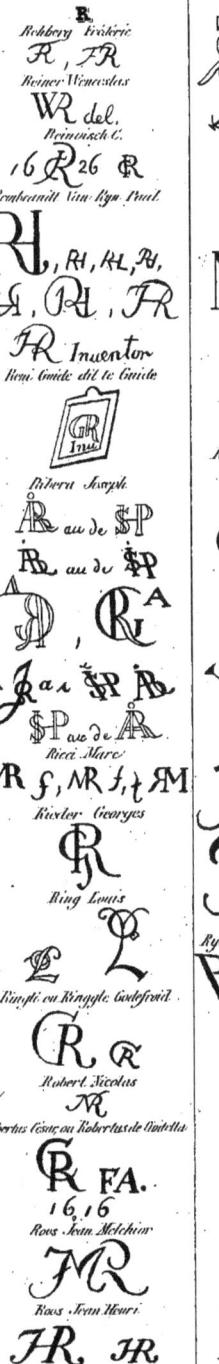

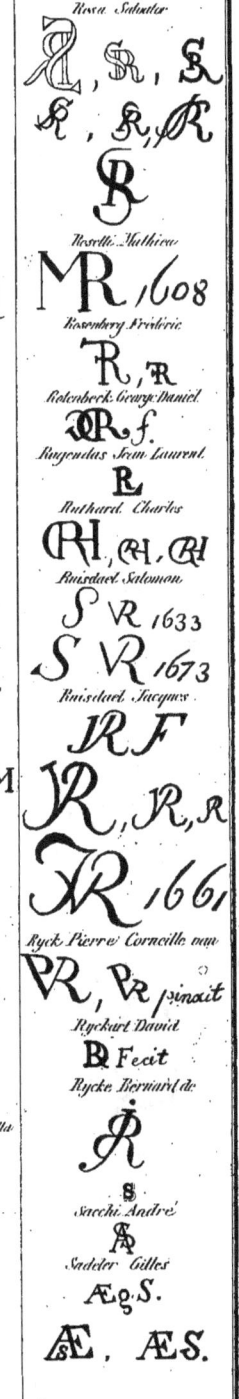

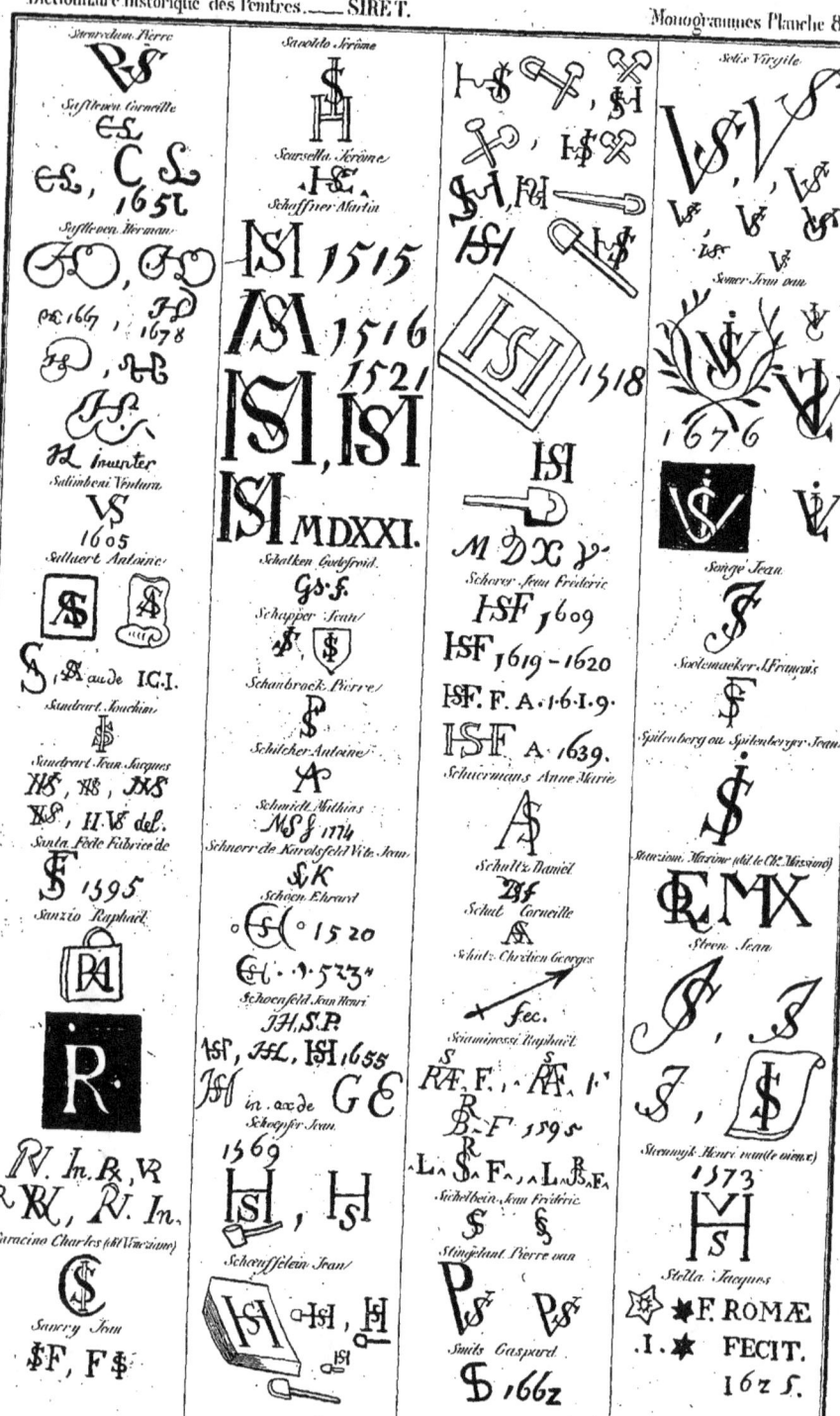

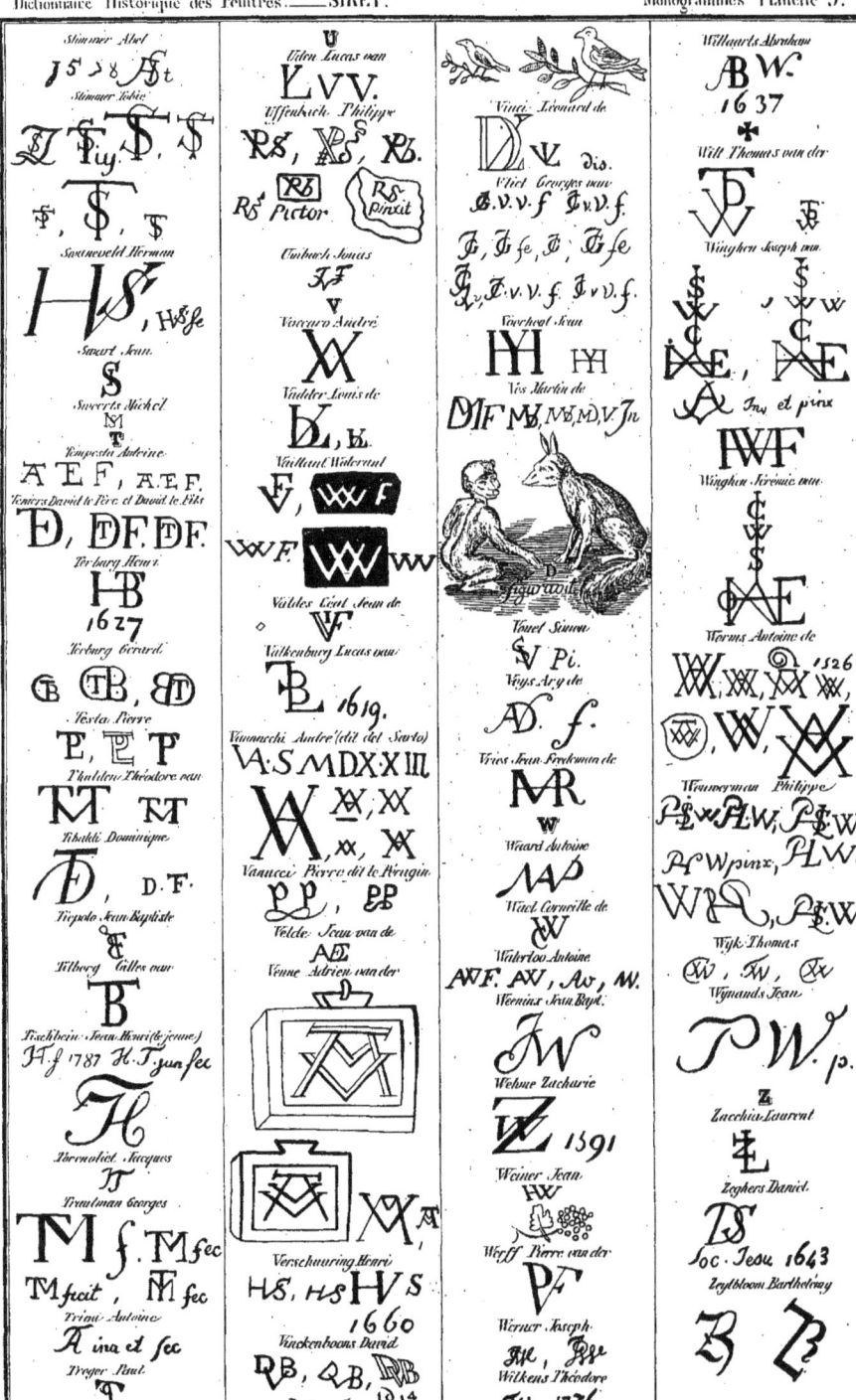